헌법연구(2)

정 연 주

법 영 사

개정판 서 문

이 책은 2014년 출간한 '헌법연구'를 수정 · 보완하여 두 권으로 정리한 책 중 제2권이다. 이는 기존의 '헌법연구'가 지나치게 많은 분량을 단행본으로 출간한 것에 대한 독자 및 학생들의 지적을 염두에 두면서 그동안 변경된 판례와 제정·개정된 관련 법령들을 반영하고, 기존의 '헌법연구'의 체계와 내용을 수정·보완한 것이다. 그리고 '헌법연구'의 출간 이후 나온 새로운 판례와 새로운 주제의 글도 추가했다. 이 책에 실린 글은 대부분 헌법재판소의 결정을 대상으로 한 것이지만, 대법원 판례와 우리 헌법과 관련성이 깊고 지대한 영향력을 미친 독일 연방헌법재판소의 판례도 대상으로 삼았다. 글의 순서는 관련 판례의 선고일자를 기준으로 했다. 독일 연방헌법재판소 판례에 관한 글은 뒷부분으로 배열했다. 아무쪼록 이 책이 전문가 및 학생들의 효율적이고 체계적인 헌법연구와 수험준비 등에 도움이 되길 바란다. 다시 한번 이 자리를 빌어 수익성이 없을 이 책의 출판을 기꺼이 맡아준 법영사 고호균 대표님과 관계자들께 감사의 말씀을 드린다.

2019년 8월
정 연 주

서 문

이 책은 헌법판례를 중심으로 헌법이론을 전개하는 헌법논설집이다. 즉 중요한 헌법적 쟁점을 지닌 헌법재판소의 판례들을 소개하고 이에 대한 헌법적 의의를 설명하며, 동시에 그에 대한 학문적 비판과 대안 제시를 통해 평석함으로써 헌법이론을 체계적으로 정리한 일종의 헌법연구집이다. 주지하는 바와 같이 헌법분야에 있어서 추상적인 헌법규정과 이론을 체계화시키고, 실제로 현실문제에 적용시키며, 살아있는 헌법으로서의 규범력을 확인하는 실습장이 바로 헌법판례라고 할 수 있다. 따라서 헌법강의와 연구 및 실무에 있어서 헌법판례에 대한 이해는 필수적이며, 각종 국가시험에서 헌법판례에 관련된 문제가 상당수 제출되는 것도 그 때문이다. 이에 따라 오늘날 헌법판례에 대한 이해와 지식 없이 법을 공부하고 각종 국가시험에 응시한다거나 법조실무에 종사하는 것은 불가능하게 되었다.

그동안 우리 헌법재판소는 수많은 판례를 남겨 헌법이론의 발전과 헌법의 규범력 강화 및 기본권보장에 많은 기여를 해왔고, 아울러 대법원 등 일반법원의 판례에도 심대한 영향을 미쳐, 명실상부 헌법의 수호자로서의 역할을 충실히 이행해 왔다고 평가할 수 있다. 이는 실로 과거에는 상상하기 어려웠던 커다란 업적이라고 할 수 있다. 다시 말해 법학과 법조실무에서 그동안 별 기능을 못했던, 심하게 말하면 장식적 기능만을 행사했다고도 볼 수 있는 헌법을 명실상부 최상위의, 그리고 가장 핵심적이고 근본적인 규범으로 자리매김 시켰다고 평가할 수 있을 것이다. 따라서 이러한 역할을 하는 가장 핵심적이고 직접적인 도구인 헌법판례를 살펴보는 것이야말로 헌법을 이해하고, 법전반의 체계화를 구축하며, 법치주의를 구현하기 위한 가장 기본적인 출발점이라고 할 수 있다.

그러나 다른 한편 헌법재판소의 판례들 중에는 상당한 문제점을 지니고 있는 경우가 적지 않다. 따라서 이렇게 중요한, 그러나 문제점도 함께 내포하고 있는 헌법판례를 분석하고, 비판하며, 대안을 제시하는 과정을 통해 헌법의 쟁점과 이론을 체계적으로 정리하는 것은 헌법과 헌법판례의 발전, 헌법재판소의 권위와 위상제고, 기본권보장과 권력통제 및 헌법수호라고 하는 헌법재판제도의 기능 확립을 위해 매우 긴절히 요구된다고 하겠다. 그리고 이는 학자나 법조인 등의 법률전문가뿐 아니라, 전문가나 학자의 길을 걷고자 계획하는 법학전문대학원생과 일반대학원생 및 각종 국가고시를 준비하는 일반학생들에게도 상당한 도움을 줄 수 있는 나름대로 필요한 작업이라고 생각한다.

이러한 목적하에 집필한 것이 바로 이 책이다. 이 책에 실린 글은 대부분 우리 헌법재판소의 결정을 대상으로 한 것이지만, 예외적으로 우리 대법원과 독일 연방헌법재판소 및 미국 대법원의 판례도 사안의 중요성과 우리 제도에의 적용가능성 및 헌법적 의의를 고려하여 대상으로 삼았다. 그리고 상당부분 이미 발표한 글을 실었지만, 아직 발표되지 않은 글도 실었으며, 제목을 바꾸거나 과거의 글을 현재의 시점에 맞게 고치고, 새로운 판례와 개정된 법령을 보완·수정한 부분도 적지 않다. 글의 순서는 관련 판례의 선고일자를 기준으로 하되, 최근에 선고된 판례부터 시작했다. 독일 연방헌법재판소와 미국 대법원의 판례에 대한 평석은 뒷부분으로 배열했다. 아무쪼록 이 책이 전문가 및 학생들의 효율적이고 체계적인 헌법연구와 수험준비 등에 도움이 되길 바란다.

끝으로 이 자리를 빌어 수익성이 없을 이 책의 출판을 기꺼이 맡아준 법영사 고준영 대표님과 관계자들께 감사의 말씀을 드린다.

2014년 2월

정 연 주

차 례

1. 1인 1표 국회의원선거제도의 위헌성

– 헌재 2001. 7. 19. 2000헌마91 등 공직선거및선거부정방지법 第146조 第2항 위헌확인 등[1] –

[目 次]

Ⅰ. 머리말

이 글은 과거 공직선거및선거부정방지법(이하 '선거법'이라 함)상의 국회의원선거제도에 있어서 비례대표의원 선출방식의 문제를 관련 헌재결정을 중심으로 다룬 것이다. 헌재결정 당시 비례대표의원선거는 지역구의원의 선거와는 달리 별도의 선거과정이 없이 단순히 지역구선거의 결과 각 정당이 획득한 득표율에 따라 각

1) 헌재 2001. 7. 19. 2000헌마91 등, 판례집 13-2, 77.

정당에 의석을 배분하는 형식을 취하고 있었다. 이는 국회의원선거제도가 이른바 1인 1표제를 취하는 결과 발생되는 현상인데,[2] 이러한 비례대표의원의 선출방식에 대하여 그때까지 많은 문제제기가 있어 왔다. 예컨대 1인 1표제에 의한 비례대표의원의 선출방식은 비례대표선거제도의 특성상 바람직하지 아니하다는 입법정책적인 문제제기에서부터 헌법상의 선거원칙에 위반되어 위헌이라는 견해에 이르기까지 다양한 문제제기가 그것이다.[3]

그런데 이와 관련하여 헌법재판소는 2001. 7. 19. 2000헌마91등 결정에서 선거법 제146조 제2항 중 '1인 1표로 한다' 부분은 국회의원선거에 있어 지역구국회의원선거와 병행하여 정당명부식 비례대표제를 실시하면서도 별도의 정당투표를 허용하지 않는 범위에서 헌법에 위반된다고 결정했다. 이러한 1인 1표제에 대한 헌법재판소의 한정위헌결정의 취지에 따라 선거법 제146조 제2항 후단이 신설되어 국회의원선거, 시·도의원선거 및 자치구·시·군의원선거에 있어 1인 2표제를 도입했다.[4]

주지하는 바와 같이 선거제도는 한 국가의 통치구조의 기본적 구성원리의 하나로서 국가제도의 근간을 이루고 있으며, 대의제도 등 다른 구성원리와 밀접 불가분의 관련성을 가지면서 그 전제조건을 이루고 있다. 따라서 헌법의 근본이념과 기본원리의 실현을 위해서 합리적이고 헌법원리에 부합하는 선거제도를 마련하는 것이어야 말로 한 국가의 민주주의와 기본권실현의 전제조건이라고 할 수 있다. 이러한 점을 고려할 때 그동안 우리 선거제도에 많은 문제점이 있었고, 이에 대하여 상당한 지적이 있었는데, 그 중 하나가 바로 이 글에서 다루고자 하는 비례대표의원의 선출방식이었고, 이에 대하여 헌법재판소가 한정위헌결정을 내린 것은 늦은 감은 있지만 중요한 통치구조의 구성원리이자 민주주의와 기본권실현의 초석인 선거제도에 대하여 근본적인 검토를 했다는 점에서 자못 그 의의가 크다고 할 것이다.

그러나 그 논증과정과 결론에 있어서 동의하기 어려운 문제점도 상당부분 있어 보인다. 따라서 이 글에서는 1인 1표제의 내용과 문제점 및 그에 대한 헌법재판소의 결정내용과 그 문제점을 선거의 기본원칙 등 헌법상의 제 원리의 측면에서 검토

---

2) 당시 공직선거및선거부정방지법 제146조 (선거방법) 제2항: "투표는 직접 또는 우편으로 하되, 1인 1표로 한다."

3) 이러한 문제제기에 대하여 정연주, 현행 선거제도의 문제점, 고시계 1994. 8, 84쪽 이하 참조.

4) 현행 공직선거법 제146조(선거방법) 제2항: "투표는 직접 또는 우편으로 하되, 1인 1표로 한다. 다만, 국회의원선거, 시·도의원선거 및 자치구·시·군의원선거에 있어서는 지역구의원선거 및 비례대표의원선거마다 1인 1표로 한다."

하고자 한다.

Ⅱ. 1인 1표 선거제도의 내용과 문제점

1. 1인 1표 선거제도의 내용

당시 선거법에 따르면 비례대표제의 선거구는 전국구이며(제20조), 정당명부식 비례대표제를 택하고 있고, 지역구 다수대표제와 비례대표제를 병행하고 있었다. 그런데 1인 1표제를 채택하여(제146조 제2항) 지역구선거에서만 투표를 시행하며 별도의 정당투표는 실시하지 않고, 정당이 지역구선거에서 얻은 득표비율에 따라 비례대표국회의원의 의석을 배분하도록 하고 있었다(제189조 제1항).[5]

2. 1인 1표 선거제도의 문제점

이러한 비례대표국회의원 의석배분방식의 문제점을 예를 들어 설명하면 다음과 같다. A지역구에 B정당 소속의 C후보가 출마했다고 가정하자. 유권자 갑은 C후보에게 투표를 하고 싶은데 그가 속한 B정당은 싫어한다. 그러나 선거법 146조 2항의 1인 1표제에 따라 갑은 선거에서 이 두 가지 의사를 다 반영할 수 없으며 C후보를 찍든지, 안찍든지 한 가지만 선택해야 한다. 결국 갑이 C후보의 인물됨을 생각해 C후보를 찍었다고 하자. 이렇게 해서 지역구 국회의원 227명이 뽑힌다. 다음은 46석의 비례대표의석 배분, 앞서 언급했듯이 선거법 제189조 제1항은 각 정당

---

5) 비례대표국회의원선출방식과 관련하여 구 국회의원선거법 제133조 제1항은 “중앙선거관리위원회는 지역구총선거에서 5석 이상의 의석을 차지한 각 정당의 지역구의석비율에 따라 전국구의석을 배분한다. 다만 지역구총선거에서 의석을 얻지 못하였거나 5석 미만을 차지한 정당으로서 그 득표수가 유효투표총수의 100분의 3 이상인 정당이 있는 때에는 그 정당에 대하여 우선 1석씩을 배분한다.”라고 규정함으로써 지역구의석비율에 따른 전국구의석배분방식을 취하고 있었다. 이는 전국구의원 의석배분을 단순히 다수대표제의 선거결과 각 정당이 획득한 지역구의석수에 비례하도록 함으로써 투표의 산술적 계산가치의 평등뿐 아니라 그 성과가치의 평등을 아울러 요구하는 평등선거의 원칙을 이념으로 하는 진정한 비례대표제와는 거리가 먼 일종의 ‘중복된 다수대표제’라고 할 수 있고, 결국 비례대표제가 가지고 있는 장점을 결여하고 다수대표제가 가지고 있는 단점을 증폭시킨 매우 불합리한 제도라고 할 수 있었다.

그 후 선거법 제189조 제1항은 “비례대표국회의원선거에 있어서는 중앙선거관리위원회가 지역구국회의원총선거에서 5석 이상의 의석을 차지하였거나 유효투표총수의 100분의 5 이상을 득표한 각 정당에 대하여 지역구국회의원총선거에서 얻은 득표비율에 따라 비례대표국회의원의석을 배분한다. 다만, 지역구국회의원총선거에서 유효투표총수의 100분의 3 이상 100분의 5 미만을 득표한 각 정당에 대하여는 비례대표국회의원의석 1석씩을 배분한다.”라고 개정됨으로써 지역구국회의원총선거에서 각 정당이 차지한 득표비율에 따라 비례대표국회의원의석을 배분하도록 했다.

이 지역구에서 얻은 득표비율을 기준으로 비례대표의석을 배분하도록 하고 있다. 여기에서 심각한 문제는 비례대표의석의 배분에서 유권자 갑의 의사가 정반대로 나타난다는 점이다. B정당이 싫은데도 C후보를 선택했기 때문에 갑도 B정당의 비례대표의석을 늘리는 데 기여한 결과가 된 것이다. 이런 선거방식은 유권자의 의사를 절반밖에 반영할 수 없어 '절반의 선택권'을 빼앗기는 셈이 된다.

또한 1인 1표제는 우리 정치권의 가장 큰 병폐인 지역정당구도를 고착화하는데 기여한다는 비판을 받는다. 유권자가 특정지역에 기반을 둔 A정당을 지지할 경우 다른 정당의 후보가 마음에 들더라도 일방적으로 A정당 후보를 지지할 수밖에 없는 풍토이기 때문이다. 아울러 이러한 제도는 지역구에서 5석 이상 또는 유효투표의 5% 이상(현행은 3% 이상)을 득표한 경우에만 비례대표의석을 배분하도록 하고 있는 이른바 저지조항과 결합하여 소수·신생정당의 출현을 막는다는 지적도 있다.

실제로 정당이나 인물의 참신성보다는 거물이나 지역유지[6] 등 당선될 가능성이 있는 사람에게 투표하는 경향이 있고, 그 결과 소수대표나 신인이 선출되거나 소수·신생정당이 의회에 진출하는 것을 어렵게 하며, 이를 그동안의 선거결과가 입증하고 있다. 이는 결과적으로 비례대표제의 이념과 본질에 반한다.

아울러 이는 각 정당의 득표율과 실제 의석수가 비례적이지 못하는 결과를 초래하고,[7] 이 역시 투표의 성과가치의 평등을 이념으로 하는 비례대표제에 반한다.

---

6) 지역유지에 대하여 투표하는 것은 자칫 전국적 이익보다는 지역의 이해에만 너무 치우치는 경향을 야기할 수 있고 국회의원의 전국대표성 보다는 지역대표성을 강조하는 결과를 초래할 수도 있는데, 이는 대의제도의 본질 및 기능과 관련하여 문제가 있다. 국회의원의 전국대표성과 관련하여 헌재 1994. 4. 28. 92헌마153; 정연주, 대의제도와 정당기속, 인권과 정의, 1999. 8, 82쪽 이하 참조.

7) 실제 우리의 경우 역대 총선에서는 정당별 득표율과 의석배분의 불일치 현상이 자주 발생해 유권자의 뜻이 왜곡됐다는 비판이 적지 않았다. 이는 당시 선거법이 비례대표 의석을 전국을 단위로 해당 정당이 얻은 득표율에 따라 배분토록 하고, 득표율 5% 미만 정당은 배분대상에서 제외하도록 하고 있기 때문이라는 지적이 많다. 아래의 표에서 보듯이 16대 총선에서 39%의 득표율을 보인 한나라당은 전체 273석 가운데 48.7%에 해당하는 133석을 차지했고, 36%를 득표한 민주당은 42.1%에 해당하는 115석을 차지했다. 반면 9.8%의 득표율을 보인 자민련은 전체 의석수의 6.2%에 불과한 17석을 갖게 됐고, 3.7%를 득표한 민국당은 0.7%에 불과한 2석밖에 확보하지 못했다. 15대 총선에서도 신한국당은 득표율에서 34.5%를 얻고도 의석수는 전체 299석 가운데 46.5%나 되는 139석을 차지했고, 새정치국민회의도 25.3%의 득표율을 갖고 의석수는 26.42%인 79석을 가져갔다. 16.2%를 득표한 자민련은 의석수도 이와 비슷한 16.72%(50석)를 확보했으나, 통합민주당은 11.2%를 득표하고서도 의석수는 5%에 불과한 15석을 확보하는 데 그쳤다. 현행 소선거구제가 처음으로 실시된 13대 총선에서도 이 같은 득표율과 의석수의 불일치는 어김없이 나타났다. 당시 34%를 득표한 민정당은 전체 299석 가운데 41%에 이르는 125석이나 차지한 반면 23.8%를 득표한 통일민주당은 19.75%에 불과한 59석을 가져갔다. 19.3%의 득표율을 보인 평화민주당은 전체의석수의 23.41%인 70석을 확보한 반면 15.6%를 득표한 신민주공화당의 의석수는 전체 의석수의 11.7%에 불과한 35석이었다.

※ 15·16대 총선 주요정당 득표율과 의석배분(동아일보 2001. 7. 20. A4쪽)

결국 1인 1표제하의 비례대표제의 경우에는 이처럼 비례대표제 본래의 이념을 실현하지 못하는 결과 직능대표 내지 전문가대표의 이념이 실현되기 어렵고, 참신하고 진보적인 정책과 강령을 가진 신생정당이나 소수정당의 의회진출도 어려우며, 다양한 정치적 세력과 견해의 반영 내지 대표가 어렵게 되어 헌법상의 복수정당제와 정당민주주의를 바탕으로 하는 다원적 민주주의의 이념과 조화되기 어렵고, 다수대표제의 단점을 보완하는 기능을 가지지 못한다는 등의 문제점을 지니고 있다고 할 수 있다.

Ⅲ. 헌재결정의 내용

헌재는 비례대표의원 선출방식문제 이외에도 기탁금제도 등 다른 사안에 대하여도 판단을 했으나, 여기서는 비례대표의원선출방식문제에 관한 부분만을 다루고자 한다.

1. 사건의 개요와 심판의 대상

(1) 사건의 개요

1) 2000헌마91 사건

청구인들은 가칭 '청렴정치 국민연합'을 결성하여 신생정당 창당을 준비중인 33인의 발기인들 중의 일부로서, 공직선거의 투표에 관하여 1인 1표제를 규정하고 있는 선거법 제146조 제2항이 청구인들의 헌법상 보장된 선거권, 공무담임권, 평등

[15대]

구분	신한국당	새정치국민회의	자유민주연합	통합민주당
득표율(%)	34.5	25.3	16.2	11.2
총의석(299석)	139	79	50	15
지역구의석(253석)	121	66	41	9
전국구의석(46석)	18	13	9	6

[16대]

구분	한나라당	새천년민주당	자유민주연합	민주국민당	희망의한국신당
득표율(%)	39.0	35.9	9.8	3.7	0.4
총의석(273석)	133	115	17	2	1
지역구의석(227석)	112	96	12	1	1
전국구의석(46석)	21	19	5	1	0

권을 침해하는 위헌규정이라고 하면서 2000. 2. 10. 이 헌법소원을 청구하였다.

2) 2000헌마112 사건

청구인 A는 2000. 4. 13. 실시될 제16대 국회의원 선거에서 선거권을 행사할 유권자로서, 청구인 B는 같은 유권자이자 서울 노원구에서 국회의원 후보가 되고자 준비중인 자로서, 청구인 민주노동당창당준비위원회는 민주노동당을 창당하여 위 선거에 소속당원을 후보자로 추천하고자 하는 단체로서, 선거법 제56조, 제57조, 제189조로 인하여 자신들의 평등권, 피선거권이 침해된다는 등의 이유로 2000. 2. 16. 이 헌법소원을 청구하였다.

3) 2000헌마134 사건

청구인 C외 25인은 2000. 4. 13. 실시될 제16대 국회의원 선거에서 선거권을 행사할 유권자들이고, 청구인 D, E는 새천년민주당 소속의 국회의원으로서 위 선거에서 위 정당의 지역구후보로 공천이 확정된 자들이며, 청구인 F는 위 같은 정당의 당원으로서 위 정당의 전국구비례대표후보자로 출마예정인 자인 바, 선거법 제189조가 자신들의 선거권, 피선거권 등을 침해한다면서 2000. 2. 22. 이 헌법소원을 청구하였다.

(2) 심판의 대상

이 글에서 논의되는 사안과 관련되는 부분은 선거법 제146조 제2항 중 '1인 1표로 한다' 부분 및 제189조 제1항 내지 제7항이다.

제146조(선거방법) ② 투표는 직접 또는 우편으로 하되, 1인 1표로 한다.

제189조(비례대표국회의원의석의 배분과 당선인의 결정 · 공고 · 통지) ① 비례대표국회의원선거에 있어서는 중앙선거관리위원회가 지역구국회의원총선거에서 5석 이상의 의석을 차지하였거나 유효투표총수[제188조(지역구국회의원당선인의 결정 · 공고 · 통지) 제4항 후단의 규정에 의하여 당선인이 없는 국회의원지역구의 유효투표수를 포함한다]의 100분의 5 이상을 득표한 각 정당(비례대표국회의원후보자명부를 제출하지 아니한 정당을 제외한다. 이하 이 조에서 "의석할당정당"이라 한다)에 대하여 지역구국회의원총선거에서 얻은 득표비율에 따라 비례대표국회의원의석을 배분한다.

다만, 지역구국회의원총선거에서 유효투표총수의 100분의 3 이상 100분의 5 미만을 득표한 각 정당에 대하여는 비례대표국회의원의석 1석씩을 배분한다.

② 제1항의 득표비율은 각 의석할당정당의 득표수(제188조 제4항 후단의 규정에 의하여 당선인이 없는 국회의원지역구의 득표수를 포함한다. 이하 이 항 및 제4항에서 같다)를 모든 의석할당정당이 지역구국회의원총선거에서 얻은 득표수의 합계로 나누고 소수점 이하 제5위를 반올림하여 산출한다.

③ 비례대표국회의원의석은 제2항의 규정에 의하여 산출된 각 정당의 득표비율에 비례대표국회의원의석정수에서 제1항 단서의 규정에 의하여 배분된 의석수를 뺀 수를 곱하여 산출된 수의 정수의 의석을 각 정당에 배분한 다음에 잔여의석이 있는 때에는 그 단수가 큰 순위에 따라 각 정당에 1석씩 배분한다.

④ 제3항의 경우에 같은 단수가 있는 때에는 그 득표수가 많은 정당에 배분하고, 그 득표수가 같은 때에는 당해 정당사이의 추첨에 의한다.

⑤ 정당에 배분된 비례대표국회의원의석수가 그 정당이 추천한 비례대표국회의원후보자수를 넘는 때에는 그 넘는 의석은 공석으로 한다.

⑥ 중앙선거관리위원회는 제출된 정당별 비례대표국회의원후보자명부에 기재된 순위에 따라 정당에 배분된 비례대표국회의원의석의 당선인을 결정한다.

⑦ 중앙선거관리위원회는 제195조(재선거) 제1호 및 제2호 전단(제188조 제4항 후단의 경우를 제외한다)·제196조(선거의 연기) 또는 제198조(천재·지변 등으로 인한 재투표)의 사유로 인하여 국회의원지역구의 선거가 모두 종결되지 아니한 경우에는 선거가 종결되지 아니한 당해 국회의원지역구의 선거인수를 전국선거인수(제188조 제2항 및 같은 조 제3항의 규정에 의하여 투표를 실시하지 아니한 국회의원지역구의 선거인수를 제외한다)로 나눈 수에 비례대표국회의원의석정수를 곱하여 얻은 수의 정수를 비례대표국회의원의석정수에서 뺀 다음에 제1항 내지 제6항의 규정에 따라 비례대표국회의원의석을 배분하고 당선인을 결정한다. 다만, 제1항의 규정에 의하여 비례대표국회의원의석배분이 배제된 정당 중 종결되지 아니한 국회의원지역구의 선거결과에 따라 배분대상정당이 추가될 것이 예상되는 때에는 추가가 예상되는 정당마다 비례대표국회의원정수의 100분의 5에 해당하는 정수를 별도로 빼야 한다.

2. 청구이유

(1) 2000헌마91 사건

1) 비례대표제는 각 정당이 득표한 유효투표수의 비율에 따라 전국구 국회의원 수를 할당하여야 하는 것임에도 불구하고, 현행 1인 1표제 하에서는 일반 국민들은 오직 지역구후보만을 선택할 수 있을 뿐, 어느 누가 전국구 후보인지에 대하여 아무런 인식을 하지 못한 채 특정 정당에서 일괄적으로 정한 후보를 선택하게 되는바, 이는 진정한 국민들의 의사를 반영하지 못하고 일반 유권자들의 의사를 왜곡하는 것이어서 청구인들을 비롯한 일반 국민들의 공직선거후보자 선택의 자유(선거권)를 본질적으로 침해하는 것이다.

2) 청구인들은 현재 불신받고 있는 의회정치를 극복하고, 다원화사회에 다양한 사회계층의 의사를 국정에 반영하고자 결성한 가칭 '청렴정치 국민연합'의 발기인들인데, 1인 1표제 조항은 국민의 의사를 왜곡하여 신생정당이 의석을 얻을 수 있는 길을 원초적으로 봉쇄하고 있으며, 이로 말미암아 청구인들의 공무담임권과 평등권이 본질적으로 침해되고 있다.

(2) 2000헌마112 사건

1) 선거법 제189조 제1항에 의하면 비례대표국회의원선거에 있어 선거인이 직접 특정정당에 대한 투표를 할 수 없고 지역구 후보에 대한 투표결과를 곧바로 그 후보의 소속정당에 대한 지지로 의제하고 있고, 당선인은 정당별 비례대표국회의원 후보자명부에 기재된 순위에 따라 결정하도록 하고 있는바, 이는 선거인의 진정한 투표의사와 관련 없을 뿐만 아니라, 정당으로 하여금 사실상 중간선거인의 역할을 하게 하는 결과를 초래하고 있으므로 헌법에 보장된 직접선거원칙에 정면으로 위배된다.

2) 위 선거법 조항은 지역구국회의원선거에서 5석 이상의 의석을 차지하였거나 유효투표총수의 100분의 5 이상을 득표한 각 정당에 대하여만 비례대표국회의원의석을 배분하고, 다만 유효투표총수의 득표비율이 100분의 3 이상 100분의 5 미만인 각 정당에 대하여는 1석씩을 배분하는 소위 '봉쇄규정'을 두고 있는데, 이는 지나치게 과도한 것이어서 평등선거의 원칙에 위반된다.

(3) 2000헌마134 사건

1) 선거법 제189조 제1항은 비례대표국회의원의 경우 비례대표국회의원이 속한 정당에 대한 직접투표를 하지 아니하고 지역구후보에 대한 투표를 비례대표후보들의 득표로 의제하고 있는바, 이는 헌법이 보장하고 있는 직접선거의 원칙에 위반된다.

2) 위 선거법 조항은 지역구 국회의원 총선거에서 얻은 득표비율에 따라 비례대표국회의원 의석을 배분하도록 규정되어 있는바, 이로 인해 지역구 후보나 비례대표 후보의 선택에 있어서 지지후보가 서로 다른 경우 유권자는 어느 한쪽의 후보자 선택권을 박탈당하게 되어 헌법 제24조의 선거권, 헌법 제41조 제1항의 국회구성권을 침해받게 된다.

3) 또한 전국구비례대표후보자의 입장에서 볼 때, 유권자가 그를 지지하더라도 유권자가 속한 선거구의 그 정당소속 지역구후보를 지지하지 않아 그 지역구후보자에게 투표하지 않을 경우 전국구비례대표국회의원으로 선출될 수 있는 기회를 박탈당하게 되어 피선거권(공무담임권)이 침해되고, 지역구후보자의 경우에도 유권자들이 그 후보자는 지지하나 그들이 소속한 정당을 지지하지 않아 결국 다른 후보에게 투표를 하는 경우가 있을 것인데 이 경우 그 후보자들이 지역구국회의원으로 당선 될 수 있는 기회를 박탈당하게 되어 역시 피선거권을 침해 받게 된다.

3. 주 문

선거법 제146조 제2항 중 '1인 1표로 한다' 부분은 국회의원선거에 있어 지역구국회의원선거와 병행하여 정당명부식 비례대표제를 실시하면서도 별도의 정당투표를 허용하지 않는 범위에서 헌법에 위반된다.

4. 판시사항

(1) 비례대표국회의원의석의 배분방식 및 1인1표제의 위헌여부(적극)

(2) 심판대상에 부수되는 관련조항에 대하여도 위헌선언을 한 사례

5. 결정요지

(1) 선거법은 이른바 1인 1표제를 채택하여(제146조 제2항) 유권자에게 별도의 정당투표를 인정하지 않고 있으며, 지역구선거에서 표출된 유권자의 의사를 그대로 정당에 대한 지지의사로 의제하여 비례대표의석을 배분토록 하고 있는바(제189조 제1항), 이러한 비례대표제 방식에 의하면, 유권자가 지역구후보자나 그가 속한 정당 중 어느 일방만을 지지할 경우 지역구후보자 개인을 기준으로 투표하든, 정당을 기준으로 투표하든 어느 경우에나 자신의 진정한 의사는 반영시킬 수 없으며, 후보자든 정당이든 절반의 선택권을 박탈당할 수밖에 없을 뿐만 아니라, 신생정당에 대한 국민의 지지도를 제대로 반영할 수 없어 기존의 세력정당에 대한 국민의 실제 지지도를 초과하여 그 세력정당에 의석을 배분하여 주게 되는바, 이는 선거에 있어 국민의 의사를 제대로 반영하고, 국민의 자유로운 선택권을 보장할 것 등을 요구하는 민주주의원리에 부합하지 않는다.

(2) 비례대표제를 채택하는 경우 직접선거의 원칙은 의원의 선출뿐만 아니라 정당의 비례적인 의석확보도 선거권자의 투표에 의하여 직접 결정될 것을 요구하는바, 비례대표의원의 선거는 지역구의원의 선거와는 별도의 선거이므로 이에 관한 유권자의 별도의 의사표시, 즉 정당명부에 대한 별도의 투표가 있어야 함에도 현행제도는 정당명부에 대한 투표가 따로 없으므로 결국 비례대표의원의 선출에 있어서는 정당의 명부작성행위가 최종적·결정적인 의의를 지니게 되고, 선거권자들의 투표행위로써 비례대표의원의 선출을 직접·결정적으로 좌우할 수 없으므로 직접선거의 원칙에 위배된다.

(3) 1인 1표제하에서의 비례대표의석배분방식에서, 지역구후보자에 대한 투표는 지역구의원의 선출에 기여함과 아울러 그가 속한 정당의 비례대표의원의 선출에도 기여하는 2중의 가치를 지니게 되는데 반하여, 무소속후보자에 대한 투표는 그 무소속후보자의 선출에만 기여할 뿐 비례대표의원의 선출에는 전혀 기여하지 못하므로 투표가치의 불평등이 발생하는바, 자신이 지지하는 정당이 자신의 지역구에 후보자를 추천하지 않아 어쩔 수 없이 무소속후보자에게 투표하는 유권자들로서는 자신의 의사에 반하여 투표가치의 불평등을 강요당하게 되는바, 이는 합리적 이유없이 무소속 후보자에게 투표하는 유권자를 차별하는 것이라 할 것이므로 평등선거의 원칙에 위배된다.

(4) 선거법 제189조 제1항은 위와 같은 이유로 헌법에 위반되며, 선거법 제146조

제2항 중 '1인 1표로 한다'부분은 국회의원선거에 있어 지역구국회의원선거와 병행하여 정당명부식 비례대표제를 실시하면서도 별도의 정당투표를 허용하지 않는 범위에서 헌법에 위반된다 할 것인바, 그로 인하여 유권자인 국민들의 비례대표국회의원에 대한 선거권, 무소속후보자에 대하여 투표하는 유권자들의 평등권 등의 기본권이 침해된다.

(5) 비례대표국회의원선거의 근간이 되는 선거법 제189조 제1항이 위헌이라면 그에 부수되는 동조 제2항 내지 제7항은 독자적인 규범적 존재로서의 의미를 잃게 되는바, 그렇다면 이 조항들이 비록 심판대상이 아니지만 함께 위헌선언을 함으로써 법적 명확성을 기하는 것이 상당하므로 그에 대하여도 아울러 위헌선언을 한다.

Ⅳ. 비례대표제의 본질과 기능

여기서는 먼저 선거제도의 기본적 유형에 관하여 간단히 언급하면서 비례대표제의 본질과 기능을 살펴보고자 한다.

1. 선거제도의 유형

선거제도에는 여러 가지 유형이 있으나 일반적으로 크게 다수대표선거제와 비례대표선거제의 두 가지로 대별할 수 있다. 국가마다 각기 상이한 선거제도를 가지고 있는데 대체로 이 두 가지 제도 중 어느 하나 또는 그 혼합형 내지는 변형제도를 택하고 있다.

(1) 다수대표제

다수대표선거제는 선거제도유형 중 가장 보편적이고 오랜 역사를 가진 선거제도인데, 이는 다수결원리의 선거제도상의 실현형태로서 후보자 중에서 다수표를 획득한 사람을 당선자로 결정하는 가장 단순한 형태의 선거제도를 말한다. 이 제도는 다시 유효투표수의 과반수 이상의 득표자만을 당선자로 하는 절대다수대표제와 후보자 중 단순히 가장 많은 득표를 한 사람을 당선자로 하는 상대다수대표제로 나눌 수 있다.

다수대표제는 특정 후보자에 대한 인물본위의 선거제도로서 당선자와 대의기관의 가장 직접적인 민주적 정당성의 확보를 가능하게 하며, 의회내의 다수세력의 형성과 이를 통한 양당제도의 확립을 용이하게 하여, 정부의 정책집행을 뒷받침 해주기 위한 안정되고 원활한 의회기능의 확보와 유지를 가능케 한다는 제도적인 장점을 가지고 있다. 그러나 반면에 다수대표제에서는 낙선된 후보자들에게 주어진 표는 사표로 전락되어 의회의 구성에서 완전히 무시되기 때문에 의회의 의사결정과정에서 정치적 소수세력의 의사를 충분히 반영시킬 수 없어 소수자보호에 미흡하다는 제도상의 단점과, 특히 상대다수대표제에서는 각 정당의 득표율과 그 확보된 의석수 사이에 반드시 정비례관계가 성립되는 것은 아니기 때문에 타정당에 비하여 득표수에서는 앞섰지만 의석수에서는 뒤지는 불합리한 결과가 초래될 수도 있어서, 결국 이 선거제도는 투표의 산술적 계산가치의 평등뿐만 아니라 그 성과가치의 평등도 아울러 실현하고자 하는 선거제도에 있어서의 대원칙인 평등선거의 원칙[8]에 비추어 볼 때 문제점이 있다고 하겠다.

(2) 비례대표제

비례대표선거제는 소수보호의 정신과 정치세력의 지지도에 상응한 비례적인 대의의 실현형태로서 각 정치세력의 득표율에 비례한 정치적 대표기능을 각 해당 정치세력에게 배분하는 선거제도를 말한다. 이는 각 정당의 득표율에 비례하는 의석수를 각 해당 정당에 부여함으로써 가능한 한 모든 정당이 의회에 진출할 수 있도록 하려는 선거제도로서 사회의 다양한 이해관계나 정치적 의사가 그대로 의회의 구성에 반영되도록 하려는 것이다.[9]

따라서 비례대표선거제에서는 소수에게도 의회진출의 기회를 부여함으로써 소수자보호의 민주정치원리에도 합치되고, 앞서 언급한 투표의 산술적 계산가치의 평등과 성과가치의 평등을 실현하고자 하는 평등선거의 원칙과 그리고 이 원칙에서 도출된 선거에 있어서 각 정당간의 기회균등의 원칙[10]에도 충실한 것이며, 아울러 현대적 민주정치의 본질인 정당정치제도에 적합하여 정책과 강령을 위주로 한 정당본위의 선거제도를 확립·발전시킬 수 있는 등 정당민주주의원리에도 합치된다는 제도적 장점을 가지고 있다.

그러나 반면에 비례대표선거제에서는 지나친 소수정당보호로 인해 의회내의 군

---

8) 평등선거의 원칙에 관하여 정연주, 선거구획정과 인구편차, 인권과 정의, 2002. 5, 127쪽 이하; Maunz, in : Maunz/Dürig, Grundgesetz Kommentar, Art. 38, Rdnr. 48f.; Pieroth, in: Jarass/Pieroth, Grundgesetz Kommentar, Art. 38, Rdnr. 8 참조.

9) Vgl. BVerfGE 51, 222(253).

10) Vgl. BVerfGE 47, 198(227f.); Badura, Staatsrecht, S. 293f.; Stein, Staatsrecht, S. 82.

소정당의 난립과 국민의사의 분열을 초래하고 의회내의 안정된 다수세력의 형성을 저해할 우려가 있어 결국 정국주도를 위한 안정되고 원활한 의회의 기능 확보를 어렵게 할 수도 있으며, 아울러 선거절차와 과정이 정당의 일방적인 정치적 영향과 주도하에서 행해지기 때문에 일반대중이 정치에서 소외당하기 쉽고, 후보자의 선정과 그 순위결정권 등 후보자명부의 작성이 정당의 간부들에게 독점되고 선거인은 후보자의 선정에 거의 영향을 미치지 못하는 등의 문제점이 제기된다.

2. 선거제도의 이념과 비례대표제

선거는 일정한 절차에 따라 대표자를 선출하는 행위로서 대의기관을 구성하는 민주주의의 실현수단이다. 따라서 선거제도는 대의기관구성과 국가의 정책결정·집행과정에 국민의 의사가 가능한 한 굴절 없이 정확하게 반영될 수 있도록 마련되어야 한다. 이러한 관점에서 볼 때 선거제도가 갖추어야 할 제1차적 요소는 대표형성의 정확성이라고 할 수 있다. 물론 그 외에 안정된 다수형성과 정국안정 등도 선거제도가 고려해야 할 중요한 요소이지만, 이는 선거제도 그 자체 이외에도 그 나라의 정치적·역사적 상황, 정당제도 등 매우 다양하고 복잡한 여러 요소들에 의하여 결과되는 것이지, 선거제도만의 문제는 아닌 것이다. 이러한 맥락에서 볼 때 선거제도의 양대축인 다수대표제와 비례대표제 중 이론과 경험측상 일단 비례대표제가 선거제도의 이념에 보다 더 잘 부합된다고 볼 수 있다. 즉 다수대표제보다는 투표와 대표(의석)간의 균형을 특성으로 하는 비례대표제가 국민의사의 정확한 반영과 정확한 대표형성 및 비례적인 대의의 실현에 보다 적합하다고 할 수 있다. 더욱이 정권교체가－연립정부의 파트너를 교체하는 형태까지 포함한다면－다수대표제에서보다는 비례대표제하에서 보다 용이하게－물론 영국이나 미국처럼 다수대표제하에서도 원활한 정권교체가 이루어지기는 하지만－실현될 수 있다고 일반적으로 평가된다. 물론 이러한 전제가 절대적인 것은 아니고 선거구분할, 투표·의석산출방식, 저지조항, 정당실태, 그 나라의 정치적·역사적 상황 등 여러 가지 요소들에 따라 그 결과는 달라질 수 있겠지만, 이론적·경험적으로 볼 때 비례대표제의 이러한 특성을 부인할 수는 없을 것이다. 이에 따라 비례대표제가 다양한 이해와 견해를 비례적으로 대의기관의 구성에 투영함으로써 현대의 다원적 민주주의의 실현과 복수정당제 내지 정당민주주의의 이념에 적합하고, 소수 및 신진세력의 의회진출을 용이하게 하고, 선거구분할의 불균형을 시정하고, 지역적 갈등해소와 사회적 통합에 이바지하며, 사표방지 및 표의 등가성제고 등 투표의 산술적 계산

가치의 평등뿐 아니라 성과가치의 평등도 아울러 요구하는 평등선거의 원칙과 잘 조화된다고 할 수 있고, 이로써 다수대표제의 문제점을 보완할 수 있다고 평가된다. 아울러 특정지역대표를 위한 선거라기보다는 직능대표선거로서의 성격이 강하기 때문에 대의제도가 요구하는 엘리트·전문가정치의 실현을 보다 용이하게 할 수 있고, 선거구관리의 부담이 줄어들거나 사라지고, 합리적으로 운영된다면 선거비용도 줄어들 수 있고, 지역이익이 아닌 국익과 전국적 대표의 실현을 보다 용이하게 하여 대의제도의 기초인 통치권의 자유위임의 이념에도 잘 부합된다고 평가될 수 있을 것이다. 또한 비례대표제는 유권자의 투표참여율을 높인다는 평가도 있다.[11] 이러한 관점에서 볼 때 비례대표제는 일단 이론적으로는 매우 긍정적으로 평가될 수 있을 것이다. 특히 우리의 경우에는 망국적인 지역감정으로 인한 국민 상호간의 갈등과 분열,[12] 선거구분할의 극심한 불균형, 지나치게 지역구에 종속적인 국회의원선거 및 의정활동, 타락·불법 및 금권선거, 투표와 대표간의 불균형성, 일부 다수정당의 독점적 지배와 소수 및 신진정당의 의회진출의 어려움[13] 등 제반 상황을 고려해 볼 때 다원적 민주주의의 실현과 사회통합을 위하여 비례대표제의 실시는 일응 절실하다고 볼 수 있을 것이다.

V. 1인 1표제 및 비례대표국회의원 의석배분방식의 위헌성

여기서는 1인 1표제 및 비례대표국회의원 의석배분방식의 위헌여부를 헌법재판소의 판단기준인 민주주의원리 및 선거의 헌법상 기본원칙의 측면에서 고찰해보고자 한다.

---

11) 실제로 스위스의 몇몇 주(Kanton)에서 비례대표제를 도입했을 때, 30-40%에 불과했던 투표참여율이 두배로 증가된 적도 있었다.

12) 일반적으로 다수대표선거제도가 성공하기 위한 전제조건으로서 첫째, 균등한 생활환경과 사회적 동질성, 둘째, 다수결원칙에 대한 시민의 정치적 기본합의, 셋째, 소수가 다수가 될 수 있고 정권이 교체될 수 있는 가능성 등 세 가지가 거론되고 있다. 이러한 전제조건이 충족되기 어려운 우리의 경우 다수대표제는 개인과 집단들 사이의 정치·경제·사회·문화적 대립을 첨예화시킬 가능성이 높다.

13) 참고로 2002. 6. 13. 실시된 지방선거의 경우 광역의회선거에서는 처음 도입된 정당투표의 결과 군소정당이라고 할 수 있는 민주노동당이 지역구에서는 단 2석에 그쳤으나 정당투표에서 전국평균 8.1%의 득표율로 무려 9석의 비례대표의석을 차지했으며, 역시 신생·소수정당인 미래연합은 지역구에서는 단 1석도 얻지 못했으나 비례대표의 경우 2석을 차지하여 비례대표의석 총 73석 중 소수정당이 11석을 차지하게 되었다(중앙일보 2002. 6. 15, 8쪽 참조).

1. 민주주의원리와 관련하여

민주주의원리는 헌법상의 기본원리로서 이를 실현하기 위한 가장 중요한 제도의 하나가 바로 선거제도이다. 따라서 선거제도의 구체적 내용이 이러한 민주주의 원리에 부합되어야 하는 것은 당연하다. 주지하는 바와 같이 오늘날의 민주주의는 정당정치와 정당본위의 선거 및 복수정당제를 바탕으로 하는 정당민주주의와 다원적 민주주의를 특징으로 하고 있다. 따라서 오늘날 정당을 통하지 않는 정치와 선거는 상상하기 어렵다. 이를 위해 헌법 제8조 제1항도 복수정당제를 보장하고 있다. 이를 실천하기 위해서는 정당이 진정한 차별적 정책과 강령으로 무장되고, 정당내부의 민주화가 이루어져야 하며, 정당의 다양한 특권이 보장되어야 한다. 이러한 복수정당제를 통한 정당민주주의와 다원적 민주주의를 활성화시킬 수 있는 제도의 하나가 바로 비례대표제라고 할 수 있다. 왜냐하면 비례대표제는 각 정당의 득표율에 비례하는 정치적 대의기능을 각 정당에 부여함으로써 가능한 한 다양한 정치적 견해나 이해가 대의기관의 구성에 투영될 수 있도록 하고, 이를 위해 이러한 다양한 견해를 대표하는 가능한 한 다양한 정당이 원내에 진출할 수 있도록 하는 제도이기 때문이다. 이에 따라 비례대표제를 통해 다양한 각 정당의 특성을 대표하는 후보자가 의석을 차지하여야 하는데 이는 국민 내지 선거인에 의한 직접적인 정당선택이 전제되어야 하며, 따라서 반드시 정당투표제가 실시되어야 한다. 즉 선거인이 정당에 직접 투표를 함으로써 정당의 정책과 강령을 선택할 수 있어야 하는데, 1인 1표제는 이러한 정당선택의 기회를 박탈하고 있기 때문에 민주주의원리 및 복수정당제를 보장하는 헌법의 이념과 조화되기 어렵다.

주지하는 바와 같이 민주주의원리란 통치권의 창설과 구성 및 행사의 최후적 정당성을 국민의 의사에 귀착시키는 원리로서 선거의 경우 선거인의 의사가 굴절 없이 대의기관의 구성에 반영될 것을 요구한다. 그런데 헌법재판소가 적절히 지적하고 있듯이, 1인 1표제에 따르면 유권자가 지역구후보자나 그가 속한 정당 중 어느 일방만을 지지할 경우 지역구후보자 개인을 기준으로 투표하든, 정당을 기준으로 투표하든 어느 경우에나 자신의 진정한 의사는 반영시킬 수 없으며, 후보자든 정당이든 절반의 선택권을 박탈당할 수밖에 없을 뿐만 아니라, 신생·소수정당에 대한 국민의 지지도를 제대로 반영할 수 없어 기존의 세력정당에 대한 국민의 실제 지지도를 초과하여 그 세력정당에 의석을 배분하여 주게 되고, 또한 자신의 지역구에 자신이 지지하는 정당소속 후보자가 출마하지 않은 경우에 그 유권자에게는 그 정당에 대한 자신의 지지를 나타낼 기회를 박탈당하게 된다. 이는 결국 국민의 의사와 정치적 견해를 왜곡시키는 것으로서 선거에 있어 국민의 의사를 제대로 반영하고, 국민의 자유로운 선택권을 보장할 것 등을 요구하는 민주주의원리에 반하는 것이다.

2. 직접선거의 원칙과 관련하여

(1) 직접선거의 원칙 위반

선거의 헌법상 기본원칙 중 하나가 직접선거의 원칙으로서 선거법상 이 원칙이 준수되어야 함은 물론이다. 직접선거의 원칙은 선거인 스스로가 직접 대의기관을 선출하는 것을 말한다. 직접선거에서는 간접선거에서처럼 선거인과 대의기관 사이에 중간선거인이 없기 때문에 선거인과 대의기관 사이에 직접적인 신임과 위임관계가 성립한다. 이처럼 직접선거의 경우 선거인과 대의기관의 선출 사이에 직접성이 존재하여야 하며, 따라서 선거인의 투표가 바로 후보자의 당선 여부에 직결되어야 한다. 즉 첫째, 선거인의 투표와 후보자 또는 비례대표의원 후보자명부 사이에 직접성이 존재하여야 하고, 따라서 선거인의 투표가 후보자 또는 비례대표의원 후보의 선출에 직접적인 영향력을 행사하여야 하며, 둘째, 선거인이 미리 후보자나 비례대표의원 후보자명부를 알고 있어야 하고, 선거 이전에 이미 그 후보자 또는 특정비례대표명부의 득표에 영향을 미칠 수 있는 모든 법적·정치적 행위가 완결되어 있어야 한다.

그런데 이러한 직접선거의 원칙에 비추어 볼 때 1인 1표제에 의한 비례대표의원 선출방식은 위헌이다. 왜냐하면 이 제도하에서는 선거인의 지역구후보자에 대한 투표의 결과 우연히 해당 정당이 획득한 득표율에 따라 비례대표의원이 선출되는 것에 불과하고 선거인의 해당 정당에 대한 투표가 생략되어 선거인의 투표와 비례대표의원 후보자명부 사이의 직접성이 결여되어 있고, 따라서 선거인의 투표가 비례대표의원후보의 선출에 직접적인 영향력을 행사할 수 없기 때문이다.

이와 관련하여 헌법재판소는 "… 1인 1표제 하에서의 비례대표후보자명부에 대한 별도의 투표 없이 지역구후보자에 대한 투표를 정당에 대한 투표로 의제하여 비례대표의석을 배분하는 것은 직접선거의 원칙에 반한다고 하지 않을 수 없다. 비례대표의원의 선거는 지역구의원의 선거와는 별도의 선거이므로 이에 관한 유권자의 별도의 의사표시, 즉 정당명부에 대한 별도의 투표가 있어야 한다. 확정된 정당명부를 보고 유권자들이 그 선호에 따라 투표할 수 있는 한 '선거권자의 투표로 최종적으로 결정한다'는 직접선거의 최소한의 요구는 충족된다. 그러나 현행제도는 정당명부에 대한 투표가 따로 없으므로 유권자들에게 비례대표의원에 대한 직접적인 결정권이 전혀 없는 것이나 마찬가지이다. 지역구후보자에 대한 투표를 통하여 간접적으로 또－지역구후보자에 대한 지지와 정당에 대한 지지가 일치할 경우에 한하여－우연적으로만 비례대표의원의 선출에 간여할 수 있을 뿐이다. 정당명부에 대한 직접적인 투표가 인정되지 않기 때문에 비례대표의원의 선출에 있어서는 유권자의 투표행위가 아니라 정당의 명부작성행위가 최종적·결정적인 의의를 지니게 된다. … 지역구선거는 본질적으로 '인물선거'이지, '정당선거'는 아니라고 할 것이다. 지역구선거는 입후보자의 자질, 지역적 관심사항, 지역적 연고, 후보자의 지역구관리 등에 보다 많은 관심이 쏠리게 마련이지만, 정당선거는 국가적 사안, 사회적·경제적 이슈, 정당의 이념·정책 등을 기준으로 한 선거인 것이다. … 결론적으로 현행 비례대표의석배분방식은 선거권자들의 투표행위로써 정당의 의석배분, 즉 비례대표국회의원의 선출을 직접, 결정적으로 좌우할 수 없으므로 직접선거의 원칙에 위배된다고 할 것이다."라고 판시하고 있는데,[14] 이러한 내용은 위에서 언급한 직접선거의 원칙에 비추어 볼 때－지역구선거의 본질을 지나치게 인물선거로만 파악하고 정당선거적 성격을 전혀 도외시한 부분 등을 제외한다면[15]－대체로 타당하다고 볼 수 있다.

(2) 고정명부제의 문제와 관련하여

1) 고정명부제와 직접선거의 원칙

한편 헌법재판소도 언급하고 있듯이 이러한 직접선거의 원칙과 관련하여 고정명부식 정당명부 자체의 정당성이 문제될 수 있다. 즉 정당투표제가 도입된다 하더라도 정당명부상의 후보자와 순위가 선거인의 의사와 관계없이 정당이 일방적으로 정하는 결과 선거인이 후보자 개인을 직접 선택하지 못하기 때문에 직접선거의 원칙위반이라는 비판이 그것이다. 결론적으로 말하면 고정명부식 정당명부가 직접

14) 헌재 2001. 7. 19. 2000헌마91 등, 판례집 13-2, 77, 96-97.

15) 우리의 정치현실에서 비례대표의원 뿐 아니라 지역구의원의 경우에도 그 공천과정에서 뿐 아니라 선거구민에 의한 선거과정에서도 실제로 인물본위선거만에 의해서라기보다는 상당부분 그 소속정당을 기준으로 선거되고 당선된다는 사실을 감안할 때 헌재의 견해는 타당하다고 보기 어렵다. 이러한 지역구의원 및 비례대표의원선거와 정당과의 관계에 대하여는 정연주, 대의제도와 정당기속, 인권과 정의, 1999. 8, 91쪽 이하 참조.

선거의 원칙에 위반된다고는 볼 수 없다. 왜냐하면 정당명부가 이미 선거인의 투표 이전에 작성·확정된 것이고, 선거인이 정당명부의 내용을 알고 있으며, 선거전에 특정정당의 득표와 비례대표의원선출에 영향을 미치는 모든 법적·정치적 행위가 완결되어 있고, 선거인의 투표와 비례대표의원선출 사이에 어떠한 중간선거인이 매개되지 아니하기 때문에 고정명부제의 경우에도 정당투표제가 실시된다면 선거인의 투표와 명부 사이에 직접성이 인정되고, 따라서 선거인의 투표가 비례대표의원선출에 직접적인 영향력을 행사하기 때문이다. 따라서 고정명부제의 경우에도 선거인 스스로가 정당투표를 통해 직접 대의기관을 선출하는 것이라고 말할 수 있다. 그러므로 지역구선거에서와는 달리 고정명부식 비례대표제의 경우에는 선거인이 직접 개개의 후보자에게 투표하는 것이 아니고 정당 내지 명부 자체에 투표를 하는 것이며, 따라서 실질적으로는 정당이 직접 후보자명부를 작성하는 것이기 때문에 정당이 일종의 중간매개자 내지 중간선거인의 역할을 한 것이므로 이는 직접선거의 원칙에 위배된다는 주장은 타당성이 없다. 만일 그렇지 않다면 지역구의원선거의 경우에도 당해 후보자 역시 이미 해당 정당에 의해서 공천을 통해 후보자로 결정된 것이므로 이 경우에도 정당이 일종의 중간선거인의 역할을 한 것이므로 직접선거의 원칙에 위배된 것으로 보아야 한다는 모순에 빠지게 될 것이다. 헌법재판소도 "비례대표후보자명단과 그 순위, 의석배분방식은 선거시에 이미 확정되어 있고, 투표 후 후보자명부의 순위를 변경하는 것과 같은 사후개입은 허용되지 않는다. 그러므로 비록 후보자 각자에 대한 것은 아니지만 선거권자가 종국적인 결정권을 가지고 있으며, 선거결과가 선거행위로 표출된 선거권자의 의사표시에만 달려 있다고 할 수 있다. 따라서 고정명부식을 채택한 것 자체가 직접선거원칙에 위반된다고는 할 수 없다."라고 판시하고 있다.[16)]

2) 고정명부제의 개선방안

한편 고정명부제가 가지는 문제점을 해소하고 민주성을 제고하기 위하여, 그리고 선거인의 투표와 비례대표의원후보자명부 사이의 직접성을 더욱 강화하기 위하여 다음의 두 가지 장치가 고려될 수는 있을 것이다.

첫째, 명부작성과정의 민주성을 제고하는 것이다. 즉 비례대표후보자의 선정과 순위확정이 당원총회나 대의원대회 등을 통하여 민주적 절차를 거쳐 이루어지도록 하는 것이다. 예컨대 정당명부작성을 상향식으로 정당의 대의원이나 당원들에 의

16) 헌재 2001. 7. 19. 2000헌마91 등, 판례집 13-2, 77, 96.

해 민주적으로 작성·결정되거나 또는 정당집행부에 의해 작성되더라도 정당의 대의원이나 당원들에 의하여 개별적으로 동의를 받고 순위가 결정되도록 하는 것이다. 그럴 경우 정당수뇌부나 1인 Boss에 의해 일방적으로 명부가 작성·결정되는 것을 억제할 수 있고, 명부작성과정의 객관성과 투명성이 제고되어 그동안 제기되어 왔던 고정명부제의 문제점이 줄어들 수 있으며, 정당내부민주화에 기여하면서 결국 비례대표제의 본래 취지와 기능이 제고될 수 있을 것이다.[17)]

둘째, 고정명부제를 비고정명부제로 바꾸는 것이다. 예컨대 선거인이 정당명부 자체에 대한 투표 외에 명부상 후보자 개인 및 그 순위에 대하여도 선택할 수 있도록 하여, 즉 인물선택권을 부여함으로써 비례대표선거제도에 지역구선거의 특성 중의 하나인 인물본위선거적 요소를 가미하고, 선거인의 의사를 좀 더 구체적이고 직접적으로 반영하여 직접성과 민주성을 제고할 수 있으며, 정당에 의한 일방적인 명부의 작성과 결정이 야기하는 앞서 언급한 문제점도 줄어들 수 있을 것이다.[18)]

그러나 다른 한편 이러한 비고정명부제의 경우에 그 시행상의 기술적인 어려움이 있다는 점, 그리고 비례대표선거제도의 특성 및 기능 중의 하나가 직능 및 전문가대표 내지 엘리트에 의한 전문정치의 실현을 용이하게 하는 것이라는 점에 비추어 후보자명부상의 인물선택 및 순위 등을 정당이 아닌 일반 유권자가 직접 결정하는 것이 반드시 바람직하다고 볼 수만도 없을 것이다. 왜냐하면 비례대표후보자의 정치적 역량이나 전문성 등에 대하여는 정치전문가들로 구성된, 그리고 다양한 자료와 정보를 가진 정당이 일반 선거인보다 더욱 잘 판단할 수 있을 것이고, 아울러 정치적 역량과 전문성이 풍부한 후보자나 정당이 꼭 필요로 하는 후보자보다는 이와 관계없이 단순히 지명도가 높거나 인기가 있는 후보자가 당선될 가능성도 있기 때문이다.

3. 평등선거의 원칙과 관련하여

(1) 1인 1표제와 평등선거의 원칙

1인 1표제 비례대표제는 평등선거의 원칙, 특히 투표의 성과가치의 평등에 위배된다. 헌법재판소도 적시하고 있듯이 이 제도하에서는 지역구후보자에 대한 투표는 지역구의원의 선출에 기여함과 아울러 그가 속한 정당의 비례대표의원의 선출

17) 정당명부작성의 방식과 절차의 민주화에 대하여 정연주, 국회의원선거제도의 개혁방안, 공법연구 제27집 제3호, 1999. 6, 185쪽 참조.

18) 고정명부제의 문제점에 대하여 정연주, 전게논문, 184쪽 참조.

에도 기여하는 2중의 가치를 지니게 되는데 반하여, 무소속후보자에 대한 투표는 그 무소속후보자의 선출에만 기여할 뿐 비례대표의원의 선출에는 전혀 기여하지 못하므로 투표가치의 불평등이 발생하는바, 자신이 지지하는 정당이 자신의 지역구에 후보자를 추천하지 않아 어쩔 수 없이 무소속후보자에게 투표하는 유권자들로서는 자신의 의사에 반하여 투표가치의 불평등을 강요당하게 되고, 결국 이는 합리적 이유 없이 무소속 후보자에게 투표하는 유권자를 차별하는 것이라 할 것이므로 평등선거의 원칙에 위배된다. 즉 무소속후보자에게 대한 투표는 비례대표후보자의 선출과 국회의석배분에 영향력을 전혀 행사하지 못하기 때문에 무소속후보자에게 투표한 자와 정당소속후보자에게 투표한 자 사이에 합리적 차별사유가 없이 차별의 결과를 초래하므로 1인 1표제는 평등의 원칙에 대한 위반이자, 투표의 성과가치의 평등에 반하는 것이다.

(2) 저지조항의 문제

한편 이른바 저지조항의 평등선거의 원칙위반 여부가 문제될 수 있다. 저지조항이란 득표와 관련하여 일정한 기준에 도달한 정당에게만 비례대표의석을 배분하도록 제한하는 조항인데, 선거법 제189조 제1항은 지역구국회의원선거에서 5석 이상의 의석을 차지하였거나 유효투표총수의 100분의 5 이상(현행은 100분의 3 이상)을 득표한 정당에 한하여 지역구선거에서 얻은 득표비율에 따라 비례대표의석을 배분하도록 하고 있다. 이러한 저지조항과 관련하여 일정한 저지선을 넘지 못한 정당의 경우 비례대표의석배분에 참여하지 못하므로 그 해당 정당에 대한 투표의 성과가치를 차별하게 되는 결과 평등선거의 원칙위반이 문제될 수 있는 것이다. 이와 관련하여 헌법재판소는 "… 현행 저지조항은 지역구의원선거의 유효투표총수를 기준으로 한다는 점에서 현행 의석배분방식이 지닌 문제점을 공유하고 있다. 일정한 저지선을 두고 이를 하회하는 정당에게 의회참여의 기회를 제한하겠다는 제도는 본질적으로 정당에 대한 국민의 지지도를 정확하게 반영할 것을 전제로 한다. 그런데 현행 1인 1표제 하에서의 비례대표제 의석배분방식은 위에서 본 바와 같이 국민의 정당에 대한 지지도를 정확하게 반영하지 못하며 오히려 적극적으로 이를 왜곡하고 있다. 지역구후보자에 대한 지지는 정당에 대한 지지로 의제할 수 없는데도 이를 의제하는 것이기 때문이다. … 이와 같이 국민의 정당지지의 정도를 계산함에 있어 불합리한 잣대를 사용하는 한 현행의 저지조항은 그 저지선을 어느 선에서 설정하건간에 평등원칙에 위반될 수밖에 없다."라고 판시하고 있다.[19]

1인 1표제하에서는 각 정당이 획득한 득표는 앞서 언급한 바와 같이 해당 정당에 대한 투표의 결과가 아니라 단순히 지역구선거의 결과 우연히 그 정당이 획득한 득표이므로 이를 선거인의 그 정당에 대한 정확한 지지라고는 볼 수 없고, 따라서 저지선을 넘은 정당과 그렇지 못한 정당 사이에 실질적인 지지도와 관련한 합리적 차별사유가 존재한다고 보기가 어렵거나 불명확한데 결과적으로 그 저지선을 넘지 못한 정당이 부당하게 차별받게 되므로 이는 평등선거의 원칙에 위반된다고 볼 수 있고, 이 점에서 헌법재판소의 판단은 타당하다.

4. 소 결

결국 헌법재판소도 적절히 지적한 바와 같이 1인 1표제 및 비례대표국회의원 의석배분방식은 위에서 언급한 이유로 민주주의원리, 직접선거의 원칙, 평등선거의 원칙에 위반되고, 따라서 선거법 제146조 제2항 중 '1인 1표로 한다' 부분과 동법 제189조는 위헌이라고 보아야 할 것이다.

Ⅵ. 헌법재판소 결정내용의 문제점

지금까지 살펴보았듯이 헌법재판소의 결정은 대체로 타당하고, 그 의의는 매우 크다고 볼 수 있다. 그런데 주지하는 바와 같이 판례에 있어서는 그 결론 뿐 아니라, 그 결론에 도달하기까지의 과정도 매우 중요하다. 따라서 헌법재판소는 논리정연하고 명확한 헌법적 근거를 제시하여야 한다. 그래야 결정의 설득력이 확보될 수 있고, 판례 및 헌법이론의 발전에 기여할 수 있으며, 유사한 다른 사안에서도 그 일관된 헌법이론과 논거의 적용을 가능케 한다. 그러나 이 사건 결정에는 그 논증과정에 적지 않은 문제점도 있어 보인다. 이에 대하여 몇 가지만 적시하면 다음과 같다.

1. 현행 헌법상 비례대표제는 선택사항인가?

(1) 헌법재판소의 입장

헌법재판소는 "선거법 제146조 제2항 중 '1인 1표로 한다' 부분은 비례대표제를

19) 헌재 2001. 7. 19. 2000헌마91 등, 판례집 13-2, 77, 98-99.

실시하지 않고 단순히 지역구 다수대표제 선거방식만을 채택한다면 그 자체 아무런 위헌성이 없으나, 그것과 병행하여 비례대표제를 실시할 경우에는 선거법 제189조 제1항과 결합하여 위에서 본 바와 같은 여러 위헌적 효과를 불러 일으킨다. 따라서 선거법 제146조 제2항 중 '1인 1표로 한다' 부분은 국회의원선거에 있어 지역구국회의원선거와 병행하여 정당명부식 비례대표제를 실시하면서도 별도의 정당투표를 허용하지 않는 범위에서 헌법에 위반된다."라고 판시함으로써[20] 비례대표제를 실시하는 경우에 한해서 1인 1표제가 위헌이라고 하는 한정위헌결정을 내리고 있다. 이는 만일 비례대표제를 실시하지 아니하는 경우에는 당연히 1인 1표제가 합헌이고, 이는 비례대표제를 실시하지 않아도 무방하다는, 즉 현행 헌법상 비례대표제 자체를 실시하지 않아도 위헌이 아니라는 것을 전제로 하고 있다. 따라서 입법자는 1인 1표제를 고수하고자 한다면 비례대표제를 폐지하면 되고, 그렇지 아니하는 경우에는 1인 2표제 등 정당투표제를 도입하여야 하며, 따라서 입법자에게는 양자 사이의 선택권이 부여되어 있다는 것을 전제로 하고 있다.

(2) 비례대표제의 실시는 의무사항

1) 그러나 이러한 헌법재판소의 입장은 타당하지 못하다. 왜냐하면 헌법의 규정 또는 해석상, 그리고 연혁상 비례대표제는 반드시 실시해야 하는, 따라서 그 실시 여부에 대한 입법자의 재량의 여지가 없는 사항으로 보아야 하기 때문이다.

헌법 제41조 제3항은 "국회의원의 선거구와 비례대표제 기타 선거에 관한 사항은 법률로 정한다."라고 규정하고 있는데, 여기서 비례대표제의 실시는 이미 헌법제정자 내지 헌법개정자의 결단이고, 그 실시에 관한 세부적인 사항(예컨대 명부작성방식, 저지조항 등)만 법률에 위임한 것으로 보아야 할 것이다. 사실 연혁적으로 이러한 비례대표제에 관하여는 과거의 헌법에는 명문으로 규정된 적이 없다가 1980년 헌법에서 제8차 개헌을 통해 제77조 제3항에 처음으로 규정되었고, 이 규정이 현행 헌법 제41조 제3항에 같은 내용으로 이어져 오고 있는 것이다. 이는 비례대표제의 실시 자체는－그 이전의 헌법하에서와는 달리－이미 헌법에 의하여 명령된 것이고, 다만 그 구체적인 내용에 대해서만 입법자에게 위임한다는 헌법개정자의 의지를 말해주고 있다고 하겠다. 즉 비례대표제의 실시여부 자체는 이미 헌법상 정해진 것이므로 입법자에게는 그 실시 여부에 대한 재량의 여지가 없다. 만일 그렇지 않다면 굳이 헌법에 비례대표제에 대한 언급을 할 필요가 없었을 것이

20) 헌재 2001. 7. 19. 2000헌마91 등, 판례집 13-2, 77, 99-100.

다. 다시 말해 비례대표제의 실시여부 자체가 입법자의 입법재량에 맡겨진 것이라면 헌법 제41조 제3항에서 비례대표제에 대한 언급 없이 단지 "국회의원의 선거구와 기타 선거에 관한 사항은 법률로 정한다."는 식으로 규정했었을 것이고, 또한 그것으로 충분했다고 볼 수 있을 것이다.

이는 예컨대 헌법 제61조가 "① 국회는 국정을 감사하거나 특정한 국정사안에 대하여 조사할 수 있으며, 이에 필요한 서류의 제출 또는 증인의 출석과 증언이나 의견의 진술을 요구할 수 있다. ② 국정감사 및 조사에 관한 절차 기타 필요한 사항은 법률로 정한다."라고 규정하고 있는데, 이 경우 시행법률이 국정감사에 대하여만 규정하고 국정조사는 배제시킬 수는 없는 것과 같은 이치이다.

2) 이러한 논리는 헌법재판소의 1990. 10. 15. 89헌마178 법무사법시행규칙에 대한 헌법소원 사건[21]에서도 간접적으로 확인될 수 있다. 이 사건은 상위법인 법무사법이 모든 국민에게 부여한 법무사 자격취득의 기회를 하위법인 시행규칙이 박탈했다는 이유로 동시행규칙에 대하여 위헌결정을 내린 사건이다. 즉 법무사법 제4조가 "① 다음 각호의 1에 해당하는 자는 법무사의 자격이 있다. 1. 생략 2. 법무사시험에 합격한 자 ② … 동항 제2호의 규정에 의한 법무사시험의 실시에 관하여 필요한 사항은 대법원규칙으로 정한다."라고 규정함으로써－명문으로 또는 적어도 입법취지 내지 해석상－반드시 법무사시험을 실시하는 것을 전제로 이에 합격한 자에게 법무사의 자격을 부여하도록 하고 있고, 다만 그 시험실시에 관한 세부사항만을 대법원규칙에 위임하고 있는데, 법무사법시행규칙 제3조 제1항은 "법원행정처장은 법무사를 보충할 필요가 있다고 인정되는 경우에는 대법원장의 승인을 얻어 법무사시험을 실시할 수 있다.…"라고 규정함으로써 법원행정처장이 법무사를 보충할 필요가 없다고 인정되는 경우에는 법무사시험을 실시하지 아니할 수 있고, 이에 따라 법무사시험을 통한 법무사 자격취득의 기회를 봉쇄하는 결과를 낳은 것이다. 즉 상위법에서는 반드시 법무사시험을 실시할 것을 전제로 하고 있고, 다만 그 시험실시에 관한 구체적 사항만을 시행규칙에 위임하고 있음에도 불구하고 시행규칙은 그 시험실시 여부 자체를 법원행정처장의 재량에 의하여 결정할 수 있도록 함으로써 상위법에 위반하고 있는 것이다.

헌법재판소도 이에 대하여 "법무사법 제4조 제1항 제2호에서 법무사시험에 합격한 자에게 법무사의 자격을 인정하는 것은 법무사시험이 합리적인 방법으로 반드시 실시되어야 함을 전제로 하는 것이고, 따라서 법무사법 제4조 제2항이 대법원규칙으

21) 이 결정에 대한 평석은 정연주, 헌법판례연구[Ⅰ], 박영사, 2002, 58쪽 이하 참조.

로 정하도록 위임한 이른바 '법무사시험의 실시에 관하여 필요한 사항'이란 시험과목 · 합격기준 · 시험실시방법 · 시험실시시기 · 실시횟수 등 시험실시에 관한 구체적인 방법과 절차를 말하는 것이지 시험의 실시여부까지도 대법원규칙으로 정하라는 말은 아니다. 그럼에도 불구하고 법무사법시행규칙 제3조 제1항은 '법원행정처장은 법무사를 보충할 필요가 있다고 인정되는 경우에는 대법원장의 승인을 얻어 법무사시험을 실시할 수 있다'라고 규정하였는바, 이는 법원행정처장이 법무사를 보충할 필요가 없다고 인정하면 법무사시험을 실시하지 아니해도 된다는 것으로서 상위법인 법무사법 제4조 제1항에 의하여 청구인을 비롯한 모든 국민에게 부여된 법무사자격 취득의 기회를 하위법인 시행규칙으로 박탈하고 … 결국 대법원이 규칙제정권을 행사함에 있어 위임입법권의 한계를 일탈하여 청구인이나 기타 법무사자격을 취득하고자 하는 모든 국민의 헌법 제11조 제1항의 평등권과 헌법 제15조의 직업선택의 자유를 침해한 것이다."라고 판시함으로써[22] 이 점을 분명히 하고 있다.

3) 따라서 결론적으로 비례대표제 실시여부에 관한 헌법재판소의 입장은 잘못된 것이다. 이에 따라 헌법재판소결정의 주문도 달라져야 할 것이다. 즉 "같은 법 제146조 제2항 중 '1인 1표로 한다' 부분은 국회의원선거에 있어 지역구국회의원선거와 병행하여 정당명부식 비례대표제를 실시하면서도 별도의 정당투표를 허용하지 않는 범위에서 헌법에 위반된다."는 한정위헌결정이 아니라 "같은 법 제146조 제2항 중 '1인 1표로 한다' 부분은 헌법에 위반된다"는 단순위헌결정이나 헌법불합치결정을 내렸어야 했다. 왜냐하면 비례대표선거실시는 의무적 사항이고, 또한 누차 언급한 바와 같이 비례대표선거를 실시할 경우 현실적으로 지역구후보자에 대한 투표 외에 적어도 정당투표는 반드시 실시되어야 하므로 이를 배제한 1인 1표제는 바로 바로 아무 조건 없이 위헌이 된다고 해야 했기 때문이다.[23]

2. 비례대표후보자 결정절차와 관련하여

(1) 헌법재판소는 비례대표국회의원 의석배분방식 및 1인 1표제의 위헌여부의 판단기준으로 제시한 민주주의원리와 관련하여 정당의 공직선거후보자의 결정과

22) 헌재 1990. 10. 15. 89헌마178, 판례집 2, 365, 372-373.

23) 이와 관련하여 헌재결정 이후 일각에서는 차제에 문제 많은 비례대표제를 없애야 한다는 주장까지 나온바 있지만, 대체로 비례대표제를 소수자 배려와 직능대표성 확보 등의 이유로 비례대표제를 존속시켜야 한다는 의견이 많았는데(동아일보 2001. 7. 20. A3쪽 참조), 이는 모두 헌법상의 비례대표제에 관한 조항을 비례대표제를 실시할 수도 있고, 그렇지 아니할 수도 있다는 입법자의 재량의 문제로 이해하기 때문이며, 이것이 잘못된 견해라는 것은 앞서 언급한 바와 같다.

정에 대하여 언급하고 있다. 즉 "헌법 제8조 제2항은, 정당은 그 목적 · 조직과 활동이 민주적이어야 한다고 규정함으로써 민주주의원리를 정당제도에서도 관철하려 하고 있다. 정당은 선거에 있어 후보자를 추천 · 지지하는 것이 주요 목적이자 활동의 하나인바, 그렇다면 비례대표국회의원선거에 있어서는 비례대표후보자의 선정과 그 순위의 확정이 민주적 절차에 따라 이루어져야 한다. 헌법이 요구하는 정당민주주의의 요청을 충족시키려면, 비례대표후보자의 선정과 순위확정이 당원총회나 대의원대회 등을 통하여 민주적 절차를 거쳐 이루어져야 한다. 그런데 현행 선거법은 그러한 제도적 · 절차적 규율을 충분히 하고 있지 않다. 선거법 제47조 제2항은 정당이 선거에 있어 후보자를 추천함에 있어서는 정당법 제31조에 따라 민주적인 절차에 의하여야 한다고 천명하고 있으나, 정당법 제31조는 '정당의 공직선거후보자는 후보자를 추천할 공직선거의 선거구를 관할하는 해당 당부 대의기관의 의사가 반영되도록 하여야 하며, 그 구체적 절차는 당헌으로 정한다'고 규정하고 있을 뿐이다. 이와 같이 '대의기관의 의사를 반영'할 구체적 절차를 당헌에 일임해서는 민주적 절차에 의한 비례대표후보자의 결정이라는 헌법적 요청이 충족되리라고 기대하기 어려운 점이 있다. 비례대표후보자가 민주적 절차에 따라 결정되지 않고 당지도부의 영향력에 따라 일방적으로 결정된다면 그러한 비례대표국회의원의 민주적 정당성은 대단히 취약할 수밖에 없다."라고 한 판시가 그것이다.[24)]

이러한 헌법재판소의 견해는 그 내용만을 놓고 볼 때에는 타당하지만 이를 비례대표국회의원 의석배분방식 및 1인 1표제의 위헌여부의 판단기준과 관련해서 볼 때에는 문제가 있다. 즉 "정당의 공직선거후보자의 결정과정이 민주적이어야 하며, 그렇지 않으면 민주주의원리 나아가 국민주권의 원리에 부합한다고 볼 수 없다."라고 한 헌법재판소의 언급에 비추어 볼 때 정당법 제31조의 규정에서처럼 비례대표후보자가 민주적 절차에 따라 결정되지 않기 때문에 비례대표국회의원 의석배분방식 및 1인 1표제가 민주주의원리에 위배되어 위헌이라는 견해인 것으로 보이는데 이는 적절한 판시라고 보기 어렵다. 왜냐하면 비례대표국회의원 의석배분방식 및 1인 1표제의 위헌여부가 그 후보자추천과정의 민주화여부와 직결되는 것은 아니기 때문이다. 즉 1인 1표제는 설사 당내 후보자추천과정이 민주적이라 할지라도 위헌이며, 반대로 당내 후보자추천과정이 비민주적일지라도 정당투표제를 도입한다면 비례대표국회의원 의석배분방식은 그 자체로서 별도로 합헌이 되는 것이기 때문이다. 따라서 비례대표국회의원 의석배분방식 및 1인 1표제의 위헌여부와 관련한 헌

24) 헌재 2001. 7. 19. 2000헌마91 등, 판례집 13-2, 77, 95.

법재판소의 공직선거후보자의 결정과정의 민주성에 대한 언급은－그 내용 자체의 타당성은 별론으로 한다면－적절치 못했다고 여겨진다.

(2) 그러나－비례대표국회의원 의석배분방식 및 1인 1표제의 위헌여부의 판단기준과 관계없이－정당민주주의 및 당내민주화는 그 자체 선거제도의 개선책을 모색한다는 점에서는 나름대로의 상당한 의미가 있음은 물론이다. 앞서 언급한 바와 같이 현대 민주주의는 복수정당제를 바탕으로 한 정당민주주의와 다원적 민주주의를 특색으로 하고 있다. 따라서 오늘날 정당을 매개하지 않는 정치 또는 민주주의의 실현 및 선거는 상상하기 어렵다. 이러한 정당민주주의는 정당 자체의 민주화를 전제로 하고 있다. 이에 따라 헌법 제8조 제2항도 정당은 그 목적 · 조직과 활동이 민주적이어야 한다고 규정하고 있다. 이러한 정당내부의 민주화의 조건 중의 하나가 바로 선거에 있어서 후보자선출과정의 민주화라고 할 수 있다.[25] 이에 대한 헌법재판소의 위에서 소개된 견해는 지극히 타당하다고 하겠다.

후보자를 추천하고 결정하는 방법과 절차는 통치기관의 조직과 작용에 관한 기본적인 사항이고, 선거권과 피선거권 등의 기본권에 관한 본질적 사항이므로 법치주의원리상 당연히 선거법이나 정당법 등의 법률에－적어도 그 기본적인 사항을－정해야 하며, 이를 당헌에 위임해서는 아니될 것이다. 따라서 당시 정당법 제31조는 법치주의원리상 민주적인 후보자추천절차의 기본적인 내용을 정할 것을 전제로 위임한 것으로 해석되어야 하는 선거법 제47조 제2항과 상호 조화되기 어려워 이른바 체계정당성[26]에 반하며, 법률유보의 원칙을 한 내용으로 하고 있는 법치주의원리에 대한 위반의 소지마저 있다고 하겠다.

3. 저지조항과 관련하여

(1) 문제의 제기

헌법재판소는 “현행 1인 1표제 하에서의 비례대표제 의석배분방식은 … 국민의

25) 정당내에서의 민주적인 후보자선출과정과 관련하여 정연주, 국회의원선거제도의 개혁방안, 공법연구 제27집 제3호, 1999.6, 185쪽 참조.

26) 체계정당성의 원리에 대하여 자세한 것은 Degenhart, Systemgerechtigkeit und Selbstbindung des Gesetzgebers als Verfassungspostulat, 1976; Kischel, Systembindung des Gesetzgebers und Gleichheitssatz, AöR 124(1999), S. 174ff.; Zippelius, Der Gleichheitssatz, VVDStRL 47(1989), S. 29ff.; Rupp, Art. 3 GG als Maßstab verfassungsgerichtlicher Gesetzeskontrolle, in: Starck(hrsg.), Bundesverfassungsgericht und Grundgesetz, Festgabe aus Anlaß des 25järigen Bestehens des Bundesverfassungsgerichts, Bd. 2, 1976, S. 380ff.; Kirchhof, in: Isensee/Kirchhof(hrsg.), Handbuch des Staatsrechts, Bd. V, 1992, S. 941ff. 참조.

정당에 대한 지지도를 정확하게 반영하지 못하며 오히려 적극적으로 이를 왜곡하고 있다."는 이유로 1인 1표제하에서의 저지조항이 평등선거의 원칙위반이라고 하였다.[27] 앞서도 언급했듯이 이는 타당한 결론이다. 그런데 헌법재판소는 "저지조항의 인정여부, 그 정당성여부는 각 나라의 전체 헌정상황에 비추어 의석배분에서의 정당간 차별이 불가피한가에 따라 판단되어야 하는바, 현행 저지조항에서 설정하고 있는 기준이 지나치게 과도한 것인지의 판단은 별론으로 하더라도, 현행 저지조항은 지역구의원선거의 유효투표총수를 기준으로 한다는 점에서 현행 의석배분방식이 지닌 문제점을 공유하고 있다."라고 판시함으로써[28] 저지조항 자체에 대한 위헌여부 및 그 기준의 적정성에 대하여는 판단하지 않았다. 이는 헌법소원제도의 본질과 기능 및 특성, 특히 직권심리주의[29] 등에 비추어 볼 때 적절치 못하다. 왜냐하면 이 문제는 비례대표국회의원 의석배분방식 및 1인 1표제의 위헌여부 등 비례대표선거제도와 관련한 중요한 헌법적 해명에 해당하는 사안이기 때문이다. 또한 저지조항 자체가 위헌이거나 그 기준이 적정하지 못할 경우에는 선거법상의 저지조항 및 비례대표국회의원 의석배분방식이 위헌이 되기 때문에 이 저지조항은 1인 1표제와의 관련성, 즉 지지도의 왜곡에 따른 평등원칙에 대한 위반여부에 관계없이 바로 위헌이 된다. 따라서 헌법재판소는 이 문제에 대하여 당사자의 주장[30]과 관계없이 직권으로 판단할 수 있고, 또 했어야 했다. 이에 대해서 간단히 살펴보면 다음과 같다.

(2) 저지조항의 의의와 기능

주지하는 바와 같이 비례대표제는 소수자보호와 평등선거의 원칙의 관철을 그 특징으로 하기 때문에 다수대표제와 비례대표제의 아무런 제한 없는 단순한 혼합형은 의회내의 군소정당의 난립과 국민의사의 분열을 초래하여, 의회내의 안정된 다수세력의 형성을 저해해 결국 안정된 정국주도를 위한 원활한 의회기능의 확보를 어렵게 할 수 있다. 이는 비례대표선거제를 택했던 과거 독일의 바이마르공화

27) 헌재 2001. 7. 19. 2000헌마91 등, 판례집 13-2, 77, 98.

28) 헌재 2001. 7. 19. 2000헌마91 등, 판례집 13-2, 77, 98.

29) 헌법소원제도와 직권심리주의에 대하여는 후술함.

30) 실제로 2000헌마112 사건에서 청구인은 "위 선거법 조항은 지역구국회의원선거에서 5석 이상의 의석을 차지하였거나 유효투표총수의 100분의 5 이상을 득표한 각 정당에 대하여만 비례대표국회의원의석을 배분하고, 다만 유효투표총수의 득표비율이 100분의 3 이상 100분의 5 미만인 각 정당에 대하여는 1석씩을 배분하는 소위 '봉쇄규정'을 두고 있는데, 이는 지나치게 과도한 것이어서 평등선거의 원칙에 위반된다."라고 주장함으로써 당시 선거법상의 저지선이 너무 높다고 보고 있다.

국 시절에 의회내의 지나친 군소정당의 난립과 극도의 분열로 인해 의회내의 안정된 다수세력의 확보가 어려웠고, 결국 원활한 의회기능과 정국주도의 능력이 있는 내각의 구성과 유지가 불가능했던 역사적 경험속에서 잘 드러나고 있다.

독일의 현행 연방의회선거법은 이러한 쓰라린 과거에 대한 반성으로, 선거에서 일정수 이상의 득표율을 올렸거나 당선자를 낸 정당에게만 의석배분에 참여케 함으로써 의회내의 군소정당의 난립을 막고 다수세력의 형성을 촉진시키려고 고안된 제도인 이른바 저지조항(Sperrklausel)을 규정하고 있다. 이에 따르면 각 후보자명부에 대한 제2투표의 경우, 선거결과에 따른 각 정당에 대한 비례대표의석의 배분에 있어서는 제2투표의 결과 전국을 단위로 전체 유효득표수의 5% 이상을 획득했거나 또는 제1투표의 결과 지역에서 적어도 3명 이상의 당선자를 낸 정당만이 참여할 수 있다.[31] 결국 이 저지조항은 의회내의 군소정당의 난립과 분열을 방지하고 안정된 다수세력의 형성을 통해 정국주도능력이 있는 의회와 정부내각의 구성과 기능을 확립시켜 준다는 목적을 위하여 평등선거의 원칙, 특히 투표의 성과가치평등의 원칙에 대한 제한을 가하는 것이다. 이 조항은 바로 이러한 제도상의 목적때문에 헌법상 정당화되어질 수 있으며, 연방헌법재판소도 이 저지조항이 초래하는 평등선거의 원칙에 대한 제한을 위에서 언급한 같은 이유에서 정당화되어질 수 있다고 보고 이 조항을 일관되게 합헌으로 결정하고 있다.[32] 그 동안의 연방의회선거결과를 살펴보면 이 저지조항은 독일에서의 정당제도와 의회제도의 안정화와 이를 통한 의원내각제의 토착화에 상당한 기여를 했다고 일응 평가할 수 있을 것이다.[33][34]

결국 우리의 현행 선거법상의 저지조항 자체의 의의와 기능은 정당투표제가 실시된다는 전제하에서는 헌법상 정당화될 수 있고, 따라서 일정한 저지선을 넘는 정당과 그렇지 못한 정당 사이에 유권자의 지지도와 관련한 합리적 차별사유가 존재한다고 볼 수 있어 평등선거의 원칙에 위반된다고 볼 수는 없을 것이다.

(3) 저지선의 문제

한편 저지조항 자체는 정당화된다 하더라도 선거법상의 저지선인 5석 이상의 지

31) §6 Abs. 6 S. 1 BWG.

32) BVerfGE 1, 206(247f.); 4, 31(40); 6, 84(92ff.); 51, 222(236).

33) Dazu auch Badura, Staatsrecht, S. 294.

34) 이러한 독일의 저지조항과 관련하여 자세한 것은 정연주, 독일의 선거제도와 우리 선거제도의 문제점, 인권과 정의, 1991.5, 25쪽 이하 참조.

역구국회의원의석 또는 유효투표총수의 100분의 5 이상(현행은 100분의 3 이상)의 기준이 너무 과도하지 않는가 하는 그 기준의 적정성이 문제될 수 있다.

앞서도 언급했듯이 독일의 경우에는 저지조항 5% 등의 기준이 정당화되고 있는데, 우리의 정치현실과 정당 실태 및 그동안의 선거결과에 비추어 볼 때 이는 너무 과도한 것이 아닌가 여겨진다. 이는 앞에서 소개된 그동안의 우리의 선거현황을 보더라도 알 수 있듯이, 특히 소수정당이나 신생정당이 이 저지선을 극복하기란 매우 어렵다. 예컨대 우리의 경우 지역대립이 정치와 선거에서 매우 커다란 영향력을 행사해 왔다고 평가할 수 있는데, 만일 이 저지조항으로 인해 소수의 대정당들만－그것도 배타적인 지역적 기반위에서－의석배분에 참여하게 된다면 이는 비례대표제의 도입취지를 형해화시키는 것으로 오히려 지역대립을 증폭시키고 사회통합을 저해하는 결과를 초래할 것이다. 물론 독일의 녹색당의 경우 최초로 선거에 참가한 1980년의 연방의회선거에서는 1.5%의 득표율에 그쳤지만, 곧바로 1983년의 선거에서는 5.6%의 득표율을 얻어 의회에 진출할 수 있었다. 그러나 이러한 현상이 우리에게 적용되기는 쉽지 않다고 본다. 적어도 현재로서는 5% 저지선(심지어 현행의 3% 저지선도)이 너무 높아 이 제도의 목적을 달성하기 위한 수단으로서 과도하여 비례의 원칙 위반의 문제를 야기할 수도 있다는 생각마저 든다.

독일의 경우에도 1990년의 통일독일의 연방의회선거에서 동독지역의 정당들이 서독지역의 정당들과 경쟁하여 전국을 단위로 5% 저지조항을 극복하는 것은 불가능하다고 보고, 이 조항에 대한 연방헌법재판소의 한정위헌결정에 따라 한시적이나마 저지조항을 동독과 서독을 분리하여 각각 적용시킨 바 있다.[35] 이는 상황에 따라서는 독일에서조차 5% 저지조항 자체와 그 5% 저지선의 기준이 상당한 문제점을 야기할 수 있다는 것을 보여주는 것이라고 하겠다. 따라서 이 저지선의 기준을 낮출 필요가 있는데, 어느 정도까지 낮출 것이냐는 여러 가지 사항－예컨대 정당의 실태, 그동안의 소수정당들의 득표율 등－을 고려해서 정해야 할 것이다.[36]

4. 부수적 위헌선언의 문제

(1) 헌법재판소는 선거법 제189조에 대한 위헌선언과 관련하여 “비례대표국회의원선거의 근간이 되는 선거법 제189조 제1항이 위헌이라면 그에 부수되는 동조 제

35) 이에 대하여 자세한 것은 정연주, 독일의 선거제도와 우리선거제도의 문제점, 25쪽 이하 참조.

36) 참고로 일본은 지역구 5석 이상 또는 2% 이상의 득표율, 스페인의 경우는 3%, 이스라엘의 경우는 1%, 스리랑카의 경우는 12.5%의 봉쇄조항을 두고 있다.

2항 내지 제7항은 독자적인 규범적 존재로서의 의미를 잃게 되는바, 그렇다면 이 조항들이 비록 심판대상이 아니지만 함께 위헌선언을 함으로써 법적 명확성을 기하는 것이 상당하므로 그에 대하여도 아울러 위헌선언을 한다."라고 판시함으로써 청구인들이 실제로 그 위헌성을 다투는 제189조 중 제1항 외에 나머지 조항들에 대하여도 위헌선언을 하였다. 여기서 헌법재판소법(이하 '헌재법'이라 함) 제68조 제1항에 따른 권리구제형 헌법소원심판의 경우에 청구인들이 위헌이라고 주장한 조항 이외에 대하여도 위헌선언을 할 수 있는지, 그리고 그 근거는 무엇인지가 문제될 수 있다. 이와 관련하여 헌법재판소는 "헌법심판의 대상이 된 법률조항 중 일정한 법률조항이 위헌선언되는 경우 같은 법률의 그렇지 아니한 다른 법률조항들은 효력을 그대로 유지하는 것이 원칙이나, 합헌으로 남아 있는 어떤 법률조항이 위헌선언되는 법률조항과 밀접한 관계에 있어 그 조항만으로는 법적으로 독립된 의미를 가지지 못하는 경우에는 예외적으로 그 법률조항에 대하여 위헌선언을 할 수 있다(헌재 1989. 11. 20. 89헌가102; 헌재 1991. 11. 25. 91헌가6; 헌재 1996. 12. 26. 94헌바1). 선거법 제189조 제1항은 요컨대, 저지조항의 기준을 넘는 의석할당정당이 지역구국회의원선거에서 얻은 '득표비율'에 따라 비례대표국회의원의석을 배분한다는 것으로서, 비례대표국회의원선거제도의 근간을 이루는 핵심적 요소이다. 동조 제2항은 그 '득표비율'을 어떻게 산출할 것인지에 관하여, 동조 제3항, 제4항은 그렇게 산출된 '득표비율'을 기초로 하여 의석을 각 정당에 어떻게 배분할 것인지에 관하여 상세한 방법을 보충한 규정에 불과하며, 동조 제5항, 제6항은 그와 같이 결정된 의석배분을 전제로 당선을 결정하거나 공석처리한다는 규정이고, 동조 제7항은 일정한 사유가 있어 국회의원지역구의 선거가 모두 종결되지 아니한 경우에도 역시 위 제1항 내지 제6항의 규정에 따라 비례대표국회의원의 의석을 배분하고 당선인을 결정할 수 있도록 하기 위한 조항이다. 따라서 비례대표국회의원선거의 근간이 되는 선거법 제189조 제1항이 위헌이라면 그에 부수되는 동조 제2항 내지 제7항은 독자적인 규범적 존재로서의 의미를 잃게 된다. 그렇다면 이 조항들이 비록 심판대상이 아니지만 함께 위헌선언을 함으로써 법적 명확성을 기하는 것이 상당하므로 그에 대하여도 아울러 위헌선언을 하는 것이다."라고 판시함으로써[37] 헌재법 제68조 제1항에 의한 헌법소원사건인 이 사건에서 부수적 위헌선언을 하면서 그 논거로서 단순히 위헌법률심판사건 또는 헌재법 제68조 제2항에 의한 헌법소원사건에서의 판례를 들고 있다.[38] 물론 결과적으로 헌법재판소는 헌재법 제68조 제

37) 헌재 2001. 7. 19. 2000헌마91 등, 판례집 13-2, 77, 100-101.

1항에 의한 헌법소원사건에서도 부수적 위헌선언을 할 수 있고, 이 사건이 바로 그러한 경우라는 점에는 동의한다. 그러나 위헌법률심판과 헌법소원, 즉 헌재법 제68조 제1항에 의한 본래의 권리구제형 헌법소원심판은 일응 구별된다는 점에서 위헌법률심판에서의 논거를 헌법소원심판에 바로 적용하는 것에는 의문이 제기될 수 있다.

(2) 생각컨대 헌재법 제68조 제1항에 의한 헌법소원사건에서도 부수적 위헌선언을 할 수 있는 논거로서 다음의 두 가지를 들 수 있을 것이다.

첫째, 헌재법 제68조 제1항에 의한 헌법소원 중 법률에 대한 헌법소원이 가지는 헌재법 제41조의 위헌법률심판 또는 헌재법 제68조 제2항에 의한 헌법소원과의 유사성이다. 주지하는 바와 같이 헌재법 제45조는 "헌법재판소는 제청된 법률 또는 법률조항의 위헌여부만을 결정한다. 다만, 법률조항의 위헌결정으로 인하여 당해 법률 전부를 시행할 수 없다고 인정될 때에는 그 전부에 대하여 위헌의 결정을 할 수 있다."라고 규정하고 있고, 헌재법 제75조 제6항은 "… 제68조 제2항의 규정에 의한 헌법소원을 인용하는 경우에는 제45조 … 의 규정을 준용한다."라고 규정함으로써 위헌법률심판에서 뿐 아니라 헌재법 제68조 제2항의 위헌법률심사형 헌법소원의 경우에도 부수적 위헌선언을 할 수 있도록 하고 있다. 이는 헌재법 제68조 제2항에 의한 헌법소원이 헌재법 제41조 제1항에 의한 위헌법률심판제청을 신청했다가 기각된 경우에 이루어지는 것이므로 실질적으로는 위헌법률심사에 해당하고 따라서 위헌법률심판에 관한 규정인 헌재법 제45조가 준용되는 것이라고 할 수 있다. 그런 점에서 헌재법 제68조 제1항에 따른 헌법소원은 본래의 권리구제형 헌법소원으로서 일응 헌재법 제68조 제2항에 의한 위헌법률심사형 헌법소원과 구별되고, 따라서 헌재법 제45조가 준용될 수 없고, 결국 부수적 위헌선언을 할 수 없는 것으로 볼 수도 있다. 그러나 이러한 권리구제형 헌법소원의 경우에도 이 사건에서처럼 법률에 대한 헌법소원의 경우에는 그 실질이 위헌법률심사형 헌법소원과

38) 헌법재판소가 위헌법률심판사건에서 부수적 위헌선언을 할 수 있는 근거는 "헌법재판소는 제청된 법률 또는 법률조항의 위헌여부만을 결정한다. 다만, 법률조항의 위헌결정으로 인하여 당해 법률 전부를 시행할 수 없다고 인정될 때에는 그 전부에 대하여 위헌의 결정을 할 수 있다."라고 규정한 헌법재판소법 제45조의 단서조항이라고 할 수 있다. 물론 단서조항에는 당해 법률 전부를 시행할 수 없다고 인정될 때 당해 '법률 전부'에 대하여 위헌결정을 할 수 있다고 규정되어 있지만, 당해 법률 전부에 대하여도 위헌결정을 할 수 있는 마당에 위헌선언되는 법률조항과 밀접한 관계에 있어 그 조항만으로는 법적으로 독립된 의미를 가지지 못하는 '일부 법률조항'에 대하여 위헌선언을 할 수 있는 것은 당연하다고 하겠다. 헌법재판소도 1991. 11. 25. 91헌가6 사건에서 "… 이라는 부분은 같은 법 … 이라는 부분이 헌법에 위반된다고 인정되는 마당에 독립하여 존속될 수 없으므로 '헌법재판소법 제45조 단서에 의하여' 아울러 심판의 대상에 포함시켜 위헌결정을 하는 것이다."라고 판시함으로써(헌재 1991. 11. 25. 91헌가6, 판례집 3, 569, 581) 이 점을 분명히 하고 있다.

비교해 볼 때－그 목적이나 헌법소원의 제기요건 등 다양한 차이점이 있지만－법률의 위헌여부를 심사하고 결과적으로 규범통제의 성질을 가진다는 점[39]에서는 동일 내지 유사하므로 해석 및 그 실질상 헌재법 제75조 제6항의 규정이 준용될 수 있다고 여겨진다. 따라서 이 사건의 경우에도 부수적 위헌선언을 할 수 있다고 본다.[40]

둘째, 헌법소원제도가 가지는 객관적 소송으로서의 성격과 직권심리주의가 근거가 될 수 있을 것이다.[41] 즉 헌법소원제도가 가지는 공익추구의 성격 등의 특성과 직권심리주의에 비추어 헌법재판소는 헌법소원사건에서도 직접 문제가 된 법률조항 이외에 다른 조항에 대하여도 정당한 이유가 존재할 때에는 직권으로 위헌선언을 할 수 있다고 본다. 주지하는 바와 같이 오늘날 헌법소원제도는 개인의 주관적 권리구제의 기능 뿐 아니라, 중요한 헌법적 해명, 헌법질서유지, 권력통제 등 객관적·공적 이익추구의 기능도 가지고 있으며, 따라서 오늘날 헌법소원제도는 주관적 소송의 성격 뿐 아니라 사실상 객관적 소송[42]의 성격도 아울러 가지게 되었다고 볼 수 있다. 이러한 헌법소원의 기능 및 목적의 확대와 더불어 헌법소원을 비롯한 헌법재판에는 직권심리주의가 매우 강하게 투영되게 되었다. 이는 헌법소원제도의 기능이 단순히 개인의 기본권구제에 그치는 것이 아니라, 헌법수호와 권력

39) 헌재법 제75조 제5항이 "제2항의 경우에 헌법재판소는 공권력의 행사 또는 불행사가 위헌인 법률 또는 법률의 조항에 기인한 것이라고 인정될 때에는 인용결정에서 당해 법률 또는 법률의 조항이 위헌임을 선고할 수 있다."라고 규정하고 있는 것도 권리구제형 헌법소원의 경우에도 규범통제의 기능을 부수적으로 가진다는 점을 시사하는 것이라고 하겠다.

40) 추측컨대 헌재법 제68조 제1항에 의한 헌법소원의 목적이 본래 국민의 기본권구제에 있고 위헌법률심판이나 위헌법률심사형 헌법소원에서처럼 규범통제가 아니기 때문에 그리고 법제정 당시 법률에 대한 헌법소원에 관한 입법자의 인식부족 등으로 인해 헌재법 제75조 제6항에서 동법 제68조 제2항에 의한 헌법소원의 경우에만 동법 제45조를 준용하도록 규정한 것으로 보인다. 차제에 헌재법 제68조 제1항에 의한 헌법소원의 경우에도 법률에 대한 헌법소원의 경우에는 동법 제45조가 준용되도록 규정하는 것이 필요하다고 하겠다.

41) 헌법소원제도의 객관적 소송화 현상과 직권심리주의에 대하여 자세한 것은 정연주, 헌법소원심판청구취하의 효과, 공법연구 제28집 제4호 제2권, 2000. 6, 201쪽 이하 참조.

42) 여기서 말하는 헌법소원의 객관적 소송화가 물론 헌법소원이 곧 바로 권한쟁의심판 또는 행정소송법 제45조에서 규정하고 있는 민중소송 및 기관소송과 같은 순수한 객관적 소송이나 독일 바이에른주 헌법 제98조 제4문이 규정하고 있는 소위 Popularklage를 의미한다는 것은 아니다(Vgl. Maunz, in: Maunz/Dürig, Grundgesetz Kommentar, Art. 93, Rdnr. 67; Gusy, aaO, Rdnr. 62; Pestalozza, aaO, S.441ff.). 왜냐하면 민중소송 등의 순수한 객관적 소송은 특정 개인의 기본권침해와 그 구제를 전제로 하지 아니하고 행정통제나 행정의 적법성확보 등 오로지 객관적 공익추구만을 목적으로 하지만, 헌법소원의 경우에는 기본적으로는 공권력작용에 의한 청구인 개인의 기본권침해와 그 구제를 전제로 하면서 동시에 객관적 공익추구도 목적으로 한다는 점에서 양자는 구별된다고 하겠다. 객관적 소송과 주관적 소송의 구별과 관련하여 정연주, 민중소송과 선거소송, 고시연구 1998. 2, 116쪽 이하 참조.

통제 및 정치적 평화보장 등의 다양한 공익추구의 기능을 가지기 때문이다. 따라서 헌법재판소는 공익상 직권으로 당사자가 주장하지 아니한 사안에 대하여도 판단할 수 있고, 또한 판단해야 할 의무를 지는 것이다.[43] 그리고 이는 당사자가 위헌이라고 주장하지 아니한 법률조항에 대하여도 적용되어야 할 것이다.[44] 따라서 헌재법 제68조 제1항에 의한 헌법소원심판의 경우에도 합헌으로 남아 있는 어떤 법률조항이 위헌선언되는 법률조항과 밀접한 관계에 있어 그 조항만으로는 법적으로 독립된 의미를 가지지 못하는 경우에는 그 법률조항에 대하여도 직권으로 위헌선언을 할 수 있는 것이다.

5. 침해된 기본권과 관련하여

침해된 기본권으로서 헌법재판소는 결정내용에서 선거권과 피선거권 및 평등권 등을 적시하고 있는데, 기본권에 대한 보다 명확한 구체화와 헌법적 근거조항에 대한 언급이 필요하다고 본다. 예컨대 헌법상의 (피)선거권도 직접(피)선거권, 평등(피)선거권, 보통(피)선거권, 비밀(피)선거권, 자유(피)선거권 등으로 구체화될 수 있고, 이는－평등권을 규정한 제11조 제1항, 선거권 및 피선거권을 규정한 제24조 및 제25조와 연계하여－"국회는 국민의 보통·평등·직접·비밀선거에 의하여 선출된 국회의원으로 구성한다"라고 규정한 헌법 제41조 제1항에서 직접적으로 도출될 수 있다. 아울러 누차 언급했듯이 1인 1표제하에서는 선거인의 투표를 통한 정치적 의사표현이 왜곡될 수 있어 선거인의 의사표현의 자유도 침해당하는 것이라고 할 수 있다. 그리고 이에 대한 근거조항은－헌법 제24조와 연계하여－언론·출판의 자유를 규정한 헌법 제21조 제1항이 될 것이다.

Ⅶ. 맺는 말

지금까지 1인 1표제 국회의원선거제도의 내용과 문제점, 이에 대한 헌법재판소

43) 실제로 헌법재판소가 직권심리주의에 따른 판단을 한 사례에 대하여는 정연주, 헌법소원심판청구 취하의 효과, 201쪽 이하 참조.

44) 헌재법 제75조 제5조가 "제2항의 경우에 헌법재판소는 공권력의 행사 또는 불행사가 위헌인 법률 또는 법률의 조항에 기인한 것이라고 인정될 때에는 인용결정에서 당해 법률 또는 법률의 조항이 위헌임을 선고할 수 있다."라고 규정함으로써 당사자가 주장한 문제된 공권력의 행사 이외에 위헌인 법률 또는 법률조항에 대하여도 헌법재판소가 직권으로 위헌임을 선고할 수 있도록 하고 있는데, 이 역시 헌법소원제도가 가지는 공익소송으로서의 성격과 직권심리주의를 나타내는 것이라고 하겠다.

의 결정내용과 그 의의 및 그에 대한 문제점 등을 살펴보았다. 결론적으로 헌법재판소의 결정과는 달리 현행 헌법상 비례대표국회의원선거는 반드시 실시되어야 하고, 이 경우 현실적으로 별도의 정당투표는 필수적이므로 선거법은 1인 2표제 등을 통한 정당투표제를 실시하도록 규정하여야 하며, 그 실시여부에 대한 입법자의 재량은 없다고 보아야 한다.

앞서도 언급한 바와 같이 선거제도는 한 국가의 통치구조의 기본적 구성원리의 하나로서 민주주의와 기본권실현의 요체이다. 이러한 관점에서 볼 때 우리 선거제도에는 많은 문제점이 있는데 그 중 하나가 바로 이 글에서 다룬 비례대표국회의원의 선출방식이고, 이에 대하여 헌법재판소가 위헌결정을 내린 것은 늦은 감은 있지만 중요한 통치구조의 구성원리이자 민주주의와 기본권실현의 초석인 선거제도에 대하여 근본적인 검토를 했다는 점에서 그 의의가 크다고 할 것이다. 그러나 다른 한편 위에서 살펴본 바와 같이 헌법재판소의 결정에는 그 내용과 논증과정에 적지 않은 문제점도 있다. 판례는, 특히 헌법적 · 정치적으로 광범위한 파급효과를 야기하는 헌법재판소결정은 그 결론뿐 아니라, 그 결론에 도달하기까지의 과정도 매우 중요하다. 따라서 헌법재판소는 논리정연하고 명확한 헌법적 근거와 이론을 제시하여야 한다. 그래야 그 결정의 설득력이 확보될 수 있고, 판례 및 헌법이론의 발전에 기여할 수 있으며, 유사한 다른 사안에서도 그 일관된 헌법이론과 논거의 적용을 가능케 한다.

2. 정당민주주의와 지방자치제도

– 헌재 2003. 1. 30. 2001헌가4 공직선거및선거부정방지법 제47조 제1항 중 앞괄호부분 등 위헌제청[1] –

[目 次]

Ⅰ. 머리말

헌법재판소는 2003. 1. 30. 2001헌가4 공직선거및선거부정방지법 제47조 제1항 중 앞괄호부분 등 위헌제청 사건에서 정당과 지방자치제도에 관한 중요하고 의미 있는 결정을 내렸다. 그동안 법에 의해 기초의회의원선거의 후보자가 특정 정당으로부터의 지지 또는 추천받음을 표방할 수 없었는데 이를 허용한 것이다. 이 결정에서 헌재는 문제된 "자치구 · 시 · 군의원선거의 후보자와 무소속후보자는 특정 정

1) 헌재 2003. 1. 30. 2001헌가4, 판례집 15-1, 7.

당으로부터의 지지 또는 추천받음을 표방할 수 없다."고 규정한 법 제84조 중 '자치구·시·군의원선거의 후보자' 부분이 헌법에 위반된다고 선언하면서 과거 1999. 11. 25. 99헌바28 사건에서 동조의 같은 부분이 헌법에 위반되지 않는다고 한 결정[2])을 변경했다. 그리고 이러한 헌재의 입장은 그 후의 동조항에 대한 위헌제청사건[3])에서도 그대로 유지되고 있다. 이로써 그동안 문제되어온 기초의회의원선거에서의 정당의 역할과 기능 및 후보자의 정당표방 등의 정치적 표현의 자유를 인정한 것은 상당히 큰 의미가 있다고 볼 수 있다.

그러나 이 결정은 근본적인 논증형식과 내용 및 위헌결정의 범위 등에서 커다란 문제점도 남기고 있다. 즉 지나치게 사건해결에만 집착하는 미시적 시각에서 접근하고 판단함으로써 중요한 헌법적 해명을 간과하고 결과적으로 헌재의 기능과 위상에 부합하는 결정을 하지 못한 것이다. 따라서 이 글에서는 먼저 위 결정내용을 살펴보고, 정당민주주의와 지방자치제도의 본질과 기능 등 다양한 헌법적 원칙에 비추어 이 결정의 문제점을 고찰해 보고자 한다.

---

2) 이 결정의 요지는 다음과 같다.

1. 모든 선거 중 기초의회의원선거의 후보자만 정당표방을 금지할 것인가의 문제는 헌법상의 정당보호 및 지방자치제의 제도적 보장, 우리의 정치문화와 지방자치에 대한 국민의식 등 제반사정을 헤아려 입법자가 결정해야 될 입법재량의 영역에 속하는 것이다.
2. 우리의 정치현실 및 정당운영의 비민주성, 지연·혈연·학연이 좌우하는 선거풍토와 그 위에 지방자치를 실시한 경험이 일천하다는 점을 감안할 때, 기초의회의원선거에 정당추천후보자의 참여를 허용한다면 정당은 그 후보자의 당락뿐만 아니라 선출된 의원의 의정활동 전반에 걸쳐 직·간접으로 영향을 미치게 되고, 이것은 지역의 특성에 따라 자율적으로 운영되어야 할 기초의회의 결정이 정당의 의사에 따라 그 결론이 바뀌게 됨을 뜻한다. 그 결과 기초의회가 정당의 의사에 따라 움직인다면, 기초의회는 본래의 목적과 기능을 상실하여 형해화한 모습으로 남게 된다. 따라서 이 사건 법률조항의 입법목적은 기초의회의 구성 및 활동에 정당의 영향을 배제함으로써 지역실정에 맞는 순수한 지방자치를 실현하기 위한 필요불가결한 것으로 그 목적이 정당하다고 할 것이다.
3. 그 밖의 공직선거와 비교할 때에 기초의회의원선거의 후보자에 한정하여 정당표방금지라는 정치적 생활영역에 있어서의 차별취급을 한 이 조항은 헌법이 추구하는 지방자치의 제도적 보장을 위한 입법목적에 필요불가결한 것으로써, 그 목적달성을 위한 수단 또한 필요·최소한의 부득이한 경우로 인정되므로 평등원칙에 위반되지 않는다.

3) 헌재 2003. 5. 15. 2003헌가9 등.

Ⅱ. 헌재결정의 내용

1. 사건의 개요와 심판의 대상

(1) 사건의 개요

1) 최○용은 1998. 6. 4. 실시된 제2회 전국동시지방선거에서 공주시의회의원후보로 입후보한 자로서, 같은 해 5. 19. 09:30경부터 같은 달 20. 16:55경까지 공주시 중동에 있는 자신의 선거 사무실 외벽에 자유민주연합 정당의 표장이 그려져 있고 "최○용 공주시의회의원사무실, 자민련, 54-7000, 52-1661~2"라고 기재된 현수막 2개를 설치하고, 같은 달 20. 같은 동 소재 지연세차장 앞길에서 자유민주연합 정당의 표장이 그려져 있고 '자민련 공주시부위원장'이라고 기재된 자신의 명함을 배부하는 등, 공직선거및선거부정방지법 제84조를 위반하여 정당으로부터의 지지 또는 추천 받음을 표방하였다는 혐의로 기소되었다.

2) 위 사건의 1심법원인 대전지방법원은 벌금 3,000,000원을 선고하였으나(98고합547), 항소심인 대전고등법원은 위와 같은 표시는 단순히 소속 정당의 당원경력을 표시한 것에 불과하다고 보아 무죄를 선고하였다(99노516). 그러나 상고심인 대법원은 위와 같은 행위는 실질적으로 정당으로부터 지지 또는 추천을 받았음을 표방한 것에 해당한다며 위 대전고등법원의 판결을 파기 환송하였다(2000도734).

3) 이에 위 환송사건을 심리하게 된 대전고등법원은 공직선거및선거부정방지법 제47조 제1항 중 '(자치구·시·군의회의원선거를 제외한다)' 부분과 같은 법 제84조 중 '자치구·시·군의회의원선거의 후보자' 부분은 표현의 자유를 침해하고 평등원칙에 위배된다고 하여 직권으로 이 사건 위헌여부심판을 제청하였다.

(2) 심판의 대상

이 사건 심판의 대상은 공직선거및선거부정방지법(1995. 4. 1. 법률 제4947호로 개정되고, 2000. 2. 16. 법률 제6265호로 개정되기 전의 것, 이하 '법'이라 함) 제47조 제1항 중 '(자치구·시·군의회의원선거를 제외한다)' 부분과 법 제84조 중 '자치구·시·군의회의원선거의 후보자' 부분의 위헌 여부이다. 그 내용 및 관련규정은 다음과 같다.

법 제47조(정당의 후보자추천) ① 정당은 선거(자치구·시·군의회의원선거를 제외한다)에 있어 선거구별로 선거할 정수범위 안에서 그 소속당원을 후보자(이하 '정당추천후보자'라 한다)로 추천할 수 있다.

② (생략)

제84조(무소속후보자등의 정당표방금지) 자치구·시·군의회의원선거의 후보자와 무소속후보자는 특정 정당으로부터의 지지 또는 추천 받음을 표방할 수 없다. 다만, 정당의 당원경력의 표시는 그러하지 아니하다.

2. 제청법원의 위헌심판제청이유와 관계기관의 의견

(1) 제청법원의 위헌심판제청이유

1) 공직선거에서 특정 후보자를 추천하는 행위는 그 성질상 정치적 의사표현 행위이고, 이를 제한하는 법률은 경제적 기본권을 규제하는 법률보다 더 엄격한 기준에 의해 위헌 여부가 심사되어야 한다.

심판대상조항의 입법목적은 '풀뿌리 민주주의, 지방분권, 주민자치' 등과 같은 추상적, 이념적 구호의 수준을 넘지 못하므로 정당성이 없다. 그리고 미국식의 예비선거와 같이 지구당과 지역주민들의 여론만으로 공천자를 결정하도록 강제하는 등, 헌법에 더 부합하며 제한의 정도가 더 가벼운 다른 수단들을 강구할 여지가 있으므로, 위 규정들은 최소침해성의 원칙에도 위배된다. 또한 법 제84조는 단서에 의하여 허용되는 행위와 본문에 의하여 금지되는 행위의 경계선이 불분명하다. 그러므로 위 규정들은 정당의 정치적 의사표현의 자유의 본질을 침해하는 법률로서 위헌이다.

2) 정당의 영향력에서 독립할 필요는 지방자치단체장에게 더욱 요구된다 할 것임에도, 위 규정들은 지방자치단체장 후보자에 대하여는 정당으로부터의 지지 또는 추천 받음을 표방할 수 있게 하면서 유독 자치구·시·군의회의원 후보자에 대하여만 이를 금지함으로써 합리적 근거 없이 후자를 차별하고 있다.

3) 법(1998. 4. 30. 법률 제5537호로 개정된 것) 제87조 단서는 노동조합에 대하여는 특정 후보자를 지지·반대하는 것을 허용하고 있음에도 불구하고, 헌법상 특별한 보호를 받으며 정치활동을 본래의 목적으로 하는 정당에 대하여는 기초의회의원선거에 특정 후보자를 추천할 수 없게 함으로써 합리적 근거 없이 정당을 차별하는 것이다.

(2) 대전지방검찰청검사장의 의견

심판대상조항의 입법취지는 기초의회의 구성 및 활동에 정당의 영향을 배제함으로써 지역실정에 맞는 순수한 지방자치를 실현하고자 하는 데 있다. 그리고 기초의회의원 후보자에게 정당표방을 금지시킨 것은 위와 같은 목적을 달성하기 위한 유효·적절한 수단이고, 자신의 정치적 이념이나 정당과 관련된 정보는 당원경력의 표시를 통하여 알리도록 배려하고 있어 피해의 최소성도 충족하고 있다. 나아가 정당표방금지에 의한 지방자치의 제도적 보장이라는 이익은 정당의 정치적 의사표현의 자유에 대한 침해로 입게 되는 손해보다 이익이 더 크므로 두 법익에 대한 균형성도 갖춘 것이다. 그러므로 심판대상조항은 헌법이 추구하는 지방자치의 제도적 보장을 위한 입법목적에 필수불가결한 것으로서, 헌법에 보장된 표현의 자유를 침해하거나 평등원칙에 위배된다고 할 수 없다.

3. 주 문

(1) 공직선거및선거부정방지법(1995. 4. 1. 법률 제4947호로 개정되고, 2000. 2. 16. 법률 제6265호로 개정되기 전의 것) 제84조 중 '자치구·시·군의회의원선거의 후보자' 부분은 헌법에 위반된다.

(2) 나머지 위헌여부심판제청을 각하한다.

4. 판시사항

(1) 기초의회의원선거 후보자가 법 제84조를 위반하여 특정 정당으로부터의 지지·추천받음을 표방하였다는 이유로 공소제기된 사건에서, 기초의회의원선거의 경우 정당이 후보자를 추천할 수 없도록 한 같은 법 제47조 제1항이 재판의 전제성이 있는지 여부(소극)

(2) 기초의회의원선거 후보자로 하여금 특정 정당으로부터의 지지 또는 추천 받음을 표방할 수 없도록 한 법 제84조 중 '자치구·시·군의회의원선거의 후보자' 부분이 정치적 표현의 자유를 침해하는지 여부(적극)

(3) 다른 지방선거 후보자와는 달리 기초의회의원선거의 후보자에 대해서만 정당표방을 금지한 것이 평등원칙에 위배되는지 여부(적극)

5. 결정요지

(1) 법정의견

1) 기초의회의원선거 후보자가 법 제84조를 위반하여 특정 정당으로부터의 지지·추천 받음을 표방하였다는 이유로 공소제기된 사건에서, 기초의회의원선거의 경우 정당이 후보자를 추천할 수 없도록 한 법 제47조 제1항은 당해 사건에 적용될 법률조항이 아니고, 나아가 법 제84조와 법 제47조 제1항은 각 그 수범자와 규율내용을 서로 달리하여 법 제47조 제1항의 위헌 여부가 법 제84조의 위헌 여부와 체계적으로 밀접불가분한 관계에 있다고 보기도 어려우므로, 법 제47조 제1항에 관한 위헌심판제청 부분은 재판의 전제성이 없어 부적법하다.

2) 선거에 당하여 정당이냐 아니면 인물이냐에 대한 선택은 궁극적으로 주권자인 국민의 몫이고, 입법자가 후견인적 시각에서 입법을 통하여 그러한 국민의 선택을 대신하거나 간섭하는 것은 민주주의 이념에 비추어 바람직하지 않기 때문에, 기초의회의원선거에서 정당의 영향을 배제하고 인물 본위의 투표가 이루어지도록 하겠다는 구체적 입법의도는 그 정당성이 의심스럽다. 그리고 후보자가 정당의 지지·추천을 받았는지 여부를 유권자들이 알았다고 하여 이것이 곧 지방분권 및 지방의 자율성 저해를 가져올 것이라고 보기에는 그 인과관계가 지나치게 막연하므로, 법 제84조의 규율내용이 과연 지방분권 및 지방의 자율성 확보라는 목적의 달성에 실효성이 있는지도 매우 의심스럽다. 나아가 법 제84조가 지방자치 본래의 취지 구현이라는 입법목적의 달성에 기여하는 효과가 매우 불확실하거나 미미한 반면에 이 조항으로 인해 기본권이 제한되는 정도는 현저하다. 즉 후보자로서는 심지어 정당의 지지·추천 여부를 물어오는 유권자들에 대해서도 침묵하지 않으면 안 되는 바, 이는 정당을 통해 정계에 입문하려는 기초의회의원 후보자에게 지나치게 가혹하다. 또한 지방의회의원 선거의 선거기간이 14일로 규정되어 있고 사전선거운동이 금지되는 등 선거의 공정성을 담보하는 각종의 규제들이 마련되어 있어서 실제로 유권자들이 기초의회의원 후보자와 접촉할 수 있는 기회는 그리 많지 않은데다가 이른바 4대 지방선거가 동시에 실시되고 있는 탓으로 유권자들이 후보자들 개개인의 자질과 능력을 일일이 분석·평가하기란 매우 힘든 실정이므로 현실적으로 후보자에 대한 정당의지지·추천 여부는 유권자들이 선거권을 행사함에 있어서 중요한 참고사항이 될 수밖에 없는데도 불구하고, 무리하게 후보자의 정당

표방을 금지하는 경우에는 유권자들은 누가 누구이고 어느 후보가 어떠한 정치적 성향을 가졌는지도 모르는 상태에서 투표를 하거나 아니면 선거에 무관심하게 되어 아예 투표 자체를 포기할 수도 있다. 이러한 점들을 종합할 때 정당표방을 금지함으로써 얻는 공익적 성과와 그로부터 초래되는 부정적인 효과 사이에 합리적인 비례관계를 인정하기 어려워, 법익의 균형성을 현저히 잃고 있다고 판단된다. 이에 덧붙여 법 제84조 단서에서는 후보자의 당원경력의 표시를 허용하고 있는데, 이러한 당원경력의 표시는 사실상 정당표방의 일환으로 행해지는 것이 통상적이어서 법 제84조 본문과 단서는 서로 중첩되는 규율영역을 가지게 되는바, 이로 말미암아 법 제84조는 기초의회의원 후보자로 하여금 선거운동 과정에서 소속 정당에 관한 정보를 어느 만큼 표방해도 좋은지 예측하기 힘들게 하고 국가형벌권의 자의적 행사의 빌미마저 제공하고 있으므로 명확성원칙에 위배되는 측면이 있다. 그렇다면 법 제84조는 불확실한 입법목적을 실현하기 위하여 그다지 실효성도 없고 불분명한 방법으로 과잉금지원칙에 위배하여 후보자의 정치적 표현의 자유를 과도하게 침해하고 있다고 할 것이다.

3) 법 제84조의 의미와 목적이 정당의 영향을 배제하고 인물 본위의 선거가 이루어지도록 하여 지방분권 및 지방의 자율성을 확립시키겠다는 것이라면, 이는 기초의회의원선거뿐만 아니라 광역의회의원선거, 광역자치단체장선거 및 기초자치단체장선거에서도 함께 통용될 수 있다. 그러나 기초의회의원선거를 그 외의 지방선거와 다르게 취급을 할 만한 본질적인 차이점이 있는가를 볼 때 그러한 차별성을 발견할 수 없다. 그렇다면 위 조항은 아무런 합리적 이유 없이 유독 기초의회의원 후보자만을 다른 지방선거의 후보자에 비해 불리하게 차별하고 있으므로 평등원칙에 위배된다.

(2) 재판관 한대현, 재판관 하경철, 재판관 김경일의 반대의견

중앙정부와 지방자치단체간에 권력을 수직적으로 분배하는 문제는 서로 조화가 이루어져야 하고, 이 조화를 도모하는 과정에서 입법 또는 중앙정부에 의한 지방자치의 본질의 훼손은 어떠한 경우라도 허용되어서는 안된다. 특히 지역적 한계를 극복하지 못하고 있는 우리나라의 정치현실 및 정당운영의 비민주성, 지연·혈연·학연이 좌우하는 선거풍토와 그 위에 지방자치를 실시한 경험이 일천하다는 것을 감안하지 않고 그 밖의 공직선거와 마찬가지로 기초의회의원선거에도 정당추천후보자의 참여를 허용한다면, 정당은 그 후보자의 당락뿐만 아니라 선출된 의원의 의

정활동 전반에 걸쳐 직·간접으로 영향을 미치게 되어, 지역의 특성에 따라 자율적으로 운영되어야 할 기초의회를 형해화할 수 있다.

생각건대 이 법률조항은 기초의회의 구성 및 활동에 정당의 영향이 배제된 지역실정에 맞는 순수한 지방자치를 실현하는 필요불가결한 조항이다. 이 조항으로 말미암아 후보자는 직접 선거권자에게 자신이 추구하는 정치적 이념이나 정당과 관련된 정보를 줄 수 없고 선거권자로서는 이러한 정보를 알 기회가 제한된다고 할지라도 간접적이나마 자신의 정치적 이념 및 정당과 관련된 정보는 정당의 당원경력의 표시를 통하여 알리도록 배려하고 있으며(법 제84조 단서), 후보자의 정당표방금지로 인한 지방자치의 제도적 보장이라는 이익은 후보자의 공무담임권 및 선거운동 자유의 침해로 입게 되는 손해보다 이익이 더 크므로, 이 법률조항은 과잉입법금지의 원칙에 위반되지 아니한다.

그 밖의 공직선거와 비교할 때에 기초의회의원선거의 후보자에 한정하여 정당표방금지라는 정치적 생활영역에 있어서의 차별취급을 한 이 조항은 헌법이 추구하는 지방자치의 제도적 보장을 위한 입법목적에 필요불가결한 것으로서, 그 목적달성을 위한 수단 또한 필요·최소한의 부득이한 경우로 인정되므로 평등원칙 위반도 없다.

Ⅲ. 헌재결정의 문제점

1. 법 제47조 제1항의 재판의 전제성과 관련하여

법정의견은 "법 제84조는 당해사건에 적용될 법률조항이고, 그 위헌 여부에 따라 당해사건을 담당하는 법원은 다른 내용의 재판을 하게 될 것이므로, 위 조항에 관하여는 재판의 전제성이 인정된다. 그러나 법 제47조 제1항은 당해사건에 적용될 법률조항이 아니므로 원칙적으로 재판의 전제성을 인정할 수 없다. 나아가, 법 제84조는 후보자에 대해 정당으로부터의 지지 또는 추천 받음을 표방할 수 없게 한 조항인 데 반하여, 법 제47조 제1항은 정당에 대해 후보자를 공천하지 못하도록 한 조항으로서, 각 그 수범자와 규율내용을 서로 달리하고, 또한 법 제47조 제1항은 그 문언상, 정당이 비공식적으로 후보자를 추천(이른바 '내천')하거나 특정 후보자에 대해 지지 또는 반대의 의사를 표명하는 것을 명시적으로 금지하고 있지는 아니하므로, 제47조 제1항의 위헌 여부가 제84조의 위헌 여부와 체계적으로 밀접불가분한 관계에 있다고 보기도 어렵다. 따라서 제47조 제1항에까지 심판의 대상을 확장할 것은 아니다. 그렇다면, 제47조 제1항에 관한 부분은 재판의 전제성이 없어 부적법하다고 할 것이다. 그러므로 이하에서는 제84조에 관한 부분에 대해서만 본안판단을 하기로 한다."라고 판시함으로써[4] 당해 법원에 의하여 법 제84조와 함께 위헌제청된 법 제47조 제항에 대한 판단은 하지 않았다. 그러나 결론적으로 이러한 헌재의 입장은 타당하다고 보기 어렵다.

물론 법정의견처럼 해당 법원에서 당해 사건을 해결하도록 하기 위하여 법 제84조의 위헌여부만을 판단하면 된다고 볼 수도 있다. 그러나 첫째, 법 제84조는 헌재의 의견과는 달리 법 제47조 제1항과 체계적으로 밀접불가분의 관계에 있고, 아울러 법 제84조는 법 제47조 제1항을 그 전제로 하고 있다는 점에서, 둘째, 헌법재판의 기능은 단순히 당해 사건을 해결하는 데에서 그치는 것이 아니라 중요한 헌법적 해명, 헌법수호, 헌법질서유지, 공권력통제 등 공익추구의 기능과 객관적 소송으로서의 성격도 아울러 가지고 있는데 이러한 헌법재판의 기능과 특성상 헌재는 당연히 법 제47조 제1항에 대하여도 판단했어야 했다.

(1) 법 제84조의 법 제47조 제1항과의 체계적 관련성

법 제84조와 법 제47조 제1항의 입법취지[5]는 모두 마찬가지로 기초의회의원선

4) 헌재 2003. 1. 30. 2001헌가4, 판례집 15-1, 7, 14.

5) 이러한 입법취지는 정당의 지방선거 참여와 관련한 입법과정을 살펴보면 파악할 수 있는데, 이에 대하여 헌재는 이 사건 결정에서 "(1) 1988년 지방의회의원선거법의 제정으로 약 30년만에 지방선거가 부활되었다. 그러나 1990년 지방의회의원선거에 즈음하여 지방선거에 정당의 참여를 허용할 것인가를 놓고 여·야가 찬반양론으로 갈렸다. 당시 여당은 정당의 참여는 지방정치의 중앙정치 예속화, 정쟁으로 인한 지방행정의 혼란, 지역사회의 분열과 반목 심화 등의 폐해로 말미암아 결과적으로 지방의 자율적 성장을 저해할 것이라며 정당배제를 주장하였다. 이에 반하여 야당은 지방자치가 실질적으로 정착되기 위해서는 지방선거에 정당의 참여가 당연히 허용되어야 하고, 그 적합성 여부는 선거과정에서 주민들의 선택에 맡겨야 한다는 논리로 반대하였다. 결국 논란 끝에 시·도의 선거에서만 정당공천을 허용하고 시·군·자치구선거에서는 정당의 공천과 선거운동을 금지하는 선에서 타협이 이루어져, 지방의회의원선거법(법률 제4311호)과 지방자치단체의장선거법(법률 제4312호)이 각각 개정 및 제정되기에 이르렀다. (2) 1994. 3. 16. 기존에 별개의 선거법 체계로 되어 있던 대통령선거법·국회의원선거법·지방의회의원선거법·지방자치단체의장선거법을 단일법으로 통합한 공직선거및선거부정방지법(법률 제4739호)이 제정되었으며, 동법은 광역자치단체선거에서뿐만 아니라 기초자치단체선거에서도 정당의 참여를 허용하였다. (3)그러나 1995. 6.27 지방선거 직전 여당은 다시 지방행정의 탈정치화를 내세우며 기초지방선거에서의 정당배제를 주장하였고, 이에 반대하던 야당과 절충 끝에, 기초자치단체장선거에서는 정당의 참여를 허용하되 기초의회의원선거에서는 정당의 관여를 불허하는 선에서 관련법령을 개정하기로 합의하였다. 이에 따라 법 제47조 제1항 및 제84조의 개정이 이루어져, 부분적으로 자구만 수정된 채 오늘에 이르고 있다."라고 입법과정을 소개하고 있다.
위와 같은 입법변천과정에 비추어 볼 때, 이들 법조항은 기초의회의원선거에 정당이 관여하면 선거가 정당들의 대리전으로 변질되어 지역에서 필요로 하는 유능한 인물을 뽑는 것이 어려워지고 정당이 후보자의 당락뿐만 아니라 의원의 의정활동 전반에까지 영향을 미쳐 기초의회의 자율적 운영이

거에서 정당을 배제하고, 그로써 결국 지방분권 및 지방의 자율성 보장이라는 지방자치 본래의 이념이 충실히 구현될 수 있도록 하는 것이라고 볼 수 있다. 그를 위해 법 제47조 제1항에서 기초의회의원선거에서의 정당의 후보자추천제도를 완전히 배제했고, 이를 대외적으로 담보하기 위하여 법 제84조에서 기초의회의원선거의 후보자가 특정 정당으로부터의 지지 또는 추천받음을 표방할 수 없도록 규제한 것이다. 왜냐하면 만일 기초의회의원선거의 후보자가 특정 정당으로부터의 지지 또는 추천받음을 표방할 수 있도록 한다면 법 제47조 제1항에서 기초의회의원선거에서의 정당의 후보자추천을 배제한 의미가 없어지고 결국 기초의회의원선거에서의 정당의 영향력 배제라는 법 제47조 제1항의 입법취지가 무색해지기 때문이다. 그러므로 법 제47조 제1항은 법 제84조의 논리적 전제로서 양자가 체계적으로 밀접불가분의 관계에 있고, 따라서 법 제84조의 위헌 여부를 판단하면서 법 제47조 제1항에 대한 판단을 회피하는 것은 논리적 모순이다. 법 제84조에 대한 헌재의 위헌결정에 따라 기초의회의원선거의 후보자가 특정 정당으로부터의 추천받음을 표방할 수 있도록 허용하면서 법 제47조 제1항에 의해 여전히 기초의회의원선거에서 정당의 추천을 배제하고 있다는 사실은 얼마나 모순된 일인가? 즉 한쪽에서는 정당의 후보자추천을 법으로 배제하면서 다른 한쪽에서는 정당의 후보자추천을 표방할 수 있도록 법으로 허용한다는 것인데, 이것이 논리적으로 모순된다는 점은 다언을 요하지 아니할 것이다. 다시 말해 법 제84조에서 기초의회의원선거의 후보자가 특정 정당으로부터의 지지 또는 추천 받음을 표방할 수 없도록 한 것이 위헌이라면 이는 당연히 특정 정당으로부터의 추천을 표방할 수 있도록 하라는 것이고, 이러한 특정 정당으로부터의 추천표방은 논리필연적으로 특정 정당의 추천을 전제로 하는 것이기 때문에 정당의 후보자추천을 원천적으로 금지하고 있는 법 제47조 제1항의 위헌 여부 역시 법 제84조의 위헌 여부와 체계적으로 밀접불가분한 관계에 있는 것으로 함께 위헌심판의 대상이 되어야 했다.

이처럼 법 제84조가 법 제47조 제1항과 체계적으로 밀접불가분의 관계에 있고 그 입법취지와 규율목적을 같이 한다는 점에서, "… 법 제47조 제1항은 정당에 대해 후보자를 공천하지 못하도록 한 조항으로서, 각 그 수범자와 규율내용을 서로 달리하고, … 제47조 제1항의 위헌 여부가 제84조의 위헌 여부와 체계적으로 밀접불가분한 관계에 있다고 보기도 어렵다. 따라서 제47조 제1항에까지 심판의 대상

어렵게 될 것이라는 기본 인식 하에서 제정된 것으로 보인다. 그러므로 정당의 영향을 배제하고 인물 본위의 투표를 유도함으로써 지방분권 및 지방의 자율성 보장이라는 지방자치 본래의 이념이 충실히 구현될 수 있도록 하자는 게 위 조항의 입법취지라고 할 것이다.

을 확장할 것은 아니다."라고 한 헌재의 법정의견은 설득력이 없다.

아울러 "… 법 제47조 제1항은 그 문언상, 정당이 비공식적으로 후보자를 추천(이른바 '내천')하거나 특정 후보자에 대해 지지 또는 반대의 의사를 표명하는 것을 명시적으로 금지하고 있지는 아니하므로, 제47조 제1항의 위헌 여부가 제84조의 위헌 여부와 체계적으로 밀접불가분한 관계에 있다고 보기도 어렵다."고 한 헌재의 견해도 잘못된 것이다. 왜냐하면 앞서도 언급했듯이 법 제47조 제1항의 입법취지는 기초의회의원선거에서의 정당의 관여를 불허함으로써 결국 정당의 모든 영향력을 배제하고 인물 본위의 투표를 유도함으로써 지방분권 및 지방의 자율성 보장이라는 지방자치 본래의 이념이 충실히 구현될 수 있도록 하겠다는 것이므로 이를 효과적으로 실현하기 위해서는 당연히 정당이 비공식적으로 후보자를 추천하거나 특정 후보자에 대해 지지 또는 반대의 의사를 표명하는 것도 금지되는 것으로 보아야 하기 때문이다.

이러한 맥락에 비추어 볼 때 헌재가 법 제84조에 대한 위헌여부를 판단하면서 그의 논리적 · 이념적 대전제인 법 제47조 제1항에 대한 위헌 여부판단을 회피한 것은 대단히 잘못된 것이라고 보지 않을 수 없다. 이는 부수적인 문제는 판단하면서 그 문제의 근본바탕이 되는 본질적인 문제에 대한 판단을 회피한 것과 마찬가지이다. 또한 이는 헌재가 본안에 대한 판단과정에서 기초의회의원선거에서 정당의 영향을 배제하는 것이 타당하지 않다는 점을 누누이 강조한 태도와도 모순된다.

한편 이러한 헌재의 입장은 결과적으로 이른바 체계정당성(Systemgerechtigkeit)의 요청에도 반하는 것이다. 체계정당성의 원리란 동일 규범내에서 또는 상이한－수평적 관계이건 수직적 관계이건－규범간에 그 규범의 구조나 내용 또는 규범의 근거가 되는 원칙면에서 상호 배치되거나 모순되어서는 안된다는 하나의 헌법적 요청(Verfassungspostulat)이다.[6] 즉 이는 규범 상호간의 구조와 내용 등이 모순됨이 없이 체계와 균형을 유지하도록 입법자를 기속하는 헌법적 원리라고 볼 수 있다. 이처럼 규범 상호간의 체계정당성을 요구하는 이유는 입법자의 자의금지와 규범의 명확성, 예측가능성, 투명성 및 신뢰보호와 법적 안정성을 확립하기 위한 것이고, 이

---

6) 체계정당성의 원리에 대하여 자세한 것은 Degenhart, Systemgerechtigkeit und Selbstbindung des Gesetzgebers als Verfassungspostulat, 1976; Kischel, Systembindung des Gesetzgebers und Gleichheitssatz, AöR 124(1999), S. 174ff.; Zippelius, Der Gleichheitssatz, VVDStRL 47(1989), S. 29ff.; Rupp, Art. 3 GG als Maßstab verfassungsgerichtlicher Gesetzeskontrolle, in: Starck(hrsg.), Bundesverfassungsgericht und Grundgesetz, Festgabe aus Anlaß des 25järigen Bestehens des Bundesverfassungsgerichts, Bd. 2, 1976, S. 380ff.; Kirchhof, in: Isensee/Kirchhof(hrsg.), Handbuch des Staatsrechts, Bd. V, 1992, S. 941ff. 참조.

는 국가공권력에 대한 통제와 이를 통한 국민의 자유와 권리의 보장을 이념으로 하는 법치주의원리로부터 도출되는 것이라고 할 수 있다.[7)]

이 사건에서 헌재의 결정에 따라 법 제84조만이 위헌 · 무효가 되어 기초의회의원선거의 후보자가 특정 정당으로부터의 지지 또는 추천 받음을 표방할 수 있도록 허용되는 반면,[8)] 법 제47조 제1항은 존속하게 되어 여전히 기초의회의원선거에서 원천적으로 정당이 후보자를 추천하지 못하는 모순되는 상황이 발생하게 되는데,[9)] 이는 결과적으로 이러한 체계정당성의 요청에 반하게 되는 것이다. 즉 한편에서는 기초의회의원선거에서 정당의 후보자추천을 금지하는 법 제47조 제1항과 다른 한편에서는 헌재의 위헌결정의 결과 무소속후보자의 특정 정당으로부터의 지지 또는 추천에 대해서만 이를 표방할 수 없도록 함으로써 기초의회의원선거에서 정당소속 후보자의 특정 정당으로부터의 추천을 표방할 수 있도록 개정된 법 제84조가 같은 법에 병존함으로써 결과적으로 상호 모순되는 규범이 같은 법에 규정되게 되어 체계정당성의 요청에 반하게 되는 것이다.

그런데 이러한 체계정당성위반이 곧 바로 위헌인가의 여부, 즉 헌재의 위헌결정의 결과 같은 법에 이처럼 상호 모순되는 제47조 제1항과 제84조가 병존한다는 사실이 결과적으로 위헌인가의 여부는 추가적인 검토를 요한다. 일반적으로 일정한 체계정당성의 위반이 곧바로 위헌이 되는 것은 아니다. 즉 체계정당성위반 자체가 바로 위헌은 아니고, 이는 예컨대 평등원칙위반 내지 자의적인 입법행위 등의 위헌성을 시사하는 하나의 간접증거나 징후 내지 징빙(Indiz)일 뿐이다.[10)] 이것이 최종적으로 위헌이 되기 위해서는 그 체계정당성위반이 결과적으로 평등원칙위반이나 자의적인 입법행위로 평가되어야 하고, 그러기 위해서는 그러한 체계정당성위

---

7) Vgl. Degenhart, aaO, S. 68ff.; Kischel, aaO, S. 210; Stern, Das Staatsrecht der Bundesrepublik Deutschland, Bd. I, 2 Aufl., 1984, S. 837f.

8) 헌재의 위헌결정에 따라 이 규정은 2004. 3. 12. '자치구 · 시 · 군의회의원선거의 후보자'부분이 삭제되어, "무소속후보자는 특정 정당으로부터의 지지 또는 추천받음을 표방할 수 없다. 다만, 정당의 당원경력의 표시는 그러하지 아니하다."라고 개정되었고(법률 제7189호), 현행 공직선거법 제84조는 "무소속후보자는 특정 정당으로부터의 지지 또는 추천받음을 표방할 수 없다. 다만, 다음 각 호의 어느 하나에 해당하는 행위는 그러하지 아니하다.
1. 정당의 당원경력을 표시하는 행위
2. 해당 선거구에 후보자를 추천하지 아니한 정당이 무소속후보자를 지지하거나 지원하는 경우 그 사실을 표방하는 행위"라고 규정하고 있다.

9) 위 위헌결정 이후 국회는 2005. 8. 4. 법률 제7681호로 '공직선거 및 선거부정방지법'을 '공직선거법'으로 전부개정하면서 기초의원 선거에서도 정당이 후보자를 추천할 수 있도록 개정하여 오늘에 이르고 있다.

10) Vgl. BVerfGE 34, 103(115); 59, 36(49); 66, 214(224); 67, 70(84f.); Jarass, in: Jarass/Pieroth, Grundgesetz Kommentar, 4. Aufl., 1997, Art. 3, Rdnr. 20a; Kirchhof, aaO, S. 942.

반을 정당화시키는 불가피한 사유가 없어야 한다. 따라서 만일 일정한 규범의 또는 입법자의 체계정당성위반과 관련하여 그러한 위반행위를 할 수밖에 없는 불가피한 정당화사유가 존재한다면 그 위반행위는 자의적인 입법행위가 아니며, 따라서 결국 위헌이라고 볼 수 없게 되는 것이다.[11][12] 이에 따라 체계정당성에 반하는 입법행위 및 그에 대한 불가피한 정당화사유의 존재 유무에 대한 판단과 관련하여 입법자에게 일정한 입법형성의 자유가 인정되어 있다고 볼 수 있다.[13] 물론 이러한 입법형성의 자유가 무제한으로 인정되는 것은 아니고, 당연히 그러한 입법형성권행사의 정당성 여부와 위헌 여부는 헌법재판소의 심사대상이 된다고 하겠다.[14][15] 따

11) Vgl. BVerfGE 9, 20(28); 18, 366(372f.); 34, 103(115); 61, 138(148); 67, 70(84f.); 68, 237(253); 78, 104(122f.); 85, 238(247); BGHZ 81, 152(157f.); Degenhart, aaO, S. 90ff.; Kischel, aaO, 180ff.; Kirchhof, aaO, S. 942.

12) 헌재는 1991. 2. 11. 90헌가27 교육법 제8조의2에 관한 위헌심판사건에서 "① 모든 국민은 6년의 초등교육과 3년의 중등교육을 받을 권리가 있다. ② 모든 국민은 그 보호하는 자녀에게 제1항의 규정에 의한 교육을 받게 할 의무를 진다. ③ 국가는 제2항의 규정에 의한 의무교육을 실시하여야 하며 이를 위한 시설을 확보함에 필요한 모든 조치를 강구하여야 한다."라고 규정하고 있는 교육법 제8조에 "제8조의 규정에 의한 3년의 중등교육에 대한 의무교육은 대통령령이 정하는 바에 의하여 순차적으로 실시한다."라고 규정하고 있는 동법 제8조의 2가 배치된다는 이유로 위헌법률심판의 대상이 된 동법 제8조의 2가 평등의 원칙에 위배되어 위헌이라는 주장과 관련하여 "교육법 제8조의2를 본다면 입법자는 장차 중학교 3년의 중등교육에 있어서도 전면적으로 의무교육을 실시할 것을 명백히 규정하고, 다만 현재로서는 국가의 재정형편상 위와 같은 전면실시가 사실상 불가능하다고 판단하여 잠정적인 조치로서 중학교교육에 대한 의무교육을 단계적으로 순차 확대실시하도록 한 것뿐이다. 헌법이 초등교육 이외의 의무교육의 범위를 법률로 정하도록 한 것은 이를 법률에 의하여 단계적으로 확대하여 나가려는 데 그 기본 취지가 있는 것이며, 그러한 단계적 확대실시의 과정에서 지역적인 차별이나 피교육자에 따른 차별이 비록 생겨난다고 하더라도 이는 전면적인 실시에 따르는 막대한 재정적인 부담을 감안할 때에 불가피한 조치로서 헌법상 용인될 수 있는 것이라 할 것이다. 나아가 현재 도서, 벽지, 접적지역과 특수학교에 한하여 의무교육을 실시하고 있는 것은 그러한 경우에는 지리적 여건이나 피교육자의 특성상 교육을 받을 기회가 상대적으로 불리하다는 점을 고려한 것으로 이는 오히려 실질적 평등의 원칙에 부합된다고 할 수 있다. 따라서 교육법 제8조의2는 헌법 제11조 제1항에 정한 평등의 원칙에 위반되지 아니한다."라고 판시함으로써, 일정한 조항이 동일 법률내의 다른 기본조항에 저촉되어 평등원칙에 위반될 소지가 있는 경우라도 절실한 공익적인 합리적 사유(이 사건에서는 국가의 재정적 부담)가 존재한다면 이는 정당화될 수 있고, 따라서 평등의 원칙에 위배되는 것은 아니라는 견해를 취하고 있다.

13) Vgl. BVerfGE 59, 36(49); 61, 138(148f.); 76, 130(139f.); Gubelt, in: v. Münch(hrsg.), Grundgesetz-Kommentar, 4. Aufl., 1992, Art. 3, Rdnr. 30; Kirchhof, aaO, S. 942.

14) Vgl. BVerfGE 81, 156(206f.).

15) 체계정당성 및 입법자의 입법형성권의 한계와 관련하여 헌재는 규범체계상의 균형을 상실한 법조항은 입법자의 입법형성권을 일탈한 것으로 위헌이라는 결정을 내린 바 있다. 즉 1992. 4. 28. 90헌바24 특정범죄가중처벌등에관한법률 제5조의3 제2항 제1호에 대한 헌법소원사건에서 헌재는 "우리 헌법이 선언하고 있는 '인간의 존엄성'과 '법앞의 평등'은 행정부나 사법부에 의한 법적용상의 평등만을 의미하는 것이 아니고, 입법권자에게 정의와 형평의 원칙에 합당하게 합헌적으로 법률을 제정하도록 하는 것을 명하는 법내용상의 평등을 의미하고 있기 때문에 그 입법내용이 정의와 형평에 반하거나 자의적으로 이루어진 경우에는 평등권 등의 기본권을 본질적으로 침해한 입법권의 행사로서 위헌성을 면하기 어렵다. 본 법률조항에서 과실로 사람을 치상하게 한 자가 구호행위를 하지

라서 만일 체계정당성에 반하는 규범 내지 입법행위가 그 위반에 대한 불가피한 정당화 사유를 제시하지 못하고 결과적으로 자의적인 입법행위로 평가되거나 평등의 원칙 등 일정한 헌법의 규정이나 원칙을 위반하게 된다면 그 해당 규범 내지 입법행위는 정당화될 수 없고, 결국 위헌이라고 볼 수밖에 없는 것이다.[16)]

이러한 맥락에 비추어 볼 때 헌재의 위헌결정의 결과 개정된 현행법의 경우 상호 모순되는 법조항인 제47조 제1항과 제84조의 병존은 앞서 언급한 바와 같이 체계정당성에 위반됨과 동시에 이러한 모순된 병존 내지 체계정당성위반을 정당화시키는 불가피한 사유가 존재하지 아니함으로 위헌이라고 볼 수밖에 없다.

결국 헌재가 법 제84조의 위헌논거로서 기초의회의원선거에서의 정당의 영향력 배제의 문제점과 부당성을 제시한 이상 논리필연적으로－법 제84조의 논리적 · 이념적 대전제이자 체계적으로 밀접불가분의 관계에 있는－기초의회의원선거에서 정당의 추천을 금지한 법 제47조 제1항의 문제점과 위헌여부에 대하여도 판단했어야 했다.

(2) 헌법재판의 기능 및 특성과 관련하여

헌재가 주장하듯이 법 제47조 제1항은 당해 사건에 적용될 법률조항이 아니라고 볼 수도 있고, 따라서 이 사건 재판의 전제성이 부정될 수도 있다. 또한 해당 법원에서 당해 사건을 해결하기 위하여는 헌재가 법 제84조의 위헌여부만을 판단하면 된다고 볼 수도 있다. 그리고 결국 그를 통해 당해 형사사건의 피고는 무죄를 선고받을 수 있고 그로써 사건은 종결될 수 있다.

그러나 헌법재판은 이처럼 당해 사건의 해결에만 그 목적과 기능이 있는 것이 아니다. 이와 더불어 헌법재판은 헌법질서유지, 중요한 헌법적 해명, 공권력 통제 등 헌법수호와 공익추구의 목적과 기능도 가지고 있고, 사안에 따라서는 후자의

아니하고 도주하거나 고의로 유기함으로써 치사의 결과에 이르게 한 경우에 살인죄와 비교하여 그 법정형을 더 무겁게 한 것은 형벌체계상의 정당성과 균형을 상실한 것으로서 헌법 제10조의 인간으로서의 존엄과 가치를 보장한 국가의 의무와 헌법 제11조의 평등의 원칙 및 헌법 제37조 제2항의 과잉입법금지의 원칙에 반한다."라고 함으로써 규범체계상의 정당성과 균형을 상실한 법조항은 입법자의 입법형성권의 한계를 일탈한 자의적인 입법으로서 평등의 원칙과 비례의 원칙 등에 반하는 위헌이라고 판시하고 있다. 이는 특가법의 일부조항이 수평적 규범인 형법과 비교하여 균형을 상실했다면 그 법조항은 체계정당성에 반하는 것이고, 이것이 평등의 원칙과 비례의 원칙 등 헌법상의 규정과 원칙에 반한다면 이는 결국 입법형성권의 한계를 일탈한 것으로 위헌이라는 논리를 전개하는 것으로 여겨진다.

16) 이러한 체계정당성의 위반과 그 위헌문제에 대하여 자세한 것은 정연주, 분리된 선거구와 체계정당성, 공법연구 제30집 제4호, 2002. 6, 83쪽 이하 참조.

기능이 보다 중요하고 본질적인 기능으로 간주될 수 있는 것이다. 이러한 점에서 헌법재판에는 일반 민사재판 등에서는 볼 수 없는 강한 직권심리주의가 인정되고 있고, 개인의 기본권의 구제뿐 아니라 공익추구와 헌법수호의 기능을 가지는 객관적 소송의 성격도 인정되는 것이다.[17)]

이러한 헌법재판작용의 기능과 특성 및 그로 인해 인정되는 강한 직권심리주의의 취지 등에 비추어 볼 때 헌재는 단순히 당해 사건을 해결하고 당사자의 침해된 권리구제에만 급급할 것이 아니라 보다 장기적이고 거시적인 차원에서 당사자의 주장이나 위헌제청법원의 견해에 관계없이[18)] 재판과 관련한 중요한 헌법적 해명에 대하여 판단할 권한과 의무를 지는 것이다. 이 사건에서 중요한 것은 법 제84조에 의하여 기초의회의원선거에서 후보자가 특정 정당으로부터의 지지 또는 추천받음을 표방할 수 없도록 한 규정의 위헌 여부 뿐 아니라 근본적으로는 법 제47조 제1항에 의하여 정당이 다른 선거에서와는 달리 유독 기초의회의원선거에서 후보자를 추천할 수 없도록 금지한 것이 헌법상 정당화될 수 있는지의 여부이고, 이 조항이 기초의회의원선거에서의 정당의 영향력 배제라고 하는 입법취지를 구현하는 출발점이자 바탕규정이므로 당연히 이의 위헌 여부 내지 헌법상 정당성 여부를 판단하는 것이 급선무이고 근본적인 문제의 해결인 것이다. 따라서 법 제47조 제1항에 대한 판단이야 말로 지방의회의원선거를 포함한 지방자치제도의 정당관련성에 관한 근본적인 문제이자 중요한 헌법적 해명이고, 기초의회의원선거에서 정당이 개입될 때마다 반복해서 제기될 수밖에 없는 문제인 것이다. 따라서 헌재는 이 사건에서 법 제84조의 위헌 여부에 대한 판단에 앞서 법 제47조 제1항에 대한 위헌 여부를 판단했어야 했고, 만일 법 제47조 제1항이 위헌으로 결정이 되고 따라서 정당이 기초의회의원선거에서 후보자를 추천할 수 있게 되면 기초의회의원선거의 후보자가 특정 정당으로부터의 지지 또는 추천받음을 표방할 수 없도록 한 법 제84조도 당연히 위헌으로 결정되어야 할 것이고, 반대로 법 제47조 제1항이 합헌으로 결정이 되고 따라서 기초의회의원선거에서 정당의 후보자추천이 여전히 금지된다면 논리필연적으로 기초의회의원선거의 후보자가 특정 정당으로부터의 지지 또는 추천받음을 표방할 수 없도록 한 법 제84조도 합헌이 되는 것이다. 이러한 논리는 법 제84조가 법 제47조 제1항의 취지를 보다 효과적으로 실현하기 위한 규

17) 이러한 헌법재판의 특성과 기능에 대하여는 정연주, 헌법소원심판청구취하의 효과, 공법연구 제28집 제4호 제2권, 2000. 6, 201쪽 이하 참조.

18) 물론 이 사건에서 위헌제청법원인 대전고등법원은 법 제84조 뿐 아니라 법 제47조 제1항의 해당 부분에 대하여도 위헌여부심판을 제청하였다.

정이라는 점에서 타당하고, 정당의 영향을 배제하고 인물 본위의 투표를 유도함으로써 지방분권 및 지방의 자율성 보장이라는 지방자치 본래의 이념이 충실히 구현될 수 있도록 하고자 하는 이들 조항의 입법취지에도 부합된다고 하겠다.

결국 헌재는 헌법재판의 기능과 특성 및 직권심리주의의 취지 등에 비추어 이 사건에서 중요한 헌법적 해명에 해당하는 법 제47조 제1항의 위헌 여부에 대하여 판단했어야 했다.

2. 법 제47조 제1항의 위헌성

법 제47조 제1항의 위헌 여부는 정당의 기능, 지방자치제도의 본질과 기능, 평등원칙, 비례원칙 등 다양한 헌법적 측면에서 파악되어야 할 것이다.

(1) 정당의 기능

정당이라 함은 국민의 이익을 위하여 책임 있는 정치적 주장이나 정책을 추진하고 공직선거의 후보자를 추천 또는 지지함으로써 국민의 정치적 의사형성에 참여함을 목적으로 하는 국민의 자발적 조직을 말한다(정당법 제2조). 정당은 정책을 개발하고, 국민의 다양한 정치적 의사를 국정에 반영하는 교량적 역할을 하는 정치적 결사로서 정책결정과 집행 및 국정운영의, 그리고 다원적 민주주의 실현의 필수불가결한 수단이다.[19] 이처럼 정당은 무정형적이고 무질서한 개개인의 다양한 정치적 의사를 집약·정리하고 구체적인 진로와 방향을 제시하며 국정에 반영 또는 매개하는 중요한 공적 기능을 수행하기 때문에 헌법도 정당의 기능에 상응하는 지위와 권한을 보장함과 동시에 그 헌법 질서를 존중해 줄 것을 요구하고 있다. 즉 헌법 제8조는 정당설립의 자유와 복수정당제를 보장하고, 국가에 의한 정당의 보호를 규정하면서, 정당해산과 관련해서도 정당의 목적이나 활동이 민주적 기본질서에 위배될 때에만 그리고 헌법재판소에 의해서만 해산될 수 있도록 규정하고 있는 것이다.

이렇게 헌법이 보장하고 있는 정당의 존재 의의가 국민의 정치적 의사 형성에 참여하는 데 있으며, 대의민주주의에서 이러한 참여의 가장 중요한 형태가 선거를 통한 참여임은 의문의 여지가 없다. 그런데 각종 선거에 정당은 후보자의 추천과

---

19) 헌재 2004. 3. 25. 2001헌마710, 판례집 16-1, 422, 434; 2006. 3. 30. 2004헌마246, 판례집 18-1상, 402, 411.

후보자를 지원하는 선거운동을 통하여 소기의 목적을 추구하는데, 이 경우 평등권 및 평등선거의 원칙으로부터 나오는 기회균등의 원칙은 후보자는 물론 정당에 대하여서도 보장되는 것이다. 정당이 선거에 있어서 기회균등의 보장을 받을 수 있는 헌법적 권리는 정당활동의 기회균등의 보장과 헌법상 참정권의 보장에 내포되어 있다. 정당활동의 기회균등은 정당 상호간에만 적용되는 것이 아니라 정당과 다른 단체 및 정당과 무소속 후보자 사이에도 적용됨은 물론이다.

이처럼 정책의 개발, 국민의사의 국정에의 반영, 민의의 형성과 결집, 인재의 발굴, 중앙과 지방의 매개, 국정통제, 책임정치의 실현 등은 주로 정당을 통해 이루어진다. 특히 정치·사회적으로 취약한 신진·소수세력과 여성 및 정치적 기반이 약한 각계 전문가의 정책개발과 결정 및 집행에의 참여 및 선거에의 참여는 주로 정당을 통해 실현 가능하다고 볼 수 있고, 이러한 정당을 통한 진출이야 말로 헌법이 예상하고 있는 가장 주된 전통적인 참여방식이라고 할 수 있다.

결국 정당은 다원적 민주주의 실현과 정책개발 결정·집행을 위한 필수적 도구이고, 선거를 통해 이를 실현하는 정치적 결사로서, 선거에의 참여는 정당의 존재목적을 실현하기 위한 가장 중요하고 본질적인 수단이라고 할 수 있다. 따라서 정당을 특정 선거에서 강제적으로 배제하는 것은 이러한 정당의 자유와 기능 등 정당민주주의와 참정권을 침해하는 것이고, 결과적으로 신진 소수세력과 여성 및 정치적 기반이 약한 전문가의 참여를 봉쇄하는 효과를 가져 올 수 있다. 사실 모든 후보자를 무소속으로 할 경우 오히려 지역유지나 재력가 또는 유명인사 등이 선거과정에서 유리한 입장에 있을 수밖에 없고, 따라서 이들 유력인사들이 당선될 확률도 높다고 볼 수밖에 없는 것이 현실이다.

(2) 지방자치제도의 기능과 관련하여

주지하는 바와 같이 지방자치란 지역중심의 지방자치단체가 독자적인 자치기구를 설치해서 그 자치기구의 고유사무를 국가기관의 간섭없이 스스로의 책임아래 처리하는 것을 말한다. 지방자치의 실시로 인해 지역내의 공통관심사에 대한 지역주민의 자율적 처리의욕이 커지고, 지역주민이 직접 피부로 느낄 수 있는 '주민접촉' 내지 '근거리행정'이 이루어지고, 다원적인 복합사회가 요구하는 정치적 다원주의가 실현될 수 있을 뿐 아니라, 기능적 권력통제의 효과가 나타나게 된다. 이처럼 지방자치제도는 전통적인 기능으로서의 행정의 극대화기능과 지역발전촉진기능과 더불어 오늘날 다원적 민주주의의 실현과 기능적 권력통제를 가장 중요한 기능으로 하고 있다.

1) 다원적 민주주의 실현

지방자치는 지역주민의 지역문제에 대한 자치능력을 길러줌으로써 민주정치에 필요한 민주시민을 양성하는데 기여하고, 이로써 민주정치의 실현기능을 가지게 된다. 더욱이 지방자치단체에서는 국가차원에서와는 다른 정치세력과 정치견해가 형성될 수 있고, 국가차원에서와는 다른 정치집단이 정치적인 영향력을 행사할 수 있기 때문에 서로 상이한 다양한 정치적 견해를 지방자치제도를 통해 반영할 수 있다는 점에서 현대사회가 요구하는 정치적 다원주의 내지 다원적 민주주의를 실현시키는 기능을 가진다.

헌재도 "지방자치제도는 민주정치의 요체이며 현대의 다원적 복합사회가 요구하는 정치적 다원주의를 실현시키기 위한 제도적 장치로서 지방의 공동관심사를 자율적으로 처리함과 동시에 주민의 자치역량을 배양하여 국민주권주의와 자유민주주의 이념구현에 이바지함을 목적으로 하는 제도이다."라고 판시함으로써 지방자치제도가 가지는 다원적 민주주의의 실현기능을 강조하고 있다.[20)]

이처럼 지방자치제도의 중요한 기능이 다원적 민주주의의 실현이라면 이러한 다원적 민주주의가 실현될 수 있는 지방자치제도가 마련되어야 한다. 그런데 오늘날 이러한 다원적 민주주의는 정당정치와 정당본위의 선거 및 복수정당제를 바탕으로 하는 정당민주주의를 그 근간으로 하고 있다. 따라서 오늘날 정당을 통하지 않는 정치와 선거는 상상하기 어렵다. 이를 위해 헌법 제8조 제1항도 복수정당제를 보장하고 있다.[21)] 그런데 이러한 복수정당제를 통한 정당민주주의와 다원적 민주주의를 실현시킬 수 있는 제도의 하나가 바로 지방자치제도인 것이다.

오늘날 지방자치제도의 실현과정에서 전통적인 행정기능 보다는 정치형성기능이 강조되는 것도 이러한－지방선거제도를 포함한－지방자치제도에서 차지하는 정당의 절대적 비중을 전제로 하는 것이고, 헌재도 이 사건 결정에서 "… 정당의 영향을 배제하는 것이 곧 지방자치의 발전에 보탬이 될 것이라고 단정할 수 없다. 지방자치는 단순히 주민 근거리 행정의 실현이라는 행정적 기능만 있는 것이 아니라, 지역 내의 가치분배에 관한 갖가지 정책을 지방에서 자율적으로 수립해 나가는 정치형성적 기능도 아울러 가지는데, 이러한 정치형성적 기능과 관련하여 정당

---

20) 헌재 1998. 4. 30. 96헌바62, 판례집 10-1, 380, 384-385.

21) 이러한 복수정당제를 통한 정당민주주의와 다원적 민주주의에 대하여는 정연주, 1인 1표 국회의원 선거제도의 위헌성, 헌법논총 제13집, 헌법재판소, 2002. 12. 529 쪽 이하 참조.

은 민의의 결집·인재의 발굴·중앙과 지방의 매개·책임정치의 실현 등 여러 가지 순기능을 담당할 수 있기 때문이다. 영국·프랑스·독일·일본 등 지방자치의 오랜 전통을 가진 선진 민주주의 국가들 대다수가 정당의 지방선거 참여를 허용하고 있는 것도 바로 이러한 이유 때문이라고 할 것이다. 한편, 정당의 지방선거 참여로 파생되는 부작용들은 따지고 보면 정당 내부의 분권화 및 민주화가 덜 이루어진 데에서 기인하는 바가 더 크다. 그런데, 정당의 지방선거 참여는 오히려 지방의 유능한 인원을 정당에 충원하고 정당의 지방조직을 활성화함으로써 정당의 분권화·민주화를 촉진하는 면도 있다. 더구나, 최근 지역주의가 상대적으로 약화되고, 혁신정당이 제도권 정치에 진입하고, 1인 2표의 정당명부식 비례대표제가 시행되며, 국민참여경선제 등 상향식 공천제도가 활용되기 시작하는 등 우리의 정치환경이 급속도로 발전적 변화를 이룩하는 추세에 있는 점에 비추어 볼 때, 향후 정당배제를 통해 얻게 될 이익보다 그로 인한 손실에 더 무게가 실릴 것으로 예측된다. 따라서, 단순히 정당배제라는 미봉책을 통해 정당참여로 인한 역기능뿐 아니라 순기능까지 함께 제거하는 것은 지방자치 발전의 차원에서도 바람직하지 않은 것으로 생각된다."라고 판시함으로써 이러한 지방자치제도가 가지는 정당을 통한 정치형성기능을 강조하고 있다.[22)]

이처럼 지방자치제도의 중요한 기능이 다원적 민주주의의 실현이고 이는 오늘날 정당을 매개해서 실현되고 있다는 현실을 감안할 때, 그리고 정당의 가장 중요한 기능과 존재목적의 하나가 바로 선거에의 참여와 그를 통한 주민 내지 국민의 의사의 정책의 결정과 집행과정에의 반영이라는 점을 상기할 때 기초지방의회선거에서 정당의 후보자추천을 금지하는 것은 이러한 다원적 민주주의를 내용으로 하는 지방자치제도의 기능에 반하고, 아울러 정당민주주의와 복수정당제를 보장하고 있는 헌법 제8조 제1항에에 반하는 것이다.

따라서 자치구·시·군의회의원선거의 후보자 역시 특정 정당으로부터의 지지 또는 추천 받음을 표방할 수 있어야 함은 물론, 보다 근본적으로 정당은 선거에 있어 선거구별로 선거할 정수범위 안에서 국회의원선거냐 지방선거냐, 그리고 지방선거에서도 광역선거냐 기초선거냐 의원선거나 단체장선거냐에 관계없이 그 소속당원을 후보자로 추천할 수 있어야 한다. 따라서 기초의회의원선거에 정당이 관여하면 선거가 정당들의 대리전으로 변질되어 지역에서 필요로 하는 유능한 인물을 뽑는 것이 어려워지고 정당이 후보자의 당락뿐만 아니라 의원의 의정활동 전반

---

22) 헌재 2003. 1. 30. 2001헌가4, 판례집 15-1, 7, 18.

에까지 영향을 미쳐 기초의회의 자율적 운영이 어렵게 될 것이라는 인식 하에서 정당의 영향을 배제하고 인물 본위의 투표를 유도함으로써 지방분권 및 지방의 자율성 보장이라는 지방자치 본래의 이념이 충실히 구현될 수 있다는 막연한 이유에서 기초의회의원선거에서 정당의 후보자추천 자체를 원천적으로 봉쇄하는 법 제47조 제1항은 지방자치제도의 본질과 기능을 왜곡하고 현대사회에서의 정당을 통한 다원적 민주주의의 실현과 복수정당제를 보장하는 헌법정신에 정면으로 반하는 것으로 위헌이라고 보지 않을 수 없다.

결국 다원적 민주주의를 지방차원에서 실현하기 위해서는 바로 정당을 통한 지방자치제의 운용이 전제되어야 하고 따라서 기초지방의회선거에서도 정당의 후보자추천 등을 통한 정당의 참여가 보장되어야 한다. 다양한 정책과 강령을 가진 정당이 상호 경쟁을 통해 선거에 참여하고 지방행정과 지방의회에서 경쟁할 때 보다 효율적으로 주민의 다양한 의사가 형성되고, 그러한 의사가 정책의 결정과 집행에 반영될 수 있으며, 주민의 선택폭이 넓어질 수 있어 결국 지방자치제도의 본질과 기능의 하나인 다원적 민주주의가 실현될 수 있는 것이다.

2) 기능적 권력통제

지방자치는 오늘날 기능적 권력통제를 위한 제도적 장치로 기능한다. 고전적 3권분립이론은 사회구조와 사회기능의 변화, 다양한 정치·사회세력의 출현, 다양한 국가기관의 등장, 헌법관의 변화, 정당국가적 경향 등 때문에 본래의 권력통제기능을 효율적으로 발휘하기 어렵게 되었다. 따라서 오늘날 이러한 고전적 3권분립이론은 그 골격은 유지하되 다양한 수정과 보완을 겪게 되었다. 그중 하나가 바로 지방자치제도를 통한 기능적 권력통제라고 할 수 있다. 이는 정책개발과 정책결정 및 정책집행권을 중앙정부와 지방자치단체에 기능적으로 분산시킴으로써 중앙정부와 지방자치단체 및 지방자치단체 상호간의 수직적·수평적인 기능적 권력통제를 실현하는 것이다. 따라서 오늘날 지방자치제도의 중요한 기능 중 하나는 바로 이러한 기능적 권력통제의 실현인 것이다.

헌재도 위에서 소개한 96헌바62 결정에서 "… 이러한 지방자치의 본질적 내용인 핵심영역은 어떠한 경우라도 입법 기타 중앙정부의 침해로부터 보호되어야 한다는 것을 의미한다. 다시 말하면 중앙정부의 권력과 지방자치단체간의 권력의 수직적 분배는 서로 조화가 요청되고 그 조화과정에서 지방자치의 핵심영역은 침해되어서는 안되는 것이므로, 이와 같은 권력분립적·지방분권적인 기능을 통하여 지역주민의 기본권 보장에도 이바지하는 것이다."라고 판시하고 있고,[23] 1999. 11. 25, 99헌바28 결정에서도 "… 현대 입헌민주국가의 통치원리인 권력분립 및 통제·법치주의·기본권보장 등의 제원리를 주민의 직접적인 관심과 참여 속에서 구현시킬 수 있어 자유와 책임을 중시하는 자유민주주의 이념에 부합되므로 국민(주민)의 자치의식과 참여의식만 제고된다면 권력분립원리의 지방차원에서의 실현(지방분권)을 가져다 줄 수 있을 뿐 아니라 …"라고 판시함으로써[24] 이러한 중앙정부와 지방자치단체 및 지방자치단체 상호간의 수직적·수평적인 권력통제의 실현이 지방자치제도의 중요한 기능의 하나임을 확인하고 있다.

이에 따라 지방자치제도는 이러한 권력통제기능을 효율적으로 실현할 수 있도록 제도화되고 운용되어야 한다. 그런데 이러한 중앙정부와 지방자치단체, 그리고 지방자치단체 상호간의 수직적·수평적인 기능적 권력통제는 오늘날 바로 정당을 통해서 실현될 수 있다. 그리고 이는 앞서 언급한 현대사회의 정당국가적 경향에 비추어 볼 때 당연한 것이고, 따라서 이를 헌법상 복수정당제의 보장 등을 통해 반영하고 있는 것이다. 그러므로 오늘날 지방자치제도를 통한 기능적 권력통제를 실현하기 위하여는 사실상 정당의 개입이 필연적이고, 따라서 기초지방의회의원선거에서 정당의 후보자추천을 금지함으로써 정당의 참여를 원천적으로 봉쇄하는 것은 바로 이러한 지방자치제도가 가지는 권력통제의 기능을 형해화시키는 것이라고 할 수 있다. 오랜 선거경험에서 보듯이 선거과정에서 정당의 영향력을 배제하는 것 자체가 불가능할 뿐 아니라, 오히려 지방분권 및 지방의 자율성 보장이라는 지방자치제도의 구현은 바로 정당을 통한 기능적 권력통제가 지방차원에서 실현될 때 비로소 가능한 것임은 주지의 사실이다.

이러한 맥락에 비추어 볼 때 결국 법 제47조 제1항은 지방자치제도가 가지는 수직적·수평적인 권력통제의 기능과 헌법상의 권력분립원칙의 정신에 반하는 위헌인 것이다.

(3) 평등의 원칙과 관련하여

입법자가 합리적 차별사유 없이 본질적으로 같은 것을 자의적으로 다르게 취급하는 것은 평등의 원칙을 위반하는 것으로 위헌임은 주지의 사실이다. 헌재는 이 사건에서 기초의회의원선거의 경우 그 후보자가 정당표방을 하지 못하도록 한 법

23) 헌재 1998. 4. 30. 96헌바62, 판례집 10-1, 380, 385-386.

24) 헌재 1999. 11. 25. 99헌바28, 판례집 11-2, 543, 550-551.

제84조의 평등원칙 위배 여부와 관련하여 "… 기초의회의원선거를 그 외의 지방선거와 다르게 취급을 할 만한 본질적인 차이점이 있는가를 볼 때 그러한 차별성을 발견할 수 없다. 우선, 광역자치단체와 기초자치단체의 경우를 나누어 법적으로 달리 취급해야 할 이유가 없는 것은, 광역과 기초의 차이는 지방자치단체의 종류의 차이에 불과할 뿐, 지방분권이라는 자치기능에 있어서는 본질적인 차이가 없기 때문이다. 나아가, 기초자치단체장선거의 경우와는 달리 기초의회의원선거의 경우에만 정당의 영향을 배제해야 할 합리적인 이유도 없다고 보아야 한다. 오히려, 기초자치단체의 기관 중에서 구태여 정당의 영향을 배제해야 할 필요성이 있는 곳이 있다면 그것은 기초의회보다는 집행업무를 담당하는 기초자치단체장이라고 보아야 할 것이다. 왜냐하면, 기초자치단체장은 지방자치단체 소속 공무원의 대부분을 지휘·감독하고, 예산을 편성·집행하며, 그를 통하여 대통령선거나 국회의원선거 등 전국 단위의 공직선거에 상당한 영향을 미치는 지역 사업과 현안들을 추진하고 집행할 수 있는 지위에 있기 때문이다. 실제로 단체장선거와 관련해서 정당공천헌금 등 갖가지 부조리가 문제되고 있는 실정에서도 이러한 점을 엿볼 수 있다. 또한, 지방 차원에서의 견제와 균형의 실현이라는 지방자치의 기본이념에 비추어 보더라도, 기초자치단체장선거에서는 정당추천후보자를 인정하면서, 그 상대역이라고 할 수 있는 기초의회의원선거에서는 정당표방을 금지하는 것은 합리적이지 못하다. 그렇다면, 위 조항은 아무런 합리적 이유 없이 유독 기초의회의원 후보자만을 다른 지방선거의 후보자에 비해 불리하게 차별하고 있으므로 평등원칙에 위배된다."라고 판시하고 있는데,[25] 이러한 논리는 법 제47조 제1항에 대하여도 적용될 수 있다고 본다.

결론적으로 이러한 평등의 원칙의 측면에서 볼 때 다른 여타의 지방선거에서 인정되는 정당의 후보자추천을 유독 기초의회의원선거에서만 금지하고 있는 법 제47조 제1항은 합리적 차별사유 없이 기초의회의원선거의 후보자를 차별하는 것으로 평등의 원칙에 위반된다고 보지 않을 수 없다. 왜냐하면 다른 지방선거에서와는 달리 기초의회의원선거의 후보자 내지 후보자가 되고자 하는 자만 정당한 사유 없이 정당의 추천을 받을 수 없기 때문이다.

(4) 비례의 원칙과 관련하여

주지하는 바와 같이 입법작용을 비롯한 모든 공권력작용에 있어서 그 달성코자

25) 헌재 2003. 1. 30. 2001헌가4, 판례집 15-1, 7, 21.

하는 목적과 수단 사이에는 비례성이 유지되어야 하고 이러한 비례의 원칙을 위반한 공권력작용은 위헌이다. 그런 점에서 기초의회의원선거에서 모든 정당의 후보자추천을 금지한 법 제47조 제1항은 비례의 원칙을 위반한 것이라고 보지 않을 수 없다.

위에서도 언급한 바와 같이 법 제84와 더불어 법 제47조 제1항의 입법목적은 기초의회의원선거에 정당이 관여하면 선거가 정당들의 대리전으로 변질되어 지역에서 필요로 하는 유능한 인물을 뽑는 것이 어려워지고 정당이 후보자의 당락뿐만 아니라 의원의 의정활동 전반에까지 영향을 미쳐 기초의회의 자율적 운영이 어렵게 될 것이라는 기본 인식 하에서 정당의 영향을 배제하고 인물 본위의 투표를 유도함으로써 지방분권 및 지방의 자율성 보장이라는 지방자치 본래의 이념이 충실히 구현될 수 있도록 하는 것으로 볼 수 있다. 물론 지방분권 및 지방의 자율성이 보장되도록 하겠다는 것 자체에 대하여는 정당성을 부인할 여지가 없으나, 그를 위해 기초의회의원선거에서 정당의 후보자추천을 금지함으로써 정당의 영향을 배제하고 인물 본위의 투표가 이루어지도록 하는 것은 그 자체가 앞서 언급한 바대로 지방자치제도의 기능, 현대사회에서의 정당의 역할과 위상 내지 정당민주주의의 이념 및 선거제도의 본질 등에 비추어 타당하지 못할 뿐 아니라,[26] 지방분권 및 지방의 자율성이 보장이라는 입법목적의 달성을 위한 적합한 수단이라고 볼 수도 없다.

또한 이처럼 기초의회의원선거에서 정당의 후보자추천을 금지한다고 해서 지방자치제도 본래의 기능이 실현된다고 보기도 어렵고, 설사 그렇다 하더라도 그러한 금지를 통해 달성되는 공익보다 효율적인 다원적 민주주의의 실현이나 기능적 권력통제의 실현 등 헌법적 요청이자 공익인 지방자치제도의 본질과 기능 및 기초의회의원선거의 후보자의 권리–예컨대 정당추천을 받을 권리–와 정당의 권리–예컨대 정당의 가장 중요한 권리이자 기능 중 하나인 후보추천권–등의 기본권의 침해가 훨씬 크기 때문에 이러한 금지는 이익형량의 원칙에 위반되는 것이다.

결국 법 제47조 제1항은 비례의 원칙에 위반된다.

---

26) 헌재도 지적하고 있듯이 선거에 당하여 정당이냐 아니면 인물이냐에 대한 선택은 궁극적으로 주권자인 국민의 몫이고, 입법자가 후견인적 시각에서 입법을 통하여 그러한 국민의 선택을 대신하거나 간섭하는 것은 민주주의 이념에 비추어 정당하지 못함은 다언을 요하지 아니한다.

(5) 유권자의 선택권 등과 관련하여

정당공천금지는 유권자의 선택권 및 알권리 등을 침해할 수 있고, 이는 결과적으로 유권자의 선거에 대한 무관심을 부채질하고, 불합리한 선거결과를 야기할 수 있으며, 이는 결국 민주주의원리를 왜곡하는 것이 될 수 있다.

헌재도 선거에 당하여 정당이냐 아니면 인물이냐에 대한 선택은 궁극적으로 주권자인 국민의 몫이고, 입법자가 후견인적 시각에서 입법을 통하여 그러한 국민의 선택을 대신하거나 간섭하는 것은 민주주의 이념에 비추어 바람직하지 않기 때문에, 기초의회의원선거에서 정당의 영향을 배제하고 인물 본위의 투표가 이루어지도록 하겠다는 구체적 입법의도는 그 정당성이 의심스럽다고 판시한바 있다.[27] 헌재는 그 후 "정당이 기초의원 후보자를 추천할 수 있도록 하는 제도의 목적은 유권자들이 선거권을 행사함에 있어 참고할 중요한 사항을 제공하고, 국민의 정치적 의사 형성에 참여하는 정당의 활동을 효과적으로 보장하기 위한 것이다. 이러한 입법목적은 공공복리를 도모하기 위한 것이라고 할 수 있다. 정당의 기초의원 후보자 추천제도를 통하여, 선거권자들은 기초의원 후보자의 소속 정당과 정치적 성향을 알 수 있게 되고, 정당은 정치적 의사 형성 기능을 기초의원 선거에서도 발휘할 수 있게 된다. 따라서 정당의 후보자추천제도는 입법목적을 달성하기 위한 합리적인 수단이라고 할 수 있다."라고 판시하고 있다.[28] 또한 헌재는 최근에도 "정당이 자치구·시·군의 장 후보자를 추천할 수 있도록 하는 제도의 목적은 유권자들이 선거권을 행사함에 있어 참고할 중요한 사항을 제공하고, 국민의 정치적 의사 형성에 참여하는 정당의 활동을 효과적으로 보장하기 위한 것으로서 이러한 입법 목적은 공공복리를 도모하기 위한 것이라고 할 수 있다. 그리고 정당의 자치구·시·군의 장 후보자 추천제도를 통하여, 선거권자들은 자치구·시·군의 장 후보자의 소속 정당과 정치적 성향을 알 수 있게 되고, 정당은 정치적 의사 형성 기능을 자치구·시·군의 장 선거에서도 발휘할 수 있게 되므로 정당의 후보자추천제도는 입법목적을 달성하기 위한 합리적인 수단이라고 할 수 있다."라고 판시하여 기초의회의원과 더불어 기초단체장 선거에서의 정당공천제도의 필요성과 정당성을 강조한 바 있다.[29]

---

27) 헌재 2003. 1. 30. 2001헌가4, 판례집 15-1, 7, 17.

28) 헌재 2007. 11. 29. 2005헌마977, 판례집 19-2, 645, 653.

29) 헌재 2011. 3. 31. 2009헌마286, 판례집 23-1상, 398, 405.

(6) 무소속후보자의 정당표방제한과 관련하여

앞서 언급한 바와 같이 헌재의 위헌결정에 따라 정당표방에 관한 공직선거법 제84조는 "무소속후보자는 특정 정당으로부터의 지지 또는 추천받음을 표방할 수 없다. 다만, 다음 각 호의 어느 하나에 해당하는 행위는 그러하지 아니하다. 1. 정당의 당원경력을 표시하는 행위, 2. 해당 선거구에 후보자를 추천하지 아니한 정당이 무소속후보자를 지지하거나 지원하는 경우 그 사실을 표방하는 행위"라고 개정되었고, 이후 기초의회선거에서의 정당추천을 금지했던 동법 제47조 제1항도 정당이 후보자를 추천할 수 있도록 개정되었다.

그런데 헌재의 견해대로 공직선거법 제47조 제1항이 동법 제84조와 상호 관련성이 없어 법 제84에 대한 위헌결정에도 불구하고 법 제47조 제1항이 그대로 존속하여 만일 과거처럼 기초의회선거에서 정당공천을 금지한다면 첫째, 이는 앞서 언급한 바와 같이 정당과 후보자의 정당활동의 자유라는 헌법 제8조 제1항이 보장하는 참정권적 기본권을 침해한다. 왜냐하면 어떤 후보자도 정당의 추천을 받을 수 없고 오로지 무소속으로만 출마할 수 있기 때문이다. 둘째, 정당추천 후보자가 전무한 상태에서 모든 무소속 후보자는 현행 공직선거법 제84조에 따르면 특정 정당으로부터의 지지 또는 추천받음을 표방할 수 없다. 그러나 이는 후보자의 정치적 의사표현의 자유를 침해하는 등 위헌이고, 헌재도 이를 위헌이라고 결정했음은 앞서 언급한 바와 같다. 셋째, 정당추천을 법으로 금지하는 상태에서 만일 법 제84조를 개정하여 모든 무소속후보자가 특정 정당으로부터의 지지 또는 추천받음을 표방할 수 있도록 한다면 이 역시 위헌이다. 왜냐하면 법 제47조 제1항에 따라 후보자 추천은 특정 정당으로부터 이루어지는 것을 전제하고 있고, 따라서 특정 후보자가 특정 정당으로부터의 지지 또는 추천받음을 표방할 수 있다는 것은 이미 특정 정당의 추천(공천) 허용을 전제로 한 것으로 보아야 하기 때문이다. 즉 한쪽에서 정당추천을 금지하면서 다른 한쪽에서 정당으로부터의 추천받음을 표방할 수 있도록 허용한다는 것 자체가 상호 모순이고, 이는 헌법상의 체계정당성에 반하는 것이라고 볼 수밖에 없다.

(7) 지방자치사무의 탈정치 · 탈정당 문제와 관련하여

앞서 언급했듯이 지방자치에도 정치와 정당의 기능을 배제할 수 없다. 지방자치의 기능과 자치사무도 결국 정치과정이고 이는 정당의 역할을 통해 이루어질 수밖에 없다. 즉 정치라는 것이 반드시 중앙정부의 행정사무 내지 국가사무, 예컨대 국방, 외교, 대북문제 등에 국한되는 것이 아니라 지방의 자치사무에 관한 것도 결국 정치현상의 일환이다. 그리고 자치사무 중 광역단체와 기초단체 사이에 본질적 차이가 있을 수 없다. 결국 모든 것이 정치현상 내지 과정이고 이와 직간접적으로 연관되어 있기 때문에, 지방, 특히 기초단체 차원에서 정치의 영향력을 배제한다는 것은 가능하지도 필요하지도 않다. 그 어떤 것도 정치와 무관할 수 없고, 이러한 정치적 의사형성에 관여하는 교량적 역할은 바로 정당이 하는 것이다. 자치단체를 지방정부, 자치사무 등 지자체의 정책결정과 집행을 지방정치라고도 부르는 것도 그러한 이유에서라고 볼 수 있다.

아울러 정당의 역할과 기능은 국가사무 뿐 아니라 자치사무와 관련된 정책을 개발하고 노선을 정하며 이를 뒷받침하고 정보와 자료를 제공하는 등의 다양한 역할을 당연히 포함한다. 따라서 정당을 선거와 의정활동 과정에 배제시키는 것은 가능하지도 필요하지도 않다.

Ⅳ. 맺는 말

지금까지 이 사건 헌재결정의 내용과 의의 및 그 문제점에 대하여 살펴보았다. 앞서도 언급한 바와 같이 그동안 법 제84조에 의해 기초의회의원선거의 후보자가 특정 정당으로부터의 지지 또는 추천받음을 표방할 수 없었는데, 헌재가 법 제84조 중 '자치구·시·군의원선거의 후보자' 부분이 헌법에 위반된다고 선언하면서 과거 동조 부분이 헌법에 위반되지 않는다고 한 결정을 변경하고, 이로써 그동안 문제되어온 기초의회의원선거에서의 정당의 역할과 기능 및 후보자의 정당표방 등의 정치적 표현의 자유와 유권자의 알권리를 인정한 것은 상당히 큰 의미가 있다고 볼 수 있다.

그러나 이 결정은 중대한 문제점도 남기고 있다. 즉 헌재가 기초의회의원선거의 경우 정당이 후보자를 추천할 수 없도록 한 법 제47조 제1항은 이 사건에 적용될 법률조항이 아니고, 나아가 법 제84조와 법 제47조 제1항은 각 그 수범자와 규율내용을 서로 달리하여 법 제47조 제1항의 위헌 여부가 법 제84조의 위헌 여부와 체계적으로 밀접불가분한 관계에 있다고 보기도 어렵기 때문에, 법 제47조 제1항에 관한 위헌심판제청 부분은 재판의 전제성이 없다는 이유로 그에 대한 위헌판단을 회피한 것이다. 그러나 법 제47조 제1항은 위에서 지적한 바와 같이 법 제84조와 체계적으로 밀접불가분의 관계에 있다는 점에서, 그리고 단순히 당해사건을 해결하는 데에서 그치는 것이 아니라 중요한 헌법적 해명, 헌법수호, 헌법질서유지, 공권력통제 등 공익추구의 기능과 객관적 소송으로서의 성격도 아울러 가지고 있는 헌법재판의 기능과 특성상 헌재는 당연히 법 제47조 제1항에 대하여도 판단했어야 했다.

결국 앞서 언급한 다양한 헌법적 측면에서 기초의회의원선거의 경우 정당이 후보자를 추천할 수 없도록 한 법 제47조 제1항 중 '(자치구 · 시 · 군의회의원선거를 제외한다)' 부분은 헌법에 위반된다고 하겠다.

기초지방선거에서 정당공천허용은 헌법상 선택의 여지가 없다.[30] 따라서 그로 인해 파생되는 문제를 최소화하도록 제도적 보완이 이루어지는 방향으로 논의가 전개되어야 한다. 그를 위한 다양한 방법 중 하나는 역시 헌법 제8조 제2항이 강조하는 정당의 민주화라고 할 수 있다. 특히 후보자 공천과 관련한 민주적이고 투명한 상향식 공천제도가 중요하다. 진성당원의 무기명 비밀투표에 의한 지역구 후보자 공천 및 비례대표명부작성이 그것이다.[31]

그리고 공천과정과 절차 및 기준 등을 비롯한 정당내부민주화를 위한 다양한 사안이 당헌당규가 아닌 법률로-예컨대 정당법이나 공직선거법-정해져야 한다. 후보자를 추천하고 결정하는 방법과 절차는 통치기관의 조직과 작용에 관한 기본적인 사항이고, 선거권과 피선거권 등의 기본권에 관한 본질적 사항이므로 법치주의 원리상 당연히 선거법이나 정당법 등의 법률에-적어도 그 기본적인 사항을-정해야 하며, 이를 당헌으로 정해서는 아니되는 것이다. 이와 관련하여 현행 공직선거법 제47조 제2항은 단순히 "정당이 제1항의 규정에 따라 후보자를 추천하는 때에

30) 거의 모든 법치선진국에서도 지방선거에서 정당의 공천을 허용하고 있다. 외국의 지방선거 정당공천제에 대하여는 고경훈, 한국 지방선거의 정당공천제의 문제점 및 개선방안 연구, 기초선거 정당공천제 해법을 모색하다, 국회 지방3정 발전연구회 토론회, 2013. 12. 16, 발제문 32쪽 이하 참조.

31) 이런 맥락에서 볼 때 정당명부작성은 중앙당의 공천심사위원회에서 추천된 후보자를 각 지역의 당원에 의해 비밀투표로 선출된 대의원회에 의해서 비밀투표로 확정하는 민주적 방식이 고려될 수 있을 것이다. 이 경우 공천심사위원회에서 작성한-순위가 매겨진-명부원안에 대하여 대의원회에서 명부순위대로 한사람씩 비밀투표로 결정하는 방식이 고려될 수 있을 것이다. 이는 독일의 방식과 유사하다. 독일 연방선거법 제21조 및 제27조 이하 및 정당법 제17조 등에 따르면 비례대표후보자명부는 주의 대의원대회에서 비밀투표로 결정하게 되어 있는데, 먼저 주의 하부조직이 비밀투표로 대의원을 선출하고, 주의 당집행부가 후보자명부의 원안을 작성하여 대의원대회에 제출한다. 원안에는 제1번부터 차례로 순위가 매겨져 있는데, 대의원대회에서 번호대로 후보자 한 사람씩 투표로 결정한다. 비례대표 명부작성의 방식과 절차의 민주화에 대하여는 정연주, 현행 비례대표 국회의원 선거제도의 문제점과 개선책, 저스티스, 한국법학원, 2002. 12, 106쪽 이하 참조.

는 민주적인 절차에 따라야 한다."라고만 규정하고 있고, 공직선거법이나 정당법 등 관련 법률의 어디에도 그 이상의 공천과정과 절차 및 기준에 대한 규정이 없는데, 이는 법치주의원리에 위반되는 소지마저 있다. 따라서 이에 관한 법률규정이 시급히 마련될 것이 요구된다. 그럴 때 객관적이고 예측가능한 그리고 투명한 공천 및 정당활동이 가능해지고, 이것이 법치주의원리, 특히 법률유보의 원칙에도 부합된다고 하겠다.

그러나 제도의 보완으로 문제가 해결될 수는 없다. 제도개혁 보다 더욱 중요한 것은 정치가, 지방선거후보자와 더불어 국민의 의식 개혁이다. 수준 높은 유권자의 헌법에의 의지만이 이 문제를 해결할 수 있다. 물론 제도를 개혁하고 부단한 노력을 해야 한다. 그러나 성숙된 국민이 전제되지 않는 성숙된 정치와 지방자치는 불가능하다.

3. 민족문화유산에 대한 공용수용

– 헌재 2003. 1. 30. 2001헌바64 구 전통사찰보존법 제6조 제1항 제2호 등 위헌소원[1) –

[目 次]

Ⅰ. 머리말

이 글은 민족문화유산에 대한 공용수용의 문제, 특히 전통사찰부동산 등의 민족문화유산을 수용할 경우 반드시 관할 행정기관의 사전허가를 요하는지의 문제를 다룬 것이다. 헌재 2003. 1. 30. 2001헌바64 구 전통사찰보존법(이하 '법'이라 함) 제6조 제1항 제2호 등 위헌소원 사건이 그 단초를 제공하였다. 이 결정에서 헌재는 "법 제6조 제5항 중 같은 조 제1항 제2호 소정의 '동산 또는 대통령령이 정하는 부동산의 양도'에 관련된 부분은 헌법에 합치하지 아니한다."라고 선언했다. 그 이유는 전통사찰의 경내지 등에 대한 모든 유형의 소유권 변동이 전통사찰을 훼손할

1) 헌재 2003. 1. 30. 2001헌바64, 판례집 15-1, 48.

수 있고, 따라서 법이 민족문화유산의 보존을 위하여 전통사찰부동산 등의 소유권 변동 시 반드시 관할 행정관청인 문화체육부장관의 허가를 받도록 규제하고 있음에도 불구하고, 다른 소유권변동원인과 달리 '공용수용'으로 인한 소유권변동에 대해서는 아무런 규제를 하지 아니한 것이 평등원칙에 위반되기 때문이라는 것이다.

그러나 이러한 헌재의 견해에는 문제가 있다. 이는 공용침해의 본질에 대한 오해에서 기인하는 것 같다. 따라서 이 글에서는 이번 사건의 법정의견과 반대의견을 살펴보고, 법정의견의 문제점을 헌법 제23조상의 공용침해의 본질과 그 허용조건, 특히 공공필요의 원칙과 이익형량의 원칙을 주요내용으로 하는 비례의 원칙의 시각에서 살펴보고자 한다.

Ⅱ. 헌재결정의 내용

1. 사건의 개요와 심판의 대상

(1) 사건의 개요

1) 이 사건 처분의 경위

가. 청구인 사찰은 서기 675년(신라 문무왕 15년)에 원효대사가 창건한 사찰로서, 문화공보부장관의 지정에 따라서 1988. 7. 19. 법 제3조 소정의 전통사찰로 등록되었다.

나. 건설부장관은 택지개발촉진법 제3조 제1항 및 제7조의 규정에 의하여 부산 부산진구 당감동 산 15의 3 일원에 대하여 부산당감지구 택지개발사업을 시행하기 위한 택지개발예정지구를 지정하면서 1992. 9. 14. 그 사업시행자로 청구 외 대한주택공사를 지정하였는데, 법 제2조 제3호 소정의 전통사찰 경내지인 청구인 소유의 부산 부산진구 부암동 623 전 268㎡ 등 수 필지의 경내지 및 그 부속 건물 등(이하 '이 사건 토지'라 함)이 위 예정지구에 편입되었다.

다. 그 당시 택지개발촉진법 등에 의하면 건설부장관이 예정지구를 지정한 때에는 이를 고시하여야 하는데(같은 법 제3조 제4항), 필요적 고시사항은 ① 예정지구의 명칭, ② 위치, ③ 지정일자, ④ 면적뿐이었고(같은 법 시행령 제4조 제1항), 그 예정지구지정 이전에 토지소유자 등에게 사전통지를 하거나 그 의견을 청취하는 법률규정, 혹은 예정지구지정처분을 토지소유자에게 개별통지하는 법률규정 등이 존재하지 않았다. 한편 건설부장관은 이 사건 토지에 관한 예정지구지정처분을 하는 과정에서 전통사찰의 보존업무를 관장하는 관계 장관에게 사전통지를 하지 아니하는 등 같은 법 제3조 제2항 소정의 관계중앙행정기관의 장과 협의절차를 전혀 이행하지 아니하였고, 청구인 사찰이 그 예정지구지정에 관한 사전통지를 받았다거나, 혹은 그 지정처분에 관한 개별통지를 받았다는 자료는 없다.

라. 택지개발사업에 포함될 토지의 범위는 예정지구지정처분에 의하여 정해지고, 특정 토지를 택지개발사업의 대상에 포함시킨 것 자체가 잘못된 것이라는 이유로 공용수용절차를 다투기 위해서는 일반적으로 그 지정처분에 대하여 쟁송을 제기하여야 하는데, 위 지정처분이 이루어진 사실을 알 수 없었던 청구인 사찰은 이 사건 토지에 관한 예정지구지정처분에 대하여 불복하는 절차를 밟지 아니하였다.

마. 청구외 중앙토지수용위원회(이하 '중토위'라 함)는 1995. 5. 26. 사업시행자인 대한주택공사의 재결신청에 따라서, "이 사건 토지를 수용하면서 그 손실보상금을 정하고, 수용의 시기는 1995. 7. 7.로 한다"라는 취지의 수용재결(이하 '이 사건 처분'이라 함)을 한 다음, 그 무렵 이 사건 처분을 청구인에게 통지하였다.

2) 환송전 부산고등법원 재판절차

가. 청구인은 1995. 7. 7. 이 사건 처분에 불복하면서 위 중토위에 대하여 이 사건 토지를 사업지구에서 배제하든지 아니면 사업지구경계를 변경하여 달라는 등의 내용으로 이의신청을 한 다음, 부산고등법원에 위 중토위 등을 상대로 이 사건 처분의 취소를 구하는 행정소송을 제기하였다가, 그 소송의 계속 중 청구취지를 이 사건 처분의 무효확인을 구하는 것으로 변경하였다.

나. 부산고등법원은 1998. 12. 4. "전통사찰의 경내지인 이 사건 토지에 대한 수용에 관련하여 법 제6조 소정의 문화체육부장관의 허가를 받지 아니하는 경우 그 수용행위를 무효라고 보아야 하는데, 건설부장관은 이 사건 토지 일대의 지역을 택지개발예정지구로 지정함에 있어 관계중앙행정기관인 문화체육부장관과의 협의절차를 전혀 거치지 아니하였고, 위 중토위도 이 사건 토지의 수용에 관하여 문화체육부장관의 허가 내지는 동의를 받지 아니한 상태에서 이 사건 처분을 하였으므로, 이 사건 토지에 대한 수용행위는 당연무효에 해당한다"라고 판시하였다(95구7963).

3) 대법원 및 환송 후 부산고등법원의 재판절차

가. 대법원의 재판절차

위 중토위가 원심판결에 불복, 상고하였는데, 대법원은 2000. 10. 13. 다음과 같은 이유로 원심 판결을 파기, 환송하였다(99두653 판결).

(가) 공용수용으로 인한 전통사찰 경내지 등의 소유권 변동은 법 제6조 소정의 문화체육부장관의 허가대상이 아니다.

(나) 택지개발촉진법에 근거한 택지개발예정지구의 지정, 택지개발계획의 승인, 이에 기한 수용재결 등은 각각 독립한 행정처분이고, 이미 불가쟁력이 생긴 선행처분에 위법사유가 있다고 할지라도 그것이 당연무효의 사유가 아닌 한 선행처분의 하자가 후행처분에 승계되는 것이 아니다. 건설부장관이 택지개발예정지구를 지정함에 있어 같은 법 제3조에서 규정한 관계중앙행정기관의 장과 협의를 거치지 아니하였다고 하더라도 이는 위 예정지구 지정처분을 취소할 수 있는 원인이 되는 하자 정도에 불과하고, 위 지정처분이 당연무효가 되는 것은 아니다.

나. 환송 후 부산고등법원의 재판절차

(가) 청구인은 환송 후 부산고등법원의 재판절차에서 법 제6조 제1항 제2호, 제5항에 대한 위헌법률심판제청신청을 하였다.

(나) 부산고등법원은 2001. 8. 3. "관련 법률규정이 위헌이라고 하더라도, 새로운 입법행위가 없는 이상 공용수용에 관계 장관의 허가를 요한다거나 그러한 허가가 없는 공공수용이 무효가 되는 것은 아니기 때문에, 청구인의 신청은 '재판의 전제성' 요건을 갖추지 못하여 부적법하다"라는 이유로 위헌법률심판제청신청을 각하하면서(2001아1), 위 대법원 판결과 같은 이유로 청구인에게 패소판결을 하였다(2000누4149).

(다) 위 각하결정을 2001. 8. 18. 송달받은 청구인은 2001. 8. 23. 헌법재판소법 제68조 제2항의 규정에 따라 이 사건 헌법소원심판청구를 하였다.

(2) 심판의 대상

이 사건 심판대상은 이 사건 처분 당시 시행되던 법(1997. 4. 10. 법률 제5320호로 개정되기 전의 것) 제6조 제5항 중 같은 조 제1항 제2호 소정의 '동산 또는 대통령령이 정하는 부동산의 양도'에 관련된 부분이 헌법에 위반되는지 여부로서, 그 구체적인 내용은 다음과 같다(청구인은 법 제6조 제5항, 제1항 제2호에 대하여 이 사건 위헌소원심판청구를 하였으나, 그 규정 중 재판의 전제가 되는 것은 위에서 적시한 부분에 한정되므로, 헌재는 이 부분만을 이 사건 심판대상으로 했다).

법 제6조(허가사항) ① 전통사찰의 주지가 다음 각 호의 1에 해당하는 행위를 하고자 할 때에는 대통령령이 정하는 바에 따라 문화체육부장관의 허가를 받아야 한다.

2. 동산 또는 대통령령이 정하는 부동산의 대여, 양도 또는 담보의 제공

⑤ 제1항의 규정에 의한 허가를 받지 아니하고 제1항 제2호의 행위를 한 때에는 이를 무효로 한다.

2. 청구인의 주장 및 관계기관의 의견

(1) 청구인의 주장

우리 헌법 제9조의 규정과 법의 입법취지 등에 비추어 볼 때, 주지가 전통사찰의 경내지를 처분하는 소유권변동과 공용수용으로 인한 소유권변동의 경우 모두 민족문화유산인 전통사찰이 훼손될 수 있다는 점에서 본질적으로 아무런 차이가 없다. 그럼에도 불구하고, 이 사건 법률조항은 전통사찰의 경내지에 대한 주지의 처분행위와 공용수용을 합리적 이유 없이 차별한 것이고, 또한 위 경내지에 대한 공용수용에 관하여 아무런 규제를 하지 아니함으로써 비례의 원칙을 위반하여 청구인의 재산권을 침해한 것이다.

(2) 문화관광부장관의 의견

청구인의 청구내용과 유사한 논거를 제시하면서 위헌의견을 제시하였다.

(3) 중토위 및 대한주택공사의 의견

국가기관의 전통사찰 경내지 등에 대한 공용수용은 헌법 제23조에 근거한 것으로서, 이를 전통사찰 주지의 경내지 등에 대한 처분행위와 다르게 취급한 것이 평등원칙에 위배된다고 볼 수 없고, 청구인에게 정당한 보상이 지급되는 이상 비례의 원칙을 위반하여 청구인의 재산권을 침해한 것으로 볼 수도 없다.

3. 주 문

구 전통사찰보존법(1997. 4. 10. 법률 제5320호로 개정되기 전의 것) 제6조 제5항 중 같은 조 제1항 제2호 소정의 '동산 또는 대통령령이 정하는 부동산의 양도'에 관련된 부분은 헌법에 합치하지 아니한다.

위 규정부분은 입법자가 개정할 때까지 계속 적용된다.

4. 판시사항

(1) 전통사찰보존법의 입법목적, 관할 행정관청의 전통사찰 지정의 법적 성격 및 그 헌법적 보호법익

(2) 전통사찰보존법에서 공용수용으로 인한 경내지 등의 소유권변동에 관한 별도의 규제조항을 두지 아니한 것이 전통사찰 소유자 등의 재산권을 침해하는 것인지 여부(소극)

(3) 전통사찰의 경내지 등에 대한 모든 유형의 소유권변동이 전통사찰을 훼손할 수 있음에도 불구하고, 다른 소유권변동원인과 달리 '공용수용'으로 인한 소유권변동에 대해서는 아무런 규제를 하지 아니한 것이 평등원칙에 위반되는 것인지 여부(적극)

5. 결정요지

(1) 법정의견

1) 전통사찰보존법의 입법목적은 '민족문화의 유산으로서 역사적 의의를 가진 전통사찰을 보존함으로써 민족문화의 향상에 이바지하게 하는 것'으로서, "국가는 전통문화의 계승·발전과 민족문화의 창달에 노력하여야 한다."라고 규정한 헌법 제9조에 근거하여 제정된 것이다. 관할 행정관청의 전통사찰 지정은 국가의 '보존공물'을 지정하는 것으로서, 헌법적 보호법익은 '민족문화유산의 존속'이다.

2) 건설부장관이 이 사건 토지를 택지개발예정지구에 편입시킴으로써 청구인의 소유권 등을 제한한 행위에 대한 근거법률은 택지개발촉진법이고, 이 사건 법률조항을 비롯한 전통사찰보존법의 경우 헌법 제9조 소정의 '민족문화유산의 보존'에 관련된 내용만을 규율하고 있을 뿐이므로, 이 사건 법률조항이 평등원칙을 위반하

였는지 여부는 별론으로 하고, 청구인의 재산권을 침해한다고 할 수는 없다.

3) 민족문화유산을 보존하는 것이 국가의 은혜적 시혜가 아니라 헌법상 의무이므로, 일단 관할 국가기관에 의하여 민족문화유산으로 지정된 전통사찰의 경우, 사정이 허락하는 한 이를 최대한 지속적으로 보존하는 것이 헌법 제9조 등의 규정취지에 부합한다. 한편 헌법상 명령에 근거하여 엄격한 보존방법이 규정된 전통사찰보존법을 제정함으로써 민족문화유산으로 지정된 전통사찰을 철저하게 보존하겠다는 입법자의 의사가 분명하게 표명된 이상, 그 경내지 등의 소유권변동으로 인한 전통사찰의 훼손이 불가피한 것인지 여부와 이러한 보존 및 훼손에 관한 판단·결정이 헌법 등에 근거하여 정당한 권한을 행사할 수 있는 관할 국가기관에 의하여 이루어지는 것인지 여부 등이 가장 본질적인 문제이고, 전통사찰을 훼손할 수 있는 경내지 등에 대한 소유권변동을 시도한 주체가 사인인지 아니면 건설부장관과 같은 제3자적 국가기관인지 여부, 또는 그 형식이 양도(혹은 강제집행)인지 아니면 공용수용인지 여부는 본질적인 문제가 될 수 없다. 이 사건 법률조항의 경우, 전통사찰을 훼손하고자 시도하는 주체가 제3자적 국가기관이고 그 형식이 공용수용이라는 우연한 사정의 유무에 따라서 전통사찰을 훼손하는 것이 불가피한 것인지 여부를 관할 국가기관이 실효성 있게 판단·결정할 수 있는 기회를 실질적으로 배제하는 사안과 그렇지 아니한 사안을 구별하는 중요한 차별을 행하는 것이 되어 불합리하고, 헌법 제23조를 이유로 하여 헌법 제9조의 규정을 실질적으로 무력화시키는 결과를 초래하므로, 평등의 원칙에 어긋나는 위헌적인 법률이다.

(2) 재판관 하경철, 재판관 송인준의 반대의견

전통사찰의 경내지의 소유권변동의 원인에 따라서 헌법 제9조 소정의 보호법익에 대한 '침해결과'가 달라지는 것은 아니다. 그러나 공용수용은 '공공의 필요성'이 인정되는 경우에 한하여 헌법 제23조 등에 근거하여 개인의 재산권을 제한하는 것이므로, 양자의 '침해목적'은 분명히 다르고, 사적인 처분행위와 국가 권력을 토대로 하여 이루어지는 공용수용행위는 본질적으로 그 특성을 달리한다. 또한 공공의 필요성이 인정되는 경우 개인의 재산권을 수용할 수 있도록 허용하고 있는 헌법적 이념에 따라서 택지개발촉진법 등이 별도로 마련되어 있는 마당에, 굳이 입법자에게 전통사찰 경내지 등의 소유권이 변동되는 모든 경우에 대하여 중첩적으로 '관할 행정관청'의 의견이 반드시 반영되도록 하는 규정내용을 이 사건 법률조항에 삽입할 의무는 없다. 따라서 민족문화유산의 '문화적 가치의 본질적인 내용'

이 훼손되지 않는 이상, 건설교통부장관의 경우 공공필요에 의하여 과다한 경내지 등에 대하여 관계중앙행정기관의 장과 협의를 거치는 등 일련의 절차를 거쳐서 이를 택지개발예정지구에 포함시킬 수 있고, 이러한 조치는 합헌적이다. 그렇다면 입법자가 이 사건 법률조항에서는 사인인 주지의 처분행위에 대해서만 규제를 하고, 별도의 법률을 통하여 적정한 규제를 하고 있는 제3자적 국가기관에 의한 공공수용행위에 대해서까지 이 사건 법률조항에서 실질적으로 동일한 규제를 하지 않았다고 하여 이를 평등의 원칙에 위배되거나 합리성이 결여되었다고 볼 수는 없다.

Ⅲ. 공용침해의 본질과 허용조건

1. 공용침해의 의의

공용침해란 공공필요에 의한 재산권의 수용·사용·제한을 말하며, 따라서 공용침해는 공익사업의 실현 내지 공익추구를 위하여 불가피하게 타인의 재산권을 침해하는 제도라고 하겠다. 이처럼 공용침해는 공권력에 의한 재산권의 침해행위이므로 공권력을 남용을 억제하고 부당한 재산권침해를 막기 위하여 공용침해제도는 매우 엄격하게 운용되어야 한다. 따라서 공용침해제도는 단순히 개인의 재산권에 대한 침해를 용이하게 해주는 도구는 결코 아니고 오히려 재산권에 대한 위헌적이고 부당한 침해를 방지해주는 기본권보장수단으로서의 기능을 가져야 하며, 따라서 일련의 엄격한 전제조건을 충족시켰을 경우에만 비로소 공용침해는 허용되고 국민은 자신의 재산권에 대한 침해를 공익적 견지에서 수인하도록 헌법상 요구되어지는 것이다. 이에 따라 공용침해의 허용조건을 구체적으로 규명하고 체계화시키는 것은 공용침해의 목적인 공익사업의 원활한 수행과 이를 통한 공공복리의 실현 및 국민의 재산권보장을 위하여 매우 중요한 일이라고 하겠다. 결국 공용침해는 헌법규정과 정신에 따라 일정한 원칙과 기준에 의하여 이루어져야 하며, 이것이 바로 국민의 재산권보장과 법적 안정성의 이념을 실현하는 것이다.

2. 공용침해의 허용조건

공용침해에 관한 헌법상의 근거규정인 제23조 제3항은 "공공필요에 의한 재산권의 수용·사용 또는 제한 및 그에 대한 보상은 법률로써 하되, 정당한 보상을 지급하여야 한다."라고 규정하고 있다. 이에 따르면 공용침해는 반드시 공공필요에 의해서만(공공필요의 원칙), 보상규정이 마련된 법률(불가분조항의 원칙)에 따라(법정주의), 정당한 보상의 조건하에서만(정당보상의 원칙) 이루어질 수 있다. 따라서 공용침해는 먼저 이러한 헌법상의 기본적 전제조건인 '공공필요의 원칙', '법정주의', '불가분조항의 원칙', '정당보상의 원칙'을 충족시켜야 하며, 나아가 모든 공권력작용에 요구되는 법치국가적 계율인 '비례의 원칙'과 그리고 공공필요의 원칙으로부터 도출되는 '계속적 공익실현을 위한 보장책의 부과'라고 하는 추가적 전제조건을 충족시켜야 한다.[2)]

그런데 이 사건에서의 쟁점과 관련되는 부분은 주로 공공필요의 원칙과 비례의 원칙이므로 여기서는 이 부분에 대해서만 언급하기로 한다.

(1) 공공필요의 원칙

모든 공용침해는 공공필요에 의한 일정한 공익사업의 실현을 위하여 불가피할 경우에만 허용된다. 그런데 이 공공필요의 개념은 매우 추상적이고 다의적이며, 또한 정치·경제·사회·문화적인 제반 상황 및 그 시대의 지배적인 국가정책적 목표와 밀접한 관련을 맺고 있기 때문에 이에 대한 획일적 개념정립은 거의 불가능하고, 따라서 공공필요의 개념은 그때그때의 사안에 따라 입법자에 의해 구체화되어져야 하는, 그리고 사법적 통제의 대상이 되는 법적 개념이라고 할 수 있다. 따라서 입법자는 해당 법률에서 공공필요에 의한 사업의 종류를 헌법정신에 따라 구체적으로 규정하게 된다.

결국 공공필요 개념의 구체화라고 하는 것은 어떤 경우에 사익이 양보해야 하는－재산권침해를 정당화시키는－절대적으로 우월한 공익이 존재하는가를 파악하는 작업이라고 할 수 있으며,[3)] 이에 대한 헌법정신에 따른 엄격한 제한적 해석은 부당하고 자의적인 공용침해로부터 국민의 재산권을 보호하는데 기여할 수 있다고 하겠다. 왜냐하면 헌법상 재산권보장의 역할은 재산권에 징표된 금전적 가치의 보장(Wertgarantie)에서 끝나는 것이 아니고, 우선적으로 해당 재산권의 실체적 대상 그 자체의 보장(Bestandsgarantie)에 그 목적이 있는 것이기 때문에[4)] 공용침해의 목적개념

---

2) 이러한 공용침해의 허용조건에 대하여 자세한 것은 정연주, 공용침해의 헌법상 허용조건, 연세법학연구 제3집, 1995, 456쪽 이하 참조.

3) Vgl. Schwerdtfeger, Die dogmatische Struktur der Eigentumsgarantie, S. 33; Schnur, Gemeinwohl und öffentliche Interessen in den Verfassungen und den Gesetzen des sozialen Rechtsstaates, in: Wohl der Allgemeinheit und öffentliche Interessen, Schriftreihe der Hochschule Speyer, Bd. 39, 1968, S. 69.

4) BVerfGE 58, 300(323).

으로서의 공공필요라고 하는 허용조건은 보상의 확보라고 하는 소극적 의미에서보다는 위헌·부당한 재산권침해 그 자체를 미연에 방지한다는 적극적 의미에서 파악되어야 하기 때문이다.

한편 여기서 공공필요가 정치·경제·사회·문화 등 모든 영역에서 일반적으로 통용되는 넓은 의미의 공익과 일치되는 개념이냐 하는 문제가 제기될 수 있는데, 국가·사회적으로 중요하다고 간주되는 모든 사업의 공익이 공용침해의 허용조건으로서의 공공필요에 해당된다고는 볼 수 없다.[5] 왜냐하면 공공필요의 개념을 이처럼 넓게 이해할 경우 국가 등 공권력주체에 의하여 수행되는 모든 사업의 실시를 위하여 공용침해가 무제한적으로 허용될 것이며, 결국 공용침해제도는 국가 등에 의한 국민의 재산권획득을 용이하게 해주는 부당한 도구로 전락되고 국민의 재산권보장은 형해화되어 질 것이기 때문이다. 따라서 공공필요의 개념은 단순한 넓은 의미의 공익의 개념과는 달리 국민의 생존배려 등에서와 같은 매우 우월하고 긴절한 제한된 의미로 이해되어야 할 것이다.[6] 그러므로 단순한 국가의 재정적 확충과 국고의 증진 등은 비록 이러한 재정적 강화를 통해 결과적으로 국가의 공적 과제의 수행이 용이해지고 국민의 납세부담이 줄어든다 하더라도 이러한 제한된 의미의 공용필요에 해당된다고 볼 수 없으며, 이를 위한 공공침해는 허용될 수 없다고 하겠다.[7] 또한 단순한 국유 또는 공유재산의 확충을 위한 공공침해도 같은 이유에서 허용될 수 없는 것이다. 공용침해는 국가의 재정증진과 세제보완을 위한 보조제도는 결코 아니며, 이는 조세증액의 방법 등으로 해결되어야 할 것이다.[8]

결국 공권력주체나 공익사업주체에 의하여 정치·경제·사회적으로 중요하고 유익한 것으로 간주되는 모든 사업이나 계획이 공공필요에 해당되는 것은 아니고, 따라서 그를 위한 공용침해가 모두 정당화되는 것은 아니다. 만일 그렇지 않다면 앞서도 언급한 바와 같이 국가 등 공권력주체에 의한 모든 사업과 과제 수행을 위하여 공용침해가 허용될 것이며, 이는 결과적으로 공용침해의 헌법상 허용조건으로서의 공공필요의 원칙과 공용침해제도의 재산권보장기능을 형해화시킬 것이다.

---

5) Vgl. BVerfGE 56, 249(274).

6) Vgl. Schulte, Eigentum und öffentliches Interesse, S. 87ff.; Kimminich, Eigentum-Enteignung-Entschädigung, Rdnr. 273; Papier, in: Maunz/Dürig, Grundgesetz Kommentar, Art. 14, Rdnr. 505.

7) BVerfGE 56, 249(279); 66, 248(257).

8) Vgl. Weber, Eigentum und Enteignung, Die Grundrechte, Bd. 2, S. 392.

(2) 비례의 원칙

공용침해 역시 공권력작용의 일종으로서 비례의 원칙을 준수하여야 함은 물론이다. 따라서 공용침해는 공공필요에 의한 일정한 사업, 즉 공익사업의 실현을 위해 적합한 수단이어야 할 뿐만 아니라, 그를 위해 불가피하게 요구되어야 한다. 다시 말해 공용침해는 공익사업의 실현을 위한 최후의 수단으로서만 고려되어야 한다. 따라서 만일 해당 공익사업이 다른 방법을 통해서도 실현될 수 있다면 이를 위한 공용침해는 허용될 수 없는 것이다.[9] 예컨대 당해 재산권이 사법상의 매매행위나 협의 등을 통해 획득될 수 있거나, 또는 그 해당 사업이 국가나 공공단체에게 속해 있는 다른 재산권을 통해서도 실현될 수 있는 경우가 이에 해당된다.

또한 이러한 비례의 원칙은 공용침해의 방법과 정도에 있어서도 적용된다. 따라서 소기의 목적달성을 위해 가능한 여러 수단 중에서 재산권자를 최소한도로 침해하는 수단만이 선택되어야 한다.[10] 이에 따라 완전한 재산권의 박탈을 의미하는 공용수용은 장기간 계속되는 공익사업을 위해서만 허용될 수 있으며, 일정한 공익사업이 재산권의 단순한 사용 또는 제한을 통해서도 실현될 수 있다면 재산권자에게 보다 큰 침해를 의미하는 협의의 공용수용은 허용될 수 없다고 하겠다.[11] 아울러 재산권에 대한 침해의 정도는 사업시행을 위해 필요한 최소한도를 넘어서는 아니된다. 따라서 사업수행을 위해 재산권의 일부분만이 필요한 경우 그 해당 부분에 대해서만 공용침해가 이루어져야 한다. 그러나 공용침해되지 않은 나머지 잔여재산권만으로는 재산권자가 그 용도에 맞는 사용을 더 이상 할 수 없거나 경제적 유용성을 상실하게 될 경우에는 그 잔여 재산권에 대한 공용침해의 확장을 요구할 권리가 재산권자에게 주어져야 할 것이다.[12]

끝으로 비례의 원칙은 공용침해에 있어서 목적과 수단이 비례적일 것을 요구한다. 즉 공용침해를 통해 실현되는 공익이 침해된 재산적 손실보다 우월해야만 그 공용침해가 허용될 수 있는 것이다.[13] 이를 위해 공용침해 허용여부의 결정과정에 있어서 그 공용침해와 관련된 모든 사익과 공익의 총체적 비교형량이 이루어져야 한다.[14] 이 과정에서는 공용침해의 목적으로서의 공익뿐만 아니라, 이를 통해 상

9) BVerfGE 45, 297(322).

10) Vgl. Lerche, Übermaß und Verfassungsrecht, 1961, S. 19.

11) BVerfGE 24, 367(407); 38, 175(180).

12) Vgl. Kimminich, aaO, Rdnr. 278.

13) Vgl. Weber, aaO, S. 383.

실되는 공익-예컨대 공익사업의 실현을 통해 야기되는 환경오염-또한 고려되어야 한다. 따라서 공용침해를 통해 실현되는 공익은 그를 통해 상실되는 모든 사익과 공익의 총체보다 우월해야만 비로소 이를 위한 공용침해가 정당화될 수 있는 것이다.[15]

Ⅳ. 헌재결정의 문제점

위에서 살펴본 공용침해의 본질 및 허용조건에 비추어 볼 때 이 사건 법정의견에는 다음과 같은 문제점이 있다.

1. 평등의 원칙 위반 문제와 관련하여

앞서 언급한 바와 같이 법정의견은 전통사찰의 경내지 등에 대한 모든 유형의 소유권변동이 전통사찰을 훼손할 수 있음에도 불구하고, 법이 다른 소유권 변동원인과 달리 '공용수용'으로 인한 소유권변동에 대해서는 아무런 규제를 하지 아니한 것이 평등원칙에 위반되기 때문에 사건 법률조항이 위헌이라고 판시하고 있다. 그러나 결론적으로 이 법조항은 평등의 원칙에 위반되지 아니한다. 왜냐하면 양자 사이에는 합리적 차별사유가 존재하기 때문이다. 즉 공용침해는 공익을 위해 이루어지는 것이므로 주지 등 사인에 의하여 사적 목적을 위해 소유권변동이 이루어지는 것과는 본질적인 차이가 있다.

물론 법정의견이 지적하는 바와 같이 전통사찰을 보존하는 필요성은 그것이 사인에 의하여 침해되건 국가기관에 의하여 침해되건 차이가 없다. 중요한 것은 전통사찰보존을 통해 민족문화유산을 보존함으로써 헌법 제9조가 보호하는 공익적 가치를 지키는 것이다. 그런데 공용수용의 경우는 다르다. 왜냐하면 공용수용 자체가 공익을 위하여 이루어지는 것이기 때문이다. 따라서 이 사건에서 공용수용에 의한 소유권변동의 경우와 주지 등 사인에 의한 소유권 변동의 경우를 구별하는 것은 단순히 그 침해의 주체의 차이에서가 아니라 그 기능과 목적의 차이에서 기인하는 것이다. 즉 단순한 사익적 이유에서 이루어지는 전통사찰부동산의 양도와 공익적 이유에서 이루어지는 공용수용과는 본질적인 차이가 있는 것이고, 이것이 양자를 구별하는 합리적 차별사유인 것이다. 다만 문제는 전통사찰부동산에 대한

14) Breuer, DVBl 1981, S. 974.

15) Vgl. v. Brünnek, Das Wohl der Allgemeinheit als Voraussetzung der Enteignung, NVwZ 1986, S. 429.

공용수용을 정당화시키는 보다 크고 긴절한 공익적 이유의 존재와 이를 담보하는 절차적 제도장치인 것이다.

법정의견은 이 사건 법률조항이 평등의 원칙에 위반된다는 주장을 하면서 "법의 입법목적과 토지에 정착된 전통사찰의 성질 등에 비추어 볼 때, 전통사찰의 경내지 등에 대한 소유권변동이 전통사찰을 훼손할 수 있는 이상, 구체적인 소유권 변동원인의 차이로 인하여 전통사찰의 존속을 보장하고자 하는 헌법적 보호법익에 대한 '침해결과'가 달라지지는 않는다. 그런데, 국가가 민족문화유산으로 지정한 전통사찰의 보존에 직접적인 영향을 미칠 수 있는 소유권변동은 크게 ① 전통사찰의 대표자인 주지가 임의로 그 경내지 등을 제3자에게 처분하는 경우와 같이 전통사찰의 소유자가 자의로 그 소유권변동을 시도하는 유형(이하, 제1유형이라 한다)과 ② 전통사찰 소유자의 의사와 관계없이 제3자가 그 소유권변동을 시도하는 유형으로 구분할 수 있고, ②의 경우는 다시 ㉮ 전통사찰의 소유자에 대한 채권자가 강제집행절차 등을 통하여 그 소유권을 변동시키는 경우와 같이 사인인 제3자가 그 소유권변동을 시도하는 유형(이하, 제2유형이라 한다)과, ㉯ 건설부장관이 수용절차를 통하여 그 소유권을 변동시키는 경우와 같이 전통사찰의 보존에 관한 사무를 관장하지 아니하는 '제3자적 국가기관' 등이 그 소유권변동을 시도하는 유형(이하, 제3유형이라 한다)으로 세분할 수 있다. 이 사건 법률조항에 의하면, 제1, 2유형에 대하여는 이를 용인하는 보존공물주체인 국가의 의사표시(관할 행정관청의 허가 등)를 소유권변동의 효력요건으로 하면서, 제3유형에 대하여는 이러한 국가의 의사표시를 그 효력요건으로 하지 않고 있으므로, 일단 제1, 2유형과 제3유형 사이에 차별취급이 존재한다고 할 수 있다."라고 판시하고 있는데,16) 이는 타당한 견해가 아니다.

왜냐하면 법정의견의 주장대로 구체적인 소유권변동원인의 차이로 인하여 전통사찰의 존속을 보장하고자 하는 헌법적 보호법익에 대한 '침해결과'가 달라지지는 않지만 그 침해를 정당화시키는 원인과 관련해서는 전통사찰의 대표자인 주지가 임의로 그 경내지 등을 제3자에게 처분하는 경우와 같이 전통사찰의 소유자가 자의로 그 소유권 변동을 시도하는 유형이나 전통사찰의 소유자에 대한 채권자가 강제집행절차 등을 통하여 그 소유권을 변동시키는 경우와 같이 사인인 제3자가 그 소유권변동을 시도하는 유형과, 건설부장관이 수용절차를 통하여 그 소유권을 변동시키는 유형 사이에는 사익추구를 위한 변동과 불가피한 공익 실현을 위한 변동

16) 헌재 2003. 1. 30. 2001헌바64, 판례집 15-1, 48, 59-60.

이라는 본질적인 차이가 있고, 이것이 바로 차별을 정당화시키는 사유이기 때문이다. 따라서 후자의 유형에 대하여는 관할 행정관청인 문화체육부장관의 허가를 그 변동의 효력요건으로 하고 있지 않더라도 이는 평등의 원칙위반이 아니고, 그럼으로써 발생될 수 있는 전통사찰의 훼손 내지 민족문화유산훼손이라는 헌법적 법익은 후술하는 바와 같이 수용과정에서 수용관할 행정관청의 총체적 이익형량 및 문화체육부장관 등 관계기관과의 협의 등을 통해 충분히 고려되고 보호될 수 있으며, 만일 이러한 형량과 고려가 그르쳤다고 판단될 경우 사법심사를 통해 침해된 민족문화유산의 보존이라는 헌법적 법익이 충분히 배려되고 구제될 수 있는 것이다.

반대의견이 "… 소유권변동의 원인이 사인의 처분행위에 의한 것인지 아니면 공용수용행위에 따른 것인지 여부에 따라서 헌법 제9조 소정의 보호법익에 대한 '침해결과'가 달라지는 것은 아니다. 그러나 공용수용은 '공공의 필요성'이 인정되는 경우에 한하여 헌법 제23조 등에 근거하여 개인의 재산권을 제한하는 것이므로, 양자의 '침해목적'은 분명히 다르다. 또한, 거래 당사자간의 자유로운 약정에 따라서 이루어지는 전통사찰 경내지 등에 대한 사적인 처분행위와 국가 권력을 토대로 하여 강제적으로 이루어지는 공용수용행위는 본질적으로 그 특성을 달리한다. 전자의 경우는 개별성, 임의성, 자율성 등을 특성으로 하고 있지만, 후자의 경우 이와는 전혀 다른 대립개념이라 할 수 있는 공익성, 강제성, 권력성 등을 그 특성으로 하여 행하여진다. 따라서 경내지 등에 대한 사인의 처분행위나 공용수용행위 모두 전통사찰을 훼손하는 같은 성질의 행위이므로 양자를 구별한 이 사건 법률조항이 자의적인 것으로서 위헌이라는 다수의견은 현상적 결과만을 중시하는 오류를 범하고 있다. 전통사찰 경내지 등에 대한 사인의 임의적인 처분행위와 공용수용행위의 본질적 차이는 외부에 나타난 현상에서 찾을 수 있는 것이 아니라 두 가지 법률관계가 내포하고 있는 기본적 특성에서 찾아야 하기 때문이다. 그렇다면, 이 사건 법률조항이 전통사찰 경내지 등에 대한 주지의 처분행위만을 규제하고 공용수용으로 인한 소유권변동에 대하여는 아무런 규제를 하지 아니하였다는 이유만으로 이를 불합리하다고 단정할 수는 없다. 오히려 위와 같은 입법내용은 양자의 본질적 차이점 등에 근거한 것으로서 상당한 합리성을 구비하고 있다."라고 주장하고 있는 것도[17] 이러한 논리와 맥을 같이 한다고 하겠다.

결국 전통사찰부동산 등 현재 그 자체의 보존이 헌법이 보호하는 법익에 해당되

17) 헌재 2003. 1. 30. 2001헌바64, 판례집 15-1, 48, 65-66.

거나 공익에 기여되고 있는 부동산 등의 재산이라 할지라도 그 보다 우월한 긴절한 다른 공익의 실현을 위하여 그에 대한 수용이 불가피하다면 이는 허용될 수 있는 것이고, 그것이 헌법 제23조 제3항의 공용침해의 목적과 기능인 것이다. 만일 그렇지 않다면 어떠한 경우에도 어떠한 공익실현을 위해서라도 절대로 전통사찰부동산은 수용될 수 없다는 모순에 빠지게 된다. 법정의견이 "헌법 제9조의 규정취지와 민족문화유산의 본질에 비추어 볼 때, 국가가 민족문화유산을 보호하고자 하는 경우 이에 관한 헌법적 보호법익은 '민족문화유산의 존속' 그 자체를 보장하는 것이고, 원칙적으로 민족문화유산의 훼손 등에 관한 가치보상이 있는지 여부는 이러한 헌법적 보호법익과 직접적인 관련이 없다."라고 판시함으로써 민족문화유산에 대한 수용에 따른 보상이 국가에 의한 민족문화유산의 보호와 아무런 관계가 없고 결과적으로 수용을 정당화시키지 못한다는 주장을 하고 있는데, 이러한 주장이야 말로 민족문화유산에 대한 공용수용의 정당화 여부와 아무런 관련이 없는 주장이다. 왜냐하면 민족문화유산에 대한 공용수용의 허용여부는 앞서도 언급했듯이 민족문화유산의 소유주체가 누구인가, 그리고 공용수용의 주체가 누구인가에 달려있는 것도 아니고, 민족문화유산에 대한 공용수용에 대한 대가로 보상이 지불된다는 사실만으로 수용이 정당화되는 것도 물론 아니기 때문이다.[18] 즉 전통사찰부동산에 대한 수용은 그에 대한 보상이 이루어지기 때문에 자동적으로 정당화된다는 것이 아니라, 누누이 강조했듯이 수용을 불가피하게 하는 긴절한 공익적 사유가 존재하기 때문에 정당화된다는 것이다. 따라서 민족문화유산에 대한 공용수용의 정당화 여부는 1차적으로 그리고 본질적으로 그를 정당화시키는 보다 중대하고 긴절한 공익의 존재 여부이다. 즉 전통사찰부동산이라고 하는 재산권과 전통사찰부동산의 보존을 통해 달성코자하는 전통문화의 계승·발전과 민족문화의 창달이라는 헌법적 법익의 합계를 능가하는 우월한 공익의 존재인 것이다.

본래 이 사건 법률조항은 주지 등의 사인에 의한 무분별한 사익을 목적으로 하는 전통사찰부동산의 양도를 통제함으로써 민족문화유산을 보존하고자 한 것이지, 보다 더 큰 공익적 이유에서 불가피하게 이루어지는 공용수용을 규제하고자 한 것이 아니다.

---

18) 재산권보장의 2차적 내용으로서의 가치보장인 손실보상의 본질과 기능 등에 대하여는 정연주, 손실보상, 목촌 김도창박사 고희기념논문집, 1993. 2, 418쪽 이하 참조.

2. 민족문화유산보호를 위한 절차적 통제장치의 문제

한편 법정의견은 사인인 제3자가 제기한 강제집행절차에 의한 전통사찰부동산의 소유권변동과 공용수용에 의한 소유권변동을 비교하면서 "… 제3유형에서는 이 사건과 같이 위 전통사찰의 소유자 및 관할 국가기관이 전통사찰 경내지 등을 수용하고자 하는 사업시행자의 행위를 실질적으로 알 수조차 없었던 상황에서도 그 소유자 및 관할 국가기관이 모두 그 소유권변동의 효력에 대하여 다툴 수 없는 경우가 발생할 수 있기 때문에, '민족문화유산의 존속'이라는 헌법적 보호법익에 대한 침해를 실효성 있게 예방하거나 방지할 수 있는 법적 안전장치가 결여되어 있다고 볼 수 있다. 일반적으로 국가기관이 공용수용절차를 통하여 국민의 소유권 등을 제한하는 것은 헌법 제23조에 근거한 것으로서 원칙적으로 허용되는 것이다. 그렇지만, 헌법 제9조의 규정취지에 비추어 보면, 전통사찰 소유자의 의사 등과 관계없이 그 보존을 훼손하고자 하는 주체가 건설부장관과 같은 제3자적 국가기관이고 그 형식이 택지개발촉진법에 따른 수용절차라는 점은 지극히 우연한 사정에 불과하다. 그럼에도 불구하고, 제2유형과 달리 제3유형에서는 관할 국가기관 등이 전통사찰을 실효성 있게 보존할 수 있는 방법을 실질적으로 봉쇄하고 있는 바, 이는 우연한 사정에 따라 본질적으로 동일한 결과를 가져오는 두 가지 유형을 차별하는 것으로서 도저히 합리적이라고 볼 수 없고, 헌법 제23조를 이유로 하여 헌법 제9조의 규정을 실질적으로 무력화시키는 결과를 초래한다."라고 주장하고 있는데[19] 이 역시 대단히 잘못된 견해이다.

왜냐하면 사익추구를 목적으로 하는 제3자가 제기한 강제집행절차를 통한 소유권변동과 긴절한 공익추구를 위하여 불가피하게 인정되는 국가에 의한 공용수용을 통한 소유권변동 사이에는 본질적인 차이가 있을 뿐 아니라, 공용수용의 경우 앞서도 언급했듯이 관련 법령에 의해 사업인정이나 수용과 관련하여 관계 기관과 협의하게 되어 있어, 문화체육부장관은 '민족문화유산의 존속'이라는 헌법적 보호법익의 필요성을 충분히 역설할 수 있고, 아울러 비례의 원칙 내지 이익형량의 원칙상 수용 시 수용관할기관은 당연히 이러한 헌법적 보호법익을 포함한 총체적 이익형량을 하여야 하고, 이를 그르쳤을 경우 전통사찰의 주지 등 관련자는 사법절차를 통해 헌법적 보호법익을 관철시키고 침해된 권리를 구제받을 수 있기 때문에 "… 소유자 및 관할 국가기관이 모두 그 소유권변동의 효력에 대하여 다툴 수 없

19) 헌재 2003. 1. 30. 2001헌바64, 판례집 15-1, 48, 61-62.

는 경우가 발생할 수 있기 때문에, '민족문화유산의 존속'이라는 헌법적 보호법익에 대한 침해를 실효성 있게 예방하거나 방지할 수 있는 법적 안전장치가 결여되어 있다고 볼 수 있다."고 한 법정의견은[20] 설득력이 없기 때문이다.

앞서도 언급했듯이 공용수용의 경우, 이것이 정당화되기 위해서는 단순히 법이 정한 공익이 존재할 뿐만 아니라 더 나아가 그것이 반대편의 사익 및 공익, 이 경우에는 전통사찰의 보존을 통한 민족문화유산보존이라는 헌법적 법익의 합체보다 우월하고 긴절해야 한다는 것이다. 이는 바로 공용침해의 허용조건의 하나인 비례의 원칙이 요구하는 바이고, 이것이 직·간접으로 현행 토지수용 관련법령에 규정되어 있다. 따라서 토지수용 시 전통사찰보존을 통한 헌법 제9조의 가치인 민족문화유산보호라는 법익이 수용을 통해 달성되는 공익과 비교형량되어 진다. 법정의견이 "그 경내지 등의 소유권변동으로 인한 전통사찰의 훼손이 불가피한 것인지 여부와 이러한 보존 및 훼손에 관한 판단·결정이 헌법 등에 근거하여 정당한 권한을 행사할 수 있는 관할 국가기관에 의하여 이루어지는 것인지 여부 등이 가장 본질적인 문제이고, …"라고 강조하고 있는데,[21] 바로 이러한 '경내지 등의 소유권변동으로 인한 전통사찰의 훼손이 불가피한 것인지 여부'가 토지수용과정에서 토지수용 관할기관에 의하여 적절히 판단되고 결정되는 것이다. 오히려 문화체육부는 오로지 '사찰보존을 통한 민족문화유산보존이라는 이익'이라는 문화적인 공익만을 주로 고려하지만, 토지수용위원회나 건설교통부 등 토지수용 관할기관은 그러한 문화적 이익과 더불어 토지수용을 통해 달성되는 다양한 공익과 사익을 총체적으로 비교형량하는 기관이다.

이 사건의 경우 택지개발촉진법 제3조 제2항에 따르면 건설교통부장관이 택지개발촉진예정지구를 지정하고자 하는 때에는 미리 관계중앙행정기관의 장(예컨대 이 사건에서 문화체육부장관)과 협의하고, 당해 지방자치단체의 장의 의견을 들은 후 주택법 제84조의 규정에 의한 주택정책심의위원회의 심의를 거쳐야 한다. 또한 제3조의3에 따라 건설교통부장관은 제3조의 규정에 의하여 예정지구를 지정하고자 할 때에는 대통령령이 정하는 바에 따라 주민 및 관계전문가 등의 의견을 들어야 한다.

아울러 「공익사업을 위한 토지 등의 취득 및 보상에 관한 법률」에 따르면 제21조에서 "건설교통부장관은 사업인정을 하고자 하는 때에는 관계중앙행정기관의 장

20) 헌재 2003. 1. 30. 2001헌바64, 판례집 15-1, 48, 61.

21) 헌재 2003. 1. 30. 2001헌바64, 판례집 15-1, 48, 62.

및 시·도지사와 협의하여야 하며, 대통령령이 정하는 바에 따라 미리 중앙토지수용위원회 및 사업인정에 관하여 이해관계가 있는 자의 의견을 들어야 한다."고 규정하고 있어서 이 과정에서 문화체육부장관 등 사찰보존과 관련한 다양한 관련기관과 이해관계자의 의견을 수렴함으로써 이러한 문제를 보완하고 있고, 여기서 얼마든지 이러한 공익과 관련이익의 총체적 형량이 이루어지고, 만일 그것에 불복한다면 사법적 구제를 받으면 될 것이다. 아울러 이 법은 건설교통부장관이 사업인정을 한 때에는 지체 없이 그 뜻을 사업시행자, 토지소유자 및 관계인, 관계 시·도지사에게 통지하고 사업의 종류·사업지역 및 수용 또는 사용할 토지의 세목 등을 관보에 고시하도록 하고 있으며(제22조), 또한 사업인정을 받은 사업시행자는 토지조서 및 물건조서의 작성, 보상계획의 공고·통지 및 열람, 보상액의 산정과 토지소유자 및 관계인과의 협의의 절차를 거쳐야 하며(제26조 제1항), 사업인정고시가 있은 후 협의가 성립되지 아니하여 토지수용위원회가 재결신청서를 접수한 때에는 대통령령이 정하는 바에 따라 지체 없이 이를 공고하고 공고한 날부터 14일 이상 관계서류의 사본을 일반이 열람할 수 있도록 하여야 하고, 토지수용위원회가 공고를 한 때에는 관계서류의 열람기간중에 토지소유자 또는 관계인이 의견을 제시할 수 있도록 하고 있으며(제31조), 토지수용위원회는 심리를 함에 있어서 필요하다고 인정하는 때에는 사업시행자·토지소유자 및 관계인을 출석시켜 그 의견을 진술하게 할 수 있도록 했는데(제32조), 이러한 법적 장치들은 모두 토지의 수용·사용과정에서 정당한 이익형량 등 비례의 원칙이 준수되도록 하기 위한 통제장치로서의 기능도 한다고 하겠다.[22)]

3. 입법자의 의도 및 규범조화적 해석과 관련하여

한편 법정의견은 "헌법 제9조의 규정취지에 비추어 보면, 전통사찰 소유자의 의사 등과 관계없이 그 보존을 훼손하고자 하는 주체가 건설부장관과 같은 제3자적 국가기관이고 그 형식이 택지개발촉진법에 따른 수용절차라는 점은 지극히 우연한 사정에 불과하다. 그럼에도 불구하고, 제2유형과 달리 제3유형에서는 관할 국가기관 등이 전통사찰을 실효성 있게 보존할 수 있는 방법을 실질적으로 봉쇄하고 있는 바, 이는 우연한 사정에 따라 본질적으로 동일한 결과를 가져오는 두 가지 유

22) 이러한 비례의 원칙과 관련한 공토법상의 절차적 장치에 대하여 자세한 것은 정연주, 공익사업을위한토지등의취득및보상에관한법률에 대한 헌법적 검토, 토지공법연구 제16집 제2호, 2002. 12, 8쪽 이하 참조.

형을 차별하는 것으로서 도저히 합리적이라고 볼 수 없고, 헌법 제23조를 이유로 하여 헌법 제9조의 규정을 실질적으로 무력화시키는 결과를 초래한다."라고 판시하고 있는데[23] 이 역시 잘못된 견해이다. 왜냐하면 전통사찰부동산에 대한 공용수용 시 문화체육부장관의 허가가 반드시 필요한 것은 아니라는 논리는 헌법 제23조를 이유로 하여 헌법 제9조의 규정을 실질적으로 무력화시키는 결과를 초래하는 것이 아니라, 전통사찰부동산에 대한 공용수용 시 총체적 이익형량과정에서 헌법 제9조에서 규정하고 있는 민족문화유산보존이라는 헌법적 보호법익을 반드시 매우 중요한 이익으로 고려하고, 따라서 이것을 능가하는 정말로 불가피하고 긴절한 공익의 실현을 위해서만 공용수용이 정당화될 수 있다는 것을 헌법 제9조가 요구하고 있으며, 결국 이러한 해석이 헌법 제9조와 헌법 제23조의 정당한 규범조화적 해석의 결과라고 볼 수 있기 때문이다.

반대의견이 "우리 헌법은 국가에 대하여 전통문화의 계승·발전에 노력하여야 하는 의무를 부과함과 동시에(제9조), 국민 모두의 생활기반이 되는 비좁은 국토의 효율적이고 균형 있는 이용·발전 등을 위하여 법률이 정하는 바에 의하여 필요한 제한을 부과할 수 있는 권한도 함께 부여하고 있다(제122조). 또한, 공공의 필요성이 인정되는 경우 국가기관이 헌법 제23조에 근거하여 정당한 보상을 전제로 개인의 재산권을 강제로 수용할 수 있는 길도 열려 있다. 위와 같은 헌법규정들은 모두 헌법제정권자인 우리 국민들이 선택한 헌법적 가치 내지 헌법적 이념을 구체화한 것이므로, 우리 재판소가 이 사건 법률조항의 위헌성 여부를 검토함에 있어서는 이러한 헌법의 전체적인 체계를 종합적으로 살펴보아야 한다."라고 주장한 것도[24] 같은 맥락이라고 하겠다.

한편 법정의견은 "… 이러한 소유권행사에 관한 광범위하고 엄격한 규제는 헌법 제9조의 명령 등에 의거하여 민족문화유산인 전통사찰을 철저하게 보존하겠다는 우리 입법자의 강력한 의지의 표명으로 해석할 수 있다. 이러한 입법목적과 전반적인 규율체계 등에 비추어 볼 때, 당해 전통사찰에 대한 직접적 이해관계자로서 법에서 규정한 범위 내에서 보존·관리책임 등을 부담하고 있는 소유자가 자의로 경내지 등을 처분하는 제1유형과 그 보존에 아무런 이해관계가 없는 제3자적 국가기관이 그 소유권변동을 시도하는 제3유형을 차별하면서, 제3유형에 관하여 위 전통사찰을 실효성 있게 보존할 수 있는 법적 안전장치를 제1유형보다 현저하게 완

23) 헌재 2003. 1. 30. 2001헌바64, 판례집 15-1, 48, 61-62.

24) 헌재 2003. 1. 30. 2001헌바64, 판례집 15-1, 48, 65.

화시키는 것 역시 아무런 합리성을 가지지 못한다."라고 판시함으로써[25] 민족문화유산인 전통사찰을 철저하게 보존하겠다는 입법자의 강력한 의지의 표명에 비추어 공용수용의 경우 전통사찰보존 관할 국가기관인 문화체육부장관의 허가절차를 생략한 것은 위헌이라고 주장하고 있는데, 입법자의 진실한 의도는 사익을 위한 사인에 의한 전통사찰부동산의 소유권변동을 민족문화유산의 보존이라는 헌법적 법익을 위하여 문화체육부장관의 허가절차를 통해 통제하자는 것이지, 보다 우월하고 긴절한 공익적 이유에서 수용에 의하여 소유권이 변동되는 것도 문화체육부장관의 허가절차를 통해 통제하자는 것은 아니고, 전통사찰부동산의 수용의 경우에 있어서 민족문화유산의 보존을 위한 통제는 앞서 언급한 관련 법령 등에 의한 다양한 절차와 장치 및 이익형량의 원칙을 통해 이루어지도록 한 것이며, 따라서 이 사건 법률조항에서 공용수용으로 인한 소유권변동에 대하여 아무런 규정을 하고 있지 않은 것이다. 그리고 이러한 해석이 이 사건 법률조항과 다른 관련 법령과의 규범조화적 해석상 타당하다고 하겠다.

반대의견이 "전통사찰에 보존되어 있는 불상, 불교의 의식이나 승려의 수행이 실제로 이루어지는 영역 등과 같이 민족문화유산으로서 반드시 보존하고 계승·발전시켜야 하는 '문화적 가치의 본질적인 내용'이 훼손되지 않는 이상, 건설교통부장관은 공공필요에 의하여 전통사찰이 보유한 필요 이상의 과다한 경내지 등에 대하여 관계중앙행정기관의 장과 협의를 거치고 당해 지방자치단체의 장의 의견을 들은 후 주택건설촉진법 제4조의 규정에 의한 주택정책심의위원회에서 심의한 다음 이를 택지개발예정지구에 포함시킬 수 있고(택지개발촉진법 제3조 제2항, 제1항 참조), 이러한 공용수용행위는 합헌적인 것이다. 다시 말하면, 이 사건 처분과 관련하여 입법자는 택지개발촉진법에 위와 같은 절차규정 등을 마련함으로써 헌법 제9조 소정의 '민족문화유산의 보존'에 관한 입법의무와 조화를 이루는 접점을 찾고 있다고 보아야 한다. 위와 같이 헌법의 전반적 체계를 종합적으로 고려한 해석만이 서로 대립·충돌할 수 있는 다양한 헌법적 가치요구를 균형 있게 조화시킬 수 있는 방법이 된다."라고 언급한 것도[26] 이러한 점을 반영한 것이라고 하겠다.

물론 반대의견도 인정하고 있듯이 법의 입법목적과 토지에 정착된 전통사찰의 성질 등에 비추어 볼 때, 공용수용으로 인한 전통사찰부동산의 소유권변동에 대하여도 필요적으로 관할 행정관청의 의견을 반영하도록 하는 내용의 별도의 입법이

---

25) 헌재 2003. 1. 30. 2001헌바64, 판례집 15-1, 48, 62.

26) 헌재 2003. 1. 30. 2001헌바64, 판례집 15-1, 48, 66-67.

바람직하다고 볼 여지는 있다. 그러나 설사 입법자가 전통사찰을 철저하게 보존하겠다는 입법목적을 가지고 사인의 행위로 인한 전통사찰의 훼손뿐만 아니라 국가기관의 공용수용으로 인한 전통사찰의 훼손까지 모두 규제하는 법률을 제정하고자 하는 경우에도 이를 반드시 동일한 형식이나 방식으로 규제할 필요는 없다. 실제로 입법자가 1997. 4. 10. 법률 제5320호로 전통사찰 경내지 등에 대한 수용에 관련하여 필수적으로 관할 행정관청의 의사를 반영하도록 법을 개정하면서도, 이 사건 처분에 관련된 법률조항을 직접 개정하는 방식을 취하지 아니하고, 다른 법률조항을 보완하는 방식을 취하여 관할 행정관청의 '허가'가 아닌 '동의'를 요하도록 개선한 것은 이러한 제도적 차이점을 고려한 것으로 보인다.

4. 각 국가기관의 배타적 관할권과 관련하여

한편 법정의견은 "다만, 민족문화유산의 보존 등에 관련하여 보존공물주체인 국가의 의사를 결정할 수 있는 권한이 있는 국가기관(예를 들어, 국회 또는 관할 행정관청, 이하 '관할 국가기관'이라고 통칭한다)의 경우, 전통사찰 등과 같은 민족문화유산을 국가의 보존공물로 지정하거나 이에 대한 변경·폐지를 할 수 있는 권한 등을 합헌적으로 행사할 수 있다는 점을 주의할 필요가 있다. 만일 관할 국가기관이 직접 수용절차 등을 통하여 전통사찰 경내지 등의 소유권을 변동시키는 경우, 이는 전통사찰의 지정·변경·폐지 등 같은 보존공물의 성립요건 등에 관련된 것이기 때문에, 관할 국가기관으로부터 이미 민족문화유산으로 지정된 전통사찰에 대한 보존방법 등에 관련된 제1, 2, 3유형과는 완전히 차원을 달리 하는 것이다."라고 판시함으로써[27] 오로지 문화체육부 등 민족문화유산의 보존 등에 관한 의사를 결정할 수 있는 권한이 있는 관할 국가기관만이 직접 수용절차 등을 통하여 전통사찰부동산 등의 소유권을 변동시킬 수 있는 것처럼 주장하고 있는데, 이 역시 잘못된 견해이다.

물론 문화체육부 등 민족문화유산의 보존 등에 관련하여 보존공물주체인 국가의 의사를 결정할 수 있는 권한이 있는 관할 국가기관만이 전통사찰 등과 같은 민족문화유산을 국가의 보존공물로 지정하거나 이에 대한 변경·폐지를 할 수 있는 권한 등을 합헌적으로 행사할 수 있지만, 그렇다고 이것이 수용에 관한 배타적인 권한을 가진 건설교통부의 전통사찰부동산에 대한 수용권을 부정하는 것은 아니다. 다시 말해 전통사찰 등과 같은 민족문화유산을 국가의 보존공물로 지정하거

27) 헌재 2003. 1. 30. 2001헌바64, 판례집 15-1, 48, 60.

나 이에 대한 변경·폐지를 할 수 있는 권한과 그를 수용할 수 있는 권한은 별개이며, 따라서 이러한 서로 구별되는 권한은 각각 다른 기관에 배타적으로 분장되어 있는 것이다. 반대의견이 "제도적인 측면에서 살펴보더라도, 헌법 및 정부조직법 등 관련 법률에 의하면 국가의 문화재에 관한 사무를 관장하는 문화관광부장관과 국토종합개발계획의 수립 및 주택의 건설업무 등을 관장하는 건설교통부장관은 각자의 고유업무에 관하여 독자적인 권한을 행사할 수 있다. 양자의 관계는 수직적 관계가 아닌 수평적 관계이다."라고 언급한 것도[28] 이러한 논리와 같은 맥락이라고 하겠다.

아울러 건설교통부의 수용권은 일반 사적 재산권에 대하여 뿐 아니라 「공익사업을 위한 토지 등의 취득 및 보상에 관한 법률」 제19조 제2항이 "공익사업에 수용 또는 사용되고 있는 토지 등은 특별히 필요한 경우가 아니면 이를 다른 공익사업을 위하여 수용 또는 사용할 수 없다."라고 규정하고 있듯이 이미 다른 공익사업에 공여되고 있는 재산권 및 공공기관 소유의 보존재산 등에 대해서도 공익상 특별히 필요한 경우에는 인정되는 것이다.

Ⅳ. 맺는 말

지금까지 이번 사건의 법정의견과 반대의견을 살펴보고, 법정의견의 문제점을 헌법 제23조상의 공용침해의 본질과 기능 및 그 허용조건, 특히 공공필요의 원칙과 이익형량의 원칙을 주요내용으로 하는 비례의 원칙의 시각에서 살펴보았다. 앞서도 언급했듯이 법정의견은 공용침해의 본질 및 기능과 관련하여 상당한 오류를 범하고 있는 것 같다. 공용침해는 공공필요에 의한 재산권의 수용 등의 침해행위로서 그 본질은 바로 공익추구이며, 따라서 이의 허용여부의 절대적 기준은 재산권침해를 정당화시키는 공익의 존재이고, 결국 이는 침해되는 재산권 등의 사익 및 이 사건에서처럼 민족문화유산의 보존 등의 헌법적 법익 내지 공익의 합계와 공용침해를 통해 달성되는 공익과의 총체적 형량을 통해 이루어진다. 따라서 이 사건의 경우 전통사찰부동산의 수용을 통해 침해되는 재산권 및 훼손되는 민족문화유산에 관한 헌법적 법익을 능가하는 불가피하고 긴절한 우월적 공익이 존재한다면 공용수용은 허용되는 것이고, 이를 위한 관할 국가기관인 문화체육부장관의 허가가 헌법상 반드시 요구되는 것은 아니다. 다만 수용기관에 의한 정당하고 총

28) 헌재 2003. 1. 30. 2001헌바64, 판례집 15-1, 48, 67.

체적인 이익형량, 그리고 이러한 정당한 형량을 담보하고 민족문화유산의 보존이라는 헌법적 가치가 매우 중요한 요소로서 고려될 수 있도록 하는 문화체육부장관이나 전통사찰의 소속대표단체의 대표자 등의 관계기관 내지 이해관계자와의 긴밀한 사전 협의절차 등의 제도적 장치 및 이를 통제하고 부당한 침해를 구제해주는 효율적 사법심사가 중요한 관건이 된다고 하겠다.

4. 사립학교법상 기간임용제의 헌법적 문제

– 헌재 2003. 2. 27. 2000헌바26 구 사립학교법 제53조의2 제3항 위헌소원[1] –

[目 次]

Ⅰ. 머리말

이 글은 사립대학교수의 기간제임용의 문제를 헌법적으로 고찰한 것이다. 이와 관련하여 헌법재판소는 2000헌바26 결정에서 사립대학교수의 재임용문제와 관련하여 재판관 7:2의 의견으로, “대학교육기관의 교원은 당해 학교법인의 정관이 정하는 바에 따라 기간을 정하여 임면할 수 있다”고 한 구 사립학교법 제53조의2 제3항 소정의 ‘기간임용제’ 규정이 헌법 제31조 제6항에서 정하고 있는 교원지위법정주의에 위반된다고 선고하였다. 이는 헌재가 1998. 7. 16. 선고한 96헌바33등 결정에서 동규정을 합헌이라고 판시한 의견을 변경한 것으로,[2] 대학교원의 신분보장

1) 헌재 2003. 2. 27. 2000헌바26, 판례집 15-1, 176.

2) 헌재는 이 사건에서 5:4의 의견으로 동규정이 헌법 제31조 제6항의 교원지위법정주의에 위반되지

에 관한 매우 중요하고 의미 있는 결정이며, 아울러 그동안의 대법원의 판례와도 구별되는 대단히 진일보한 결정이다.[3] 특히 교육 및 대학의 특성과 헌법적 의미,

---

않는다고 판시했다. 그 결정요지를 살펴보면 다음과 같다.

1. 법정의견

(1) 헌법 제31조 제6항이 규정한 교원지위 법정주의는 단순히 교원의 권익을 보장하기 위한 규정이라거나 교원의 지위를 행정권력에 의한 부당한 침해로부터 보호하는 것만을 목적으로 한 규정이 아니고, 국민의 교육을 받을 기본권을 실효성 있게 보장하기 위한 것까지 포함하여 교원의 지위를 법률로 정하도록 한 것이다.

(2) 대학교원의 기간임용제를 규정한 구 사립학교법 제53조의2 제3항은 전문성·연구실적 등에 문제가 있는 교수의 연임을 배제하여 합리적인 교수인사를 할 수 있도록 하기 위한 것으로 그 입법목적이 정당하고, 대학교육기관의 교원에 대한 기간임용제와 정년보장제는 국가가 문화국가의 실현을 위한 학문진흥의 의무를 이행함에 있어서나 국민의 교육권의 실현·방법 면에서 각각 장단점이 있어서, 그 판단·선택은 헌법재판소에서 이를 가늠하기보다는 입법자의 입법정책에 맡겨 두는 것이 옳으므로, 위 조항은 헌법 제31조 제6항이 규정한 교원지위 법정주의에 위반되지 아니한다.

(3) 기간임용제는 대학교육기관의 교원을 기간을 정하여 임면할 수 있도록 한 것일 뿐 교원의 학문에 대한 연구·활동 내용이나 방식을 규율한 것은 아니며, 재임용될 교원을 결정함에 있어서도 임면권자인 학교법인의 교원인사에 관한 자율성을 제한하는 것도 아니므로, 구 사립학교법 제53조의2 제3항은 헌법 제31조 제4항이 보장한 교육의 자주성·전문성·정치적 중립성 및 대학의 자율성과 헌법 제22조 제1항이 보장한 학문의 자유를 침해하지 아니한다.

(4) 1) 초·중·고등학교 교육은 일반적으로 승인된 기초적인 지식의 전달에 중점이 있는 데 반하여, 대학의 교육은 학문의 연구·활동과 교수기능을 유기적으로 결합하여 학문의 발전과 피교육자인 대학생들에 대한 교육의 질을 높일 필요성이 있기 때문에 교원의 자격기준도 이와 같은 기능을 수행할 수 있는 능력을 갖출 것이 요구되고, 이와 같은 대학교육기관의 교원의 특수성은 임용기간 만료시에 교원의 자질을 심사하는 재임용제도를 두어야 할 정당한 사유가 된다.

2) 사립대학 교육기관의 교원과 국·공립대학교의 교원의 차별취급은 사법적 관계와 공법상 권력관계의 차이에서 비롯된 것이고, 학교법인의 자율권 보장을 위한 불가피한 수단이다.

3) 따라서 사립대학 교육기관의 교원이 구 사립학교법 제53조의2 제3항의 위임에 의하여 만들어진 학교법인의 정관에 따른 기간임용제의 적용을 받음으로써 다른 사립교육기관의 교원 및 국·공립대학교 교원과 비교하여 차별을 받는 것은 모두 합리적이고 정당한 사유가 있으므로 평등권 위반의 문제는 생기지 않는다.

2. 재판관 이재화, 재판관 조승형, 재판관 정경식, 재판관 고중석의 반대의견

(1) 입법자가 헌법 제31조 제6항이 규정한 교원지위 법정주의에 근거하여 교원의 지위를 정하는 법률을 제정함에 있어서는 국민의 교육을 받을 권리를 효율적으로 보장하기 위한 규정과 함께 교원의 신분보장 등 교원의 권리에 관한 사항이 반드시 규정되어야 한다.

(2) 1) 구 사립학교법 제53조의2 제3항이 기간임용제를 채택한 근본목적은 대학교육기관의 교원을 일정한 기간을 정하여 임용함으로써 학문적 능력과 자질이 없는 대학교원을 배제하기 위한 것인데, 기간임용제는 학교법인의 주관적인 편견이 개입될 소지가 있어 객관성과 공정성이 결여된 결과가 나타날 가능성이 있고, 이와 같은 결과는 교원의 신분을 불안하게 하여 학문의 연구·활동의 독립성과 연속성을 해칠 우려가 있으므로, 기간임용제를 채택함에 있어서는 교원의 신분보장을 위하여 적어도 재임용의 거부사유와 재임용의 거부에 대한 구제절차를 반드시 함께 규정하여야만 교원지위 법정주의를 규정한 헌법 제31조 제6항의 헌법정신에 합치된다.

2) 따라서 재임용 거부사유와 재임용을 거부당한 교원의 구제절차를 규정하지 아니한 채 구 사립학교법 제53조의2 제3항이 교원의 기간임용제를 규정한 것은 헌법 제31조 제6항에 위반된다.

한편 이 결정에 대한 평석으로는 김종철, 사립대학교수 재임용제의 헌법적 근거와 한계, 헌법실무연구, 제2권, 2001, 547쪽 이하 참조.

대학교원의 기능과 지위의 특성 등 다양하고 중요한, 그리고 과거 헌법재판소와 대법원의 판례에서 소홀히 다루어졌거나 부정되었던 사안들을 매우 적극적으로 다루었고 판단했다는 점에서 높이 평가할 수 있을 것이다. 그리고 이러한 입장은 그 이후의 결정에서도 그대로 유지되고 있다.[4]

그러나 다른 한편 언급되지 않았거나 판단을 회피한 점, 또는 다소 잘못된 전제에서 논의를 전개한 부분도 있어 보인다. 따라서 이 글에서 이번 헌재의 결정내용과 의미 그리고 그 문제점을 살펴보는 것은 그동안 수없이 많은 문제를 야기시켰던 교수기간임용제 등 교수재임용제도에 대하여 전면검토하고 조속히 획기적인 보완입법을 해야 한다는 점을 상기할 때 자못 그 의의가 크다고 할 것이다.

이 글에서는 먼저 이번 결정의 내용과 의의 및 문제점을 살펴본 후, 사립학교법상의 교수 기간임용제의 헌법적 문제점을 고찰해 보기로 한다.

---

3) 예컨대 대법원은 1987. 6. 9. 86다카2622 판결에서 "사립학교법 제53조의 2 제2항에 의하여 계약기간을 정하여 임용된 교원은 그 기간이 만료된 때에는 재임용계약을 체결해야 하고 만약 재임용계약을 체결하지 못하면 재임용거부결정 등 특별한 절차를 거치지 않아도 당연퇴직되는 것이므로, 학교법인이 교원인사위원회의 심의결정에 따라 교원을 재임용하지 아니하기로 한 결정 및 통지는 교원에 대하여 임기만료로 당연퇴직됨을 알려주는데 지나지 아니하고, 이로 인하여 교원과 학교법인 사이에 어떠한 법률효과가 발생하는 것은 아니어서 교원은 이에 대한 무효확인을 구할 소의 이익이 없다"고 판시하고 있고, 이러한 대법원의 입장은 그 이후의 대법원 판례에 일관되게 유지되어 왔다. 이러한 재임용거부와 관련한 대법원 판례들에 대하여는 김선수, 교수재임용에 관한 판례의 문제점, 법과 사회, 제20호, 2001, 313쪽 이하 참조.
그런데 대법원은 그후 국립대학교수의 재임용탈락 사건에 있어서 그동안의 입장을 변경하여 매우 획기적인 판결(대판 2004. 4. 22. 2000두7735 교수재임용거부처분취소)을 만장일치로 내렸다. 즉 기간제로 임용되어 임용기간이 만료된 국·공립대학의 조교수에 대하여 임용권자가 재임용을 거부하는 취지로 한 임용기간만료통지가 행정소송의 대상이 되는 처분에 해당하는지 여부와 관련하여 "기간제로 임용되어 임용기간이 만료된 국·공립대학의 조교수는 교원으로서의 능력과 자질에 관하여 합리적인 기준에 의한 공정한 심사를 받아 재임용 되리라는 기대를 가지고 재임용 여부에 관하여 공정한 심사를 요구할 법규상 또는 조리상 신청권을 가진다고 할 것이니, 임용권자가 임용기간이 만료된 교수에 대하여 재임용을 거부하는 취지로 한 임용기간만료의 통지는 위와 같은 대학교원의 법률관계에 영향을 주는 것으로서 행정소송의 대상이 되는 처분에 해당한다. 이와 달리, 국·공립대학의 교수에 대하여 재임용하지 않기로 하는 결정을 하고 이를 통지하였다고 하더라도 이를 행정소송의 대상이 되는 행정처분이라고 할 수 없다고 판시한 대법원 1997. 6. 27. 선고 96누4305 판결은 이와 저촉되는 범위내에서 변경하기로 한다."고 판시했다.
이 글에서 다루는 사립대학교수의 재임용 문제에 관한 헌법재판소의 결정과 더불어 국·공립대학교수의 재임용 문제에 관한 금번 대법원의 판결은 대학교수의 지위와 학문의 자유의 보장 및 대학과 대학교수의 자주성과 자율성 등을 보장하는데 있어서 초석이 되는 판례라 하겠다.
이번 대법원 판결에서처럼 적극적인 판결을 이미 내렸던 이 사건의 원심판결인 서울행정법원2000. 1. 18. 99구683 판결의 내용과 그에 대한 평석에 관하여는 정연주, 교수재임용거부처분에 대한 공법적 구제, 인권과 정의, 제285호, 2000. 5, 172쪽 이하 참조.

4) 헌재 2003. 12. 18. 2002헌바14 등, 판례집 15-2하, 466, 교원지위향상을위한특별법 제9조 제1항 등 위헌소원.

Ⅱ. 헌재결정의 내용

1. 사건의 개요와 심판의 대상

(1) 사건의 개요

청구인은 1983. 3. 1.부터 1993. 2. 28.까지 10년간 학교법인 대우학원이 경영하는 아주대학교 경영학과 교수로 임용되었다가 1984. 10. 31. 직권면직되자, 위 학교법인을 상대로 소송을 제기하여 "학교법인 대우학원은 청구인에게 1984. 3. 1.부터 1993. 2. 28.까지의 기간 중 청구인을 복직시킬 때까지의 임금을 지급하라"는 내용의 일부승소판결을 받았으나, 위 학교법인이 청구인을 복직시키지 않았기 때문에 위 임용기간의 만료로 교수로서의 신분회복이 불가능하게 되었다. 이에 청구인은 위 학교법인의 자신에 대한 무효의 면직처분 및 복직불조치의 위법을 이유로 수원지방법원에 97가합2514호로 임금 등을 청구하는 소송을 제기하였고, 상고심(대법원 99다41398호) 계속중에 구 사립학교법 제53조의2 제3항(1990. 4. 7. 법률 제4226호로 개정되고, 1997. 1. 13. 법률 제5274호로 개정되기 전의 것, 이하 '이 사건 법률조항'이라 한다)에 대하여 위헌제청신청을 하였으나 대법원이 상고를 기각하면서 위헌제청신청에 대하여도 기각결정을 하자, 2000. 3. 14. 헌법재판소법 제68조 제2항에 따라 이 사건 헌법소원심판을 청구하였다.

(2) 심판의 대상

1) 심판대상인 이 사건 법률조항의 내용은 다음과 같다.

구 사립학교법 제53조의2(학교의 장이 아닌 교원의 임면) ①~② 생략
③ 대학교육기관의 교원은 당해 학교법인의 정관이 정하는 바에 따라 기간을 정하여 임면할 수 있다.

2) 한편 이 사건 법률조항은 그 후 다음과 같이 각 개정되었다.

구 사립학교법(1997. 1. 13. 법률 제5274호로 개정된 것) 제53조의2(학교의 장이 아닌 교원의 임면) ③ 대학교육기관의 교원은 당해 학교법인의 정관이 정하는 바에 따라 기간을 정하여 임면할 수 있다. 이 경우 국·공립대학의 교원에게 적용되는 임용기

간에 관한 규정을 준용한다.

현행 사립학교법(2018. 12. 18. 법률 제15954호로 개정된 것) 제53조의2(학교의 장이 아닌 교원의 임면) ③ 대학교육기관의 교원은 정관이 정하는 바에 따라 근무기간·급여·근무조건, 업적 및 성과약정 등 계약 조건을 정하여 임용할 수 있다. 이 경우 근무기간에 관하여는 국·공립대학의 교원에게 적용되는 관련규정을 준용한다.

④ 제3항의 규정에 의하여 임용된 교원의 임용권자는 당해 교원의 임용기간이 만료되는 때에는 임용기간 만료일 4월전까지 임용기간이 만료된다는 사실과 재임용 심의를 신청할 수 있음을 당해 교원에게 통지(문서에 의한 통지를 말한다. 이하 이 조에서 같다)하여야 한다.

2. 청구인의 심판청구이유, 법원의 위헌제청신청 기각이유 및 관계기관의 의견

(1) 청구인의 심판청구 이유요지

헌법 제31조 제6항은 교원의 지위에 관한 기본적인 사항을 법률로 정하도록 하고 있으므로 대학교원의 임용에 있어서 기간임용제를 채택할 경우에는 재임용 심사의무, 재임용 거부사유, 재임용을 거부당한 교원의 구제절차 등을 법률로 규정하여야 하나, 이 사건 법률조항은 교원지위에 관한 기본적인 위 사항들에 대해 구체적으로 규정하지 아니하여 헌법 제31조 제6항의 교원지위법정주의를 위반함으로써 제11조 평등권, 제22조 학문의 자유, 제27조 제1항 재판청구권, 제32조 제3항 근로조건법정주의 등에 위배되는 위헌의 법률조항이다.

(2) 법원의 위헌제청신청기각 이유요지

이 사건 법률조항은 대학교원의 임용기간이 만료되면 임면권자는 교원으로서의 적격성을 심사하여 다시 임용할 것인지 여부를 결정할 수 있도록 허용한 취지의 규정으로서, 교원의 학문에 대한 연구활동이나 방식을 규율한 것이 아니고 임면권자의 교원인사에 대한 자율성을 인정하는 규정이므로 그 입법목적이 정당하고, 입법재량의 한계를 벗어났다고 볼 수 없어 헌법 제22조 제1항, 제31조 제6항 등에 위반된다고 할 수 없다.

사립학교 교원의 신분관계는 사법관계로서 공법관계인 국·공립대학 교원과 기본적으로 차이가 있으므로 이 사건 법률조항이 평등권을 규정한 헌법 제11조에 위반된다고 할 수 없고, 교원이 제공하는 근로의 내용은 교육이고 그 근로의 중심적인 수혜자는 교육을 받을 권리를 가진 학생이므로 교원의 근로관계에는 일반 근로관계법이 그대로 적용될 수 없는 측면이 있어 근로조건법정주의를 규정하는 헌법 제32조 제3항에 위반된다고도 할 수 없다.

(3) 교육부장관의 의견요지

1) 헌법재판소법 제68조 제2항에 의한 헌법소원심판은 위헌법률심판의 제청신청이 기각된 날부터 14일 이내에 청구하여야 하나, 이 사건 심판청구는 대법원에서 기각결정이 내려진 2000. 2. 11.로부터 14일이 훨씬 지난 같은 해 3. 14.에 청구되었으므로 부적법하다.

2) 대학교육은 국가와 인류사회 발전에 필요한 학술의 심오한 이론과 그 응용방법을 연구하고 지도적 인격도야를 목적으로 하므로 일반적으로 승인된 기초적인 지식의 전달에 중점을 두는 초·중등교육과 다르고, 국·공립대학과는 달리 사립대학의 교원과 학교법인의 관계는 사법상의 고용계약관계이므로 사립대학교원의 임면권은 학교법인의 고유권한에 속한다.

대학교원의 학문의 자유는 교육수요자인 학생의 학습권 보장과 충실한 연구수행이라는 대학의 공적 책무와 관련하여 논의되어야 하며, 대학교원은 부단히 연구하고 전문성을 심화하여 교육의 대상자인 학생의 학습권을 최우선 보호해야 할 특수한 지위에 있기 때문에 일반근로관계와는 달라서 일반근로관계법을 그대로 적용하는 것은 적합하지 않으며, 사립대학교원의 임면에 관한 법률적 분쟁은 민사소송으로 다툴 수 있으므로 이 사건 법률조항은 헌법에 위반되지 않는다.

3. 주 문

구 사립학교법 제53조의2 제3항(1990. 4. 7. 법률 제4226호로 개정되고, 1997. 1. 13. 법률 제5274호로 개정되기 전의 것)은 헌법에 합치하지 아니한다.

4. 판시사항

(1) 교육의 중요성과 헌법 제31조 제6항 교원지위법정주의의 의미

(2) 대학교육기관의 교원은 당해 학교법인의 정관이 정하는 바에 따라 기간을

정하여 임면할 수 있다고 규정한 구 사립학교법 제53조의2 제3항(1990. 4. 7. 법률 제4226호로 개정되고, 1997. 1. 13. 법률 제5274호로 개정되기 전의 것, 이하 '이 사건 법률조항'이라 한다)이 교원지위법정주의에 위반되는지 여부(적극)

(3) 이 사건 법률조항을 단순위헌선언하는 경우 기간임용제 자체를 위헌으로 선언하는 결과가 초래한다는 이유로 헌법불합치결정을 한 사례

5. 결정요지

(1) 법정의견

1) 교육은 개인의 잠재적인 능력을 계발하여 줌으로써 개인이 각 생활영역에서 개성을 신장할 수 있도록 해 주며, 국민으로 하여금 민주시민의 자질을 길러줌으로써 민주주의가 원활히 기능하기 위한 정치문화의 기반을 조성할 뿐만 아니라, 학문연구결과 등의 전수의 장이 됨으로써 우리 헌법이 지향하고 있는 문화국가의 실현을 위한 기본적 수단이다. 교육이 수행하는 이와 같은 중요한 기능에 비추어 우리 헌법은 제31조에서 학교교육 및 평생교육을 포함한 교육제도와 그 운영, 교육재정 및 교원의 지위에 관한 기본적 사항을 법률로 정하도록(제6항) 한 것이다. 따라서, 입법자가 법률로 정하여야 할 교원지위의 기본적 사항에는 교원의 신분이 부당하게 박탈되지 않도록 하는 최소한의 보호의무에 관한 사항이 포함된다.

2) 가. 이 사건 법률조항은 임용기간이 만료되는 교원을 별다른 하자가 없는 한 다시 임용하여야 하는지의 여부 및 재임용대상으로부터 배제하는 기준이나 요건 및 그 사유의 사전통지 절차에 관하여 아무런 지침을 포함하고 있지 않을 뿐만 아니라, 부당한 재임용거부의 구제에 관한 절차에 대해서도 아무런 규정을 두고 있지 않다. 그렇기 때문에 이 사건 법률조항은, 정년보장으로 인한 대학교원의 무사안일을 타파하고 연구분위기를 제고하는 동시에 대학교육의 질도 향상시킨다는 기간임용제 본연의 입법목적에서 벗어나, 사학재단에 비판적인 교원을 배제하거나 기타 임면권자 개인의 주관적 목적을 위하여 악용될 위험성이 다분히 존재한다. 첫째, 재임용 여부에 관한 결정은 인사에 관한 중요사항이므로 교원인사위원회의 심의를 받아야 하나, 교원인사위원회의 심의과정을 거치지 않거나 형식적인 절차만 거친 경우가 많았고 심지어는 교원인사위원회에서는 재임용 동의가 있었음에도 불구하고 특별한 이유없이 최종 임면권자에 의해 재임용이 거부되기도 하였다. 둘째, 이 사건 법률조항이 재임용의 거부사유 및 구제절차에 대하여 아무런 언급을

하지 않고 있기 때문에 사립대학의 정관이 교원의 연구실적, 교수능력과 같은 비교적 객관적인 기준을 재임용 거부사유로 정하지 아니하고 자의가 개입될 수 있는 막연한 기준에 의하여 재임용을 거부하는 경우에는 피해 교원을 실질적으로 구제할 수 있는 대책이 없다. 셋째, 절대적이고 통제받지 않는 자유재량은 남용을 불러온다는 것이 인류역사의 경험이라는 점에서 볼 때, 자의적인 재임용거부로부터 대학교원을 보호할 수 있도록 구제수단을 마련해 주는 것은 국가의 최소한의 보호의무에 해당한다. 즉, 임면권자가 대학교원을 왜 재임용하지 않으려 하는지 이유를 밝히고 그 이유에 대하여 당해 교원이 해명할 기회를 주는 것은 적법절차의 최소한의 요청인 것이다. 넷째, 재임용심사의 과정에서 임면권자에 의한 자의적인 평가를 배제하기 위하여 객관적인 기준의 재임용 거부사유와 재임용에서 탈락하게 되는 교원에게 자신의 입장을 진술하고 평가결과에 이의를 제기할 수 있는 기회를 주는 것은 임면권자에게 지나친 부담이 아니라고 할 것이며, 나아가 재임용이 거부되는 경우에 이의 위법 여부를 다툴 수 있는 구제절차를 마련하는 것은 대학교원에 대한 기간임용제를 통하여 추구하려는 입법목적을 달성하는 데에도 아무런 장애가 되지 않는다고 할 것이다.

나. 이상 본 바와 같이 객관적인 기준의 재임용 거부사유와 재임용에서 탈락하게 되는 교원이 자신의 입장을 진술할 수 있는 기회 그리고 재임용거부를 사전에 통지하는 규정 등이 없으며, 나아가 재임용이 거부되었을 경우 사후에 그에 대해 다툴 수 있는 제도적 장치를 전혀 마련하지 않고 있는 이 사건 법률조항은, 현대사회에서 대학교육이 갖는 중요한 기능과 그 교육을 담당하고 있는 대학교원의 신분의 부당한 박탈에 대한 최소한의 보호요청에 비추어 볼 때 헌법 제31조 제6항에서 정하고 있는 교원지위법정주의에 위반된다고 볼 수밖에 없다.

3) 이 사건 법률조항의 위헌성은 위에서 본 바와 같이 기간임용제 그 자체에 있는 것이 아니라 재임용 거부사유 및 그 사전구제절차, 그리고 부당한 재임용거부에 대하여 다툴 수 있는 사후의 구제절차에 관하여 아무런 규정을 하지 아니함으로써 재임용을 거부당한 교원이 구제를 받을 수 있는 길을 완전히 차단한 데 있다. 그런데 이 사건 법률조항에 대하여 단순위헌을 선언하는 경우에는 기간임용제 자체까지도 위헌으로 선언하는 결과를 초래하게 되므로, 단순위헌결정 대신 헌법불합치결정을 하는 것이다. 입법자는 되도록 빠른 시일내에 이 사건 법률조항 소정의 기간임용제에 의하여 임용되었다가 그 임용기간이 만료되는 대학교원이 재임용 거부되는 경우에 그 사전절차 및 그에 대해 다툴 수 있는 구제절차규정을 마련하

여 이 사건 법률조항의 위헌적 상태를 제거하여야 할 것이다.

(2) 재판관 한대현, 재판관 하경철의 반대의견

헌법 제31조 제6항은 단순히 교원의 권익을 보장하기 위한 규정이라거나 교원의 지위를 공권력 등에 의한 부당한 침해로부터 보호하는 것만을 목적으로 한 규정이라고 볼 것은 아니고, 국민의 교육을 받을 기본권을 실효성 있게 보장하기 위한 것까지도 포함하여 교원의 지위를 법률로 정하도록 한 것이라고 보아야 할 것이므로, 이 헌법조항을 근거로 하여 제정되는 법률에는 교원의 신분보장, 경제적·사회적 지위보장 등 교원의 권리에 해당하는 사항뿐만 아니라 국민의 교육을 받을 권리를 저해할 우려있는 행위의 금지 등 교원의 의무에 관한 사항도 규정할 수 있는 것이고, 나아가 교원의 기본권을 제한하는 사항까지도 규정할 수 있다. 이 사건 법률조항에 따라 사립대학의 학교법인은 교원을 임용함에 있어 정년보장제를 채택할 수도 있고 기간임용제를 채택할 수도 있으며, 기간임용제를 채택하는 경우에도 ① 임용기간이 만료되면 원칙적으로 교원을 재임용하여야 하는 방식을 채택할 수도 있고 ② 임용기간이 만료되면 교원으로서의 신분관계가 당연히 종료되고 교원을 재임용할 것인지 여부가 오로지 임용권자의 판단에 따르는 방식을 채택할 수도 있는 등, 다양한 임용방식 중 당해 대학에 가장 적합하다고 판단되는 방식을 자유로이 선택할 수 있는데, 이는 입법자가 국·공립대학과는 다른 사립대학의 특수성을 배려하고 개개의 사립대학교육의 자주성과 사립대학의 자율성을 최대한 보장하기 위하여 마련한 제도로서, 그 입법취지를 충분히 수긍할 수 있다. 그렇다면, 다수의견이 내세우는 사전적·사후적 장치가 사립대학교원의 지위를 더욱 두텁게 보호하기 위한 것임을 이해한다고 하더라도, 그러한 장치를 두지 아니하였다 하여 이 사건 법률조항이 교원지위법정주의의 본질을 훼손하여 헌법에 합치되지 아니한다고는 볼 수 없다.

Ⅲ. 기간임용제의 헌법적 문제

1. 교원지위법정주의와 관련하여

먼저 법정의견도 지적하고 있는 바와 같이 이 사건 법률조항의 위헌 여부는 교원지위법정주의와 가장 밀접한 관계에 있다고 할 것인데, 결론적으로 이 사건 법률조항은 법정의견이 판시하는 바와 같이 대학교원의 지위와 신분에 관한 기본적이고 본질적인 사항을 정하고 있지 아니하므로 교원지위법정주의를 규정하고 있는 헌법 제31조 제6항에 위반된다고 할 것이다. 동조항은 "학교교육 및 평생교육을 포함한 교육제도와 그 운영, 교육재정 및 교원의 지위에 관한 기본적인 사항은 법률로 정한다."라고 규정함으로써 대학교수를 비롯한 교원의 지위와 신분에 관한 기본적인 사항을 법률로 정하도록 하고 있는데, 이는 교육이 현대사회에서 가지는 중요한 기능을 실현하기 위하여 헌법이 마련한 다양한 제도적 장치들 중 하나이다. 두말할 것도 없이 교원지위법정주의를 통한 교원의 지위와 신분의 보장이 없이는 교육이 제 기능을 할 수 없고, 교육의 자주성 · 전문성 · 정치적 중립성 및 대학의 자율성이 보장될 수 없으며, 나아가 학문의 자유가 보장될 수 없기 때문이다. 따라서 입법자는 법률로 정하여야 할 교원지위의 기본적 사항에 교원의 신분이 부당하게 박탈되지 않도록 하는 최소한의 보호의무에 관한 사항을 규정해야 하는 것이다.

그런데 이 사건 법률조항은 사립대학의 학교법인이 정관이 정하는 바에 의하여 그 교원을 '기간을 정하여' 임면할 수 있도록, 따라서 임용기간의 만료시에 그 교원의 적격성 여부를 심사하여 다시 임용할 것인지의 여부를 결정할 수 있는 제도를 채택할 수 있도록 허용하고 있으면서도 다른 한편 임용기간이 만료되는 교원을 별다른 하자가 없는 한 다시 임용하여야 하는지의 여부 및 재임용대상으로부터 배제하는 기준이나 요건 및 그 사유의 사전통지 절차에 관하여 아무런 지침을 포함하고 있지 않을 뿐만 아니라, 부당한 재임용거부의 구제에 관한 절차에 대해서도 아무런 규정을 두고 있지 않다. 그렇기 때문에 이 사건 법률조항은, 정년보장으로 인한 대학교원의 무사안일을 타파하고 연구분위기를 제고하는 동시에 대학교육의 질도 향상시킨다는 기간임용제 본연의 입법목적에서 벗어나, 사학재단에 비판적인 교원을 배제하거나 기타 임면권자 개인의 주관적 목적을 위하여 악용될 위험성이 다분히 존재한다.

결국 법정의견이 지적하고 있듯이 객관적인 기준의 재임용 거부사유와 재임용에서 탈락하게 되는 교원이 자신의 입장을 진술할 수 있는 기회 그리고 재임용거부를 사전에 통지하는 규정 등이 없으며, 나아가 재임용이 거부되었을 경우 사후에 그에 대해 다툴 수 있는 제도적 장치를 전혀 마련하지 않고 있는 이 사건 법률조항은, 현대사회에서 대학교육이 갖는 중요한 기능과 그 교육을 담당하고 있는 대학교원의 신분의 부당한 박탈에 대한 최소한의 보호요청에 비추어 볼 때 헌법

제31조 제6항에서 정하고 있는 교원지위법정주의에 위반된다고 볼 수밖에 없다.

이상 살펴본 바와 같이 이 사건 법률조항은 헌법 제31조 제6항의 교원지위법정주의를 위반한 것이고, 따라서 이점을 매우 적절하게 판시한 법정의견의 의미는 아무리 강조해도 지나치지 않을 것이다.

2. 사립대학 교원의 신분관계에 대한 공법적 원리의 준용

(1) 국·공립대학과 사립대학의 이원화의 문제

현대사회에서는 교육이 가지는 중요성과 특성에 비추어 교육제도 전반에 대한 국가의 통제와 지원이 이루어지며 이를 사적 자치에 방임하고 있지 않다. 이를 위한 제도의 하나가 바로 교원, 특히 대학교원에 대한 신분과 지위의 보장이며 이는 교육의 자주성·전문성·정치적 중립성 및 대학의 자율성을 위해 필수불가결한 전제조건이고, 학문의 자유의 신장을 위한 기본요소이다. 이러한 신분보장의 필요성과 그 제도적 장치에는 국·공립대학 교원과 사립대학 교원 사이에 차이가 있을 수 없으며, 이를 위해 헌법도 제31조 제6항에서 교원의 지위에 관한 기본적 사항을 법률로 정하도록 하여 신분보장을 제고하면서, 국·공립학교 교원과 사립학교 교원 사이에 어떠한 구별도 하고 있지 않다.

이러한 국·공립대학 교원과 사립대학 교원 사이의 신분상의 차이 내지 국·공립대학과 사립대학의 이원화의 문제와 관련하여 법정의견은 명백한 견해를 피력하지 않거나 양자의 이원화를 묵시적 전제로 논의를 전개하고 있으며, 반대의견은 "이 사건 법률조항에 따라 사립대학의 학교법인은 교원을 임용함에 있어, 정년보장제를 채택할 수도 있고 기간임용제를 채택할 수도 있으며, 기간임용제를 채택하는 경우에도 ① 임용기간이 만료되면 원칙적으로 교원을 재임용하여야 하는 방식을 채택할 수도 있고 ② 임용기간이 만료되면 교원으로서의 신분관계가 당연히 종료되고 교원을 재임용할 것인지 여부가 오로지 임용권자의 판단에 따르는 방식을 채택할 수도 있는 등, 다양한 임용방식 중 당해 대학에 가장 적합하다고 판단되는 방식을 자유로이 선택할 수 있는데, 이는 입법자가 국·공립대학과는 다른 사립대학의 특수성을 배려하고 개개의 사립대학교육의 자주성과 사립대학의 자율성을 최대한 보장하기 위하여 마련한 제도로서, 그 입법취지를 충분히 수긍할 수가 있다. 그렇다면, 다수의견이 내세우는 사전적·사후적 장치가 사립대학 교원의 지위를 더욱 두텁게 보호하기 위한 것임을 이해한다고 하더라도, 그러한 장치를 두지 아니하였다 하여 이 사건 법률조항이 교원지위법정주의의 본질을 훼손하여 헌법에 합치되지 아니한다고는 볼 수 없으며, 그러한 장치를 반드시 두게 하는 것이 오히려 긁어 부스럼이 되어 사립대학교육의 자주성이나 사립대학의 자율성을 해치는 결과가 되지 아니할까 걱정스럽다."라고 주장함으로써 양자의 구별을 명시적 대전제로 하여 사립대학 교원의 신분보장의 차별성을 인정하면서 이를 대학당국의 재량에 일임하고 있다.

(2) 국 · 공립대학과 사립대학 교원의 신분관계에 대한 공통적인 공법원리 준용의 필요성 및 논거

그런데 이러한 반대의견은 그 결과 뿐 아니라 그 전제에 있어서도 부당하다. 왜냐하면 양자는 설립근거 등 형식적인 면에서 차이가 있긴 하지만 실질적인 기능면에서, 그리고 신분보장의 필요성면에서 하등의 차이가 없기 때문이다.

첫째, 양자는 공교육과 학문을 실천한다는 면에서 전혀 동일하다.

둘째, 양자는 중요한 국가의 공적 임무를 수행한다는 면에서 전혀 동일하다.

셋째, 그래서 국·공립 뿐 아니라 사립대학에도 국가의 각종 통제와 지원이 이루어지고, 국가의 다양한 간섭과 규제가 따른다는 면에서 전혀 동일하다.

넷째, 교원의 신분보장이 필요하다는 면에서 전혀 동일하고, 오히려 우리의 현실에 비추어 볼 때 사립대학의 경우 더욱 절실하다.

다섯째, 이에 따라 사립학교의 경우 그 제도운영과 교원의 신분 및 지위 등 전반에 걸쳐 국·공립대학에 관한 규정이 준용되는 등 광범위하게 공법규정이 준용되고 있으며,[5)] 사립대학교원에 대한 불이익한 처분에 대한 구제절차도 교육부에서 이루어지는 등 행정심판의 절차를 거치고 이에 불복할 경우 행정소송을 제기하는 등 실질적으로 공법적 절차를 밟게 하고 있다.[6)]

---

5) 현행 사립학교법 제53조의 2 제3항도 "대학교육기관의 교원은 정관이 정하는 바에 따라 근무기간·급여·근무조건, 업적 및 성과약정 등 계약조건을 정하여 임용할 수 있다. 이 경우 근무기간에 관하여는 국·공립대학의 교원에게 적용되는 관련규정을 준용한다"라고 규정함으로써 이를 분명히 하고 있다.

6) 「교원의 지위 향상 및 교육활동 보호를 위한 특별법」 제9조 제1항, 제10조 제3항은 "교원이 징계처분과 그 밖에 그 의사에 반하는 불리한 처분에 대하여 불복할 때에는 그 처분이 있었던 것을 안 날부터 30일 이내에 심사위원회에 소청심사를 청구할 수 있고, 심사위원회의 결정에 대하여 교원, 「사립학교법」 제2조에 따른 학교법인 또는 사립학교 경영자 등 당사자는 그 결정서를 송달받은 날부터 90일 이내에 「행정소송법」으로 정하는 바에 따라 소송을 제기할 수 있다."고 규정하고 있다. 이에 따라 사립대학의 경우도 대학당국의 재임용거부에 대하여 해당 교수가 교육부의 교원소청심사위원회에 심사청구를 할 수 있고, 여기서 구제받지 못할 경우 심사위원회의 결정에 대하여 행정소송을 제기하는 등 공법적 구제를 받을 수 있다. 과거 재임용을 거부당한 사립대학교수가 교육부의

이 모든 것이 양자의 공통성과 동일한 국가적 규율의 필요성을 방증하는 것이다. 위에서 언급한 다섯 가지 사항을 포함하여 학문과 교육기관으로서의 사립대학의 공적 기능과 특성, 헌법 제31조 제4항에 따른 교육의 자주성·전문성·정치적 중립성 및 대학의 자율성보장, 헌법 제31조 제6항의 교원지위법정주의의 취지와 정신,[7] 아울러 앞서 언급한 바와 같이 헌법 제31조 제6항이 교원의 지위를 법정하도록 하면서 국·공립과 사립 양자의 구별을 하지 아니한 것, 사립대학의 경우에도 원칙적으로 공법규정이 준용되도록 한 다양한 법제도, 그리고 사립대학 교원의 신분보장의 필요성에 있어서의 양자의 동일성 등이 교원의 신분보장문제와 관련하여 국·공립대학과 사립대학의 이원화를 지양하고 사립대학 교원의 신분관계에도 국·공립대학 교원의 경우와 마찬가지로 원칙적으로 공법적 원리가 준용되어야 한다는 주장의 논거라고 할 것이다.

물론 양자 사이에는 형식적인 면을 비롯하여 적지 않은 차이도 존재하고 사립대학의 다양성과 특성이 인정되어야 하는 등 차별성이 인정되어야 하겠지만 이는 세부적인 것이고 앞서 언급한 기본적인 기능과 신분보장의 필요성에 대하여는 차별되어서는 안되는 것이다.[8]

결국 신분보장에 관한 사안에서도 기본적으로는 사립학교법이 교육공무원법과 국가공무원법이 준용하고 있듯이 공법의 규정과 원리가 준용되어야 하는 것이다. 따라서 반대의견이 양자의 차이를 대전제로 신분보장문제를 사립대학에 일임하는 등 사적 자치와 사법상의 법률관계의 문제로만 파악하는 것은 교육의 특성과 기능 및 이의 실천을 위한 전제로서의 대학교원의 신분보장문제를 제대로 이해하지 못한 대단히 잘못된 견해이다. 아울러 이러한 반대의견의 주장처럼 교원의 신분보장을 위한 제도적 장치를 마련한다고 해서 사립학교의 자율성과 특성 및 건학이념 등이 손상받는 것은 결코 아니고 오히려 더욱 강화되고 정당화되는 것이며, 정년보장으로 인한 대학교원의 무사안일을 타파하고 연구분위기를 제고하는 동시에 대학교육의 질도 향상시킨다는 기간임용제 본연의 입법목적이 보다 잘 실현될 수 있

교원징계재심위원회에 재심을 요청하였지만, 당해 위원회가 이를 각하하자, 동위원회를 상대로(해당 대학은 피고측에 보조참가하였다) 교원징계재심각하처분취소를 구하는 행정소송을 제기했고, 이에 대해 법원은 원고(교수)승소의 판결을 내린 바 있다(서울행정법원 2000. 1. 18, 99구26807).

7) 헌법 제31조 제6항이 교육의 물적 기반인 교육제도 이외에도 인적 기반인 교원의 지위를 특별히 국회가 제정하는 법률로 정하도록 한 취지는 그에 관한 사항을 전적으로 사법적 원리의 적용을 받는 사적자치의 영역에만 귀속시킬 수 없을 만큼, 교육을 담당하는 교원들의 지위에 관한 문제가 교육 본연의 사명을 완수함에 있어서 중대한 의미를 갖는다고 보았기 때문이라고 하겠다.

8) 유사견해 김종철, 전게논문, 562쪽.

을 것이다.

국·공립대학과 구별되는 사립대학의 특성과 자율성은 어디까지나 헌법과 법률이 정한 바에 따라 교원의 신분보장과 학문의 자유 및 교육의 자주성·전문성·정치적 중립성이 보장되는 범위내에서 그리고 앞서 언급한 재임용제도의 두 가지 이념을 실현하는 전제와 바탕위에서 인정되는 것이지 사립학교 당국이 마음대로 모든 것을 정할 수 있다는 것을 의미하는 것은 아니며, 그렇지 않을 경우 이는 오히려 사립대학의 자율성을 해치는 결과를 초래하게 될 것이다. 결국 반대의견은 전혀 설득력이 없는 것으로 이는 오로지 사립학교 당국의 자의와 전횡을 보장하면서 교원의 신분보장과 학문의 자유 및 교육의 자주성·전문성·정치적 중립성의 보장을 포기하겠다는 것과 다름없는 것이다.

한편 반대의견은 사립대학의 자율성과 관련하여 사립학교는 사법인으로서 국가에 대한 관계에서 기본권을 주장할 수 있다는 논거를 들고 있는데, 이 역시 설득력이 없는 논거이다. 왜냐하면 교원의 신분보장이나 재임용문제는 그 대학의 법적 형식이나 국가에 대한 관계에서 기본권을 주장할 수 있는지의 여부와는 전혀 관계가 없는 것이기 때문이다. 누차 언급한 바와 같이 대학교원의 재임용문제는 한편에서는 대학교원의 신분보장과 학문의 자유보장, 그리고 다른 한편에서는 무능한 교원을 퇴출시키고 학문연구와 교육을 촉진시킴으로써 학문과 교육을 발전시키고자하는 상호 밀접한 관련성이 있으면서 상호 모순될 수 있는 이익을 조화롭게 실현시키고자하는 문제이기 때문에 그 대학의 법적 형식이나 교원의 고용관계 또는 기본권효력문제와는 관련이 없는 것이다. 아울러 사립대학은 국가에 대하여 기본권을 주장할 수 있다고 하나 이것이 사립대학 교원이 대학당국에 대하여 기본권을 주장할 수 있다는 것을 부정하는 것은 아니므로 이를 논거로 국·공립대학과 사립대학을 구별하는 것은 전혀 설득력이 없는 것이다.

또한 국·공립대학과 사립대학의 구별을 정당화시키는 논거로 제시되는 사립대학의 자율성에 관한 반대의견의 주장은 마치 헌법 제31조 제4항의 대학의 자율권 조항과 헌법 제31조 제6항의 교원의 신분보장조항이 상호 모순·배척되는 것처럼 보이게 한다. 앞서 언급한 바와 같이 대학의 자율성은 교육의 자주성·전문성·정치적 중립성이 전제될 때 가능한 것이고 이러한 교육의 자주성·전문성·정치적 중립성은 대학교원을 비롯한 교육종사자의 독립성과 신분보장이 전제될 때에 비로소 가능한 것임을 상기할 때 대학의 자율성과 교원의 두터운 신분보장은 상호 보완적 관계에 있는 것임을 알 수 있다.

결국 교원지위법정주의는 대학의 자율성을 제한하는 것이 아니라 대학의 자율성과 교육의 자주성·전문성·정치적 중립성의 확립, 그리고 학문의 자유의 실현을 위하여 최소한의 교원의 신분보장을 법률로 정하도록 하는 것에 불과하다. 그리고 여기서 법정화 될 사항은 교원의 신분보장, 특히 이 사건에서처럼 대학교원의 재임용에 대한 기준과 절차 및 구제사항 등에 대하여 규정할 것을 요구하며, 그러한 기준 등이 예측가능하고 명확하며 객관적이고 재임용제도의 취지에 부합되는 내용이어야 함은 물론이다. 따라서 그 내용이 지극히 추상적이고 불명확하거나 재임용제도의 취지와 관계없는, 예컨대 교육과 학문적 업적과는 관계없는, 그리고 주관적인 자의가 개입될 소지가 있는 기준이 법률이나 사립학교의 정관 등에 정해진다면 이는 바로 위헌인 것이다. 만일 그렇지 않고 반대의견대로 교원의 임면에 관한 사항이 오로지 대학의 자율이나 임면권자의 재량에 맡겨져 있다면 대학교원의 신분보장은 요원한 것이고, 법정의견이 적절히 지적하고 있듯이 대학교원은 재임용을 위해－특히 대학교원의 일자리가 한정되어 있고 이동이 사실상 어려운 우리의 현실을 감안할 때－임면권자의 눈치를 볼 수밖에 없게 되며, 이는 결국 교육의 중립성과 자주성 및 정치적 중립성을 해치는 일이며 대학교원의 학문의 자유와 직업의 자유를 침해하는 것이다. 아울러 법정의견이 소개하고 있는 선진외국의 경우와도 매우 상치되는 것이다.

한편 이처럼 국·공립대학과 사립대학의 본질적 구별을 대전제로 하고 있는 반대의견 뿐 아니라 "… 현대사회에서 필수불가결한 공교육이 가지는 중요성과 특성을 인정하는 것으로 이의 실천을 위해 교육제도 전반에 대한 국가의 통제와 지원이 이루어지며 이를 사적 자치에 방임하고 있지 않다."라고 하면서도 이 양자의 구별문제에 대한 명확한 입장을 밝히지 않음으로써 이와 유사한 사안에도 적용될 수 있는 중요한 헌법적 해명을 회피한 법정의견에도 문제가 있다고 할 것이다.

따라서 사립대학의 교원도 국·공립대학의 교원이 대학당국이나 국가 등에 대하여 가지는 지위 및 기본권과 본질적으로 동일한 지위와 기본권－예컨대 학문의 자유, 직업의 자유, 재임용에 대한 신뢰 내지 기대권, 절차적 기본권 등－을 대학당국 등에 대하여 가진다고 하겠다.

결국－물론 다른 점에서 양자의 차이가 인정되는 경우도 많이 있지만－적어도 사립학교의 신분보장의 문제는 기본적으로는 양자의 차이를 부정하고 공법규정과 원리가 사립학교교원의 신분보장관계에 적용된다는 데서 논의가 시작되어야 하고,[9] 그때에 비로소 현재의 위헌논거인 헌법상 교원지위법정지위에 대한 이해가 가능해진다.

(3) 사립대학 교원의 신분관계에 대한 공법적 원리의 준용

위에서 언급한 바와 같이 사립대학 교원의 신분관계에 대하여는 원칙적으로 국·공립대학의 경우처럼 공법의 규정과 원리가 준용되어야 한다. 따라서 재임용 문제와 관련하여서는 다음과 같은 점이 준용되어야 할 것이다.

1) 법률유보의 원칙(포괄적 위임입법금지의 원칙)과 관련하여

주지하는 바와 같이 기본권의 행사와 제한 등에 관련된 기본적인 사항은 반드시 법률에 유보되어 있어야 하고, 그를 하위규범에 위임해서는 안된다고 하는 것이 법률유보의 원칙이다. 따라서 기본권에 관한 대강만을 법률에 정하고 본질적이고 기본적인 사항을 하위규범이나 행정청에 위임한다면 이는 포괄적 위임입법으로서 법률유보의 원칙에 위배되는 것이다. 결국 법치주의원리의 주요내용인 법률유보의 원칙은 포괄적 위임입법금지의 원칙을 한 내용으로 하고 있다. 헌법 제75조도 "대통령은 법률에서 구체적으로 범위를 정하여 위임받은 사항 … 에 관하여 대통령령을 발할 수 있다."라고 규정하여 위임입법의 근거와 아울러 그 범위와 한계를 제시함으로써 이러한 포괄적 위임입법금지의 원칙을 천명하고 있다. 이는 만일 그렇지 아니하고 일반적이고 포괄적인 위임을 한다면 이는 사실상 입법권을 백지위임하는 것으로 법치주의를 부인하는 것이 되고 행정권의 자의와 남용 및 기본권에 대한 무제한 적인 침해를 초래할 수 있기 때문이다.

그리고 이러한 경우 기본권에 관한 사항을 법률에 어느 정도까지 구체적으로 정해야 기본권의 본질적인 사항을 정한 것으로 법률유보의 원칙을 지킨 것인가 하는 기준은 일률적으로 판단할 수 없고, 관련되는 다양한 사안을 총체적으로 고려해야 하겠으나 적어도 법률에 이미 하위규범으로 규정될 내용 및 범위의 기본사항이 구체적으로 규정되어 있어서 누구라도 당해 법률로부터 하위규범에 규정될 내용의 대강을 예측할 수 있어야 할 것이다.[10]

한편 일반적으로 이러한 법률유보의 원칙은 국가의 공권력행사에 의한 기본권의 행사나 제한의 경우에 적용되는 것이지만 앞서도 언급한 바와 같이 사립대학 교원의 신분관계의 경우 교원의 재임용에 대한 학교당국의 결정은 국·공립대학의

---

9) 결국 같은 맥락에서 김종철, 전게논문, 573쪽.

10) 헌재 1991. 7. 8. 91헌가4.

교원에 대한 국가나 공공단체에 의한 공권력행사의 경우처럼 실질적으로 이러한 국가의 공권력행사에 준한다고 보아야 할 것이므로 결국 사립학교 교원의 신분관계 등 기본권행사와 관련되는 법률관계에는 법률유보의 원칙이 적용되어야 할 것이고,[11] 따라서 적어도 이러한 신분관계에 관련되는 기본적이고 본질적인 사항의 대강이 해당 법률에 규정되어 있어야 한다.[12]

그런데 이 사건 법률조항은 사립대학교 교원의 재임용과 관련한 신분관계에 대하여 단지 "대학교육기관의 교원은 당해 학교법인의 정관이 정하는 바에 따라 기간을 정하여 임면할 수 있다"라고만 규정되어 있어 법정의견도 지적하는 바와 같이 사립학교 교원의 재임용과 관련한 기본적인 사항, 예컨대 객관적인 기준의 재임용 거부사유와 재임용에서 탈락하게 되는 교원이 자신의 입장을 진술할 수 있는 기회, 재임용거부를 사전에 통지하는 규정, 그리고 재임용이 거부되었을 경우 사후에 그에 대해 다툴 수 있는 제도적 장치 등을 전혀 마련하지 않고 일종의 하위규범인 대학정관에 포괄적으로 위임하고 있다.[13] 따라서 학교당국의 자의와 남용에 교원의 재임용여부 등 신분보장이 좌우될 수 있어 법률유보의 원칙 내지 포괄적 위임입법금지의 원칙에 위반된다고 하겠다.[14]

물론 이러한 사항들은 위에서도 언급했듯이 헌법 제31조 제6항의 교원지위법정지위와 관련하여서도 논해지는 것들이지만, 이러한 헌법규정에 관계없이 헌법상의 법치주의원리와 관련하여서도 논해질 수 있고, 또한 논해져야 하는 사항들이기도 하다. 따라서 만일 헌법에 제31조 제6항의 교원지위법정지위에 관한 규정이 존재하지 않을 경우에 이러한 논리는 독자적인 의미를 가질 수 있다고 하겠다. 결국 이러한 이유로 이 법률조항은 법률유보의 원칙에 위배된다고 보지 않을 수 없다.

---

11) 교수의 지위에 관하여 정한 법률의 경우에 헌법 제75조가 적용된다는 주장은 김선수, 전게논문, 333쪽.

12) 기간임용제의 세부사항을 사립학교법인의 정관에 위임한 것이 헌법 제75조 등을 통하여 법치주의의 파생원칙으로 인정되어 온 포괄적 위임입법금지의 원칙을 위반했다는 주장은 김종철, 전게논문, 563쪽.

13) 비록 그 후 개정·신설된 사립학교법 제53조의 2 제3항은 "대학교육기관의 교원은 정관이 정하는 바에 따라 근무기간·급여·근무조건, 업적 및 성과약정 등 계약조건을 정하여 임용할 수 있다. 이 경우 근무기간에 관하여는 국·공립대학의 교원에게 적용되는 관련규정을 준용한다"라고 규정하고 있고, 동법 제4항은 "제3항의 규정에 의하여 임용된 교원의 임용권자는 당해 교원의 임용기간이 만료되는 때에는 임용기간 만료일 4월전까지 임용기간이 만료된다는 사실과 재임용 심의를 신청할 수 있음을 당해 교원에게 통지하여야 한다."라고 규정함으로써 과거보다 진일보한 내용을 마련하고 있으나 본질적으로는 커다란 차이가 없는, 즉 교원의 재임용과 관련한 신분보장에 관한 기본적인 사항을 정하지 않고 학교정관에 포괄적으로 위임하고 있어 포괄적 위임입법금지를 한 내용으로 하는 법률유보의 원칙에 여전히 위반된다고 하겠다.

14) 김선수, 전게논문, 332쪽.

2) 적법절차의 문제

무릇 모든 공권력작용은 법령이 요구하는 일련의 절차를 거쳐야 하고, 행정작용의 경우에도 그 성립요건으로서 적법한 행정절차를 거쳐야 한다. 이러한 행정절차가 행정의 민주화, 행정의 적정화, 권리침해의 사전적 예방과 효율적 권리구제, 행정의 합리화를 위하여 절대로 필요한 것임은 두말할 여지가 없을 것이다. 특히 국민의 권리를 제한 내지 침해하는 부담적 행정작용의 경우에는 관계기관의 동의나 의결절차 뿐 아니라, 상대방에게 의견진술가나 증거의 제출 또는 변명의 기회 등을 부여하는 청문절차 등의 행정절차가 절실히 요구된다.

물론 이러한 적법절차의 원리는 국가 공권력작용에 대하여 적용되는 것이 원칙이지만, 앞서 언급한 바와 같이 실질적으로 이에 준하는 법률관계에도 적용되어야 할 것이고, 따라서 이 사건의 경우에서처럼 형식적으로는 사법관계에 속하는 사립학교 당국과 사립학교 교원간의 법률관계에서도 재임용문제와 같은 신분관계의 경우에는 적법절차의 원리가 적용되어야 할 것이다. 왜냐하면 적법절차원리를 비롯한 헌법상 내지 공법상 원리의 의의와 그 적용의 필요성은 그것이 적용되는 법률관계의 형식적인 성격과 종류에 좌우되는 것이 아니라, 그것이 추구하는 실질적인 목적, 즉 공권력 내지 이에 준하는 행위를 통제하고 그로부터 국민의 기본권을 보장하고 공익을 추구하고자 하는 목적에 좌우되어야 하기 때문에 앞서도 지적했듯이 사립학교 교원의 신분관계에도 당연히 이러한 적법절차원리가 적용되어야 하기 때문이다. 다시 말해 이러한 공법적 원리가 적용됨으로써 사립학교 당국의 행위가 적절히 통제되고 교원의 신분보장과 기본권이 보장되고, 이로써 학문의 자유의 신장과 학문의 발전 및 교육의 자주성·전문성·정치적 중립성과 대학의 자율성 등의 공익도 아울러 추구되는 것이기 때문이다.

따라서 이 사건의 경우에도 재임용문제는 교수의 권리와 지위에 직결되는 가장 중요한 사안이므로 이 문제를 다루는 인사위원회의 심의결정과정에서 당연히 해당 교수에게 청문절차 등의 행정절차를 인정해야 하는 등 다양한 절차적 통제와 권리가 보장되어야 할 것이고, 이러한 절차가 사립학교법에 규정되어야 한다. 그런데 앞서도 지적했듯이 이러한 절차에 대하여 구 사립학교법에 전혀 규정되어 있지 않고, 현행법에도 매우 미흡하게 규정되어 있어서 이는 위에서 언급한 법률유보의 원칙에 위배됨과 동시에 헌법상의 적법절차원리에 위배되는 것이다.

한편 이러한 해당 교원의 재임용과 관련한 일련의 절차문제, 예컨대 재임용에서 탈락하게 되는 교원이 자신의 입장을 진술할 수 있는 기회, 재임용거부를 사전에 통지하는 문제, 객관적이고 중립적인 인사위원회의 구성과 구성원의 자격 및 운용 문제 등은 위에서 이미 교원지위법정지위와 관련하여 논해졌지만, 적법절차의 문제를 별도로 논의하는 의미는 위에서 언급한 이유로 충분히 있다고 하겠다.[15] 특히 이러한 논리는 만일 헌법에 제31조 제6항의 교원지위법정지위에 관한 규정이 존재하지 않을 경우에 독자적인 의미를 가지고 있다고 하겠다. 결국 이러한 이유로 이 법률조항은 적법절차원리에 위배된다고 보지 않을 수 없다.

3) 재임용행위는 재량행위인가?

이 사건 반대의견은 이미 위에서 소개했듯이 "… 교원의 임면에 관한 사항도 대학자율의 범위내에 속하는 것이다. … 이 사건 법률조항에 따라 사립대학의 학교법인은 교원을 임용함에 있어, 정년보장제를 채택할 수도 있고 기간임용제를 채택할 수도 있으며, 기간임용제를 채택하는 경우에도 ① 임용기간이 만료되면 원칙적으로 교원을 재임용하여야 하는 방식을 채택할 수도 있고 ② 임용기간이 만료되면 교원으로서의 신분관계가 당연히 종료되고 교원을 재임용할 것인지 여부가 오로지 임용권자의 판단에 따르는 방식을 채택할 수도 있는 등, 다양한 임용방식 중 당해 대학에 가장 적합하다고 판단되는 방식을 자유로이 선택할 수 있는데, 이는 입법자가 국·공립대학과는 다른 사립대학의 특수성을 배려하고 개개의 사립대학교육의 자주성과 사립대학의 자율성을 최대한 보장하기 위하여 마련한 제도로서, 그 입법취지를 충분히 수긍할 수가 있다."라고 주장함으로써 사립학교 당국의 해당 교원에 대한 재임용행위가 재량행위라는 것을 전제로 하고 있고, 법정의견도 "절대적이고 통제받지 않는 자유재량은 남용을 불러온다는 것이 인류역사의 경험이라는 점에서 볼 때, 자의적인 재임용거부로부터 대학교원을 보호할 수 있도록 구제수단을 마련해 주는 것은 국가의 최소한의 보호의무에 해당한다. 즉, 임면권자가 대학교원을 왜 재임용하지 않으려 하는지 이유를 밝히고 그 이유에 대하여 당해 교원이 해명할 기회를 주는 것은 적법절차의 최소한의 요청인 것이다. 그런데 닫혀진 문 안에서 비밀스럽게 재임용거부결정이 이루어지고 이를 당해 교원에게 고지하지도 않는 경우에는 이러한 자의적인 결정에 대한 견제수단이 없게 되는 것이다."라고 판시함으로써 역시 사립학교 당국의 해당 교원에 대한 재임용행위가 재

---

15) 이러한 일련의 절차적 내용들이 적법절차상 요구된다는 견해로 김선수, 전게논문, 331쪽; 김종서, 교수재임용제, 어떻게 할 것인가?, 법과 사회, 제20호, 2001, 344쪽.

량행위라고 전제하고 있다. 그런데 이러한 사립학교당국의 해당 교원에 대한 재임용행위가 재량행위이냐 기속행위이냐는 교원의 신분보장 및 학교당국에 대한 통제와 관련하여 매우 중요한 문제이다.

일반적으로 일정한 행위가 기속행위인가 또는 재량행위인가의 여부는 사법심사의 대상가능성 여부 및 사법심사의 범위 등과 관련하여 중요한 문제이고, 원칙적으로 행정청의 행정행위와 관련해서 문제되는 것이다. 그런 면에서 행정청이 아닌 사립학교 당국의 행위에 대하여 이러한 논리를 적용하는 것에 의문이 제기될 수 있다. 그런데 앞서도 언급했듯이 사립학교의 경우 재임용문제와 관련해서는 공법적 원리가 적용되어야 하고 아울러 학교당국의 행위는 실질적 성질상 행정행위에 준한다고 볼 수가 있기 때문에 이러한 논의가 여기서도 적용될 수 있다고 본다.

한편 앞서 소개한 대법원판례에서 보는 바와 같이 사법부는 종래 임기가 만료된 교수를 재임용할 것인지의 여부는 임용권자의 판단에 따른 재량행위로 보아 사법심사의 대상이 될 수 없다는 소극적 입장을 취해왔다.

앞서 언급한 바와 같이 교수의 기간제 임용과 재임용제도의 취지는 연구와 강의 및 학생지도 등 대학교수 본연의 임무를 수행할 능력과 자질이 없는 교수가 정년까지 신분을 보장받고 재직하게 되는 폐단을 보완하는 데에 있다. 그러나 다른 한편 학문의 자유, 대학의 자율성 및 교육의 자주성·전문성·정치적 중립성을 보장하기 위하여, 그리고 교원지위 법정주의에 관한 헌법규정과 정신에 비추어 대학교수에 대한 일정한 범위의 신분보장은 절대로 필요하다. 이에 따라 위에서 주장한 바와 같이 임용권자에게 재임용 여부에 대하여 합리적인 기준에 따른 공정한 심사를 할 의무가 있고, 기간제로 임용된 교수도 재임용 여부에 대하여 합리적인 기준에 따른 공정한 심사를 신청할 법률상 또는 조리상의 권리를 가지는 것이다. 재임용제도가 대학교수의 신분을 위협하는 도구로 악용되어 대학의 자율성과 자유로운 학문활동을 위태롭게 해서는 안된다고 하는 것은 다언을 요하지 아니할 것이다. 이처럼 재임용제도가 대학교수의 신분보장, 대학의 자율성, 학문의 자유 등과 직결되어 있다는 점을 감안할 때 임용기간이 만료된 교수에 대한 재임용 여부는 임용권자의 재량행위에 속하는 것이 아니라, 일정한 재임용기준을 충족시켰을 경우에는 반드시 재임용해야 할 의무를 지우는 기속행위로 보아야 할 것이다. 만일 그렇지 않고 재임용 여부가 전적으로 임용권자의 재량에 맡겨져 있다고 한다면 재임용제도는 본래의 제도적 취지와는 달리 과거의 적지 않은 예에서 보듯이 대학교수를 순치시키고 대학재단이나 정부에 비협조적이고 비판적인 교수를 탈락시키기 위한 교수에 대한 통제도구로 전락할 것이고, 교수의 임용권자 및 국가의 이해관계나 정책에 반하는 내용의 학문연구 및 학술활동을 제한하여 결과적으로 대학교수의 신분보장과 학문의 자유 및 대학의 자율성은 형해화되어질 것이다.[16)]

현행 사립학교법 제53조의2 제6항이 "… 재임용 심의를 신청받은 임면권자는 제53조의4의 규정에 의한 교원인사위원회의 재임용 심의를 거쳐 당해 교원에 대한 재임용 여부를 결정하고 그 사실을 임용기간 만료일 2월전까지 당해 교원에게 통지하여야 한다. 이 경우 당해 교원을 재임용하지 아니하기로 결정한 때에는 재임용하지 아니하겠다는 의사와 재임용 거부사유를 명시하여 통지하여야 한다."라고 규정하고 있는데, 이러한 인사위원회의 심의절차가 재임용제도의 취지를 살릴 수 있도록 의미 있게 운용되기 위해서는 해당 교원의 재임용 여부를 인사위원회가 객관적인 기준에 따라 결정하고, 이 결정에 학교당국이 기속되도록 하여야 할 것이다. 따라서 이러한 인사위원회 심의제도의 취지에 비추어 보더라도 재임용행위는 기속행위이어야 함을 알 수 있다.[17)]

결국 임용권자는 재임용의 기준을 충족한 교수에 대하여는 반드시 재임용해야 한다.[18)] 그리고 사립학교법에 보완되어야 할 관련 규정내용, 예컨대 재임용기준 등

---

16) 교수재임용추천거부 등에 대한 헌법소원 사건(헌재 1993. 5. 13. 91헌마190, 판례집 5-1, 312)에서 변정수 재판관도 "임용기간이 만료된 대학교원에 대한 재임용 여부는 기간제임용제도의 취지에 비추어서나 그것이 대학교원의 신분과 기득권에 관한 것임에 비추어 임용권자의 자유재량행위에 속하는 것이 아니라 능력이나 자질에 뚜렷한 하자가 없는 한 재임용해야 할 의무가 있는 기속행위에 속한다고 보아야 한다. 즉 교육의 자주성·전문성·정치적 중립성·대학의 자율성과 학문의 자유 및 이를 위한 전제조건으로서의 대학교원의 신분보장을 위해서는 임용권자는 그 교원의 능력과 자질에 객관적으로 명백한 하자가 발견되지 않는 한 반드시 해당교원을 재임용하여야 하며 따라서 임용권자에게는 재임용 여부에 대한 결정재량권이 부여되어 있다고 볼 수 없다. 만일 재임용 여부의 결정이 전적으로 임용권자의 자유재량에 맡겨져 있다고 한다면 즉 재임용행위가 순수한 자유재량행위라고 한다면 대학교원의 재임용제도는 본래의 제도적 취지와는 달리 과거의 예에서 보듯이 대학교원을 순치시키고 대학재단이나 정부에 비판적이거나 비협조적인 교원을 탈락시키기 위한 대학교원의 통제제도로 전락할 것이고 대학교원의 신분보장과 대학의 자율성 및 학문의 자유 그리고 교육의 자주성·전문성·정치적 중립성은 형해화될 것이다."라는 반대의견을 통해 재임용행위가 기속행위임을 주장하고 있다. 헌재 1993. 5. 13. 91헌마190, 판례집 5-1, 312, 330-331.

17) 결국 같은 견해로서 김선수, 전게논문, 328쪽.

18) 서울행정법원 2000. 1. 18. 99구26807 판결은 "재임용제도가 임용권자에게 자의적인 기준으로 사립대학 교원의 재임용 여부를 결정할 수 있는 권한을 주는 것이라고 할 수는 없다. 만약 재임용제도를 '임용권자의 자의적인 기준으로 사립대학 교원의 재임용 여부를 결정할 수 있는 것'이라고 해석한다면, 이는 학문의 자유와 대학의 자율성을 보호하고자 하는 헌법 정신에 위반함은 물론, 교원지위향상을위한특별법의 근본정신이나 재임용제도를 인정하고 있는 사립학교법 제53조의2 제3항의 입법 목적에도 반하는 것이 되기 때문이다. 또한 재임용제도의 취지에 비추어 보면, 임용권자는 '합리적인 재임용 심사기준'을 설정(위에서 본 교육부의 지침 등이 합리적인 심사기준을 설정하는 데 참고가 될 수 있을 것이다)하고, 이 기준에 따라 대학 교원의 능력과 자질을 정당하게 평가한 후 재임용 여부를 결정하여야 하며, 나아가 임용권자는 특별한 사정이 없는 한 심사기준에 따른 재임용요건을 갖춘 임기만료 교원에 대하여는 재임용을 하여야 하며, 재임용을 거부할 때에는 그 거부사

도 재임용제도가 기속행위로 운용되도록 규정되어야 한다. 또한 그 기준은 객관적이고 합리적이며 재임용제도의 취지에 부합되어야 하고(예컨대 학문과 연구 및 교육과 직결되는 내용),[19] 가능한 한 명확해야 한다. 그래야 임용권자의 자의가 개입될 여지를 줄일 수 있다. 다만 그 기준 자체에 불가피하게 추상적인 불확정개념이 존재할 수도 있는데, 이 경우 이론상 임용권자에게 일정한 판단의 여지가 부여되어 있는 것이다. 이러한 판단의 여지는 재량의 여지와는 구별되는 것으로, 이 경우 그러한 추상적 기준을 충족시키는 것으로 판단이 되면 반드시 재임용해야 하고, 반면에 기준에 미달하는 것으로 판단이 되면 재임용을 거부해야 하는 기속행위와 결합되는 것이다. 따라서 임용권자는 불명확하고 추상적인 기준에 따른 충족여부와 관련하여 공익과 재임용제도의 목적과 취지에 부합하는 정당하고 객관적이며 합리적인 판단을 해야 할 의무를 지며, 만일 임용권자가 이러한 판단을 그르치거나, 아예 판단행위를 하지 아니하거나, 또는 판단에 대한 객관적이고 구체적인 이유를 적시하지 아니한다면 이는 위법한 행위로서 그에 따른 재임용 거부처분은 당연히 사법심사의 대상이 되어야 하는 것이다.[20]

4) 평등의 원칙

원칙적으로 평등의 원칙 등 조리상의 원칙은 공법상의 법률관계에 적용된다고 할 것이다. 그러나 재임용문제도 비록 형식상 사법상의 고용관계이지만 앞서 언급한 이유로 공법상의 법률관계에 준한다고 보고 다양한 공법상의 원리가 적용되어야 할 것이며, 따라서 평등의 원칙도 적용된다고 보아야 할 것이다. 그런 점에서 볼 때 현행 재임용제도는 평등의 원칙상 문제가 된다고 하겠다.

만일 사립학교 교원이 재임용과 관련하여 다른 사립학교 교원 또는 국·공립대학 교원과 비교하여 부당한 차별을 받는다면 이는 평등의 원칙에 위배되는 것이다.[21] 왜냐하면 앞서도 언급했듯이 대학교원의 재임용과 관련해서는 사립대학 상호간 또는 사립대학과 국·공립대학 상호간 합리적이고 본질적인 차별사유가 존재하지 않기 때문이다. 물론 사립학교의 특성상 재임용과 관련하여 본질적이지 아니한 문제,

---

유를 밝혀야 한다."라고 판시하고 있는데, 이는 재임용결정여부가 기속행위라는 취지의 견해를 간접적으로 시사하는 것으로 보여진다.

19) 같은 견해 김선수, 전게논문, 330쪽; 김종서, 전게논문, 343쪽.

20) 판단의 여지 문제에 대하여는 김동희, 행정법 I, 2004, 255쪽 이하; 김성수, 일반행정법 2001, 191쪽 이하.

21) 유사견해, 김종철, 전게논문, 560쪽.

예컨대 기간제 임용에 있어서 기간의 장단 등과 관련하여서는 차이가 있을 수 있다. 그러나 본질적인 문제, 예컨대 재임용기준의 합리성과 객관성, 학교당국의 부당한 자의 방지, 중립적이고 객관적인 인사위원회의 구성, 해당 교원에 대한 사전통지, 해당 교원에 대한 청문의 기회부여, 구제절차 등과 관련하여서는 차별이 있을 수 없다. 따라서 이 사건 법률조항이 앞서 언급한 바와 같이 이러한 점에 대한 규정을 결함으로써 대학당국에 자의와 남용의 여지를 부여하고 대학교원들 상호간의 부당한 차별을 초래할 가능성을 지니고 있고 또한 실제로 초래하고 있으므로 평등의 원칙에 위배된다고 보지 않을 수 없다.

따라서 "…사립대학교육기관의 교원이 … 다른 사립교육기관의 교원 및 국·공립대학교 교원과 비교하여 차별을 받는 것은 모두 합리적이고 정당한 사유가 있으므로 평등권 위반의 문제는 생기지 않는다."라고 판시한 과거 96헌바33등 결정은 잘못되었고, 한편 96헌바33등 결정을 변경하면서 이러한 중요한 헌법적 해명에 해당하는 평등의 원칙문제에 대하여 아무런 언급을 하지 아니한 이번 결정도 모두 잘못되었다고 하겠다.

5) 구제절차

앞서 언급한 바와 같이 교원지위법정주의 및 법률유보의 원칙상 재임용과 관련한 구제절차가 사립학교법 등에 당연히 규정되어 있어야 할 것이다. 그런데 그 구제절차의 종류와 관련하여 볼 때 본래 사법상의 법률관계에 대한 분쟁은 민사소송으로 해결하여야 할 것이므로 사법상의 고용계약과 관련한 사립대학교원의 재임용문제는 민사소송의 절차를 밟는 것이 원칙일 것이다. 그러나 재임용과 관련한 법적 분쟁은 비록 그것이 형식적으로는 사법상의 법률관계라 하더라도 앞서 언급한 이유로 다양한 공법적 원리가 적용되고 따라서 이에 대한 해결도 공법상의 소송, 즉 행정쟁송으로 이루어지는 것이 타당하다고 본다. 따라서 재임용거부와 관련된 분쟁은 교원의 의사에 반하는 불리한 처분으로 보아 교육부의 교원소청심사위원회에 일종의 행정심판으로서의 재심을 청구하고 이에 불복이 있을 경우 행정소송을 제기하는 것이 고려될 수 있을 것이다.[22] 최근에 이 위원회는 과거 재임용이 거부

22) 앞서 소개한 바와 같이 「교원의 지위 향상 및 교육활동 보호를 위한 특별법」 제9조 제1항, 제10조 제3항에 따라 사립대학의 경우도 대학당국의 재임용거부에 대하여 해당교수가 교육부의 교원소청심사위원회에 소청심사의 청구할 수 있고, 여기서 구제받지 못할 경우 심사위원회의 결정에 대하여 행정소송을 제기하는 등 공법적 구제를 받을 수 있다. 과거에도 재임용을 거부당한 사립대학교수가 교육부의 교원징계재심위원회에 재심을 요청하였지만, 당해 위원회가 이를 각하하자, 동위원회를 상대로(해당대학은 피고측에 보조참가하였다) 교원징계재심각하처분취소를 구하는 행정소송을

된 국·공립대학의 교원 뿐 아니라 사립대학의 교원에 대하여도 구제기회를 부여한 바 있다.

3. 재임용 기대권의 문제

결국 재임용의 기준은 사립학교법 등 관련법령과 학교정관에 합리적이고 객관적이며 명확하게 규정되어 있어야 하고 이러한 기준을 충족시킬 경우 학교당국은 해당 교원을 당연히 재임용시켜야 하는 기속행위로 운용되어야 한다. 따라서 재임용대상 교원은 이러한 기준을 충족시킬 경우 재임용된다는 신뢰와 기대를 가지게 되며, 이러한 신뢰와 기대는 일종의 기본권으로 당연히 보장되어야 한다.[23] 연구와 교수능력 제고라는 교수재임용제도의 목적은 이러한 능력이 객관적으로 인정된 교수는 당연히 재임용된다는 사실을 전제로 할 때 비로소 달성될 수 있는 것이기 때문에 이러한 재임용제도의 목적으로부터－일정한 조건이 충족될 경우에－재임용에 대한 기대권은 도출된다고 하겠다.[24] 그렇지 않고 반대의견 및 그동안의 대법원의 견해대로 임용기간 만료로 단순히 고용관계는 종료되고 그에 대한 이의제기와 관련하여 아무런 소의 이익이 없다고 한다면 사립학교 교원은 재임용거부행위가 아무리 형식적·내용적으로 부당한 처사라 하더라도 이에 대하여 이의를 제기할 수 있는 아무런 법적 근거도 없고 권리도 없다는 것이 되고, 이는 대학임면권자의 전횡을 인정하는 것이며, 결국 대학교원의 신분보장과 학문의 자유 및 대학교원지위법정주의는 형해화되는 것이다.

그러한 점에서 법정의견이 "임기가 만료된 교원이 '재임용을 받을 권리 내지 기대권'을 가진다고는 할 수 없지만 적어도 학교법인으로부터 재임용 여부에 관하여 '합리적인 기준과 정당한 평가에 의한 심사를 받을 권리'를 가진다고 보아야 한다."라고 판시한 것도 잘못이다. 왜냐하면 위에서 언급했듯이 그리고 아래에서도 언급하는 바와 같이 대학교원은 임기가 만료되었더라도 일정한 기준을 충족시켰을 경우에는 본인에 의사에 반하여 재임용에서 탈락되지 않고 당연히 재임용되고, 또한 학교당국도 재임용해야 하는 기속행위이므로 이 경우 마땅히 해당 교원은 재임용에 대한 신뢰 내지 기대권을 가지며, 이는 결국 '일정한 조건하의 재임용받을 권

제기했고, 이에 대해 법원은 원고(교수)승소의 판결을 내린 바 있다(서울행정법원 2000. 1. 18. 99구26807).

23) 이러한 재임용되리라는 기대권을 법률상 보호의 가치가 있는 법익이라고 보는 견해로는 김선수, 전게논문, 328쪽.

24) 유사한 견해로서는 김선수, 전게논문, 326쪽 이하; 김종서, 전게논문, 343쪽, 김종철, 전게논문, 582쪽.

리'라고 보아야 하는 것이다. 그리고 이러한 권리는 교원의 직업의 자유, 학문의 자유, 그리고 국·공립대학 교원의 경우 공무담임권 및 교원지위법정주의 등에서 도출될 수 있는 것이다. 만일 그렇지 않고 임기가 만료된 교원이 '재임용을 받을 권리 내지 기대권'을 가지지 않고 단지 '합리적인 기준과 정당한 평가에 의한 심사를 받을 권리'만을 가진다고 한다면 해당 교원은 심사절차를 통해 일정한 재임용의 기준을 충족시켰음에도 불구하고 해당 학교는 이미 당사자에게 합리적인 기준과 정당한 평가에 의한 심사기회를 제공했으므로 학교로서는 자신의 의무를 다한 것으로 되며 그 결과에 구애받지 않고 당사자를 재임용하지 않을 수도 있다는 것이며, 이는 결국 학교당국의 자의와 남용 내지 전횡을 가능케 하는 것이다. '합리적인 기준과 정당한 평가에 의한 심사를 받을 권리'를 가진다는 말은 당연히 그러한 심사의 결과 재임용의 기준을 충족시켰을 경우에는 '재임용을 받을 권리'를 가진다는 것이며, 그렇게 해석할 때 법정의견의 논리도 일관성을 가지게 된다. 왜냐하면 '합리적인 기준과 정당한 평가에 의한 심사를 받을 권리'는 바로 '재임용에 대한 기대권 내지 권리'를 전제로 하기 때문이다. 다시 말해 '재임용에 대한 기대권 내지 권리'가 인정되지 않는다면 '합리적인 기준과 정당한 평가에 의한 심사를 받을 권리'가 인정될 수 없고, 또한 그것만으로는 아무런 의미가 없기 때문이다. 예컨대 건축허가신청을 당해 행정청에게 했을 때 신청인에게는 해당 법률이 정하는 일정한 요건을 신청자가 충족했을 경우에는 건축허가를 받는다는 기대권 내지 권리가 당연히 인정되고, 그러한 기대가 위법·부당하게 침해되었을 때에는 그에 대한 구제절차를 밟을 수 있으며, 이는 건축허가에 대한 법률상 인정되는 신청인의 권리를 전제로 하는 것과 동일하다고 볼 수 있다.

결국 해당 교원은 재임용을 목적으로 하는 것으로 그러한 '일정한 조건하의 재임용 받을 권리'가 없는 '합리적인 기준과 정당한 평가에 의한 심사를 받을 권리'는 아무런 의미가 없고, 따라서 법정의견의 논리의 일관성을 위해서 그리고 교원의 두터운 신분보장과 재임용제도의 적절한 운용 및 학교당국의 부당한 자의와 남용을 막기 위해서 해당 교원은 재임용의 조건을 충족한다는 전제하에서의 '재임용 받을 조건부 권리'를 가진다고 보아야 할 것이다.[25)]

25) 앞서 소개했던 대법원의 판결(대판 2004. 4. 22. 2000두7735 교수재임용거부처분취소)에서 "기간제로 임용되어 임용기간이 만료된 국·공립대학의 조교수는 교원으로서의 능력과 자질에 관하여 합리적인 기준에 의한 공정한 심사를 받아 재임용 되리라는 기대를 가지고 재임용 여부에 관하여 공정한 심사를 요구할 법규상 또는 조리상 신청권을 가진다고 할 것이니, …"라고 판시한 것도 이러한 재임용에 대한 기대 내지 신뢰를 권리 내지 기본권으로 인정한 것으로 보여진다.

Ⅳ. 맺는 말

지금까지 헌법재판소 결정의 내용과 문제점을 살펴보았다. 전체적으로 이번 결정은 과거의 헌재나 대법원의 유사판례와 비교해 볼 때 획기적인 것이고 결론에 있어서도 대체로 타당하다고 여겨진다. 아울러 이 결정이 원인이 되어 최근 교육부에서 과거 재임용에서 탈락된 교수들에 대한 구제를 적극적으로 도모하고 있다고 알려졌다. 또한 이 결정을 계기로 관련 법령의 보완도 적극적으로 고려되고 있다는 보도도 있다. 그런 점에서 이번 결정의 의의는 아무리 강조해도 지나치지 않을 것이다.

그러나 이번 결정에는 반대의견 뿐 아니라 법정의견에도 소홀히 할 수 없는 여러 가지 문제점이 도사리고 있다. 특히 법정의견은 이번 사안을 교원지위법정주의와 관련해서만 판단하고 있는데, 즉 "이 사건 법률조항이 규정하고 있는 기간임용제가 교원지위법정주의에 위반됨을 확인하는 이상, 그밖에 청구인이 주장하는바 교원주의법정주의 위반의 결과 초래될 수 있는 평등권, 학문의 자유, 재판청구권, 근로조건법정주의 위반 여부에 대하여는 따로 판단하지 아니한다."라고 판시함으로써 교원지위법정주의와 관련한 사항만 판단하고 있다.[26] 물론 법정의견대로 이 사건 법률조항의 위헌여부판단의 가장 중요한 사항과 기준은 헌법 제31조 제6항의 교원지위법정주의임에는 틀림없다. 또한 그 잣대만으로 이 사건 법률조항의 위헌여부가 판단될 수 있고 사건이 종결될 수 있다.

그러나 헌법재판의 목적은 단순히 사건을 해결하고 종결하는 데에만 있는 것은 아니다. 헌법재판은 당해 사건의 해결과 관련 청구인 등의 기본권을 구제해주는 것에서 그 목적과 기능이 다하는 것이 아니라, 중요한 헌법적 해명, 동일 또는 유사한 다른 사건의 해결을 위한 지침, 헌법수호, 공익추구 등 다양한 기능과 특성을 헌법재판은 가지고 있는 것이다.[27] 그 때문에 당사자주의가 아닌 강한 직권심리주의가 헌법재판에 인정되고 있고, 그러므로 상황에 따라서는 청구인 등 당사자가 주장하지 아니한 사항에 대하여도, 그리고 일반적으로 언급되는 협의의 소의 이익이 없는 경우에도 헌법재판소는 판단할 수 있고 또한 판단하여야 하는 것이다. 이런 점에서 볼 때 위에서처럼 법정의견이 오로지 교원지위법정주의와 관련해서만

---

26) 헌재 2003. 2. 27. 2000헌바26, 판례집 15-1, 176, 192.

27) 헌법재판의 특성에 대하여는 정연주, 헌법소원심판청구취하의 효과, 공법연구 제28집 제4호 제2집, 2000, 191쪽 이하 참조.

판단하고 그 이외의 위에서 소개된 다른 사항에 대하여 판단하지 아니한 것은 잘못이다.

한편 법정의견은 국·공립대학과 사립대학의 구별문제에 대하여 명시적인 입장을 밝히지 않고 있고, 반대의견은 이의 구별을 논의의 출발점으로 하고 있는데, 이 역시 앞서 언급한 이유로 잘못되었다. 즉 양자를 구별하는 것도 잘못이지만, 이에 대하여 명확한 입장을 밝히지 않은 법정의견도 위에서 지적한 바와 같이 논란이 되는 중요한 헌법적 해명과 동일 또는 유사한 다른 사건의 해결을 위한 지침제공이라는 헌법재판의 특성과 기능에 비추어 볼 때 적절치 못한 태도라고 하겠다.[28)]

또한 대학당국의 재임용행위를 재량행위로 보는 반대의견과 명확한 입장을 밝히지는 않았지만 재량행위를 전제로 하는 듯한 법정의견도 재임용행위를 기속행위로 보는 시각에서 볼 때 잘못되었다고 보지 않을 수 없다.[29)]

그리고 논리필연적으로 해당 교원의 재임용에 대한 조건부 기대권 내지 권리를 인정해야 한다는 점은 이미 언급한 바와 같은데, 이를 부인한 반대의견은 물론 이에 대하여 소극적인 입장을 밝힌 법정의견 역시 잘못되었다고 하겠다.

그 외에도 다양한 문제와 미흡한 점을 법정의견이 지니고 있다는 점에서 상당한 아쉬움이 남는다. 그럼에도 불구하고 위에서 언급한 바와 같이 기본적으로 잘 된 결정이며, 더욱이 과거의 엄청 잘못된 결정에 비하면 매우 높이 평가받아야 될 결

---

28) 예컨대 위에서 소개한 바와 같이 과거 헌재는 96헌바33등 사건에서 "사립대학교육기관의 교원과 학교법인간에는 기본적으로 사법상의 고용계약관계로서 교원의 임면권은 학교법인의 고유권한이라는 점에서 국가·지방자치단체가 임면권을 갖는 국공립대학교의 교원과는 근본적으로 다르다. 또 사립대학교를 설치·경영하는 학교법인도 국·공립대학교와는 달리 국가에 대한 관계에서 기본권을 주장할 수 있는 사법인으로서의 성격을 갖고 있다(대법원 1993. 2. 12. 92누13707, 공1993, 1005 참조). 그러므로 법률로써 사립대학교육기관의 교원임용에 관한 구체적인 임용기간이나 임용절차를 교원의 직명별로 자세히 정할 경우에는 도리어 대학의 자율권을 침해할 우려도 없지 않다. 사립대학교육기관의 교원과 국공립대학교의 교원의 차별취급은 공법상의 권력관계와 사법적 관계와의 차이에서 비롯된 것이고 학교법인의 자율권 보장을 위한 불가피한 수단인 것이다. 더욱이 이 사건 법률조항은 기간임용제의 선택여부를 전적으로 학교법인의 자율적인 결정에 맡기고 있으므로, 오히려 교원의 초임임용시부터 기간임용제가 아닌 정년보장제를 선택할 여지도 없지 않은 것이다."라고 판시하면서 사립대학의 교원과 국·공립대학의 교원과의 본질적 구별을 대전제로 하고 있다. 그런데 이러한 판례의 입장은 과거 사립학교법 제55조 등에 대한 위헌심판 사건(1991. 7. 22· 89헌가106)에서 양자 모두 공교육의 담당자라는 점에서 국·공립학교 교원과 사립학교 교원은 본질적으로 동질적이라는 이유로 사립학교 교원의 노동운동을 금지한 법률규정을 합헌선언한 판례와 모순된다. 따라서 이처럼 논란이 되는 사립대학과 국·공립대학간의 구별에 관한 헌법재판소와 대법원의 과거 입장에 대하여 이 사건 헌법재판소의 다수의견은 과거의 판례를 변경하면서 중요한 헌법적 해명의 차원에서 자신의 명확한 입장을 밝혔어야 했다.

29) 대법원 역시 기간을 정하여 임용된 대학교육기관의 교원은 학교법인의 정관이나 인사규정에 재임용의무를 부여하는 근거규정이 없는 한, 임용기간의 만료로 교원으로서의 신분관계는 당연히 종료되고, 임용기간이 만료된 자를 다시 임용할 것인지 여부는 임용권자의 판단에 따른 자유재량행위에 속한다고 해석하고 있다(대판 1997. 6. 27. 96다7069).

정이라고 하겠다. 아울러 이 사건은 사립학교 교원에 대한 문제를 다룬 것이지만 앞서 언급한 바와 같이 대학교원의 신분보장과 재임용에 대한 문제는 사립과 국·공립의 경우에 원칙적으로는 차이가 있을 수 없기 때문에 이러한 문제는 국·공립의 경우에도 동일하게 적용되어야 할 것이다. 그리고 이러한 취지에 따라 현행 사립학교법 관련규정이 조속히 보완·개정되어야 할 것이다.

5. 처분적 법률의 헌법적 문제

- 헌재 1989. 12. 18. 89헌마32 등 국가보위입법회의법 등의 위헌여부에 관한 헌법소원,[1] 헌재 1994. 4. 28. 92헌가3 보훈기금법 부칙 제5조 및 한국보훈복지공단법 부칙 제4조 제2항 후단에 관한 위헌심판,[2] 헌재 1996. 2. 16. 96헌가2 등 5 · 18민주화운동 등에 관한 특별법 제2조 위헌제청 등,[3] 헌재 2003. 6. 26. 2001헌가17 등 보안관찰법 제27조 제2항 위헌제청 등,[4] 대판 1954. 8. 19. 4286행상37 및 대판 1996. 9. 20. 95누8003 -

[目 次]

Ⅰ. 머리말

이 글은 이른바 처분적 법률이 야기하는 헌법적 문제를 고찰한 것이다. 주지하는 바와 같이 법률은 규범의 일종으로 일반성과 추상성을 가지는 것이 원칙이다.[5] 즉 법률은 다른 규범과 마찬가지로 어느 특정 사안만을 규율대상으로 하는 것이 아니라 그 법률의 구성요건에 해당되는 유사한 수많은 사안을 지속적으로 규율한

1) 헌재 1989. 12. 18. 89헌마32 등, 판례집 1, 343.

2) 헌재 1994. 4. 28. 92헌가3, 판례집 6-1, 203.

3) 헌재 1996. 2. 16. 96헌가2 등, 판례집 8-1, 51.

4) 헌재 2003. 6. 26. 2001헌가17 등, 판례집 15-1, 602.

5) 법률의 일반성에 대하여는 Starck, Der Gesetzesbegriff des Grundgesetzes, 1970, S. 109ff.; K. Huber, Maßnahmegesetz und Rechtsgesetz, 1963, S. 133ff.

다.[6] 따라서 어느 개별적인 구체적 사안만을 일회적·최종적으로 규율하는 것이 아니다.[7] 이러한 법률의 일반성과 추상성의 요구는 법규범 내지 입법작용이 가지는 본질적·기능적 특성, 즉 법정립작용으로서의 입법작용의 특성상 당연히 도출되는 원칙이며, 이 점에서 법선언작용인 사법작용이나 법집행작용인 행정작용과 구별되는 것이다.

그러나 때로는 이러한 규범의 일반적 특성을 벗어나는 법률이 존재하게 된다. 예컨대 개별사건만을 규율하거나, 특정 개인만을 규율하거나, 한시적으로만 규율하거나, 집행적으로 규율하는 법률 등이 그것이다. 그런데 이러한 예외적인 법률들의 경우 특히 헌법적으로 문제가 되는 것은 그 법률이 처분성을 띨 경우이다. 즉 일정한 법률의 내용과 효력이 마치 행정처분[8]인 것처럼 기능하기 때문에 그 법률을 구체화시키는 별도의 행정처분이 존재하지 않는 경우이다. 이 경우에는 법률이 가지는 특성인 일반성과 추상성을 상실하고 개별성과 구체성을 가지게 되며 따라서 그 법률이 어떠한 행정처분이 매개됨이 없이 국민의 기본권을 최종적으로 그리고 일회적으로 규율하게 된다. 이 경우에는 법률의 효력이 계속성을 가지지 아니한다. 즉 단 일회의 적용으로 법률의 효력은 상실한다. 결국 이 경우에는 법률은 행정작용의 근거가 되는 입법작용의 특성을 상실하고 대신 본질과 효과 및 기능상 행정작용 그 자체가 되는 것이다. 이러한 법률을 처분적 법률이라고 할 수 있는데, 이러한 처분적 법률은 입법의 형식으로 제정되면서 행정처분적 성격을 가지는 매우 모순된 존재이기 때문에 다양한 헌법적 문제를 야기하게 되는 것이다.

여기서는 먼저 국내문헌에 언급된 처분적 법률에 대한 개념과 관련 판례를 소개한 후 그 헌법적 문제점을 고찰하기로 한다.

Ⅱ. 처분적 법률의 개념

1. 문헌상의 개념

처분적 법률의 개념에 대하여 권영성 교수는 "행정적 집행을 매개로 하지 아니하고 직접 국민에게 권리나 의무를 발생하게 하는 법률, 즉 자동집행력을 갖는 법

6) So auch Maunz/Zippelius, Deutsches Staatsrecht, 1988, S. 308.

7) Vgl. BVerfGE 25, 371(398).

8) 행정처분의 개념에 대하여는 김동희, 행정법I, 2004, 661쪽 이하, 140면; 박윤흔, 행정법강의(上), 2004, 939쪽 이하 참조.

률"이라고 정의하면서, "일정 범위의 국민을 대상으로 하는 어떠한 처분이나 조치 등 구체적이고 개별적인 사항을 그 내용으로 하는 것"으로서 "일정 범위의 국민만을 대상으로 하는 개별인적 법률, 개별적·구체적 상황과 사건을 대상으로 하는 개별사건법률, 그리고 시행기간이 한정된 한시적 법률 등의 세 가지 유형이 있다."고 한다.[9] 김철수 교수는 처분적 법률이 "사법 또는 행정을 매개하지 않고 직접 구체적인 사건을 규율하여 이로써 직접 특정한 국민에게 권리·의무를 발생시킬 수 있는 규정"이라고 하고,[10] 허영 교수는 "일반적·추상적 사항을 규율하는 일반적 법률과는 달리 개별적·구체적 사항을 규율하는 법률을 말하는 것으로서 그 규율대상이나 규범수신인이 특정되어 있거나 그 효력이 한시적인 것이 특징이다. '개별사건법률', '개인대상법률', '한시적 법률' 등이 바로 그것이다."라고 정의하고 있다.[11] 성낙인 교수도 "일반적·추상적 사항을 규율하는 일반적 법률과는 달리, 사법·행정을 매개로 하지 않고 직접 구체적인 사건을 규율하거나 특정인에게만 적용되어 직접 국민에게 권리나 의무를 발생하게 하는 법률"이라고 처분적 법률을 정의한다.[12] 홍성방 교수는 "처분적 법률이란 일반적·추상적 법률과는 달리 개별적·구체적 사항을 규율하는 법률을 말하며, 입법자가 아주 구체적인 사안과 관련하여 특정의 구체적 목적을 실현시키기 위해 제정한 법률"이라고 정의하고 있다.[13]

독일의 경우 Forsthoff는 처분적 법률(Maßnahmegesetze)을 "목적과 수단과의 일정한 관계로 특징지어지고 정의의 이념을 실현하는 고전적 법률과는 달리 일정한 목적을 추구하고 이에 예속되어 있는 행위"라고 정의하고, "특정한 상황에서 제정되며 그와 논리적으로 필연적인 관계에 있다"고 한다.[14] Menger는 "처분적 법률은 시간적으로나 숫자적으로 제한된 범주의 생활관계를 순수한 합목적적인 효과에 예속시키려는 의도하에서 하나의 법률요건에 함축시킨 법규"라고 정의하면서, "이는 처분적 법률이 구체적인 상황에 지배된다는 본질로부터 나온다"고 하였다.[15][16]

이러한 문헌상에 나타난 처분적 법률의 개념을 보면 그 표현에 있어서 다소의

9) 권영성, 헌법학원론, 2007, 786쪽 이하.

10) 김철수, 헌법학개론, 2007, 1316쪽.

11) 허영, 한국헌법론, 2004, 857쪽.

12) 성낙인, 헌법학, 2007, 835쪽.

13) 홍성방, 헌법학, 2002, 754쪽.

14) Forsthoff, Über Maßnahme-Gesetze, in: Gedächtnisschrift für W. Jellinek, 1955, S. 225.

15) Menger, Das Gesetz als Norm und Maßnahme, VVDStRL 15, 1957, S. 5.

16) 독일에서의 처분적 법률의 개념에 대하여는 정하중, 법률의 개념, 공법연구 제24집 제2호, 1996. 6, 179쪽 이하.

차이는 있으나, 대체로 법률이 통상 가지는 일반성과 추상성 및 계속성이 상실되어 개별적·구체적으로 사법이나 행정작용이 매개됨이 없이 특정 사안을 규율하는 법률을 의미한다고 볼 수 있다.

2. 판례상의 개념

(1) 헌재 1989. 12. 18. 89헌마32 등 국가보위입법회의법 등의 위헌여부에 관한 헌법소원

헌재는 "국가보위입법회의법 부칙 제4항 후단이 규정하고 있는 '… 그 소속 공무원은 이 법에 의한 후임자가 임명될 때까지 그 직을 가진다.'라는 내용은 행정집행이나 사법재판을 매개로 하지 아니하고 직접 국민에게 권리나 의무를 발생하게 하는 법률, 즉 법률이 직접 자동집행력을 갖는 처분적 법률의 예에 해당하는 것이며 따라서 국가보위입법회의 의장 등의 면직발령은 위 법률의 후속조치로서 당연히 행하여져야 할 사무적 행위에 불과하다고 할 것이다."라고 판시함으로써 자동집행력을 가지는 법률, 즉 행정적 집행이나 사법적 재판을 매개하지 않고 직접 국민에게 권리나 의무를 발생하게 하는 법률을 처분적 법률이라고 정의하고 있다.

(2) 헌재 1994. 4. 28. 92헌가3 보훈기금법 부칙 제5조 및 한국보훈복지공단법 부칙 제4조 제2항 후단에 관한 위헌심판

헌재는 "보훈기금법 부칙 제5조[17]는 이 사건 분조합 또는 분조합원의 사유재산을 박탈하여 보훈기금에 귀속시키기 위한 개별적 처분법률이고, 사유재산권의 공용징수는 헌법 제23조 제3항의 제한 범위 내에서만 가능한 것인데 보훈기금법의 어디에도 이 사건 분조합의 자산을 수용하기 위하여 헌법이 정한 요건과 절차를 규정하고 있지 아니하다. 따라서 후자의 취지로 해석하는 한 보훈기금법 부칙 제5조는 국민의 재산권을 보장하는 헌법 제23조 제1항, 제3항에 위반된다고 아니할 수 없다."라고 판시함으로써 역시 행정적 집행이나 사법적 재판을 매개하지 않고 직접 국민에게 권리나 의무를 발생하게 하는 법률을 처분적 법률 또는 개별적 처

---

17) 보훈기금법(1981. 3. 27. 법률 제3400호. 법률 제정 당시의 제명은 원호기금법이었으나, 1984. 8. 2. 법률 제3742호 국가유공자예우등에관한법률 부칙 제14조 제6항에 의하여 제명이 보훈기금법으로 개정되었다) 부칙 제5조(해산된 조합재산의 귀속): "이 법 시행 전에 해산된 원호대상자직업재활법에 의한 원호대상자정착직업재활조합 서울목공분조합의 자산 및 부채는 기금에 귀속한다."

분법률이라고 하고 있다.

(3) 헌재 1996. 2. 16. 96헌가2 등 「5 · 18민주화운동 등에 관한 특별법」 제2조 위헌제청 등

헌법재판소는 위 특별법 제2조가 개별사건법률이기 때문에 위헌인지의 여부를 판단하면서 "청구인들은 이 법률조항이 '1979. 12. 12.과 1980. 5. 18.을 전후하여 발생한 헌정질서파괴범죄행위'라고 특정함으로써 청구인 등이 범하였다는 이른바 12 · 12 군사반란행위와 5 · 18 내란행위를 지칭하는 것이 명백하여 특별법은 결국 청구인 등 특정인의 특정사건에 대하여 국가형벌권이 특정기간동안 연장하는 것을 규정하고 있어 '개인대상법률'이며 '개별사건법률'이므로 헌법상 평등의 원칙에 반할 뿐만 아니라 나아가 권력분립의 원칙과 무죄추정의 원칙에 반하여 헌법에 위반된다고 주장한다. 그러므로 먼저 이 법률조항이 개별사건법률이기 때문에 헌법에 위반되는 것인지의 여부에 관하여 판단한다. 특별법 제2조는 제1항에서 '1979년 12월 12일과 1980년 5월 18일을 전후하여 발생한 … 헌정질서파괴행위에 대하여 … 공소시효의 진행이 정지된 것으로 본다.'라고 규정함으로써, 특별법이 이른바 12 · 12 사건과 5 · 18 사건에만 적용됨을 명백히 밝히고 있으므로 다른 유사한 상황의 불특정다수의 사건에 적용될 가능성을 배제하고 오로지 위 두 사건에 관련된 헌정질서파괴범만을 그 대상으로 하고 있어 특별법 제정당시 이미 적용의 인적범위가 확정되거나 확정될 수 있는 내용의 것이므로 개별사건법률임을 부인할 수는 없다."라고 판시하여 위 특별법은 특정인의 특정사건에 대하여만 규율하는 개별사건법률에 해당됨을 인정하면서 개별사건법률의 경우 평등원칙 위반 등의 헌법적 문제를 야기할 수 있다고 판단했다. 헌법재판소는 이 결정에서 처분적 법률이라는 용어 대신 이른바 개별사건법률이라는 용어를 사용했는데, 헌법재판소가 사용한 개별사건법률은 특정인의 특정사건에 대해서만 개별적 · 구체적으로 그리고 행정작용 등을 매개함이 없이 직접적 · 최종적 · 일회적으로 규율한다는 점에서 그 본질과 기능면에서 처분적 법률에 해당된다고 볼 수 있다.

(4) 헌재 2003. 6. 26. 2001헌가17 등 보안관찰법 제27조 제2항 위헌제청, 보안관찰법 제27조 제2항 등 위헌소원

이 사건에서 헌법재판소는 보안관찰법 제6조 제1항 전문 후단이 처분적 법률에 해당하여 위헌인지의 여부를 판단하면서 "청구인은 특정인에게 특정한 의무를 발생시키고 그의 자유를 제한하기 위해서는 사법적 행위 내지 행정적 행위 등 구체적 처분행위가 존재하여야 하는데, 이 사건 조항은 개별·구체적인 사법·행정적 집행행위 없이 보안관찰처분대상자에게 신고의무를 발생시키는 형식을 취하고 있어서 처분적 법률 내지는 개인적 법률에 해당하므로 권력분립의 원칙에 위배된다고 주장한다. 그러므로 살피건대, 청구인의 주장대로 보안관찰법 제6조 제1항 전문 후단이 보안관찰처분대상자에게 출소 후 신고의무를 법 집행기관의 구체적 처분(예컨대 신고의무부과처분)이 아닌 법률로 직접 부과하고 있기는 하나 위 조항은 보안관찰처분대상자 중에서 일부 특정 대상자에게만 적용되는 것이 아니라 위 대상자 모두에게 적용되는 일반적이고 추상적인 법률규정이다. 일반적으로 특정법률이 일반 국민에게 특정한 행위를 하지 못하도록 금지하거나 특정한 의무를 부과할 필요가 있는 경우에는 법률 자체에서 직접 규율하고 있는데 이러한 입법형식은 여러 법 영역에서 광범위하게 찾아볼 수 있고, 또한 널리 인정되고 있다. 따라서 이 사건 조항은 보안관찰처분대상자 모두에게 적용되는 일반적·추상적인 법률규정으로서 법률이 직접 출소 후 신고의무를 부과하고 있다고 하더라도 처분적 법률 내지 개인적 법률에 해당된다고 볼 수 없으므로 권력분립원칙에 위반되지 아니한다고 할 것이다."라고 판시함으로써 일정한 법률이 특정인의 특정사항만을 대상으로 개별·구체적인 사법·행정적 집행행위 없이 직접 특정한 의무를 발생시키는 경우에는 처분적 법률 내지 개인적 법률에 해당되어 권력분립원칙 위반 등의 헌법적 문제를 야기하는데, 여기서 문제된 보안관찰법 제6조 제1항 전문 후단은 일부 특정 대상자에게만 적용되는 것이 아니라 위 대상자 모두에게 적용되는 일반적이고 추상적인 법률규정이므로 처분적 법률이나 개인적 법률에 해당되지 아니하고 따라서 권력분립원칙 위반 등의 헌법적 문제를 야기하지 않는다고 판단했다. 이 사건에서 헌법재판소는 처분적 법률 또는 개인적 법률 등의 용어를 사용하면서 이 경우에는 원칙적으로 권력분립원칙 위반의 문제를 야기할 수 있음을 시사하고 있다. 이로써 헌법재판소는 개인적 법률을 처분적 법률과 동일시하는 것으로 보인다.

(5) 대판 1954. 8. 19. 4286행상37; 1996. 9. 20. 95누8003

대법원은 위 4286행상37 판결에서 "법령의 효력을 가지는 명령이라도 그 효력이 다른 행정행위를 기다릴 것 없이 직접적으로 … 그 자체로서 국민의 권리훼손 기타 권리침해의 효과를 발생케 되는 성질의 것이라면 행정소송법상 처분이라고 보아야 할 것이고, 따라서 그에 관한 이해관계자는 그 구체적 관계사항과 이유를 주장하여 그 명령의 취소를 법원에 구할 수 있는 것"이라고 판시함으로써 법규명령이 처분성을 가질 때 행정소송의 대상이 될 수 있음을 명백히 했고, 아울러 95누8003 판결에서도 "조례가 집행행위의 개입 없이도 그 자체로서 직접 국민의 구체적인 권리의무나 법적 이익에 영향을 미치는 등의 법률상 효과를 발생하는 경우 그 조례는 항고소송의 대상이 되는 행정처분에 해당하고, … "라고 판시함으로써 자치법규인 조례 역시 처분성을 가질 때에는 항고소송의 대상이 됨을 선언하고 있다. 그리고 이러한 법규명령 등의 처분성과 행정소송의 대상성을 대체적인 학설[18]이 뒷받침하고 있다.

물론 여기서 문제된 것은 법률이 아니라 하위규범인 법규명령이나 조례이지만 이러한 행정입법이나 자치법규도 법률과 마찬가지로 법정립작용 내지 규범작용의 일종으로서 원칙적으로 일반성과 추상성 및 계속성을 가지지만, 예외적으로 구체적·개별적으로 특정 사안만을 직접적·최종적·일회적으로 규율할 경우에는 행정처분에 해당하고 결국 행정소송의 대상이 된다는 점을 명백히 한 것이다. 이러한 경우의 행정입법 등을 처분적 법률의 개념을 유추하여 처분적 명령 또는 처분적 조례라고 명명할 수 있을 것이다. 이러한 처분적 명령 등의 경우에도 처분적 법률의 경우에서처럼 평등원칙 위반 등의 헌법적 문제를 야기할 수 있다.[19]

3. 소 결

지금까지 살펴본 바와 같이 문헌과 판례에서는 처분적 법률의 개념을 개별사건법률, 개별인적 법률, 한시법, 집행적 법률 등을 포함하는 광의의 개념으로 사용하거나, 이들 용어들과 병렬적으로 일반적 법률과 구별되는 비전형적 법률로서 개별적·구체적 사항을 규율하는 법률의 일종으로 보는 것 같다. 따라서 처분적 법률에 대한 확정적이고 일관된 개념이 성립된 것은 아니라고 하겠다. 그러므로 처분적 법률은 이러한 다양한 용어들과 동일한 개념일 수도 있고, 그렇지 않을 수도 있다.[20] 이러한 유사용어들이 앞서도 언급했듯이 법률이 가지는 특성인 일반성과 추상성 및 계속성을 상실하고 개별성과 구체성을 가지게 되어 결과적으로 어떠한 행

18) 예컨대 김동희, 전게서, 143쪽; 박균성, 행정입법에 대한 사법적 통제, 고시계 1996. 12, 82쪽 이하.

19) 이러한 처분적 명령 등에 대한 사법심사의 문제는 정연주, 법규명령에 대한 헌법소원, 헌법판례연구[Ⅰ], 박영사, 2002, 73쪽 이하 참조.

20) Vgl. auch, Menger, aaO, S. 5ff.

정작용이 매개됨이 없이 국민의 기본권을 직접·최종적·일회적으로 규율하게 된다면 그것은 결국 처분적 법률에 해당되어 다양한 헌법적 문제를 야기하게 되지만 그렇지 않을 경우, 예컨대 개별적 법률의 경우에도 어떠한 행정작용이 매개됨이 없이 국민의 기본권을 직접적·최종적·개별적으로 규율한다 하더라도 유사한 다른 사안에서도 계속 적용될 경우 등에는 일반성과 추상성 및 계속성을 가지므로 처분적 법률에 해당한다고 볼 수 없고, 한시법의 경우에도 그 해당 효력기간 동안에 발생하는 모든 사안에 대하여 적용되는 한 일반법의 성격을 가지게 된다. 그러한 경우에는 아래에서 언급할 다양한 헌법적 문제가 야기되지 않으며, 따라서 그에 대한 헌법적 검토가 특별히 필요한 것은 아니다. 그러므로 용어가 중요한 것이 아니라 그 법률이 가지는 성격과 기능 및 대외적 효과를 기준으로 판단하여야 할 것이다.

결국 처분적 법률이란 법률이 가지는 특성인 일반성과 추상성 및 계속성을 상실하고 개별성과 구체성을 가지게 되어 어떤 별도의 행정작용이 매개됨이 없이 국민의 기본권 등 특정 사안을 직접·최종적·일회적으로 규율함으로써 마치 그 본질과 기능 및 효과 면에서 행정처분과 유사한 법률을 의미한다고 하겠으며, 이처럼 좁은 의미의 처분적 법률만이 헌법적 의미를 갖는다고 하겠다. 왜냐하면 이러한 협의의 처분적 법률만이 그것이 야기하는 다양한 헌법적 문제로 인하여 헌법적 검토의 대상이 되는 것이며, 이러한 범주를 벗어나는 광의의 처분적 법률의 경우－이에 해당하는 용어가 개별사건법률, 개별인적 법률, 한시법, 집행적 법률 등 어떤 것이건 간에－일반적 법률에서와는 다른 특별한 헌법적 문제를 야기하는 것은 아니고, 따라서 그 자체 별도의 헌법적 검토의 대상이 되는 것은 아니기 때문이다. 그러므로 여기서는 협의의 처분적 법률 개념을 전제로 논의를 전개하기로 한다.

Ⅲ. 처분적 법률에 대한 헌법적 검토

이상에서 살펴본 바와 같이 처분적 법률은 법규범이 갖추어야 할 기본적 특성인 일반성과 추상성 및 계속성을 상실한 결과 개인의 기본권을 침해하거나 평등원칙 등 헌법상의 원칙이나 가치를 침해할 우려가 있다는 점에서 과거 부정적인 평가를 받아 왔다. 그러나 사회가 복잡해지고 입법수요가 증가하면서, 특히 2차 세계대전 이후 사회국가원리의 요청에 따라 급변하는 생활관계에 효과적으로 대처해야 할 정책추구의 필요성이 증대함에 따라 이에 상응하여 처분적 법률의 필요성도 증가

하게 되었고, 이에 대한 시각도 상당히 호의적이 된 것도 사실이다.[21)]

그러나 위에서 지적한 바와 같이 처분적 법률은 그 특성상 필연적으로 다음과 같은 헌법적 문제를 야기한다는 것을 간과해서는 안될 것이다. 학설과 판례상 제기된 문제로는 평등의 원칙과 권력분립의 원칙의 위반 문제 및 재판청구권의 침해 문제를 들 수 있다.

1. 평등의 원칙 위반

위에서 언급한 바와 같이 처분적 법률은 법규범이 가지는 원칙적 특성인 일반성과 추상성 및 계속성을 상실하기 때문에 평등원칙 위반의 문제를 야기할 수 있다. 왜냐하면 처분적 법률이 유사한 다른 사람 또는 집단 내지 대상과 비교하여 차별적으로 특정인 또는 특정대상만을 규율함으로써 일차적으로 입법권의 자의와 남용이 개입될 수 있는 가능성을 가지기 때문이다.[22)] 헌법재판소도 위 96헌가2등 사건에서 "개별사건법률금지의 원칙은 '법률은 일반적으로 적용되어야지 어떤 개별사건에만 적용되어서는 아니된다'는 법원칙으로서 헌법상의 평등원칙에 근거하고 있는 것으로 풀이되고, 그 기본정신은 입법자에 대하여 기본권을 침해하는 법률은 일반적 성격을 가져야 한다는 형식을 요구함으로써 평등원칙위반의 위험성을 입법과정에서 미리 제거하려는데 있다 할 것이다. 개별사건법률은 개별사건에만 적용되는 것이므로 원칙적으로 평등원칙에 위배되는 자의적인 규정이라는 강한 의심을 불러일으킨다."라고 판시함으로써[23)] 처분적 법률은 먼저 헌법상 평등원칙의 위반이라는 문제점을 야기할 수 있음을 분명히 했다.

그러나 다른 한편 입법권 등의 공권력 작용이 평등의 원칙을 위반했다고 하여 곧바로 위헌이 되는 것이 아님은 주지의 사실이다. 그러한 평등원칙 위반을 정당화시키는 합리적 사유가 존재한다면 그러한 공권력 작용은 합헌으로 정당화될 수 있는 것이다. 따라서 처분적 법률의 경우에도 그 자체 평등원칙 위반 내지 자의금지원칙 위반의 문제를 야기하기는 하지만 그러한 차별적 규율 내지 취급, 즉 법률의 일반적 규율을 포기하고 특정인 내지 특정대상만을 규율함으로써 차별을 야기

---

21) 정하중, 전게논문, 204쪽.

22) Herzog, Maunz/Dürig, Grundgesetz Kommentar, Art. 19 Abs. 1, Rdnr. 9. 독일 기본법 제19조 제1항은 "이 기본법에 따라 기본권이 법률로써 또는 법률에 근거하여 제한될 수 있는 경우 그 법률은 일반적으로 적용되어야 하고, 개별사건을 위해서만 적용되어서는 안된다."라고 규정함으로써 처분적 법률에 의한 기본권 침해를 금지하고 있다. Vgl. auch BVerfGE 25, 371(398).

23) 헌재 1996. 2. 16. 96헌가2 등, 판례집 8-1, 51, 69.

할 수밖에 없는 불가피한 사유가 존재한다면 헌법상 정당화될 수 있는 것이다. 헌법재판소도 위 96헌가2등 사건에서 "그러나 개별사건법률금지의 원칙이 법률제정에 있어서 입법자가 평등원칙을 준수할 것을 요구하는 것이기 때문에, 특정규범이 개별사건법률에 해당한다 하여 곧바로 위헌을 뜻하는 것은 아니다. 비록 특정법률 또는 법률조항이 단지 하나의 사건만을 규율하려고 한다 하더라도 이러한 차별적 규율이 합리적인 이유로 정당화될 수 있는 경우에는 합헌적일 수 있다. 따라서 개별사건법률의 위헌 여부는, 그 형식만으로 가려지는 것이 아니라, 나아가 평등의 원칙이 추구하는 실질적 내용이 정당한지 아닌지를 따져야 비로소 가려진다. 이른바 12 · 12 및 5 · 18 사건의 경우 그 이전에 있었던 다른 헌정질서파괴범과 비교해 보면, 공소시효의 완성 여부에 관한 논의가 아직 진행중이고, 집권과정에서의 불법적 요소나 올바른 헌정사의 정립을 위한 과거청산의 요청에 미루어볼 때 비록 특별법이 개별적사건법률이라고 하더라도 입법을 정당화할 수 있는 공익이 인정될 수 있다고 판단된다. 따라서 이 법률조항은 개별사건법률에 내재된 불평등요소를 정당화할 수 있는 합리적인 이유가 있으므로 헌법에 위반되지 아니한다."라고 판시함으로써[24] 이러한 점을 분명히 하고 있다.

결국 처분적 법률이 그 자체만을 놓고 볼 때는 평등원칙 위반의 문제를 야기하나 그러한 위반을 불가피하게 하는 공익적 이유가 존재할 때에는 헌법상 정당화될 수 있다. 따라서 입법자는 처분적 법률의 제정 시 평등원칙과 공익적 이유 상호간의 이익형량을 통해 이러한 정당화 사유의 존재를 입증해야 할 것이고, 이 점에서 입법자의 법률제정권 내지 입법형성권은 제한을 받게 되는 것이다.

2. 권력분립의 원칙 위반

(1) 문제의 제기

권력분립의 원칙은 법치주의원리로부터 도출되는 헌법상의 기본원칙이다. 이러한 권력분립의 원칙의 핵심은 오늘날도 여전히 고전적 3권분립임은 주지의 사실이다. 따라서 입법권과 행정권 및 사법권은 상호 분리 및 견제와 균형을 이루어야 한다. 그런데 처분적 법률의 경우에는 바로 이러한 3권분립을 바탕으로 하는 권력분립의 원칙을 위반하게 된다.[25] 왜냐하면 처분적 법률의 경우에는 위에서 언급한

---

24) 헌재 1996. 2. 16. 96헌가2 등, 판례집 8-1, 51, 69-70.

25) Vgl. Forsthoff, Über Maßnahme-Gesetze, S. 236.

바와 같이 행정부의 고유권한인 행정처분을 입법부가 행사하기 때문이다. 즉 일반성과 추상성 및 계속성을 가져야 할 입법이 개별적·구체적·일회적·최종적으로 직접 국민 개인의 기본권을 규율하는데 이는 바로 행정부의 고유권한에 속하는 행정처분의 본질과 기능이기 때문이다.

헌법재판소도 위 2001헌가17등 사건에서 "청구인은 특정인에게 특정한 의무를 발생시키고 그의 자유를 제한하기 위해서는 사법적 행위 내지 행정적 행위 등 구체적 처분행위가 존재하여야 하는데, 이 사건 조항은 개별·구체적인 사법·행정적 집행행위 없이 보안관찰처분대상자에게 신고의무를 발생시키는 형식을 취하고 있어서 처분적 법률 내지는 개인적 법률에 해당하므로 권력분립의 원칙에 위배된다고 주장한다. … 이 사건 조항은 보안관찰처분대상자 모두에게 적용되는 일반적·추상적인 법률규정으로서 법률이 직접 출소 후 신고의무를 부과하고 있다고 하더라도 처분적 법률 내지 개인적 법률에 해당된다고 볼 수 없으므로 권력분립원칙에 위반되지 아니한다고 할 것이다."라고 판시함으로써[26] 일정한 법률이 특정인의 특정사항만을 대상으로 개별·구체적인 사법·행정적 집행행위 없이 직접 특정한 의무를 발생시키는 경우에는 처분적 법률 내지 개인적 법률에 해당되어 권력분립원칙 위반의 헌법적 문제를 야기할 수 있음을 시사하고 있다.

(2) 헌법적 정당화

그러나 다른 한편 권력분립원칙 위반이 곧바로 위헌을 초래하는 것은 아니다. 그러한 위반을 정당화시키는 불가피한 사유가 존재한다면 예외적으로 허용될 수 있을 것이다. 아래에서는 이처럼 형식적으로는 권력분립원칙의 위반에 해당하지만 이를 정당화시키는 공익적 사유로 인해 결과적으로 위헌이라고 볼 수 없는 사례를 통해 이 문제를 살펴보기로 한다.

1) 독일 연방헌법재판소의 함부르크 제방판결의 경우

행정권을 입법부가 침해한 예를 독일 연방헌법재판소의 판례[27]를 통해서 볼 수 있다. 이 사건에서 Hamburg 주의회[28]는 제방건설에 관한 법률을 제정했다.[29] 그

26) 헌재 2003. 6. 26. 2001헌가17 등, 판례집 15-1, 602, 623.

27) Hamburger Deichurteil des BVerfG vom 18. 12. 1968(BVerfGE 24, 367).

28) Hamburg는 도시이지만 Berlin처럼 그 자체 주의 지위를 가지고, 따라서 Hamburg 시의회는 지방의회가 아닌 일종의 주의회로서 그가 제정하는 규범은 조례가 아니라 법률에 해당한다.

29) Das Gesetz zur Ordnung deichrechtlicher Verhältnisse der Freien und Hansestadt Hamburg vom 29. 4.

내용은 제방건축에 필요한 토지의 수용에 관한 것이었다. 그런데 특징적인 것은 이 법률이 일종의 처분적 법률에 해당한다는 것이다. 왜냐하면 특정지역의 토지수용에 관한 제반사항을 법률에서 모두 구체적으로 규정하고 있어 그 법률을 구체화 시키는 별도의 행정작용이 필요 없었기 때문이다.[30] 따라서 이 법률의 제정 및 시행과 동시에 특정지역 특정인들의 토지가 일거에 수용되는 결과를 초래했다. 다시 말해 이 법은 구체적·개별적·최종적·일회적으로 직접 특정인들의 재산권을 침해한 것이다. 여기서 제기된 헌법적 문제들 중의 하나는 바로 이러한 처분적 법률에 의한 토지수용 등의 공용침해의 경우, 즉 법정공용침해(Legalenteignung)[31]의 경우 입법자가 행정권을 행사한 결과 형식적으로는 권력분립의 원칙을 위반했다고 볼 수 있는 것이다. 왜냐하면 토지수용 등의 공용침해는 원칙적으로는 일반법[32]에 근거한 행정청의 행정처분(수용재결처분), 즉 법집행작용을 통해 개별적·구체적으로 이루어져야 하는데, 이 경우에는 그러한 행정청의 법집행작용에 해당하는 것을 직접 입법자가 입법을 통해 행사한 것이기 때문이다.[33]

그러나 처분적 법률이 비록 형식적으로는 이처럼 권력분립의 원칙을 위반했다고 하더라도 그 자체로서 곧 바로 위헌이 된다고 할 수는 없고, 예외적으로 불가피한 우월한 공익적 사유가 존재한다면 정당화될 수 있는 것이다. 이 사건의 경우 천재지변 등 자연재해로 인하여 야기된 절박한 위험을 일거에 제거하는 등 급시를 요하는 긴절한 공익사업의 실현을 위하여서는 많은 시간과 절차를 요하는 일반적인 행정공용침해의 형식, 즉 일반성과 추상성 및 계속성을 가진 토지수용에 관한 일반법과 그에 근거한 구체적·개별적·최종적인 수많은 행정작용들의 형식을 통해서는 도저히 그 목적을 달성할 수 없었고,[34] 따라서 처분적 법률의 제정만이 이

1964(GVBl I, S. 79).

30) 동법 제2조 이하 참조. Vgl. auch BVerfGE 24, 367(368ff.).

31) 법정공용침해를 비롯한 공용침해의 개념과 형식 등에 대하여는 후술함.

32) 예컨대 독일의 경우 연방건설법(Bundesbaugesetz)이나 우리의 경우 공익사업을위한토지등의취득및보상에관한법률이 이에 해당한다.

33) 이 판례의 내용과 이러한 법정공용침해의 문제에 대하여는 Papier, Maunz/Dürig, Grundgesetz Kommentar, Art. 14, Rdnr. 555.

34) BVerfGE 24, 367(403); Vgl. auch Badura, Eigentum, in: Handbuch des Verfassungsrechts der Bundesrepublik Deutschland, 2. Aufl., 1994, Rdnr. 60.
이처럼 일반적인 형식에 의한 토지수용과 공익사업 실시의 경우 수많은 행정작용과 그에 대한 행정쟁송의 제기로 인해 급시를 요하는 긴급사업의 달성이 매우 어렵거나 불가능해 질 수 있을 것이다. 특히 독일의 경우 우리의 경우와는 달리 행정쟁송절차상 이의제기나 소송제기가 있을 경우 집행정지의 원칙에 따라 토지수용이나 공익사업실시 등의 집행이 정지됨을 상기할 필요가 있다(독일 행정법원법 제80조 제1항). 이러한 독일의 집행정지원칙에 대하여 자세한 것은 Tschira/Schmitt Glaeser, Verwaltungsprozeßrecht, 1988, Rdnr. 333ff.

러한 위기를 타파하고 긴절한 공익을 실현시킬 수 있다고 볼 수 있기 때문에 예외적으로 권력분립의 원칙 위반이 정당화될 수 있다고 볼 수 있는 것이다.

2) 독일 연방헌법재판소의 낙태판결의 경우

다른 한편 이처럼 권력분립원칙 위반이 정당화될 수 있는 예외적 상황을 독일 연방헌법재판소의 또 다른 판례에서도 엿볼 수 있다. 이 사안에서는 행정권을 입법부가 침해한 것이 아니라 입법권을 사법부가 침해한 경우이다.

이러한 논의의 단초를 제공한 것은 독일의 연방헌법재판소의 1993. 5. 28.의 이른바 제2차 낙태판결[35]이다. 연방헌법재판소는 이 판결주문에서 문제가 된 낙태문제를 규율하는 개정형법조항에 대하여 위헌·무효결정을 내리면서 동시에 입법자에 의한 새로운 입법이 있을 때까지 잠정적으로 적용될 규정을 마련했다. 따라서 이 사건에서 연방헌법재판소는 앞서 언급한 바와 같이 입법자를 대신하여 잠정적인 규정을 마련함으로써 일종의 입법자의 역할을 대신 수행한 결과를 낳은 것이다. 이와 유사한 경우가 이미 1975. 2. 25.의 연방헌법재판소의 제1차 낙태판결[36]에서 발생했다. 연방헌법재판소는 이 판결주문에서도 당시 문제가 된 제5차 개정형법 제218a조에 대하여 위헌·무효결정을 내리면서 동시에 의회에 의한 새로운 입법조치가 있을 때까지 잠정적으로 적용될 몇 가지 규율을 마련한 바 있다.

이 사건에서 연방헌법재판소는 일정한 법률조항에 대하여 위헌결정을 내리고 무효화시킬 수밖에 없는데, 이에 대한 후속조치로서 입법자가 대체입법을 상당한 기간동안 할 수 없어 심각한 법적 공백상태의 지속이 우려되는 예외적인 상황에서 연방헌법재판소가 입법자를 대신해 잠정적인 입법적 조치를 결정주문을 통해 취함으로써 입법자가 새로운 입법을 할 때까지의 법적 공백을 메우는 일종의 비상입법자(Notgesetzgeber)의 역할을 수행한 것이다.[37]

이러한 헌법재판소에 의한 입법적 행위는 원칙적으로 입법자 내지 의회의 권한을 침해하는 것으로서 권력분립의 원칙에 위배된다고 볼 수 있다. 왜냐하면 입법권은 배타적인 의회의 권한이기 때문이다. 헌법재판소는 입법자가 제정한 법률에 대하여 위헌결정 등을 통해 사후적인 심사와 통제만을 할 수 있을 뿐이지 입법자

35) BVerfGE 88, 203.

36) BVerfGE 39, 1.

37) 이 판례에 대한 평가 및 연방헌법재판소의 역할에 대하여는 Lerche, Das Bundesverfassungsgericht als Notgesetzgeber, insbesondere im Blick auf das Recht des Schwangerschaftsabbruchs, in: Heinze/Schmitt(Hrsg.), Festschrift für Gitter, 1995, S. 512f.; Schneider, Die Vollstreckungskompetenz nach §35 BVerfGG-ein Notverordnungsrecht des Bundesverfassungsgerichts?, NJW 1994, S. 2591.

를 대신해서 일정한 법률을 제정할 수는 없는 것임은 물론이다.[38] 그러나 이는 통상의 경우에 그렇다는 것이고 헌법이 예정하지 못한 극히 예외적인 경우에 불가피하게 헌법재판소가 입법자의 역할을 대신 수행할 수밖에 없는 경우를 권력분립의 원칙이 금지하는 것은 아니라고 하겠다. 주지하는 바와 같이 권력분립의 원칙은 국가기관과 권력의 분리를 통해 권력 상호간의 견제와 균형을 도모하고 이로써 국민의 자유와 권리를 보호하려는 헌법원리이다. 여기서 국가권력의 상호 분리와 견제 및 균형은 그 자체 수단이고 최후의 궁극적인 목적은 국민의 자유와 권리의 보호에 있음은 물론이다. 따라서 헌법재판소가 입법자를 대신해서 입법적 조치를 마련하는 것은 형식적으로는 권력분립의 원칙에 위반된다고 볼 수 있지만, 그것이 국민의 긴절한 기본권을 보호하기 위하여 그리고 헌법정신과 이념으로부터 더욱 이탈하는 결과를 막기 위해 불가피하다면 실질적으로는 권력분립의 원칙에 위반된다고 볼 수 없고 오히려 권력분립의 원칙상 요구된다고도 볼 수 있는 것이다.

이 사건의 경우 위에서 언급한 경과조치 없이 낙태규정에 대하여 단순위헌·무효결정을 내린다면 낙태문제를 규율할 근거규정이 없어져 법적 혼란과 공백이 발생되어 결과적으로 기존의 위헌법률조항이 적용되는 경우보다－한시도 방치할 수 없고 급시를 요하는 태아의 생명권 등의 보호차원에서 헌법상 도저히 용인될 수 없는－더 큰 위헌상태를 야기할 것이다.[39][40] 또한 만일 헌법불합치결정이나 입법촉구결정 등의 변형결정이 이루어진다면 당분간 기존의 위헌법률조항이 계속 적용되어 현재의 위헌적 상황이 계속될 수밖에 없어 별다른 제한 없이－특히 그동안의 낙태와 관련한 동독지역의 법질서와 실제를 고려한다면－쉽게 낙태가 이루어져 태아의 생명권 등에 대한 심각한 기본권침해가 발생할 수 있어 이 경우 역시 헌법상 용인될 수 없는 매우 심각한 위헌상태를 야기하게 될 것이다. 더욱이 헌법불합치결정 등의 변형결정을 통해 위헌법률의 효력을 지속시킬 경우 이러한 경과조치가 내려질 수밖에 없었던 사유 중의 하나가 통일로 인하여 불가피하게 발생하는 과도기 내지 격동기라는 당시의 역사적·정치적 배경하에서 입법기관이 신속히 낙태문제에 대한 합헌적인 입법을 할 가능성이 적었다는 점을 고려한다면[41] 위헌법률의

38) Schneider, aaO, S. 2593.

39) So auch Lerche, aaO, S. 512; Schneider, aaO, S. 2593.

40) 제1차 낙태판결에서도 연방헌법재판소는 당시 문제된 개정형법조항인 제218a조에 대한 위헌·무효결정과 함께 몇 가지 경과조치를 마련했는데, 이 경우에도 연방헌법재판소가 경과조치를 취할 수밖에 없었던 이유는 단순위헌·무효결정이 야기할 법적 공백과 혼란을－태아의 생명권보호차원에서－피하기 위한 것이라고 하겠다. Vgl. Schlaich, Das Bundesverfassungsgericht, 4. Aufl., 1997, S. 317.

41) 설사 어느 정도의 조속한 입법의 가능성이 존재한다 하더라도 그때까지의 기간을 사각지대없이 합

효력이 장기간 지속될 가능성이 있어 이러한 변형결정은 합리적이고 합헌적인 해결책이 될 수 없는 것이다.

결국 위에서 들은 이러한 긴박한 예외적인 상황들이 헌법재판소가 불가피하게 입법자를 대신해서 입법자가 새로운 입법을 할 때까지 잠정적으로 적용될 입법적 조치를 발할 수밖에 없는 현상을 정당화시킬 수 있다고 하겠다.

(3) 소 결

권력분립의 원칙은 법치국가원리의 파생원리로서 결국 국민의 자유와 권리의 최대한의 보장이라고 하는 궁극적 목표를 실현하기 위한 수단이기 때문에 그 자체 어떠한 경우에도 절대로 그 예외를 인정할 수 없는 지고지선의 불가침의 가치는 아니며, 따라서 보다 우월한 국민의 기본권 보장과 긴절한 국가안정보장·질서유지·공공복리라고 하는 헌법적 가치를 실현하기 위하여는 이 원칙은 양보되어야 할 것이고,[42] 따라서 예외적으로 권력분립의 원칙 위반이 정당화될 수 있는 것이다. 결국 처분적 법률의 경우 그것이 비록 형식적으로는 행정권을 침해할 수 있어 권력분립의 원칙 위반의 문제를 야기하지만 그러한 형식의 법률제정을 불가피하게 하는 긴절한 공익적 이유가 존재한다면 헌법상 정당화될 수 있다고 하겠다. 따라서 중요한 것은 그러한 권력분립의 원칙 위반의 문제를 극복할 수 있는 우월한 공익적 이유의 존재와 양자간의 정당한 이익형량 및 이에 대한 헌법재판소의 효율적 통제라고 하겠다.

3. 재판청구권 침해

(1) 문제의 제기

처분적 법률은 재판청구권의 침해를 야기할 수 있다. 즉 처분적 법률에 의하여 기본권이 침해된 자가 그 기본권의 구제를 위하여 재판청구권을 행사할 경우 그 청구권이 현저히 제한받게 된다.[43] 왜냐하면 일반법에 의한 권리침해를 구제받고자 할 경우에는 통상 그를 구체화시킨 행정처분을 대상으로 소송을 제기하게 되어

헌적으로 규율할, 즉 태아의 생명권이 무분별하게 침해되는 위헌적인 법적 공백과 혼란을 제거할 잠정적인 입법적 조치가 간절히 요구되는 것이다.

42) Vgl. Forsthoff, Aussprache über: Das Gesetz als Norm und Maßnahme, VVDStRL 15, 1957, S. 83ff.

43) Vgl. BVerfGE 24, 367(401); Kimminich, Eigentum-Enteignung-Entschädigung, 1976, Art. 14, Rdnr. 403.

행정심판과 행정소송 등의 일반소송과 상황에 따라서는 헌법소원의 재판절차를 밟게 되므로[44] 다양한 심급의 다양한 법적 판단을 받을 기회를 가지지만, 처분적 법률에 의하여 직접 권리침해를 받을 경우에는 오로지 헌법소원만이 유일한 권리구제 수단이므로 재판청구권이 심급과 판단의 내용 및 종류면에서 현저히 제한을 받게 되기 때문이다. 즉 일반성과 추상성 및 계속성을 가진 일반법이 사안을 규율할 경우에는 그 법률의 구성요건에 해당하는 사안이 발생할 경우에 그 법률에 근거한 구체적·개별적 행정처분을 통해 최종적으로 개인의 기본권을 규율하게 되며, 이 경우에는 기본권을 침해받았다고 주장하는 개인은 자신의 기본권을 직접적·최종적으로 침해한 그 행정처분을 대상으로 재판을 청구하여 권리구제절차를 밟게 된다. 따라서 이 경우에는 통상 행정심판과 3심의 행정소송 및 상황에 따라 헌법소원심판청구 등 다양한 복수의 권리구제절차가 마련되어 있고, 그 심사의 성격도 사실심과 법률심 그리고 헌법심의 다양한 판단을 받게 된다. 따라서 통상의 경우에는 이러한 다양한 재판청구권을 통해 충분한 권리구제의 기회를 부여받게 되는 것이다.

그러나 처분적 법률의 경우에는 위에서도 언급했듯이 일반 법률의 경우와는 달리 그 법률이 개인의 기본권을 그 어떤 행정작용이 매개됨이 없이 직접·최종적으로 침해하게 됨으로 기본권의 침해를 주장하는 개인은 자신을 최종적으로 침해한 공권력 작용인 처분적 법률을 대상으로 소송을 제기할 수밖에 없고, 이 경우에는 법률을 대상으로 한 일반적 소송절차는 존재하지 않기 때문에 헌법소원심판청구만이 유일한 구제수단이 된다. 그런데 헌법소원의 경우에는 단 1회의 심급으로서 원칙적으로 헌법심만을 판단하기 때문에 일반법에 근거한 통상의 권리침해의 경우와는 달리 재판청구권이 현저히 축소되어 충분한 권리구제의 기회를 부여받지 못하게 된다.[45]

(2) 공용침해제도와 관련하여

이러한 예는 법률 그 자체에 의하여 직접 이루어지는 공용침해의 경우에서 볼 수 있다. 헌법 제23조 제3항은 "공공필요에 의한 재산권의 수용·사용 또는 제한

44) 우리의 경우 헌법재판소법 제68조 제1항에 따라 재판에 대한 헌법소원은 원칙적으로 허용되지 않고, 다만 예외적으로만 인정되고 있지만(헌재결 1997. 12. 24, 96헌마172 등), 독일의 경우에는 바로 재판에 대한 헌법소원이 주종을 이루고 있다. 이에 대하여는 정연주, 헌법재판소 직무상의 문제, 헌법학연구 11권 2호, 2005. 6, 49쪽 이하.

45) BVerfGE 24, 367(402).

및 그에 대한 보상은 법률로써 하되, 정당한 보상을 지급하여야 한다."라고 규정하고 있다. 이 헌법규정에 의해 공공필요에 의한 재산권에 대한 수용·사용·제한을 의미하는 이른바 공용침해는 '법률로써' 이루어진다. 이에 따라 공용침해의 행위형식은 크게 두 가지로 나누어질 수 있다. 법률에 근거한 행정작용의 형식으로 이루어지는 경우와 법률 그 자체에 의하여 직접 이루어지는 형식이 그것이다. 전자를 행정공용침해(Administrativenteignung), 후자를 법정공용침해(Legalenteignung)라고 명명하기로 한다.[46]

여기서 처분적 법률과 관련하여 문제되는 것은 바로 법정공용침해이다. 이는 법률에 근거한 어떠한 행정작용이 매개됨이 없이 해당 법률이 직접 특정 재산권자의 특정 재산권을 침해하는 형식이다. 예컨대 입법자가 해당 법률에 침해되는 재산권자와 침해되는 재산권, 손실보상, 절차 등 공용침해에 관련된 제반사항을 직접 구체적으로 정함으로써 법률이 공포·시행됨과 동시에 공용침해가 이루어지는 일종의 처분적 법률의 형식이 그것이다. 위에서 언급한 바와 같이 이러한 법정공용침해의 경우 재산권자의 재산권을 직접 그리고 최종적으로 침해하는 것은 그 해당 법률이며, 이에 대한 사법적 구제방법으로는 오로지 그 침해하는 공권력작용으로서의 법률을 대상으로 하는 헌법소원심판청구만이 고려될 수 있고[47], 따라서 이것이 재산권자의 재판청구권을 현저히 제한하게 된다.[48]

여기서 입법자가 일정한 공익사업의 실현을 위하여 일반적인 행정공용침해의 형식 대신에 법정공용침해의 형식을 아무런 제한 없이 자유로이 선택할 수 있는가 하는 의문이 제기될 수 있는데, 결론적으로 법정공용침해의 형식이 헌법상 허용되기는 하지만 극히 제한적으로만, 즉 공용침해의 목적인 일정한 공익사업이 법정공용침해의 형식에 의해서만 제대로 달성될 수 있는 극히 예외적인 경우에만 허용될 수 있다고 하겠다.[49] 즉 법정공용침해의 형식은 이 형식에 의하지 아니하고는 해당 공익사업의 실현이 불가능하거나 매우 어려운 예외적인 경우에만 허용될 수 있다고 할 것이다. 예컨대 전시나 천재지변 등으로 인하여 야기된 절박한 위험을 제

46) 이에 대하여는 정연주, 공용침해의 헌법상 허용조건, 연세법학연구 제3집, 1995, 455쪽 이하; Jung, Das deutsche und das koreanische Enteignungsinstitut, 1991, S. 28ff.

47) 주지하는 바와 같이 법률이 직접 기본권을 침해하는 경우 법률은 행정쟁송 등 일반 사법심사의 대상이 되지 아니하기 때문에, 이 경우는 입법작용에 의한 기본권침해에 해당되는 것이므로 이에 대한 구제방법으로는 헌법소원제도만이 고려될 수 있다.

48) Vgl. BVerfGE 24, 367(402f.); 45, 297(324ff.).

49) BVerfGE 24, 367(402f.); 95, 1(22); Schmidt-Aßmann, Formen der Enteignung, JuS 1986, S. 835; Kimminich, aaO, Rdnr. 250.

거하는 등 급시를 요하는 긴절한 공익사업의 실현을 위하여 많은 시간과 절차를 요하는 일반적인 행정공용침해의 형식으로서는 도저히 그 목적을 달성할 수 없기 때문에, 이러한 예외적인 상황에서는 일거에 신속한 재산권에 대한 침해를 가능케 하는 법정공용침해의 형식만이 소기의 목적을 달성할 수 있고, 따라서 이러한 경우에만 입법자는 행정공용침해의 형식 대신에 재산권자의 재판청구권에 대한 현저한 제한을 초래하는 법정공용침해의 형식을 선택할 수 있는 것이다. 이는 공권력 행사와 관련하여 재판청구권이라고 하는 기본권에 대한 최소한의 불가피한 침해만을 요구하는 비례의 원칙에도 부합되는 것이다.[50]

이러한 예를 위에서 소개한 독일 연방헌법재판소의 함부르크 제방판결의 경우에서 들 수 있다. 이미 언급한 바와 같이 이 사건에서 Hamburg 주의회는 해안가 제방건설에 관한 법률을 제정했고, 그 내용은 제방건축에 필요한 토지의 수용에 관한 것이었으며, 이는 일종의 처분적 법률에 해당하는 것이었다. 따라서 이 법률의 제정 및 시행과 동시에 특정지역 특정인들의 토지가 일거에 수용되는 결과를 초래함으로써 이 법은 구체적·개별적·최종적·일회적으로 직접 특정인들의 재산권을 침해한 것이 되었다. 여기서 제기된 헌법적 문제들 중의 하나가 바로 이러한 처분적 법률에 의한 토지수용 등의 공용침해의 경우 기본권을 구제받고자 하는 개인은 그 구제절차로서 오직 하나의 가능성, 즉 헌법소원을 제기할 수밖에 없어 국민의 재판청구권이 현저히 축소된다는 것이었다. 결국 연방헌법재판소는 이 처분적 법률을 헌법상 정당화되는 합헌법률로 보았다. 왜냐하면 위에서 언급한 바와 같이 이 사건의 경우 천재지변이나 홍수 또는 해일참사 등 자연재해로 인하여 야기된 절박한 위험을 일거에 제거하기 위한 조속한 제방건설이라는 급시를 요하는 긴절한 공익사업의 실현을 위하여서는 많은 시간과 절차를 요하는 일반적인 행정공용침해의 형식, 즉 일반성과 추상성 및 계속성을 가진 토지수용에 관한 일반법과 그에 근거한 구체적·개별적·최종적인 수많은 행정작용들의 형식을 통해서는 도저히 그 목적을 달성할 수 없었고, 따라서 처분적 법률의 제정만이 이러한 위기를 타파하고 긴절한 공익을 실현시킬 수 있다고 보았기 때문이다.[51] 즉 처분적 법률의 형식을 정당화시키는 불가피한 우월적인 공익적 사유가 존재한다고 인정했기 때문이다.

---

50) Vg. Lerche, Übermaß und Verfassungsrecht, 1961, S. 19.

51) BVerfGE 24, 367(403).

(3) 소 결

결국 처분적 법률의 경우에는 위에서 언급한 바와 같이 그 법률을 통해 기본권 침해를 받았다고 주장하는 개인의 기본권구제절차와 관련하여 재판청구권에 대한 현저한 제한을 초래하게 되기 때문에 원칙적으로 처분적 법률의 입법형식은 허용될 수 없고, 입법자에게도 이에 대한 재량과 선택권이 없다고 하겠다. 다만 이러한 형식을 정당화시키는 불가피하고 우월한 공익적 이유가 존재할 경우에는 예외적으로 허용될 수 있다고 하겠다.[52] 따라서 이 경우에도 입법자에 의해 침해되는 재판청구권과 달성코자하는 공익 상호간의 이익형량이 요구되고, 이러한 우월한 공익의 존재를 입법자는 입증해야 할 것이다.

Ⅳ. 맺는 말

지금까지 처분적 법률의 개념과 특성, 처분적 법률이 야기하는 헌법적 문제 및 관련 판례와 학설을 살펴보았다. 처분적 법률은－좁은 의미로 이해할 때－법률이 통상 가지는 일반성과 추상성 및 계속성이 상실되어 개별적·구체적으로 특정 사안을 대상으로 사법이나 행정작용이 매개됨이 없이 직접적·최종적·일회적으로 국민의 기본권을 규율하는 법률, 즉 마치 본질과 기능 및 효과 면에서 행정처분과 같은 법률을 의미한다고 볼 수 있다. 이러한 처분적 법률의 본질과 기능상 평등원칙과 권력분립의 원칙 위반 및 재판청구권 침해를 야기할 수 있다. 따라서 처분적 법률을 아무 제한 없이 허용해서는 안될 것이다.[53]

그러나 이처럼 헌법상의 원칙과 기본권이 침해되었다고 하여 곧 바로 위헌이 되는 것은 아니다. 그러한 침해를 정당화시키는 불가피한 사유가 존재한다면 헌법상 허용될 수 있기 때문이다.[54] 예컨대 신뢰보호의 원칙이 침해된 경우라 하더라도 그러한 신뢰침해를 정당화시키는 우월한 공익적 이유가 존재한다면 신뢰보호의 원칙 위반이 정당화될 수 있고, 법률불소급의 원칙을 위반하여 일정한 법률이 소급효를 가진다 하더라도 역시 그러한 소급적용을 불가피하게 하는 우월한 공익이 존

52) Vgl. Meessen, Maßnahmegesetze, Individualgesetze und Vollziehungsgesetze, DÖV 70, S. 321; Forsthoff, VVDStRL 15, 84.

53) Vgl. H. Schneider, Gesetzgebung, 1982, S. 28.

54) So auch Maunz/Zippelius, aaO, S. 309.

재한다면 그러한 소급적용이 헌법상 정당화될 수 있는 것과 마찬가지라고 하겠다. 따라서 중요한 것은 헌법상의 원칙이나 기본권 침해의 정도와 그러한 침해를 불가피하게 하는 공익 상호간의 이익형량이라고 할 수 있다.

결국 처분적 법률의 경우에도 비록 평등원칙과 권력분립의 원칙 위반 및 재판청구권 침해가 초래되었다 하더라도 그러한 위반이나 침해를 정당화시키는 긴절한 공익의 존재하고 이러한 공익적 사유가 이익형량상 우월한 것으로 인정된다면 그러한 경우의 처분적 법률은 헌법상 정당화될 수 있다고 하겠다.[55] 따라서 이러한 우월적이고 긴절한 불가피한 사유가 존재하지 않음에도 불구하고 입법자가 처분적 법률을 제정한다면 이는 부당하게 헌법적 원칙과 기본권을 침해한 것으로 위헌이라고 하겠다. 즉 이는 입법권의 자의와 남용을 의미하는 것으로서 입법형성권의 한계를 일탈한 것이라고 할 수 있다.

따라서 입법자에게는 처분적 법률의 제정에 대한 자유로운, 즉 한계 없는 재량과 선택권이 없고, 단지 이익형량상 처분적 법률의 제정을 정당화시키는 불가피한 사유의 존재하에서만 처분적 법률을 제정할 수 있을 뿐이다.[56] 이러한 이익형량의 정당성 여부는 최종적으로 헌법재판소에 의하여 심판되어야 할 것이다.[57] 따라서 처분적 법률에 대한 입법자의 입법형성권은 제한될 수밖에 없는 것이고, 이러한 점에서 처분적 법률은 입법자의 입법형성권 내지 법률제정권의 한계를 의미한다고 볼 수 있다. 결국 처분적 법률의 경우 그 내용적 정당성 뿐 아니라, 다른 일반 법률과는 달리 형식적 합헌성, 즉 처분성 있는 법률을 제정할 수밖에 없는 이유가 추가로 존재해야 한다. 그것이 처분적 법률을 헌법적으로 검토하고, 일반법률과 차별하는 실익이자 차이점이라고 할 수 있다.

55) 홍성방 교수는 "처분적 법률은 예외적인 것이기 때문에 합리적 이유가 있는 범위내에서 극히 예외적인 경우에만 제정할 수 있는 것으로 이해되어야 한다."고 함으로써 결과적으로 같은 견해를 취하고 있는 듯하다. 전게서, 756쪽.

56) Vgl. auch Forsthoff, Über Maßnahme-Gesetze, S. 236; Menger, aaO, S. 28ff.

57) 이러한 처분적 법률에 대한 헌법재판소의 통제의 중요성에 대하여는 Forsthoff, Über Maßnahme-Gesetze, S. 236.

6. 통치행위에 대한 사법심사

- 헌재 1996. 2. 29. 93헌마186 긴급재정명령 등 위헌확인,[1)] 2004. 4. 29. 2003헌마814 일반사병 이라크파병 위헌확인,[2)] 2004. 10. 21. 2004헌마554 등 신행정수도의건설을위한특별조치법 위헌확인,[3)] 대판 2004. 3. 26. 2003도7878 -

[目 次]

Ⅰ. 머리말

이 글은 이른바 통치행위에 대한 사법심사[4)]의 문제를 관련 헌법재판소 판례를

1) 헌재 1996. 2. 29. 93헌마186, 판례집 8-1, 111.

2) 헌재 2004. 4. 29. 2003헌마814, 판례집 16-1, 601.

3) 헌재 2004. 10. 21. 2004헌마554 등, 판례집 16-2하, 1.

4) 여기서의 사법심사는 대법원을 정점으로 하는 일반법원에 의한 심사뿐 아니라 헌법재판소에 의한 심사를 포함하는 개념이다. 이는 헌법재판의 법적 성격을 사법작용으로 보는 것을 전제로 한다. 물론 헌법재판이 정치적 평화보장기능과 특히 입법·행정·사법권을 통제하는 기능을 갖기 때문에 헌

중심으로 다룬 것이다. 일반적으로 통치행위는 고도의 정치성을 띤 국가작용으로서 사법심사의 대상에서 제외되는 것으로 이해되어 왔고, 따라서 통치행위는 주로 사법심사의 대상에서 제외되는지의 여부와 관련하여서 의미가 있는 개념으로 볼 수 있다. 과거에는 사법부가 통치행위에 대한 심사를 자제했었는데, 점차로 이러한 추세는 바뀌고 있다. 즉 최근의 학설은 통치행위를 가급적 사법심사의 대상으로 삼아야 한다는 입장을 취하고 있는데, 예컨대 통치행위의 개념을 처음부터 부정하는 입장에서부터 통치행위의 개념은 인정하되 원칙적으로 사법심사의 대상이 된다는 입장, 통치행위를 부정하는 입장이 이론적으로 명료하고 타당하나 현실적 이유로 불가피하게 사법심사의 대상에서 제외시킬 수밖에 없는 행위를 예외적으로 인정한다는 입장, 그리고 통치행위는 사법심사의 대상에서 제외되나 그 범위를 축소해야 한다는 입장 등이 그것이다. 판례도 대체로 이러한 경향을 반영하고 있는 것으로 볼 수 있는데, 과거 대법원은 대체로 통치행위를 사법심사의 대상에서 제외시킨 반면,[5] 최근에 와서는 일정한 조건과 제약하에서는 사법심사의 대상이 될 수 있다는 다소 전향적인 태도를 보이고 있고,[6] 헌법재판소는 통치행위에 대하여 대체로 적극적인 심사의지를 보이고 있다.[7]

법재판의 본질을 한편에서는 정치작용이나 입법작용의 일종으로 보거나 또는 그 어느 하나에도 속하지 않는 제4의 국가작용으로 보는 견해도 있을 수 있다(허영, 한국헌법론, 2004, 788쪽 이하 참조). 그러나 역시 헌법재판도 그 본질과 기능 및 형식과 절차면에서 사법작용에 속하는 것으로 보아야 할 것이다. 즉 첫째, 헌법재판과 일반 사법작용은 공히 마찬가지로 법규범의 해석과 선언이라는 법인식작용을 본질로 하고 있다. 둘째, 양자가 모두 기본권 내지 권리 보호와 구제적 분쟁해결 및 권력통제를 중요한 기능의 하나로 하고 있다. 셋째, 법률은 헌법의 구체화이기 때문에 일반법원의 법률해석 내지 법률심은 헌법재판소의 헌법해석 내지 헌법심의 구체화로서 양자 밀접한 연관성을 가지고 있다. 넷째, 양 기관 모두 대의기관에 비하여 민주적 정당성이 취약하다. 다섯째, 우리 헌법상 일반법원이 가지는 명령·규칙 등에 대한 위헌심사권(규범통제), 기관소송관할권(권한쟁의의 일종), 선거소송관할권(특별한 헌법재판의 일종)은 성격상 헌법재판에 속하는 것으로서 이는 일반법원의 사법작용과 헌법재판작용의 공통점을 전제로 한다고 볼 수 있다. 여섯째, 헌법재판을 특별한 독립한 기관에게 맡기는 경우도 있지만 일반법원에 맡기는 경우도 있는데, 이는 양자의 본질적 공통성을 전제로 한다고 볼 수 있다. 따라서 헌법재판의 본질도 사법작용에 속하는 것으로 볼 수 있다. 다만 위에서 언급한 바와 같이 헌법재판의 정치적 평화보장기능과 권력통제기능 및 헌법의 정치규범성 등 헌법재판의 특성에 비추어 정치적 성격이 강한 일종의 정치적 사법작용이라고 할 수 있을 것이다. 이는 정치적 투쟁과 타협의 산물이라고 할 수 있는 헌법을 기준으로 헌법적 문제를 판단하는 사법작용이기 때문에 어쩌면 당연한 것이라고 하겠다. 따라서 이 글에서 말하는 사법심사는 일반법원 뿐 아니라 헌재도 포함하는 광의의 사법작용을 바탕으로 하는 것이다.

5) 예컨대 대판 1964. 7. 21. 64초6; 1979. 12. 7. 79초70; 1981. 1. 23. 80도2756; 1981. 2. 10. 80도3147; 1981. 4. 28. 81도874 등.

6) 예컨대 대판 1997. 4. 17. 96도3376; 2004. 3. 26. 2003도7878. 이러한 대법원의 입장선회는 통치행위에 대한 사법심사의 가능성을 원칙적으로 긍정한 그 이전의 헌법재판소 결정 들(예컨대 1993. 7. 29. 89헌마31; 1996. 2. 29. 93헌마186)에 영향을 받은 것으로 보인다.

7) 예컨대 헌재 1993. 7. 29. 89헌마31; 1996. 2. 29. 93헌마186; 1997. 7. 16. 96헌라2; 1998. 7. 14. 98헌라1; 2004. 10. 21. 2004헌마554 등.

그런데 문제는 사법심사의 대상이 되는 통치행위와 그렇지 않은 통치행위와의 구별, 통치행위가 사법심사의 대상이 되는 기준과 조건, 사법심사의 범위 등이 불명확하다는 것이다. 즉 학설이 이들에 대한 일관된 기준을 제시하지 못하고 있으며, 판례의 입장도 마찬가지이다. 또한 그렇기 때문에 통치행위에 대한 사법심사의 가능성 여부 자체에 대하여도 일관된 태도를 보이고 있지 못하다. 대법원의 경우도 그렇지만, 헌법재판소의 경우에도 마찬가지이다. 특히 일종의 정치적 사법기관으로서 당연히 고도의 정치성을 띤 통치행위에 대한 심사를 담당해야 할 헌법재판소가 최근에 와서는 다시 통치행위를 사법심사의 대상에서 제외시키는 듯한 판례를 내는 등 통치행위에 대한 사법심사의 가능성 여부, 또는 그에 대한 기준이나 입장이 모호하고 일관성이 없다. 이는 사안에 따라 판례가 자의적이 되고, 필연적으로 법적 안정성과 법치주의를 해치는 결과를 초래하게 되며, 결국 이는 헌법판례의 설득력과 신뢰를 해치고 헌재의 권위도 실추시키는 결과를 초래할 수 있는 것이다. 따라서 과연 통치행위가 사법심사의 대상이 되는지의 여부, 그리고 그에 대한 정확한 기준을 제시하는 문제가 예나 지금이나 여전히 중요한 문제로 등장하게 된다.

앞서도 언급했듯이 이 글은 통치행위에 관한 헌법재판소 결정의 내용과 문제점을 지적하고 그 대안을 제시함으로써 통치행위를 재조명하고자 함에 그 목적이 있다. 따라서 여기서는 먼저 통치행위와 관련된 국내외의 학설과 판례를 간단히 언급하고, 통치행위에 대한 사법심사의 가능성 여부에 대한 필자의 학문적 견해를 제시하고자 한다. 그 다음 그러한 필자의 견해를 기준으로 그동안의 대표적인 대법원 판례에 대한 간단한 소개와 평가를 거친 후, 통치행위에 관한 우리 헌법재판소의 대표적 판례의 내용과 문제점을 살펴보고 그 해결방안을 모색해보고자 한다.[8)]

---

8) 물론 앞서도 언급했듯이 사법심사는 대법원을 비롯한 일반법원과 헌법재판소 모두에서 이루어지고 있어 대법원의 관련판례를 심도있게 살펴보는 것도 의미가 있겠지만, 과거와는 달리 헌법재판소가 설치된 오늘날 고도의 정치성을 띤 국가작용에 대한 심사가 대법원 보다는 주로 헌법재판소에서 이루어진다는 점에서, 그리고 통치행위를 비롯한 국가 공권력작용에 대하여 대법원보다는 헌재가 보다 적극적인 심사를 해왔다는 점에서 통치행위에 대한 사법심사의 문제를 헌법재판소 결정을 중심으로 다루고자 한다. 아울러 일반재판과는 달리 헌법재판은 중요한 헌법적 해명의 기능도 담당하고 있는데, 특히 통치행위에 관해서는 주로 통치행위개념의 인정여부, 그에 대한 사법심사의 가부, 그 기준 등이 그동안 학설과 판례에서 논란이 되어 왔음을 상기할 때 이러한 중요한 헌법적 해명을 하나의 사명으로 하고 있는 헌법재판소의 판례를 살펴보는 것은 매우 커다란 의미가 있다고 하겠다. 또한 통치행위문제는 결국 헌법수호, 공권력통제, 기본권보장, 공익추구 등의 헌법문제로 귀결될 수 밖에 없다는 점에서 이러한 공권력통제와 헌법수호, 법치주의확립의 기능을 가지고 공익추구의 개관적 소송의 성격도 아울러 가지는 헌법재판소가 통치행위에 대한 심사를 담당하고 그 판례가 중요

Ⅱ. 통치행위에 대한 사법심사의 가능성

1. 학설의 입장

(1) 부정설

통치행위에 대한 사법심사의 가능성을 부정하는 대표적인 학설을 간단히 소개하면 다음과 같다.

1) 내재적 한계설

통치행위는 독립적이고 정치적으로 책임을 지지 아니하는 사법부가 심사하기에는 부적합한 것이고, 그에 대한 최종적 판단은 행정부나 국회 등 정치적 기관 또는 선거 등을 통해 국민에게 일임하는 것이 적당하다고 하면서, 통치행위는 성질상 사법권의 내재적 한계에 속한다고 한다.

2) 권력분립설

헌법상 입법 · 행정 · 사법권이 분리되어 있고, 통치행위는 행정부나 입법부의 전속적 권한에 속하는 사항이므로 사법심사의 대상에서 제외되어야 한다고 한다.

3) 재량행위설

통치행위는 민주적 정당성에 바탕을 둔 대통령이나 국회의 고도의 정치적 결단에 따른 재량행위[9]이므로 사법심사의 대상에서 제외되어야 한다고 한다.

4) 사법부자제설

통치행위도 원칙적으로 사법심사의 대상이 되어야 하지만 사법심사가 오히려

하게 간주되는 것은 당연하다고 하겠다.

9) 일반적으로 문헌과 판례에서는 '재량행위'라는 용어보다는 '자유재량행위'라는 용어를 사용하고 있는데(예컨대 김철수, 헌법학연구, 2005, 1387쪽; 허영, 전개서, 963쪽; 권영성, 한국헌법론, 2004, 832쪽; 대판 1998. 10. 13. 98두12253; 2002. 10. 11. 2001두151; 2003. 3. 28. 2002두11905; 헌재 1993. 5. 13. 91헌마190; 1998. 7. 16. 96헌바33; 2004. 10. 21. 2004헌마554 등), 이는 재량행위를 다시 '자유재량행위'와 '기속재량행위'로 구별하는 것에서 기인하는 것으로 볼 수 있다. 그러나 오늘날 이처럼 두 가지로 구별하는 것이 어렵고, 구별의 실익도 없으므로(김동희, 행정법I, 2004, 247쪽 이하; 김남진, 행정법I, 2004, 195쪽) 여기서는 간단히 재량행위로 표현하기로 한다.

사법부의 정치화를 초래해 사법권의 독립을 약화시키는 부정적 결과를 가져오거나, 또는 사법심사로 말미암아 커다란 국가적 손해가 발생될 수 있기 때문에 사법부 스스로가 정책적으로 통치행위에 대한 심사를 자제해야 한다는 입장이다.

(2) 긍정설

통치행위도 당연히 사법심사의 대상이 되어야 한다는 입장이다. 여기에는 통치행위라는 개념 자체를 부정하는 입장과 통치행위라는 개념은 인정하되 사법심사의 대상이 되지 않는 국가작용은 존재하지 않는다는 입장으로 나뉠 수 있다. 그 논거는 헌법상 법치주의와 권력분립의 원칙이 확립되어 있고, 개괄주의에 바탕을 둔 행정소송제도와 헌법재판제도가 보장되어 있는 헌법국가에서 어떠한 국가작용도 사법심사의 대상에서 제외될 수 없다고 한다.

(3) 학설에 대한 검토

1) 내재적 한계설

위헌 · 위법한 행위를 통제하고 침해된 기본권을 구제해주는 것이 바로 사법부의 권한이자 의무이기 때문에 통치행위라도 그것의 위헌 · 위법성과 국민의 기본권침해 여부가 문제된다면 당연히 사법심사의 대상이 되어야 하고, 그것이 바로 사법부의 본질적 직무에 속하는 것이다. 따라서 만일 그렇지 않다면 그것은 바로 사법부의 직무유기에 해당한다.

2) 권력분립설

국가권력 상호간의 견제와 균형을 통해 국가권력을 통제 · 순화시키고 기본권을 보장하는 것이 궁극적인 국가와 헌법의 목적이고, 권력분립원칙의 본질이다. 따라서 아무리 통치행위라고 할지라도 그것의 위헌 · 위법성과 국민의 기본권침해 여부가 문제된다면 당연히 사법심사의 대상이 되어야 하고, 그를 통해 위헌 · 위법한 통치행위를 통제하고 기본권을 구제해주는 것이야 말로 권력분립의 원칙을 구현하는 것이며, 그렇지 않는 것이 오히려 권력분립의 원칙에 위반되는 것이다.

3) 재량행위설

아무리 재량행위라고 하더라도 그것이 재량을 일탈할 경우 위헌 · 위법성을 초래하고, 따라서 사법심사의 대상이 되는 것은 당연하다. 그렇지 않을 경우 이는 국가권력의 자의와 남용 및 기본권과 법치주의의 침해를 초래할 것이다. 다만 재량을 일탈하지 아니하는 범위내의 정치적 또는 합목적적 판단은 사법적 통제의 범위에 속하지 않는 것이다. 왜냐하면 이는 단순한 부당이나 정치적 무능 내지 비효율성의 문제에 그치는 것으로 법적인 문제가 아니기 때문이다. 이러한 논리가 행정소송의 경우에 그대로 적용되어지는 것은 주지하는 바와 같다. 따라서 아무리 고도의 정치성과 재량성을 띤 통치행위라도 일단 사법심사의 대상은 되고, 다만 재량과 관련하여 사법심사의 구체적 범위와 밀도의 차이가 있을 수 있을 뿐이지, 정치적 재량행위라는 이유로 처음부터 사법심사의 대상에서 제외되어 각하될 수는 없는 것이다.

4) 사법부자제설

통치행위의 경우 헌법과 법률에의 위반이 문제되고, 그에 대한 사법심사의 잣대와 사법절차가 마련되어 있어 사법심사가 가능함에도 불구하고 정책적으로 사법심사를 자제한다는 것은 정치적 문제에 사법부가 관여하면 사법부가 정치투쟁의 장으로 변질되어 사법부의 독립성과 권위를 상실하게 되고, 또한 다양한 부작용, 예컨대 법적 공백이나 혼란의 발생, 또는 법적 안정성이나 긴절한 공익상의 문제 등이 발생될 수 있다는 것인데, 위헌 · 위법한 상태가 발생되었고 이에 대한 사법심사가 가능함에도 불구하고 정치적인 이유로 이를 회피하는 것이야 말로 사법부가 정치기관으로 변질되는 것이고, 사법부의 독립성과 권위를 무너뜨리는 직무유기이며, 사법자제로 추구 내지 보존할 수 있는 이익도 그를 통해 상실되는 기본권과 법치주의 등의 핵심적인 헌법적 가치보다 우선할 수 없다. 아울러 통치행위에 대한 사법심사를 할 경우 발생할 수 있는 부작용도 후술하는 바와 같이 사법심사를 하면서 그 인용 시 다양한 변형결정 등을 통해 어느 정도 해소할 수 있을 것이다.

(4) 소결

최근의 학설은 통치행위를 가급적 사법심사의 대상으로 삼아야 한다는 입장을 취하고 있으며, 판례도 대체로 이러한 경향을 반영하고 있는 것으로 보인다. 예컨대 통치행위의 개념을 처음부터 부정하는 입장에서부터 통치행위의 개념은 인정하되 원칙적으로 사법심사의 대상이 된다는 입장, 통치행위를 부정하는 입장이 이론적으로 명료하고 타당하나 현실적 이유로 불가피하게 사법심사의 대상에서 제외시킬 수밖에 없는 행위를 예외적으로 인정한다는 입장, 그리고 통치행위는 사법심사의 대상에서 제외되나 그 범위를 축소해야 한다는 입장 등이 대체적인 흐름이라고 하겠다.

참고로 우리와 유사한 사법제도 내지 헌법재판제도를 가지고 있는 독일의 경우 이미 오래 전부터 통치행위에 대한 사법심사의 가능성에 대하여 비교적 적극적인 입장이 취하고 있다. 예컨대 연방헌법재판소는 고도의 정치성을 띤 외교에 관한 행위가 문제가 된 이른바 동·서독 기본조약(Grundlagenvertrag)에 대한 동의법에 대하여 바이에른 주정부가 제기한 추상적 규범통제 사건에서 문제된 동·서독 기본조약에 대한 사법심사를 긍정하면서 본안판단에 들어간 바 있다.[10] 아울러 국내의 대부분의 학자들이 사법심사의 대상에서 제외시키고 있는 대표적인 통치행위인 사면행위(Gnadenentscheidung)에 대한 사법심사의 가능성 여부에 대하여 연방헌법재판소(제2부)는 4 : 4의 가부동수의 결정을[11] 내린바 있다.[12] 이 사건에서 사면행위가 사법심사의 대상에서 제외된다는 4명의 재판관은 사면행위가 순수한 정치행위로서 국가의 법적인 공권력행사가 아니라는 이유로 법적인 잣대로 사법심사를 할 수가 없다고 주장했다. 그러나 사면행위가 사법심사의 대상이 된다는 나머지 4명의 재판관은 비록 사면행위가 국가의 재량행위라고 할지라도 자의적으로 행사되어서는 안되고, 당연히 사법심사의 대상이 되어야 하며, 따라서 평등원칙 등의 위반 여부를 심사해야 했다고 판시했다.[13] 그 후 이처럼 사면행위가 사법심사의 대상에서 제외된다는 연방헌법재판소의 4명의 의견은 학계에서 엄청난 비판을 받았다. 이에 따라 오늘날의 독일의 통설은 사면행위나 그의 취소는 법적 행위로서 당연히 사법심사의 대상이 되고 평등원칙 등의 위반 여부가 심사되어야 한다고 보고 있다.[14]

2. 사 견

(1) 통치행위에 대한 사법심사의무

위에서 살펴본 바와 같이 부정설은 어느 것도 설득력이 없음을 알 수 있다. 결

10) BVerfGE 36, 1.

11) 연방헌법재판소법 제15조 제4항은 가부동수인 경우에는 위헌임을 확인할 수 없다고 규정하고 있다.

12) BVerfGE 25, 352.

13) BVerfGE 25, 352(358ff.).

14) Vgl. Hans-Jürgen Papier, in: von Isensee/Kirchhof(Hrsg.), Handbuch des Staatsrechts, § 154, Rdnr. 32; E. Stein, Staatsrecht, 11. Aufl. S. 171.; K. Stern, Das Staatsrechts der Bundesrepublik Deutschland, Bd. Ⅲ/2, S. 1180f.

론적으로 긍정설이 타당하다고 본다. 따라서 통치행위라도 그것의 헌법과 법률에의 위반이 문제되고, 그에 대한 사법심사의 헌법과 법률적 잣대와 사법절차가 마련되어 있다면 당연히 사법심사의 대상이 되어야 한다. 왜냐하면 통치행위를 포함한 모든 국가작용은 헌법과 법률의 테두리 내에서 이루어져야 하고, 그것이 바로 헌법과 법률의 존재이유이며 법치주의의 본질이기 때문에 통치행위라도 그것이 헌법과 법률에 위반된다면 결코 정당화될 수 없고 통제되어야 하며 그를 통해 침해된 기본권은 반드시 구제되어야 하는데, 이러한 국가권력의 통제와 헌법과 법률수호 및 기본권구제는 바로 사법부 본연의 임무이기 때문이다. 만일 그렇지 않다면 이는 법치주의의 포기로서 헌법과 법률을 파괴하고 기본권을 유린하며 결국 사법부의 직무유기에 해당하는 것이다. 도대체 법치주의와 기본권을 능가하는 가치가 헌법국가에서 존재할 수 있을까? 헌법의 테두리 내에서 기능해야 하는 국가작용이 그 헌법을 위반했을 때 과연 이를 어떻게 정당화시킬 수 있을까?

그동안의 통치행위에 대한 사법심사에 소극적인 국내외의 학설과 판례를 살펴보면 다양한 문제점을 발견할 수 있다. 즉 통치행위 중 사법심사의 대상이 되는 것과 그렇지 않은 것과의 구별이 모호하다는 점, 사법심사의 대상에서 제외시키는 논거가 불분명하고 설득력이 없다는 점, 판례의 일관성이 없다는 점, 재판관의 입장이나 정치적 성향에 따라서 결과가 달라진다는 점, 그리고 도대체 고도의 정치성과 관련하여 어떤 행위가 고도의 정치성을 띠었고 어떤 행위가 고도의 정도에 이르지 아니하는 정치적인 행위인지의 구별이 사실상 불가능 하나는 점[15] 등이 바로 그것이다. 그중에서도 가장 큰 문제는 법치주의나 기본권 등의 가장 지고한 헌법적 가치를 포기하면서도 굳이 통치행위를 사법심사의 대상에서 제외시키는 그 정당화 사유 내지 이익을 발견할 수 없다는 것이다. 사실 이를 발견하기란 불가능한 일이다. 왜냐하면 헌법국가에서 이보다 더 중요한 가치와 이익은 있을 수 없기 때문이다. 만일 일률적으로 통치행위를 사법심사의 대상으로 함으로 해서 발생하는 다양한 문제−예컨대 법적 안정성의 파괴, 법적 공백이나 혼란의 발생, 제3자의 신뢰나 국가간의 신뢰파괴, 기타의 공익침해 등−가 있다면, 이는 위에서도 언급했듯이 일종의 변형결정[16] 등을 통해 어느 정도 해소할 수 있는 것이지 그를 이유로

15) 정치적 행위와 비정치적 행위의 구별, 그리고 더욱이 정치적 행위 중 고도의 정치적 행위와 그렇지 아니한 정치적 행위의 구별이 모호하고 자의적이며, 따라서 사법심사의 대상이 되는 경우와 그렇지 않은 경우의 구별이 모호하고 자의적이며, 결국 여기에 사법권의 자의성이 개입될 소지가 필연적으로 존재할 수밖에 없다.

16) 우리 헌법재판소는 그동안 다양한 변형결정유형을 개발해 왔는데, 이러한 변형결정에는 행정소송의 경우에 공익적 견지에서 예외적으로 인정될 수 있는 사정판결도 포함될 수 있을 것이다. 즉 사

처음부터 사법심사를 배제하는 것은 잘못이다. 예컨대 국가간의 조약이 문제가 될 경우 그에 대하여 위헌을 주장하면서 위헌법률심판이나 헌법소원심판 등을 제기할 수 있는데, 그 경우 고도의 정치성을 띤 외교에 관한 행위라고 사법심사의 대상에서 제외시켜 사건을 각하할 것이 아니라 일단 심사하고[17] 그 결과 위헌이라면 헌재는 위헌을 확인하고 무효화시킬 수 있다. 다만 그로 인해 국가간의 신뢰 등이 문제될 수가 있는데, 그럴 경우에는 조약의 위헌을 확인하되, 그에 대한 단순위헌보다는 헌법불합치나 입법촉구 등의 변형결정을 내리는 것이 고려될 수 있을 것이다.[18] 따라서 이제 통치행위라는 미명하에 사법심사를 배제하는 반법치적·반헌법적 태도를 버리고 전향적인 태도를 취할 시점이 되었다. 왜 헌법에 위반되는 행위를 통치행위라는 이름으로 정당화시키고 사법심사가 가능함에도 불구하고－그리고 그로 인해 파생되는 문제를 다양한 변형결정 등을 통해 해소할 수 있음에도 불구하고－사법심사의 대상에서 제외시키는 어색하고 우스꽝스러운 작태를 법치주의와 기본권보장과 포괄적인 재판청구권과 헌법재판제도[19]가 확립된 오늘날까지도 연출하는 것인가?

물론 고도의 정치성을 띤 행위에 대한 사법심사의 경우 그 심사의 범위가 제한되거나 심사의 밀도가 완화될 수 있고, 그 과정에서 그 정치적 결단에 대한 고려가 있을 수는 있다. 그러나 이는 사법심사 자체가 처음부터 배제되는 것과는 전혀 다른 것이다.[20] 즉 고도의 정치성을 띤 통치행위의 경우 사안에 따라 그 사법심사

정판결이란 행정소송의 경우 사법심사의 결과 위헌·위법이라고 판단되는 행정행위라도 취소 대신 기각하는 것인데, 이는 단순한 취소를 통해 야기될 수 있는 공익적 위해가 문제되어 그러한 공익도 아울러 보호하면서 위헌·위법을 확인하고 대신 원고에게 다른 방법으로 피해를 구제해주는 일종의 변형결정유형이라고 할 수 있다. 사정판결에 대하여 자세한 것은 박윤흔, 행정법강의(상), 2004, 1001쪽 이하; 김동희, 전개서, 705쪽 이하 참조.

17) 우리 헌재도 이러한 조약에 대하여 심사하고 있다. 예컨대 헌재 1999. 4. 29. 97헌가14; 2001. 9. 27. 2000헌바20; 2001. 3. 21. 99헌마139 등.

18) 참고로 독일의 경우 고도의 정치성을 띤 외교에 관한 행위가 문제가 된 이른바 동·서독 기본조약에 대한 동의법에 대하여 바이에른 주정부가 제기한 추상적 규범통제사건에서 연방헌법재판소는 문제된 조약에 대한－변형결정의 일종인－합헌적 해석을 바탕으로 논리를 전개한 바 있다(BVerfGE 36, 1[36f.]).

19) 동·서독 기본조약에 관한 판례에서도 연방헌법재판소는 정치적 문제에 대한 사법적 자제의 원칙이 헌법재판소의 사법심사권의 축소나 약화를 의미하는 것은 결코 아니고, 국가작용이 헌법재판소의 심사절차를 벗어난다는 것은 포괄적인 헌법재판제도를 보장한 헌법의 결단에 위배된다는 점을 강조하고 있다(BVerfGE 36, 1[14f.]).

20) 이러한 논리는 통치행위가 아닌 일반 국가작용에 대한 사법심사의 경우에도 유사하게 적용될 수 있다. 예컨대 이른바 특별권력관계의 경우라도 그 특별권력 주체의 행위는 당연히 사법심사의 대상이 되고, 다만 그 심사과정에 있어서 그 심사의 범위나 밀도가 특별권력관계의 특성상 다소 완화될 수 있다고 보는 것이 그것이다(김남진, 전게서, 116쪽 이하; 김동희, 전게서, 112쪽).

의 범위와 밀도에 있어서 그리고 심사결과에 있어서 다양한 정치적·공익적 고려가 있을 수는 있으나, 그를 이유로 처음부터 행위 자체를 사법심사의 대상에서 제외해서는 안된다는 것이다. 따라서 통치행위를 비롯한 모든 국가작용은 헌법과 법률에의 위반 여부가 문제되고 그에 대한 사법심사의 잣대와 사법절차가 마련되어 있다면 통치행위를 이유로 각하시킬 것이 아니라 일단 사법심사의 대상으로 삼고, 심사결과 위헌·위법이 확인되면 그를 확인해야 하며, 다만 그 다음 단계에서 정치적 이유에서 또는 행위 자체의 무효나 취소를 통해 야기될 수 있는 매우 중대한 공익상의 위해나 법적 공백 등을 이유로 정치적 고려 등 관련되는 총체적인 이익형량의 결과 무효나 취소 대신 변형결정이 긴절히 요구된다면 이를 고려할 수 있고, 침해된 기본권이 있다면 이를 구제하되 그 구제가 오로지 행위 자체의 무효나 취소를 통해서만 가능하다면 예외적으로 손해배상 등 대체적 방법을 통한 구제가 고려될 수도 있을 것이다. 따라서 일단은 사법심사의 대상으로 삼고 문제된 통치행위의 위헌·위법을 확인하며, 이로써 공권력을 통제하고 추후 유사한 행위의 반복을 방지하며, 피해자의 명예회복과 침해된 기본권을－사안에 따라서는 예외적인 대체방법을 통해－구제하고, 사법심사를 통해 파생되는 다양한 부작용은 변형결정 등을 통해 해소하면서, 결국 이를 통해 법치주의와 기본권 보장을 실현시키는 것이 헌법의 정신과 헌법재판제도 내지 사법제도의 본질에 부합하는 것이다.

사법부에 의한 정치적 고려 내지 사법부에 의한 이익형량의 범위는 바로 이러한 구체적인 사법심사의 범위 등에 한정되는 것이지, 사법심사 자체를 배제하는 것에까지 미치는 것은 결코 아니다. 사법기관은 합법적 절차에 따라 제기된 사건에 대하여는 그 소송제기의 적법성요건을 충족시키는 한 예외 없이 사법심사를 하여 기각이나 인용의 판단을 해야지, 정치적 고려를 이유로 사법심사를 자제하는 등 사법심사의 대상에서 제외시켜 사건을 각하시켜서는 안되고, 또한 그러할 재량과 권한이 사법부에게는 없다. 만일 그렇지 않다면 위에서 지적했듯이 그리고 후술하는 헌법재판소 판례에서도 볼 수 있듯이 이는 필연적으로 통치행위에 대한 사법심사 여부에 관한 사법기관 내지 재판관의－각각의 사안에 대한 자신의 정치적 입장이나 성향 등에서 초래되는－자의를 야기하게 되고, 이는 판례의 일관성 상실로 이어지며, 결과적으로 법적 안정성과 예측가능성의 파괴로 이어진다. 또한 이는 사법기관과 판례의 설득력과 권위의 실추로 이어진다.[21] 사실 앞서도 이야기 했듯이

21) 사법부자제설이 주장하는 논거 중 하나가 정치적인 문제에 대하여 사법부가 관여를 하면 결국 사법부가 정치의 시녀로 전락하여 권위를 상실하게 된다는 것인데, 그러한 우려는 오히려 사법부가 자제할 경우에 현실화되는 것이다.

고도의 정치적 결단이라고 했을 때 어떤 행위가 고도의 정치적인 것이고 어떤 행위가 그에 이르지 아니하는 정치적인 것인지의 구별이 사실상 어렵다. 그리고 정치적 사법기관인 헌법재판소에 제기되는 사건은 정도의 차이는 있으나 대체로 정치적이라는 점에서 더욱 그러하다. 이는 결국 필연적으로 재판관의 자의가 개입될 여지를 열어 놓는 것이다. 결국 정치적 행위라는 이유로 처음부터 사법심사를 배제하는 것은 어떠한 이유로도 정당화될 수 없고, 어디에서도 그 정당화사유를 발견할 수 없다.

한편 통치행위에 대한 사법심사를 긍정하는 학설 중 통치행위의 개념 자체를 부정하는 입장과 통치행위의 개념은 인정하되 사법심사의 대상이 되지 않는 국가작용은 존재하지 않는다고 보는 입장 사이에는 실질적인 차이가 없다고 하겠다. 왜냐하면 통치행위라는 개념을 사법심사의 대상가능성 여부와 관련하여 의미가 있는 것으로 전제할 때 통치행위 개념 자체를 부정하는 입장과 개념은 인정하되 사법심사의 대상이 된다고 보는 입장은 결국 양자 모두 사법심사의 대상이 된다는 점에서 아무런 차이가 없기 때문이다.

한편 일정한 통치행위가 헌법과 법률에의 위반 여부가 문제되지 않거나, 그에 대한 사법심사의 잣대가 없는 경우, 또는 그에 대한 적절한 사법절차가 마련되어 있지 않은 경우에는 사법심사의 대상이 될 수 없거나 각하될 수밖에 없을 것인데, 이 때 사법심사의 대상이 될 수 없는 이유는 그것이 통치행위이기 때문이 아니라 사법심사의 요건을 결했기 때문이라고 보아야 할 것이다.

결국 아무리 고도의 정치성을 띤 통치행위라 할지라도 헌법과 법률에의 위반이 문제되고 사법심사를 가능케 하는 헌법과 법률의 잣대와 사법절차가 마련되어 있다면 반드시 사법심사의 대상으로 삼아야 하고, 다만 인용결정을 통해 파생될 수 있는 극복하기 어려운 법적 혼란이나 공백, 법적 안정성 파괴 등을 예방하기 위하여, 또는 긴절한 공익이나 국가간의 신뢰를 보호하기 위하여 불가피 할 경우 일종의 변형결정 등이 고려될 수는 있을 것이고, 당사자의 기본권 구제도 예외적으로 다른 대체수단을 통해 이루어질 수 있을 것이다. 이러한 논리가 한편에서는 기본권보장과 법치주의 및 헌법재판제도를 비롯한 사법제도의 이념과 정신을 구현하고, 아울러 다른 한편에서는 사법심사를 통해 파생될 수도 있는 다양한 부작용도 예방할 수 있는 일종의 규범조화적 해석의 결과라고 할 수 있겠다.[22]

---

22) 헌재도 이러한 규범조화적 해석을 강조한다. 예컨대 헌재 1991. 9. 16. 89헌마165.

(2) 사법심사의 규범적 한계와 관련하여

한편 이러한 맥락에 비추어 볼 때 헌법과 법률에서 명문으로 일정한 통치행위를 사법심사의 대상에서 배제한 것은 상황에 따라서는 재판청구권의 본질적 내용을 침해한 것으로 문제가 될 수 있다. 예컨대 헌법 제64조 제4항은 동조 제2항과 제3항에 따른 징계나 제명처분 등에 대하여 법원에의 제소를 금지하고 있다. 이 규정은 국회의 자율권과 독자성을 존중한다는 권력분립의 원칙의 정신에 바탕을 두고 있다고 볼 수 있는데,[23] 물론 국회는 국민을 대표하는 대의기관이므로 당연히 그 결정에 대한 자율성은 존중되어야 하나 헌법과 법률을 위반해서는 안된다는 한계를 벗어날 수는 없다. 따라서 헌법과 법률을 위반하는 국회의 행위는 정당화될 수 없는 것이다.[24] 그런 점에 비추어 볼 때 이 규정은 위헌의 소지가 크다고 본다. 왜냐하면 국회의원은 입법권 등의 국가권력의 주체이자 공무담임권 등의 기본권의 주체인데, 만일 예컨대 특정 정당 또는 특정 의원을 탄압할 목적으로 위헌적 절차에 따라 의원이 제명되었다면 그 의원은 위헌적으로 자신의 입법권 등의 권한과 공무담임권 등의 기본권이 박탈당한 것으로 권한쟁의심판이나 헌법소원심판 또는 상황에 따라서는 행정소송을 제기할 수 있어야 하는데, 이를 원천적으로 봉쇄한 것은 해당 의원의 입법권 등의 권한이나 공무담임권 등의 기본권을 침해한 것임과 동시에 재판청구권 등의 본질적 내용을 침해한 것이기 때문이다. 물론 이 경우에는 헌법 자체에 규정되어 있기 때문에 그에 대한 위헌시비를 제기하기에 이론과 실무상 어려움이 따르고, 실제로도 그동안 헌법재판소가 헌법규정은 위헌심사의 대상이 될 수 없다는 일관된 입장을 견지하고 있다.[25] 그러나 이러한 헌재의 태도는 마땅히 재고되어야 하고, 헌법규정이라고 하더라도 그것이 헌법의 핵심적 규정이나 원칙 내지 가치를 침해한 것이라면 위헌심사의 대상이 되어야 한다고 본다.[26] 차제에 헌법개정을 통해 이 규정이 삭제되어야 할 것이고, 헌재도 헌법규정에 대한 위헌심사에 대한 전향적 태도를 보여야 할 것이다.

한편 이와 관련하여 이 조항은 '법원'에 제소할 수 없다고 규정하고 있으므로,

23) 김철수, 전게서, 1383쪽; 허영, 전게서, 965쪽: 권영성, 전게서, 837쪽.

24) 참고로 독일 연방헌법재판소도 의회의 자율권에 기한 의사결정이 절차상의 하자를 지닐 경우에는 헌법재판과정에서 그에 대한 심사가 가능하다고 한다. Vgl. BVerfGE 80, 188(217ff.).

25) 헌재 1995. 12. 28. 95헌바3; 2001. 2. 22. 2000헌바38; 2005. 5. 26. 2005헌바28.

26) 헌법규정에 대한 위헌심사의 문제는 정연주, 헌법 제29조 제2항에 대한 헌법소원, 헌법학연구 제5권 2호, 1999. 10, 472쪽 이하 참조.

헌법재판소에는 제소할 수 있다는 입장이 있는데,[27] 이는 잘못된 견해이다. 여기서 말하는 '법원'은 좁은 의미의 법원, 즉 대법원을 정점으로 하는 각급법원만을 의미하는 것이 아니라, 헌법재판소를 포함하는 광의의 사법부를 의미한다고 보아야 한다. 왜냐하면 만일 그렇지 않다면 굳이 이 규정을 마련한 의미가 상실되기 때문이다. 이 규정의 취지는 앞서도 언급했듯이 국회의 자율권과 독자성을 존중한다는 것이고, 따라서 국회의 자율적 결정에 대한 그 어떠한 외부의 간섭도 배제하겠다는 것이다. 따라서 국회의 처분에 대하여는 헌법재판을 비롯한 모든 사법심사의 대상에서 제외시킨다는 것이지 유독 일반법원의 심사만을 배제한다는 것이 아니다. 만일 그렇지 않다면 실제로 국회의원의 제명처분 등에 대하여는 주로 헌법재판소의 권한쟁의나 헌법소원으로 제기될 공산이 크고, 특히 국회의 처분에 대한 행정소송의 가능성을 부정한다면 유일한 사법심사의 가능성은 헌법재판소만이 가지게 된다는 점을 감안할 때 사실상 재판관할권이 없거나 거의 없는 일반법원의 재판만을 배제한다는 것이 되어 이 규정의 의미가 상실될 수밖에 없고(사실상 사문화되는 것으로 보아야 할 것이다), 동시에 헌법재판소에의 제소를 허용한다는 것은 국회의 제명처분 등에 대한 일체의 사법심사를 배제하겠다는 이 규정의 취지에 정면으로 반하는 것이 되기 때문이다. 따라서 여기서의 법원의 의미는 헌법재판소를 비롯한 광의의 사법기관을 총괄하는 개념으로 이해해야 할 것이다. 이 조항이 제정될 당시에는 헌법재판소가 존재하지 않았기 때문에 당연히 법원만으로 규정되어 있다가 헌법재판소가 창설된 이후에도 별다른 개정 없이 그대로 이어져 온 것으로, 아마 이는 이 규정이 정치적으로 별다른 주목을 받지 못하고, 동시에 학자들도 그동안 이 규정에 대하여 국회의 자율권이라는 미명하에 정당성을 부여해온 것에 기인한 것으로 보인다.

한편 백번 양보하여 이 규정에서의 법원이 일반법원만을 의미하고 따라서 헌법재판소에의 제소는 인정된다고 하더라도 이 규정의 위헌성이 해소되는 것은 아니다. 왜냐하면 위에서도 지적했듯이 명백히 위헌·위법한 절차 등에 따라 이루어진 제명처분 등에 대하여 그의 행정처분성을 인정하여 일반법원에 행정소송의 제기가 가능하다면 마땅히 이를 인정하여 위헌·위법한 공권력을 통제하고 침해된 기본권을 구제해 주어야 할 것인데, 이를 원천적으로 봉쇄하는 것은 재판청구권의 본질적 내용을 침해하면서 기본권 유린과 법치주의 파괴를 용인하겠다는 것이기 때문이다. 이러한 가치는 헌법의 핵심적 가치이자 모든 통치권력의 존재목적이기 때문

27) 권영성, 전게서, 837쪽.

에 국회의 자율권에 우선한다고 할 것이고, 위헌 · 위법한 행위를 할 국회의 자율권은 헌법상 결코 인정될 수 없다고 보아야 할 것이다.[28)]

Ⅲ. 통치행위에 관한 대법원 판결의 내용과 평가

앞서 언급한 바와 같이 과거 대법원은 대체로 통치행위를 사법심사의 대상에서 제외시킨 반면,[29)] 최근에 와서는 일정한 조건과 제약하에서는 사법심사의 대상이 될 수 있다는 다소 전향적인 태도를 보이고 있다.[30)]

1. 과거 판례의 추이

(1) 대판 1964. 7. 21. 64초6 요지

당연무효로 판단할 수 없는 계엄에 대하여서는 그 계엄의 선포가 옳고 그른 것은 국회에서 판단하는 것이고 법원에서 판단할 수 없다.

(2) 대판 1979. 12. 7. 79초70 요지

대통령의 계엄선포행위는 고도의 정치적, 군사적 성격을 띠는 행위라고 할 것이어서, 그 선포의 당 · 부당을 판단할 권한은 헌법상 계엄의 해제요구권이 있는 국회만이 가지고 있다 할 것이고 그 선포가 당연무효의 경우라면 모르되, 사법기관인 법원이 계엄선포의 요건 구비여부나, 선포의 당·부당을 심사하는 것은 사법권의 내재적인 본질적 한계를 넘어서는 것이 되어 적절한 바가 못된다.

(3) 대판 1997. 4. 17. 96도3376 요지

대통령의 비상계엄의 선포나 확대 행위는 고도의 정치적 · 군사적 성격을 지니고

---

28) 이러한 맥락에서 볼 때 현행헌법 제64조 제4항에 대하여 그 위헌성의 문제점을 지적하지 아니하고, 천편일률적으로 국회의 자율권에 의하여 정당화되는 것으로 보는 국내학자들의 입장은 잘못이라고 하지 않을 수 없다.

29) 예컨대 대판 1964. 7. 21. 64초6; 1979. 12. 7, 79초70; 1981. 1. 23. 80도2756; 1981. 2. 10. 80도3147; 1981. 4. 28. 81도874 등.

30) 예컨대 대판 1997. 4. 17. 96도3376; 2004. 3. 26. 2003도7878. 이러한 대법원의 입장선회는 통치행위에 대한 사법심사의 가능성을 원칙적으로 긍정한 그 이전의 헌법재판소 결정 들(예컨대 헌재 1993. 7. 29. 89헌마31; 1996. 2. 29. 93헌마186)에 영향을 받은 것으로 보인다.

있는 행위라 할 것이므로, 그것이 누구에게도 일견하여 헌법이나 법률에 위반되는 것으로서 명백하게 인정될 수 있는 등 특별한 사정이 있는 경우라면 몰라도, 그러하지 아니한 이상 그 계엄선포의 요건 구비 여부나 선포의 당·부당을 판단할 권한이 사법부에는 없다고 할 것이나, 비상계엄의 선포나 확대가 국헌문란의 목적을 달성하기 위하여 행하여진 경우에는 법원은 그 자체가 범죄행위에 해당하는지의 여부에 관하여 심사할 수 있다.

2. 대판 2004. 3. 26. 2003도7878의 내용과 평가

이 사건은 대법원이 2000년 남북정상회담의 개최과정에서 북한측에 사업권의 대가 명목으로 송금한 행위가 사법심사의 대상이 된다고 판단한 원심판결(서울고법 2003. 11. 28. 선고 2003노2634 판결)을 수긍하면서 송금행위의 남북교류협력에관한법률 위반 등을 이유로 관련 피고인들에 대한 유죄판결을 확정한 사건이다. 이 사건에서 원심은, 각 공소사실을 유죄로 인정하면서, 관련 피고인들의 대북송금행위 및 이에 수반된 각 행위들은 남북정상회담에 도움을 주기 위한 시급한 필요에서 비롯된 이른바 통치행위로서 사법부에 의한 사법심사의 대상이 되지 않는다는 피고인들의 주장에 대하여, 남북정상회담의 개최는 고도의 정치적 성격을 지니고 있는 행위라 할 것이므로 특별한 사정이 없는 한 그 당부를 심판하는 것은 사법권의 내재적·본질적 한계를 넘어서는 것이 되어 적절하지 못하지만, 남북정상회담의 개최과정에서 피고인들이 공모하여 재정경제부장관에게 신고하지 아니하거나 통일부장관의 협력사업 승인을 얻지 아니한 채 북한측에 사업권의 대가 명목으로 4억 5,000만 달러를 송금한 행위 자체는 헌법상 법치국가의 원리와 법 앞에 평등원칙 등에 비추어 볼 때 사법심사의 대상이 된다고 판단하였다.

이에 대해 대법원도 이러한 고도의 정치성을 띤 국가행위인 이른바 통치행위가 사법심사의 대상이 되는지 여부에 대하여 다음과 같이 판시했다.

(1) 판결요지

입헌적 법치주의국가의 기본원칙은 어떠한 국가행위나 국가작용도 헌법과 법률에 근거하여 그 테두리 안에서 합헌적·합법적으로 행하여질 것을 요구하며, 이러한 합헌성과 합법성의 판단은 본질적으로 사법의 권능에 속하는 것이고, 다만 국가행위 중에는 고도의 정치성을 띤 것이 있고, 그러한 고도의 정치행위에 대하여 정치적 책임을 지지 않는 법원이 정치의 합목적성이나 정당성을 도외시한 채 합법성의 심사를 감행함으로써 정책결정이 좌우되는 일은 결코 바람직한 일이 아니며, 법원이 정치문제에 개입되어 그 중립성과 독립성을 침해당할 위험성도 부인할 수 없으므로, 고도의 정치성을 띤 국가행위에 대하여는 이른바 통치행위라 하여 법원 스스로 사법심사권의 행사를 억제하여 그 심사대상에서 제외하는 영역이 있으나, 이와 같이 통치행위의 개념을 인정한다고 하더라도 과도한 사법심사의 자제가 기본권을 보장하고 법치주의 이념을 구현하여야 할 법원의 책무를 태만히 하거나 포기하는 것이 되지 않도록 그 인정을 지극히 신중하게 하여야 하며, 그 판단은 오로지 사법부만에 의하여 이루어져야 한다.

(2) 평가

주지하는 바와 같이 국가행위의 합목적성이나 정당성은 원칙적으로 사법심사의 대상이 되지 않는다. 이는 순수한 정치적 문제로서 국회나 국민에 의한 정치적 심판의 대상이 되는 것이지 사법적 판단의 대상이 되는 것은 아니다.[31] 사법부는 어디까지나 헌법과 법률의 잣대로서 헌법과 법률의 위반 여부를 판단하는 기관이지 국가행위의 정치적 합목적성을 판단하는 기관은 아니며, 만일 그렇지 않다면 이는 권력분립의 원칙 위반이 될 것이다. 이는 행정소송의 경우에도 마찬가지이다. 즉 국가행위의 위법의 문제만 행정소송이라는 법원의 판단 대상이 될 수 있고, 합목적성이나 효율성 문제와 관련한 부당의 문제는 행정부의 행정심판의 대상이 될 수는 있지만 사법부의 행정소송의 대상이 되지 않는 것과 같은 논리이다.[32]

이러한 측면에서 대법원이 이 판례에서 "… 국가행위 중에는 고도의 정치성을 띤 것이 있고, 그러한 고도의 정치행위에 대하여 정치적 책임을 지지 않는 법원이 '정치의 합목적성이나 정당성'을 도외시한 채 합법성의 심사를 감행함으로써 정책결정이 좌우되는 일은 결코 바람직한 일이 아니며, …"라는 표현은 문제가 있다. 즉 합목적성 등의 문제는 사법작용의 본질상 그리고 권력분립의 원칙상 처음부터 사법심사의 대상이 아니기 때문에 본래 이에 대한 사법심사의 문제가 제기될 수 없다. 그렇기 때문에 이러한 사안에 대한 사법심사의 자제 문제가 처음부터 제기될 여지가 없는 것이다. 즉 국가행위의 합목적성 등의 문제에 대하여 사법부가 심

31) Vgl. Hans-Jürgen Papier, aaO, § 154, Rdnr. 31.

32) 사법부의 사법적 통제는 국가작용의 합법성 준수여부에 까지만 미치며, 국가작용의 합목적성은 사법심사의 대상이 되지 아니한다. 정연주, 독일의 사법제도-행정 및 헌법재판의 특성과 일반재판과의 관계를 중심으로-, 법률행정논문집 창간호, 전남대학교 법률행정연구소, 1991, 79면 이하 참조.

사를 자제할 지의 여부를 판단할 권한이 처음부터 없는 것이다. 따라서 고도의 정치성을 띤 통치행위 중 순수한 합목적성이나 정치적 정당성의 문제는 처음부터 사법심사의 대상에서 제외되고, 헌법과 법률 위반 여부가 문제되는 법적인 부분에 대해서만 법적 잣대를 기준으로 사법심사의 대상이 되는 것이다. 결국 통치행위로 분류되더라도 원칙적으로 사법심사의 대상이 되고, 다만 그 중 순수한 정치적 영역만 제외되는데, 이는 통치행위이기 때문에 제외되는 것이 아니라 그 순수 정치적 영역이 본질적으로 처음부터 법적 잣대로 판단할 수 없는 부분이기 때문이다. 따라서 이러한 대법원의 논리전개는 타당하다고 보기 어렵다.

한편 모든 통치행위가 사법심사의 대상이 된다면 일반 국가행위와의 차이가 문제될 수 있는데, 일반 국가작용과 통치행위가 모두 사법심사의 대상이 된다는 면에서 본질적인 차이는 없다고 하겠다. 다만 고도의 정치성을 띤 통치행위의 경우 일반 국가작용과 비교하여 국가권력의 이른바 재량과 판단의 여지가 상대적으로 크다고 볼 수 있고, 그에 비례하여 사법심사의 밀도가 상대적으로 약화될 수 있다고 하겠다.[33)]

아울러 대법원이 "… 고도의 정치성을 띤 국가행위에 대하여는 이른바 통치행위라 하여 법원 스스로 사법심사권의 행사를 억제하여 그 심사대상에서 제외하는 영역이 있으나, 이와 같이 통치행위의 개념을 인정한다고 하더라도 과도한 사법심사의 자제가 기본권을 보장하고 법치주의 이념을 구현하여야 할 법원의 책무를 태만히 하거나 포기하는 것이 되지 않도록 그 인정을 지극히 신중하게 하여야 하며, 그 판단은 오로지 사법부만에 의하여 이루어져야 한다."라고 판시한 부분도 문제가 있다. 즉 대법원에 따르면 고도의 정치성을 띤 국가행위라는 통치행위에 대하

---

33) 공권력행사에 있어서 국가기관에 재량의 여지(Ermessensspielraum)가 부여되어 있을 경우에는 이에 대한 사법심사가 제한된다. 이 경우 사법부는 국가기관의 재량행사가 법적 한계를 일탈하지 않았는가 그리고 재량권이 그 재량권 수여 목적에 상응하는 방법으로 행사되었는가만을 심사할 수 있다. 한편 이러한 재량의 여지와 불명확한 법적 개념의 해석에 있어서 국가기관에게 부여된 이른바 판단의 여지(Beurteilungsspielraum)는 구별된다. 국가기관이 법률상 규정된 구성요건과 전제조건이 충족됐을 경우 그 법률에 의해 내정된 국가작용을 발하거나 발하지 않거나 하는 선택의 자유를 재량의 여지가 행정청에게 부여하는 반면, 판단의 여지의 문제는 법규범의 구성요건적 전제조건 그 자체와 관련되어 있다. '적합성', '신뢰성', '현저한 위험' 등등의 불명확한 법적 개념은 판단의 여지가 없는 명확한 개념과는 달리 다양한 해석가능성을 남겨놓고 있다. 이 경우 사법부에게는 원칙적으로 법적인 통제권만이 부여되기 때문에 일정한 불명확한 법률개념의 해석이 해당 법률의 목적과 기타의 법원칙과 일치하는지의 여부만이 사법심사의 대상이 되고, 따라서 이 한도에서 국가기관에게는 사법적 통제가 제한되는 일정한 판단의 여지가 부여된다. 그러나 국가기관은 이러한 판단의 여지를 자의적으로 행사해서는 아니되며 평등의 원칙의 준수하에서 행사하여야 한다. 평등원칙의 준수여부는 사법심사의 대상이 되는 법적 문제이므로 국가기관에게 부여되는 판단의 여지는 사실상 매우 좁다고 할 수 있다. 이에 대하여 자세한 것은 정연주, 독일의 사법제도, 79면 이하 참조.

여는 사법부가 스스로 자제하여 사법심사의 대상에서 제외시킬 수 있고(사법부 자제설), 다만 이러한 판단은 사법부가 신중히 내려야 한다고 주장하는데, 그렇다면 분명히 통치행위가 헌법과 법률의 위반소지가 있고, 그에 대한 사법심사가 절차적으로 가능함에도 불구하고 심사대상에서 제외시킬 수 있다는 것인데, 이는 사법권의 직무유기이자 권한 남용이라고 보지 않을 수 없고, 결국 법치주의를 훼손하는 것이다. 그리고 그러한 판단이 사법부의－비록 신중해야 한다고 하지만, 과연 지금까지 사법부가 신중하지 않았다고 인정한 적이 단 한번이라고 있었던가?－재량에 맡겨져 있다는 말인데, 이는 판결의 일관성과 법적 안정성 및 예측가능성을 심히 해치는 것으로 그때그때의 정치적 상황과 사법부 구성원의 정치적 성향에 따라 사법심사의 대상 여부가 달라질 수 있는 매우 위험하고 모호한 판시라고 하지 않을 수 없다. 앞서도 강조했지만 통치행위가 헌법과 법률의 위반소지가 있고, 그에 대한 사법심사가 절차적으로 가능하다면 반드시 사법심사를 해야 하는 것이며 이에 대한 사법부의 재량은 있을 수 없다. 그리고 사법부자제설이 가지고 있는 문제점과 그의 극복방안에 대하여 위에서도 언급했듯이 사법부자제설은 그 타당성을 인정하기 어렵다는 점에서 대법원 판례의 논리는 더욱 문제가 있다고 하겠다.

Ⅳ. 통치행위에 관한 헌재결정의 내용과 문제점

지금까지 살펴본 바와 같이 아무리 고도의 정치성을 띤 통치행위라 할지라도 헌법과 법률에의 위반이 문제되고 사법심사를 가능케 하는 헌법과 법률의 잣대와 사법절차가 마련되어 있다면 반드시 사법심사의 대상으로 삼아야 하고, 다만 인용결정을 통해 파생될 수 있는 극복하기 어려운 법적 혼란이나 공백, 법적 안정성 파괴 등을 예방하기 위하여, 또는 긴절한 공익이나 국가간의 신뢰를 보호하기 위하여 불가피 할 경우 일종의 변형결정 등이 고려될 수는 있을 것이고, 당사자의 기본권 구제도 예외적으로 다른 대체수단을 통해 이루어질 수는 있을 것이다. 이것이 한편에서는 기본권보장과 법치주의 및 헌법재판제도를 비롯한 사법제도의 이념과 정신을 실현하고, 아울러 다른 한편에서는 사법심사를 통해 파생될 수도 있는 다양한 공익과 관련된 부작용도 예방할 수 있는 일종의 규범조화적 해석의 결과라고 할 수 있다는 점은 위에서 언급한 바와 같다. 그리고 사법심사의 내용은 이러한 원칙과 정신의 바탕위에서 논리적 일관성을 지켜야 한다.

여기서는 이러한 시각에서 통치행위와 관련된 헌법재판소의 판례 중 대표적인 몇 가지를 예시로 그 내용과 문제점을 다루고자 한다.

1. 헌재 1996. 2. 29. 93헌마186 긴급재정명령 등 위헌확인

헌법재판소가 통치행위에 대한 사법심사의 문제를 본격적으로 다룬 가장 직접적인 판례는 긴급재정명령 등 위헌확인사건이라고 할 수 있다. 그 결정요지를 살펴보면 다음과 같다.

(1) 결정요지

대통령의 긴급재정경제명령은 국가긴급권의 일종으로서 고도의 정치적 결단에 의하여 발동되는 행위이고 그 결단을 존중하여야 할 필요성이 있는 행위라는 의미에서 이른바 통치행위에 속한다고 할 수 있으나, 통치행위를 포함하여 모든 국가작용은 국민의 기본권적 가치를 실현하기 위한 수단이라는 한계를 반드시 지켜야 하는 것이고, 헌법재판소는 헌법의 수호와 국민의 기본권 보장을 사명으로 하는 국가기관이므로 비록 고도의 정치적 결단에 의하여 행해지는 국가작용이라고 할지라도 그것이 국민의 기본권 침해와 직접 관련되는 경우에는 당연히 헌법재판소의 심판대상이 된다.

(2) 평 가

1) 통치행위에 대한 사법심사의 긍정

헌재는 이 사건에서 통치행위의 개념은 인정하되 그것이 국민의 기본권 침해와 직접 관련되는 경우에는 당연히 헌법재판소의 심판대상이 된다고 판시함으로써 통치행위에 대한 사법심사에 대하여 소극적인 입장을 취했던 그때까지의 학설과 대법원 판례와는 매우 다른 적극적이고 바람직한 태도를 보였다고 평가된다. 헌재도 지적하고 있듯이 통치행위를 포함하여 모든 국가작용은 국민의 기본권적 가치를 실현하기 위한 수단에 불과한 것이고, 따라서 헌법의 수호와 국민의 기본권 보장을 사명으로 하는 헌법재판소는 당연히 통치행위라 할지라도 그것의 기본권 침해 여부를 심사해서 침해된 기본권을 구제해주고 공권력의 통제와 헌법수호라는 본연이 임무를 완수해야 할 것이다.[34] 다시 말해 국가와 모든 국가기관 그리고 모든

34) 김철수, 헌법학개론, 2005, 1392쪽: 허영, 한국헌법론, 2004, 964쪽.

국가권력이 자기목적적인 것이 결코 아니고 국민의 기본권 보장을 위한 수단이며, 따라서 헌법을 비롯한 모든 법제도가 결국 기본권 보장을 위한 것이라면 아무리 고도의 정치성을 띤 통치행위라도 그것이 헌법에 부합되고 기본권을 실현할 때 비로소 정당화되는 것임은 당연하고, 따라서 그것이 헌법에 위반되어 기본권을 침해했을 때 마땅히 사법심사의 대상이 되어 통제되고 침해된 기본권을 구제해야 하는 것 역시 당연하다고 하겠다. 또한 이러한 공권력 통제와 헌법수호 및 기본권 구제가 사법제도의 본질적 임무라는 점을 상기할 때 만일 통치행위라는 미명하에 이를 사법심사의 대상에서 제외한다면 이는 바로 사법부의 직무유기라고 하지 않을 수 없다.

2) 헌재결정의 문제점

앞서도 언급했듯이 이 사건 헌재판례는 통치행위에 대한 매우 타당한, 따라서 여타의 유사사건의 귀감이 될 수 있는 판례라고 하겠다. 다만 헌법재판소는 "헌법재판소는 헌법의 수호와 국민의 기본권 보장을 사명으로 하는 국가기관이므로 비록 고도의 정치적 결단에 의하여 행해지는 국가작용이라고 할지라도 그것이 국민의 기본권 침해와 직접 관련되는 경우에는 당연히 헌법재판소의 심판대상이 될 수 있는 것일 뿐만 아니라, 긴급재정경제명령은 법률의 효력을 갖는 것이므로 마땅히 헌법에 기속되어야 할 것이다. 따라서 이 사건 긴급명령이 통치행위이므로 헌법재판의 대상이 될 수 없다는 법무부장관의 주장은 받아들일 수 없다."라고 판시함으로써[35] 통치행위에 대한 사법심사의 조건으로서 통치행위가 '국민의 기본권 침해와 직접 관련되는 경우'로 한정하는 듯한 언급을 하고 있다. 물론 헌법소원 등 기본권 침해를 전제로 하는 소송절차의 경우에는 당연히 기본권 침해와 직접 관련되어야 할 것이지만, 반드시 이러한 요건으로 제한할 필요는 없다고 하겠다. 왜냐하면 문제되는 통치행위가 비록 기본권 침해와 직접 관련되지 않는 경우라고 하더라도 그것이 헌법위반의 소지가 있고 사법심사의 잣대가 마련되어 있어 사법심사의 요건을 갖추고 있다면 당연히 사법심사의 대상이 되고 통제되어야 하기 때문이다. 그리고 그럴 경우에만 공권력 통제와 헌법수호를 사명으로 하는 헌법재판의 임무가 완수되고 법치주의가 실현될 수 있을 것이다.

예컨대 만일 과거 대통령이 일부 정치권에서 주장되었던 바와 같이 지역구도극복이라는 명분하에 선거법개혁을 국회의 입법이 아닌 헌법 제72조에 따른 국민투

---

35) 헌재 1996. 2. 29. 93헌마186, 판례집 8-1, 111, 116.

표를 통해 실현하고자 할 때 국회는 이러한 시도가 헌법 제72조의 국민투표실시대상에 속하지 않는 위헌적인 조치로서 자신의 입법권을 침해하는 행위라고 주장하면서 권한쟁의심판을 제기할 수 있을 것이다. 여기서 대통령의 조치가 위헌인지 그리고 국회의 주장이 타당한지를 별론으로 한다면 대통령의 조치가 비록 고도의 정치성을 띤 결단으로 통치행위에 속한다 하더라도 헌법위반이 문제되는 행위로서 마땅히 권한쟁의심판의 대상이 되어야 할 것이다. 여기서 이러한 대통령의 행위가 결국 또는 간접적으로 국민의 기본권과 관련될 수는 있겠으나 직접적으로는 국회의 입법권이라고 하는 국가권력이 문제되는 것이지 국민의 기본권 침해와 직접 관련되는 경우라고 할 수는 없을 것이다.

이와 유사한 사례가 헌재의 관련 판례에서도 확인된다. 예컨대 국회에서의 의안처리과정을 문제삼아 국회의장을 상대로 야당국회의원들이 제기한 입법권침해 등에 대한 헌법소원 사건[36]에서 헌재는 입법권은 기본권이 아니므로 기본권주체가 아닌 국가기관의 구성원인 청구인들이 제기한 헌법소원심판청구는 부적법하다고 각하시켰다. 이 사건은 고도의 정치성을 띤 국회내의 의안처리행위가 문제된 것으로 이는 국회의 자율권에 속하는 전통적인 통치행위에 속하는 국가작용이다. 여기서 심판청구가 각하된 이유는 사안이 통치행위에 해당되기 때문이 아니라 기본권의 침해에 해당되지 않기 때문에, 즉 기본권 관련성이 없어 헌법소원심판청구의 요건을 충족하지 못하여 각하된 것이다. 이처럼 통치행위 중에는 그것이 비록 헌법과 법률에의 위반여부 문제되지만 기본권과의 직접적인 관련성이 없는 경우도 얼마든지 있을 수 있다. 따라서 이 경우에는 기본권침해를 요건으로 하고 기본권구제를 목적으로 하는 헌법소원심판이라는 사법심사가 아니라 그에 대한 적절한 다른 사법심사, 예컨대 권한쟁의심판이 고려될 수 있는 것이다. 실제로 헌재는 야당의원들에게 개의일시를 통지하지 않음으로써 출석의 기회를 박탈한 채 본회의를 개의, 법률안을 가결처리해서 자신들의 법률안 심의·표결권이 침해했다고 야당국회의원들이 국회의장을 상대로 제기한 국회의원과 국회의장간의 권한쟁의사건[37]에서 심판청구를 인용했다. 이 사건 역시 위의 입법권침해 등에 대한 헌법소원사건의 경우처럼 고도의 정치성을 띤 국회내의 의안처리행위가 문제된 것으로 국회의 자율권에 속하는 전통적인 통치행위에 속하는 국가작용이다. 그리고 이 역시 기본권관련성이 없는 사안으로서 국가기관간의 권한에 대한 다툼이 문제되어

36) 헌재 1995. 2. 23. 90헌마12. 유사한 판례로서는 헌재 1995. 2. 23. 91헌마231.

37) 헌재 1997. 7. 16. 96헌라2.

권한쟁의심판이 적절한 심판절차라고 할 수 있는 사안이었다. 결국 통치행위 중에도 기본권과의 직접적인 관련성이 없는 국가작용이 있을 수 있고, 그 경우에는 기본권구제를 목적으로 하지 아니하는 사법절차에 의한 사법심사가 가능하고 또한 가능해야 한다는 것을 알 수 있다.[38)]

물론 일반적인 사법심사는 국민의 기본권 구제를 직접적인 목적으로 하기 때문에 통치행위에 대한 사법심사는 대체로 국민의 기본권 침해와 직접 관련되는 경우에 문제가 되겠지만, 위에서 예를 들은 바와 같이 국민의 기본권 침해와 직접 관련이 없는 경우에도 그에 대한 사법심사를 배제할 필요는 없는 것이다. 문제는 일정한 통치행위가 헌법 등을 위반하고 따라서 그에 대한 사법심사의 법적 잣대가 존재하며, 그에 대한 사법심사절차가 마련되어 있는지의 여부라 하겠다. 이러한 점에 비추어 볼 때 이 사건 통치행위에 대한 사법심사의 조건에 관한 판시는 아쉬움을 남긴다고 하겠다.[39)]

2. 헌재 2004. 4. 29. 2003헌마814 일반사병 이라크파병 위헌확인

대통령이 2003. 10. 18. 국군(일반사병)을 이라크에 파견하기로 한 결정에 대하여

38) 독일의 경우에도 추상적 규범통제절차로 제기된－기본권 침해와 아무런 직접적인 관련성이 없는－동·서독 기본조약에 관한 사건을 연방헌법재판소가 본안심사까지 한 것을 그 예로 들 수 있다(BVerfGE 36, 1).

39) 이러한 점에서 "통치행위 중에서 대통령이 국가의 원수 또는 국정이 최고책임자로서의 지위에서 행하는 고도의 정치적 결단에 속한다고 볼 수 있는 국정행위(예컨대 외교행위, 중요정책의 국민투표부의행위, 헌법개정발의행위,…)로서 국민의 기본권침해와 직접적인 관련이 없고 그 행위에 대한 정치적 통제수단이 따로 마련되어 있는 경우에는 법원은 그러한 행위에 대한 사법적 심사를 스스로 자제하는 것도 헌법의 규범조화적 실현을 위해서 허용된다고 할 것이다. 이렇게 볼 때 원칙적으로 통치행위라는 개념을 인정하는 바탕 위에서 통치행위에 대한 사법적 심사를 긍정하는 긍정설이 옳지만, 기본권침해와는 무관한 통치행위의 영역에서는 사법적 자제설도 충분한 설득력을 갖는다고 생각한다."고 하는 주장(허영, 전게서, 964쪽)은 설득력이 없다. 왜냐하면 위에서 언급했듯이 통치행위 중 기본권침해와 직접 관련이 없는 행위라도 그것이 헌법을 위반하고 그에 대한 사법심사의 잣대와 절차가 마련되어 있다면 당연히 사법심사의 대상이 되어야 하고 사법부는 사법심사를 해야 할 의무가 있기 때문이며, 만일 그렇지 않다면 그것이야 말로 헌법과 법치주의 위반이요, 사법부의 직무유기이기 때문이다. 한편 이러한 "기본권침해와는 무관한 통치행위의 영역에서는 사법적 자제설도 충분한 설득력을 갖는다고 생각한다."는 입장에 대한 "국민의 기본권침해와 관련이 없는 국가행위를 가정하는 것은 논리적으로 모순이 있다고 생각한다. 왜냐하면 … 모든 국가작용이 기본권적 가치를 실현하기 위한 수단이라면 당연히 모든 국가작용은 기본권과 관련이 있고 또한 있어야 하기 때문이다."라고 하는 비판(홍성방, 헌법학, 2002, 888쪽)도 문제가 있다. 물론 위에서도 지적했듯이 모든 국가작용은 자기목적적인 것이 아니고 기본권적 가치를 실현하기 위한 수단임에는 틀림없고 따라서 결국은 직접·간접적으로 기본권과 관련이 있기는 하지만 위에서 예를 들은 권한쟁의심판사안에서도 보는 바와 같이 국가작용 중 직접적으로는 기본권과 관련이 없고 타 국가기관의 권한침해와 관련이 있는 행위가 있으며, 이 경우에는 기본권 침해를 전제로 하는 헌법소원이 아니라 권한쟁의심판만이 사건해결의 절차로서 고려될 수 있기 때문이다.

이는 침략적 전쟁을 부인한다고 규정하고 있는 헌법 제5조에 위반될 뿐만 아니라 특히 의무복무를 하는 일반 사병은 급여를 받는 직업군인인 장교 및 부사관과 달리 실질적으로 급여를 받지 못하는 일반 사병을 이라크에 파견하는 것은 국가안전보장 및 국방의 의무에 관한 헌법규정에 위반되고 행복추구권을 침해한다고 주장하면서 일반국민의 한사람인 청구인이 제기한 일반사병 이라크파병 위헌확인사건에서 헌법재판소 다수의견은 이 사건 대통령의 파견결정이 고도의 정치성을 띤 행위로서 이에 대한 사법적 심사가 자제되어야 한다는 이유로 심판청구를 각하했다. 이에 반해 별개의견은 이 사건에서 청구인이 파견결정에 대해 적법하게 헌법소원을 제기할 수 있는 자기관련성이 없다는 것을 이유로 심판청구를 각하해야 한다는 주장을 하고 있다.[40] 그 결정요지를 살펴보면 다음과 같다.

(1) 결정요지

1) 다수의견

가. 외국에의 국군의 파견결정은 파견군인의 생명과 신체의 안전뿐만 아니라 국제사회에서의 우리나라의 지위와 역할, 동맹국과의 관계, 국가안보문제 등 궁극적으로 국민 내지 국익에 영향을 미치는 복잡하고도 중요한 문제로서 국내 및 국제정치관계 등 제반상황을 고려하여 미래를 예측하고 목표를 설정하는 등 고도의 정치적 결단이 요구되는 사안이다. 따라서 그와 같은 결정은 그 문제에 대해 정치적 책임을 질 수 있는 국민의 대의기관이 관계분야의 전문가들과 광범위하고 심도 있는 논의를 거쳐 신중히 결정하는 것이 바람직하며 우리 헌법도 그 권한을 국민으로부터 직접 선출되고 국민에게 직접 책임을 지는 대통령에게 부여하고 그 권한행사에 신중을 기하도록 하기 위해 국회로 하여금 파병에 대한 동의여부를 결정할 수 있도록 하고 있는바, 현행 헌법이 채택하고 있는 대의민주제 통치구조하에서 대의기관인 대통령과 국회의 그와 같은 고도의 정치적 결단은 가급적 존

40) 이 사건은 이라크전쟁 파견결정 등 위헌확인, 이라크전쟁 파견동의안 동의 위헌확인 사건(2003. 12. 18. 2003헌마255 등)과 유사하다. 즉 양자 마찬가지로 대통령의 국군이라크파견결정 등에 대하여 기본권 침해를 이유로 헌법소원심판을 청구한 사건이다. 다만 2003헌마255등 사건의 경우에는 5인의 다수의견이 청구인의 자기관련성이 없음을 이유로 심판청구를 각하했고, 4인의 별개의견은 문제된 사안이 고도의 정치적 행위이므로 사법적 심사가 자제되어야 한다는 이유로 심판청구를 각하해야 한다는 주장을 한 반면, 이 사건에서는 다수의견과 별개의견이 바뀌어서 5인의 다수의견이 문제된 사안이 고도의 정치성의 띤 행위이므로 사법적 심사가 자제되어야 한다는 이유로 심판청구를 각하했고, 4인의 별개의견은 청구인의 기본권과의 자기관련성이 없음을 이유로 심판청구를 각하시켜야 한다는 주장을 했다. 따라서 이 사건에서의 논의와 평가는 바로 2003헌마255등 사건의 경우에 그대로 적용될 수 있기 때문에 2003헌마255등 사건에 대한 소개와 평가는 생략한다.

중되어야 한다.

나. 이 사건 파견결정이 헌법에 위반되는지의 여부 즉 국가안보에 보탬이 됨으로써 궁극적으로는 국민과 국익에 이로운 것이 될 것인지 여부 및 이른바 이라크 전쟁이 국제규범에 어긋나는 침략전쟁인지 여부 등에 대한 판단은 대의기관인 대통령과 국회의 몫이고, 성질상 한정된 자료만을 가지고 있는 우리 재판소가 판단하는 것은 바람직하지 않다고 할 것이며, 우리 재판소의 판단이 대통령과 국회의 그것보다 더 옳다거나 정확하다고 단정짓기 어려움은 물론 재판결과에 대하여 국민들의 신뢰를 확보하기도 어렵다고 하지 않을 수 없다.

다. 이 사건 파병결정은 대통령이 파병의 정당성뿐만 아니라 북한 핵 사태의 원만한 해결을 위한 동맹국과의 관계, 우리나라의 안보문제, 국·내외 정치관계 등 국익과 관련한 여러 가지 사정을 고려하여 파병부대의 성격과 규모, 파병기간을 국가안전보장회의의 자문을 거쳐 결정한 것으로, 그 후 국무회의 심의·의결을 거쳐 국회의 동의를 얻음으로써 헌법과 법률에 따른 절차적 정당성을 확보했음을 알 수 있다. 그렇다면 이 사건 파견결정은 그 성격상 국방 및 외교에 관련된 고도의 정치적 결단을 요하는 문제로서, 헌법과 법률이 정한 절차를 지켜 이루어진 것임이 명백하므로, 대통령과 국회의 판단은 존중되어야 하고 헌법재판소가 사법적 기준만으로 이를 심판하는 것은 자제되어야 한다. 이에 대하여는 설혹 사법적 심사의 회피로 자의적 결정이 방치될 수도 있다는 우려가 있을 수 있으나 그러한 대통령과 국회의 판단은 궁극적으로는 선거를 통해 국민에 의한 평가와 심판을 받게 될 것이다.

2) 재판관 윤영철, 재판관 김효종, 재판관 김경일, 재판관 송인준의 별개의견

헌법재판소법 제68조 제1항은 공권력의 행사 또는 불행사로 인하여 헌법상 보장된 기본권을 침해받은 자는 헌법재판소에 헌법소원심판을 청구할 수 있다고 규정하고 있고 여기서 기본권을 침해받은 자라 함은 공권력의 행사 또는 불행사로 인하여 자기의 기본권이 현재 그리고 직접적으로 침해받은 자를 의미하며 단순히 간접적이거나 사실적인 이해관계가 있을 뿐인 제3자는 이에 해당하지 않는다. 청구인은 이 사건 파견결정으로 인해 파견될 당사자가 아님은 청구인 스스로 인정하는 바와 같고 현재 군복무중이거나 군입대 예정자도 아니다. 그렇다면 청구인은 이 사건 파견결정에 관하여 일반 국민의 지위에서 사실상 또는 간접적인 이해관계를 가진다고 할 수는 있으나, 이 사건 파견결정으로 인하여 청구인이 주장하는 바와 같은 행복추구권 등 헌법상 보장된 청구인 자신의 기본권을 현재 그리고 직접적으로 침해받는다고는 할 수 없다.

(2) 평 가

1) 다수의견의 문제점

헌재의 별개의견이 타당하다고 본다. 왜냐하면 이 사건 파병으로 인하여 청구인들의 기본권이 현재, 직접 침해되었다고 볼 수 없고, 따라서 청구인들은 이 사건 파견결정에 대해 적법하게 헌법소원을 제기할 수 있는 자기관련성이 있다고 할 수 없어 마땅히 이 사건 헌법소원 심판청구는 각하되어야 하기 때문이다. 따라서 이 사건은 심판대상인 대통령의 파견결정이 고도의 정치성을 띤 통치행위이기 때문이 아니라 심판청구의 적법성요건을 결했기 때문에 각하되어야 하는 것이다.

그러한 맥락에 비추어 볼 때 이와는 달리 사법부자제를 이유로 이 사건 심판청구를 각하시킨 다수의견은 대단히 잘못됐다고 하겠다. 즉 "이 사건 파견결정은 그 성격상 국방 및 외교에 관련된 고도의 정치적 결단을 요하는 문제로서, … 대통령과 국회의 판단은 존중되어야 하고 헌법재판소가 사법적 기준만으로 이를 심판하는 것은 자제되어야 한다. … 설혹 사법적 심사의 회피로 자의적 결정이 방치될 수도 있다는 우려가 있을 수 있으나 그러한 대통령과 국회의 판단은 궁극적으로는 선거를 통해 국민에 의한 평가와 심판을 받게 될 것이다."라고 판시함으로써[41] 고도의 정치적 결단에 대하여는 사법심사가 자제되어야 하고 이는 결국 국민에 의한 정치적 판단에 맡겨야 한다는 것인데, 다수의견도 이 사건에서 대통령의 파견결정이 헌법과 법률이 정한 절차를 지켜 이루어진 것임을 전제하고 있듯이 아무리 정치성을 띤 통치행위라도 그것의 헌법과 법률위반이 문제되고 그에 대한 사법심사의 잣대와 사법심사절차가 마련되어 있다면 당연히 사법심사의 대상이 되어야 한다는 점에서 다수의견은 대단히 잘못된 것이고, 고도의 정치적 결단에 의하여 발동되는 행위이고 그 결단을 존중하여야 할 필요성이 있는 대통령의 행위라도 그것이 국민의 기본권 침해와 직접 관련되는 경우에는 당연히 헌법재판소의 심판대상이 된다고 판시한 앞서 소개한 긴급재정명령 등 위헌확인사건의 판시와도 모순된다. 왜냐하면 긴급재정명령 등 위헌확인사건의 판시대로라면 이 사건의 경우에도

---

41) 헌재 2004. 4. 29. 2003헌마814, 판례집 16-1, 601, 607.

비록 고도의 정치성을 띤 통치행위라도 그것이 국민의 기본권 침해와 직접 관련되는 경우에는 심판대상이 되기 때문에 먼저 문제된 대통령의 행위가 국민의 기본권 침해와 직접 관련되는지의 여부를 판단한 후 그것이 인정된다면 마땅히 사법심사를 해야 했을 것이고, 이 사건의 경우처럼 청구인들의 기본권 관련성이 부정되는 경우라면 고도의 정치성을 띤 대통령의 행위 내지 통치행위라는 이유 때문이 아니라 바로 기본권과의 자기관련성이 없어 부적법한 헌법소원심판제기라는 이유로 심판청구를 각하해야 한다는 논리를 전개했어야 했기 때문이다.

그리고 다수의견의 "… 설혹 사법적 심사의 회피로 자의적 결정이 방치될 수도 있다는 우려가 있을 수 있으나 그러한 대통령과 국회의 판단은 궁극적으로는 선거를 통해 국민에 의한 평가와 심판을 받게 될 것이다."라는 판시는 헌재가 헌법적 문제를 방치하고 스스로 정치기관이 되고자 한다는 우려를 낳을 수 있다. 왜냐하면 통치행위라도 그것에 헌법적 문제가 있다면 이는 헌재가 판단을 해야지 이를 자제하고 국민의 심판에 넘긴다는 것은 사법자제라는 미명하의 직무유기이고, 그러한 판단 자체가 일종의 정치적 판단으로서 이미 헌재의 권한에 속한다고 볼 수 없기 때문이다. 헌재는 정치적 사법기관으로서, 즉 정치적 투쟁과 타협의 산물로서의 헌법을 기준으로 판단하는 기관으로서 그 결정과정에서 불가피하게 정치적 문제를 고려할 수는 있겠으나 이러한 정치적 고려가－그러한 고려의 결과 사법심사를 할 수도 있음에도 불구하고－사법심사 자체를 자제할 수 있는 재량을 부여하는 것은 아니다. 즉 헌법과 법률에 따라 사법심사의 대상이 되고 심사할 수 있다면 법치주의 실현과 권력통제, 기본권보장, 헌법수호 및 중요한 헌법적 해명을 위하여 반드시 판단해야 할 의무가 헌재에게 있는 것이다. 그리고 그러한 심사가 절차상 가능하다면 어디까지나 헌법규정과 원리에 따라 판단해야지 거기에 정치적 판단이 개재될 수는 없다. 바로 그러한 고도의 정치성을 띤, 따라서 정치적으로 민감하고 논란이 되는 행위에 대하여 사법적 통제를 하라고 헌재를 창설한 것이며, 그렇지 않다면 대법원과 별도로 헌재를 구성한 의의가 희석될 것이다. 또한 그렇지 않다면 헌재는 또 하나의 정치기관 내지 정치적 중재자라고 할 수밖에 없을 것이다. 다만 그러한 판단의 결과 파생되는 정치적 문제는 변형결정을 통해서 상당부분 해결될 수 있음은 앞서 언급한 바와 같다. 만일 헌재의 견해대로 궁극적인 판단과 통제는 국민이 선거를 통해 심판할 수밖에 없다면 정치성을 띤 모든 민감한 문제는 결국 국민의 몫이 될 것이고, 헌재에 의한 국가권력의 통제는 요원한 것이며, 유사한 위헌적 관행은 계속될 것이고, 도대체 헌재의 존재의의를 찾을 수 없을 것이다.

한편 다수의견은 위에서 이미 소개한 바와 같이 "이 사건 파병은 대통령이 파병의 정당성뿐만 아니라 북한 핵 사태의 원만한 해결을 위한 동맹국과의 관계, 우리나라의 안보문제, 국·내외 정치관계 등 국익과 관련한 여러 가지 사정을 고려하여 파병부대의 성격과 규모, 그리고 파병기간을 국가안전보장회의의 자문을 거쳐 결정한 것으로, 그 후 국무회의 심의·의결을 거쳐 국회의 동의를 얻음으로써 헌법과 법률에 따른 절차적 정당성을 확보했음을 알 수 있다."라고 판시함으로써[42] 대통령의 파병결정이 헌법과 법률에 합치되어 정당성을 확보했음을 강조하고 있다. 이러한 논리는 다음과 같은 문제점을 지니고 있다.

헌법재판소는 대통령의 파병결정에 대한 사법심사를 이미 했다는 점이다. 즉 다수의견은 대통령의 파병결정이 고도의 정치적 결단으로 이에 대한 사법심사는 자제되어야 한다고 주장하고 있지만, 위에서 언급한 바와 같이 대통령의 파병결정이 헌법과 법률이 정한 절차를 지켜 이루어진 것임을 인정했다는 점에서 사법적 자제에 기해서 사법심사를 회피한 것이 아니라 헌법과 법률에의 위반여부를 심사한 것이다. 따라서 대통령의 파병결정에 대한 사법적 심사를 이미 행했음에도 불구하고 그에 대한 사법적 자제를 언급하는 것은 그 자체 논리적 모순이라고 하지 않을 수 없다. 이와 관련하여 다수의견이 "외국에의 국군의 파견결정은 파견군인의 생명과 신체의 안전뿐만 아니라 국제사회에서의 우리나라의 지위와 역할, 동맹국과의 관계, 국가안보문제 등 궁극적으로 국민 내지 국익에 영향을 미치는 복잡하고도 중요한 문제로서 국내 및 국제정치관계 등 제반상황을 고려하여 미래를 예측하고 목표를 설정하는 등 고도의 정치적 결단이 요구되는 사안이다. … 이 사건 파견결정이 … 국가안보에 보탬이 됨으로써 궁극적으로는 국민과 국익에 이로운 것이 될 것인지 여부 및 이른바 이라크전쟁이 국제규범에 어긋나는 침략전쟁인지 여부 등에 대한 판단은 대의기관인 대통령과 국회의 몫이고, 성질상 한정된 자료만을 가지고 있는 우리 재판소가 판단하는 것은 바람직하지 않다고 할 것이며, 우리 재판소의 판단이 대통령과 국회의 그것보다 더 옳다거나 정확하다고 단정짓기 어려움은 물론 재판결과에 대하여 국민들의 신뢰를 확보하기도 어렵다고 하지 않을 수 없다."라고 판시하고 있는데,[43] 파병결정에 이르기까지의 이러한 대통령의 고려사항들은 순수한 정치적인 문제들로서 그 자체 사법심사의 대상이 될 수 없는 사안들이고 따라서 통치행위에 대한 사법적 자제와는 별개의 문제라고 할 수 있다. 왜

42) 헌재 2004. 4. 29. 2003헌마814, 판례집 16-1, 601, 607.

43) 헌재 2004. 4. 29. 2003헌마814, 판례집 16-1, 601, 606-607.

냐하면 통치행위에 대하여 사법적 심사를 자제한다는 것은 통치행위의 헌법과 법률에의 위반여부가 문제되고 그에 대한 사법심사의 잣대와 사법심사절차가 마련되어 있으며 더욱이 기본권 침해가 직접 문제될 경우에 그에 대한 사법심사를 할 수 있음에도 불구하고 사법심사를 회피하는 것을 의미하는데, 다수의견이 언급하는 대통령이 고려하고 판단하는 다양한 문제들은 순수한 정치적인 사안들로서 처음부터 그의 헌법과 법률에의 위반 여부가 문제될 수 없고, 따라서 그에 대한 사법적 심사의 법적 잣대가 없으며, 따라서 본질적으로 사법심사의 대상이 될 수 없는 사안들이기 때문이다. 즉 통치행위가 사법심사의 대상이 된다는 것은 아무리 고도의 정치성을 띤 국가작용이라도 그것의 헌법과 법률에의 위반여부가 문제되고 그에 대한 사법심사의 잣대와 사법심사절차가 마련되어 있다면 그의 헌법과 법률의 위반여부를 판단하는 사법심사의 대상이 된다는 것이고, 그에 대한 사법심사를 자제한다는 것은 이러한 사법심사의 요건이 충족되어 통치행위에 대한 사법심사를 할 수 있음에도 불구하고 이를 회피한다는 것인데, 이 사건에서 다수의견은 이미 대통령의 파병결정이 헌법과 법률에 위반되는지의 여부를 심사했으므로 이에 대한 사법심사를 이미 한 것이고 따라서 사법적 자제를 하지 아니한 것이며, 다수의견이 사법적 자제의 대상으로 언급한 사안들은 순수한 정치적 문제들로서 그 자체 처음부터 헌법과 법률에의 위반여부가 문제될 수 없고 따라서 그에 대한 사법심사가 성립될 여지가 없는 것이며, 이는 다수의견도 말미에서 "… 그러한 대통령과 국회의 판단은 궁극적으로는 선거를 통해 국민에 의한 평가와 심판을 받게 될 것이다."라고 언급하고 있듯이 정치적으로 심판될 수밖에 없는 사안들이다.[44] 그러므로 다수의견이 대통령의 파병결정에 대한 헌법과 법률에의 위반여부를 이미 판단했으면서도 그것이 고도의 정치적 결단이라는 이유로 그에 대한 사법적 자제를 이유로 사건을 각하한 것은 논리적 모순이고 동시에 통치행위에 대한 사법심사의 문제에 대한 이해가 부족한 것이라고 아니할 수 없다.

결국 다수의견이 대통령의 파병결정에 대한 사법적 자제를 주장하기 위하여 파병결정의 헌법과 법률에 따른 합헌·합법적인 결단이었음을 판단할 필요가 없었다. 왜냐하면 앞서도 언급했듯이 통치행위에 대한 사법적 자제 등의 사법심사의 배제는 그 통치행위의 헌법과 법률에의 위반 여부가 문제됨에도 불구하고 처음부터 그러한 사법적 심사를 배제한다는 것이기 때문에 다수의견이 사법적 자제를 주

44) 동·서독 기본조약에 관한 판례에서도 연방헌법재판소는 사법적 자제라는 것이 사안에 대한 법적 판단을 자제한다는 것이 아니라 다른 헌법기관의 자유로운 정치적 형성 영역에 개입하여 스스로 정치적 행위를 하는 것의 포기를 의미한다는 점을 분명히 하고 있다. BVerfGE 36, 1(14f.).

장하면서 헌법과 법률에의 위반여부를 판단하는 것은 모순이기 때문이다. 따라서 다수의견이 사법적 자제를 주장하고자 했다면 대통령의 파병결정의 헌법과 법률에의 절차적 합치여부를 판단할 필요 없이 처음부터 고도의 정치성을 띤 통치행위라는 이유만으로 사법심사가 자제되어야 한다는 논리를 전개했어야 했다.

2) 별개의견의 문제점

한편 이 사건 별개의견이 대통령의 파병결정이 통치행위에 해당되는지, 그리고 그럴 경우 사법심사의 대상이 되는지의 여부에 대하여 아무런 언급을 하지 않은 것은 아쉬움을 남긴다고 하겠다. 물론 위에서도 언급했듯이 청구인의 기본권 관련성이 없다는 이유로 이 사건의 각하를 주장한 것은 결론적으로는 타당하다. 그러나 앞서 소개한 긴급재정명령 등 위헌확인 사건에서 헌재가 대통령의 고도의 정치적 결단 등의 통치행위라도 원칙적으로 사법심사의 대상이 된다고 판시한 바 있듯이 이 사건에서도 대통령의 파병결정이 통치행위에 속하는지, 그리고 그러한 행위가 사법심사의 대상이 되는지에 대하여 먼저 언급하고, 그다음 사법심사의 대상이 되지만 다만 청구인의 기본권 관련성의 결여로 각하시킬 수밖에 없다는 논리를 전개했어야 했다. 또한 이는 헌법소원 내지 헌법재판제도가 가지는 기능 중 하나인 중요한 헌법적 해명의 견지에서도 요구된다고 하겠다.45) 왜냐하면 파병결정 등의 대통령의 고도의 정치적 결단이 통치행위에 속하는지, 통치행위에 대한 사법심사는 가능한지, 그리고 가능하다면 그 기준은 무엇이지의 여부는－그동안 학설과 판례에서 논란이 되어 왔고, 아울러 판례의 태도가 일관성을 결여하고 있다는 사실에서도 알 수 있듯이－헌법재판소가 다루어야 할 중요한 헌법적 해명에 속하는 사안이라고 할 수 있기 때문이다. 헌법재판은 일반재판과는 달리 단순히 일정한 사건의 해결에만 그 목적과 기능이 있는 것이 아님은 주지의 사실이다.46)

3. 헌재 2004. 10. 21. 2004헌마554 등 신행정수도의건설을위한 특별조치법 위헌확인

헌법재판소는 이 사건에서 신행정수도의 건설문제가 고도의 정치적인 문제이지

45) 헌법재판소는 주관적 권리구제와는 별도로 중요한 헌법적 해명이라는 객관적 이익실현을 헌법재판의 기능 중 하나로 일관되게 강조하고 있다. 예컨대 헌재 1992. 1. 28. 91헌마111; 1993. 12. 23. 93헌가2; 1997. 11. 27. 94헌마60 등.

46) 헌법재판의 일반재판과 구별되는 특성에 대하여는 정연주, 헌법소원심판청구취하의 효과, 공법연구 제28집 제4호, 2000. 6, 191쪽 이하 참조.

만 사법심사의 대상이 된다는 입장을 취했다. 즉 다수의견은 이전의 긴급재정명령 등 위헌확인사건의 판시와 같은 논거에 입각해 정치적인 문제도 국민의 기본권 침해와 직접 관련되는 경우에는 사법심사의 대상이 된다고 하면서 이 사건 특별조치법에 대하여 위헌결정을 내린 반면, 반대의견은 특별조치법으로 인한 기본권침해의 가능성이 없으므로 각하시켜야 한다고 주장하고 있다. 이 판례의 통치행위와 관련한 부분의 요지를 살펴보면 다음과 같다.

(1) 결정요지

1) 다수의견

가. 우리 헌법의 기본원리인 법치주의의 원리상 대통령, 국회 기타 어떠한 공권력도 법의 지배를 받아야 하고, 모든 국가작용은 국민의 기본권적 가치를 실현하기 위한 수단이라는 데에서 나오는 한계를 반드시 지켜야 하는 것이며, 헌법재판소는 헌법의 수호와 국민의 기본권보장을 사명으로 하는 국가기관이므로, 비록 고도의 정치적 결단에 의하여 행해지는 국가작용이라고 할지라도 그것이 국민의 기본권침해와 직접 관련되는 경우에는 당연히 헌법재판소의 심판대상이 될 수 있다.

나. 신행정수도건설이나 수도이전의 문제가 정치적 성격을 가지고 있는 것은 인정할 수 있지만, 그 자체로 고도의 정치적 결단을 요하여 사법심사의 대상으로 하기에는 부적절한 문제라고까지는 할 수 없다. 더구나 이 사건 심판의 대상은 이 사건 법률의 위헌여부이고 대통령의 행위의 위헌여부가 아닌바, 법률의 위헌여부가 헌법재판의 대상으로 된 경우 당해법률이 정치적인 문제를 포함한다는 이유만으로 사법심사의 대상에서 제외된다고 할 수는 없다.

다. 대통령의 의사결정이 국민의 기본권침해와 직접 관련되는 경우에는 헌법재판소의 심판대상이 될 수 있고, 이에 따라 위 의사결정과 관련된 법률도 헌법재판소의 심판대상이 될 수 있다. 우리 헌법은 선거권과 같은 간접적인 참정권과 함께 직접적인 참정권으로서 국민투표권을 규정하고 있으므로 국민투표권은 헌법상 보장되는 기본권의 하나이다. 그러므로 대통령의 의사결정이 국민의 국민투표권을 침해한다면, 가사 위 의사결정이 고도의 정치적 결단을 요하는 행위라고 하더라도 이는 국민의 기본권침해와 직접 관련되는 것으로서 헌법재판소의 심판대상이 될 수 있고, 따라서 이 사건 법률의 위헌성이 대통령의 의사결정과 관련하여 문제되는 경우라도 헌법소원의 대상이 될 수 있다.

2) 재판관 전효숙의 반대의견

청구인들의 국민투표권 침해 주장은 그러한 권리의 침해가능성 자체가 인정되지 않으므로 부적법하다. 청구인들이 이 사건에서 주장한 다른 기본권의 침해 주장 역시 기본권 침해의 자기관련성, 직접성 혹은 현재성 요건을 갖추지 못하였다. 결국 이 사건은 기본권 침해를 구제하는 최후적·보충적 수단인 헌법소원에서 헌법재판소가 본안판단을 하기에 부적법한 것이다.

(2) 평 가

1) 다수의견의 문제점

다수의견이 이 사건에서 고도의 정치적 결단에 의하여 행하여지는 국가작용에 대하여 이전 일반사병 이라크파병 위헌확인사건의 경우와는 달리 사법적 자제를 주장하지 않고 과거 긴급재정명령 등 위헌확인사건의 판시와 같이 그것이 국민의 기본권 침해와 직접 관련이 있다는 이유로 사법심사의 대상이 된다고 판시한 것은 판례의 일관성 측면에서 문제가 있다. 여기서 다수의견이 고도의 정치적 결단에 따른 국가작용을 사법심사의 대상으로 삼은 것이 결과적으로 타당한지의 여부를 문제삼는 것이 아니라, 바로 이전의 일반사병 이라크파병 위헌확인사건과의 논리적 모순을 지적하는 것이다. 즉 일반사병 이라크파병 위헌확인사건에서 고도의 정치적 결단을 요하는 대통령과 국회의 판단은 존중되어야 하고 헌재의 사법적 심판은 자제되어야 한다고 하면서 그러한 정치적 판단은 궁극적으로 선거를 통해 국민에 의한 평가와 심판을 받게 될 것이라는 판시를 했는데, 왜 마찬가지로 고도의 정치성을 띠고 헌법과 법률이 정한 절차에 따라 국회에서 의결된 사항이 문제된 이 사건에서는 유독 그러한 자제를 거부하고 논란이 되는 사안에 대하여 개입하여 일종의 정치적 중재자로서 굳이 사법적 판단을 내렸는지가 의문으로 논리의 일관성이 없다는 것이다. 다시 말해 일반사병 이라크파병 위헌확인사건에서 통치행위에 대한 사법적 자제를 주장했던 다수의견에 가담한 재판관들은 이 사건에서도 역시 사법적 자제를 주장하고 각하결정을 내렸어야 했다는 것이다. 따라서 일반사병 이라크파병 위헌확인사건에서 뿐 아니라 이 사건에서도 재판관의 헌법과 법률에 대한 이해와 소신에서라기보다는 당해 사건에 대한 재판관의 개인적 성향이나 정치적 견해에 따라 입장이 달라진다는 의구심이 야기될 수 있고, 이는 결국 통치행위의 개념과 그에 대한 사법심사의 가능성 여부에 대한 판단과 관련한 재판관의 입장이 사안에 따라 일관성을 상실한다는 의구심을 낳게 하는 것이다. 다시 말해 사안이 정치적으로 예민하거나 사법심사의 대상으로 삼기에 어려운 점이 있거나 또는 본인 스스로 회피하고 싶은 경우 사법적 자제의 미명하에 사건의 각하를 주장하고, 그렇지 않을 경우에는 적극적으로 사법심사의 대상으로 삼는다는 것이다. 이는 법적 안정성과 예측가능성의 파괴를 가져올 수 있다. 아울러 이는 헌법판례의 설득력 약화와 헌재의 권위 실추를 가져올 수 있다. 이는 또한 대통령을 비롯한 헌법재판관의 임명에 관여하는 주체로 하여금 이른바 코드인사를 통해 자신과 가깝거나 정치적 성향이 유사한 또는 자신에게 유리한 결정을 내릴 것으로 예상되는 재판관을 임명하도록 하는 강한 유혹을 증폭시킬 가능성이 있다.

무릇 헌법재판은 한 사건의 해결에 그 기능을 다하는 것이 아니라 이후 유사한 사건에 대하여 하나의 모델로서 지속적으로 그 기준과 판단근거를 제공한다는 점에서 그리고 중요한 헌법적 해명과 헌법의 통일성확립의 기능을 가진다는 점에서 헌법판례의 일관성, 특히 정치적으로 민감한 통치행위와 관련한 판례의 일관성과 객관성은 아무리 강조해도 지나치지 않을 것이다.

2) 반대의견의 문제점

한편 반대의견을 낸 전효숙 재판관은 이 사건에서 자기관련성, 현재성, 직접성의 결여를 이유로 각하의견을 주장했는데, 같은 정치적인 사건인 일반사병 이라크파병 위헌확인사건에서는 이와는 달리 사법적 자제를 주장했었다. 즉 구제적 사안은 다르지만 매우 고도의 정치성을 띤 이 사건에서는 그러한 의견을 내질 않고 자기관련성, 현재성, 직접성의 결여를 이유로 각하를 주장했는데, 이는 논리적 일관성을 결여했다고 볼 수 있다. 같은 각하결정이라고 하더라도 논거를 달리할 경우 이는 본질적으로 다른 결정이고 아울러 장래의 유사한 다른 사건에서는 매우 다른 결과를 초래할 수 있으므로 논리적 일관성이 요구되는 것은 당연하다고 하겠다. 다시 말해 고도의 정치성을 띤 입법행위나 외교·군사에 관한 행위 등에 대하여 통치행위이론을 적용하여 사법부가 사법적 판단을 자제해야 한다는 논거를 내세울 경우에는 그 행위의 위헌 여부나 기본권침해 여부에 관계없이 본안판단에 들어가지 않고 각하시키게 되나, 자기관련성, 현재성, 직접성의 결여를 이유로 각하의견을 낼 경우에는 기본권 관련성이 부정되는 등 헌법소원제기의 적법요건을 결해서 본안판단에 들어가지 않고 각하시키는 것이라 양자는 근본적으로 다른 것이다. 그런데 전효숙 재판관은 앞서 언급한 바와 같이 이전 일반사병 이라크파병 위헌확인 사건에서 자기관련성, 현재성, 직접성의 결여가 문제됨에도 불구하고 이를 도외시하고 문제된 공권력작용이 고도의 정치성을 띠고 일정한 헌법과 법률이 정한 국회의 절차를 거쳤다는 이유로 사법심사를 하는 것은 적절치 않다는 의견을 낸 반면, 유사하게 정치성을 띠고 정치적으로 논란이 되고 있으며 헌법과 법률이 정한 국회의 의결절차를 거친 이 사건 입법행위에 대하여는 이러한 접근을 하지 않고 구체적인 자기관련성, 현재성, 직접성의 결여 및 기본권침해 여부 등에 대한 사법심사를 했는데, 이는 논리적 일관성의 결여한 것으로 자신의 정치적 입지나 성향에 따라 자의적인 선택을 한 것이라는 의구심을 낳을 수 있다. 여기서 통치행위가 사법심사의 대상이 되어서는 안된다거나, 또는 이 사건이 사법심사의 대상에서 제외되어야 한다고 주장하는 것이 결코 아니다. 오히려 그 반대이다. 다만 논리적 일관성의 결여를 지적하는 것이다. 이러한 맥락에 비추어보더라도 통치행위라도 그것의 헌법과 법률에의 위반이 문제되고, 헌법과 법률의 잣대로 평가가 가능하고 사법절차가 마련되어 있다면 반드시 사법심사의 대상이 되어야 함을 알 수 있다. 왜냐하면 만일 그렇지 않다면 누차 강조했듯이 정치적으로 예민한 통치행위에 대하여 재판관 내지 헌재의 주관적 자의에 따라 사법심사의 여부가 좌우될 것이고, 이것은 법적 안정성과 예측가능성 및 법치주의를 위태롭게 하면서 결국 헌재의 독립성과 위상 및 헌재에 대한 신뢰를 파괴할 것이기 때문이다.

Ⅴ. 맺는 말

지금까지 통치행위에 대한 사법심사를 배제해야 한다는 학설이 어느 것도 설득력이 없고 헌법상 정당화될 수 없다는 것을 보았다. 사실 전통적으로 통치행위에 대한 사법심사를 부정하는 궁극적인 목적은 통치행위에 대한 사법적 간섭을 배제함으로 해서 대통령 등 국가최고기관의 권한과 권위를 존중하고 이를 통해 권력분립의 정신을 구현하고, 사법부의 정치화를 막아 사법부의 권위를 지킴과 동시에 사법심사를 통해서 야기될 될 수도 있는 다양한 공익적 부작용을 막겠다는 것으로 볼 수 있다. 그러나 누차 강조했듯이 어떠한 국가작용도 헌법의 테두리를 벗어날 수 없고, 헌법과 국가권력의 궁극적 목적은 국민의 기본권 등 헌법의 핵심적 가치를 보호하고 실현시킨다는 점, 그리고 헌법재판제도를 비롯한 사법제도의 임무가 이러한 가치의 실현을 감시하고 보장하는 하는 것이라는 점을 상기할 때 통치행위에 대한 사법심사를 인정해서 국가권력에 대한 통제가 이루어 질 때에 오히려 그 국가권력의 권위와 신뢰가 구축되고 그 국가작용이 정당화될 수 있으며, 이를 통해 진정한 권력분립의 정신이 구현되고, 사법기관의 탈정치화가 이루어져 다른 국가기관과 국민으로부터의 사법권에 대한 신뢰와 권위 및 독립성을 획득할 수 있는 것이다. 사실 사법부가 통치행위에 대하여 고도의 정치성을 가진다는 이유로 사법적 심사를 자제하거나 배제시키는 것이야 말로 전형적인 정치적 판단이고, 그것이야 말로 사법부가 정치기관으로 정치적 판단을 하면서 정치적 대변인 내지 정치적 중재자를 자임하는 것이며, 특히 일관되게 정치적 행위를 사법심사의 대상에서 배제시키지 않고 사안에 따라 또는 정치적 성격에 따라 사법심사를 선별적으로 한다면 더더욱 사법부가 자의적인 정치기관으로 전락되는 것이다. 통치행위에 대한 사법심사를 하자는 것은 통치행위의 헌법과 법률위반 여부라는 법적인 심사를 하자는 것이지 정치적 심사를 하자는 것이 결코 아니며, 이러한 정치적 판단부분은 사법기관의 권한밖의 사안임은 두말할 필요가 없다. 따라서 정치성을 띠었다고 통치행위 자체에 대한 사법심사를 배제함으로써 그 행위의 법적인 부분에 대한 심사를 배제하고 기본권침해를 묵인하는 것이야 말로 법치주의와 헌법을 유린하고 사법제도, 특히 헌법재판제도의 근간을 파괴하는 것이다. 왜냐하면 일반법원과는 달리 정치적 사법기관인 헌법재판소의 심사는 그 대상이 필연적으로 정치적이거나 정치성과 연루될 수밖에 없는데, 사안이 정치적이라는 이유로 사법심사를 배제시키는 것은 헌법재판을 없애자는 것에 다름 아니기 때문이다. 물론 사안이 정치적이라고 무조건 사법심사에서 배제되는 것이 아니라 '고도의' 정치성을 띨 때에만 그렇다고 강변할 수 있겠으나, 도대체 그 '고도의' 정치성과 일반적인 정치성을 어떻게 구별할 수 있겠으며, 필연적으로 그 구별과정에 자의가 개재되지 않을 수 없다는 점을 부인할 수 없을 것이다. 실제로도 그렇기 때문에 통치행위의 사법심사의 대상가능성 여부에 관한 국내외의 판례가 일관성을 상실하고 있는 것이다. 이렇게 볼 때 통치행위에 대한 사법심사를 배제하는 어느 입장도 법치주의와 사법제도 및 기본권적 가치가 확립된 오늘날의 헌법국가에서 정당화될 수 없는 것이다. 마치 특별권력관계에 대한 사안이 사법심사의 대상에서 배제된다는 이론이 오늘날 더 이상 발을 붙일 수 없는 것과 마찬가지로 이러한 통치행위 이론 역시 구시대적 유물이라고 아니할 수 없다.

그런 맥락에서 볼 때 통치행위에 대한 사법심사의 배제논거 중 유일하게 설득력이 있는 논거는 사법심사를 통해 파생될 수도 있는 공익적 부작용의 예방 이익으로 보인다. 그러나 앞서 이야기 했듯이 이 경우에도 이러한 이익이 법치주의와 사법제도의 실현 및 기본권보장 이익보다 우선한다고 볼 수는 없어 사법심사를 처음부터 배제하는 것을 정당화시킬 수 없다. 그 어떠한 정치적 이해도 법치주의와 기본권보장 이익보다 우선할 수는 없기 때문이다. 또한 인용을 할 경우 발생될 수도 있는 다양한 문제점은 앞서도 언급했듯이 다양한 변형결정 등을 통해 상당부분 해소될 수 있으리라 여겨진다. 그렇게 할 경우 통치행위의 위헌 · 위법도 확인되고 그를 통해 공권력의 통제와 법치주의도 확립되면서, 침해된 기본권의 구제와 피해자의 명예회복이 가능해지고, 동시에 인용결정을 통해 발생할 수 있는 법적 공백이나 혼란, 법적 안정성이나 국가간의 신뢰의 손상 등 다양한 공익적 문제점도 상당부분 해결될 수 있을 것이다. 그리고 사법심사의 과정에서 심사의 구제적 범위와 밀도 및 그 결정유형 등과 관련하여 이러한 정치적 고려 등 관련되는 모든 이익의 총체적 형량이 이루어 질 수 있는 것이다.

7. 관습헌법과 국민투표

– 헌재 2004. 10. 21. 2004헌마554 등 신행정수도의건설을 위한특별조치법 위헌확인[1] –

[目 次]

Ⅰ. 머리말

이 글은 엄청난 정치·사회적 파급효를 불러 일으켰던 헌법재판소의 「신행정수도의 건설을 위한 특별조치법」에 대한 위헌결정을 비판적으로 검토한 것이다. 이 사건에서는 문제된 이른바 관습헌법의 인정 여부, 과연 수도가 서울이라는 사실이 관습헌법에 해당하는지의 여부, 이를 변경하기 위해서는 반드시 성문헌법 개정절차를 밟아야 하는지의 여부, 헌법 제72조에 따른 국민투표실시가 상황에 따라서는

1) 헌재 2004. 10. 21. 2004헌마554 등, 판례집 16-2하, 1.

대통령의 의무사항인지, 따라서 이로부터 국민의 국민투표권이라는 기본권이 도출되는지의 여부 등 매우 중요한, 그런데 그동안 별로 주목 받지 못했던 다양한 쟁점이 대두되었다. 아울러 간접민주주의를 근간으로 하는 대의제도와 직접민주주의적 요소인 국민투표제와의 조화와 갈등의 문제도 제기된다. 아무튼 이 결정의 결과 및 그에 대한 정치적 평가와는 별도로 그 논거가 헌법적으로 타당한지에 대하여 많은 의문과 논란이 제기되었는데, 이러한 의문과 논란들은 매우 중요하고 근본적인 헌법적 문제를 담고 있고, 이후 유사한 사안에서 계속적으로 대두될 수 있는 사안들이기 때문에 이러한 쟁점들에 대하여 검토를 해보는 것은 매우 커다란 의미를 가진다고 하겠다.

여기서는 먼저 이 헌재결정의 내용을 살펴보고, 다수의견과 별개의견 및 반대의견 의 각각에 대하여 헌법적 검토를 하고자 한다.

Ⅱ. 헌재결정의 내용

1. 사건의 개요와 심판의 대상

(1) 사건의 개요

1) 2002. 9. 30. 새천년민주당의 대통령후보 노무현은 선거공약으로 "수도권 집중 억제와 낙후된 지역경제를 해결하기 위해 청와대와 정부부처를 충청권으로 옮기겠다"는 행정수도 이전계획을 발표하였다. 2002. 12. 19. 실시된 제16대 대통령선거에서 노무현 후보가 당선되었고, 2003. 4. 신행정수도건설추진기획단등의구성및운영에관한규정(2003. 4. 17. 대통령령 제17967호)이 제정되고 이에 근거하여 청와대 산하에 신행정수도건설추진기획단이, 건설교통부 산하에 신행정수도건설추진지원단이 각 발족되어, 이들이 신행정수도 건설에 관한 정책입안, 후보지역 조사 등의 업무를 수행하였다.

2) 2003. 10. 정부는 신행정수도의건설을위한특별조치법안을 제안하였고, 2003. 12. 29. 국회 본회의는 이 법안을 투표의원 194인 중 찬성 167인으로 통과시켰으며(반대 13인, 기권 14인), 2004. 1. 16. 신행정수도의건설을위한특별조치법은 법률 제7062호로 공포되었고 부칙 규정에 따라 그로부터 3월 후부터 시행되었다. 위 법은 수도권 집중의 부작용을 시정하고 국가의 균형발전과 국가경쟁력 강화를 목적으로 행정수도를 충청권 지역으로 이전할 것을 규정하면서, 국무총리와 일반인을 공동

위원장으로 하는 신행정수도건설추진위원회를 대통령 소속으로 설치하고, 건설교통부장관이 관리 · 운용하는 특별회계를 신설하며, 난개발과 부동산투기 등을 방지하기 위한 규정 등으로 구성되어 있다.

3) 위 법 시행 후 2004. 5. 21. 신행정수도건설추진위원회가 발족되었으며, 2004. 7. 21. 위 위원회는 제5차 회의에서 주요 국가기관 중 중앙행정기관 18부 4처 3청(73개 기관)을 신행정수도로 이전하고, 국회 등 헌법기관은 자체적인 이전 요청이 있을 때 국회의 동의를 구하기로 심의 · 의결하였다. 한편 2004. 8. 11. 위 위원회는 제6차 회의에서 「연기-공주 지역」(충청남도 연기군 남면, 금남면, 동면, 공주시 장기면 일원 약 2,160만평)을 신행정수도 입지로 확정하였다.

4) 청구인들은 서울특별시 소속 공무원, 서울특별시 의회의 의원, 서울특별시에 주소를 둔 시민 혹은 그 밖의 전국 각지에 거주하는 국민들로서, 위 법률이 헌법개정 등의 절차를 거치지 않은 수도이전을 추진하는 것이므로 법률 전부가 헌법에 위반되며 이로 인하여 청구인들의 국민투표권, 납세자의 권리, 청문권, 평등권, 거주이전의 자유, 직업선택의 자유, 공무담임권, 재산권 및 행복추구권을 각 침해받았다는 이유로 같은 해 7. 12.(2004헌마554) 및 같은 달 15.(2004헌마566) 위 법률을 대상으로 그 위헌의 확인을 구하는 헌법소원 심판을 각 청구하였다.

(2) 심판의 대상

이 사건 심판의 대상은 신행정수도의건설을위한특별조치법(2004. 1. 16. 제정 법률 제7062호, 이하 '이 사건 법률'이라 한다)이 청구인들의 기본권을 침해하여 헌법에 위반되는지 여부이다.

2. 청구인들의 주장과 이해관계기관의 의견 요지

(1) 청구인들의 주장

1) 이 사건 법률은 대통령의 선거공약이행의 차원에서 제정된 법인데 실질적인 수도 이전을 계획 · 추진하는 것을 내용으로 한다. 서울이 대한민국의 수도라는 사실은 헌법적으로 볼 때 불문헌법에 속한다. 따라서 수도이전에는 헌법개정에 버금가는 절차인 국민투표를 하여 국민적 합의를 도출하여야만 헌법적 정당성을 갖추게 된다. 또한 이 사건 법률은 국가안위에 관련된 중요한 국가정책에 관한 사항을

담았고 국민투표 실시를 위한 충분한 시간적 여유도 있었으므로 그 제정 시에 헌법 제72조 소정의 국민투표를 반드시 거쳤어야 할 것임에도 이를 거치지 아니한 것은 헌법에 위반되며, 청구인들의 국민투표권을 침해한 것이다.

2) 수도이전에 소요되는 막대한 비용은 국민이 납부하는 세금으로 조성된 국가예산에서 지출될 것인바, 이러한 지출은 재정투자의 우선순위를 도외시하고 헌법원칙을 무시한 위헌적인 것이다. 이와 같은 위헌적인 국가재정지출의 근거가 되는 이 사건 법률은 헌법 제37조 제1항의 '헌법에서 열거되지 아니한 권리'로서 보장되어야 하는 납세자의 권리를 침해한 것이다.

3) 수도이전은 국가 또는 국토의 재편계획에 해당하는 것으로서 국민 모두가 지대한 이해관계를 가지므로, 적법절차의 원칙상 법률제정과정에서 청문회 등 각계 각층의 다양한 의견 수렴을 위한 절차를 필요적으로 거쳐야 함에도 불구하고 이러한 절차를 거치지 아니한 것은 청구인들을 포함한 국민의 청문권을 침해한 것이다.

4) 서울특별시 의회의원과 공무원인 청구인들에게는 이 사건 법률의 제정으로 인하여 서울특별시 공무원으로서 공직수행과정에서 누렸던 지위와 권리가 박탈되어 그러한 이익이 침해될 것이 예상되는데 이는 그들의 공무담임권과 직업수행의 자유를 침해하는 것이다.

5) 이 사건 법률은 신행정수도의 건설을 위한 절차적 사항을 정하기 위한 법률임에도 불구하고 실체적 사항에 관한 내용을 다루고 있고, 수도이전계획에 대하여 대통령이 승인하기 전에 국회에서 먼저 정하도록 하여 국회가 대통령의 하위기관인 것처럼 규정하고 있으며, 수도이전지역을 특정지역으로 확정하고 있어서 법규범상호간에 준수되어야 할 체계의 정당성이 결여되었다. 또한 수도이전지역으로 규정된 충청권에 비하여 합리적 이유 없이 다른 지역을 차별하는 것으로 평등권을 침해하고 있다. 수도권에 거주하는 청구인들에게는 수도의 이전으로 인하여 경제·사회생활에서 불이익을 받을 것이 예상되는데 이는 동 청구인들의 직업선택의 자유와 거주이전의 자유 및 행복추구권을 침해하는 것이다.

(2) 대통령, 건설교통부장관, 법무부장관 및 신행정수도건설추진위원회의 의견

1) 청구인들이 침해받았다고 주장하는 기본권들은 모두 그 침해의 개연성이 없다. 이 사건 법률의 내용은 수도 이전의 추진에 관한 일반적 사항 뿐으로서 개개

국민의 기본권 침해와 관련성을 가지지 못하며, 또한 구체적인 집행행위를 매개하지 않고는 직접 기본권을 침해할 수 없다. 또한 이 사건 법률은 2003. 12. 29. 국회에서 의결되어 2004. 1. 16. 공포되었으므로 그날로부터 90일 이내에 헌법소원을 제기하여야 함에도 이를 경과하여 2004. 7. 12.에야 헌법소원을 제기하였으므로 이 사건 심판청구는 청구기간을 넘겨 부적법하다.

2) 헌법 제72조의 국민투표권은 대통령이 그 부의권을 행사할 때 비로소 발생하는 권리이므로 이 사건의 경우 문제될 수 없다. 수도문제는 헌법개정이 필요한 사항이 아니며, 서울이 수도인 것은 법률적 근거를 가지고 있을 뿐이어서 헌법적 효력을 가지는 불문헌법으로 볼 수 없다. 또한 불문헌법을 개정함에 있어서도 헌법개정절차를 거칠 필요가 없으므로 이 사건 법률은 헌법 제130조의 국민투표권을 침해할 수 없다.

3) 국민들이 납세자이긴 하나 정부가 세금을 어떻게 적재적소에 사용하는지 여부에 대하여 소송을 제기할 권리가 부여된 것은 아니다. 이는 오직 국민의 대표자인 국회를 통하여 감시되고 통제될 뿐이다. 따라서 청구인들이 주장하는 납세자로서의 권리는 당초부터 침해될 수 없다.

4) 청구인들은 청문권의 침해를 주장하나 정부가 법률안을 만드는 과정에서 이미 공청회를 개최한 바 있으며 입법예고도 시행하였고 국회의 입법과정에서도 국회소관 위원회에서 국회법에 의거하여 공청회 개최를 생략하기로 의결한 바 있으므로 적법절차를 위배한 것이 아니다. 따라서 청문권을 침해한 바가 없다.

5) 이 사건 법률의 내용상 각 조항 간은 물론 다른 법률과 모순되거나 저촉되는 바가 없으므로 체계정당성의 원리를 위배한 것이 아니다. 또한 수도이전 예상지역을 대전·충청권으로 정하고 있다고 하더라도 이는 국가의 균형발전·수도권의 집중해소 등 합리적 이유가 있으므로 청구인들의 평등권을 침해한다고 볼 수 없다.

6) 청구인들은 수도의 이전으로 단순히 사실상 경제적 반사이익만이 관계되고 있을 뿐이므로 직업선택의 자유, 거주이전의 자유, 행복추구권 등은 침해될 수 없다.

(3) 서울특별시장의 의견

서울이 수도로서 유구한 역사와 최적의 입지조건을 갖고 있고, 수도권 과밀해소의 해법으로 수도이전은 적합하지 않으며, 행정수도법 제정 과정에서 서울특별시와 서울시 의회에 의견제출기회를 부여하지 않았다는 점 등을 강조하고 있는 외에는 청구인들의 주장 요지와 같다.

3. 주 문

신행정수도건설을위한특별조치법(2004. 1. 16. 법률 제7062호)은 헌법에 위반된다.

4. 판시사항

(1) 헌법상 수도의 개념

(2) 신행정수도의건설을위한특별조치법이 수도이전의 의사결정을 포함하는지 여부(적극)

(3) 우리 헌법상 관습헌법이 인정될 수 있는지 여부(적극)

(4) 관습헌법 인정의 헌법적 근거

(5) 관습헌법의 성립요건으로서의 기본적 헌법사항

(6) 관습헌법의 일반적 성립요건

(7) 수도의 설정과 이전의 헌법적 의의

(8) '우리나라의 수도가 서울인 점'이 자명하고 전제된 헌법규범으로서 불문헌법으로 인정될 수 있는지 여부(적극)

(9) '우리나라의 수도가 서울인 점'이 관습헌법으로 인정될 수 있는지 여부(적극)

(10) '우리나라의 수도가 서울인 점'이 단순한 사실명제가 아니라 규범명제인지 여부(적극)

(11) 관습헌법의 폐지와 사멸

(12) 관습헌법을 하위 법률의 형식으로 의식적으로 개정할 수 있는지 여부(소극)

(13) '우리나라의 수도가 서울인 점'에 대한 관습헌법을 폐지하기 위해서는 헌법개정이 필요한지 여부(적극)

(14) 이 사건 법률이 헌법 제130조에 따라 헌법개정절차에 있어 국민이 가지는 국민투표권을 침해하여 위헌인지 여부(적극)

5. 결정요지

(1) 다수의견

1) 성문헌법이라고 하여도 그 속에 모든 헌법사항을 빠짐없이 완전히 규율하는 것은 불가능하고 또한 헌법은 국가의 기본법으로서 간결성과 함축성을 추구하기

때문에 형식적 헌법전에는 기재되지 아니한 사항이라도 이를 불문헌법 내지 관습헌법으로 인정할 소지가 있다. 특히 헌법제정 당시 자명하거나 전제된 사항 및 보편적 헌법원리와 같은 것은 반드시 명문의 규정을 두지 아니하는 경우도 있다.

2) 관습헌법도 성문헌법과 마찬가지로 주권자인 국민의 헌법적 결단의 의사의 표현이며 성문헌법과 동등한 효력을 가진다고 보아야 한다. 국민주권주의는 성문이든 관습이든 실정법 전체의 정립에의 국민의 참여를 요구한다고 할 것이며, 국민에 의하여 정립된 관습헌법은 입법권자를 구속하며 헌법으로서의 효력을 가진다.

3) 관습헌법이 성립하기 위하여서는 관습법의 성립에서 요구되는 일반적 성립요건이 충족되어야 한다. 첫째, 기본적 헌법사항에 관하여 어떠한 관행 내지 관례가 존재하고, 둘째, 그 관행은 국민이 그 존재를 인식하고 사라지지 않을 관행이라고 인정할 만큼 충분한 기간 동안 반복 내지 계속되어야 하며(반복 · 계속성), 셋째, 관행은 지속성을 가져야 하는 것으로서 그 중간에 반대되는 관행이 이루어져서는 아니되고(항상성), 넷째, 관행은 여러 가지 해석이 가능할 정도로 모호한 것이 아닌 명확한 내용을 가진 것이어야 하고(명료성), 다섯째, 이러한 관행이 헌법관습으로서 국민들의 승인 내지 확신 또는 폭넓은 컨센서스를 얻어 국민이 강제력을 가진다고 믿고 있어야 한다(국민적 합의).

4) 수도를 설정하거나 이전하는 것은 국회와 대통령 등 최고 헌법기관들의 위치를 설정하여 국가조직의 근간을 장소적으로 배치하는 것으로서, 국가생활에 관한 국민의 근본적 결단임과 동시에 국가를 구성하는 기반이 되는 핵심적 헌법사항에 속한다.

5) 서울이 수도라는 점은 우리의 제정헌법이 있기 전부터 전통적으로 존재하여 온 헌법적 관습이며 우리 헌법조항에서 명문으로 밝힌 것은 아니지만 자명하고 헌법에 전제된 규범으로서, 관습헌법으로 성립된 불문헌법에 해당한다.

6) 관습헌법도 헌법의 일부로서 성문헌법의 경우와 동일한 효력을 가지기 때문에 그 법규범은 최소한 헌법 제130조에 의거한 헌법개정의 방법에 의하여만 개정될 수 있다. 우리나라와 같은 성문의 경성헌법 체제에서 인정되는 관습헌법사항은 하위규범형식인 법률에 의하여 개정될 수 없다.

7) 헌법규범으로 정립된 관습이라고 하더라도 세월의 흐름과 헌법적 상황의 변화에 따라 이에 대한 침범이 발생하고 나아가 그 위반이 일반화되어 그 법적 효력에 대한 국민적 합의가 상실되기에 이른 경우에는 관습헌법은 자연히 사멸하게 된

다. 이와 같은 사멸을 인정하기 위하여서는 국민에 대한 종합적 의사의 확인으로서 국민투표 등 모두가 신뢰할 수 있는 방법이 고려될 여지도 있을 것이다. 그러나 이 사건의 경우에 이러한 사멸의 사정은 확인되지 않는다. 따라서 우리나라의 수도가 서울인 것은 우리 헌법상 관습헌법으로 정립된 사항이며 여기에는 아무런 사정의 변화도 없다고 할 것이므로 이를 폐지하기 위해서는 반드시 헌법개정의 절차에 의하여야 한다.

8) 따라서 헌법개정의 절차를 거치지 아니한 채 수도를 충청권의 일부지역으로 이전하는 것을 내용으로 한 이 사건 법률을 제정하는 것은 헌법개정사항을 헌법보다 하위의 일반 법률에 의하여 개정하는 것이 된다. 한편 헌법 제130조에 의하면 헌법의 개정은 반드시 국민투표를 거쳐야만 하므로 국민은 헌법개정에 관하여 찬반투표를 통하여 그 의견을 표명할 권리를 가진다. 그런데 이 사건 법률은 헌법개정사항인 수도의 이전을 헌법개정의 절차를 밟지 아니하고 단지 단순법률의 형태로 실현시킨 것으로서 결국 헌법 제130조에 따라 헌법개정에 있어서 국민이 가지는 참정권적 기본권인 국민투표권의 행사를 배제한 것이므로 동 권리를 침해하여 헌법에 위반된다.

(2) 재판관 김영일의 별개의견

1) 수도이전에 관한 의사결정은 헌법 제72조가 정한 '외교 · 국방 · 통일 기타 국가안위에 관한 중요정책'에 해당하여 국민투표의 대상이 된다.

2) 헌법 제72조는 단순히 국민투표부의에 관한 대통령의 권한만을 규정한 조문이 아니라 국민의 국민투표권을 아울러 규정하여 우리 헌법상 통치구조의 제도적 근간을 규정한 조문이고, 우리 헌법은 대의제를 원칙으로 하면서도 국민투표의 대상이 되는 정책에 관하여는 직접민주제의 요소를 채택하였다고 할 것이므로, 이러한 정책에 관하여 대의기관은 국민들의 현실의사에 기속된다. 따라서 국민이 대의기관에 의한 정책결정을 하지 아니하고 직접 국민투표로 결정하려는 의사를 가지고 있다고 볼 상당한 이유가 있는 경우 대의기관이 이러한 의사를 무시하고 스스로 결정을 하거나, 대의기관의 의사가 국민의 현실의사와 다르다고 볼 상당한 이유가 있는 경우 대의기관이 국민의 현실의사로 추정되는 것을 무시하고 반대되는 결정을 한다면, 헌법 제72조의 입법정신과 입법목적에 반하여 재량권을 일탈 · 남용한 것이 된다. 그런데 우리 국민은 수도이전에 관한 의사결정을 대통령이나 국회와 같은 대의기관에 위임하지 아니하고 직접 결정하겠다는 의사를 가지고 있다

고 볼 상당한 이유가 있고 신행정수도로 이전하는 것에 반대하는 의사를 가지고 있다고 볼 상당한 이유가 있다. 그러므로 이를 국민투표에 붙이지 아니하는 것은 재량권을 일탈 · 남용하는 것이다.

3) 이 사건 법률은 수도이전에 관한 국가의사를 결정함에 있어 국민투표를 확정적으로 배제하는 내용이고, 또한 대통령의 법률안제출행위에 있는 헌법 제72조를 위반한 흠이 그 자체로 법률제정의 흠이라고 평가되거나 적어도 국회의 법률안의 결행위에 승계되어 법률제정에 흠이 있게 되어, 국민의 한사람들인 청구인들은 이 사건 법률의 제정 · 시행으로 헌법 제72조의 국민투표권을 침해당하였다.

(3) 재판관 전효숙의 반대의견

1) 가. 헌법은 국가권력의 통제와 합리화를 통하여 국민의 자유와 권리를 최대한 실현하려는 것이 그 목적이며, 수도의 소재지가 어디냐는 그 목적을 위한 도구에 불과하다. 그러므로 헌법상 수도의 위치가 반드시 헌법제정권자나 헌법개정권자가 직접 결정해야 할 사항이라 할 수 없다.

나. 서울이 수도라는 사실이 오랫동안 우리 민족에게 자명하게 인식되어 온 관행에 속한다 하더라도, 우리 국민이 그것을 강제력 있는 법규범으로 확신하고 있었다고 인정하기 어렵다. 서울이 수도라는 관행적 사실에서 관습헌법이라는 당위규범이 인정될 수 없다.

다. 관습헌법은 성문헌법으로부터 동떨어져 성립하거나 존속할 수 없고 항상 성문헌법의 여러 원리와 조화를 이룸으로써만 성립하고 존속하는 보완적 효력만을 지닌다. 이러한 법리는 관습헌법의 내용이 중요한 헌법사항이라 하더라도 동일하다.

라. 헌법의 개정은 형식적 의미의 헌법, 즉 성문헌법과 관련된 개념이므로, 관습헌법의 변경은 헌법의 개정에 속하지 않으며 헌법이 마련한 대의민주주의 절차인 법률의 제정, 개정을 통하여 다루어질 수 있다.

2) 청구인들의 국민투표권 침해 주장은 권리의 침해가능성 자체가 인정되지 않으므로 부적법하다. 청구인들의 다른 기본권 침해 주장 역시 기본권 침해의 자기관련성, 직접성 혹은 현재성 요건을 갖추지 못하였다.

Ⅲ. 헌재결정의 문제점

1. 다수의견의 문제점

(1) 수도가 서울이라는 사실이 관습법인가?

다수의견은 수도가 서울이라는 사실이 관습법에 해당된다고 하면서 관습법의 성립을 위해 요구되는 일반적 성립 요건을 충족하고 있다고 판시했다. 특히 다섯째 요건으로서 수도가 서울이라는 관행이 "국민들의 승인 내지 확신 또는 폭넓은 컨센서스를 얻어 국민이 강제력을 가진다고 믿고 있어야 한다."는 국민적 합의 내지 법적 확신을 가지고 있다고 한다.[2] 그러나 수도가 서울이라는 사실이 국민의 법적 확신을 지지고 있는지가 의문이다. 즉 국민 모두가 이것이 법적 강제력을 가지는 사안이고 장래 이러한 상황이 변하지 않는다고 확신을 하고 있다고 보기 어렵다는 것이다. 설사 그러한 법적 확신이 과거에 있었다고 하더라도 이는 수도이전을 공약으로 제시한 대통령후보가 국민 다수의 지지를 받아 당선되었다는 사실, 그리고 국민을 대표하는 대의기관인 국회가 여야 합의의 압도적인 다수의 지지로 수도이전을 위한 이 사건 법률을 통과시켰다는 사실(국회 본회의는 이 법안을 투표의원 194인 중 찬성 167인으로 통과시켰다)에서 이미 그러한 법적 확신은 깨진 것으로 볼 수 있고, 국민투표에 회부하자고 하는 정치권과 국민 일부의 주장도 결국 이러한 확신에 의문이 있으니 이를 확인하자는 것에 다름 아니라고 볼 것이며, 따라서 그러한 법적 확신이 현재 존재하는 지의 여부가 불분명하다.[3]

헌재가 제시한 주장은 일종의 국민의 사실적 인식을 뒷받침 할 수는 있으나, 계속해서 수도는 서울이어야만 한다는 국민의 법적 확신 내지 규범적 인식을 입증하는 것은 아니다. 또한 헌재가 "이러한 형식적인 헌법개정 외에도, 관습헌법은 그것을 지탱하고 있는 국민적 합의성을 상실함에 의하여 법적 효력을 상실할 수 있다. 관습헌법은 주권자인 국민에 의하여 유효한 헌법규범으로 인정되는 동안에만 존속하는 것이며, 관습법의 존속요건의 하나인 국민적 합의성이 소멸되면 관습헌법으로서의 법적 효력도 상실하게 된다. 관습헌법의 요건들은 그 성립의 요건일 뿐만

---

2) 대법원도 일반적으로 관습법의 성립요건으로서 법적 확신을 들고 있다. 예컨대 대판 1983. 6. 14. 80다3231.

3) 수도가 서울이라는 법적 확신에 대한 다수의견의 입장이 주관적 의제에 가깝다고 보는 견해로서 김배원, 국가정책, 관습헌법과 입법권에 대한 헌법적 고찰, 공법학연구 제5권 제3호, 2004. 12, 179쪽.

아니라 효력 유지의 요건이다."라고 판시하고 있는데, 앞서도 언급한 바와 같이 수도가 서울이라는 사실에 대한 국민의 법적 확신이 있었다고 보기 어렵고, 백번 양보하여 과거에 수도가 서울이라는 사실에 대한 국민의 법적 확신이 존재했다고 하더라도, 현재로서는 이미 그에 대한 국민의 합의와 확신이 존재하는지에 대하여 다양한 의문이 제기되고 있으므로 헌재가 제시한 관습법의 효력 유지요건을 흠결했다고 볼 수 있는 것이다.

결국 수도가 서울이라는 사실을 관습법이라고 볼 수 없다.

(2) 수도가 서울이라는 사실이 관습헌법인가?

설사 수도가 서울이라는 사실이 관습법에 해당한다고 하더라도 그것이 헌법차원의 관습법, 즉 관습헌법 내지 헌법관습법[4]이라는 것도 의문이다.[5] 왜냐하면 수도가 서울이라는 사실 내지 어느 도시가 수도이어야 한다는 사실이 통치구조와 기본권에 관한 본질적이고 기본적인 사항이어서 반드시 헌법에 규정되어야 하는 또는 헌법적 차원의 사항으로 보기는 어렵기 때문이다.[6] 그리고 이는 해방후 서울이 수도라고 하는 사실을 지방자치법이나 「서울특별시 행정특례에 관한 법률」(동법 제2조 참조) 등 법률로 정한 것만으로도 알 수 있다. 어쨌든 수도가 어디냐 하는 사안은 통치구조와 기본권에 관한 본질적이고 기본적인 사항도 아니고 영속적이어야 하는 사항도 아니다. 이는 어디까지나 헌법의 핵심적 사안을 실현시키기 위한 도구일 뿐이다.[7] 외국의 예에서도 보듯이 많은 나라가－비록 상당수의 국가가 헌법

---

4) 사실 관습헌법이라는 용어보다는 헌법관습법이라는 용어가 적절하다고 하겠다. 일부에서는 헌법적 관습법이라는 용어를 사용하기도 한다(김철수, 헌법학개론, 2005, 17쪽). 일반 행정법의 경우 관습행정법이라는 용어 대신에 행정선례법(예컨대 김동희, 행정법I, 2004, 48쪽)이나 행정관습법(예컨대 김남진, 행정법I, 2004, 60쪽; 박윤흔, 행정법강의[상], 2004, 67쪽)이라는 용어를 사용하는 것처럼 이미 성문헌법전이 존재하는 경우에는 불문헌법국가에서 적용될 수 있는 용어인 관습헌법은 적절치 않고, 헌법관습법이라는 용어가 타당하다고 하겠다. 아울러 불문헌법과 관습헌법은 동의어라고 볼 수 없다. 왜냐하면 관습헌법이란 판례헌법과 더불어 불문헌법국가의 경우에 예시되는 법원의 한 종류에 해당되는 용어이기 때문이다. 그러나 여기서는 용어의 혼란을 피하기 위해 헌재결정의 표현대로 관습헌법이라는 용어를 사용하기로 한다.

5) 수도가 서울이라는 사실이 헌법상 자명하고 헌법에 전제된 사항으로서 관습헌법으로 확고히 정립된 헌법사항이라는 다수의견과 유사한 견해로는 김승대, 헌법관습의 법규범성에 대한 고찰, 헌법논총 15집, 2004. 12, 162쪽. 한편 수도가 서울이라는 사실이 국가나 국민에 관한 핵심적 상징에 관한 사항이기 때문에 헌법의 핵심사항이라는 견해로는 최대권, 신행정수도 이전 특별조치법은 위헌이다, 시민과 변호사 127호, 2004. 8, 16쪽 이하.

6) 이러한 헌법적 사항의 특성과 내용은 국가의 통치조직과 기본권에 대한 근본규범이라는 헌법의 의의와 본질로부터 도출된다고 하겠다. 김철수, 전게서, 12쪽; 권영성, 헌법학원론, 2004, 3쪽.

7) 전효숙 재판관도 반대의견에서 "… 헌법은 국가권력의 통제와 합리화를 통하여 국민의 자유와 권리

에 수도에 관한 사항을 규정하고 있지만 이는 대체로 그럴만한 역사적 이유가 있기 때문이며 그런 경우에도 수도에 관한 헌법규정이 실질적 의미의 헌법사항을 정한 것이라고 보기는 어렵다－헌법에 수도의 위치를 정하고 있지 않고,[8)] 수도 이전시 헌법개정을 필수요건으로 하고 있지 않은 예에서도 이를 알 수 있다.[9)]

(3) 관습헌법의 개정은 성문헌법개정절차를 따라야 하는가?

성문헌법체계하에서도 관습헌법이 존재할 여지를 굳이 부인할 필요는 없다고 본다.[10)] 성문헌법의 불완전성, 개방성, 개정이 어려운 경성헌법의 특성, 미래지향성 등 성문헌법의 특성상 헌법의 흠결을 보완하기 위하여 관습헌법의 존재를 부정할 필요는 없을 것이다.[11)] 이처럼 관습헌법이 성문헌법하에서도 인정될 수는 있지만 이는 성문헌법의 흠결을 보완하기 위한 것이므로 당연히 성문헌법에 대하여 보충적일 수밖에 없다.[12)] 그리고 이러한 관습헌법의 개정 내지 소멸은 그러한 관행의 자연적인 소멸, 다른 관행의 시행, 입법자의 행위－입법 내지 법률개정－를 통한 개정, 그리고 우리의 경우 국민투표를 통한 확인 등을 통해 이루어질 수 있을 것이고, 이 중 꼭 어느 하나가 필수적이라고 말 할 수는 없다. 이는 관습법의 특성상 당연한 것이라고 하겠다. 이는 예컨대 행정선례법이나 민중관습법 등 행정관습법의 내용 변경을 위하여 관련 성문행정법의 개정절차가 필요하지 않고, 민법에서 분묘기지권이 관습법상의 권리로 인정되어 있는데 이를 더 이상 인정하지 않기 위해서 이에 관한 성문민법의 개정이 필요하지 않은 것과 논리적으로 같다.[13)] 따라

를 실현하려는 것이 근본 목적이다. 즉 우리 헌법은 국가권력의 남용으로부터 국민의 기본권을 보호하려는 법치국가의 실현을 기본이념으로 하고 있다. 수도의 소재지는 그러한 헌법의 목적 실현을 위한 도구에 불과하며 그러한 목적 실현에 직접 영향을 주는 사항이라 보기 어렵다."라고 주장함으로써 이점을 분명히 하고 있다.

8) 김종철, 신행정수도 이전 반대 헌법소원청구의 문제점, 시민과 변호사, 2004. 8, 서울지방변호사회, 25쪽.

9) 수도가 서울이라는 사실이 헌법사항이라고 볼 수 없다는 견해에 대한 논증으로서는 전광석, 수도이전특별법 위헌결정에 대한 헌법이론적 검토, 제53회 헌법실무연구회(2005. 3. 4.), 발표문, 6쪽 이하 참조.

10) 이에 반하여 성문헌법국가에서 관습헌법을 인정할 여지가 없다고 보는 입장으로는 전광석, 전게논문, 12쪽; 이종수, 관습헌법이 제기하는 헌법이론적 문제점, 헌법판례연구[6], 2004, 65쪽.

11) 성문헌법국가에서의 관습헌법의 존재가능성을 인정하는 입장으로서는 김철수, 전게서, 17쪽; 권영성, 전게서, 22쪽.

12) 일반적으로 관습법이 성문법에 대하여 보충적 효력만을 가진다는 입장으로서는 박윤흔, 전게서, 68쪽; 김남진, 전게서, 61쪽; 김성수, 일반행정법, 2004, 85쪽; 대판 1983. 6. 14. 80다3231. 이에 반하여 예외적인 경우에는 관습헌법이 성문헌법에 대한 사실상 변경적 효력도 가진다고 보는 견해도 있다(김배원, 전게논문, 181쪽).

서 관습헌법의 개정이나 소멸에 성문헌법의 개정을 전제로 하는 헌법개정절차가 반드시 요구되는 것은 아니다.[14] 즉 헌법개정은 일반 법률보다 개정절차가 까다로운 것으로 경성의 성문헌법의 개정을 전제로 하는 것이고, 이는 제정이나 개정이 까다로운 경성의 성문헌법의 개정의 경우에는 역시 같은 까다로운 헌법개정의 절차에 의하여 이루어지도록 요구하는 것이며, 관습법의 경우에는 성문법과는 달리 관습법의 속성에 따른 개정절차가 요구되는 것으로 이는 관습의 소멸이나 개정을 확인할 수 있는 절차이면 족한 것이다.[15] 따라서 이 경우 그 중요성에 따라 법률제정 또는 개정절차, 자연스러운 관습의 소멸 또는 관행, 관습과 저촉되는 새로운 관습의 시행, 법원의 판례 등 어느 방법을 통해서도 가능한 것이다.[16]

따라서 수도가 서울이라는 사실이 설사 헌법적 차원의 관습헌법이라고 할지라도 이를 개정하기 위하여 헌법개정절차를 밟아야 한다는 다수의견은 잘못이다.[17] 왜냐하면 헌법개정절차는 성문헌법전의 조항에 대한 개정을 전제로 하고 있는 것

---

13) 전광석, 전게논문, 14쪽.

14) 유사한 견해로서 전광석, 전게논문, 13쪽; 이종수, 전게논문, 71쪽.

15) 허영교수는 성문헌법과 불문헌법의 개정상의 차이와 관련하여 "헌법의 개정은 형식적 의미의 헌법·성문헌법과 관련된 개념이다. 헌법전에 들어 있지 않은 실질적 의미의 헌법과 불문헌법의 개정은 헌법의 개정에 속하지 않고 법률개정의 문제로 다루어진다. 특히 불문헌법의 개정은 헌법관행의 변화에 따라 이루어지기 때문에 헌법개정의 개념에 포함시키지 않는 것이 통례이다."라고 언급하고 있다(허영, 한국헌법론, 2005, 48쪽).

16) 예컨대 미국의 경우 초대 워싱턴 대통령부터 F. Roosevelt 대통령 이전까지 모든 대통령의 연임은 단 1회에 한했고 3선을 한 대통령은 한명도 없었는데, 이러한 제도는 성문헌법 명문상의 규정에서 비롯된 것이 아니고 초대 대통령 이래 계속되어온 일종의 오랜 관행에 의한 것이었다. 그리고 이러한 관행은 국민들 사이에서의 일종의 법적 확신에 바탕을 두고 있었다고 볼 수도 있고, 그런 점에서 이를 일종의 관습법이라고 분류할 수도 있을 것이다. 더욱이 대통령의 임기나 연임제한문제는 통치구조의 본질적이고 기본적인 사항에 해당된다는 점에서 이를 헌법사항 내지 헌법적 차원의 관습법으로서 일응 관습헌법으로 명명할 수도 있을 것이다. 그런데 이러한 관습은 헌법개정이 아닌 일종의 관행의 중단으로 소멸되었다. 즉 F. Roosevelt 대통령이 4선을 함으로써 자연스럽게 그러한 관행 내지 관습헌법의 개정 내지 소멸이 초래된 것이다. 여기서 Roosevelt 대통령의 4선재임이 위헌이 아님을 물론이다. 즉 관습헌법의 개정 내지 소멸이 성문헌법의 개정을 요하는 것이 아니라는 의미이다. 만일 다수의견의 주장대로 관습헌법의 개정 내지 소멸이 성문헌법의 개정을 요하는 것이라면 Roosevelt 대통령의 4선재임이 위헌이어야 했을 것이다. 물론 그 후 1951년의 헌법개정(수정헌법 제22조)을 통해 대통령의 연임은 1회에 한한다는 규정을 성문헌법에 마련했으나 이는 논란이 될 수 있는 핵심적인 헌법사항을 성문헌법에 분명하게 규정한다는 의미이지 관습헌법의 개정이 성문헌법의 개정을 필요로 한다는 의미는 아니라고 할 것이다. 그런데 이와 관련하여 이러한 과거의 3선금지 관행을 아직 법규범으로서 인정받지 못한 헌법관습에 해당한다고 보면서, Roosevelt 대통령의 출마를 전후한 시기가 경제위기와 전쟁이라는 위기상황이었으므로 일반원칙에 예외에 해당한다고 하여 헌법관습은 깨어지지 아니한 것으로 보면서도 그러한 헌법관습의 규범력을 명백하게 하기 위하여 헌법을 개정하였다고 볼 수 있을 것이라는 견해도 있다(김배원, 전게논문, 161쪽).

17) 같은 견해로서 홍성방, 헌법학, 2005, 37쪽; 김배원, 전게논문, 171쪽. 이에 반하여 헌법개정절차가 필요하다는 견해로는 김승대, 전게논문, 169쪽 이하; 최대권, 전게논문, 22쪽.

이지 불문의 관습헌법의 개정을 위한 것이 아니기 때문이다. 불문헌법의 개정은 성문헌법의 개정절차와는 무관하다. 즉 관습법은 관습의 변화로서, 다시 말해 장기간의 관행과 법적 확신의 변화를 통해 자연스럽게 개정되거나 사멸된다.[18] 또는 일반 성문법을 제정하는 방법이 있을 수 있다. 이는 국민의 대표기관인 국회가 행하는 것으로 국민의 법적 확신의 변화를 대변한다고 볼 수 있다. 또 어느 시점에 법원이 이전에 확인한 관습법에 대한 태도를 바꿀 수도 있다. 이러한 계기는 보통은 지속적인 사실관계의 변화를 관찰하면서 이루어진다. 한편 관습법의 구성요소인 사실관계의 존재와 이에 대한 규범적 확신을 국민에게 직접 국민투표를 통하여 확인할 수도 있다고 보인다. 아울러 이는 관습헌법이 성문헌법조항의 보충적 효력을 가진다는 점에서 보더라도 당연하다고 하겠다. 만일 그렇지 않다면 성문헌법의 보충적인 효력만을 가지는 관습헌법의 경우에도 일일이 성문헌법의 개정절차인 매우 어렵고 까다로운 절차를 거쳐야 한다는 것인데, 이는 관습에 의하여 형성되는 관습헌법의 본질 및 특성과 부합되기 어렵고, 아울러 성문헌법에 보충적인 효력만을 가지고 성문헌법보다 우월하거나 대등한 효력을 가지지 아니하는 관습헌법의 보충성에도 반한다.

따라서 헌법제정이나 헌법개정의 결과 명시적으로 성문헌법전에 규정된 조항을 개정할 때에만 헌법 제130조에서 정한 엄격한 헌법개정절차가 적용되는 것이고, 이는 헌법제정권력이나 헌법개정권력이라는 강력한 민주적 정당성의 바탕위에서 명시적으로 성립된 규범은 역시 강력한 민주적 정당성에 바탕을 둔 명시적 헌법개정절차를 통해서만 개정할 수 있도록 한 헌법제정권력의 의도에서 비롯된 것이다. 왜냐하면 이러한 국회의원 절대다수의 찬성과 국민투표를 통해서만 헌법제정권력

18) 이와 관련하여 헌법재판소는 "다만 헌법규범으로 정립된 관습이라고 하더라도 세월의 흐름과 헌법적 상황의 변화에 따라 이에 대한 침범이 발생하고 나아가 그 위반이 일반화되어 그 법적 효력에 대한 국민적 합의가 상실되기에 이른 경우에는 관습헌법은 자연히 사멸하게 된다. … 그러나 이 사건의 경우에 이러한 사멸의 사정은 확인되지 않는다. 따라서 우리나라의 수도가 서울인 것은 우리 헌법상 관습헌법으로 정립된 사항이며 여기에는 아무런 사정의 변화도 없다고 할 것이므로 이를 폐지하기 위해서는 반드시 헌법개정의 절차에 의하여야 한다."라고 판시하고 있는데(헌재 2004. 10. 21. 2004헌마554 등, 판례집 16-2하, 1, 49), 설사 다수의견의 주장대로 수도가 서울이라는 사실이 관습헌법이라고 하더라도 앞서 언급한 바와 같이 그에 대한 의문이 여러 가지 경로로 제기된 마당에 이에 대한 아무런 사정의 변화도 없다고 강변하면서 그렇기 때문에 반드시 헌법개정절차에 의해서만 폐지된다고 하는 논리는 설득력이 없다. 또한 법적 효력에 대한 국민적 합의의 상실 여부에 대한 판단이 지극히 주관적이고 불명확하다고 할 수밖에 없어 이 사건에서처럼 국민들 사이에서 이미 그에 대한 의문이 제기되었고, 국민의 대표기관인 국회의 절대다수로 수도이전을 결정했음에도 불구하고 다수의견이 국민들의 법적 확신에 아무런 변화가 없다고 하는 것은 헌재 스스로가 헌법적 판단이 아닌 정치적·사회적·문화적·역사적 판단을 국회와 국민을 대신해서 내린 것으로 지극히 자의적인 결정이라고 아니할 수 없다. 결국 국민의 법적 확신이 변화·소멸되었음은 반드시 헌법개정절차에 의해서만 확인되는 것은 아니다.

이나 이전의 헌법개정권력에 상응하는 민주적 정당성이 도출될 수 있기 때문이다. 그러므로 이러한 헌법제정권력이나 헌법개정권력에 의하여 성립된 명시적인 성문의 헌법규범이 아닌, 헌법제정권력이나 헌법개정권력의 명시적 의사나 특정한 절차에 의하지 않고 성립된 불명확하고 보충적인 관습헌법의 개정에 대하여 헌법 제130조의 헌법개정절차조항을 적용시키는 것은 대단히 잘못된 것이다.

(4) 소 결

결국 이 사건에서 수도가 서울이라는 사실이 관습법에 해당한다고 볼 수 없고, 설사 관습법이라고 하더라도 수도에 관한 사항이 헌법적 규율사항에 해당하는 관습헌법이라고 할 수 없으며, 또한 관습헌법에 해당한다고 하더라도 이에 대한 개정을 위하여 반드시 성문헌법의 개정절차를 밟아야 하는 것은 아니다.

사실 수도가 서울이라는 사실에 대하여 국민의 합의와 법적 확신의 존재여부 등에 대하여 많은 의문이 제기되는 동시에 이러한 국민의 합의와 법적 확신의 존재를 의심케 하는 여러 사건이 발생되었음에도 불구하고 수도가 서울이라는 사실이 관습법에 해당하고 그것도 헌법차원의 관습헌법이라고 매우 주관적인 판시를 함으로 해서 앞으로 이와 유사한 주장이 정치권이나 사회 내지 국민들 사이에서 얼마든지 제기될 수 있는 길을 열어놓았으며, 이 경우 일정한 주장사항이 일단 관습헌법에 해당된다고 판단되면 헌법개정절차가 아니고는 변경할 수 없다는, 따라서 그 변경이 지극히 어려울 수밖에 없다는 결과를 남겼다. 이 사건의 경우처럼 일정한 정치적 분쟁사건이 헌법재판소에 갔다는 사실 자체가 그 헌재의 소송물이 여야 정쟁의 대상이 되거나 이른바 국론분열의 원인이 되는 매우 논란이 되는 사항이라는 것을 말해주므로 그러한 사안의 개정 내지 변경은 여야합의에 의해 국회 재적의원 2/3 이상을 획득하기가 사실상 불가능하므로 결과적으로 관습헌법의 개정은 불가능하다는 결론에 도달할 수밖에 없는 것이다. 이는 사실상 헌재가 헌법제정권자 내지 헌법개정권자의 역할을 한 것으로 밖에 볼 수 없다.

2. 별개의견의 문제점

(1) 이 사건의 경우 대통령에게 국민투표부의 의무가 있는가?

1) 헌법 제72조에 따른 국민투표에의 부의 여부는 어디까지나 대통령의 재량행

위에 속하는 것이다.[19] 따라서 별개의견이 "헌법 제72조는 단순히 국민투표부의에 관한 대통령의 권한만을 규정한 조문이 아니라 국민의 국민투표권을 아울러 규정하여 우리 헌법상 통치구조의 제도적 근간을 규정한 조문이고, 우리 헌법은 대의제를 원칙으로 하면서도 국민투표의 대상이 되는 정책에 관하여는 직접민주제의 요소를 채택하였다고 할 것이므로, 이러한 정책에 관하여 대의기관은 국민들의 현실의사에 기속된다. 따라서 국민이 대의기관에 의한 정책결정을 하지 아니하고 직접 국민투표로 결정하려는 의사를 가지고 있다고 볼 상당한 이유가 있는 경우 대의기관이 이러한 의사를 무시하고 스스로 결정을 하거나, 대의기관의 의사가 국민의 현실의사와 다르다고 볼 상당한 이유가 있는 경우 대의기관이 국민의 현실의사로 추정되는 것을 무시하고 반대되는 결정을 한다면, 헌법 제72조의 입법정신과 입법목적에 반하여 재량권을 일탈·남용한 것이 된다."라고 주장하면서 이 사건의 경우 우리 국민은 수도이전에 관한 의사결정을 대통령이나 국회와 같은 대의기관에 위임하지 아니하고 직접 결정하겠다는 의사를 가지고 있다고 볼 상당한 이유가 있고 신행정수도로 이전하는 것에 반대하는 의사를 가지고 있다고 볼 상당한 이유가 있으므로 이를 국민투표에 붙이지 아니하는 것은 재량권을 일탈·남용하는 것으로 결과적으로 헌법 제72조의 국민투표권을 침해한 것이라고 주장하는 것은 잘못이다.

2) 재량의 남용이란 재량행위가 있을 경우 그 행위가 비례의 원칙이나 평등의 원칙 등 헌법상의 기본원리 등을 위반했을 때, 즉 일정한 재량에 바탕을 둔 작위행위가 이미 존재할 경우 그 행위를 결정한 자체(결정재량)가 또는 선택된 행위의 종류와 구체적 내용(선택재량)이 결과적으로 일정한 법규나 법원칙을 위반했을 때 위법성을 초래하고, 이 경우 재량을 일탈한 것으로 재량의 남용에 해당된다고 한다.[20] 그런데 이 사건의 경우에는 재량행위에 해당하는 대통령의 국민투표부의행위 자체가 존재하지 않으므로 처음부터 재량의 남용이 문제될 여지가 없다. 따라서 별개의견의 재량행위와 재량의 일탈·남용이론에 대한 이해가 처음부터 잘못되었다고 보지 않을 수 없다.

3) 한편 재량행위에 속하더라도 법이 정한 일정한 기준에 도달하거나 일정한 조건하에서는 반드시 일정한 행위를 하여야할 의무가 있는 경우, 즉 선택재량의 여지는 있으나 결정재량의 여지가 없는 경우, 그럼에도 불구하고 공권력주체가 그 어떤 행

19) 김철수, 전게서, 1053쪽; 허영, 전게서, 533쪽; 홍성방, 전게서, 618쪽; 김종철, 전게논문, 25쪽 이하.
20) 김동희, 전게서, 260쪽 이하; 박윤흔, 전게서, 343쪽 이하.

위도 하지 않을 경우가 있을 수 있다. 이 경우 공권력주체가 일정한 조건이나 기준이 충족되었음에도 불구하고 그러한 행위를 하지 아니할 경우에는 물론 위법성을 초래하나, 이 경우에는 재량의 남용에 해당하는 것이 아니라 공권력주체의 일정한 작위를 요구하는 법규정에 위반되는 것으로 일종의 기속행위의 위반이며, 따라서 바로 위법이 되는 것이다.[21)]

그런데 이 사건은 별개의견에 따라 굳이 유추하자면 후자에 해당될 수 있는 경우인데, 여기서 헌법 제72조에 따른 재량행위로서의 대통령의 국민투표부의행위가 일정한 조건하에서는 또는 상황에 따라서는 의무에 속하는 것으로 볼 여지는 헌법 제72조의 명문규정이나 해석상 또는 헌법제정자의 취지 또는 국민투표제도의 기능 등 그 어떤 측면에서도 도출될 수 없으므로 이를 두고 대통령이 국민투표를 실시하지 않았다고 해서－그것이 재량의 남용으로 볼 수 없음은 위에서 이미 언급한 바와 같다－헌법 제72조에서의 기속 내지 대통령의 의무를 그르친 것으로, 따라서 그로부터 도출되는 청구인의 국민투표권을 침해한 것으로 위헌이라고 볼 수는 결코 없는 것이다. 위에서 소개한 김영일 재판관의 별개의견은 대통령신임투표를 국민투표에 붙이는 행위에 대한 위헌확인 등 사건의 반대의견에서 "… 국민투표의 실시를 결정하는 것은 피청구인(대통령)의 '독자적' 권한이다. 피청구인은 국회 등 다른 '국가기관과의 협의 없이 독자적으로' 국민투표안을 공고함으로써 국민투표 절차를 개시할 수 있다. 이와 같이 스스로의 독자적 결단에 의하여 얼마든지 실시할 수 있는 국민투표 …"라고 함으로써[22)] 헌법 제72조에 따른 대통령의 국민투표부의행위는 대통령의 배타적인 재량에 속하는 것이라는 김영일 재판관 자신의 과거의 주장과도 모순된다.

한편 이러한 논리는 이미 긴급재정명령 등 위헌확인 사건에서도 유사하게 전개되고 있다. 즉 헌재는 헌법 제65조 제1항에 따른 국회의 재량에 속하는 탄핵소추의결의 경우 사안에 따라서는 국회가 탄핵소추의결의 의무를 지고, 청구인에게 탄핵소추의결을 청구할 헌법상 기본권이 있는지의 여부에 대하여 "… 부작위위헌확인소원은 기본권보장을 위하여 헌법상 명문으로 또는 헌법의 해석상 특별히 공권력주체에게 작위의무가 규정되어 있어 청구인에게 그와 같은 작위를 청구할 헌법상 기본권이 인정되는 경우에 한하여 인정되는 것인바, 국회에게 대통령의 헌법 등 위배행위가 있을 경우에 탄핵소추의결을 하여야 할 헌법상의 작위의무가 있다

21) 위법성과 관련한 재량행위와 기속행위의 차이점에 대하여 박윤흔, 전게서, 336쪽 참조.

22) 헌재 2003. 11. 27. 2003헌마694 등, 판례집 15-2하, 350, 357.

거나 청구인에게 탄핵소추의결을 청구할 헌법상 기본권이 있다고 할 수 없다. 왜냐하면 헌법은 … 명문규정상 국회의 탄핵소추의결이 국회의 재량행위임을 밝히고 있고 헌법해석상으로도 국정통제를 위하여 헌법상 국회에게 인정된 다양한 권한 중 어떠한 것을 행사하는 것이 적절한 것인가에 대한 판단권은 오로지 국회에 있다고 보아야 할 것이며, 나아가 청구인에게 국회의 탄핵소추의결을 청구할 권리에 관하여도 아무런 명문규정이 없고, 헌법해석상으로도 그와 같은 권리를 인정할 수 없기 때문이다(다만 청원법에 의하여 청구인은 국회에 탄핵소추의결을 청원할 수는 있으나 이에 대하여 국회는 성실히 심사처리할 의무만 있을 뿐 반드시 탄핵소추의결을 하여야 할 의무는 없다)."라고 판시함으로써[23] 헌법 제65조 제1항의 탄핵소추의결은 명문규정과 헌법해석상 당연히 국회의 배타적 재량사항으로 상황에 따라서 국회에게 탄핵소추의결의 의무가 발생될 여지는 없고, 따라서 청구인에게 그 의결실시에 대한 청구권이 없으므로 국회가 탄핵소추의결을 하지 않았다고 해서 그것이 재량의 남용에 해당되고 청구인의 기본권을 침해한 것으로 볼 수 없다는 것을 분명히 했다.

이 사건의 경우에도 명문규정 및 해석상 헌법 제72조에 따른 국민투표부의 여부는 대통령의 배타적인 독자적 권한에 속하는 것이며, 따라서 상황에 따라서 대통령에게 국민투표부의의무가 발생될 여지는 전혀 없고, 청구인에게도 그를 청구할 권리가 없으며, 따라서 국민투표권이 침해되었다는 주장은 잘못이다.

결국 별개의견의 주장과는 달리 설사 특정한 정책에 관하여 국민이 대의기관에 의한 정책결정을 하지 아니하고 직접 국민투표로 결정하려는 의사를 가지고 있다고 볼 상당한 이유가 있는 경우라고 대통령은 이에 기속되지 아니하고 독자적인 판단에 따라 국민투표부의 여부를 결정할 수 있는 것이다. 또한 이러한 국민의 의사에 대한 판단 역시 대통령의 독자적 권한에 속하는 것이다. 한편 별개의견은 이와 관련하여 "우리 국민은 주요국가기관을 신행정수도로 이전하는 것을 포함한 수도이전문제에 관한 의사결정을 대통령이나 국회와 같은 대의기관에 위임하지 아니하고 직접 결정하겠다는 위임철회의 의사를 가지고 있다고 볼 상당한 이유가 있고, 실체사안에 대하여도 신행정수도로 이전하는 것에 반대하는 의사를 가지고 있다고 볼 상당한 이유가 있다고 판단된다."라고 주장함으로써[24] 실제로 국민 대다수가 수도이전문제를 직접 결정하겠다는 의사를 가지고 있고, 더 나아가 수도이전에 반대하고 있다는 것이 사실인 것으로 전제하고 있는데, 무엇을 근거로 이처럼

23) 헌재 1996. 2. 29. 93헌마186, 판례집 8-1, 111, 118-119.

24) 헌재 2004. 10. 21. 2004헌마554 등, 판례집 16-2하, 1, 57.

단정적인 결론을 내렸는지가 의문이다. 이는 김영일 재판관 자신의 주관적인 판단에 불과하다고 보지 않을 수 없고, 만일 이것이 여론조사의 결과라고 하더라고 마찬가지라고 하겠다. 만일 그렇지 않다면 앞으로 대의기관은 여론조사 결과 다수가 일정한 문제를 스스로 결정하겠다는 의견이라면 항상 국민투표에 회부하여야 할 것이고, 더 나아가 대의기관은 모든 문제를 여론조사 결과에 따라 결정을 내리면 될 것이며, 결국 대의기관은 필요 없고 여론조사기관만 존재하면 될 것이다. 이러한 논리가 국민투표제도의 취지와 자유위임에 바탕을 둔 대의제도의 본질에 정면으로 반함은 두말할 필요가 없을 것이다.

4) 또한 재량행위라 할지라도, 특히 결정재량에 있어서 일정한 경우에는 재량이 0으로 수축하여 기속화되고, 따라서 그 경우에는 결정재량의 여지가 없고 마땅히 일정한 행위를 발해야 한다는 이론이 있다. 이 경우 일정한 작위는 사실상 기속행위로서 의무에 해당하고, 그러한 의무에도 불구하고 일정한 작위행위가 없을 경우 이는 위법이 된다는 이론이다. 이와 관련하여 이러한 재량권의 0으로의 수축이론을 이 사건의 국민투표 부의문제의 경우에도 적용할 수 있는지가 문제될 수도 있다.[25)]

그런데 이 경우 이러한 위반행위는 더 이상 재량의 남용이 아니라 이미 기속을 그르친 것으로 위법이 되는 것이다. 예컨대 일정한 경찰행정이 원칙적으로 재량행위에 속하지만 예외적인 상황에서, 예컨대 국민의 생명을 구하기 위하여 일정한 경찰행위가 반드시 있어야 하고 따라서 사실상 이 경우에는 경찰에게 결정재량의 여지가 없어 재량이 0으로 수축되어 이미 그러한 행위가 나오는 것이 경찰의 의무에 해당된다고 볼 수 있는 경우가 그것이다.

그런데 이 사건에서 헌법 제72조에 따른 국민투표의 경우에 이러한 이론이 적용될 수는 없을 것이다. 왜냐하면 그 국민투표의 대상이 되는 사안에 따라 국민투표 부의가 의무화 또는 기속화된다고 볼 수는 없기 때문이다. 즉 특히 중요한 사안의 경우에는 국민투표부의의무가 대통령에게 발생한다는 논리가 성립될 수 없다는 것이다. 왜냐하면 헌법 제72조에 따라 대통령이 국민투표에 회부할 수 있는 명문규정으로 예시된 사안이 이미 모두 특히 중요한 사안이고, 따라서 수도이전문제도 이미 이러한 중요한 사안에 포함되어 있다고 볼 수 있고, 그 중에서 대통령의 판단에 따라 필요하다면—예컨대 여야합의가 어려워 국회의 의결이 어렵다거나 국회의 의결사항에 해당되지 않거나 성질상 적절치 않은 경우 또는 국회의 기능장애의

25) 재량권의 0으로의 수축이론에 대하여는 김동희, 전게서, 264쪽 이하; 김성수, 전게서, 199쪽.

경우 등－국민투표를 거치라는 취지이므로, 헌법 제72조에 속하는 중요한 사안 중 특히 더 중요한 사안을 구별하는 것도 불가능하고 가능하더라도 그 판단 자체가 이미 대통령의 재량에 속하는 것이므로 그를 구별하여 대통령의 의무사항이라고 보는 것은 헌법 제72조의 해석과 취지에 반한다고 볼 수 있다. 그리고 별개의견처럼 이를, 즉 일반적으로는 부의 자체가 대통령의 재량이나 예외적으로 대통령이 반드시 부의해야 하는 의무에 속하는 사안의 존재여부를 헌재가 판단한다면 이는 대통령의 권한과 판단을 헌재가 대신하는 것으로서 일종의 월권으로밖에 볼 수 없는 것으로 권력분립의 원칙에 반하는 것이라고 보지 않을 수 없다.

(2) 국민투표제와 대의제와의 갈등문제

이미 여야합의에 의해 국회의원재적 2/3 이상이라는 절대다수의 정족수로 국회에서 입법으로 해결된 사항을 다시 국민투표에 회부해야한다는 것은 헌법 제72조의 국민투표제도의 취지로 보나, 국회의 입법권에 대한 존중으로 보나, 또한 대의제도의 본질에 비추어보나 잘못이다. 이미 입법된 사항이 국민투표에 회부되어 부결된다면 이는 입법권을 무력화시키는 것으로 대의제도의 본질에 반하는 것이고, 이는 사실상－정족수에는 차이가 있지만－헌법개정절차와 차이가 없는 것이다. 즉 헌법개정에 속하지 않는 사항을 단지 중요한 사항이라는 이유로 국회의 의결과 국민투표를 거치도록 한다면 이는 사실상 헌법개정절차에 준하는 것으로 이 경우 헌법 제72조는 헌법개정절차조항인 헌법 제130조 제2항과 조화되기 어렵다.

사실 국민투표제도는 대통령이 주체가 되는 것으로 2004. 5. 14. 2004헌나1 대통령탄핵 사건에서 대통령의 국민투표부의권과 관련하여 헌재가 강조한 바와 같이 대통령이 정략적 견지에서 남용할 가능성이 매우 높은 위험한 제도이다. 즉 대통령이 국회다수의 지지를 받지 못할 경우 국회를 무력화시키고 자신의 정치적 의도를 관철시키기 위한 수단으로 남용될 가능성이 큰 것이다. 따라서 직접민주주의요소인 국민투표제도는 간접민주주의제도를 바탕으로 하는 대의제도와 본질적으로 조화되기 어려운 측면이 있다. 아울러 대의제도는 자유위임을 본질로 하는데 이는 구체적인 유권자 내지 국민의 의사에 구속됨이 없이 진정한 국익과 국민 전체를 위하여 양심에 따라 입법 등 정책결정을 하도록 하는 것인 반면,[26] 사실 국민투표는 국민의 현실적이고 구체적인 타산적 의사에 의해 좌우되거나 대통령의 정략적

26) 자유위임을 바탕으로 하는 대의제도의 본질에 대하여는 정연주, 대의제도와 정당기속, 인권과 정의, 1999. 8, 82쪽 이하 참조.

의도에 좌우될 가능성이 있다.[27] 따라서 국민투표를 대의제도와 조화되기 어렵다거나 국민투표제도 자체에 회의적인 견해가 국민주권주의 내지 민주주의원리와 반드시 배치되는 것도 아니다. 왜냐하면 민주주의원리가 국가권력의 창설과 행사의 최후의 정당성을 국민의 의사에 귀속시키는 원리이긴 하지만 여기서의 국민의 의사는 구체적이고 일회적이며 경험적인 의사가 아니라–이러한 의사는 사실상 이기적이고 정서적일 가능성이 있다–, 미래지향적이고 추정적이며 당위적인 의사를 말하기 때문이다. 또한 국회가 국민의 위임을 받은 대표이고, 그 위임은 국민의 경험적 · 구체적 의사에 기속되지 않는 자유위임이라는 대의제도의 본질상 국회의 의사는 그 자체 이미 국민의 의사, 특히 추정적 · 당위적 의사로 의제되므로 국회의 의결은 이미 국민의 이러한 의사를 반영한 것이다. 따라서 사실상 이기적이고 정서적일 수 있으며 현실적으로 구체적이고 일회적이며 경험적인 의사를 반영할 가능성이 높은 국민투표제도가 반드시 국민주권주의와 민주주의에 부합된다고 보기도 어렵고, 그러므로 그러한 국민투표를 실시하지 않는다고 해서 국민주권주의 내지 민주주의원리를 위반하는 것도 아니다.[28]

결국 대의제도와 국민투표제도는 상호 조화되기 어려운 것이다. 그럼에도 불구하고 대의제도의 보완제도로서의 국민투표제도의 의미를 살리는 규범조화적 해석을 굳이 한다면 일정한 사안이 여야의 첨예한 견해대립 등으로 인해 국회에서의 의결이나 합의가 어렵고, 그 의결을 다수결원리를 통해서 물리적으로 관철시키는 것이 가능하다고 하더라고 그것이 국론분열 등 국익에 커다란 문제를 야기 시키게 될 경우, 국회의 기능장애의 경우, 또는 성질상 국회에서의 논의대상으로 적절하지 않거나 국회의 의결사항이 아닐 경우 등에는 국민투표제도가 대의제도와 조화를 이루면서 이를 보완하는 기능을 수행할 수 있다고 볼 수 있을 것이다.[29]

3. 반대의견에 대하여 – 이른바 통치행위이론과 관련하여

반대의견에서 전효숙 재판관은 청구인들의 기본권침해의 자기관련성, 현재성,

27) 유사한 견해로서 전광석, 전게논문, 17쪽.

28) 이러한 국민투표제도의 문제와 한계 및 그 남용가능성에 대하여는 정연주, 헌법 제29조 제2항에 대한 헌법소원, 헌법학연구, 제5권 2호, 1999. 10, 472쪽 이하 참조.

29) 이와 관련하여 김종철 교수(전게논문, 26쪽)는 "정책국민투표는 국민대표기관으로 국정의 파트너인 국회와 대통령이 중요국정에 대하여 합의할 수 없는 예외적인 경우, 특히 대통령이 원하는 국가정책이 국회의 반대에 부딪쳐 유산될 위협에 처한 경우에 주권자인 국민의 직접적인 개입에 의하여 결정하도록 마련된 예외적인 국회우회절차이다."라고 한다. 그러나 이러한 견해는 대통령이 국회를 무시하고 대의제도를 무력화시킬 위협성을 내포하고 있다.

직접성의 결여를 이유로 각하의견을 냈는데, 이는 지금까지 언급한 바와 같이 이 사건 법률이 국민투표권과 그 밖의 기본권을 침해하지 않았다는 필자의 견해와 대체로 결론을 같이 한다.

한편 전효숙 재판관은 구체적 사안은 다르지만 이 사건과 마찬가지로 고도의 정치성을 띠고 정치적으로 논란이 됐던 사건인 2004. 4. 29. 2003헌마814 일반사병 이라크파병 위헌확인 사건에서는 법리상 청구인들의 기본권침해의 자기관련성, 현재성, 직접성의 결여를 이유로 각하의견을 낼 수 있었음에도 불구하고 대신 다수의견을 통해 대통령과 국회의 판단이 고도의 정치성을 띤 행위로서 이에 대한 사법적 심사가 자제되어야 한다는 이유로 심판청구를 각하해야 한다는 의견을 냈다.30)

---

30) 결정요지는 다음과 같다(헌재 2004. 4. 29. 2003헌마814, 판례집 16-1, 601-603).

1. 다수의견

(1) 외국에의 국군의 파견결정은 파견군인의 생명과 신체의 안전뿐만 아니라 국제사회에서의 우리나라의 지위와 역할, 동맹국과의 관계, 국가안보문제 등 궁극적으로 국민 내지 국익에 영향을 미치는 복잡하고도 중요한 문제로서 국내 및 국제정치관계 등 제반상황을 고려하여 미래를 예측하고 목표를 설정하는 등 고도의 정치적 결단이 요구되는 사안이다. 따라서 그와 같은 결정은 그 문제에 대해 정치적 책임을 질 수 있는 국민의 대의기관이 관계분야의 전문가들과 광범위하고 심도 있는 논의를 거쳐 신중히 결정하는 것이 바람직하며 우리 헌법도 그 권한을 국민으로부터 직접 선출되고 국민에게 직접 책임을 지는 대통령에게 부여하고 그 권한행사에 신중을 기하도록 하기 위해 국회로 하여금 파병에 대한 동의여부를 결정할 수 있도록 하고 있는바, 현행 헌법이 채택하고 있는 대의민주제 통치구조 하에서 대의기관인 대통령과 국회의 그와 같은 고도의 정치적 결단은 가급적 존중되어야 한다.

(2) 이 사건 파병결정은 대통령이 파병의 정당성뿐만 아니라 북한 핵 사태의 원만한 해결을 위한 동맹국과의 관계, 우리나라의 안보문제, 국·내외 정치관계 등 국익과 관련한 여러 가지 사정을 고려하여 파병부대의 성격과 규모, 파병기간을 국가안전보장회의의 자문을 거쳐 결정한 것으로, 그 후 국무회의 심의·의결을 거쳐 국회의 동의를 얻음으로써 헌법과 법률에 따른 절차적 정당성을 확보했음을 알 수 있다. 그렇다면 이 사건 파견결정은 그 성격상 국방 및 외교에 관련된 고도의 정치적 결단을 요하는 문제로서, 헌법과 법률이 정한 절차를 지켜 이루어진 것임이 명백하므로, 대통령과 국회의 판단은 존중되어야 하고 헌법재판소가 사법적 기준만으로 이를 심판하는 것은 자제되어야 한다. 이에 대하여는 설혹 사법적 심사의 회피로 자의적 결정이 방치될 수도 있다는 우려가 있을 수 있으나 그러한 대통령과 국회의 판단은 궁극적으로는 선거를 통해 국민에 의한 평가와 심판을 받게 될 것이다.

2. 재판관 윤영철, 재판관 김효종, 재판관 김경일, 재판관 송인준의 별개의견

헌법재판소법 제68조 제1항은 공권력의 행사 또는 불행사로 인하여 헌법상 보장된 기본권을 침해받은 자는 헌법재판소에 헌법소원심판을 청구할 수 있다고 규정하고 있고 여기서 기본권을 침해받은 자라 함은 공권력의 행사 또는 불행사로 인하여 자기의 기본권이 현재 그리고 직접적으로 침해받은 자를 의미하며 단순히 간접적이거나 사실적인 이해관계가 있을 뿐인 제3자는 이에 해당하지 않는다. 청구인은 이 사건 파견결정으로 인해 파견될 당사자가 아님은 청구인 스스로 인정하는 바와 같고 현재 군복무중이거나 군입대 예정자도 아니다. 그렇다면 청구인은 이 사건 파견결정에 관하여 일반 국민의 지위에서 사실상 또는 간접적인 이해관계를 가진다고 할 수는 있으나, 이 사건 파견결정으로 인하여 청구인이 주장하는 바와 같은 행복추구권 등 헌법상 보장된 청구인 자신의 기본권을 현재 그리고 직접적으로 침해받는다고는 할 수 없다.

그런데 이는 논리적 일관성을 결여했다고 볼 수 있다. 같은 각하결정이라고 하더라도 논거를 달리할 경우 이는 본질적으로 다른 결정이고, 논거의 차이는 장래의 유사한 다른 사건에서는 매우 다른 결과를 초래할 수 있으므로 논거와 논리의 일관성이 요구되는 것은 당연하다고 하겠다. 다시 말해 고도의 정치성을 띤 행위에 대하여 이른바 통치행위이론[31)]을 적용하여 사법부가 사법적 판단을 자제해야 한다는 논거를 내세울 경우에는 그 행위의 위헌여부나 기본권침해 여부에 관계없이 사법적 판단에 들어가지 않고 각하시키게 되나, 기본권침해의 자기관련성, 현재성, 직접성의 결여를 이유로 각하의견을 낼 경우에는 기본권침해가 부정되는 등 헌법소원제기의 적법요건을 결해서 본안판단에 들어가지 않고 각하시키는 것이라 양자는 근본적으로 다른 것이다. 그런데 전효숙 재판관은 앞서 언급한 바와 같이 이전 2003헌마814 사건에서는 청구인의 기본권침해의 자기관련성, 현재성, 직접성의 결여가 문제됨에도 불구하고 이를 도외시하고 문제된 사안이 고도의 정치성을 띠고 일정한 헌법과 법률이 정한 국회의 절차를 거쳤다는 이유로 위헌 여부나 기본권침해 여부 등에 대하여 사법심사를 하는 것은 적절치 않다는 의견을 낸 반면, 같은 고도의 정치성을 띠고 정치적으로 논란이 되고 있으며 헌법과 법률이 정한 국회의 의결절차를 거친 이 사건의 경우에는 이러한 접근을 하지 않고 청구인의 기본권침해의 자기관련성, 현재성, 직접성의 결여를 이유로 각하의견을 냈는데, 이는 논거와 논리적 일관성의 결여로 일정한 정치적 고려에 따라 자의적으로 논거를 선택한 것으로 밖에 볼 수 없다는 것이다. 그리고 이 2004헌마554등 사건에서 다수 및 별개의견을 낸 재판관들 중에서 2003헌마814 사건에서 통치행위이론에 근거한 각하의견을 냈던 상당수도[32)] 이러한 모순을 범하고 있다고 하겠다. 즉 그들은 고도의 정치적 결단을 요하는 이라크파병사안에서 대통령과 국회의 판단은 존중되어야 하고 헌재의 사법적 심판은 자제되어야 한다고 하면서 그러한 정치적 판단은 궁극적으로 선거를 통해 국민에 의한 평가와 심판을 받게 될 것이라는 판시를 했는데, 왜 더욱 고도의 정치성을 띠고 헌법과 법률이 정한 절차에 따라 국회에서 의결된 사항이 문제된 이 사건에서는 유독 그러한 사법적 자제를 거부하고 논란이

31) 물론 이 사건의 경우에는 그러한 고도의 정치성을 띤 행위가 국회의 입법행위에 의하여 이루어진 반면, 2003헌마814 사건의 경우에는 문제된 파병행위가 국회의 동의를 거친 후 최종적으로는 대통령의 행위로 이루어졌다는 절차적 차이점은 있으나 대통령만이 통치행위의 주체가 될 수 있는 것은 아니고 국회도 통치행위의 주체가 될 수 있다는 점에서 결국 고도의 정치성을 띤 공권력 행사로서 통치행위에 속한다는 점에서는 양자는 본질적으로 동일하다고 볼 수 있을 것이다. 헌재의 다수의견도 이 사건 법률이 고도의 정치적인 문제에 속하는 사항이지만 사법심사의 대상이 된다고 판시했다. 역시 이 사건 법률제정행위를 통치행위로 보는 입장으로서는 김철수, 전게서, 1391쪽.

32) 예컨대 권성, 주선회, 이상경, 김영일 재판관.

되는 사안에 대하여 적극 개입하여 일종의 정치적 중재자로서 굳이 사법판단을 내렸는지가 의문으로, 헌법규정과 원리 및 이론에 입각한 법리적 판단이 아니라 어떠한 정치적 의도에서 비롯된 결정이 아닌가 하는 의문마저 든다. 이는 통치행위가 사법심사의 대상이 되어서는 안 되고 따라서 이 사건도 사법심사의 대상에서 제외되어야 한다는 것은 결코 아니다. 오히려 그 반대이다. 다만 논거와 논리적 일관성의 결여를 지적하는 것이다.

사실 통치행위라도 그것의 헌법과 법률에의 위반 여부가 문제되고, 그에 대한 사법심사의 헌법과 법률적 잣대와 사법절차가 마련되어 있다면 당연히 사법심사의 대상이 되어야 한다. 왜냐하면 통치행위를 포함한 모든 국가작용은 헌법과 법률의 테두리내에서 이루어져야 하고, 그것이 바로 헌법과 법률의 존재이유이며 법치주의의 본질이기 때문에 통치행위라도 그것이 헌법과 법률에 위반된다면 결코 정당화될 수 없고 통제되어야 하며 그를 통해 침해된 기본권은 반드시 구제되어야 하는데, 이러한 국가권력의 통제와 헌법과 법률수호 및 기본권구제는 바로 사법부 본연의 임무이기 때문이다. 만일 그렇지 않다면 이는 법치주의의 포기로서 결과적으로 헌법과 법률을 파괴하고 기본권을 유린하는 것이 되며, 결국 사법부의 직무유기에 해당하는 것이다. 만일 고도의 정치성을 지녔다는 이유로 사안에 따라 사법심사를 회피하거나 자제한다면 사법부 내지 헌재의 주관적 자의에 따라 정치적으로 예민한 통치행위에 대하여 사법심사의 여부가 좌우될 것이고, 이는 법적 안정성과 예측가능성 및 법치주의를 위태롭게 하면서 결국 헌재의 위상과 헌재에 대한 신뢰를 파괴할 것이다.

Ⅳ. 맺는 말

지금까지 헌재결정의 내용과 쟁점 및 그 문제점을 살펴보았다. 전체적으로 볼 때 위 헌재결정은 재판관들의 정치적 선입견을 헌법이론으로 포장한 논리의 비약과 억지주장이라는 느낌을 지울 수 없다. 즉 재판관들의 정치적 입장과 취향 내지 노선에 따라 결론을 미리 내린 다음, 헌법이론을 아전인수식으로 해석하고 정립한 감이 든다는 것이다. 또한 이전의 다른 판례에 나타난 주장과 상호 모순되는 논리적 일관성의 결여가 두드러진다. 어쨌든 이번 결정은 판례의 논리구성과 전개 및 그 파급효과의 측면에서 뿐 아니라 헌재의 위상과 신뢰의 확립이라는 측면에서도 대단히 나쁜 선례가 될 수 있다.

물론 행정수도를 이전하는 것이 정치 · 경제 · 사회적으로 타당한지는 전혀 별개의 문제이다. 즉 이 판례가 잘못됐다고 해서 행정수도이전이 바람직하다는 것도 아니고, 잘 됐다고 해서 행정수도이전이 잘못됐다는 것도 아니다. 다만 헌법판례는 현실의 정치적인 입장이나 정책적인 타당성과는 별개로, 그리고 국민들의 정서를 의식하지 않은 채 헌법규정과 이론에 따라 객관적이고 치밀하고 냉정하게 그리고 논리적으로 이루어져야 한다는 것이다. 그럴 때 비로소 헌법판례가 정당성과 설득력을 가질 수 있고, 미래의 유사한 사건들에 대하여도 계속적인 적용력을 가질 수 있으며, 결국 헌재의 위상확립에도 기여할 수 있기 때문이다.

8. 행정계층구조와 지방자치제도

- 헌재 2006. 4. 27. 2005헌마1190, 제주특별자치도의 설치 및 국제자유도시조성을 위한 특별법안 제15조 제1항 등 위헌확인[1] -

[目 次]

Ⅰ. 머리말

이 글은 제주도 행정계층구조 개편을 헌법적 시각에서 검토한 것이다. 제주도는 「제주도 행정체제 등에 관한 특별법」과 「제주특별자치도 설치 및 국제자유도시 조성을 위한 특별법」에 따라 시·군이 폐지되어, 제주특별자치도라는 광역단체로 행정계층구조가 단층화되었다.

제주도는 21C 비전으로 2001. 12. 제정된 제주국제자유도시특별법에 의거 국제자유도시[2]와 평화의 섬을 추진했다.[3] 제주국제자유도시 추진은 지방화시대에 세

1) 헌재 2006. 4. 27. 2005헌마1190, 판례집 18-1상, 652.

계와 경쟁할 수 있는 교류 중심의 제주를 건설하고, 동시에 국가발전을 견인하는 것을 그 목표로 하고 있다. 그런데 국제자유도시가 성공적으로 추진되기 위해서는 이를 적극적으로 뒷받침할 수 있는 혁신적인 지방자치 및 행정체제의 구축이 절실히 요구되고, 또한 1시간 생활권, 섬이라는 지리적 특성, 독특한 전통문화 등으로 인해 제주지역에의 지방자치법의 획일적 적용은 지역발전의 걸림돌로 작용한다는 지적이 대두됨에 따라 제주도는 제주의 여건과 특성을 반영하고 지역의 잠재력을 극대화할 수 있는 '제주형 자치모형'을 개발하기 위한 필요한 계획과 시책을 수립하게 되었고, 이에 국제자유도시의 성공적 추진과 정부의 지방분권과제를 선도적 · 모범적으로 실천할 수 있는 '제주특별자치도'의 실천 전력의 일환으로 제주도 행정계층구조의 개편을 추진하게 되었다.

행정계층구조의 개편을 추진하기 위하여 제주도지사는 제주도행정개혁추진위원회를 설치하였고, 위원회는 지방행정제도계획의 방안으로 점진안과 혁신안을 채택한 다음 주민투표를 통해 2개의 대안 중 최종안을 선정하기로 2005. 3. 3. 결정하였다. 이후 제주도의회에 주민주표실시계획이 보고되고(2005. 6. 7.), 제주도가 행정자치부에 주민투표실시를 건의함에 따라(2005. 6. 8.), 행정자치부가 제주도에 주민투표실시를 요구했고(2005. 6. 21.), 이에 제주도지사가 주민주표발의를 공고 했고(2005. 7. 5.), 2005. 7. 27. 주민투표가 실시되었다.

제주도행정개혁추진위원회가 채택한 점진안의 내용은 위에서 현행 도와 시 · 군의 자치계층을 그대로 유지하여 자치단체장과 지방의원을 주민들이 직접 선출하되, 다만 도와 시군의 기능과 역할을 조정하는 것을 그 내용으로 하고 있고, 혁신안은 도를 하나의 광역자치단체로 개편하고 기존의 기초자치단체인 시 · 군과 시 · 군 의회는 완전히 폐지하며 그 대신 도내 행정조직을 2개의 시로 통합하여 임명직 시장을 두는 것을 그 내용으로 하고 있다.[4] 주민투표 결과 혁신안이 채택되었다.

이러한 주민투표의 결과에 따라 정부는 혁신안을 내용으로 하는 「제주도 행정체제 등에 관한 특별법안」과 「제주특별자치도 설치 및 국제자유도시 조성을 위한 특별법안」을 국회에 제출하였고 모두 국회에서 가결되었다. 이에 제주도민 및 기초

2) 동법 제2조 제1호에 따르면 '국제자유도시'라 함은 사람 · 상품 · 자본의 국제적 이동과 기업활동의 편의가 최대한 보장되도록 규제완화 및 국가적 지원의 특례가 실시되는 지역적 단위를 말한다.

3) 제주도 행정구조의 개편이 이루어진 배경과 과정에 대하여는 제주특별자치도 기본방향 및 실천전략, 제주발전연구원, 2004. 11, 3쪽 이하; 제주형 지방자치모형 개발 등 행정개혁에 관한 연구, 제주도, 2003. 9, 1쪽 이하 참조.

4) 점진안과 혁신안의 내용에 대하여 자세한 것은 제주형 지방자치모형 개발 등 행정개혁에 관한 연구, 154쪽 이하; 혁신적 계층구조 개편안 장 · 단점 분석, 제주발전연구원, 2004. 12, 5쪽 이하 참조.

자치단체 소속 공무원들은 제주시, 서귀포시, 북제주군, 남제주군을 폐지하는 내용의 「제주도 행정체제 등에 관한 특별법」 제3조 및 「제주특별자치도 설치 및 국제자유도시 조성을 위한 특별법」 제15조 제1항 · 제2항에 의하여 선거권 등을 침해받는다고 주장하며 헌법소원심판을 청구하였고,[5] 헌재는 지방행정계층구조를 단층화하는 것은 입법재량에 속하고, 청구인들의 기본권을 위헌적으로 침해하는 것은 아니라는 등의 이유로 심판청구를 기각했다.

그러나 이러한 헌재의 견해는 지방자치제도의 본질과 기능 등 다양한 헌법적 시각에서 문제가 있다. 따라서 이 글에서는 행정계층구조의 단층화에 대한 헌법적 검토를 하고자 한다. 이는 그동안 계속 제기되어 왔던 다른 지역에서의 행정계층구조의 개편과 관련해서도 의미 있는 작업이라고 하겠다.

Ⅱ. 헌재결정의 내용

1. 사건의 개요와 심판의 대상

(1) 사건의 개요

제주도지사에 의하여 설치되어 운영 중이던 제주도행정개혁추진위원회는 현행 도와 시 · 군의 자치계층 유지, 자치단체장 및 지방의회의원의 직접 선출, 도와 시 · 군의 기능과 역할 조정을 내용으로 하는 안('점진적 대안' 또는 '현행유지안'이라고 칭함)과, 도를 하나의 광역자치단체로 개편하고 제주시와 북제주군, 서귀포시와 남제주군을 통합한 2개시 체제구축, 시장 임명, 시 · 군의회 폐지 및 도의회 확대를 내용으로 하는 안('혁신적 대안' 또는 '단일광역자치안'이라고 칭함)의 두 가지 안을 주민

---

5) 「제주도 행정체제 등에 관한 특별법」 제3조(제주시 등의 폐지) ① 제주도의 제주시 · 서귀포시 · 북제주군 및 남제주군을 각각 폐지한다.
② 제주도에는 지방자치법 제2조 제1항 및 제3조 제2항의 규정에 불구하고 관할구역 안에 지방자치단체인 시와 군을 두지 아니한다.
「제주특별자치도 설치 및 국제자유도시 조성을 위한 특별법」 제15조(지방자치단체가 아닌 시 및 읍 · 면 · 동의 설치) ① 제주자치도는 지방자치법 제2조 제1항 및 제3조 제2항의 규정에 불구하고 그 관할구역 안에 지방자치단체인 시와 군을 두지 아니한다.
② 제주자치도의 관할구역 안에 지방자치단체가 아닌 시(이하 '행정시'라 한다)를 두고, 행정시에는 도시의 형태를 갖춘 지역에는 동을, 그 밖의 지역에는 읍 · 면을 둔다.
③ 지방자치법의 규정 중 읍 · 면 · 동에 관한 사항은 행정시에 두는 읍 · 면 · 동에 대하여 적용한다. 다만, 행정시에 두는 읍 · 면 · 동의 폐치 · 분합은 지방자치법 제4조 제3항의 규정에 불구하고 행정자치부장관의 승인을 요하지 아니하되, 도지사는 그 결과를 행정자치부장관에게 보고하여야 한다.

투표를 거쳐 최종확정할 것을 결의하였다.

이에 따라 제주도지사는 행정자치부장관에게 제주도 전역에서 주민투표를 실시할 것을 건의하였고, 행정자치부장관이 이를 받아들여 다시 제주도지사에게 주민투표 실시를 요구함에 따라 2005. 7. 27. 제주도행정구조개편을 위한 주민투표가 실시되었다. 그 결과 제주도 전체에서 36.7%의 투표율, 그 중 혁신적 대안 57.0%, 현행유지안 43.0%으로 혁신적 대안이 우세하게 나타났다.

이러한 주민투표의 결과에 따라 정부는 혁신안을 내용으로 하는 제주도 행정체제 등에 관한 특별법안과 제주특별자치도 설치 및 국제자유도시 조성을 위한 특별법을 국회에 제출하였고 모두 국회에서 가결되었다.

이에 제주도민 및 기초자치단체 소속 공무원인 청구인들은 제주시, 서귀포시, 북제주군, 남제주군을 폐지하는 내용의 제주도 행정체제 등에 관한 특별법 제3조 및 제주특별자치도 설치 및 국제자유도시 조성을 위한 특별법 제15조 제1항·제2항에 의하여 선거권 등을 침해받는다고 주장하며 이 사건 헌법소원심판을 청구하였다.

(2) 심판의 대상

따라서 이 사건 심판의 대상은 제주도 행정체제 등에 관한 특별법(2006. 1. 11. 법률 제7847호, 2006. 7. 1. 시행, 이하 '제주도행정특별법'이라 한다) 제3조 및 제주특별자치도 설치 및 국제자유도시 조성을 위한 특별법(2006. 2. 21. 법률 제7849호, 2006. 7. 1. 시행, 이하 '국제자유도시조성특별법'이라 한다) 제15조 제1항 · 제2항(위 규정 모두를 이하 '이 사건 법률조항'이라 한다)의 위헌 여부이며 관련규정의 내용은 다음과 같다.

제주도 행정체제 등에 관한 특별법 제3조(제주시 등의 폐지) ① 제주도의 제주시 · 서귀포시 · 북제주군 및 남제주군을 각각 폐지한다.

② 제주도에는 지방자치법 제2조 제1항 및 제3조 제2항의 규정에 불구하고 관할구역 안에 지방자치단체인 시와 군을 두지 아니한다.

제주특별자치도 설치 및 국제자유도시 조성을 위한 특별법 제15조(지방자치단체가 아닌 시 및 읍 · 면 · 동의 설치) ① 제주자치도는 지방자치법 제2조 제1항 및 제3조 제2항의 규정에 불구하고 그 관할구역 안에 지방자치단체인 시와 군을 두지 아니한다.

② 제주자치도의 관할구역 안에 지방자치단체가 아닌 시(이하 '행정시'라 한다)를 두고, 행정시에는 도시의 형태를 갖춘 지역에는 동을, 그 밖의 지역에는 읍 · 면을

둔다.

③ 지방자치법의 규정 중 읍·면·동에 관한 사항은 행정시에 두는 읍·면·동에 대하여 적용한다. 다만, 행정시에 두는 읍·면·동의 폐치·분합은 지방자치법 제4조 제3항의 규정에 불구하고 행정자치부장관의 승인을 요하지 아니하되, 도지사는 그 결과를 행정자치부장관에게 보고하여야 한다.

2. 청구인들의 주장 및 관계기관의 의견

(1) 청구인들의 주장

1) 헌법이 보장하는 지방자치제도의 취지와 기능은 지역발전의 촉진, 다원적 민주주의의 실현, 기능적 권력통제라 할 수 있고 이를 위해서는 지방자치단체의 종류가 다양한 계층구조로 구성되는 것이 필요하다. 주민들은 대개 기초지방자치단체의 지역 범위 내에서 생활을 영위하여 단일 광역지방자치단체 영역 내에서도 서로 이해관계를 달리할 수 있으므로 광역자치단체만으로는 풀뿌리 민주주의를 실현하기에 충분하지 않다. 따라서 제주도지역의 모든 기초자치단체를 폐지하는 것은 해당 지역의 풀뿌리 민주주의의 형성과 발전에 불합리한 침해를 가하는 것으로서 지방자치제도의 제도적 본질을 침해·훼손하는 것이다.

2) 이 사건 법률조항에 의하여 제주도 주민 전체가 기초지방자치단체 영역에서 참정권을 박탈당하는 등 피해가 크다. 기초자치단체의 폐지에 대해서는 당해 시·군을 단위로 주민투표를 실시하여 스스로 자기결정을 내리도록 하는 것이 적절한 절차이며, 이미 행해진 제주도 단위의 주민투표에 비하여 이를 위해 소요되는 비용과 행정적 부담에 거의 차이가 없다. 그럼에도 불구하고 당해 시·군별로 주민투표를 실시하지 않고 입법을 한 것은 적법절차의 원칙에 위반된다.

3) 이 사건 법률조항으로 인하여 청구인들은 해당 기초단체의 장이나 의회의원직에 대한 선거권과 피선거권을 전면적으로 박탈당함에도 불구하고, 이에 대한 정당한 입법목적을 발견할 수 없다. 또한 국제자유도시의 건설·발전을 위해서는 오히려 기초자치단체에게 고도의 자치권을 부여하는 것이 바람직하다는 점에서 과잉금지원칙과 본질적 내용 침해원칙에 위반된다. 그밖에 청구인들은 불합리한 이유로 말미암아 제주도 이외의 다른 지역의 주민들에 비하여 차별을 받게 되므로 평등권을 침해받으며, 나아가 행복추구권 및 인간다운 생활권을 침해받는다.

(2) 제주도지사 및 행정자치부장관의 의견요지

1) 헌법상 지방자치제도의 보장은 지방자치단체에 의한 자치행정을 일반적으로 보장한다는 것일 뿐 특정자치단체의 존속을 보장한다는 것은 아니다. 우리 헌법상 지방자치단체의 종류와 계층구조에 관하여 입법자에게 광범위한 입법형성권이 부여되어 있고, 제주도의 자연적, 사회적, 행정적 특성 등을 고려하면 이 사건 법률조항이 자의적으로 위헌적인 입법이라 볼 수 없다.

2) 지방자치법상 주민투표의 실시 여부는 중앙행정기관장의 재량에 속하는 사항이다. 제주도행정특별법 등에 의하면 기초자치단체와 함께 종전의 광역자치단체인 제주도도 같이 폐지되고 제주도 전체의 행정구조가 개편되므로, 그 입법을 위해 제주도 전체에서 주민투표를 실시하였더라도 적법절차원칙에 위반되는 것으로 볼 수 없다.

3) 이 사건 법률조항은 청구인들의 참정권을 직접적으로 제약하는 것이 아니며 지방자치에 관한 제도의 변경으로 인하여 청구인들이 간접적, 반사적으로 영향을 받고 있을 뿐이다. 설사 참정권이 제한된다 하더라도 제주도를 단일 광역자치체제로 개편하는 것은 예산절감을 통해 지역경쟁력을 제고하고, 도시계획·교통·상수도·환경 등 광역행정 수행상의 애로를 해소하여 지역 간 균형발전을 도모하기 위한 것으로 헌법의 가치질서에 위배되거나 그 필요성에 대한 국회의 판단이 명백히 잘못된 것으로 볼 수 없으므로 합리적인 범위 안의 입법이라 할 수 있다. 따라서 이 사건 법률조항이 제주지역 주민들과 제주 이외 지역의 주민들을 구분하는 것에는 합리적 근거가 있다.

3. 주 문

청구인들의 심판청구를 기각한다.

4. 판시사항

(1) 일정 지역 내의 지방자치단체인 시·군을 모두 폐지하여 지방자치단체의 중층구조를 단층화하는 것이 헌법상 지방자치제도의 보장에 위반되는지 여부(소극)

(2) 제주도의 지방자치단체인 시·군을 모두 폐지하는 제주도 행정체제 등에 관한 특별법(2006. 1. 11. 법률 제7847호, 2006. 7. 1. 시행) 제3조 및 제주특별자치도 설치

및 국제자유도시 조성을 위한 특별법(2006. 2. 21. 법률 제7849호, 2006. 7. 1. 시행) 제15조 제1항 · 제2항(위 규정 모두를 이하 '이 사건 법률조항'이라 한다)이 제주도민들의 선거권 및 피선거권의 참정권을 침해하는지 여부(소극)

(3) 제주도의 지방자치단체인 시 · 군을 폐지하는 입법을 위해 제주도 전체의 주민투표를 실시한 것이 폐지되는 지방자치단체의 주민들의 청문권을 침해하는지 여부(소극)

5. 결정요지

(1) 헌법 제117조 제2항은 지방자치단체의 종류를 법률로 정하도록 규정하고 있을 뿐 지방자치단체의 종류 및 구조를 명시하고 있지 않으므로 이에 관한 사항은 기본적으로 입법자에게 위임된 것으로 볼 수 있다. 헌법상 지방자치제도보장의 핵심영역 내지 본질적 부분이 특정 지방자치단체의 존속을 보장하는 것이 아니며 지방자치단체에 의한 자치행정을 일반적으로 보장하는 것이므로, 현행법에 따른 지방자치단체의 중층구조 또는 지방자치단체로서 특별시 · 광역시 및 도와 함께 시 · 군 및 구를 계속하여 존속하도록 할지 여부는 결국 입법자의 입법형성권의 범위에 들어가는 것으로 보아야 한다. 같은 이유로 일정구역에 한하여 당해 지역 내의 지방자치단체인 시 · 군을 모두 폐지하여 중층구조를 단층화하는 것 역시 입법자의 선택범위에 들어가는 것이다.

(2) 제주국제자유도시 조성은 단순한 산업발전을 위한 정책을 넘어 사람 · 상품 · 자본의 국제적 이동과 기업활동의 편의가 최대한 보장되도록 규제를 완화하고 국제적 기준이 적용되는 지역적 단위를 설정하는 것이다(국제자유도시조성특별법 제2조). 이를 위해서는 기존의 법령을 개정하여 새로운 기준을 설정하는 것뿐 아니라 도시계획 · 교통 · 상하수도 · 주택 등 기반기설의 확충과 광범위한 개발계획의 시행이 이루어져야 한다. 1도 · 2시 · 2군의 기존 제주도 행정체계로는 이와 같은 새로운 행정수요를 충족시키기 어렵다. 지방자치단체 간 재정력 격차로 인한 지역 간 불균형이 발생하기 쉽고, 기초자치단체와 광역자치단체의 중층행정계층에 따른 결재단계 등으로 의사결정비용이 크며, 업무상 갈등으로 말미암아 일관된 행정이 이루어지지 않을 가능성이 상존하기 때문이다. 따라서 새로운 행정수요에 따른 지방행정구조개편이 필요하며 이 사건 법률조항으로 자치단체인 시 · 군을 폐지하여 행정의 효율화를 달성하고 국제자유도시의 조성을 도모하려는 입법자의 판단이 부정확한 사실인식과 불합리한 예측을 근거로 한 것이라 할 수는 없다. 게다가 비록 기

초자치단체의 폐지로 말미암아 주민들의 자치단체구성에 대한 참여기회가 일부 상실되었다 하더라도 그에 대한 보완책으로 광역자치단체 수준의 참여권이 확대되었고, 제주도가 중앙정부의 규율로부터 벗어나 폭넓은 자치권을 가지게 됨에 따라 실질적으로 주민들이 지역행정에 참여하여 영향을 미칠 수 있는 범위가 확대되었으므로, 주민들의 민주적 요구를 수용하는 지방자치제의 기능이 예전에 비하여 축소되었다고 볼 수도 없다. 따라서 이 사건 법률조항에 의하여 청구인들의 참정권인 선거권과 공무담임권이 제한된다 하더라도 그것이 현저히 자의적이고 불합리하여 기본권 제한의 입법적 한계를 벗어난 것이라고 할 수 없다.

(3) 주민투표의 투표대상인 혁신적 대안은 단순히 4개 시·군을 폐지하는 것뿐 아니라 기존의 자치단체인 제주도를 폐지하고 새로운 제주특별자치도를 설치하며 그 권한과 사무의 확대, 의회규모 확대 등 완전히 새로운 행정체계를 구축하는 것을 포함하고 있다. 나아가 폐지될 시·군 주민 전체가 제주도민 전체이기도 한 점에서 제주도에 의하여 투표가 실시된다 하여도 투표의 실질에 있어 차이가 없고, 제주도 전역에서 투표가 행해진다 하더라도 투표결과 집계를 통해 전체 주민의 찬반비율 뿐 아니라 개별 지역별 찬반비율 역시 확인할 수 있으므로 폐지되는 자치단체 주민들의 의사를 확인한다는 기능적인 면에서도 차이가 없다. 또한 자치단체의 폐지에 대한 이해관계자들의 참여, 즉 의견개진의 기회부여는 문제가 된 사항의 본질적 내용과 그 근거에 관하여 이해관계인에게 고지하고 그에 관한 의견의 진술기회를 부여함으로써 그 진술된 의견이 국회에 입법자료를 제공하는 기능을 하도록 하면 족하며, 입법자가 그 의견에 반드시 구속되는 것으로 볼 수는 없다. 따라서 제주도 전역에서 행해진 주민투표절차에 의하여 폐지되는 지방자치단체의 주민들의 청문권이 침해되었다고 볼 수 없다.

Ⅲ. 제주도 행정계층구조 개편에 대한 헌법적 검토

한마디로 특별법에 따른 제주도 행정계층구조 개편은 기초단체의 전면적 폐지를 주 내용으로 하는 행정계층구조의 단층화인데, 이는 지방자치제도의 이념과 취지 등 각종 헌법원리와 기본권의 측면에서 다음과 같은 위헌의 소지가 있다고 여겨진다.

1. 지방자치의 제도적 보장과 관련하여

헌법 제117조는 지방자치를 제도적으로 보장하고 있다. 이러한 지방자치의 제도적 보장은 전통적으로 자치기능보장, 자치단체보장, 자치사무보장의 세 가지를 본질적 내용으로 하고 있다. 따라서 지방자치기능을 구체화하고, 지방자치단체의 종류와 크기를 정하고, 지방자치사무의 범위를 정하는 등 지방자치의 실현을 위한 입법형성권의 행사는 이러한 지방자치제도의 본질적인 내용을 침해할 수 없다. 이러한 관점에서 볼 때 지방자치단체의 수를 조정하기 위한 자치단체의 부분적 통·폐합은 가능하지만, 모든 지방자치단체를 폐지하는 것은 금지된다.

이러한 지방자치의 제도적 보장의 핵심적 내용 중 하나인 자치단체의 보장은 지방자치제의 본질과 기능의 측면에서 파악되어야 한다. 즉 후술하는 바와 같이 지방자치제도는 행정의 극대화기능 및 지역발전촉진기능과 더불어 다원적 민주주의의 실현과 기능적 권력통제를 중요한 기능으로 하고 있음은 주지의 사실이다. 이러한 지방자치제도의 취지와 기능이 제대로 구현되고 발휘되기 위해서는 필연적으로 지방자치단체의 종류가 다양한 구조로 되어 있을 것은 전제로 하고 있고, 이는 지방자치단체가 수평적으로 다양한 종류로 구성될 것과 더불어 수직적으로도 다양한 계층구조로 구성될 것을 요구한다. 그럴 경우에 비로소 전통적인 지방자치제도의 기능인 행정의 극대화기능 및 지역발전촉진기능이 발휘될 수 있고, 아울러 다원적 민주주의와 지방자치단체간의 수평적·수직적 권력통제가 가능해진다. 따라서 지방자치단체의 종류는 수직적으로 적어도 둘 이상의 계층구조로 구성될 것을 요구하는 것이다. 만일 그렇지 않고 지방자치단체의 구조가 수직적으로 단일한 계층구조, 즉 일원적인 단층구조로 이루어져 있으면 지방자치단체간의 수직적 권력통제가 불가능해질 뿐 아니라, 위에서 언급한 지방자체제도의 다양한 기능이 형해화되고, 후술하는 자치사무의 수직적 분배도 불가능해진다.

지방자치단체의 종류를 구체화하고 있는 지방자치법 제2조 제1항도 이러한 취지를 반영하여 지방자치단체의 종류를 광역단체와 기초단체의 두 가지 계층으로 이원화하고 있는데, 이러한 지방자치단체의 이원적 계층구조는 바로 헌법 제117조에 따른 지방자치의 제도적 보장내용으로서 자치단체보장의 본질적 내용을 이루고 있는 것이다. 따라서 지방자치단체의 폐치 등 지방자치단체의 종류에 관한 입법형성권은 이러한 본질적 내용인 지방자치단체의 이원적 계층구조내에서 이루어져야 함은 당연하다.

이 사건의 경우 문제되는 지방자치단체의 폐치는 이러한 이원적 계층구조내에서 일부 기초단체를 통·폐합하는 정도에 그치는 것이 아니라 근본적으로 제주도라는 광역단체내의 모든 기초단체를 폐지함으로써 지방자치단체의 종류를 단층적 구조로 일원화시키는 것으로 허용되기 어렵다. 즉 이는 자치단체보장이라는 지방자치의 본질적 내용 중 하나를 침해하는 것이고, 결과적으로 제주도내 기초단체의 자치기능과 자치사무의 보장도 침해된다고 볼 수 있다.

2. 지방자치제도의 기능과 관련하여

주지하는 바와 같이 지방자치제도는 전통적인 기능으로서의 행정의 극대화기능 및 지역발전촉진기능과 더불어 오늘날 다원적 민주주의의 실현과 기능적 권력통제를 중요한 기능으로 하고 있다.

(1) 주민근거리행정의 실현

행정작용의 침투력을 높여서 행정성과의 극대화를 꾀하고, 풀뿌리민주주의를 실현하기 위한 제도가 바로 지방자치제도이다. 이러한 목적을 위하여는 가능한 한 주민접촉행정 내지 주민근거리행정이 필수적이고 이의 실현은 주로 지방자치법상의 기초지방자치단체가 담당하도록 하고 있다. 특히 특별시나 광역시 등 지역은 협소한 대신 인구밀도가 높은 대도시의 경우와는 달리 지역이 광활하고 인구밀도가 낮은 제주도의 경우에는 광활한 지역을 분할하는 기초단체의 필요성과 기능은 이러한 주민근거리행정을 위하여 필수적이다. 따라서 이 사건의 경우에서처럼 제주도라는 광역단체내의 모든 기초단체를 폐지하는 것은 이러한 주민근거리행정이라는 지방자치제도의 기능을 형해화시키는 것이다.

물론 특별법에 따르면 기초단체인 시·군이 폐지되는 대신 이를 대체하는 2개의 행정시가 해당 행정업무를 이행하도록 되어 있으나, 이 행정시는 독자적인 법인격을 가진 자치단체가 아닌 하나의 하부행정조직에 불과한 것으로 그 시장은 도지사가 임명하는 임명직이고 지방의회도 설치되지 아니한다. 즉 자치조직권, 자치입법권, 자치행정권, 자치재정권 등의 자치고권이 없는 단순한 행정기구에 불과하기 때문에 지역주민에 대한 행정서비스나 지역주민의 욕구를 충족시켜주는 결정권을 갖지 못한다. 따라서 주민들은 결정권이 없는 시장을 만나 의견을 개진하지 않고 결정권이 있는 도지사를 접촉하려 할 것이다. 그런데 도지사가 이러한 의견을 제대로 듣고 행정에 반영하는 것은 현실적으로 어렵고, 바람직하지도 않으며, 기초단체의 행정과 광역단체의 행정 상호간의 차이점에 비추어도 적절치 않다. 따라서 주민의사가 제대로 반영되는 책임행정의 구현이 어렵고, 결국 주민접촉행정이라는 지방자치제도의 기능구현에 역행하게 되는 것이다.

주민접촉행정이 실현되기 위해서는 그 주민행정을 담당하는 행정기관이 독자적인 자치권을 가지고 정책결정과 입안 및 집행과정에 적극 참여할 때 가능하다는 점을 상기할 때 주민근거리행정을 담당해야 할 기초단체를 폐지하고 아무런 자치권이 없는 도의 하부조직에 불과한 행정시로 하여금 담당하게 하는 것, 또는 광역단체에서 담당하는 것 어느 것도 타당하지 않다고 하겠다.

(2) 다원적 민주주의의 실현

지방자치는 지역주민의 지역문제에 대한 자치능력을 길러줌으로써 민주정치에 필요한 민주시민을 양성하는데 기여하고, 이로써 민주정치의 실현기능을 가지게 된다. 더욱이 지방자치단체에서는 국가차원에서와는 다른 정치세력과 정치견해가 형성될 수 있고, 국가차원에서와는 다른 정치집단이 정치적인 영향력을 행사할 수 있기 때문에 서로 상이한 다양한 정치적 견해를 지방자치제도를 통해 반영할 수 있다는 점에서 현대사회가 요구하는 정치적 다원주의 내지 다원적 민주주의를 실현시키는 기능을 가진다.

이처럼 지방자치제도의 중요한 기능이 다원적 민주주의의 실현이라면 이러한 다원적 민주주의가 실현될 수 있는 지방자치제도가 마련되어야 한다. 그러기 위해서는 지방자치단체도 그 지역과 주민의 크기가 클 경우에는 분할되어야 하고, 따라서 하나의 커다란 자치단체 내에서도 다양한 정치세력과 견해가 형성·공존할 수 있도록 다양한 소규모단위의 자치단체가 존재해야 한다. 이러한 필요성을 충족시키기 위하여 지방자치법은 지방자치단체의 계층을 이원화해서 광역단체와 기초단체로 나누고 있는 것이다. 광역단체와 기초단체, 그리고 기초단체 상호간이 다양한 정치적 견해와 정책으로 경쟁할 때 보다 효율적으로 주민의 다양한 의사가 형성되고, 그러한 의사가 정책의 결정과 집행에 반영될 수 있으며, 주민의 선택폭이 넓어질 수 있어 결국 지방자치제도의 본질과 기능의 하나인 다원적 민주주의가 실현될 수 있는 것이다. 따라서 제주도라는 광역단체내의 모든 기초단체를 폐지하는 것은 이러한 다원적 민주주의의 실현기능이라는 지방자치제도의 중요한 기능을 형해화시키는 것으로 허용될 수 없다고 하겠다.

(3) 기능적 권력통제의 실현

지방자치는 오늘날 기능적 권력통제를 위한 제도적 장치로 기능한다. 고전적 3권분립이론은 사회구조와 사회기능의 변화, 다양한 정치·사회세력의 출현, 다양한 국가기관의 등장, 헌법관의 변화, 정당국가적 경향 등 때문에 본래의 권력통제기능을 효율적으로 발휘하기 어렵게 되었다. 따라서 오늘날 이러한 고전적 3권분립이론은 그 골격은 유지하되 다양한 수정과 보완을 겪게 되었다. 그 중 하나가 바로 지방자치제도를 통한 기능적 권력통제라고 할 수 있다. 이는 정책개발과 정책결정 및 정책집행권을 중앙정부와 지방자치단체 및 지방자치단체 상호간에 기능적으로 분산시킴으로써 중앙정부와 지방자치단체 및 지방자치단체 상호간의 수직적·수평적인 기능적 권력통제를 실현하는 것이다. 따라서 오늘날 지방자치제도의 중요한 기능 중 하나는 바로 이러한 기능적 권력통제의 실현인 것이다.

이에 따라 지방자치제도는 이러한 권력통제기능을 효율적으로 실현할 수 있도록 제도화되고 운용되어야 한다. 그를 위해, 즉 중앙정부와 지방자치단체 및 지방자치단체 상호간의 수직적·수평적인 기능적 권력통제가 제 기능을 효율적으로 발휘하기 위해서는 지방자치단체의 경우에도 이처럼 수평적·수직적 권력분립이 이루어질 수 있도록 다양한 규모와 종류의 지방자치단체로 세분화되어야 하고 이를 위해 지방자치법은 앞서 언급한 바와 같이 자치단체를 광역과 기초로 이원화시키고 있는 것이다. 이에 따라 지방자치 차원에서도 광역과 기초, 기초단체 상호간의 수평적·수직적 권력통제가 이루어지고 있는 것이다. 따라서 제주도라는 광역단체 내의 모든 기초단체를 폐지하는 것은 이러한 지방자치제도가 가지는 권력통제의 기능을 형해화시키는 것이라고 할 수 있다.

3. 지방자치단체간의 사무분배와 관련하여

지방자치의 특성 중 하나는 국가와 지방자치단체간 그리고 지방자치단체 상호간의 사무분배라고 할 수 있다. 특히 각 주체간의 고유사무의 분배는 앞서도 언급한 지방자치의 제도적 보장내용의 하나인 자치사무의 보장의 측면에서 매우 중요하다. 지방자치가 지방자치단체로 하여금 지역의 특성에 알맞는 독창적인 정책을 개발해서 독자적인 의사결정을 하고, 자치기구를 통해 자기책임하에 집행함으로써 지역주민의 복리증진을 꾀하고 국가발전에 기여한다는 데 그 제도의 존재의의가 있기 때문에 지방자치단체의 이와 같은 자치기능을 무시하고 해당 자치단체의 위상과 지위에 부합되지 않는 사무가 분장된다면 이는 지방자치제도의 본질적 요소와 조화될 될 수 없다.

이에 따라 「지방분권 및 지방행정체제개편에 관한 특별법」 제9조도 사무배분의 원칙에 대하여 "① 국가는 지방자치단체가 행정을 종합적·자율적으로 수행할 수 있도록 국가와 지방자치단체 간 또는 지방자치단체 상호간의 사무를 주민의 편익증진, 집행의 효과 등을 고려하여 서로 중복되지 아니하도록 배분하여야 한다. ② 국가는 제1항에 따라 사무를 배분하는 경우 지역주민생활과 밀접한 관련이 있는 사무는 원칙적으로 시·군 및 자치구의 사무로, 시·군·구가 처리하기 어려운 사무는 특별시·광역시·특별자치시·도 및 특별자치도의 사무로, 시·도가 처리하기 어려운 사무는 국가의 사무로 각각 배분하여야 한다. 이하 생략"라고 규정함으로써 이러한 국가와 지방자치단체간 그리고 지방자치단체 상호간의 사무분배에 대하여 각각의 지방자치단체의 지위와 크기에 적합한 사무의 분배를 명시하고 있다.

그런데 이 사안의 경우 제주도라는 광역단체내의 모든 기초단체를 폐지함으로써 결국 기초단체의 고유사무가 광역단체인 제주도에 분배되게 되는데, 이는 이러한 지방자치단체간의 사무분배의 기본원칙에 반할 뿐 아니라, 이러한 원칙을 규정한 「지방분권 및 지방행정체제개편에 관한 특별법」 제9조와도 조화될 수 없는 것이다. 물론 이 경우 이러한 기초단체에 분배되어야 할 고유사무가 기초단체의 폐지 후 새로 구성될 제주도의 하부행정조직인 자치구가 아닌 시 등에 분배되는 것을 상정할 수 있겠으나 이는 어디까지나 도의 단순 하부행정조직으로서 행정업무를 수행하는 것이지 독립한 지방자치단체로서 자기 책임하에 고유사무를 관장하는 것은 아니며, 결국 법리상 광역단체인 제주도가 매우 이질적인 기초단체 차원의 고유사무를 담당하는 것이 되어 규범과 원칙 및 제도 상호간의 조화를 요구하는 헌법상의 체계정당성의 요청에 위반되는 것이다.

이와 관련하여 제주도는 행정구조 개편 추진 당시의 참여정부의 노선에 따라 제주도 지방자치의 실질적 분권을 실현하기 위하여 혁신안을 추진했다고 주장하는데, 오히려 이러한 실질적 분권은 각각의 계층에 따른 자치단체가 구축되어 각각에 맞는 사무가 분장될 때 가능하다는 점을 상기할 때 이러한 주장은 타당하지 아니하고, 실질적 분권을 위하서라도 지방자치단체의 계층화가 이루어져야 하는 것이다.

4. 체계정당성과 관련하여

제주도내의 모든 기초단체를 폐지하는 특별법의 제정과 이를 위한 지방자치법의 개정은 위에서 언급한 규범과 원칙 및 제도 상호간의 조화를 요구하는 헌법상의 체계정당성의 요청에도 위반된다. 체계정당성의 원리란 동일 규범내에서 또는 상이한 -수평적 관계이건 수직적 관계이건-규범간에 그 규범의 구조나 내용 또는 규범의 근거가 되는 원칙면에서 상호 배치되거나 모순되어서는 안된다는 하나의 헌법적 요청이다. 즉 이는 규범 상호간의 구조와 내용 등이 모순됨이 없이 체계와 균형을 유지하도록 입법자를 기속하는 헌법적 원리라고 볼 수 있다. 이처럼 규범 상호간의 체계정당성을 요구하는 이유는 입법자의 자의금지와 규범의 명확성, 예측가능성, 투명성 및 신뢰보호와 법적 안정성을 확립하기 위한 것이고, 이는 국가공권력에 대한 통제와 이를 통한 국민의 자유와 권리의 보장을 이념으로 하는 법치주의원리로부터 도출되는 것이라고 할 수 있다.

그런데 이 사건의 경우 제주도내의 모든 기초단체를 폐지하여 자치단체의 종류를 단층화하는 내용의 특별법의 제정과 지방자치법의 개정은 자치단체의 종류를 중층구조로 이원화한 지방자치법의 기본골격에 저촉되는 것이다. 왜냐하면 지방자치법은 위에서도 언급한 바와 같이 여러 헌법적 규범과 원칙 때문에 지방자치단체를 광역과 기초로 이원화시키고 있는데, 유독 제주도에서만 기초단체를 폐지하여 지방자치단체를 일원화시키기 때문이다. 결국 제주도내의 모든 기초단체를 폐지하여 행정계층구조를 단층화하는 내용의 특별법은 지방자치법의 중층구조를 원칙으로 하는 지방자치법의 기본골격과 비교할 때 체계정당성에 반하는 것이다.

5. 보충성의 원칙과 관련하여

한 나라의 행정업무는 먼저 지방자치단체가 담당하고, 그 업무를 지방자치단체가 처리하기 어려울 경우에만 국가가 담당하고, 지방자치단체의 경우에도 1차적으로는 작은 단위의 자치단체가 먼저 사무를 처리하고, 이것이 어려운 경우에만 2차적으로 큰 단위의 자치단체가 그 사무를 처리하는 것이 원칙이다. 이를 '보충성의 원칙'이라고 하며, 위에서 언급한 「지방분권 및 지방행정체제개편에 관한 특별법」 제9조 제2항이 "국가는 제1항에 따라 사무를 배분하는 경우 지역주민생활과 밀접한 관련이 있는 사무는 원칙적으로 시·군 및 자치구의 사무로, 시·군·구가 처리하기 어려운 사무는 특별시 · 광역시 · 특별자치시·도 및 특별자치도의 사무로, 시 · 도가 처리하기 어려운 사무는 국가의 사무로 각각 배분하여야 한다."라고 규정하고 있는 것도 이러한 보충성의 원칙을 확인하고 있는 것이다.

따라서 지역주민생활과 밀접한 관련이 있는 사무 등 기초단체의 사무는 당연히 기초단체인 시 · 군이 담당하여야 하는 데, 이 사건의 경우 제주도내의 모든 기초단체를 폐지하는 내용의 특별법은 이러한 보충성의 원칙에 반하는 것이다.

6. 생활권을 무시한 자치단체

지방자치제도의 문제점 중 하나로 거론되는 것이 특별시 등 대도시에는 지역적 협소함과 통합생활권적 생리에도 불구하고 자치구라는 기초단체를 두고 있음에도 불구하고, 지역이 광활한 농촌지역 등의 도의 경우에는 기초단체를 읍 · 면이 아닌 시 · 군으로 하고 있어 농촌지역의 광활함과 실제적인 생활권을 무시하고 있다는 비판이다. 따라서 도의 경우에는 기초단체를 시 · 군이 아닌 읍 · 면으로 하거나, 시 · 군 아래에 또 하나의 기초단체인 읍 · 면을 둠으로써 도의 경우에는 3단계 내지 3계층의 자치단체를 두자는 주장이 설득력 있게 제기되고 있다. 그런데 이 사안의 경우에는 오히려 기초단체인 시 · 군을 폐지하고 도로 일원화하자는 것이므로 이는 이러한 시대적 추세에 반할뿐 아니라, 농촌지역의 광활함과 실제적인 생활권을 무시하는 것으로 받아들이기 어렵다.

7. 지방자치법 제4조와 관련하여

지방자치법 제4조는 "① 지방자치단체의 명칭과 구역은 종전과 같이 하고, 명칭과 구역을 바꾸거나 지방자치단체를 폐지하거나 설치하거나 나누거나 합칠 때에는 법률로 정한다. 다만, 지방자치단체의 관할 구역 경계변경과 한자 명칭의 변경은 대통령령으로 정한다. ② 제1항에 따라 지방자치단체를 폐지하거나 설치하거나 나누거나 합칠 때 또는 그 명칭이나 구역을 변경할 때에는 관계 지방자치단체의 의회의 의견을 들어야 한다. 다만, 「주민투표법」 제8조에 따라 주민투표를 한 경우에는 그러하지 아니하다. …"라고 규정함으로써, 지방자치단체의 폐치 · 분합은 법률로써 하고, 이 경우 관계지방자치단체의 의회의 의견을 듣도록 했다.

지방자치단체의 폐치 · 분합이란 첫째, 분할(하나의 지방자치단체를 둘 이상의 지방자치단체로 나누는 경우), 둘째, 분립(어느 지방자치단체의 일부구역을 새로운 지방자치단체로 만드는 경우), 셋째, 합체(둘 이상의 지방자치단체를 합하여 하나의 새로운 지방자치단체로 만드는 경우), 넷째, 편입(어느 지방자치단체를 다른 지방자치단체에 흡수시키는 경우)으로 나눌 수 있다. 따라서 여기서 말하는 '지방자치단체의 폐치 · 분합'이라 함은 특정 자치단체의 통 · 폐합 등 부분적 폐치 · 분합을 의미하는 것이지 이 사안에서처럼 일정한 광역단체내의 모든 기초단체를 폐지하여 지방행정계층을 일원화하는 것을 의미하는 것은 아니다.[6] 더욱이 이러한 지방행정계층의 일원화는 위헌이라는 점은 앞서 언급한 바와 같다. 따라서 이 지방자치법 제4조 제1항을 근거로 모든 기초단체의 폐지를 정당화하는 것은 타당하지 않다.

또한 이러한 논리는 체계정당성의 측면에서도 정당화되어진다. 즉 앞서 언급한 바와 같이 지방자치단체의 종류를 구체화하고 있는 지방자치법 제2조 제1항이 지방자치단체의 종류를 광역단체와 기초단체의 두 가지 계층으로 이원화하고 있는데, 지방자치법 제4조 제1항을 근거로 제주도라는 광역단체내의 모든 기초단체를 폐지함으로써 지방자치단체의 종류를 단층적 구조로 일원화시키는 것이 가능하다고 한다면, 결과적으로 지방자치법 제4조 제1항이 지방자치법의 근간을 이루는 기본 규정인 동법 제2조 제1항에 위배되는 모순된 규정이라고 보지 않을 수 없게 되고, 따라서 이 규정은 체계정당성에 위반된다는 결론에 도달하는 것이다.

한편 이는 주민투표의 절차를 밟는 경우에도 마찬가지이다. 즉 관계지방자치단체의 의회의 의견을 듣는 대신 지방자치법 제4조 제2항 단서조항에 따라 주민투표법 제8조의 규정에 의한 주민투표의 절차에 따라 이루어지는 경우에도 해당 광역지방자치단체 내의 모든 기초단체의 전면적 폐지는 대상이 될 수 없다. 왜냐하면 후술하는 바와 같이 주민투표법 제8조에서 말하는 '지방자치단체의 폐치 · 분합'의 의미도 특정 자치단체의 통 · 폐합 등 부분적 폐치 · 분합을 의미하는 것이지 이 사안에서처럼 일정한 광역단체내의 모든 기초단체를 폐지하여 지방행정계층을 일원화하는 것을 의미하는 것은 아니기 때문이다.

8. 주민투표법 제8조와 관련하여

이 사안에서 제주도는 도내의 모든 기초단체의 폐지를 주민투표법 제8조에 따른

6) 예컨대 헌법재판소의 경기도남양주시등33개도농복합형태의시설치등에관한법률 제4조 위헌확인사건(헌재 1994. 12. 29. 94헌마201)에서 충주시와 중원군의 통합이 문제된 것에서도 알 수 있듯이 그동안 지방자치법 제4조에 따른 자치단체의 폐치 · 분합은 모두가 기초단체의 통 · 폐합이 문제되었고, 지방자치법 제7조 제2항에 따른 도농복합형태의 시도 시 · 군통합이었지, 이 사안에서 문제되는 한 광역단체내의 모든 기초단체의 완전한 폐지가 결코 아니었다.

주민투표의 절차를 통해 해결하려고 하고 있다. 주민투표법 제8조는 "① 중앙행정기관의 장은 지방자치단체의 폐치·분합 또는 구역변경, 주요시설의 설치 등 국가정책의 수립에 관하여 주민의 의견을 듣기 위하여 필요하다고 인정하는 때에는 주민투표의 실시구역을 정하여 관계 지방자치단체의 장에게 주민투표의 실시를 요구할 수 있다. 이 경우 중앙행정기관의 장은 미리 행정안전부장관과 협의하여야 한다. ② 지방자치단체의 장은 제1항의 규정에 의하여 주민투표의 실시를 요구받은 때에는 지체 없이 이를 공표하여야 하며, 공표일부터 30일 이내에 그 지방의회의 의견을 들어야 한다. ③ 제2항의 규정에 의하여 지방의회의 의견을 들은 지방자치단체의 장은 그 결과를 관계 중앙행정기관의 장에게 통지하여야 한다. …"라고 규정하고 있다. 그러나 위에서 언급한 바와 같이 주민투표법 제8조에서 말하는 '지방자치단체의 폐치·분합'의 의미도 특정 자치단체의 통·폐합 등 부분적 폐치·분합을 의미하는 것이지 이 사안에서처럼 일정한 광역단체내의 모든 기초단체를 폐지하여 지방행정계층을 일원화하는 것을 의미하는 것은 아니라고 할 것이며, 따라서 제주도가 이 사안에서 도내의 모든 기초단체의 폐지를 주민투표법 제8조에 따른 주민투표의 절차를 통해 해결하려는 것도 잘못된 것이라 하겠다.

한편 이번 제주도 행정계층구조 개편에 대한 주민투표의 결과 제주도 유권자 전체를 기준으로 할 경우 혁신안이 유효투표수의 57.03%를 얻어 42.97%를 얻은 점진안보다 우세하게 나타났으나, 투표율이 36.73%에 불과한 점을 감안할 때 혁신안에 찬성한 의견은 유권자 총수 402,003명 중 82,919명에 불과하므로 제주도의 약 20%에 불과한 주민만 혁신안에 찬성한 것이고, 나머지 약 80%의 주민은 주민투표 자체를 반대하거나, 제도의 변경에 관심이 없거나, 또는 현행제도를 유지하는 점진안에 찬성한 것으로 볼 수 있다. 이는 주민의 대다수가 혁신안에 반대하고 점진안을 지지한 것으로 볼 수도 있는 것이다. 결국 이렇게 저조한 찬성율은 그의 대표성과 정당성에 심각한 문제가 제기될 수밖에 없다. 심지어 당선자를 낼 수밖에 없는 선거에서도 저조한 투표율과 득표율이 민주적 정당성과 대표성에 대한 심각한 문제를 제기되고 있는 마당에, 선거가 아닌, 또한 지방자치단체의 폐지 여부를 가리는 중차대한 사안에서 이렇게 저조한 투표율과 찬성율로 폐지결정을 내린다고 하는 것은 헌법상 정당화될 수 없고, 이를 결코 주민의 의사로 볼 수 없는 것이다. 이러한 측면에서 볼 때도 주민투표법 제8조가 지방자치단체를 폐지하는 것까지도 주민투표의 대상으로 삼는 것은 아니라고 해석하여야 할 것이다.

다른 한편 가사 백번 양보하여 이러한 제주도내의 모든 기초단체의 폐지 여부가 주민투표법 제8조에 따른 주민투표의 절차를 통해 해결될 수 있다 하더라도 그 주민투표실시의 주체가 되는 관계 지방자치단체의 장은 당연히 해당 기초단체의 장이 되어야 한다. 즉 주민투표법 제8조 제1항은 "중앙행정기관의 장은 지방자치단체의 폐치 · 분합 또는 구역변경, 주요시설의 설치 등 국가정책의 수립에 관하여 주민의 의견을 듣기 위하여 필요하다고 인정하는 때에는 주민투표의 실시구역을 정하여 '관계 지방자치단체의 장'에게 주민투표의 실시를 요구할 수 있다. …"라고 규정하고 있는데, 이 사안에서의 '관계 지방자치단체의 장'은 기초단체인 시 · 군이라고 하겠다. 왜냐하면 행정계층구조의 개편을 통해 폐지되는 단체는 기초단체이고, 따라서 기초단체가 이러한 개편으로 인해 자신의 자치권이 침해되는 가장 직접적이고 1차적인 이해관계자이기 때문이다.[7] 광역단체나 기초단체 모두 상호 독립적인 공법인이고, 자신의 자치사무를 법령의 범위안에서 자율적으로 처리할 수 있는 독자적인 행정주체이며, 법령에 의거하여 자치사무를 처리하는 범위내에서는 광역단체와 기초단체가 상하관계에 있는 것이 결코 아니다. 이러한 맥락에서 주민투표법 제7조 제2항 제2호도 '다른 지방자치단체의 권한 또는 사무에 속하는 사항'은 주민투표에 부칠 수 없다고 규정하고 있고, 따라서－이 경우 이 규정에 따라 지방자치단체의 폐지 여부를 묻는 주민투표가 폐지되는 해당 단체가 실시할 경우에는 법적으로 허용될 수 있느냐의 문제는 별론으로 한다면－행정계층구조개편으로 인해 자신의 자치권이 침해되는 가장 직접적이고 1차적인 이해관계자인 해당 시 · 군의 권한에 속하는 사항을 다른 자치단체인 제주도가 주체가 되어 주민투표를 실시할 수 없는 것은 당연하다고 하겠다.

아울러 기초단체간에도 폐치에 대한 찬반의견이 다를 수 있고, 그럴 경우 폐치

---

7) 헌법재판소도 경기도남양주시등33개도농복합형태의시설치등에관한법률 제4조 위헌확인사건(헌재 1994. 12. 29. 94헌마201)에서 충주시와 중원군의 통합과 관련하여 "이 사건 법률제정절차와 관련한 적법절차는 이른바 청문절차로서 국민은 자신의 이해관계와 관련하여 그 법적 지위를 확보하기 위하여 국가적인 재편계획에 대하여 입장을 표명할 기회를 주어야 한다는 것이다. 즉 국민이 국가적 활동의 단순한 객체로 전락하여서는 안된다는 것이다. 또한 입법자가 공공복리를 이유로 지방자치와 관련하여 특정지역을 변경하는 결정을 내리기 전에 일반적으로 상반되는 이익들간의 형량이 선행되어야 하는데, 이러한 이익형량은 이해관계자들의 참여 없이는 적절하게 이루어질 수 없다. 국회는 이러한 절차를 통하여 비로소 자신의 결정에 앞서 중요한 사항들에 관한 포괄적이고 신빙성 있는 지식을 얻게 된다. 따라서 이 사건과 관련하여 헌법상 보장하고 있는 청문절차는 중원군과 충주시 통합의 본질적 내용에 관한 사항과 그 근거에 관하여 이해관계인에게 고지하고 그에 관한 의견의 진술기회를 부여하는 것으로 … 지방자치단체를 폐치 · 분합할 때 '관계 지방자치단체의회의 의견을 들어야 한다.'는 지방자치법 제4조 제2항은 헌법상 어떤 효력을 가지는가. 위에서 살펴본 바와 같이 지방자치단체의회의 의견청취절차를 밟은 것 자체로서 적법절차는 준수되었다고 보아야 하고, …"라고 판시함으로써 통합여부는 바로 통합되는 해당 자치단체의 의회와 주민의 의견에 달려있음을 강조하면서, '관계 지방자치단체의회'가 바로 통합되는 단체인 중원군의회임을 분명히 했다.

여부도 달라져야 하므로 기초단체별로 실시해야 하고 따라서 그 실시주체는 기초단체장이어야 한다. 만일 광역단체인 제주도가 주민투표실시 주체가 되어 제주도에서 전체적 · 통합적으로 주민투표가 실시된다면 제주도 전체단위에서의 다수의사와 다른 기초단체 단위별 주민들의 의사가 왜곡 · 무시되고, 이는 결국 해당 기초단체들의 자치권한을 침해하고 지방자치제도의 이념에 반하는 것이 된다. 실제로 이번 주민투표의 결과 4개 시 · 군 중 서귀포시와 남제주군은 각각 56.37% 대 43.63%, 54.86% 대 45.14%로 점진안에 대한 찬성이 혁신안보다 높게 나왔다. 시 · 군의 전면적 폐지는－그것이 현행법상 허용되는지의 여부는 별론으로 한다면－독립된 법인격을 가진 그 해당 시 · 군과 소속 주민에게 달려있다고 보아야 하고, 그런 점에서 서귀포시와 남제주군 주민들의 의견이 결코 다수결 논리로 무시되어서는 안된다. 이는 자치단체의 일반적 통합의 경우에도 마찬가지이다. 즉 두 개의 자치단체의 통합을 주민투표에 부칠 경우, 어느 한 자치단체에 반대표가 많다면 비록 두 단체의 모든 주민을 기준으로 한 합산 찬성표가 합산 반대표보다 많이 나왔다 하더라도 그 통합이 부결되는 것과 같은 이치이다.

따라서 이 사안에서 행정자치부장관이 2005. 6. 21. 주민투표실시를 제주도지사에게 요구하고, 제주도지사가 2005. 7. 5.주민투표를 발의공고하고 2005. 7. 27. 실시한 행위는 주민투표법 제8조에 위반되는 것이고, 결국 주민투표법 제8조에 의하여 부여된 해당 기초단체장들의 주민투표실시에 관한 권한을 침해하는 것이다.

9. 비례의 원칙과 관련하여

비례의 원칙은 공권력작용에 있어서 목적과 수단사이의 비례성을 요구하고 있다. 그런데 이 사안에서 이러한 비례의 원칙이 준수되었다고 보기 어렵다.

제주도의 모든 기초단체를 폐지함으로써 지방자치단체의 종류를 단층화시키는 혁신안의 목적은 단층화에 따른 행정의 효율성을 증대시키고, 광역수요에 대한 효과적 대응을 가능케 한다는 것이다. 즉 첫째, 제주도의 지리적 · 사회적 · 경제적 여건과 특성에 기반하되, 제주도국제자유도시라는 21C 제주비전과 참여정부의 국정과제인 '국가균형발전과 지방분권'에 적합한 제주형 자치체제를 구축하고, 둘째, 이를 통해 국가의 지방자치제도의 발전을 선도하고 제주차원에서는 여타 지역의 국제자유도시와 경쟁할 수 있는 특화된 효율적인 자치 및 행정체제를 조성하여 제주의 경쟁력과 제주도민의 풍요로운 삶의 질을 증진시켜나가는 것이라고 할 수 있다.[8)]

8) 제주특별자치도 기본방향 및 실천전략, 73쪽 이하 참조.

그런데 이러한 목적과 장점은 그 자체 매우 막연하고 불명확한 것이며, 또한 그러한 목적 달성을 위해서 굳이 기초단체를 모두 폐지하는 방안이 적절한지도 의문이다. 왜냐하면 현재의 이원적 계층구조하에서도 이러한 목적은 충분히 달성될 수 있고, 따라서 현재의 이원적 행정구조가 이러한 혁신안의 도입목적의 달성에 전혀 장애가 되지 않기 때문이다. 혁신안의 내용 어디에서도 현재의 이원적 행정구조가 상기 언급한 목적의 달성에 장애가 되고, 따라서 제주도의 행정구조를 단층화해야 한다는 필연적인 논거와 사유를 발견할 수가 없다.[9] 사실 혁신안이 추구하는 행정의 효율성과 신속성 증대 등의 목적은 행정구조의 단층화가 아닌 다른 방안을 통해 추진해야하고 또 추진될 수 있는 사안이라고 하겠다. 예컨대 제주도와 시·군으로 이원화된 승인기관을 일원화하거나, 제주도 사무위임조례에 명시된 시·군 위임사항을 축소하여 법적 이행절차를 간소화하거나, 제주국제자유도시특별법 제60조의 의제처리사항을 34개 조항으로 확대하여 개별 인·허가에 따른 소요시간을 단축시키는 등[10] 법률개정과 제도개선을 통하여 현행 제도하에서도 얼마든지 행정의 효율성과 신속성을 도모할 수 있다고 보인다.

앞서 언급한 바와 같이 기존의 기초단체가 폐지되더라도 결국 기존의 시·군 및 읍·면·동의 업무는 시·군을 대체할 행정시와 읍·면·동에서 그대로 처리하게 되는 불합리한 현상이 발생할 가능성이 높고, 또한 자치권이 없는 행정시 시장은 중요한 결정을 도에 떠넘기게 되고, 결국 결정은 도에서 내린다는 측면에서 실질적으로 행정계층이 오히려 늘어난다고 볼 수도 있다. 따라서 도에서는 자치권에서 파생되는 예산, 인사, 업무명령 등 모든 권한을 가지고 가고, 기존 시·군하의 업무내용은 그대로 존치시키게 되는 경우 오히려 행정의 비효율성을 가중시킬 위험마저 있다고 하겠다.[11] 또한 시·군의 폐지로 인해 제주도는 현재의 도의 사무뿐만 아니라 제주특별자치도가 됨으로써 중앙정부로부터 이전되는 많은 사무와 기존의 시·군의 사무들이 모두 제주도의 사무로 된다는 점을 생각하면 행정의 효율성과 신속성이라는 소기의 목적을 달성하기는 더욱 어려울 것이다.

한편 설사 그러한 목적의 실현을 위해서 행정구조를 단층화하는 것이 필요하다고 하더라도 실현되는 공익에 비하여 위에서 언급한 바와 같이 기초지방자치단체의 제도적 보장과 기초단체의 본질적인 자치권한이 침해되고 후술하는 바와 같이 주민들의 기본권이 과도하게 침해되는 등 상실되는 공익과 사익이 더욱 크다고 보

9) 제주형 지방자치모형 개발 등 행정개혁에 관한 연구, 152면 이하 참조.

10) 현광수, 혁신안(단일계층)에 대한 문제점 제기, 도민토론회 발표문, 제주도 행정계층구조개편 무엇이 문제인가, 2005. 6. 21, 22, 17면 이하.

11) 문현식, 행정계층구조 개편 혁신안의 문제점분석 및 대안제시, 상기 발표문, 10면.

지 않을 수 없다.

결국 행정계층구조의 단층화는 소기의 목적을 달성하기 위한 적합하지도 않고, 반드시 필요한 것도 아니며, 이익형량상 정당화된다고 보기도 어려워 비례의 원칙에 위배된다고 보지 않을 수 없다.

10. 평등의 원칙과 관련하여

무릇 모든 공권력작용은 평등의 원칙을 준수하여야 한다. 따라서 합리적이고 긴절한 정당화사유 없이 일정한 사안을 차별하는 행위는 평등의 원칙에 위반되어 위헌이라고 하겠다.

이 사안의 경우 제주도의 모든 기초단체의 폐지로 인한 지방자치단체 종류의 단층화는 명백하고 정당한 차별사유 없이 해당 기초단체들의 존립과 자치권한을 제주도 이외의 광역단체지역의 기초단체와는 달리 침해하고 이들을 차별취급하는 것으로 평등의 원칙에 위배되는 것이다.

한편 행정구조 단층화의 목적으로 거론되는 행정의 효율성 증대 등의 장점과 목적이 제주도가 다른 광역단체나 지역과 구별되는 합리적 차별사유라고 주장될 수 있을지 모르나, 위에서 언급한 바와 같이 이러한 단층화를 내용으로 하는 혁신안의 목적 자체가 불분명하고 정당화사유가 되기 어려울 뿐만 아니라, 사실 이러한 목적은 모든 광역 및 기초자치단체에 적용되어야 하고 추진되어야 하는 것으로 제주도에만 적용되는 합리적 차별사유라고 할 수 없다.

11. 해당 지역 주민 등의 기본권 침해와 관련하여

먼저 이 사안의 경우 제주도내의 모든 기초단체의 전면적 폐지는 이 지역 주민들을 합리적 차별사유 없이 제주도 이외의 다른 지역의 주민과 차별하는 것으로 주민들의 평등권을 침해하는 것이다. 즉 이 지역 주민들이 기초단체의 고유사무의 처리에 참여할 수 있는 주민자치의 권리와 지위가 위헌적으로 상실됨으로써 정당한 사유 없이 차별적 대우를 받지 아니할 평등권이 침해되는 것이다. 또한 다른 한편 위에서 언급한 바와 같이 이번 주민투표의 결과 해당 기초단체별로 주민들의 의사가 다르게 표출되었음에도 불구하고 잘못된 다수결 논리로 혁신안이 채택되었는데, 이는 점진안을 지지한 해당 기초단체 주민들의 의사를 무시되고 왜곡한 것으로 결과적으로 이들의 의견이 혁신안을 지지한 주민들의 의사와 동일한 것으로 취급되게 되고, 결국 합리적 차별사유가 있음에도 불구하고 차별하지 않고 획일적으로 취급되어 이들의 평등권이 침해되는 것이다. 아울러 제주도내의 모든 기초단체의 전면적 폐지로 인해 이 지역 주민들의 참정권, 즉 기초단체의 구성을 위한 선거권과 피선거권 행사의 기회가 봉쇄되어 이들의 헌법과 법률에서 보장된 참정권을 침해받는 것이다.

또한 해당 지방의회는 이러한 혁신안이 실현될 경우 모두 폐지됨으로 인하여 자신의 의원으로서의 지위가 상실되어 공무담임권과 직업선택의 자유가 침해당하게 되고, 해당 지방자치단체의 공무원 역시 소속 지방자치단체의 폐지로 인하여 해고되거나 다른 지역으로 전출되는 등 자신의 공무담임권과 직업선택의 자유 및 거주이전의 자유가 침해당하는 것이 된다.[12)]

Ⅳ. 맺는 말

지금까지 과거 주민투표를 통해 추진되었던 제주도 행정계층구조 개편의 내용과 헌법적 문제점을 살펴보았다. 제주도에서 추진된 행정계층구조 개편은－구체적인 내용에 있어서는 다소 차이가 있지만－제주도 이외의 다른 지역, 더 나아가 전국적으로 진행될 가능성도 있는 문제이다. 그런 점에서 제주도 행정계층구조 개편과정과 결과는 추후 유사한 사안이 추진될 경우 매우 심각한 영향을 미칠 수 있다. 따라서 행정계층구조 개편은 그 절차와 내용이 헌법에 부합되게 신중하게 이루어져야함은 물론이다.

그런데 제주도 행정계층구조의 단층화는 위에서 언급한 다양한 이유로 헌법상 정당화되기 어렵다. 즉 한편에서는 주민투표실시 등 그 추진과정에 있어서 절차상의 위헌·위법성을 부인하기 어렵고, 다른 한편 그 내용에 있어서 제주도에서의 모든 기초단체를 폐지하는 것 자체가 위헌이라고 하겠다. 행정계층구조 개편이라는 미명하에 천신만고 끝에 쟁취해서 어렵게 자리를 잡아가고 있는 지방자치제도의 근본 틀을 훼손해서는 안될 것이다.

---

12) 위에서 소개한 경기도남양주시등33개도농복합형태의시설치등에관한법률 제4조 위헌확인사건(헌재 1994. 12. 29. 94헌마201)에서도 헌법재판소는 “지방자치단체의 폐치·분합에 관한 것은 지방자치단체의 자치행정권 중 지역고권의 보장문제이나, 대상지역 주민들은 그로 인하여 인간다운 생활공간에서 살 권리, 평등권, 정당한 청문권, 거주이전의 자유, 선거권, 공무담임권, 인간다운 생활을 할 권리, 사회보장·사회복지수급권 및 환경권 등을 침해받게 될 수도 있다는 점에서 기본권과도 관련이 있어 헌법소원의 대상이 될 수 있다.”라고 판시함으로써 지방자치단체의 폐치 등이 주민 등의 평등권, 선거권, 공무담임권, 거주이전의 자유 등을 침해할 수 있다는 점을 분명히 했다.

9. 과실책임주의와 재산권보장

– 헌재 1995. 3. 23. 92헌가4 등 「실화책임에 관한 법률」에 대한 위헌심판 등[1] 및 헌재 2007. 8. 30. 2004헌가25 「실화책임에 관한 법률」 위헌제청[2] –

[目 次]

Ⅰ. 머리말

헌법재판소는 2007. 8. 30. 일반 불법행위와는 달리 경과실에 의한 실화의 경우에는 과실책임주의에 관한 민법 제750조의 적용을 배제하고 있는 「실화책임에 관한 법률」(이하 '실화책임법'이라 한다)[3]이 헌법에 합치되지 않는다고 선고하면서, 위 법률의 적용중지를 명하였다. 이는 실화책임법이 헌법에 위반되지 아니한다고 결정한 과거 헌재의 1995. 3. 23. 92헌가4등 결정을 변경한 것이다. 여기서 실화책임법의 내용과 문제점은 무엇인지, 과거 92헌가4등 결정은 왜 실화책임법을 합헌이라고 보았는지, 그리고 그 결정의 문제점을 무엇이었는지, 이번 결정은 왜 과거의 결정을 변경하면서 실화책임법이 헌법에 위반된다고 판시했는지, 그리고 이번 결

1) 헌재 1995. 3. 23. 92헌가4 등, 판례집 7-1, 289.

2) 헌재 2007. 8. 30. 2004헌가25, 판례집 19-2, 203.

3) 「실화책임에 관한 법률」(1961. 4. 28, 법률 제607호): "민법 제750조의 규정은 실화의 경우에는 중대한 과실이 있을 때에 한하여 이를 적용한다."

정의 문제점은 무엇인지를 고찰해보는 것은 실화책임법과 관련한 헌법적 쟁점, 예컨대 과실책임주의의 헌법적 의의와 그 예외의 인정가능성, 재산권과의 관계, 비례의 원칙과 평등의 원칙 위반 여부 등 중요한 헌법적 쟁점들을 규명한다는 점에서, 그리고 이러한 논의들이 앞으로의 유사한 다른 사안에 적용될 수 있다는 점에서 나름대로 의미있는 작업이라고 생각된다.

따라서 이 글에서는 먼저 이들 헌재결정의 요지를 살펴본 후 실화책임법의 문제점을 관련 헌법적 쟁점을 중심으로 고찰하면서 이들 결정의 문제점을 지적하고자 한다.

Ⅱ. 헌재결정의 요지

1. 1995. 3. 23. 92헌가4등

실화로 인하여 일단 화재가 발생한 경우에는 실화자 자신도 피해를 입을 뿐 아니라 부근 가옥 기타 물건에 연소함으로써 그 피해가 예상외로 확대되어 실화자의 책임이 과다하게 되는 점을 고려하여 그 책임을 중대한 과실로 인한 실화의 경우에 한정함으로써 경과실로 인한 실화자를 지나치게 가혹한 부담으로부터 구제하려는 것이 실화책임법의 입법목적이고, 현대에 있어서도 경과실로 인한 실화자를 지나치게 가혹한 부담으로부터 구제하여야 할 필요는 여전히 존재하므로 위 입법목적은 정당한 것이다.

실화책임법이 위와 같은 입법목적을 달성하기 위하여 경과실로 인한 실화자에 한하여 피해자의 손해배상청구권을 배제하는 방법을 택하고 있는바, 이는 위와 같은 입법목적을 달성하기 위한 유효적절한 방법 중의 하나라고 평가되며, 이 법에 의하여 달성되는 위와 같은 이익이 이 법에 의하여 제한되는 재산권인 실화 피해자 개인의 손해배상청구권보다 더 작다고 할 수 없고(법익의 균형성), 위와 같은 방법이 명백히 비합리적인 방법이라고 보여지지 아니할 뿐 아니라, 필요한 정도를 넘어 과도하게 실화 피해자의 재산권을 제한하거나 경과실로 인한 실화자와 그 피해자의 이익을 비교형량함에 있어서 지나치게 균형을 잃은 것이라고도 할 수 없으므로(방법의 적정성과 피해의 최소성) 이 법이 실화 피해자의 재산권을 과도하게 제한하는 것이라고 볼 수 없으며, 이 법에 의한 위와 같은 제한으로 인하여 사유재산권이 유명무실해지거나 형해화되어 헌법이 재산권을 보장하는 궁극적인 목적을 달성할 수 없게 되는 지경에 이르게 되었다거나 행복추구권, 인간다운 생활을 할 권리, 쾌적한 환경에서 생활할 권리를 정면에서 부인하는 것이라고도 할 수 없다.

그리고 교통사고, 폭발, 각종 사태, 고층건물이나 축대의 붕괴, 가스의 유출 등은 고도의 위험성이나 피해의 광범위성이 애초부터 예상되거나 불법행위를 유발하는 각종 활동에 영리성이 수반되는 경우가 대부분이어서 법률에 의하여 보험이 강제되거나 임의로 보험에 가입하는 경우가 많아 이 법이 적용되는 통상의 실화와는 그 성격을 달리하고, 실화라고 하는 우연적인 사정에 의하여 국민 누구나 빈부의 구별 없이 피해자 또는 가해자가 될 수 있는 것이어서 이 법은 결국 국민 모두를 차별하지 아니하고 실화로 인한 가혹한 부담으로부터 보호하고자 하는 것일 뿐, 이 법에 의한 재산권 제한이 재력이 없는 소위 서민계층 등 특정 계층의 국민들만을 성별, 종교 기타 사회적 신분에 따라 선정하여 이들을 다른 계층의 국민들에 비하여 합리적인 이유 없이 차별하는 것이 아니므로 헌법상 평등의 원칙에 위배되는 것이라고 할 수 없다.

2. 2007. 8. 30. 2004헌가25

(1) 불의 특성으로 인하여 화재가 발생한 경우에는 불이 생긴 곳의 물건을 태울 뿐만 아니라 부근의 건물 기타 물건도 연소함으로써 그 피해가 예상 외로 확대되는 경우가 많고, 화재피해의 확대 여부와 규모는 실화자가 통제하기 어려운 대기의 습도와 바람의 세기 등의 여건에 따라 달라질 수 있으므로, 입법자는 경과실로 인한 실화자를 지나치게 가혹한 손해배상책임으로부터 구제하기 위하여 실화책임법을 제정한 것이고, 오늘날에 있어서도 이러한 실화책임법의 필요성은 여전히 존속하고 있다고 할 수 있다. 그런데 실화책임법은 위와 같은 입법목적을 달성하는 수단으로서, 경과실로 인한 화재의 경우에 실화자의 손해배상책임을 감면하여 조절하는 방법을 택하지 아니하고, 실화자의 배상책임을 전부 부정하고 실화피해자의 손해배상청구권도 부정하는 방법을 채택하였다. 그러나 화재피해의 특수성을 고려하여 과실 정도가 가벼운 실화자를 가혹한 배상책임으로부터 구제할 필요가 있다고 하더라도, 그러한 입법목적을 달성하기 위하여 실화책임법이 채택한 방법은 입법목적의 달성에 필요한 정도를 벗어나 지나치게 실화자의 보호에만 치중하고 실화피해자의 보호를 외면한 것이어서 합리적이라고 보기 어렵고, 실화피해자의 손해배상청구권을 입법목적상 필요한 최소한도를 벗어나 과도하게 많이 제한하는 것이다. 또한 화재피해자에 대한 보호수단이 전혀 마련되어 있지 아니한 상태에서, 화재가 경과실로 발생한 경우에 화재와 연소의 규모와 원인 등 손해의 공평

한 분담에 관한 여러 가지 사항을 전혀 고려하지 아니한 채, 일률적으로 실화자의 손해배상책임과 피해자의 손해배상청구권을 부정하는 것은, 일방적으로 실화자만 보호하고 실화피해자의 보호를 외면한 것으로서 실화자 보호의 필요성과 실화피해자 보호의 필요성을 균형있게 조화시킨 것이라고 보기 어렵다.

(2) 실화책임법이 위헌이라고 하더라도, 화재와 연소의 특성상 실화자의 책임을 제한할 필요성이 있고, 그러한 입법목적을 달성하기 위한 수단으로는 구체적인 사정을 고려하여 실화자의 책임한도를 경감하거나 면제할 수 있도록 하는 방안, 경과실 실화자의 책임을 감면하는 한편 그 피해자를 공적인 보험제도에 의하여 구제하는 방안 등을 생각할 수 있을 것이고, 그 방안의 선택은 입법기관의 임무에 속하는 것이다. 따라서 실화책임법에 대하여 단순위헌을 선언하기보다는 헌법불합치를 선고하여 개선입법을 촉구하되, 실화책임법을 계속 적용할 경우에는 경과실로 인한 실화피해자로서는 아무런 보상을 받지 못하게 되는 위헌적인 상태가 계속되므로, 입법자가 실화책임법의 위헌성을 제거하는 개선 입법을 하기 전에도 실화책임법의 적용을 중지시킴이 상당하다.

이 결정과 달리 실화책임법이 헌법에 위반되지 아니한다고 결정한 헌법재판소 1995. 3. 23. 선고 92헌가4등 결정은 이 결정의 견해와 저촉되는 한도에서 변경한다.

Ⅲ. 실화책임법의 위헌 여부와 관련된 헌법적 쟁점

실화책임법의 위헌 여부 판단의 기준이 되는 헌법적 쟁점을 열거하면 대체로 다음과 같다.

1. 과실책임주의가 헌법상의 원칙인지 여부

먼저 실화책임법은 과실책임주의의 예외에 해당되는데, 만일 과실책임주의가 헌법상의 원칙이라고 한다면 실화책임법은 이러한 헌법상의 원칙을 벗어나는 것으로 그에 대한 정당화사유가 없는 한 위헌이 될 것이다.

2. 비례의 원칙과 기본권의 본질적 내용침해금지의 원칙 위반 여부

과실책임주의가 헌법상의 원칙이라면 실화책임법이 헌법상의 원칙을 벗어나는 정당화 사유가 존재하는지의 여부 및 실화책임법으로 인한 실화피해자의 기본권에 대한 과도한 침해 여부, 즉 비례의 원칙 위반 여부가 문제될 수 있다. 아울러 실화책임법으로 인해 실화피해자의 기본권이 본질적으로 침해된다고 한다면 본질적 내용침해금지의 원칙 위반도 문제될 수 있을 것이다.

3. 평등의 원칙 위반 여부

실화책임법으로 인한 평등원칙 위반의 문제가 제기될 수 있다. 가해자인 실화자는 화재보험제도나 파산제도 등을 통하여 나름대로 보호를 받을 수 있는 반면, 오히려 피해자는 피해배상을 전혀 받지 못하는 모순된 현상이 발생할 수 있는데, 이는 주객이 전도된 것으로 가해자와 피해자를 부당하게 차별한 것으로 평등원칙 위반이 문제될 수 있다. 아울러 실화가 아닌 다른 원인으로 발생된 피해의 경우에는 이러한 실화책임법의 경우와 같은 제한이 없다는 점을 감안할 때 이 역시 실화피해자와 실화가 아닌 다른 원인에 의하여 발생된 피해 사건에 있어서의 피해자를 부당하게 차별하는 것으로서 평등원칙 위반이 문제될 수 있다.

4. 침해된 기본권

(1) 재산권 침해 여부

실화책임법으로 인해 침해되는 실화피해자의 기본권으로는 먼저 재산권을 들 수 있다. 이 사건에서 실화로 인해 피해가 발생된 곳은 피해자들의 소유 내지 점유 건물 등이므로 당연히 이들의 재산권 침해가 문제된다. 즉 실화로 인해 피해가 발생된 건물 등에 대한 소유권 내지 점유권은 전형적인 민법상의 물권이고, 이를 통해 발생될 수 있는 가해자에 대한 손해배상청구권은 민법상의 채권이기 때문에 당연히 헌법 제23조에 의해 보장되는 재산권에 해당된다.

결국 실화책임법에 따라 경과실로 인한 실화의 경우에는 원칙적으로 피해자의 침해된 재산권을 보전하기 위한 손해배상청구권이 배제되기 때문에 실화피해자의 재산권에 대한 침해가 문제된다고 하겠다.

(2) 인간의 존엄과 가치 및 행복추구권의 침해 여부

다음으로 이 사건 제청신청인과 제청법원은 인간의 존엄과 가치 및 행복추구권의 침해를 주장한다. 그러나 인간의 존엄과 가치 및 행복추구권을 이 사건에서 침해된 기본권으로 거론하는 것은 적절치 못하다. 왜냐하면 인간의 존엄과 가치는 그 자체가 원용 가능한 구체적 · 개별적 기본권이라기보다는 매우 추상적인 개념으로서의 일종의 기본권의 이념적 기초, 즉 다른 일반적 · 구체적 · 개별적 기본권의 이념적 뿌리이자 공감대적 가치의 핵심이기 때문이고, 다른 한편 인간의 존엄과 가치를 다른 일반 기본권의 경우와 마찬가지로 아무 제한 없이 침해된 기본권으로서 원용될 수 있다고 한다면 사실상 민중소송과 남소를 방지할 수 없기 때문이다. 다시 말해 어떠한 공권력작용에 의하여 국민의 기본권 침해가 문제될 경우에는 동시에 예외 없이 그 기본권 주체의 추상적인 인간의 존엄과 가치가 침해되었다고 주장될 수 있을 것이기 때문에 이는 결국 민중소송과 남소를 가져올 위험이 있으며, 또한 효과적인 기본권 구제를 위하여 굳이 인간의 존엄과 가치가 침해되었다고 주장할 필요가 없기 때문이다.

이러한 논리는 행복추구권의 경우에도 적용될 수 있을 것이다. 왜냐하면 행복추구권은 그 자체 구체적 · 개별적 기본권이 아니라 일종의 보충적 · 포괄적 · 추상적 기본권이기 때문이다. 즉 행복추구권은 다른 일반적 기본권과는 달리 그 자체 처음부터 아무 제한 없이 원용될 수 있는 기본권이 아니라, 일정한 공권력작용에 의하여 인간의 존엄과 가치의 내용을 이루는 그 어떤 기본권이 침해되었으나 그를 구체적으로 특정하거나 도출할 수 있는 헌법상의 기본권 조항이나 근거를 발견할 수 없을 경우, "국민의 자유와 권리는 헌법에 열거되지 아니한 이유로 경시되지 아니한다."라고 규정한 헌법 제37조 제1항과의 연계하에서 최후에 원용할 수 있는 보충적 · 포괄적 · 추상적 기본권이라고 보아야 할 것이기 때문이다. 왜냐하면 행복추구권은 위에서 언급한 바와 같이 포괄적 · 추상적 기본권이기 때문에 만일 행복추구권을 다른 여타의 개별적 · 구체적 기본권의 경우처럼 아무 제한없이 1차적으로 원용될 수 있는 기본권이라고 한다면 어떠한 공권력작용에 의하여 국민의 기본권 침해가 문제될 경우에는 동시에 예외없이 그 기본권 주체의 포괄적 · 추상적 기본권인 행복추구권이 침해되었다고 주장할 수 있기 때문에, 이는 결국 민중소송과 남소를 가져올 위험이 있고, 결과적으로 일반적인 개별적 · 구체적 기본권을 형해화시킬 위험이 있으며, 효과적인 기본권 구제를 위해서도 이미 다른 구체적 · 개별적 기본권의 침해가 주장될 수 있는데 구태여 행복추구권이 침해되었다고 주장할 필요가 없기 때문이다.

Ⅳ. 실화책임법의 위헌성

위에서 적시한 위헌 여부 판단의 기준이 되는 헌법적 쟁점들을 중심으로 실화책임법의 위헌성을 고찰하면 다음과 같다.

1. 과실책임주의와 관련하여

(1) 헌재결정의 문제점

민법 제750조는 "고의 또는 과실로 인한 위법행위로 타인에게 손해를 가한 자는 그 손해를 배상할 책임이 있다"고 규정하여, 과실책임주의를 불법행위와 손해배상책임에 관한 기본원칙으로 삼고 있다. 그런데 실화책임법은 경과실로 인한 실화의 경우에는 민법 제750조의 적용을 배제하여 과실책임주의를 수정함으로써 실화피해자의 손해배상청구권을 특별히 제한한다는 특징을 갖는다. 이에 헌재는 2004헌가25 결정에서 "실화책임법이 헌법 제23조 제1항에 따라 재산권의 내용을 형성하는 법률에 해당된다고 하더라도, 불법행위 책임의 일반원칙에 대한 예외로서 실화피해자의 손해배상청구권을 특별히 제한하는 것이고, 민법 제750조의 과실책임주의에 따라 발생하는 실화피해자의 손해배상청구권을 경과실 실화자의 보호를 위하여 특별히 제한하는 경우와 다를 바 없으므로, 헌법 제37조 제2항이 규정한 비례의 원칙에 합치되어야 한다"라고 판시함으로써[4] 심판대상인 실화책임법이 민법 제750조의 불법행위책임의 일반원칙의 예외에 해당하기 때문에 이러한 예외를 정당화시키는 사유가 있어야만 헌법 제37조 제2항의 비례의 원칙을 충족하여 합헌이 될 수 있고 그렇지 않을 경우에는 위헌이 된다는 논리를 전개하고 있다. 그런데 실화책임법이 비례의 원칙을 충족시키고 있는지의 여부를 살피기에 앞서 과연 불법행위책임의 일반원칙에 해당하는 과실책임주의가 민법상의 원칙에 해당할 뿐 아니라 더 나아가 헌법상의 원칙인지의 여부에 대한 규명이 전제되어야 할 것이다. 왜냐하면 실화책임법의 위헌 여부를 가리기 위해서는 실화책임법이 동급의 법률규정 또는 법원칙에 위반되는지의 여부가 아니라 상위의 헌법규정 또는 헌법원칙에 위반되는지의 여부를 판단해야 할 것이고, 그를 위해서는 실화책임법이 벗어나고 있는 법원칙인 과실책임주의가 동급의 민법상의 원칙일 뿐 아니라 과연 상위의 헌

4) 헌재 2007. 8. 30. 2004헌가25, 판례집 19-2, 203, 209.

법상의 원칙에도 해당하는지의 여부가 규명되어야 하기 때문이다. 즉 실화책임법은 일반법에 해당하는 민법 제750조의 예외에 해당하는 일종의 특별법으로서 양자는 동급의 법률에 해당하는 것이고 상호간에는 특별법우선의 원칙에 따라 실화책임법이 우선 적용되는 관계가 성립됨으로 단순히 실화책임법이 민법상의 과실책임주의의 예외에 해당된다는 이유만으로는 원칙적으로 위헌문제가 제기될 수 없는 것이다.

물론 다른 한편 동급의 법규범 또는 법원칙 상호간의 불일치가 위헌문제를 야기할 수도 있다. 하나의 법규정과 또 다른 동급의 법규정 또는 원칙과의 충돌이 이른바 체계정당성에 위반될 때가 이에 해당한다. 주지하는 바와 같이 체계정당성의 원리란 동일 규범내에서 또는 상이한 규범간에 그 규범의 구조나 내용 또는 규범의 근거가 되는 원칙면에서 상호 배치되거나 모순되어서는 안된다는 하나의 헌법적 요청(Verfassungspostulat)이다.[5] 즉 이는 규범 상호간의 구조와 내용 등이 모순됨이 없이 체계와 균형을 유지하도록 입법자를 기속하는 헌법적 원리라고 볼 수 있다. 이처럼 규범 상호간의 체계정당성을 요구하는 이유는 입법자의 자의금지와 규범의 명확성, 예측가능성, 투명성 및 신뢰보호와 법적 안정성을 확립하기 위한 것이고, 이는 국가공권력에 대한 통제와 이를 통한 국민의 자유와 권리의 보장을 이념으로 하는 법치주의원리로부터 도출되는 것이라고 할 수 있다.[6]

이러한 체계정당성의 위반 여부가 문제되는 예로서는 법원의 재판을 헌법소원의 대상에서 제외하고 있는 헌법재판소법 제68조 제1항 본문규정과 보충성의 원칙을 규정하고 있는 동법 동조 단서규정을 들 수 있을 것이다. 헌법재판소법 제68조 제1항 단서규정은 헌법소원제기를 위하여 다른 법률의 구제절차를 거칠 것을 요구하면서 본문규정에서는 법원의 재판을 헌법소원의 대상에서 제외시키고 있는데, 이는 상호 모순된 내용의 규정을 하나의 법조문에서 결합시킨 것으로서 동조항은 규범조화적 해석의 한계를 넘어선 규범상의 체계정당성에 반하는 규정이라고 볼 수 있다. 왜냐하면 동조항의 단서규정에서의 '다른 법률의 구제절차'라고 하는 것

5) 체계정당성의 원리에 대하여 자세한 것은 Degenhart, Systemgerechtigkeit und Selbstbindung des Gesetzgebers als Verfassungspostulat, 1976; Kischel, Systembindung des Gesetzgebers und Gleichheitssatz, AöR 124(1999), S. 174ff.; Zippelius, Der Gleichheitssatz, VVDStRL 47(1989), S. 29ff.; Rupp, Art. 3 GG als Maßstab verfassungsgerichtlicher Gesetzeskontrolle, in: Starck(hrsg.), Bundesverfassungsgericht und Grundgesetz, Festgabe aus Anlaß des 25järigen Bestehens des Bundesverfassungsgerichts, Bd. 2, 1976, S. 380ff.; Kirchhof, in: Isensee/Kirchhof(hrsg.), Handbuch des Staatsrechts, Bd. V, 1992, S. 941ff.; 정연주, 분리된 선거구와 체계정당성, 공법연구 30집 4호, 2002. 6, 79쪽 이하 참조.

6) Vgl. Degenhart, aaO, S. 68ff.; Kischel, aaO, S. 210; Stern, Das Staatsrecht der Bundesrepublik Deutschland, Bd. I, 2 Aufl., 1984, S. 837f.

은 일반적으로 법원의 재판절차를 의미하는데, 동조항의 본문규정에 따라 법원의 재판에 대하여는 헌법소원을 제기할 수 없게 되고, 이는 결국 다른 법률의 구제절차를 거친 후에 헌법소원을 제기할 수 있도록 하는 동조항 단서규정의 보충성원칙의 이념에 정면으로 반하는 것이기 때문이다. 따라서 헌법재판소법 제68조 제1항의 본문규정과 단서규정은 상호 모순·충돌하는 것으로서 규범조화적 해석의 한계를 일탈했기 때문에 규범상의 체계정당성에 반한다고 할 수 있다.[7)8)]

그런데 이 사건에서 문제되는 실화책임법과 민법상의 과실책임주의와의 관계는 이러한 체계정당성의 위반에 해당되는 것은 아니다. 왜냐하면 민법상의 과실책임주의와 실화책임법은 상호 충돌·모순되는 것이 아니고, 단순히 일반원칙에 대한 특례를 인정하는 것으로서 상호 일반법과 특별법의 관계에 있는 것에 불과하기 때문이다. 따라서 앞서도 언급한 바와 같이 실화책임법의 위헌 여부와 관련하여 실화책임법이 과실책임주의에 대한 예외이므로 헌법 제37조 제2항의 비례의 원칙을 충족했는지를 판단해야 한다는 것은 과실책임주의가 단순히 민법상의 원칙에 그치는 것이 아니라 헌법상의 원칙이라는 것이 전제가 되어야 한다. 따라서 실화책임법이 비례의 원칙을 충족했는지의 여부를 판단하기에 앞서 과실책임주의가 헌법상의 원칙인지가 먼저 규명되어야 하고, 그러한 규명이 전혀 없이 처음부터 비례의 원칙 위반 여부만을 판단한 헌재의 결정은 논리 전개과정과 중요한 헌법적 해명을 소홀히 했다는 비판을 면할 수 없다고 하겠다.

(2) 과실책임주의는 헌법상의 원칙인가?

헌법에 명문의 근거는 없지만 과실책임주의는 일종의 헌법상의 원칙으로 볼 수 있을 것이다.

1) 헌법 제29조는 "공무원의 직무상 불법행위로 손해를 받은 국민은 법률이 정하는 바에 의하여 국가 또는 공공단체에 정당한 배상을 청구할 수 있다. 이 경우

---

7) 재판에 대한 헌법소원에 대하여 자세한 것은 정연주, 헌법재판소 직무상의 문제, 헌법학연구 11권 2호, 2005. 6, 49쪽 이하 참조.

8) 일반적으로 일정한 공권력작용이 이러한 체계정당성에 반한다고 해서 곧 위헌이 되는 것은 아니다. 즉 체계정당성위반(Systemwidrigkeit) 자체가 바로 위헌은 아니고, 이는 평등원칙위반 내지 자의적인 입법행위 등의 위헌성을 시사하는 하나의 간접증거나 징후 내지 징빙(Indiz)일 뿐이다(Vgl. BVerfGE 34, 103[115]; 59, 36[49]; 66, 214[224]; 67, 70[84f.]; Jarass, in: Jarass/Pieroth, Grundgesetz Kommentar, 4. Aufl., 1997, Art. 3, Rdnr. 20a; Kirchhof, aaO, S. 942). 이것이 최종적으로 위헌이 되기 위해서는 평등원칙 위반 등 별도의 헌법위반을 야기시켜야 한다(Vgl. BVerfGE 9, 20[28]; 18, 366[372f.]; 34, 103[115]; 61, 138[148]; 67, 70[84f.]; 68, 237[253]; 78, 104[122f.]; 85, 238[247]; BGHZ 81, 152[157f.]; Degenhart, aaO, S. 90ff.; Kischel, aaO, 180ff.; Kirchhof, aaO, S. 942).

공무원 자신의 책임은 면제되지 아니한다."라고 규정하여 공무원의 직무상 '불법행위'에 대하여 피해자의 국가배상청구권을 인정하고 있다. 여기서 '불법행위'라 함은 '고의 또는 과실'에 의한 행위이고 또한 '과실'의 범위에 '중과실' 뿐 아니라 '경과실'이 포함된다는 데에는 의문의 여지가 없고, 국가배상법 제2조(배상책임) 제1항도 "국가 또는 지방자치단체는 공무원이 그 직무를 집행함에 당하여 '고의 또는 과실'로 법령에 위반하여 타인에게 손해를 가하거나, 자동차손해배상보장법의 규정에 의하여 손해배상의 책임이 있는 때에는 이 법에 의하여 그 손해를 배상하여야 한다. …"라고 규정함으로써 이를 확인하고 있다.[9] 또한 민법 제750조(불법행위의 내용)도 "고의 또는 과실로 인한 위법행위로 타인에게 손해를 가한 자는 그 손해를 배상할 책임이 있다."라고 규정함으로써 불법행위의 내용에는 '고의'와 '과실'이 포함되고, '과실'의 범위에서 '경과실'과 '중과실'을 구별하지 않음으로써 이를 확인하고 있다. 물론 국가배상청구권은 공법상의 법률관계를 전제로 한 공법상의 청구권이므로 이 사건에서처럼 사법상의 손해배상책임과는 구별되지만, 결국 불법행위책임을 전제로 한 타인에 대한 손해 및 그에 대한 금전적 전보제도라는 점에서는 본질적으로 동일하다고 하겠다.

한편 헌법 제29조 제1항 제2문의 경우 "이 경우 공무원 자신의 책임은 면제되지 아니한다."라고 규정하고 있고, 헌법 제13조 제3항은 "모든 국민은 자기의 행위가 아닌 친족의 행위로 인하여 불이익한 처우를 받지 아니한다."라고 규정함으로써 근대법의 이념인 이른바 '자기책임의 원칙'을 명문화하고 있다. 이처럼 헌법 제29조의 국가배상청구권과 헌법 제13조 제3항의 연좌제금지 및 불법행위의 내용을 규정한 민법 제750조를 놓고 볼 때 우리 헌법은 근대법의 이념이자 기본원칙인 자기책임의 원리[10]와 그 책임의 내용으로서의 과실책임의 원칙을 일종의 헌법적 원칙 내지 헌법적 전제로 하고 있음을 알 수 있다.

2) 주지하는 바와 같이 우리 법체계는 공법과 사법의 구별을－비록 양자가 상호

---

9) 국가배상청구권에 있어서 과실책임주의에 대하여는 정연주, 주요법령에 대한 주석서 발간 Ⅱ (헌법-총강 및 기본권 부분), 헌법 제29조, 한국헌법학회, 2007. 12, 1023쪽 참조; 박윤흔, 최신 행정법강의(상), 2004, 706쪽 이하; 김동희, 행정법 I, 2004, 494쪽 이하.

10) 한편 헌재는 2009. 7. 30. 2008헌가10 청소년보호법 제54조 위헌제청 사건에서 "… '책임없는 자에게 형벌을 부과할 수 없다'는 형벌에 관한 책임주의는 형사법의 기본원리로서, 헌법상 법치국가의 원리에 내재하는 원리인 동시에, 헌법 제10조의 취지로부터 도출되는 원리이다."라고 판시하고 있고, 2009. 7. 30. 2008헌가14 사행행위 등 규제 및 처벌특례법 제31조 위헌제청 사건에서도 "… 형벌에 관한 헌법상 원칙, 즉 법치주의와 죄형법정주의로부터 도출되는 책임주의 원칙이 준수되어야 한다."라고 판시함으로써 자기책임주의가 헌법상 법치국가의 원리에 내재하는 원리인 동시에, 헌법 제10조의 취지 및 죄형법정주의로부터 도출되는 헌법상의 원리라는 점을 분명히 하고 있다.

접근하고 상대화되어 지고 있기는 하지만－대전제로 하고 있다. 이에 따라 사인간의 법률관계는 원칙적으로 사법원리와 사법규정의 적용을 받는다. 이 사건에서 문제되는 것은 바로 사인간의 법률관계로서 원칙적으로 사법규정과 원리가 적용되어야 할 것이다. 왜냐하면 실화자와 실화피해자의 법률관계는 원칙적으로 사인간의 법률관계이고, 특히 여기서 문제되는 손해배상책임관계는 전형적인 사법상의 법률관계로서 당연히 사법의 규정과 원리가 적용되어야 한다. 그러므로 여기서는 민법 제750조를 비롯한 민법의 규정과 원리가 적용되어야 하고, 따라서 사법의 대원칙인 과실책임의 원칙이 적용되어야 한다. 결국 사인간의 그리고 사법상의 법률관계를 기본권 침해와 관련하여 헌법적으로 규율하고 판단할 때 그 기준으로서 과실책임의 원칙이 적용되어야 하고, 그렇다면 이러한 사법상의 원칙인 과실책임의 원칙은 동시에 헌법상의 원칙이자 기준이 되어야 할 것이다. 즉 헌법을 매개하여 헌법적 원칙이 될 수 있는 것이다.

이러한 논리는 기본권의 사인간 효력의 경우에서도 엿볼 수 있다. 기본권의 양면성, 특히 기본권의 객관적 가치질서로서의 성격으로부터 기본권의 사인간 효력이 도출될 수 있음은 주지의 사실이다. 그런데 이 경우 예외적인 경우를 제외하고는 기본권은 사인간에 간접적으로 효력을 미친다.[11] 즉 간접효력설이 통설적 견해를 차지하고 있다. 이 간접효력설에 따르면 기본권은 사법상의 원칙이나 규정을 매개하여 간접적으로 사인간에 효력을 미치게 된다. 왜냐하면 사인간의 법률관계는 사적 자치가 지배하는 사법상의 법률관계이고, 따라서 원칙적으로 사법원리나 규정이 그 사인간의 법률관계를 규율하기 때문에 이러한 사법원리나 규정을 통해 그 해당 기본권이 사인간에 효력을 미치게 되는 것이다. 기본권의 사인간 효력을 매개하는 대표적인 사법상의 원리로서 권리남용금지의 원칙이나 신의측의 원칙 등을 들 수 있는데, 이 한도내에서는 이러한 사법원리들이 헌법을 매개하여 기본권의 사인간 효력과 관련한 헌법상의 원리로 고양될 수 있는 것이다.

결국 일반적으로는 헌법의 원리가 하위 법규범체계를 지배하게 되지만, 반대로 예외적인 경우에는 거꾸로 민법 등 하위 법규범의 원리가 헌법상의 원리로 고양되고 때로는 명문의 헌법규정으로 확립되는 것이다.[12]

---

11) 기본권의 사인간 효력에 대하여 자세한 것은 정연주, 기본권의 대사인적 효력, 고시계, 1991. 7, 73쪽 이하 참조.

12) 사실 죄형법정주의라는 헌법원리도 원래 형법의 기본원칙이었으나 오늘날 헌법상 법치국가원리의 한 내용으로 고양되었으며, 명문의 규정으로 정착된 것이다. 따라서 근대법의 기본원칙이라고 할 수 있는 사유재산제도나 자기책임의 원칙이 오늘날 헌법상의 원칙으로 확립된 것처럼 역시 근대법의 기본원칙이라고 할 수 있는 과실책임주의도 헌법상의 원칙이라고 볼 수 있는 것이다.

3) 오늘날의 민주주의는 다원적 민주주의를 근간으로 하고,[13] 이는 당연히 개인간의 상호존중을 기본전제로 하고 있으며, 이러한 상호존중의 원리는 개인이 서로 존중하고 각자의 권리를 침해하지 말아야 한다는 것을 의미하므로 각 개인에게 주의의무를 부과하는 과실책임주의도 상호존중의 원리의 한 내용으로서 헌법상의 원칙이 될 수 있다. 즉 헌법상의 민주주의원리로부터 과실책임주의가 도출될 수 있는 것이다.

4) 헌법 제10조는 인간의 존엄과 가치 및 행복추구권을 보장하고 있는데, 이러한 인간의 존엄과 가치 및 행복추구는 자기결정권을 지닌 창의적이고 성숙한 개체로서의 자주적인 인간상을 바탕으로 하는 것이고,[14] 이러한 성숙한 자주적인 인간은 개인간의 상호존중을 기본전제로 하고 있으며, 위에서 언급했듯이 상호존중의 원리는 개인이 서로 존중하고 상대방의 권리를 침해하지 말아야 한다는 것을 의미하므로 각 개인에게 주의의무를 부과하는 과실책임주의도 상호존중의 원리의 한 내용이기 때문에 이러한 과실책임주의는 헌법 제10조로부터도 도출될 수 있는 것이다.

5) 헌법의 중요한 기능 중의 하나가 바로 사회통합기능이다. 그런데 이러한 사회통합기능은 개인간의 상호존중 없이는 불가능할 것이다. 따라서 이러한 헌법의 기능으로부터 개인의 상호존중을 실현시키기 위한 수단인 과실책임주의가 도출될 수 있을 것이다.

그런데 이러한 헌법적 원칙으로서의 과실책임의 원칙도 다른 여타의 헌법상의 원칙처럼 공익적 견지에서 그에 대한 제한이나 수정이 가능한 것이며, 절대불가침의 것이 아님은 물론이다. 따라서 과실책임주의에 대한 제한 내지 수정인 '중과실책임주의'를 정한 실화책임법이 입법권의 한계를 일탈한 것으로 바로 위헌이 되는 것은 아니라 할 것이다. 따라서 이 법의 위헌 여부는 과연 과실책임주의의 예외로서 '중과실책임주의'를 인정한 필연적인 공익적 정당화 사유가 존재하는지의 여부에 달려있다고 하겠다.[15] 이에 대하여는 아래의 비례의 원칙 위반 여부 등과 관련

13) 다원적 민주주의에 대하여는 정연주, 정당민주주의와 지방자치제도, 공법연구 제33집 제1호, 2004. 11. 20, 493쪽 이하 참조.

14) 헌재 1998. 5. 28. 96헌가5.

15) 따라서 공익상의 정당화 사유가 존재한다면 과실책임주의의 예외로서 피해자에게 불리하고 가해자에게 유리한 '중과실책임주의'(예컨대 이 사건의 경우처럼 사회국가원리실현과 공익추구를 위한 경우)도 가능하고, 피해자에게 유리하고 가해자에게 불리한 '무과실 내지 위험책임주의'(예컨대 소비자소송이나 제조물책임소송 또는 환경소송 등의 경우)도 가능할 수 있을 것이다. 이는 결국 해당 사안을 중심으로 과실책임주의를 제한하거나 수정할 수밖에 없는 공익적 정당화 사유와 침해되는 사익 내지 기본권, 시대적 상황 등 총체적인 이익형량을 통해 그 위헌 여부를 판단할 수밖에 없을 것이다.

하여 살펴보겠다.

2. 재산권 침해 여부와 관련하여

위에서 언급한 바와 같이 실화책임법으로 인해 침해되는 피해자의 기본권으로는 재산권을 들 수 있다. 결국 경과실로 인한 실화의 경우에는 실화피해자들의 재산적 피해를 배상받을 수 없는데, 이러한 재산권에 대한 규제 내지 제한은 다음 중 하나에 해당된다고 볼 수 있을 것이다. 첫째, 공공필요에 의하여 재산권에 대한 특별희생을 야기하는 공용침해의 일종으로서 헌법 제23조 제3항의 규율대상에 해당된다고 보는 입장,[16] 둘째, 재산권에 대한 사회적 제약 내지 기속의 일종으로서 헌법 제23조 제1항 및 제2항의 규율대상에 해당된다고 보는 입장,[17] 셋째, 이 사건 심판대상인 실화책임법을 일종의 재산권형성입법으로서 헌법 제23조 제1항의 규율대상에 해당한다고 보는 입장이 그것이다.[18]

여기서 둘째의 입장과 셋째의 입장의 차이점은 재산권형성입법과 재산권제한입법(재산권에 대한 사회적 기속)을 재산권에 관한 사항의 입법과 집행에 있어서 실제로 구별하느냐 구별하지 않느냐, 따라서 헌법 제23조 제1항과 제2항을 엄격히 구별하느냐의 여부이다. 물론 개념상 재산권형성입법과 재산권제한입법 또는 재산권형성적 법률유보와 재산권제한적 법률유보는 재산권의 '실현'형식에 주안점을 두느냐 아니면 재산권의 '제한'형식에 주안점을 두느냐의 문제로 당연히 구별되기는 하지만, 둘째의 입장에 따르면 실제에 있어서 양자는 구별되지 않고 결합되며, 따라서 헌법 제23조 제1항과 제2항은 상호 결합된 것으로 동전의 양면에 해당한다고 보는 것이다. 그러므로 이 견해에 따르면 재산권의 내용을 형성하는 법률은 동시에 재산권을 사회적으로 기속하고 제약하는 한계내에서만 구체화되고 실현되는 것

16) 재산권의 특별희생과 공용침해에 대하여는 Kimminich, Eigentums-Enteignung-Entschädigung, Eine Kommentierung des Art. 14 GG, 1976, Rdnr. 128ff; Ossenbühl, Staatshaftungsrecht, 1983, S. 117ff.; Papier, Maunz/Dürig, Grundgesetz Kommentar, Art. 14, Rdnr. 523ff.; 정연주, 공용침해의 헌법상 허용조건, 연세법학연구 제3집, 1995, 455쪽 이하.

17) 재산권의 일반희생과 단순한 사회적 기속에 대하여는 Leisner, Sozialbindung des Eigentums, 1972, S. 30ff.; Papier, Maunz/Dürig, Grundgesetz Kommentar, Art. 14, Rdnr. 305ff.; Böhmer, Die Rechtsgeschichtlichen Grundlagen der Abrenzungsproblematik von Sonzialbindung und Enteignung, Der Staat 24(1985), S. 194f.; 정연주, 재산권의 사회적 기속과 공용침해, 연세법학연구 제2집, 1992, 95쪽 이하.

18) 헌법 제23조의 이중적 구조에 관하여는 Ossenbühl, Abschied vom enteignungsgleichen Eingriff?, NJW 1983, S. 2f.; Schwerdtfeger, Die dogmatische Struktur der Eigentumsgarantie, 1983, S. 20ff.; Papier, in: Maunz/Dürig, Grundgesetz Kommentar, Art. 14, Rdnr. 339ff.; 정연주, 그린벨트와 재산권보장, 고시계 1999. 2. 140쪽 이하.

이며, 결국 재산권은 사회적 기속과 제약의 범위와 한계내에서 법률로 형성된다고 보는 것이다. 이에 따라 헌법 제23조도 한편에서는 제1항 및 제2항의 결합과 다른 한편에서는 이러한 사회적 기속의 범위와 한계내에서 형성된 재산권에 대한 공용침해를 규율하는 제3항과의 2원적 구조로 이루어졌다고 보는 것이다. 이에 반하여 셋째의 입장은 앞서 언급한 바와 같이 재산권형성입법과 재산권제한입법을 개념적으로 뿐만 아니라 재산권에 관한 사항의 입법과 집행에 있어서도 실제로 구별되고, 따라서 헌법 제23조의 제1항과 제2항을 엄격히 구별하여 결국 제1항은 단순한 재산권형성입법의 근거이고, 제2항은 제1항에 따라 법률에 의해 구체적으로 형성된 재산권에 대한 별도의 추가적인 공익적 제한 내지 기속의 근거규정에 해당된다고 보는 것이다. 이에 따라 셋째의 입장에서는 헌법 제23조는 재산권형성입법에 관한 제1항과 재산권제한입법 내지 사회적 기속입법에 관한 제2항 및 공용침해에 관한 제3항의 3원적 구조로 이루어졌다고 보는 것이다.

둘째의 입장이 타당하다고 하겠다. 왜냐하면 앞서도 언급했듯이 재산권형성입법과 재산권제한입법이 비록 개념상 구별되기는 하지만 입법의 실제와 집행에서는 구별될 수 없고 또 구별할 실익이 없을 뿐 아니라, 헌법 제23조 제1항 제2문에서도 규정하고 있듯이 재산권의 내용을 정하는 입법은 동시에 재산권의 한계를 정하는 입법이고, 재산권의 구체적 내용과 범위가 일단 형성되면 그 형성된 내용과 범위가 결국 그 당해 재산권의 한계에 해당되는 것이며, 이러한 한계는 결국 헌법 제23조 제2항에 따라 공공복리에 적합하도록 사회적 기속과 제약내에서 정해지는 것이기 때문이다. 따라서 헌법 제23조는 2원적 구조로 이루어졌다고 보아야 할 것이고, 전자의 경우, 즉 헌법 제23조 제1항 및 제2항에 따라 재산권의 내용과 한계를 재산권의 사회적 기속과 제약하에서 정하는 경우 당연히 헌법 제37조 제2항에 따라 기본권제한입법의 한계를 정하는 비례의 원칙과 기본권의 본질적 내용침해금지의 원칙이 적용되어야 할 것이다. 헌법재판소도 도시계획법 제21조에 대한 위헌소원 사건[19]에서 "개발제한구역을 지정하여 그 안에서는 건축물의 건축 등을 할 수 없도록 하고 있는 도시계획법 제21조는 헌법 제23조 제1항, 제2항에 따라 토지재산권에 관한 권리와 의무를 일반·추상적으로 확정하는 규정으로서 재산권을 형성하는 규정인 동시에 공익적 요청에 따른 재산권의 사회적 제약을 구체화하는 규정인 바, 토지재산권은 강한 사회성, 공공성을 지니고 있어 이에 대하여는 다른 재산권에 비하여 보다 강한 제한과 의무를 부과할 수 있으나, 그렇다고 하더라도 다

19) 헌재 1998. 12. 24. 89헌마214 등.

른 기본권을 제한하는 입법과 마찬가지로 비례성원칙을 준수하여야 하고, 재산권의 본질적 내용인 사용·수익권과 처분권을 부인하여서는 아니된다."고 하여 개발제한구역지정에 관한 구 도시계획법 제21조를 헌법 제23조 제1항과 제2항에 따라 재산권의 내용과 한계를 정하는 재산권형성적 법률이자 동시에 재산권을 제한하는 법률로 보면서 당연히 비례의 원칙 등을 준수해야 한다고 판시함으로써 이러한 논리를 뒷받침하고 있다.[20)]

따라서 여기서는 첫째의 입장과 둘째의 입장만을 살펴보겠다.

(1) 재산권에 대한 공용침해로 볼 경우

이 사건의 경우 실화책임법으로 인해 실화피해자들의 연소된 건물 등에 대한 소유권 내지 점유권을 보전하기 위한 손해배상청구권이 배제되기 때문에 이는 공익적 견지에서 피해자들의 재산권을 박탈하는 일종의 수용적 효과를 야기하는 것으로 볼 수 있다. 즉 이는 헌법 제23조 제3항의 공용침해에 해당하는 것으로서 피해자에게 특별희생을 야기하는 것이고, 동시에 재산권에 대한 본질적 내용, 즉 사용·수익·처분권의 본질적 내용을 침해하는 것으로서 이에 대하여는 당연히 국가가 정당한 보상을 해야 할 것이다.[21)] 왜냐하면 실화책임법으로 인해 경과실로 인한 실화의 경우에는 실화자의 보호라는 공익의 실현을 위하여 실화피해자의 소멸된 재산에 대한 보전행위로서의 손해배상청구권이 원칙적으로 완전히 박탈되고 결과적으로 침해된 재산권에 대한 회복 내지 보전이 불가능하게 되는데, 이는 결국 재산권에 대한 공공필요에 의한 수용 내지 몰수에 해당된다고 보지 않을 수 없기 때문이다. 그렇다면 실화책임법은 헌법 제23조 제3항에 따른 공용침해법률의 일종으로서 불가분조항의 원칙[22)]에 따라 당연히 정당보상에 관한 근거조항을 동시에 규정하고 있어야 하고 또한 이에 따라 정당한 보상을 지급해야 하는데, 실제로 실화책임법에는 보상에 관한 아무런 규정이 없고 따라서 전혀 아무런 보상을 해주지

---

20) 이 판례의 내용 및 문제점에 대하여는 정연주, 그린벨트와 재산권보장, 130쪽 이하 참조.

21) 특별희생에 대한 정당보상에 관하여는 Opfermann, Die Enteignungsentschädigung nach dem Grundgesetz, 1974, S. 99ff.; Nüßgens /Boujong, Eigentum-Sozialbindung-Enteignung, 1987, Rdnr. 370ff.; Krohn/Löwisch, Eigentumsgarantie-Enteignung-Entschädigung, 1984, Rdnr. 55ff.; Papier, Maunz/Dürig, Grundgesetz Kommentar, Art. 14, Rdnr. 592ff; 정연주, 토지수용법과 정당보상의 원칙, 헌법판례연구 [3], 헌법판례연구회편, 2001. 11. 317쪽 이하.

22) 불가분조항의 원칙에 대하여 자세한 것은 Weyreuther, Über die Verfassungswidrigkeit salvatorischer Entschädigungsregelungen, 1980, S. 12f., 23f.; Leisner, Entschädigung falls Enteignung, DVBl 1981, S. 79f.; Breuer, Die Bodennutzung im Konflikt zwischen Städtebau und Eigentumsgarantie, 1976, S. 66f.; 정연주, 공용침해와 불가분조항, 고시연구, 1992. 4, 117쪽 이하.

않으면서 결과적으로 실화자를 보호한다는 공익적 견지에서 보상 없는 희생을 피해자에게 강요하는 것이 되어 이는 결국 헌법 제23조 제3항을 위반한 위헌법률이라고 하겠다.

(2) 재산권제한입법으로 볼 경우

위에서도 언급한 바와 같이 이 사건의 경우 실화책임법으로 인해 실화피해자들의 손해배상청구권이 제한 또는 배제되기 때문에 이는 헌법 제23조 제1항이 보장하고 있는 재산권에 대한 공익적 제한이라고 볼 수도 있다. 이는 헌법 제23조 제2항에 따른 이른바 재산권에 대한 사회적 기속에 해당되는 경우로서, 실화자를 보호한다는 공익의 실현을 위하여 보상 없이 재산권자인 피해자의 재산권을 제한하여 일반희생을 야기하는 경우라고 하겠다. 따라서 이 경우에는 당연히 일반적인 기본권제한입법이 준수해야 하는 헌법 제37조 제2항에 따른 원칙인 비례의 원칙과 기본권의 본질적 내용침해금지의 원칙을 준수해야 할 것이다.

1) 비례의 원칙

가. 목적의 정당성

헌재의 과거 합헌결정과 이 사건 헌법불합치결정에서도 밝히고 있듯이 실화책임법의 입법목적은 실화로 인하여 일단 화재가 발생한 경우에는 실화자 자신도 피해를 입을 뿐만 아니라 부근 가옥 기타 물건에 연소함으로써 그 피해가 예상외로 확대되어 실화자의 책임이 과다하게 되는 점을 고려하여 그 책임을 중과실로 인한 실화의 경우에 한정함으로써 경과실로 인한 실화자를 지나치게 가혹한 부담으로부터 구제하려는 것이다. 따라서 이처럼 실화자 개인의 사적 이익의 보호에 그치지 아니하고 전체 국민 공동의 이익까지 증진시킨다는 이 법의 목적은 정당하고, 이는 헌법상의 기본원리인 사회국가원리에 의해서도 정당화될 수 있을 것이다.

나. 방법의 적정성

헌재의 과거 합헌결정은 실화책임법이 경과실로 인한 실화자에 한하여 피해자의 손해배상청구권을 인정하지 아니하는 방법을 택하고 있는 것은 입법목적을 달성하기 위하여 유효적절한 방법 중의 하나라고 평가된다고 하면서 "설사 방법의 선택에 있어서 위와 같은 입법목적을 효과적으로 달성하면서도 재산권에 대한 제한을 최소화하는 또 다른 방법이 있다 하더라도 그러한 사실만으로 바로 이 법을 헌법에 위반되는 법률이라고 단정할 수는 없다. … 입법자가 재산권을 제한함에 있어서 명백히 비합리적이라고 보여지는 방법을 채택한 경우가 아닌 한, 재산권을 제한하는 구체적인 방법이나 기준을 입법자가 법원에 맡기느냐, 아니면 스스로 법률에 정하느냐 하는 점 등 가능한 여러 가지 방안 가운데 하나를 선택하는 것과 같은 것은 원칙적으로 입법부가 변화하는 현실의 여러 사정들을 감안하면서 실제의 상황변화에 즉응하여 합목적적으로 결정하여야 하는 것이어서 입법부의 재량에 맡겨야 하는 것이라 할 것이고, 헌법재판소는 입법권과 재판권의 본질상 차이 및 권력분립의 정신에 비추어 이와 같이 다양한 방법 중 하나의 방법을 선택하는 문제에 대하여는 헌법상 그 개입이 명백히 요구되는 경우가 아닌 한 자제함이 타당하다."라고 판시함으로써[23] 실화책임법에 따른 재산권 제한 방법의 적정성을 인정하고 있다.

이러한 입장은 아무리 입법자의 입법형성권과 재량의 여지 및 권력분립의 원칙을 감안한다고 하더라도 헌재의 기능을 지나치게 소극적으로 평가한 것으로 실화책임법의 합헌성을 강변하기 위한 억지주장으로 비쳐질 수도 있다. 이 사건 제청법원도 주장하고 있듯이 실화자라 하더라도 경제적 능력에 따라 피해배상을 할 수 있는 경우도 있고, 일부를 배상할 수 있는 경우도 있을 수 있으며(이 경우 민법 제765조[24]의 배상액의 감경청구규정이 참고가 될 수 있을 것이다), 실화자가 화재보험에 가입했을 경우 그 보험금을 피해배상에 충당할 수도 있고, 보험가입을 의무화하는 등 보험제도를 활성화하는 방안도 고려할 수 있을 것이다. 또한 피해자의 손해의 일정부분을 사회국가원리의 견지에서 국가가 보전하는 방법도 생각해 볼 수 있을 것이다. 이처럼 효과적으로 목적을 달성하면서도 피해자의 기본권의 제한을 최소화할 수 있는 방법을 강구할 권한과 의무를 지고 있는 것은 다름 아닌 입법자인데, 실화책임법은 입법자가 이러한 권한과 의무를 해태한 경우에 해당된다고 하겠다. 즉 입법자는 이 사건의 경우 최대한의 기본권 보호의무를 소홀히 했다고 볼 수 있고, 이러한 입법자에 대한 엄격한 통제와 기본권의 최대한의 보장을 사명으로 하는 헌재는 과거의 합헌결정에서 이러한 사명을 소홀히 한 것이다.

한편 실화책임법이 제정될 당시인 1961년에는 1인당 국민소득이 100달러 정도

23) 헌재 1995. 3. 23. 92헌가4 등, 판례집 7-1, 289, 302-303.

24) 제765조 (배상액의 경감청구) ① 본장의 규정에 의한 배상의무자는 그 손해가 고의 또는 중대한 과실에 의한 것이 아니고 그 배상으로 인하여 배상자의 생계에 중대한 영향을 미치게 될 경우에는 법원에 그 배상액의 경감을 청구할 수 있다.
② 법원은 전항의 청구가 있는 때에는 채권자 및 채무자의 경제상태와 손해의 원인등을 참작하여 배상액을 경감할 수 있다.

이었고, 가옥구조가 대부분 초가집과 목조가옥의 형태였으며, 화재보험제도가 없거나 일반화되어 있지 아니하였기 때문에 실화책임법의 적정성이 나름대로 인정될 수 있었을지는 모르나, 오늘날 1인당 국민소득이 그 당시와는 비교할 수 없을 정도로 증대되었고, 대리석 등 불연재로 지어진 집이 일반화되었으며, 화재보험제도도 발달되었기 때문에 현재의 시점에서는 실화책임법의 적정성에 의문을 제기하지 않을 수 없을 것이다.[25)]

다른 한편 실화책임법은 다양한 부작용을 야기할 수 있다. 예컨대 고의나 중과실의 입증이 어려운 것을 이용하여 거액의 보험금을 노리고 고의로 불을 내는 사례가 증가할 수 있어 결과적으로 사회·경제적 자원의 낭비를 초래한다든가, 경과실책임을 인정하지 않음으로써 국민들로 하여금 책임의식을 저하시키거나 무책임을 조장할 수 있다는 우려 등이 그것이다.

결국 실화책임법에 따른 재산권 제한 방법의 적정성은 인정될 수 없다고 하겠다.

다. 피해의 최소성

한편 피해의 최소성과 관련하여 헌재의 과거 합헌결정은 "화재로인한재해보상과보험가입에관한법률에 의하여 특수건물의 소유자는 그 건물의 화재로 인하여 타인이 사망하거나 부상한 때에는 과실이 없는 경우에도 그 손해를 배상하도록 하고 이 법의 적용을 명문으로 배제하고 있다(제2조 제3호, 제4조 제1항). 그리고 대법원판례에 의하면 ① 가스의 폭발사고에 의하여 직접 피해자가 입은 상해(대법원 1994. 6. 10. 선고, 93다58813 판결), ② 공작물 자체의 설치보존상의 하자에 의하여 직접 발생한 화재로 인한 손해(대법원 1994 .3. 22. 선고, 93다56404 판결), ③ 채무불이행상의 손해배상청구(대법원 1987. 12. 8. 선고, 87다카898 판결)에 관하여는 이 법의 적용이 배제된다고 해석되고 있다. 위와 같이 이 법의 적용범위가 다른 법률에 의하여 또는 이 법에 대한 유권적 해석에 의하여 상당히 제한되어 있는 점과 이 법 자체가 중과실에 의한 실화자에 대하여는 손해배상책임을 지도록 한 점 등을 종합하면, 이 법이 필요한 정도를 넘어서 실화 피해자의 재산권을 과도하게 제한한 것이라고 보

---

25) 이 법은 80여년전에 제정된 일본의 실화의책임에관한법률을 그대로 받아들인 것으로서 위 일본 법률은 당시 목조건물이 대부분이고, 화재가 빈번한 사회경제적 상황하에서 경미한 과실로 화재를 일으킨 것만으로 손해를 배상케 하는 것은 적절치 못하다는 사회적 분위기 속에서 제정된 것이다. 그러나 오늘날의 우리나라 상황은 가옥의 구조나 화재의 빈도, 실화에 대한 사회적 인식에 있어서 위 일본 법률의 제정 당시와 같지 아니할 뿐 아니라, 오늘날 화재보다도 더 빈번히 일어나는 교통사고에 대하여 중과실을 요구하지 아니하는 것에 비추어 보더라도 이 법을 존속시킬 이유가 없다. 따라서 백번 양보하여 이 법 제정 당시에는 나름대로의 정당성이 있었다고 하더라고 오늘날에는 위헌임을 면치 못할 것이다.

기는 어렵다. 또한 위 법률은 특수건물소유자에 대하여 보험가입의무를 부과하고 있으며(제5조), 다른 한편으로는 재해구호법 등을 통하여 화재 피해자 등에 대한 재해구호대책위원회를 설립하고 구호기금을 마련하여 구호활동을 하도록 하는 등 손해배상능력이 전무하여지기 쉬운 경과실 실화자의 책임을 덜어주는 대신 이를 보완하는 의미로 화재로 인한 손해의 부담을 사회 전체의 공동 부담으로 분산시킴과 동시에 화재 등 피해자의 구호에도 노력하고 있고, 실화로 인한 피해의 예방을 위하여 형법 제170조가 경과실로 인한 실화도 실화죄로 처벌하고 있는 점…"이라고 언급함으로써 실화책임법이 피해의 최소성을 충족시키고 있다고 판시하고 있다.[26]

그러나 첫째, 화재로인한재해보상과보험가입에관한법률은 대인적 손해배상에 대해서만 적용되는 것으로 이 사건에서 문제된 것처럼 일반적인 대물적 손해배상에 대해서는 아무런 보장이 없다. 둘째, 위에서 헌재가 언급한 대법원판례 중 '①, ②'의 각 판례는 가스폭발사고 또는 공작물 자체의 설치보존상의 하자에 의하여 직접 발생한 화재로 인한 손해배상책임에 대해서만 실화책임법의 적용이 배제되고, 그 화재로부터 연소한 부분에 대한 손해배상책임에 대해서는 여전히 실화책임법이 적용되며, '③' 판례에서처럼 실화자와 연소에 의한 피해자 사이에 채권채무관계가 성립되어 채무불이행에 기한 손해배상을 청구할 수 있는 경우는 극히 제한적이어서 결국 위 대법원판례들 역시 연소로 인한 피해자에 대한 보호에는 미치지 못하고 있다. 셋째, 현재의 재해구호법상 재해는 태풍 등 자연현상으로 인하여 발생한 피해를 의미하는 것이어서 자연현상이 아닌 실화로 인한 손해에 대하여는 적용되지 않는다. 넷째, 실화로 인한 피해의 예방을 위하여 형법 제170조가 경과실로 인한 실화도 실화죄로 처벌하고 있으나, 이는 실화자의 형사처벌을 목적으로 하는 것이지 손해배상책임과는 관련이 없고, 아울러 경과실의 경우 대개 벌금형에 처해질 것이므로 실화에 대한 일반예방의 효과도 기대하기 어렵다고 할 것이다.

결국 피해의 최소성도 인정될 수 없다고 할 것이다.

라. 법익의 균형성

법익의 균형성과 관련하여 헌재의 과거 합헌결정은 실화책임법에 의하여 달성되는 이익이 실화책임법에 의하여 제한되는 재산권인 실화피해자 개인의 손해배상청구권보다 더 작다고 할 수 없다고 주장하면서 법익의 균형성을 인정하고 있다. 그러나 비록 실화책임법에 따른 제한을 통해 달성되는 공익의 정당성이 인정된다 하

26) 헌재 1995. 3. 23. 92헌가4 등, 판례집 7-1, 289, 301-302.

더라도 그를 통해 야기되는 실화피해자의 재산권에 대한 침해가 더 크다고 보지 않을 수 없다. 왜냐하면 실화책임법에 의해 경과실로 인한 실화의 경우에는 손해배상청구권이 원칙적으로 배제되는 것으로 이는 사실상 피해자의 재산권의 본질적 내용의 침해를 의미하는 것이며, 아울러 이에 대한 수인의 기대가능성도 인정되기 어렵기 때문이다. 또한 위의 '나. 방법의 적정성' 항에서도 언급한 바와 같이 이 제도를 통해 야기될 수 있는 다양한 부작용의 위험을 생각한다면 법익의 균형성은 더욱 인정되기 어렵다고 할 것이다.

마. 소 결

결국 상기 언급한 이유로 실화책임법은 비례의 원칙을 위반했다고 할 수 있고, 과거 합헌결정과는 달리 비례의 원칙 위반을 인정한 이 사건 헌법불합치결정은 이 점에서 타당하다고 하겠다.

2) 기본권의 본질적 내용침해금지의 원칙

실화책임법에 따라 경과실로 인한 실화의 경우에는 피해자의 손해배상청구권이 원칙적으로 배제된다. 이는 결국 사실상 재산권의 본질적 내용에 대한 침해, 즉 재산권의 사용·수익·처분권에 대한 본질적 침해에 해당한다고 볼 수 있다. 따라서 실화책임법에 따른 제한으로 인해 사유재산권이 유명무실해지거나 형해화되어 헌법이 재산권을 보장하는 궁극적인 목적을 달성할 수 없게 되는 지경에 이르게 되었다고 할 수 없다는 헌재의 과거 합헌결정은 타당하다고 보기 어렵다.

결국 실화책임법은 헌법 제37조 제2항의 기본권의 본질적 내용침해금지의 원칙을 위반했다고 볼 수 있다.

(3) 소 결

위에서 살펴본 바와 같이 실화책임법에 따른 재산권에 대한 규제 내지 제한을 헌법 제23조 제3항에 따른 공용침해의 일종으로 보든 아니면 헌법 제23조 제1항 및 제2항에 따른 재산권의 사회적 기속 내지 제약으로 보든 결국 실화책임법은 불가분조항의 원칙과 정당보상의 원칙, 또는 비례의 원칙이나 본질적 내용침해의 원칙 등을 위반하여 재산권을 침해한 법률로서 위헌이다.

3. 평등의 원칙 위반 여부와 관련하여

위에서도 언급한 바와 같이 실화책임법으로 인한 평등원칙 위반의 문제가 제기될 수 있다. 가해자인 실화자는 화재보험제도나 파산제도 등을 통하여 나름대로 보호를 받을 수 있는 반면, 오히려 피해자는 피해배상을 전혀 받지 못하는 모순된 현상이 발생할 수 있는데, 이는 주객이 전도된 것으로 가해자와 피해자를 부당하게 차별한 것으로 평등원칙 위반이 문제될 수 있다. 아울러 실화가 아닌 다른 원인으로 발생된 피해의 경우에는 이러한 실화책임법의 경우와 같은 제한이 없다는 점을 감안할 때 이 역시 이 사건에 있어서의 피해자인 제청신청인들과 실화가 아닌 다른 원인에 의하여 발생된 피해 사건에 있어서의 피해자를 부당하게 차별하는 것으로서 평등원칙 위반이 문제될 수 있다.

(1) 엄격심사척도가 적용될 경우

평등위반 여부를 심사함에 있어 심사척도와 관련하여 헌재는 제대군인지원에관한법률 제8조 제1항 등 위헌확인 사건에서 "평등위반 여부를 심사함에 있어 엄격한 심사척도에 의할 것인지, 완화된 심사척도에 의할 것인지는 입법자에게 인정되는 입법형성권의 정도에 따라 달라지게 될 것이나, 헌법에서 특별히 평등을 요구하고 있는 경우와 차별적 취급으로 인하여 관련 기본권에 대한 중대한 제한을 초래하게 된다면 입법형성권은 축소되어 보다 엄격한 심사척도가 적용되어야 할 것인바, …"라고 판시함으로써[27] 차별적 취급으로 인하여 관련 기본권에 대한 중대한 제한을 초래하게 되는 경우 엄격심사를 한다고 하였다.[28] 이 판례에 따를 때 실화책임법은 위에서 언급한 바와 같이 피해자들을 가해자나 실화가 아닌 다른 원인에 의한 피해자와 차별취급을 하고, 중과실의 경우와 경과실의 경우를 차별취급하여 피해자들의 손해배상청구권을 배제하여 결국 피해자의 재산권의 본질적 내용을 침해하는 수인의 기대가능성이 없는 중대한 제한을 초래한 경우라고 할 수 있어 엄격한 심사를 해야 할 것으로 생각된다.

여기서 엄격한 심사를 한다는 것은 자의금지원칙에 따른 심사, 즉 합리적 사유의 유무를 심사하는 것에 그치지 아니하고 비례성원칙에 따른 심사, 즉 차별취급

27) 헌재 1999. 12. 23. 98헌마363, 판례집 11-2, 770, 787.

28) 이 판례의 내용과 문제점에 대하여는 정연주, 가산점제도의 헌법적 문제점, 헌법판례연구[Ⅱ], 헌법판례연구회편, 2000. 8, 171쪽 이하 참조.

의 목적과 수단간에 엄격한 비례관계가 성립하는지를 기준으로 한 심사를 행함을 의미한다. 그런데 이러한 차별취급의 비례성심사는 이미 위에서 재산권 침해와 관련하여 살펴보았다. 결국 실화책임법에 따른 차별취급은 위에서 언급한 바와 같이 비례성원칙에 반하다고 보지 않을 수 없고, 따라서 평등원칙을 위반한 위헌적 법률이라고 할 수 있다.

(2) 완화된 심사척도가 적용될 경우

설사 일반적인 완화된 심사척도가 적용되어 자의금지원칙에 따른 심사, 즉 합리적 사유의 유무를 심사한다고 하더라도 실화책임법에 따른 차별취급에 합리적인 정당화 사유가 없어 위헌이라고 하겠다.

1) 제청신청인들도 주장하고 있듯이 가해자인 실화자는 화재보험제도나 파산제도 등을 통하여 나름대로 보호를 받을 수 있는 반면, 오히려 피해자는 배상을 전혀 받지 못하는 모순된 현상이 발생될 수 있는데, 이는 주객이 전도된 것으로 가해자와 피해자를 부당하게 차별한 것으로 볼 수 있기 때문에 평등원칙이 침해된 것으로 볼 수 있다.

2) 아울러 실화가 아닌 다른 원인으로 발생된 피해의 경우에는 이러한 실화책임법의 경우와 같은 제한이 없다는 점을 감안할 때 이 역시 이 사건에 있어서의 피해자와 실화가 아닌 다른 원인에 의하여 발생된 피해 사건에 있어서의 피해자를 부당하게 차별하는 것으로서 평등원칙이 침해된 것으로 볼 수 있다. 즉 실화도 불법행위의 한 유형인데, 이 법은 그 중에서 유독 실화의 경우에만 중과실을 요구하고 경과실이 있는 불법행위자를 면책시킴으로써 불법행위자들을 차별하여 취급할 뿐 아니라, 똑같은 내용의 피해(자동차의 손괴 등)를 입었음에도 교통사고로 인한 피해자는 배상을 받고, 실화로 인한 피해자는 배상을 받지 못하는 등 불법행위 피해자들을 차별하여 취급하는 것이어서 평등의 원칙에 위배된다.

3) 실화자의 재력이나 기타 여건을 고려하지 아니하고 경과실의 경우에는 무차별적으로 실화자를 면책시키는 것은 합리적 차별사유가 존재함에도 불구하고 차별하지 않는 것이 되어 오히려 평등원칙을 침해하는 것이다.

4) 실화가 발생한 건물의 임대인이 소방시설 등의 설치·관리에 잘못이 있을 경우라도 실화자인 임차인은 임대인에 대하여 채무불이행 책임을 지므로 임대인은 손해를 전보받을 수 있는 반면, 임대인 이외의 실화피해자는 손해를 전보받을 수 없는 것도 합리적인 사유가 없는 차별취급으로 볼 수 있어 평등원칙을 침해한 것

이며, 그 자체 입법취지에 반하는 모순이라고 보지 않을 수 없다. 왜냐하면 실화자를 보호한다는 입법취지대로라면 실화자인 임차인을 임대인으로부터도 보호해야 하고, 따라서 임대인과의 관계에 있어서도 면책되어야 하기 때문이다.

5) 잠재적으로 누구나 실화자가 될 수 있다는 이유로 실화자의 면책을 정당화시키는 헌재의 과거 합헌결정이 주장하는 논리대로라면 형사관계에 있어서 가벌성의 기초가 무너질 수 있다. 왜냐하면 그 논리대로라면 국민 모두가 형사사건의 가해자가 될 수 있으므로 범죄피해가 발생된 경우 가해자를 면책시켜야 한다는 논리가 성립될 수 있기 때문이다.

(3) 소 결

상기 언급한 바와 같이 실화책임법은 엄격한 심사척도에 의하건 완화된 심사척도에 의하건 평등의 원칙을 침해한 것으로 위헌이라고 할 수 있다. 이 점에서 이러한 평등원칙 위반 여부에 대하여 판단하지 아니한 이 사건 헌재결정은 문제가 있다고 하겠다.

4. 헌재결정의 유형과 관련하여

헌법불합치 및 입법촉구결정이 타당하다고 여겨진다. 왜냐하면 단순위헌을 내릴 경우 당장 이러한 사안을 규율할 법률이 없어짐에 따라 법적 공백과 혼란이 야기될 수 있기 때문이다. 즉 실화자에게 너무 가혹한 무차별적 부담을 야기하거나 실현의 기대가능성이 없는 책임이 부과될 수 있어 더 큰 헌법적 가치의 침해가 우려될 수 있기 때문이다. 따라서 위헌의 소지를 제거한 합헌적 법률로 조속히 개정하도록－예컨대 경과실의 경우에도 실화자에게 손해배상책임을 지우되 그 책임의 범위를 한정하는 방법, 실화자의 경제적 여건을 고려하는 방법(예컨대 민법 제765조의 배상액의 감경청구규정을 적용하는 방법), 화재보험을 강제하는 방법, 보험회사의 부담, 국가에 의한 보전 등을 총체적으로 고려하고 외국의 입법례도 참고해서－입법을 촉구하는 헌법불합치결정을 내리는 것이 타당하다고 하겠다. 따라서 이러한 헌법불합치를 선고하여 개선입법을 촉구하되, 실화책임법을 계속 적용할 경우에는 경과실로 인한 실화피해자로서는 아무런 보상을 받지 못하게 되는 위헌적인 상태가 계속되므로, 입법자가 실화책임법의 위헌성을 제거하는 개선 입법을 하기 전에도 실화책임법의 적용을 중지시키는 결정을 내린 이 사건 헌재의 결정유형은 타당하다고 하겠고, 이와는 달리 단순위헌의견을 개진한 2명의 재판관의 견해에는 동의할 수 없다.

Ⅴ. 맺는 말

이상 살펴본 바와 같이 실화책임법은 위헌이라고 할 것이고, 이 점에서 헌재의 과거 합헌결정은 대단히 잘못되었고, 이번 헌법불합치결정은 결과적으로 타당하다고 하겠다. 이에 따라 실화책임법은 헌재의 헌법불합치결정 이후 결정취지에 따라 전면개정되었다.[29] 즉 경과실을 포함한 민법 제750조의 일반적인 불법행위책임 내지 과실책임주의를 원칙적으로 적용하되, 헌재가 제시한 바와 같이 민법 제765조의 배상액의 경감청구규정의 특례를 정함으로써 경과실에 의한 실화의 경우에도 실화자의 책임을 인정하여 실화피해자의 구제를 도모함과 동시에 경과실로 인한 실화자의 보호도 아울러 도모하는 규정을 마련한 것이다.

그런데 위에서 지적한 바와 같이 헌재의 결정에는 미흡한 점이 대단히 많다. 논리 전개과정의 문제점, 중요한 헌법적 쟁점에 대한 규명이 없거나 소홀하다는 점 등이 그것이다. 예컨대 과실책임주의가 헌법상의 원칙인지의 여부, 기본권의 본질적 내용침해금지의 원칙의 위반 여부, 평등의 원칙 위반 여부 등에 대하여는 전혀 언급이 없고, 재산권 침해의 구체적 유형과 내용에 대하여 그리고 재산권 침해의 정당화 여부의 기준인 비례의 원칙에 대한 언급도 지나치게 간단하다. 물론 당해 사건을 해결하기만 하는 것이 헌법재판의 목적이라고 한다면 다양한 헌법적 쟁점에 대한 언급이 없더라도 가능하다. 그러나 중요한 헌법적 해명, 유사한 사건 반복

---

29) 실화책임에 관한 법률(법률 제9648호, 2009. 5. 8. 전부개정)

제1조(목적) 이 법은 실화의 특수성을 고려하여 실화자에게 중대한 과실이 없는 경우 그 손해배상액의 경감에 관한 「민법」 765조의 특례를 정함을 목적으로 한다.

제2조(적용범위) 이 법은 실화로 인하여 화재가 발생한 경우 연소로 인한 부분에 대한 손해배상청구에 한하여 적용한다.

제3조(손해배상액의 경감) ① 실화가 중대한 과실로 인한 것이 아닌 경우 그로 인한 손해의 배상의무자(이하 '배상의무자'라 한다)는 법원에 손해배상액의 경감을 청구할 수 있다.

② 법원은 제1항의 청구가 있을 경우에는 다음 각 호의 사정을 고려하여 그 손해배상액을 경감할 수 있다.

1. 화재의 원인과 규모
2. 피해의 대상과 정도
3. 연소 및 피해 확대의 원인
4. 피해 확대를 방지하기 위한 실화자의 노력
5. 배상의무자 및 피해자의 경제상태
6. 그 밖에 손해배상액을 결정할 때 고려할 사정

방지, 강한 직권심리주의, 위헌결정의 대세효 등 헌법재판의 기능과 특성[30]에 비추어 볼 때 이러한 헌재의 소극적 태도는 매우 부적절한 것이다. 그런 점에서 이번 헌재의 결정에는 많은 아쉬움이 남는다. 이를 위한 해결책으로서는 위에서 논의된 내용들이 하나의 참고가 될 것이다.

30) 이러한 헌법재판의 특성에 관하여는 정연주, 헌법소원심판청구취하의 효과, 공법연구 제28집 제4호 제2집, 2000. 6, 201쪽 이하 참조.

10. 위헌결정 기속력의 주관적·객관적 범위

- 헌재 2006. 5. 25. 2003헌마715 등 안마사에관한규칙 제3조 제1항 제1호 등 위헌확인[1] 및 헌재 2008. 10. 30. 2006헌마1098 등 의료법 제61조 제1항 중 장애인복지법에 따른 시각장애인 중 부분 위헌확인[2] -

[目 次]

Ⅰ. 머리말

헌재는 2008. 10. 30. 시각장애인에 대하여만 안마사 자격인정을 받을 수 있도록 이른바 비맹제외기준을 설정하고 있는 구 의료법(2006. 9. 27. 법률 제8007호로 개정되고 2007. 4. 11. 법률 제8366호로 전부 개정되기 전의 것) 제61조 제1항 중 '「장애인복지법」에 따른 시각장애인 중' 부분 및 의료법(2007. 4. 11. 법률 제8366호로 전부 개정된 것) 제82조 제1항 중 '「장애인복지법」에 따른 시각장애인 중' 부분이 헌법에 위반

1) 헌재 2006. 5. 25. 2003헌마715 등, 판례집 18-1하, 112.

2) 헌재 2008. 10. 30. 2006헌마1098 등, 판례집 20-2상, 1089.

되지 않는다는 결정을 선고하였다(2006헌마1098). 헌재는 위 조항들로 인하여 비시각장애인들의 직업선택의 자유가 제한되기는 하지만, 시각장애인에 대한 국가의 보호의무를 규정한 헌법 제34조 제5항의 요청 이외에, 시각장애인을 둘러싼 기본권의 특성과 복지정책의 현황, 안마사 직역 외에 생계보장을 위한 대안이 거의 없다는 점, 이러한 우리의 사회현실 등에 비추어 시각장애인 안마사제도가 사회적 약자인 시각장애인을 우대하기 위한 조치로서 불가피한 점, 이에 기초한 국회의 입법조치를 존중할 필요가 있는 점 등 제반 사정들을 종합하여 비맹제외기준을 설정한 위 조항들이 비시각장애인인 청구인들의 직업선택의 자유와 평등권을 침해하는 것으로 볼 수 없다고 판단한 것이다.

그런데 헌재는 이 2006헌마1098 결정에서와는 달리 앞선 2006. 5. 25. 2003헌마715 결정에서는 시각장애인만 안마사자격을 취득할 수 있도록 한「안마사에 관한 규칙」(2000. 6. 16. 보건복지부령 제153호로 개정된 것) 제3조 제1항 제1호와 제2호 중 각 '앞을 보지 못하는' 부분이 법률유보원칙 또는 과잉금지원칙에 위배되고 직업의 자유를 침해한다는 이유로 위헌선언을 하였고, 그 후 국회는 이 2003헌마715 결정 취지와는 달리 2006. 9. 27. 시각장애인만 안마사 자격을 취득할 수 있도록 의료법 제61조 제1항을 새로 개정함으로써 비시각장애인의 안마사 자격취득제한을 그대로 유지하였다. 그 후 이번 2006헌마1098 결정에서 헌재는 과거 2003헌마715 결정에서와는 달리 비맹제외기준을 설정한 위 개정 의료법 조항들에 대하여 합헌결정을 내린 것이다.[3)]

문제는 2006헌마1098 결정이 과거 2003헌마715 결정 내용을 변경한 것인지, 또 변경했다면 왜 변경했지에 대한 사유나 그 배경에 대한 명시적 언급이 없고, 2003헌마715 결정에서 비맹제외기준을 설정한 안마사제도에 대하여 위헌결정이 난 이후 곧바로 국회가 비맹제외기준을 설정한 사실상 동일한 내용의 입법을 했음에도 불구하고 2006헌마1098 결정에서 헌재는 이에 대하여 비맹제외기준이 과잉금지원칙에 위반한다는 점과 관련하여서는 2003헌마715 결정에서 재판관 5인만이 찬성하

---

3) 안마사제도에 관하여는 2003헌마715 결정 이전에 2003. 6. 26. 2002헌가16 결정이 있었는데, 이 결정에서는 의료법 제61조 제1항의 규정에 의한 안마사의 자격인정을 받지 아니하고 영리를 목적으로 안마행위를 한 자를 형사처벌하는 의료법 제67조가 처벌법규위임의 한계를 일탈하고, 죄형법정주의의 명확성 원칙에 위반되는지 여부와 시각장애인에 한해 안마사의 자격을 인정하는 근거를 직접 법률에 규정하지 않은 의료법 제61조 제1항 및 제4항이 의회유보원칙 및 포괄위임입법금지원칙을 위반한 것인지 여부에 대해서만 판단했다. 전자에 대하여는 재판관 전원 일치의 의견으로 헌법상의 죄형법정주의가 요구하는 법률의 명확성원칙에 어긋나지 않는다고 판시했고, 후자에 대하여는 재판관 4(합헌) : 5(위헌)의 의견으로 의회유보원칙과 포괄위임을 금지한 헌법 제75조에 위반되지 않는다고 판시했다(헌재 2003. 6. 26. 2002헌가16, 판례집 15-1, 663, 구 의료법 제67조 등 위헌제청).

였을 뿐이므로 위 과잉금지원칙 위반의 점에 대하여 기속력이 인정될 여지가 없다고 판시하면서 2003헌마715 결정 이후의 국회의 법률개정이 이른바 반복입법인지의 여부, 위헌결정의 국회에 대한 기속력의 문제, 즉 기속력의 주관적 범위 및 기속력의 객관적 범위와 조건 등에 대하여 침묵을 하거나 왜곡된 견해를 피력하고 있다는 점이다.

그런데 이러한 헌재의 소극적 태도는 중요한 헌법적 해명, 유사한 사건 반복방지, 강한 직권심리주의, 위헌결정의 대세효 등 헌법재판의 기능과 특성[4]에 비추어 볼 때 매우 부적절한 것이다. 따라서 이 글에서는 이러한 문제점을 지적하고 그 해결책을 모색하고자 한다. 이는 단순히 이 사건에 대한 평가뿐 아니라 동일한 헌법적 쟁점을 가지고 있는 추후 발생할 수 있는 유사한 사건들에 대한 합리적 해결책을 제시한다는 면에서 의미 있는 작업이라고 하겠다. 여기서는 먼저 2003헌마715 결정과 2006헌마1098 결정의 내용을 소개한 후 각 결정의 문제점에 대하여 언급하고자 한다.

Ⅱ. 2003헌마715 결정의 내용과 문제점

1. 2003헌마715 결정의 내용

(1) 사건의 개요 및 심판의 대상

1) 사건의 개요

가. 2003헌마715 사건

청구인 신○웅을 제외한 나머지 청구인들은 스포츠마사지 시술방법을 가르치는 대학이나 학원에서 그와 관련된 교육을 받고 스포츠마사지업에 종사하고자 하는 자들로서 2003. 10. 28. 서울특별시장에게 안마사자격인정 신청을 하였으나, 같은 해 11. 6. 이들이 시각장애인이 아니고 안마수련기관 등에서 관련교육을 이수하지 않았다는 이유로 신청서가 모두 반려되었다.

이에 앞서 청구인들은 자신들이 스포츠마사지업을 영위하고자 하나, 안마사에관한규칙 제3조 제1항 제1호 및 제2호가 앞을 보지 못하는 사람이 아닌 자는 안마사

4) 이러한 헌법재판의 특성에 관하여는 정연주, 헌법소원심판청구취하의 효과, 공법연구 제28집 제4호 제2집, 2000. 6, 201쪽 이하 참조.

의 자격인정을 받을 수 없도록 규정함으로써 청구인들의 직업선택의 자유 등 기본권을 침해한다고 주장하면서 2003. 10. 21. 헌법소원심판을 청구하였다.

나. 2006헌마368 사건

청구인 이○석은 전국스포츠마사지업소연합회 회장, 청구인 박○수는 전국스포츠마사지업소연합회 서울 ○○지부 회장으로서, 안마사가 되기 위한 교육을 받거나 안마사자격인정 신청을 하려고 하나, 안마사에관한규칙 제3조 제1항 제1호 및 제2호가 앞을 보지 못하는 사람이 아닌 자는 안마사 자격인정을 받을 수 없도록 규정함으로써 청구인들의 직업선택의 자유 등 기본권을 침해한다고 주장하면서 2006. 3. 20. 헌법소원심판을 청구하였다.

2) 심판의 대상

이 사건의 심판대상은 안마사에관한규칙(2000. 6. 16. 보건복지부령 제153호로 개정된 것) 제3조 제1항 제1호와 제2호 중 각 '앞을 보지 못하는' 부분(이하 '이 사건 규칙조항'이라 한다)의 위헌 여부이며, 그 내용은 다음과 같다.

안마사에관한규칙 제3조(안마사의 자격) ① 안마사의 자격인정을 받을 수 있는 자는 다음 각 호의 1에 해당하는 자로 한다.

1. 초·중등교육법 제2조 제5호의 규정에 의한 특수학교 중 고등학교에 준한 교육을 하는 학교에서 제2조의 규정에 의한 물리적 시술에 관한 교육과정을 마친 앞을 보지 못하는 사람
2. 중학교 과정 이상의 교육을 받고 보건복지부장관이 지정하는 안마수련기관에서 2년 이상의 안마수련과정을 마친 앞을 보지 못하는 사람

(2) 청구인들의 주장 및 이해관계기관의 의견

1) 청구인들의 주장

가. 이 사건 규칙조항은 안마사의 자격인정을 받을 수 있는 자를 '앞을 보지 못하는' 사람으로 제한함으로써 시각장애인이 아닌 일반인이 안마사 자격인정을 받을 수 있는 기회를 원천적으로 박탈하고 있다. 이는 모법인 의료법 제61조 제1항 및 제4항이 안마사 자격인정제도를 채택하면서 안마사의 자격인정, 그 업무한계 및 안마시술소 또는 안마원의 시설기준 등에 관하여 필요한 사항을 보건복지부령

으로 정하도록 위임하였음에도 불구하고 위임의 한계를 벗어나 아예 시각장애인이 아닌 일반인은 안마사 자격인정을 받을 수 없도록 규정한 것으로서 법률유보원칙에 위배된다.

나. 시각장애인에 한해 안마사 자격인정을 받을 수 있도록 규정한 것은 시각장애인이 아닌 국민의 직업선택의 자유를 본질적인 내용까지 침해하는 것이며, 합리적인 이유 없이 안마사 자격인정을 받을 수 있는 자의 범위에서 일반인을 배제하는 차별적 취급을 하고 있으므로 평등원칙에도 위배된다. 또 이 사건 규칙조항은 일반인으로 하여금 특수학교나 안마수련기관에서 안마사 자격취득과 관련된 교육을 받을 권리를 제한하고 있다.

2) 보건복지부장관의 의견

이 사건 규칙조항은 의료법 제61조 제4항의 위임에 따라 안마사의 자격인정을 받을 수 있는 기준과 범위를 정한 것으로서, 모법인 의료법의 연혁 및 안마사제도의 취지 등에 비추어 볼 때 법률유보원칙에 위배되지 않는다. 또 헌법 제34조 제5항의 신체장애자 보호에 대한 헌법적 요청, 시각장애인에 대한 생계보장의 필요성 등을 종합적으로 고려할 때 이 사건 규칙조항은 헌법에 위배되지 않는다.

3) 대한의사협회 및 대한한의사협회의 의견

최근 스포츠마사지사, 건강관리사, 운동처방사, 경락마사지사, 생활건강관리사, 발관리사, 카이로프렉틱사(Chi-ropractor) 등 유사의료 내지 유사안마를 행하는 직종이 생겨나고 있는데, 이들을 모두 합법화하면 ① 의료법상의 자격을 갖춘 물리치료사 등 의료기사들은 독립된 업소개설권을 갖지 못하고 의사의 지도·감독 하에 치료보조행위만을 할 수 있음에 반하여 단기간의 사설교육과정을 거친 유사안마행위자들은 독립된 업소개설권을 갖게 되어 기존 의료제도를 크게 위협하게 되고, ② 유사안마업자들로 인해 의료사고 발생의 위험성이 높아 치명적인 피해를 입는 환자들이 양산될 우려가 있으며, ③ 국민들의 건강을 무면허 의료인에게 맡기게 되는 것으로 국가의 보건의료 기본정책에 반하게 된다.

(3) 주 문

1. 청구인 신○웅, 같은 이○석, 같은 박○수의 심판청구를 각하한다.
2. 안마사에관한규칙(2000. 6. 16. 보건복지부령 제153호로 개정된 것) 제3조 제1항 제

1호와 제2호 중 각 '앞을 보지 못하는' 부분은 헌법에 위반된다.

(4) 판시사항

1) 시각장애인에 한하여 안마사 자격인정을 받을 수 있도록 하는, 이른바 비맹제외기준을 설정하고 있는 안마사에관한규칙(2000. 6. 16. 보건복지부령 제153호로 개정된 것) 제3조 제1항 제1호와 제2호 중 각 '앞을 보지 못하는' 부분(이하 '이 사건 규칙조항'이라 한다)이 법률유보원칙이나 과잉금지원칙에 위배하여 일반인의 직업선택의 자유를 침해하는지 여부(적극)

2) 이 사건 규칙조항에 대해 위헌선언을 하면서 위헌주문에 대한 이유에 있어 재판관들의 의견이 상이한 사례

(5) 결정요지

1) 다수의견

가. 이 사건 규칙조항은 안마사의 자격인정을 받을 수 있는 자를 일정한 범위의 '앞을 보지 못하는' 사람으로 한정하는, 이른바 비맹제외기준을 설정함으로써 시각장애인이 아닌 일반인으로 하여금 안마사 자격을 받을 수 없도록 규정하고 있다. 이는 시각장애인이 아닌 일반인이 안마사 직업을 선택할 수 있는 자유를 원천적으로 제한하는 것으로서, 아래에서 보는 바와 같이 기본권 제한에 관한 법률유보원칙이나 과잉금지원칙에 위배하여 일반인의 직업선택의 자유를 침해하고 있으므로 헌법에 위반된다.

나. (가) 재판관 윤영철, 재판관 권 성의 의견

이 사건 규칙조항은 보건복지부장관이 규칙제정권을 행사함에 있어서 위임의 기준과 범위가 불분명하거나 지나치게 포괄적인 의료법 제61조 제4항을 빌미로 시각장애인이 아닌 자들이 안마사업에 종사하지 못하게 규정을 둠으로써 일반인의 직업선택의 자유를 제한하고 있다. 즉 국민의 기본권 제한에 관한 법령의 체계위반, 즉 위임입법의 한계일탈 상황은 위임조항인 모법에서 뿐만 아니라 이 사건 규칙조항에서도 마찬가지로 발생하고 있다.

(나) 재판관 전효숙, 재판관 이공현, 재판관 조대현의 의견

안마사 자격인정에 있어서 비맹제외기준은 기본권의 제한과 관련된 중요하고도 본질적인 사항임에도 불구하고, 이 사건 규칙조항은 모법으로부터 구체적으로 범

위를 정하여 위임받지 아니한 사항을 기본권 제한사유로 설정하고 있으므로, 위임입법의 한계를 명백히 일탈한 것으로서 법률유보원칙에 위배된다. 또한 비맹제외기준은 시각장애인을 보호하고 이들의 생계를 보장하기 위한 것으로서 입법목적이 정당하다고 하더라도, 특정 직역에 대한 일반인의 진입 자체를 원천적으로 봉쇄하고 있어 합리적이고 적절한 수단이라 할 수 없고, 시각장애인 중에서도 일부에 불과한 등록안마사를 위하여 나머지 신체장애인 나아가 일반 국민의 직업선택의 자유를 지나치게 침해함으로써 기본권침해의 최소성원칙에도 어긋나며, 이를 통해 달성하려는 시각장애인의 생계보장 등 공익에 비하여 비시각장애인들이 받게 되는 기본권침해의 강도가 지나치게 커서 법익의 균형성을 상실하고 있다.

(다) 재판관 주선회의 의견

이 사건 규칙조항은 모법으로부터 구체적으로 기준과 범위를 정하여 위임받은 사항을 규율하고 있는지 여부를 살필 것 없이, 그 규정 자체만을 살펴보더라도 시각장애인에 대한 생계보장이라는 입법목적을 달성하기 위해 안마사라는 특정한 직역에 종사하려는 일반인의 진입자체를 봉쇄하는 것으로서 과잉금지원칙에 위배하여 직업선택의 자유를 본질적인 내용까지 침해하고 있다.

(라) 재판관 송인준의 의견

이 사건 규칙조항은 모법에서 정하고 있는 위임의 기준과 범위 내에서 기본권 제한사유를 정한 것이니 만큼 법률유보원칙에 위배되지 않는다. 그러나 이 사건 규칙조항은 기본권 제한의 정도면에서 과잉규제에 해당되어 헌법에 위반된다. 즉 시각장애인에 대한 생계보장 등의 입법목적을 감안하더라도 과잉금지원칙에 위배하여 일반인의 직업선택의 자유를 본질적인 내용까지 침해한다. 다만 신체장애자 보호에 대한 헌법적 요청 등에 기하여 일반인에 비하여 열악한 처지에 있는 시각장애인의 생계를 보호하기 위한, 이 사건 규칙조항과 같은 수준의 우선적 처우는 헌법상 평등원칙에 위배되지 않는다.

2) 재판관 김효종의 반대의견

의료법 제61조 제4항이 법률유보원칙이나 포괄위임입법금지원칙에 위배되지 않음은 물론, 이 사건 규칙조항도 위 법률조항이 구체적으로 범위를 정하여 위임한 사항을 규율하고 있으므로 법률유보원칙에 위배되지 않는다. 비맹제외기준은 헌법 제34조 제5항의 신체장애자에 대한 국가의 보호, 장애인복지시책 등에 바탕을 두고서 일반인에 비해 취업상 극히 불리한 처지에 놓이게 되는 시각장애인을 보호하고 그들의 생계를 보장하기 위한 것으로서 입법목적의 정당성이 인정되고, 시각장애인의 신체적 조건 및 전문적 기술 등을 고려하여 이들에게만 안마사 자격을 허용하는 것은 필요하고도 적합한 수단에 해당한다. 일반인은 안마사 자격인정 대상에서 배제되더라도 다른 직업을 선택하여 생계를 유지할 수 있을 뿐만 아니라 만약 안마 등의 직종에서 일하기를 원할 경우 일련의 수련과정과 시험을 거쳐 물리치료사 자격을 취득하고 그 분야에서 종사할 수 있어 피해의 최소성에 반하지 않으며, 무엇보다도 일반인의 직업선택의 자유를 보호하는 것과는 비교할 수 없을 만큼 시각장애인의 인간다운 생활을 보장해 주어야 하는 공익이 월등히 우선한다고 할 것이므로 시각장애인의 생계보장 등 공익을 위하여 비시각장애인의 직업선택의 자유를 어느 정도 제한하는 것은 법익의 균형성에 반하지 않는다. 또한 위와 같은 여러 사정을 고려할 때, 시각장애인에 대한 우선적 처우로 말미암아 일반인에게 가해지는 역차별적 취급에는 합리적인 이유가 있으므로, 이 사건 규칙조항은 시각장애인이 아닌 일반인의 평등권을 침해한다고 볼 수 없다.

2. 2003헌마715 결정의 문제점

(1) 법률유보의 원칙 위배 여부

1) 문제의 제기

먼저 이 사건 규칙조항의 법률유보의 원칙 위배 여부가 문제된다. 왜냐하면 청구인의 직업의 자유라는 기본권의 제한에 대한 법률적 근거의 존재 여부가 문제되기 때문이다.

법률유보의 원칙은 기본권 제한의 기본적인 사항은 반드시 국회가 제정한 형식적 의미의 법률로 정할 것을 요구하고 이를 헌법 제37조 2항이 확인하고 있다. 따라서 법률에서 기본권 제한의 본질적인 사항에 대한 구체적인 범위를 정한 다음에 비로소 하위규범에 상세한 내용의 위임이 가능하며, 이러한 포괄적 위임입법의 금지를 헌법 제75조가 확인하고 있다. 그리고 일반국민이 법률조항으로부터 하위규범으로 정해질 내용의 대강을 예측할 수 있어야 한다. 즉 법률에 이미 하위규범으로 규정될 내용 및 범위의 기본사항이 구체적으로 규정되어 있어서 누구라도 당해 법률로부터 하위규범에 규정될 내용의 대강을 예측할 수 있어야 함을 의미한다.[5]

5) 헌재 1991. 7. 8. 91헌가4, 판례집 3, 336, 341.

그런데 이 사건 규칙조항의 법률적 근거인 의료법 제61조 제4항은 단지 "안마사의 자격인정, 그 업무한계 및 안마시술소 또는 안마원의 시설기준 등에 관하여 필요한 사항은 보건복지부령으로 정한다."라고만 규정하고 있어 문제가 된다. 여기서 다음과 같은 3가지 견해가 가능하다고 하겠다. 첫째, 모법인 의료법 제61조 제4항과 이 사건 규칙조항이 포괄적 위임입법금지의 원칙과 법률유보의 원칙에 위배된다고 보는 입장, 둘째, 이 사건 규칙조항만 법률유보의 원칙에 위배된다는 입장, 셋째, 양자가 모두 포괄적 위임입법금지의 원칙과 법률유보의 원칙에 부합된다는 입장이 그것이다.

2) 3가지 견해

첫째의 입장에 따르면 의료법 제61조 제4항은 안마사의 자격인정에 필요한 사항은 보건복지부령으로 정한다고 위임을 하면서도 위임사항에 관하여 구체적인 범위를 전혀 정한 바가 없다. 그러므로 국민들로서는 하위법규에서 구체적으로 정하여질 안마사의 자격인정요건이 어떤 것이 될 것인지를 위 법률조항만으로는 도저히 예측할 수 없다. 뿐만 아니라 의료법의 다른 규정 전체를 유기적·체계적으로 살펴보아도 안마사의 자격인정요건의 기본적 윤곽을 짐작케 하는 아무런 단서를 발견할 수 없고, 위와 같은 비맹제외기준 같은 것을 시사하는 규정도 발견하기 어렵다. 따라서 의료법 제61조 제4항은 하위법규에 입법을 위임하면서 아무런 기준과 범위를 설정하지 아니한 것이어서 포괄위임을 금지한 헌법 제75조에 위반된다. 아울러 이 사건 규칙조항도 보건복지부장관이 규칙제정권을 행사함에 있어서 위와 같이 위임의 기준과 범위가 불분명하거나 지나치게 포괄적인 법률조항을 빌미로 청구인들을 비롯한 시각장애인이 아닌 자들이 안마사업에 종사하지 못하게 규정을 둠으로써 그들 일반인의 직업선택의 자유를 제한하고 있고, 따라서 이 사건 규칙조항의 법률적 근거가 없거나 모호하므로 역시 법률유보의 원칙에 위배된다고 보는 것이다. 이는 윤영철 재판관과 권성 재판관의 입장이다.

둘째의 입장에 따르면 모법에는 문제가 없고 오로지 하위규범에만 문제가 있다. 즉 의료법은 안마사의 자격인정에 필요한 사항을 위임하였는데 이 사건 규칙조항은 안마사의 자격인정과 무관한 시각장애를 안마사 자격을 인정하기 위한 요건으로 규정하여 기본권을 침해하는 입법을 하였고, 이는 모법으로부터 구체적으로 범위를 정하여 위임받지 아니한 사항을 하위법규에서 기본권 제한 사유로 설정하고 있는 것이므로 이는 위임입법의 한계를 명백히 일탈하고 있는 것이다. 따라서 이 사건 규칙조항은 법률상 근거 없이 기본권을 제한하고 있으므로 법률유보원칙에 위배된다는 것이다. 이는 전효숙 재판관, 이공현 재판관, 조대현 재판관의 입장이다.

셋째의 입장에 따르면 비맹제외기준이 비록 의료법 제61조 제4항의 문언에 표시되어 있지 않았다고 하더라도 의료법상 안마사 자격인정제를 두는 취지, 행정부의 장애인 복지시책의 일환으로 시각장애인에 한해 안마사 자격을 부여한 점, 그 밖에 안마사제도의 시행역사에 비추어 안마사는 원칙적으로 시각장애인에게 허용되는 업종이라는 일반인의 법의식이 형성되어 왔고, 이러한 정부정책에 대한 시각장애인들의 신뢰를 보호할 필요가 있다는 점 등을 고려할 때, 이 사건 규칙조항이 비맹제외기준을 설정한 것은 의료법 제61조 제4항에 내포된 의미를 확인하는 것으로 볼 수 있다. 그렇다면 이 사건 규칙조항 또한 명백히 모법에서 정하고 있는 위임의 기준과 범위 내에서 기본권 제한사유를 정한 것이니 만큼 법률유보원칙에 위배되지 않는다고 보는 입장이다. 이 사건 다수의견 중 송인준 재판관과 김효종 재판관의 반대의견이 그것이다.

3) 소 결

세 가지의 견해가 모두 나름대로 일리가 있다. 그러나 법치주의원리의 엄격한 적용과 기본권의 충분한 보장 및 공권력의 효율적 통제 내지 남용방지의 측면에서 볼 때 첫째의 입장이 가장 타당하다고 하겠다. 왜냐하면 모법인 의료법의 규정으로부터 하위규범으로 정할 내용의 대강, 즉 비맹제외기준이라는 내용이 통상인의 입장에서 예측가능하지 않고, 하위규범에서 정한 내용의 기본적인 사항이 모법에 규정되어 있다고 볼 수 없기 때문이다. 따라서 이런 경우 하위규범의 내용에 따라 얼마든지 기본권의 제한이 가능하고 이는 행정권 등 공권력의 남용가능성을 막을 수 없어 결국 법치주의원리에 위배된다. 따라서 세 번째 견해에 동의하기 어렵다. 아울러 두 번째의 견해에 대하여도 동의하기 어렵다. 두 번째 견해에 따르면 의료법은 안마사의 자격인정에 필요한 사항을 합헌적으로 위임하였는데 이 사건 규칙조항이 안마사의 자격인정과 무관한 시각장애를 안마사 자격을 인정하기 위한 요건으로 규정하여 기본권을 침해하는 입법을 하였고, 이는 모법으로부터 구체적으로 범위를 정하여 위임받지 아니한 사항을 하위법규에서 기본권 제한 사유로 설정하고 있는 것이므로 이는 위임입법의 한계를 명백히 일탈하고 있다는 것이다. 그러나 이 사건 규칙조항이 시각장애를 안마사 자격을 인정하기 위한 요건으로 규정한 것은 모법이 규정한 안마사의 자격인정과 무관한 것이 아니라 바로 모법이 말하는 자격인정의 요건을 정한 것이고, 따라서 모법이 이러한 자격인정에 대한 내용을 구체적으로 정하고 위임했어야 함에도 불구하고 앞서도 언급했듯이 의료법의 규정으로부터 하위규범으로 정할 내용의 대강, 즉 비맹제외기준이라는 내용이 통상인의 입장에서 예측가능하지 않고, 하위규범에서 정한 내용의 기본적인 사항이 모법에 규정되어 있다고 볼 수 없기 때문에 모법인 의료법 규정도 포괄적 위임입법금지의 원칙과 법치주의원리에 위반되는 것이다. 따라서 모법인 의료법 제61조 제4항과 하위규범인 이 사건 규칙조항 모두가 포괄적 위임입법금지의 원칙과 법률유보의 원칙에 위배된다고 보아야 할 것이다.

(2) 직업의 자유 침해 여부

1) 문제의 제기

주지하는 바와 같이 직업의 자유를 제한할 경우 이른바 단계설에 따라 이루어진다. 이 사건의 경우에는 마지막 3단계에 해당한다고 볼 수 있다. 즉 객관적 사유에 따른 직업선택의 자유를 제한하는 것이다. 왜냐하면 청구인의 개인적인 능력이나 전문성 등 주관적 사유가 아닌 단순히 시각장애가 아니라는 개인의 노력이나 능력으로 극복할 수 없는 객관적 사유로 인해 안마사라는 직업을 선택할 자유가 제한되기 때문이다. 따라서 이러한 심각한 기본권 제한을 정당화시키는 월등하게 중요한 공익을 위하여 명백하고 확실한 위험을 방지하기 위한 경우에만 정당화될 수 있고, 따라서 이 경우 헌법 제37조 제2항이 요구하는 엄격한 비례의 원칙을 충족시켜야 할 것이다.[6)]

2) 비례의 원칙 충족 여부

가. 위헌입장

(가) 목적의 정당성

시각장애인에 대한 생계보장이 공익임에는 틀림없지만 다른 공익들과 비교할 때 '월등하게' 중요한 것으로 평가되기 어렵고, 비맹제외기준이 유지되지 않으면 이에 대한 명백하고 확실한 위험이 발생한다고 보기도 어렵다. 비맹제외기준이 제

---

6) 헌재 2002. 4. 25. 2001헌마614, 판례집 14-1, 410, 427.

거되더라도 맹인안마사의 영업활동이 전혀 불가능하게 되는 것이 아니고 단지 시각장애인이 아닌 일반 안마사들과 경쟁하는 입장에 처하게 될 뿐이다.

(나) 방법의 적절성

비맹제외기준은 안마사업에 종사하려는 일반인 또는 시각장애인이 아닌 다른 신체장애자들의 안마사 자격취득 기회 자체를 원천적으로 박탈하고 있어 적절한 수단이라고 할 수 없다. 또한 시각장애인의 생계를 보장하기 위한 다양한 다른 방법이 고려될 수 있다.

(다) 피해의 최소성

비맹제외기준은 오로지 시각장애인의 생계를 보장하기 위한 것이지만 사회공동체의 다른 구성원들에게도 동등하게 보장되어야 할 직업선택의 기회 자체를 원천적으로 배제시킬 뿐만 아니라, 국민이 안마를 통해 건강을 증진시키고 또 안마사 간의 경쟁을 통해 질적으로 향상된 서비스를 공급받을 기회마저도 상실시키고 있다.

(라) 법익의 균형성

비맹제외기준으로 달성하고자 하는 시각장애인의 생계보장 등 공익에 비하여 이로 말미암아 비시각장애인들이 받게 되는 직업선택의 자유에 대한 기본권침해의 강도는 지나치게 크다 할 것이므로, 이 사건 규칙조항은 보호하려는 공익과 기본권침해 간의 현저한 불균형으로 법익의 균형성을 상실하고 있다.

나. 합헌입장

(가) 목적의 정당성

비맹제외기준은 신체장애자 보호에 대한 헌법 제34조 제5항의 요청, 장애인복지시책의 원칙 등에 바탕을 두고서, 일반인에 비하여 취업상 극히 불리한 처지에 놓이게 되는 시각장애인을 보호하고 그들의 생계를 보장하기 위한 것으로서 입법목적의 정당성이 인정된다.

(나) 방법의 적절성

시각장애인은 상실된 시각 대신에 촉각이 발달하여 안마행위를 하기에 적합한 신체적 조건을 갖추었다고 할 수 있다. 특히 중증장애인의 경우 안마사 외에 다른 직업을 선택할 가능성이 거의 없고, 또 현실적으로 시각장애인에게 다른 신체장애인과 마찬가지로 일반적인 고용대책을 마련해주더라도 이들의 취업현황은 매우 부진한 실정이다.

(다) 피해의 최소성

시각장애인이 아닌 일반인은 안마사 자격대상에서 배제되더라도 다른 직업을 선택하여 생계를 유지할 수 있을 뿐만 아니라, 만약 안마, 지압, 마사지 등의 직역에서 종사하기를 원할 경우 일련의 수련과정과 시험을 거쳐 물리치료사 자격을 취득하고 그 분야에서 직업에 종사할 수 있으므로, 안마 등을 직업으로 선택할 다른 방법이 완전히 봉쇄되었다고 할 수 없다.

(라) 법익의 균형성

시각장애인은 안마사 이외에 다른 직업을 갖기 어려운 반면 시각장애인 아닌 일반인은 안마사 자격대상에서 배제되더라도 얼마든지 다른 직업을 가질 수 있으므로, 일반인의 안마사업에 대한 직업선택의 자유를 보호하는 것과는 비교할 수 없을 만큼 시각장애인들의 인간다운 생활을 보장해 주어야 하는 공익이 월등히 우선한다고 할 수 있다.

3) 소 결

이 사건 헌재결정의 경우 다수의견은 위헌의견이고, 김효종 재판관의 반대의견은 합헌의견이다.

요약컨대 헌재는 일반인을 제외하는 기준은 특정 직역에 대한 일반인의 진입 자체를 원천적으로 봉쇄하고 있어 합리적이고 적절한 수단이라 할 수 없고, 시각장애인 중에서도 일부에 불과한 등록안마사를 위하여 나머지 신체장애인 나아가 일반국민의 직업선택의 자유를 지나치게 침해함으로써 기본권침해의 최소성 원칙에도 어긋나며, 이를 통해 달성하려는 시각장애인의 생계보장 등 공익에 비하여 비시각장애인들이 받게 되는 기본권침해의 강도가 지나치게 커서 법익의 균형성을 상실하고 있다고 판시했다.

그러나 반대의견도 지적하고 있듯이 우리 헌법 제34조 제2항은 사회적 약자를 위하여 국가가 적극적으로 사회보장·사회복지 정책을 펴 나가야 할 의무가 있음을 천명하고 있고, 특히 제5항에서 "신체장애자 및 질병·노령 기타의 사유로 생활능력이 없는 국민은 법률이 정하는 바에 의하여 국가의 보호를 받는다."라고 규정하여 신체장애자 등에 대한 국가의 우선적 처우보장의 길을 열어 놓고 있다. 뿐만 아니라 각종 법률에서 국가나 지방자치단체가 신체장애자를 위한 보호시책을 적극적으로 강구해 나가야 한다는 점을 분명히 밝히고 있다(장애인복지법 제6조, 제9조,

장애인고용촉진 및 직업재활법 제3조, 제13조 등). 안마사 자격인정에 있어서 일반인을 제외시키는 기준은 이러한 헌법 제34조 제5항의 신체장애자에 대한 국가의 보호, 장애인복지시책 등에 바탕을 두고서 일반인에 비해 취업상 극히 불리한 처지에 놓이게 되는 시각장애인을 보호하고 그들의 생계를 보장하기 위한 것으로서 입법목적의 정당성이 인정된다.

한편 안마업은 다른 직종에 비해 공간이동이나 기동성이 별로 요구되지 않고 또 업무 성격상 시각을 통하여 외부 자료를 분석하는 과정을 크게 필요로 하지 않는다. 반면 시각장애인은 상실된 시각 대신에 촉각이 발달하여 안마행위를 하기에 적합한 신체적 조건을 갖추었다고 할 수 있다. 게다가 1급 및 2급 시각장애인과 같은 중증장애인의 경우 안마사 외에 다른 직업을 선택할 가능성이 거의 없고, 또 현실적으로 시각장애인에게 다른 신체장애인과 마찬가지로 일반적인 고용대책을 마련해주더라도 이들의 취임현황은 매우 부진한 실정이다. 따라서 시각장애인의 신체적 조건 및 전문적 기술 등을 고려하여 이들에게만 안마사 자격을 허용하는 것은 필요하고도 적합한 수단에 해당한다.

또한 일반인은 안마사 자격인정 대상에서 배제되더라도 다른 직업을 선택하여 생계를 유지할 수 있을 뿐만 아니라 만약 안마 등의 직종에서 일하기를 원할 경우 일련의 수련과정과 시험을 거쳐 물리치료사 자격을 취득하고 그 분야에서 종사할 수 있어 피해의 최소성에 반하지 않는다.

이처럼 시각장애인은 안마사 이외에 다른 직업을 갖기 어려운 반면 시각장애인이 아닌 일반인은 안마사 자격대상에서 배제되더라도 얼마든지 다른 직업을 가질 수 있으므로, 일반인의 안마업에 대한 직업선택의 자유를 보호하는 것과는 비교할 수 없을 만큼 시각장애인들의 인간다운 생활을 보장해 주어야 하는 공익이 월등히 우선한다고 할 수 있다. 따라서 시각장애인의 생계보장 등 공익을 위하여 비시각장애인의 직업선택의 자유를 제한하는 것은 법익의 균형성에 반하지 않는다. 특히 시각장애인을 비롯한 장애인에 대한 국가의 각종 배려와 지원 및 혜택, 그리고 장애자를 배려하고 보호하는 사회적 분위기를 가지고 있는 선진 복지국가와는 달리 우리의 경우 안마사업이 현재로서 시각장애인에게 거의 유일한 생계수단이라고 할 수 있는 등 시각장애자의 지위와 직업활동 및 시각장애자에 대한 국가와 사회의 배려가 매우 열악한 우리의 현실을 감안한다면 더욱 그렇다.

결국 양자의 견해가 나름대로의 일리가 있으나 후자의 견해가 더 타당하다고 여겨진다.

(3) 평등의 원칙 위배 여부

청구인은 비맹제외기준으로 인해 안마사 자격을 원천적으로 받을 수 없게 되어 안마사 직업을 선택할 수 있는 자유를 제한받고 있으며, 시각장애인과 비교할 때 안마사 자격취득에 있어서 차별적 취급을 받고 있다. 따라서 이 사건 규칙조항의 평등원칙의 위배 여부가 문제된다.

헌법 제11조 제1항의 평등의 원칙은 일체의 차별적 대우를 부정하는 절대적 평등을 의미하는 것이 아니라 입법과 법의 적용에 있어서 합리적 근거 없는 차별을 하여서는 아니된다는 상대적 평등을 뜻하고 따라서 합리적 근거 있는 차별 내지 불평등은 평등의 원칙에 반하는 것이 아니다.[7)]

위에서 언급한 바와 같이 비맹제외기준에 따른 시각장애인에 대한 우선적 처우의 결과 발생되는 일반 국민에 대한 역차별은 신체장애자 보호에 대한 헌법적 요청, 장애인복지시책의 원칙 등에 바탕을 두고서 일반인에 비하여 취업상 극히 불리한 처지에 놓이게 되는 시각장애인을 보호하고 그들의 생계를 보장하기 위한 것으로서 그 정당성이 인정된다. 나아가 시각장애인은 다른 장애인들과는 달리 안마사업 외에 다른 직업을 선택할 가능성이 거의 없고, 만약 일반인에게도 안마사업을 허용할 경우 시각장애인에 대한 보호는 사실상 형해화된다는 점, 특히 시각장애인은 상실된 시각 대신에 촉각이 발달하여 안마행위를 하기에 적합한 전문적 기술이나 신체적 조건을 갖추고 있다는 점, 시각장애인이 아닌 일반인은 안마사업 외에도 다른 직업을 선택하여 종사할 기회와 능력이 충분히 있고 또 굳이 안마, 지압, 마사지 등과 관련된 분야에서 종사하고 싶다면 일련의 수련과정과 시험을 거쳐 물리치료사 등의 직종에서 직업을 수행할 수도 있다는 점 등을 종합적으로 고려하면, 시각장애인에 대한 우선적 처우로 말미암아 일반인에게 가해지는 역차별적 취급에는 합리적인 이유가 있다 할 것이므로, 이 사건 규칙조항이 평등의 원칙을 침해한다고 볼 수 없다.

이 사건 헌재결정에서 다수의견은 대부분 평등원칙 위배여부에 대하여 판단하지 않고 있고, 다만 다수의견 중 송인준 재판관과 김효종 재판관의 반대의견만이 이에 대해 언급하고 있는데, 위에서 적시한 이유로 평등의 원칙 위배가 아니라는 입장이다.

---

7) 헌재 1994. 2. 24. 92헌바43, 판례집 6-1, 72, 75.

(4) 결정유형과 관련하여

위에서 언급한 바와 같이 이 사건 규칙조항은 법률유보의 원칙 위반만이 문제되고 본질적인 내용면에서는 그 정당성이 인정되므로 이에 대하여는 단순위헌이 아닌 헌법불합치 결정이 타당했다고 생각된다. 왜냐하면 이 사건 규칙조항은 그 기본권 제한의 방식 내지 규범형식에서만 문제가 될 뿐 시각장애인에게만 안마사 자격을 부여하는 제도 자체의 정당성과 필요성은 인정되므로 이 사건 규칙조항의 구체적인 근거를 모법에 마련하면 위헌요소가 해소되므로 구태의 심판대상에 대한 위헌결정을 내릴 필요 없이 헌법불합치 및 입법촉구결정을 내리면 되기 때문이다.

그런데 이 사건 헌재결정에서는 위에서 언급한 바와 같이 이 사건 규칙조항이 직업의 자유도 침해한 본질적·내용적 위헌이라 하여 안마사규칙에 대하여 단순위헌결정을 내렸다. 그러나 설사 헌재의 의견대로 안마사규칙이 내용면에서도 위헌이라고 하더라고 그동안 안마업을 시각장애인에게만 배타적으로 허용해 온 정부시책에 대한 시각장애인들의 신뢰 등에 비추어 시각장애인들이 안마사규칙이 위헌이 됨에 따라 발생되는 문제점을 극복하고, 국가도 헌재의 위헌취지를 살리면서 시각장애인의 생존권을 보장하고 근본적으로는 시각장애인의 취업과 복지를 강구할 수 있는 대체입법 등 대안을 마련할 수 있도록 하는 준비기간을 부여했어야 했다. 그런 점에서 이번 헌재결정유형은 대단히 유감스럽다고 하지 않을 수 없다. 또한 단순위헌결정을 내려 즉시 안마사규칙 관련조항을 무효화시켜야 할 만큼 사안이 시급하지도 않고 일반인의 기본권제한에 대한 수인의 기대가능성이 없어 보이는 것도 아니라는 점에서 더욱 안타깝다. 사실 앞에서도 소개했듯이 헌재의 위헌결정 이후의 사회적 파장과 국회의 사실상 같은 내용의 법개정을 감안하면 더욱 그렇다.

3. 결 어

2003헌마715 결정이 법이론상 상궤를 벗어났다고는 할 수는 없으나 현실은 법의 원칙만을 내세워 외면하기에는 너무 안타까운 면이 있다. 전체 시각장애인 20여만 명 중 6000명 안팎이 종사하는 안마업은 이들이 스스로의 힘으로 해나갈 수 있는 거의 유일한 생업이다. 이를 위해 2년 넘게 해부생리, 침, 뜸, 전기치료, 지압, 병리학 등 전문과정을 공부해 자격증을 딴다. 어렵게 자격증을 따고도 스포츠·경락마사지 업소와 갖가지 무자격 퇴폐 안마업소들이 10만 곳 넘게 생겨나는 바람에 힘

겨운 경쟁을 해야 한다. 헌재의 결정 이런 처지를 더욱 어렵게 만든 셈이다. 그 점에서 사회적 약자에 대한 배려를 소홀히 하고, 지나치게 기계적인 헌법이론을 전개한 헌재의 결정내용은 문제가 있다.

설사 위헌이라고 하더라도 일정한 유예기간을 두어 국회로 하여금 시각장애인을 배려하면서도 일반인의 직업의 자유도 보호될 수 있는 조화적인 대체입법을 촉구하는 헌법불합치결정을 내리지 않고 바로 단순위헌결정을 내린 것도 유감이라고 하겠다.

Ⅲ. 2006헌마1098 결정의 내용과 문제점

1. 2006헌마1098 결정의 내용

(1) 사건의 개요와 심판의 대상

1) 사건의 개요

가. 청구인들과 공동심판참가인들은 안마, 마사지 또는 지압을 업으로 하려는 사람들이다. 헌법재판소가 2006. 5. 25. 시각장애인만 안마사자격을 취득할 수 있도록 한 '안마사에 관한 규칙'(2000. 6. 16. 보건복지부령 제153호로 개정된 것) 제3조 제1항 제1호와 제2호 중 각 '앞을 보지 못하는' 부분이 법률유보원칙 또는 과잉금지원칙에 위배된다는 이유로 위헌선언을 하였으나 국회는 2006. 9. 27. 시각장애인만 안마사 자격을 취득할 수 있도록 의료법 제61조 제1항을 새로 개정함으로써 비시각장애인의 안마사 자격취득제한을 그대로 유지하였다.

나. 청구인들 및 공동심판참가인들은 안마업 또는 마사지업에 종사하기 위해 안마사자격인정신청을 하였으나, 관할 시·도지사로부터 장애인복지법에 따른 시각장애인이 아니라는 이유로 이를 거부하는 처분을 받았거나 이러한 처분을 받을 예정에 있다.

다. 그러자 청구인들은 개정 의료법이 장애인복지법에 따른 시각장애인 중 일정한 사람만이 안마사 자격인정을 받을 수 있도록 하고 시각장애인이 아닌 일반인은 안마사 자격인정을 받을 수 없도록 규정함으로써 청구인들의 직업선택의 자유 등 기본권을 침해하고 있다고 주장하면서 2006. 9. 27. 및 9. 29. 이 사건 헌법소원심판을 청구하였고, 또한 공동심판참가인들도 2006. 10. 2. 고○미 외 40인이 '헌법소원심판청구인 보정서'를 통하여 공동심판참가를 한 이래 여러 차례에 걸쳐 위와 같은 공동심판참가를 하였다.

2) 심판의 대상

청구인들이 심판청구의 대상으로 삼은 것은 구 의료법(2006. 9. 27. 법률 제8007호로 개정된 것, 이하 '구 의료법'이라 한다) 제61조 제1항 중 '「장애인복지법」에 따른 시각장애인 중' 부분이다. 그런데 의료법은 2007. 4. 11. 전부 개정되어 구 의료법 제61조 제1항은 의료법(법률 제8366호로 전부 개정된 것) 제82조 제1항에 그대로 규정되었다.

위와 같이 구 의료법 제61조 제1항은 이미 그 효력을 상실하였지만 심판대상에 대한 헌법적 해명이 이루어지지 않은 상태에서 동일한 내용의 의료법 제82조 제1항이 청구인들의 기본권을 계속 제한하고 있으므로 헌법재판소가 신·구법이 공통으로 함유하고 있는 '시각장애인 안마사제도의 위헌성' 문제를 일거에 판단하는 것이 청구인들의 의사에 부합될 뿐만 아니라 기본권 침해의 구제를 그 본질로 하는 헌법소원제도의 취지에도 부합한다고 할 것이다.

따라서 이 사건 심판의 대상은 구 의료법(2006. 9. 27. 법률 제8007호로 개정되고 2007. 4. 11. 법률 제8366호로 전부 개정되기 전의 것) 제61조 제1항 중 '「장애인복지법」에 따른 시각장애인 중' 부분 및 의료법(2007. 4. 11. 법률 제8366호로 전부 개정된 것) 제82조 제1항 중 '「장애인복지법」에 따른 시각장애인 중' 부분(이하, 두 법조항을 합쳐 '이 사건 법률조항'이라 한다)의 위헌 여부이며, 그 내용 및 관련조항의 내용은 다음과 같다.

구 의료법(2006. 9. 27. 법률 제8007호로 개정되고 2007. 4. 11. 법률 제8366호로 전부 개정되기 전의 것) 제61조(안마사) ① 안마사는 「장애인복지법」에 따른 시각장애인 중 다음 각 호의 어느 하나에 해당하는 자로서 시·도지사의 자격인정을 받아야 한다.

1. 「초·중등교육법」 제2조 제5호의 규정에 따른 특수학교 중 고등학교에 준한 교육을 하는 학교에서 제4항의 규정에 의한 안마사의 업무한계에 따라 물리적 시술에 관한 교육과정을 마친 자
2. 중학교 과정 이상의 교육을 받고 보건복지부장관이 지정하는 안마수련기관에서 2년 이상의 안마수련과정을 마친 자

의료법(2007. 4. 11. 법률 제8366호로 전부 개정된 것) 제82조(안마사) ① 안마사는 「장

애인복지법」에 따른 시각장애인 중 다음 각 호의 어느 하나에 해당하는 자로서 시·도지사의 자격인정을 받아야 한다.

1. 「초·중등교육법」 제2조 제5호의 규정에 따른 특수학교 중 고등학교에 준한 교육을 하는 학교에서 제4항의 규정에 의한 안마사의 업무한계에 따라 물리적 시술에 관한 교육과정을 마친 자

2. 중학교 과정 이상의 교육을 받고 보건복지부장관이 지정하는 안마수련기관에서 2년 이상의 안마수련과정을 마친 자

(2) 청구인들의 주장과 이해관계인의 의견

1) 청구인들의 주장

가. 이 사건 법률조항은 안마사의 자격인정을 받을 수 있는 자를 '장애인복지법에 따른 시각장애인'으로 제한함으로써 청구인들과 같은 일반인이 안마사 자격인정을 받을 수 있는 기회를 원천적으로 박탈하고 있다. 다시 말하면 위 법률조항은 전체 시각장애인의 생존권보장이라는 공공복리의 목적을 달성하지 못하고, 또한 비시각장애인의 안마사자격 취득기회를 원천적으로 박탈하는 것으로 적절한 수단이 아니며, 극소수 등록안마사의 권익을 위해 비시각장애인의 수기요법에 관한 직업선택의 기회를 아예 배제함으로써 침해의 최소성원칙을 위반하고 있고, 나아가 위 법률조항으로 인해 보호되는 극소수 등록안마사의 생존권과 이로 인해 침해되는 청구인들의 직업의 자유와 평등권과 사이에 현저한 불균형이 존재하므로 법익균형성원칙에도 위반된다. 결국 위 법률조항은 시각장애인이 아닌 청구인들로 하여금 안마, 마사지 또는 지압 등 기타 수기요업에 종사할 직업의 자유를 유명무실하게 함으로써 직업선택의 자유를 본질적인 내용까지 침해할 뿐 아니라 평등권도 침해한다.

나. 헌법재판소가 2006. 5. 25. 안마사자격 인정에 있어서 비맹제외기준을 규정한 「안마사에 관한 규칙」에 대하여 위헌결정을 했음에도 국회에서 비시각장애인의 안마사 자격인정을 원천적으로 부인하는 내용을 법률에 도입한 것은 위헌결정의 기속력에 반하는 것으로서 헌법에 위반된다.

2) 사단법인 대한안마사협회의 의견

가. 헌법 제34조 제5항의 신체장애자 보호에 대한 헌법적 요청, 시각장애인에 대

한 생계보장의 필요성 등을 종합적으로 고려할 때 이 사건 법률조항은 헌법에 위배되지 않는다.

나. 국민의 대표기관으로 민주적 정당성을 가진 국회는 비맹제외기준에 대한 헌법재판소의 위헌결정 취지를 존중하면서도(실질적으로 위임입법의 한계일탈을 이유로 한 위헌 결정이었기 때문에) 헌법 제34조 제5항의 요청에 따라 대다수 국민들의 공감을 얻어 이 사건 법률조항을 둔 것으로서 정당한 입법권을 행사한 것이므로 입법형성권은 최대한 존중되어야 한다.

다. 2006헌마1098 사건과 관련 청구인 노○익, 강○모는 심판청구 당시는 물론이거니와 현재까지도 안마사업을 위한 준비를 하고 있다거나 관할 관청에 안마사자격인정 신청을 하였다거나 반려되었다는 사실을 인정할 아무런 자료가 없어 그 기본권 침해의 현재성을 인정할 수 없으므로 위 청구인들의 심판청구는 부적법하다.

라. 청구인들이 안마사의 자격인정 요건인 의료법 제82조 제1항 제1호 및 제2호 소정의 교육과정을 마치지 않은 이상 이 사건 법률조항이 위헌이라 하더라도 바로 안마사자격을 취득할 수 없으므로 기본권침해의 현재성을 인정할 수 없다.

(3) 주　문

이 사건 심판청구를 모두 기각한다.

(4) 판시사항

1) 시각장애인에 대하여만 안마사 자격인정을 받을 수 있도록 하는 이른바 비맹제외기준을 설정하고 있는 구 의료법(2006. 9. 27. 법률 제8007호로 개정되고 2007. 4. 11. 법률 제8366호로 전부 개정되기 전의 것) 제61조 제1항 중 '「장애인복지법」에 따른 시각장애인 중' 부분 및 의료법(2007. 4. 11. 법률 제8366호로 전부 개정된 것) 제82조 제1항 중 '「장애인복지법」에 따른 시각장애인 중' 부분(이하 위 두 조항을 합쳐 '이 사건 법률조항'이라 한다)에서 문제되는 기본권 및 이에 대한 위헌심사방법

2) 이 사건 법률조항이 헌법 제37조 제2항의 기본권제한입법의 한계를 벗어나서 비시각장애인의 직업선택의 자유와 평등권을 침해하는지 여부(소극)

3) 이 사건 법률조항이 종전에 헌법재판소가 선고한 위헌결정의 기속력에 저촉되는 것인지 여부(소극)

(5) 결정요지

1) 다수의견

가. 이 사건 법률조항은 시각장애인에게 삶의 보람을 얻게 하고 인간다운 생활을 할 권리를 실현시키려는 데에 그 목적이 있으므로 입법목적이 정당하고, 다른 직종에 비해 공간이동과 기동성을 거의 요구하지 않을 뿐더러 촉각이 발달한 시각장애인이 영위하기에 용이한 안마업의 특성 등에 비추어 시각장애인에게 안마업을 독점시킴으로써 그들의 생계를 지원하고 직업활동에 참여할 수 있는 기회를 제공하는 이 사건 법률조항의 경우 이러한 입법목적을 달성하는 데 적절한 수단임을 인정할 수 있다. 나아가 시각장애인에 대한 복지정책이 미흡한 현실에서 안마사가 시각장애인이 선택할 수 있는 거의 유일한 직업이라는 점, 안마사 직역을 비시각장애인에게 허용할 경우 시각장애인의 생계를 보장하기 위한 다른 대안이 충분하지 않다는 점, 시각장애인은 역사적으로 교육, 고용 등 일상생활에서 차별을 받아온 소수자로서 실질적인 평등을 구현하기 위해서 이들을 우대하는 조치를 취할 필요가 있는 점 등에 비추어 최소침해성원칙에 반하지 아니하고, 이 사건 법률조항으로 인해 얻게 되는 시각장애인의 생존권 등 공익과 그로 인해 잃게 되는 일반국민의 직업선택의 자유 등 사익을 비교해 보더라도, 공익과 사익 사이에 법익 불균형이 발생한다고 단정할 수도 없다. 따라서 이 사건 법률조항이 헌법 제37조 제2항에서 정한 기본권제한입법의 한계를 벗어나서 비시각장애인의 직업선택의 자유를 침해하거나 평등권을 침해한다고 볼 수는 없다.

나. 헌법재판소법 제47조 제1항 및 제75조 제1항에 규정된 법률의 위헌결정 및 헌법소원 인용결정의 기속력과 관련하여, 입법자인 국회에게 기속력이 미치는지 여부, 나아가 결정주문뿐 아니라 결정이유에까지 기속력을 인정할지 여부는 헌법재판소의 헌법재판권 내지 사법권의 범위와 한계, 국회의 입법권의 범위와 한계 등을 고려하여 신중하게 접근할 필요가 있다. 설령 결정이유에까지 기속력을 인정한다고 하더라도, 결정주문을 뒷받침하는 결정이유에 대하여 적어도 위헌결정의 정족수인 재판관 6인 이상의 찬성이 있어야 할 것이고(헌법 제113조 제1항 및 헌법재판소법 제23조 제2항 참조), 이에 미달할 경우에는 결정이유에 대하여 기속력을 인정할 여지가 없는데, 헌법재판소가 2006. 5. 25.「안마사에 관한 규칙」제3조 제1항 제1호와 제2호 중 각 '앞을 보지 못하는' 부분에 대하여 위헌으로 결정한 2003헌마

715등 사건의 경우 그 결정이유에서 비맹제외기준이 과잉금지원칙에 위반한다는 점과 관련하여서는 재판관 5인만이 찬성하였을 뿐이므로 위 과잉금지원칙 위반의 점에 대하여 기속력이 인정될 여지가 없다.

2) 재판관 이강국, 재판관 이공현, 재판관 조대현의 반대의견

시각장애인의 생계를 보장하고 직업활동 참여의 기회를 제공하는 것은 중요한 공익적 목적임을 충분히 인정할 수 있으나, 이 사건 법률조항에 의한 시각장애인에 대한 안마사자격의 독점적 유보가 제거된다 하더라도 안마사 자격자들의 영업활동이 불가능해지는 것이 아니며, 단지 비시각장애인 안마사들과 경쟁하는 입장에 처하게 되는 것이라는 점 등에 비추어 직업선택의 자유의 제한을 정당화할 명백하고 확실한 위험이 있다고 보기 어렵고, 그리고 중증 시각장애인의 약 17%인 6～7,000명만이 안마사로 등록하여 활동하는 점 등에 비추어 이 사건 법률조항의 생계보장효과가 의심스러울 뿐 아니라 단지 안마업의 독점기회를 제공하는 것이 자아실현과 개성신장의 도구로서의 직업을 선택할 기회를 제공한다고 볼 수도 없으므로 이 사건 법률조항이 실질적으로 입법목적 달성에 충분히 기여하고 있음을 인정하기도 어렵다. 또한 이 사건 법률조항에 의한 시각장애인의 안마사 직역 독점 외에 시각장애인의 생계보장 및 직업활동 참여기회 제공을 달성할 다른 수단이 없는 것도 아니라는 점 등에 비추어 위 법률조항에 의한 시각장애인의 안마사 직역 독점은 입법목적 달성을 위한 불가피한 수단이라고 보기 어려우며 기본권의 최소침해성원칙에 위반되고, 나아가 위 법률조항으로 달성하려는 시각장애인의 생계보장 등 공익이 비시각장애인들이 받게 되는 직업선택의 자유의 박탈보다 우월하다고 보기도 어렵다. 따라서 이 사건 법률조항은 과잉금지원칙에 위배하여 직업의 자유의 본질적 내용을 침해하는 것으로 헌법에 위반된다.

2. 2006헌마1098 결정의 문제점(위헌결정 기속력의 주관적 · 객관적 범위)

앞서 언급한 바와 같이 과거 시각장애인만 안마사자격을 취득할 수 있도록 했던 「안마사에 관한 규칙」 제3조 제1항 제1호와 제2호 중 각 '앞을 보지 못하는' 부분이 법률유보의 원칙과 포괄적 위임입법금지의 원칙상 위헌이지만, 직업의 자유와 관련해서는 문제가 없다는 것이 필자의 견해이다. 따라서 안마사자격과 관련하여 비맹제외기준을 그대로 유지하면서 그 내용을 규칙이 아닌 법률에 정하고 있는 개정 의료법 조항을 합헌이라고 판단한 2006헌마1098 결정은 대체로 타당하다고 하겠다. 그러므로 여기서는 2006헌마1098 결정 중 위헌결정 기속력의 주관적·객관적 범위에 관한 문제점에 대해서만 고찰하고자 한다.

(1) 판례변경에 대하여

2006헌마1098 결정에서는 비맹제외기준을 설정한 안마사제도를 위헌이라고 판시한 2003헌마715 결정에서와는 달리 합헌이라고 판시했다. 물론 2003헌마715 결정에서는 비맹제외기준을 설정해서 직업의 자유를 과잉금지의 원칙에 위반하여 침해했으므로 위헌이라는 판시 이외에 그러한 비맹제외기준에 관한 사항이 법률유보의 원칙에 따라 법률에 규정되어 있어야 하는데 규칙에 규정되어 있어 위헌이라는 판시도 있으나 이는 형식적인 사항에 불과한 것이고, 안마사제도가 위헌일 수밖에 없는 본질적인 이유는 비맹제외기준의 설정이 직업의 자유의 침해가 된다는 것이었다. 따라서 시각장애인에게만 안마사의 자격을 부여하는 구 의료법이 직업의 자유를 침해한 것이 아니므로 합헌이라는 2006헌마1098 결정은 사실상 2003헌마715 결정의 판시를 변경한 것에 해당한다. 그러므로 2006헌마1098 결정 내용에 2003헌마715 결정에서의 비맹제외기준에 관한 판시를 변경했다는 언급을 하지 않은 것은 잘못이라고 하겠다.

이와 관련하여 헌재는 2003헌마715 결정에서의 중요 논거인 직업의 자유 침해에 대하여는 재판관 5인만이 찬성을 했기 때문에 이 논거에 대하여 기속력을 인정할 수 없다고 2006헌마1098 결정에서 밝히고 있고, 아마도 이러한 이유 때문에 비맹제외기준이 직업의 자유 침해가 아니라는 2006헌마1098 결정은 2003헌마715 결정을 변경한 것은 아니라고 판단한 것으로 보인다. 그러나 이는 후술하는 바와 같이 재판관 6인 이상이 찬성한 결정 이유만이 기속력을 가진다는 헌재의 견해가 잘못되었다는 점에서 정당화될 수 없다고 하겠다.

(2) 기속력 문제와 관련하여

앞서 언급한 바와 같이 시각장애인에게만 안마사의 자격을 부여하고 있는 「안마사에 관한 규칙」에 대하여 헌재가 위헌결정을 내린 후 국회는 또 다시 시각장애인에게만 안마사의 자격을 부여하는 내용의 입법을 하였다. 물론 이는 부령의 형식으로 규정되어 있던 내용을 법률의 형식으로 규정한 것으로 입법 형식적으로는 달라진 것이지만 시각장애인에게만 안마사의 자격을 부여하는 내용 자체가 비시각장애인의 직업선택의 자유를 침해한다는 것이 헌재 위헌결정의 핵심적 이유라는 점에서 본질적으로는 헌법재판소의 결정에 반하는 내용의 입법을 국회가 한 것으로 볼 수 있다. 여기서 과연 국회는 헌재의 결정 취지에 반하는 입법 또는 반복입법을 할 수 있는지의 여부, 즉 위헌결정 기속력의 주관적 범위와 위헌결정의 기속력이 결정 주문에만 인정되는지 아니면 결정의 주된 이유에도 인정되는지, 즉 기속력의 객관적 범위가 문제된다.

1) 기속력의 주관적 범위와 관련하여

헌법재판소법 제47조 제1항은 "법률의 위헌결정은 법원 기타 국가기관 및 지방자치단체를 기속한다."라고 규정함으로써 위헌결정의 효력이 법원 기타 국가기관 및 지방자치단체 모두에게 미친다는 점을 분명히 했다. 이는 헌재의 위헌결정의 효력을 담보하기 위하여 당연한 것이라고 하겠다. 그런데 위헌결정의 기속력이 미치는 범위와 관련하여 이 효력이 입법자에게도 미치는지가 문제되는 것이다. 이는 구체적으로 입법자가 위헌결정된 법률이나 법률조항과 동일하거나 유사한 내용의 입법을 할 경우, 즉 이른바 반복입법을 할 경우에 문제된다. 위헌결정의 기속력을 입법자에게도 미친다고 본다면 그러한 반복입법은 위헌결정의 기속력을 위반하는 것으로서 금지되고, 만일 그렇지 않다고 본다면 그러한 반복입법은 허용될 수 있고 이 경우 만일 반복입법에 대하여 헌법소송이 제기되면 헌법재판소는 새롭게 본안 판단을 해야 한다는 것이다.

이러한 위헌결정의 기속력의 범위 및 반복입법의 허용문제를 본격적으로 다룬 것은 독일 연방헌법재판소의 판례이다. 따라서 여기서는 이러한 위헌결정 기속력의 주관적 범위 및 반복입법의 허용문제와 관련하여 독일의 판례와 학설을 소개·평가를 한 후 이를 토대로 2003헌마715 결정 이후 개정된 의료법 관련규정과 이에 대한 2006헌바1098 결정을 검토하고자 한다.

가. 기속력의 주관적 범위 및 반복입법의 허용여부에 관한 학설과 판례의 입장

(가) 기속설

헌법재판소 위헌결정의 기속력이 의회에도 미친다는 입장이다. 이에 따라 의회에 미치는 위헌결정의 기속력의 내용은 위헌결정된 법률조항의 반복입법금지를 의미한다.[8] 즉 입법자가 위헌결정된 법률이나 법률조항과 동일하거나 유사한 내용의

---

8) Vgl. Detterbeck, Normwiederholungsverbote aufgrund normverwerfender Entscheidungen des Bundesverfassungsgerichts?, AöR 116(1991), 391ff.; Kube, Die Bindungswirkung der Normverwerfung, DÖV 2002, 737ff.; Pestalozza, Verfassungsprozeßrecht, 3. Aufl., 1991, § 20, Rdnr, 85; Maunz, in:

입법을 할 경우 이는 위헌결정의 기속력을 위반하는 것으로서 금지되고, 결과적으로 중대하고 명백한 하자를 가지는 것으로서 무효가 된다고 보는 입장이다.

초기 독일 연방헌법재판소 제2원(Das Zweite Senat)의 입장이 그 예이다. 연방헌법재판소 제2원은 1951. 10. 23. 독일 남서부지방 일부 주들의 영역조정에 관한 법률과 관련한 기관쟁의소송에서 문제된 법률을 위헌이라고 선언하면서, "… 이러한 위헌결정은 연방헌법재판소법 제31조 제2항에 따라 법률적 효력(Gesetzeskraft)을 가질 뿐만 아니라, 이는 주요한 결정이유(tragende Entscheidungsgründe)와 함께 동법 동조 제1항에 따라 모든 헌법기관을 기속하기 때문에 위헌결정된 법률과 동일한 내용의 법률이 의회에서 제정될 수 없다. …"고 판시했다.[9]

이러한 연방헌법재판소 제2원의 결정에 따르면 위헌결정은 입법자를 기속하며, 따라서 향후 위헌결정된 법률 내지 법률조항과 동일한 또는 유사한 법률 내지 법률조항의 제정, 즉 반복법률의 제정은 금지된다는 것이고, 결국 위헌결정의 기속력은 입법자에게도 미치며, 그 미치는 효력의 내용에는 결정주문뿐 아니라 그 주요한 결정이유도 해당된다는 것이다.

한편 이러한 반복입법금지의 원칙은 연방헌법재판소 제2원의 1985. 1. 15. 지방자치단체인 Straßkirchen이 제기한 헌법소원사건 결정에서도 확인되고 있다.[10]

(나) 비기속설

헌법재판소 위헌결정의 기속력이 의회의 입법부를 기속하지 못한다는 입장이다. 따라서 입법자가 위헌결정된 법률이나 법률조항과 동일하거나 본질적으로 유사한 내용의 입법을 할 수 있고, 이 경우 만일 이러한 반복입법에 대하여 헌법소송이 제기되면 헌법재판소는 새롭게 본안판단을 해야 한다는 것이다.[11]

이에 따르면 입법권은 행정권이나 사법권과는 달리 헌법질서에만 기속되며 헌법보다 하위에 있는 법률에는 기속되지 않기 때문에 새로운 법률의 제정에 동위의 법률인-위헌결정의 기속력에 관한-연방헌법재판소법 제31조 제1항의 적용은 배제

Maunz/u.a., BVerfGG, §31, Rdnr. 24.

9) BVerfGE 1, 14(37).

10) BVerfGE 69, 112(115).

11) Vgl. Rennert, in: Umbach/Clemens, BVerfGG, 1992, §31 Rdnr. 67; Gerber, Die Rechtssetzungsdirektiven des Bundesverfassungsgerichts, DÖV 1989, S. 704ff.; Stricker, Subjektive und objektive Grenzen der Bindungswirkung verfassungsgerichtlicher Entscheidungen gemäß §31 Abs. 1 BVerfGG, DÖV 1995, 978ff.; Battis, in: Isensee/Kirchhof, Handbuch des Staatsrechts, Ⅶ, 1992, §165 Rdnr. 60; H. H. Klein, Verfassungsgerichtsbarkeit und Verfassungsstruktur, in: Festschrift für F. Klein, 1994, S. 518; Ziekow, Abweichung von bindenden Verfassungsgerichtsentscheidungen?, NVwZ 1995, S. 248; Schlaich/Korioth, Das Bundesverfassungsgericht, 6. Aufl., 2004, Rdnr. 484.

된다. 변동하는 사회적 요청과 변화하는 질서에 법질서를 적절하게 적용시켜야 하는 것은 민주적 정당성을 지니고 있는 입법자에게 부여된 특별한 책임이며, 이를 수행하는 것이 입법자에게 주어진 입법형성의 책임을 다하는 것이다. 그런데 입법자가 위헌결정에 기속당하면 이러한 책임을 수행할 수 없다. 헌법재판소가 당해 결정을 스스로 취소·변경할 수 없는 점을 고려하면 입법자에 의하여 헌법재판소의 오류를 바로 잡거나 판례를 수정할 기회가 만들어져야 하고, 입법자의 이러한 행위는 법발전의 고착화를 방지한다.

독일 연방헌법재판소 제1원(Das Erste Senat)의 입장[12]이 그것이다. 연방헌법재판소 제1원은 1987. 10. 6. 노동촉진법 제12a조에 대한 헌법소원심판사건에서 위헌결정의 기속력은 입법자에게 미치지 아니하고, 따라서 입법자는 이미 위헌결정된 법률과 동일하거나 유사한 내용의 법률을 제정할 수 있다고 판시했다. 즉 "… 연방헌법재판소법 제31조와 헌법재판소의 위헌결정의 법률적 효력은 입법자가 위헌결정된 법률 내지 법률조항과 내용이 동일하거나 유사한 새로운 법률 내지 법률조항을 제정하는 것을 금지하지 않는다. 그리고 이는 입법권이 집행권이나 사법권과는 달리 오직 헌법적 규범질서에만 기속되며 법률적 규범질서에는 기속되지 않는다는 사실로부터 도출된다. 이러한 연방헌법재판소법 제31조에 따른 위헌결정의 기속력이 연방헌법재판소 자체에 대하여는 미치지 못하듯이(vgl. BVerfGE 4, 31[38]; 20, 56[86f.]; st. Rspr.), 그러한 연방헌법재판소법 제31조라는 법률을 통해 비로소 인정되는 기속력은, 만일 입법자가 일정한 위헌결정된 법률 내지 법률조항과 내용이 동일하거나 유사한 새로운 법률 내지 법률조항의 제정이 불가피하다고 판단한다면, 입법자가 그러한 반복법률을 제정함으로써 입법자의 입법형성의 자유와 책임을 다하는 것을 방해하지 못한다(vgl. auch aus der Entstehungsgeschichte des Grundgesetzes JöR N.F. Bd. 1[1951], S. 686). 이러한 판단은 법질서를 변화하는 사회적 요구와 변화된 질서에 적합시켜야 하는 민주적 정당성을 가진 입법자의 특별한 책임에 부합된다. 동시에 이는 헌법재판소에 의한 권리보호의 기능적·제도적 한계, 즉 헌법재판소가 입법행위를 헌법 자체를 기준으로 재단하는 것이지 헌법재판소의 선판례(Präjudizieren)에 따라 재단하는 것은 아니며, 또한 헌법재판소는 자신의 판례를 스스로 능동적으로 수정·변경할 수 없다는 사정을 고려한 것이다; 이는 헌법에 대한 법적 기속력있는 해석과 효과적인 권리보호를 위한 연방헌법재판소의 과제와 권한을 침해하지 아니하면서 법치국가적·사회국가적 민주주의와 부합될 수 없는

12) BVerfGE 77, 84(103ff.).

법발전의 고착화를 방지한다. …"라고 판시함으로써 위헌결정의 기속력이 미치는 범위의 한계와 반복입법의 허용을 분명히 하고 있다.

(다) 제한적 기속설

이는 입법자에게도 원칙적으로 위헌결정의 기속력이 미치나, 정당한 특별한 사유가 있는 경우에는 기속력이 미치지 않는다는 입장이다. 즉 의회도 원칙적으로 위헌결정의 기속력을 존중하여야 하고, 따라서 위헌결정된 법률조항의 반복입법은 금지되나, 의회는 다른 국가기관과는 달리 넓은 입법형성권을 가지지 때문에 정당한 특별한 사유가 있는 경우 위헌결정된 법률조항과 동일하거나 본질적으로 유사한 내용의 입법을 다시 할 수 있다고 보는 견해이다.[13]

이는 독일 연방헌법재판소의 최근 판례의 입장이다. 즉 1997년 제1원은 연방헌법재판소의 위헌결정의 의회에 대한 기속력을 제한적으로 인정해서 의회는 특별한 정당한 사유가 있는 경우에만 위헌결정된 법률조항과 동일한 내용의 입법을 반복하는 것이 허용된다고 판시했다. 즉 "… 비록 입법자는 위헌결정된 법률조항과 내용상 동일한 규정을 제정할 수 있지만, 연방헌법재판소의 위헌결정취지를 무시해서는 안된다. 반복입법은 연방헌법재판소의 헌법적 판단의 토대를 이루는 사실적 또는 법적인 관계나 위헌판단의 기초가 되는 견해의 근본적 변화에 기인하는 특별한 정당화 사유를 요구한다. 만일 그러한 사유가 존재하지 않는다면 연방헌법재판소는 이미 판단한 헌법적 문제를 다시 새롭게 규명할 필요가 없다."라고 판시하면서 연방헌법재판소 제1원이 1992년에 헌법불합치결정[14]한 법률조항을 다시 입법한 것은 특별한 정당한 사유를 인정할 수 없기 때문에 이에 대해 다시 헌법불합치결정한다고 판시했다.[15] 아울러 1년 후에도 제1원은 "… 연방헌법재판소 결정의 기속력이 반복입법을 절대적으로 금지하는 것은 아니다. … "라고 판시[16]함으로써 기속력이 원칙적으로 입법자에게 미치나 특별한 사유가 있을 경우에는 반복입법이 허용될 수 있다는 같은 입장을 취했다.[17]

(라) 소결(기관상호존중설)

먼저 기속설에는 동의할 수 없다. 왜냐하면 기속설이 논거로 들고 있는 연방헌

13) Benda/Klein, Verfassungsprozeßrecht, 2. Aufl., 2001, Rdnr. 1345.

14) BVerfGE 85, 226(234ff.). 이 사건에서 연방헌법재판소는 헤센주의 특별휴가법(Sonderurlaubsgesetz)이 기본법 제12조에 합치되지 않는다고 판시했다.

15) BVerfGE 96, 260(263).

16) BVerfGE 98, 265(320f.).

17) Vgl. auch BVerfGE 102, 127(141f.).

법재판소법 제31조 제2항에서 말하는 법률적 효력은 위헌결정의 일반적 효력, 즉 대세효를 의미하는 것으로 이로써 법률의 효력이 상실된다는 것을 의미하는 것이지[18] 상실된 법률과 동일한 또는 유사한 법률의 제정을 금지하는 것과는 전혀 별개의 것이고, 주요한 결정이유와 함께 연방헌법재판소법 제31조 제1항에 따라 모든 헌법기관을 기속한다는 것도 입법자를 기속한다는 의미라고 볼 수 없으며, 또한 입법자는 헌재의 결정과 입법자 자신이 제정한 연방헌법재판소법 제31조에 기속되는 것이 아니라 헌법에만 기속되기 때문이다.[19] 헌법재판소의 결정에 입법자를 기속하는 이러한 헌법적 차원의 효력이 주어지는 것은 아니며, 헌법에 대한 독점적 해석권이 헌법재판소에게 부여되어 있는 것도 아니다. 입법자는 법률을 통해 헌법을 구체화시키는 헌법의 일차적 해석자[20]로서 원칙적으로 반복입법의 자유를 가지는 것이다.

결국 위헌결정의 기속력이 입법자에게 미친다고 볼 수 없다. 헌법재판소의 모든 결정의 기속력은 그 구체적인 해당 소송대상, 즉 위헌·무효로 선언된 바로 그 법률에 대해서만 미치며, 그 사안에서만 헌재 자신과 입법자를 기속한다. 그러나 만일 하나의 또 다른 새로운 법률이 제정된다면 이는 비록 그 내용이 전체적으로 또는 부분적으로 이전의 원래의 법률과 동일하다 하더라도 더 이상 그 이전의 소송대상이었던 법률과 동일시되어질 수는 없다. 따라서 이전의 헌재결정은 더 이상 이에 대하여 기속력을 미칠 수 없다. 그 결정내용의 주된 논거 역시 더 이상 기속력을 가지지 못한다. 만일 그렇지 않다면 재판소는 도대체 자신의 판례를 재검토하고 보다 나은 법적 이해와 통찰력을 가지고 이를 수정할 수 있는 기회를 가질 수 없을 것이다. 이러한 입장을 취할 때에만 법발전의 고착화 내지 퇴행을 방지할 수 있을 것이다. 헌재의 한번의 판단이 더 이상의 발전과 변화가 있을 수 없는 최후의 판단일 수는 없다는 것이다. 이처럼 위헌결정의 기속력이 입법자에게 미치지 않는다는 점에서 위헌결정의 기속력이 제한적이지만 원칙적으로 입법자에게 미친다고 보는 제한적 기속설도 타당하다고 보기 어렵다.

그러나 다른 한편 위헌결정의 기속력이 입법자에게 미치지 않는다고 보는 견해는 이른바 '기관상호간 존중(Organtreue)의 원칙'에 의하여 보완되어야 할 것이다.[21]

---

18) Vgl. Schlaich/Korioth, aaO, Rdnr. 495ff.

19) Schlaich/Korioth, aaO, Rdnr. 484.

20) Vgl. Kirchhof, Verfassungsverständnis, Rechtsprechungsaufgabe und Entlastung des Bundesverfassungsgerichts, in: Bogs(Hrsg.), Urteilsverfassungsbeschwerde zum Bundesverfassungsgericht, 1999, S. 74.

21) Lerche, Bundesverfassungsgericht und Gesetzgeber, in: Vortrag vom Koreanisch-deutschen Symposium über Verfassungsgerichtsbarkeit und Gesetzgebung, 1996. 11. 16, 공법연구 제25집 제1호, 1997, 185쪽;

이 원칙은 모든 국가기관 내지 헌법기관은 그 기능과 활동에 있어서 상호 협력해야 하며, 어떠한 국가기관도 다른 국가기관을 경시해서는 안되고 상호 존중할 것을 요구한다.[22] 이 원칙을 이 사안에 적용하면 입법자는 원칙적으로 반복입법을 할 수는 있으나, 이는 어디까지나 또 다른 국가기관이자 최후의 헌법해석기관인 헌재의 결정취지와 권위를 존중하는 한도에서만 허용될 수 있다고 하겠다.[23] 위헌결정의 기속력이 입법자에게 미치지 않고 반복입법이 허용된다는 것이 입법자의 자의를 허용한다는 것을 의미하는 것은 아니기 때문이다.[24] 다시 말해 헌재의 위헌결정의 기속력이 입법자에게 미치지 않기 때문에 원칙적으로 입법자는 헌재의 위헌결정을 받은 법률조항과 동일하거나 유사한 내용의 법률조항을 또 다시 제정할 수는 있으나 이 경우 입법자는 무제한으로 반복입법을 할 수는 없고, 그러한 반복입법을 정당화시키는 특별한 사유가 존재할 때에만 행할 수 있다는 것이며, 그럴 경우에만 헌재의 결정취지와 최후의 헌법수호기관으로서의 헌재의 권위가 존중되고, 입법권의 자의와 남용이 억제되며, 결국 권력분립의 정신과 법적 안정성 및 법적·정치적 평화가 유지되고 사회적 통합이 실현될 수 있기 때문이다. 이 글에서 이러한 입장을 '기관상호존중설'이라고 명명하기로 한다.

이러한 기관상호간 존중의 원칙은 헌법상의 권력분립의 원칙에서 도출될 수 있다고 본다. 왜냐하면 만일 이러한 원칙이 요구되지 않는다면 국가기관은 다른 국가기관의 합헌적인 행위에 대하여 배치되는 행위를 할 수 있고, 그럴 경우 헌법질서와 법적 안정성 및 법적·정치적 평화가 파괴되며, 결국 이는 권력분립의 원칙의 파괴와 이러한 헌법적 원칙과 가치의 최후수호기능을 가지는 헌재의 기능과 권위를 무력화시키는 것이 되기 때문이다.

Schlaich/ Korioth, aaO, Rdnr. 484.

22) 이러한 독일에서 '기관상호간 존중(Organtreue)의 원칙'이라고 명명될 수 있는 일반화된 헌법개념이 헌법재판권과 입법권과의 관계를 조화롭게 정립하는 유용한 도구로 기능할 수 있다고 본다. 물론 이는 다소 막연한 개념으로서 그 적용한계가 불명확하다. 그럼에도 불구하고 이는－'남용(Mißbrauch)' 이라는 일반화된, 그러나 역시 다소 애매한 법적 개념의 경우처럼－유용한 개념으로서, 그렇지 않을 경우 나타날 수 있는 입법자의 지나치게 과도한 권력을 통제하는데 기여할 수 있을 것이다. Vgl. Lerche, aaO, S. 185; Voßkuhle, Der Grundsatz der Verfassungsorgantreue und die Kritik am BVerfG, NJW 1997, S. 2216ff.

23) Vgl. Voßkuhle, aaO, S. 2216; Simon, in: Benda/Maihofer/Vogel, Handbuch des Verfassungsrechts, 2 Aufl., 1994, §34, Rdnr. 30.

24) Vgl. Korioth, Die Bindungswirkung normverwerfender Entscheidungen des Bundesverfassungsgerichts für den Gesetzgeber, Der Staat 30(1991), S. 549ff.; Schulze-Fielitz, Wirkung und Befolgung verfassungsgerichtlicher Entscheidungen, in: Badura/Dreier(Hrsg.), Festschrift 50 Jahre Bundesverfassungsgericht, Bd., I, 2001,, S. 392f.; Voßkuhle, aaO, S. 2218; Bauer, Die produktübergreifende Bindung des Bundesgesetzgebers an Entscheidungen des Bundesverfassungsgerichts, 2003, S. 113ff., 291ff.

한편 위헌결정의 기속력이 입법자에게 미치지 않는다는 점에서는 기관상호존중설이 비기속설과 차이가 없지만, 전자의 경우 반복입법에 있어서 기관상호존중의 원칙에서 오는 일정한 제한을 받는다는 점에서 구별된다고 하겠다. 바로 이러한 점에서 비기속설에도 동의하기 어렵다고 하겠다.

끝으로 기관상호존중설은 입법자에게 기속력이 미치는지의 여부와 관련해서는 제한적 기속설과 구별이 되지만, 특별한 사유가 존재할 경우에만 반복입법이 정당화되어지고 그렇지 않을 경우에는 반복입법이 정당화될 수 없다는 점에서는 결과적으로 제한적 기속설과 동일하다고 하겠다.

결론적으로 입법자는 형식적으로는 헌법재판소의 선행결정에 기속되지는 않는다. 그러나 특별한 정당화 사유가 존재할 때에만 반복입법을 할 수 있으며, 이 경우 이러한 입법자의 태도는 기관상호간 존중의 원칙을 준수한 것으로 보아야 할 것이다.[25]

나. 개정 의료법은 반복입법인가?

본래 과거 2003헌마715 결정에서 문제가 되었던 당시 의료법 제61조 제4항은 "안마사의 자격인정, 그 업무한계 및 안마시술소 또는 안마원의 시설기준 등에 관하여 필요한 사항은 보건복지부령으로 정한다."라고 규정하고 있었고, 2003헌마715 결정의 심판대상인 「안마사에 관한 규칙」(2000. 6. 16. 보건복지부령 제153호로 개정된 것) 제3조 제1항은 "안마사의 자격인정을 받을 수 있는 자는 다음 각호의 1에 해당하는 자로 한다. 1. 초·중등교육법 제2조 제5호의 규정에 의한 특수학교 중 고등학교에 준한 교육을 하는 학교에서 제2조의 규정에 의한 물리적 시술에 관한 교육과정을 마친 앞을 보지 못하는 사람 2. 중학교 과정 이상의 교육을 받고 보건복지부장관이 지정하는 안마수련기관에서 2년 이상의 안마수련과정을 마친 앞을 보지 못하는 사람"이라고 규정하여 오로지 시각장애인에게만 안마사의 자격을 부여할 수 있도록 했었다. 그런데 앞서도 언급했듯이 이러한 비맹제외기준이 시각장애인이 아닌 청구인의 직업선택의 자유를 침해하여 위헌이라고 하는 것이 2003헌마715 결정의 핵심내용이다.

그런데 앞서 언급한 바와 같이 2003헌마715 결정 이후 국회는 시각장애인만 안마사가 될 수 있는 비맹제외기준을 유지시켰다. 즉 개정 의료법(2006. 9. 27. 법률 제8007호로 개정되고 2007. 4. 11. 법률 제8366호로 전부 개정되기 전의 것) 제61조 제1항은

25) Lerche, aaO, S. 185.

안마사의 자격을 시각장애인 중 고등학교에 준하는 특수학교에서 안마 시술 관련 교육과정을 거쳤거나, 중졸 이상으로 보건복지부 지정 안마 수련기관에서 2년 이상 과정을 마친 사람으로 한정했다.[26] 이 개정안을 제출한 의원들은 "헌재는 현행 의료법이 규정하는 안마사에 관한 규칙에서 '앞을 보지 못하는'이라는 부분이 위헌이라고 결정했으나, 비시각 장애인의 직업선택권보다 장애인에 대한 국가의 보호의무를 중시하는 헌법정신을 더 고려해 헌재의 위헌결정 취지를 존중하는 범위에서 개정안을 만들었다"고 설명했다.[27] 따라서 앞서 언급한 바와 같이 보건복지부령인 「안마사에 관한 규칙」 제3조 제1항에 규정되었던 내용을 법률인 개정 의료법 제61조 제1항에 규정했다는 점에서 입법형식의 차이는 있으나, 비맹제외기준이 청구인의 직업선택의 자유를 침해하여 위헌이라는 것이 위헌결정의 핵심이유라는 점에서 여전히 비맹제외기준을 고수한 의료법 개정내용은 결국 위헌결정된 조항과 본질적으로 동일한 내용을 반복입법한 것으로 위헌결정의 기속력과 관련하여 문제가 제기될 수 있는 것이다.

이 점에서 헌재가 개정 의료법의 위헌여부를 다룬 2006헌마1098 결정에서 심판대상인 개정 의료법 조항이 이전 2003헌마715 결정에서 위헌결정된 구법 조항과 본질적으로 동일하거나 유사한 반복입법인지의 여부와 헌재의 위헌결정 취지에 반하는지의 여부 및 그에 대한 정당화사유의 존재 여부에 대하여 언급이나 판단을 하지 않은 것은 앞서 언급한 헌법재판의 기능과 특성에 비추어 볼 때 유감이라고 하겠다.

이와 관련하여 헌재는 앞서 언급한 바와 같이 2003헌마715 결정에서의 중요 논거인 직업의 자유 침해에 대하여는 재판관 5인만이 찬성을 했기 때문에 이 논거에 대하여 기속력을 인정할 수 없다고 2006헌마1098 결정에서 밝히고 있고, 따라서 비맹제외기준을 그대로 유지하고 있는 개정 의료법 조항은 2003헌마715 결정 취지에 정면으로 반하는 반복입법은 아니라고 판단하고 이점에 대하여 별도로 언급할 필요를 느끼지 못한 것으로 볼 수도 있다. 그러나 이는 후술하는 바와 같이 위헌결정의 기속력의 객관적 범위에 대한 헌재의 잘못된 견해에 기인한 것이다.

---

26) 개정 의료법 제61조 제1항: "안마사는 「장애인복지법」에 따른 시각장애인 중 다음 각 호의 어느 하나에 해당하는 자로서 시·도지사의 자격인정을 받아야 한다.
1. 「초·중등교육법」 제2조 제5호의 규정에 따른 특수학교 중 고등학교에 준한 교육을 하는 학교에서 제4항의 규정에 의한 안마사의 업무한계에 따라 물리적 시술에 관한 교육과정을 마친 자
2. 중학교 과정 이상의 교육을 받고 보건복지부장관이 지정하는 안마수련기관에서 2년 이상의 안마수련과정을 마친 자"

27) 중앙일보, 2006. 8. 25, 12쪽.

다. 개정 의료법은 정당화될 수 있나?

위에서 언급한 바와 같이 개정 의료법 조항은 일종의 반복입법이다. 따라서 이러한 반복입법이 정당화되기 위하여 제한적 기속설이나 기관상호존중설에 따라 특별한 사유가 존재해야 한다.

결론적으로 안마사에 관한 의료법 개정행위는 정당화되기 어렵다고 본다. 물론 필자는 앞서 언급한 바와 같이 「안마사에 관한 규칙」이 청구인의 직업선택의 자유를 침해했다는 2003헌마715 결정에 동의하지 않는다. 그러나 헌재의 결정은 존중되어야 한다. 즉 입법자는 헌재의 위헌결정에 대하여 동의하지 않는다 하더라도 원칙적으로 이를 존중하고 따라야 한다. 그래야 헌재의 위상과 권위가 확립될 수 있으며, 법치주의와 권력분립의 원칙이 실현될 수 있는 것이다. 다만 앞서도 언급했듯이 헌재가 이미 위헌결정을 내린 「안마사에 관한 규칙」 조항과 본질적으로 동일한 내용으로 국회가 의료법개정행위를 할 수밖에 없었던 특별한 사유가 존재할 경우에는 그러한 일종의 반복입법으로서의 의료법개정행위가 정당화될 수 있을 것이다. 그러나 이 사안의 경우 헌재의 위헌결정 이후 어떠한 새로운 정당화 사유가 발생했다고 볼 수 없다. 헌재의 위헌결정의 취지가 설득력이 없다든가, 잘못된 헌법이해 내지 헌법해석에 근거한 것이라든가, 현실에 대한 고려가 미흡했다든가, 국민 내지 위헌결정으로 타격을 받을 시각장애인들의 저항이 크다든가 하는 것들은 헌재결정내용에 대한 비판의 논거일 수는 있지만 반복입법을 정당화시키는 특별한 사유로 보기는 어렵다.

한편 이와 관련하여 국회는 의료법을 개정하면서 "2006. 5. 25. 헌법재판소는 「의료법」 제61조 제4항의 규정에 따라 안마사의 자격에 대하여 규정하고 있던 「안마사에 관한 규칙」 제3조 제1항 제1호와 제2호 중 각각 '앞을 보지 못하는' 부분이 헌법에 위반된다고 결정하였으나 비시각장애인의 직업선택권 보다는 신체장애자 등에 대한 국가의 보호의무를 규정하고 있는 헌법 제34조 제5항의 정신을 좀 더 고려하여 헌법재판소의 위헌결정취지를 존중하는 범위에서 안마사의 자격을 「장애인복지법」에 따른 시각장애인 중 안마관련 교육과정을 마친 자 등으로 제한하여 법률에 직접규율하려는 것임."이라고 개정이유를 내세우고 있는데,[28] 이는 국회가 헌재의 견해와는 다른 헌법적 견해를 갖는다는 것을 나타내는 것일 뿐 반복입법을 정당화시키는 특별한 사유라고 볼 수는 없는 것이다. 왜냐하면 국회가 제정한 법

28) http://search.assembly.go.kr/bill/doc_10/17/hwp/174796_100.HWP.

률을 헌재가 위헌결정을 내렸다는 사실 자체가 이미 국회의 헌법적 견해와 헌재의 헌법적 견해가 다르다는 것을 전제하는 것이고, 따라서 이러한 경우도 반복입법을 정당화시키는 특별한 사유라고 인정한다면 국회는 헌재의 모든 위헌결정에 대하여 아무런 제한 없이 또 다시 반복입법을 할 수 있다는 결론에 도달하기 때문이다. 이는 위에서 언급한 기관상호존중의 원칙에 정면으로 반하는 것으로 국회는 헌재의 결정에 동의하지 않거나 헌재와 다른 헌법적 견해를 가질 경우 또는 기타 어떤 정치적 이유가 존재할 경우 언제든지 반복입법을 할 수 있을 것이고, 그 경우 끝없이 소송제기가 반복될 위험이 있으며, 결국 법치주의와 법적 안정성 및 권력분립의 원칙은 파괴될 것이다.

한편 실제로 입법자가 위헌결정된 법률조항과 동일한 내용의 입법을 할 경우에는 내용이야 어찌됐든 일단 그 입법행위 자체는 유효하다고 보지 않을 수 없고,[29] 다만 그 입법행위의 정당성과 위헌성이 논란이 될 수 있을 뿐이다. 따라서 그 경우에는 이번 2006헌마1098 사건에서처럼 그 반복입법에 대하여 다시 헌재에 위헌성을 다투는 소송을 제기할 수밖에 없을 것이다. 이 경우 기속설에 따르면 헌법재판소는 그 사안에 대하여 본안판단에 들어갈 필요 없이 바로 위헌결정을 내리는 것이 논리적일 것이다. 그러나 다른 견해에 따르면 일단 본안판단에 들어가 다시 위헌여부를 심판해야 할 것이다. 특히 제한적 기속설이나 기관상호존중설에 따르면 그 새로운 입법의 위헌여부 심사와 관련하여 그러한 반복입법을 할 수밖에 없었던 새로운 정당화 사유가 존재하는지를 판단해야 할 것이다. 따라서 이 경우에는 헌재가 반복입법의 위헌여부를 심사하는 본안판단에 있어서 위헌결정을 내렸던 그 이전의 결정에서처럼 처음부터 모든 내용을 다시 반복해서 심사할 필요는 없고 새로운 특별한 정당화 사유의 존재여부를 중심으로 심사하는 것이 논리적일 것이다.[30]

결국 국회는 이 사건에서 정당한 사유 없이 2003헌마715 결정에서 위헌으로 결정된 구법조항과 본질적으로 동일한 내용의 반복입법을 행함으로써 기관상호존중설을 위반하여 헌재를 무시하는 결과를 초래했고, 이에 따라 헌재는 원칙적으로 반복입법의 정당화 사유가 없음을 확인한 후 심판대상인 개정 의료법 조항에 대하여도 위헌결정을 내렸어야 했을 것이다.

그러나 다른 한편 이러한 논리가 헌재 스스로 장래의 관련소송에서 자신의 과거

29) Schlaich/Korioth, aaO, Rdnr. 484.

30) Vgl. BVerfGE 96, 260(263).

의 헌법해석 및 판단에 대하여 재검토하는 것을 방해하는 것은 아니다. 위헌결정의 기속력이 헌재 자체에게는 미치지 않는 것도 그 때문이다.[31] 헌재는 언제든지 자신의 헌법해석과 판단이 잘못되었다고 판단될 경우 이를 변경할 수 있고 그럴 때 헌법판례와 헌법이론의 발전이 이루어 질 수 있기 때문이며, 이는 헌재의 권한이자 의무이기도 하다. 한 번의 헌법판단이 영구불변의 절대적인 것은 아니다. 만일 그렇지 않다면 헌법판례와 헌법이론의 발전은 불가능하고 판례변경도 불가능해서 잘못된 기본권침해나 공익의 침해 및 잘못된 헌법해석과 적용이 시정될 기회는 다시는 오지 않는다는 모순에 빠질 것이다. 따라서 헌재가 2006헌마1098 결정에서 개정 의료법 조항에 대하여 반복입법인지의 여부와 헌재의 위헌결정 취지에 반하는지의 여부 및 그에 대한 정당화사유의 존재 여부에 대하여 판단을 하지 않은 것은 잘못이지만, 결과적으로 과거 결정에서의 자신의 잘못된 헌법적 해석과 판단을 시정하고 본안판단을 하여 합헌결정을 내린 것은 다행이라고 하겠다.

2) 기속력의 객관적 범위와 관련하여

가. 기속력은 결정의 주된 이유에도 인정되는가?

위헌결정의 기속력이 주문에만 인정되는지 아니면 결정주문을 직접적으로 뒷받침하는 핵심적인 주된 이유(tragende Gründe)에도 인정되는지의 문제가 바로 위헌결정 기속력의 객관적 범위의 문제이다.[32] 이 문제는 비맹제외기준을 정하고 있는 개정 의료법 조항이 반복입법으로서 헌재의 위헌결정의 기속력에 반하는지의 여부와 관련하여 문제가 된다. 헌재는 2006헌마1098 결정에서 이 문제를 판단하지 않았다. 즉 헌재는 "헌법재판소법 제47조 제1항 및 제75조 제1항에 규정된 법률의 위헌결정 및 헌법소원 인용결정의 기속력과 관련하여, 입법자인 국회에게 기속력이 미치는지 여부, 나아가 결정주문뿐 아니라 결정이유에까지 기속력을 인정할지 여부는 헌법재판소의 헌법재판권 내지 사법권의 범위와 한계, 국회의 입법권의 범위와 한계 등을 고려하여 신중하게 접근할 필요가 있다. 설령 결정이유에까지 기속력을 인정한다고 하더라도, 결정주문을 뒷받침하는 결정이유에 대하여 적어도 위헌결정의 정족수인 재판관 6인 이상의 찬성이 있어야 할 것이고(헌법 제113조 제1

31) Vgl. BVerfGE 4, 31[38]; 20, 56(86f.); st. Rspr.

32) 결정이유에도 기속력이 인정된다고 해서 결정이유 중 결정주문을 직접적으로 뒷받침하는 핵심적인 주된 이유가 아닌 단순한 부수적 이유 내지 방론(obiter dicter)에 까지 기속력이 인정된다는 것은 아니다. Vgl. Pestalozza, Verfassungsprozeßrecht, 3. Aufl.,,1991, §20 Ⅱ Rdnr. 31; Bethge, in: Maunz/ Schmidt-Bleibtreu/ Klein/Bethge, Bundesverfassungsgerichtsgesetz Kommentar, 2006, §31, Rdnr. 94.

항 및 헌법재판소법 제23조 제2항 참조), 이에 미달할 경우에는 결정이유에 대하여 기속력을 인정할 여지가 없는데, 헌법재판소가 2006. 5. 25. '안마사에 관한 규칙' 제3조 제1항 제1호와 제2호 중 각 '앞을 보지 못하는' 부분에 대하여 위헌으로 결정한 2003헌마715등 사건의 경우 그 결정이유에서 비맹제외기준이 과잉금지원칙에 위반한다는 점과 관련하여서는 재판관 5인만이 찬성하였을 뿐이므로 위 과잉금지원칙 위반의 점에 대하여 기속력이 인정될 여지가 없다."라고 판시함으로써[33] 이 문제에 대한 판단을 회피하고 있다.

기속력의 객관적 범위에는 주된 이유까지도 포함된다고 보아야 할 것이다.[34] 왜냐하면 위에서 언급한 바와 같이 헌법재판의 기능은 단순히 하나의 사건을 해결하는데 그치는 것이 아니라 헌법수호, 중요한 헌법적 해명, 유사한 사건 반복방지 등 거시적이고 일반적인 기능을 가져서 거의 객관적 소송화되고 있다는 점과 위헌결정의 대세효, 직권심리주의 등 헌법재판의 특성[35]을 감안할 때 기속력이 인정되는 범위에 단지 주문만이 포함되는 것이 아니라 그 위헌의 중요한 논거 내지 이유까지도 포함된다고 보아할 것이며, 따라서 그러한 논거가 다음의 유사한 다른 사건에도 효력을 미칠 때 헌법재판의 위에 언급한 기능이 제대로 효과를 발휘할 수 있을 것이기 때문이다. 또한 그럴 때 비로소 관련 판례의 축적이 의미 있는 기능을 하게 될 것이다. 왜냐하면 헌법을 구체화하고 헌법을 해석하는 것이 헌재의 기본적 기능인데 이는 일반적으로 결정의 주문이 아닌 그 결정이유에서 이루어지며, 그러한 결정이유의 축적이 바로 헌법판례의 축적이라고 할 수 있기 때문이다. 그렇지 않다면 헌재 판례의 의미와 기속력이 퇴색될 것이다.

아울러 위헌결정의 주문만으로 구체적인 내용을 알 수 없을 경우 이를 뒷받침하는 결정의 주된 이유에 대하여도 기속력을 인정해야 비로소 그 주문의 기속력이 구체적으로 실효성을 가질 것이고, 만일 그렇지 않다면 입법부 등 국가기관의 결정준수의무를 기대할 수 없어 결과적으로 주문 자체의 기속력과 헌재의 위헌결정의 의미를 반감시킬 것이다. 예컨대 위헌결정 기속력의 주관적 범위와 관련하여 위헌결정의 기속력이 입법부에도 미친다고 볼 경우 향후 입법부의 반복입법금지가 제대로 관철되기 위해서는 위헌결정의 이유에도 기속력이 인정되어야 할 것이며,

---

33) 헌재 2008. 10. 30. 2006헌마1098 등, 판례집 20-2상, 1089, 1103-1104.

34) BVerfGE 1, 14(37); 19, 377(392); 20, 56(87); 40, 88(93f.); 96, 375(404); Benda/Klein, Verfassungsprozeßrecht, 2. Aufl., 2001, Rdnr. 1323ff,; Bethge, aaO, Rdnr. 96ff. 반대의견: Vgl. Schlaich/Korioth, aaO, Rdnr. 487ff.; Hoffmann-Riem, Beharrung oder Innovation, Der Staat 13(1974), S. 335ff.; Eckertz, Die Kompetenz des BVerfG und die Eigenheit des Politischen, Der Staat 17(1978), S. 184ff.

35) 헌법재판의 특성에 대하여 정연주, 헌법소원심판청구취하의 효과, 201쪽 이하 참조.

헌재가 입법촉구를 내용으로 하는 헌법불합치결정을 내릴 경우 입법부가 해당 법률이 위헌이라는 사실뿐 아니라 그 위헌의 주된 이유에 기속될 때 향후 헌재의 결정취지에 따른 합헌적인 입법을 행할 수 있을 것이다.

나. 기속력인정의 정족수

한편 결정주문 이외에 위헌결정의 중요한 이유에도 기속력이 인정된다고 할 때 그 주된 이유에 찬성한 재판관의 정족수가 문제될 수 있다. 즉 위헌결정을 위해 재판관 6인 이상의 찬성이라는 정족수가 요구되듯이 결정주문을 뒷받침하는 주된 이유에 대하여 기속력이 인정되기 위해서도 그 각각의 이유에 재판관 6인 이상의 찬성이 있어야 할 것인지가 문제된다. 왜냐하면 헌재의 2003헌마715 결정에서 위헌결과에 대하여는 재판관 6인 이상의 찬성이 있었으나, 그 결정주문의 주된 이유인 과잉금지원칙 위반으로 인한 직업의 자유 침해에 대하여는 재판관 6인의 정족수를 채우지 못했기 때문에 과연 과잉금지원칙 위반이라는 이유에 기속력을 인정할 수 있는지의 여부, 따라서 과잉금지의 원칙을 도외시한 이후의 국회의 입법이 위헌결정의 기속력에 반하는지의 여부가 문제될 수 있기 때문이다.

헌재는 이와 관련하여 위에서 언급했듯이 2006헌마1098 결정에서 "설령 결정이유에까지 기속력을 인정한다고 하더라도, 결정주문을 뒷받침하는 결정이유에 대하여 적어도 위헌결정의 정족수인 재판관 6인 이상의 찬성이 있어야 할 것이고(헌법 제113조 제1항 및 헌법재판소법 제23조 제2항 참조), 이에 미달할 경우에는 결정이유에 대하여 기속력을 인정할 여지가 없는데, 헌법재판소가 2006. 5. 25. '안마사에 관한 규칙' 제3조 제1항 제1호와 제2호 중 각 '앞을 보지 못하는' 부분에 대하여 위헌으로 결정한 2003헌마715등 사건의 경우 그 결정이유에서 비맹제외기준이 과잉금지원칙에 위반한다는 점과 관련하여서는 재판관 5인만이 찬성하였을 뿐이므로 위 과잉금지원칙 위반의 점에 대하여 기속력이 인정될 여지가 없다."라고 판시함으로써 결정의 주된 이유에까지 기속력을 인정하더라도 반드시 각각의 이유에 재판관 6인 이상의 찬성이 있을 때에만 그 이유가 기속력을 가진다고 주장하고 있다.

한편 이와 관련하여 2003헌마715 결정 이후 국회 법제사법위원회의 의료법 일부개정법률안의 체계자구검토보고서에 따르면 "… 이로써 헌법재판소의 결정에 따른 위헌이유 중 '법률유보의 위반'은 해소된 것으로 보이나, 여전히 비시각장애인은 안마사자격을 취득할 수 없도록 함으로써 직업선택의 자유 제한과 관련하여 '과잉금지의 원칙'위반의 문제가 제기될 수 있음. 한편, 헌재재판관 7인중 5인만이 과잉금지원칙 위반을 판단하여[36] 위헌결정정족수(6인)에 미달하므로 형식논리적으로 위헌결정의 기속력이 미치지 않고, 개정안이 헌법 제15조(직업선택의 자유)뿐만 아니라 제34조 제5항의 정신을 적절히 구현하고 있다는 견해가 있음. 소관위원회인 보건복지위원회는 이러한 견해에서 동 개정안(대안)을 마련한 것으로 보임."[37]이라고 하여 헌재의 2003헌마715 결정이 직업선택의 자유 침해 문제와 관련하여서는 기속력이 미치지 않는다는 것을 전제로 하여 국회가 비맹제외기준을 그대로 유지하는 내용으로 의료법을 개정한 것으로 보인다.

그러나 이러한 견해에는 동의할 수 없다. 결론적으로 각각의 주된 이유가 재판관 6인 이상의 찬성을 얻지 못한 경우라고 할지라도 기속력을 가진다고 보아야 할 것이다. 만일 그렇지 않다면 상황에 따라서는 어떠한 주된 논거나 이유도 기속력을 가지지 못한다는 모순에 빠질 수 있고, 결국 무한대로 반복입법이 허용되어 위헌결정의 기속력의 의미와 실효성이 퇴색될 수 있기 때문이다.

왜냐하면 위헌결정의 정족수는 문자 그대로 위헌결정을 내릴 수 있는지의 여부를 결정하는 기준으로서 이는 구체적인 위헌논거에 따른 각각의 재판관의 수가 아니라 결과적으로 위헌결정에 가담하는 전체 재판관의 수에 관한 것이고, 따라서 어떠한 논거에 의하건 심판의 대상이 된 법조항에 대하여 위헌이라고 판단하는 재판관의 수가 6인 이상이면 위헌결정을 내리게 되며, 그 위헌결정은 입법자에 대하여 기속력을 가지게 되기 때문이다. 따라서 위헌결정의 기속력은 일단 해당 법조항이 위헌결정을 받으면 그 위헌논거에 관계없이 그 효력을 미치는 것이지 위헌에 가담한 재판관 각각의 상호 다른 위헌논거에 따라 달라지는 것은 결코 아니다. 즉 위헌결정의 정족수가 재판관 6인 이상이라는 규정은 위헌에 참여한 재판관들 사이에서 설사 위헌의 논거가 서로 상이하다고 하더라도 일단 결과적으로 위헌이라고 판단하는 재판관의 수가 6인 이상이면 위헌결정을 내릴 수 있다는 것을 의미할 뿐이지 그 위헌결정의 각각의 논거에 가담한 재판관의 수가 6인 이상일 경우에만 그 각각의 논거에 기속력이 인정되는 것을 의미하는 것은 아니라는 것이다. 다시 말해 일단 위헌결정이 이루어지면 그 위헌 논거가 재판관들 사이에서 갈린다 하더라도 그 위헌결정의 기속력은 합일적으로 미치는 것이다. 따라서 이 2003헌마715 결정의 경우 설사 직업의 자유 침해를 이유로 위헌결정에 가담한 재판관의 수가 5인이라고 할지라도 그 직업의 자유 침해를 이유로 하는 위헌결정은 당연히 기속력을

36) 위헌결정 헌법재판관 7인 중 5인만이 직업선택의 자유를 제한함에 있어서 과잉금지원칙에 위배되었음을 명시하고 2인은 포괄위임금지원칙에의 위배여부만 판단하였음.

37) http://search.assembly.go.kr/bill/doc_C0/17/hwp/174796_C00.HWP.

가지는 것이다. 만일 그렇지 않다면 비록 결과적으로 위헌에 가담한 재판관의 수가 6인 이상이라고 할지라도 그 6인 이상의 재판관들 사이에서 위헌논거가 갈려 각각의 위헌논거 중 어느 위헌논거에도 6인 이상의 재판관이 찬성하지 않았을 경우에는 그 위헌결정은 위헌이면서도 전혀 위헌결정의 기속력을 가지지 못한다는 모순에 빠지게 되고, 따라서 어느 국가기관도 헌재의 위헌결정에 기속되지 않고, 아울러 국회도 당연히 아무 제한 없이 반복입법을 할 수 있다는 잘못된 결론에 도달하게 될 것이다.

또한 위에서 언급한 법제사법위원회의 의료법 일부개정법률안의 체계자구검토보고서에 따르면 헌재의 위헌결정 취지를 존중하기 위하여 안마사자격에 대한 입법형식을 부령의 형식에서 법률의 형식으로 고양시켜 헌재 결정에 따른 위헌이유 중 법률유보의 원칙 위반 문제를 해소했다고 주장하는데, 만일 위에서 위헌결정정족수(6인) 및 그에 따른 기속력 문제와 관련하여 언급한 헌재나 국회 법제사법위원회의 주장이 타당하다면 이러한 법률유보의 원칙과 관련한 주장도 잘못된 것이다. 왜냐하면 2003헌마715 결정의 경우 명백히 법률유보의 원칙 위반을 이유로 위헌을 주장한 재판관은 위헌에 가담한 7인의 재판관 중 5인에 불과하기 때문에 이 경우에도 6인 이상이라는 정족수에 미달해 법률유보의 원칙 위반이라는 위헌논거는 기속력을 갖지 못하고, 따라서 국회가 이 논거를 존중해 입법형식을 법률로 할 필요가 없었기 때문이다. 따라서 주된 결정이유가 기속력을 갖기 위하여 각각의 이유에 재판관 6인 이상의 찬성이 요구된다는 국회 법제사법위원회나 헌재의 견해는 모순되는 것이다. 아울러 위헌에 가담한 7인의 재판관 중 직업선택의 자유 침해를 이유로 한 위헌주장을 명백히 한 재판관은 5인이지만 나머지 2인의 재판관도 이를 부정했다고 단정할 수는 없다. 왜냐하면 이들은 직업선택의 자유 침해를 위헌논거로 명시하지 않았을 뿐이지 이를 부정한 것은 아니기 때문이다.

결국 국회의 개정 의료법은 위헌결정으로 타격을 받게 될 시각장애인들의 거센 저항과 이들에 동정적인 여론의 압력을 받아 어쩔 수 없이 반복입법을 하면서도, 다른 한편 헌재의 위헌결정의 기속력을 무력화하고 헌재를 무시한다는 비판을 피하기 위하여 입법형식을 법률로 고양시킴으로써 헌재의 위헌결정의 기속력을 존중한다는 외관을 갖춘 고육지책으로 보인다.

한편 헌재는 2003헌마715 결정에서 위헌의 형식적 논거인 법률유보의 원칙 위반 여부와 관련하여서도 6인이 아닌 5인의 재판관만 명시적으로 위헌이라고 판시했는데, 만일 결정의 주된 이유에도 재판관 6인 이상의 찬성이 있을 때에만 기속력이 인정된다는 헌재의 견해에 따른다면 국회는 이러한 법률유보의 원칙 위반이라는 이유에 기속되지 않게 되고, 따라서 헌재의 위헌결정에 관계없이 계속해서 법률이 아닌 규칙에 비맹제외기준을 정할 수 있었다. 그런데 국회는 헌재의 결정내용을 선별적으로 존중해서 법률유보의 원칙에 따라 비맹제외기준을 규칙이 아닌 법률에 정했고, 똑같이 5인의 재판관만 찬성을 한 직업의 자유침해에 관하여는 국회가 헌재의 견해를 무시하고 있는데, 이는 국회가 헌법적 이유에서 보다는 위에서 지적한 바와 같이 2003헌마715 결정으로 타격을 받게 될 시각장애인들의 거센 저항과 이들에 동정적인 여론의 압력을 받아 어쩔 수 없이 반복입법을 하면서도, 다른 한편 헌재의 위헌결정의 기속력을 무력화하고 헌재를 무시한다는 비판을 피하기 위하여 입법형식을 법률로 고양시킴으로써 헌재의 위헌결정의 기속력을 존중한다는 외관을 갖추고자 하는 자신의 정치적 견해나 이해에 따라 자의적으로 2003헌마715 결정의 이유를 취사선택한 것으로 보인다. 또한 헌재도 2006헌마1098 결정에서 이러한 국회의 이중적이고 자의적인 태도에 대하여, 그리고 이와 관련한 기속력의 객관적 범위나 정족수 등에 대하여 헌법적 평가를 회피하거나 왜곡된 판단을 내린 것이다.

Ⅳ. 맺는 말

무릇 헌재의 결정은 다양한 이해관계와 현실을 고려한 규범조화적 해석의 결과이어야 하고, 따라서 가능한 한 이해당사자 모두의 이익과 권리가 존중되고 모두가 승복할 수 있는 결정을 내려야 한다. 왜냐하면 헌법은 사회통합과 정의실현의 기능을 가지며 이를 구체적인 사례에서 실천하는 최후의 유권해석기관이 바로 헌재이기 때문이다. 그 점에서 사회적 약자에 대한 배려를 소홀히 하고, 지나치게 기계적인 헌법이론을 전개한 헌재의 과거 2003헌마715 결정 내용은 문제가 있었고, 따라서 이를 시정하여 2006헌마1098 결정에서 올바른 판단을 내린 것은 다행이라고 하겠다.

그러나 위에서 언급한 바와 같이 헌재가 2006헌마1098 결정에서 한편에서는 과거 판례에 대한 변경에 대하여, 그리고 다른 한편에서는 국회가 헌재가 위헌결정을 내린 규정과 본질적으로 동일한 반복입법을 했을 경우 이에 대한 헌법적 평가와 헌재의 위헌결정의 기속력 유무, 기속력의 인정범위 및 정족수 등에 대하여 판단을 회피하거나 잘못된 판단을 한 것은 대단히 유감이라고 하겠다. 헌법수호, 권력통제, 중요한 헌법적 해명, 유사한 사건반복방지, 직권심리주의, 헌법재판의 대세효 내지 일반효 등 헌법재판의 기능과 특성 및 막강한 영향력을 감안할 때 이러한 헌재의 소극적이고 왜곡된 태도는 시정되어야 할 것이고, 위에서 제시된 내용들이 하나의 참고가 될 것이다.

11. 민간기업에 의한 수용

- 헌재 2009. 9. 24. 2007헌바114 산업입지 및 개발에 관한 법률 제11조 제1항 등 위헌소원[1] -

[目 次]

Ⅰ. 머리말

이 글은 국가 등 공적 기관이 아닌 민간기업에 의한 토지수용도 허용될 수 있는지, 허용된다면 어떤 조건하에서 허용되는지의 문제를 헌법상 재산권보장이론의 시각에서 다룬 것이다. 헌재는 2009. 9. 24. 2007헌바114 결정에서 민간기업에게 산업단지개발사업에 필요한 토지 등을 수용할 수 있도록 규정한 「산업입지 및 개발에 관한 법률」(이하 '산업입지법'이라 한다) 제22조 제1항의 '사업시행자' 부분 중 '제16조 제1항 제3호'에 관한 부분 등이 헌법에 위반되지 아니한다는 결정을 내렸다. 우리 헌법상 수용의 주체를 국가로 한정한바 없으므로 민간기업도 수용의 주체가

1) 헌재 2009. 9. 24. 2007헌바114, 판례집 21-2상, 562.

될 수 있고, 산업입지의 공급을 통해 산업발전을 촉진하며 국민경제의 발전에 이바지하고자 함에는 공공의 필요성이 있으며, 피수용자에게 환매권이 보장되고 정당한 보상이 지급되며, 나아가 수용과정이 적법절차에 의해 규율되는 점에 비추어 볼 때 위 조항들을 위헌이라 할 수 없다는 것이다. 이에 대하여 민간기업이 수용을 할 경우에는, 그 수익을 공적으로 귀속시키는 조치와 같이 국가가 수용을 하는 경우보다 더 엄격한 요건이 수반되어야 하는바, 이 사건 조항들은 그러한 요건을 갖추지 못하므로 헌법상 재산권을 침해하여 위헌이라는 반대의견이 있다.

이 결정은 민간기업이 헌법 제23조 제3항에 규정된 공용수용의 주체가 될 수 있는지 여부를 판시한 최초의 결정이다. 여기서 과연 헌재의 의견대로 민간기업 등 사인에 의한 수용이 허용되는지, 허용된다면 어떠한 조건하에서 허용되는지가 헌법상의 재산권보장문제와 관련하여 중요한 문제로 대두된다. 특히 오늘날 많은 공익사업이 민간기업 등 사인을 통해 시행되고, 이러한 추세는 더욱 확대되고 있다는 점에서 이에 대한 체계적인 이론정립이 공익사업의 효율적인 시행과 개인의 재산권의 두터운 보장이라는 상호 모순될 수 있는 이익의 실현, 즉 공익과 사익의 조화로운 실현을 위하여 매우 절실하고 중요하다. 따라서 이 글에서는 헌재결정의 내용과 문제점을 살펴보고, 민간기업에 의한 수용의 헌법상 허용조건을 제시하고자 한다.

Ⅱ. 헌재결정의 내용

1. 사건의 개요와 심판의 대상

(1) 사건의 개요

1) 청구 외 삼성전자 주식회사는 2004. 2. 23. 아산시장에게 산업입지법 제11조 및 같은 법 시행령 제13조에 의하여 충청남도 아산시 탕정면 일원 토지에 대하여 '산업단지 지정승인 요청서'를 제출하였고, 아산시장은 2004. 4. 19. 요청서에 대한 의견서 등을 첨부하여 위 요청서를 충청남도지사에게 전달하였다. 이에 충청남도지사는 2004. 7. 31. 삼성전자를 사업시행자로 하여 아산시 탕정면 일원 토지를 '탕정제2일반지방산업단지'로 지정 승인한 후, 2004. 8. 5. 산업입지법 제7조의3의 규정에 따라 이를 고시하였다.

2) 청구인들은 위 산업단지 내에 토지를 소유하고 있는 토지소유자들인바, 위

산업단지 내에 위치한 청구인들 소유의 토지가 위 고시에 따라 수용대상토지로 지정되었다. 삼성전자는 청구인들과 위 토지의 취득 등에 대하여 협의를 하였으나 협의가 성립되지 아니하여 충청남도지방토지수용위원회에게 재결을 신청하였고, 충청남도지방토지수용위원회는 2006. 5. 22. 위 토지 및 그 지상물에 대하여 수용재결하였다.

3) 이에 청구인들은 2006. 7. 24. 대전지방법원에 충청남도지방토지수용위원회를 상대로 이 사건 수용처분의 취소를 구하는 소를 제기하였으며(대전지방법원 2006구합2239), 위 소송계속 중 산업입지법 제11조 제1항 등이 헌법 제23조 제3항, 제37조 제2항 등에 위반되고, 산업입지법 제2조 제6호 자목이 명확성의 원칙에 반한다는 이유로 위헌법률심판제청신청(대전지방법원 2005아163)을 하였으나, 2007. 9. 19. 기각되자, 같은 해 10. 29. 이 사건 헌법소원심판을 청구하였다.

(2) 심판의 대상

이 사건 심판대상은 산업입지법 제2조 제6호 자목(이하 '이 사건 정의조항'이라 한다) 및 제22조 제1항의 '사업시행자' 부분 중 '제16조 제1항 제3호'에 관한 부분(이하 '이 사건 수용조항'이라 한다)의 위헌여부이며, 그 심판대상조항의 내용은 다음과 같다.

산업입지법(1995. 12. 29. 법률 제5111호로 개정된 것) 제2조 (정의) 이 법에서 사용하는 용어의 정의는 다음과 같다.
6. '산업단지개발사업'이라 함은 산업단지를 조성하기 위하여 시행하는 다음 각목의 사업을 말한다.
자. 기타 가목 내지 아목의 사업에 부대되는 사업

산업입지법(2001. 1. 29. 법률 제6406호로 개정된 것) 제22조 (토지수용) ① 사업시행자(제16조 제1항 제6호의 규정에 의한 사업시행자를 제외한다. 이하 이 조에서 같다)는 산업단지개발사업에 필요한 토지·건물 또는 토지에 정착한 물건과 이에 관한 소유권외의 권리, 광업권·어업권·물의 사용에 관한 권리를 수용 또는 사용할 수 있다.

제16조 (산업단지개발사업의 시행자) ① 산업단지개발사업은 다음 각 호의 자중에서 산업단지지정권자의 지정에 의하여 산업단지개발계획에서 정하는 자가 이를 시행한다.

3. 당해 산업단지개발계획에 적합한 시설을 설치하여 입주하고자 하는 자 또는 당해 산업단지개발계획에서 적합하게 산업단지를 개발할 능력이 있다고 인정되는 자로서 대통령령이 정하는 요건에 해당하는 자

2. 청구인들의 주장, 법원의 위헌제청신청 기각 이유 및 이해관계인의 의견요지

(1) 청구인들의 주장요지

1) 헌법 제23조 제3항이 '공공필요성'이 있는 경우에 한하여 재산권을 수용할 수 있다고 규정하고 있음에도 불구하고, 이 사건 수용조항은 민간기업이 단지 산업단지를 조성한다는 이유만으로도 다른 사인의 토지를 수용하도록 하고 있다. 생존배려형 민간기업이 아닌 영리적 민간기업의 경우 이윤 추구가 목적이고, 설사 그 경제활동으로부터 세수의 증가 등이 산출된다 하더라도 이를 근거로 공공필요성에 부합한다고 보기 어려우며, 개발로부터 창출되는 이윤에 대한 환수규정조차 두지 않고 있는 점에서 이 사건 수용조항은 공공필요성을 결여한 것이라 할 수 있으므로 이는 헌법 제23조 제3항에 위반되고, 가사 공공필요성이 있다고 하더라도 헌법 제37조 제2항의 과잉금지원칙에 위반된다.

또한, 공익사업을 시행하는 사업시행자라 하더라도 민간기업의 경우에는 이윤추구를 궁극적인 목표로 하고 있기 때문에 국가 또는 지방자치단체, 공법인이 사업시행자가 되는 경우와 비교하여 토지수용권을 부여함에 있어 더욱 엄격한 기준이 적용되어야 하지만, 도시 및 주거환경정비법, 기업도시개발 특별법 등이 민간기업에게 토지수용권을 부여함에 있어서 적게는 사업대상 토지의 50% 이상을, 많게는 67% 이상의 토지를 협의매수하는 때에, 그리고 토지소유자 총수의 50% 이상 내지 80% 이상의 동의를 얻는 때에 비로소 일방적인 토지수용권을 부여하고 있는데 반하여, 산업입지법에서는 사업시행자가 된 민간기업에게 일정한 토지취득조건을 부과하지 아니한 채 전면적인 토지수용권을 인정하고 있는바, 이에 따라 다른 법률들과 비교할 때 단지 산업입지법이 적용되는 산업단지로 지정되었다는 이유만으로 산업단지 내 토지소유자들은 수용에 의해 토지소유권을 상실당할 위험이 더 크다고 할 것이므로, 이 또한, 헌법 제23조 제3항 위반이며, 나아가 합리적인 근거가 없는 차별로서 헌법상 평등권에 위배되는 것이다.

한편, 청구인들은 자신 소유의 토지에서 농사를 지으며 평화로운 삶의 여유를 누리면서 노후를 보낼 권리, 즉 헌법상 행복추구권, 거주이전의 자유가 있는바, 이 사건 수용조항으로 인하여 위와 같은 기본권이 침해된다.

2) 이 사건 정의조항은, '부대되는 사업'의 개념이 지극히 모호하여, 법률의 명확성원칙에 반한다.

(2) 법원의 위헌제청신청 기각 이유요지

1) 이 사건 수용조항은, 산업입지의 원활한 공급과 산업의 합리적 배치를 통하여 국토개발과 지속적인 산업발전을 촉진함으로써 국민경제의 건전한 발전에 이바지하기 위한 것이므로 공공필요성이 인정되고, 공공필요성이 인정되는 이상 사업시행자가 민간기업이라 하더라도 헌법 제23조 제3항에 반한다고 할 수 없다.

또한, 위 수용조항은, 산업입지법의 입법목적을 실현하기 위한 것으로서 목적이 정당하고, 산업단지를 개발함에 있어 사업시행자를 국가나 지방자치단체로 제한할 경우 예산상의 어려움이나 기업들의 입주에 대한 불투명성 등의 문제들이 발생할 수 있으므로 산업단지의 최종 수요자로 하여금 직접 개발하도록 하는 것이 효율적일 수 있다는 점, 산업입지법은 산업단지를 개발할 수 있는 민간기업의 자격을 제한하고 있고 사업시행자인 민간기업의 이윤추구를 적절히 제한할 수 있는 방법도 규정하고 있다는 점 등에 비추어 보면 방법의 적정성 또한, 인정되므로, 이를 두고 헌법 제37조 제2항에 위반된다고 할 수 없고, 따라서 이 사건 수용처분에 의해 청구인들의 토지가 수용되어 거주를 옮겨야 하는 등의 불편이 초래된다 하더라도 이는 행복추구권 또는 거주이전의 자유를 침해하지 않는다.

산업입지법상 산업단지개발사업은 공공의 필요성이 강하고, 민간기업의 이윤추구를 제한할 수 있는 제도적 장치가 마련되어 있을 뿐 아니라, 민간기업의 토지수용권에 일정한 제한을 두고 있는 도시 및 주거환경정비법 등과는 그 입법목적이 서로 다르므로, 이 사건 수용조항이 토지수용권을 행사함에 있어 다른 법률과 같은 제한을 두고 있지 않다고 하여 이를 합리적 근거 없는 차별이라 할 수 없다.

2) 이 사건 정의조항은, 산업단지를 개발함에 있어 필요한 모든 개별적 시설들에 관하여 상세히 규정하고 있지 않으나, 이 조항에서의 '부대되는 사업'이란 공장용지조성사업 등에 수반되는 사업으로서 산업단지개발사업의 시행을 위하여 필요한 사업이라고 충분히 예측할 수 있으므로, 명확성의 원칙에 위배된다고 할 수 없다.

(3) 이해관계인 삼성전자 주식회사 및 충청남도지방토지수용위원회의 의견요지

1) 산업입지법의 입법목적이 공익을 달성하기 위한 것인 이상 민간기업이 사업시행자가 된다고 하여 그 산업단지개발사업의 공익성이 달라진다고 볼 수 없다는 점, 산업입지법의 기본 정신은 민간기업의 영리추구와 공공필요의 조화를 통하여 민간기업에 의한 산업단지 개발과 국가경제의 발전이라는 공익을 모두 달성하고자 함에 있다는 점, 산업입지법은 민간기업이 사업시행자가 됨으로써 발생할 수 있는 문제점들을 해결할 수 있는 다양한 법적 장치들을 두고 있다는 점 등에 비추어 이 사건 수용조항은 헌법 제23조 제3항에 위반된다고 할 수 없다.

또한, 헌법 제23조 제3항은 '일정비율 이상의 토지를 협의취득할 것' 등을 요건으로 하고 있지 않고, 민간기업의 토지수용권 행사에 일정한 제한을 두고 있는 다른 법률과 산업입지법은 제정 목적, 규율 대상 사업, 공익성의 정도가 달라 다른 법률과 토지수용권의 요건이 상이하게 규정된 이 사건 수용조항에는 합리적 이유가 있다 할 것이므로, 이 조항의 적용을 받는 청구인들이 평등권을 침해받는다고 볼 수도 없다.

이 사건 수용처분으로 인하여 청구인들이 거주이전의 자유를 제약당한 것은, 토지수용의 경우에 언제나 발생하는 문제일 뿐이고, 이 사건 수용조항이 재산권 및 평등권을 침해하지 않는 이상 행복추구권이나 거주이전의 자유 역시 침해하지 않는다.

2) 이 사건 정의조항은, 다른 규정과의 상호관계를 고려하는 등의 해석을 통해 그 의미를 확정할 수 있는 경우에 해당하고, 우리나라 현행법 가운데 각종 사업에 대한 정의규정을 둔 상당수의 법률들이 이 사건 정의조항과 같은 형식을 취하고 있다는 점에서 명확성의 원칙에 반한다고 볼 수 없다.

3. 주 문

'산업입지 및 개발에 관한 법률'(1995. 12. 29. 법률 제5111호로 개정된 것) 제2조 제6항 자목, '산업입지 및 개발에 관한 법률'(2001. 1. 29. 법률 제6406호로 개정된 것) 제22조 제1항의 '사업시행자' 부분 중 '제16조 제1항 제3호'에 관한 부분은 헌법에 위반되지 아니한다.

4. 판시사항

(1) 민간기업을 수용의 주체로 규정한 산업입지법(2001. 1. 29. 법률 제6406호로 개정된 것) 제22조 제1항의 '사업시행자' 부분 중 '제16조 제1항 제3호'에 관한 부분이 헌법 제23조 제3항에 위반되는지 여부(소극)

(2) 민간기업에게 산업단지개발사업에 필요한 토지 등을 수용할 수 있도록 규정한 이 사건 수용조항이 헌법 제23조 제3항의 공공필요에 위반되는지 여부(소극)

(3) 이 사건 수용조항이 헌법 제37조 제2항의 과잉금지원칙에 위반되는지 여부(소극)

(4) 이 사건 수용조항이 평등권을 침해하는지 여부(소극)

(5) 산업단지개발사업의 범위에 있어 주된 사업에 '부대되는 사업'을 규정하고 있는 산업입지법(1995. 12. 29. 법률 제5111호로 개정된 것) 제2조 제6항 자목이 법률의 명확성원칙에 위반되는지 여부(소극)

5. 결정요지

(1) 다수의견

1) 헌법 제23조 제3항은 정당한 보상을 전제로 하여 재산권의 수용 등에 관하여 규정하고 있지만, 재산권 수용의 주체를 한정하지 않고 있다. 위 헌법조항의 핵심은 당해 수용이 공공필요에 부합하는가, 정당한 보상이 지급되고 있는가 여부 등에 있는 것이지, 그 수용의 주체가 국가인지 민간기업인지 여부에 달려 있다고 볼 수 없다. 또한 국가 등의 공적 기관이 직접 수용의 주체가 되는 것이든 그러한 공적 기관의 최종적인 허부판단과 승인결정 하에 민간기업이 수용의 주체가 되는 것이든, 양자 사이에 공공필요에 대한 판단과 수용의 범위에 있어서 본질적인 차이를 가져올 것으로 보이지 않는다. 따라서 위 수용 등의 주체를 국가 등의 공적 기관에 한정하여 해석할 이유가 없다.

2) 이 사건 수용조항은 산업입지의 원활한 공급과 산업의 합리적 배치를 통하여 균형있는 국토개발과 지속적인 산업발전을 촉진함으로써 국민경제의 건전한 발전에 이바지하고자 하고, 나아가 산업의 적정한 지방 분산을 촉진하고 지역경제의 활성화를 목적으로 하는 것이다. 산업입지법상 규정들은 산업단지개발사업의 시행

자인 민간기업이 자신의 이윤추구에 치우친 나머지 애초 산업단지를 조성함으로써 달성하고자 한 공익목적을 해태하지 않도록 규율하고 있다는 점을 고려한다면, 이 사건 수용조항은 헌법 제23조 제3항의 '공공필요성'을 갖추고 있다.

3) 이 사건 수용조항을 통하여 사업시행자는 협의에 응하지 않는 사람들의 토지를 시가에 따라 적절히 매수할 수 있으며, 이에 따라 사업을 원활하게 진행할 수 있을 것이므로 위 수용조항은 위와 같은 입법목적의 달성에 매우 효과적인 수단임이 인정된다. 산업입지법상 사업시행자에게도 여전히 토지 등에 대한 보상에 관하여 토지소유자 및 관계인과 성실하게 협의하여야 하는 의무가 주어지고, 산업단지로 지정된 토지가 사후에 산업단지에서 제외되거나 아니면 산업단지로서의 효용을 상실하게 되면 환매권이 발생하는 점, 사업시행자는 피수용권자에게 정당한 보상을 지급해야 하는 점, 산업입지법상 수용에 이르기까지의 과정이 적법절차원칙에 따라 진행되도록 보장되는 점, 우리 법제는 구체적인 수용처분에 하자가 있을 경우 행정소송 등을 통한 실효적인 권리구제의 방안들을 마련하고 있는 점, 수용대상의 범위도 필요한 범위를 넘는다고 보이지 아니하는 점 등에 비추어 이 사건 수용조항이 피수용자의 재산권을 필요이상으로 과도하게 제한한다고 할 수 없고, 국민 경제의 건전한 발전 및 산업의 지방분산 촉진, 지역경제의 활성화 등의 공익적 중대성을 감안한다면 이 사건 수용조항이 공익과 사익간의 균형성을 도외시한 것이라고 보기도 어렵다.

4) 이 사건 수용조항은 수용에 앞서 일정한 토지취득 요건 등을 부과하는 여타의 법률들과 달리, 그러한 요건을 두지 아니한 채 전면적인 토지수용권을 인정하고 있으나, 이 사건 수용조항이 추구하고 있는 산업단지의 개발, 국가 및 지역 산업의 발전, 고용 창출, 산업의 전국적 분산 및 국토의 균형발전 등의 내용에 비추어 산업입지법은 여타의 법률들과 상이한 공익적 목적과 내용을 가진다고 할 수 있고, 아울러 산업입지법에서도 사업시행자에게는 토지소유자 및 관계인과 성실하게 협의하여야 하는 의무가 주어진다는 점 등을 함께 고려한다면, 이 사건 수용조항을 두고 자의적인 차별로서 평등권을 침해하였다고 하기는 어렵다.

5) 이 사건 정의조항에서의 '부대되는 사업'이란 산업입지법 제2조 제6호의 가목 내지 아목과 같은 주된 사업에 덧붙여서 시행되는 사업임을 조문의 구조 및 어의에 비추어 예측할 수 있고, 주된 항목을 먼저 나열한 후 최종 항목에서 앞선 항목에 '부대되는' 업무 혹은 사업으로 규율하는 방식은 여타의 법률들이 보편적으로 취하고 있는 규범 형식인 만큼 명확성이 부족하다고 보기 어려우며, 적어도 건전

한 상식과 통상적인 법감정을 가진 사람으로서는 위 조항의 의미론적 중추를 대략적으로 예측할 수 있다 할 것이다.

(2) 재판관 김종대의 반대의견

민간기업이 수용의 주체가 되는 경우는 국가가 수용의 주체가 되어 그 수용의 이익을 공동체 전체의 것으로 확산시키는 역할을 자임하는 경우와 비교하여 수용의 이익이 공적으로 귀속될 것이라는 보장이 힘들다는 점에서, 그와 같은 수용이 정당화되기 위해서는 당해 수용의 공공필요성을 보장하고 수용을 통한 이익을 공공적으로 귀속시킬 수 있는 더욱 심화된 입법적 조치가 수반되어야만 한다. 이를테면, 해당 사업의 수용으로 인한 개발이익에 대하여 지속적인 환수조치를 보장한다거나 그 기업의 수용으로 인한 영업상 수익에 대한 공적 사용의 방도를 마련하고 해당 지역민들에 대한 의무적인 고용할당제를 실시한다거나 하는 조치 등을 부가함으로써 수용을 통해 맺게 된 풍성한 과실을 수용자와 피수용자를 포함한 공동체가 함께 향유하도록 제도적으로 규율하여야 하는 것이다. 이러한 법적·제도적 보완이 행하여 지지 않는 한, 이 사건 조항들에 따른 민간기업에 의한 수용은 우리 헌법상 재산권 보장의 가치와 부합되기 어렵다. 또한 부득이 이 사건 조항들에 따라 민간기업에게 수용권한을 부여할 경우라도, 수용재결에 이르기 전까지 사업시행자에게 미리 일정한 비율의 토지를 매수할 것을 법적 요건으로 규정하는 등과 같이, 사업시행자의 일방적인 의사에 의해 토지소유자의 재산권이 상실되는 것을 완화할 수 있는 여러 방도를 모색하는 일도 충분히 가능하다 할 것이나 이러한 입법적 고려가 부재한 점은 헌법상 과잉금지원칙의 정신에 부합하지 않는다.

Ⅲ. 공용침해의 전제조건

민간기업에 의한 수용의 문제와 산업입지법의 위헌 여부를 다루기 위해서 먼저 재산권의 수용·사용·제한이라고 하는 공용침해가 헌법상 어떠한 조건하에서 허용될 수 있는지를 살펴보기로 한다.

공용침해에 관한 헌법상의 근거규정인 제23조 제3항은 “공공필요에 의한 재산권의 수용·사용 또는 제한 및 그에 대한 보상은 법률로써 하되, 정당한 보상을 지급하여야 한다.”라고 규정하고 있다. 이에 따르면 공용침해는 반드시 공공필요에 의해서만(공공필요의 원칙), 보상규정이 마련된 법률(불가분조항의 원칙)에 따라(법정주의), 정당한 보상의 조건하에서만(정당보상의 원칙) 이루어질 수 있다. 따라서 공용침해는 먼저 이러한 헌법상의 기본적 전제조건을 충족시켜야 하며, 나아가 모든 공권력작용에 요구되는 법치국가적 계율인 비례의 원칙, 그리고 공공필요의 원칙으로부터 도출되는 계속적 공익실현을 위한 보장책의 부과라고 하는 추가적 전제조건을 아울러 충족시켜야 한다.[2] 여기서는 이 사건과 관련이 되는 '공공필요의 원칙', '비례의 원칙', '계속적 공익실현을 위한 보장책의 부과'라는 세 가지 전제조건에 대해서만 언급하기로 한다.

1. 공공필요의 원칙

(1) 헌법 제23조 제3항에 따라 공용침해는 오로지 공공필요에 의해서만 이루어진다. 따라서 모든 공용침해는 공공필요에 의한 일정한 공익사업의 실현을 위하여 불가피할 경우에만 허용되는 것이다. 그런데 이 공공필요의 개념은 매우 추상적이고 다의적이며, 또한 정치 · 경제 · 사회 · 문화적인 제반상황 및 그 시대의 지배적인 국가정책적 목표와 밀접한 관련을 맺고 있기 때문에 이에 대한 획일적 개념정립은 거의 불가능하고, 따라서 공공필요는 그때그때의 사안에 따라 입법자에 의해 구체화되어져야 하는, 그리고 사법적 통제의 대상이 되는 법적 개념이라고 할 수 있다. 따라서 입법자는 해당 법률에서 공공필요에 의한 사업의 종류를 헌법정신에 따라 구체적으로 규정하게 된다.

결국 공공필요 개념의 구체화라고 하는 것은 어떤 경우에 사익이 양보해야 하는 -재산권침해를 정당화시키는-절대적으로 우월한 공익이 존재하는가를 파악하는 작업이라고 할 수 있으며,[3] 이에 대한 헌법정신에 따른 엄격한 제한적 해석은 부당하고 자의적인 공용침해로부터 국민의 재산권을 보호하는데 기여할 수 있다고 하겠다. 왜냐하면 헌법상 재산권보장의 역할은 재산권에 징표된 금전적 가치의 보장(Wertgarantie)에서 끝나는 것이 아니고, 우선적으로 해당 재산권의 실체적 대상 그 자체의 보장(Bestandsgarantie)에 그 목적이 있는 것이기 때문에[4] 공용침해의 목적개념으로서의 공공필요라고 하는 허용조건은 보상의 확보라고 하는 소극적 의미에서보다

2) 공용침해의 전제조건에 대하여 자세한 것은 정연주, 공용침해의 헌법상 허용조건, 연세법학연구 제3집, 1995, 455쪽 이하 참조.

3) Vgl. Schwerdtfeger, Die dogmatische Struktur der Eigentumsgarantie, S. 33; Schnur, Gemeinwohl und öffentliche Interessen in den Verfassungen und den Gesetzen des sozialen Rechtsstaates, in: Wohl der Allgemeinheit und öffentliche Interessen, Schriftreihe der Hochschule Speyer, Bd. 39, 1968, S. 69.

4) BVerfGE 58, 300(323).

는 위헌·부당한 재산권침해 그 자체를 미연에 방지한다는 적극적 의미에서 파악되어야 하기 때문이다.

(2) 한편 여기서 공공필요가 정치·경제·사회·문화 등 모든 영역에서 일반적으로 통용되는 넓은 의미의 공익과 일치되는 개념이냐 하는 문제가 제기될 수 있는데, 국가적으로 또는 경제·사회적으로 중요하다고 간주되는 모든 공익사업이 공용침해의 전제조건으로서의 공공필요에 해당된다고는 볼 수 없다.[5] 왜냐하면 공공필요의 개념을 이처럼 광범위하고 추상적으로 이해할 경우 국가 등에 의하여 수행되는 모든 사업의 실시를 위하여 공용침해가 무제한적으로 허용될 것이며, 결국 공용침해제도는 국가 등에 의한 국민의 재산권획득을 용이하게 해주는 부당한 도구로 전락되고 국민의 재산권보장은 형해화되어 질 것이기 때문이다. 따라서 공공필요의 개념은 단순한 넓은 의미의 추상적인 공익의 개념과는 달리 국민의 생존배려 등에서와 같은 매우 우월하고 긴절한 그리고 구체적인 제한된 의미로 이해되어야 할 것이다.[6] 그러므로 단순하고 추상적인 국가의 재정적 확충과 국고의 증진, 또는 경제의 성장이나 지역발전 등은 비록 이러한 재정적 강화나 경제성장 등을 통해 결과적으로 국가의 공적 과제의 수행이 용이해지고 국민의 납세부담이 줄어든다 하더라도 이러한 제한된 의미의 공공필요에 해당된다고 볼 수 없으며, 이를 위한 공공침해는 허용될 수 없다고 하겠다.[7] 또한 단순한 국유 또는 공유재산의 확충을 위한 공공침해도 같은 이유에서 허용될 수 없는 것이다. 공용침해는 국가의 재정증진이나 세제보완, 또는 경제성장 등을 위한 수단은 결코 아니며, 이는 조세증액 등 다른 방법으로 해결되어야 할 것이다.[8]

결국 국가 등에 의하여 경제·사회적으로 중요하고 유익한 것으로 간주되는 모든 사업이나 계획이 공공필요에 해당되는 것은 아니고, 따라서 그를 위한 공용침해가 모두 정당화되는 것은 아니다. 만일 그렇지 않다면 앞서도 언급한 바와 같이 국가 등 공권력주체에 의한 모든 사업과 과제 수행을 위하여 공용침해가 허용될 것이며, 이는 결과적으로 공용침해의 헌법상 허용조건으로서의 공공필요의 원칙과 공용침해제도의 재산권보장기능을 형해화시킬 것이다. 따라서 공용침해를 허용하는 공익개념은 매우 구체적이고 긴절한 의미로 이해되어야 한다.

---

5) Vgl. BVerfGE 56, 249(274).

6) Vgl. Schulte, Eigentum und öffentliches Interesse, S. 87ff.; Kimminich, Eigentum-Enteignung-Entschädigung, Rdnr. 273; Papier, in: Maunz/Dürig, Grundgesetz Kommentar, Art. 14, Rdnr. 505.

7) BVerfGE 56, 249(279); 66, 248(257).

8) Vgl. Weber, Eigentum und Enteignung, Die Grundrechte, Bd. 2, S. 392.

2. 비례의 원칙

공용침해 역시 공권력작용의 일종으로서 비례의 원칙을 준수하여야 함은 물론이다. 따라서 공용침해는 공공필요에 의한 일정한 사업, 즉 공익사업의 실현을 위해 적합한 수단이어야 할 뿐만 아니라, 그를 위해 불가피하게 요구되어야 한다. 다시 말해 공용침해는 공익사업의 실현을 위한 최후의 수단으로서만 고려되어야 한다. 따라서 만일 해당 공익사업이 다른 방법을 통해서도 실현될 수 있다면 이를 위한 공용침해는 허용될 수 없는 것이다.[9] 예컨대 당해 재산권이 사법상의 매매행위나 협의 등을 통해 획득될 수 있거나, 또는 그 해당 사업이 국가나 공공단체에게 속해 있는 다른 재산권을 통해서도 실현될 수 있는 경우가 이에 해당된다.

또한 이러한 비례의 원칙은 공용침해의 방법과 정도에 있어서도 적용된다. 따라서 소기의 목적달성을 위해 가능한 여러 수단 중에서 재산권자를 최소한도로 침해하는 수단만이 선택되어야 한다.[10] 이에 따라 완전한 재산권의 박탈을 의미하는 공용수용은 장기간 계속되는 공익사업을 위해서만 허용될 수 있으며, 일정한 공익사업이 재산권의 단순한 사용 또는 제한을 통해서도 실현될 수 있다면 재산권자에게 보다 큰 침해를 의미하는 협의의 공용수용은 허용될 수 없다고 하겠다.[11] 아울러 재산권에 대한 침해의 정도는 사업시행을 위해 필요한 최소한도를 넘어서는 안된다. 따라서 사업수행을 위해 재산권의 일부분만이 필요한 경우 그 해당 부분에 대해서만 공용침해가 이루어져야 한다.

끝으로 비례의 원칙은 공용침해에 있어서 목적과 수단이 비례적일 것을 요구한다. 즉 공용침해를 통해 실현되는 공익이 침해된 재산적 손실보다 우월해야만 그 공용침해가 허용될 수 있는 것이다.[12] 이를 위해 공용침해 허용여부의 결정과정에 있어서 그 공용침해와 관련된 모든 사익과 공익의 총체적 비교형량이 이루어져야 한다.[13] 이 과정에서는 공용침해의 목적으로서의 공익뿐만 아니라, 이를 통해 상실되는 공익－예컨대 공익사업의 실현을 통해 필연적으로 야기되는 환경오염－또한 고려되어야 한다. 따라서 공용침해를 통해 실현되는 공익은 그를 통해 상실되는

9) BVerfGE 45, 297(322).

10) Vgl. Lerche, Übermaß und Verfassungsrecht, 1961, S. 19.

11) BVerfGE 24, 367(407); 38, 175(180).

12) Vgl. Weber, aaO, S. 383.

13) Breuer, DVBl 1981, S. 974.

모든 사익과 공익의 총체보다 우월해야만 비로소 이를 위한 공용침해가 정당화될 수 있는 것이다.[14)]

3. 계속적 공익실현을 위한 보장책

(1) 공익사업시행자에 대한 공법적 기속과 통제

1) 계속적 공익실현을 위한 보장책의 필요성

위에서 언급했듯이 공용침해는 공공필요에 의해서만 허용된다. 그런데 이러한 공공필요의 원칙은 논리필연적으로 공용침해를 통해서 실현되는 공익사업이 공용침해 이후에도 항구적으로 또는 적어도 사안에 부합하는 일정 기간 동안 계속해서 원활히 수행되어질 것을 당연히 요구한다. 왜냐하면 공용침해는 공익사업의 주체가 공적과제를 수임하고 수행할 것을 의도했다는 이유만으로 허용되는 것은 아니고, 실제로 공익사업의 주체가 그 해당 공적과제를 계속해서 수행할 것을 전제로 해서 허용되어지는 것이기 때문이다. 그런데 공익사업의 주체가 공익사업의 실현을 해태하거나 포기하고, 이에 따라 공용침해의 궁극적 목적이자 정당화사유인 공익의 계속적 실현이 이루어질 수 없는 가능성은 항상 존재하고 있다. 따라서 공공필요의 원칙은 공익사업의 계속적 수행을 위한 보장책, 즉 공용침해된 재산권을 통한 계속적인 공익추구를 보장하는 특별한 법적·제도적 장치도 아울러 요구하고 있는 것이다.

2) 보장책에 대한 헌법적 요청

이러한 계속적 공익실현을 위한 보장책에 대한 요청은 헌법 제23조 제3항으로부터 직접 도출된다. 왜냐하면 앞서 언급한 바와 같이 이 헌법규정은 공용침해에 있어서 그 침해된 재산권이 항구적으로 또는 적어도 사안에 부합하는 일정 기간 동안 공익사업에 공여될 것을 논리필연적으로 요구하고 있으며, 따라서 침해된 재산권을 통한 공적 과제 내지 공익사업의 계속적 수행을 위하여 공익사업의 주체를 기속시킬 법적 보장책이 마련되어 있을 것을 당연히 요구하고 있기 때문이다. 즉 이러한 법적 안전장치를 통해 해당 공익사업을 통한 계속적 공익실현이 보장되어 있을 때에 비로소 그 공용침해는 '공공필요에 의한' 공용침해로서 헌법상 정당화

14) Vgl. v. Brünnek, Das Wohl der Allgemeinheit als Voraussetzung der Enteignung, NVwZ 1986, S. 429.

되어질 수 있는 것이며, 재산권자에게 해당 공용침해에 대한 수인의무가 발생하는 것이다.[15]

그러므로 공용침해의 경우 당해 행정청은 공용침해의 결정시 반드시 이러한 계속적 공익실현을 담보하는 보장책을 마련해야 하고, 이러한 보장책이 강구된 연후에야 비로소 그 공용침해는 헌법상 정당화되어질 수 있는 것이다.[16] 반면에 이러한 보장책이 마련되어 있지 않고, 따라서 공용침해의 주체가 공익사업의 계속적 수행을 위한 어떠한 공적 기속도 받지 않는다면 계속적 공익실현은 보장되지 않은 것이며, 이는 헌법 제23조 제3항의 공공필요의 원칙에 정면으로 위배되는 것이다.

따라서 공용침해의 경우 계속적 공익실현을 위한 법적·제도적 보장책이 마련되지 않는다면 헌법 제23조 제3항은 그 존재의의를 상실할 것이고, 헌법상의 재산권 보장제도 내지 사유재산제도는 형해화되어 질 것이며, 결국 공용침해제도는 자의적인 재산권이전을 용이하게 하기 위한 부당한 헌법제도로 전락하게 될 것이다.[17]

3) 보장책에 대한 법률에의 유보

입법자는 해당 공용침해 근거법률에서 이러한 보장책에 관한 규정, 즉 사안에 적합한 구체적인 보장책 그 자체 또는 이를 위한 일반적 개괄조항의 형식을 띤 법적 근거를 마련해야 한다. 이러한 보장책에 대한 법률유보의 원칙은 헌법 제23조 제3항에서 직접 도출된다고 할 수 있다. 즉 이 헌법규정은 앞서 언급한 바와 같이 공용침해된 재산권을 통한 해당 공익사업의 계속적인 수행을 요구할 뿐만 아니라, 특히 헌법 제23조 제3항이 “공공필요에 의한 재산권의 수용·사용 또는 제한 및 그에 대한 보상은 ‘법률로써’ 하되 …”라고 규정함으로써 계속적 공익실현을 위한 구체적인 보장책 그 자체 또는 이에 대한 근거가 공용침해법률에 함께 규정되어 있을 것을 해석상 당연히 요구하고 있는 것이다.[18]

한편 이러한 보장책이 근거 법률에 마련되어 있어야 한다는 논리는 법률유보의 원칙, 특히 이른바 본질성이론의 측면에서도 정당화된다고 하겠다. 이에 따르면 입법자는 근본적인 규범사항에 있어서, 특히 기본권의 행사와 제한의 영역에 있어서는 모든 본질적인 사항을 스스로 결정해야 한다는 것인데, 두말할 것도 없이 공용

15) Vgl. Schmidbauer, Enteignung zugunsten Privater, S. 196.

16) Vgl. Papier, Anmerkung zum Urteil v. 24.3.1987 des BVerfGE, JZ 1987, S. 620; Zimmer, Flurbereinigung aus städtebaulichen Gründen und privatnützige Enteignung, DÖV 1986, S. 1009.

17) Vgl. Stummer, Die öffentliche Zweckbindung der enteignten Sache, S. 19.

18) Vgl. BVerfGE 74, 264(296).

침해는 국민의 재산권에 대한 근본적이고 본질적인 침해를 의미한다. 따라서 이러한 본질성이론은 공용침해의 경우에도 그대로 적용되어야 하고,[19] 따라서 이 원칙은 일반적으로 언급되는 공용침해의 허용을 위한 전제조건, 예컨대 공용침해의 목적으로서의 공익사업의 종류나 보상 문제 뿐 아니라 계속적 공익실현을 확보하기 위한 보장책에 대한 문제에도 적용되어야 할 것이다. 왜냐하면 이러한 보장책의 존재여부 역시 공용침해에 있어서 본질적 사항의 영역에 속한다고 할 수 있기 때문이다.

물론 이러한 보장책의 부과는 한편에서는 공용침해의 주체나 객체의 기본권에 대한 어떠한 새로운 침해를 의미하는 것은 아니며, 이는 단순히 침해된 재산권을 통한 공용침해의 목적의 계속적 실현을 보장하는 기능만을 가진다고 할 수 있다. 그러나 다른 한편에서는 이러한 보장책이 부과되어 있지 아니한 공용침해는 해당 재산권자의 기본권에 대한 위헌적 침해를 의미한다고 할 수 있다. 왜냐하면 앞서 언급한 바와 같이 계속적 공익실현을 보장하는 법적 · 제도적 안전장치가 부과되지 아니한 경우에는 공용침해의 목적인 계속적인 공익의 실현은 보장될 수 없고, 이는 오로지 계속적 공익실현의 전제조건하에서만 재산권에 대한 침해를 수인하도록 요구받는 재산권자에 대한 위헌적 침해를 의미하기 때문이다. 그러므로 이러한 보장책의 부과문제는 국민의 기본권의 제한 및 행사의 본질적 영역에 속하는 사항이며, 따라서 입법자는 이 문제를 당해 행정청에게 일임할 수는 없고 반드시 스스로 결정해야 할 것이다.[20]

물론 이것이 고려될 수 있는 모든 보장수단이 해당 공용침해법률에 구체적이고 최종적으로 규정되어 있어야 한다는 것을 의미하는 것은 아니고, 오히려 그때그때의 구체적 사안에 적합한 보장책에 대한 선택권은 해당 행정청에게 유보되어 있는 것이 바람직하다고 하겠다. 그러나 이처럼 구체적인 보장책을 선택하는 것은 당해 행정청에게 유보될 수 있지만 보장책을 부과하느냐 않느냐의 근본문제는 행정청의 재량에 속하는 것은 아니고, 어떤 경우라도 당해 행정청은 구체적 사안에 적합한 보장책을 마련해야 하는 것이다.

결국 우리 헌법 제23조 제3항의 규정으로부터 계속적 공익실현을 위한 보장책의 필요성과 이러한 보장책을 부과해야 할 해당 행정청의 의무뿐만 아니라 이러한 보장책에 대한 법적 근거를 마련해야 할 입법자의 의무도 아울러 도출된다고 할 수

19) Vgl. Bryde, Grundgesetz Kommentar, Art. 14, Rdnr. 74; Korbmacher, Eigentums- und entschädigungsrechtlich bedeutsame Enteignung in der fachplanerischen Abwägung, DÖV 1982, S. 524f.

20) Vgl. Gramlich, Privatbegünstigende Enteignung als Verfassungsprobleme, JZ 1986, S. 276.

있고, 따라서 이러한 보장책에 대한 규정이 마련되어 있지 아니한 공용침해법률은 위헌이라고 아니할 수 없다.

4) 보장책의 효율성과 유연성

한편 이러한 보장책이 해당 법률에 규정되어 있어야 한다고 하는 헌법적 요청은 사안에 따른 적합한 보장책이 해당 법률에 더 이상의 구체화가 필요 없이 상세히 그리고 최종적으로 규정되어야 할 것을 요구하는 것은 아니다. 이러한 극히 제한적인 견해는 공익사업의 원활한 실현을 확보하기 위한 효율성의 측면에서나 입법기술상의 측면에서 받아들이기 어렵다고 하겠다.[21] 따라서 이러한 보장책은 직접 법률규정 그 자체에 의하여 부과될 수도 있고, 법률의 일반적 개괄조항에 근거한 법규명령이나 자치법규, 행정행위, 행정행위의 부관 또는 공법상 계약 등을 통해서 부과될 수도 있을 것이다.[22] 그때그때의 구체적인 정치 · 경제 · 사회 · 문화적 상황과 밀접한 관련을 맺고 있는 공공필요 개념의 다양성과 가변성 및 포괄성에 비추어 볼 때 동적인 행정행위나 행정행위의 부관 또는 공법상 계약이 오히려 정적인 법률 내지 법규범을 통한 직접적인 보장책에 비하여 구체적인 사안에 보다 적합하고 효율적인 수단이 될 수 있다고 하겠다.[23]

아울러 공익사업의 주체에게 공익사업과 관련된 여러 가지 여건과 상황의 변화에 적합하게 적응할 수 있는 내용과 수단의 보장책이 부과되어야 할 것이다. 예컨대 부과된 보장책이 공익사업과 관련된 경제적 상황의 변화나 기술적 발전추세에 오히려 장애가 되거나 역행되는 일은 없어야 할 것이다. 따라서 당해 행정청은 공용침해처분의 결정시 계속적 공익실현을 담보하는 보장책을 부과하는데 있어서 공익사업과 관련된 제반상황의 변화에 맞추어 보장책의 구체적 내용과 수단도 완화, 강화 또는 변경될 수 있는 가능성을 지닌 유연한 보장책을 부과해야 할 것이고, 입법자도 당해 행정청에 의한 가변적이고 유연한 보장책의 부과를 가능하게 해주는 적절한 법적인 테두리를 마련해야 할 것이다.[24]

한편 이러한 보장책의 수단과 내용의 강도와 엄격성은 공용침해의 주체가 해당 공익사업의 수행을 해태하거나 포기할 위험성 내지 가능성의 정도와 비례해야 할 것이며,[25] 이는 비례의 원칙에도 부합하는 견해라 할 것이다. 왜냐하면 공용침해의

21) Vgl. Papier, JZ 1987, S. 620.

22) Vgl. Sellmann, Die gemeinnützige Planfeststellung zugunsten Privater, DVBl 1987, S. 226.

23) Vgl. Papier, JZ 1987, S. 620.

24) Vgl. Schmidbauer, aaO, S, 207.

주체에 대한 보장책의 부과는 계속적 공익실현을 확보하기 위하여 그 공익사업의 주체에게 일정한 작위·부작위·급부·수인 등의 의무를 부과하는 일종의 행정수단이라고 할 수 있고, 따라서 이러한 행정수단은 원활하고 계속적인 공익실현이라고 하는 소기의 행정목적의 달성에 적합하고 필요한 최소한의 것이어야 하며, 따라서 목적과 수단 사이에 비례성이 유지되어야 하기 때문이다. 결국 공용침해의 주체에 의한 해당 공익의 계속적인 원활한 실현의 가능성이 적으면 적을수록 부과되는 보장책의 구체적 내용과 수단의 강도와 엄격성은 이에 비례하여 더욱 강화되어야 할 것이다.

5) 보장책에 대한 사법적 통제

누차 강조한 바와 같이 공용침해의 경우 공용침해의 목적인 해당 공익사업을 통한 공익의 원활한 계속적 실현을 담보하는 적절한 보장책이 존재해야 하며, 이때에 비로소 공용침해는 허용될 수 있는 것이다. 그러므로 보장책의 존재여부는 공용침해의 전제조건의 하나인 공공필요의 원칙의 충족여부를 판단하는 기준의 일부를 구성한다고 할 것이다. 따라서 보장책의 문제는 사법적 통제와 심사의 대상이 되어야 하는 것이다.[26] 사법적 통제와 심사는 보장책의 구체적 수단·내용·기간·유연성·효율성 등 보장책에 대한 제반사항에 미친다고 할 것이다.

한편 이러한 법적·제도적 보장책은 당해 행정청이 공용침해 처분을 결정할 당시 이미 존재하고 있어야 하며, 따라서 이러한 보장책의 존재여부는 공용침해의 또 다른 허용조건이라고 할 수 있다.[27] 그리고 보장책의 존재여부나 그 구체적 내용 등 보장책에 관한 사항은 피침해자인 재산권자에게 고지 내지 공개되어야 할 것이다. 왜냐하면 그래야만이 공용침해의 상대방인 재산권자가 당해 공용침해의 전제조건의 충족여부, 즉 공용침해의 정당성 여부를 판단할 수 있기 때문이다.[28]

만일 공용침해의 경우 이러한 보장책이 전혀 존재하지 아니하거나 부과된 보장책의 종류와 내용 등이 해당 공익사업의 계속적 수행을 확보하는데 현저히 부적합하다고 할 경우에는 공용침해 자체가 헌법 제23조 제3항에서 규정하고 있는 공공필요의 원칙을 충족시켰다고 볼 수 없고, 따라서 이러한 공용침해는 헌법 제23조 제1항 제1문에 따른 피침해자의－존속보장을 핵심으로 하는－재산권을 위헌적으

25) Vgl. Schmidbauer, aaO, S. 207ff.

26) Vgl. Schmidbauer, aaO, S. 281.

27) Vgl. BVerfGE 74, 264(296); Zimmer, DÖV 1986, S. 1009; Papier, JZ 1987, S. 620.

28) Vgl. Bullinger, Der Staat 1, S. 477.

로 침해한 것이라고 할 수 있다.

(2) 환매권

1) 환매권의 의의

이러한 공익사업의 계속적 수행을 확보하기 위한 보장수단의 일종으로 환매권을 들 수 있다.[29) 「공익사업을 위한 토지 등의 취득 및 보상에 관한 법률」(이하 '공토법'이라 함) 제91조 제1항은 "토지의 협의취득일 또는 수용의 개시일부터 10년 이내에 당해 사업의 폐지·변경 그 밖의 사유로 인하여 취득한 토지의 전부 또는 일부가 필요 없게 된 경우 취득일 당시의 토지소유자 또는 그 포괄승계인은 당해 토지의 전부 또는 일부가 필요 없게 된 때부터 1년 또는 그 취득일부터 10년 이내에 당해 토지에 대하여 지급받은 보상금에 상당한 금액을 사업시행자에게 지급하고 그 토지를 환매할 수 있다."라고 규정하고 있고, 제2항은 "제1항의 규정은 취득일부터 5년 이내에 취득한 토지의 전부를 당해 사업에 이용하지 아니한 때에 이를 준용하되, 이 경우 환매권은 취득일부터 6년 이내에 이를 행사하여야 한다."라고 규정함으로써 수용된 토지가 공익사업에 본래의 목적대로 기여되지 아니할 때 환매권자는 그 토지를 환매할 수 있도록 하고 있다. 앞서 언급한 바와 같이 헌법 제23조 제3항에 따른 공공필요의 원칙은 침해된 재산권을 통해 공용침해의 목적인 공익사업의 실현이 공용침해의 시점 이후에도 항구적으로 또는 적어도 사안에 부합하는 일정기간동안 계속해서 이루어질 것을 요구하기 때문에 만일 공용침해 이후 공익사업의 폐지 등으로 이러한 전제조건이 충족될 수 없다면 침해된 해당 재산권은 당연히 원소유자 등에게 반환되어져야 할 것이다. 따라서 환매권제도는 토지소유자 등의 재산권 보장적 기능과 공익사업의 계속적 수행을 담보하는 보장책으로서의 기능을 가진다고 할 수 있다.

2) 환매권의 특성과 문제점

가. 환매권자의 자격과 관련하여

이러한 환매권제도는 독일의 연방건설법(Baugesetzbuch) 제102조에서 규정하고 있는 재수용제도(Rückenteignung)[30]와 비교해 볼 때 그 행사절차에 있어서는 차이가 있

29) 환매권제도의 의의와 내용 및 문제점에 대하여 자세한 것은 정연주, 환매권, 헌법판례연구(4), 2002. 11, 박영사, 163쪽 이하 참조.

지만 그 기능과 목적에 있어서는 유사하다고 볼 수 있다. 왜냐하면 재수용제도에 따르면 원재산권자는 공용침해된 토지가 본래의 정해진 기간내에 공용침해의 목적인 공익사업에 공여되지 아니하거나 그 기간의 경과전에 공익사업이 폐지된 경우에 그 해당 토지를 자신을 위해 재수용할 것을 요구할 수 있기 때문이다.[31)]

그런데 독일 연방건설법상의 재수용제도에 있어서는 침해된 토지의 원소유자나 그의 포괄승계인 뿐 아니라[32)], 공용침해를 통해 상실된 토지상의 소유권 이외의 권리[33)] -예컨대 지상권이나 지역권 등의 물권-에 대한 재산권자도-원소유자가 연방건설법 제102조 제1항에 따른 재수용신청권을 행사하느냐의 여부에 관계없이[34)]-재수용신청권을 행사할 수 있는데 반하여, 환매권은 오직 토지의 소유권만을 대상으로 원소유자나 그의 포괄승계인만이 행사할 수 있으며 해당 토지상의 소유권 이외의 권리에 대한 재산권자는 행사할 수 없도록 되어 있다. 이와 관련하여 일부 국내문헌[35)]에는 이러한 제한이 환매권제도가 본래 토지수용을 통해 침해된 원소유자의 감정을 치유할 목적으로 인정된다는 사실에 기인한다고 하는 견해가 있다. 이에 따르면 침해된 감정의 정도면에서 원소유자와 비교될 수 없는 기타의 권리자에게는 이러한 환매권을 인정할 필요가 없다는 것이다.

이러한 견해가 환매권에 대한 헌법적 근거를 간과한 그릇된 견해라고 하는 것은 다언을 요하지 아니할 것이다. 앞서 언급한 바와 같이 공용침해의 목적인 공익사업 자체가 실현되지 않거나 이러한 공익사업에 침해된 재산권이 전혀 공여되지 않는다면 헌법 제23조 제3항으로부터 도출되는 공용침해의 전제조건인 공공필요의 원칙은 충족되어진 것이 아니며, 따라서 침해된 재산권자는 직접 헌법 제23조 제1항 제1문에서 규정하고 있는 재산권의 존속보장에 근거하여 그리고 이에 대한 관

30) 독일 연방건설법상의 재수용제도에 관하여는 Jung, Das deutsche und das koreanische Enteignungsinstitut, S. 116ff.

31) 환매권제도는 독일 연방건설법상의 재수용제도와 후술하는 바와 같이 여러 가지 면에서 차이가 있지만 그 기능면에서는 유사하다고 할 수 있다. 왜냐하면 양제도가 공통적으로 제재적 기능과 예방적 기능을 가지고 있기 때문이다. 즉 양제도는 일정한 기간의 경과 이후-당해 재산권을 통한 공익실현이라는-소기의 목적이 달성되지 아니한 공용침해를 청산하고 침해된 재산권을 원상회복시킨다는 점에서 제재적(repressiv)으로 기능한다. 아울러 양제도는 일반적으로 지리한 공용침해절차를 거쳐서 어렵게 획득한 재산권을 다시 상실하지 않도록 하기 위하여 기업자로 하여금 공용침해의 본래의 목적인-해당 재산권을 통한-공익사업을 성실히 수행하도록 심리적 압박을 가한다는 점에서 예방적으로(präventiv) 기능한다고 할 수 있다.

32) Vgl. §102 Abs. 1 BauGB.

33) Vgl. §102 Abs. 5 BauGB.

34) Vgl. Battis, in: Battis/Krautzberger/Löhr, Baugesetzbuch, §102 Rdnr. 3.

35) 예컨대 김원주, 고시계 1987. 9, 52쪽 이하; 이상규, 신행정법론(하) 1990, 616쪽 이하; 박윤흔, 최신행정법강의(하), 2001, 630쪽.

련 법률의 규정 유무에 관계없이 해당 재산권에 대한 원상회복을 요구할 수 있는 것이다. 이러한 재산권에 대한 존속보장은 침해된 토지의 원소유자나 그의 포괄승계인 뿐 아니라 그 토지상의 소유권 이외의 권리에 대한 재산권자에게도 동일하게 인정되어야 하는 것은 당연하다 할 것이다.[36] 그러므로 해당 토지에 대한 소유권 이외의 권리에 대한 재산권자나 그의 승계인도 해당 토지의 원소유자나 그의 포괄승계인이 환매권을 행사하느냐의 여부에 관계없이 환매권(실제적 내용은 소유권 이외의 권리의 재설정권이 될 것이다)을 행사할 수 있도록 개정되어야 할 것이다. 그렇게 되면 그 재산권자는 공익사업에 공여되지 아니한 토지－그 현재의 소유자가 누구냐에 관계없이－위에 소유권 이외의 본래의 재산권을 설정시킬 수 있을 것이다.

나. 환매권의 행사 및 분쟁해결방법과 관련하여

한편 독일 연방건설법에 따른 재수용제도는 그 신청서가 당해 행정청에게 제출되어야 하는 등[37] 제반 행사절차가 관할 행정청에서 진행되고 이루어지는 반면, 환매권은 관할 행정청의 개입이나 협조 없이 오로지 환매권자 자신에 의해서만 행사되어진다. 따라서 환매권행사의 상대방인 기업자가 환매권행사의 요건이 충족되어 있지 아니하다는 등의 이유로 해당 토지의 반환을 거부할 경우에는 환매권자와 기업자간의 당사자소송으로서 해결할 수밖에 없을 것이다. 그러나 이러한 방법은 효과적이고 구속력 있는 환매권의 행사와 실현을 담보하기 어렵다고 할 것이다. 따라서 토지수용위원회 등 행정청에서(또는 행정청의 주관하에) 환매절차가 이루어지도록 개정되어야 할 것이다.

물론 재수용제도의 경우에는 토지 등의 원상회복이 문자 그대로 수용의 형식으로 진행되기 때문에 그 신청 등 제반절차가 행정청에서 이루어지고, 환매권의 경우에는 매매의 형식으로 진행되기 때문에 행정청이 아닌 환매권자와 사업시행자라고 하는 당사자간에 이루어지기 때문에 행정청이 개입하지 않는 것은 당연하다고 볼 수도 있다. 그러나 양 제도 공히 마찬가지로 원래 공익사업이라는 공적 목적을 위해 토지가 수용되었고, 그 후 본래의 목적이 달성될 수 없거나 그러한 목적에 당해 토지가 공여되지 않기 때문에 헌법상 당연히 원소유자 등에게 본래의 재산권이 회복되어야 하는 것이며, 또한 이러한 모든 법적 관계가 공법상의 법률관계라는 점에서 양 제도는 본질에 있어서 같다고 볼 수 있으며, 본래의 원인행위인 토지의 수용 등이 재결청 등의 행정청에 의하여 이루어지는 행정행위라는 점에서 이

36) Vgl. Battis, aaO, §102 Rdnr. 3.

37) Vgl. §102 Abs. 3 S. 1 BauGB.

를 원상회복시키는 행위도 행정청에서 행정행위로 이루어지는 것이 논리적이고 보다 효과적－특히 재산권자의 입장에서－이라고 볼 수 있을 것이다.

한편 환매권의 법적 성격 및 환매권에 관한 분쟁해결방법과 관련하여 헌법재판소는 1994. 2. 24. 92헌마283 환매거부 위헌확인 사건에서 "청구인들이 주장하는 환매권의 행사는 그것이 특례법 제9조에 의한 것이든, 수용법 제71조에 의한 것이든, 환매권자의 일방적 의사표시만으로 성립하는 것이지, 상대방인 사업시행자 또는 기업자의 동의를 얻어야 하거나 그 의사 여하에 따라 그 효과가 좌우되는 것은 아니다. 따라서 이 사건의 경우 피청구인이 설사 청구인들의 환매권행사를 부인하는 어떤 의사표시를 하였더라도, 이는 환매권의 발생 여부 또는 그 행사의 가부에 관한 사법관계의 다툼을 둘러싸고 사전에 피청구인의 의견을 밝히고, 그 다툼의 연장인 민사소송절차에서 상대방의 주장을 부인한 것에 불과하므로, 그것을 가리켜 헌법소원심판의 대상이 되는 공권력의 행사라고 볼 수는 없다."라고 함으로써 환매권을 사권의 일종으로 보고 이에 대한 다툼은 민사소송에 의하는 것으로 판시하고 있으며,[38] 대법원도 1992. 4. 24. 92다4673판결에서 "징발재산정리에관한특별조치법 제20조 소정의 환매권은 일종의 형성권으로서 그 존속기간은 제척기간으로 보아야 할 것이며, 위 환매권은 재판상이든 재판외이든 그 기간 내에 행사하면 이로써 매매의 효력이 생기고, 위 매매는 같은 조 제1항에 적힌 환매권자와 국가간의 사법상의 매매라 할 것이다."라고 함으로써 역시 환매권이 사권이라는 전제하에 이에 관한 분쟁은 민사소송에 의하는 것으로 보고 있다.

그러나 첫째, 환매권은 근원적으로는 공공필요에 의한 토지수용이라는 공법상의 원인에 의하여 야기된 것이고, 둘째, 환매권에 관한 법률관계의 한쪽 당사자는 필연적으로 기업자인 국가 · 지방자치단체 · 공무수탁사인 등의 실질적 · 기능적 의미의 행정주체 내지 공권력주체일 수밖에 없고, 셋째, 환매에 응할 의무 역시 반드시 실질적 · 기능적 의미의 행정주체 내지 공권력주체로서의 기업자에게 귀속되며, 넷째, 환매권의 근거는 헌법 제23조 제1항과 공법인 토지수용법 내지 공토법이라는 측면에 비추어 볼 때 환매권은 당연히 공권이고, 이에 대한 법적 분쟁은 행정소송의 일종인 당사자소송으로 해결해야 할 것이다. 따라서 이러한 점을 간과한 헌법재판소와 대법원의 견해는 그릇된 것이며, 만일 그렇지 않다면 환매권의 근거인 공토법은 공법이 아닌 사법의 일종이라는 모순에 빠지게 될 것이다.

38) 헌재 1994. 2. 24. 92헌마283, 판례집 6-1, 107, 114.

다. 공익사업변경에 따른 환매권행사의 제한과 관련하여

한편 공토법 제91조 제6항 제91조 제6항은 "국가, 지방자치단체 또는 「공공기관의 운영에 관한 법률」 제4조에 따른 공공기관 중 대통령령으로 정하는 공공기관이 사업인정을 받아 공익사업에 필요한 토지를 협의취득하거나 수용한 후 해당 공익사업이 제4조 제1호부터 제5호까지에 규정된 다른 공익사업으로 변경된 경우 제1항 및 제2항에 따른 환매권 행사기간은 관보에 해당 공익사업의 변경을 고시한 날부터 기산한다."라고 규정함으로써 이 경우 원래의 공익사업의 폐지·변경 등을 이유로 원소유자가 환매권을 행사할 수 없도록 제한하고 있다.[39]

이와 관련하여 헌재는 1997. 6. 26. 96헌바94, 토지수용법 제71조 제7항 위헌소원 사건에서[40] "공공복리를 위한 공익사업의 시행과정에서 이미 수용되어 있는 토지에 대하여 당초의 사업이 폐지·변경되었다는 사유만으로 다른 공익사업을 위한 필요에도 불구하고 예외 없이 일률적으로 원소유자 등에게 당해 토지를 반환하게 한 후 다시 재수용절차를 밟도록 한다는 것은 공익의 관점에서 볼 때 과도한 시간과 노력 및 비용의 낭비이며 원활한 사업시행에 장애가 되는 것이다. 따라서 공공복리를 위하여 필요한 경우 예외적으로 공익사업의 변경을 인정하고 환매권행사를 제한함으로써 공익사업의 원활한 시행을 확보하여 줄 필요가 있는 것이며, 그러한 점에서 이 사건 심판대상조항의 입법목적은 정당하다 할 것이다."[41]라고 판시했다.

그러나 이러한 주장은 공익사업의 원활한 시행의 확보라는 행정편의만을 중시한 일방적인 견해로서 받아들이기 어렵다. 왜냐하면 국가공권력에 대한 통제와 국민의 재산권보장을 위해서는 반대의견도 지적하고 있듯이 새로운 공익사업 및 그의 실현을 위한 토지의 긴절한 필요성 등에 대한 심사절차와 해당 토지의 전용결정에 대한 불복절차 등의 적법절차가 마련되어야 하기 때문이다. 만일 그렇지 않다면 국가·지방자치단체 등의 공익사업의 주체는 본래의 공익사업을 언제든지 다른 공익사업으로 변경시킴으로써 당해 토지를 계속해서 보유하고자 할 것이며, 결국 환매권제도는 형해화될 것이다. 이는 더 나아가서 공익실현을 위한 최소한의 침해와 공용침해와 관련된 공익과 사익의 총체적인 정당한 비교형량을 요구하는 비례의 원칙에도 위배된다고 하겠다. 왜냐하면 공토법 제91조 제6항에 따르면 국

39) 참고로 독일연방건설법 제102조에 따른 재수용제도에는 사업주체의 변경에 따른 재수용신청에 대한 제한은 있으나, 우리의 환매권제도에 있어서와 같은 사업내용의 변경에 따른 제한은 없다.

40) 헌재 1997. 6. 26. 96헌바94, 판례집 9-1, 631.

41) 헌재 1997. 6. 26. 96헌바94, 판례집 9-1, 631, 641-642.

가 · 지방자치단체 등의 기업자가 본래의 공익사업을 다른 공익사업으로 변경할 때 절차상 공익사업을 위해 필요한 토지의 범위, 위치, 적합성, 필요성, 달성되는 공익과 상실되는 사익과의 형량 등과 관련하여 비례의 원칙의 준수여부가 전혀 심사되어지지 아니하기 때문이다.

더욱이 이 조항을 종전의 수용토지에 대하여 여러 차례 계속해서 적용한다면 위에서 언급한 바와 같이 재수용의 적법절차가 없으므로, 수용토지의 원소유자들은 환매권을 취득할 기회를 영원히 상실하게 되는 결과가 초래될 것이며, 이 또한 환매권제도를 무력화시킬 것이다. 따라서 공토법 제91조 제6항은 환매권의 단순한 제한이 아니라, 수용된 토지를 공익사업에 사용하지 아니하거나 그 기간이 10년 또는 5년의 기간이 경과됨으로 인하여 취득되는 것을 그 내용으로 하고 있는 환매권의 본질적인 내용을 침해하는 제한일 수밖에 없다고 할 것이다.

이러한 이유들 때문에 공토법 제91조 제6항을 폐지하든가, 아니면 비례의 원칙 등 제반 전제조건의 충족여부가 공익사업의 변경시 절차상 다시 심사되어질 수 있도록 동 규정을 보완 · 개정할 것이 요구된다. 공익사업의 변경이 헌법상 처음부터 금지되는 것은 아니라고 할지라도 어떤 경우든 법치국가원리상 요구되는 일련의 행정절차와 비례의 원칙 등의 헌법상의 원칙이 반드시 준수되어져야 할 것이다. 따라서 공용침해의 목적 내지 공익사업의 변경은 본래의 공용침해와 동일한 절차와 형식에 따라 이루어져야 하는 것이다. 왜냐하면 원래 공용침해를 정당화시켰던 공익사업의 변경은 실질적으로 또 하나의 새로운 공용침해를 의미하기 때문이다.

3) 소 결

앞서 살펴본 바와 같이 현행 환매권제도는 상당한 문제점을 지니고 있고, 따라서 법개정 및 보완 등을 통해 조속히 시정되어야 할 것이다. 그러나 환매권제도는 위에서 언급한 문제점 이외에 근본적으로 그 요건과 시간적 · 내용적 · 대상적 제한 등에서 오는 특성 및 한계 때문에 공익사업의 계속적 수행을 담보하기 위한 보장책으로서는 불완전한 제도라고 하지 않을 수 없다. 따라서 관련법에 각각의 공익사업의 수행 및 그를 통한 계속적 공익실현을 담보하기 위한 적합하고 다양한 내용의 보장책이 마련될 것이 아울러 요구된다고 하겠다. 이것이 공익사업의 계속적이고 효과적인 수행과 국민의 재산권보장을 담보하기 위한 필수적인 요건이라는 점은 아무리 강조해도 지나치지 않을 것이다.

Ⅳ. 산업입지법의 위헌 여부

여기서는 위에서 적시한 공용침해의 헌법상 전제조건의 기준에서 민간기업에 의한 공용침해가 허용될 수 있는지, 그리고 이 사건 산업입지법은 그러한 조건을 충족시켰는지의 여부를 고찰하고자 한다.

1. 공공필요의 원칙과 관련하여

(1) 민간기업을 위한 공용침해의 허용 여부

헌법 제23조 제3항은 공용침해는 공공필요에 의해서만 허용될 수 있음을 명백히 하고 있다. 그러나 이러한 공공필요의 원칙은 오로지 국가 등의 공적 기관만이 공용침해의 주체 내지 공익사업의 주체가 될 수 있다는 것을 의미하는 것은 아니다. 다시 말해 이 공공필요의 원칙은 공익사업의 수행자를 통해 일정한 공적 과제가 실현될 것만을 요구하는 것이다.[42] 이에 따라 공공침해의 허용여부는 누가 공용침해의 주체이냐가 아니라 바로 공용침해의 목적, 즉 일정한 공공필요의 존재 및 그 실현여부에 달려 있는 것이다.[43] 따라서 일정한 사인이 본래 국가나 공공단체 등의 공행정주체에게 의무지워져 있는 공적과제를 수임하여 이를 수행하고, 사인에 의한 공적 과제의 실현을 위하여 국민의 일정한 재산권에 대한 침해가 불가피하다면 이러한 공익사업의 수행자로서의 사인에 의한 공용침해는 헌법상 허용될 수 있는 것이다.[44]

이러한 사인에 의한 공용침해는 사기업이 국민주택의 건설이나 전기·수도공급사업을 수행하는 경우 그 해당 공익사업의 실현을 위하여 이루어지는 사기업에 의한 공용침해 등에서 그 예를 볼 수 있다. 이러한 경우 해당 사기업에 의하여 수행되는 공익사업의 구체성과 긴절성은 명백하고 헌법 제23조 제3항의 공공필요에 의한 공익사업에 해당될 수 있는 것으로서 이들 사기업에 의한 공익사업의 수행을

42) Weber, Eigentum und Enteignung, in: Die Grundrechte, Bd. 2, S. 381.

43) BVerfGE 74, 264(285).

44) Bullinger, aaO, S. 451ff.; Frenzel, Das öffentliche Interesse als Voraussetzung der Enteignung, S. 72ff.; Papier, Maunz/Dürig Grundgesetz Kommentar, Art. 14, Rdnr. 499ff.; Bryde, Grundgesetz Kommentar, Art. 14, Rdnr. 82; Breuer, Anmerkung zum Urteil des BVerfGE vom 10.3.1981, DVBl 1981, S. 974; BVerfGE 56, 249(287); 66, 248(257); 74, 264(284ff.).

위하여 불가피하다면 이러한 사기업에 의한 공용침해는 헌법상 허용되는 것이다. 이 점에서 민간기업에 의한 토지수용이 허용된다는 헌재의 다수의견은 기본적으로 타당하다고 하겠다.

(2) 산업입지법의 공공필요의 원칙 충족 여부

이처럼 민간기업도 원칙적으로 공용침해의 주체가 될 수 있다. 그러나 위에서 언급한 바와 같이 공공필요의 원칙상 실현되는 공익의 구체성과 긴절성이 전제되어야 하며, 특히 국가 등 공적기관이 아닌 영리추구를 목적으로 하는 민간기업의 경우에는 그러한 구체성과 긴절성 등이 더욱 세밀하고 엄격하게 요구되어져야 할 것이다.

이 사건 수용조항은 산업입지의 원활한 공급과 산업의 합리적 배치를 통하여 균형 있는 국토개발과 지속적인 산업발전을 촉진함으로써 국민경제의 건전한 발전에 이바지하고자 하고(산업입지법 제1조), 나아가 산업의 적정한 지방 분산을 촉진하고 지역경제의 활성화를 목적으로 하는 것이다(산업입지법 제2조 제5호 나목 [1]). 이와 관련하여 헌재는 "산업입지의 원활한 공급과 산업의 합리적 배치를 통하여 균형있는 국토개발과 지속적인 산업발전을 촉진함으로써 국민경제의 건전한 발전에 이바지하고자 하고, 나아가 산업의 적정한 지방 분산을 촉진하고 지역경제의 활성화를 목적으로 하는 것이다. 산업입지가 원활히 공급된다면 산업단지의 건설이 용이해질 수 있고, 따라서 산업단지의 건설을 통하여 효과적인 경제적 발전 내지 성장을 기대할 수 있다."라고 판시하여[45] 이 사건 산업입지를 위한 토지수용의 공익성을 인정하고 있다.

그런데 이러한 국토의 균형발전이나 경제발전 등은 매우 막연한 개념으로서 그 구체성이 결여되어 있다. 즉 구체적으로 어떠한 공익이 어떻게 어떠한 정도로 어떠한 범위에서 실현될 수 있는지 알 수가 없다. 예컨대 해당 지역민의 구체적 수준과 내용의 고용할당제, 해당 지역의 구체적인 사회간접시설의 설치의무, 해당 지역의 구체적인 경제성장률의 부과, 해당 지역경제의 전국 평균지수와 비교된 구체적인 경제적 낙후정도와 산업단지 조성을 통해 달성되는 구체적 균형발전지수, 그리고 이러한 구체적인 공익실현이 왜 시급하고 절실한지 등 해당 공익사업의 구체성과 긴절성이 드러나야 할 것이다. 만일 이러한 막연한 경우까지도 공익성을 인정하여 토지수용 등을 허용한다면 국가 등 공적기관은 물론 민간기업이 행하는 모

45) 헌재 2009. 9. 24. 2007헌바114, 판례집 21-2상, 562, 573.

든 사업도 토지수용을 허용할 수 있는 공익사업에 해당한다고 볼 수밖에 없을 것이고, 결국 공용침해제도는 헌재의 반대의견도 지적하는 바와 같이 어느 개인이 가진 토지를 다른 사람이 좀 더 효율적이고 유용하게 사용함으로써 공익에 보다 크게 기여할 가능성이 있다는 이유만으로 애초의 토지소유권자로부터 그 소유권을 박탈하여 언제든지 타인에게 이전할 수 있는, 즉 민간기업이 수용대상 토지를 사용하는 것이 피수용자들이 그 토지를 사용하는 것보다 경제적으로 국가 및 사회에 더 큰 이득이 있을 것이라는 점에서 그 수용을 정당화시키는 도구로, 다시 말해 하나의 사인으로부터 또 다른 사인에게로의 재산권이전을 용이하게 해주는 도구로 전락될 것이고, 헌법상의 재산권보장제도는 형해화될 수밖에 없을 것이다. 왜냐하면 공적기관은 물론 모든 민간기업도 결과적·간접적으로는 크건 작건 국가의 경제성장에 이바지한다고 할 수 있기 때문이다. 따라서 이 사건 산업입지법상 토지수용의 목적과 관련하여 그 수용을 정당화시키는 구체적이고 긴절한 공익성을 찾기 어려워 공용침해의 허용조건인 공공필요의 원칙을 충족시켰다고 보기 어렵다.

2. 비례의 원칙과 관련하여

위에서 지적한 바와 같이 산업입지법상 토지수용의 목적과 관련하여 그 수용을 정당화시키는 구체적이고 긴절한 공익성을 찾기 어려워 공용침해의 허용조건인 공공필요의 원칙을 충족시켰다고 보기 어렵다. 그런 점에서 비례의 원칙도 충족시켰다고 보기 어렵다고 할 것이다. 왜냐하면 비례의 원칙의 한 내용으로 목적의 정당성을 들 수 있는데, 공용침해의 목적인 공공필요와 관련하여 그 공익의 구체성과 긴절성을 인정할 수 없다는 점에서 토지수용의 목적의 정당성을 인정하기 어렵기 때문이다. 즉 토지수용의 목적인 공익성을 구체적으로 적시하기 어렵다는 것이다. 아울러 그런 점에서 결과적으로 법익의 균형성도 인정하기 어렵다고 하겠다. 왜냐하면 토지수용을 통해서 상실되는 재산권 등의 사익은 심대하고 구체적인 반면, 달성되는 공익의 구체성과 긴절성이 결여되어 있어 양자의 균형을 인정하기 어렵기 때문이다.

3. 계속적 공익실현을 위한 보장책과 관련하여

앞서 언급한 바와 같이 공용침해의 경우 해당 공익사업의 계속적 수행을 위한 보장책이 존재해야 하며, 이는 또 하나의 공용침해의 허용조건이다. 그리고 이러한 보장책의 필요성은 국가 등 공적기관에 의한 공용침해의 경우보다 민간기업에 의한 공용침해의 경우에 더욱 크다고 하겠다. 왜냐하면 이 경우 국가 등의 공적 기관은 공적 과제의 실현을 그 본래의 사명으로 하고 있고, 그의 활동내용과 목적은 항상 공익실현을 지향하고 있으며, 따라서 공용침해된 재산권을 통한 공익사업의 계속적 실현가능성이 크다고 볼 수 있기 때문이다.[46] 그러나 민간기업에 의한 공용침해의 경우에는 사정이 다르다. 국가 등의 공적 기관의 경우와는 달리 민간기업의 경우에는 공용침해에 의하여 획득한 재산권을 통한 계속적인 공익사업의 실현이 처음부터 보장되어 있지 아니하다.

왜냐하면, 첫째, 해당 민간기업이 순조롭게 본래의 기업활동을 계속하고 있다고 하는 사실은 이와 병행하여 또는 기업활동의 결과 간접적으로 실현되는 공익사업의 계속적 수행을 위한 징표가 될 수 없다.[47] 둘째, 이들 민간기업은 일반적으로 국가의 통제나 기타의 공적 기속하에 놓여 있지 아니하다. 셋째, 이들 민간기업의 경우 본래의 기업목적인 사적 이윤추구가 그 해당 공적 과제 내지 공익사업의 수행과 조화될 수 없을 때 그 공익사업의 실현이 소홀히 되거나 포기될 위험이 항상 도사리고 있다.[48]

따라서 민간기업에 의한 공용침해의 경우에는 공용침해의 목적인 일정한 공적 과제 내지 공익의 계속적 수행을 확보하기 위해서 그 해당 민간기업을 특별하고 세밀한 법적·제도적 보장책을 통해 기속할 필요성이 더욱 절실히 요구되는 것이다.

그런데 이 사건 산업입지법의 관련 조항에는 그러한 근거를 찾아보기 어렵고, 이에 따라 실제로도 적절하고 구체적인 보장책이 거의 부과되지 않았다. 예컨대 위에서도 소개한 바와 같이 해당 지역민의－구체적 수준과 내용 및 기간의－고용할당제, 해당 지역에서의 구체적인 사회간접시설의 설치의무, 해당 지역의 구체적이고 지속적인 내지는 일정기간의 경제성장률의 부과, 해당 지역경제의 전국 평균지수와 비교된 구체적인 경제적 낙후정도와 산업단지 조성을 통해 달성되는 구체적 균형발전지수 등 구체적인 공익실현과 관련되는 엄격하고 적절한 보장책의 근거가 산업입지법의 관련 법규에 마련되어 있어야 하고, 그에 근거하여 구체적이고 세밀한 보장책이 실제로 부과되어야 한다.

그런데 이와 관련하여 헌재는 "산업입지법상 다음 규정들의 내용에 비추어, 산업단지개발사업의 시행자인 민간기업이 자신의 이윤추구에 치우친 나머지 애초 산

46) Vgl. Hillermeier, Stärkere Sozialbindung des Eigentums?, BayVBl 1985, S. 450.

47) Vgl. OLG Stuttgart, Urt. v. 26.5.1987=NVwZ 1987, S. 1117.

48) Vgl. Stengel, Die Grundstücksenteignung zugunsten privater Wirtschftsunternehmen, 1967, S. 48.

업단지를 조성함으로써 달성, 견지하고자 한 공익목적이 해태되지 않도록 하는 제도적 규율이 결여되어 있다고 보기 어렵다. 산업입지법에 따르면, 사업시행자가 산업단지개발사업을 완료한 때에는 지체없이 대통령령이 정하는 바에 의하여 실시계획승인권자의 준공인가를 받아야 하고(동법 제37조 제1항), 실시계획 승인권자는 준공검사 결과 실시계획대로 완료되지 아니한 때에는 지체없이 보완시공 등 필요한 조치를 명하여야 하며(동조 제4항), 산업단지에 입주하는 기업은 특별한 사유가 없는 한 이주자 또는 인근지역의 주민을 우선적으로 고용하여야 한다(동법 제36조 제2항). 한편 만일 사업시행자가 사업지역 내의 토지 · 시설 등을 분양 · 임대 · 양도하려는 때에는 처분계획을 작성하여 '산업집적활성화 및 공장설립에 관한 법률' 제30조에 따른 관리기관과 협의하여야 하며(동법 제38조 제1항), 산업단지관리기본계획을 준수하여야 한다(동법 제38조의2). 이 과정에서 분양가격은 사업시행자가 임의대로 정할 수 없는바, 산업시설용지로 분양할 경우 조성원가 내지 조성원가에 적정이윤을 합한 금액으로 결정되는데, 이 때 적정이윤은 일정한 범위를 벗어날 수 없도록 규범화되어 있고(동법 시행령 제40조 제1항, 제2항), 산업시설용지 외의 용도로 공급하는 용지의 분양가격은 '부동산가격공시 및 감정평가에 관한 법률' 제2조 제9호의 규정에 의한 감정평가업자가 행한 감정평가액으로 규정되어 있다(동조 제6항). 다른 한편 산업단지가 개발된 후 산업구조의 변화, 도시지역의 확산 및 산업시설의 노후화 등으로 산업단지의 재정비가 필요한 경우, 산업단지지정권자는 직접 또는 지식경제부장관 및 관계 중앙행정기관의 장이나 시장 · 군수 · 구청장의 요청에 의하여 산업단지재정비사업을 실시할 수 있고(동법 제38조의3), 산업입지법은 '공익사업을 위한 토지 등의 취득 및 보상에 관한 법률'을 준용함으로써, 산업단지로 지정된 토지가 사후에 산업단지에서 제외되거나 아니면 산업단지로서의 효용을 상실하게 되면 환매권이 발생하도록 예정하고 있다(동법 제22조 제4항)."고 하여 계속적이고 효율적인 공익실현을 위한 충분하고 엄격한 보장책의 근거가 산업입지법의 관련 규정에 마련되어 있다고 판시하고 있다.[49)]

그러나 헌재가 적시한 이러한 내용들은 대부분 산업단지조성을 위한 것들로서 단지조성시에만 적용될 수 있는 한시적인 것이고, 또한 경제성장이나 지역발전과 관련된 구체적인 공익의 계속적 실현을 위한 보장책은 더욱 아니다. 따라서 이들은 위에서 언급한 민간기업에 의한 공용침해의 경우에 부과될 수 있는 적절하고 효율적인 그리고 계속적인 공익실현을 위한 보장책에 대한 근거라고 보기 어렵다.

49) 헌재 2009. 9. 24. 2007헌바114, 판례집 21-2상, 562, 574-575.

비교적 이러한 보장책에 근접하는 것으로 거론될 수 있는 규정을 든다면 산업단지에 입주하는 기업은 특별한 사유가 없는 한 이주자 또는 인근지역의 주민을 우선적으로 고용하여야 한다고 규정한 동법 제36조 제2항과 환매권인데, 우선적 고용규정 자체가 기준과 내용 및 범위 등에 있어서 매우 추상적이라 그 실효성이 없고, 특별한 사유의 존재를 이유로 언제든지 이의 적용을 배제할 수 있으므로 그 강제성도 담보할 수 없다. 한편 환매권에 대하여는 이미 앞서 지적한 바와 같이 환매권 자체가 실효성 있는 보장책으로 보기 어렵고, 특히 민간기업에 의한 토지수용의 경우에는 거의 제 기능을 한다고 볼 수 없다는 점에서 이 역시 적절한 보장책으로 볼 수 없을 것이다.

결국 이 산업입지법 관련 조항과 수용재결처분은 헌법상 요구되는 계속적 공익실현을 위한 보장책이라는 전제조건을 충족시켰다고 볼 수 없다. 그 점에서 "… 수용이 정당화되기 위해서는 당해 수용의 공공필요성을 보장하고 수용을 통한 이익을 공공적으로 귀속시킬 수 있는 더욱 심화된 입법적 조치가 수반되어야만 한다. 이를테면 해당 사업의 수용으로 인한 개발이익에 대하여 지속적인 환수조치를 보장한다거나 그 기업의 수용으로 인한 영업상 수익에 대한 공적 사용의 방도를 마련하고 해당 지역민들에 대한 의무적인 고용할당제를 실시한다거나 하는 조치 등을 부가함으로써 수용을 통해 맺게 된 풍성한 과실을 수용자와 피수용자를 포함한 공동체가 함께 향유하도록 제도적으로 규율하여야 하는 것이다. … 또한 비록 산업입지법 및 관련 법률들이 공익사업법상 환매권을 이 사건 수용조항에 의한 수용절차에서도 보장하고 있기는 하나, 민간기업에 의한 수용시 환매권이 인정되는 범위는 국가 등에 의한 수용과 비교하여 보다 넓게 인정되어야 하고, 마찬가지 이유로 민간기업에 의한 수용에 있어서는 그 수용의 공공필요성 역시 더욱 엄격히 제한되어야 함이 상당하다."라고 다수의견의 문제점을 지적한 반대의견[50)]은 설득력이 있다고 하겠다.

V. 맺는 말

앞서 언급한 바와 같이 이 헌재결정은 민간기업이 헌법 제23조 제3항에 규정된 공용수용의 주체가 될 수 있는지 여부를 판시한 최초의 결정이라는 점에서 의미가 크다고 하겠다. 헌재의 견해대로 민간기업의 경우에도 공익사업을 시행할 경우 그

50) 헌재 2009. 9. 24. 2007헌바114, 판례집 21-2상, 562, 582-583.

사업시행을 위해 토지 등의 재산권수용이 원칙적으로 허용될 수 있다고 하겠다. 그러나 그 경우 민간기업에 의한 공용침해를 통해 실현되는 공익의 구체성과 긴절성이 엄격히 요구된다. 그런데 이 사건 산업입지법의 경우 민간기업에 의한 토지수용을 통해 실현되는 공익의 구체성과 긴절성이 결여되어 있다는 점에서 공용침해의 허용조건 중 가장 기본적인 공공필요의 원칙을 충족하기 어렵고, 그렇기 때문에 또 다른 허용조건인 비례의 원칙상 목적의 정당성과 법익의 균형성도 충족시키기 어렵다고 하겠다.

한편 공용침해의 또 하나의 중요한 전제조건은 계속적 공익실현을 위한 보장책이다. 이는 위에서도 언급했듯이 공공필요의 원칙으로부터 도출되는 헌법상의 조건으로서 특히 영리추구를 목적으로 하는 민간기업의 경우에는 그 요건이 더욱 엄격히 요구되는 것이다. 그러한 점에서 이러한 요구를 공용침해의 조건으로 전제하고 이 사건에서 산업입지법의 위헌여부를 판단하는 과정에서 그의 존재 여부를 심사한 헌재의 결정은 나름대로 적지 않은 의의를 가진다고 하겠다. 그러나 헌재의 견해와는 달리 산업입지법의 경우 이러한 제도적 장치의 근거가 매우 미흡하고, 따라서 실제에 있어서 결과적으로 그러한 세밀하고 적절한 보장책이 이 사건 산업단지 지정승인과 수용재결과정에 부과되지 못했다. 따라서 산업입지법의 관련조항과 해당 행정작용은 위헌의 소지가 매우 크고, 그러한 문제점을 간과한 헌재결정은 정당화될 수 없다고 하겠다.

결국 이번 사건의 산업입지법 수용관련조항은 공용침해의 헌법상 허용조건을 충족시키기에는 매우 미흡하기 때문에 위헌이라고 보지 않을 수 없고, 아울러 이러한 문제를 간과한 채 공용침해의 헌법상 허용조건을 소홀히 다룬 헌재의 결정도 정당화되기 어렵다고 본다.

무릇 공용침해의 경우, 특히 민간기업에 의한 토지수용의 경우 위에서 적시한 전제조건을 엄격히 준수할 때에 비로소 본래의 목적인 공익사업의 원활한 수행과 국민의 재산권의 보장이 조화롭게 실현될 수 있음을 명심해야 한다. 따라서 입법자는 관련법규의 제정 시 이점을 유념하여 해당 법규에 엄격하고 세밀한 공용침해의 허용조건을 적시해야 하고, 관할 행정청은 사업인정과 수용재결 시 이러한 법규에 따른 허용조건의 충족 여부 확인과 계속적 공익실현을 담보하는 보장책의 부과를 해태해서는 안되며, 헌재도 이 후 유사한 사례에서 이 점을 유념하여 보다 엄격한 헌법적 잣대로써 관련법규와 행정작용의 위헌 여부를 심사해야 할 것이다.

12. 군형법상 추행죄의 헌법적 문제

- 헌재 2002. 6. 27. 2001헌바70 군형법 제92조 위헌소원[1] 및 헌재 2011. 3. 31. 2008헌가21 군형법 제92조 위헌제청[2] -

[目 次]

Ⅰ. 머리말

헌법재판소는 2011. 3. 31. 계간 기타 추행한 자를 1년 이하의 징역에 처하도록 규정한 구 군형법 제92조[3] 중 '기타 추행'에 관한 부분이 헌법에 위반되지 아니한다고 결정하였다(2001헌바70). '기타 추행'이란, 계간에 이르지 아니한 동성애 성행위 등 객관적으로 일반인에게 혐오감을 일으키게 하고 선량한 성적 도덕관념에 반하는 성적만족 행위로서 군이라는 공동사회의 건전한 생활과 군기를 침해하는 것

1) 헌재 2002. 6. 27. 2001헌바70, 판례집 14-1, 601.

2) 헌재 2011. 3. 31. 2008헌가21, 판례집 23-1상, 178.

3) 구 군형법(1962. 1. 20. 법률 제1003호로 제정되고, 2009. 11. 2. 법률 제9820호로 개정되기 전의 것) 제92조(추행): "계간 기타 추행한 자는 1년 이하의 징역에 처한다." 이 조항은 2013. 4. 5. 제92조의6(추행): "제1조 제1항부터 제3항까지에 규정된 사람에 대하여 항문성교나 그 밖의 추행을 한 사람은 2년 이하의 징역에 처한다"로 개정되었다.

을 의미한다고 할 것이고, 이에 해당하는지 여부는 법원이 제반 사정을 종합적으로 고려하여 신중히 결정되어야 할 것이므로, 건전한 상식과 통상적인 법 감정을 가진 군형법 피적용자로서는 어떠한 행위가 구성요건에 해당되는지를 충분히 파악할 수 있고, '계간'은 '추행'이 무엇인지를 해석할 수 있는 판단지침이 되며, 대법원판결 등에 의하여 구체적이고 종합적인 해석기준이 제시되고 있는 이상, 위 조항은 죄형법정주의의 명확성원칙에 위배되지 아니하며, 나아가 위 조항은 입법목적의 정당성, 수단의 적정성, 피해최소성 및 법익균형성을 충족하므로 과잉금지원칙에 위반되지 아니하고, 군대의 특수성에 비추어 볼 때 동성 간의 성적 행위만을 금지하고 이를 위반한 경우 형사처벌한다고 볼 경우에도 그러한 차별에 합리적인 이유가 있으므로 동성애자의 평등권을 침해한다고 볼 수 없다는 점을 합헌의 근거로 하였다.

헌재는 과거 2002. 6. 27.에도 위 조항에 대하여 합헌결정을 내린바 있다(2001헌바70). 헌재결정에서도 볼 수 있듯이 이 사건은 추행과 관련하여 죄형법정주의, 과잉금지의 원칙, 평등권, 성적 자기결정권, 사생활의 비밀과 자유 등 중요한 헌법적 쟁점을 다루고 있다. 그런데 이러한 쟁점과 관련하여 헌재의 과거 합헌결정 때부터 계속하여 이의제기가 있어 왔고, 이번 합헌결정에 대하여도 상당한 반대의견이 표출되었다. 그리고 이러한 논란은 동성애 등에 대한 우리사회의 인식변화에 힘입어 앞으로도 계속될 전망이다. 따라서 이번 결정을 계기로 앞서 언급한 추행죄와 관련된 쟁점을 헌법적으로 검토해보는 것은 커다란 의미가 있다고 하겠다. 이에 따라 이 글에서는 먼저 과거와 최근의 헌재결정의 요지를 살펴본 후 구 군형법 제92조와 관련된 쟁점에 관한 헌법적 고찰과 헌재결정에 대한 평가를 하고자 한다.

Ⅱ. 헌재결정의 내용

1. 2002. 6. 27. 2001헌바70

(1) 사건의 개요와 심판의 대상

1) 사건의 개요

청구인은 육군 제5군단 소속 상병으로 복무하던 자로서, 성적 욕구를 충족시킬 목적으로 2001. 1 초순 일자 불상 22:30경 경기 연천군 소재 소속 부대 3내무실내에서 취침하려던 같은 부대 소속 일병인 청구외 진○현의 속옷 속으로 자신의 오른손을 집어넣어 위 진○현의 성기를 만지면서 좌우로 약 15분간 흔들고, 같은 해 5월 초순 일자불상 22:20경 강원 철원군 강포리 소재 에프. 티. 씨.(FTC) 훈련장 막사내에서 취침하려던 위 진○현의 성기를 약 10분간 만져서 각 추행하였다는 공소사실로 제5군단 보통군사법원에 기소되었다. 위 사건(2001고35)에 대한 재판이 계속되고 있던 중, 청구인은 위 공소사실에 적용된 군형법 제92조 중 '기타 추행' 부분에 대하여 위헌여부심판제청신청을 하였는데, 위 보통군사법원이 2001. 8. 17. 그 신청을 기각하자, 2001. 9. 12. 이 사건 헌법소원심판을 청구하였다.

2) 심판의 대상

군형법 제92조(추행)계간 기타 추행한 자는 1년 이하의 징역에 처한다.

(2) 청구인의 주장과 관계기관의 의견

1) 청구인의 주장

죄형법정주의의 원칙은 법률이 처벌하고자 하는 행위가 무엇이고 그에 대한 형벌이 어떠한 것인지를 누구나 예견할 수 있고, 그에 따라 자신의 행위를 결정할 수 있도록 구성요건을 명확하게 규정할 것을 요구하고 있다. 한편, 이 사건 법률조항의 입법취지 등에 비추어 볼 때에, 대표적인 추행행위로 명시된 '계간' 또는 이에 준하거나 기타 이에 비견할 만한 추행에 대하여 한정적으로 이 사건 법률조항을 적용하여야 함에도 불구하고, 이 사건 법률조항 중 '기타 추행'의 개념이 지나치게 추상적이고 불명확할 뿐만 아니라 그 규율하는 범위도 너무 광범위하기 때문에, 법률적용자가 그 추행의 정도나 행위유형을 무시한 채 단순한 추행행위에 대해서까지 자의적으로 이 사건 법률조항을 적용하여 국민의 기본권을 부당하게 침해할 우려가 있다. 따라서 이 사건 법률조항은 죄형법정주의의 원칙을 천명한 헌법 제12조 제1항 및 제13조 제1항 등에 위반된다.

2) 제청신청기각결정의 이유

이 사건 법률조항의 범죄구성요건은 '계간 기타 추행'이므로, 계간을 비롯한 모든 추행이 처벌대상행위가 된다는 것이 명확하고, 그 입법취지가 군 내부의 건전한 공적생활을 영위하기 위한 이른바 군대가정의 성적 건강을 유지하기 위한 것이라는 점에 비추어 볼 때, '추행'은 성욕의 흥분, 자극 또는 만족을 목적으로 하는 행위로서 건전한 상식 있는 일반인으로 하여금 성적 수치·혐오의 감정을 느끼게 하여 군 내부의 건전한 공적생활을 해하는 일체의 행위를 의미하는 것으로서, 그 의미도 분명하고 적용범위도 명확하다.

3) 국방부 장관의 의견

이 사건 법률조항은 집단적 공동생활을 본질로 하는 군대사회에서는 비정상적이고 도덕감정에 반하는 행위를 사적 자유에 방임할 수 없기 때문에 제정된 것으로서, 그 입법취지는 집단적 공동생활을 전제로 하는 군의 절대적 요소인 군기를 유지하기 위한 것이다. 이 사건 법률조항의 '기타 추행'이라는 문구가 다소 일반적이고 포괄적이라고 볼 여지가 있으나, 군내에서 발생하는 추행의 방법이 매우 다양하기 때문에 구체적인 행위태양을 빠짐없이 상세하게 규정하는 것은 입법기술상 부적절하고, 나아가 형법이나 성폭력범죄의처벌및피해자보호등에관한법률 등 관련 조항에도 단지 '추행'이라고만 규정되어 있을 뿐, 그 행위태양이 구체적으로 열거되어 있지 않다는 점 등에 비추어 볼 때에, '추행'이라는 용어자체가 건전한 상식과 통상적인 법감정을 가진 사람으로 하여금 구체적으로 어떠한 행위가 이에 해당하는지 의심을 가질 정도로 불확정한 개념이라고 볼 수 없다. 따라서 위와 같은 입법목적 등을 고려할 때에, 이 사건 법률조항은 그 문구만으로도 건전한 상식과 성적관념을 가진 일반인이라면 무엇이 금지된 행위인가를 충분히 알 수 있기 때문에, 명확성의 원칙 등 죄형법정주의의 원칙에 위배되는 법률로 볼 수 없다.

(3) 주 문

군형법 제92조 중 '기타 추행' 부분은 헌법에 위반되지 아니한다.

(4) 판시사항

1) "계간 기타 추행한 자는 1년 이하의 징역에 처한다."라고 규정한 군형법 제92조 중 '기타 추행' 부분이 형벌법규의 명확성의 원칙에 위배되는지 여부(소극)

2) 군형법 제92조 중 '기타 추행' 부분이 헌법상 과잉금지의 원칙 등에 위배되는지 여부(소극)

(5) 결정요지

1) 다수의견

가. (가) 이 사건 법률조항은 군 내부의 건전한 공적생활을 영위하고, 이른바 군대가정의 성적 건강을 유지하기 위하여 제정된 것으로서, 주된 보호법익은 '개인의 성적 자유'가 아니라 '군이라는 공동사회의 건전한 생활과 군기'라는 사회적 법익이다. 우리 대법원도 위와 같은 입법목적 등을 고려하여, 군형법 피적용자와 민간인 사이에서 이루어진 추행행위에 대하여는 이 사건 법률조항을 적용할 수 없고, 개인적 성적 자유를 주된 보호법익으로 하는 '추행'에 관련된 일반형사범죄와 달리, 이 사건 법률조항에 해당하는 범죄는 친고죄가 아니라고 판시하고 있다.

(나) 한편 '추행'이란 일반적으로 정상적인 성적만족행위에 대비되는 다양한 행위태양을 총칭하는 것이고, 그 구체적인 적용범위도 사회적 변화에 따라 변동되는 동태적 성격을 가지고 있기 때문에, 입법자가 이러한 변태성 성적만족행위의 모든 형태를 미리 예상한 다음, '추행'에 해당하는 행위를 일일이 구체적, 서술적으로 열거하는 방식으로 명확성의 원칙을 관철하는 것은 입법기술상 불가능하거나 현저히 곤란하다. 따라서 이 사건 법률조항이 명확성의 원칙에 위배되는지 여부를 판단하기 위해서는 그 입법목적과 다른 법률조항과의 연관성 등을 고려하여 '추행'이라는 일반조항에 대한 합리적인 해석이 가능한지 여부를 우선적으로 검토해야 한다.

(다) 이 사건 법률조항의 범죄구성요건사실인 '추행'은 '군이라는 공동사회의 건전한 생활과 군기'라는 보호법익을 침해하는 동시에 일반인의 입장에서 추행행위로 평가될 수 있는 행위이고, 건전한 상식과 통상적인 법감정을 가진 군형법 피적용자는 어떠한 행위가 이 사건 법률조항의 구성요건에 해당되는지 여부를 어느 정도 쉽게 파악할 수 있으며, 법률적용자가 이 사건 법률조항 중 '기타 추행' 부분을 자의적으로 확대하여 해석할 염려가 없기 때문에, 형벌법규의 명확성의 원칙에 위배되지 아니한다.

나. 입법자가 사회적 법익을 주된 보호법익으로 하는 이 사건 법률조항을 제정하면서, 군형법 피적용자가 행한 추행의 유형이나 그 상대방의 피해상황 등을 구체적으로 구분하지 아니하고 위와 같은 사회적 법익을 침해한 모든 추행행위에 대하여 일괄적으로 1년 이하의 징역형으로 처벌하도록 규정하였다는 사유만으로 입

법재량권을 자의적으로 행사하였다고 볼 수는 없으므로, 이 사건 법률조항 중 '기타 추행' 부분이 헌법상 과잉금지의 원칙 등에 위배된다고 보기도 어렵다.

2) 재판관 송인준, 재판관 주선회의 반대의견

가. 다수의견과 같이 '추행'의 의미에 대해서는 통상의 판단능력을 가진 군형법 피적용자가 이를 이해할 수 있어 명확성 여부는 문제되지 않는다. 다만 군형법 제92조의 경우, 추행의 강제성을 요구하는지에 대해 그 구성요건이 불명확할 뿐만 아니라, 행위의 주체나 그 상대방 등에 대하여 명백하게 규정하지 않고 있기 때문에, 본죄에 해당하는 행위의 범위를 확정하기가 어려워 죄형법정주의의 내용인 형벌법규의 명확성원칙에 위배된다.

나. 만일 군형법 제92조의 '추행'에 강제에 의하지 아니하고 군형법 피적용자 상호간에 은밀하게 행해짐으로써 타인의 혐오감을 직접 야기하지 않는 행위가 포함된다면, 이러한 행위에 대해서까지 1년 이하의 징역형에 처하는 것은 과잉금지원칙에 위반된다.

2. 2011. 3. 31. 2008헌가21

(1) 사건의 개요와 심판의 대상

1) 사건의 개요

당해 사건의 피고인인 강○모는 피해자(20세)가 소속된 부대의 부소대장으로서, 2008. 3. 초순경 소속 부대 독신 장교 숙소 3호실에서 이사를 도와주기 위하여 온 피해자로 하여금 피고인의 팔을 베고 눕게 하고, 2008. 5. 초순경부터 2008. 6. 4.경까지 30여 일에 걸쳐 매일 20분 내지 30분간 거진 소초에 있는 부소초장실에서 피해자의 배, 엉덩이 및 성기를 만지고, 피고인의 성기를 피해자의 몸에 닿게 하는 등 피해자를 추행하였다는 혐의로 구 '성폭력범죄의 처벌 및 피해자보호 등에 관한 법률' 위반(업무상 위력 등에 의한 추행)으로 입건되었으나, 피해자와 합의하여 고소가 취소된 후 구 군형법(1962. 1. 20. 법률 제1003호로 제정되고, 2009. 11. 2. 법률 제9820호로 개정되기 전의 것) 제92조의 추행죄로 기소되었다.

그런데 육군 제22사단 보통군사법원(이하 '제청법원'이라 한다)은 1심 재판 계속중 직권으로 구 군형법 제92조에 대하여 이 사건 위헌법률심판제청을 하였다.

2) 심판의 대상

구 군형법(1962. 1. 20. 법률 제1003호로 제정되고, 2009. 11. 2. 법률 제9820호로 개정되기 전의 것) 제92조(추행) 계간 기타 추행한 자는 1년 이하의 징역에 처한다.

(2) 제청법원의 위헌제청이유 요지

1) 구 군형법 제92조는 추행행위의 주체 및 상대방, 강제력 유무에 관하여 아무런 규정을 두지 않아 남성 간의 추행만을 의미하는지, 아니면 여성 간 또는 이성 간의 추행도 포함되는지, 강제에 의한 추행이 포함되는지 여부가 불분명할 뿐만 아니라, 행위자들 사이의 관계나 행위 장소 등에 관하여도 아무런 판단 기준을 제시하지 아니하고 있으므로 죄형법정주의의 명확성원칙에 위배된다.

2) 구 군형법 제92조가 행위의 주체, 상대방, 시간과 장소, 행위 태양 등에 대하여 아무런 제한을 두지 않고 동성 간의 성적 행위를 징역형으로만 처벌하는 것은 '군이라는 공동사회의 건전한 생활과 군기'를 보호하는 데 효율적인 수단이라 할 수 없고, 입법목적을 달성하는 데 필요한 정도를 일탈한 것으로서 과잉금지원칙에 위배되어 동성애자들의 성적자기결정권 및 사생활의 비밀과 자유를 침해한다.

3) 구 군형법 제92조가 이성 간의 성적 행위와 달리 동성 간의 성적 행위만 징역형으로 처벌하는 것이라면, 이러한 차별은 정당한 입법목적도, 차별목적과 수단 간의 비례성도 인정되지 않는 것이며, 완화된 심사기준에 의하더라도 이성애자와 동성애자 간의 차별에 합리적인 이유가 없으므로 평등권을 침해한다.

(3) 주 문

구 군형법(1962. 1. 20. 법률 제1003호로 제정되고, 2009. 11. 2. 법률 제9820호로 개정되기 전의 것) 제92조 중 '기타 추행'에 관한 부분은 헌법에 위반되지 아니한다.

(4) 판시사항

1) "계간 기타 추행한 자는 1년 이하의 징역에 처한다."라고 규정한 구 군형법(1962. 1. 20. 법률 제1003호로 제정되고, 2009. 11. 2. 법률 제9820호로 개정되기 전의 것) 제92조 중 '기타 추행'에 관한 부분(이하 '이 사건 법률조항'이라 한다)이 죄형법정주의의 명확성원칙에 위반되는지 여부(소극)

2) 이 사건 법률조항이 과잉금지원칙에 위반하여 성적자기결정권 및 사생활의 비밀과 자유를 침해하는지 여부(소극)

3) 이 사건 법률조항이 동성애자의 평등권을 침해하는지 여부(소극)

(5) 결정요지

1) 다수의견

가. 군형법 제92조가 추행에 관하여 별도의 처벌규정을 둔 이유는 상명하복의 엄격한 규율과 집단적 공동생활을 본질로 하는 군대의 특수한 사정을 고려한 것으로서, 주된 보호법익은 '개인의 성적 자유'가 아니라 '군 조직 전체의 건전한 생활과 군기'라는 사회적 보호법익이다.

나. 건전한 상식과 통상적인 법 감정을 가진 군형법 피적용자인 군인들로서는 어떠한 행위가 군형법 제92조의 구성요건에 해당되는지 여부를 충분히 파악할 수 있고, 그 전형적인 사례인 '계간'은 '추행'이 무엇인지를 해석할 수 있는 판단지침이 되며, 대법원 판결 등에 의하여 구체적이고 종합적인 해석기준이 제시되고 있는 이상, 군형법 제92조는 죄형법정주의의 명확성원칙에 위배되지 아니한다.

다. 군형법 제92조는 군이라는 공동사회의 건전한 생활과 군기 확립을 목적으로 동성 군인 간의 성적만족 행위를 금지하고 이를 형사처벌하므로 입법목적의 정당성 및 수단의 적절성이 인정되며, 추행의 유형이나 그 상대방의 피해상황 등을 구체적으로 구분하지 아니하고 보호법익을 침해한 모든 추행행위에 대하여 일괄적으로 1년 이하의 징역형으로 처벌하도록 규정하였다는 사유만으로는 입법재량권이 자의적으로 행사되었다고 보기 어려울 뿐만 아니라, 단순한 행정상의 제재만으로는 효과적으로 추행 행위를 규제하기 어려운 점, 다른 법률에 규정된 추행 관련 범죄와 비교하여 그 법정형이 지나치게 무겁다고 볼 수 없는 점 및 선고유예도 가능하다는 점에 비추어 볼 때, 피해 최소성 원칙에 반한다고 볼 수 없다. 나아가 기본권 제한 정도가, '군이라는 공동사회의 건전한 생활 및 군기의 보호', 나아가 '국가안보'라는 공익보다 크다고 할 수 없어 법익 균형성을 일탈하였다고 보기도 어려우므로, 군형법 제92조는 과잉금지원칙에 위반하여 군인들의 성적자기결정권이나 사생활의 비밀과 자유를 침해한 것으로 볼 수 없다.

라. 군대는 엄격한 상명하복의 수직적인 인간관계로 이루어져 있고, 젊은 남성 의무복무자들이 장기간의 폐쇄적인 단체생활을 해야 하므로, 동성 간의 비정상적

인 성적 교섭행위가 발생할 가능성 및 상급자가 하급자를 상대로 동성애 성행위를 감행할 가능성이 높으며, 이를 방치할 경우 군의 전투력 보존에 직접적인 위해가 발생할 우려가 크므로, 군형법 제92조가 동성 간의 성적 행위만을 금지하고 이를 위반한 경우 형사처벌한다고 볼 경우에도, 그러한 차별에는 합리적인 이유가 인정되므로 동성애자의 평등권을 침해한다고 볼 수 없다.

2) 재판관 김종대, 재판관 목영준, 재판관 송두환의 반대의견

군형법 제92조는 단지 '계간 기타 추행'이라는 추상적이고 모호하며 포괄적인 용어만을 사용함으로써 강제성 여부, 행위의 정도, 행위의 주체와 객체 및 행위 장소 등에 있어서 범죄구성요건에 해당하는지 여부가 불명확하게 되었다. 그 결과, 가벌성이 현저히 다른 행위를 대등하게 처벌하게 되고, 형법상 친고죄의 입법취지를 유명무실하게 하며, 행위자의 예견가능성을 저해하여 자기책임주의 원칙에 반하고, 수사기관, 공소제기기관 및 재판기관의 자의적 해석을 초래하고 있다. 따라서 죄형법정주의의 내용인 형벌법규의 명확성 원칙에 위배되어 헌법에 위반된다고 할 것이다.

3) 재판관 조대현의 한정위헌의견

군형법 제92조를 '군인이 군영 외에서 민간인을 상대로 추행행위를 하는 경우'에도 적용된다고 해석하는 것은 군인의 성적 자기결정권이나 사생활의 자유를 침해하는 것으로서 헌법에 위반된다고 보아야 한다.

Ⅲ. 헌법적 검토

1. 죄형법정주의 위반 여부

2008헌가21 사건의 제청법원과 반대의견은 심판대상 법률조항인 구 군형법 제92조가 죄형법정주의에서 요구하는 명확성의 원칙에 위반된다고 하면서, 첫째, 비강제에 의한 추행만을 처벌하고자 하는 것인지, 강제에 의한 추행도 처벌되는지 여부가 불분명하고, 둘째, 행위의 주체 및 상대방이 불명확하여 남성간의 추행만을 대상으로 하는지, 이성간의 추행도 대상으로 하는지 불분명하며, 셋째, 행위자들 사이의 관계 및 행위장소의 고려여부와 관련하여 대법원이 제시한 '공동생활이나 군기에 미치는 영향'은 매우 추상적인 개념이어서 합리적인 적용대상을 확정하기 어렵다고 주장한다.

(1) 강제에 의한 추행이 처벌되는지 여부

대법원은 구 군형법 제92조의 추행죄의 보호법익과 관련하여 "군형법 제92조의 추행죄는 군 내부의 건전한 공적생활을 영위하고, 이른바 군대가정의 성적 건강을 유지하기 위하여 제정된 것으로서, 주된 보호법익은 '개인의 성적 자유'가 아니라 '군이라는 공동사회의 건전한 생활과 군기'라는 사회적 법익이다. 그리고 형법이나 성폭력범죄의 처벌 및 피해자보호 등에 관한 법률에서 규정하고 있는 추행 관련 범죄는 범행수단(폭행 · 협박 · 위계 · 위력 등), 범행대상(미성년자 · 심신미약자 · 13세 미만 등), 범행장소(공중밀집장소 등), 피해자와의 관계(업무 · 고용 관계, 구금자와 감호자 관계, 장애인과 감독자 관계 등) 등 구성요건을 일정한 범위로 제한하고 있고, 행위의 유형에 따라 징역형부터 벌금형에 이르기까지 다양한 법정형을 규정하고 있지만, 군형법 제92조의 추행죄는 위와 같은 구성요건적 수단이나 정황 등에 대한 제한이 없고 대표적 구성요건인 '계간'을 판단지침으로 예시하고 있을 뿐이며, 법정형도 일괄적으로 1년 이하의 징역형으로 처벌하도록 규정하고 있다. 따라서 개인적 성적 자유를 주된 보호법익으로 하는 형법 등에서 말하는 '추행'이라 함은 객관적으로 일반인에게 성적 수치심이나 혐오감을 일으키게 하고 선량한 성적 도덕관념에 반하는 행위로서 피해자의 성적 자유를 침해하는 것이라고 할 것이지만, 군형법 제92조에서 말하는 '추행'이라 함은 계간(항문 성교)에 이르지 아니한 동성애 성행위 등 객관적으로 일반인에게 혐오감을 일으키게 하고 선량한 성적 도덕관념에 반하는 성적 만족 행위로서 군이라는 공동사회의 건전한 생활과 군기를 침해하는 것이라고 할 것이고, 이에 해당하는지 여부는 행위자의 의사, 구체적 행위태양, 행위자들 사이의 관계, 그 행위가 공동생활이나 군기에 미치는 영향과 그 시대의 성적 도덕관념 등을 종합적으로 고려하여 신중히 결정되어야 할 것이다."라고 판시하여[4] 구 군형법 제92조의 보호법익이 '개인의 성적 자유'라고 하는 개인적 법익이 아니라, '군이라는 공동사회의 건전한 생활과 군기'라고 하는 사회적 법익이라는 점을 명백히 하고 있다.

헌재도 "우리 형법과 성폭력범죄의처벌및피해자보호등에관한법률 등에 '추행'에 관련된 일반적인 형벌규정이 존재함에도 불구하고(형법 제298조, 제302조, 성폭력범죄

4) 대판 2008. 5. 29. 2008도2222.

의처벌및피해자보호등에관한법률 제11조, 제13조 등), 이 사건 법률조항에서 '계간 기타 추행을 하는 자'에 대하여 별도의 처벌규정을 둔 것은, 상명하복의 엄격한 규율과 집단적 공동생활을 본질로 하는 군대의 특수한 사정을 고려한 것으로 보인다. 사회구성원들이 개별적이고 독립적인 생활을 영위하는 것을 원칙으로 하는 일반 사회생활과 비교해 볼 때, 내무실 등에서 집단적으로 숙식을 하는 등 필수적으로 공동생활을 해야 하는 군대에서는 본질적으로 구성원들이 독립적인 사생활을 유지하기 어렵기 때문에 구성원들 사이에서 비정상적인 성적 교섭행위가 발생할 가능성이 현저하게 높고, 또한 엄격한 계급구조로 인하여 상급자가 직접적인 폭행이나 위력을 행사하지 않는 경우에도 하급자가 스스로 원하지 아니하는 성적 교섭행위에 연관될 개연성 역시 상대적으로 높다. 그런데 이러한 특수한 사정으로 인하여 군 내부에 성적으로 문란한 행위가 만연하게 된다면, 궁극적으로 군의 전투력보존에 직접적인 위해가 발생할 위험성이 있기 때문에, 이러한 문제발생을 예방하기 위하여 이 사건 법률조항을 제정한 것으로 봄이 상당하다. 따라서 이 사건 법률조항은 군 내부의 건전한 공적생활을 영위하고, 이른바 군대가정의 성적건강을 유지하기 위하여 제정된 것으로서, 주된 보호법익은 '개인의 성적 자유'가 아니라 '군이라는 공동사회의 건전한 생활과 군기'라는 사회적 법익이다. 우리 대법원도 위와 같은 입법목적 등을 고려하여, 군형법상 피적용자와 민간인 사이에서 이루어진 추행행위에 대하여는 이 사건 법률조항을 적용할 수 없고, 개인적 성적 자유를 주된 보호법익으로 하는 '추행'에 관련된 일반형사범죄와 달리, 이 사건 법률조항에 해당하는 범죄는 친고죄가 아니라고 판시하고 있다."라고 판시하여[5] 대법원과 같은 견해를 취하고 있다.

위의 대법원과 헌재판례에서 언급하는 바와 같이 형법에는 공연히 음란한 행위를 하는 공연음란죄(제245조), 폭행 또는 협박으로서 사람에 대하여 추행을 하는 강제추행죄(제298조)가 규정되어 있으나, 구 군형법 제92조의 추행죄는 공연성이라든지 폭행 또는 협박을 요건으로 하고 있지 않다는 점에서 특별죄의 성격을 띠고 있는데, 군형법에서 이처럼 형법과는 별도의 추행죄를 규정하여 처벌하고 있는 입법목적은 바로 형법에서 보호되지 않는 객관적 법익인 '군이라는 공동사회의 건전한 생활과 군기'의 유지라고 하겠다.

이러한 구 군형법 제92조의 추행죄의 보호법익과 관련한 대법원과 헌재의 판시 내용은 상명하복의 엄격한 규율과 집단적 공동생활을 본질로 하는 군대의 특수한

5) 헌재 2002. 6. 27. 2001헌바70; 같은 의견 헌재 2011. 3. 31. 2008헌가21.

사정, 그리고 우리나라의 독특한 안보현실, 계간 등 추행에 대한 우리사회의 일반적 정서, 징병제에 바탕을 둔 열악한 군생활환경, 군복무에 대한 만연한 기피풍조 등 우리의 군의 특성과 현실 및 문제점 등을 감안할 때 타당하다고 할 것이고, 이를 정당화하기 위한 별도의 내용이나 이론을 추가할 필요성을 느끼지 않는다.

이처럼 대법원과 헌재가 판시하고 있듯이 구 군형법 제92의 추행죄는 '군이라는 공동사회의 건전한 생활과 군기를 침해하는 비정상적인 성적 행위'를 처벌하기 위한 것이고, 개인의 성적 자유를 1차적인 보호법익으로 하지 않기 때문에 이러한 사회적 법익이 침해될 위험성이 있는 한 강제에 의한 추행이건 비강제에 의한 추행이건 구별할 필요가 없다. 따라서 비강제에 의한 추행뿐 아니라 강제에 의한 추행의 경우에도 그것이 '군이라는 공동사회의 건전한 생활과 군기를 침해하는 비정상적인 성적 행위'에 해당된다면 위 조항에 의한 처벌이 가능하다고 할 것이다.

또한 폭행 또는 협박을 수단으로 한 추행행위를 처벌하는 형법 제298조 등은 범죄구성요건상 그 수단이나 정황 등을 당해 조문의 문언에 의하여 일정한 범위로 제한하고 있는 반면, 군형법 제92조는 범죄구성요건상 수단 등에 대하여는 아무런 문구상의 제한이 없이 단지 '계간 기타 추행을 한 자'라고만 규정되어 있는 바, 형법상 강제추행죄와는 달리 범죄의 성립에 강제성을 요구하지 않고 있다. 따라서 강제에 의한 추행뿐 아니라 강제에 의하지 아니한 추행 내지 상호 합의에 따른 추행 모두가 구 군형법 제92조의 구성요건에 해당된다고 하겠다. 다만 강제에 의한 추행의 경우에는 형법상 강제추행죄와 상상적 경합범의 관계에 있게 된다고 하겠다.[6]

한편 실제에 있어서 강제나 준강제에 의한 추행과 자발적인 추행과의 구별이 상명하복을 생명으로 하고 매우 폐쇄적인 군의 특성을 고려할 때 사실상 어려운 경우도 있을 것이다.[7] "엄격한 계급구조로 인하여 상급자가 직접적인 폭행이나 위력을 행사하지 않는 경우에도 하급자가 스스로 원하지 아니하는 성적 교섭행위에 연

---

6) 국방부 고등군사법원 2007. 7. 10. 20076: "강제추행죄는 개인의 성적 자기결정권을 보호법익으로 하는 죄인 반면에 추행죄는 군대가정의 성적 자기결정권 외에 추상적인 보호법익인 군의 성적 기강유지를 보호법익으로 하고 있다. 이러한 보호법익의 차이로 인해 군형법상 추행죄는 폭행, 협박 등 강제력을 구성요건으로 하지 않으며, 피해자의 고소가 필요 없는 비친고죄로 규정되어 있다. 따라서 군인이 군인에게 폭행, 협박을 가하여 추행하는 경우에는 강제추행죄와 군형법상의 추행죄가 모두 성립하고 양죄의 관계는 상상적 경합이 된다 할 것이므로 강제추행죄의 고소부분이 취하된다 할지라도 추행죄는 여전히 범죄사실로서 존재한다고 할 것이어서 …"

7) 같은 견해 박영주, 동성애에 대한 법적 태도, 부산법조, 2004, 138쪽 이하. 군대 내 추행 사건의 가해자는 피해자보다 선임이거나 계급이 높은 경우가 압도적으로 많다. 국가인권위원회, 군대 내 성폭력 실태조사, 2004. 3, 72쪽 이하.

관될 개연성 역시 상대적으로 높다."고 한 헌재의 판시[8]도 바로 이러한 위계질서에 바탕을 둔 폐쇄적인 군의 특수성을 감안하여 강제에 의한 추행과 비강제에 의한 추행의 구별의 어려움을 지적한 것으로 보여진다.

결국 구 군형법 제92조의 구성요건에의 해당 여부와 관련해서는 그 입법목적 및 보호법익의 관점에 비추어 볼 때, 법조항의 문언을 살펴 볼 때, 형법의 다른 관련 규정과 비교·검토해 볼 때, 그리고 군의 특수성을 감안할 때 강제에 의한 추행과 비강제에 의한 추행을 구별할 필요도 없고 실제에 있어서 구별하기도 어렵다고 하겠다.

한편 현재는 군형법이 개정되어 구 군형법 제92조의 추행죄는 제92조의6으로 바뀌고 내용은 1년 이하의 징역이 2년 이하의 징역으로 개정되었다. 그리고 형법에만 있고 군형법에는 없었던 강제추행죄가 군형법 제92조의3에 신설되었고 이는 친고죄로 규정되어 있다. 따라서 현재는 군형법상 강제추행의 경우에는 제92조의3에 의해 규율되고, 비강제에 의한 추행의 경우에는 제92조의6에 의해 규율되어 현행 군형법상의 추행에는 오로지 비강제추행만 해당되는 것이 아닌지 하는 의문이 제기될 수 있다. 그러나 앞서 언급한 바와 같이 군형법상 추행죄의 보호법익은 강제추행의 경우와는 달리 개인적 법익이 아닌 사회적 법익이므로 강제추행의 경우에도 그것이 사회적 법익을 침해할 위험이 있는 경우에는 설사 고소가 취하되는 등의 이유로 처벌할 수 없는 경우라 하더라도 제92조의6의 추행죄로 처벌할 수 있다고 할 것이다. 따라서 현행 군형법 제92조의6의 추행죄의 구성요건에는 여전히 비강제추행뿐 아니라 강제추행도－사회적 법익의 침해위험이 존재하는 한－해당된다고 할 것이다. 이는 현행 군형법상 강제추행죄는 개인의 성적 자기결정권이라고 하는 개인적 법익을 제1차적 보호법익으로 하고 있고, 추행죄는 군대의 군기 유지 등 사회적 법익을 제1차적 보호법익으로 하고 있기 때문이며, 또한 이는 군형법상 강제추행죄는 친고죄로 규정하고 있고, 추행죄는 비친고죄로 규정하고 있는 것에서도 알 수 있다.

(2) 주체 및 상대방의 불명확성

2008헌가21 사건의 제청법원과 반대의견은 구 군형법 제92조가 행위의 주체 및 그 상대방에 대해 아무런 규정을 하지 않아 남성간의 추행만을 대상으로 하는지, 아니면 여성간 또는 이성간의 추행도 대상으로 하는지 불분명하다고 주장하고 있다.

---

8) 헌재 2002. 6. 27. 2001헌바70, 판례집 14-1, 601, 606.

먼저 군형법 제1조도 밝히고 있듯이 군형법의 적용대상자가 군인 및 군무원이기 때문에 구 군형법 제92조의 피적용자, 즉 추행죄의 주체 및 상대방은 군인 및 군무원이라는 제한을 받을 뿐 남성이나 여성이냐의 성별상의 제한이나 차별이 존재하는 것은 아니라고 하겠다(예컨대 군형법상 피적용자와 민간인 사이에서 이루어진 추행행위에 대하여는 군형법 제92조가 적용되지 않는다고 하겠다[대판 1973. 9. 25. 73도1915]).[9] 다시 말해 구 군형법 제92조의 추행죄의 주체 및 상대방은 군형법의 피적용자이고, 특별히 남녀를 구별하여 제한하고 있지 않은 이상, 군형법의 피적용자 사이의 추행에 대해서는 남녀를 불문하고 제92조의 추행죄가 적용된다고 하겠다.

실제로 구 군형법 제92조의 적용상 중요한 것은 발생한 계간이나 이에 준하는 추행이 군이라는 공동사회의 건전한 생활과 군기를 침해하는 비정상적인 성적 행위에 해당하는지의 여부이고, 따라서 이러한 행위가 결국 군이라는 공동사회의 건전한 생활과 군기를 침해할 위험성이 있는지의 여부이다. 그러므로 그 추행의 주체와 상대방이 누구인가, 즉 남성간인가, 여성간인가, 이성간인가는 본질적인 문제는 아니라고 하겠다.[10]

따라서 이와는 달리 "이 사건 법률조항은 군이라는 공동사회의 건전한 생활과 군기 확립을 목적으로 동성 군인 간의 성적만족 행위를 금지하고 이를 형사처벌하므로 입법목적의 정당성 및 수단의 적절성이 인정되며 …"라고 주장하는 2008헌가21 사건의 다수의견,[11] "'기타 추행'이 동성 간의 성적 교섭행위를 뜻하는 계간과 동일한 항에 병렬적으로 규정되어 있고, 군대 내에서는 동성 간의 성적 교섭행위가 발생할 가능성이 매우 높아지는 점 등에 비추어 보면, 이 사건 법률조항은 계간과 마찬가지로 동성 간의 성적 행위에만 적용되는 것으로 해석된다."는 이동흡 재판관의 보충의견[12] 및 "이 사건 법률조항의 입법목적과 보호법익에 비추어 보면, 이 사건 법률조항에 해당하는 '추행'은 '동성 간에 군영 내에서 하는 음란한

---

9) 대법원은 "군법 피적용자와 민간인과 간에 이루워진 추행행위에도 군법 피적용자에게 본조를 적용할 수 있다며는 그 상대방인 민간인의 추행사실이 공개되므로서 그 명예를 오손하는 부당한 결과를 초래하게 되며, 또 본죄는 친고죄가 아니므로 고소없이 처벌할 수 있으나 본죄보다 중한 강제추행죄는 친고죄임으로 고소가 있어야 비로소 처벌할 수 있으므로 소송조건에도 균형을 잃은 결과가 되는 점등을 종합 비교하면 본죄의 입법취지는 원심판결이 판시한 것과 같이 군내부의 건전한 공적생활을 영위하기 위한 이른바 군대가정의 성적건강을 유지하기 위한 것이므로 민간인과의 사적생활관계에서의 변태성성적만족행위에는 적용되지 않는 것으로 해석함이 타당할 것이다"라고 판시함으로써 그 이유를 제시하고 있다.

10) 참고로 1950년 제정된 미국 통일군사재판법(the Uniform Code of Military Justice) 제125조는 모든 형태의 동성간, 이성간 또는 동물과의 비정상적인 성교행위를 금지하고 있다.

11) 헌재 2011. 3. 31. 2008헌가21, 판례집 23-1상, 178, 189.

12) 헌재 2011. 3. 31. 2008헌가21, 판례집 23-1상, 178, 192.

행위'로 한정되어야 한다."라는 김종대, 목영준, 송두환 재판관의 반대의견[13]은 모두 구 군형법 제92조가 오로지 남성간의 행위에만 적용된다는 견해로서 받아들이기 어렵다고 하겠다. 이 점에서 "이 사건 법률조항은 군대라는 특수한 공동사회의 기강을 보호하기 위한 것이고, 구 군형법 제92조는 '계간 기타 추행한 자'라고만 규정할 뿐 '기타 추행'의 행위 대상과 장소를 제한하지 않았다. 따라서 위 법률조항의 문언상, 군인의 추행행위는 군영 내외를 불문하고, 그 상대방이 군인이든 민간인이든 동성이든 이성이든 불문하고, 상대방의 의사에 반하는지 여부를 불문하고, 모두 적용된다고 보지 않을 수 없다."라는 조대현 재판관의 한정위헌의견[14]이 타당하다고 하겠다.

다만 첫째, 군의 구성원의 대다수가 남성이고 따라서 실제로 발생되는 추행사건이 주로 남성간에 이루어지고 있다는 점에서, 둘째, 아직은 사회의 일반정서상 이성간의 성적 행위보다는 남성간의 성적 행위가 부정적 또는 이례적으로 평가되거나 주변에 악영향을 끼칠 가능성이 높다는 점에서, 이러한 남성간의 동성애가 구 군형법 제92조가 보호하고자 하는 사회적 법익에 대한 침해가능성이 크다고 할 것이고, 따라서 구 군형법 제92조가 남성간의 동성애를 의미하는 계간을 대표적이고 전형적인 예시로 하여 추행을 처벌하고 있다고 하겠다.

이와 관련하여 2008헌가21 사건의 제청법원은 군대에서의 실무상 이성간의 추행, 특히 이성간의 비강제적 추행은 입건대상으로 전혀 고려되지 않는 것이 현실이고, 이성간의 추행이 제외된다고 해석하면 동성애에 대한 차별이 문제되며, 동성애의 경우에도 모든 동성간 성적 행위가 추행에 해당하는지, 계간에 준하는 행위만 대상이 되는지 불분명하다고 주장하고 있다. 이러한 주장은 첫째, 구 군형법 제92조가 '계간 기타 추행한 자'라고 규정하고 있는데, '계간'이란 남성간의 성행위를 의미하기 때문에 구 군형법 제92조가 남성간의 추행에만 적용되는 것은 아닌지 하는 해석상의 문제에서, 둘째, 구 군형법 제92조가 적용된 그동안의 사례 중 여성간의 추행 또는 이성간의 추행 건수가 극히 적다는 사실에서 비롯된다고 볼 수 있다.

그런데 첫째의 해석상의 문제와 관련해서는, 구 군형법 제92조의 범죄구성요건사실인 '추행'은 '군이라는 공동사회의 건전한 생활과 군기'라는 보호법익을 침해하는 동시에 일반인의 입장에서 추행행위로 평가될 수 있는 행위로서 범죄의 성립

13) 헌재 2011. 3. 31. 2008헌가21, 판례집 23-1상, 178, 197.

14) 헌재 2011. 3. 31. 2008헌가21, 판례집 23-1상, 178, 198.

과 관련하여 그 행위의 주체나 상대방의 성별은 문제가 되지 않고 문언상으로도 성별에 대한 아무런 제한이 없으며, 다만 그 대표적이고 전형적인 사례로서 '계간'이 예시된 것인데, 이는 앞서도 언급한 바와 같이 군의 구성원의 대다수가 남성이고 따라서 실제로 발생되는 추행사건이 주로 남성간에 이루어지고 있으며, 아울러 사회의 일반정서상 계간 등 남성간의 추행 행위가 주위에 부정적인 영향을 끼칠 가능성이 매우 높고 따라서 구 군형법 제92조가 보호하고자 하는 사회적 법익에 대한 침해가능성이 크기 때문에 '계간'이 군형법 제92조의 입법 당시부터 대표적이고 전형적인 사례로서 예시된 것이며, 이러한 현상과 인식은 오늘날도 크게 변했다고 보기 어렵기 때문에 여전히 '계간'이 군형법 제92조에 대표적이고 전형적인 사례로서 예시되어 있는 것에 불과하다고 하겠다.[15] 그리고 둘째의 사례와 관련한 문제의 경우도 마찬가지라고 하겠다. 즉 군 구성원의 성별구조상 남성이 압도적으로 많기 때문에 구 군형법 제92조가 적용된 그동안의 사례 중 여성간의 추행 또는 이성간의 추행 건수가 적을 수밖에 없는 것이고, 다른 한편 내용적으로도 일반정서상 이성간의 성적 행위가 주위에 부정적인 영향을 끼쳐 '군이라는 공동사회의 건전한 생활과 군기'라는 보호법익을 침해할 가능성이 계간에 비하여 현저히 낮기 때문에 실제로 추행으로 처벌된 사례가 당연히 적은 것에 불과하다.

따라서 헌재의 다수의견에서도 언급되고 있듯이 건전한 상식과 통상적인 법감정을 가진 군형법 피적용자는 어떠한 행위가 구 군형법 제92조의 구성요건에 해당되는지 여부를 어느 정도 쉽게 파악할 수 있고, 그 전형적인 사례인 '계간'은 구 군형법 제92조에서 '추행'이 무엇인지를 해석할 수 있는 판단지침으로 활용될 수 있으며, 위에서 소개한 대법원 판결 등에 의하여 이미 이에 관한 구체적이고 종합적인 해석기준이 제시되고 있는 이상, 법률적용자가 구 군형법 제92조를 자의적으로 확대하여 해석할 염려가 없고, 행위의 주체나 상대방의 성별과 관련한 해석상의 불명확성도 없는 것이다.

결국 위에서도 언급한 바와 같이 구 군형법 제92조의 적용상 중요한 것은 발생한 계간이나 이에 준하는 추행이 군이라는 공동사회의 건전한 생활과 군기를 침해하는 비정상적인 성적 행위에 해당하는지의 여부이기 때문에 해당 추행행위가 군이라는 공동사회의 건전한 생활과 군기를 침해하는 비정상적인 성적 행위에 해당한다면 이를 처벌하는 것이고, 따라서 남성간의 동성애 내지 계간뿐 아니라 여성

15) 군형법상 추행죄의 연혁 및 개정논의 등에 대하여 이경환, 군대 내 동성애 행위 처벌에 대하여, 70쪽 이하; 조윤, 군형법 개정론, 사법논집 제2집, 1972, 435쪽 이하.

간의 성적 행위도 이러한 추행에 해당한다면 원칙적으로 처벌할 수 있는 것이고, 극단적으로는 이성간의 성적 행위도 만일 구 군형법 제92조의 추행에 해당한다면 처벌할 수 있는 것이므로 이성간의 추행이 처음부터 배제되는 것은 아니라고 할 것이다. 다만 위에서 언급한 이유 때문에 실제로 남성간의 계간 등이 주로 문제될 뿐이다. 따라서 구 군형법 제92조가 동성애를 차별한다거나 남성을 차별한다는 등의 주장 및 명확성의 원칙에 반한다는 주장은 받아들이기 어렵다.

참고로 형법 제305조(미성년자에 대한 간음, 추행)도 "13세 미만의 부녀를 간음하거나 13세 미만의 사람에게 추행을 한 자는 제297조, 제298조, 제301조 또는 제301조의2의 예에 의한다."라고 규정함으로써 추행의 주체와 상대방이 남성간인지 여성간인지 이성간인지의 여부에 제한을 두지 않아, 당연히 이성간의 합의된 성적 행동도 구성요건에 해당되면 추행으로서 처벌될 수 있음을 명백히 하고 있다. 또한 실제로 강제력이 개입된 이성 군인간의 강제추행이 구 군형법 제92조로 처벌된 사례가 있다.[16)]

(3) 행위자들 사이의 관계 및 행위 장소의 고려 여부

2008헌가21 사건의 제청법원과 반대의견은 행위자들 사이의 관계 및 행위 장소의 고려 여부와 관련하여 대법원의 "행위자들 사이의 관계, 그 행위가 공동생활이나 군기에 미치는 영향을 고려하여 추행에 해당하는지를 결정해야 한다."는 대법원의 판시(2008. 5. 29. 2008도2222)에 대하여 행위자들이 상호 지휘복종 관계에 있어야 하는지, 같은 부대에 소속되어 있어야 하는지, 부대 밖에서 행위를 한 경우도 포함되는지, 부대 안에서 행위를 하였더라도 다른 사람의 눈에 띄지 않는 은밀한 장소에서 한 경우에는 처벌이 되는지 등 대법원이 설시한 판단기준에 의하더라고 불명확한 점은 여전히 존재한다고 주장하고 있다.

그런데 처벌법규의 구성요건이 명확하여야 한다고 하더라도 입법자가 모든 구성요건을 단순한 의미의 서술적인 개념에 의하여 규정하여야 한다는 것은 아니며, 처벌법규의 구성요건이 다소 광범위하여 어떤 범위에서는 법관의 보충적인 해석을 필요로 하는 개념을 사용하였다고 하더라도 그 점만으로 헌법이 요구하는 처벌법규의 명확성의 원칙에 반드시 배치되는 것이라고 볼 수는 없다. 즉 건전한 상식과 통상적인 법감정을 가진 사람으로 하여금 그 적용대상자가 누구이며 구체적으로 어떠한 행위가 금지되고 있는지 여부를 충분히 알 수 있도록 규정되어 있다면 죄

16) 예컨대 육군교육사령부 보통군사법원 2005. 7. 22. 2005고1 판결.

형법정주의의 명확성의 원칙에 위배되지 않는다고 보아야 한다. 그렇게 보지 않으면 처벌법규의 구성요건이 지나치게 구체적이고 정형적이 되어 부단히 변화하는 다양한 생활관계를 제대로 규율할 수 없게 될 것이기 때문이라는 것이 우리 헌법재판소의 확립된 판례이다(1998. 7. 16. 96헌바35; 2001. 6. 28. 99헌바31 등).

제청법원도 적시하는 바와 같이 '공동생활이나 군기에 미치는 영향'은 그 자체 추상적인 개념이어서 그 대상을 획일적으로 확정하는 것은 어렵다. 제청법원이 예를 들은 비강제에 의한 남성간 추행으로 처벌된 사례에도 나타나듯이 추행으로 처벌된 행위 유형이나 장소, 행위자들의 관계 등이 매우 다양하다. 이는 구 군형법 제92조에서 처벌하고자 하는 구성요건인 계간이나 추행의 특성상 너무나 당연한 것이고, 따라서 이러한 다양한 유형의 대상을 포괄하여 처벌할 수밖에 없는 법조항은 불가피하게 어느 정도의 추상성을 띨 수밖에 없는 것이다. 결국 그러한 어느 정도의 불가피한 추상성은 사안의 특성상 더 이상의 구체화가 어렵다는 점에서, 그리고 건전한 상식과 통상적인 법감정을 가진 군형법상 피적용자가 어떠한 행위가 구성요건에 해당하는지를 판단하기 어렵지 않고 예측가능하다는 점에서, 아울러 군의 특수성을 고려해야 한다는 점에서 정당화될 수 있는 것이다.

위에서도 소개했듯이 대법원이(2008. 5. 29. 2008도2222) 구 군형법 제92조의 추행에 대하여 "개인적 성적 자유를 주된 보호법익으로 하는 형법 등에서 말하는 '추행'의 개념과 달리 군형법 제92조에서 말하는 '추행'이라 함은 계간(항문 성교)에 이르지 아니한 동성애 성행위 등 객관적으로 일반인에게 혐오감을 일으키게 하고 선량한 성적 도덕관념에 반하는 성적 만족 행위로서 군이라는 공동사회의 건전한 생활과 군기를 침해하는 것이라고 할 것이고, 이에 해당하는지 여부는 행위자의 의사, 구체적 행위태양, 행위자들 사이의 관계, 그 행위가 공동생활이나 군기에 미치는 영향과 그 시대의 성적 도덕관념 등을 종합적으로 고려하여 신중히 결정되어야 할 것이다"고 판시한 것도 그런 점에서 불가피한 것이었다고 보여 진다.

아울러 헌재도 "'추행'이란 일반적으로 정상적인 성적 만족 행위에 대비되는 다양한 행위태양을 총칭하는 것이고, 그 구체적인 적용범위도 사회적 변화에 따라 변동되는 동태적 성격을 가지고 있기 때문에, 입법자가 이러한 변태성 성적 만족 행위의 모든 형태를 미리 예상한 다음, '추행'에 해당하는 행위를 일일이 구체적, 서술적으로 열거하는 방식으로 명확성의 원칙을 관철하는 것은 입법기술상 불가능하거나 현저히 곤란하다. … 그렇다면, 이 사건 법률조항이 명확성의 원칙에 위배되는지 여부를 판단하기 위해서는 그 입법목적과 다른 법률조항과의 연관성 등을 고려하여 '추행'이라는 일반조항에 대한 합리적인 해석이 가능한지 여부를 우선적으로 검토해야 할 것이다. … 이 사건 법률조항의 범죄구성요건사실인 '추행'은 '군이라는 공동사회의 건전한 생활과 군기'라는 보호법익을 침해하는 동시에 일반인의 입장에서 추행행위로 평가될 수 있는 행위이고, 그 대표적이고 전형적인 사례가 이 사건 법률조항에 직접적으로 예시된 '계간'이라고 봄이 상당하다. 그렇다면, 건전한 상식과 통상적인 법감정을 가진 군형법상 피적용자는 어떠한 행위가 이 사건 법률조항의 구성요건에 해당되는지 여부를 어느 정도 쉽게 파악할 수 있다고 판단되고, 그 전형적인 사례인 '계간'은 이 사건 법률조항에서 '추행'이 무엇인지를 해석할 수 있는 판단지침으로 활용될 수 있으며, 대법원 판결 등에 의하여 이미 이에 관한 구체적이고 종합적인 해석기준이 제시되고 있는 이상, 법률적용자가 이 사건 법률조항을 자의적으로 확대하여 해석할 염려는 없다고 하겠다."고 판시하여[17] 구 군형법 제92조가 죄형법정주의에서 요구하는 형벌법규의 명확성의 원칙에 위배되지 않음을 명백히 하고 있고, 심지어 이 결정의 반대의견도 "'추행'의 의미에 대해서는 통상의 판단능력을 가진 군형법 피적용자가 이를 이해할 수 있어 명확성 여부는 문제되지 않는다."고 하여 다수의견에 동의하고 있다.[18]

만일 그렇지 않고 그 모든 행위 유형과 사안 등을 획일적이고 더 이상의 구체화가 필요 없을 정도로 명확하고 기계적으로 규정해야만 명확성의 원칙과 결국 죄형법정주의가 충족되는 것이라고 한다면 이 사안에서 군의 공동생활이나 군기에 미치는 성적 행위에 대한 처벌은 불가능하여 공익상 심각한 문제를 야기할 수 있으며, 아울러 우리 형사법 체계의 유사한 상당수의 법조항이 위헌결정을 받게 될 것이다.

결국 구 군형법 제92조에서 말하는 추행이란 계간 및 이에 준하는 변태적 · 비정상적인 성적 행위로서 행위자의 의사, 구체적 행위태양, 행위자들 사이의 관계, 그 시대의 성적 도덕관념 등을 종합적으로 고려해 볼 때 '군이라는 공동사회의 건전한 생활과 군기'라는 사회적 법익을 침해하거나 침해할 위험성이 있는 행위라고 하겠다.

2. 과잉금지의 원칙 위반 여부

2008헌가21 사건의 제청법원은 상당수의 외국 군대에서 동성애 행위를 처벌하

17) 헌재 2002. 6. 27. 2001헌바70, 판례집 14-1, 601, 608-610.

18) 헌재 2002. 6. 27. 2001헌바70, 판례집 14-1, 601, 612.

지 않고 있으며, 공연성이 없고 강제에 의하지도 않은 동성간 추행을 징역형만으로 처벌하는 것은 군이라는 공동사회의 건전한 생활과 군기를 보호하는 효율적인 수단이라고 할 수 없고, 입법목적을 달성하는데 필요한 정도를 일탈한 과도한 규제에 해당 되 과잉금지의 원칙에 위반된다고 주장한다.

그러나 첫째, 군에서 동성애를 금지하고 이를 처벌하고 있는 외국의 사례도 많이 있다.[19] 또한 군에서 동성애를 허용하고 있는 외국의 경우에는 징병제국가인

---

19) 현재 군내 동성애자의 복무를 허용하는 국가 중 징병제 국가로는 오스트리아, 덴마크, 독일, 이스라엘, 스위스, 대만, 태국 등이 있고, 모병제 국가로는 호주, 캐나다, 프랑스, 네덜란드, 남아공, 영국 등이 있다. 군내 동성애자 복무를 금지하는 국가 중 징병제 국가로는 브라질, 이집트, 헝가리, 이란, 이탈리아, 북한, 포르투갈, 사우디, 베네수엘라 등이 있다. 병영내 동성애자 관리정책에 대한 연구, 57쪽 이하 참조.

미국은 얼마 전까지 중간적 입장을 취하고 있었다. 즉 미국에서는 이른바 '묻지도 말하지도 말라(Don't ask, don't tell)' 정책으로 불리는, 동성애자의 군복무 금지규정이 얼마 전까지 적용되고 있었다. 이 '묻지도 말하지도 말라' 규정은 동성애자의 군 복무를 묵인하는 대신, 성적 취향에 관해 침묵을 지켜야 하고 상관도 질문해서는 안 된다는 의미에서 붙여진 이름이다. 만일 이 규정을 위반하면 강제전역을 시킬 수 있었다. 이에 대하여 자세한 것은 최재석, 군내 동성애자 문제에 대한 법률적 고찰－미군의 "Don't Ask, Don't Tell" 정책을 중심으로, 군사법논집 제4집, 1999. 12; Kenneth Williams, Gays in the military: the Legal Issues, University of San Francisco Law Review, Summer, 1994(28 U.S.F. L. Rev. 919), 945.

미국의 경우 그 이전에는 기본적으로 동성애는 군복무와 공존할 수 없다는 입장으로 동성애가 금지되었었다(Janet E. Halley, Don't: A Reader's Guide to the Military Anit-Gay Policy 19, pp. 27, 1999). 그 후 이 'Don't ask, don't tell' 정책은 1993년 빌 클린턴 행정부 시절 동성애자들의 군 복무를 차별 철폐라는 차원에서 지지하는 측과 군의 단결력 저하를 이유로 반대하는 측이 타협한 결과로 도입되었다. 이 정책이 시행된 후 약 1만1000여명의 군인이 이 규정을 어기고 동성애자임을 밝힌 탓에 군복을 벗어야 했다. 현재도 142만여명의 군인 가운데 약 7만여명이 동성애자인 것으로 추측되고 있다. 그런데 얼마 전 이 정책의 폐지안이 미국 상원 군사위원회와 하원 및 상원을 통과한 후 버락 오바마 대통령의 승인 절차를 거쳐 이 규정은 공식 폐지되었다. 따라서 현재는 동성애자라는 사실을 공개한 미국민들도 군 복무를 할 수 있는 길이 열리게 되었다(http://news.chosun.com/site/data/html_dir/2010/05/29/2010052900067.html). 이러한 변화의 바탕에는 오바마 대통령과 민주당의 동성애에 대한 이념적 개방성 외에도 'Don't ask, don't tell' 정책실시에 따른 부작용과 그 정책의 실효성에 대한 의문이 깔려있다고 볼 수 있다. 예컨대 미국 회계감사원(General Accounting Office)은 1992년에 발표한 자료에서 군내 동성애 금지정책이 재정적인 손실을 초래한다고 하면서 1980년도 기간중의 금지정책에 근거한 병사대체 관련 비용은 약 28,000달러였고, 장교대체 관련 비용은 약 120,700달러라고 추정하였다(Timothy Haggerty, History Repeating Itself: A Historical Overview of Gay Men and Lesbians in the Military Before "Don't Ask, Don't Tell", in Don't Ask, Don't Tell: Debating the Gay Ban in the Military, 2003). 그리고 'Don't ask, don't tell' 정책이 시행중인 기간을 대상으로 한 미국 캘리포니아 주립대학을 중심으로 구성된 조사위원회(Blue Ribbon Commission)가 2006년 2월에 발표한 자료에 따르면 이와 같은 관련 비용이 적어도 전체적으로는 3.6억 달러 이상이라고 추정하였다(Blue Ribbon Commission Report, Financial Analysis of "Don't Ask, Don't Tell": How much does the gay ban cost?, 2006. 2). 한편 동성애 금지정책의 실효성과 관련하여 1992년에 동성애자에 대한 군복부 차별을 금지한 캐나다 군에 대한 사례분석 결과는 차별금지 조치가 군전력, 군 대비태세, 단결력, 군기강 등에 영향을 주지 않았다는 평가도 있고(Aaron Belkin and Jason Mcnichol, Homosexual Personnel Policy in the Canadian Forces: Did Lifting the Gay Ban Undermine Military Performance?, International Journal, Vol. 56, No. 1(Winter, 2000/2001), pp. 73-88), 1993년 군복무에 있어 동성애자의 차별을 금지한 이스라엘 군대의 상황에 대한 연구결과도 1993년 이전과 이후의 군전투력에 차이가 없었음을 분석한 자

우리와는 달리 모병제국가인 경우가 많다. 주지하는 바와 같이 모병제의 경우는 군제도와 환경 등에 있어서 징병제의 경우와 현저한 차이가 있다. 특히 모병제국가의 경우에는 설사 군에서 동성애를 허용한다고 하더라도 입대를 원하는 자가 동성애를 용인하거나 감수할 경우에는 자발적으로 군인이라는 직업을 선택하고 그렇지 않을 경우에는 군을 택하지 않으면 되는 선택의 여지가 있으나, 우리와 같은 징병제국가의 경우에는 이러한 선택의 여지가 없기 때문에 만일 징집되는 군인이 동성애를 용인하거나 감수할 의사가 없거나 더 나아가 동성애에 대한 부정적 정서를 가지고 있는 경우에는 그럼에도 불구하고 어쩔 수 없이 군복무를 해야 하기 때문에 많은 문제를 야기할 수가 있다.[20] 한편 동성애를 금지하지 않고 있는 징병제국가의 경우에도 군복무여건이나 환경 및 군생활양태, 군생활의 폐쇄성 및 위계질서의 정도 등이 우리와 많은 차이가 있거나, 역사·문화·국민정서 등이 우리와 현저한 차이가 있고, 더 나아가 동성애자의 숫자나 동성애에 대한 사회일반의 인식 등에 있어서도 우리와 많은 차이가 있다.

둘째, 군에서 동성애를 허용하고 있는 외국의 경우에는 동성간의 법률혼이 헌법상 금지되지 않는 등 헌법적 전제나 법률문화가 우리와 다르다는 점도 감안해야 할 것이다. 예컨대 얼마 전까지 우리처럼 징병제 국가이면서 군에서 동성애를 허용하고 있었던 독일의 경우 혼인에 관한 헌법규정인 기본법 제6조는 단순히 혼인과 가족이 국가의 특별한 보호를 받는다고 규정하고 있을 뿐 혼인이 이성간의, 즉 남녀 간의 결합을 전제로 하고 있지 아니하다. 따라서 적어도 헌법의 명문규정으로는 동성결혼이 부정되지 아니한다고 볼 수 있다. 그러나 우리나라의 경우에는 헌법 제36조 제1항이 "혼인과 가족생활은 개인의 존엄과 '양성'의 평등을 기초로 성립되고 유지되어야 하며, 국가는 이를 보장한다."라고 규정하여 혼인이 '양성', 즉 이성 간 내지 남녀 간에 이루어진다는 것을 전제하고 있고, 동조 제2항에서도 "국가는 '모성'의 보호를 위하여 노력하여야 한다."라고 규정하여 혼인관계에 있어서 양성의 한쪽 당사자인 모, 즉 어머니의 역할의 중요성과 그에 대한 국가의 특

료도 있다(Aaron Belkin and Melissa Levitt, Homosexuality and the Israel Defense forces; Did Lifting the Gay Ban Undermine Military Performance?, Armed Forces and Society, Vol. 27, No. 4, 2001).

20) 최근 군부대에서 복무중인 젊은 사병들을 대상으로 한 설문조사에 따르면 설문대상 300명 중 군형법상 추행죄에 대하여 처벌이 필요하다는 입장은 293명으로 압도적인 반면, 처벌이 불필요하다는 입장은 6명에 불과하고, 합의에 의한 계간행위에 대한 설문에서도 처벌해야 한다는 입장은 281명인 반면, 국가가 관여할 사항이 아니라고 한 입장은 14명에 불과하다(추행죄에 관한 6. 10. 공개변론 참고자료, 국방부 법무관리관실, 48쪽 이하 참조). 이러한 설문조사에서도 알 수 있듯이 비교적 동성애에 대해 관대할 것으로 예상되는 젊은 층에서도 동성애를 바라보는 정서가 매우 부정적임을 알 수 있다.

별한 보호를 강조함으로써 역시 혼인관계가 이성 간에만 이루어질 수 있음을 전제하고 있다. 따라서 우리나라의 경우에는 동성혼이 적어도 헌법상 명문으로 부정되지는 않는 다른 나라의 경우와는 달리 헌법상 허용된다고 보기에는 의문이 있고, 결국 이러한 헌법 내지 법률적 문화의 바탕이 우리와 다른 국가의 상황을 우리의 경우에 적용하기는 어렵다고 하겠다. 그러므로 외국의 경우 동성애가 동성혼으로 발전하거나 동성애자가 동성혼의 허용을 주장하는 경우가 많고, 동성애와 이성애와의 동질성을 이유로 동성애에 대한 차별을 위헌적 차별로서 평등권침해라고 주장하는 경우 대체로 같은 논리로 동성혼의 합법성을 주장하게 되는데, 그러한 외국의 경우 적어도 헌법의 명문규정으로는 그러한 주장이 가능할 수도 있겠으나, 우리의 경우에는 헌법상 어려움이 있다고 하겠다.

셋째, 우리나라의 경우 징병제이며 사병들의 급여와 근무여건이 열악하고 남북이 대처하고 있는 우리의 안보현실 등 우리의 군특성상 징계나 전역 등은 기대가능하고 효율적인 제재라고 볼 수 없어 부득이 형사처벌할 수밖에 없는 상황을 감안해야 하는 것이고, 아울러 만일 동성애 등을 이유로 전역조치를 허용한다거나 동성애를 병역면제사유로 분류한다면 그렇지 않아도 군에 대한 인식이 매우 부정적이고 군기피풍조가 만연한 우리의 현실을 감안할 때 전역을 노리거나 처음부터 군면제를 받고자 동성애를 가장하는 등 이를 악용할 위험성도 크다고 하겠다.[21] 또한 징역형 이외에 벌금형의 도입도 고려할 수는 있겠으나, 일반사병들의 열악한 급여수준을 감안할 때, 그리고 상황에 따라서는 벌금납부책임이 결국 부모들에게 전가될 수 있다는 점을 감안할 때 효과적인 수단이라고 보기 어렵다.

넷째, 사안에 따라 실형 이외에도 기소유예, 선고유예, 집행유예 등 다양한 처분이 가능하다는 점을 감안한다면 동성애 행위 등 추행을 처벌하는 구 군형법 제92조가 반드시 과잉금지의 원칙에 위반한다고 볼 수 없고, 입법자의 입법형성권을 일탈했다고 보기도 어렵다.

사실 군에서의 계간 등 추행을 인정할 것인지 처벌할 것인지의 여부는 결국 해당 국가의 역사, 문화, 일반적 정서, 징병제냐 모병제냐의 여부, 군의 환경과 분위기, 동성애자 인권 감수성 정도, 종교, 전통관습 등 다양한 요소에 따라 다를 수밖에 없는 것으로 군에서 동성애를 허용하는 몇몇 외국의 경우를 기준으로 판단할

21) 이와 달리 동성애자의 인권을 보호해야 한다는 입장에서는 군대에서의 동성애를 범죄화하고 있는 규정을 없애거나, 군 기강을 위하여 동성애 행위를 금지할 필요성이 있다면 동성애자의 군복무를 면제할 것이 필요하다는 주장을 한다. 예컨대 전현희, 동성애의 법적 고찰, 시민과 변호사, 2000. 12, 77쪽.

것은 아니라고 하겠다.[22)]

주지하는 바와 같이 어떤 행위를 범죄로 규정하고 이를 어떻게 처벌할 것인가 하는 문제는 원칙적으로 입법자가 우리의 역사와 문화, 입법 당시의 시대적 상황과 국민일반의 가치관 내지 법감정, 범죄의 실태와 죄질 및 보호법익 그리고 범죄예방효과 등을 종합적으로 고려하여 결정하여야 할 국가의 입법정책에 관한 사항으로서 광범위한 입법재량 내지 형성의 자유가 인정되어야 할 분야이고, 따라서 위와 같은 입법재량권이 헌법 제37조 제2항으로부터 파생되는 비례의 원칙 혹은 과잉금지의 원칙에 반하는 것으로 평가되는 등 헌법규정이나 헌법상 일반원리에 반하여 자의적으로 행사된 경우가 아닌 한, 이는 단순한 입법정책 당부의 문제에 불과하고 헌법위반의 문제는 아니라는 것이 헌법재판소의 확립된 판례(헌재 1995. 4. 20. 91헌바11; 2001. 11. 29. 2001헌가16 등)인데, 이러한 판례의 입장에 비추어 보더라도 구 군형법 제92조는 정당화될 수 있다고 하겠다.

결국 앞서 언급한 바와 같이 위 법조항의 입법목적은 개인적 법익을 보호하는 것이 아니라 사회적 법익을 보호하는 것인데, 선량하고 도덕적 성적 관념을 가진 일반인의 입장에서 볼 때 우리의 고유하고 전통적인 가족생활, 혼인제도하에서 동성애를 전면적으로 허용하여야 한다는 사회적 공감대 및 국민적 합의가 확립되었다고 볼 수 없다는 점, 동성애에 대한 우리의 국민정서, 우리군의 특성과 여건, 특히 우리 젊은이들의 만연한 군기피풍조 등을 감안한다면 계간 등의 추행이 군기 등을 해칠 위험성은 여전히 존재한다고 할 것이고, 아울러 우리의 여건상 이를 원칙적으로 형사처벌하는 방법 이외의 다른 대안을 쉽게 찾아보기 어렵다는 점을 감안할 때 계간 등의 추행을 금지하고 처벌하는 것은 정당화될 수 있으며, 결국 과잉금지의 원칙을 위반했다고 볼 수 없다.

헌재가 "이 사건 법률조항의 입법목적은 군 내부의 건전한 공적생활을 영위하는 것이고, 그 주된 보호법익은 '군이라는 공동사회의 건전한 생활과 군기'라는 사회적 법익이며, '개인의 성적 자유' 등 개인적 법익은 주된 보호법익이 아니므로, 군

---

22) 앞서 각주 19)에서 살펴본 바와 같이 군내 동성애자에 대한 허용 여부는 국가마다 다르다. 어떤 국가의 군내 동성애자의 허용 여부는 그 국가의 동성애자 인권 감수성 정도와 밀접한 관련이 있는 것으로 보인다. 동성애자 인권 감수성이라 함은 유동적인 의미로 시대와 문화의 변화에 따라 같이 변해 가는 것이라고 볼 수 있다. 즉 기본적으로는 사회의 문화가 더욱 개인주의를 존중하고 다양성을 인정하는 방향으로 갈 때 동성애에 대한 정책은 완화되는 경향으로 가며, 기존의 전통과 종교, 관습을 엄격히 유지하며 사회의 변화를 쉽게 수용하지 않는 문화에서는 동성애를 인정하지 않으려는 경향을 보인다. 각국의 동성애에 대한 처벌 상황에 대하여 자세한 것은 Daniel Ottosson, State-sponsored Homophobia, A world survey of laws prohibiting same sex activity between consenting adults, an ILGA report, 2007.

형법상 피적용자가 행한 추행의 유형이나 그 상대방의 피해상황 등을 구체적으로 구분하지 아니하고 위와 같은 사회적 법익을 침해한 모든 추행행위에 대하여 일괄적으로 1년 이하의 징역형으로 처벌하도록 규정하였다는 사유만으로 입법재량권이 자의적으로 행사되었다고 보기는 어렵다. 더욱이, '개인의 성적 자유'와 같은 개인적 법익을 주된 보호법익으로 하는 형법 제302조의 경우에도, 미성년자 등을 위계 등의 방법으로 '간음'한 경우와 같은 방법으로 '추행'한 경우를 구분하지 아니하고 일괄적으로 5년 이하의 징역형으로 처벌하도록 규정되어 있다는 점 등을 함께 고려한다면, 사회적 법익을 주된 보호법익으로 하는 이 사건 법률조항에서 '계간'과 그 추행의 정도가 상대적으로 미약한 '단순추행행위'에 대한 처벌내용을 구분하지 아니하였다고 하여, 이를 입법형성권의 범위에서 벗어나는 입법이라고 볼 수는 없는 것이다."라고 하면서 구 군형법 제92조가 과잉금지의 원칙 등에 위배된다고 보기 어렵다고 판시한 것도[23] 이러한 점에서 타당한 견해라고 하겠다.

3. 평등권 및 성적 자기결정권 침해 여부

2008헌가21 사건의 제청법원은 구 군형법 제92조가 동성 간의 행위에만 적용되고 이성 간에는 징계의 제재만 가해지므로 동성애자 군인의 평등권과 성적 자기결정권을 침해한다고 주장한다.

그러나 위에서도 언급한 바와 같이 구 군형법 제92조의 적용상 중요한 것은 발생한 계간이나 추행이 군이라는 공동사회의 건전한 생활과 군기를 침해하는 비정상적인 성적 행위에 해당하는지의 여부이기 때문에 해당 추행행위가 군이라는 공동사회의 건전한 생활과 군기를 침해하는 비정상적인 성적 행위에 해당한다면 이를 처벌하는 것이고, 따라서 동성간의 행위뿐 아니라 상황에 따라서는 예외적으로 이성간의 성적 행위도 만일 군형법 제92조의 추행에 해당한다면 처벌할 수 있는 것이므로 이성간의 추행이 처음부터 배제되는 것은 아니라고 할 것이다. 다만 위에서 언급한 이유 때문에 실제로는 남성간의 계간 등이 주로 문제될 뿐이다.

아울러 설사 실제에 있어 동성애자가 주로 법조항의 적용대상이 되고, 이성군인간의 행위의 경우에는 징계의 대상이 된다고 하더라도 이는 법조항의 적용대상이 되는 처벌해야 할 추행에 해당되지 않기 때문이지, 처음부터 법리상 이성간의 행위가 배제되어서 그런 것은 아니라 할 것이다. 또한 일정한 법조항의 위헌여부는

23) 헌재 2002. 6. 27. 2001헌바70, 판례집 14-1, 601, 611; 2011. 3. 31. 2008헌가21, 판례집 23-1상, 178, 189.

그 법조문 자체에서 찾아야지, 그 해당 법조항의 적용실태에서 찾을 일은 아니라고 하겠다.

따라서 구 군형법 제92조가 동성애자를 차별한다거나 성적자기결정권을 침해한다는 주장은 받아들이기 어렵다.[24)]

한편 백번 양보하여 구 군형법 제92조가 동성애자를 차별하는 등 평등권을 침해한다고 하더라고 그러한 침해 여부를 심사함에 있어 이른바 엄격한 심사척도를 적용할 사항은 아니라고 하겠다. 이와 관련하여 헌재는「제대군인지원에 관한 법률」제8조 제1항 등 위헌확인 사건에서 "평등위반 여부를 심사함에 있어 엄격한 심사척도에 의할 것인지, 완화된 심사척도에 의할 것인지는 입법자에게 인정되는 입법형성권의 정도에 따라 달라지게 될 것이다. 먼저 헌법에서 특별히 평등을 요구하고 있는 경우 엄격한 심사척도가 적용될 수 있다. 헌법이 스스로 차별의 근거로 삼아서는 아니되는 기준을 제시하거나 차별을 특히 금지하고 있는 영역을 제시하고 있다면 그러한 기준을 근거로 한 차별이나 그러한 영역에서의 차별에 대하여 엄격하게 심사하는 것이 정당화된다. 다음으로 차별적 취급으로 인하여 관련 기본권에 대한 중대한 제한을 초래하게 된다면 입법형성권은 축소되어 보다 엄격한 심사척도가 적용되어야 할 것이다."라고 판시한 바 있다.[25)] 이 기준을 이 사건에 적용시킨다면 첫째, 이 사건에서 말하는 동성애자, 특히 계간 등 남성간의 동성애에 대한－여성간의 또는 이성간의 성적 행동과 비교하여 볼 때－차별은 헌법 제32조 제4항이 특별히 남녀평등을 요구하고 있는 '근로' 내지 '고용'의 영역에서와 달리 헌법에서 특별히 평등을 요구하고 있는 경우에 해당되지 않고, 둘째, 그러한 차별적 취급으로 인하여 관련 기본권, 즉 성적 자기결정권이나 사생활의 자유 등에 대한 중대한 제한을 초래하게 된다고 볼 수도 없다. 왜냐하면 우리 헌법 어디에도 계간 등 추행과 관련한 성적 자기결정권이나 사생활의 자유 등의 영역에서 남녀차별을 특별히 금지시키는 규정을 발견할 수 없기 때문이다. 굳이 찾는다면 헌법 제11조 제1항에서 "모든 국민은 법 앞에 평등하다. 누구든지 '성별'· 종교 또는 사회적 신분에 의하여 정치적· 경제적· 사회적· 문화적 생활의 모든 영역에 있어서 차별을 받지 아니한다."규정을 상정할 수 있겠으나, 이는 평등권 내지 평등원칙에 관한 일반적 규정이지, 헌법에서 성생활 등과 관련하여 특별히 평등을 요구하고 있는 경우에 해당된다고 볼 수 없다. 또한 이 사건에서 구 군형법 제92조에 따라 설

24) 같은 견해 박영주, 전게논문, 139쪽.

25) 헌재 1999. 12. 23. 98헌마363, 판례집 11-2, 770, 787.

사 차별적 취급이 존재한다고 하더라도 그러한 차별로 인하여 관련 기본권, 즉 성적 자기결정권이나 사생활의 자유 등에 대한 공익상의 불가피한 최소한도의 제한이 있을 뿐 중대한 제한을 초래하게 된다고 볼 수 없기 때문이다.

다른 한편 2008헌가21 사건의 제청법원은 위 조항이 입법목적을 달성하기에 필요한 정도를 넘는 과도한 규제여서 동성애자 군인의 성적 자기결정권을 침해한다고 주장하고 있다. 그러나 그러한 제한은 첫째, 동성애자 군인만을 처벌하는 것이 아니라 주로 동성애자 군인, 특히 군이 주로 남성들로 구성되어 있어 결과적으로 남성간의 동성애가 주로 처벌되는 것이지 처음부터 의도적으로 남성군인간의 동성애 등 동성애자만을 처벌하는 것은 아니며, 둘째, 이러한 처벌 결과 해당자의 성적 자기결정권이 제한을 받는다 하더라도 이는 앞서 언급한 바와 같이 위 법조항의 입법목적을 달성하기 위하여 이루어지는 불가피한 제한이므로 헌법 제37조 제2항의 비례의 원칙을 위반하지 않았으며 정당화되어지는 것이다.

4. 사생활의 자유 침해 여부

2008헌가21 사건의 제청법원은 군인도 헌법 제17조에 의한 사생활의 비밀과 자유를 향유하는데 위 법조항은 이를 침해하고 있으며, 위 조항이 이성간의 행위도 처벌한다고 해석한다면 군인 부부나 연인 사이인 군인들의 성관계도 처벌될 가능성이 있고, 결국 부부나 연인 사이의 성적인 관계에 대해서 국가가 개입하여 정상과 비정상을 구분하고, 국가의 판단에 따라 처벌까지 가능하게 하는 것이므로 기본권 침해의 정도가 더욱 크다고 주장한다.

물론 군인도 사생활의 자유를 향유한다. 그러나 군인이 향유하는 자유의 범위는 군의 특성상 일반 사회인의 그것보다는 제한의 폭이 크다고 볼 수밖에 없고, 이는 비단 사생활의 자유뿐 아니라 거주이전의 자유 등 여타의 기본권의 경우에도 마찬가지라고 하겠다.

따라서 설사 강제에 의하지 않고 상호 합의하에, 그것도 휴가기간 등 부대 밖에서 추행이 일어난 경우라도 일반 사회와는 달리 군의 특성상 이것이 주변에 미칠 수 있는 악영향을 예상할 수 있거나 그러한 가능성을 전혀 배제할 수 없기 때문에 군이라는 공동사회의 건전한 생활과 군기를 침해할 위험성이 있다고 보고 이를 처벌하는 것은 나름대로 합리적인 이유가 있고, 따라서 개인의 성적 자기결정권이나 사생활의 자유가 다소 제한되더라도 정당화될 수 있는 것이다.

부부나 연인 사이의 성적인 관계의 경우에는 그들 사이의 성적 행위가 위에서도 언급한 구 군형법 제92조의 추행에 해당되는 경우, 즉 '군이라는 공동사회의 건전한 생활과 군기를 침해하는 비정상적인 성적 행위'로서 처벌의 대상이 되기는 현실적으로 드물 것이다. 다만 이들의 행위가 예외적으로 이러한 구성요건에 해당한다면 법리적으로 처벌이 불가능한 것도 아니며, 이는 공익목적의 실현과 군의 특성상 불가피한 것이고, 특히 일반사회의 경우에도, 그것도 내밀한 사적 영역인 간통의 경우에도 국가의 형벌권이 미친다는 점을 생각한다면 특수사회인 군에서는 불가피할 경우 정당화될 수 있다고 하겠다.

Ⅳ. 맺는 말

구 군형법 제92조(현행 군형법 제92조의6)가 처벌의 측면에서 법정형의 상한은 너무 낮고, 하한은 벌금형을 규정하고 있지 않아 법률적용자의 선택범위를 지나치게 제한하여 형법 등의 다른 규정에 비해 실효성이 낮다는 주장이 가능하다. 그러나 구 군형법 제92조의 경우에는 일반 형사법이 적용되는 일반 사회와는 다른 군의 특성을 감안한 것으로 보이며, 특별히 입법자의 입법형성권을 일탈했다고 보이지 않고, 이미 위에서 형법 제302조와 관련하여 언급했듯이 하한은 벌금형을 규정하고 있지 않아 법률적용자의 선택범위를 지나치게 제한했다고 주장될 수도 있는 형법의 다른 유사 관련 규정과 비교하여 형벌 상호간의 체계정당성을 일탈했다고도 보이지도 않는다. 아울러 법률의 실효성의 문제는 원칙적으로 입법정책의 문제이지 위헌을 야기하는 문제는 아니라고 할 것이다. 실제로 법정형의 상한이 낮고 하한에 벌금형을 규정하지 않아 법률적용자의 선택범위를 제한하고 있는 법조항은 비단 위 법조항 이외에도 상당히 많고, 이들 모두를 위헌이라고 주장할 수는 없는 것이다.

한편 구 군형법 제92조가 규율하는 대상은 대부분 다른 법률에 의해서도 충분히, 실효성 있게 처벌할 수 있고, 징계처벌을 통해 더 나은 위하효과를 기대할 수도 있다는 주장도 가능하다. 물론 일정한 법조항의 실효성의 문제가 제기될 수는 있다. 그러나 위에서도 지적했듯이 그러한 문제제기는 원칙적으로 입법정책의 문제로서 그 해결은 입법자의 몫이지 위헌여부의 문제는 아니라고 할 것이다. 또한 다른 법률에 의해서 처벌이 가능하다고 하다라도 그것이 곧 위 법조항의 실효성과 존재의의를 상실시키는 것은 아니고, 징계처벌의 경우는 위에서도 이미 언급했듯이 급여의 현실화가 이루어졌고 근무여건과 환경이 우리와 많은 차이가 있는 모병제국가에서는 몰라도 우리의 경우에는 그것을 기대하기 어려운 측면이 있으며, 결국 어떠한 제재를 채택하느냐의 문제는 원칙적으로 그리고 1차적으로 입법정책의 문제이지 위헌의 문제는 아니라고 본다.

결국 심판대상조항인 구 군형법 제92조는 죄형법정주의, 과잉금지의 원칙에 위배되지 않고, 동성애자 군인의 성적 자기결정권, 평등권, 사생활의 비밀과 자유를 침해한다고 볼 수 없다. 물론 앞서도 언급한 바와 같이 법조항에 내재해 있는 어느 정도의 불명확성이 있을 수 있다. 그러나 이는 법적용 과정에서 얼마든지 구체화될 수 있으며, 이는 추행이라는 해당사안의 특수성에 비추어 어느 정도는 필연적인 현상이며, 또한 이러한 다소의 불명확한 개념이 포함되어 있는 형사법 관련 조항은 상당수 존재하고 있다.

군형법상의 추행죄는 개인적 법익이 아닌 사회적 법익을 보호함을 목적으로 하는 것이며, 이 점에서 당사자의 기본권이 어느 정도 제한되는 것은 사실이나 이는 군기확립 등 공익을 실현하기 위하여는 감수해야 하는 것으로 우리나라의 상황과 군의 특성을 감안할 때 불가피하게 받아들여져야 할 것이다.

13. 신상공개제도에 대한 헌법적 검토

– 헌재 2003. 6. 26. 2002헌가14「청소년의 성보호에 관한 법률」 제20조 제2항 제1호 등 위헌제청[1] 및 헌재 2013. 10. 24. 2011헌바106 등 「아동 · 청소년의 성보호에 관한 법률」 제38조 제1항 제1호 위헌소원[2] –

[目 次]

Ⅰ. 머리말

이 글은 아동 · 청소년대상 성범죄자 등의 신상정보 공개제도의 위헌 여부를 헌재의 관련판례를 중심으로 다룬 것이다. 잘 알려진 바와 같이 아동 · 청소년을 성범죄로부터 보호하기 위한 적극적 조치로서 아동 · 청소년대상 성범죄자 등에 대한 신상공개제도가 2001년부터 시행되었는데, 시행 전부터 신상공개제도의 효과와 그의 위헌 여부에 대하여 많은 논란이 있었다. 그러다가 헌재가 2003. 6. 26. 당시 「청소년의 성보호에 관한 법률」(2000. 2. 3. 법률 제6261호로 제정된 것) 제20조 제2항[3]에 따른 신상공개제도에 대한 합헌결정을 내렸는데, 그 결정이 4 : 5로 이루어

1) 헌재 2003. 6. 26. 2002헌가14, 판례집 15-1, 624.

2) 헌재 2013. 10. 24. 2011헌바106 등, 공보 제205호, 1486.

3) 신상공개에 관한 「청소년의 성보호에 관한 법률」 제20조(범죄방지 계도) ① 청소년보호위원회는 청

져 과반수의 재판관이 과잉금지원칙에 반하여 청구인들의 인격권을 침해한다는 등의 이유로 위헌의견을 냈으며, 헌재결정 이후에도 위헌시비가 계속되어 왔다. 그러던 중 헌재는 2013. 10. 24. 「청소년의 성보호에 관한 법률」에서 개정된 「아동·청소년의 성보호에 관한 법률」(2010. 4. 15. 법률 제10260호로 개정되고, 2012. 12. 18. 법률 제11572호로 개정되기 전의 것) 제38조 제1항 제1호[4]에 따른 신상정보 공개제도를 합

소년의 성을 사는 행위 등의 범죄방지를 위한 계도문을 년 2회 이상 작성하여 관보게재를 포함한 대통령령이 정하는 방법으로 전국에 걸쳐 게시 또는 배포하여야 한다.

② 제1항의 규정에 의한 계도문에는 다음 각 호의 1에 해당하는 죄를 범한 자의 성명, 연령, 직업 등의 신상과 범죄사실의 요지를 그 형이 확정된 후 이를 게재하여 공개할 수 있다. 다만 죄를 범한 자가 청소년인 경우에는 그러하지 아니하다.

1. 제5조의 규정을 위반한 자

2.~7. (생략)

③ 청소년보호위원회는 제2항의 규정에 의한 신상 등의 공개를 결정함에 있어서 공개대상자 및 대상 청소년의 연령, 범행동기, 범행수단과 결과, 범행전력, 죄질, 공개대상자의 가족관계 및 대상 청소년에 대한 관계, 범행후의 정황 등을 고려하여 공개대상자 및 그 가족 등에 대한 부당한 인권침해가 없도록 하여야 한다.

④ 제2항의 규정에 의한 신상공개의 경우 제5조 내지 제10조의 규정에 의한 죄의 대상청소년과 피해 청소년의 신상은 공개할 수 없다.

⑤ 제1항 및 제2항의 규정에 의한 계도문 게재 등과 관련한 구체적인 시기·기간·절차 등에 관하여 필요한 사항은 대통령령으로 정한다.

4) 제38조(등록정보의 공개) ① 법원은 다음 각 호의 어느 하나에 해당하는 자(이하 '공개대상자'라 한다)에 대하여 판결로 제3항의 공개정보를 등록기간 동안 정보통신망을 이용하여 공개하도록 하는 명령(이하 '공개명령'이라 한다)을 아동·청소년 대상 성범죄 사건의 판결과 동시에 선고하여야 한다. 다만, 아동·청소년 대상 성범죄 사건에 대하여 벌금형을 선고하거나 피고인이 아동·청소년인 경우, 그 밖에 신상정보를 공개하여서는 아니 될 특별한 사정이 있다고 판단되는 경우에는 그러하지 아니하다.

1. 아동·청소년 대상 성폭력범죄를 저지른 자

이하 생략

신상정보공개에 대한 위 제38조의 규정은 현행 「아동·청소년의 성보호에 관한 법률」(시행 2019. 7. 16. 법률 제16275호, 2019. 1. 15., 일부개정) 제49조(등록정보의 공개)로 다음과 같이 개정되었다.

① 법원은 다음 각 호의 어느 하나에 해당하는 자에 대하여 판결로 제3항의 공개정보를 「성폭력범죄의 처벌 등에 관한 특례법」 제45조 제1항의 등록기간 동안 정보통신망을 이용하여 공개하도록 하는 명령(이하 '공개명령'이라 한다)을 등록대상 사건의 판결과 동시에 선고하여야 한다. 다만, 피고인이 아동·청소년인 경우, 그 밖에 신상정보를 공개하여서는 아니 될 특별한 사정이 있다고 판단하는 경우에는 그러하지 아니하다.

1. 아동·청소년대상 성폭력범죄를 저지른 자
2. 「성폭력범죄의 처벌 등에 관한 특례법」 제2조 제1항 제3호·제4호, 같은 조 제2항(제1항 제3호·제4호에 한정한다), 제3조부터 제15조까지의 범죄를 저지른 자
3. 13세 미만의 아동·청소년을 대상으로 아동·청소년대상 성범죄를 저지른 자로서 13세 미만의 아동·청소년을 대상으로 아동·청소년대상 성범죄를 다시 범할 위험성이 있다고 인정되는 자
4. 제1호 또는 제2호의 죄를 범하였으나 「형법」 제10조 제1항에 따라 처벌할 수 없는 자로서 제1호 또는 제2호의 죄를 다시 범할 위험성이 있다고 인정되는 자

② 제1항에 따른 등록정보의 공개기간(「형의 실효 등에 관한 법률」 제7조에 따른 기간을 초과하지 못한다)은 판결이 확정된 때부터 기산한다. 다만, 공개명령을 받은 자(이하 '공개대상자'라 한다)가 실형 또는 치료감호를 선고받은 경우에는 그 형 또는 치료감호의 전부 또는 일부의 집행을 종료하거나 집행이 면제된 때부터 기산한다.

헌으로 결정했다. 그런데 이 결정에도 신상정보 공개제도가 과잉금지원칙에 반하여 청구인들의 인격권 및 개인정보 자기결정권을 침해한다는 이유로 위헌이라는 2명의 반대의견이 있었다.

따라서 이처럼 헌법적으로 계속해서 논란이 되는 신상공개제도의 위헌 여부를 검토하는 것은 한편에서는 신상공개제도를 합헌적이고 효율적으로 운용하기 위해서, 다른 한편에서는 관련 당사자들의 기본권 보장을 위해서 매우 의미 있는 작업이라고 여겨진다.

Ⅱ. 헌재결정의 내용

1. 2003. 6. 26. 2002헌가14

(1) 사건의 개요 및 심판의 대상

1) 사건의 개요

가. 제청신청인은 2000. 7. 1. 청소년에게 6만원을 제공하고 1회 성교행위를 하여 청소년의성보호에관한법률 제5조를 위반하였다는 혐의로 2000. 8. 18. 전주지방법원에서 벌금 500만원을 선고받았고, 같은 달 26. 이 판결은 그대로 확정되었다.

나. 청소년보호위원회는 2001. 5. 3. 위 법률 제20조에 근거하여 제청신청인의 성명, 연령, 생년월일, 직업, 주소 등과 범죄사실의 요지를 관보에 게재하고 역시 같은 내용을 청소년보호위원회의 인터넷 홈페이지에 6개월간, 정부중앙청사 및 특별시 · 광역시 · 도의 본청 게시판에 1개월간 게시하기로 하는 결정을 하였다.

---

③ 제1항에 따라 공개하도록 제공되는 등록정보(이하 '공개정보'라 한다)는 다음 각 호와 같다.
1. 성명
2. 나이
3. 주소 및 실제거주지(「도로명주소법」 제2조 제5호의 도로명 및 같은 조 제7호의 건물번호까지로 한다)
4. 신체정보(키와 몸무게)
5. 사진
6. 등록대상 성범죄 요지(판결일자, 죄명, 선고형량을 포함한다)
7. 성폭력범죄 전과사실(죄명 및 횟수)
8. 「특정 범죄자에 대한 보호관찰 및 전자장치 부착 등에 관한 법률」에 따른 전자장치 부착 여부

④ 공개정보의 구체적인 형태와 내용에 관하여는 대통령령으로 정한다.
⑤ 공개정보를 정보통신망을 이용하여 열람하고자 하는 자는 실명인증 절차를 거쳐야 한다.
⑥ 실명인증, 공개정보 유출 방지를 위한 기술 및 관리에 관한 구체적인 방법과 절차는 대통령령으로 정한다.

다. 이에 제청신청인은 2001. 7. 16. 서울행정법원에 청소년보호위원회를 상대로 위 신상등 공개처분의 취소를 구하는 소를 제기한 후(2001구28240), 그 소송 계속중에 위 법률 제20조에 대한 위헌여부심판제청을 신청하였다(2002아15). 위 법원은 위 법률 제20조 제1항에 대하여는 신청을 기각하고, 같은 조 제2항 제2호 내지 제7호에 대하여는 신청을 각하하였으며, 같은 조 제2항 제1호, 제3항, 제4항, 제5항에 대하여는 신청을 받아들여 2002. 7. 26. 헌법재판소에 위헌여부심판을 제청하였다.

2) 심판의 대상

이 사건 심판대상은 청소년의성보호에관한법률(2000. 2. 3. 법률 제6261호로 제정된 것, 이하 '법'이라 한다) 제20조 제2항 제1호, 제3항, 제4항, 제5항이 헌법에 위반되는지 여부이며, 심판대상 조항 및 관련규정의 내용은 다음과 같다.

법 제20조(범죄방지 계도) ① 청소년보호위원회는 청소년의 성을 사는 행위 등의 범죄방지를 위한 계도문을 년 2회 이상 작성하여 관보게재를 포함한 대통령령이 정하는 방법으로 전국에 걸쳐 게시 또는 배포하여야 한다.

② 제1항의 규정에 의한 계도문에는 다음 각 호의 1에 해당하는 죄를 범한 자의 성명, 연령, 직업 등의 신상과 범죄사실의 요지를 그 형이 확정된 후 이를 게재하여 공개할 수 있다. 다만 죄를 범한 자가 청소년인 경우에는 그러하지 아니하다.

1. 제5조의 규정을 위반한 자

2.~7. (생략)

③ 청소년보호위원회는 제2항의 규정에 의한 신상 등의 공개를 결정함에 있어서 공개대상자 및 대상 청소년의 연령, 범행동기, 범행수단과 결과, 범행전력, 죄질, 공개대상자의 가족관계 및 대상 청소년에 대한 관계, 범행후의 정황 등을 고려하여 공개대상자 및 그 가족 등에 대한 부당한 인권침해가 없도록 하여야 한다.

④ 제2항의 규정에 의한 신상공개의 경우 제5조 내지 제10조의 규정에 의한 죄의 대상 청소년과 피해 청소년의 신상은 공개할 수 없다.

⑤ 제1항 및 제2항의 규정에 의한 계도문 게재 등과 관련한 구체적인 시기·기간·절차 등에 관하여 필요한 사항은 대통령령으로 정한다.

(2) 위헌심판제청이유와 이해관계인들의 의견

1) 제청법원의 제청이유의 요지

가. 청소년의 성을 사는 행위를 한 자(이하 '청소년 성매수자'라 한다)에 대한 신상공개는 특별예방의 효과와 일반예방의 효과를 기하고 있으므로 그 실질적인 속성은 형벌이다. 한편, 청소년 성매수자에 대한 형사처벌과 그 형의 확정 후 이루어지는 신상공개는 그 대상행위 및 보호법익이 같다. 그러므로 청소년 성매수자에 대한 신상공개는 헌법 제13조 제1항이 금지하는 이중처벌에 해당한다.

나. 신상공개가 형벌적 속성을 가지는 이상, 행정청인 청소년보호위원회가 신상공개 여부를 결정하는 것은 법관에 의한 재판을 받을 권리의 침해 및 적법절차원칙의 위반에 해당한다.

2) 제청신청인의 의견

가. 청소년 성매수자의 성명 · 연령 · 생년월일 · 직업 · 주소와 그 범죄사실의 요지는 사생활의 비밀에 해당하고, 이것이 그 의사에 반하여 외부에 공표될 경우 청소년 성매수자로서는 심한 인격적 수모를 느끼게 된다. 그러므로 청소년 보호라는 입법목적을 달성하기 위한 수단이라고 하더라도, 그로 인한 기본권 침해를 최소화하기 위해서는 새로이 신상공개제도를 도입할 것이 아니라 기존의 형사처벌과 보안처분제도를 잘 활용하는 방법을 택하는 것이 바람직하다. 만일 형사처벌 외에 신상공개제도를 도입하는 경우에 있어서도 죄질이나 재범의 위험성에 따라 단계적으로 공개하는 등의 방법을 취해야 할 것이다. 그럼에도 현행 신상공개제도는 벌금형과 같은 비교적 가벼운 형을 선고받은 경우나 초범 등과 같은 경우에도 전국적 공개를 규정하고 있는바, 이는 청소년 성매수자의 인격권 내지 사생활의 비밀을 과도하게 침해하는 것으로서, 위헌이다.

나. 법 제20조 제2항은 청소년 대상 성범죄자의 신상을 공개할 것을 규정하고 있지만, 이보다 불법성이 더 큰 여러 범죄들, 예컨대 미성년자 살해행위, 미성년자 약취유인행위, 미성년자를 대상으로 한 인질강도행위 등에 관하여는 범죄자의 신상이 공개되지 않는다. 그러나 위의 범죄들은 모두 청소년 보호라는 법익을 침해하는 행위인 점에 있어서는 본질적으로 다르지 않다. 그럼에도 성범죄자에 대해서만 신상을 공개하도록 하는 것은 평등원칙에 위배된다.

또한, 법 제20조 제2항은 청소년 대상 성범죄들 중에서도 일부에 대해서만 신상공개를 하도록 규정하고 있는바, 신상공개 대상이 되는 성범죄와 그렇지 않은 성범죄는 그 보호법익이 청소년의 보호라는 점에서는 동일하지만, 양자를 나누는 기준은 모호하므로, 결국 여기서도 평등원칙 위배의 문제가 발생한다.

3) 청소년보호위원장의 의견

가. 현행 신상공개제도는 청소년의 성보호를 달성하기 위해 입법정책적으로 채택된 것으로서, 처벌·보안처분 등 전형적인 형사제재 이외의 새로운 형태의 범죄예방수단이라 할 것이고, 그 본질·목적·기능에 있어서 형벌과는 다른 의의를 지니므로 형벌부과와 별도로 청소년 대상 성범죄자의 신상을 공개한다고 하더라도 이중처벌금지원칙 위반이 되지 않는다.

나. '청소년의 성보호'를 달성하기 위한 여러 가지 수단 중 하나로서, 형사처벌과 보안처분을 강화하는 방법을 생각할 수 있으나, 이것이 현행 신상공개제도와 비교하여 기본권을 덜 침해하는 수단이라고 단정하기는 어렵다. 또한, 전국적 일반공개가 아니라 일정한 행정당국이 그 명단을 등록·보관하면서 청소년 대상 성범죄자가 거주하는 지역의 주민들에게만 정보를 공개하는 방법도 생각할 수 있으나, 이 방법은 실효성 획득을 위해 현재의 것보다 훨씬 자세하고 구체적인 정보가 공개될 것을 요구하는바, 그렇게 될 경우 현행 신상공개제도보다 덜 침해적이라고 보기 어렵다. 그러므로 이들 방법을 취하지 않고 현행 신상공개제도를 취한 것이 피해의 최소성에 반한다고 할 수 없다.

나아가, 현행 신상공개제도는 우리 사회에 있어서 가장 중요한 공익인 '청소년의 성보호'를 위한 것이고, 공개대상항목은 성명, 연령 및 생년월일, 직업, 주소(확정판결문에 기재된 것을 기준으로 시·군·구까지만 포함됨), 범죄사실의 요지 등으로서, 법원의 확정판결문에서 공개되는 대상항목의 범위를 초과하지 않는다. 또한, 현실적으로 재판을 받는 과정에서 혹은 구속 또는 수사를 받는 과정에서 주변 사람들에게 범죄행위가 알려지는 것이 보통인 점 등을 감안할 때, 현행 신상공개제도가 법익의 균형성을 상실한 제도라고 하기 어렵다. 따라서 과잉금지원칙에 위반하여 성범죄자의 기본권을 침해한다고 할 수 없다.

다. 청소년 대상 성범죄에 있어서 보호법익은 청소년의 성보호에 있지만, 미성년자 살해행위, 미성년자 약취유인행위, 미성년자를 대상으로 한 인질강도행위 등은 각각 그 보호법익이 미성년자의 생명, 자유, 재산 등에 있으므로, 결국 위 두 가지는 본질적으로 서로 다르므로 양자를 달리 취급하더라도 평등원칙에 위배되지 않는다.

또한, 신상공개 대상이 되는 청소년 대상 성범죄와 그렇지 않은 청소년 대상 성범죄를 나눈 것은 행위의 대상·목적·태양 등의 차이점에 근거한 것으로서, 합리적 차별에 해당하므로 평등원칙에 위배되지 않는다.

라. 신상공개는 처벌이나 형벌이 아니므로 법관에 의해 신상공개 여부가 결정될 필요는 없다. 또한, 법관에 의한 재판을 거쳐 형이 확정된 이후에 신상공개가 결정되고, 신상공개사전심의위원회운영규정 제9조 제3항에 의하여 신상공개 대상자로 선정된 자에 대해 의견진술기회가 부여되며, 행정소송을 통해 신상공개결정의 적법 여부를 다툴 기회가 보장되고 있다. 이러한 점들에 비추어 볼 때, 법관에 의한 재판을 받을 권리가 침해되었다거나 적법절차원칙을 위반하였다고 볼 수 없다.

(3) 주　문

1. 청소년의성보호에관한법률(2000. 2. 3. 법률 제6261호로 제정된 것) 제20조 제2항 제1호, 제5항은 헌법에 위반되지 아니한다.

2. 나머지 위헌여부심판제청을 각하한다.

(4) 판시사항

1) 청소년 성매수자에 대한 신상공개를 규정한 법 제20조 제2항 제1호가

가. 이중처벌금지원칙에 위반되는지 여부(소극)

나. 과잉금지원칙에 위반되는지 여부(소극)

다. 평등원칙에 위반되는지 여부(소극)

라. 법관에 의한 재판을 받을 권리를 침해하는지 여부(소극)

마. 적법절차원칙에 위반되는지 여부(소극)

2) 신상공개의 시기 · 기간 · 절차 등에 관한 사항을 대통령령에 위임한 법 제20조 제5항이 포괄위임입법금지원칙에 위반되는지 여부(소극)

(5) 결정요지

1) 법정의견

위 결정에서 4인의 재판관이 기존의 신상공개제도에 대한 합헌의견을 냈으며,

그 요지는 다음과 같다.

가. 이중처벌금지의 원칙 위배 여부

헌법 제13조 제1항에서 말하는 '처벌'은 원칙적으로 범죄에 대한 국가의 형벌권 실행으로서의 과벌을 의미하는 것이고, 국가가 행하는 일체의 제재나 불이익처분을 모두 그 '처벌'에 포함시킬 수는 없다. 신상공개제도가 당사자에게 일종의 수치심과 불명예를 줄 수 있다고 하여도, 이는 어디까지나 신상공개제도가 추구하는 입법목적에 부수적인 것으로 이는 기존의 형벌 외에 또 다른 형벌로서 수치형이나 명예형에 해당한다고 볼 수는 없다. 따라서 신상공개제도는 헌법 제13조의 이중처벌금지 원칙에 위배되지 않는다.

나. 과잉금지의 원칙 위배 여부

신상공개제도를 통하여 청소년 성매수자의 일반적 인격권과 사생활의 비밀의 자유가 제한되는 정도가 청소년 성보호라는 공익적 요청에 비해 크다고 할 수 없으므로 신상공개는 해당 범죄인들의 일반적 인격권, 사생활의 비밀의 자유를 과잉금지의 원칙에 위배하여 침해한 것이라 할 수 없다.

다. 평등원칙의 위배 여부

신상공개제도의 의미와 목적은 성인이 대가관계를 이용하여 청소년의 성을 매수하는 등의 행위로 인하여 야기되는 피해로부터 청소년을 보호하려는데 있는 것이므로, 청소년 대상 성범죄와 그 밖의 일반 범죄는 서로 비교집단을 이루는 '본질적으로 동일한 것'이라고 볼 수 없고, 또한 청소년 대상 성범죄자 가운데 공개대상에서 제외되는 경우는 그 행위의 대상이나 형태에 있어서 청소년 성매수 행위의 공범적 성격의 것들로서 행위불법성의 차이 등을 고려한 것으로, 그러한 구분기준이 특별히 자의적이라고 볼 만한 사정이 없다.

라. 법관에 의한 재판을 받을 권리의 침해 여부

신상공개제도는 '처벌'에 해당한다고 할 수 없으므로 이 제도가 법관에 의한 재판을 받을 권리를 침해한 것이라 할 수 없다.

마. 적법절차 위배 여부

신상공개제도는 법률이 정한 형식적 절차에 따라 이루어지며 그 절차의 내용도 합리성과 정당성을 갖춘 것으로 절차적 적법절차원칙에 위반되지 않는다.

바. 포괄위임입법금지 원칙의 위배 여부

계도문 게재 등과 관련한 구체적인 시기·기간·절차 등에 관하여 필요한 사항을 대통령령에 위임한 것이 포괄위임입법금지의 원칙에 위배되지 않는다. 왜냐하면 시기, 기간, 절차 등과 관련한 대통령에 규정될 내용의 대강이 이미 법조항을 통해 예측가능하기 때문이다.

2) 재판관 한대현, 재판관 김영일, 재판관 권 성, 재판관 송인준, 재판관 주선회의 위헌의견

위 결정에서 5인의 재판관이 기존의 신상공개제도에 대한 위헌의견을 냈으며, 그 요지는 대략 다음과 같이 요약될 수 있다.

가. 과잉금지의 원칙 위반

(가) 입법목적의 불명확성

청소년 성매수자의 신상공개제도의 구체적 취지와 관련해서, 성매매의 심각성에 대한 일반인의 경각심을 불러일으키기 위한 것이라든가, 청소년 성매수자에 대한 공개를 통해 징벌 및 위하의 효과를 거두기 위한 것이라든가, 또는 성범죄의 방지를 위해 그 잠재적 피해자로 하여금 사전에 정보를 얻도록 하자는 데 입법취지가 있다고 하는 등 그 견해가 분분하다. 이처럼 불분명한 입법의도로 말미암아 통상적으로 이 제도에는 위와 같은 입법목적들이 모두 혼재하는 것으로 인식되고 있으나, 바로 이 때문에 신상공개는 그 어떤 목적에도 적합하지 않은 제도로 운용되는 근본적인 문제를 안고 있다.

(나) 수단의 부적합성

신상공개제도가 정보제공으로 잠재적 피해자의 보호에 그 목적이 있다고 하면, 현행 신상공개제도는 오히려 불충분한 정보제공과 부적절한 공개기간 등으로 실효성이 거의 없어 수단의 적합성을 인정하기 어렵다.

(다) 피해의 최소성 위반

신상공개제도가 일반인의 경각심을 불러일으키고자 하는 계도의 목적이라고 하면, 굳이 성매수자의 신상을 공개할 필요는 없다. 청소년 성매매의 폐습을 치유함에 있어서는, 형벌이나 신상공개와 같은 처벌 일변도가 아니라, 근본적인 예방책에 치중하는 것이 더 바람직한 것으로 보인다. 그러함에도 국가가 이러한 노력을 다하기도 전에 개인의 인격권에 중대한 침해를 가져올 수 있는 신상공개라는 비정상적인 방법을 동원하는 것은 최소침해성의 관점에서 문제가 있다.

(라) 법익의 균형성 위반

신상공개로 인해 공개대상자의 인격권이 심대하게 훼손되는 데에 비해 그 범죄억지의 효과가 너무도 미미하거나 불확실한바, 이러한 점에서도 법익의 균형성을 현저히 잃었다.

나. 평등원칙 위반

일반 범죄자 및 일부 청소년 대상 성범죄자와는 달리 청소년 성매수자만 차별하여 신상공개를 하는 것은 그 차별의 이유와 차별의 내용 사이의 적절한 균형관계를 인정할 수 없으므로 평등원칙에 위배된다.

다. 포괄적 위임입법금지의 원칙 위반

신상공개제도에 있어서 그 시기·기간·절차 등은 단순한 부수적 사항이 아니라 신상공개제도의 전반적 성격 및 운용방향을 결정짓는 본질적 내용에 해당할 뿐만 아니라, 대상자의 기본권에 직접적인 영향을 주는 중요한 사항이다. 그럼에도 이러한 시기·기간·절차 등에 관하여 그 기본내용이나 범위를 구체적으로 정함이 없이 일체를 대통령령에서 정하도록 위임하고 있고, 따라서 하위법령을 보지 않고 법만 가지고서 신상공개의 구체적 시기·기간·절차 등에 관한 내용의 대강을 파악한다는 것은 불가능하다. 결국 신상공개제도는 포괄적 위임입법금지의 원칙에 위반된다.

2. 2013. 10. 24. 2011헌바106등

(1) 사건의 개요 및 심판의 대상

1) 사건의 개요

청구인들은 13세 미만의 미성년자를 간음한 혐의 등으로 기소되어 2011. 1. 28. 의정부지방법원 고양지원에서 청구인 김○현은 징역 3년 및 위 청구인에 대한 등록정보를 5년간 공개할 것을 선고받았고, 청구인 한○빈은 징역 3년에 집행유예 5년과 보호관찰 2년 및 160시간의 사회봉사와 40시간의 성폭력치료강의 수강명령과 함께 위 청구인에 대한 등록정보를 5년간 공개할 것을 선고받았다(2010고합249). 청구인들은 이 판결에 불복 항소하였으나, 서울고등법원은 2011. 4. 29. 청구인 한○빈의 항소를 기각하고, 청구인 김○현에 대해서만 1심판결을 취소한 뒤 징역 3년에 집행유예 5년과 보호관찰 3년 및 200시간의 사회봉사와 40시간의 성폭력치료강의 수강명령과 함께 위 청구인에 대한 등록정보를 5년간 공개할 것을 선고하였다(2011노426).

청구인 김○현은 2011. 3. 16. 아동이나 청소년 대상 성폭력범죄를 저지른 사람에 대하여 신상정보를 공개하도록 한 '아동·청소년의 성보호에 관한 법률' 제38조 제1항 제1호가 위헌이라고 주장하며 서울고등법원에 위헌법률심판제청신청을 하였다가 기각되자, 2011. 5. 25. 이 사건 헌법소원심판을 청구하였다. 청구인 한○빈도 2011. 3. 29. 서울고등법원에 같은 내용의 위헌법률심판제청신청을 하였다가 기각되자, 2011. 5. 27. 이 사건 헌법소원심판을 청구하였다.

2) 심판의 대상

구 아동·청소년의 성보호에 관한 법률(2010. 4. 15. 법률 제10260호로 개정되고, 2012. 12. 18. 법률 제11572호로 개정되기 전의 것)

제38조(등록정보의 공개) ① 법원은 다음 각 호의 어느 하나에 해당하는 자(이하 '공개대상자'라 한다)에 대하여 판결로 제3항의 공개정보를 등록기간 동안 정보통신망을 이용하여 공개하도록 하는 명령(이하 '공개명령'이라 한다)을 아동·청소년 대상 성범죄 사건의 판결과 동시에 선고하여야 한다. 다만, 아동·청소년 대상 성범죄 사건에 대하여 벌금형을 선고하거나 피고인이 아동·청소년인 경우, 그 밖에 신상정보를 공개하여서는 아니 될 특별한 사정이 있다고 판단되는 경우에는 그러하지 아니하다.

1. 아동·청소년 대상 성폭력범죄를 저지른 자

(2) 청구인들의 주장과 법원의 위헌제청신청기각결정의 요지

1) 청구인들의 주장

가. 범죄를 저지른 사람에 대한 신상정보를 공개하는 것은 일종의 수치형으로서 인격권에 대한 중대한 침해이다. 공개명령이 실질적으로 범죄의 예방에 실효성이 있다고 보기 어렵고, 이미 형사처벌을 받은 사람을 대상으로 이중 처벌하는 폐해

를 가져올 뿐이다. 그러므로 심판대상조항은 청구인들의 인격권을 과도하게 침해하여 위헌이다.

나. 아동·청소년 대상 성폭력범죄는 살인 등 강력범죄에 비하여 죄질이나 법정형이 낮을 뿐만 아니라 상습강도 등 상습범과 같은 재범의 위험성이 인정되지도 않는다. 그럼에도 불구하고 아동·청소년 대상 성폭력범죄자에 대하여만 신상정보 공개명령을 하도록 규정하고 있는 심판대상조항은 아동·청소년 대상 성폭력범죄자를 합리적인 이유나 근거 없이 다른 범죄자와 차별하고 있으므로 평등원칙에 위반된다.

다. 심판대상조항은 재범의 위험성이 있는지 여부를 묻지 않고 반드시 공개명령을 하도록 규정하여, 적법한 절차에 의하지 아니하고는 보안처분을 받지 않도록 한 헌법 제12조 제1항 후문에 위반되고, 법관의 재량을 과도하게 제한하여 헌법 제27조 제1항에 따른 청구인들의 재판청구권을 침해한다.

라. 공개명령이 보안처분이 아니라 형벌에 해당한다면 동일한 범죄에 대하여 거듭 처벌하지 아니하도록 규정한 헌법 제13조 제1항에 위반된다.

2) 법원의 위헌제청신청 기각결정의 요지

아동·청소년 대상 성폭력범죄는 1회의 범행 자체로 재범의 위험성이 노출된 것으로 볼 수 있고, 피고인에게 재범의 위험성이 인정되지 않는다면 아동·청소년의 성보호에 관한 법률 제38조 제1항 단서의 '특별한 사정'으로 인정하여 공개명령을 선고하지 않을 수도 있다. 공개명령은 특별예방을 목적으로 하는 보안처분으로서의 성질뿐만 아니라 징벌적 기능과 일반인에 대한 계도적 기능도 갖기 때문에 보안처분의 요건인 '재범의 위험성'이 순수한 보안처분만큼 엄격히 요구되지 않는다. 따라서 비록 심판대상조항에서 법문에 '재범의 위험성'을 요구하지 않는다 하더라도 이를 위헌이라 볼 수는 없다.

(3) 주 문

구 아동·청소년의 성보호에 관한 법률(2010. 4. 15. 법률 제10260호로 개정되고, 2012. 12. 18. 법률 제11572호로 개정되기 전의 것) 제38조 제1항 본문 제1호는 헌법에 위반되지 아니한다.

(4) 판시사항

1) 아동·청소년 대상 성폭력 범죄를 저지른 사람에 대하여 신상정보를 공개하도록 한 구 '아동·청소년의 성보호에 관한 법률' 제38조 제1항 본문 제1호(이하 '심판대상조항'이라 한다)가 청구인들의 인격권 및 개인정보 자기결정권을 침해하는지 여부(소극)

2) 심판대상조항이 평등원칙에 반하는지 여부(소극)

3) 심판대상조항이 적법절차원칙 및 이중처벌금지원칙에 반하거나 청구인들의 재판받을 권리를 침해하는지 여부(소극)

(5) 결정요지

1) 법정의견

가. 심판대상조항은 아동·청소년의 성을 보호하고 사회방위를 도모하기 위한 것으로서 목적의 정당성 및 수단의 적합성이 인정된다. 한편, 심판대상조항에 따른 신상정보 공개제도는, 그 공개대상이나 공개기간이 제한적이고, 법관이 '특별한 사정' 등을 고려하여 공개 여부를 판단하도록 되어 있으며, 공개로 인한 피해를 최소화하는 장치도 마련되어 있으므로 침해의 최소성이 인정되고, 이를 통하여 달성하고자 하는 '아동·청소년의 성보호'라는 목적이 침해되는 사익에 비하여 매우 중요한 공익에 해당하므로 법익의 균형성도 인정된다. 따라서 심판대상조항은 과잉금지원칙을 위반하여 청구인들의 인격권, 개인정보 자기결정권을 침해한다고 볼 수 없다.

나. 아동·청소년 대상 성폭력범죄를 저지른 사람과 달리 아동·청소년 대상 일반범죄를 저지른 사람은 신상정보 공개대상자가 아니지만, 아동·청소년 대상 일반범죄는 성폭력범죄와 달리 청소년의 생명이나 신체의 완전성, 재산권을 보호하는 데 목적이 있으므로, 양자를 본질적으로 동일한 비교집단으로 보기 어렵다. 또한, 아동·청소년을 대상으로 성폭력범죄가 아닌 성범죄를 저지른 사람도 신상정보 공개대상자가 아니지만, 이는 행위불법성의 차이와 입법 당시의 사회적 상황, 일반 국민의 법감정 등을 종합적으로 고려한 결과이므로 이를 자의적이고 비합리적인 차별이라고도 보기 어렵다. 따라서 심판대상조항은 평등원칙을 위반한 것이라고 볼 수 없다.

다. 법관이 유죄판결을 선고하는 경우에만 여러 사정을 종합적으로 고려하여 신상정보 공개명령을 할 수 있으므로, 심판대상조항이 적법절차원칙에 반하거나 청구인들의 재판받을 권리를 침해한다고 볼 수 없다.

라. 이중처벌은 동일한 행위를 대상으로 처벌이 거듭 행해질 때 발생하는 문제이고, 이 사건과 같이 특정한 범죄행위에 대하여 동일한 재판절차를 거쳐 형벌과 신상정보 공개명령을 함께 선고하는 것은 이중처벌금지원칙과 관련이 없다.

2) 재판관 김이수, 재판관 이진성의 반대의견

심판대상조항의 입법목적은 정당하나, 아동·청소년 대상 성폭력범죄에 대한 연구결과에 따르면 신상정보 공개제도가 범죄 억지 효과가 있다고 단정하기 어려우므로, 심판대상조항은 수단의 적합성을 갖추지 못하였다. 심판대상조항에 따른 신상정보 공개제도는, 정보통신망을 통한 공개라는 측면에서 볼 때, '현대판 주홍글씨'에 비견될 정도로 수치형과 흡사한 것으로서, 단순히 성폭력범죄 전과자에 대한 낙인이나 배타의식을 넘어 공개대상자의 정상적인 사회복귀 자체를 원천봉쇄할 위험이 크고, 죄 없는 가족들까지 함께 정신적 고통을 겪게 하거나 그 생활기반을 상실시키는 결과가 초래될 수도 있으며, '재범의 위험성' 등 공개 여부의 심사기준을 세분하지 않고 법관으로 하여금 원칙적으로 신상정보를 공개하도록 하고 있어 공개대상자의 범위 또한 지나치게 넓으므로, 심판대상조항은 침해의 최소성을 갖추었다고 보기 어렵다. 그리고 공개대상자의 기본권이 심각하게 훼손되는 데 비해 그 범죄억지의 효과는 너무나 불확실하다는 점에서 법익의 균형성도 갖추지 못하였다. 따라서 심판대상조항은 과잉금지원칙에 반하여 청구인들의 인격권 및 개인정보 자기결정권을 침해하므로 헌법에 위반된다.

Ⅲ. 헌법적 검토

위 두 판례의 각각의 합헌의견과 위헌의견은 상당한 시간의 경과와 심판대상조항의 개정에도 불구하고 기본적인 공통점을 지니고 있으므로 두 판례의 합헌의견과 위헌의견을 각각 묶어서 쟁점별로 검토하고자 한다.

1. 이중처벌금지의 원칙 위배 여부

합헌의견이 지적하고 있듯이 헌법 제13조 제1항에서 말하는 '처벌'은 원칙적으로 범죄에 대한 국가의 형벌권 실행으로서의 과벌을 의미하는 것이고, 국가가 행하는 일체의 제재나 불이익처분을 모두 그 '처벌'에 포함시킬 수는 없다.[5)]

「청소년의 성보호에 관한 법률」 제20조 제1항은 '청소년의 성을 사는 행위 등의 범죄방지를 위한 계도'가 신상공개제도의 주된 목적임을 명시하고 있고, 「아동·청소년의 성보호에 관한 법률」 제1조도 아동·청소년을 성범죄로부터 보호하는 것을 입법목적으로 명시하고 있는 것에 비추어, 이 제도가 당사자에게 일종의 수치심과 불명예를 줄 수 있다고 하여도, 이는 어디까지나 신상공개제도가 추구하는 입법목적에 부수적인 것이지 주된 것은 아니다. 또한 공개되는 신상과 범죄사실은 이미 공개재판에서 확정된 유죄판결의 일부로서, 개인의 신상 내지 사생활에 관한 새로운 내용이 아니고, 공익목적을 위하여 이를 공개하는 과정에서 부수적으로 수치심 등이 발생된다고 하여 이것을 기존의 형벌 외에 또 다른 형벌로서 수치형이나 명예형에 해당한다고 볼 수는 없다. 그렇다면 신상공개제도는 헌법 제13조의 이중처벌 금지 원칙에 위배되지 않는다.[6)]

결국 신상공개는 과거의 비행 내지 법률상의 의무위반에 대한 추가적인 처벌이라기보다는 미래지향적인 범죄 예방적 조치라고 할 것이며,[7)] 당사자에게 주어지는 수치심과 불명예 등은 단지 과거의 처벌사실에 대한 공개를 통해 불가피하게 발생되는 사실상의 반사적·부수적 불이익이라고 하겠다.[8)]

2. 과잉금지의 원칙 위배 여부

먼저 신상공개제도의 목적은 아동·청소년의 성보호라는 국가와 사회가 추구해

5) 역시 헌재 1994. 6. 30. 92헌바38.

6) 신상공개가 이중처벌에 해당하지 않는다는 견해로서 심희기, 신상공개의 정당화근거와 적절한 공개대상과 공개기준의 탐색, 저스티스 65호, 2002. 2, 31쪽 이하; 권형준, 청소년성매수자 신상공개제도의 위헌 여부, 고시연구, 2005. 7, 25쪽; 강지원, 신상공개 쟁점이 잘못되었다, 시민과 변호사 94호, 2001. 11, 서울지방변호사회, 16쪽; 양해경, 청소년 대상 성범죄자 신상공개, 국회보, 2001. 10, 56쪽; 황성기, 청소년대상 성범죄와 신상공개제도, JURIST, 2002. 5, 15쪽; 이병희, 성범죄자 신상공개에 대한 형사법적 고찰, 형사법연구 17호, 2002. 6, 275쪽; 김종구, 성범죄자 신상공개제도의 법적 성격과 위헌성 여부, 법학연구 13권 2호, 2003. 6, 연세대학교, 109쪽 이하.
이에 반하여 신상공개가 이중처벌에 해당한다는 견해로서 권창국, 청소년대상 성범죄의 통제수단으로서 성범죄자 신상공개제도에 관한 재고찰, 인권과 정의, 2004. 3, 152쪽; 강태수, 청소년대상 성범죄자의 신상공개에 대한 헌법적 고찰, 헌법판례연구[4], 2002, 11, 81쪽 이하; 최상욱, 청소년 성범죄자 신상공개에 관한 소고, 법학연구 12권 4호, 2002. 12, 210쪽; 이경재, 성범죄자 신상공개의 법적 문제점 고찰, 저스티스 65호, 2002. 2, 16쪽 이하;

7) 이병희, 전게논문, 276쪽; 김종구, 전게논문, 100쪽.

8) 한편 위헌의견은 이러한 이중처벌금지원칙의 위반 여부를 판단하지 않았다. 그 대신 형사처벌 후에 부과되는 신상공개를 과잉금지원칙 위반 여부를 판단하는 하나의 자료로서 고려하고 있다.

야 할 매우 중요한 공익을 실현코자 하는 것이므로 그 목적의 정당성을 인정할 수 있다. 또한 신상공개제도가 이러한 목적달성을 위한 유일하고 확실한 방법이라고 단정할 수는 없으나 적어도 그 개연성이 인정될 수 있고, 명백히 부적절한 것이라고 단정할 수도 없으므로 그 수단의 적합성도 인정할 수 있을 것이다. 아울러 신상공개의 내용이 사실상 이미 공개된 확정판결의 내용을 공개하는 것에 불과하고 목적달성을 위하여 다른 적게 침해하는 대안을 쉽게 발견하기 어려우며, 이러한 입법자의 판단이 명백히 자의적이지 않다는 점에서 최소침해의 원칙도 충족되었다고 볼 것이다. 끝으로 설사 성범죄자의 침해되는 불이익이 상당하다고 하더라도 성범죄 피해자의 권리 및 신상공개제도가 추구하는 긴절한 공익을 생각할 때, 더욱이 범죄인들은 이미 국가의 형벌권 행사로 인하여 해당 기본권의 제한 여지를 일반인보다는 더 넓게 받고 있다는 점을 감안할 때 법익형량의 원칙 내지 법익의 균형성도 정당화될 수 있을 것이다.[9)]

3. 평등원칙의 위배 여부

위헌의견은 신상공개는 아동·청소년 대상 성범죄의 경우에만 적용되기 때문에 이는 결국 아동·청소년 대상 성범죄와 그 밖의 일반 범죄 사이에 차별사유가 없음에도 양자를 차별하기 때문에 평등의 원칙에 위배된다고 주장하나 같은 청소년을 대상으로 하는 범죄라 하더라고 성범죄는 다른 일반 범죄와는 달리 성이라는 특수한 보호법익을 대상으로 한다는 점에서 일단 구별된다고 하겠다.[10)] 즉 보호법익상의 차별성이 인정된다는 것이다. 성인도 그렇겠지만 특히 아동·청소년의 경우 다른 보호법익이 침해될 때와는 달리 성범죄의 피해자가 되었을 때 초래되는 감내하기 어려운 엄청난 정신적·육체적 고통과 절망 및 수치감 그리고 평생 계속될 수도 있는 후유증,[11)] 그의 가정과 사회에 대한 부작용과 파급효과 등을 감안한다면 청소년 성범죄와 다른 일반 범죄와의 차별성을 일응 인정할 수 있다고 하겠

---

9) 권형준, 전게논문, 28쪽; 김종구, 전게논문, 114쪽; 황성기, 전게논문, 15쪽.
이에 반하여 신상공개제도 목적의 정당성은 인정하나, 최소침해의 원칙과 법익의 균형성의 측면에서 문제를 제기하는 견해로는 강태수, 전게논문, 84쪽 이하; 수단의 부적절성의 문제를 제기하는 견해로는 임상규, 성범죄자 신상공개의 필요성과 허구성, 형사법연구 19호, 2003. 6, 379쪽 이하.

10) 권형준, 전게논문, 29쪽 이하; 김종구, 전게논문, 111쪽 이하; 황성기, 전게논문, 15쪽.

11) 성폭력 피해 청소년들이 겪는 다양한 후유증에 대하여는 이미경, 성폭력 피해 생존자를 지원하는 입장에서 본 청소년 대상 성범죄자의 신상공개제도, 신상공개제도 및 세부정보공개제도(안)에 대한 공청회 발표문, 2004. 12. 29, 국가인권위원회, 63쪽 이하; 이명숙, 성범죄자 신상공개와 인권, 심포지엄 지정토론요지, 저스티스, 2002. 2, 48쪽.

다. 한편 성문제에 대한 우리 사회의 관용적 인식 내지 정서와 그동안의 법관의 성범죄에 대한 관대한 처벌 내지 선고,[12] 그리고 성범죄의 은밀성과 높은 재범률을 감안한다면[13] 청소년 대상 성범죄에 대한 특별한 조치와 접근이 필요한 것이며, 이는 적어도 이러한 사회 전반의 인식이 현저히 바뀌게 될 때까지는 지속될 필요가 있는 것이다.

따라서 합헌의견이 주장하고 있듯이 신상공개가 되는 청소년 대상 성범죄를 규정한 법률조항의 의미와 목적은 성인이 대가관계를 이용하여 청소년의 성을 매수하는 등의 행위로 인하여 야기되는 피해로부터 청소년을 보호하려는데 있는 것이고, 이에 비추어 볼 때 청소년 대상 성범죄와 그 밖의 일반 범죄는 서로 비교집단을 이루는 '본질적으로 동일한 것'이라고 단언하기는 어려우며, 나아가 그러한 구분기준이 특별히 자의적이라고 볼 만한 사정이 없다.[14]

한편 위헌의견은 일부 청소년 대상 성범죄자에 대해서는 신상공개를 허용하고 있지 않고 있어 이 역시 평등의 원칙에 위배된다고 주장하나, 합헌의견이 지적하고 있듯이 청소년 대상 성범죄자 가운데 공개대상에서 제외되는 경우는 그 행위의 대상이나 형태에 있어서 청소년 성매수 행위의 공범적 성격의 것들로서 행위불법성의 차이 등을 고려한 것으로 보이므로, 청소년 대상 성범죄자 중 일부 범죄자의 신상이 공개되지 않는다 하더라도 그러한 차별입법이 자의적인 것이라거나 합리성이 없는 것이라고 단정하기 어렵다. 또한 아동·청소년을 대상으로 성폭력범죄가 아닌 성범죄를 저지른 사람도 신상정보 공개대상자가 아니지만, 이는 행위불법성의 차이와 입법 당시의 사회적 상황, 일반 국민의 법감정 등을 종합적으로 고려한 결과이므로 이를 자의적이고 비합리적인 차별이라고도 보기 어렵다. 따라서 심판대상조항은 평등원칙을 위반한 것이라고 볼 수 없다고 하겠다.

설사 신상공개제도의 대상이 되는 성범죄가 일반 범죄나 아동·청소년 대상 성범죄자 중 신상공개의 대상이 되지 않는 일부 성범죄와 합리적 차별사유가 없음에도 불구하고 그와 차별하여 신상공개제도의 대상으로 한 점이 인정된다 하더라도 상황에 따라서는 정당화될 수 있다고 본다. 왜냐하면 그럴 경우 원칙적으로는 다른 사안에 대하여도 신상공개를 해야 할 것이나 행정적인 문제나 재정적인 문제 또는 기술적인 문제 등으로 현재로는 유사한 모든 사안을 대상으로 삼기가 어려워

12) 법관들의 성범죄에 대한 관대한 처벌현상에 대하여 이명숙, 전게 토론요지, 46쪽; 전경숙, 성범죄자 신상공개와 인권, 심포지엄 지정토론요지, 저스티스, 2002. 2, 51쪽.

13) 성범죄의 높은 재범률에 대하여는 이명숙, 전게 토론요지, 48쪽.

14) 같은 견해로서 강지원, 전게논문, 17쪽.

일단 현재의 대상만을 신상공개의 대상으로 삼은 것이고, 그러한 문제가 해결될 경우 순차적으로 신상공개의 대상을 넓혀가는 것으로 이해한다면 현재의 차별은 그러한 차별을 정당화시키는 합리적인 사유가 있는 것으로 볼 여지가 있고, 따라서 평등원칙의 위반으로 볼 수 없는 것이기 때문이다. 그러므로 이 경우 그러한 차별이 정당화될 수 있는지의 여부는 현재 일거에 모든 유사한 사안을 신상공개의 대상으로 삼기 어려운 사유의 존재라고 하겠다. 따라서 입법의 내용으로부터 명백히 또는 간접적으로 그러한 정당화사유가 추론된다면 그런 경우까지 평등의 원칙 위반이라고 보기는 어렵다고 할 것이다. 사실 입법자가 어떠한 사안에 대한 규제를 할 경우 그러한 사안과 비교하여 상상할 수 있는 모든 유사한 사안을 빠짐없이 대상으로 삼기에는 어려운 점이 있을 수 있고, 따라서 그러한 경우에 예외 없이 평등원칙의 위반으로 위헌시 한다면 입법자는 긴절한 공익적인 이유로 일정한 사안을 제한 내지 규율하고자 하더라도 할 수 없고, 따라서 어떠한 규제도 하지 않는 상태보다 공익에 대한 더 큰 위험 상태 내지 법적 공백이 발생될 수 있으며, 이는 일종의 입법자의 직무유기로서 그것이야 말로 헌법정신을 훼손하는 것이라고 보지 않을 수 없다. 따라서 입법자는 일정한 사안을 규율하고자 할 때 그러한 제한의 대상을 선택하는데 있어서 나름대로의 일정한 재량의 여지를 가지고 있다고 보아야 할 것이며, 그러한 선택에 합리적인 정당화사유－즉 동일하거나 유사한 모든 사안을 대상으로 삼지 아니한 것에 대한 정당화사유－가 존재하고 그러한 사유가 명백히 불합리하거나 자의적이지 않는 한 입법자의 입법형성권을 일탈한 것으로 보기 어렵고, 따라서 평등원칙의 위반이라고 보기 어렵다고 할 것이다. 만일 그렇지 않다면 모든 사안과 계층을 대상으로 하여 동시에 제도의 개선을 추진하는 예외적인 경우를 제외하고는 어떠한 공익의 실현이나 질서유지 또는 어떠한 제도의 개선도 평등의 원칙 때문에 그 시행이 불가능하다는 결과에 이르게 되어 불합리할 뿐 아니라 평등의 원칙이 실현하고자 하는 가치 및 헌법의 정신과도 어긋나기 때문이다.

이러한 평등원칙과 관련하여 헌법재판소도 교육법 제8조의2에 관한 위헌심판사건에서 "헌법상 평등의 원칙은 국가가 언제 어디에서 어떤 계층을 대상으로 하여 기본권에 관한 사항이나 제도의 개선을 시작할 것인지를 선택하는 것을 방해하지는 않는다. 말하자면 국가는 합리적인 기준에 따라 능력이 허용하는 범위 내에서 법적 가치의 상향적 구현을 위한 제도의 단계적 개선을 추진할 수 있는 길을 선택할 수 있어야 한다. 그것이 허용되지 않는다면 모든 사항과 계층을 대상으로 하여 동시에 제도의 개선을 추지하는 예외적인 경우를 제외하고는 어떠한 제도의 개선도 평등의 원칙 때문에 그 시행이 불가능하다는 결과에 이르게 되어 불합리할 뿐 아니라 평등의 원칙이 실현하고자 하는 가치와도 어긋나기 때문이다. 따라서 국가가 종전의 상황을 개선함에 있어서 그 개선의 효과가 일부의 사람에게만 미치고 동일한 상황하에 있는 다른 사람에게는 미치지 않아 그들 사이에 일견 차별이 생기게 된다고 하더라도 그것만으로는 평등의 원칙을 위반한 것이라고는 할 수 없다. 이러한 사정은 특히 이 사건과 같이 제도의 개선에 과다한 재원이 소요되는 경우에 분명하다. 이러한 측면에서 교육법 제8조의 2를 본다면 입법자는 장차 중학교 3년의 중등교육에 있어서도 전면적으로 의무교육을 실시할 것을 명백히 규정하고, 다만 현재로서는 국가의 재정형편상 위와 같은 전면실시가 사실상 불가능하다고 판단하여 잠정적인 조치로서 중학교 교육에 대한 의무교육을 단계적으로 순차 확대실시하도록 한 것뿐이다. 헌법이 초등교육 이외의 의무교육의 범위를 법률로 정하도록 한 것은 이를 법률에 의하여 단계적으로 확대하여 나가려는 데 그 기본 취지가 있는 것이며, 그러한 단계적 확대실시의 과정에서 지역적인 차별이나 피교육자에 따른 차별이 비록 생겨난다고 하더라도 이는 전면적인 실시에 따르는 막대한 재정적인 부담을 감안할 때에 불가피한 조치로서 헌법상 용인될 수 있는 것이라 할 것이다. 나아가 현재 도서 · 벽지 · 접적지역과 특수학교에 한하여 의무교육을 실시하고 있는 것은 그러한 경우에는 지리적 여건이나 피교육자의 특성상 교육을 받을 기회가 상대적으로 불리하다는 점을 고려한 것으로 이는 오히려 실질적 평등의 원칙에 부합된다고 할 수 있다. 따라서 교육법 제8조의 2는 헌법 제11조 제1항에 정한 평등의 원칙에 위반되지 아니한다."라고 판시함으로써[15] 이러한 견해를 뒷받침하고 있다. 물론 이 사건에서는 국민의 기본권을 형성 내지 향상시키는, 즉 국가가 국민에게 혜택을 부여하는 일종의 수익적 작용을 대상으로 한 경우이고, 신상공개제도는 그에 반해 기본권을 제한하는 일종의 부담적 작용을 내용으로 하는 경우이고, 또한 일반적으로 국가가 국민에게 혜택을 부여할 때에는 국민의 권리를 제한할 때보다 더 넓은 형성의 자유를 가지는 것으로 인정되고 있어 양자의 사안은 다소 다르다고 할 수는 있지만, 근본적으로는 어떤 경우든 입법자는 차별을 정당화시키는 정당화사유가 존재한다면－순차적으로 그러한 차별을 해소해 나간다는 전제하에서－차별할 수 있고, 그러한 차별사유에 대한 판단에 입법자에게는 일정한 재량 내지 형성의 여지가 있다는 점에서는 동일한 것이라고 하겠

15) 헌재 1991. 2. 11. 90헌가27, 판례집 3, 11, 25-26.

다. 왜냐하면 국가가 국민에게 혜택을 부여할 때 모든 유사한 사안을 빠짐없이 대상으로 삼지 못하는 사유로서 교육법 제8조의2에 관한 위헌심판 사건에서처럼, 예컨대 재정적 부담이 거론되듯이 국가가 국민의 기본권을 제한하는 등의 규제적 사안에서도 재정적 부담이나 기술적 또는 행정적 어려움 등 다양한 어려움이 존재할 수 있고 그러한 사유의 존재에 대하여는 원칙적·일차적으로 입법자에게 입법형성의 자유가 인정되어야 하기 때문이다.

4. 법관에 의한 재판을 받을 권리의 침해 여부

2002헌가14 사건의 제청법원은 신상공개제도가 과거 청소년의 성보호에 관한 법률에 따라 청소년보호위원회에 의하여 이루어진다는 점에서 법관에 의한 재판을 받을 권리를 침해한 것이라고 하나, 앞서 보았듯이 신상공개제도는 '처벌'에 해당한다고 할 수 없으므로 이 제도가 법관에 의한 재판을 받을 권리를 침해한 것이라 할 수 없다.[16] 헌법 제27조 제1항에서 말하는 재판을 받을 권리란 법관에 의하여 사실적 측면과 법률적 측면에 관하여 적어도 한 차례의 심리검토의 기회가 보장되어야 한다는 것을 의미한다.[17] 그런데 신상공개 결정에 대하여는 별도로 행정소송을 통해 그 적법 여부를 다툴 기회가 보장되어 있다. 따라서 청소년보호위원회가 신상공개 여부를 결정한다는 이유만으로 법관의 재판을 받을 권리가 침해되었다고 단정하기는 어렵다.[18]

이처럼 신상공개는 일종의 행정적 제재로서 형법상의 처벌에 해당하지 않고 따라서 행정청이 아닌 법관이 이를 행할 필요는 없고, 그에 대한 이의제기를 행정소송 등 사법적 절차를 통해 함으로써 구제받을 수 있으므로 법관의 재판을 받을 권리를 침해한 것도 아니고, 삼권분립 등 권력분립의 원칙을 위반한 것도 아니다. 만일 그렇지 않다면 행정청에 의해서 이루어지는 공표 내지 공개행위 등 모든 행정적 제재는 위헌이라는 모순에 빠지게 된다.[19]

---

16) 같은 견해로서 권형준, 전게논문, 31쪽.

17) 헌재 1992. 6. 26. 90헌바25, 판례집 4, 343, 350.

18) 정광현, 청소년의성보호에관한법률 제20조 제2항 제1호 등 위헌제청, 헌법재판소결정해설집(2003), 헌법재판소, 2004. 11, 338쪽.

19) 예컨대 국세기본법 제85조의5는 국세의 고액·상습체납자의 명단을 공개하는 제도를 규정하고 있는데, 즉 "① 국세청장은 제81조의13과 「국제조세조정에 관한 법률」 제36조에도 불구하고 다음 각 호의 어느 하나에 해당하는 자의 인적사항 등을 공개할 수 있다. 다만, 체납된 국세가 이의신청·심사청구 등 불복청구 중에 있거나 그 밖에 대통령령으로 정하는 사유가 있는 경우에는 그러하지 아니하다. … ② 제1항에 따른 체납자, 불성실기부금수령단체, 조세포탈범 또는 해외금융계좌 신고의

한편 현행「아동 · 청소년의 성보호에 관한 법률」제49조는 법원이 판결로 등록정보를 공개하도록 하는 명령을 등록대상 사건의 판결과 동시에 선고하도록 하고 있기 때문에 이 문제를 원천적으로 해결했다고 볼 수 있다.

그럼에도 불구하고「아동 · 청소년의 성보호에 관한 법률」제49조가 재범의 위험성이 있는지 여부를 묻지 않고 반드시 공개명령을 하도록 규정하여, 법관의 재량을 과도하게 제한하여 헌법 제27조 제1항에 따른 재판청구권을 침해한다는 주장이 있을 수 있다. 그러나 2011헌바106등 사건의 다수의견이 적절히 판시하고 있듯이[20] 공개명령은 공판절차를 거쳐 아동 · 청소년 대상 성폭력범죄를 저지른 것으로 인정되어 유죄판결을 선고하는 경우에만 할 수 있고, 이 경우 법관이 재범의 위험성뿐만 아니라 그 외에 여러 가지 사정들을 종합적으로 고려하여 신상정보를 공개하여서는 아니 될 특별한 사정이 있다고 판단하는 경우에는 공개명령을 하지 않을 수 있기 때문에 아동 · 청소년의 성보호에 관한 법률 제49조에 따른 신상공개제도가 헌법 제27조 제1항에 위반된다고 볼 수는 없을 것이다.

무 위반자의 인적사항, 체납액, 국세추징명세, 포탈세액, 신고의무 위반금액 등에 대한 공개 여부를 심의하기 위하여 국세청에 국세정보공개심의위원회(이하 이 조에서 '위원회'라 한다)를 둔다. ③ 국세청장은 위원회의 심의를 거친 공개 대상자에게 체납자, 불성실기부금수령단체 또는 해외금융계좌 신고의무 위반자 명단공개 대상자임을 통지하여 소명 기회를 주어야 하며, 통지일부터 6개월이 지난 후 위원회로 하여금 체납액의 납부 이행, 기부금영수증 발급명세의 작성 · 보관 의무 이행 또는 해외금융계좌의 신고의무 이행 등을 고려하여 체납자, 불성실기부금수령단체 또는 해외금융계좌 신고의무 위반자 명단 공개 여부를 재심의하게 한 후 공개대상자를 선정한다. ④ 제1항에 따른 공개는 관보에 게재하거나 국세정보통신망 또는 관할세무서 게시판에 게시하는 방법으로 한다. ⑤ 제1항부터 제4항까지의 규정에 따른 체납자, 불성실기부금수령단체, 조세포탈범 또는 해외금융계좌 신고의무 위반자 명단 공개와 관련하여 필요한 사항 및 위원회의 구성 · 운영 등에 필요한 사항은 대통령령으로 정한다."라고 규정하고 있다. 따라서 이러한 명단공개는 체납자의 과거 의무위반에 대한 제재라는 성격보다는 체납자의 납세를 촉구하고 재발방지를 추구하는 한편, 일반인의 국세체납을 억제하는 계도와 국세체납의 예방이라는 미래지향적 기능을 가지는 일종의 행정적 제재로서, 체납자의 인적사항이 공개되어 사실상 결과적으로 대상자에게 수치심을 야기한다고 하더라도 이는 앞서 말한 소기의 공익목적을 달성하기 위하여 공개하는 과정에서 발생하는 반사적 · 부수적 불이익에 불과함으로 이를 별도의 형법상의 처벌에 해당한다고 볼 수 없고 따라서 법관이 아닌 행정청에 의하여 명단공개가 이루어진다고 하여 법관에 의한 재판을 받을 권리를 침해하는 것이 아니다. 여기서도 평등의 원칙 위배 여부가 문제될 수 있겠는데, 즉 다른 경우에는 공개가 이루어지지 않은데 유독 국세체납의 경우에만 공개가 이루어져 형평성에 반한다는 의문인데, 국세체납자의 위법행위에 대한 인식결여와 국민일반의 국세체납에 대한 불감증 내지 관용 등이 차별사유라고 하겠다. 또한 공개과정에서 당사자의 소명기회를 부여하는 등 적법절차원리를 구현하고 있다. 한편 여기서도 명단공개와 관련한 사항 등을 대통령으로 위임하고 있는데, 후술하는 바와 같이 이를 두고 포괄적 위임입법금지의 원칙에 위반되었다고 주장할 수는 없는 것이다.

20) 헌재 2013. 10. 24. 2011헌바106 등, 공보 제205호, 1486, 1488.

5. 적법절차 위배 여부

과거 「청소년의 성보호에 관한 법률」에 따른 신상공개대상자에게 소명의 기회를 부여하는 절차나 이의제기절차 등이 법률에 명백히 규정되어 있지 않아 신상공개제도는 적법절차위반이라는 주장이 있었는데, 2002헌가14 사건의 합헌의견이 적절히 지적하고 있듯이 법 제20조 제3항은 청소년보호위원회가 신상 등의 공개를 결정함에는 범행동기, 범행 후의 정황 등을 고려하도록 하고 있고, 제5항은 구체적인 절차 등에 관하여 필요한 사항을 대통령령으로 정하도록 하고 있으며, 하위 법규인 청소년보호위원회 예규 '신상공개사전심의위원회운영규정' 제9조에서는 이러한 법의 취지에 따라 신상공개 대상자로 선정된 자에 대하여 10일 이상의 기간을 정하여 서면에 의한 의견진술기회를 주도록 하고, 지정된 기일까지 의견진술을 하지 않은 자에 대하여는 의견이 없는 것으로 간주하며, 의견진술을 한 자에 대하여는 재심의를 하여 신상공개 여부를 결정한다고 규정하고 있다. 또한 이러한 예규의 규정과는 별도로 행정절차법 제22조 제3항은 "행정청이 당사자에게 의무를 과하거나 권익을 제한하는 처분을 할 때 … 당사자등에게 의견제출의 기회를 주어야 한다."라고 규정하고 있어 신상공개 대상자에게 의견진술의 기회가 보장되어 있다.[21]

또한 청소년보호위원회는 최소한의 독립성과 중립성을 갖춘 기관이고(청소년보호법 제40조 등 참조), 신상공개결정에 대해서는 행정소송을 통해 그 적법 여부를 다툴 기회가 보장되고 있으며, 이미 법관에 의한 재판을 거쳐 형이 확정된 이후에 신상공개가 결정된다. 그렇다면 법 제20조 제2항 제1호의 신상공개제도는 법률이 정한 형식적 절차에 따라 이루어지며 그 절차의 내용도 합리성과 정당성을 갖춘 것이라고 볼 것이므로 적법절차원칙에 위반되는 것이라 할 수 없다.[22]

한편 2002헌가14 사건의 위헌의견은 이러한 적법절차원칙 위반 여부에 대하여 판단하고 있지 않다. 이는 합헌의견에 묵시적으로 동의하는 것을 시사하는 것으로 볼 수 있다.

또 다른 한편 현행 「아동·청소년의 성보호에 관한 법률」 제49조가 재범의 위험성이 있는지 여부를 묻지 않고 반드시 공개명령을 하도록 규정하여, 적법한 절차에 의하지 아니하고는 보안처분을 받지 않도록 한 헌법 제12조 제1항 후문에 위반

21) 신상공개절차에 대하여 자세한 것은 정광현, 전게논문, 340쪽 이하 참조.

22) 권형준, 전게논문, 32쪽; 김종구, 전게논문, 115쪽.

된다는 주장이 있을 수 있다. 그러나 2011헌바106등 사건의 다수의견이 적절히 판시하고 있듯이[23] 등록정보 공개명령은 공판절차를 거쳐 아동 · 청소년 대상 성폭력 범죄를 저지른 것으로 인정되어 유죄판결을 선고하는 경우에만 할 수 있고, 또한 법관이 재범의 위험성뿐만 아니라 그 외에 여러 가지 사정들을 종합적으로 고려하여 신상정보를 공개하여서는 아니 될 특별한 사정이 있다고 판단하는 경우에는 공개명령을 하지 않을 수 있으며, 여기에 더하여 「아동 · 청소년의 성보호에 관한 법률」이 신상정보 공개대상자의 인격권 등을 보호하기 위한 여러 가지 제도적 장치를 두고 있는 점 등을 종합하여 보면, 「아동 · 청소년의 성보호에 관한 법률」 제49조가 헌법 제12조 제1항 후문에 위반된다고 볼 수는 없다.

6. 포괄위임입법금지의 원칙 위배 여부

2002헌가14 사건의 위헌의견은 「청소년의 성보호에 관한 법률」 제20조 제5항이 신상공개의 시기 · 기간 · 절차 등에 관하여 그 기본내용이나 범위를 구체적으로 정함이 없이 일체를 대통령령에서 정하도록 위임하고 있는 포괄위임입법규정으로서, 헌법상 위임입법의 정당한 한계를 벗어났다고 주장한다. 그러나 합헌의견이 판시하고 있듯이 법 제20조 제5항에서 위임되는 '구체적인 시기 · 기간 · 절차 등'과 관련하여 이미 대통령령으로 규정될 내용의 대강이 법 제20조 제5항에서 어느 정도 예측될 수 있으므로 이를 두고 포괄위임입법금지의 원칙에 대한 위반으로 볼 수는 없을 것이다.[24]

Ⅳ. 맺는 말

지금까지 신상공개제도의 내용과 헌재의 결정요지를 살펴보고, 신상공개제도에 대한 헌법적 검토를 해 보았다. 위에서 언급한 바와 같이 신상공개제도가 위헌이라고 보기는 어렵다. 물론 정책적인 면에서 문제가 있을 수 있고, 법제도적으로 보완의 필요성이 있으나 그렇다고 위헌으로까지 볼 수는 없다는 것이다. 가장 중요한 것은 신상정보공개가 아동 · 청소년의 성보호를 위하여 불가피한 제도라는 것이다.

다만 이미 지적한 바와 같이 신상공개와 관련하여 입법론적으로 공개대상의 범

23) 헌재 2013. 10. 24. 2011헌바106 등, 공보 제205호, 1486, 1488.

24) 김종구, 전게논문, 116쪽; 황성기, 전게논문, 16쪽.

위 등과 관련한－평등성 제고를 위한 방안을 포함한－보다 선별적이고 세부적이고 합리적인 기준, 법목적을 보다 효율적으로 달성하기 위한 실효성 제고 방안 등에 대하여 보다 명확히 규정될 것이 요구된다고 하겠다. 이는 법치주의원리가 당연히 요구하는 바로서 공권력의 자의와 남용을 억제하고 억울한 피해자가 나오지 않도록 하기 위한 필수적인 조치라고 하겠다.

14. 긴급조치에 대한 심사 관할권과 유신헌법 제53조의 위헌성

- 헌재 2013. 3. 21. 2010헌바132 등 구 헌법 제53조 등 위헌소원[1) -

[目 次]

Ⅰ. 머리말

얼마 전부터 대법원과 헌법재판소는 유신헌법 당시의 긴급조치에 대하여 계속해서 위헌결정을 내리고 있다. 대법원은 2010. 12. 16. 긴급조치 제1호에 대하여 "긴급조치 제1호는 그 발동 요건을 갖추지 못한 채 목적상 한계를 벗어나 국민의 자유와 권리를 지나치게 제한함으로써 헌법상 보장된 국민의 기본권을 침해한 것이므로, 긴급조치 제1호가 해제 내지 실효되기 이전부터 유신헌법에 위배되어 위헌이고, 나아가 긴급조치 제1호에 의하여 침해된 위 각 기본권의 보장 규정을 두고 있는 현행 헌법에 비추어 보더라도 위헌이다."라고 판결했고,[2) 이후 2013. 4. 18. 긴급조치 9호에 대하여 같은 맥락에서 "긴급조치 9호는 헌법상 보장된 국민의 기본권을 지나치게 제한하거나 침해한 것으로 유신헌법은 물론 현행 헌법에도 위반돼 무효"라고 결정했으며,[3) 2013. 5. 16. 긴급조치 4호에 대하여도 "긴급조치 제4

1) 헌재 2013. 3. 21. 2010헌바132 등, 공보 제198호, 472
2) 대법원 2010. 12. 16. 2010도5986 전원합의체 판결(공2011상, 259).
3) 대법원 2013. 4. 18. 2011초기689 전원합의체 결정(공2013상, 978).

호는 그 발동 요건을 갖추지 못한 채 목적상 한계를 벗어나 민주주의의 본질적 요소인 표현의 자유를 침해하고, 영장주의에 위배되며, 법관에 의한 재판을 받을 권리와 학문의 자유 및 대학의 자율성 등 헌법상 보장된 국민의 기본권을 침해하는 것이므로, 그것이 폐지되기 이전부터 유신헌법은 물론 현행헌법에 비추어 보더라도 위헌 · 무효이다."라고 판결했다.[4] 헌법재판소도 2013. 3. 21. "긴급조치는 국민의 권리를 지나치게 제한하거나 침해한다"며 긴급조치 1 · 2 · 9호에 대해 재판관 전원 일치 의견으로 위헌 결정을 내렸다.[5]

이러한 대법원과 헌재의 결정은 만시지탄의 감은 있지만 매우 의미있는 것임엔 틀림없다. 과거에 예외없이 유신헌법에 근거한 긴급조치가 합헌이라거나 사법심사의 대상이 되지 않는다고 판시한 판결들을 폐기하면서 긴급조치가 국민의 기본권을 침해하여 위헌이라고 판결한 것은 국민의 기본권 보장과 더불어 과거의 위헌적 공권력 행사를 통제했다는 점에서 높이 평가할 일이다. 이로써 과거 유신헌법의 잔재인 긴급조치에 대한 법적 평가를 내림과 동시에 국민의 기본권을 보장하며, 위헌적으로 국민의 기본권을 침해할 경우 비록 고도의 정치성을 띤 통치행위라도 그 위헌 · 위법 여부가 문제된다면 사법심사의 대상이 될 수 있음을 천명한 것이다.[6]

그러나 다른 한편 대법원과 헌재의 결정 내용에는 간과할 수 없는 문제점이 도사리고 있다. 첫째는 긴급조치의 법적 성격과 그 심사 관할권에 대하여 대법원과 헌재의 견해가 다르다는 것이고, 둘째는 위헌인 긴급조치의 근거인 유신헌법 제53조의 정당성과 그 위헌 여부에 대하여는 판단을 하지 않았다는 것이다.

즉 대법원은 긴급조치는 '법률'에 해당한다고 할 수 없고, 따라서 긴급조치의 위헌 여부에 대한 심사권은 최종적으로 대법원에 속한다고 판시했다. 반면 헌재는 긴급조치가 '법률'과 동일한 효력을 가지는 만큼 위헌 여부는 헌재가 판단한다고 판시했다.

이처럼 긴급조치의 위헌심사 관할권을 두고 양 기관이 다른 입장을 취하고 있다. 그동안 다른 사안에 있어서도 헌재와 대법원은 관할권이나 기타 중요한 헌법적 쟁점 등에 대하여 적지 않은 갈등을 빚어왔다. 따라서 긴급조치의 위헌성 여부와 더불어 그 위헌심사의 관할권에 대한 해결은 매우 중요한 헌법적 해명이고 양

4) 대법원 2013. 5. 16. 2011도2631 전원합의체 판결(공2013하, 1157).

5) 헌재 2013. 3. 21. 2010헌바132 등, 공보 제198호, 472.

6) 통치행위에 대한 사법심사의 가부에 대한 문제는 정연주, 통치행위에 대한 사법심사, 저스티스 95호, 한국법학원, 2006. 12, 29쪽 이하 참조.

기관의 대립을 해결하는 열쇠가 된다고 하겠다.

한편 대법원은 물론이거니와 헌재도 이 긴급조치에 대한 위헌결정에서 긴급조치의 근거가 되는 유신헌법 제53조 자체에 대한 헌법적 판단을 하지 않았다. 그러나 이는 긴급조치의 위헌성과 더불어 그 뿌리인 유신헌법의 부당성과 위헌성을 밝힌다는 점에서 역사적으로 매우 중요한 사안일 뿐 아니라 미래에 유사한 사안의 재발방지와 헌법수호 및 부당한 공권력에 대한 통제라는 헌법재판제도의 기능의 측면에서도 반드시 밝혀져야 할 중요한 헌법적 해명에 해당한다고 보지 않을 수 없다. 이 점에서 긴급조치에 대한 심사 관할권 및 유신헌법 제53조의 위헌성에 대하여 고찰해보는 것은 매우 의미있는 작업이라고 하겠다.

Ⅱ. 긴급조치의 심사 관할권

1. 대법원의 입장

헌법 제107조 제1항은 "법률이 헌법에 위반되는 여부가 재판의 전제가 된 경우에는 법원은 헌법재판소에 제청하여 그 심판에 의하여 재판한다."고 규정하고, 헌법 제111조 제1항 제1호는 헌법재판소의 관장사무로 법원의 제청에 의한 법률의 위헌여부 심판을 규정하고 있다. 위 각 헌법규정에 의하면, 위헌심사의 대상이 되는 '법률'이라 함은 '국회의 의결을 거친 이른바 형식적 의미의 법률'을 의미하고, 위헌심사의 대상이 되는 규범이 형식적 의미의 법률이 아닌 때에는 그와 동일한 효력을 갖는 데에 국회의 승인이나 동의를 요하는 등 국회의 입법권 행사라고 평가할 수 있는 실질을 갖춘 것이어야 한다.

유신헌법 제53조 제3항은 대통령이 긴급조치를 한 때에는 지체 없이 국회에 통고하여야 한다고 규정하고 있을 뿐, 사전적으로는 물론이거니와 사후적으로도 긴급조치가 그 효력을 발생 또는 유지하는 데 국회의 동의 내지 승인 등을 얻도록 하는 규정을 두고 있지 아니하고, 실제로 국회에서 긴급조치를 승인하는 등의 조치가 취하여진 바도 없다. 따라서 유신헌법에 근거한 긴급조치는 국회의 입법권 행사라는 실질을 전혀 가지지 못한 것으로서, 헌법재판소의 위헌심판대상이 되는 '법률'에 해당한다고 할 수 없고, 긴급조치의 위헌 여부에 대한 심사권은 최종적으로 대법원에 속한다.[7]

7) 대법원 2010. 12. 16. 2010도5986 판결(공2011상, 259).

2. 헌재의 입장

헌법 제107조 제1항, 제2항은 법원의 재판에 적용되는 규범의 위헌 여부를 심사할 때, '법률'의 위헌 여부는 헌법재판소가, 법률의 하위 규범인 '명령·규칙 또는 처분' 등의 위헌 또는 위법 여부는 대법원이 그 심사권한을 갖는 것으로 권한을 분배하고 있다. 이 조항에 규정된 '법률'인지 여부는 그 제정 형식이나 명칭이 아니라 규범의 효력을 기준으로 판단하여야 하고, '법률'에는 국회의 의결을 거친 이른바 형식적 의미의 법률은 물론이고 그 밖에 조약 등 '형식적 의미의 법률과 동일한 효력'을 갖는 규범들도 모두 포함된다. 따라서 최소한 법률과 동일한 효력을 가지는 이 사건 긴급조치들의 위헌 여부 심사권한도 헌법재판소에 전속한다.[8]

3. 검 토

(1) 대법원은 위헌심사의 대상이 되는 '법률'이라 함은 '국회의 의결을 거친 이른바 형식적 의미의 법률'을 의미하기 때문에 긴급조치는 이에 해당하지 않으므로 그 심판기관은 헌재가 아닌 대법원이라고 판시하고 있다. 그러나 헌재도 판시하고 있듯이 법원의 제청에 의한 위헌법률심판 또는 헌법재판소법 제68조 제2항에 의한 헌법소원심판의 대상이 되는 '법률'에는 국회의 의결을 거친 이른바 형식적 의미의 법률은 물론이고 그 밖에 조약 등 '형식적 의미의 법률과 동일한 효력'을 갖는 규범들도 모두 포함된다[9]는 것은 반론의 여지가 없는 주지의 사실이다. 여기서 '형식적 의미의 법률과 동일한 효력'이 있느냐 여부는 그 규범의 명칭이나 형식에 구애받지 않고 법률적 효력의 유무에 따라 판단하여야 한다. 따라서 헌재의 심판관할에 속하는 법률의 의미는 형식적 의미로 이해되는 것이 아니고 실질적 의미로 이해되어야 함은 당연하다. 예컨대 현행 헌법이 법률과 동일한 효력을 가진다고 규정한 긴급재정경제명령(제76조 제1항) 및 긴급명령(제76조 제2항)은 물론, 헌법상 형식적 의미의 법률은 아니지만 국내법과 동일한 효력이 인정되는 '헌법에 의하여 체결·공포된 조약과 일반적으로 승인된 국제법규'(제6조)의 위헌 여부의 심판권한도 헌법재판소에 속한다.[10]

---

8) 헌재 2013. 3. 21. 2010헌바132 등, 공보 제198호, 472.

9) 헌재 1995. 12. 28. 95헌바3, 판례집 7-2, 841, 846; 헌재 1996. 6. 13. 94헌바20, 판례집 8-1, 475, 482; 헌재 2013. 2. 28. 2009헌바129, 판례집 25-1, 15, 18-19 참조.

10) 헌재 2013. 3. 21. 2010헌바132 등, 공보 제198호, 472, 476.

형식적 의미를 기준으로 긴급조치가 형식적 의미의 법률이 아니므로 긴급조치의 심사기관은 대법원이라는 입장은 헌재도 지적하고 있듯이 과거 대법원을 비롯한 법원의 태도와도 모순된다. 예컨대 현행 헌법과 같이 법률의 위헌심사권과 명령, 규칙 등 하위 법령의 위헌(위법)심사권을 이원화하여 전자를 헌법위원회에, 후자를 대법원에 귀속시키고 있던 제헌헌법 제81조와 관련하여, 6 · 25 발발 당일 대통령이 제정 · 공포한 긴급명령인 '비상사태하의범죄처벌에관한특별조치령'(대통령긴급명령 제1호)에 대한 법원의 위헌제청에 따라 헌법위원회가 그 위헌 여부를 심사하여 위헌으로 결정했다는 사실(헌법위원회 1952. 9. 9. 결정 4285년 헌위 제2호)에서도 알 수 있듯이 대통령긴급명령에 대하여 법원이 스스로 심판하지 않고 헌법위원회에 제청했으며, 또한 '대한민국과 아메리카합중국 간의 상호방위조약 제4조에 의한 시설과 구역 및 대한민국에서의 합중국군대의 지위에 관한 협정'(1967. 2. 9. 조약 제232호)이 비록 그 명칭은 '협정'이지만 법률의 효력을 가지는 조약으로 보아 법원은 스스로 심사하지 않고 그에 대한 위헌법률심판을 헌법재판소에 제청한 바 있다(서울지방법원 1997. 11. 26. 97카기7532).

대법원도 헌법 제정 이전에 제정된 군정법령(제88호)에 대해 헌법위원회에 위헌제청하면서, 헌법위원회에 위헌제청할 수 있는 법률은 헌법 공포 이후에 제정된 법률은 물론이고 헌법 공포 이전에 시행된 법령이라도 소위 입법사항을 규정한 것은 법령, 규칙 등 형식과 명칭 여하에 불구하고 헌법위원회의 심사대상이라고 판시한 바 있다(대법원 1960. 2. 5.자 4292행상110결정).

이처럼 대법원을 비롯한 법원이 일정한 규범의 법적 성격을 규명할 때 형식과 명칭 등의 형식적 기준이 아닌 그 규범의 성질과 효력 등 실질적 기준에 따라 판단해 왔다는 것은 다른 경우에서도 발견할 수 있다. 예컨대 대법원은 형식적·절차적으로는 행정규칙의 경우라도 실질적으로 법규명령의 기능과 내용을 가질 경우에는 법규명령으로서의 효력을 가진다고 판시하고 있으며(예컨대 대법원 1998. 6. 9. 선고 97누19915 판결 참조), 법률 용어와 관련해서도 예컨대 허가, 인가 등 행정법 용어도 그 형식과 명칭에 구애됨이 없이 실질적 효력과 성질 및 내용으로 그 법적 성격을 판단해 온 것이다.

(2) 결론적으로 긴급조치의 법적 성격은 헌재의 견해대로 법률과 동일한 효력을 가진다고 보아야 할 것이다. 물론 형식적으로는 제정 내지 발동과정에 국회의 관여가 없으므로 법률로 볼 수는 없다. 그러나 앞서도 언급한 바와 같이 그 내용과 성질 및 효력은 법률과 동일한 효력을 가진다고 볼 수밖에 없다.

첫째, 규범구조적 특성상 일반성과 추상성 및 계속성과 반복성을 가지는 긴급조치는 실질적으로 법률에 해당한다고 볼 수 있다.

둘째, 발동 절차적 특성상 법률에 근거하여 내려지는 일반 법규명령이나 행정처분과는 달리 대통령이 직접 헌법에 근거하여 발하는 비상조치라는 점에서 현행 헌법상의 법률의 효력을 가지는 긴급명령 등에 해당하며 법률의 지위를 가진다고 볼 수 있다.

셋째, 법률유보의 원칙상 긴급조치는 법률의 지위를 가질 수밖에 없다. 앞서 언급한 바와 같이 긴급조치는 직접 헌법에 근거하여 이루어지는 것으로, 처벌이나 기타의 행정처분 등 구체적 사실에 관한 법집행으로서의 일반적 공권력 행사의 근거로서의 규범적 효력과 지위를 가지는 것이고, 따라서 당연히 법률의 효력을 가질 수밖에 없으며, 이는 법률유보의 원칙상 당연하다고 하겠다.

왜냐하면, 예컨대 형법 위반행위에 대하여 처벌이라는 공권력을 국가가 행사하는데 있어서 형법이라는 규범적 근거가 반드시 존재해야 하고, 이는 죄형법정주의와 더불어 기본권의 행사나 제한 등에 관한 본질적 사항은 반드시 법률에 근거가 있어야 한다는 법률유보의 원칙이 요구하는 바인 것처럼, 긴급조치 위반행위에 대하여 처벌이라는 공권력을 행사하는 이 사안의 경우에도 당연히 그 공권력행사의 근거인 긴급조치는 법률의 역할을 해야만 하는 것이다. 이와 관련하여 대법원도 "더욱이 유신헌법 제53조에 근거한 긴급조치 제1호는 국민의 기본권에 대한 제한과 관련된 조치로서 형벌법규와 국가형벌권의 행사에 관한 규정을 포함하고 있다. 그러므로 기본권 보장의 최후 보루인 법원으로서는 마땅히 긴급조치 제1호에 규정된 형벌법규에 대하여 사법심사권을 행사함으로써, 대통령의 긴급조치권 행사로 인하여 국민의 기본권이 침해되고 나아가 우리나라 헌법의 근본이념인 자유민주적 기본질서가 부정되는 사태가 발생하지 않도록 그 책무를 다하여야 할 것이다."라고 판시함으로써 긴급조치 자체가 형벌법규로 기능함을 인정하고 있다.[11)]

따라서 긴급조치는 실질적으로 법률의 효력을 가지는 것이고, 또한 가져야만 하는 것이다. 만일 그렇지 않고 긴급조치가 단순한 명령·규칙에 해당한다면 본질적으로 긴급조치 위반에 대한 처벌 자체가 법률의 근거없이 단순히 명령·규칙에만 근거하여 이루어지는 것으로 이는 본질적으로 법률유보의 원칙 내지 죄형법정주의 위반으로 위헌·위법을 면할 길이 없는 것이다.

(3) 한편 대법원은 긴급조치가 법률에 해당하지 않는다는 중요한 논거로 국회의

---

11) 대법원 2010. 12. 16. 2010도5986 판결(공2011상, 259).

관여가 없음을 들고 있다. 즉 "유신헌법 제53조 제3항은 대통령이 긴급조치를 한 때에는 지체 없이 국회에 통고하여야 한다고 규정하고 있을 뿐, 사전적으로는 물론이거니와 사후적으로도 긴급조치가 그 효력을 발생 또는 유지하는 데 국회의 동의 내지 승인 등을 얻도록 하는 규정을 두고 있지 아니하고, 실제로 국회에서 긴급조치를 승인하는 등의 조치가 취하여진 바도 없다. 따라서 유신헌법에 근거한 긴급조치는 국회의 입법권 행사라는 실질을 전혀 가지지 못한 것으로서, 헌법재판소의 위헌심판대상이 되는 '법률'에 해당한다고 할 수 없고, 긴급조치의 위헌 여부에 대한 심사권은 최종적으로 대법원에 속한다."라고 판시함으로써 긴급조치의 효력 발생과 유지를 위한 국회의 동의나 승인 절차가 없다는 점이 긴급조치가 법률에 해당하지 않는 주요 논거인 것이다.

그러나 이러한 견해는 타당하지 않다. 예컨대 앞서 언급한 바와 같이 헌법 제6조도 비록 의회의 관여가 없는 국제법규도 일반적으로 승인된 국제법규의 경우에는 국내법과 같은 효력을 가진다고 하여 국내 법률의 효력을 가지는 것으로 천명하고 있다. 즉 이는 의회의 관여가 없고 형식적으로는 법률이 아니지만 그 내용과 효력이 국내법과 같다면 법률로 취급한다는 것으로 이는 형식과 절차 보다는 실질과 내용 및 효력과 기능을 기준으로 규범의 법적 성격을 판단한다는 것을 의미한다.

이와 관련하여 유신헌법 이후 개정된 1980년 헌법의 경우 유신헌법 제53조 제3항에 해당하는 제51조 제3항은 "제1항과 제2항의 조치를 한 때에는 대통령은 지체 없이 국회에 통고하여 승인을 얻어야 하며, 승인을 얻지 못한 때에는 그때부터 그 조치는 효력을 상실한다."라고 규정하여 유신헌법 제53조 제3항이 긴급조치에 대한 국회의 승인절차와 통제를 배제하는 문제를 해소하여 국회의 승인절차를 보완했고, 현행 헌법 제76조는 이를 더욱 보완·개정함으로써 긴급조치에 해당하는 긴급명령 등에 대한 국회의 승인과 통제절차에 대해서 뿐 아니라 긴급명령 등이 법률의 효력을 가짐을 분명히 하고 있는데, 이는 본래 유신헌법상의 긴급조치가 국회의 승인절차 등의 관여가 있어야 하고 그 법적 성격은 법률에 해당함을 의미하는 것으로 이 점을 분명히 하지 않고 국회의 승인과 통제를 배제한 유신헌법 제53조의 규정에 대한 반성적 견지에서 개정한 것이라고 보지 않을 수 없다. 그렇다면 유신헌법 제53조 제3항이 국회의 승인 등의 관여를 규정하지 않았다고 하여 그에 따른 긴급조치가 법률에 해당하지 않는다고 판시한 대법원의 입장은 정당화될 수 없는 것이다.

결국 긴급조치에 관한 유신헌법 제53조에 해당하는 현행 헌법 76조의 경우에도 긴급명령 등은 법률의 효력을 가진다고 명백히 밝히고 있는데, 이는 위에서 언급한 이유로 이론상 당연히 법률의 효력을 가지는 명령의 성질을 명백히 밝힌 것에 불과하다고 하겠고, 아울러 과거 법률의 효력을 가진다고 볼 수밖에 없는 유신헌법상의 긴급조치에 대하여 법적 명확성을 제고하고 이론적 다툼이나 위헌시비를 없앴다는 의미에서 법률의 효력을 가진다는 것을 명백히 한 것이라고 볼 수 있다.

아울러 1980년 헌법이나 현행 헌법의 경우는 물론 유신헌법의 경우에도 제53조 제3항이 긴급조치를 한 때에는 대통령은 지체 없이 국회에 통고하도록 하고, 제6항이 국회가 긴급조치의 해제를 국회가 대통령에게 건의할 수 있으며, 대통령은 특별한 사유가 없는 한 이에 응하도록 규정하고 있는데, 만일 대법원의 견해처럼 긴급조치가 법률이 아닌 하위규범으로서의 명령이나 규칙에 해당한다면 이러한 단순한 법규명령 등의 행정명령에 불과한 긴급조치에 대하여 왜 굳이 국회에의 통고나 국회의 해제건의 등의 국회통제절차를 마련했는지, 그리고 이를 왜 헌법에 규정하고 있는지가 설명될 수 없고, 그러한 예를 우리 헌정사에서 발견할 수도 없다.

그리고 이처럼 법률보다 하위의 단순한 행정명령을 왜 고도의 정치성을 지닌 통치행위로 보고 굳이 사법심사의 대상에서 제외시켰는지도 이해되지 않는다. 또한 1980년 헌법에서는 이러한 대통령의 비상조치를 사법심사의 대상으로 삼았고, 더욱이 현행 헌법에서는 대통령의 긴급명령 등이 명령·규칙이 아닌 법률의 효력을 가짐을 분명히 했음에도 불구하고 사법심사의 대상으로 삼고 있는 점과 비교해 볼 때 유신헌법상의 긴급조치를 법률이 아닌 행정명령으로 보는 것은 더욱 타당하지 못하다.

또한 긴급조치가 법률이 아닌 단순한 하위규범인 행정명령에 속한다면 이러한 행정명령이 왜 법률에 근거하거나 법률을 매개하지 않고 직접 헌법에 근거하여 발동되는지도 의문이다. 즉 이처럼 기본권에 대한 본질적·포괄적 제한과 침해를 내용으로 하는 긴급조치가 법률이 아닌 행정명령에 불과하다면 그러한 긴급조치 및 그에 따른 처벌 등의 다양한 조치가 어떠한 법률에도 근거하지 않고 직접 헌법에만 근거하는 것이므로 이는 법률유보원칙의 위반이 아닐 수 없고, 그러한 예도 우리 헌정사에서 발견할 수 없다.

(4) 결국 긴급조치의 법적 성질과 효력은 형식적·절차적 기준이 아닌 실질적 기준에 따라 판단하여 법률의 효력을 가지는 것으로 보아야 할 것이다. 그리고 이러한 태도는 헌재의 일관된 판례의 입장이자 그동안의 대법원을 비롯한 법원의 입장

과도 부합된다. 따라서 이번 긴급조치 사건에서만 그동안의 입장과는 다른 태도를 보이는 대법원 판결은 결과적으로 뿐 아니라 그동안의 자신의 입장과도 모순된다.

한편 만일 대법원의 견해대로 긴급조치가 법률이 아닌 행정명령적 효력을 가지고 따라서 긴급조치에 대하여 대법원이 배타적 심사 관할권을 가진다면 주지하는 바와 같이 대법원의 명령·규칙에 대한 위헌심사는 대세효를 갖지 않고 단지 당해 사건에서 위헌인 명령·규칙의 적용 배제만을 의미하기 때문에 결과적으로 위헌인 긴급조치가 계속 효력을 가지고 존속하는 것이 된다.[12] 그러나 이는 일반적·규범적 성질을 가지는 긴급조치의 특성상 효율적이고 일반적인 권리구제와 공권력 통제 등을 위하여 전혀 바람직하지 않다. 따라서 규범에 대한 위헌결정이 대세효를 가지는 헌재가 심사하는 것이 마땅하다.

그리고 보다 근본적으로는 아래에서 언급하는 바와 같이 긴급조치의 근거조항인 유신헌법 제53조 자체가 위헌이고, 그렇기 때문에 이에 근거한 긴급조치 역시 위헌이라고 한다면 헌법조항 자체의 위헌성과 연계된 긴급조치의 위헌 여부를 판단하는 기관은 현행 헌법 하에서는 헌재일 수밖에 없을 것이다.

Ⅲ. 유신헌법 제53조의 위헌성

1. 유신헌법 제53조의 심판 대상성

헌재의 2010헌바132 등 사건에서 청구인들은 유신헌법 제53조에 근거한 긴급조치 관련 사건이 다수 존재하고, 개인의 주관적 권리구제뿐 아니라 객관적 헌법질서의 유지·수호를 위해서도 그 헌법적 해명이 긴요하다는 이유로 긴급조치의 위헌 여부 뿐 아니라 유신헌법 제53조의 위헌 여부를 각 심판대상으로 구하고 있다.[13]

이에 대하여 헌재는 "유신헌법 제53조는 긴급조치를 발령할 수 있는 근거규정일

---

12) 대법원은 1971. 6. 22. 70다1010 판결에서 "법원은 법률, 명령, 규칙 또는 그 법률 등의 조항의 위헌결정의 효력은 그 법률 등을 무효화 하는 것이 아니고 다만 구체적 사건에 그 법률, 명령, 규칙 또는 그 일부 조항의 적용을 거부함에 그치는 것이고, …"라고 판시함으로써 법원의 법규명령에 대한 위헌결정의 효력은 일반적 효력을 갖지 못함을 분명히 하고 있다. 이는 법원과 헌재의 설립취지와 기능의 차이에서 오는 당연한 귀결이라고 할 수 있다. 또한 이러한 견해가 "명령·규칙 또는 처분이 헌법이나 법률에 위반되는 여부가 재판의 전제가 된 경우에는 대법원은 이를 최종적으로－무효나 취소시키는 것이 아닌 단지－'심사할' 권한을 가진다."고만 규정한 헌법 제107조 제2항의 취지에도 부합된다고 하겠다. 같은 견해 김남진, 행정법Ⅰ, 180쪽; 김동희, 행정법Ⅰ, 140쪽; 박윤흔, 행정법강의(상), 229쪽; 정연주, 법규명령에 대한 헌법소원, 헌법판례연구[Ⅰ], 헌법판례연구회편, 1999. 7. 359쪽 이하.

13) 헌재 2013. 3. 21. 2010헌바132 등, 공보 제198호, 472, 475.

뿐이고, 당해 사건 재판에 직접 적용되어 재판의 전제성이 있는 규정은 긴급조치 제1호, 제2호, 제9호이다. 유신헌법 제53조의 위헌을 주장하는 청구인들의 의사도 당해 사건에 적용된 긴급조치 제1호, 제2호, 제9호의 위헌성을 확인하기 위한 것으로 보이고, 뒤에 보는 것처럼 위 긴급조치의 위헌 여부는 유신헌법이 아닌 현행 헌법에 의해 판단되어야 하므로, 유신헌법 제53조는 이 사건 심판의 대상에서 제외하기로 한다."[14]라고 판시하여 유신헌법 제53조에 대한 심판을 회피하고 있다.

여기서 과연 헌법규정이 위헌심사의 대상이 될 수 있는지, 된다면 유신헌법 제53조도 현행 헌법 또는 유신헌법에 의해 그 위헌 여부를 판단할 수 있는지가 문제된다.

(1) 헌법규정에 대한 심판 가능성

유신헌법 제53조의 위헌 여부의 판단은 헌법규정 자체도 위헌심사의 대상이 될 수 있다는 것을 전제로 한다. 따라서 일반적으로 헌법규정이 헌재의 위헌심사의 대상이 될 수 있는지를 살펴보기로 한다.

1) 헌재의 입장

헌재는 현재까지 일관되게 헌법규정 자체는 위헌심사의 대상이 될 수 없다는 입장을 취하고 있다. 예컨대 헌재는 1995. 12. 28. 선고한 95헌바3 사건에서 헌법의 개별조항을 대상으로 한 헌법소원심판청구가 부적법하다고 판시하였고 그 이후에도 동일한 판시를 계속하고 있는바, 그 이유의 요지는 다음과 같다.

"헌법 제111조 제1항 제1호 및 헌법재판소법 제41조 제1항은 위헌법률심판의 대상에 관하여, 헌법 제111조 제1항 제5호 및 헌법재판소법 제68조 제2항, 제41조 제1항은 헌법소원심판의 대상에 관하여 그것이 법률임을 명문으로 규정하고 있고, 여기서 위헌심사의 대상이 되는 법률이 국회의 의결을 거친 이른바 형식적 의미의 법률을 의미하는 것이므로, 헌법의 개별규정 자체는 헌법소원에 의한 위헌심사의 대상이 아니다. 한편, 헌법은 전문과 각 개별조항이 서로 밀접한 관련을 맺으면서 하나의 통일된 가치체계를 이루고 있는 것으로서 이념적·논리적으로는 규범 상호간의 우열을 인정할 수 있다 하더라도, 그러한 규범 상호간의 우열이 헌법의 어느 특정규정이 다른 규정의 효력을 전면적으로 부인할 수 있을 정도의 개별적 헌법규정 상호간에 효력상의 차등을 의미하는 것이라고는 볼 수 없으므로, 이 점에서도

14) 헌재 2013. 3. 21. 2010헌바132 등, 공보 제198호, 472, 475.

헌법의 개별규정에 대한 위헌심사는 허용될 수 없다."[15]라고 판시하여, 헌법규정은 법률이 아니므로 위헌법률심판이나 헌법소원에 의한 위헌심사의 대상이 아니며, 근본적으로 헌법규정 상호간에 효력상의 차등을 인정할 수 없으므로, 헌법규정에 대한 위헌심사는 어떤 경우든 허용될 수 없다는 태도를 취하고 있다.

한편 이러한 과거 헌재의 판시에 대하여는 재판관 하경철의 다음과 같은 반대의견이 있다.

"헌법에는 보다 상위의 근본규정에 해당하는 헌법규정과 그러한 근본규정에 해당하지 않는 보다 하위의 헌법규정이 있을 수 있고, 하위의 헌법규정이 상위의 헌법규정과 합치하지 않는 모든 경우에 그 효력을 부인할 수 있는 것은 아니나, 더 이상 감내할 수 없을 정도로 일반인의 정의감정에 합치하지 아니하는 경우에는 헌법의 개별조항도 헌법 제111조 제1항 제1호 및 제5호, 헌법재판소법 제41조 제1항 및 제68조 제2항 소정의 법률의 개념에 포함되는 것으로 해석하여 헌법재판소가 그 위헌성을 확인할 수 있다. 군인 등 신분이라는 이유만으로 국가배상청구권을 박탈한 헌법 제29조 제2항은 상위규정이며 민주주의 헌법의 기본이념이고 근본규정이라고 할 수 있는 헌법 제11조 제1항의 평등원칙에 위배되고 인간의 존엄과 가치를 보장한 헌법 제10조에도 위배된다."[16]

2) 헌재 입장의 문제점

위에서 살펴본 바와 같이 헌재는 헌법규정에 대한 위헌심사가능성을 부정하면서 크게 두 가지 논거, 즉 첫째, 헌법규정은 법률이 아니므로 위헌법률심판이나 헌법소원에 의한 위헌심사의 대상이 될 수 없다는 재판절차적 이유, 둘째, 헌법규정 상호간에는 효력상의 차등이 없으므로 헌법규정에 대한 위헌심사는 가능하지 않다는 헌법 본질적 이유를 들고 있다.

그러나 이는 타당하지 않다. 먼저 첫 번째 논거는 헌법규정은 법률이 아니기 때문에 헌법재판소법 제41조 제1항의 위헌법률심판이나 헌법재판소법 제68조 제2항의 헌법소원에 의한 위헌심사는 가능하지 않더라도 헌법재판소법 제68조 제1항의 헌법소원에 의한 위헌심사는 가능하다는 점에서,[17] 그리고 아래에서 지적하는 바

15) 헌재 1995. 12. 28. 95헌바3, 판례집 7-2, 841, 845-848.

16) 헌재 2001. 2. 22. 2000헌바38, 판례집 13-1, 289, 289-290.

17) 헌법개정작용도 일종의 입법작용으로서 헌법재판소법 제68조 제1항의 공권력작용에 해당된다고 볼 수 있고, 따라서 헌법소원의 대상이 될 수 있다. 왜냐하면 헌법 제128조 이하에서 규정된 헌법개정절차는 국가기관의 공권력행사에 의하여 시작되어 국가기관의 공권력행사에 의하여 완성되기 때문이다. 물론 일반법률 개정의 경우와는 달리 국민투표가 필수적으로 수반되고 국민투표에 의하여 확

와 같이 헌법재판소법 제68조 제2항의 헌법소원에 의한 위헌심사의 경우에도 심판대상인 법률규정이 근본적으로 위헌인 헌법규정에 근거하고, 그 해당 헌법규정에 대한 위헌심사가 중요한 헌법적 해명이나 역사청산, 사회통합 등의 긴절한 공익실현, 그리고 헌법 및 기본권 수호나 공권력 통제 등을 위하여 불가피하다면 예외적으로 심사가 가능하고 또 가능해야 하는 것이 헌법재판제도의 기능과 특성상 당연하다는 점에서 받아들이기 어렵다. 그 다음 두 번째 논거 역시 뒤에서 살펴보는 바와 같이 헌법규정 상호간에도 효력상의 차이를 인정할 수 있고, 따라서 근본적으로는 헌법 내에서 이념적·논리적·가치적으로 하위에 속하는 규정이 헌법의 기본원칙과 본질에 속하는 핵심적 내용 내지 상위규정에 위반될 수 없다는 점에서 당연히 상위규정과 원칙을 기준으로 하위규정에 대한 위헌심사는 가능하고 또한 가능해야 한다는 점에서 받아들이기 어렵다.

또한 이러한 헌재의 일관된 소극적 입장은 긴급조치에 관한 이 2010헌바132 등 사건에서의 다음과 같은 판시와도 모순된다. 즉 헌재는 “유신헌법에는 권력분립의 원리에 어긋나고 기본권을 과도하게 제한하는 등 제헌헌법으로부터 현행헌법까지 일관하여 유지되고 있는 헌법의 핵심 가치인 ‘자유민주적 기본질서’를 훼손하는 일부 규정이 포함되어 있었고, 주권자인 국민은 이러한 규정들을 제8차 및 제9차 개헌을 통하여 모두 폐지하였다. … 유신헌법 일부 조항 등이 기본권을 지나치게 침해하고 자유민주적 기본질서를 훼손하는 데에 대한 반성에 기초하여 … 유신헌법 제53조 제4항은 ‘긴급조치는 사법적 심사의 대상이 되지 아니한다.’라고 규정하고 있었다. 그러나 이러한 사법심사 배제조항은 근대입헌주의에 대한 중대한 예외가 될 뿐 아니라 기본권보장 규정이나 위헌법률심판제도에 관한 규정 등 다른 헌법 조항들과 정면으로 모순·충돌되는 점, 현행헌법에서는 그 반성적 견지에서 긴급재정경제명령·긴급명령에 관한 규정(제76조)에서 사법심사 배제 규정을 삭제하여 제소금지조항을 승계하지 아니한 점 …”이라고 판시함으로써 유신헌법의 일부 조항이 헌법의 핵심적 가치나 원칙 및 규정에 위반되어 그 결과 현행 헌법 등이

정되기는 하지만, 그렇다고 헌법개정작용의 공권력작용으로서의 성질이 상실되는 것은 아니다. 즉 국민투표만을 놓고 볼 때 이는 일종의 사인의 공법행위로서(합성행위) 그 자체 공권력작용은 아니지만, 헌법개정이 헌법 제128조 제1항에 따라 국회재적의원 과반수 또는 대통령의 발의로 제안되고, 그 개헌안은 동법 제130조 제1항에 따라 국회재적의원 3분의 2이상의 찬성으로 의결되고, 동법 동조 제2항에 따라 개헌안에 대한 국회의원선거권자 과반수의 투표와 투표자 과반수의 찬성이 있으면, 국민투표법 제89조에 따라 투표의 결과가 중앙선거관리위원회에 의하여 집계되고 공표되며 대통령과 국회의장에게 통보하도록 되어있고, 대통령이 헌법 제130조 제3항에 따라 공포하도록 되어 있는 일련의 헌법개정절차를 고려할 때, 국민투표는 전 개정절차중 하나의 과정을 이루는 것이므로 이로 인해 헌법개정작용의 공권력작용으로서의 성질이 부인될 수는 없다고 하겠다.

이를 폐지하였다는 점을 분명히 하고 있는데,[18] 이는 근본적으로 헌법규정 상호간에도 효력상의 차이를 인정할 수 있고, 따라서 헌법내의 하위규정이 헌법의 상위규정에 위반될 수 없고 핵심적 가치를 훼손해서는 안된다는 점을 전제로 하고 있는 것이며, 따라서 과거의 헌재의 소극적 태도는 이러한 헌재의 논리에 부합되지 않는 것이다.

이러한 이유에서 하경철 재판관의 반대의견이 타당함은 물론이다.

3) 검 토

결국 다음과 같은 이유로 헌법규정도 위헌심사의 대상이 될 수 있다고 본다.

가. 헌법상의 근본규범과 통일성[19]

(가) 주지하는 바와 같이 헌법상의 각 규정들은 형식적·내용적으로 상호 불가분의 밀접한 관련을 맺고 있다. 헌법은 각기 상이한 개별조항들의 아무런 의미없는 단순한 집합체가 아니며, 형식과 내용에 있어서 상호 유기적인, 그 자체 하나의 통일적인 가치체계인 것이다.[20] 즉 헌법은 국가 내지 공권력 그 자체의 존재와 기능을 정당화시켜주는 일정한 가치를 지향하는 하나의 체계적으로 조직화된 규범집합체인 것이다. 따라서 헌법은 당연히 이러한 근본적 가치질서의 구체적 실현형태로서의 일정한 기본원칙(Verfassungsgrundsätze)과 근본규범(Grundsatznormen)－헌법제정권자의 근본결단－을 지니고 있으며, 이러한 기본원칙과 근본규범의 내용으로서는 일반적으로 민주주의원리, 법치주의원리, 사회국가원리 등의 기본원리와 이러한 기본원리를 바탕으로 한 기본권규정들이 언급되고 있다.[21] 헌법내의 기타의 규정들은 이러한 헌법의 기본원칙과 근본규범으로부터 유래된 것으로서, 이러한 기본원칙과 근본규범을 구체화시키고 보충하는 일종의 부수적인 역할을 하는 것이지 결코 자기목적적인 것이 아니다.[22] 따라서 헌법의 이러한 가치체계적 통일성으로

18) 헌재 2013. 3. 21. 2010헌바132 등, 공보 제198호, 472, 477.

19) 헌법규범에 대한 위헌심사에 대하여는 정연주, 헌법 제29조 제2항에 대한 헌법소원, 헌법학연구 제5권 2호, 1999. 10, 472 이하 참조.

20) Vgl. BVerfGE 1, 14(32); 7, 198(205); 19, 206(220); 33, 23(27); 34, 165(183); 49, 24(56); 55, 274(300); Hesse, Grundzüge des Verfassungsrechts der Bundesrepublik Deutschland, 16. Aufl., S. 11f., 26f.; Roellecke, Prinzipien der Verfassungsinterpretation in der Rechtsprechung des Bundesverfassungsgerichts, in: Bundesverfassungsgericht und Grundgesetz, Festgabe für das BVerfG, Bd. 2, 1976, S. 31ff.; Müller, Die Einheit, der Verfassung, S. 230.

21) Vgl. BVerfGE 1, 14(33ff.); Maunz/Zippelius, Dertsches Staatsrecht, 27. Aufl., S. 58ff.

22) Vgl. Maunz, in: Maunz/Dürig, Grundgesetz Kommentar, Art. 93, Rdnr. 23.

부터 헌법의 모든 규정 내지 개정은 이러한 헌법의 기본원칙과 근본규범에 합치될 것이 요구된다.[23)]

헌법은 이처럼 내용과 기능 및 효력이 각기 상이한 다양한 규정들로 이루어져 있기 때문에 동일 헌법 내에서라도 효력상 우선순위의 차이가 있는 규범들로 구성된 단계구조를 이루고 있다고 할 수 있다.[24)] 따라서 일정한 헌법규정 내지 개정이 헌법의 기본원칙과 근본규범에 위배될 경우 그 해당규정의 위헌여부가 문제될 수 있으며, 앞서 언급한 바와 같이 헌법의 통일성과 단계구조로부터 논리필연적으로 위헌적인 당해 헌법규정 또는 개정의 무효 내지 금지의 결과를 야기하게 된다.

(나) 헌법개정의 한계문제를 직접 헌법에서 다룬 예가 바로 독일 기본법 제79조 제3항이라고 할 수 있다. 동조항은 "각 주에 의한 연방의 구성, 연방입법과정에의 각 주의 원칙적 참여 또는 기본법 제1조와 제20조에 내포되어 있는 기본원칙들에 저촉되는 기본법의 개정은 허용되지 아니한다."라고 규정함으로써 앞서 언급한 헌법의 기본원칙과 근본규범, 즉 민주주의원리, 법치국가원리, 사회국가원리, 연방국가원리 등과 인간의 존엄과 가치를 정점으로 하는 각 기본권규정들의 본질적인 내용은 헌법내의 최상위규범의 효력을 가지는 근본규범으로서 합헌적인 절차에 의한다 할지라도 헌법개정의 대상이 될 수 없음을 명백히하고 있다.[25)]

이 기본법 제79조 제3항의 기본정신은 헌법(Verfassung)과 헌법률(Verfassungsgesetz)의 구별 및 이에 따른 헌법제정(Verfassunggebung)과 헌법개정(Verfassungsgesetzgebung)의 구별을 그 이론적 출발점으로 하는 Carl Schmitt의 헌법관에서 유래한다고 평가된다. C. Schmitt는 전체로서 하나의 정치적 통일체의 일회적인 근본결단으로서의 헌법제정행위와 이러한 제정헌법을 전제로 하고 이 제정헌법의 바탕위에서 비로소 그 효력이 발생되고 정당화되어지는 헌법률의 제정 내지 개정을 구별한다. 그에 따르면 이러한 헌법제정권자의 정치적 근본결단은 헌법률의 제정 및 개정을 비롯한 모든 규범정립작용에 우선하는 효력을 가진다.[26)] 따라서 일정한 헌법률의 제정 및 개정은 이러한 정치적 근본결단으로서의 헌법에 위배되어서는 아니 될 본질적 한계를 지니고 있다.[27)] 그러므로 새로운 헌법률의 제정 및 개정은 이러한 전체로

23) Vgl. BVerfGE 1, 14(31f.); 3, 225(231ff.); 4, 294ff.; Ulsamer, in: Maunz/Schmidt-Bleibtreu, BVerfGE Kommentar, 90, Rdnr. 83.

24) Stern, Das Staatsrecht der Bundesrepublik Deutschland, Bd. 1, 2. Aufl., 1984, S. 113; Herzog, Hierarchie der Verfassungsnormen und ihre Funktion beim Schutz der Grundrechte, EuGRZ 1990, S. 485.

25) BVerfGE 30, 1(24ff.); Maunz/Dürig, in: Maunz/Dürig, Grundgesetz Kommentar, Art. 79, Rdnr. 29; Hesse, AöR 98, S. 1ff.; Dürig, in: Festgabe für Th. Maunz, 1971, S. 41ff.

26) Vgl. C. Schmitt, Verfassungslehre, 1928, S. 23.

서의 하나의 체계인 헌법의 동질성과 계속성을 유지하고 그에 부합하는 한도 내에서만 가능한 것이고, 이를 통한 또 하나의 새로운 헌법의 제정은 허용될 수 없게 된다.[28] 결국 C. Schmitt의 견해에 따르면 헌법제정권자가 내린 정치적인 근본결단으로서의 헌법은 이에 근거한 헌법률과는 달리 헌법개정권자에 의해 절대로 침해될 수 없으며, 여기서 헌법제정권자의 근본결단으로서의 헌법은 형식적으로는 기본법 제79조 제3항에서 언급된 기본법상의 기본원칙과 근본규범에 해당된다고 볼 수 있는 논리적 유사성에 비추어 C. Schmitt의 헌법이론과 기본법 제79조 제3항의 기본정신 사이에 공통점이 발견될 수 있다.

나. 헌법규정에 대한 위헌심사의 가능성

(가) 이러한 맥락에서 볼 때 시원적 국가작용인 헌법제정행위에 의하여 이루어진 제헌헌법의 경우 그 내용이 처음부터 상호 모순된 충돌하는 규범을 지닌다고 하는 것부터가 현실적으로 가능성이 없어 보이고,[29] 아울러 제헌헌법 그 자체를 전제로 하고 그에 의하여 비로소 그 제도적 정당성을 인정받고 있는 헌법재판이 제헌헌법상의 규범 그 자체를 심사한다는 것은 일응 논리적으로 모순되는 것처럼 보여지기에 제헌헌법상의 규정은 모두 위헌심사의 대상이 될 수 없다고 볼 수도 있다. 그러나 다른 한편 제헌헌법 자체에도 극히 예외적으로 헌법의 기본원칙과 근본규범에 명백히 모순·충돌되는 규정이 존재할 수 있고,[30] 이 충돌하는 규정 상호간의 조화로운 해석과 운용이 불가능한 경우를 전적으로 배제할 필요는 없다고 본다. 왜냐하면 헌법제정권력에도 헌법개정권력의 경우와 마찬가지로 일정한 한계가 있다고 보아야 하며, 이러한 견해가 학설상 적지 않게 주장되고 있기도 하다. 사실 헌법제정권력이라고 해서 어떠한 한계도 없는 무한대의 권한일 수도 없고, 헌법제정행위에 의해서 이루어진 제헌헌법이 어떠한 모순도 없는 완전무결한 헌법이 아닐 수도 있다. 앞서도 언급했듯이 헌법이란 일정한 핵심적이고 본질적인 가치를 담고 있는데, 제헌헌법의 규정 중에도 예외적으로 이러한 기본적 가치와 원리에 저촉되는 것이 있을 수 있기 때문에, 이러한 경우에는 헌법의 본질적 가치와

27) Vgl. C. Schmitt, aaO, S. 98.

28) Vgl. C. Schmitt, aaO, S. 103; ders, Die legale Weltrevolution, Der Staat 17, S. 324.

29) Vgl. Herzog, aaO, S. 485.

30) 문제되는 규정이 제헌당시부터 근본규범에 명백히 저촉된다고 평가될 경우도 있을 수 있고, 처음에는 모순되지 아니하거나 근본규범에 합치되는 조화로운 해석이 가능했으나, 사회의 변천으로 인해 시간이 흐르면서 이러한 조화로운 해석이 불가능해지고 명백히 근본규범에 저촉되는 경우도 있을 수 있을 것이다.

원리를 수호하고 국민의 기본권의 본질적 내용을 보호하기 위하여 이러한 헌법제정의 한계를 일탈한 규정에 대한 그 어떠한 심사와 통제가 이루어져야 할 것이다. 물론 이러한 경우에는 이른바 헌법의 변질이나 헌법개정 등을 통해 문제를 극복하는 것이 일반적인 해결방안이 되겠지만, 이러한 해결책이 불가능하거나 기대될 수 없을 경우에는 최후의 수단으로 헌법재판에 의한 해결도 고려할 수 있는 것이며, 이를 전적으로 배제할 이유가 없다고 본다.

아울러 헌법개정권력에도 헌법의 기본원리와 근본규범에 저촉되어서는 안된다는 일정한 한계가 존재하며, 만일 헌법개정의 내용이 이러한 헌법의 기본원리와 근본규범에 명백히 저촉된다면 이 경우에도 역시-앞서 언급했듯이 규범상호간의 조화적인 해석이나 헌법의 변질 또는 헌법의 재개정 등의 방법으로 해결되지 못할 경우-최후의 수단으로서 헌법재판에 의한 심사와 통제가 이루어져야 할 것이다.[31] 헌법개정 내지 헌법개정권력의 한계를 인정하면서도 다른 한편 이러한 한계를 일탈한 헌법개정에 대한 위헌심사 자체를 부정하는 것은 그 자체가 논리적 모순이고, 헌법개정의 한계를 논하고 이를 인정하는 실익을 스스로 상실하는 것이다. 결국 앞서 언급한 바와 같이 헌법개정권력은 시원적인 헌법제정권력으로부터 근거하고 그것에 의하여 비로소 그 정당성을 인정받는다는 면에서 헌법제정권력과 구별되기는 하지만,[32] C. Schmitt의 견해와는 달리 양자 모두에게 일정한 한계가 존재하고, 따라서 그 한계를 명백히 일탈할 경우에는 이러한 일탈을 통제하고 해결하기 위한 최후의 수단으로서 헌법재판에 의한 위헌심사가 인정되어야 한다는 면에서는 본질적인 차이가 없다고 볼 수도 있다.

(나) 한편 독일 기본법 제79조 제3항에 의하여 규정된 헌법개정의 한계는 논리필연적으로 동조항 그 자체에게도 적용된다고 할 것이다. 이는 기본법 제79조 제3항의 입법취지와 규범논리적 요청(Gebot der Normlogik)의 측면에서 볼 때 당연한 것이라고 하겠다. 왜냐하면 그렇지 않을 경우 기본법 제79조 제3항 자체가 합헌적인 절차에 의하여 개정 또는 폐지될 수 있고, 그 다음 아무런 제한 없이 원래는 기본법 제79조 제3항에 의하여 그 개정이 금지되었던 헌법상의 근본규범들이 헌법개정에 의하여 침해될 수 있어 기본법 제79조 제3항의 존재목적과 의의를 상실할 것이기 때문이다.[33] 한편 이러한 위험성을 사전에 예방하기 위하여 기본법 제79조 제3항 그 자체를 헌법개정의 대상이 되지 아니한다고 명시적으로 규정하는 방법을 고

31) Vgl. BVerfGE 12, 45; Maunz, aaO, Art. 93, Rdnr. 23.

32) Vgl. Badura, Staatsrecht, 1986, S. 8.

33) Vgl. Maunz/Dürig, aaO, Art. 79, Rdnr. 50; Hesse, aaO, S. 265f.

려해 볼 수도 있지만, 이는 불필요하고 무의미하다고 생각된다. 왜냐하면 그러한 규정 역시 합헌적으로 개정 또는 폐지될 수 있고, 그 연후에 기본법 제79조 제3항을 개정 또는 폐지할 수 있기 때문이다.[34)]

결국 헌법내의 일정한 근본규범에 저촉되는 헌법개정의 금지문제는 이에 관한 명시적인 실정법 규정의 존재 유무에 달려 있는 것이 아니라, 이와는 무관한 하나의 가치체계로서의 헌법의 본질과 이념 및 통일성에서 논리 필연적으로 도출되는 헌법이론의 문제인 것이다. 따라서 기본법 제79조 제3항의 존재유무에 관계없이 헌법상의 근본규범에 위배되는 일정한 헌법개정은 위헌적 헌법규정으로서 무효이며, 헌법재판소는 이러한 개개의 헌법개정의 위헌심판을 담당해야 할 것이다.[35)] 이런 점에서 우리 헌법의 경우에는 독일 기본법 제79조 제3항과 같은 헌법개정의 한계에 관한 규정이 없기 때문에 헌법개정에 대한 위헌심사를 인정할 수 없다는 헌법재판소의 견해[36)]는 타당하다고 볼 수 없다.

무릇 헌법재판의 본질과 기능은 헌법전 그 자체를 수호하는 데 있는 것이 아니라, 헌법상의 근본규범에 의하여 징표된 근본가치의 수호에 있는 것이고, 이러한 헌법상 가치의 핵은 헌법의 하위규범인 법률이나 명령·규칙·조례 등의 제정 및 기타의 일반적인 공권력작용에 의해서 뿐만 아니라, 헌법전내에 속해 있는 개개의 헌법규정 또는 개정에 의해서도 침해되어질 수 있기 때문에, 이러한 헌법상 근본규범에 위배되는 위헌적 헌법규정은 당연히 헌법재판에 의한 통제의 대상이 되어야 하기 때문이다. 이것이 바로 헌법의 최후의 수호자, 즉 헌법상의 기본원칙과 근본규범을 정점으로 해서 체계화된 헌법의 통일성의 수호자로서의 헌법재판소의 임무와 사명이며, 헌법재판제도의 궁극적 목적인 것이다. 따라서 이념적·논리적으로는 헌법규범 상호간의 우열을 인정하면서도 이러한 규범상호간의 우열이 단지 추상적 가치규범의 구체화에 따른 것으로 헌법의 통일적 해석에 있어서는 유용할 것이지만, 그것이 헌법의 어느 특정규정이 다른 규정의 효력을 전면 부인할 수 있는 정도의 개별적 헌법규정 상호간에 효력상의 차등을 의미하는 것이라고는 볼 수 없으므로 헌법규정의 위헌여부와 이에 따른 헌법재판소의 통제가능성은 인정될 수 없다는 헌재의 견해[37)]는 타당하다고 볼 수 없다.

---

34) Stern, aaO, S. 115f.

35) Vgl. BVerfGE 30, 1(15ff.); 34, 9(19f.); Bryde, in: Grundgesetz Kommentar, hrsg. v. v. Münch, 2. Aufl., Art. 79, Rdnr. 25; Herzog, aaO, S. 485.

36) 헌재 1995. 12. 28. 95헌바3, 판례집 7-2, 841, 846-847.

37) 헌재 1995. 12. 28. 95헌바3, 판례집 7-2, 841, 847-848.

(다) 헌법규정에 대한 위헌심사와 관련한 독일의 관계규정 및 판례와 학설이 우리의 실정에도 그대로 적용되어질 수 있는 가에는 다소의 의문이 따를 수 있다. 첫째, 독일에서 일반적으로 인정되고 있는 헌법전내의 단계적 구조이론이－독일 기본법 제79조 제3항에 해당되는 규정을 갖고 있지 아니한－우리의 헌법에도 적용될 수 있는 가이다. 둘째, 우리의 헌법개정절차는 독일과는 달리－독일의 경우 연방의회 재적의원(Mitglieder des Bundestages)의 2/3이상 그리고 연방참사원 표결수(Stimmen des Bundesrates)의 2/3이상의 동의로써 헌법개정안이 의결·확정된다[38]－국회의 의결(재적의원 2/3이상의 찬성, 헌법 제130조 제1항)외에 최종적으로 국민투표(국회의원 선거권자 과반수의 투표와 투표자 과반수의 찬성, 헌법 제130조 제2항)에 의하여 헌법개정안이 확정되기 때문에 이처럼 국민투표를 거친 헌법개정에 대한 헌법재판소에 의한 통제가 가능할 수 있겠는가, 그리고 또한 정당화되어질 수 있겠는가이다. 셋째, 현행 헌법에 헌법재판제도를 도입할 당시의 헌법개정권자의 의도에 비추어볼 때 헌법재판을 통한 규범통제의 대상으로 과연 헌법자체의 규정이나 이에 대한 개정 등이 예상되었겠는 가이다.

이러한 의문점은 간단히 대답되어질 수 있는 성질의 것은 물론 아니다. 그러나 우리 헌법 또한 형식적·내용적으로 대등한 다수의 규정들의 단순한 집합체가 아니고, 일정한 헌법제정권자의 근본결단과 기본원칙을 그 기본바탕으로 하고 있으며, 헌법의 다른 규정들은 이 근본규범으로부터 도출되고 그 근본규범을 구체화하고 보충하는 부수적 규범(Sekundäres Verfassungsrecht)이라고 하는 것을 부인할 수는 없다고 본다. 따라서 우리 헌법 역시 그 기능과 내용 및 효력을 달리하는 다양한 상위·하위규범들로 이루어진 단계적 구조를 가지고 있다고 하겠으며, 따라서 내용상 상·하의 규범들간의 충돌 또한 충분히 가능한 것이다. 아울러 이 헌법상의 근본규범 내지 이 근본규범을 통해 징표된 근본가치는 그 어떤 형태의 침해로부터도 보호되어야 한다는 것 또한 의문의 여지가 없으며, 여기서 그 침해행위가 일반하위규범 정립작용이건 또는 헌법개정작용이건 차이가 있을 수 없다. 물론 일반법률의 개정이나 독일에서의 헌법개정절차와는 달리 우리의 경우 헌법개정은 최종적으로 국민투표로 확정되기 때문에 그 헌법개정행위에는 보다 직접적이고 강력한 민주적 정당성이 부여될 수는 있을 것이다. 그러나 그렇다고 하여 국민투표를 매개로 한 헌법개정에 의한 헌법의 근본규범에 대한 침해행위가 전적으로 정당화되어질 수 있는 것은 아니다. 왜냐하면 그렇지 않다면 국민투표를 통해서라면 어떠

38) Art. 79 Abs. 2 GG.

한 내용의 헌법개정도 가능하다는 결론에 도달하게 되고, 이에 따라 결국 헌법은 내용적으로 형해화될 수밖에 없을 것이기 때문이다.

(라) 한편 직접민주주의적 요소로서의 국민투표는 외형상 대의제도와 모순된다고 평가되고 있으나, 다른 한편 대의제도가 가지는 단점을 보완하는 제도로서 보충적으로 운용된다면 대의제도와 조화될 수 있다고 보는 것이 일반적인 시각이고, 따라서 우리헌법도 대의제도를 바탕으로 하면서도 국민투표제도를 가미하고 있다. 그런데 이러한 국민투표제도가 지니는 헌법적 의미와 순기능을 높이 평가하면서도 동시에 그것이 지니는 역기능과 한계도 아울러 유념해야 하리라고 생각한다. 사실 국민주권의 실현방법의 하나로서의 국민투표제도가 지니는 직접적인 민주적 정당성부여라는 기능과 관련하여 국민투표제도에 무한한 신뢰와 절대적인 정당성을 부여하는 것이 일반적인 경향이지만, 이러한 일반적인 기대와 인식과는 달리 현대국가에서의 국민투표의 실질적 기능과 경험은 많은 문제점도 아울러 지니고 있다고 할 수 있다. 즉 국민의 정치적인 자결력과 판단능력 및 책임감의 한계와 국가영역과 작용의 광활성 · 다양성으로 인해 직접민주주의 대신 간접민주주의를 바탕으로 하는 대의제도와 전문가정치가 불가피한 현대국가에 있어서 선진국은 선진국대로 후진국은 후진국대로 직접민주제적 요소인 국민투표제도는 일정한 한계를 가질 수 밖에 없고, 상황에 따라서는 대의제도를 무력화시키고 국민 내지 주권자의 의사라는 미명아래 그리고 위장적이고 불명확한 민주적 정당성을 바탕으로 독재정치와 헌법의 본질적 내용 침해 또는 특정정파의 이해관철을 정당화시키는 도구로 전락되고 남용될 수 있으며, 이를 우리의 불행한 헌정사가 웅변적으로 보여주고 있다. 사실, 특히 후진국일수록, 특정 권력기관이 국민투표발의권을 가질 경우 이 발의권자가 국민투표의 시기 · 내용 · 설문용어 등 제반사항을 일방적으로 정함으로써 그의 권력을 정당화시키고 정적을 타파하기위한 수단으로서, 또는 독재자가 의회를 무시하고 자신의 정치적 의도를 관철시키기 위하여 국민투표를 선호하고 남용하는 예가 많으며, 이 경우 국민투표발의권자의 의도에 반해서 국민투표가 부결된 경우가 매우 적다는 사실을 각국의 헌정사가 보여주고 있다.[39] 이러한 경험적 실제는

39) 개헌안에 대한 국민투표가 부결된 예로서 동아일보 1999. 5. 19. A9면에는 '개헌안 국민투표 이례적 부결'이라는 제목의 기사를 싣고 있는데, 그 내용을 소개하면 다음과 같다. "국가의 중요안건이 국민투표에서 부결되는 일은 좀처럼 없다. 하물며 … 헌법개정안이 국민투표에서 부결된다는 것은 상상하기 어렵다. 후진국에서는 더욱 그렇다. 그러나 중미 과테말라에서 이런 일이 생겼다. 과테말라 정부는 36년간에 걸친 좌익반군과의 내전 끝에 96년 타결한 평화협상의 내용을 담은 개헌안을 국민투표에 붙였다. 그러나 찬반비율은 1대2로 반대가 압도적으로 많았다. 투표율도 18.4%로 극히 저조했다. … 개헌안 부결의 가장 큰 원인은 주민들의 무관심. 주민들은 기권율이 매우 높았으며 투표 참가자의 대부분도 찬성과 반대의 차이를 정확히 알지 못했다고 영국 BBC방송이 전했다." 이

국민투표가 본래의 기대와는 달리 국민주권의 실현방법으로서 민주적 정당성부여와 대의제도의 보완 및 권력통제 내지 견지의 기능을 제대로 발휘하지 못한다는 것을 보여준다. 물론 국민투표제도가 앞서 언급한 바와 같이 국민주권의 직접적 실현방법으로서 국민주권의 이념을 실현하고, 대의제도와 선거제도의 결함을 보완하며, 권력통제와 견제의 기능을 가지고, 국민의 구체적·경험적 의사를 파악할 수 있다는 점 등의 다양한 의미와 순기능을 가지고 있다는 사실을 결코 과소평가해서는 안되겠지만, 그렇다고 이를 모든 것을 정당화시키는 전가의 보도로 취급해서도 안될 것이다. 따라서 헌법개정의 경우 그것이 국민투표를 거쳤다는 이유만으로 그 내용과 법적 효과를 불문하고 위헌여부가 문제될 수 없고, 헌재의 위헌심사에서 제외된다는 견해는 타당성이 없다. 국민주권의 이념이 헌법의 지고의 근본이념임에는 분명하고, 이러한 국민주권의 이념은 모든 국가권력의 창설과 행사의 최후적 정당성을 국민의 의사에 귀착시키는 것을 의미하지만, 여기서의 국민의 의사는 구체적·경험적 의사가 아닌 미래지향적이고 당위적인 국민전체와 국익을 위한 추정적 의사라는 점을 유념해야 할 것이다.

이런 점에서 국민투표에 의하여 확정된 현행 헌법의 성립과정과 헌법 제130조 제2항이 헌법의 개정을 국민투표에 의하여 확정하도록 하고 있음에 비추어 헌법은 그 전체로서 주권자인 국민의 결단 내지 국민적 합의의 결과라고 보아야 할 것으로 헌법의 규정을 헌법재판소법 제68조 제1항 소정의 공권력 행사의 결과라고 볼 수 없고, 따라서 이러한 국민의 결단인 헌법개정은 위헌심사의 대상이 될 수 없다고 판시한 헌재의 견해[40]는 타당하다고 보기 어렵다.

무릇 헌법이라고 하는 것은, 마치 민주주의의 본질이 가치중립적인 단순한 상대적 민주주의가 아니고 가치관계적인 방어적 민주주의(Streitbare Demokratie)[41]인 것처럼, 그 자체가 지니고 있는 근본가치에 대한 내부 또는 외부로부터의 그 어떤 침해행위에 대하여도 조건반사적인 방어적 본능과 속성을 지니고 있기 때문에, 국민투표에 의한 헌법개정행위라고 할지라도 그것이 헌법의 근본가치를 명백히 침해할 경우에는 그 헌법개정은 이미 정당화되어질 수 없으며, 이러한 위헌적 헌법개정을

기사는 국민투표에 대한 부결은 지극히 예외적인 현상으로서 국민투표가 국민투표발의자가 의회를 무시하고 자신의 정치적 의도를 관철시키고 정당성을 부여하기 위한 일종의 정치적 탈출구로서의 통과의례로 전락될 가능성이 매우 높다는 사실과 국민투표제에 대한 국민의 무관심, 구체적 내용에 대한 인식과 정치적 판단능력의 한계 등 국민투표제도가 지니는 문제점과 그 허실을 시사해주는 것이라고 하겠다.

40) 헌재 1995. 12. 28. 95헌바3, 판례집 7-2, 841, 847.

41) Vgl. BVerfGE 5, 85(139); 28, 36(48f.); 30, 1(19f.); Hesse, aaO, S. 259f.

헌법재판에 의하여 통제함으로써 헌법의 근본가치와 통일성을 수호하는 것이 헌법재판제도의 근본취지라고 보아야 하기 때문에 우리의 헌법 및 헌법재판제도하에서도 당연히 위헌적 헌법규정에 대한 헌법재판소의 위헌심사는 가능하며 또한 가능해야 할 것이다.

(2) 유신헌법 제53조의 심판 대상성

1) 헌법재판제도의 기능 및 특성과 관련하여

앞서 언급한 바와 같이 헌재는 유신헌법 제53조를 심판의 대상에서 제외함으로써 유신헌법 제53조에 대한 심판을 회피하고 있다. 그러나 헌법소원을 비롯한 헌법재판제도의 기능과 특성에 비추어 헌재는 이 사건에서 유신헌법 제53조에 대하여 위헌심사를 했어야 했다. 물론 앞서 언급한 바와 같이 이 사건에서 청구인들도 유신헌법 제53조의 위헌 여부를 심판대상으로 구하고 있다. 그러나 청구인들의 의사와 관계없이 헌법소원 등 헌법재판제도가 가지는 객관적 소송으로서의 성격과 직권심리주의에 따라 헌재는 긴급조치와 더불어 그 근거인 위헌의 의심이 가는 유신헌법 제53조에 대하여도 위헌심사를 할 수 있고 또 했어야 하는 것이다.[42)]

일반적으로 헌법소원제도가 가지는 공익추구의 성격 등의 특성과 직권심리주의에 비추어 헌법재판소는 헌법소원사건에서도 직접 문제가 된 법률조항 이외에 다른 조항에 대하여도 정당한 이유가 존재할 때에는 직권으로 심사하고 위헌선언을 할 수 있다고 본다. 주지하는 바와 같이 오늘날 헌법소원제도는 개인의 주관적 권리구제의 기능 뿐 아니라, 헌법과 기본권 수호, 권력통제, 중요한 헌법적 해명, 그릇된 역사 청산, 사회통합, 정치적 평화보장 등 객관적·공적 이익 추구의 기능도 가지고 있으며, 따라서 오늘날 헌법소원제도는 주관적 소송의 성격 뿐 아니라 사실상 객관적 소송의 성격도 아울러 가지게 되었다고 볼 수 있다. 이러한 헌법소원의 기능 및 목적의 확대와 더불어 헌법소원을 비롯한 헌법재판에는 직권심리주의가 매우 강하게 투영되게 되었다. 따라서 헌법재판소는 공익상 직권으로 당사자가 주장하지 아니한 사안에 대하여도 판단할 수 있고, 또한 판단해야 할 의무를 지는 것이다.[43)] 그리고 이는 당사자가 위헌이라고 주장하지 아니한 법률조항에 대하여

42) 헌법소원제도의 객관적 소송화 현상과 직권심리주의에 대하여 자세한 것은 정연주, 헌법소원심판청구취하의 효과, 공법연구 제28집 제4호 제2권, 2000. 6, 201쪽 이하 참조.

43) 실제로 헌법재판소가 직권심리주의에 따른 판단을 한 사례에 대하여는 정연주, 헌법소원심판청구취하의 효과, 201쪽 이하 참조.

도 적용되어야 할 것이다.

그런데 이러한 논리는 이 사건의 경우에도 적용될 수 있다고 본다. 즉 헌법재판소법 제68조 제2항의 헌법소원에 의한 위헌심사의 경우에도 심판대상인 법률규정이 근본적으로 위헌인 헌법규정에 근거하고, 그 해당 헌법규정에 대한 위헌심사가 중요한 헌법적 해명, 그릇된 역사 청산, 유사한 사안의 재발방지, 사회통합, 정치적 평화보장 등의 긴절한 공익실현, 그리고 헌법 및 기본권 수호나 공권력 통제 등을 위하여 불가피하다면 예외적으로 심사가 가능하고 또 심사해야 하는 것이 헌법재판제도의 기능과 특성상 당연하다는 것이다.

또한 이러한 논리는 헌법재판소법 제75조 제5항의 유추적용을 통해서도 가능하다고 본다. 즉 이 조항은 "헌법재판소는 공권력의 행사 또는 불행사가 위헌인 법률 또는 법률의 조항에 기인한 것이라고 인정될 때에는 인용결정에서 당해 법률 또는 법률의 조항이 위헌임을 선고할 수 있다."라고 규정함으로써 당사자가 주장한 문제된 공권력의 행사 이외에 그 근거인 위헌인 법률 또는 법률조항에 대하여도 헌법재판소가 직권으로 위헌임을 선고할 수 있도록 하고 있고, 이 역시 헌법소원제도가 가지는 공익소송으로서의 성격과 직권심리주의를 나타내는 것이라고 할 수 있는데, 이 조항의 취지에 따라 문제된 법률조항이 근본적으로 위헌인 헌법조항에 기인할 경우 그 근거인 헌법조항에 대하여도 함께 위헌결정내릴 수 있는 것으로 볼 수 있다.

앞서 소개한 하경철 재판관의 "헌법의 개별조항도 헌법 제111조 제1항 제1호 및 제5호, 헌법재판소법 제41조 제1항 및 제68조 제2항 소정의 법률의 개념에 포함되는 것으로 해석하여 헌법재판소가 그 위헌성을 확인할 수 있다."라고 한 반대의견도 이러한 취지에서 경청할 만한 것이라 하겠다.

2) 헌재의 전제성 언급과 관련하여

한편 헌재가 청구인들의 요구를 무시하고 유신헌법 제53조를 심판의 대상에서 제외한 것은 헌재의 이 사건에서의 전제성에 관한 언급과도 모순된다.

헌재는 이 사건을 재판의 전제성 결여를 이유로 각하시키지 않고 전제성을 예외적으로 인정하면서 긴급조치의 위헌성을 판단하고 있다. 즉 "대법원이 위 당해 사건에서 긴급조치 제1호 위반의 점에 대하여 무죄판결을 선고하였으므로, 이 경우에도 과연 재판의 전제성이 인정되는지 여부가 문제 된다. 헌법재판소법 제68조 제2항에 의한 헌법소원심판 청구인이 당해 사건인 형사사건에서 무죄의 확정판결을 받은 때에는 처벌조항의 위헌확인을 구하는 헌법소원이 인용되더라도 재심을 청구할 수 없고, 청구인에 대한 무죄판결은 종국적으로 다툴 수 없게 되므로 법률의 위헌 여부에 따라 당해 사건 재판의 주문이 달라지거나 재판의 내용과 효력에 관한 법률적 의미가 달라지는 경우에 해당한다고 볼 수 없으므로, 원칙적으로 더 이상 재판의 전제성이 인정되지 아니한다. 그러나 앞에서 본 바와 같이 법률과 같은 효력이 있는 유신헌법에 따른 긴급조치의 위헌 여부를 심사할 권한은 본래 헌법재판소의 전속적 관할 사항인 점, 법률과 같은 효력이 있는 규범인 긴급조치의 위헌 여부에 대한 헌법적 해명의 필요성이 있는 점, 당해 사건의 대법원판결은 대세적 효력이 없는 데 비하여 형벌조항에 대한 헌법재판소의 위헌결정은 대세적 기속력을 가지고 유죄 확정판결에 대한 재심사유가 되는 점 등에 비추어 볼 때, 이 사건에서는 긴급조치 제1호, 제2호에 대하여 예외적으로 객관적인 헌법질서의 수호·유지 및 관련 당사자의 권리구제를 위하여 심판의 필요성을 인정하여 적극적으로 그 위헌 여부를 판단하는 것이 헌법재판소의 존재 이유에도 부합하고 그 임무를 다하는 것이 되므로, 당해 사건에서 재판의 전제성을 인정함이 타당하다."[44] 라고 판시함으로써 예외적으로 긴급조치의 위헌 여부에 대한 헌법적 해명의 필요성, 객관적인 헌법질서의 수호·유지 및 관련 당사자의 권리구제를 위하여 심판의 필요성을 인정하여 적극적으로 그 위헌 여부를 판단하는 것이 헌법재판소의 존재 이유에도 부합하고 그 임무를 다하는 것이라는 점을 강조하고 있다.

같은 논리에서 헌재는－원칙적으로 헌법규정은 위헌심사의 대상이 되지 않고 절차적으로도 헌법재판소법 제68조 제2항의 헌법소원사건은 원칙적으로 법률만을 대상으로 하기 때문에 헌법소원의 대상은 아니지만－예외적으로 긴급조치의 근거규정인 유신헌법 제53조의 위헌성도 판단했어야 했다. 즉 유신헌법 제53조와 긴급조치는 불가분의 관계에 있고 위헌성을 공유하고 있는데 긴급조치의 위헌성만 판단하고 그 근거이자 위헌성의 원천인 유신헌법 제53조의 위헌성을 판단하지 아니한 것은 지나치게 형식 논리적이면서 헌재 자신의 논리, 즉 긴급조치에 대한 예외적인 전제성 인정의 논거와 긴급조치도 형식적으로는 법률이 아니지만 실질적으로는 법률과 동일한 효력을 가지므로 헌재의 위헌심사의 대상이 된다는, 따라서 긴급조치는 법률이 아니므로 대법원의 심사대상이라는 대법원의 입장을 완전히 무시하는 논리와도 배치된다. 즉 자신이 판단하고자 하는 부분에 대해서는 예외와 실질적 기준을 강조하면서 그 밖의 판단이 곤란하거나 회피하고자 하는 부분에 대하

44) 헌재 2013. 3. 21. 2010헌바132 등, 공보 제198호, 472, 478.

여는 형식적 논리를 들이대는 모순을 범하는 것이다. 결국 헌재는 앞서 언급한 다양한 헌법적 이유와 자신의 실질적 기준에 따르는 논리 및 국민의 기본권 보장과 권력통제와 중요한 헌법적 해명 등을 사명으로 하는 헌재의 기능에 비추어 마땅히 유신헌법 제53조의 위헌성도 판단했어야 했다. 따라서 법률과 동일한 효력을 가지는 긴급조치가 위헌인 상위의 헌법조항인 유신헌법 제53조에 근거하면서 양자는 상호 불가분의 관계에 있고 긴급조치의 위헌성이 유신헌법 제53조의 위헌성에 필연적으로 근거하고 있다면 당연히 앞서 언급한 이유로 그 근거규정인 유신헌법 제53조의 위헌성도 판단했어야 했다. 이 점에서 헌재의 태도는 지나치게 형식 논리적이고 소극적이며 직무유기의 소지마저 있고, 긴급조치를 대법원의 판결을 무시하면서까지 자신의 심판 관할권에 속하는 것으로 간주하여 위헌이라고 판단한 자신의 실질적 기준 논리와도 모순된다.

(3) 위헌심사의 준거규범

헌재는 긴급조치의 위헌심판 준거규범과 관련하여 "이미 폐기된 유신헌법에 따라 이 사건 긴급조치들의 위헌 여부를 판단하는 것은, 유신헌법 일부 조항과 긴급조치 등이 기본권을 지나치게 침해하고 자유민주적 기본질서를 훼손하는 데에 대한 반성에 기초하여 헌법 개정을 결단한 주권자인 국민의 의사와 기본권 강화와 확대라는 헌법의 역사성에 반하는 것으로 허용할 수 없다. 한편 헌법재판소의 헌법 해석은 헌법이 내포하고 있는 특정한 가치를 탐색·확인하고 이를 규범적으로 관철하는 작업이므로, 헌법재판소가 행하는 구체적 규범통제의 심사기준은 원칙적으로 헌법재판을 할 당시에 규범적 효력을 가지는 헌법이라 할 것이다. 그러므로 이 사건 긴급조치들의 위헌성을 심사하는 준거규범은 유신헌법이 아니라 현행헌법이라고 봄이 타당하다."라고 판시하고 있는데,[45] 이는 긴급조치에 대한 심판 기준을 언급한 것이지만 유신헌법 제53조의 위헌심판기준에 대하여도 적용될 수 있는 논리라고 하겠다. 왜냐하면 헌재도 시사하고 있듯이 유신헌법 제53조 자체가 이미 위헌의 소지를 지니고 있는데 그에 대한 심판을 하는 것이므로 당연히 현행 헌법에 따라 심판하여야 하고, 아울러 헌재도 적절히 지적하고 있듯이 헌법 해석은 헌법이 내포하고 있는 특정한 가치를 탐색·확인하고 이를 규범적으로 관철하는 작업이므로, 헌법재판소가 행하는 규범통제의 심사기준은 원칙적으로 헌법재판을 할 당시에 규범적 효력을 가지는 현행 헌법이라고 보아야 하기 때문이다. 그러므로

45) 헌재 2013. 3. 21. 2010헌바132 등, 공보 제198호, 472, 477.

유신헌법 제53조의 위헌성을 심사하는 준거규범은 유신헌법이 아니라 원칙적으로 현행 헌법이라고 볼 수 있다.

그러나 다른 한편 유신헌법 제53조는 유신헌법 자체를 심사기준으로 하더라도 위헌이라고 볼 수 있고, 그런 점에서 어느 헌법을 준거규범으로 하느냐는 이 사안의 경우 큰 차이가 없다고 하겠다. 즉 유신헌법 제53조의 위헌 여부를 판단할 기준이 될 유신헌법의 기본원칙이나 기본권 규정 등 본질적 내용들은 기본적으로 현행 헌법의 그것과 크게 다를 바 아니고,[46] 유신헌법 제53조는 이러한 유신헌법의 기본원칙과 기본권 규정 등 본질적 내용에도 이미 위반된다고 볼 수 있으므로, 이 사안의 경우 준거규범에 대한 논의는 큰 의미가 없는 것이다.

2. 유신헌법 제53조의 위헌성

(1) 청구인들의 주장

청구인들은 "유신헌법 제53조는 통치자에 대한 국민의 수권절차를 찬탈함으로써 국민주권주의를 침해하고, 입법기관과 사법기관의 기능을 무력화하여 법치국가원리의 제도적 기초인 권력분립원리를 형해화시켰으며, 법률의 우위 및 법률에 의한 재판의 원칙을 부정함으로써 기본권보장을 공동화하고, 선거를 통한 정부의 교체가능성을 봉쇄하고, 국회에 의한 탄핵가능성도 없앰으로써 공화국원리를 실질적으로 폐기시키는 등 국가형태를 변질시켰고, 헌법개정절차에 위반하여 장기집권을 위한 쿠데타를 통하여 제정된 조항으로 위헌이다."라고 주장하고 있다.[47]

(2) 헌재의 입장

물론 헌재는 앞서 언급한 바와 같이 공식적으로는 유신헌법 제53조의 위헌 여부를 판단하지 않았다. 그러나 긴급조치들에 대한 준거규범에 대한 판시를 통해 간접적으로 유신헌법 제53조의 위헌성을 시사하고 있다.

즉 헌재는 "유신헌법에는 권력분립의 원리에 어긋나고 기본권을 과도하게 제한

46) 헌재는 "유신헌법도 그 시행 당시에는 헌법으로서 규범적 효력을 갖고 있었음을 부정할 수 없다." 라고 판시하고 있는데, 이는 헌재도 유신헌법이 부분적으로 문제는 있지만 본질적·일반적으로는 헌법이 가져야 하는 기본원칙과 기본권 규정 등 핵심적 가치를 담고 있고, 그 점에서는 현행헌법과 근본적으로는 대동소이하다는 점을 시사하는 것이라고 하겠다(헌재 2013. 3. 21. 2010헌바132 등, 공보 제198호, 472, 477).

47) 헌재 2013. 3. 21. 2010헌바132 등, 공보 제198호, 472, 475-476.

하는 등 제헌헌법으로부터 현행헌법까지 일관하여 유지되고 있는 헌법의 핵심 가치인 '자유민주적 기본질서'를 훼손하는 일부 규정이 포함되어 있었고, 주권자인 국민은 이러한 규정들을 제8차 및 제9차 개헌을 통하여 모두 폐지하였다. … 유신헌법 일부 조항과 긴급조치 등이 기본권을 지나치게 침해하고 자유민주적 기본질서를 훼손하는 데에 대한 반성에 기초하여 헌법 개정을 결단한 주권자인 국민의 의사와 기본권 강화와 확대라는 헌법의 역사성에 반하는 …. 유신헌법 제53조 제4항은 '긴급조치는 사법적 심사의 대상이 되지 아니한다.'라고 규정하고 있었다. 그러나 … 이러한 사법심사 배제조항은 근대입헌주의에 대한 중대한 예외가 될 뿐 아니라 기본권보장 규정이나 위헌법률심판제도에 관한 규정 등 다른 헌법 조항들과 정면으로 모순·충돌되는 점, 현행헌법에서는 그 반성적 견지에서 긴급재정경제명령·긴급명령에 관한 규정(제76조)에서 사법심사 배제 규정을 삭제하여 제소금지조항을 승계하지 아니한 점 …"이라고 설시함으로써[48] 사실상 유신헌법 제53조가 권력분립의 원칙, 자유민주적 기본질서, 기본권보장 규정들, 사법제도 등에 위반된다는 점을 인정하고 있다.[49]

(3) 소 결

1) 유신헌법 제53조 제1항은 "대통령은 천재·지변 또는 중대한 재정·경제상의 위기에 처하거나, 국가의 안전보장 또는 공공의 안녕질서가 중대한 위협을 받거나

---

48) 헌재 2013. 3. 21. 2010헌바132 등, 공보 제198호, 472, 477.

49) 한편 2001. 2. 22. 2000헌바38 사건의 반대의견에서 하경철 재판관은 유신헌법 자체의 부당성과 관련하여 "주지하듯이 유신헌법은 1972. 10. 17. 전국에 비상계엄을 선포하고 이른바 10·17 비상조치에 따라서 국회를 해산시키고, 정당의 정치활동을 중지시키는 등 헌법의 일부조항의 효력을 정지시킨 상태에서 개헌에 관한 찬반토론도 없이 제정된 것이고, 그 후로도 유신체제 내내 긴급조치 제1호와 제9호 등에 의하여 개헌논의와 비판 등은 금지되었고 엄벌되어 왔다. … 헌법이 비록 국민투표에 의하여 확정되기는 하였으나, 국민투표제도가 이론적인 장점에도 불구하고 집권자에 의한 정치적 이용가능성이라는 폐해가 있으며, 실제로 과거 권위주의 권력이 이를 악용한 사실, 또 그 방식이 이 사건 헌법조항과 같은 개별조항별로 찬반을 묻는 것이 아니라 개정헌법전체에 대한 일괄적인 찬반 투표이기 때문에 개별조항에 대한 반대방법이 없었다는 점 및 계엄 등 공포 분위기와 그 연장선 아래서 국민투표가 시행된 점등을 고려할 때, … 진정한 민의를 반영한 헌법개정권력의 결단의 산물이라고 할 수 있을지 의문이다. 국민투표를 거쳤다고 하여서 절차적 합법성의 결여가 치유되는 것은 아니다. 만일 국민투표에 의하여 확정되기만 하면 어떠한 내용의 헌법개정도 가능하다고 본다면, 국민투표는 불법적 '힘'의 결단을 곧 '법'으로 만드는 합법화수단 외에 다른 아무 것도 아닐 것이며, 독재권력에 의하여 언제든지 남용될 수 있는 가능성을 내포하고 있는 것이다. 그러므로 국민투표를 거쳐서 헌법개정이 되었다 하여 국민투표를 거치지 않은 헌법개정의 경우보다 더욱 높은 정당성을 부여하거나 우위의 효력을 부여할 수 없는 것이며 또 이를 이유로 하여 위헌심사가능성을 부인할 수도 없다 할 것이다."라고 주장하고 있다. 헌재 2001. 2. 22. 2000헌바38, 판례집 13-1, 289, 297-298.

받을 우려가 있어, 신속한 조치를 할 필요가 있다고 판단할 때에는 내정 · 외교 · 국방 · 경제 · 재정 · 사법 등 국정전반에 걸쳐 필요한 긴급조치를 할 수 있다."라고 규정하고 있는데, 이는 이에 해당하는 현행 헌법 제76조의 긴급재정경제명령 등과는 달리 '최소한의' 조치라는 요건이 없어 과도한 조치와 기본권 침해가 초래될 수 있어 비례의 원칙상 문제가 된다. 또한 이는 유신헌법 제54조의 비상계엄에 관한 규정이 별도로 있음에도 불구하고 비상계엄의 경우에나 발동될 수 있는 정도의 또는 보다 심대한 국정전반에 대한 통제와 기본권 침해가 가능하다는 점에서 더욱 그러하다. 아울러 통제의 대상이 한정되어 있지 않고 국정 전반에 걸친다는 점에서 기본권 보장과 권력분립의 원칙을 훼손하면서 공권력의 남용을 용인하고 있다. 한편 현행 헌법 제76의 긴급재정경제명령 등의 경우와는 달리 비상계엄이 아님에도 불구하고 발동요건으로 요구되는 국회의 집회를 기다릴 여유가 없거나 집회가 불가능한 때에 한한다는 요건이 없는데, 이는 국민의 대표기관인 국회를 무력화시키는 것으로 권력분립의 원칙에 반하면서 통제받지 않는 무소불위의 권한을 대통령에게 부여하는 것으로 위헌이라고 보지 않을 수 없다.

2) 유신헌법 제53조 제2항은 "대통령은 제1항의 경우에 필요하다고 인정할 때에는 이 헌법에 규정되어 있는 국민의 자유와 권리를 잠정적으로 정지하는 긴급조치를 할 수 있고, 정부나 법원의 권한에 관하여 긴급조치를 할 수 있다."라고 규정하고 있는데, 이는 침해 내지 제한할 수 있는 기본권이 총망라되어 있어 기본권 제한시의 헌법상의 요청인 비례의 원칙과 기본권의 본질적 내용침해금지의 원칙에 위반될 소지가 크다. 특히 유신헌법 제53조에 해당하는 현행헌법 제76조상의 긴급명령 등의 경우에는 그러한 기본권에 대한 전반적 침해가능성에 대한 규정이 없음은 물론, 그보다 기본권 침해의 필요성이 큰 유신헌법 제54조와 현행 헌법 제77조상의 비상계엄의 경우에도 제한되는 기본권의 종류가 최소한으로 한정되어 있다는 점을 상기하면 그 위헌성은 더 커진다고 하겠다. 또한 비상계엄의 경우가 아님에도 불구하고 정부 뿐 아니라 법원의 권한에 대해서 까지도 긴급조치를 할 수 있다고 규정하고 있는데, 이는 긴급조치의 내용이 위헌적이거나 지나치고 불필요한 경우 등에는 사법부에 의한 통제가 가능해야 함에도 불구하고 이를 봉쇄했다는 점에서 국민의 재판청구권과 사법제도 및 권력분립의 원칙을 침해하는 것이다. 사실 사법부의 통제가 현실적으로 적절치 않다고 판단되는 경우에는 비상계엄을 선포하여 이를 해결하는 방안을 모색했어야 했을 것이다.

3) 유신헌법 제53조 제3항은 "제1항과 제2항의 긴급조치를 한 때에는 대통령은

지체 없이 국회에 통고하여야 한다."라고 규정하고 있는데, 국회에 통고만하면 되고 승인이 필요 없어 국회의 해제건의가 있을 때까지 무한대로 통제가 가능하다. 또한 아래에서 보는 것처럼 국회의 해제건의는 현행 헌법처럼 구속력 있는 요구가 아닌 권고사항에 불과해 구속력이 없어 사실상 긴급조치는 무한대로 효력을 지속할 수 있다. 이러한 점에서 유신헌법 제53조 제3항이 비례의 원칙에 위반됨은 물론 권력분립의 원칙, 자유민주적 기본질서, 기본권보장 규정들, 사법제도 등에 위반된다는 것은 다언을 요하지 않을 것이다.

4) 유신헌법 제53조 제3항은 "제1항과 제2항의 긴급조치는 사법적 심사의 대상이 되지 아니한다."라고 규정하고 있는데, 이 역시 헌재도 지적하고 있듯이 사법권과 재판청구권을 비롯한 기본권 및 권력분립원칙을 본질적으로 침해한다고 보지 않을 수 없다.

5) 유신헌법 제53조 제5항은 "긴급조치의 원인이 소멸한 때에는 대통령은 지체 없이 이를 해제하여야 한다."라고 규정하고 있는데, 이는 국회의 통제가 무력화된 상황에서 긴급조치의 해제권한을 전적으로 대통령의 판단과 재량에만 맡긴 것으로 이 역시 사법권과 각종 기본권 및 권력분립원칙과 국회의 권한을 본질적으로 침해한 것이다.

6) 유신헌법 제53조 제5항은 "국회는 재적의원 과반수의 찬성으로 긴급조치의 해제를 대통령에게 건의할 수 있으며, 대통령은 특별한 사유가 없는 한 이에 응하여야 한다."라고 규정하여 현행헌법 제76조의 구속력 있는 국회의 승인절차나 현행 헌법 제77조의 비상계엄 선포 시의 구속력 있는 국회의 해제수단이 존재하지 않는다. 결과적으로 긴급조치에 대한 통제수단으로서 단지 아무 구속력이 없는 국회의 해제건의만을 인정하고 있고, 이에 대하여 해제 여부에 대하여 전적으로 대통령의 재량에 맡기고 있기 때문에 국회에 통고만하면 되고 승인이 필요 없어 국회의 해제건의가 있을 때까지 무한대로 통제가 가능하다. 또한 앞서 지적한 바와 같이 국회의 해제건의는 현행 헌법처럼 구속력 있는 요구가 아닌 권고사항에 불과해 구속력이 없어 사실상 긴급조치는 무한대로 효력을 지속할 수 있다. 이러한 점에서 유신헌법 제53조 제6항 역시 비례의 원칙에 위반됨은 물론 권력분립의 원칙, 자유민주적 기본질서, 기본권보장 규정들, 사법제도 등을 본질적으로 침해하는 것이라고 할 수 있다.

결국 유신헌법 제53조는 현행 헌법에도 위반되고, 유신헌법 자체에도 위반되는 위헌이다.

Ⅳ. 맺는 말

지금까지 살펴본 바와 같이 긴급조치는 헌재가 심판 관할권을 가진다고 하겠다. 이 점에서 긴급조치의 법적 성격과 관련하여 법률의 효력을 부정하여 헌재의 심사 관할권을 부정하고 스스로 심판관이 된 대법원의 판결은 타당하지 못하다고 하겠다.

또한 긴급조치도 위헌이지만, 그 근거규정인 유신헌법 제53조도 위헌이다. 따라서 유신헌법 제53조의 위헌성을 사실상 인정하면서도 이를 위헌심판의 대상에서 제외한 헌재의 입장도 정당화되기 어렵다. 말도 많고 탈도 많았던 긴급조치와 그 근거인 유신헌법 제53조는 한꺼번에 위헌결정을 내렸어야 했다. 이는 위헌인 긴급조치는 근본적으로 위헌인 헌법규정에 근거하고, 긴급조치와 더불어 그 해당 헌법규정에 대한 위헌심사가 중요한 헌법적 해명, 그릇된 역사 청산, 유사한 사안의 재발방지, 사회통합, 정치적 평화보장 등의 긴절한 공익실현, 그리고 헌법 및 기본권 수호나 공권력 통제 등을 위하여 불가피하고, 따라서 이에 대한 위헌심사가 헌법재판제도의 기능과 특성상 당연하다고 볼 수 있기 때문이다.

또 다른 한편 입법론으로는 법규범의 심판대상을 원칙적으로 그리고 포괄적으로 헌재의 심판대상으로 하는 것이 고려될 필요가 있다. 예컨대 직접성 충족 여부의 다툼, 명령·규칙에 대한 관할 다툼, 기관소송과 권한쟁의심판의 구별문제 등에서처럼 헌재와 대법원간의 관할권 갈등이 초래될 수 있기 때문이다. 법규범은 본래 헌재의 심판대상이 되는 것이 적절하고, 이는 대법원과 헌재의 기능적 차이점에도 부합될 것이다. 그리고 헌재는 직권심리주의를 특징으로 근본적·일반적 문제의 판단 전문기관으로서－앞서 언급한 바와 같이 대법원의 경우와는 달리－대상규범의 효력을 무효화시킬 수 있는 근본적 규범통제기관이라는 점도 고려해야 할 것이다.[50)]

50) 헌재와 대법원의 기능상의 차이 및 규범통제에 대한 심사 관할권의 조정에 대하여는 정연주, 법규명령에 대한 헌법소원, 헌법판례연구[Ⅰ], 헌법판례연구회편, 박영사, 1999. 7. 359쪽 이하.

15. 정당등록취소와 정당설립의 자유

– 헌재 2006. 4. 27. 2004헌마562 정당법 제38조 제1항 제3호 등 위헌확인[1) 및 헌재 2014. 1. 28. 2012헌가19 정당법 제44조 제1항 제3호 위헌제청[2] –

[目 次]

Ⅰ. 머리말

이 글은 국회의원선거 결과 일정 기준 이상의 득표를 하지 못한 정당의 등록을 취소하는 규정이 위헌인지의 여부를 다룬 것이다. 현행 정당법 제44조 제1항 제3호에 따르면 정당이 임기만료에 의한 국회의원선거에 참여하여 의석을 얻지 못하고 유효투표총수의 100분의 2 이상을 득표하지 못한 때에는 당해 선거관리위원회가 그 등록을 취소하도록 규정하고 있다.[3] 여기서 정당이 단지 2%의 득표율을 올

1) 헌재 2006. 4. 27. 2004헌마562, 판례집 18-1상, 574.

2) 헌재 2014. 1. 28. 2012헌마431 등, 판례집 26-1상, 155.

3) 정당법(2018. 8. 14. 법률 제15750호로 개정된 것) 제44조(등록의 취소) ① 정당이 다음 각 호의 어느 하나에 해당하는 때에는 당해 선거관리위원회는 그 등록을 취소한다.

리지 못했다는 이유로 정당의 해산을 의미하는 정당의 등록을 취소하는 것이 과연 헌법상의 정당설립의 자유와 복수정당제도 및 다원적 민주주의의 원리에 위반되는 것이 아닌지의 의문이 제기되어 왔다.

이에 대하여 과거 헌법재판소는 2004헌마562 사건에서 현행 정당법 제44조 제1항 제3호에 해당하는 구 정당법 제38조 제1항 제3호가 기본권 침해의 직접성이 없다는 이유로 사건을 각하함으로써 이 규정의 위헌 여부를 판단하지 않았다. 그러나 이 사건의 반대의견은 이 규정이 기본권 침해의 직접성 요건을 충족하고 있다는 전제하에서 정당설립의 자유를 침해하고 있다고 주장한바 있다. 그러던 중 서울행정법원이 현행 정당법 제44조 제1항 제3호가 정당활동의 자유를 침해한다는 이유로 위헌법률심판을 제청했고,[4] 헌재는 2014. 1. 28. 이 규정(2012헌가19)과 유사명칭 등의 사용금지를 규정한 동법 제41조 제4항 중 제44조 제1항 제3호에 관한 부분에 대하여(2012헌마431) 위헌결정을 내렸다. 이처럼 2004헌마562 사건에서는 헌재의 법정의견이 헌법소원제기의 적법성 요건의 흠결을 이유로 이 정당등록취소규정의 위헌 여부에 대한 판단을 하지 않았지만 서울행정법원의 위헌제청으로 헌재가 이 규정의 위헌 여부를 판단하지 않을 수 없게 되어 결국 2012헌가19 사건에서 위헌결정을 내린 것이다.

결과적으로 등록취소규정을 위헌이라고 한 헌재의 결정은 타당하다고 하겠다. 그러나 헌재의 결정은 그 논증에 있어서 근본적인 문제점을 노정하고 있다. 즉 정당의 기능과 정당민주주의 및 정당설립의 자유에 대한 기본 이해에 있어서 동의하기 어려운 문제를 지니고 있는 것이다.

따라서 여기서 헌재의 결정내용들을 살펴보고, 정당등록취소제도의 위헌성을 정당의 기능과 정당설립의 자유 및 복수정당제도 그리고 다원적 민주주의의 원리 등 다양한 헌법적 쟁점들과 관련하여 고찰한 후 헌재결정의 문제점을 지적하는 것은 대단히 중요한 의미를 지닌다고 하겠다.

---

1. 제17조(법정시 · 도당수) 및 제18조(시 · 도당의 법정당원수)의 요건을 구비하지 못하게 된 때. 다만, 요건의 흠결이 공직선거의 선거일 전 3월 이내에 생긴 때에는 선거일 후 3월까지, 그 외의 경우에는 요건흠결시부터 3월까지 그 취소를 유예한다.
2. 최근 4년간 임기만료에 의한 국회의원선거 또는 임기만료에 의한 지방자치단체의 장선거나 시 · 도의회의원선거에 참여하지 아니한 때
3. 임기만료에 의한 국회의원선거에 참여하여 의석을 얻지 못하고 유효투표총수의 100분의 2 이상을 득표하지 못한 때

정당법 제41조(유사명칭 등의 사용금지) 제44조 제1항의 규정에 의하여 등록취소된 정당의 명칭과 같은 명칭은 등록취소된 날부터 최초로 실시하는 임기만료에 의한 국회의원선거의 선거일까지 정당의 명칭으로 사용할 수 없다.

4) 서울행정법원 2012. 10. 26. 2012아1493 위헌법률심판제청.

Ⅱ. 헌재결정의 내용

1. 2006. 4. 27. 2004헌마562

(1) 사건의 개요와 심판의 대상

1) 사건의 개요

청구외 사회당은 정당법에 의하여 등록된 정당으로 활동하다 2004. 4. 15. 제17대 국회의원선거에 참여하여 30,180표(유효투표총수의 0.3%)를 득표하였고, 이에 따라 중앙선거관리위원회는 같은 달 20. 위 사회당에 대하여 구 정당법 제38조 제1항 제3호에 의하여 정당등록취소처분을 하였다. 이에 위 사회당의 등록 취소 전 그 정당의 대표였던 청구인은 2004. 7. 14. 구 정당법 제38조 제1항 제3호, 제43조 제4항에 의하여 청구인의 정당설립의 자유, 평등권, 결사의 자유 등을 침해받았다고 하여 그 위헌확인을 구하는 이 사건 헌법소원심판을 청구하였다.

2) 심판의 대상

이 사건의 심판대상은 구 정당법 제38조 제1항 제3호(2000. 2. 16. 법률 제6269호로 개정되고, 2005. 8. 4. 법률 제7683호로 개정되기 전의 것, 이하 '등록취소규정'이라 한다), 제43조 제4항(2002. 3. 7. 법률 제6661호로 개정되고, 2005. 8. 4. 법률 제7683호로 개정되기 전의 것, 이하 '명칭사용금지규정'이라 한다)의 위헌 여부이다. 심판대상조항의 내용은 다음과 같다.

구 정당법 제38조(등록의 취소) ① 정당이 다음 각 호의 1에 해당하는 때에는 당해 선거관리위원회는 그 등록을 취소한다.
3. 국회의원총선거에 참여하여 의석을 얻지 못하고 유효투표총수의 100분의 2 이상을 득표하지 못한 때

구 정당법 제43조(유사명칭등 사용금지) ④ 제38조 제1항의 규정에 의하여 등록취소된 정당의 명칭과 같은 명칭은 등록취소된 날부터 최초로 실시하는 국회의원 임기만료에 의한 국회의원선거일까지 정당의 명칭으로 사용할 수 없다.

(2) 청구인의 주장

1) 오늘날 의회민주주의에서 정당이 가지는 중요한 의미와 정당의 특별한 지위를 강조하는 우리 헌법의 취지에 비추어 볼 때 신생정당의 설립뿐만 아니라 기존정당의 정책과 활동영역에 대한 보호도 필요하다.

그런데 이 사건 등록취소규정은 공직선거에서 진지하게 당선의 노력을 다한 정당의 후보자와 그 정당에게 선거의 결과에 따라 부당한 제재를 가하는 것이고 정당 및 그 후보자를 지지한 유권자에게도 자신의 지지와 선택이 아무 가치 없는 행위로 폄하되어 다음 선거에서 다시 같은 정당과 그 후보자를 지지할 수 없게 함으로써 정당의 자유의 본질을 훼손하고 소수자 보호라는 헌법적 요청에 반하므로 군소정당의 난립방지라는 입법목적을 아무리 확대하여도 이를 정당화할 수 없어 정당설립의 자유를 침해하고 있다.

정당의 명칭은 그 정당의 정책과 정치적 신념을 표현하는 최고의 표지라고 할 것이고 이 사건 사회당이라는 명칭은 그 정당의 정체성과 추구하는 이념을 명확히 나타내고 있는 것인데 이 사건 명칭사용금지규정으로 말미암아 정당의 정체성을 유권자들에게 더 이상 명확히 알릴 수 없게 됨으로써 이 규정은 정당의 존폐에 영향을 주어 정당의 설립의 자유를 침해하고 있다.

2) 현역 국회의원을 최소한 1명이라도 확보하고 새로 창당되는 정당에게는 이 사건 법률조항이 적용되지 않는 반면 그렇지 못한 채로 출범하는 신생정당에게는 단 한번의 선거에서 의석을 확보하지 못하였다고 하여 정당을 소멸시키고 그 명칭조차 사용할 수 없게 하는 것은 신생정당을 차별하는 것으로 평등권을 침해하고 있다. 일반적인 사회단체 조직의 경우 그 목적 달성을 이루지 못한다고 하여 이를 규제하거나 조직자체를 변경·해체시키는 법률이 존재하지 않는 데 반하여 헌법에 의하여 특별히 보호받고 있는 특별결사체인 정당의 경우 공직선거에서 일정 수준의 득표를 얻지 못했다는 이유만으로 오히려 그 등록을 취소하도록 한 것은 명백한 평등권 침해이다.

3) 국회의원 총선거에서 일정한 의석이나 득표를 하지 못한 정당이라고 해서 그 정당이 불법단체라고 할 수 없고 헌법적으로 보호가치 없는 단체라고 할 수 없는데도 그 등록을 취소하고 동일한 명칭을 사용하지 못하게 하는 것은 명백히 비례의 원칙을 위반하여 결사의 자유를 침해하는 것이다.

4) 이 사건 법률조항은 등록취소된 정당의 소속원으로서 공직선거에 출마할 예

정인 청구인의 정치참여의 기회를 봉쇄함으로써 청구인의 공무담임권을 침해하는 것이고 등록취소된 정당을 지지하는 청구인과 일반 국민의 선거권을 침해하는 것이다.

(3) 주 문

이 사건 심판청구를 각하한다.

(4) 판시사항

1) 법률에 대한 헌법소원심판에서 기본권 침해의 직접성을 요구하는 이유

2) 국회의원총선거에 참여하여 의석을 얻지 못하고 유효투표총수의 100분의 2 이상을 득표하지 못한 때에 정당의 등록을 취소하도록 한 구 정당법 제38조 제1항 제3호가 정당설립의 자유 등 기본권 침해에 대하여 직접성이 있는지 여부(소극)

3) 이 사건 등록취소규정에 의하여 등록취소된 정당의 명칭과 같은 명칭은 등록취소된 날부터 최초로 실시하는 국회의원 임기만료에 의한 국회의원선거일까지 정당의 명칭으로 사용할 수 없도록 한 구 정당법 제43조 제4항이 정당설립의 자유 등 기본권 침해에 대하여 직접성이 있는지 여부(소극)

(5) 결정요지

1) 다수의견

가. 일반적으로 법률에서 예정한 구체적인 집행행위를 매개로 하여 그 법률이 비로소 국민 개개인의 기본권에 영향을 미칠 수 있게 되므로 개개의 국민은 먼저 일반쟁송의 방법으로 구체적인 집행행위를 대상으로 하여 그로 인한 기본권침해에 대한 구제절차를 밟는 것이 순서이고 이는 최후·보충적인 기본권 구제수단이라는 헌법소원심판의 본질로부터 당연히 요청되는 것이다.

나. 이 사건 등록취소규정에 의하여 청구외 사회당이 소멸하여 그 결과 청구인 주장의 기본권이 침해되는 것이 아니라 위 규정 소정의 등록취소사유에 해당되는지 여부에 대한 중앙선거관리위원회의 심사 및 그에 이은 등록취소라는 집행행위에 의하여 비로소 정당이 소멸하게 된다. 그리고 중앙선거관리위원회의 이 사건 사회당에 대한 등록취소처분이 행정소송의 대상이 됨은 명백하다고 할 것이고 그

정당 등록취소처분의 취소소송절차에서의 위 규정에 의한 등록취소사유(예컨대 소정의 득표율에 미달되었는지 여부)에 대한 사실관계 확정과 더불어 얼마든지 위 규정에 대한 위헌 여부의 제청을 구할 수 있는 것이며 그 외 달리 그러한 절차경유가 곤란하거나 부당하다고 볼 사정 또는 그러한 절차의 경유가 실효성이 없다고 볼 사정은 찾아보기 어렵다. 따라서 이 사건 등록취소규정은 기본권 침해의 직접성이 없다.

다. 이 사건 명칭사용금지규정 자체에 의하여 바로 청구외 사회당이 그 정당명칭을 사용하지 못하게 되는 것이 아니라 중앙선거관리위원회의 등록취소규정에 의한 정당등록취소라는 집행행위가 있을 때 비로소 그 금지효과가 발생하므로 이 사건 명칭사용금지규정은 기본권 침해의 직접성이 없다.

2) 재판관 송인준, 재판관 주선회, 재판관 조대현의 반대의견

가. 법률에 대한 헌법소원심판에서 직접성의 예외를 인정하는 이유는 무엇보다 국민의 기본권 보호에 있어서 공백을 방지하고 우회적인 경로를 통하지 않고 보다 근원적이고 직접적으로 기본권 보장 수단을 제공하려는 데 있다.

나. 이 사건 등록취소규정에의 해당 여부는 국회의원총선거의 개표결과 및 그 투표수와 득표수의 단순한 산술적인 계산 결과에 대한 기계적인 검토에 불과하여 중앙선거관리위원회의 어떠한 실질적인 심사도 개입될 여지가 없으므로 이 사건 등록취소규정이 국민의 권리관계를 집행행위의 유무나 내용에 의해 좌우될 수 없을 정도로 확정하고 있다고 할 것이어서 권리침해의 직접성이 인정되고, 행정소송이 가능하다고 보아 그 절차의 경유를 요구하는 것은 우회적인 경로를 강요하는 것 밖에 되지 않으며, 이 사건 등록취소규정에 대하여 이와 같은 이유에서 직접성을 인정하는 이상 정당등록취소를 요건으로 하고 있는 이 사건 명칭사용금지규정의 경우에도 같은 이유로 직접성을 인정할 수 있다.

다. 이 사건 등록취소규정 및 이 사건 명칭사용금지규정의 경우에는 그 직접적인 수규자인 정당에 의한 헌법소원 가능성이 없고 그 내포하는 불이익이 정당뿐만 아니라 정당의 구성원에게도 유사한 정도로 불이익을 가져온다는 점에서 거의 동일한 효과를 가지고 있으므로 법의 목적 및 실질적인 규율대상, 법규정에서의 제한이나 금지가 제3자에게 미치는 효과나 진지성의 정도, 규범의 수규자에 의한 헌법소원의 제기가능성 등을 종합적으로 고려하여 판단할 때 등록취소된 정당의 구성원인 청구인의 자기관련성을 인정할 수 있다.

라. 이 사건 등록취소규정은 아직 원내에 진출하지 못하고 득표율이 저조하다는 이유로 헌법상 정당의 개념 표지[5]를 갖추고 적법하게 요건을 충족하여 등록된 정당을 사후적인 등록취소를 통해 존립을 불가능하게 하는 것으로 정당의 개념표지와는 무관한 국회의원총선거에서의 성공 여부라는 우연한 사정에 기초하여 정당을 소멸시킴으로써 정당의 존속을 불가능하게 하고, 계속적으로 진지하게 정당활동을 수행하는 과정에서 국민대중의 지지를 획득하여 보다 굳건한 정당으로 성장할 수 있는 신생정당들을 정치생활의 영역으로부터 축출하여 신생정당의 진입을 가로막으며 소수의견의 정치적 결집을 봉쇄하고 기성의 정당체제를 고착화시키는 데 기여하는바 정당설립의 자유제한에 있어 비례성원칙을 지키기 못하여 정당설립의 자유를 침해하고 헌법에 위반된다 할 것이고, 이 사건 명칭사용금지규정 중 이 사건 등록취소규정의 해당 부분은 위에서 본 바와 같이 정당설립의 자유를 침해하는 규정을 전제로 하고 있으므로 같은 이유에서 헌법에 위반된다 할 것이다.

2. 2014. 1. 28. 2012헌가19, 2012헌마431

(1) 사건의 개요와 심판의 대상

1) 사건의 개요

청구인 겸 제청신청인들은 등록취소된 정당 및 그 대표자들이다. 청구인 진보신당·녹색당 및 청년당은 제19대 국회의원선거에 참여하였으나, 의석을 얻지 못하고 유효투표총수의 100분의 2 이상을 득표하지 못하여 정당법 제44조 제1항 제3호에 따라 정당등록이 취소되었다. 한편 청구인들은 등록취소된 정당의 명칭과 동일한 명칭을 일정 기간 정당의 명칭으로 사용할 수 없도록 한 정당법 제41조 제4항에 의하여, '진보신당'·'녹색당' 및 '청년당'을 정당의 명칭으로 사용할 수 없게 되었다. 이에 청구인들은 정당법 제41조 제4항의 위헌확인을 구하는 헌법소원심판을

---

5) 정당의 개념표지와 관련하여 헌재는 "우리 헌법 및 정당법상 정당의 개념적 징표로서는 ① 국가와 자유민주주의 또는 헌법질서를 긍정할 것, ② 공익의 실현에 노력할 것, ③ 선거에 참여할 것, ④ 정강이나 정책을 가질 것, ⑤ 국민의 정치적 의사형성에 참여할 것, ⑥ 계속적이고 공고한 조직을 구비할 것, ⑦ 구성원들이 당원이 될 수 있는 자격을 구비할 것 등을 들 수 있다. 즉, 정당은 정당법 제2조에 의한 정당의 개념표지 외에 예컨대 독일의 정당법(제2조)이 규정하고 있는 바와 같이 '상당한 기간 또는 계속해서' '상당한 지역에서' 국민의 정치적 의사형성에 참여해야 한다는 개념표지가 요청된다고 할 것이다."라고 판시하여 정당의 개념표지를 열거하고 있다(2006. 3. 30. 2004헌마246, 판례집 18-1상, 402, 412-413). 같은 맥락에서 권영성, 한법학원론, 2000, 190쪽 이하; 김철수, 헌법학개론, 2000, 150쪽 이하 참조.

청구하고(2012헌마431), 각 중앙당등록취소처분의 취소를 구하는 소를 제기한 후 그 소송 계속 중 정당법 제44조 제1항 제3호에 대한 위헌법률심판제청신청을 하였는바, 법원은 위 신청을 받아들여 위헌법률심판을 제청하였다(2012헌가19).

2) 심판의 대상

이 사건 심판대상은 정당법(2005. 8. 4. 법률 제7683호로 개정된 것) 제41조 제4항 중 제44조 제1항 제3호에 관한 부분(이하 '정당명칭사용금지조항'이라 한다)이 청구인들의 기본권을 침해하는지 여부(2012헌마431)와, 정당법(2005. 8. 4. 법률 제7683호로 개정된 것) 제44조 제1항 제3호(이하 '정당등록취소조항'이라 한다)가 헌법에 위반되는지 여부(2012헌가19)이다.

정당법 제41조(유사명칭 등의 사용금지) ④ 제44조(등록의 취소) 제1항의 규정에 의하여 등록취소된 정당의 명칭과 같은 명칭은 등록취소된 날부터 최초로 실시하는 임기만료에 의한 국회의원선거의 선거일까지 정당의 명칭으로 사용할 수 없다.

제44조(등록의 취소) ① 정당이 다음 각 호의 어느 하나에 해당하는 때에는 당해 선거관리위원회는 그 등록을 취소한다.

3. 임기만료에 의한 국회의원선거에 참여하여 의석을 얻지 못하고 유효투표총수의 100분의 2 이상을 득표하지 못한 때

(2) 청구인들의 주장 및 법원의 위헌제청이유

1) 청구인들의 주장(2012헌마431)

정당명칭사용금지조항은 입법목적이 불분명하고, 만약 군소정당의 난립 방지를 통한 국민의 선거권 보장을 그 입법목적으로 보더라도, 위 조항은 등록취소된 정당의 명칭과 동일한 명칭의 사용을 금지하고 있을 뿐 유사한 명칭의 사용을 금지하지 아니하여 입법목적 달성에 적절한 수단이라고 볼 수 없다. 또한 정당법에서 규정하고 있는 정당의 등록요건 및 등록취소요건 등에 의하여 군소정당의 난립 방지라는 입법목적을 충분히 달성할 수 있음에도 위 조항이 등록취소된 정당의 명칭과 동일한 명칭의 사용을 금지하는 것은 정당의 존립에 치명적인 불이익을 가하여 침해의 최소성 및 법익의 균형성 원칙에도 위반된다. 위 조항은 등록취소된 정당의 명칭 변경을 강제함으로써 국민이 그 정당을 식별할 수 없도록 하여 정당정치의 발전을 저해한다. 따라서 정당명칭사용금지조항은 청구인들의 정당설립의 자유

를 침해한다.

2) 법원의 위헌제청이유(2012헌가19)

정당등록취소조항은 국회의원선거에서의 결과적 성공이라는 우연한 사정에 기초하여 정당을 소멸시킴으로써 정당의 존속을 불가능하게 하고, 신생정당들을 정치생활의 영역으로부터 축출하여 소수의견의 정치적 결집을 봉쇄하고 기성의 정당체제를 고착화시키며, 엄격한 요건 하에서만 정당설립의 자유에 대한 예외를 허용하려는 헌법 제8조 제4항의 취지에도 부합하지 아니한다.

또한 정당법 제44조 제1항 제3호의 내용을 고려하면, 정당등록취소조항은 군소정당으로 하여금 등록취소를 면하기 위해 임기만료에 의한 지방자치단체의 의회의원 및 장의 선거에만 참여하고 임기만료에 의한 국회의원선거에는 불참하도록 유도할 가능성이 크고, 결국 군소정당의 국회의원선거 참여를 사실상 제한함으로써 정당활동의 자유를 침해한다.

(3) 주 문

정당법 제44조 제1항 제3호 및 제41조 제4항 중 제44조 제1항 제3호에 관한 부분은 헌법에 위반된다.

(4) 판시사항

1) 정당설립의 자유의 내용

2) 정당의 헌법적 기능과 기본권 제한의 한계

3) 국회의원선거에 참여하여 의석을 얻지 못하고 유효투표총수의 100분의 2 이상을 득표하지 못한 정당에 대해 그 등록을 취소하도록 한 정당법 제44조 제1항 제3호가 정당설립의 자유를 침해하는지 여부(적극)

4) 정당등록취소조항에 의하여 등록취소된 정당의 명칭과 같은 명칭을 등록취소된 날부터 최초로 실시하는 임기만료에 의한 국회의원선거의 선거일까지 정당의 명칭으로 사용할 수 없도록 한 정당법 제41조 제4항 중 제44조 제1항 제3호에 관한 부분이 정당설립의 자유를 침해하는지 여부(적극)

(5) 결정요지

1) 정당등록취소조항이 1980년 국가보위입법회의에 의하여 처음 도입될 당시는 물론 이후 국회에서 이루어진 정당법 개정과정에서의 회의록을 살펴보아도, 위 조항의 입법취지를 찾을 수 없다. 헌법 제8조 제1항의 정당설립의 자유와 헌법 제8조 제4항의 입법취지를 고려하여 볼 때, 단지 일정 수준의 정치적 지지를 얻지 못한 군소정당이라는 이유만으로 정당을 국민의 정치적 의사형성과정에서 배제하기 위한 입법은 헌법상 허용될 수 없다.

2) 다만 실질적으로 국민의 정치적 의사형성에 참여할 의사나 능력이 없는 정당을 정치적 의사형성과정에서 배제함으로써 정당제 민주주의를 발전시키고자 하는 한도에서 정당등록취소조항의 입법목적의 정당성을 인정할 수 있고, 국회의원선거에서 원내 진출 및 일정 수준의 득표에 실패한 정당의 등록을 취소하는 것은 이러한 입법목적 달성에 유효한 수단이 될 수 있다.

3) 헌법재판소의 결정으로 정당이 해산된 경우와는 달리, 정당등록취소조항에 의해 정당등록이 취소된 경우에는 대체정당의 설립이 가능하고 일정기간이 경과하면 등록취소된 정당의 명칭을 사용할 수 있다고 하더라도, 정당등록의 취소는 정당의 존속 자체를 박탈하여 모든 형태의 정당활동을 불가능하게 하므로, 그에 대한 입법은 필요최소한의 범위에서 엄격한 기준에 따라 이루어져야 한다. 그런데 일정기간 동안 공직선거에 참여할 기회를 수회 부여하고 그 결과에 따라 등록취소 여부를 결정하는 등 덜 기본권 제한적인 방법을 상정할 수 있고, 정당법에서 법정의 등록요건을 갖추지 못하게 된 정당이나 일정 기간 국회의원선거 등에 참여하지 아니한 정당의 등록을 취소하도록 하는 등 입법목적을 실현할 수 있는 다른 법적 장치도 마련되어 있으므로, 정당등록취소조항은 침해의 최소성 요건을 갖추지 못하였다.

4) 나아가 위 조항은 어느 정당이 대통령선거나 지방자치선거에서 아무리 좋은 성과를 올리더라도 국회의원선거에서 일정 수준의 지지를 얻는 데 실패하면 등록이 취소될 수밖에 없어 불합리하고, 신생·군소정당으로 하여금 국회의원선거에의 참여 자체를 포기하게 할 우려도 있어 법익의 균형성 요건도 갖추지 못하였다.

5) 따라서 정당등록취소조항은 과잉금지원칙에 위반되어 청구인들의 정당설립의 자유를 침해한다.

6) 정당명칭사용금지조항은 정당등록취소조항을 전제로 하고 있으므로, 같은 이

유에서 정당설립의 자유를 침해한다고 할 것이다.

Ⅲ. 등록취소규정의 기본권 침해의 직접성 여부

이번 2012헌가19 사건의 경우 헌법소원사건이 아닌 위헌제청된 사건으로 등록취소규정의 기본권 침해의 직접성 여부가 문제되지는 않지만, 이론적으로 헌법소원으로 제기된 경우 직접성이 문제가 되고, 이는 중요한 헌법적 해명이 필요하고 또한 장래 유사한 사건이 발생될 경우 이에 대한 기준을 제시할 필요가 있다는 점에서 이에 대한 규명은 나름대로 의미가 있다고 하겠다.

1. 2004헌마562 사건의 법정의견

다수의견은 등록취소규정에 의하여 정당의 등록이 직접 취소되는 것이 아니라 중앙선거관리위원회의 심사 및 그에 이은 등록취소라는 집행행위에 의하여 비로소 정당이 소멸하게 되고, 그 등록취소처분은 행정소송의 대상이 되기 때문에 등록취소규정은 기본권 침해의 직접성이 없다고 판시하고 있다.

이에 대하여 반대의견은 등록취소규정에의 해당 여부는 국회의원총선거의 개표결과 및 그 투표수와 득표수의 단순한 산술적인 계산 결과에 대한 기계적인 검토에 불과하여 중앙선거관리위원회의 어떠한 실질적인 심사도 개입될 여지가 없으므로 등록취소규정이 국민의 권리관계를 집행행위의 유무나 내용에 의해 좌우될 수 없을 정도로 확정하고 있어 권리침해의 직접성이 인정되고, 행정소송이 가능하다고 보아 그 절차의 경유를 요구하는 것은 우회적인 경로를 강요하는 것 밖에 되지 않는다고 주장한다.

2. 사 견

기본권 침해의 직접성은 침해의 원인이 되는 공권력작용과 기본권 침해 사이에 별도의 중간 매개물로서의 또 다른 공권력작용이 존재하지 않는 경우에 인정된다. 직접성의 요건은 법령에 대한 헌법소원에서 특히 중요한 의미를 가진다. 즉 법령 자체가 헌법소원의 대상이 될 수 있으려면 그 법령에 의하여 구체적인 집행행위를 기다리지 아니하고 직접 · 현재 · 자기의 기본권을 침해받아야 하는 것을 요건으로 하고, 여기서 말하는 기본권침해의 직접성이란 집행행위에 의하지 아니하고 법령 그 자체에 의하여 자유의 제한, 의무의 부과, 권리 또는 법적 지위의 박탈이 생긴 경우를 뜻한다.[6] 그리고 법규범이 집행행위를 예정하고 있더라고 법규범의 내용이 집행행위 이전에 이미 국민의 권리관계를 직접 변동시키거나 국민의 법적 지위를 결정적으로 정하는 것이어서 국민의 권리관계가 집행행위의 유무나 내용에 의하여 좌우될 수 없을 정도로 확정된 상태라면 그 법규범의 권리침해의 직접성이 인정된다.[7] 이 사건의 경우 반대의견도 적절히 주장하고 있듯이 등록취소규정이 일의적으로 규정되어 있어 이미 법률 자체로 기본권 침해가 확정되고 행정청에게는 재량의 여지가 없이 이를 기계적으로 확인하는 것에 불과하기 때문에 침해의 직접성을 인정할 수 있다.[8]

또한 구체적 집행행위가 존재한 경우라고 하여 언제나 반드시 법률 자체에 대한 헌법소원심판청구의 적법성이 부정되는 것은 아니다. 즉 집행행위가 존재하는 경우라도 그 집행행위를 대상으로 하는 구제절차가 없거나 구제절차가 있다고 하더라도 권리구제의 기대가능성이 없고 다만 기본권침해를 당한 청구인에게 불필요한 우회절차를 강요하는 것밖에 되지 않는 경우에는 당해 법률을 직접 헌법소원의 대상으로 삼을 수 있다.[9] 따라서 행정청의 형식적이고 기계적인 집행행위를 대상으로 행정쟁송을 제기하면서 등록취소규정을 대상으로 위헌제청신청을 하도록 하는 것은 우회적인 절차를 강요하는 것이고, 또한 위헌제청신청이 기각될 경우 이에 대해 헌법소원을 제기할 수는 있으나 해당 재판절차는 계속 진행되어 효과적인 권

---

6) 헌재 1992. 11. 12. 91헌마192, 판례집 4, 813, 823.

7) 헌재 1997. 7. 16. 97헌마38, 판례집 9-2, 94, 104.

8) 같은 견해 이종수, 최근 판례들에 나타난 헌법재판소의 정당관, 헌법판례연구[8], 2006. 12, 한국헌법판례연구회편, 172쪽.

9) 이는 그동안의 일관된 헌재의 입장이다. 예컨대 헌재는 법무사법시행규칙에 대한 헌법소원사건에서 "… 헌법재판소법 제68조 제1항 후단 소정의 다른 법률에 의한 구제절차란, 소원의 목적물인 공권력의 행사 또는 불행사를 직접 대상으로 하여 그 효력을 다룰 수 있는 절차를 의미하는 것이지 최종 목적을 달성키 위하여 취할 수 있는 모든 우회적인 구제절차를 의미하는 것이 아니며, 이 사건에서 청구인으로서는 법원행정처장에게 법무사시험 실시를 요구하고 그 결과(거부처분이나 부작위)에 대하여 불복청구하는 행정심판이나 행정소송을 제기할 수 있을는지도 모르나 가사 그러한 구제절차가 인정된다고 하더라도 그러한 것은 우회적인 절차여서 신속한 권리구제를 받기란 기대하기 어려운 것이므로 이는 헌법재판소법 제68조 제1항 후단 소정의 구제절차에 해당되지 아니하고, 법령자체에 의한 직접적인 기본권침해여부가 문제되었을 경우 그 법령의 효력을 직접 다투는 것을 소송물로 하여 일반 법원에 구제를 구할 수 있는 절차는 존재하지 아니하므로 이 경우에는 다른 구제절차를 거칠 것 없이 바로 헌법소원심판을 청구할 수 있는 것이다."라고 판시함으로써 이러한 입장을 분명히 하고 있고(헌재 1990. 10. 15. 89헌마178, 판례집 2, 365, 371), 이 후의 판례도 같은 입장을 취하고 있다(헌재 1992. 4. 14. 90헌마82, 판례집 4, 194, 203; 1997. 8. 21. 96헌마48, 판례집 9-2, 295, 303). 기본권 침해의 직접성과 관련하여 정연주, 법규명령에 대한 헌법소원, 헌법판례연구[Ⅰ], 헌법판례연구회편, 1999. 7. 359쪽 이하 참조.

리구제에 어려움이 따를 수 있다는 점을 고려하면 더욱 그렇다.

한편 보충성의 원칙의 측면에서 볼 때 형식적으로 집행행위가 존재하고 이에 대한 사법적 권리구제절차가 있다고 하더라고 이른바 보충성의 원칙의 예외가 인정될 수 있다고 할 것이다. 왜냐하면 이 사안에서는 행정청은 단지 법률에 해당하는 요건을 확인하는데 불과하고 행정법원도 이러한 행정청의 집행행위의 법률위반여부를 확인하는데 불과하여 법원의 판단을 구할 실익이 없고 청구인이 원하는 권리구제의 기대가능성이 없거나 우회적인 권리구제절차를 강요하는 것이기 때문이다.

결국 등록취소규정의 기본권 침해의 직접성은 인정되고 따라서 직접 이 규정을 대상으로 제기한 헌법소원은 적법하며, 이를 부적법 각하시킨 다수의견은 타당하지 못하고 그동안의 헌재의 입장과도 배치된다.

Ⅳ. 정당등록취소규정의 위헌성

1. 정당민주주의와 관련하여

정당이라 함은 국민의 이익을 위하여 책임 있는 정치적 주장이나 정책을 추진하고 공직선거의 후보자를 추천 또는 지지함으로써 국민의 정치적 의사형성에 참여함을 목적으로 하는 국민의 자발적 조직을 말한다(정당법 제2조). 정당은 정책을 개발하고, 국민의 다양한 정치적 의사를 국정에 반영하는 교량적 역할을 하는 정치적 결사로서 정책결정과 집행 및 국정운영의, 그리고 다원적 민주주의 실현의 필수불가결한 수단이다.[10] 이처럼 정당은 무정형적이고 무질서한 개개인의 다양한 정치적 의사를 집약·정리하고 구체적인 진로와 방향을 제시하며 국정에 반영 또는 매개하는 중요한 공적 기능을 수행하기 때문에 헌법도 정당의 기능에 상응하는 지위와 권한을 보장함과 동시에 그 헌법 질서를 존중해 줄 것을 요구하고 있다. 즉 헌법 제8조는 정당설립의 자유와 복수정당제를 보장하고, 국가에 의한 정당의 보호를 규정하면서, 정당해산과 관련해서도 정당의 목적이나 활동이 민주적 기본질서에 위배될 때에만 그리고 헌법재판소에 의해서만 해산될 수 있도록 규정하고 있는 것이다.

이처럼 정책의 개발, 국민의사의 국정에의 반영, 민의의 형성과 결집, 인재의 발굴, 중앙과 지방의 매개, 국정통제, 책임정치의 실현 등은 주로 정당을 통해 이루

10) 헌재 2004. 3. 25. 2001헌마710, 판례집 16-1, 422, 434; 2006. 3. 30. 2004헌마246, 판례집 18-1상, 402, 411.

어진다. 특히 정치 · 사회적으로 취약한 신진 · 소수세력의 정치 및 선거에의 참여는 주로 정당을 통해 실현 가능하다는 점에서 정당민주주의는 소수보호를 핵심적 가치의 하나로 하고 있다. 다수의 의사만이 존중받아야 할 정당한 의사는 결코 아니다. 즉 존중받아야 할 의사와 가치 및 민주주의의 본질은 다수냐 소수냐의 문제와는 원칙적으로 무관한 것이다. 따라서 선거 결과 일정 득표율에 미달하였다고 하여 그 정당의 등록을 취소하여 축출하는 것은 정당민주주의를 부정하는 것이다.

한편 이 정당등록취소규정과 관련하여 과거 중앙선관위 관계자는 이 규정의 취지를 "국민의 지지도가 극히 낮은 정당의 난립을 막아 정당민주주의 질서를 잡겠다는 취지에 따른 것"이라고 설명한 바 있다.[11] 그러나 국민의 지지도가 낮은 군소정당이 난립한다고 해서 그것이 정당민주주의의 질서를 파괴하는 것도 아니고, 그 밖의 공익이나 국민에게 그 어떤 손해를 끼치는 것도 아니다. 결국 국민의 지지도에 따른 정당의 존속 여부는 법으로 정할 것이 아니고 정당 스스로가 결정할 문제이다.

2. 정당설립의 자유와 관련하여

앞서 언급한 바와 같이 정당이 현대국가에서 가지는 필수불가결의 기능 때문에 헌법은 정당의 설립과 활동의 자유라고 하는 정당의 자유를 법률유보조항 없이 보호하고 있다. 정당설립 및 활동의 자유라고 함은 정권획득 내지 정치적 영향력 행사를 목적으로 국민의 정치적 의사형성에 참여하는 계속적인 정치적 결사를 자발적으로 조직하고 활동할 수 있는 자유를 말한다. 여기서 정당설립 및 활동의 자유의 핵심적 내용은 정당을 설립하고 활동하고 유지하는데 있어서 국가의 간섭으로부터 자유로울 수 있는 권리를 말한다.

오늘날 의회민주주의에서 정당이 가지는 중요한 의미와 정당의 특별한 지위를 강조하는 우리 헌법의 취지에 비추어 볼 때 신생정당의 설립뿐만 아니라 기존 정당의 정책과 활동 및 존속에 대한 보호도 필요하다. 그런데 등록취소규정은 공직선거에서 진지하게 당선의 노력을 다한 정당의 후보자와 그 정당에게 선거의 결과에 따라 부당한 제재를 가하는 것이고, 정당 및 그 후보자를 지지한 유권자에게도 자신의 지지와 선택이 아무 가치 없는 행위로 폄하되어 다음 선거에서 다시 같은 정당과 그 후보자를 지지할 수 없게 함으로써 정당의 자유의 본질을 훼손하고 소수자 보호라는 헌법적 요청에 반하므로 후술하는 바와 같이 군소정당의 난립방지

11) 동아일보 2008. 4. 14, A8.

라는 입법목적을 아무리 강조하여도 이를 정당화할 수 없어 정당설립의 자유를 침해하고 있다. 2004헌마562 사건의 반대의견도 적시하고 있듯이 등록취소규정은 아직 원내에 진출하지 못하고 득표율이 저조하다는 이유로 헌법상 정당의 개념 표지를 갖추고 적법하게 그 요건을 충족하여 등록된 정당을 사후적인 등록취소를 통해 그 존립을 불가능하게 하는 것으로 정당의 개념표지와는 무관한 국회의원총선거에서의 결과적 성공이라는 우연한 사정에 기초하여 정당을 소멸시킴으로써 정당의 존속을 불가능하게 하고, 계속적으로 진지하게 정당활동을 수행하는 과정에서 국민대중의 지지를 획득하여 보다 굳건한 정당으로 성장할 수 있는 신생정당들을 정치생활의 영역으로부터 축출하여 신생정당의 진입을 가로막으며 소수의견의 정치적 결집을 봉쇄하고 기성의 정당체제를 고착화시키는 데 기여하므로 정당설립의 자유를 제한함에 있어 헌법상 준수하여야 할 비례성을 지키지 못하고 있다. 즉 현역 국회의원을 최소한 1명이라도 확보하고 새로 창당되는 정당에게는 이 사건 법률조항이 적용되지 않는 반면 그렇지 못한 채로 출범하는 신생정당에게는 단 한 번의 선거에서 의석을 확보하지 못하였다고 하여 정당을 소멸시키고 다음 선거에서 그 명칭조차 사용할 수 없게 하는 것은 해당 정당에게 재기의 기회마저 부여하지 않는 것으로 정당설립의 자유를 지나치게 제한하는 것으로 비례의 원칙 위반이고 본질적 내용침해금지의 원칙의 위반의 소지마저 있는 것이다.12)

한편 정당법 제44조 제1항은 등록취소요건으로, 제2호에서는 ‘최근 4년간 임기만료에 의한 국회의원선거 또는 임기만료에 의한 지방자치단체의 장선거나 시 · 도의회의원선거에 참여하지 아니한 때’를 두고 있는 반면, 제3호에서는 ‘임기만료에 의한 국회의원선거에 참여하여 의석을 얻지 못하고 유효투표총수의 100분의 2 이상을 득표하지 못한 때’를 두고 있는바, 이는 임기만료에 의한 국회의원선거에 참여하여 의석을 얻지 못하고 유효투표총수의 2% 이상을 득표하지 못할 가능성이 큰 군소정당으로 하여금 등록취소를 면하기 위해 임기만료에 의한 지방자치단체의 장선거나 시 · 도의회의원선거에만 참여하고, 임기만료에 의한 국회의원선거에는 불참하도록 유도할 가능성이 크고, 결국 정당법 제44조 제1항 제3호는 군소정당의 국회의원선거에의 참여를 사실상 제한함으로써 정당활동의 자유를 침해하는 결과를 초래할 수 있다.

---

12) 2004헌마562 사건의 반대의견이 예를 들고 있듯이 등록취소 규정에 의하여 제16대 총선거 직후 등록이 취소되었던 민주노동당은 재등록 후 바로 다음 17대 총선거에 참여하여 원내 제3당의 지위를 차지하였는바 이는 등록취소규정이 정당설립의 자유 제한에 있어서 적정한 비례성을 지키고 있지 못하다는 점을 현실적으로 입증하는 분명한 사례라 할 것이다.

한편 정당법 제41조의 명칭사용금지규정은 정당법상의 등록취소규정에 의하여 등록이 취소된 정당의 명칭을 차기 국회의원총선거까지 사용할 수 없도록 하고 있는바, 이 명칭사용금지규정 중 등록취소규정의 해당 부분은 위에서 본 바와 같이 정당설립의 자유를 침해하는 규정을 전제로 하고 있으므로 같은 이유에서 헌법에 위반된다 할 것이다. 즉 정당의 명칭은 그 정당의 정책과 정치적 신념을 표현하는 최고의 표지라고 할 것이고 따라서 그 명칭은 그 정당의 정체성과 추구하는 이념을 명확히 나타내고 있는 것인데, 명칭사용금지규정으로 말미암아 정당의 정체성을 유권자들에게 더 이상 명확히 알릴 수 없게 됨으로써 이 규정은 정당의 존폐에 영향을 주어 정당의 설립의 자유를 침해하고 있다.

3. 군소정당난립방지와 관련하여

정당법 제44조 제1항 제3호의 입법목적은 이 사건을 각하시킨 2004헌마562 사건의 다수의견은 물론, 반대의견도 밝히고 있지 않아 분명하지 않지만 군소정당난립방지라고 볼 수 있고, 그 외의 다른 공익적 이유를 발견하기 어렵다. 헌재는 2006. 3. 30. 2004헌마246 정당법 제25조 등 위헌확인 사건에서 "시 · 도당은 1천인 이상의 당원을 가져야 한다."라고 규정한 구 정당법 제27조(현행 정당법 제18조 제1항)의 입법목적과 관련하여 "이 사건 법률조항의 입법목적은 이른바 … 군소정당을 배제하려는 것으로 판단된다. 즉, 각 시 · 도당에게 1천인 이상의 당원을 요구한 제27조의 규정은 아직 당원을 충분히 확보하지 못하여 일정규모 이상 국민의 지지를 받지 못하거나 이익을 대변하지 못한다고 판단되는 이른바 '군소정당'을 배제하려는 취지로 볼 수 있다. 우선 우리 헌법의 대의민주적 기본질서가 제기능을 수행하기 위해서는 의회 내의 안정된 다수세력의 확보를 필요로 한다는 점에서, 군소정당의 배제는 그 목적의 정당성이 인정될 수 있다. … 이는 앞에서 본 바와 같이 … '군소정당'을 배제하려는 취지이며, 이와 같은 규정내용은 … 선거단체 및 소규모 지역정치단체들이 무분별하게 정당에 편입되는 것을 억제하기에 적합한 수단이라고 할 것이다. … 따라서 이 사건 법률조항이 비록 정당으로 등록되기에 필요한 요건으로서 … 각 시 · 도당마다 1,000명 이상의 당원을 갖출 것을 요구하고 있기 때문에 국민의 정당설립의 자유에 어느 정도 제한을 가하는 점이 있는 것은 사실이나, 이러한 제한은 '상당한 기간 또는 계속해서', '상당한 지역에서' 국민의 정치적 의사형성 과정에 참여해야 한다는 정당의 개념표지를 구현하기 위한 합리적인 제한이라고 할 것이므로, 그러한 제한은 헌법적으로 정당화된다고 할 것이다."[13]라고 판시함으로써 일정규모 이상 국민의 지지를 받지 못하거나 이익을 대변하지 못한다고 판단되는 '군소정당'을 배제시키는 것이 선거단체 및 소규모 지역정치단체들이 무분별하게 정당에 편입되는 것을 억제하고 이를 통해 결국 의회 내의 안정된 다수세력의 확보를 목적으로 한다는 점을 분명히 하고 있다. 따라서 일정한 득표율에 미달한 정당의 등록을 취소시키는 정당법 제44조 제1항 제3호의 입법목적도 군소정당의 난립을 방지하고 이를 통한 의회 내의 안정된 다수세력의 확보라고 할 수 있다.

그러나 군소정당의 난립방지 내지 군소정당의 정치영역에서의 배제라는 것이 정당설립의 자유와 복수정당제를 처음부터 부정하는 것이기 때문에 이미 그 자체 헌법상 정당화될 수 없는 입법목적이라는 점은 별론으로 하더라도,[14] 이러한 군소정당난립방지나 선거후보자의 난립방지를 통한 유권자에 의한 선택의 용이 등의 입법목적은 득표율을 기준으로 한 등록취소제도를 정당화시키지 못한다. 의회 내에서의 군소정당의 난립방지는 이른바 봉쇄조항, 즉 현재 시행되고 있는 군소정당의 의회진출을 저지하는 제도를 통해 얼마든지 가능하다. 공직선거법 제189조 제1항은 "중앙선거관리위원회는 비례대표국회의원선거에서 유효투표총수의 100분의 3 이상을 득표하였거나 지역구국회의원총선거에서 5석 이상의 의석을 차지한 각 정당에 대하여 당해 비례대표국회의원선거에서 얻은 득표비율에 따라 비례대표국회의원의석을 배분한다."라고 규정하고 있는데 이러한 봉쇄조항제도를 통해, 즉 오로지 '비례대표국회의원선거에서 유효투표총수의 100분의 3 이상을 득표하였거나 지역구국회의원총선거에서 5석 이상의 의석을 차지한 각 정당'이라는, 즉 정당법 제44조 제1항 제3호의 기준인 '국회의원총선거에 참여하여 의석을 얻지 못하고 유효투표총수의 100분의 2 이상을 득표하지 못한 때'보다 훨씬 엄격하고 높은 기준에 도달한 정당만이 의회에 진출할 수 있도록 함으로써 의회 내의 군소정당의 난립을 원천 봉쇄하고 있다. 따라서 정당법 제44조 제1항 제3호의 기준인 '국회의원총선거에 참여하여 의석을 얻지 못하고 유효투표총수의 100분의 2 이상을 득표하지 못한' 정당은 그 등록이 취소되지 않고 존속하더라도 아예 의회에 진출할 수가 없다. 결국 정당법 제44조 제1항 제3호의 등록취소제도는 군소정당의 난립방지를 통한 의회 내의 안정된 다수세력의 확보라는 입법목적에 전혀 기여하지 못하면서 정당설립의 자유 등 관련 기본권을 지나치게 침해하는 수단이며, 이 점에서 입법

13) 헌재 2006. 3. 30. 2004헌마246, 판례집 18-1상, 402, 414-415.

14) 같은 견해 이종수, 전게논문, 165쪽.

목적 달성을 위한 수단의 적합성의 원칙과 최소침해의 원칙 및 법익균형의 원칙을 내용으로 하는 비례의 원칙에 위반된다.[15] 아울러 군소정당난립방지라는 입법목적 자체가 헌법상 정당화될 수 없고, 따라서 목적의 정당성도 부정된다면 비례의 원칙 위반의 정도 내지 위헌의 정도는 더욱 커진다고 하겠다.

한편 등록취소제도의 입법목적으로 의회 내의 군소정당난립방지가 아니라 의회 외에서의 군소정당난립방지를 상정할 수 있으나, 의회 외에서 군소정당난립방지는 의회 내의 군소정당난립방지와 다수세력의 형성과는 무관함은 물론, 의회 외에서 소수정당의 난립을 방지할 아무런 공익적 사유를 발견할 수 없다. 따라서 이 경우 입법목적의 정당성이나 적합성의 원칙 등 비례의 원칙의 어떠한 내용도 충족시키지 못하여 결국 등록취소규정은 정당설립과 활동 및 존속의 자유를 본질적으로 침해하는 것이다.

한편 군소정당난립방지라는 이유는 등록취소규정인 "국회의원총선거에 참여하여 의석을 얻지 못하고 유효투표총수의 100분의 2 이상을 득표하지 못한 때"라는 규정과 상호 모순된다. 왜냐하면 이 규정에 따르면 정당이 단 하나의 의석이라도 확보한 경우에는 2% 미만의 득표율에도 불구하고 정당등록이 취소되지 않는데, 만일 이 규정의 목적이 군소정당의 난립을 방지하는 것이라면 비록 하나의 의석을 차지했더라고 득표율이 2% 미만이라면 군소정당에 해당되고 따라서 그 정당의 등록을 취소시켜야 한다. 특히 군소정당의 난립이 문제되는 것은 의회 내의 기능 가능한 안정된 다수세력의 확보라는 측면에서 의회 외에서 보다는 의회 내에서 주로 문제가 되는 것이고, 따라서 2% 미만의 득표율을 기록한 군소정당이 하나의 의석을 차지했다고 하여 정당등록을 취소시키지 않고 의회 내의 진출을 허용하는 것이 오히려 하나의 의석도 차지하지 못하고 동시에 득표율이 2% 미만에 불과한 군소정당이 의회에 진출하지 못하였지만 그러나 등록이 취소되지 않은 채 원외에서 존속하는 것보다 군소정당난립방지와 의회 내의 기능 가능한 안정된 다수세력의 확보라는 공익의 측면에서 더 큰 문제를 야기할 수 있다. 그러므로 만일 의회 내의 기능 가능한 안정된 다수세력의 확보와 이를 위한 의회 내의 군소정당의 난립방지가 등록취소규정의 목적이라면 하나의 의석을 확보한 경우라도 2% 미만의 득표율을 기록한 정당의 등록도 취소시켜야 논리적으로 맞다. 아울러 만일－필자는 동의하지 않지만－원외에서의 군소정당의 난립방지가 이 규정의 목적이라고 하더라도

---

15) 군소정당난립방지나 입후보자의 난립방지는 굳이 등록취소제도가 아니더라도 위에서 언급한 봉쇄조항제도를 비롯하여 정당등록요건을 통한 제한, 기탁금제도를 통한 제한, 국고보조금제도를 통한 제한 등 다른 수단들을 통하여 어느 정도 실현가능하다고 볼 수 있다.

의석을 차지한지의 여부와 관계없이 2% 미만의 득표율을 기록한 정당은 군소정당이므로 역시 등록을 취소시켜야 논리적으로 타당하다. 또한 군소정당의 난립방지라는 공익 내지 입법목적에 비추어 볼 때 하나의 의석을 차지했지만 2% 미만의 득표율을 기록한 정당은 하나의 의석도 차지하지 못하고 2% 미만의 득표율을 기록한 정당과 군소정당이라는 측면에서는 차이가 없는데 양자를 등록취소와 관련하여 차별하고 있으므로 평등원칙의 측면에서도 정당화되기 어렵다. 이러한 점에서 이 등록취소규정은 헌법상 정당화되기 어렵다.

4. 위헌정당해산제도와 관련하여

주지하는 바와 같이 오늘날의 민주주의는 다원적 민주주의이다. 현대의 다원적 민주국가에서 복수정당제는 다양한 정치세력과 국민의 의사를 수렴하여 사회의 통합을 촉진시키기 위한 불가피한 요소이므로 대의민주주의의 기본바탕이라고 할 수 있다. 이에 따라 헌법 제8조가 정당에 대한 특별한 국가의 보호, 정당설립과 활동의 자유, 복수정당제를 보장하고 있다.

그러나 다른 한편 헌법 제8조 제4항이 위헌정당해산제도를 마련함으로써 민주주의원리 자체를 위협하는 정당에 대하여는 헌법재판소가 위헌·해산결정을 내림으로써 민주주의실현을 위한 정당제도가 민주주의를 파괴하는 역할을 하지 않도록 제도적 장치를 마련하고 있다. 이는 투쟁적·방어적 민주주의의 관점에서 당연히 인정될 수 있는 제도라고 할 수 있다. 헌법 제8조 제2항이 "정당은 그 목적·조직과 활동이 민주적이어야 하며, 국민의 정치적 의사형성에 참여하는데 필요한 조직을 가져야 한다."라고 규정한 것도 바로 그 때문이다. 헌법이 정당설립과 활동의 자유 및 복수정당제를 보장하는 이유도 바로 자유민주주의의 실현을 위한 것이기 때문에 정당의 존재목적도 자유민주적 기본질서의 실현이며, 따라서 이러한 헌법의 핵심적 가치라고 할 수 있는 자유민주적 기본질서를 파괴하는 정당은 헌법상 정당화될 수 없으며, 자유민주적 기본질서를 핵심으로 하는 헌법질서를 보호하기 위하여 그러한 위헌정당은 제거되어야 하는 것이다.

그러나 다른 한편 위헌정당해산제도는 정당보호의 기능도 가진다. 왜냐하면 일반 결사와는 달리 정당의 경우에는 엄격한 요건과 절차에 따라서 헌법재판소에 의해서만 해산되고 정부 내지 행정기관에 의해서는 절대로 해산될 수 없도록 함으로써 정부 내지 여당에 의한 야당 내지 소수정당에 대한 탄압을 막고 이로써 헌법이 지향하는 정당설립과 활동 및 유지의 자유 그리고 복수정당제를 실효성 있게 보장

하는 정당보호의 기능을 가지는 것이다.[16)]

따라서 오로지 헌법 제8조 제4항이 정하는 엄격한 요건 하에서만 정당의 자유에 대한 예외를 허용하여 민주적 정치과정의 개방성을 최대한 보장하려는 것으로 정당의 정치적 내용 및 활동에 관하여 헌법재판소가 위헌성을 확인한 경우에만 그 정당이 정치생활의 영역에서 축출될 수 있게 하고 있는 것이다. 헌재도 "오늘날의 의회민주주의가 정당의 존재 없이는 기능할 수 없다는 점에서 심지어 '위헌적인 정당을 금지해야 할 공익'도 정당설립의 자유에 대한 입법적 제한을 정당화하지 못하도록 규정한 것이 헌법의 객관적인 의사라면, 입법자가 그 외의 공익적 고려에 의하여 정당설립금지조항을 도입하는 것은 원칙적으로 헌법에 위반된다."라고 판시함으로써 이점을 분명히 하고 있다.[17)]

이처럼 정당을 특별히 보호하고자 하는 위헌정당해산제도의 취지에 비추어 정당은 민주적 기본질서에 반하지 않는 한 원칙적으로 해산되어서는 안된다. 그런데 등록취소제도는 사실상 헌법이 예견하지 않은 일종의 기형적인 정당해산제도로 기능하게 된다. 심지어 헌법적대적인 정당에 대하여도 위헌정당해산제도를 통하여 강력한 존속보장을 적용하고 있는 반면, 합헌적인 정당이 선거에서 일정한 득표율에 미달했다는 이유로 그 존속이 부인되는 등록취소제도는 앞서 언급한 바와 같이 정당설립의 자유, 정당간의 기회균등의 원칙과 더불어 위헌정당해산제도와 관련하여 헌

16) 위헌정당해산제도의 기능이 입법권과 행정권에 의한 방어적 민주주의의 남용을 차단하고 이로써 위로부터의 민주주의 침해를 방지하는 것이라는 견해로서 최희수, 위헌정당해산제도에 관한 연구, 정당과 헌법질서, 심천 계희열박사 화갑기념논문집, 1995, 454쪽.

17) 헌재는 "정당의 해산에 관한 위 헌법규정은 민주주의를 파괴하려는 세력으로부터 민주주의를 보호하려는 소위 '방어적 민주주의'의 한 요소이고, 다른 한편으로는 헌법 스스로가 정당의 정치적 성격을 이유로 하는 정당금지의 요건을 엄격하게 정함으로써 되도록 민주적 정치과정의 개방성을 최대한으로 보장하려는 것이다. 즉, 헌법은 정당의 금지를 민주적 정치과정의 개방성에 대한 중대한 침해로서 이해하여 오로지 제8조 제4항의 엄격한 요건하에서만 정당설립의 자유에 대한 예외를 허용하고 있다. 이에 따라 자유민주적 기본질서를 부정하고 이를 적극적으로 제거하려는 조직도, 국민의 정치적 의사형성에 참여하는 한, '정당의 자유'의 보호를 받는 정당에 해당하며, 오로지 헌법재판소가 그의 위헌성을 확인한 경우에만 정당은 정치생활의 영역으로부터 축출될 수 있다. 그렇다면 민주적 의사형성과정의 개방성을 보장하기 위하여 정당설립의 자유를 최대한으로 보호하려는 헌법의 정신에 비추어, 정당의 설립 및 가입을 금지하는 법률조항은 이를 정당화하는 사유의 중대성에 있어서 적어도 '민주적 기본질서에 대한 위반'에 버금가는 것이어야 한다고 판단된다. 다시 말하면, 오늘날의 의회민주주의가 정당의 존재 없이는 기능할 수 없다는 점에서 심지어 '위헌적인 정당을 금지해야 할 공익'도 정당설립의 자유에 대한 입법적 제한을 정당화하지 못하도록 규정한 것이 헌법의 객관적인 의사라면, 입법자가 그 외의 공익적 고려에 의하여 정당설립금지조항을 도입하는 것은 원칙적으로 헌법에 위반된다. 따라서 정당설립금지의 규정이 정당의 위헌성이나 정치적 성격 때문이 아니라 비록 다른 공익을 실현하기 위하여 도입된다 하더라도, 금지규정이 달성하려는 공익은 매우 중대한 것이어야 한다는 것을 뜻한다."라고 판시하고 있다(헌재 1999. 12. 23. 99헌마135, 판례집 11-2, 800, 814-815).

법상의 체계정당성의 원리와도 합치되기 어렵다.[18] 따라서 효과면에서 정당해산에 해당하는 정당등록취소는 민주적 기본질서의 위반을 이유로 하는 것이 아니라 단순히 일정 득표율 미만을 이유로 자동적으로 이루어지는 것으로 이러한 위헌정당 해산제도의 취지에 반하는 것이다.

5. 다원적 민주주의와 관련하여

앞서 언급한 바와 같이 현대사회가 요구하는 민주주의는 정치적 다원성을 바탕으로 하는 다원적 민주주의라고 할 수 있다. 그리고 이 다원적 민주주의는 소수보호를 그 전제로 하고 있다. 그런데 이러한 다원적 민주주의는 정당정치와 정당본위의 선거 및 복수정당제를 바탕으로 하는 정당민주주의를 그 근간으로 하고 있다. 이를 위해 헌법 제8조 제1항도 복수정당제를 보장하고 있다.[19] 따라서 다원적 민주주의는 주로 정당을 통해 이루어 질 수밖에 없다.[20] 이처럼 다원적 민주주의가 정당을 매개해서 실현되고 있다는 현실을 감안할 때, 그리고 정당의 가장 중요한 기능과 존재목적의 하나가 바로 다양한 국민 의사의 개발과 결집 및 정책 결정과 집행 과정에의 반영이라는 점을 상기할 때 일정한 득표율에 미달한다는 이유만으로 정당의 등록을 취소하는 것은 이러한 다원적 민주주의를 부정하고, 복수정당제를 보장하고 있는 헌법 제8조 제1항에 반하는 것이다.

따라서 정당은 득표율에 관계없이 그 설립과 활동 및 존속의 자유를 보장 받아야 한다. 다양한 정책과 강령을 가진 다양한 정당이 상호 경쟁을 통해 선거에 참여하고 국민의 다양한 의사를 수렴하며, 그러한 의사를 정책의 결정과 집행에 반영될 수 있도록 노력하게 할 때 유권자의 선택폭이 넓어지고, 결국 다원적 민주주의와 소수보호의 헌법정신이 실현될 수 있는 것이다.

결국 정당은 다원적 민주주의 실현과 다양한 정책의 개발과 결정 및 집행을 위한 필수적 도구이고, 특히 정치·사회적으로 취약한 신진·소수세력의 정치적 견해를 결집하고 대변하는 역할은 주로 정당을 통해서 효과적으로 이루어지기 때문에 선거 결과 일정 득표율에 미달하였다고 하여 그 정당의 등록을 취소하여 축출하는 것은 다원적 민주주의를 부정하는 것이고, 결과적으로 정당의 자유와 기능 및 참

18) 이종수, 전게논문, 174쪽.

19) 이러한 복수정당제를 통한 정당민주주의와 다원적 민주주의의 실현에 대하여는 정연주, 1인 1표 국회의원선거제도의 위헌성, 헌법논총, 헌법논총 제13집, 헌법재판소, 2002. 12, 529쪽 이하 참조.

20) 다원적 정치의사형성과정에서의 정당의 기능에 대하여 장영수, 지방자치와 정당, 정당과 헌법질서, 심천 계희열박사 화갑기념논문집, 1995, 342쪽 이하.

정권을 침해하고 소수세력을 무시하는 것이다.[21)]

6. 등록취소규정의 불명확성과 관련하여

정당법 제44조 제1항 제3호의 규정은 그 적용기준이 불명확하다. 즉 이 규정에서 득표율 2%의 기준이 비례대표 후보자에 대한 정당투표의 결과 획득한 득표율을 의미하는 것인지 지역구 후보자에 대한 투표의 결과 획득한 득표율을 의미하는 것인지가 불명확하고, 만일 전자를 의미한다고 할 때 지역구에만 후보를 내고 비례대표 후보를 내지 않은 정당의 경우에는 무엇을 기준으로 득표율을 정할지가 불분명하다. 그리고 정당법 등 관련 법률에 이에 대한 규정이 없다. 이는 정당설립의 자유나 참정권 등의 기본권과 관련된 중요한 사항이고 대의제도와 선거제도 및 정당제도 등 통치기구의 조직과 작용에 관한 중요한 사항이므로 반드시 법률에 규정되어 있어야 하는데 그렇지 못하므로 법률유보의 원칙에 위반될 소지가 크다.

그리고 지역구에만 후보를 내고 비례대표 후보를 내지 않은 정당의 경우 어쩔 수 없이 지역구 후보자에 대한 각각의 득표수의 합계를 득표율로 간주한다고 하더라도 문제는 남는다. 즉 다른 정당의 경우 정당투표의 결과 획득한 득표율을 기준으로 하는데 비해 지역구에만 후보를 내고 비례대표 후보를 내지 않은 정당의 경우에는 지역구 후보자에 대한 투표의 결과 획득한 득표율을 기준으로 한다면 이는 본질적으로 상이한 사항을 상호 비교대상으로 하는 것이고 일관성을 상실한 것으로 평등원칙에 위반될 소지가 있다. 그리고 무엇보다도 군소정당의 난립을 방지한다는 공익적 측면에서의 군소정당의 등록취소는 그 정당에 대한 직접적인 지지도를 기준으로 하여야 한다는 점에서 정당에 대한 직접적인 지지도라고 보기 어려운 지역구 후보자에 대한 득표수를 합계한 비율을 기준으로 하는 것은 정당하지 않다는 점에서 이러한 해석은 문제가 있다.[22)]

---

21) 소수세력과 군소정당에게 대단히 불리한 한국의 정치풍토에 대하여 김수갑, 정당의 역사적 발달, 정당과 헌법질서, 심천 계희열박사 화갑기념논문집, 1995, 111쪽 이하.

22) 헌재도 과거 구 공직선거법상의 1인 1표 국회의원선거제도에 대한 한정위헌결정에서 "… 정당명부식 비례대표제를 병행하는 한 정당에 대한 국민의 지지의사를 충실히 반영할 것까지 요구되며, 그 결과 정당에 대한 의석배분도 국민의 지지 및 선호와 일치되어야 한다. 그런데 현행의 1인 1표제를 전제로 한 공선법 제189조 제1항에 의한 비례대표의석배분방식은 오히려 정당에 대한 국민의 지지의사를 적극적으로 왜곡한다. 유권자가 지역구후보자나 그가 속한 정당 중 어느 일방만을 지지할 경우 지역구후보자 개인을 기준으로 투표하든, 정당을 기준으로 투표하든 어느 경우에나 자신의 진정한 의사는 반영시킬 수 없을 뿐만 아니라 도리어 적극적으로 왜곡되어 표출될 수밖에 없다. 먼저, 지역구후보자를 기준으로 투표하였을 경우 지지하지도 않는 정당을 지지한 것으로 되어 자신의 표가 그 정당의 의석배분에 활용된다. 이는 국민의 지지의사와 정반대되는 방향으로 비례대표의석을

이는 불합리하고 위헌적인 정당등록취소제도를 유지함으로써 불가피하게 발생되는 문제로서 이 제도를 폐지해야만 해결되는 것이다. 즉 이러한 불합리하고 위헌적 등록취소제도를 유지하는 한 역시 불합리하고 위헌적인 부수적 문제가 필연적으로 발생할 수밖에 없는 것이다.

7. 평등의 원칙과 관련하여

일반적인 사회단체 조직의 경우 그 목적 달성을 이루지 못한다고 하여 이를 규제하거나 조직자체를 변경·해체시키는 법률이 존재하지 않는 데 반하여 헌법에 의하여 특별히 보호받고 있는 특별결사체인 정당의 경우 공직선거에서 일정 수준의 득표를 얻지 못했다는 이유만으로 오히려 그 등록을 취소하도록 한 것은 평등의 원칙 위반이다.

앞서 언급한 바와 같이 등록취소제도가 의회 내의 안정된 다수세력의 형성을 위한 군소정당난립방지라는 목적과는 관계가 없고, 의회 외에서의 군소정당난립방지는 그 자체 정당화되기 어려운 목적이므로, 결국 군소정당난립방지는 등록취소제도의 목적이 될 수 없으며, 등록취소제도를 통해 달성코자하는 그 이외의 별다른 공익적 이유를 발견하기 어렵다는 점에서 득표율의 차이가 등록취소를 정당화시키는 사유가 될 수 없다. 따라서 득표율의 차이는 정당등록취소를 정당화시키는 합리적 차별사유가 아니라는 점에서 이 규정은 평등원칙에 위반된다. 결국 헌법상 정당화되기 어려운 군소정당난립방지라는 입법목적을 위해 합리적 차별사유로 볼 수 없는 득표율을 기준으로 정당의 등록을 취소하는 것은 취소되는 군소정당을 기존의 다른 정당과 부당하게 차별하는 것으로 정당간의 기회균등의 원칙에 위반된다.

한편 등록취소는 국회의원선거에서의 득표율을 기준으로 하면서, 대통령선거나 지방선거에서의 득표율은 등록취소요건으로 하고 있지 않다. 이는 정당설립과 활동 및 존속의 자유를 차별적으로 침해하는 것이다. 왜냐하면 정당의 설립목적이나 활동과 관련하여 정당의 기능은 대통령선거나 지방선거에서도 중요한데 오로지 국

배분하는 것이다. 정당명부식 비례대표제를 병행하는 한 정당에 대한 국민의 지지의사를 충실히 반영할 것까지 요구되며, 그 결과 정당에 대한 의석배분도 국민의 지지 및 선호와 일치되어야 한다. 그런데 현행의 1인 1표제를 전제로 한 공선법 제189조 제1항에 의한 비례대표의석배분방식은 오히려 정당에 대한 국민의 지지의사를 적극적으로 왜곡한다. …"라고 판시함으로써 지역구 선거의 결과 획득한 득표율은 정당에 대한 지지도로 볼 수 없음을 명백히 하고 있다(헌재 2001. 7. 19. 2000헌마91 등, 판례집 13-2, 77, 94). 이에 대하여는 정연주, 1인 1표 국회의원선거제도의 위헌성, 513쪽 이하 참조.

회의원선거의 결과만을 가지고 차별취급을 하기 때문에 정당화되기 어렵다.

8. 권력분립의 원칙과 관련하여

고전적 3권분립이론은 사회구조와 사회기능의 변화, 다양한 정치·사회세력의 출현, 다양한 국가기관의 등장, 헌법관의 변화, 정당국가적 경향 등 때문에 본래의 권력통제기능을 효율적으로 발휘하기 어렵게 되었다. 따라서 오늘날 이러한 고전적 3권분립이론은 그 골격은 유지하되 다양한 수정과 보완을 겪게 되었다. 그 중 하나가 바로 정당을 통한 기능적 권력통제라고 할 수 있다.[23)]

현대의 정당국가적 경향에서 오는 정당을 통한 권력통합현상, 즉 정부와 여당의 통합현상을 수정·보완하는 수단이 바로 복수정당제를 전제로 하는 정당간의 권력분립이다. 특히 국가작용의 모든 분야를 지배하게 되는 여당의 힘에 대항해서 그를 견제하고 여당 수뇌부에 의해서 행사되는 통치권을 효과적으로 통제하기 위해서는 잠재적인 여당을 의미하는 야당의 헌법상의 지위와 권한을 강화하는 것이다.[24)]

따라서 오늘날 여당과 야당의 대립적 관계는 정권적 차원의 경쟁자로서 뿐 아니라, 통치권 행사의 절차적 정당성을 확보해주기 위한 권력통제장치로서의 기능을 가지며, 따라서 소수의 보호가 통치질서상의 중요한 의미를 가지게 된다. 이 점에서 일정한 득표율에 미달한 군소정당이라고 하여 등록을 취소하여 그 정당을 소멸케 하는 것은 소수의사의 대변과 보호를 통해 국정을 통제하려는 군소정당의 존속을 부정하는 것이고, 결과적으로 권력분립의 원칙을 훼손하는 것으로 볼 수 있다.

Ⅴ. 맺는 말(헌재결정의 문제점)

결국 군소정당에 대한 등록취소규정은 위에서 언급한 다양한 이유로 헌법에 위반된다. 그런 점에서 등록취소규정을 위헌이라고 한 헌재의 2012헌가19 결정은 결과적으로 타당하다고 하겠다.

그러나 헌재의 결정은 그 논증에 있어서 문제점도 아울러 노정하고 있다. 즉 헌재는 "실질적으로 국민의 정치적 의사형성에 참여할 의사나 능력이 없는 정당을 정치적 의사형성과정에서 배제함으로써 정당제 민주주의를 발전시키고자 하는 한

---

23) 장영수, 전게논문, 344쪽.

24) 정당을 통한 새로운 형식의 권력분립과 관련하여 김승환, 민주주의와 정당의 기능, 정당과 헌법질서, 심천 계희열박사 화갑기념논문집, 1995, 132쪽.

도에서 정당등록취소조항의 입법목적의 정당성을 인정할 수 있고, 국회의원선거에서 원내 진출 및 일정 수준의 득표에 실패한 정당의 등록을 취소하는 것은 이러한 입법목적 달성에 유효한 수단이 될 수 있다."라고 판시하고 있는데,[25] 앞서 언급한 바와 같이 설사 국민의 지지도가 낮아 실질적으로 국민의 정치적 의사형성에 참여할 능력이 없는 정당이라 할지라도 그 지지도가 일정 수준에 미달한다는 이유만으로 정치적 의사형성과정에서 배제하는 것은 그 자체가 위헌으로 정당화될 수 없고, 이는 오히려 정당민주주의의 발전에 역행하는 것이다. 따라서 앞서 군소정당난립방지와 관련하여 언급한 바와 같이 헌재의 견해와는 달리 정당등록취소조항의 입법목적의 정당성을 인정할 수 없고, 설사 그러한 입법목적의 정당성을 인정한다고 하더라도 국회의원선거에서 원내 진출 및 일정 수준의 득표에 실패한 정당의 등록을 취소하는 것은 이러한 입법목적 달성에 유효한 수단이 될 수 없다.

또한 헌재는 "일정기간 동안 공직선거에 참여할 기회를 수회 부여하고 그 결과에 따라 등록취소 여부를 결정하는 등 덜 기본권 제한적인 방법을 상정할 수 있고, 정당법에서 법정의 등록요건을 갖추지 못하게 된 정당이나 일정 기간 국회의원선거 등에 참여하지 아니한 정당의 등록을 취소하도록 하는 등 입법목적을 실현할 수 있는 다른 법적 장치도 마련되어 있으므로, 정당등록취소조항은 침해의 최소성 요건을 갖추지 못하였다."라고 판시하고 있는데,[26] 정당이 일정기간 동안 공직선거에 참여할 기회를 수회 부여받았지만 그 결과 일정 수준 이상의 국민의 지지를 받지 못했다 하더라도 그 정당의 등록을 취소하는 것 역시 같은 이유에서 정당화될 수 없고, 일정 기간 국회의원선거 등에 참여하지 아니한 정당의 등록을 취소하도록 하는 것 역시 같은 이유에서 정당화될 수 없다는 점에서 헌재의 결정은 그 이유와 전제에 있어서 대단히 잘못된 것이다. 앞서 언급한 바와 같이 정당이 일정기간 동안 공직선거에 참여할 기회를 수회 부여받았지만 그 결과 일정 수준 이상의 국민의 지지를 받지 못했다는 사실, 또는 정당이 일정 기간 국회의원선거 등에 참여하지 아니했다는 사실 등은 정당등록취소의 사유가 될 수 없고, 그러한 사실들이 공익에 어떠한 위해를 가하는 것도 아니며, 정당민주주의의 발전을 저해하는 것도 아니다. 그러한 정당의 존속 여부는 정당 스스로가 결정할 문제이며, 이는 헌법상 정당설립과 활동의 자유에 속하는 것이다.

결국 헌재의 위헌결정의 결과에 대하여는 동의하지만 그 논거와 정당의 기능 및

---

25) 헌재 2014. 1. 28. 2012헌마431 등, 판례집 26-1상, 155(163).

26) 헌재 2014. 1. 28. 2012헌마431 등, 판례집 26-1상, 155(164).

정당민주주의, 그리고 정당설립의 자유에 대한 이해에 대하여는 동의할 수 없다.

기존의 대정당을 통해 대변되는 다수의 의사만이 존중받아야 할 정당한 의사는 아니다. 즉 존중받아야 할 의사와 가치 및 민주주의의 본질은 다수냐 소수냐의 문제와는 원칙적으로 무관한 것이다. 따라서 선거 결과 일정 득표율에 미달하였다고 하여 그 정당의 등록을 취소하여 축출하는 것은 정당민주주의를 부정하는 것이다. 국민의 지지도가 낮은 군소정당이 존재한다고 해서 그것이 정당민주주의의 질서를 파괴하는 것도 아니고, 그 밖의 공익이나 국민에게 그 어떤 손해를 끼치는 것도 아니다. 국민의 지지도에 따른 군소정당의 존속 여부는 법으로 정할 것이 아니고 정당 스스로가 결정할 문제이다.

민주주의는 소수보호를 전제로 한다. 소수의 의사가 존중될 때 다수의 의사도 존중받고 사회의 통합이 가능한 것이다.

16. 통합진보당 해산결정에 대한 비판적 검토

- 헌재 2014. 12. 19. 2013헌다1 통합진보당 해산[1] -

[目 次]

Ⅰ. 머리말

이 글은 헌법재판소의 통합진보당(이하 '통진당'이라 함) 해산결정에 대한 내용과 그 헌법적 문제점 및 관련 법규의 보완문제를 다룬 것이다. 이 결정을 통해 헌법재판소가 최초로 정당해산의 구체적 요건과 기준을 마련하고 정당해산의 기본적 효력과 부수적 효력－예컨대 소속 국회의원의 의원직 상실 여부 등－을 주문에 밝힘으로써 정당해산제도의 의의와 기능 및 민주적 기본질서에 대한 근본적 고찰을 함과 동시에 평소에 논란이 되어 왔던 중요한 헌법적 문제에 해명을 함으로써 논란을 종식시켰다는 일부 평가가 있었다.

그러나 다른 한편 이 결정은 정당해산제도의 목적과 기능에 대한 이해 부족, 사실관계 오류, 편향된 이념, 논리적 비약, 법리적 오해 등 다양한 문제점을 노정했

1) 헌재 2014. 12. 19. 2013헌다1, 공보 제219호, 95.

다는 엄청난 비판에 직면한 바 있다. 또한 법률의 근거도 없이 소속 국회의원들의 의원직 상실 결정을 내림으로써 헌법재판소 스스로가 헌법과 법률을 위반하면서 국회의 입법권한을 행사했다는 거센 비판도 제기되었다. 아울러 소속 국회의원의 의원직을 상실시키는 결정을 내리면서 국회의원직을 상실한 소속 의원들의 보궐선거에서의 재출마 문제와 소속 지방의회의원의 의원직의 상실 여부 등에 대하여 판단하지 아니한 것도 문제시 되고 있다.

이러한 비판과 관련하여 정당해산제도 및 해산결정에 따른 소속 국회의원과 지방의회의원의 의원직 상실이나 재입후보 문제 등 제반 후속조치에 대한 법적 근거가 마련되어야 한다는 의견이 강력히 제기되었으며, 아울러 차제에 헌법재판관의 구성의 헌법재판관 구성과 선출방식도 근본적으로 개선되어야 한다는 의견도 제기된 바 있다.

따라서 이 글에서는 위 헌법재판소 결정의 내용과 문제점, 그리고 관련 법규의 보완필요성 및 그 개선방안에 대하여 고찰해보기로 한다.

Ⅱ. 결정요지

1. 다수의견

(1) 1) '정당의 목적'은 주로 정당의 공식적인 강령이나 당헌의 내용을 통해 드러나겠지만, 만약 정당의 진정한 목적이 숨겨진 상태라면 이 경우에는 강령 이외의 자료를 통해 진정한 목적을 파악해야 한다. '정당의 활동'이란, 정당 기관의 행위나 주요 정당관계자, 당원 등의 행위로서 그 정당에게 귀속시킬 수 있는 활동 일반을 의미한다.

2) 헌법 제8조 제4항이 의미하는 '민주적 기본질서'는, 모든 폭력적·자의적 지배를 배제하고, 다수를 존중하면서도 소수를 배려하는 민주적 의사결정과 자유·평등을 기본원리로 하여 구성되고 운영되는 정치적 질서를 말하며, 구체적으로는 국민주권의 원리, 기본적 인권의 존중, 권력분립제도, 복수정당제도 등이 현행 헌법상 주요한 요소라고 볼 수 있다.

3) 헌법 제8조 제4항에서 말하는 민주적 기본질서의 '위배'란, 민주적 기본질서에 대한 단순한 위반이나 저촉을 의미하는 것이 아니라, 민주사회의 불가결한 요소인 정당의 존립을 제약해야 할 만큼 그 정당의 목적이나 활동이 우리 사회의 민주적 기본질서에 대하여 실질적인 해악을 끼칠 수 있는 구체적 위험성을 초래하는

경우를 가리킨다.

4) 강제적 정당해산은 비례원칙을 준수해야 한다. 따라서 헌법 제8조 제4항의 명문규정상 요건이 구비된 경우에도 해당 정당의 위헌적 문제성을 해결할 수 있는 다른 대안적 수단이 없고, 정당해산결정을 통하여 얻을 수 있는 사회적 이익이 정당해산결정으로 인해 초래되는 정당활동 자유 제한으로 인한 불이익과 민주주의 사회에 대한 중대한 제약이라는 사회적 불이익을 초과할 수 있을 정도로 큰 경우에 한하여 정당해산결정이 헌법적으로 정당화될 수 있다.

(2) 1) 피청구인이 추구하는 가치 내지 이념적 지향점은 '진보적 민주주의'다. 그런데 주체사상을 지도이념으로 하여 활동한 사람들을 주축으로 한 피청구인 주도세력의 형성과정, 대북자세, 활동경력, 이념적 동일성 등을 종합해 볼 때, 피청구인 주도세력은 북한을 추종하고 있다. 피청구인 주도세력의 강령상 목표는 1차적으로 폭력에 의하여 진보적 민주주의를 실현하고, 이를 기초로 통일을 통하여 최종적으로는 사회주의를 실현하는 것이다.

2) 피청구인 소속 일부 구성원들은 전쟁 발발시 북한에 동조하여 대한민국 내 국가기간시설의 파괴, 무기 제조 및 탈취, 통신 교란 등 폭력을 실행하고자 내란관련 회합들을 개최하였는데, 위 회합들의 개최 경위, 참석자들의 피청구인 당내 지위, 이 사건에 대한 피청구인의 옹호 태도 등을 종합할 때, 위 회합들은 피청구인의 활동으로 귀속된다.

또한 비례대표 부정경선, 중앙위원회 폭력 사건 및 관악을 지역구 여론조작 사건은 피청구인의 당원들이 폭력적 수단으로 자신들이 지지하는 후보의 당선을 관철시키려 한 것으로서 당내 민주적 의사형성을 왜곡하고 선거제도를 형해화하여 민주주의 원리를 훼손하는 것이다.

3) 피청구인이 추구하는 북한식 사회주의 체제는 조선노동당이 제시하는 정치노선을 절대적인 선으로 받아들이고 그 정당의 특정한 계급노선과 결부된 인민민주주의 독재방식과 수령론에 기초한 1인 독재를 통치의 본질로 추구하는 점에서 민주적 기본질서와 근본적으로 충돌한다. 또한 피청구인은 진보적 민주주의를 실현하기 위해서는 전민항쟁 등 폭력을 행사하여 자유민주주의체제를 전복할 수 있다고 하는데 이 역시 민주적 기본질서에 정면으로 저촉된다. 한편 내란관련 사건, 비례대표 부정경선 사건, 중앙위원회 폭력 사건 및 관악을 지역구 여론조작 사건 등 피청구인의 활동들은 내용적 측면에서는 국가의 존립, 의회제도, 법치주의 등을 부정하는 것이고, 수단이나 성격의 측면에서는 자신의 의사를 관철하기 위해 폭력

등을 적극적으로 사용하여 민주주의 이념에 반하는 것이다.

4) 결국 피청구인의 위와 같은 진정한 목적이나 그에 기초한 활동은 우리 사회의 민주적 기본질서에 대해 실질적 해악을 끼칠 수 있는 구체적 위험성을 초래하였다고 판단되므로, 민주적 기본질서에 위배된다.

(3) 북한식 사회주의를 실현하고자 하는 피청구인의 목적과 활동에 내포된 중대한 위헌성, 대한민국 체제를 파괴하려는 북한과 대치하고 있는 특수한 상황, 피청구인 구성원에 대한 개별적인 형사처벌로는 정당 자체의 위험성이 제거되지 않는 등 해산 결정 외에는 피청구인의 고유한 위험성을 제거할 수 있는 다른 대안이 없는 점, 그리고 민주적 기본질서의 수호와 민주주의의 다원성 보장이라는 사회적 이익이 정당해산결정으로 인한 피청구인의 정당활동의 자유에 대한 근본적 제약이나 다원적 민주주의에 대한 일부 제한이라는 불이익에 비하여 월등히 크고 중요하다는 점을 고려하면, 피청구인에 대한 해산결정은 민주적 기본질서에 가해지는 위험성을 실효적으로 제거하기 위한 부득이한 해법으로서 비례원칙에 위배되지 아니한다.

(4) 헌법재판소의 해산결정으로 정당이 해산되는 경우에 그 정당 소속 국회의원이 의원직을 상실하는지에 대하여 명문의 규정은 없으나, 정당해산심판제도의 본질은 민주적 기본질서에 위배되는 정당을 정치적 의사형성과정에서 배제함으로써 국민을 보호하는 데에 있는데 해산정당 소속 국회의원의 의원직을 상실시키지 않는 경우 정당해산결정의 실효성을 확보할 수 없게 되므로, 헌법재판소의 정당해산결정이 있는 경우 그 정당 소속 국회의원의 의원직은 당선 방식을 불문하고 모두 상실되어야 한다.

2. 재판관 김이수의 반대의견

(1) 1) 피청구인의 강령상 '진보적 민주주의'의 구체적인 내용은 특정한 집단의 주권을 배제한다거나 기본적 인권을 부인하고 나아가 북한의 적화통일전략에 동조하는 내용을 담고 있다고 볼 수 없다. 또한 피청구인이 주장하는 '진보적 민주주의'는 폭력 사용을 용인한 것이라거나 북한의 대남혁명전략의 수단인 통일전선전술을 편 것이라고 볼 수 없다.

민주노동당에서 피청구인에 이르는 분당과 창당 및 재분당 과정을 종합하여 보면 민주노동당 내 자주파의 대북정책이나 입장자주파의 노선 자체가 주체사상에 기초한 북한식 사회주의 추구나 북한에 대한 무조건적 추종에 기초하였다고 보기 어렵고, 현재 피청구인 내부에 자주파 또는 이에 우호적인 사람들의 비중이 더 커졌다고 하여, 그것이 곧 과거 민주노동당 구성원 가운데 종북 성향을 가진 사람들만이 피청구인에 남았음을 입증하는 것이라 보기 어렵다. 또한 피청구인 구성원 가운데 반국가단체인 민족민주혁명당 조직원이나 하부 조직원 또는 관계자였던 것으로 인정할 수 있는 사람은 직접 유죄판결을 받았거나 판결에서 조직원으로 언급된 단지 몇 명에 불과하고, 그 중 이○기와 그 지지자들이 이념적 통일성을 가진 조직을 형성하여 피청구인을 장악하고 있다고 평가하기 어렵다. 또한 피청구인과 북한의 직접적인 연계는 전혀 입증되지 아니하였다.

피청구인이 대안체제의 수립이나 구조적이고 급진적인 변혁을 추구한다고 하더라도, 피청구인이 폭력적 수단이나 그 밖에 민주주의 원칙에 반하는 수단으로 변혁을 추구하거나 민주적 기본질서의 전복을 추구하려 한다는 점이 구체적으로 입증되지 아니하는 한 피청구인의 목적이 민주적 기본질서에 위배된다고 볼 수 없다.

2) 피청구인의 지역조직인 경기도당이 주최한 모임들에서 이루어진 일부 구성원들의 발언은 민주적 기본질서에 실질적 해악을 끼칠 구체적 위험이 있다고 할 것이나, 그와 같은 활동은 피청구인 전체의 기본노선에 반하여 이루어진 것이고, 피청구인이 그러한 활동을 적극적으로 옹호하거나 그러한 활동으로부터 기본노선에 영향을 받고 있다고 인정하기 부족하므로 이를 피청구인 정당 전체의 책임으로 볼 수 없다.

비례대표 부정경선 사건이나 중앙위원회 폭력 사건, 야권단일화 여론조작 사건과 같은 피청구인의 일부 구성원의 개별 활동이 당내 민주주의를 훼손하거나, 민주적 의사결정원리를 존중하지 않았거나, 실정법을 위반한 사실은 인정된다. 그러나 피청구인 전체가 조직적, 계획적, 적극적, 지속적으로 위와 같은 활동을 한 것은 아니고, 위와 같은 활동들을 제외하면 피청구인은 다른 정당들과 마찬가지로 일상적인 정당활동을 영위하여 온 점, 그간 우리 사회가 산발적인 선거부정 행위나 정당 관계자의 범죄에 대하여는 행위자에 대한 형사처벌과 당해 정당의 정치적 책임의 문제로 이를 해결하여 온 점 등을 고려하면, 위와 같은 활동들이 피청구인 자신의 정치적 기본노선에 입각한 것이거나, 거꾸로 피청구인의 기본노선에 중대한 영향을 미치는 것으로서 민주적 기본질서에 실질적 해악을 끼칠 구체적 위험이 있다고 보기에는 부족하다.

(2) 피청구인에 대한 해산결정을 통해 얻을 수 있는 이익은 상대적으로 미약한데 반하여 그로 인해 우리 사회의 민주주의에 야기되는 해악은 매우 심각하다. 피

청구인 소속 당원들 중 대한민국의 민주적 기본질서를 전복하려는 세력이 있다면 형사처벌 등을 통해 그러한 세력을 피청구인의 정책결정과정으로부터 배제할 수 있는 점, 정당해산 여부는 원칙적으로 정치적 공론의 장에 맡기는 것이 적절한데 지방선거 등 우리 사회의 정치적 공론 영역에서 이미 피청구인에 대한 실효적인 비판과 논박이 이루어지고 있는 점, 피청구인에 대한 해산결정이 피청구인의 대다수 일반 당원들에게 가하게 될 사회적 낙인 효과, 그리고 현격한 국력차를 비롯한 오늘날 남북한의 변화된 현실 등을 고려할 때, 피청구인에 대한 해산결정은 비례원칙에 위배된다.

Ⅲ. 정당해산제도의 목적과 기능 및 요건

정당해산심판이란 정당의 목적이나 활동이 민주적 기본질서에 위배될 때 그 정당을 헌법재판절차를 통해서 해산시키는 제도이다. 헌법 제8조 제4항은 "정당의 목적이나 활동이 민주적 기본질서에 위배될 때에는 정부는 헌법재판소에 그 해산을 제소할 수 있고, 정당은 헌법재판소의 심판에 의하여 해산된다."라고 규정하고 있고, 헌법 제111조 제1항 제3호는 정당해산심판을 헌법재판소의 관장사항으로 규정함으로써 방어적 민주주의 내지 투쟁적 민주주의의 실현수단의 하나인 정당해산심판제도를 규정하고 있다.

1. 목적과 기능

(1) 목 적

오늘날의 민주주의는 다원적 민주주의이다. 현대의 다원적 민주국가에서 복수정당제는 다양한 정치세력과 국민의 의사를 수렴하여 사회의 통합을 촉진시키기 위한 불가피한 요소이므로 대의민주주의의 기본바탕이라고 할 수 있다. 왜냐하면 정당은 국민의 정치적 의사형성에 참여하여 이를 촉진시키고 권력행사와 국민 사이에 교량적 역할을 담당하기 때문이다. 이에 따라 헌법 제8조가 정당에 대한 특별한 국가의 보호, 정당설립과 활동의 자유, 복수정당제를 보장하고 있다.[2)]

그러나 다른 한편 헌법 제8조 제4항이 위헌정당해산제도를 마련함으로써 민주

2) 정당민주주의와 복수정당제에 대하여 정연주, 정당등록취소와 정당설립의 자유, 헌법학연구, 20권 1호, 2014. 3, 68쪽 이하 참조.

주의원리 자체를 위협하는 정당에 대하여는 헌법재판소가 위헌·해산결정을 내리게 함으로써 민주주의실현을 위한 정당제도가 민주주의를 파괴하는 역할을 하지 않도록 제도적 장치를 마련하고 있다. 이는 투쟁적·방어적 민주주의의 관점에서 당연히 인정될 수 있는 제도라고 할 수 있다.[3)] 헌법 제8조 제2항이 "정당은 그 목적·조직과 활동이 민주적이어야 하며, 국민의 정치적 의사형성에 참여하는데 필요한 조직을 가져야 한다."라고 규정한 것도 바로 그 때문이다. 헌법이 정당설립과 활동의 자유 및 복수정당제를 보장하는 이유도 바로 민주주의의 실현을 위한 것이기 때문에 정당의 존재목적도 민주적 기본질서의 실현이다. 따라서 이러한 헌법의 핵심적 가치라고 할 수 있는 민주적 기본질서를 파괴하는 정당은 헌법상 정당화될 수 없으며, 민주적 기본질서를 근간으로 하는 헌법질서를 보호하기 위하여 그 목적이나 활동이 민주적 기본질서에 위배되는 위헌정당을 해산할 필요가 있는 것이다. 이것이 바로 정당해산심판제도이다.

(2) 기 능

1) 투쟁적·방어적 민주주의의 실현수단

정당해산심판은 민주주의를 파괴하는 정당을 제거하는 기능을 가진다. 앞서 언급한 바와 같이 오늘날의 민주주의는 투쟁적·방어적 민주주의이다. 이는 가치무관계적 민주주의가 아니라 가치관계적 민주주의를 바탕으로 한다. 즉 헌법의 핵심적 가치인 기본권과 기본원리의 실현을 내용으로 하는 민주적 기본질서를 전제로 하는 것이다. 따라서 정당해산심판제도는 민주주의의 이름으로 민주주의를 파괴하려는 위헌정당으로부터 민주주의를 보호하고 헌법을 보호하는 투쟁적·방어적 민주주의의 실현수단으로서의 기능을 가진다고 하겠다.[4)]

2) 정당의 보호

정당해산심판제도는 정당보호의 기능도 가진다. 일반 정치적 결사와는 달리 정당의 경우에는 엄격한 요건과 절차에 따라서 헌법재판소에 의해서만 해산되고 정

---

3) 투쟁적·방어적 민주주의에 대하여 자세한 것은 Denninger, in: Benda/Maihofer/Vogel, Handbuch des Verfassungsrechts, 2. Aufl., 1994, S. 675ff.

4) 이처럼 정당해산심판제도의 방어적 민주주의의 실현수단으로서의 기능을 강조하는 입장으로서는 장영수, 정당해산 요건에 대한 독일 연방헌법재판소의 판단기준에 관한 연구, 헌법학연구 제20권 제4호, 2014. 12, 302쪽 이하; 허영, 헌법소송법론, 2015, 284쪽.

부 내지 행정기관에 의해서는 절대로 해산될 수 없도록 함으로써 정부 내지 여당에 의한 야당 내지 소수정당에 대한 탄압을 막고, 이로써 헌법이 지향하는 정당설립과 활동의 자유 및 복수정당제를 실효성 있게 보장하는 정당보호의 기능도 가지는 것이다. 결국 정당해산심판제도는 정당민주주의와 다원적 민주주의의 실현을 강화하고, 소수를 보호하며, 야당 및 소수정당에 의한 정부·여당에 대한 견제 내지 권력통제를 용이하게 해주는 기능을 가진다고 하겠다.

헌법재판소도 헌법 제8조 제4항이 1960년의 제3차 개헌에서 도입된 배경을 고려해볼 때, 정당해산을 용이하게 하기 위한 조항이 아니라 정당해산을 어렵게 함으로써 정당의 존속을 보호하려는 '정당보호조항'으로 보았다.[5] 헌법에 정당해산조항이 없던 이승만 정권 하에서 행정부가 진보당을 '정당 등록 취소'라는 행정처분을 통해 사실상 해산해 버렸기 때문에 정치권력의 자의적인 정당해산으로부터 정당을 보호하려는 의도로 1960년 개헌에서 헌법에 들어간 조항이 현행 헌법 제8조 제4항이기 때문이다. 따라서 이는 행정부의 자의적인 정당해산이나 야당 내지 소수정당 탄압을 방지하기 위한 정당보호적 취지가 강하다고 볼 수 있다.[6]

2. 정당해산의 사유와 요건

정당해산의 사유는 정당의 목적이나 활동이 민주적 기본질서에 위배되는 것이다. 그런데 앞서 언급한 바와 같이 헌법 제8조 제4항의 정당해산제도는 정당해산을 용이하게 하기 위한 것이 아니라 정당해산을 어렵게 함으로써 정당의 존속을 보호하려는 '정당보호조항'으로서의 기능을 가지기 때문에 동 조항에 규정된 정당해산 사유인 '정당의 목적이나 활동이 민주적 기본질서에 위배될 때'라는 요건을 엄격하게 해석해야 한다는 것이다. 특히 '위배'와 관련해서는 단순한 저촉이 아니라 '민주적 기본질서에 실질적 해악을 끼칠 구체적 위험성'이 입증되어야 한다고 헌법재판소도 강조하고 있다.[7]

---

5) 헌재 2014. 12. 19. 2013헌다1, 공보 제219호, 95, 103.

6) 이처럼 정당해산제도의 정당보호기능을 강조하는 입장으로는 김종철, 민주공화국과 정당해산제도－통합진보당 해산심판청구를 소재로－, 공법학연구 제15권 제1호, 2014. 2, 39쪽; 송석윤, 정당해산제도의 딜레마, 독일 연방헌법재판소의 독일 민족민주당 사건을 중심으로－, 세계헌법연구 제16권 제3호, 국제헌법학회 한국학회, 2010, 85쪽.

7) 헌재 2014. 12. 19. 2013헌다1, 공보 제219호, 95, 106.

(1) 정당의 목적이나 활동

1) 정당의 목적

정당의 목적이란 정당이 추구하는 정치적 방향이나 지향점 혹은 현실 속에서 구현하고자 하는 정치적 계획 등을 통칭한다.[8] 이러한 정당의 목적은 정당의 공식적인 강령이나 당헌, 당규의 내용, 당의 선전자료나 교육자료, 당기관지, 당출판물, 당대표나 당 간부 및 정당관계자의 연설이나 공식적 발언 등을 통해 종합적으로 파악해야 할 것이다. 그런데 정당해산제도의 취지, 특히 소수보호의 기능과 정부의 권한남용 및 야당탄압의 위험성을 감안할 때 이러한 판단은 매우 신중하게, 그리고 명확하고 구체적인 증거에 근거해서 이루어져야 할 것이다.

2) 정당의 활동

정당의 활동이란 정당명의의 활동, 그 구성원, 즉 당대표나 당간부 및 평당원의 활동, 그리고 당의 기관과 하부조직의 활동을 포함한다고 하겠다. 그러나 당원의 활동은 당의 이름으로 당의 공식적인 지시에 의한 경우에만 그 효과가 당에 귀속되고 당 자체의 활동으로 간주된다고 하겠다. 따라서 당원의 개인적인 동기에 의한 활동의 경우에는 정당에 책임을 돌릴 수 있는 정당 자체의 활동이라고는 볼 수 없고, 결국 여기서 말하는 정당해산사유가 되는 정당활동은 아니라고 하겠다. 이는 이른바 베니스위원회가 2009년 채택한 '정당해산 관련 지침'에도 분명히 드러난다. 이 지침에는 국내 법률이 아닌 국제적 기준 충족, 헌법질서 전복을 목적으로 한 폭력 사용, 비례성의 원칙, 현실적 위협에 대한 충분한 근거와 더불어 '정당구성원 개별 행위로는 해산 불가'라는 조건이 규정되어 있다.[9]

---

8) 헌재 2014. 12. 19. 2013헌다1, 공보 제219호, 95, 104.

9) 베니스위원회의 '5대 기준'은 1999년 12월 채택된 '정당의 금지와 해산 및 유사 조치에 관한 지침'을 압축한 것이다. 그 내용은 "① 어떤 국가도 국내입법에만 근거를 둔 제한을 부과할 수 없다. ② 예외적 조치로서 그 행사에는 극도의 자제가 요청되며, 민주적 헌법질서의 전복을 목적으로 한 폭력의 사용 또는 사용의 주장이 있어야 한다. ③ 정당 구성원의 개별 행위에 대한 책임을 정당 전체에 대해 물을 수 없다. ④ 비례성의 원칙에 따라 결정돼야 하고, 보다 덜 과격한 조치로 위험을 예방할 수 있는 경우 정당해산 결정을 내려선 아니 된다. ⑤ 현실적 위협이 존재한다는 충분한 증거에 근거를 두고 사법적 판단을 거쳐 결정되어야 한다." 등이다.
베니스 위원회는 세계 헌법재판기관협의체이다. 유럽평의회의 산하기구로서 헌법 분야 전문가들로 구성되어 있고, 헌법적 지원, 헌법적 정의, 선거 문제 등의 3분야에 대한 법률적 자문을 제공한다. 베니스 위원회의 공식 명칭은 법을 통한 민주주의 유럽위원회(European Commission for Democracy through Law)이지만, 1년에 네 번 이탈리아 베니스에서 개회하기 때문에 모임 장소에 따라 흔히 '베

3) 목적과 활동의 상호관계

한편 헌법 제8조 제4항은 정당의 '목적이나 활동'이라고 규정하고 있어서 목적이나 활동 중 어느 하나라도 민주적 기본질서에 위배되면 정당해산사유에 해당되는지가 문제될 수 있다. 결론적으로 정당의 목적과 활동은 상호 밀접하게 연관되어 있는 것으로 이들을 분리·선택하여 어느 하나만을 대상으로 민주적 기본질서 위반 여부를 판단할 수 없다고 할 것이다. 특히 후술하는 바와 같이 헌법 제8조 제4항에서 말하는 민주적 기본질서의 위배란 민주적 기본질서에 대한 단순한 위반이나 저촉을 의미하는 것이 아니라, 민주 사회의 불가결한 요소인 정당의 존립을 제약해야 할 만큼 그 정당의 목적이나 활동이 우리 사회의 민주적 기본질서에 대하여 실질적인 해악을 끼칠 수 있는 구체적 위험성을 초래하는 경우를 가리키며, 따라서 정당의 목적이나 활동이 민주적 기본질서에 대하여 적극적으로 투쟁적·공격적 태도를 취하면서 이러한 기본질서의 기능을 고의로, 지속적으로 그리고 계획적으로 침해하고 결국에는 이러한 기본질서를 제거하고자하는 경우를 의미하는 것으로 보아야 하기 때문에 단순히 정당의 목적이 민주적 기본질서에 위배된다는 사정만으로 이러한 엄격하고 적극적인 정당해산의 요건을 충족한다고 보기는 어렵고, 정당의 목적과 더불어 그러한 목적을 실현하고자 하는 구체적인 정당의 활동까지 종합적으로 평가하여 정당해산의 요건의 충족 여부를 판단해야 할 것이다.[10)]

(2) 민주적 기본질서에 위배

정당해산은 그 정당의 목적이나 활동이 민주적 기본질서에 위배되어야 한다. 그

니스 위원회'로 불린다. 베를린 장벽이 무너지고 중유럽과 동유럽에 헌법적 지원이 절실하던 시기인 1990년 설립되어 유럽 헌법 전통의 기준에 맞는 헌법 채택에 주도적 역할을 하였다. 국제헌법자문기구로서 민주주의와 법치주의, 인권의 수호를 위한 다양한 활동을 하고 있다. 2014년 7월 기준 총 가입국가는 유럽 평의회 회원이 아닌 정회원국 11개국을 포함한 60여개국이며, 대한민국은 2006년부터 정회원국이 되었다.

베니스위원회에 대한 개요 및 정당해산심사요건 등에 관하여 자세한 것은 윤정인·김선택, 유럽인권재판소의 정당해산 심판기준, 공법학연구 제15권 제3호, 2014. 8, 59쪽 이하; 김종철, 전게논문, 49쪽 이하 참조.

10) 이처럼 정당의 목적과 활동은 상호 밀접하게 연관되어 있는 것으로 이들을 분리·선택하여 어느 하나만을 대상으로 민주적 기본질서 위반 여부를 판단할 수 없다는 견해로는 이재희, 전투적 민주주의로부터의 민주주의 수호: 한국 헌법상 정당해산심판제도의 의의와 실체적 요건 해석을 중심으로, 공법학연구 제15권 제2호, 2014. 5, 130쪽; 김하열, 헌법소송법, 2014, 662쪽. 반면 정당의 목적이나 활동 중 어느 하나라도 정당해산사유에 해당되면 정당해산의 요건은 충족된다고 보는 입장으로는 헌재 2014. 12. 19. 2013헌다1, 공보 제219호, 95, 105; 신평, 헌법재판법, 2011, 512쪽; 정종섭, 헌법소송법, 2005, 455쪽.

런데 정당해산의 사유인 민주적 기본질서에의 위배는 매우 추상적인 개념이기 때문에 과연 무엇이 민주적 기본질서이고 어떤 정당이 정당해산의 대상이 되는 위헌정당인지를 확정하기가 어렵다.

민주적 기본질서의 위배라고 하는 정당해산사유는 엄격하게 해석되어야 할 것이다. 그렇지 않을 경우에는 정당해산심판제도가 야당탄압의 수단으로 악용될 위험이 있고, 민주주의를 지키기 위한 제도가 오히려 민주주의를 파괴하는 제도로 전락할 가능성이 있기 때문이다. 앞서 언급한 바와 같이 정당해산심판제도는 방어적 민주주의의 실현수단이자 정당보호를 중요한 기능으로 하고 있기 때문이다.[11)]

1) 민주적 기본질서의 의미에 관한 헌법재판소의 판례

이처럼 민주적 기본질서의 의미를 엄격히 해석해야 하는데, 이와 관련하여 헌법재판소는 통진당 해산결정에서 "정당해산심판제도가 수호하고자 하는 민주적 기본질서는 우리가 오늘날의 입헌적 민주주의 체제를 구성하고 운영하는 데에 필요한 가장 핵심적인 내용이나 요소를 의미하는 것으로서, 민주적이고 자율적인 정치적 절차를 통해 국민적 의사를 형성·실현하기 위한 요소, 즉 민주주의 원리에 입각한 요소들과, 이러한 정치적 절차를 운영하고 보호하는 데에 필요한 기본적인 요소, 즉 법치주의 원리에 입각한 요소들 중에서 필요불가결한 부분이 중심이 되어야 한다. 이는 이것이 보장되지 않으면 우리의 입헌적 민주주의 체제가 유지될 수 없다고 평가되는 최소한의 내용이라 하겠다. 결국 위에서 본 바와 같은 입헌적 민주주의의 원리, 민주 사회에 있어서의 정당의 기능, 정당해산심판제도의 의의 등을 종합해 볼 때, 우리 헌법 제8조 제4항이 의미하는 민주적 기본질서는, 개인의 자율적 이성을 신뢰하고 모든 정치적 견해들이 각각 상대적 진리성과 합리성을 지닌다고 전제하는 다원적 세계관에 입각한 것으로서, 모든 폭력적·자의적 지배를 배제하고, 다수를 존중하면서도 소수를 배려하는 민주적 의사결정과 자유·평등을 기본원리로 하여 구성되고 운영되는 정치적 질서를 말하며, 구체적으로는 국민주권의 원리, 기본적 인권의 존중, 권력분립제도, 복수정당제도 등이 현행 헌법상 주요한 요소라고 볼 수 있다."라고 판시하고 있다.[12)]

이와 관련하여 헌재는 과거에도 다른 사건에서 유사한 판시를 한 바 있다. 즉

---

11) 헌재도 "민주 사회에서 정당의 자유가 지니는 중대한 함의나 정당해산심판제도의 남용가능성 등을 감안한다면, 헌법 제8조 제4항의 민주적 기본질서는 최대한 엄격하고 협소한 의미로 이해해야 한다."라고 판시하여 이 점을 강조하고 있다. 헌재 2014. 12. 19. 2013헌다1, 공보 제219호, 95, 105.

12) 헌재 2014. 12. 19. 2013헌다1, 공보 제219호, 95, 105.

헌재는 국가보안법 제7조에 대한 위헌심판 사건에서 민주적 기본질서와 관련하여 "자유민주적 기본질서에 위해를 준다 함은 모든 폭력적 지배와 자의적 지배 즉 반국가단체의 일인독재 내지 일당독재를 배제하고 다수의 의사에 의한 국민의 자치, 자유·평등의 기본 원칙에 의한 법치주의적 통치질서의 유지를 어렵게 만드는 것이고, 이를 보다 구체적으로 말하면 기본적 인권의 존중, 권력분립, 의회제도, 복수정당제도, 선거제도, 사유재산과 시장경제를 골간으로 한 경제질서 및 사법권의 독립 등 우리의 내부 체제를 파괴·변혁시키려는 것으로 풀이할 수 있을 것이다."판시하고 있다.[13)]

결국 헌재의 판시에 따르면 민주적 기본질서란 기본권보장과 헌법상의 기본원칙 및 기본원리(국민주권주의, 법치주의, 의회제도, 사유재산제도, 복수정당제도, 권력분립제도 등)를 핵심적 내용으로 하는 자유민주적 기본질서 내지 헌법질서라고 할 수 있을 것이다.

2) 정당해산에 관한 독일 기본법규정과 연방헌법재판소의 판례

가. 정당해산심판에 관한 기본법 규정의 내용

기본법 제21조 제2항은 "정당의 목적이나 당원의 활동이 자유민주적 기본질서를 침해 또는 제거하려는 것이거나, 독일연방공화국의 존립을 위태롭게 하는 경우에는 그 정당은 위헌이다. 연방헌법재판소가 그 위헌여부를 결정한다."라고 규정하고 있다. 따라서 정당해산의 요건은 해당 정당이 자유민주적 기본질서를 침해하거나 국가의 존립을 위협하는 것이다.

나. 연방헌법재판소의 판례

연방헌법재판소는 사회주의제국정당(SRP)에 대한 위헌결정에서 기본법이 정한 자유민주적 기본질서의 내용에 대하여 "자유민주적 기본질서란 모든 폭력과 자의의 지배를 배제하고 그때그때의 다수의사에 따른 국민의 자주적인 결정과 자유·평등에 바탕위에서 이루어지는 법치국가적 통치질서를 의미한다. 그러한 자유민주적 기본질서의 핵심요소로는 적어도 기본권에 구체화된 인권, 특히 생명권과 개성신장의 자유에 대한 존중, 국민주권, 권력분립, 정부의 책임, 법치행정, 사법권의 독립, 복수정당제도, 야당의 합헌적인 조직과 활동이 보장되는 전제하에서의 모든

---

13) 헌재 1990. 4. 2. 89헌가113, 판례집 2, 49, 64; 헌재 2001. 9. 27. 2000헌마238 등, 판례집 13-2, 383, 400-401.

정당의 기회균등을 들 수 있다."라고 판시하고 있다.[14] 연방헌법재판소의 판시내용에 따른 민주적 기본질서의 내용은 앞서 언급한 우리 헌법재판소의 판시내용과 본질적으로 유사하다고 할 수 있다. 결국 독일의 경우에도 민주적 기본질서란 기본권의 실현을 궁극적 목적으로 하는 헌법상의 기본원리(법치주의원리, 민주주의원리, 사회국가원리 등)를 바탕으로 하는 헌법질서라고 할 수 있을 것이다. 또한 연방헌법재판소는 독일공산당(KPD)에 대한 위헌결정에서 "정당이 이러한 자유민주적 기본질서의 최고의 원리를 인정하지 않거나 그러한 원리 대신에 다른 원리를 내세운다고 해서 바로 위헌정당이 되는 것은 아니고, 정당이 이러한 기본질서에 대하여 적극적으로 투쟁적 · 공격적 태도를 취하면서 이러한 기본질서의 기능을 계획적으로 침해하고 결국에는 이러한 기본질서를 제거하고자 할 때에만 위헌정당으로 결정할 수 있다."고 판시했다.[15] 그리고 또한 "고의로, 지속적으로 그리고 계획적으로 이러한 기본가치와 기본질서를 비방하고 모욕하는 정당은 바로 이러한 기본질서의 침해와 제거를 의도하는 것이다."라고 판시했다.[16]

결국 독일 연방헌법재판소의 판례에 따르면 정당해산사유로서 민주적 기본질서를 위배한다는 것은 기본권보장과 헌법상의 기본원칙 및 기본원리를 핵심적 내용으로 하는 자유민주적 기본질서에 대하여 적극적으로 투쟁적 · 공격적 태도를 취하면서 이러한 기본질서의 기능을 고의로, 지속적으로 그리고 계획적으로 침해하고 결국에는 이러한 기본질서를 제거하고자 하는 경우를 의미한다고 할 것이며, 그럴 때에만 해당 정당이 위헌정당으로 해산된다고 하겠다.[17]

3) 정당의 목적이나 활동이 민주적 기본질서에 위배

위에서 독일 연방헌법재판소의 판례와 관련하여 언급한 바와 같이 민주적 기본질서에 위배된다 함은 결국 정당의 목적과 활동이 기본권과 헌법상의 기본원칙과 기본원리를 핵심적 내용으로 하는 자유민주적 기본질서 내지 헌법질서에 위배된다는 것을 의미하고, 더 나아가 이러한 자유민주적 기본질서에 대하여 적극적으로 투쟁적 · 공격적 태도를 취하면서 이러한 기본질서의 기능을 고의로, 지속적으로 그리고 계획적으로 침해하고 결국에는 이러한 기본질서를 제거하고자 하며, 해당

14) BVerfGE 2, 1(12f.).

15) BVerfGE 5, 85(141).

16) BVerfGE 5, 85(389).

17) 독일 연방헌법재판소의 위 정당해산결정의 내용 및 그 이후의 독일에서의 정당해산심판청구의 실태에 대하여는 장영수, 전게논문, 304쪽 이하 참조.

정당의 이러한 목적과 활동이 민주적 기본질서에 실질적 위해를 가할 구체적 위험성이 있는 경우를 의미한다고 할 것이며, 그럴 때에만 해당 정당이 위헌정당으로 해산된다고 하겠다. 따라서 정당의 목적이나 활동이 민주적 기본질서에 위배된다는 의미는 매우 엄격하고 적극적이고 구체적인 의미로 해석되어야 할 것이다. 그러므로 해당 정당의 목적과 활동이 소극적으로 민주적 기본질서를 인정하기 않거나 상호 조화되지 않는다는 이유, 또는 민주적 기본질서에 막연히 위해를 가할 수 있다는 단순한 추상적인 위험성만을 이유로 바로 위헌정당이 되는 것은 아니다. 만일 정당의 목적이나 활동이 민주적 기본질서에 위배된다는 의미를 소극적이고 추상적으로 해석한다면 이는 민주적 기본질서에 대한 위배의 의미와 범위를 지나치게 넓게 이해하는 것으로 자칫 정당해산심판청구의 남용을 초래할 수 있고, 이는 정당해산심판제도의 기능과 실효성을 훼손할 위험을 초래할 것이다. 왜냐하면 그렇게 엄격하게 해석하지 않을 경우 정부·여당이 민주적 기본질서에 대한 해석을 스스로 독점하고 지나치게 폭넓게 이해하여 이에 위배되는 정당은 민주적 기본질서를 위배하는 위헌정당이 되는 것으로 자의적으로 해석하여 정치적 목적으로 야당 등 정치적 소수세력을 탄압하는 도구로 정당해산심판제도를 악용할 가능성을 배제할 수 없기 때문이다. 이는 민주적 기본질서를 매우 편협한 정파적 의미로 전락시킬 우려가 있으며, 결국 민주주의의 이름으로 민주주의를 파괴하는, 따라서 정당해산심판제도의 기능인 정당보호와 투쟁적 민주주의의 실현의 진정한 의미를 퇴색시키는 결과를 초래할 것이다.

헌재도 "헌법 제8조 제4항에서 말하는 민주적 기본질서의 위배란, 민주적 기본질서에 대한 단순한 위반이나 저촉을 의미하는 것이 아니라, 민주 사회의 불가결한 요소인 정당의 존립을 제약해야 할 만큼 그 정당의 목적이나 활동이 우리 사회의 민주적 기본질서에 대하여 실질적인 해악을 끼칠 수 있는 구체적 위험성을 초래하는 경우를 가리킨다."라고 판시함으로써 원론적으로는 이러한 점을 인정하고 있다.[18] 여기서 '구체적 위험성'은 '추상적 위험성'과 대비되는 법률용어로서 고도의 입증책임을 요한다. 즉 민주적 기본질서에 대한 실질적인 피해가 발생할 위험성이 '현실로' 야기되어야 '구체적 위험성'이 인정되는 것이다.[19]

한편 주지하는 바와 같이 피청구인 정당이 헌법재판소의 종국결정이 있을 때까지 위헌적인 정당활동을 계속할 경우 이는 민주적 기본질서 내지 헌법질서에 중대

18) 헌재 2014. 12. 19. 2013헌다1, 공보 제219호, 95, 106.

19) 베니스위원회의 '정당해산 관련 지침'도 '현실적 위협에 대한 충분한 근거'를 정당해산의 요건 중 하나로 규정하고 있다.

한 위험을 초래할 수 있다. 따라서 피청구인 정당의 활동을 즉시 정지시킴으로써 회복하기 어려운 헌법침해를 방지할 필요성이 있다. 헌법재판소의 종국결정의 선고 시까지 많은 시간이 소요되는 것을 감안한다면 더욱 그러하다. 정부가 민주적 기본질서에 대한 구체적이고 급박한 침해를 방지하고 긴절한 헌법보호를 위하여 여러 가지 고려 끝에 최후의 수단으로 불가피하게 정당해산심판을 청구할 수밖에 없었던 경우라면 사실상 가처분의 요건도 충족되는 경우라고 볼 수 있고, 따라서 청구인이 가처분신청도 함께 하는 것이 타당하다고 하겠다.

한편 정당의 목적이나 활동이 민주적 기본질서에 위배된다는 것을 정당 스스로 인식하여야 하는 것은 아니라고 하겠다.[20]

(3) 비례의 원칙

정당해산은 국가권력에 의해 한 정당의 설립 및 활동의 자유를 박탈하는 것이고, 그 정당을 지지한 유권자 내지 국민의 의사 및 선택권을 침해하는 것이므로 당연히 비례의 원칙을 지켜야 한다. 특히 앞서 언급한 바와 같이 정당민주주의와 다원적 민주주의의 실현을 강화하고, 소수를 보호하며, 야당 및 소수정당에 의한 정부·여당에 대한 견제 내지 권력통제를 용이하게 해주는 기능을 해당 정당으로부터 박탈하는 것이므로 이 원칙은 매우 엄격하게 적용되어야 할 것이다. 따라서 정당해산은 정당해산의 방법을 제외하고는 그 어떤 수단으로도 민주적 기본질서에 대한 위험을 제거할 수 없는 경우에만 최후의 수단으로서 고려되어야 하고, 그 경우에도 정당해산을 통해 달성되는 민주주의의 회복이라는 이익이 정당해산을 통해 상실되는 다양한 이익, 예컨대 정당의 자유 등의 다양한 기본권, 정당민주주의와 다원적 민주주의의 실현, 소수보호, 야당 및 소수정당에 의한 정부·여당에 대한 견제 내지 권력통제의 기능, 표현의 자유 등의 다양한 이익 보다 월등하게 우월해야 한다.[21]

따라서 만일 정당해산 이외의 다른 수단을 통해 민주적 기본질서에 대한 위험이 제거 또는 완화될 수 있다면 그러한 수단이 먼저 고려되어야 함은 당연하다. 예컨대 형법이나 국가보안법 등 다른 법적인 제재를 통해서, 또는 국회 등에서의 해당 정당의 소속 국회의원에 대한 징계나 제명 등을 통해서 민주적 기본질서에 대한 위험을 제거 또는 완화시킬 수 있다면 정당해산은 고려되어서는 안된다. 그리고

20) 헌법재판소, 헌법재판실무제요, 2008, 371쪽.

21) 이러한 법익형량의 요건을 강조하는 같은 견해로는 김종철, 전게논문, 53쪽.

그러한 정당에 대하여는 결국 국민 여론이나 선거 등을 통해서 유권자 내지 국민이 심판하는 것이 국민주권주의와 민주주의원리에 부합되는 것이다.

헌재도 "강제적 정당해산은 헌법상 핵심적인 정치적 기본권인 정당활동의 자유에 대한 근본적 제한이므로, 헌법재판소는 이에 관한 결정을 할 때 헌법 제37조 제2항이 규정하고 있는 비례원칙을 준수해야만 한다. 따라서 헌법 제8조 제4항의 명문규정상 요건이 구비된 경우에도 해당 정당의 위헌적 문제성을 해결할 수 있는 다른 대안적 수단이 없고, 정당해산결정을 통하여 얻을 수 있는 사회적 이익이 정당해산결정으로 인해 초래되는 정당활동의 자유 제한으로 인한 불이익과 민주주의 사회에 대한 중대한 제약이라는 사회적 불이익을 초과할 수 있을 정도로 큰 경우에 한하여 정당해산결정이 헌법적으로 정당화될 수 있다."라고 판시하여 비례의 원칙을 강조하고 있고,[22] 앞서 언급한 베니스위원회의 '정당해산 관련 지침'도 "정당해산은 비례성의 원칙에 따라 결정돼야 하고, 보다 덜 과격한 조치로 위험을 예방할 수 있는 경우 정당해산 결정을 내려선 안된다."라고 규정하여 비례의 원칙을 정당해산 기준의 하나로 천명하고 있다.

Ⅳ. 헌재결정의 문제점

1. 통진당의 목적 및 활동과 관련하여

(1) 통진당의 목적과 관련하여

정당의 목적과 관련하여 헌법재판소는 통진당 해산결정에서 통진당의 핵심강령인 진보적 민주주의가 결국 북한식 사회주의를 지향한다고 주장하면서 민주적 기본질서를 침해하는 한 요인이라고 결론을 내렸다.[23] 이러한 주장은 다음과 같은 논리에 바탕을 두고 있다. 즉 통진당은 민족해방(NL)계열이 다수다. 그런데 이들의 과거 활동을 보면 북한의 주체사상을 추종했다. 따라서 통진당은 북한식 사회주의를 지향하고 있다는 것이다.[24]

22) 헌재 2014. 12. 19. 2013헌다1, 공보 제219호, 95, 106. 그러나 통진당 해산결정의 경우에는 위에서 언급한 다양한 다른 수단들을 통한 민주적 기본질서 침해의 위험성을 제거 내지 완화하기 위한 어떠한 시도도 강구되지 아니하거나 그 결과를 기다리지 아니한 채 정당해산심판이 청구되고, 통진당 소속의원의 형사재판이 진행중인 과정에서 성급하게 헌법재판소의 결정이 이루어졌다는 점에서 통진당 해산결정이 비례의 원칙을 준수했는지는 지극히 의문이다.

23) 헌재 2014. 12. 19. 2013헌다1, 공보 제219호, 95, 147.

24) 헌재 2014. 12. 19. 2013헌다1, 공보 제219호, 95, 109-147.

그러나 이는 막연한 추정과 의심에 기초하여 명백하고 구체적인 증거 없이 내린 논리적 비약이라고 보지 않을 수 없다. 즉 헌재는 통진당이 강령에 명시하고 있는 '진보적 민주주의'는 진정한 목적이 아니고 '북한식 사회주의 실현'이 '숨은 목적'으로서 통진당의 목적이라고 단정했다. 그 근거로 '진보적 민주주의'라는 용어를 북한 추종세력인 자주파가 강령에 도입한 것임을 들었고, 이를 설명하기 위해 통진당의 창당 배경과 창당 과정 등에 대해 민노당의 창당까지 거슬러 올라가며 결정문의 많은 지면을 할애하고 있다.[25] 그러나 '진보적 민주주의'라는 용어를 강령에 누가 도입했느냐가 '진보적 민주주의'는 곧 '북한식 사회주의 실현'이라는 등식을 성립시키는 명백한 증거가 될 수는 없다. 정당의 '목적'이 민주적 기본질서에 위배되기 위해서는 강령에서 민주주의를 거부하고 공산주의·사회주의를 추구하고 이를 위해 폭력에 의한 정부 전복도 불사할 수 있음이 명시되는 정도에 이르러야 한다. 그것이 헌재가 결정문 서두에서 밝힌대로 '정당의 목적'이라는 요건을 '엄격하게 해석'하는 것이 되기 때문이다.[26] 따라서 헌법재판소의 해산결정은 정당화되기 어렵다.

또한 헌법재판소는 통진당의 '진보적 민주주의'라는 개념이 조선민주주의인민공화국이라는, '유엔에 가입해 있는 한 국가'의 이념과 동일하기 때문에 대한민국 헌법을 위반한 것이라고 판시하고 있다.[27] 그러면서 헌법재판소는 '진보적 민주주의'의 내용과 관련하여 "피청구인 주도세력은 … 우리 사회를 '외세에 예속된' '천민적 자본주의' 국가로서 '민족분단'으로 그 예속성과 천민성이 심화된 기형화되고 불구화된 자본주의사회라고 인식하고, 민중이 정치·경제·사회·문화 등 사회생활 전반의 진정한 주인이 되는 '진보적인 민주주의' 사회를 실현할 것을 내세우면서 강령에서 추구하는 가치와 관련하여, '자주·평등·평화·자유·복지·생태·인권·소수자권리·연대 등 다양한 진보적 가치를 구현하는 새로운 대안 사회를 지향하는 진보정당이다.'고 한다."[28]라고 소개하면서 결국 "피청구인 주도세력의 강령상 목표는 1차적으로 폭력에 의하여 진보적 민주주의를 실현하고, 이를 기초로 통일을 통하여 최종적으로는 사회주의를 실현하는 것이라 할 것이다."[29]라고 판시하고

25) 헌재 2014. 12. 19. 2013헌다1, 공보 제219호, 95, 109-132.

26) 참고로 과거 독일 연방헌법재판소의 공산당에 대한 해산결정의 경우에는 공산당의 명백한 위헌적 강령(프롤레타리아혁명을 당의 공식적인 목표) 및 폭력적 활동과 계속적이고 구체적인 명백한 위험성이 입증된 바 있다. 그리고 그 결정은 정당해산신청부터 약5년이 경과한 후 모든 사안을 충분히 검토한 후에야 이루어졌다.

27) 헌재 2014. 12. 19. 2013헌다1, 공보 제219호, 95, 132-136.

28) 헌재 2014. 12. 19. 2013헌다1, 공보 제219호, 95, 122.

있다.

그러나 뒤에서 언급하는 바와 같이 법률용어로서 매우 부적절하고 불명확한 '주도세력'이라는 개념의 문제점과 이른바 피청구인 주도세력의 주장과 활동을 바로 피청구인인 통진당의 주장 및 활동으로 간주하는데서 야기되는 심각한 문제점과 논리적 비약은 별론으로 하더라도, "피청구인 주도세력의 강령상 목표는 1차적으로 진보적 민주주의를 실현하는 것이지만 결국 이를 기초로 최종적으로는 사회주의를 실현하는 것"이라는 헌법재판소의 결론은 앞서도 지적했듯이 막연한 추정과 의심에 기초하여 명백하고 구체적이며 객관적인 증거 없이 내린 논리적 비약에 따른 주장에 불과하다고 볼 수밖에 없다. 특히 헌법재판소가 밝힌 자주 · 평등 · 평화 · 자유 · 복지 · 생태 · 인권 · 소수자권리 · 연대 등 다양한 진보적 가치를 구현하는 '진보적 민주주의'의 내용이 대한민국 헌법을 위반한 것이라는 판시는 우리 제헌헌법 기초자들의 의도와 제헌헌법의 이념적 배경 및 제헌헌법을 비롯한 역대 헌법과 현행 헌법의 내용에 비추어 볼 때 설득력이 없다.

예컨대 제헌국회 당시, 헌법기초위원회 위원장이었던 서상일 의원(우파 정당인 한국민주당 소속)은 1948년 6월 23일 헌법기초위원회 보고 및 헌법안 제1독회에서 "헌법의 정신을 요약해서 말씀하자면 … 우리가 민주주의 민족국가를 구성해서 우리 삼천만은 물론이고 자손만대로 하여금 … 민족사회주의국가를 이루자는 그 정신의 골자가 이 헌법에 총집되어 있다."라고 발언함으로써 '민족사회주의국가'의 건립이 헌법정신이라고 강조했다.[30] 또한 임시정부 광복군 총사령관과 대동청년단 단장을 역임했던 지청천 제헌의원은 "소위 전체주의라는 공산주의 체제와 모든 그 무제한 자본주의를 취하지 않고 우리는 … 말하자면 국가권력으로써 철두철미 민족주의로 나가야 하겠습니다. 그리고 경제면에 들어가서는 사회주의로 나가야 되겠습니다. … 우리는 이 공산주의와 자유주의를 선택하는 역할을 아니하고 조선 처지에 맞는 민족사회주의로 건설해 나가는 것이 입국의 이념이 아니면 완전 독립을 보장하기 … 지극히 곤란한 것입니다. … 근로대중의 생활의 증진과 복리를 도모하는 이 헌법에 있어서 … 만대 무궁한 완전 자주독립을 하는데 … 이것이 이 헌법 제정의 기본 정신이라고 하겠습니다."라고 발언함으로써 역시 '민족사회주의'를 대한민국의 건국이념이 되어야 하고 경제면에서의 '사회주의'를 강조하고 있다.[31] 한편 제헌헌법 초안을 작성한 유진오는 제헌헌법이 규정하는 경제

29) 헌재 2014. 12. 19. 2013헌다1, 공보 제219호, 95, 132.

30) 조유진, 헌법 사용설명서: 공화국 시민, 헌법으로 무장하라, 2012, 23쪽.

31) 조유진, 전게서, 24쪽.

질서에 대해서 "우리나라는 경제문제에 있어서 개인주의적 자본주의국가 체제에 편향함을 회피하고 사회주의적 균등 경제의 원리를 아울러 채택함으로써 개인주의적 자본주의의 장점인 각인의 자유와 평등 및 창의의 가치를 존중하는 한편 모든 국민에게 인간다운 생활을 확보하게 하고 그들의 균등 생활을 보장하려는 사회주의적 균등 경제의 원리를 또한 존중하여, 말하자면 정치적 민주주의와 경제적·사회적 민주주의라는 일견 대립되는 두 주의를 한층 높은 단계에서 조화하고 융합하려는 새로운 국가형태를 실현함을 목표로 삼고 있는 것이다."하고 설명하면서 '사회주의적 균등 경제의 원리'와 '사회적 민주주의'도 헌법의 한 내용으로 포용되어야 함을 강조하고 있다.[32)]

이러한 제헌 당시의 헌법제정자들의 견해를 종합하면 우리 헌법의 기본질서에는 제헌 당시부터 정치적·경제적·사회적 민주주의에 바탕을 둔 그리고 자유방임주의가 아닌 수정자본주의에 바탕을 둔 사회적 시장경제질서와 소수보호·인권·평등·복지 등을 실현하고자 하는 사회국가의 이념이 내포되어 있고, 이는 구체적으로 "영리를 목적으로 하는 사기업에 있어서는 근로자는 법률의 정하는 바에 의하여 이익의 분배에 균점할 권리가 있다."라고 규정하여 근로자의 이익균점권을 인정한 제헌헌법 제18조나 "대한민국의 경제질서는 모든 국민에게 생활의 기본적 수요를 충족할 수 있게 하는 사회정의의 실현과 균형있는 국민경제의 발전을 기함을 기본으로 삼는다. 각인의 경제상 자유는 이 한계 내에서 보장된다."라고 규정한 동법 제84조 및 기타의 경제조항과 그 밖의 평등 및 기본권조항들에 구현되어 있으며, 이러한 이념은 "국가는 균형있는 국민경제의 성장 및 안정과 적정한 소득의 분배를 유지하고, 시장의 지배와 경제력의 남용을 방지하며, 경제주체간의 조화를 통한 경제의 민주화를 위하여 경제에 관한 규제와 조정을 할 수 있다."라고 규정하고 있는 현행 헌법 제119조 제2항 및 기타의 경제조항과 그 밖의 기본권 관련 조항들에서 면면히 이어져 오고 있다고 할 것이다. 그런데 진보적 민주주의가 주장하는 위에서 소개한 바와 같은 가치와 이념도 결국 이러한 사회적 시장경제질서와 사회국가의 이념 등에 포용될 수 있기 때문에 진보적 민주주의 또한 우리 헌법상의 민주적 기본질서에 포함될 여지가 있으며 처음부터 배제되는 것은 아니라고 할 것이다.

따라서 진보적 민주주의라는 개념이 그것만으로 바로 대한민국 헌법을 위반한 것이라는 헌재의 주장은 받아들이기 어렵다.

---

32) 조유진, 전게서, 24쪽.

(2) 통진당의 활동과 관련하여

정당의 활동과 관련하여 위에서도 언급한 바와 같이 당원의 활동은 당의 이름으로 당의 공식적인 지시에 의한 경우에만 그 효과가 당에 귀속되고 당 자체의 활동으로 간주된다. 따라서 당원의 개인적인 동기에 의한 활동의 경우에는 정당에 책임을 돌릴 수 있는 정당 자체의 활동이라고는 볼 수 없고, 여기서 말하는 정당해산사유가 되는 정당활동은 아니다.

이 점에서 통진당 해산 결정에서 헌법재판소가 일부 소속의원 및 당원의 개별적 활동을 당 전체의 공식적인 활동으로 간주하여 정당해산결정을 내린 것은 부분의 행위를 일반화시킨 오류를 범한 논리적 비약으로 잘못이라고 하겠다. 즉 다수의견은 2013년 5월 10일과 5월 12일 경기도당 회합에서의 발언 등을 포함한 이석기 전 의원 등의 '활동'이 통진당이라는 '정당의 활동'으로 보았고, 그 근거로 이석기 위원 등이 이른바 통진당의 '주도세력'이며 이들이 이미 당을 '장악'하고 있음을 들고 있다.[33] '주도세력'이나 '장악'은 적합한 법률용어가 아니다. 적어도 정당해산을 명하는 중요한 결정문에서 사용되기에는 명확하지 않은 불확정개념이다.[34] 더욱이 왜 이석기 의원 등을 통진당의 '주도세력'으로 볼 수 있는지, 왜 그들이 통진당을 '장악'했다고 볼 수 있는지, 그래서 결국 그들의 활동을 통진당이라는 정당의 활동과 '등치'시킬 수 있는지에 대한 구체적 증거 제시가 빈약하다. 이 대목은 특히 엄정한 논증을 필요로 하는 대목이다. 이석기 의원 및 같이 회합을 가졌던 당원들을 제외한 나머지 10만명 가까운 당원들의 활동도, 이석기 의원 등의 회합이나 회합에서의 발언을 승인하지 않은 통진당 집행부의 활동도 모두 무시되고 이석기 의원 등의 활동만 당 전체의 공식활동이 되기 때문이다.[35] '이석기 의원 등의 활동'을 통진당이라는 '정당의 활동'으로 볼 수 있는 중요한 연결고리 부분에서 헌법재판소는 객관적이고 구체적인 증거와 설득력 있는 논거를 제시하지 못하고 있다.

물론 피청구인의 지역조직인 경기도당이 주최한 2013. 5. 10. 및 5. 12. 모임에서 이루어진 이석기 의원 등의 발언은, 전쟁이 벌어졌을 때 남의 자주세력과 북의 자주세력이 힘을 합쳐서 적인 미국과 싸운다거나 대한민국의 국가기간시설을 공격한

33) 헌재 2014. 12. 19. 2013헌다1, 공보 제219호, 95, 115-121, 136-145.

34) 재판관 김이수의 반대의견이 이 점을 적절히 지적하고 있다. 헌재 2014. 12. 19. 2013헌다1, 공보 제219호, 95, 215-216.

35) 따라서 이 점을 지적한 재판관 김이수의 반대의견은 지극히 타당하다. 헌재 2014. 12. 19. 2013헌다1, 공보 제219호, 95, 216-217.

다는 발상을 담고 있어 국민의 보편적 정서에 어긋나는 것일 뿐만 아니라, 이러한 모임을 되풀이하거나 구체적 실행으로 나아갈 개연성 등을 고려하면 그 자체 민주적 기본질서에 위배된다고 볼 수 있다. 그러나 피청구인의 지역조직인 경기도당 행사에서 이루어진 위와 같은 활동은 비핵평화체제와 자주적 평화통일을 추구하는 피청구인 전체의 기본노선에 반하여 이루어진 것으로서, 피청구인이 이를 적극적으로 옹호하거나 그로부터 기본노선에 영향을 받고 있다고 인정하기에는 부족하므로 이를 피청구인의 책임으로 귀속시킬 수는 없다. 즉 이석기 의원 등의 그와 같은 발언은 피청구인의 기본노선과 현저하게 다르고, 이 사건 모임 참석자들이 피청구인 전체를 장악하였다고 할 수 없으며, 나아가 피청구인이 이 사건 모임 또는 모임에서의 발언을 승인하였다고 볼 수도 없으므로, 이 사건 모임이나 그 모임에서 이루어진 구체적 활동으로 인한 민주적 기본질서 위배의 문제를 피청구인 정당 전체의 책임으로 볼 수는 없다는 것이다.[36] 이는 형사법정에서 해당 관계자들에 대한 처벌사항에 불과하다. 아울러 베니스위원회의 '정당해산 관련 지침'을 보더라도 이러한 헌재 결정의 오류가 분명히 드러난다. 즉 위 지침에는 '정당구성원 개별 행위로는 해산 불가'라는 조건이 규정되어 있는데, 헌법재판소의 해산결정은 일부 소속의원과 당원의 일탈행위를 이유로 이루어진 것으로 위 조건을 위반한 것으로 보지 않을 없다.

한편 헌법재판소가 통진당의 해산결정을 내린 핵심사유 중 하나는 주도세력의 활동이 민주적 기본질서에 위반된다는 사실인데, 여기서 말하는 주도세력은 이석기 등 내란음모사건에 대한 대법원 판결에서 언급되는 이른바 RO(Revolutionary Organization, 혁명조직)에 해당하거나 상당부분 일치한다고 볼 수 있다.[37] 그런데 이석기 등 내란음모사건에서 서울고법은 "RO 조직의 실체에 대한 증거가 부족하다."며 내란 음모 혐의에 대해 무죄를 선고했고(2014. 8. 11. 선고 2014노762 판결), 대법원도 같은 판단을 내렸다는 점을 감안할 때(2015. 1. 22. 선고 2014도10978 판결), 헌재가 주도세력의 존재를 대전제로 하면서 주도세력의 활동을 통진당 자체의 공식활동으로 간주한 것은 설득력이 떨어진다. 헌법심은 헌재가 담당하지만 사실심과 법률심

36) 같은 견해로서 재판관 김이수의 반대의견 헌재 2014. 12. 19. 2013헌다1, 공보 제219호, 95, 208.

37) 헌재는 정당해산심판에서 공식적으로는 이른바 RO의 실체에 대한 판단을 하지 않았다. 즉 헌재는 결정문 어디에도 구체적으로 RO의 실체에 대하여 적시하지는 않았지만, 사실상 RO의 실체를 인정하고 이를 근거로 정당 해산 결정을 한 것이라는 분석이 지배적이다. 예컨대 헌재는 결정문에서 '이석기를 비롯한 내란 관련 회합 참석자들은 경기동부연합의 주요 구성원'이라고 적시하고, 당시 회합이 통진당의 활동으로 귀속된다며 해산결정을 내렸는데, 여기서의 '주요 구성원'은 대법원 판결에서의 RO에 해당하거나 상당부분 일치한다고 보는 것이다.

은 최종적으로 대법원이 담당한다는 점을 감안한다면 헌재의 결정은 더욱 문제가 있다고 하겠다.[38)]

한편 다수의견은 피청구인이 현존하는 정치·경제 질서에 부정적 의사를 표시하고, 선거를 통한 집권 이외에 예외적으로 헌법질서가 중대하게 침해받는 경우에는 저항권에 의한 집권이 가능하다고 언급하고 있기 때문에 통진당의 활동이 구체적으로 민주적 기본질서의 전복을 추구하고 있다고 주장하지만,[39)] 이러한 사정만으로 폭력적 수단이나 민주주의 원칙에 반하는 수단으로 변혁을 추구하거나 민주적 기본질서의 전복을 추구하고 있다는 점이 구체적으로 입증되었다고 볼 수 없다. 아울러 예외적으로 헌법질서가 중대하게 침해받는 경우에는 최후의 헌법보호수단으로서 다수의 학설상 저항권이 인정되고 있으며, 독일 기본법의 경우 제20조 제4항에서 저항권을 일정한 요건하에서 명문으로 인정하고 있다. 또한 헌법재판소 스스로도 "저항권은 국가권력에 의하여 헌법의 기본원리에 대한 중대한 침해가 행하여지고 그 침해가 헌법의 존재 자체를 부인하는 것으로서 다른 합법적인 구제수단으로는 목적을 달성할 수 없을 때에 국민이 자기의 권리·자유를 지키기 위하여 실력으로 저항하는 권리이다."라고 판시함으로써 일정한 제한된 요건하에서의 저항권을 부정하고 있지 않다.[40)] 따라서 통진당이 예외적으로 헌법질서가 중대하게 침해받는 경우에는 저항권에 의한 집권이 가능하다고 언급했다는 이유만으로 통진당의 활동이 구체적으로 민주적 기본질서의 전복을 추구하고 있다는 판시는 타당하지 아니하다.

그밖에 다수의견은 "… 비례대표 부정경선, 중앙위원회 폭력 사건 및 특정 지역구 여론조작 사건은 피청구인의 당원들이 토론과 표결에 기반하지 않고 폭력적 수단으로 자신들이 지지하는 후보의 당선을 관철시키려 한 것으로서 민주사회에서는 도저히 있을 수 없는 행태이고, 당내 민주적 의사형성을 왜곡하고 선거제도를 형해화하여 민주주의 원리를 훼손하는 것이다."라고 판시하면서 결국 이러한 활동들이 민주적 기본질서에 대해 실질적인 해악을 끼칠 수 있는 구체적 위험성을 초래하였다고 판단했다.[41)] 물론 이러한 활동들은 민주주의를 훼손하는 것이고, 실정법에도 위반된다. 그러나 반대의견도 적절히 지적하고 있듯이 통진당 전체가 조직적,

---

38) 대법원은 이 사건에서 "강령, 목적, 지휘 통솔체계 등을 갖춘 조직이 존재하고 회합 참석자들이 그 구성원이라는 점이 충분히 증명되지 않았다"며, "RO는 사건 제보자의 추측에 불과하다"고 지적했다.

39) 헌재 2014. 12. 19. 2013헌다1, 공보 제219호, 95, 130-132.

40) 헌재 1997. 9. 25. 97헌가4, 판례집 9-2, 332, 338.

41) 헌재 2014. 12. 19. 2013헌다1, 공보 제219호, 95, 145-146.

계획적, 적극적, 지속적으로 위와 같은 활동을 한 것은 아니고, 이러한 활동들을 제외하면 통진당은 다른 정당들과 마찬가지로 일상적인 정당활동을 영위하여 온 점, 그간 우리 사회가 선거부정 행위나 정당 관계자의 범죄에 대하여는 행위자에 대한 형사처벌과 선거 등을 통한 해당 정당의 정치적 책임추궁의 문제로 이를 해결하여 온 점 등을 고려하면, 이러한 활동들이 통진당의 정치적 기본노선에 입각한 것으로서 민주적 기본질서에 실질적 해악을 끼칠 구체적 위험성을 초래했다고 보기는 어렵다.[42]

2. 민주적 기본질서 위배 여부와 관련하여

다수의견은 통진당의 '북한식 사회주의 실현'이라는 '숨은 목적'과 통진당이라는 정당의 활동으로 등치될 수 있는 이석기 의원 등의 활동은 통진당 주도세력인 이석기 의원 등의 '북한추종성'에 비추어 봤을 때 저항권 행사의 긴급상황에서는 폭력에 의한 자유민주주의 체재 전복으로 나아갈 수 있기 때문에 '민주적 기본질서에 대해 실질적 해악을 끼칠 구체적 위험성'이 초래되었다고 단정했다.[43] 앞서 언급한 바와 같이 '구체적 위험성'은 '추상적 위험성'과 대비되는 법률용어로서 고도의 입증책임을 요한다. 정당해산이 일종의 극약처방이라는 점을 감안할 때 구체적 위험성은 엄격한 입증을 요한다는 것이다. 즉 민주적 기본질서에 대한 실질적인 피해가 발생할 위험성이 '현실로' 야기되어야 '구체적 위험성'이 인정되는 것이다. 이 때 실질적인 피해 발생의 위험성이 '현실로' 야기된다는 것은, 폭동이나 정부전복 등의 구체적 해악 발생에 대한 '명백하고 현존하는 위험'이 존재함이 입증되어야 하는 것이다. 여기서 '명백'이란 이석기 의원 등의 활동과 폭동이나 정부 전복 등의 해악 발생이 인과관계를 가져야 함을, '현존'이란 이석기 의원 등의 활동과 폭동이나 정부 전복 등의 해악 발생 사이에 시간적인 근접성이 있어야 함을 의미한다. 그런데 이석기 의원 등의 회합에서 나온 여러 발언들이 대법원 판결로 사실로서 확인되었다 하더라도 그들의 발언이 폭동이나 정부 전복의 해악을 발생시키는 '명백하고 현존하는 위험'을 '현실로' 발생시켰다고 볼 수 없고,[44] 이는 위에서 소개한 대법원 판결도 인정하고 있다. 다수의견은 고도의 입증이 필요한 '구체적 위험성'이라는 용어를 사용하면서 이에 대한 정밀한 논증을 하지 못하고 있다. 이

42) 헌재 2014. 12. 19. 2013헌다1, 공보 제219호, 95, 209.
43) 헌재 2014. 12. 19. 2013헌다1, 공보 제219호, 95, 148.
44) 명백하고 현존하는 위험의 법리에 대하여는 양건, 헌법강의, 2011, 485쪽 이하 참조.

석기 의원 등의 '북한추종성'이라는 말이 '구체적 위험성'이라는 엄격한 기준을 충족시킬 수는 없는 것이다.45) 결국 헌재는 막연하고 추상적인 위험성을 근거로 해산결정을 내렸다고 볼 수밖에 없다.

한편 일반적으로 피청구인 정당이 헌법재판소의 종국결정이 있을 때까지 위헌적인 정당활동을 계속할 경우 이는 민주적 기본질서 내지 헌법질서에 중대한 위험을 초래할 수 있다. 따라서 피청구인 정당의 활동을 즉시 정지시킴으로써 회복하기 어려운 헌법침해를 방지할 필요성이 있다. 헌법재판소의 종국결정의 선고시까지 많은 시간이 소요되는 것을 감안한다면 더욱 그러하다. 정부가 민주적 기본질서에 대한 구체적이고 급박한 침해를 방지하고 긴절한 헌법보호를 위하여 여러 가지 고려 끝에 최후의 수단으로 불가피하게 정당해산심판을 청구할 수밖에 없었던 경우라면 사실상 가처분의 요건도 충족되는 경우라고 볼 수 있고, 따라서 청구인이 가처분신청도 함께 하는 것이 타당하다고 하겠다.

그런데 통진당 해산결정의 경우 정부가 피청구인인 통진당의 활동을 정지하는 가처분을 신청했음에도 불구하고 헌법재판소가 가처분을 기각하는 결정을 내린 것은 사안이 급박하고 구체적인 위험성을 내포하지 않았다는 것을 방증한다고 볼 수밖에 없다(2013헌사907). 따라서 이는 통진당의 활동 등이 급박하고 구체적으로 민주적 기본질서에 위반되고 위험성을 초래하여 정당해산이 불가피했다는 헌법재판소의 결론과 상호 모순된다. 즉 만일 헌법재판소의 견해대로 통진당의 활동 등이 급박하고 구체적으로 민주적 기본질서에 위반되고 위험성을 초래하여 정당해산이 불가피했다면 당연히 처음부터 정부의 정당활동정지 가처분신청을 인용했어야 했고, 설사 정부가 가처분 신청을 하지 않았다 하더라도 직권으로 가처분 결정을 내렸어야 했다. 결국 이번 헌법재판소의 정당해산은 급박하지 아니한 추상적 위험성을 바탕으로 이루어 진 것이며, 논리적 모순과 논리적 비약에 기초한 결정으로 정당화되기 어렵다고 할 것이다.

아울러 베니스위원회의 '정당해산 관련 지침' 중 하나인 '현실적 위협에 대한 충분한 근거'의 기준을 충족하지 못했다. 즉 통진당의 강령과 활동이 헌법질서 전복을 목적으로 한 폭력을 사용하고, 민주적 기본질서에 현실적 위협을 초래했는지에

45) 대법원은 "내란음모죄가 성립하려면 폭동의 대상과 목표 등에 대한 관한 합의, 실질적 위험성이 인정돼야 한다"며, "피고인들이 내란을 사전 모의하거나 준비행위를 했다고 인정할 자료가 부족하다"고 판결했다. 아울러 "범죄에 관해 단순히 의견을 교환한 경우까지 실행 합의가 있는 것으로 보고 음모죄가 성립한다고 하면 국민의 기본권과 사상·표현의 자유가 위축될 수 있다"고 덧붙였다.
한편 이인복·이상훈·김신 대법관은 소수의견에서 "피고인들의 행위에 실질적 위험성이 있었다고 단정하기 어렵다"며 내란선동 유죄 판결에 반대했다.

대한 충분한 근거가 없다. 헌재가 이 지침대로 판단을 했다면 "통진당의 강령과 활동이 설사 북한식 사회주의를 추구해 대한민국의 자유민주주의 체제를 위협한다고 볼 여지가 있다 하더라도 실질적 해약을 끼칠 구체적 위험성이 있다는 증거가 없어 해산할 수 없다"고 기각결정을 내렸어야 했다.

이 점에서도 헌재의 결정은 정당화되기 어렵다.

3. 비례의 원칙과 관련하여

주지하는 바와 같이 정당해산심판은 민주주의를 파괴하는 정당을 제거함으로써 민주주의를 보호하고 헌법을 보호하는 투쟁적·방어적 민주주의의 실현수단으로서의 기능을 가지고 있다.

그러나 다른 한편 정당해산심판제도는 정당보호의 기능도 가진다. 일반 결사와는 달리 정당의 경우에는 엄격한 요건과 절차에 따라서 헌법재판소에 의해서만 해산되고 정부 내지 행정기관에 의해서는 절대로 해산될 수 없도록 함으로써 정부 내지 여당에 의한 야당 내지 소수정당에 대한 탄압을 막고, 이로써 헌법이 지향하는 정당설립과 활동의 자유 및 복수정당제를 실효성 있게 보장하는 정당보호의 기능도 가지는 것이다. 결국 정당해산심판제도는 정당민주주의와 다원적 민주주의의 실현을 강화하고, 소수를 보호하며, 야당 및 소수정당에 의한 정부·여당에 대한 견제 내지 권력통제를 용이하게 해주는 기능을 가진다고 하겠다.

헌법재판소도 헌법 제8조 제4항이 1960년의 제3차 개헌에서 도입된 배경을 고려해볼 때, 정당해산을 용이하게 하기 위한 조항이 아니라 정당해산을 어렵게 함으로써 정당의 존속을 보호하려는 '정당보호조항'으로 보았다.[46] 헌법에 정당해산조항이 없던 이승만 정권 하에서 행정부가 진보당을 '정당 등록 취소'라는 행정처분을 통해 사실상 해산해 버렸기 때문에 정치권력의 자의적인 정당해산으로부터 정당을 보호하려는 의도로 1960년 개헌에서 헌법에 들어간 조항이 현행 헌법 제8조 제4항이기 때문이다. 따라서 이는 행정부의 자의적인 정당해산이나 야당 내지 소수정당 탄압을 방지하기 위한 정당보호적 취지가 매우 강하다고 볼 수 있다.

이러한 정당해산제도의 정당보호 기능을 감안할 때 정당해산은 최후의 수단으로서만 고려되는 등 제반 비례의 원칙을 엄격히 준수해야 한다.

또한 정당해산은 국가권력에 의해 한 정당의 설립 및 활동의 자유를 박탈하는 것이고, 그 정당을 지지한 유권자 내지 국민의 의사 및 선택권을 침해하는 것이므

46) 헌재 2014. 12. 19. 2013헌다1, 공보 제219호, 95, 103.

로 당연히 비례의 원칙을 지켜야 한다.

따라서 정당해산은 정당해산의 방법을 제외하고는 그 어떤 수단으로도 민주적 기본질서에 대한 위험을 제거할 수 없는 경우에만 최후의 수단으로서 고려되어야 하고, 그 경우에도 정당해산을 통해 달성되는 민주주의의 회복이라는 이익이 정당해산을 통해 상실되는 다양한 이익, 예컨대 정당의 자유 등의 다양한 기본권, 정당민주주의와 다원적 민주주의의 실현, 소수보호, 야당 및 소수정당에 의한 정부·여당에 대한 견제 내지 권력통제의 기능, 표현의 자유 등의 다양한 이익 보다 월등하게 우월해야 한다.

따라서 만일 정당해산 이외의 다른 수단을 통해 민주적 기본질서에 대한 위험이 제거 또는 완화될 수 있다면 그러한 수단이 먼저 고려되어야 함은 당연하다. 예컨대 형법이나 국가보안법 등 다른 법적인 제재를 통해서, 또는 국회 등에서의 해당 정당의 소속 국회의원에 대한 징계나 제명 등을 통해서 민주적 기본질서에 대한 위험을 제거 또는 완화시킬 수 있다면 정당해산은 고려되어서는 안된다. 그리고 그러한 정당에 대하여는 결국 국민 여론이나 선거 등을 통해서 유권자 내지 국민이 심판하는 것이 국민주권주의와 민주주의원리에 부합되는 것이다.

헌재도 “강제적 정당해산은 헌법상 핵심적인 정치적 기본권인 정당활동의 자유에 대한 근본적 제한이므로, 헌법재판소는 이에 관한 결정을 할 때 헌법 제37조 제2항이 규정하고 있는 비례원칙을 준수해야만 한다. 따라서 헌법 제8조 제4항의 명문규정상 요건이 구비된 경우에도 해당 정당의 위헌적 문제성을 해결할 수 있는 다른 대안적 수단이 없고, 정당해산결정을 통하여 얻을 수 있는 사회적 이익이 정당해산결정으로 인해 초래되는 정당활동의 자유 제한으로 인한 불이익과 민주주의 사회에 대한 중대한 제약이라는 사회적 불이익을 초과할 수 있을 정도로 큰 경우에 한하여 정당해산결정이 헌법적으로 정당화될 수 있다.”라고 판시하여 비례의 원칙을 강조하고 있고,[47] 앞서 언급한 베니스위원회의 ‘정당해산 관련 지침’도 “정당해산은 비례성의 원칙에 따라 결정돼야 하고, 보다 덜 과격한 조치로 위험을 예방할 수 있는 경우 정당해산 결정을 내려선 안된다.”라고 규정하여 비례의 원칙을 정당해산 기준의 하나로 천명하고 있다.

그런데 통진당 해산사건의 경우에는 앞서 언급한 다양한 다른 수단들을 통한 민주적 기본질서 침해의 위험성을 제거 내지 완화하기 위한 어떠한 시도도 강구되지 아니하거나 그 결과를 기다리지 아니한 채 정당해산심판이 청구되고, 통진당 소속

47) 헌재 2014. 12. 19. 2013헌다1, 공보 제219호, 95, 106.

의원 등에 대한 대법원의 형사재판이 진행중인 과정에서 조급하게 헌법재판소의 결정이 이루어졌다고 볼 수 있다. 따라서 통진당 해산결정이 불가피하게 최후의 수단으로 이루어졌다고 보기 어렵다.

반대의견도 "… 피청구인 소속 당원들 중 북한의 대남혁명론에 동조하여 대한민국의 민주적 기본질서를 전복하려는 세력이 있다면, 형법이나 국가보안법 등을 통해 그 세력을 피청구인의 정책결정과정으로부터 효과적으로 배제할 수 있다. 그 세력 중 일부가 국회의원이고 그 지위를 활용하여 국가질서에 대한 공격적인 시도를 더욱 적극적으로 행하고 있다면, 국회는 이를 스스로 밝혀내어 자율적인 절차를 통해 그들을 제명할 수 있는 길도 열려 있다(헌법 제64조 제3항). … 정당해산제도는 비록 그 필요성이 인정된다고 하더라도 최대한 최후적이고 보충적인 용도로 활용되어야 하므로 정당해산 여부는 원칙적으로 정치적 공론(선거 등)의 장에 맡기는 것이 적절하다. … 피청구인은 2014. 6. 4. 치러진 제6회 지방선거에서 광역 비례대표 의원 3인, 기초 지역구 의원 31인, 비례대표 의원 3인을 당선시키는 데 그쳤고, 광역 비례대표 정당득표율은 약 4.3%였다. 그 결과는 2010. 6. 2. 시행된 제5회 지방선거에서 통합진보당의 전신인 민주노동당이 기초단체장 3석, 광역 의원 24석, 기초 의원 115석을 획득한 것과 비교해 보면 상당한 차이가 있다. 그리고 최근(2014. 12.) 여러 언론사가 보도한 여론조사 결과에 따르면 피청구인은 2.8%의 지지율을 보이고 있는바, 이는 이 사건 심판절차가 개시된 이후 우리 사회의 정치적 공론 영역에서 피청구인에 대한 실효적인 비판과 논박이 이루어진 결과로 해석된다. … 위와 같은 사정들을 종합적으로 고려할 때, 피청구인에 대한 해산은 정당해산의 정당화사유로서의 비례원칙 준수라는 헌법상 요청을 충족시키지 못한다."라고 지적하고 있다.[48)]

또한 비례의 원칙 중 특히 법익형량의 원칙과 관련하여 반대의견은 "결국, 피청구인에 대한 해산결정을 통해 얻을 수 있는 이익은 상대적으로 미약한 데 반하여, 그로 인해 우리 사회의 민주주의에 야기되는 해악, 즉 정치적 결사의 자유, 정견의 자유 혹은 사상의 자유에 대한 제약, 그리고 사회통합과 안정의 저해는 매우 심각하므로, 그러한 이익이라도 긴절하게 요구되는 매우 제한적인 상황, 말하자면, 위와 같은 정당해산의 해악을 능가할 만한 압도적인 강제해산의 필요성이 인정되는 경우에 한하여 정당해산결정은 정당화될 수 있다 할 것이다."라고 주장하면서,[49)]

48) 헌재 2014. 12. 19. 2013헌다1, 공보 제219호, 95, 213-214.

49) 헌재 2014. 12. 19. 2013헌다1, 공보 제219호, 95, 212.

"… 민주노동당 시절부터 지금까지 이들이 한국사회에 제시했던 여러 진보적 정책들이 우리 사회를 변화하게 만든 부분이 있음을 부인하기 어렵고, 이는 피청구인에 소속된 대다수 당원들이 이 당의 당원이 되고자 결심하도록 만든 큰 이유가 되었을 것이다. 그럼에도 불구하고 일부의 당원들이 보여준 일탈 행위를 이유로 피청구인을 해산해 버린다면, 이는 이 당이 보여준 진보적 노선과 활동을 중단시킬 뿐만 아니라, 이 노선과 활동을 지지해 온 대다수 일반 당원들의 정치적 뜻을 왜곡하고 그들을 위헌적인 정당의 당원으로 만듦으로써 그들에게 사회적 낙인 효과를 가하게 될 것이다.",[50] 아울러 "과거 독일에서 공산당 해산심판이 청구되고 해산 결정이 이루어진 후 다시 독일공산당이 재건되기까지, 12만 5천여 명에 이르는 공산당 관련자가 수사를 받았고, 그 중 6천~7천 명이 형사처벌을 받았으며, 그 과정에서 직장에서 해고되는 등 사회 활동에 제약을 받는 문제가 발생하였던 것에 비추어 보면, 이 결정으로 우리 사회에서 그와 같이 붉은 낙인을 찍는 결과가 나타나지 않으리라는 보장이 없다."[51]라고 적절한 견해를 피력하고 있다.

4. 소속 의원의 자격상실 문제와 관련하여

해산정당에 소속된 의원의 자격상실 여부에 관해서는 현행 관련 법률에 명문의 규정이 없고, 학설은 나뉜다. 참고로 1962년헌법은 제38조가 국회의원은 소속정당이 해산된 때에는 그 자격이 상실된다고 규정하고 있었다.

(1) 의원자격상실설

이는 정당해산심판제도가 방어적 내지 투쟁적 민주주의의 수단이라는 점을 감안할 때 해산된 정당의 정당활동을 한 소속 국회의원의 자격을 상실시키는 것이 해산결정의 실효성과 민주적 기본질서의 보호를 위해 당연하다고 보는 입장이다.[52] 또한 정당민주주의와 정당기속의 이념에 비추어 소속 정당이 해산된 경우에는 정당대표성의 상실로 의원자격도 상실된다는 것이다.

헌법재판소도 이러한 입장을 취하고 있다. 즉 정당해산심판제도의 본질은 민주적 기본질서에 위배되는 정당을 정치적 의사형성과정에서 배제함으로써 국민을 보

50) 헌재 2014. 12. 19. 2013헌다1, 공보 제219호, 95, 212.

51) 헌재 2014. 12. 19. 2013헌다1, 공보 제219호, 95, 217.

52) 정종섭, 헌법소송법, 2005, 470쪽; 허영, 전게서, 300쪽

호하는 데에 있는데 해산정당 소속 국회의원의 의원직을 상실시키지 않는 경우 정당해산결정의 실효성을 확보할 수 없게 되므로 헌법재판소의 정당해산결정이 있는 경우 그 정당 소속 국회의원의 의원직은 당선 방식을 불문하고 모두 상실되어야 한다고 한다.[53)]

(2) 의원자격유지설

이 설은 국회의원은 국민의 대표이고 정당과는 별개의 헌법기관이기 때문에 해산으로 인해 자동적으로 의원직을 상실하는 것은 아니며, 의원직 상실은 대의제도의 한 요소인 자유위임의 정신에도 반한다는 입장이다.[54)] 이는 정당국가적 민주주의에 기초한 국회의원의 정당대표성 및 정당기속 보다 대의민주주의에 기초한 국회의원의 국민대표성 및 자유위임의 요청이 우선한다는 입장으로 정당해산 시에도 그 소속 의원의 자격은 상실되지 않는다는 것이다.

(3) 중간설

이는 지역구국회의원의 경우에는 정당기속과 정당대표성 보다는 자유위임의 요청이 우선하고, 지역대표성도 중시되며, 무소속 국회의원이 허용된다는 점에서 소속 정당이 해산되더라도 의원직을 유지하며, 비례대표국회의원의 경우에는 자유위임의 요청 보다는 정당기속과 정당대표성이 우선하기 때문에 소속 정당의 해산 시 의원직을 상실한다고 보는 입장이다.

(4) 결 론

1) 국회의원직 상실과 관련하여

이론적으로 정당해산심판제도가 방어적 내지 투쟁적 민주주의의 수단이라는 점을 감안할 때, 그리고 해산결정의 실효성확보와 헌법보호를 위해 해산된 정당에서 활동을 한 소속 국회의원의 신분을 상실시키는 것이 타당하다. 또한 대의제도의 한 요소인 국회의원에 대한 자유위임도 국회의원의 대의활동이 민주적 기본질서에 합치되고 헌법에 부합될 때 비로소 인정될 수 있고 정당화될 수 있다는 점을

53) 헌재 2014. 12. 19. 2013헌다1, 공보 제219호, 95, 151-152.

54) 신평, 헌법재판법, 2011, 520쪽.

상기할 때 민주적 기본질서에 위배되는 활동을 한 국회의원의 경우 그 대의활동의 목적과 정당성은 이미 상실되었다고 볼 수 있고, 그 해당 의원에게는 자유위임의 특권이 더 이상 인정될 수는 없는 것이다. 왜냐하면 자유위임의 원칙도 결국은 국회의원으로 하여금 민주적 기본질서와 헌법을 효과적으로 실현하도록 뒷받침하는 수단으로 인정되는 것에 불과하기 때문이다.[55] 따라서 이들의 의원직을 박탈하는 것이 대의제도의 이념과 위헌정당해산제도의 취지에 부합되며, 결국 의원직 상실은 위헌정당해산제도의 목적의 효율적인 달성을 위하여 당연히 요구된다고 볼 수 있다.

이처럼 이론적·당위적으로는 당연히 의원직을 상실시켜야 하나, 다른 한편 실제로 소속 의원의 자격을 상실시키기 위해서는 관련 법률에 이에 대한 근거규정이 마련되어야 한다고 본다.[56] 즉 국회의원의 자격상실 문제는 국민의 기본권의 형성과 제한－여기서는 해당 의원의 공무담임권이 문제될 것이다－에 관한, 그리고 통치기관의 구성과 작용에 관한 기본적이고 본질적인 사항이므로 법치주의원리, 특히 법률유보의 원칙상 당연히 법률에 규정되어 있어야 할 것이다. 따라서 위헌정당해산의 경우 소속의원의 의원직상실은 앞서 언급했던 논거로부터 도출되는 당연한 헌법상의 당위적 요청이지만, 실제로 의원직을 상실시키기 위하여서는 법치주의원리 내지 법률유보의 원칙상 관련 법률에 이에 관한－국회의원의 공무담임권의 박탈을 허용하는－근거조항이 존재하여야 할 것이다. 따라서 정당해산결정의 실효성을 확보하기 위한다는 필요성이 인정되더라도 지역구의원이건 비례대표의원이건 마찬가지로 법률의 근거 없이 의원직을 상실시키는 것은 법률유보의 원칙에 위반하여 당사자들의 공무담임권을 침해하는 것이다. 따라서 정당해산결정에 따라 의원자격이 자동적으로 상실되는 것은 아니고, 헌법재판소나 선관위도 법률의 근거 없이 의원직 상실 결정을 내릴 수 없다고 할 것이다.

따라서 이 사건에서 헌법재판소가 "헌법재판소의 해산결정으로 해산되는 정당 소속 국회의원의 의원직 상실은 정당해산심판제도의 본질로부터 인정되는 기본적 효력으로 봄이 상당하므로, '이에 관하여 명문의 규정이 있는지 여부는 고려의 대

---

55) 대의제도 및 자유위임에 대하여 자세한 것은 정연주, 대의제도와 정당기속, 인권과 정의, 1999. 8 (제276호), 94쪽 이하 참조.

56) 정당기속과 방어적 민주주의의 이념에 비추어 소속 의원의 신분을 상실토록하는 것이 타당하되 아무런 명문의 규정 없이 해석상 이를 인정하기는 곤란하므로 헌법재판소법이나 공직선거법에 의원직 상실규정을 마련할 수 있겠으나, 다른 한편 헌법상 자유위임의 법리와 관련하여 이러한 법률규정의 위헌 여부가 문제될 소지가 있으므로 이러한 근거를 법률이 아닌 헌법에 명문으로 규정하는 것도 고려할 필요가 있다는 견해로는 헌법재판소법의 개정방향에 관한 연구용역보고서, 헌법재판연구 제10권, 헌법재판소, 1999. 12,407쪽 이하.

상이 되지 아니하고,' 그 국회의원이 지역구에서 당선되었는지, 비례대표로 당선되었는지에 따라 아무런 차이가 없이, 정당해산결정으로 인하여 신분유지의 헌법적인 정당성을 잃으므로 그 의원직은 상실되어야 한다."라고 판시하면서[57] 정당해산결정의 실효성을 확보한다는 이유로 법률의 근거도 없이 해당 소속 국회의원들의 의원직상실 결정을 내린 것은 대단히 잘못된 월권행위를 한 것이다. 이것은 헌법재판소가 사실상 입법권을 행사한 것으로 입법권을 국회에 부여한 헌법상의 삼권분립원칙에 반하는 결정이다.

한편 헌법재판소는 지역구국회의원과 비례대표국회의원을 구별하면서 "국회의원은 어느 누구의 지시나 간섭을 받지 않고 국가이익을 우선하여 자신의 양심에 따라 직무를 행하는 국민 전체의 대표자로서 활동을 하는 한편(헌법 제46조 제2항 참조), 현대 정당민주주의의 발전과 더불어 현실적으로 소속 정당의 공천을 받아 소속 정당의 지원이나 배경 아래 당선되고 당원의 한 사람으로서 사실상 정치의사 형성에 대한 정당의 규율이나 당론 등에 영향을 받아 정당의 이념을 대변하는 지위도 함께 가지게 되었다. 공직선거법 제192조 제4항은 비례대표 국회의원에 대하여 소속 정당의 '해산' 등 이외의 사유로 당적을 이탈하는 경우 퇴직된다고 규정하고 있는데, 이 규정의 의미는 정당이 스스로 해산하는 경우에 비례대표 국회의원은 퇴직되지 않는다는 것으로서, 국회의원의 국민대표성과 정당기속성 사이의 긴장관계를 적절하게 조화시켜 규율하고 있다."라고 하여 공직선거법 제192조 제4항에 따라 비례대표국회의원의 경우 소속 정당이 헌재결정으로 해산되어 당적이 이탈될 경우에는 퇴직되고, 다만 자진 해산의 경우에만 당적이탈에도 불구하고 의원직이 유지된다는 판시를 하고 있다.[58] 그리고 이는 헌재가 주장하고 있듯이 공직선거법 제192조 제4항에서 말하는 정당의 해산에서의 '해산'은 정당의 '자진 해산'만을 의미하고 헌재결정에 의한 '강제 해산'은 포함되지 않는다는 것을 전제로 한다.

그런데 이러한 헌법재판소의 해석은 공직선거법 제192조 제4항의 유래와 입법취지 및 문리적 해석에 부합되지 않는다. 즉 첫째, 문리적 해석상 공직선거법 제192조 제4항에서 말하는 '소속정당의 해산'에는 그 해산의 원인에 불문하고 결과적으로 해산이 이루어진 모든 경우를 말하는 것이지 헌법재판소의 위헌결정에 따른 강제적 해산을 제외한 정당 스스로의 자발적 해산만을 의미한다고 해석할 여지

57) 헌재 2014. 12. 19. 2013헌다1, 공보 제219호, 95, 152.

58) 헌재 2014. 12. 19. 2013헌다1, 공보 제219호, 95, 151.

가 전혀 없다. 둘째, 본 조항의 입법취지는 본 조항의 도입 당시 일부 국회의원들이 당선 이후 자신을 선출한 유권자의 의사에 반하여 자의적으로 당적을 이탈·변경함으로써 국민의 의사를 왜곡하고 정치풍토를 어지럽히는 사태가 발생함에 따라 이러한 철새정치인을 방지하고 정당기속을 강화하기 위한 것이었다.[59] 따라서 본 조항은 이처럼 의원 개개인이 자의적으로 당적을 이탈·변경할 경우 그러한 정치도의에 반하는 해당 의원의 의원직 상실을 목적으로 하는 것이고, 이와는 달리 자신의 의사에 반하여 소속 정당이 강제로 해산되어 당적을 이탈하게 된 경우에 본 조항이 적용되는 것은 결코 아니다. 그러므로 이번 통진당 해산 결정의 경우처럼 소속 비례대표국회의원의 강제적 당적 이탈은 공직선거법 제192조 제4항의 의원직 퇴직의 사유에 해당하지 아니한다. 이는 공직선거법 제192조 제4항이 강제 제명된 경우에는 의원직을 유지하도록 규정하고 있는 것에서도 알 수 있다. 셋째, 설사 백번 양보하여 공직선거법 제192조 제4항에서 말하는 '소속정당의 해산'에 '헌법재판소의 위헌결정에 따른 강제적 해산'이 포함되는지가 불분명하다고 하더라도 의원직 상실문제가 해당 의원의 공무담임권에 관한 본질적 사항임과 동시에 통치기관의 구성과 작용에 관한 본질적인 사항이라는 점을 고려할 때 공직선거법 제192조 제4항은 공권력의 자의와 남용을 방지하고 기본권을 보장하는 방향으로 해석되어져야 함은 당연하고, 따라서 공직선거법 제192조 제4항에서 말하는 '소속정당의 해산'에는 '헌법재판소의 위헌결정에 따른 강제적 해산'도 포함되어 소속 비례대표국회의원의 의원직을 유지시키는 방향으로 해석되어야 할 것이다. 결국 이러한 헌재의 공직선거법 제192조 제4항에 대한 해석 및 그에 근거한 비례대표국회의원의 의원직 상실을 정당화하는 듯한 판시는 대단히 잘못된 것이다.

다른 한편 헌재는 자신들의 판시를 정당화하기 위하여 공직선거법 제192조 제4항에 대한 언급을 할 필요가 없었다. 왜냐하면 어차피 헌재는 헌법재판소의 해산결정으로 해산되는 정당 소속 국회의원의 의원직 상실은 위헌정당해산제도의 본질로부터 인정되는 기본적 효력이라고 주장하면서, 정당해산결정의 실효성을 확보한다는 이유로 법률의 근거도 없이 지역구국회의원이건 비례대표국회의원이건 가리지 않고 해당 소속 국회의원들의 의원직상실 결정을 내렸기 때문이다. 따라서 헌재의 공직선거법 제192조 제4항에 대한 언급 및 지역구국회의원과 비례대표국회의원을 차별하는 판시는 헌재의 의원직상실 결정과 아무런 관계가 없는 논거로서 일

59) 공직선거법 제192조 제4항의 유래와 입법취지에 대하여는 정연주, 대의제도와 정당기속, 85쪽 이하 참조.

종의 논리적 모순을 범하고 있는 것이다.

결국 헌법을 수호해야 할 헌법재판소 스스로가 법치주의 위반의 위헌행위를 한 것이라고 보지 않을 수 없다. 이는 또한 헌법재판소가 통진당 소속 국회의원의 의원직 상실 결정을 내리면서 같은 당 소속의 지방의회의원의 의원직상실에 대하여는 아무런 결정을 내리지 않은 것과도 모순된다. 물론 이는 이 사건에서 청구인인 정부가 통진당 소속 국회의원의 의원직상실에 대해서만 청구를 했고 지방의회의원의 의원직에 대하여는 청구를 하지 않았기 때문이라고 볼 수도 있겠으나, 헌법재판제도가 가지는 중요한 헌법적 해명, 유사한 사건 반복방지, 헌법수호 등의 공익적 기능과 객관적 소송으로서의 성격, 이를 뒷받침하는 강한 직권심리주의,[60] 그리고 소송경제적 측면에 비추어 볼 때 헌법재판소는 통진당 소속 지방의회의원의 의원직에 대하여도 상실시키는 결정을 내렸어야 했다. 즉 정당해산결정의 실효성을 확보하기 위하여 불가피하게 통진당 소속 국회의원의 의원직상실 결정을 내릴 수밖에 없었다면 같은 이유로 같은 당 소속의 지방의회의원에 대하여도 의원직상실 결정을 내리는 것이 논리적으로 맞다. 그런 점에서 이번 헌법재판소의 통진당 소속 국회의원의 의원직 상실 결정은 평등의 원칙마저 위반한 대단히 잘못된 것이다.

2) 지방의회의원직 상실과 관련하여

한편 정당해산의 경우 소속 지방의회의원의 의원직 상실 여부가 문제될 수 있다. 왜냐하면 이에 대하여도 관련 법률에 명문의 규정이 없기 때문이다.

위에서 국회의원직 상실과 관련하여 언급한 논리에 따라 위헌정당해산제도의 취지와 정당해산의 실효성을 확보라는 점을 상기할 때 이론적·당위적으로는 당연히 지방의회의원직도 상실시켜야 할 것이다. 그러나 비록 정당해산결정의 실효성을 확보하기 위한다는 필요성은 인정되지만 지방의회의원의 경우에도－지역구의원이건 비례대표의원이건 마찬가지로－법률의 근거 없이 의원직을 상실시키는 것은－위에서 국회의원직 상실 여부와 관련하여 언급한 논리에 따라－법률유보의 원칙에 위반하여 당사자들의 공무담임권을 침해하는 것이다. 따라서 정당해산결정에 따라 의원자격이 자동적으로 상실되는 것은 아니고, 헌법재판소나 선관위도 법률의 근거 없이 의원직 상실 결정을 내릴 수 없다고 할 것이다.

---

60) 헌법재판의 객관적 소송으로서의 특성 및 직권심리주의 등에 대하여는 정연주, 헌법소원심판청구 취하의 효과, 공법연구 제28집 제4호 제2집, 2000. 6, 191쪽 이하 참조.

그런데 이번 헌법재판소의 해산결정 이후 2014. 12. 22. 중앙선거관리위원회는 헌법재판소가 정당해산결정을 내린 통합진보당 소속 비례대표 지방의원 6명에 대해 의원직 상실을 결정했다. 즉 통진당 소속이었던 비례대표 광역의원 3명과 비례대표 기초의원 3명 등 총 6명의 지방의원에 대해 '퇴직'을 결정했다.[61] 반면 선관위는 통진당 소속으로 선출된 지역구 기초의원 31명에 대해서는 공직선거법과 정당법에 관련 규정이 없기 때문에 선관위에서 판단할 사항이 아니라는 입장이며, 이에 따라 이들은 일단 무소속으로 의원직을 유지하게 되었다.[62]

이러한 선관위의 결정도 위헌·위법이다. 즉 정당해산에 따른 지방의회의원의 의원직 상실에 대한 법률적 근거 없는 지방의회의원직 상실 결정은 앞서 언급한 바와 같이 법률유보의 원칙에 위반하여 당사자들의 공무담임권을 침해한 것이다. 주민의 대표기관인 지방의회도 할 수 없는 조치를 법률의 근거도 없이 선관위가 감행한 것이다.

또한 이는 선관위가 통진당 소속으로 선출된 지역구 기초의원 31명에 대해서는 공직선거법과 정당법에 관련 규정이 없기 때문에 판단하지 아니한 것과도 모순된다. 즉 지역구 지방의회의원 31명에 대해서 공직선거법과 정당법에 관련 규정이 없기 때문에 판단하지 아니했다면 마찬가지로 비례대표 지방의원 6명에 대해서도 공직선거법과 정당법에 관련 규정이 없기 때문에 판단하지 말았어야 했다. 따라서 반대로 공직선거법과 정당법에 관련 규정이 없이도 비례대표 지방의회의원에 대하여 의원직 상실결정을 했다면 역시 마찬가지로 공직선거법과 정당법에 관련 규정이 없이 지역구 지방의회의원에 대하여도 의원직 상실결정을 내리는 것이 논리적으로 맞다.

그런데 이와 관련하여 선관위는 "비례대표국회의원 또는 비례대표지방의회의원이 소속정당의 합당·해산 또는 제명외의 사유로 당적을 이탈·변경하거나 2 이상의 당적을 가지고 있는 때에는「국회법」제136조 또는「지방자치법」제78조(의원의 퇴직)의 규정에 불구하고 퇴직된다."고 하는 공직선거법 제192조 제4항을 근거로 통진당 소속 비례대표지방의회의원에 대한 퇴직 결정을 내렸다. 즉 공직선거법 제192조 제4항은 "비례대표지방의회의원은 소속정당의 합당·해산 또는 제명 외의 사유로 당적을 이탈·변경하는 때에는 지방자치법 제78조(의원의 퇴직)의 규정에 불구하고 퇴직된다."고 규정하고 있고 그 해산은 자진 해산을 의미하므로, 헌법재판

61) 중앙선거관리위원회, 보도자료, 2014. 12. 22.

62) 연합뉴스, 2014. 12. 22.

소의 위헌정당 해산결정에 따라 해산된 정당 소속 비례대표지방의회의원은 헌법재판소의 위헌정당 해산결정이 선고된 때부터 공직선거법 제192조 제4항에 따라 그 직에서 퇴직된다고 결정한 것이다.63) 다시 말해 공직선거법 제192조 제4항에 따르면 소속정당의 해산 외의 사유로 당적을 이탈하는 경우에 퇴직되는데, 이 조항에서 말하는 '소속정당의 해산'에서의 '해산'에는 헌법재판소에 의한 정당해산은 해당되지 아니하고, 따라서 헌법재판소의 결정에 따른 통진당 해산의 경우에 발생한 소속 비례대표지방의회의원의 당적 이탈은 공직선거법 제192조 제4항에 따른 소속정당의 해산 외의 사유로 당적을 이탈하는 경우에 해당되어 결국 통진당 소속 비례대표지방의회의원은 퇴직된다고 해석한 것이다.

그런데 이러한 선관위의 해석은 앞서 국회의원직 상실문제와 관련하여서도 지적한 바와 같이－헌법재판소의 잘못된 해석과 맥을 같이 하는 것으로서－공직선거법 제192조 제4항의 유래와 입법취지 및 문리적 해석에 부합되지 않는다.64)

결국 이번 선관위의 통진당 소속 비례대표지방의회의원의 퇴직결정은－헌법재판소에 의한 통진당 소속 국회의원의 의원직 상실 결정처럼－정당해산에 따른 지방의회의원의 의원직 상실에 대한 명시적 법률의 근거 없이 이루어 진 것으로 법률유보의 원칙에 위반하여 당사자들의 공무담임권을 침해한 것이다. 그리고 이러한 논리는 위에서 국회의원직 상실 문제와 관련하여 언급했듯이 해산되는 정당의 소속 국회의원 중 비례대표국회의원의 경우에도 그대로 적용된다고 하겠다.65)

---

63) 중앙선거관리위원회, 보도자료, 2014. 12. 22.

64) 선관위 해석의 오류의 논거에 대하여는 이미 위에서 국회의원직 상실과 관련하여 논증했으므로 여기서 재론은 생략한다.

65) 이러한 선관위의 통진당 소속 비례대표지방의회의원의 의원직 상실 결정과 관련하여 전주지법 제2행정부도 2015. 11. 25. 옛 통진당 비례대표의원인 이현숙 전 전북도의회 의원이 전북도와 전북도의회 의장을 상대로 낸 '비례대표지방의회의원 퇴직처분취소 등 소송'에서 "원고에게 의원직 지위가 있음을 확인한다"는 원고 승소 판결을 하면서 같은 입장을 취하고 있다. 이는 앞서 언급한 중앙선거관리위원회에 의한 옛 통진당 소속 비례대표지방의원 6명의 의원직 상실 결정을 뒤집은 것이다. 재판부는 "이 사건의 애초 근거가 된 중앙선관위의 해석은 원고에게 불리한 방향으로 지나치게 유추해석을 했다고 볼 수밖에 없다"며, "해산은 사전적으로 '집단, 조직, 단체 따위가 해체하여 없어짐. 또는 없어지게 함'을 뜻하는 말로서 자진해 해체해 없어진다는 의미와 자신의 의사와 무관하게 타인이 없어지게 한다는 의미를 모두 포함하고 있다"고 판시했다. 그러면서 재판부는 "공직선거법 제192조 제4항은 비례대표 지방의원이 자의로 당적을 벗어나는 경우 당연 퇴직하도록 하는 한편, 비례대표 지방의회 의원이 타의로 당적을 이탈·변경하게 되면 그 직을 보장해주겠다는 의미로 해석하는 게 자연스럽다"고 덧붙였다. 재판부는 또 "현재의 위헌정당해산결정에 따라 원고가 타의로 당적을 이탈하게 된 이상 원고에게 공직선거법 제192조 제4항에서 정한 당연 퇴직 사유가 발생하지 않았다고 봐야 한다"고 밝혔다. 재판부는 판결문에서 "위헌정당해산결정에 따라 정당이 해산된 후 그 정당 소속 비례대표 지방의원이 직을 상실하는지에 관해 헌법이나 법률에 규정이 없다"며 "중앙선관위, 전북도선관위, 전북도, 전북도의회는 원고의 지방의원직 퇴직 또는 의원직 상실 여부를 결정할 권한이 없다"고 판시했다.

다른 한편 비례대표지방의회의원에 대해서만 의원직을 상실시키고 지역구지방의회의원의 경우에는 의원직을 유지시킨 선관위의 결정은 대의민주주의의 핵심적 요소인 자유위임의 원칙 및 평등원칙에 위반된다. 지방의회의원은 국회의원과 만찬가지로 지역구의원이건 비례대표의원이건 일단 선출이 되면 그 해당 지역에서 동일한 의정활동을 하는 것이고, 그 지역대표성과 자유위임에 있어서 어떠한 차별도 존재하지 않는다. 선관위가 이처럼 차별적 결정을 내린 것은 아마도 지역구지방의회의원과는 달리 비례대표지방의회의원의 경우에는 정당투표로 당선된 것이고 따라서 정당기속의 원리상 정당해산으로 인해 비례대표 지방의회의원의 당선기반이 상실된 것이므로 당연히 의원직도 상실되어야 한다는 논리에 기반한 것으로 추측된다.

그러나 이는 자유위임의 원리와 정당기속의 한계를 제대로 이해하지 못한 잘못된 논리이다. 지방의회의원도 국회의원과 마찬가지로 일단 당선된 후에는 그 해당 지역에서 그 지역 전체와 주민 전체를 대표하는 것이고 이는 결국 일종의 자유위임의 원리에 기초하는 것이다.[66] 그리고 이러한 자유위임의 원리는 지역구의원에서건 비례대표의원에서건 동일하게 적용되는 것이다. 즉 국회의원의 경우 자유위임에 관한 헌법조항으로 "국회의원은 국가이익을 우선하여 양심에 따라 직무를 행한다."라고 규정하고 있는 헌법 제46조 제2항을 예로 드는데, 지방의회의원의 경우 이에 해당하는 조항으로 "지방의회의원은 공공의 이익을 우선하여 양심에 따라 그 직무를 성실히 수행하여야 한다."라고 규정하고 있는 지방자치법 제36조 제1항을 지방의회의원의 해당 지역에서의 의정활동과 관련한 일종의 자유위임의 원칙을 선언한 조항이라고 볼 수 있고, 이러한 지방의회의원의 지위와 기능 및 의정활동에 있어서의 자유위임의 원리는 정당기속에 우선하며, 따라서 지역구 지방의회의원이나 비례대표 지방의회의원에게 차별 없이 적용되는 것이다. 그러므로 이러한 자유위임의 원리를 무시하고 정당기속만을 앞세워 비례대표 지방의회의원에 대해서만 의원직을 상실시킨 선관위의 결정은 위헌·위법인 것이다.

또한 비례대표 지방의회의원에 대해서만 의원직을 상실시킨 이번 선관위의 결정은 평등원칙도 위반한 것이다. 해당 지역주민이 투표로 지방의회의원을 선출하는 경우 정당투표로 선출되는 비례대표의원의 경우 뿐 아니라 지역구의원의 경우

한편 같은 이유로 광주고법 전주 제1행정부도 2016. 4. 25. 전북도가 이현숙 의원을 상대로 낸 '비례대표 지방의회 의원 퇴직처분' 항소심에서 "피고에게 의원직 지위가 있음을 확인한다"며 이 의원의 손을 들어줬다.

66) 국회의원 및 지방의회의원의 자유위임의 원리에 대하여는 정연주, 대의제도와 정당기속, 97쪽.

에도 소속 정당을 보고 투표를 하고 있는 우리의 고착된 지역구도 상황을 고려한다면 더욱 그러하다. 아울러 정당투표의 경우 뿐 아니라 지역구후보자의 경우에도 정당의 공천을 받아 당선되었다는 점을 감안한다면 정당기속은 비례대표의원의 경우 뿐 아니라 지역구의원의 경우에도 동일하게 적용된다. 따라서 비례대표 지방의회의원에 대해서만 의원직을 상실시킨 이번 선관위의 결정은 합리적 차별사유 없이 비례대표의원과 지역구의원을 차별한 것으로 평등원칙에 위반된다.

결국 이는 선관위의 월권행위이다. 지방의회의원의 소속 정당이 강제 해산되면 의원직을 상실한다는 법규정은 어디에도 없다. 더욱이 국회의원들의 의원직을 상실시킨 헌법재판소 주문의 어디에도 지방의회의원의 자격상실에 대한 언급은 없다. 따라서 법적 근거도 없고, 헌재의 주문에도 나와 있지 않은 선관위의 지방의회의원의 의원자격 상실결정도 헌법상의 법치주의원리와 삼권분립원리에 반하는 위헌·위법적 결정이라고 보지 않을 수 없다.

3) 독일의 경우

참고로 독일의 경우 연방헌법재판소는 사회주의제국정당(SRP)에 대한 위헌결정에서 위헌결정으로 해산되는 정당 소속 국회의원의 의원직을 법률의 별도의 근거규정 없이 상실시켰다. 이는 기본법 제21조에 따라 정당의 존재와 활동은 자유민주적 기본질서의 바탕위에서만 정당화될 수 있는데, 그 정당의 목적과 활동이 자유민주적 기본질서에 위배되어 해산된 경우에도 불구하고 그 소속 국회의원의 의원직이 유지된다면 위헌정당해산의 실효성을 확보할 수 없기 때문이며, 따라서 의원직 상실은 기본법 제21조로부터 직접 도출된다고 본 것이다.[67] 이에 따라 연방헌법재판소는 사회주의제국정당(SRP) 소속 의원의 의원직 상실을 기본법 제21조와 강제집행조항인 연방헌법재판소법 제35조에 따라 명했다.[68] 이후 연방선거법(제46조 제1항 제5호 및 제4항 제1문)에 해산정당 소속 국회의원의 의원직 상실에 관한 근거규정을 마련하였다.

앞서도 언급했듯이 위헌결정으로 해산된 정당소속 의원의 의원직 상실의 당위성에 대해서는 의문의 여지가 없다. 그러나 또 다른 헌법상의 기본원칙인 법치주의원리, 특히 법률유보의 원칙상 의원직 상실에 대한 별도의 법률규정이 요구된다는 점에서 연방헌법재판소의 결정에 대하여 동의하기 어렵다.

---

67) BVerfGE 2, 1(73ff.).

68) BVerfGE 2, 1(77).

먼저 의원직상실에 대한 별도의 근거규정 없이, 연방헌법재판소법 제35조에 근거하여 해산정당 소속의원의 의원직 상실을 명하는 독일의 판례를 우리의 경우에 원용할 수는 없다고 본다. 왜냐하면 이 사건에서 연방헌법재판소는 구체적으로 연방헌법재판소법 제35조의 "연방헌법재판소는 결정에서 결정의 집행자와 그 집행의 종류 및 방법을 정할 수 있다."는 강제집행조항에 근거해서 사회주의제국정당(SRP) 소속의원의 자격상실을 명했지만, 독일과는 달리 이러한 강제집행조항이 없는 우리의 경우에는 헌법재판소가 결정으로 해산정당 소속 국회의원의 의원직 상실을 명할 법률적 근거가 없기 때문이다.

그런데 이처럼 연방헌법재판소법 제35조에 근거하여 해산정당 소속의원의 의원직 상실을 명한 독일의 판례도 잘못된 것이다. 왜냐하면 연방헌법재판소법 제35조의 강제집행조항은 종국결정의 주문내용의 실효성 있는 집행을 확보하기 위한 근거규정이지[69] 이에 더 나아가 별도의 법률의 근거도 없이 추가적인 기본권을 제한·박탈하는 내용의 주문을 허용하는 근거규정은 아니기 때문이다. 앞서도 강조한 바와 같이 근본적으로는 의원직 상실에 대한 명확한 별도의 법률조항에 근거하여 의원직이 상실되어야 하는 것이다.

결국 이러한 문제점을 인식해서 독일의 경우에도 그 후 앞서 언급한 바와 같이 연방선거법 제46조 제1항 제5호 및 동조 제4항에 해산정당 소속 국회의원의 의원직 상실에 관한 명문의 근거규정을 마련함으로써 이러한 문제에 대한 논란을 입법적으로 해결한 것이라고 할 것이다.

한편 지방의회의원의 의원직 상실과 관련하여 독일 연방헌법재판소는 사회주의제국정당(SRP)에 대한 위헌결정에서 지방의회의원 등 지방자치단체 구성원의 경우에는 기본법 제21조에 따라 국민의 정치적 의사형성을 주 임무로 하는 주의회나 연방의회의원의 경우와는 달리 고유한 행정업무의 수행을 그 주 임무로 하기 때문에 해산되는 정당 소속 지방의회의원이나 단체장 등 지방자치단체 구성원의 의원직 상실 등은 기본법 제21조로부터 직접 도출되는 것은 아니라고 판시하면서 이들의 의원직이나 직위를 박탈하지 않았다.[70]

69) 연방헌법재판소법 제35조의 목적과 기능 등에 대하여 자세한 것은 Bethge, in: Maunz/Schmidt-Bleibtreu/Klein/Bethge, Bundesverfassungsgerichtsgesetz Kommentar, Bd. 1, §35.

70) BVerfGE 2, 1(76).

5. 의원직이 상실된 자의 재출마 문제

한편 의원직이 상실된 경우 의원직을 상실한 당사자가 또 다시 국회의원선거에 입후보할 수 있느냐의 여부가 문제될 수 있는데, 이 경우에도 국회의원선거 출마를 금지하는 법률규정이 없는 한 출마가 허용된다고 할 것이다. 물론 앞서 언급한 바와 같이 정당해산심판제도가 방어적 내지 투쟁적 민주주의의 수단이라는 점을 감안할 때 그리고 민주적 기본질서에 위배되는 활동을 한 국회의원의 경우 그 대의활동의 목적과 정당성은 이미 상실되었다는 점을 상기 할 때, 정당해산의 실효성을 확보하기 위해서는 의원직이 상실된 당사자의 국회의원선거에의 재출마를 금지하는 것이 당위론적으로는 타당하다고 볼 수 있을 것이다. 그러나 다른 한편 의원직이 상실된 당사자의 국회의원선거에의 재출마 문제는 국민의 기본권의 형성과 제한－여기서는 당사자의 피선거권 내지 공무담임권이 문제될 것이다－에 관한, 그리고 통치기관의 구성과 작용에 관한 기본적이고 본질적인 사항이므로 법치주의 원리상 당연히 법률에 규정되어 있어야 할 것이다. 따라서 실제로 의원직이 상실된 당사자의 재출마를 금지시키기 위하여서는 법치주의원리 내지 법률유보의 원칙상 관련 법률에 이에 관한 근거조항이 존재하여야 할 것이다.

참고로 독일의 경우에는 연방선거법 제46조 제4항 제2문에서 의원직을 상실한 당사자의 지역구에서의 보궐선거의 경우 의원직이 상실된 해당 전직의원의 재입후보를 금지하고 있다. 아울러 동조 동항 제1문과 제3문은 비례대표의원이 의원직을 상실한 경우 당연히 그 후 순위자는 의원직을 승계할 수 없으며, 그 비례대표의원직은 공석으로 남도록 규정하고 있다.

V. 맺는 말

위에서 언급한 이유로 헌재 결정은 정당해산제도의 목적과 기능에 대한 이해부족, 사실관계 오류, 편향된 이념, 논리적 비약, 근거가 박약한 사실관계의 인정, 법리적 오해 등 다양한 문제점을 노정했다는 비판을 면하기 어렵다고 본다. 또한 이 결정이 결과적으로 다원적 민주주의, 정당민주주의, 복수정당제도, 대의제도, 소수보호, 표현의 자유, 다양성과 관용성 등 중요한 헌법적 가치의 후퇴와 사회의 분열의 심화, 다수와 기득권의 횡포, 사법의 정치화를 야기시킬 수 있다는 우려도 나온다.

과거 독일에서의 두 번의 위헌결정도 많은 비판을 받은 바 있다.[71] 물론 해산결정이 이루어진 시기가 서독의 건국초기라는 시대적 상황, 제3제국의 후유증, 패전과 전승국의 압력, 동서독 분단과 이어지는 냉전의 심화 및 냉전의 출발지이자 전초기지로서의 당시 동서독의 위상, 극단적 반공이데올로기의 대두, 당시의 해산결정이 헌법재판제도가 확고하게 정착되기 이전의 도입초기에 이루어졌다는 점 등의 다양한 시대적 상황과 해산된 공산당의 명백한 위헌적 강령(프롤레타리아혁명을 당의 공식적인 목표) 및 폭력적 활동과 계속적이고 구체적인 명백한 위험성 등을 감안할 때 정당해산결정이 당시로서는 불가피했다고 볼 수도 있다.[72] 그러나 그러한 사건이 현재 발생할 경우 독일 연방헌법재판소가 동일한 결정을 내릴 지는 의문이다.[73]

한편 앞서도 지적한 바와 같이 당시 연방헌법재판소가 별도의 법률의 명문규정 없이 연방헌법재판소법 제35조에 근거해서 사회주의제국정당(SRP) 소속의원의 자격상실을 명한 것에 대하여도 문제가 제기되었다. 따라서 그 후 연방선거법 제46조 제1항 제5호 및 동조 제4항에 해산정당 소속국회의원의 의원직상실에 관한 근거규정을 마련함으로써 이러한 문제에 대한 논란을 입법적으로 해결한 것은 그나마 다행이라고 하겠다. 우리의 경우에도 해산된 정당 소속의 국회의원 및 지방의 회의원의 의원직 상실을 공직선거법 등 관련 법률에 규정해야 하고, 더 나아가 의원직이 상실된 국회의원이나 지방의회의원의 재출마 문제 역시 입법적으로 해결해야 할 것이다.

헌법은 사회통합의 기능을 가지며, 이를 실천하는 중요한 헌법적 도구 중 하나가 바로 헌법재판이다. 그런데 앞서 언급한 바와 같이 이번 결정은 지나친 이념적·정치적 편향성을 드러냈고 결과적으로 사회통합을 저해할 수 있다는 우려가 제기된 바 있다. 이러한 평가가 사실이라면 이를 야기한 원인 중 하나는 헌법재판관 구성의 문제점이라고 하겠다. 즉 헌법재판관의 이념적 편향성과 다양성의 부족, 법조인 일색의 경험적 획일성 등이 문제로 거론된다. 이를 위해 차제에 헌재의 구성

---

71) 독일에서 제기된 다양한 비판에 대하여는 김승환, 위헌정당해산(사회주의제국당 위헌판결)-1950. 10. 23. 독일연방헌법재판소 제1심판부 판결-, 한국헌법학의 현황과 과제: 금랑 김철수교수 정년기념논문집, 1998, 250쪽 이하 참조.

72) 당시의 정당해산이 패전국이자 분단국으로서의 냉전체제라는 독일의 특수한 역사적 배경에서 비롯되었다는 평가로는 이재희, 전게논문, 109쪽.

73) 과거 냉전시대적 여건하에서의 연방헌법재판소 결정의 문제점과 우리 법제에의 수용의 문제점에 대하여는 김종철, 전게논문, 40쪽 이하. 반면 과거 독일 연방헌법재판소의 결정내용과 경험의 의의와 그것이 현재 우리에게 주는 시사점을 긍정적으로 평가하는 입장으로는 장영수, 전게논문, 329쪽.

과 선발 방식도 재고해야 한다고 본다. 즉 헌재 구성의 이념적 균형성을 유념하면서 헌재의 구성을 다양화하고, 이를 위해 재판관의 자격을 다양화시켜야 하며, 재판관 선출방식도 재판관 전원을 국회에서 재적 2/3로 선출하도록 개정해야 할 것이다. 그럴 경우 여야 합의에 의한 재판관 선출과 재판부의 이념적 균형성의 제고가 가능해지고, 결국 대의기관의 다수 및 국민의 다수가 찬성하는 훌륭하고 균형 잡힌 인사가 재판관이 될 수 있으며, 결과적으로 특정 세력과 특정 이념 및 정권이나 인사권자의 의중이 반영되는 편향된 결정의 가능성이 줄어들고, 소수보호 및 관용성과 다양성을 갖춘 결정이 가능해 져, 결국 헌법의 이념인 진정한 다원적 자유민주주의와 법치주의 및 사회국가원리를 바탕으로 한 기본권 실현과 사회통합이 강화될 수 있을 것이다.

17. 양심적 병역거부

- 헌재 2004. 8. 26. 2002헌가1 병역법 제88조 제1항 제1호 위헌제청[1]),
헌재 2011. 8. 30. 2008헌가22 등 병역법 제88조 제1항 제1호 위헌제청 등[2]),
헌재 2018. 6. 28. 2011헌바379 등 병역법 제88조 제1항 등 위헌소원 등[3]) -

[目 次]

Ⅰ. 머리말

양심적 병역거부의 허용 여부는 오래전부터 우리사회에서 꾸준히 제기되어 온 문제이다. 지난 반세기 이상 오랜 세월동안 주로 여호와의 증인신도들을 중심으로 종교적 양심에 따라 병역을 거부하는 현상이 존재하였고, 최근에는 기타의 종교적 이유나 평화주의를 이유로 병역을 거부하는 사람들이 나타나고 있다. 그런데 병역

1) 헌재 2004. 8. 26. 2002헌가1, 판례집 16-2상, 141.
2) 헌재 2011. 8. 30. 2008헌가22 등, 공보 제179호, 1205.
3) 헌재 2018. 6. 28. 2011헌바379 등, 판례집 30-1하, 370.

법 제88조 제1항은 정당한 사유 없이 입영을 기피할 경우 예외없이 형사처벌을 하도록 규정하고 있고,[4] 양심적 병역거부는 그동안의 대법원판례에 따라 정당한 사유에 해당하지 아니하여 결국 이 조항에 의해 병역법상 양심적 병역거부는 인정되지 않아 지금까지 양심적 병역거부자들은 형사처벌을 받아 온 것이다. 이들은 자신의 종교적 신념 내지 양심에 비추어 집총병역의무는 결코 이행할 수 없으니 대신 다른 대체복무를 허용해달라고 간청하면서, 양심적 병역거부를 인정하고 있지 않고 많은 다른 국가들처럼 대체복무를 인정하고 있지 아니한 병역법은 자신들의 양심의 자유를 침해하는 위헌이라고 주장하고 있다. 이와 관련하여 헌법재판소는 2002헌가1 사건과 2008헌가22 사건에서 양심적 병역거부자들에 대한 처벌근거규정인 병역법 제88조 제1항이 헌법에 위반되지 않는다고 판시한 바 있다. 특히 2008헌가22 사건에서 헌재는 병역법 제88조 제1항으로 인하여 양심적 병역거부자의 양심의 자유가 제한되나, 이 사건 법률조항은 국가안보 및 병역의무의 형평성이라는 중대한 공익을 실현하고자 하는 것으로 입법목적의 정당성과 수단의 적합성이 인정되고, 대체복무제를 허용하더라도 이러한 공익의 달성에 아무런 지장이 없다는 판단을 쉽사리 내릴 수 없는 이상 대체복무제를 도입하지 않은 채 형사처벌 규정만을 두고 있다고 하더라도 최소침해의 원칙에 위반되지 아니하며, 법익균형성도 갖추고 있으므로 양심의 자유를 침해하지 아니한다고 판단했다. 또한 병역법 제88조 제1항은 병역거부가 양심에 근거한 것이든 아니든, 그 양심이 종교적 양심이든 비종교적 양심이든 가리지 않고 일률적으로 규제하는 것일 뿐 종교를 사유로 차별을 가하는 것이 아니므로 평등원칙에 위반되지 아니하고, 우리나라가 가입한 시민적·정치적 권리에 관한 국제규약에 따라 바로 양심적 병역거부권이 인정되거나, 양심적 병역거부에 관한 법적인 구속력이 발생한다고 보기 어려울 뿐 아니라 양심적 병역거부권을 명문으로 인정한 국제인권조약은 아직까지 존재하지 않으므로 병역법 제88조 제1항에 따라 양심적 병역거부자를 형사처벌한다고 하더라도 국제법 존중의 원칙을 선언하고 있는 헌법 제6조 제1항에도 위반되지 않는다는

---

4) 병역법(2017. 11. 28. 법률 제15054호) 88조(입영의 기피 등) ① 현역입영 또는 소집 통지서(모집에 의한 입영 통지서를 포함한다)를 받은 사람이 정당한 사유 없이 입영일이나 소집일부터 다음 각 호의 기간이 지나도 입영하지 아니하거나 소집에 응하지 아니한 경우에는 3년 이하의 징역에 처한다. 다만, 제53조제2항에 따라 전시근로소집에 대비한 점검통지서를 받은 사람이 정당한 사유 없이 지정된 일시의 점검에 참석하지 아니한 경우에는 6개월 이하의 징역이나 500만원 이하의 벌금 또는 구류에 처한다.
1. 현역입영은 3일
2. 사회복무요원 소집은 3일
3. 이하 생략

점을 합헌의 근거로 하였다.

그러던 중 최근 헌재는 2011헌바379 사건에서 병역의 종류를 현역, 예비역, 보충역, 병역준비역, 전시근로역의 다섯 가지로 한정하여 규정하고 양심적 병역거부자에 대한 대체복무제를 규정하지 아니한 병역법 제5조 제1항의 병역종류조항이 과잉금지원칙을 위반하여 양심적 병역거부자의 양심의 자유를 침해한다는 헌법불합치결정을 내렸다. 그러나 다른 한편 현역입영 또는 소집 통지서를 받은 사람이 정당한 사유 없이 입영일이나 소집일부터 3일이 지나도 입영하지 아니하거나 소집에 응하지 아니한 경우를 처벌하는 병역법의 각 제88조 제1항 본문 제1호와 제2호는 과잉금지원칙을 위반하여 양심적 병역거부자의 양심의 자유를 침해하지 않는다고 결정했다.

만시지탄의 감이 있지만 헌재가 양심적 병역거부를 인정하고 대체복무제의 도입을 촉구하는 결정을 내린 것은 대단히 환영할만한 일이라 하겠다. 그런데 과거 헌재의 2002헌가1 결정과 2008헌가22 결정은 물론 최근의 2011헌바379 결정의 경우에도 병역법의 처벌규정인 제88조 제1항에 대하여 합헌결정을 내린 것은 동의하기 어렵다. 따라서 여기서 그동안의 헌재판례의 내용을 살펴보면서 양심적 병역거부에 대한 헌법적 고찰을 통해 병역법상의 처벌조항의 위헌성을 검토해보는 것은 여전히 시의성 있는 의미 있는 작업이라고 하겠다.

Ⅱ. 헌재결정의 요지

1. 2004. 8. 26. 2002헌가1

(1) 다수의견

1) 양심의 자유는 단지 국가에 대하여 가능하면 개인의 양심을 고려하고 보호할 것을 요구하는 권리일 뿐, 양심상의 이유로 법적 의무의 이행을 거부하거나 법적 의무를 대신하는 대체의무의 제공을 요구할 수 있는 권리가 아니다. 따라서 양심의 자유로부터 대체복무를 요구할 권리도 도출되지 않는다. 우리 헌법은 병역의무와 관련하여 양심의 자유의 일방적인 우위를 인정하는 어떠한 규범적 표현도 하고 있지 않다. 양심상의 이유로 병역의무의 이행을 거부할 권리는 단지 헌법 스스로 이에 관하여 명문으로 규정하는 경우에 한하여 인정될 수 있다.

2) 양심의 자유의 경우 비례의 원칙을 통하여 양심의 자유를 공익과 교량하고

공익을 실현하기 위하여 양심을 상대화하는 것은 양심의 자유의 본질과 부합될 수 없다. 양심상의 결정이 법익교량과정에서 공익에 부합하는 상태로 축소되거나 그 내용에 있어서 왜곡·굴절된다면, 이는 이미 '양심'이 아니다. 따라서 양심의 자유의 경우에는 법익교량을 통하여 양심의 자유와 공익을 조화와 균형의 상태로 이루어 양 법익을 함께 실현하는 것이 아니라, 단지 '양심의 자유'와 '공익' 중 양자택일 즉, 양심에 반하는 작위나 부작위를 법질서에 의하여 '강요받는가 아니면 강요받지 않는가'의 문제가 있을 뿐이다.

3) 한국의 안보상황, 징병의 형평성에 대한 사회적 요구, 대체복무제를 채택하는데 수반될 수 있는 여러 가지 제약적 요소 등을 감안할 때, 대체복무제를 도입하더라도 국가안보라는 중대한 헌법적 법익에 손상이 없으리라고 단정할 수 없는 것이 현재의 상황이라 할 것인바, 대체복무제를 도입하기 위해서는 남북한 사이에 평화공존관계가 정착되어야 하고, 군복무여건의 개선 등을 통하여 병역기피의 요인이 제거되어야 하며, 나아가 우리 사회에 양심적 병역거부자에 대한 이해와 관용이 자리잡음으로써 그들에게 대체복무를 허용하더라도 병역의무의 이행에 있어서 부담의 평등이 실현되며 사회통합이 저해되지 않는다는 사회공동체 구성원의 공감대가 형성되어야 하는데, 이러한 선행조건들이 충족되지 않은 현 단계에서 대체복무제를 도입하기는 어렵다고 본 입법자의 판단이 현저히 불합리하다거나 명백히 잘못되었다고 볼 수 없다.

4) 입법자는 헌법 제19조의 양심의 자유에 의하여 공익이나 법질서를 저해하지 않는 범위 내에서 법적 의무를 대체하는 다른 가능성이나 법적 의무의 개별적인 면제와 같은 대안을 제시함으로써 양심상의 갈등을 완화해야 할 의무가 있으며, 이러한 가능성을 제공할 수 없다면, 적어도 의무위반 시 가해지는 처벌이나 징계에 있어서 그의 경감이나 면제를 허용함으로써 양심의 자유를 보호할 수 있는 여지가 있는가를 살펴보아야 한다. 그러므로 입법자는 양심의 자유와 국가안보라는 법익의 갈등관계를 해소하고 양 법익을 공존시킬 수 있는 방안이 있는지, 국가안보란 공익의 실현을 확보하면서도 병역거부자의 양심을 보호할 수 있는 대안이 있는지, 우리 사회가 이제는 양심적 병역거부자에 대하여 이해와 관용을 보일 정도로 성숙한 사회가 되었는지에 관하여 진지하게 검토하여야 할 것이며, 설사 대체복무제를 도입하지 않기로 하더라도, 법적용기관이 양심우호적 법적용을 통하여 양심을 보호하는 조치를 취할 수 있도록 하는 방향으로 입법을 보완할 것인지에 관하여 숙고하여야 한다.

(2) 재판관 김경일, 재판관 전효숙의 반대의견

1) 일반적으로 적용되는 법률에 있어 그 법률이 명령하는 것과 일치될 수 없는 양심의 문제는 법질서에 대해 예외를 인정할지 여부의 형태로 나타난다. 그러나 다수가 공유하는 생각과 다르다는 이유만으로 소수가 선택한 가치가 이상하거나 열등한 것이라고 전제할 수는 없으므로 이 경우 '혜택부여'의 관점에서 심사기준을 완화할 것이 아니며, 그 합헌성 여부 심사는 일반적인 기본권제한 원리에 따라 이루어져야 한다.

2) 양심적 병역거부가 인류의 평화적 공존에 대한 간절한 희망과 결단을 기반으로 하고 있음을 부인할 수는 없으며, 평화에 대한 이상은 인류가 오랫동안 추구하고 존중해온 것이다. 그런 의미에서 양심적 병역거부자들의 병역거부를 군복무의 고역을 피하기 위한 것이거나 국가공동체에 대한 기본의무는 이행하지 않으면서 무임승차 식으로 보호만 바라는 것으로 볼 수는 없다. 그들은 공동체의 일원으로서 납세 등 각종의무를 성실히 수행해야함을 부정하지 않고, 집총병역의무는 도저히 이행할 수 없으나 그 대신 다른 봉사방법을 마련해달라고 간청하고 있다. 그럼에도 불구하고 병역기피의 형사처벌로 인하여 이들이 감수하여야 하는 불이익은 심대하다.

3) 우리 군의 전체 병력수에 비추어 양심적 병역거부자들이 현역집총병역에 종사하는지 여부가 국방력에 미치는 영향은 전투력의 감소를 논할 정도라고 볼 수 없고, 이들이 반세기 동안 형사처벌 및 유·무형의 막대한 불이익을 겪으면서도 꾸준히 입영이나 집총을 거부하여 온 점에 의하면 형사처벌이 이들 또는 잠재적인 양심적 병역거부자들의 의무이행을 확보하기 위해 필요한 수단이라고 보기는 어렵다.

4) 국방의 의무는 단지 병역법에 의하여 군복무에 임하는 등의 직접적인 집총병력형성의무에 한정되는 것이 아니므로 양심적 병역거부자들에게 현역복무의 기간과 부담 등을 고려하여 이와 유사하거나 보다 높은 정도의 의무를 부과한다면 국방의무이행의 형평성회복이 가능하다. 또한 많은 다른 나라들의 경험에서 보듯이 엄격한 사전심사절차와 사후관리를 통하여 진정한 양심적 병역거부자와 그렇지 않은 자를 가려내는 것이 가능하며, 현역복무와 이를 대체하는 복무의 등가성을 확보하여 현역복무를 회피할 요인을 제거한다면 병역기피 문제도 효과적으로 해결할 수 있다.

2. 2011. 8. 30. 2008헌가22등

(1) 다수의견

1) 이 사건 법률조항은, "국민의 의무인 국방의 의무의 이행을 관철하고 강제함으로써 징병제를 근간으로 하는 병역제도 하에서 병역자원의 확보와 병역부담의 형평을 기하고 궁극적으로 국가의 안전보장이라는 헌법적 법익을 실현하고자 하는 것"으로 그 입법목적이 정당하고, 입영을 기피하는 현역 입영대상자에 대하여 형벌을 부과함으로써 현역복무의무의 이행을 강제하고 있으므로, 이 같은 입법목적을 달성하기 위한 적절한 수단이다.

또한 병역의무와 관련하여 대체복무제를 도입할 것인지의 문제는 결국 '대체복무제를 허용하더라도 국가안보라는 중대한 공익의 달성에 아무런 지장이 없는지 여부'에 대한 판단의 문제로 귀결되는바, 남북이 대치하고 있는 우리나라의 특유한 안보상황, 대체복무제 도입 시 발생할 병력자원의 손실 문제, 병역거부가 진정한 양심에 의한 것인지 여부에 대한 심사의 곤란성, 사회적 여론이 비판적인 상태에서 대체복무제를 도입하는 경우 사회 통합을 저해하여 국가 전체의 역량에 심각한 손상을 가할 우려가 있는 점 및 종전 헌법재판소의 결정에서 제시한 선행조건들이 아직도 충족되지 않고 있는 점 등을 고려할 때 대체복무제를 허용하더라도 국가안보와 병역의무의 형평성이라는 중대한 공익의 달성에 아무런 지장이 없다는 판단을 쉽사리 내릴 수 없으므로, 양심적 병역거부자에 대하여 대체복무제를 도입하지 않은 채 형사처벌 규정만을 두고 있다고 하더라도 이 사건 법률조항이 최소침해의 원칙에 반한다고 할 수 없다.

양심적 병역거부자는 이 사건 법률조항에 따라 3년 이하의 징역이라는 형사처벌을 받는 불이익을 입게 되나 이 사건 법률조항이 추구하는 공익은 국가의 존립과 모든 자유의 전제조건인 '국가안보' 및 '병역의무의 공평한 부담'이라는 대단히 중요한 공익이고, 병역의무의 이행을 거부함으로써 양심을 실현하고자 하는 경우는 누구에게나 부과되는 병역의무에 대한 예외를 요구하는 것이므로 병역의무의 공평한 부담의 관점에서 볼 때 타인과 사회공동체 전반에 미치는 파급효과가 대단히 큰 점 등을 고려해 볼 때 이 사건 법률조항이 법익균형성을 상실하였다고 볼 수는 없다. 따라서 이 사건 법률조항은 양심의 자유를 침해하지 아니한다.

2) 이 사건 법률 조항은 병역거부가 양심에 근거한 것이든 아니든, 그 양심이

종교적 양심이든, 비종교적 양심이든 가리지 않고 일률적으로 규제하는 것일 뿐, 양심이나 종교를 사유로 차별을 가하는 것도 아니므로 평등원칙에 위반되지 아니한다.

3) 우리나라가 1990. 4. 10. 가입한 시민적 · 정치적권리에관한국제규약(International Covenant on Civil and Political Rights)에 따라 바로 양심적 병역거부권이 인정되거나 양심적 병역거부에 관한 법적인 구속력이 발생한다고 보기 곤란하고, 양심적 병역거부권을 명문으로 인정한 국제인권조약은 아직까지 존재하지 않으며, 유럽 등의 일부국가에서 양심적 병역거부권이 보장된다고 하더라도 전 세계적으로 양심적 병역거부권의 보장에 관한 국제관습법이 형성되었다고 할 수 없어 양심적 병역거부가 일반적으로 승인된 국제법규로서 우리나라에 수용될 수는 없으므로, 이 사건 법률조항에 의하여 양심적 병역거부자를 형사처벌한다고 하더라도 국제법 존중의 원칙을 선언하고 있는 헌법 제6조 제1항에 위반된다고 할 수 없다.

(2) 재판관 이강국, 재판관 송두환의 한정위헌의견

헌법상의 기본권과 헌법상의 국민의 의무 등 헌법적 가치가 상호 충돌하고 대립하는 경우에는 어느 하나의 가치만을 선택하여 나머지 가치를 희생시켜서는 안 되고, 충돌하는 가치를 모두 최대한 실현시킬 수 있는 규범조화적 해석원칙을 사용해야 한다. 양심의 자유와 국방의 의무라는 헌법적 가치가 상호 충돌하고 있는 이 사건 법률조항의 문제도 이와 같은 규범조화적 해석의 원칙에 의하여 해결해야 한다. 따라서 이 사건 법률조항의 '정당한 사유'는 진지하고 절박한 양심을 결정한 사람들의 양심의 자유와 국방의 의무라는 헌법적 가치가 비례적으로 가장 잘 조화되고 실현될 수 있는 조화점을 찾도록 해석하여야 한다. 하지만 헌법재판소와 대법원 판례는 이 사건 법률조항의 '정당한 사유'에는 종교적 양심상의 결정에 의하여 병역을 거부한 행위는 포함되지 아니한다고 해석하고 있는데, 그 결과 절대적이고 진지한 양심의 결정에 따라 병역의무를 거부한 청구인들에게 국가의 가장 강력한 제재수단인 형벌이, 그것도 최소한 1년 6개월 이상의 징역형이라고 하는 무거운 형벌이 부과되고 있다. 이는 인간으로서의 존엄과 가치를 심각하게 침해하는 것이고, 나아가 형벌부과의 주요근거인 행위와 책임과의 균형적인 비례관계를 과도하게 일탈한 과잉조치이다.

양심적 병역거부자들에 대한 대체복무제를 운영하고 있는 많은 나라들의 경험을 살펴보면, 대체복무제가 도입될 경우 사이비 양심적 병역거부자가 급증할 것이라고 하는 우려가 정확한 것이 아니라는 점을 알 수 있다. 엄격한 사전심사와 사후관리를 통하여 진정한 양심적 병역거부자와 그렇지 못한 자를 가려낼 수 있도록 대체복무제도를 설계하고 운영한다면 이들의 양심의 자유 뿐 아니라 국가안보, 자유민주주의의 확립과 발전에도 도움이 될 것이다.

결국 이 사건 법률조항 본문 중 '정당한 사유'에, 양심에 따른 병역거부를 포함하지 않는 것으로 해석하는 한 헌법에 위반된다.

3. 2018. 6. 28. 2011헌바379등

(1) 병역법 제5조 제1항(병역종류조항)에 대하여

1) 법정의견

가. 비군사적 성격을 갖는 복무도 입법자의 형성에 따라 병역의무의 내용에 포함될 수 있고, 대체복무제는 그 개념상 병역종류조항과 밀접한 관련을 갖는다. 따라서 병역종류조항에 대한 이 사건 심판청구는 입법자가 아무런 입법을 하지 않은 진정입법부작위를 다투는 것이 아니라, 입법자가 병역의 종류에 관하여 입법은 하였으나 그 내용이 양심적 병역거부자를 위한 대체복무제를 포함하지 아니하여 불완전·불충분하다는 부진정입법부작위를 다투는 것이라고 봄이 상당하다.

나. 병역종류조항이 대체복무제를 포함하고 있지 않다는 이유로 위헌으로 결정된다면, 양심적 병역거부자가 현역입영 또는 소집 통지서를 받은 후 3일 내에 입영하지 아니하거나 소집에 불응하더라도 대체복무의 기회를 부여받지 않는 한 당해 형사사건을 담당하는 법원이 무죄를 선고할 가능성이 있으므로, 병역종류조항은 재판의 전제성이 인정된다.

다. 병역종류조항은, 병역부담의 형평을 기하고 병역자원을 효과적으로 확보하여 효율적으로 배분함으로써 국가안보를 실현하고자 하는 것이므로 정당한 입법목적을 달성하기 위한 적합한 수단이다.

병역종류조항이 규정하고 있는 병역들은 모두 군사훈련을 받는 것을 전제하고 있으므로, 양심적 병역거부자에게 그러한 병역을 부과할 경우 그들의 양심과 충돌을 일으키는데, 이에 대한 대안으로 대체복무제가 논의되어 왔다. 양심적 병역거부자의 수는 병역자원의 감소를 논할 정도가 아니고, 이들을 처벌한다고 하더라도 교도소에 수감할 수 있을 뿐 병역자원으로 활용할 수는 없으므로, 대체복무제를 도입하더라도 우리나라의 국방력에 의미 있는 수준의 영향을 미친다고 보기는 어렵다. 국가가 관리하는 객관적이고 공정한 사전심사절차와 엄격한 사후관리절차를 갖추고, 현역복무와 대체복무 사이에 복무의 난이도나 기간과 관련하여 형평성을 확보해 현역복무를 회피할 요인을 제거한다면, 심사의 곤란성과 양심을 빙자한 병역기피자의 증가 문제를 해결할 수 있으므로, 대체복무제를 도입하면서도 병역의무의 형평을 유지하는 것은 충분히 가능하다. 따라서 대체복무제라는 대안이 있음에도 불구하고 군사훈련을 수반하는 병역의무만을 규정한 병역종류조항은, 침해의 최소성 원칙에 어긋난다.

병역종류조항이 추구하는 '국가안보' 및 '병역의무의 공평한 부담'이라는 공익은 대단히 중요하나, 앞서 보았듯이 병역종류조항에 대체복무제를 도입한다고 하더라도 위와 같은 공익은 충분히 달성할 수 있다고 판단된다. 반면, 병역종류조항이 대체복무제를 규정하지 아니함으로 인하여 양심적 병역거부자들은 최소 1년 6월 이상의 징역형과 그에 따른 막대한 유·무형의 불이익을 감수하여야 한다. 양심적 병역거부자들에게 공익 관련 업무에 종사하도록 한다면, 이들을 처벌하여 교도소에 수용하고 있는 것보다는 넓은 의미의 안보와 공익실현에 더 유익한 효과를 거둘 수 있을 것이다. 따라서 병역종류조항은 법익의 균형성 요건을 충족하지 못하였다.

그렇다면 양심적 병역거부자에 대한 대체복무제를 규정하지 아니한 병역종류조항은 과잉금지원칙에 위배하여 양심적 병역거부자의 양심의 자유를 침해한다.

헌법재판소는 2004년 입법자에 대하여 국가안보라는 공익의 실현을 확보하면서도 병역거부자의 양심을 보호할 수 있는 대안이 있는지 검토할 것을 권고하였는데, 그로부터 14년이 경과하도록 이에 관한 입법적 진전이 이루어지지 못하였다. 그사이 여러 국가기관에서 대체복무제 도입을 검토하거나 그 도입을 권고하였으며, 법원에서도 양심적 병역거부에 대해 무죄판결을 선고하는 사례가 증가하고 있다. 이러한 사정을 감안할 때 국가는 이 문제의 해결을 더 이상 미룰 수 없으며, 대체복무제를 도입함으로써 기본권 침해 상황을 제거할 의무가 있다.

라. 병역종류조항에 대해 단순위헌 결정을 할 경우 병역의 종류와 각 병역의 구체적인 범위에 관한 근거규정이 사라지게 되어 일체의 병역의무를 부과할 수 없게 되므로, 용인하기 어려운 법적 공백이 생기게 된다. 더욱이 입법자는 대체복무제를 형성함에 있어 그 신청절차, 심사주체 및 심사방법, 복무분야, 복무기간 등을 어떻게 설정할지 등에 관하여 광범위한 입법재량을 가진다. 따라서 병역종류조항에 대하여 헌법불합치 결정을 선고하되, 다만 입법자의 개선입법이 이루어질 때까지 계

속적용을 명하기로 한다. 입법자는 늦어도 2019. 12. 31.까지는 대체복무제를 도입하는 내용의 개선입법을 이행하여야 하고, 그때까지 개선입법이 이루어지지 않으면 병역종류조항은 2020. 1. 1.부터 효력을 상실한다.

2) 재판관 안창호, 재판관 조용호의 병역종류조항에 대한 반대의견

청구인 등이 주장하는 대체복무는 일체의 군 관련 복무를 배제하는 것이므로, 국방의무 및 병역의무의 범주에 포섭될 수 없다. 따라서 병역종류조항에 대체복무를 규정하라고 하는 것은 병역법 및 병역종류조항과 아무런 관련이 없는 조항을 신설하라는 주장이다. 헌법재판소법 제68조 제2항에 의한 헌법소원에서 위와 같은 진정입법부작위를 다투는 것은 그 자체로 허용되지 아니하므로, 병역종류조항에 대한 심판청구는 부적법하다.

3) 재판관 조용호의 병역종류조항 반대의견에 대한 보충의견

병역의 종류를 어떻게 형성할 것인지는 병력의 구체적 설계, 안보상황의 예측 및 이에 대한 대응 등에 있어서 매우 전문적이고 정치적인 사항에 관한 규율이므로, 입법자가 광범위한 입법형성의 재량 하에 결정할 사항이다.

입법자에게 법률의 제정 시 개인적인 양심상의 갈등의 여지가 발생할 수 있는 사안에 대하여 사전에 예방적으로 양심의 자유를 고려하는 일반조항을 둘 것을 요구할 수는 없다. 양심의 자유에서 파생하는 입법자의 의무는 단지 입법과정에서 양심의 자유를 고려할 것을 요구하는 '일반적 의무'이지 구체적 내용의 대안을 제시해야 할 헌법적 입법의무가 아니므로, 양심의 자유는 입법자가 구체적으로 형성한 병역의무의 이행을 양심상의 이유로 거부하거나 법적 의무를 대신하는 대체의무의 제공을 요구할 수 있는 권리가 아니다.

그렇다면 처벌조항과 달리 양심에 반하는 행위를 강제하는 효력이 없는 병역종류조항에 대하여 입법자가 대체복무제를 규정하지 않았음을 이유로 위헌확인을 할 수는 없다. 나아가 입법자가 국가안보를 위태롭게 하지 않고서는 양심의 자유를 실현할 수 없다는 판단에 이르렀기 때문에 대체복무의 가능성을 제공하지 않았다면, 이러한 결단은 국가안보라는 공익의 중대함에 비추어 정당화될 수 있는 것으로서 위헌이라고 할 수 없다.

(2) 병역법 제88조 제1항 본문 제1호, 제1호(처벌조항)에 대하여

1) 재판관 강일원, 재판관 서기석의 합헌의견

병역종류조항에 대체복무제가 규정되지 아니한 상황에서 현재의 대법원 판례에 따라 양심적 병역거부자를 처벌한다면, 이는 과잉금지원칙을 위반하여 양심적 병역거부자의 양심의 자유를 침해하는 것이다. 따라서 지금처럼 병역종류조항에 대체복무제가 규정되지 아니한 상황에서는 양심적 병역거부를 처벌하는 것은 헌법에 위반되므로, 양심적 병역거부는 처벌조항의 '정당한 사유'에 해당한다고 보아야 한다. 결국 양심적 병역거부자에 대한 처벌은 대체복무제를 규정하지 아니한 병역종류조항의 입법상 불비와 양심적 병역거부는 처벌조항의 '정당한 사유'에 해당하지 않는다는 법원의 해석이 결합되어 발생한 문제일 뿐, 처벌조항 자체에서 비롯된 문제가 아니다. 이는 병역종류조항에 대한 헌법불합치 결정과 그에 따른 입법부의 개선입법 및 법원의 후속 조치를 통하여 해결될 수 있는 문제이다.

이상을 종합하여 보면, 처벌조항은 정당한 사유 없이 병역의무를 거부하는 병역기피자를 처벌하는 조항으로서, 과잉금지원칙을 위반하여 양심적 병역거부자의 양심의 자유를 침해한다고 볼 수는 없다.

2) 재판관 안창호, 재판관 조용호의 합헌의견

처벌조항은 병역자원의 확보와 병역부담의 형평을 기하고 국가의 안전보장과 국토방위를 통해 헌법상 인정되는 중대한 법익을 실현하고자 하는 것으로 입법목적이 정당하고, 입영기피자 등에 대한 형사처벌은 위 입법목적을 달성하기 위한 적절한 수단이다.

양심을 빙자한 병역기피자를 심사단계에서 가려내는 것은 지극히 개인적·주관적인 양심의 형성과정을 추적해야 하는 쉽지 않은 일이다. 나아가 생명과 신체에 대한 위험 속에서 이행하는 병역의무와 등가성이 확보된 대체복무를 설정하는 것은 사실상 불가능하거나 매우 까다로운 일이다.

대체복무제의 도입은 국가공동체가 양심적 병역거부에 대한 합법성과 정당성을 인정하는 문제이므로, 그 도입여부는 규범적 평가 이전에 국민적 합의가 선행되어야 하는데, 아직 이에 관한 국민적 합의가 이루어지지 못한 것으로 보인다. 이와 같은 상황에서 양심적 병역거부자에 대해 형벌을 부과한다고 하여 침해의 최소성

요건을 충족하지 못한다고 볼 수 없다.

병역거부는 양심의 자유를 제한하는 근거가 되는 다른 공익적 가치와 형량할 때 우선적으로 보호받아야 할 보편적 가치를 가진다고 할 수 없다. 반면 처벌조항에 의하여 달성되는 공익은 국가공동체의 안전보장과 국토방위를 수호함으로써, 헌법의 핵심적 가치와 질서를 확보하고 국민의 생명과 자유, 안전과 행복을 지키는 것이다. 따라서 처벌조항에 의하여 제한되는 사익이 달성하려는 공익에 비하여 우월하다고 할 수 없으므로, 처벌조항은 법익의 균형성 요건을 충족한다.

그렇다면 처벌조항은 과잉금지원칙을 위반하여 양심의 자유를 침해하지 아니한다.

3) 재판관 김창종의 각하의견

청구인들의 주장은 양심상의 결정을 내세워 입영을 거부하였을 경우 '정당한 사유'에 해당하지 않는다고 보는 법원의 법령 해석·적용은 잘못된 것이고, 그렇게 해석하면 청구인들의 양심의 자유 등을 침해하여 헌법에 위반된다는 취지이다. 이는 처벌조항 자체의 위헌 여부를 다투는 것이 아니라, 법원의 처벌조항에 대한 해석·적용이나 재판결과를 다투는 것에 불과하므로 헌법재판소법 제68조 제2항의 헌법소원으로는 부적법하다.

4) 재판관 이진성, 재판관 김이수, 재판관 이선애, 재판관 유남석의 일부 위헌의견

병역종류조항은 처벌조항의 의미를 해석하는 근거가 되고, 처벌조항은 병역종류조항의 내용을 전제로 하므로, 병역종류조항의 위헌 여부는 처벌조항의 위헌 여부와 불가분적 관계에 있다. 따라서 병역종류조항에 대하여 헌법불합치 결정을 하는 이상, 처벌조항 중 양심적 병역거부자를 처벌하는 부분에 대하여도 위헌 결정을 하는 것이 자연스럽다.

처벌조항은 양심적 병역거부자에 대한 처벌의 예외를 인정하지 않고 일률적으로 형벌을 부과하고 있으나, 대체복무제의 도입은 병역자원을 확보하고 병역부담의 형평을 기하고자 하는 입법목적을 처벌조항과 같은 정도로 충분히 달성할 수 있다고 판단되므로, 처벌조항은 침해의 최소성 원칙에 어긋난다.

'국가안보' 및 '병역의무의 공평한 부담'이라는 공익은 중요하나, 양심적 병역거부자에 한정하여 볼 때 형사처벌이 특별예방효과나 일반예방효과를 가지지 못하는 것으로 보이므로, 처벌조항이 위 공익 달성에 기여하는 정도는 그다지 크다고 하기 어렵다. 반면, 형사처벌로 인한 불이익은 매우 크므로, 처벌조항은 법익의 균형성 요건을 충족하지 못한다.

따라서 처벌조항은 과잉금지원칙에 위배하여 양심적 병역거부자의 양심의 자유를 침해하므로, 처벌조항 중 '양심적 병역거부자를 처벌하는 부분'은 헌법에 위반된다.

Ⅲ. 양심적 병역거부에 대한 헌법적 고찰

1. 양심의 자유와 국방의 의무

헌법 제19조는 양심의 자유를 보장하고 있다. 인간의 존엄성 유지와 개인의 자유로운 인격발현을 최고의 가치로 삼는 우리 헌법상의 기본권체계 내에서 양심의 자유의 기능은 개인적 인격의 정체성과 동질성을 유지하는 데 있다.[5)]

헌법상 보호되는 양심은 어떤 일의 옳고 그름을 판단함에 있어서 그렇게 행동하지 아니하고는 자신의 인격적인 존재가치가 허물어지고 말 것이라는 강력하고 진지한 마음의 소리로서 절박하고 구체적인 양심을 말한다.[6)] 즉 '양심상의 결정'이란 선과 악의 기준에 따른 모든 진지한 윤리적 결정으로서 구체적인 상황에서 개인이 이러한 결정을 자신을 구속하고 무조건적으로 따라야 하는 것으로 받아들이기 때문에 양심상의 심각한 갈등이 없이는 그에 반하여 행동할 수 없는 것을 말한다. 헌법 제19조가 보호하고 있는 양심의 자유는 양심형성의 자유와 양심적 결정의 자유를 포함하는 내심적 자유뿐만 아니라, 양심적 결정을 외부로 표현하고 실현할 수 있는 양심실현의 자유를 포함한다고 할 수 있다.[7)] 또한 양심실현의 자유에는 양심을 표명하거나 또는 양심을 표명하도록 강요받지 아니할 자유(양심표명의 자유), 양심에 반하는 행동을 강요받지 아니할 자유(부작위에 의한 양심실현의 자유), 양심에 따른 행동을 할 자유(작위에 의한 양심실현의 자유) 등이 있다고 하겠다.[8)] 양심의 자유 중 양심형성의 자유는 내심에 머무르는 한 절대적으로 보호되는 기본권이

5) 헌재 2004. 8. 26. 2002헌가1, 판례집 제16권 2집 상, 141, 151.

6) 헌재 1997. 3. 27. 96헌가11, 판례집 9-1, 245, 263; 2001. 8. 30. 99헌바92등, 판례집 13-2, 174, 203; 2002. 4. 25. 98헌마425등, 판례집 14-1, 351, 363; 2011. 8. 30. 2008헌가22, 공보 제179호, 1205, 1210.

7) 헌재 1998. 7. 16. 96헌바35, 판례집 제10권 2집, 159, 166.

8) 헌재 2011. 8. 30. 2008헌가22, 공보 제179호, 1205, 1210.

라 할 수 있는 반면, 양심실현의 자유는 법질서에 위배되거나 타인의 권리를 침해할 수 있기 때문에 법률에 의하여 제한될 수 있는 상대적 자유라고 하겠다.[9)]

여기서 문제되는 양심적 병역거부는 양심의 자유 중 '양심에 반하는 행동을 강요당하지 아니할 자유', 즉 '부작위에 의한 양심실현의 자유'에 속한다고 볼 수 있다.[10)] 즉 병역법 제88조 제1항은 형사처벌이라는 제재를 통해서 양심적 병역거부자에게 양심에 반하는 행동을 강요하고 있으므로, '국가에 의하여 양심에 반하는 행동을 강요당하지 아니할 자유' 내지 '양심에 반하는 법적 의무를 이행하지 아니할 자유'라는 부작위에 의한 양심실현의 자유가 제한되는 것이다.

일반적으로 민주적 다수는 법질서와 사회질서를 그의 정치적 의사와 도덕적 기준에 따라 형성하기 때문에, 그들이 국가의 법질서나 사회의 도덕률과 양심상의 갈등을 일으키는 것은 예외에 속한다. 양심의 자유에서 현실적으로 문제가 되는 것은 국가의 법질서나 사회의 도덕률에서 벗어나려는 소수의 양심이다. 따라서 양심상의 결정이 어떠한 종교관·세계관 또는 그 외의 가치체계에 기초하고 있는가와 관계없이, 모든 내용의 양심상의 결정이 양심의 자유에 의하여 보장된다. 따라서 병역이행이나 집총훈련 등이 자신의 양심에 반한다면 이를 거부함으로써 양심을 실현시킬 자유가 있는 것이다.[11)]

---

9) 헌재 2011. 8. 30. 2008헌가22, 공보 제179호, 1205, 1210. 권영성, 헌법학원론, 2010, 488쪽 이하.

10) 헌재 2011. 8. 30. 2008헌가22, 공보 제179호, 1205, 1210.
헌법 제20조 제1항은 종교의 자유를 따로 보장하고 있으므로 양심적 병역거부가 대부분의 경우가 그러한 것처럼 종교의 교리나 종교적 신념에 따라 이루어진 것이라면 양심적 병역거부의 경우에는 양심의 자유 뿐 아니라 종교의 자유의 제한도 문제가 되지만, 양심의 자유는 종교적 신념에 기초한 양심뿐만 아니라 비종교적인 양심도 포함하는 포괄적인 기본권이고, 다른 한편 병역거부가 종교적인 이유에서 뿐 아니라 단순히 평화주의 등 자신의 주의, 철학, 세계관 등 종교 이외의 이유에 기인하는 경우도 있으므로 여기서는 양심의 자유를 주 대상으로 논의를 전개하기로 한다.
이와 관련하여 헌재는 "헌법 제20조 제1항은 양심의 자유와 별개로 종교의 자유를 따로 보장하고 있고, 당해 사건 피고인들은 모두 '여호와의 증인' 신도들로서 자신들의 종교적 신앙에 따라 현역복무라는 병역의무를 거부하고 있으므로, 이 사건 법률조항에 의하여 이들의 종교의 자유도 함께 제한된다. 그러나 종교적 신앙에 의한 행위라도 개인의 주관적 · 윤리적 판단을 동반하는 것인 한 양심의 자유에 포함시켜 고찰할 수 있으므로, 양심의 자유를 중심으로 기본권 침해 여부를 판단하면 족하다고 할 것이다."라고 판시하고 있다. 헌재 2011. 8. 30. 2008헌가22, 공보 제179호, 1205, 1211.

11) 이 점에서 양심의 자유로부터 병역거부나 대체복무를 요구할 권리가 도출되지 않는다고 판시한 2002헌가1 사건에서의 헌재의 다수의견은 타당하다고 보기 어렵다. 왜냐하면 양심의 자유로부터 그러한 권리는 도출되지만 공익적 이유에서 법률로 그러한 자유를 제한할 수 있을 뿐이기 때문이다. 만일 그렇지 않다면 헌법상 보호되는 양심의 자유는 사실상 오로지 내심의 자유에만 인정되는 것이 되는데, 실제로 내심의 자유가 법적으로 문제되는 경우는 거의 없기 때문에 양심의 자유를 굳이 헌법상 보장하는 의의를 상실하게 되기 때문이다. 따라서 헌재의 견해는 양심실현의 자유의 보호의 문제와 양심의 자유에 대한 제한의 문제를 혼동한 것으로 보인다. 양심적 병역거부가 양심의 자유의 보호대상이 된다는 견해로서 박진완, 양심적 병역거부권에 대한 헌법재판소결정에 대한 검토, 헌법실무연구 6권, 2005, 418쪽; 박종보, 양심의 자유와 병역거부, 헌법실무연구회 제55호 발표회 지정

특히 헌재의 2002헌가1 사건의 반대의견도 강조하는 바와 같이[12] 양심적 병역거부가 인류의 평화적 공존에 대한 간절한 희망과 결단을 기반으로 하고 있음을 부인할 수 없다. 평화에 대한 이상은 인류가 오랫동안 추구하고 존중해온 것이고, 우리 헌법 전문도 '항구적인 세계평화와 인류공영에 이바지함'을 선언하여 이를 헌법의 근본이념으로 확인하고 있다. 그런 의미에서 양심적 병역거부자들의 병역거부를 군복무의 고역을 피하기 위한 것이거나 국가공동체에 대한 기본의무는 이행하지 않으면서 무임승차 식으로 보호만 바라는 것으로 볼 수는 없다. 그들은 공동체의 일원으로서 납세 등 각종의무를 성실히 수행해야함을 부정하지 않고, 집총 병역의무는 도저히 이행할 수 없으나 그 대신 다른 봉사방법을 마련해달라고 간청하고 있다. 또한 양심적 병역거부자들이 계속되는 처벌 및 불이익을 감수하면서도 오랜 기간 병역을 거부하여온 점에 비추어 보면 이들의 양심은 강력하고 진지한 마음의 소리로서 절박하고 구체적인 헌법상 보호되는 양심의 영역에 속한다고 보지 않을 수 없는 것이다.

그러나 다른 한편 헌법 제39조 제1항에 따라 모든 국민은 국방의 의무를 진다. 따라서 양심적 병역거부는 원칙적으로 국방의 의무와 충돌하게 된다. 즉 양심의 자유라는 기본권과 국방의 의무라는 공익적 의무와의 헌법상의 충돌이라고 할 수 있다. 그런데 우리 헌법에는 이러한 양 가치의 충돌 시 해결방안을 마련해 놓고 있지 않다. 즉 각각의 가치를 규정해 놓고 있을 뿐 충돌 시 어떠한 가치가 우선한다고 규정하고 있지는 않다. 결국 헌법해석을 통해 양 가치의 조화 또는 어떠한 가치의 다른 가치에의 우선 여부를 모색할 수밖에 없을 것이다.[13]

이러한 논의의 출발점은 헌법 제39조 제1항에서 찾아야 할 것이다. 본 조항은 모든 국민에게 국방의 의무를 부과하되, '법률이 정하는' 국방의 의무를 부과하고 있다. 따라서 양심적 병역거부와 국방의 의무의 충돌문제는 바로 이 국방의 의무를 구체화시키는 법률을 통해 해결해야 할 것이다. 만일 헌법해석상 양심적 병역거부가 인정될 수 없다면 양심의 자유보다는 국방의 의무를 우선시키는 입법을 할 수밖에 없을 것이고, 그렇지 않고 양심적 병역거부를 인정할 수 있다면 양심의 자유와 국방의 의무를 조화시키는 입법을 할 수 있을 것이다. 따라서 여기서는 결국

토론문, 헌법실무연구 6권, 2005, 458쪽 이하.

12) 헌재 2004. 8. 26. 2002헌가1, 판례집 16-2상, 141(165).

13) 이와 관련하여 서로 대립되는 헌법적 가치의 충돌의 문제가 최종적으로 원리의 충돌의 문제로 해석되는 한에 있어서는 최적화명령의 적용을 통한 해석적 조정이 시도될 수밖에 없다고는 견해도 있다. 박진완, 전게논문, 414쪽.

국방의 의무를 구체화시키는 입법인 병역법 조항, 즉 병역법 제88조 제1항이 정당한 헌법해석의 결과인지, 아니면 헌법상의 규정과 가치 및 원칙을 위반하였는지의 여부에 귀결된다고 하겠다.

2. 병역법 제88조 제1항의 위헌성

병역법 제88조 제1항은 '정당한 사유' 없이 입영을 기피하는 경우만을 처벌하도록 하고 있는데, 과거 대법원 판례가 양심상의 이유를 내세워 병역의무를 거부하는 것은 위 조항의 '정당한 사유'에 해당하지 않는다고 보았기 때문에,[14] 양심적 병역거부자들도 일반 병역기피자들과 마찬가지로 병역법 제88조 제1항에 의한 형사처벌을 받아 왔다. 그런데 최근 앞서 소개한 헌재의 2011헌바379 결정 이후 대법원은 '진정한 양심에 따른 병역거부'라면 위 조항의 '정당한 사유'에 해당한다고 판시했다.[15] 이는 양심적 병역거부를 허용해야한다고 보는 입장에서는 환영할만한 판례변경이라고 하겠다. 그러나 다른 한편 이러한 병역법 제88조 제1항의 '정당한 사유'에 대한 대법원의 판례변경을 통한 법률해석의 변경 이전에 근본적으로 헌재가 위 조항에 대한 헌법적 판단과 한정위헌결정을 내렸어야 했다. 그리고 법원은 이러한 헌재의 헌법해석과 판단 및 범위와 한계내에서 처벌조항에 대한 법률해석을 하도록 해야 했다. 그런데 앞서 소개한 바와 같이 헌재는 2011헌바379 사건에서 병역종류조항인 병역법 제5조 제1항에 대하여는 헌법불합치결정을 내리면서도 처벌조항인 동법 제88조 제1항에 대하여는 헌법적 판단을 하지 아니한 채 합헌결정을 내렸다. 그리고 이에 대한 본질적 헌법해석의 문제를 법원에게 떠넘겼다. 이

---

14) 그동안 헌법재판소나 대법원의 판례는, '정당한 사유'의 의미를 병역법에서 규정한 내용의 추상적 병역의무 자체는 이행할 의사를 가지고 있었으나 귀책사유 없이 불이행할 수밖에 없었던 경우, 예컨대 갑작스러운 질병 발생 등으로 예정된 기일에 입영할 수 없었던 사유 등으로 한정해석하여 왔고, 이에 따라 종교적 양심상의 결정에 의하여 현역입영을 거부한 행위는 '정당한 사유'에 해당되지 아니한다는 이유로 형사처벌을 하여 왔다. 대판 2004. 7. 15. 2004도2965 참조.

15) 자신의 내면에 형성된 양심을 이유로 집총과 군사훈련을 수반하는 병역의무를 이행하지 않는 사람에게 형사처벌 등 제재를 해서는 안 된다. 양심적 병역거부자에게 병역의무의 이행을 일률적으로 강제하고 그 불이행에 대하여 형사처벌 등 제재를 하는 것은 양심의 자유를 비롯한 헌법상 기본권 보장체계와 전체 법질서에 비추어 타당하지 않을 뿐만 아니라 소수자에 대한 관용과 포용이라는 자유민주주의 정신에도 위배된다. 따라서 진정한 양심에 따른 병역거부라면, 이는 병역법 제88조 제1항의 '정당한 사유'에 해당한다.
이와 달리 양심적 병역거부가 병역법 제88조 제1항에서 정한 '정당한 사유'에 해당하지 않는다고 판단한 대법원 2004. 7. 15. 선고 2004도2965 전원합의체 판결, 대법원 2007. 12. 27. 선고 2007도7941 판결 등을 비롯하여 그와 같은 취지의 판결들은 이 판결의 견해에 배치되는 범위에서 이를 모두 변경하기로 한다.
대법원 2018. 11. 1. 선고 2016도10912.

는 후술하는 바와 같이 정당화되기 어렵고, 헌재는 근본적으로 처벌조항에 대한 헌법적 판단과 한정위헌결정을 내렸어야 했다.

따라서 이 글에서는 과연 이 처벌조항이 헌법상의 다양한 원칙을 준수했는지의 여부를 고찰해 보기로 한다.

(1) 규범조화적 헌법해석의 원리와 관련하여

먼저 헌재의 병역법 제88조 제1항에 대한 합헌결정은 헌법상의 규범조화적 해석의 원리를 등한히 했다는 비판을 면하기 어렵다.

앞서 언급한 바와 같이 헌법은 양심의 자유에 근거한 양심적 병역거부와 국방의 의무의 충돌시 이를 해결하기 위한 어떠한 구체적인 규정이나 지침을 마련하고 있지 아니함으로 결국 헌법해석을 통해 양자의 문제를 해결할 수밖에 없을 것이다. 그런데 주지하는 바와 같이 헌법해석에는 다양한 지침과 원리가 적용되는데, 특히 법익형량의 원칙과 조화의 원칙이 중요한 원리로서 기능하고 있고, 그 중에서도 가능한 한 규범조화적 해석을 통한 해결이 헌법해석의 기본원리라고 하겠다. 그리고 이는 헌법재판소의 일관된 입장이기도 하다.[16] 특히 2008헌가22 사건에서의 재판관 이강국, 재판관 송두환의 한정위헌의견은 "양심적 병역거부는 양심의 자유와 병역의 의무라고 하는 헌법적 가치와 법익이 상호 충돌하게 되는 경우인바, 이러한 때에는 소위 규범조화적 해석의 방법에 의하여 해결하는 것이 상당하다. 규범조화적 해석의 원칙은 헌법상의 기본권 상호간 또는 기본권과 헌법상의 국민의 의무 등 헌법적 가치나 법익이 상호 충돌하고 대립하는 경우에는 성급한 법익교량이나 추상적인 가치형량에 의하여 양자택일식으로 어느 하나의 가치만을 선택하고 나머지 가치를 버리거나 희생시켜서는 안 되고, 이러한 충돌하는 가치나 법익 등이 모두 최대한 실현될 수 있는 조화점이나 경계선을 찾아야 할 것이며, 이러한 조화점이나 경계선은 구체적 사건에서 개별적·비례적으로 모색되어야 한다는 원칙이다."[17]라고 이 점을 다시 한번 강조하고 있다.

이처럼 양심적 병역거부야 말로 규범조화적 해석이 가능하고 또 가능해야 하는 대표적인 경우라고 하겠다. 왜냐하면 국방의 의무를 폭넓게 이해함으로써 후술하는 바와 같이 국방에 기여할 수 있는 다양한 대체복무를 마련하여 양심적 병역거부자들에게 그러한 선택의 기회를 부여한다면 이것이야말로 국방의 의무이행이라

16) 예컨대 헌재 1991. 9. 16. 89헌마165, 판례집 제3권, 518, 524, 529.

17) 헌재 2011. 8. 30. 2008헌가22, 공보 제179호, 1205, 1218-1219.

는 공익과 양심의 자유라는 기본권 양자를 조화롭게 실현시키는 방법이 될 것이기 때문이다. 이는 국방의 의무를 광의로 이해함으로써 좁은 의미의 병역의 의무 내지 집총을 수반하는 병역의 의무와 동일시하지 않는다는 것을 전제로 한다. 즉 병역의 의무가 국방의 의무의 중요한 부분을 이루기는 하지만 양자가 반드시 일치하는 것은 아니라는 것이다. 국방의 의무에 대한 헌재의 견해도 이러한 입장과 같다고 볼 수 있다. 헌재는 전투경찰대설치법 등에 대한 헌법소원 사건에서 "… 국방의 의무라 함은 북한을 포함한 외부의 적대세력의 직접적 간접적인 침략행위로부터 국가의 독립을 유지하고 영토를 보전하기 위한 의무로서 현대전이 고도의 과학기술과 정보를 요구하고 국민전체의 협력을 필요로 하는 이른바 총력전인 점에 비추어 단지 병역법 등에 의하여 군복무에 임하는 등의 직접적인 병력형성의무만을 가리키는 것으로 좁게 볼 것이 아니라, 향토예비군설치법, 민방위기본법, 비상대비자원관리법, 병역법 등에 의한 간접적인 병력형성의무 및 병력형성이후 군작전명령에 복종하고 협력하여야 할 의무도 포함하는 넓은 의미의 것으로 보아야 할 것이므로, …"라고 판시함으로써 국방의 의무를 병역의 의무에 한정하지 않고 폭넓게 이해하고 있다.[18]

한편 양심적 병역거부자에 대한 대체복무 허용은 많은 나라들이 채택하고 있는 해결방법이기도 하다. 그리고 후술하는 바와 같이 양심적 병역거부로 인한 대체복무비율이 경미하기 때문에 대체복무로 인한 병역의무이행이나 국방실현에 저해가 야기되지는 않을 것이다. 아울러 만일 외국의 경우처럼 대체복무의 내용과 기간 등을 병역의무이행과 동등 또는 그 이상으로 하고, 그 절차와 방법 등을 엄격히 관리한다면 병역의무와의 등가성과 더불어 양심적 병역거부를 빙자한 병역기피를 막을 수 있을 것이다. 그리고 현재 신체나 자격, 학력, 전문성 등을 이유로 사회복무 등 사실상의 대체복무가 광범위하게 실시되고 있다. 그런데 유독 극소수의 양심적 병역거부자들에 대해서만 대체복무를 봉쇄하고 현역입영만을 강요하는 것은 헌법상의 충돌하는 양 가치의 규범조화적 해석의 결과로서의 입법이라고 보기 어렵다.[19]

(2) 비례의 원칙과 관련하여

이 사안에서는 병역법 집행을 통한 국방실현을 위해 당사자의 양심의 자유나 신

18) 헌재 1995. 12. 28. 91헌마80, 판례집 제7권 2집, 851, 868.

19) 헌재 2008헌가22 사건의 반대의견; 대판 2004. 7. 15. 2004도2965 사건의 반대의견.

체의 자유 등 다양한 기본권이 침해·제한됨으로 이 경우 병역법 집행이라는 공권력행사가 과연 비례의 원칙을 준수했는지의 여부가 먼저 검토되어야 할 것이다. 이와 관련하여 헌재는 이 사안에는 양심의 자유의 특성상 비례의 원칙이 적용되지 않거나(2002헌가1 결정), 또는 양심적 병역거부를 인정하지 않는다고 하여 비례의 원칙에 위반되는 것은 아니라고(2008헌가22 결정) 판시했다. 그러나 이러한 견해에는 동의할 수 없다.

이 사안에서는 병역법 집행을 통한 국방실현을 위해 당사자의 양심의 자유나 신체의 자유 등 다양한 기본권이 침해·제한됨으로 이 경우 병역법 집행이라는 공권력행사가 과연 비례의 원칙을 준수했는지의 여부가 먼저 검토되어야 할 것이다. 그런데 처음에 헌재는 2002헌가1 결정에서 "수단의 적합성, 최소침해성의 여부 등의 심사를 통하여 어느 정도까지 기본권이 공익상의 이유로 양보해야 하는가를 밝히는 비례원칙의 일반적 심사과정은 양심의 자유에 있어서는 그대로 적용되지 않는다. 양심의 자유의 경우 비례의 원칙을 통하여 양심의 자유를 공익과 교량하고 공익을 실현하기 위하여 양심을 상대화하는 것은 양심의 자유의 본질과 부합될 수 없다. 양심상의 결정이 법익교량과정에서 공익에 부합하는 상태로 축소되거나 그 내용에 있어서 왜곡·굴절된다면, 이는 이미 '양심'이 아니다. … 따라서 양심의 자유의 경우에는 법익교량을 통하여 양심의 자유와 공익을 조화와 균형의 상태로 이루어 양 법익을 함께 실현하는 것이 아니라, 단지 '양심의 자유'와 '공익' 중 양자택일 즉, 양심에 반하는 작위나 부작위를 법질서에 의하여 '강요받는가 아니면 강요받지 않는가'의 문제가 있을 뿐이다."라고 판시하여 양심의 자유에 대한 제한이 문제되는 사안에서 비례의 원칙의 적용을 거부하고 있다.[20]

그러나 헌재의 견해대로 어떤 특정한 양심의 자유가 축소된 형태로 존재할 수 없다고 하더라도 헌법 제37조 제2항의 비례의 원칙이 국가가 개인의 기본권을 필요한 경우에 한해서만 제한할 수 있다는 것을 의미하므로 이러한 내용의 비례의 원칙이 양심적 병역거부의 사안에서도 적용되지 못할 이유가 없다.[21] 즉 양심적 병역거부의 경우 국방의 의무이행을 위해 형사처벌이 반드시 필요한 수단인지 아니면 형사처벌 대신 대체복무를 통한 국방의 의무이행은 가능한지, 형사처벌이 국방의 의무이행을 위해 최소한도로 당사자의 기본권을 침해하는 수단인지, 당사자의 침해되는 기본권 보다 국방의 의무이행이라는 공익이 우월한지 등 다양한 심사

20) 헌재 2004. 8. 26. 2002헌가1, 판례집 제16권 2집 상, 141, 155.

21) 윤영미, 양심의 자유의 내용과 제한, 인권과 정의 345권, 2005. 7, 64쪽.

가 필요하다는 것이다.

예컨대 집총병역의무를 대체할 합리적인 대체복무제도를 마련하여 광의의 국방에 이바지하게 한다면 양심적 병역거부자들의 양심의 자유와 국방의 의무 사이의 오랜 갈등관계가 원만하게 해결될 수 있을 것으로 예상되는데, 병역법 제88조 제1항이 양심적 병역거부자의 양심실현의 자유를 침해하는지 여부를 심사함에 있어 비례의 원칙을 적용하여 양심적 병역거부자를 위한 대체복무제도를 마련하지 않는 한 병역법 제88조 제1항이 위헌이라고 판단한다고 하여 양심적 병역거부자들의 양심이 공익이 부합하는 상태로 축소되거나 그 내용에 있어서 왜곡·굴절되는 것이 아니다.

특히 양심의 자유는 종교의 자유 등과 더불어 대표적인 정신적 자유권으로서 인간의 존엄과 가치의 핵심에 속하는 사항이고, 따라서 이를 제한할 경우 오히려 목적과 수단 사이의 비례성이 보다 엄격히 요구되어야 하는 것이지, 헌재의 견해대로 비례의 원칙의 적용이 배제되거나 그 제한에 있어서 입법자의 광범위한 형성권이 인정되는 사안이 결코 아닌 것이다.[22)]

그런데 헌재는 2002헌가1 사건에서와는 달리 그 후 2008헌가22 사건에서는 "헌법상 보장되는 양심의 자유는 우리 헌법이 실현하고자 하는 가치의 핵이라고 할 '인간의 존엄과 가치'와 직결되는 기본권인 반면, 이 사건 법률조항은 헌법상 기본의무인 국방의 의무를 형성하기 위한 법률인데, 국방의 의무는 국가의 존립과 안전을 위한 불가결한 헌법적 가치를 담고 있으므로 헌법적으로 양심의 자유와 국방의 의무 중 어느 것이 더 가치 있는 것이라 말하기는 곤란하다. 이처럼 헌법적 가치가 서로 충돌하는 경우, 국가권력은 양 가치를 양립시킬 수 있는 조화점을 최대한 모색해야 하고, 그것이 불가능해 부득이 어느 하나의 헌법적 가치를 후퇴시킬 수밖에 없는 경우에도 그 목적에 비례적인 범위 내에 그쳐야 한다. 그런데 헌법 제37조 제2항의 비례원칙은, 단순히 기본권제한의 일반원칙에 그치지 않고, 모든 국가작용은 정당한 목적을 달성하기 위하여 필요한 범위 내에서만 행사되어야 한다는 국가작용의 한계를 선언한 것이므로, 비록 이 사건 법률조항이 헌법 제39조에 규정된 국방의 의무를 형성하는 입법이라 할지라도 그에 대한 심사는 헌법상 비례원칙에 의하여야 한다."라고 판시함으로써 비례원칙에 따른 위헌심사를 하고 있으며 결과적으로 비례원칙에 위반되지 아니하는 것으로 판단하고 있다.[23)]

22) 비례의 원칙이나 그 심사기준에 대해서는 양삼승, 과잉금지의 원칙, 헌법논총 제1집, 1990, 111쪽 이하; 이명웅, 비례의 원칙과 판례의 논증방법, 헌법논총 제9집, 1998, 671쪽 이하; 한수웅, 헌법재판소의 한계 및 심사기준, 헌법논총 제8집, 1997, 228쪽 이하 참조.

1) 수단의 적절성

국방의 의무를 이행시키기 위하여 양심적 병역거부자들을 예외 없이 형사처벌하는 것은 그 수단의 적절성을 인정받기 어렵다. 앞서 언급한 바와 같이 양심적 병역거부는 진지한 양심에 기초한 것으로 이들에게 형사처벌을 가한다고 해서 이들이 군사훈련 등 병역의 의무를 이행하는 것은 결코 아니다. 양심적 병역거부자들의 대부분은 여호와의 증인 신도들인데 주지하는 바와 같이 이들은 그 어떠한 상황에서도 결코 집총 등 병역의 의무를 이행하고 있지 않다. 그들은 20세기에 벌어진 어떠한 전쟁에도 참여하지 않았다. 2차 세계대전 중 나치와 소련 치하에서 극심한 박해를 받은 것을 비롯하여 심지어 호주, 영국, 캐나다, 미국 등에서도 형사처벌을 받았다.[24] 그러나 그들의 병역거부태도는 흔들리지 않았는바, 이는 그들의 신념이 흔들리지 않는 진지한 양심이나 종교에 기초하기 때문이라고 볼 수밖에 없다. 우리의 경우에도 지난 50여년 동안 14,000명 이상의 양심적 병역거부자들에게 형사처벌이라는 제재를 가해 왔지만 일관되게 병역을 거부해 오고 있다.[25] 2002헌가1 사건의 반대의견도 적절히 지적하고 있듯이 이처럼 양심적 병역거부자들이 병역법이나 군형법 제정 이래 그토록 오랜 기간 동안 형사처벌 및 이에 뒤따르는 유·무형의 막대한 불이익을 겪으면서도 초지일관 입영이나 집총을 거부하여왔다는 사실은 형사처벌이 양심적 병역거부에 관한 한, 특별예방효과나 일반예방효과를 기대할 수 없음을 실증적으로 뒷받침해준다. 그렇다면 양심적 병역거부자들에 대한 형사처벌이 이들 또는 장래의 잠재적인 양심적 병역거부자들의 의무이행을 확보하기 위해 필요하고 적절한 수단이라고 보기도 어렵다. 이들에 대한 형벌은 그 정도에 관계 없이 범죄에 대한 응징과 예방, 형벌대상자의 교육 등 어떠한 관점에서도 형벌의 본래적 목적을 충족할 수 없음이 명백해 보이고, 특히 보편적이고 일반적인 가치관을 반영한 집총병역의무와 종교적 양심의 명령 사이의 갈등으로 인한 심각한 정신적 압박상황에서 절박하고도 무조건적인 종교적 양심의 명령에 따른 양심적 병역거부자에게는 실정법에 합치하는 적법한 행위를 할 가능성을 기대하기가 매우 어렵거나 불가능하다. 결국 이들이 어떠한 강제적인 방

23) 헌재 2011. 8. 30. 2008헌가22, 공보 제179호, 1205, 1211-1214.

24) 이들 국가들은 더 이상 양심적 병역거부자들을 처벌하지 않고 있는 바, 현대의 많은 민주국가들은 민간대체복무제를 도입하거나 징집제를 폐지함으로써 이 문제를 해결해 왔다. 예컨대 러시아와 징병제가 폐지되기 전의 독일은 민간대체복무에 관한 법률을 채택하였다.

25) 국방부 자료, 입영 및 집총거부자 현황, 2010. 9. 29.

법에 의해서도 결코 병역의 의무를 이행하고 있지 않다는 점을 감안할 때 형사제재라는 방법이 국방의무 이행이라는 목적달성을 위한 적절한 방법이라고 볼 수 없는 것이다.

따라서 형사처벌 대신 그들을 다양한 대체복무를 시킴으로써 국방에 실질적으로 기여하게 하고 양심의 자유도 실현시키는 것이 보다 합리적이고 현명한 방법이지 현행처럼 형사처벌이라는 극한 수단을 사용하는 것은 국방이라고 하는 목적실현을 위해 적합하지 않은 것이다. 즉 극소수의 양심적 병역거부자가 병역의무를 이행하지 아니한다고 해서 국방에 큰 저해가 된다고 보기 어렵고,[26] 그들을 예외 없이 형사처벌함으로써 인력과 기회비용과 시간을 낭비하는 것이 오히려 국방력의 손실이며, 가사 그들이 병역거부자들이 받게 되는 여러 가지 심대한 불이익 때문에 어쩔 수 없이 현역으로 입영한다고 하더라도 대부분 군대생활에 적응하지 못하는 부적응자가 되기 쉬워 오히려 병력이나 전투력에 부정적인 영향을 미칠 가능성이 높아 과연 그러한 병역의무이행이 국방에 도움이 될 것 같지는 않기 때문에 차라리 대체복무를 인정하는 것이 적절한 수단이라고 보는 것이다. 그리고 양심적 병역거부자들을 꼭 병역의무이행에 강요함으로써 국방이 실현되는 것이 아니고, 앞서 언급한 바와 같이 다양한 다른 복무를 통해 국방에 기여할 수 있기 때문이기도 하다.

2) 피해의 최소성

먼저 국방의 의무이행이나 국가안보라는 헌법적 이익과 양심의 자유라는 개인의 기본권이 충돌하는 경우 앞서 언급한 바와 같이 기본권보장의무를 지는 국가로서는 국가안보나 국방이라는 공익을 실현하거나 그에 대한 위해를 최소화하면서도 양심의 자유를 실현시키거나 그 피해를 최소화하는 방법이 존재함에도 불구하고 그를 거부하고 양심적 병역거부자들을 예외 없이 형사처벌하는 것은 피해의 최소성의 시각에서 정당화되기 어렵다.

---

26) 현대전에서는 병력의 숫자보다 총체적 역량이나 내실이 중요하게 되었고, 이에 따라 국가는 이미 장기적으로 군의 현대화, 간부화, 정예화 계획을 수립하고 그에 따른 군 인력감축을 예정하고 있다. 나아가 현역병으로 복무하지 아니하는 사회복무요원, 산업기능요원, 전문연구요원, 공중보건의 등 보충역이 83,000명에 이르는 반면, 양심적 병역거부자는 한해 600명에 불과하다. 그리고 국가는 매년 현역병 입영 대상자 가운데 생계곤란을 이유로 1,100명 이상씩 현역입영을 면제해 주거나 복무기간을 단축해 주고 있고, 보충역에 대하여도 연령, 생계유지곤란, 수형 등을 이유로 500명 이상을 제2국민역으로 편입시켜 주고 있다. 이러한 점을 고려하면, 한 해 600명의 양심적 병역거부자를 현역병에서 제외해 주는 것이 실질적인 병력자원의 손실로 이어진다는 주장은 설득력이 없다(광주지방법원 2016. 10. 18. 선고 2015노1181 판결).

아울러 병역거부에 따른 형사처벌로 인해 그들이 입는 피해는 실로 막대하다. 즉 병역법에 의해 이들에게 가장 강력한 제재수단인 형벌을 가함으로써 대부분 1년 6월 이상의 징역형에 처하게 하고, 형집행이 종료되기 전에는 공직선거권이 없으며(공직선거법 제18조), 형집행이 종료된 이후에도 일정기간 공직선거의 피선거권이 없고(공직선거법 제19조, 형의 실효 등에 관한 법률 제7조), 한편 형 집행을 종료한 후에도 일정기간 공무원에 임용될 수 없으며(국가공무원법 제33조 제1항 제3호, 지방공무원법 제33조 제3호), 병역기피자로 간주되어 공무원 또는 일반 기업의 임직원으로 근무하고 있었던 경우에는 해직되고(병역법 제76조 제1항, 제93조 제1항), 각종 관허업의 특허·허가·인가·면허·등록 등의 취득이 불가능하거나 상실되는(병역법 제76조 제2항) 법적 제한을 받을 뿐만 아니라, 전과자라는 낙인으로 인하여 사회로부터 받게 되는 유무형의 냉대와 취업의 어려움 등 엄청난 불이익을 감수해야 하는 등 형사처벌 외에도 직·간접적인 무수한 피해가 그들을 기다리고 있다.[27] 따라서 이는 피해의 최소성의 원칙을 일탈한 과잉조치라고 하지 않을 수 없다. 이 경우 대체복무를 인정한다면 그 피해는 없거나 최소화시킬 수 있는 것이다.[28]

3) 법익의 균형성

위에서 언급한 바와 같이 병역거부로 인행 당사자들이 입는 피해는 막대하지만 그들을 처벌함으로써 달성되는 국방이라는 공익은 실로 미비하다. 즉 양심적 병역거부자들에 대한 형사처벌의 위하효과가 거의 없는 상태에서 극소수의 양심적 병역거부자들을 형사처벌한다고 해서 그들이 또는 다른 양심적 병역거부 예상자들이 병역의 의무를 이행할 것을 기대할 수 없으며,[29] 설사 극소수의 양심적 병역거부자들이 마지못해 병역의무를 이행한다고 하더라도 앞서 언급한 바와 같이 그것이 국가안보나 국방이라는 공익에 기여하는 점은 미비하거나 오히려 역효과가 발생할 가능성이 큰 반면, 그들을 형사처벌하는 것이 국가적인 자원낭비이고 오히려 대체복무에 종사케 하는 것이 공익에 부합된다는 점을 상기할 때 양심적 병역거부자들을 형사처벌하는 것은 법익의 균형성을 갖추었다고 볼 수 없다.[30]

27) 2002헌가1 사건의 반대의견 참조.

28) 결과적으로 같은 견해 헌재 2018. 6. 28. 2011헌바379 등, 판례집 30-1하, 370(415).

29) 국방부, 입영 및 집총거부자 현황, 2010. 9. 29의 자료를 보더라도 양심적 병역거부자들은 예외 없이 처벌을 감수하고 있다.

30) 헌재 2018. 6. 28. 2011헌바379 등, 판례집 30-1하, 370(418).

(3) 헌법 제10조의 국가의 기본권보장의무와 관련하여

병역법 제88조 제1항에 대한 헌재의 합헌결정은 국가의 기본권보장의무를 규정한 헌법 제10조와 조화되기 어렵다.

헌법 제10조는 국가가 개인이 가지는 불가침의 기본적 인권을 확인하고 이를 보장할 의무를 진다고 규정하고 있다. 따라서 입법자 등 국가 공권력은 헌법이 허용하는 범위내에서 최대한 기본권을 보장할 의무가 있는 것이고, 공익상 불가피하게 기본권을 제한할 경우에도 필요한 최소한에 그쳐야 하며 어떠한 경우에도 기본권의 본질적 내용을 침해해서는 안되는 것이다.

이에 따라 입법자는 헌법상의 양심의 자유와 국방의 의무가 충돌하는 이 사안에서는 국방의 의무가 실현되면서도 병역거부자의 양심의 자유라는 기본권을 최대한 실현시키는 방법을 헌법이 허용하는 범위내에서 찾아야 할 의무가 있다. 그런데 국방의 의무가 단지 병역법에 의하여 군복무에 임하는 등의 직접적인 집총병력형성의무에 한정되는 것이 아닌 이상, 집총병력으로서가 아닌 비전투요원으로서 군에 복무하거나 민간에서의 대체복무에 종사하게 함으로써 병역의무에 갈음하는 것이 가능하고 국방의무이행의 형평성과 등가성도 확보할 수 있으며, 이는 징병제를 실시하고 있는 다른 국가들에서도 시행되고 있다는 점을 감안할 때, 병역법은 대체복무라는 가능한 방법을 통한 국방의 의무 이행확보와 양심의 자유 실현이라는 조화로운 헌법상 허용된 해결책을 거부하고 양심적 병역거부자들을 예외 없이 형사처벌함으로써 결과적으로 헌법 제10조의 국가의 기본권보장의무를 저버린 것이라고 보지 않을 수 없다.

앞서 언급한 바와 같이 양심적 병역거부자는 병역의무를 기피하겠다는 것이 아니고 병역의무를 면제해 달라거나 특별한 혜택을 부여해 달라는 것도 아니다. 공동체의 모든 구성원이 부담하는 병역의무를 이행할 의사는 있으나 다만 그것이 집총병역의무이어서는 자신의 양심 또는 종교상의 교리와 충돌하여 곤란하니 다른 대체 역무를 부과한다면 기꺼이 시민으로서의 의무를 다하겠다는 것이다.

하지만 헌법재판소와 대법원은 헌법적으로 양심의 자유와 국방의 의무 중 어느 것이 더 가치 있는 것이라고 말하기 곤란하다거나 국가안보와 관련해서는 국가에게 광범위한 입법재량이 부여되어 있으므로 양심적 병역거부자들을 형벌로만 다스린다고 하더라도 위헌은 아니라고 판시했다. 이는 헌법적 가치 실현의 책임을 입법자에게만 맡겨둔 채 사실상 사법부의 존재 이유인 소수자에 대한 권리구제를 외면하는 것이다.

그 결과 양심적 병역거부자는 자신의 양심을 지키기 위하여 최소한 1년 6개월 이상의 징역형이라고 하는 무거운 형벌의 감수 외에 다른 대안이 없는 반면, 국가는 양심의 자유와 병역의 의무를 합리적으로 조정해야 하는 헌법적 의무와 아울러 그러한 권한과 가능성까지 가지고 있음에도 불구하고 그러한 의무와 권한을 방기하고 있는 것이다. 국가가 나서서 충분히 해결할 수 있음에도 이러한 갈등상황을 방치하는 것은 헌법 제10조에 따른 국가의 국민에 대한 기본권보장의무를 저버리는 것이다. 실제로 우리 병역법은 병역의무를 배분함에 있어서 여러 가지 다양한 국민 개개인의 구체적 사유를 고려하고 있으며, 다른 국가들도 양심적 병역거부자에게 그 대안을 마련해 주고 있음은 주지의 사실이다.[31]

이와 관련하여 헌재는 2002헌가1 결정에서 "입법자는 헌법 제19조의 양심의 자유에 의하여 공익이나 법질서를 저해하지 않는 범위 내에서 법적 의무를 대체하는 다른 가능성이나 법적 의무의 개별적인 면제와 같은 대안을 제시함으로써 양심상의 갈등을 완화해야 할 '의무'가 있으며, 이러한 가능성을 제공할 수 없다면, 적어도 의무위반시 가해지는 처벌이나 징계에 있어서 그의 경감이나 면제를 허용함으로써 양심의 자유를 보호할 수 있는 여지가 있는가를 살펴보아야 한다. 그러므로 입법자는 양심의 자유와 국가안보라는 법익의 갈등관계를 해소하고 양 법익을 공존시킬 수 있는 방안이 있는지, 국가안보란 공익의 실현을 확보하면서도 병역거부자의 양심을 보호할 수 있는 대안이 있는지, 우리 사회가 이제는 양심적 병역거부자에 대하여 이해와 관용을 보일 정도로 성숙한 사회가 되었는지에 관하여 진지하게 검토하여야 할 것이며, 설사 대체복무제를 도입하지 않기로 하더라도, 법적용기관이 양심우호적 법적용을 통하여 양심을 보호하는 조치를 취할 수 있도록 하는 방향으로 입법을 보완할 것인지에 관하여 숙고하여야 한다."[32]라고 입법자에 대한 권고를 하고 있다. 기속력이 있는 헌재의 결정내용에 기속력이 없는 이러한 권고 형식의 판시를 하는 것이 과연 정당하고 바람직한지는 별론으로 하고, 이 판시내용은 헌재도 병역법의 내용이 이러한 헌법 제10조의 국가의 기본권보장의무를 위반하고 있으며, 따라서 양심적 병역거부자들의 양심의 자유를 보장하면서도 국방의 의무를 이행할 수 있는－대체복무 등을 통한－방법을 마련해야 할 입법자의 헌법적 의무를 사실상 인정한 것으로 보아야 할 것이다.

31) 광주지방법원 2016. 10. 18. 선고 2015노1181 판결.

32) 헌재 2004. 8. 26. 2002헌가1, 판례집 제16권 2집 상, 141, 161.

이처럼 2004년 헌재가 입법자에 대한 권고를 했음에도 불구하고 최근까지도 대체복무의 도입 등 국방의 의무이행과 양심의 자유의 조화를 이룰 수 있도록 하는 그 어떠한 양심우호적인 조치를 취하고 있지 아니하고, 결과적으로 초지일관 매년 약 500여명의 양심적 병역거부자들이 여전히 평균 1년 6월의 징역형을 선고받고 교도소로 보내지고 있고, 이들은 모두 평생 전과자라는 낙인 아래 취업을 비롯한 거의 모든 생활영역에서 말할 수 없는 불이익을 당해 왔다. 이는 입법자를 비롯한 국가가 헌재의 견해를 완전히 무시하는 것으로 헌법 제10조가 부여하고 있는 기본권보장의무를 정면으로 위반하는 것이라고 보지 않을 수 없다.

(4) 평등의 원칙과 관련하여

헌재는 2008헌가22 결정에서 병역법 제88조 제1항은 병역거부가 양심에 근거한 것이든 아니든, 그 양심이 종교적 양심이든, 비종교적 양심이든 가리지 않고 일률적으로 규제하는 것일 뿐, 양심이나 종교를 사유로 차별을 가하는 것도 아니므로 평등원칙에 위반되지 아니한다고 판시했다. 그러나 이러한 견해에 동의하기 어렵다.

주지하는 바와 같이 헌재는 평등권 내지 평등의 원칙의 침해 여부를 심사하는데 있어 두 가지의 심사척도을 확립하고 있는 바, 첫째는 헌법에서 특별히 평등을 요구하고 있는 경우와 차별적 취급으로 인하여 관련 기본권에 대한 중대한 제한을 초래하게 되는 경우에 적용되는 엄격한 심사척도이고,[33] 둘째는 헌법상 입법자에게 광범위한 입법형성권이 부여된 영역에서 그 차별에 관하여 현저한 불합리성이 존재하는지 여부, 즉 입법자의 자의성이 있는지의 여부만을 심사하는 완화된 심사척도이다. 후자의 경우에는 문자 그대로 차별취급에 있어서 합리적 차별사유의 존재여부만을 심사하면 되지만, 전자의 경우에는 자의금지의 원칙에 따른 합리성심사에 그치는 것이 아니라 비례성원칙에 따른 심사, 즉 차별취급의 목적과 수단 간의 엄격한 비례관계가 성립하는지를 기준으로 한 심사가 이루어지는 것이다.

양심적 병역거부의 경우에는 비록 헌법에서 특별히 평등을 요구하는 경우는 아니지만, 차별적 취급의 결과 양심의 자유라는 기본권에 중대한 제한을 초래하는 경우에 해당된다고 볼 수 있다. 왜냐하면 병역법 제88조 제1항에 의해 양심적 병역거부자는 자신의 양심의 자유의 본질적 내용이 침해된 채 병역의 의무를 이행하든가 아니면 가혹한 형사처벌을 받든가의 양자택일에 내몰리게 되고, 이는 결국 양심의 자유의 중대한 제한에 해당될 수 있기 때문이다. 즉 한편에서는 아래에서

33) 헌재 1999. 12. 23. 98헌마363, 판례집 제11권 2집, 770, 787.

언급하는 바와 같이 양심적 병역거부자가 현역입영 내지 현역병역의무를 이행하는 것이 어렵거나 적절치 않은 것은 사실상의 대체복무가 인정되는 다른 사회복무요원 등의 경우와 크게 다르지 않은데 사회복무요원 등의 경우에는 대체복무를 인정하면서 양심적 병역거부자에게는 가혹한 형사처벌만을 가함으로써 양자를 차별하고 있고, 다른 한편에서는 양심적 병역거부자들은 일반 병역기피자들과 본질적으로 다른 경우에 속하는 것인데도 일반 병역기피자들과 똑같이 취급함으로써 본질적으로 다른 것을 동일하게 취급하는 – 일종의 평등원칙의 위반에 속하는 – 부당함을 초래함으로써 결과적으로 양심적 병역거부자들의 양심의 자유의 중대한 제한을 초래하고 있다.

따라서 이 경우에는 차별취급의 목적과 수단 간의 엄격한 비례관계가 성립하는지를 기준으로 한 평등심사가 이루어져야 할 것이다.[34] 그런데 이러한 비례성심사는 이미 위에서 비례의 원칙과 관련한 고찰을 통해 이루어졌고, 그 결과 비례의 원칙 위반이라는 점은 위에서 언급한 바와 같다. 즉 양심적 병역거부와 관련하여 병역법 제88조 제1항은 비례의 원칙을 위반하고 있다. 따라서 결국 병역법 제88조 제1항은 양심적 병역거부자들의 평등권을 침해하고 있다고 보지 않을 수 없다.

다른 한편 만일 양심적 병역거부의 경우가 엄격한 심사척도가 적용되는 경우가 아닌 단순한 완화된 심사척도가 적용되는 경우라고 하더라고 병역법 제88조 제1항은 평등원칙에 위배된다고 하겠다. 왜냐하면 위에서 언급한 바와 같이 양심적 병역거부자들은 사회복무요원들과 비교하여 상당한 유사성이 존재한다고 볼 수 있음에도 불구하고 차별하고 있고, 또한 양심적 병역거부자들은 일반 병역기피자들과는 본질적으로 달리 취급되어야 함에도 불구하고 동일하게 취급하고 있으므로 결국 평등원칙에 위배된다고 보지 않을 수 없는 것이다.

주지하는 바와 같이 현재도 이미 신체등위나 자격, 학력, 경력, 전문성 등을 이유로 사회복무 등 사실상의 대체복무[35]가 광범위하게 실시되고 있다.[36] 즉 신체등위 뿐만 아니라, 학력, 연령, 적성, 직업, 부양가족의 생계, 귀화, 북한이탈주민 등 다양한 요소를 사전에 고려하여 구체적 병역처분을 하고 있는바, 이는 전체 병력자원에 대한 군사적·사회적 이용의 합목적성뿐만 아니라 병역의무의 배분에 있어

34) 양심의 자유 및 평등권 침해에 관련하여 양자 모두 엄격한 비례성 심사를 해야 한다는 견해로서 박진완, 전게논문, 449쪽.

35) 예컨대 병역법 제26조 등에 따른 사회복무요원, 병역법 제36조 등에 따른 전문연구요원 및 산업기술요원 등.

36) 헌재 2011. 8. 30. 2008헌가22, 공보 제179호, 1205, 1220-1221 참조.

서 실질적 평등을 기하고 이를 통한 사회통합을 고취하려는 데 그 목적이 있다고 볼 수 있다.[37)]

그런데 유독 극소수의 양심적 병역거부자들에 대해서만 그 어떠한 대체복무를 봉쇄하고 현역입영만을 강요하는 것은 결과적으로 불합리한 차별이라고 보지 않을 수 없다. 현재 실시되고 있는 사회복무 등 사실상의 대체복무의 경우 신체등위나 경력 등 일반 현역입영과는 다른 합리적 차별사유에 근거해서 실시되고 있듯이 양심적 병역거부의 경우에도 일반 현역입영과는 구별되는 나름대로의 합리적 차별사유가 존재한다고 볼 수 있다. 즉 사회복무 등의 현재의 대체복무가 일반 현역입영과 육체적 · 경제적인 이유 등의 유형적 이유에서 차별성이 인정된다면, 양심적 병역거부의 경우에는 일반 현역입영과 정신적·무형적 이유 등에서 차별성이 인정될 수 있는 것이다. 그런데 양심적 병역거부에 대해서는 집총병역의무를 면제한 사회복무 또는 대체복무를 마련해 주지 않았는바, 이는 다른 병역혜택사유들, 특히 가족의 부양, 귀화, 북한이탈주민, 체육에 있어서 국위선양 등과 비교하여 보더라도 종교나 양심을 이유로 한 병역거부자들을 부당하게 차별하는 것이고, 더욱이 현재 양심적 병역거부자들이 예외 없이 1년 6개월 이상의 실형을 선고받고 있는 현실을 감안한다면 결코 정당하다고 볼 수 없다.[38)]

또한 다른 대체복무의 경우에는 양심적 병역거부자의 경우에 비해 현저하게 그 수가 많음에도 불구하고 그로 인해 국방에 저해가 되는 것이 아닌 것처럼 극소수의 양심적 병역거부자의 대체복무로 인해 국방에 저해가 될 가능성은 더더구나 없는 것이다.[39)] 오히려 사회복무나 전문연구요원 및 산업기능요원 등의 경우 각자의

37) 병역법은 실제 각 개인이 처한 다양한 요소들을 고려하여 구체적 병역의무를 배분함으로써 대체로 병역의무 이행의 실질적 평등을 기하고 있다. 예컨대 병역법 제14조는 병역판정검사 후 신체등위, 학력, 연령 등 자질을 고려하여 현역병입영 대상자, 보충역 또는 전시근로역 등의 병역처분을, 제62조는 현역병입영 대상자에 대하여 가사사정 등을 이유로 전시근로역 또는 보충역의 처분을, 제63조는 현역병으로 복무 중인 경우에도 가사사정 등을 이유로 전시근로역, 보충역, 병역면제처분을, 제64조는 기형, 질병, 심신장애 등으로 병역을 감당할 수 없는 사람, 군사분계선 이북지역에서 이주하여 온 사람, 수형자, 귀화자 등에 대하여 병역판정검사 없이 전시근로역 편입이나 병역면제처분을, 제65조는 복무 중인 사람이 신체검사를 거쳐 병역처분 변경을 받는 경우, 제71조는 연령을 이유로 한 감면을 규정하고 있다(광주지방법원 2016. 10. 18. 선고 2015노1181 판결 참조).

38) 광주지방법원 2016. 10. 18. 선고 2015노1181 판결.

39) 참고로 2015년 병무통계연보 등에 의하면, 현역병 63만 명, 상근예비역 14,000명, 의무경찰 등 전환복무자 30,000명, 보충역 83,000명(사회복무요원 48,000명, 산업기능요원 17,000명, 전문연구요원 6,000명, 승선근무예비역 3,000명, 공중보건의, 공익법무관 등 특수병과 8,000명 등)의 인원이 병역의무를 이행하고 있다. 그리고 2015년 기준 3년간 현역입영 대상자 가운데 생계곤란을 이유로 제2국민역으로 처분이 변경되거나 복무기간이 단축된 사람만 매년 1,100여 명에 이르고, 전체 보충역 가운데 연령, 생계유지곤란, 수형 등을 이유로 제2국민역으로 편입되는 경우가 매년 500여 명, 사회복무요원 가운데 제2국민역으로 변경되거나 병역이 면제된 사람이 매년 500명을 초과하고 있다(광주

전문성이나 경력 등으로 인해 각자의 복무내용에 따라 보다 효과적으로 국방에 기여할 수 있듯이 종교적 신념 등에 기한 양심적 병역거부자의 경우 합리적이고 적절한 대체복무의 기회를 제공한다면 현역입영의 경우보다 더욱 효과적으로 국방에 기여할 수 있으리라 본다.

결국 사실상 광범위한 대체복무를 인정하고 있으면서도 양심적 병역거부자에 대하여는 이를 거부한 채 예외 없이 형사처벌을 하는 것은 논리적 모순이자 평등의 원칙에도 위반된다고 하겠다.

(5) 국제법 존중주의와 관련하여

헌재는 2008헌가22 결정에서 우리나라가 1990. 4. 10. 가입한 시민적 · 정치적권리에관한국제규약(International Covenant on Civil and Political Rights)에 따라 바로 양심적 병역거부권이 인정되거나 양심적 병역거부에 관한 법적인 구속력이 발생한다고 보기 곤란하고, 양심적 병역거부권을 명문으로 인정한 국제인권조약은 아직까지 존재하지 않으며, 유럽 등의 일부국가에서 양심적 병역거부권이 보장된다고 하더라도 전 세계적으로 양심적 병역거부권의 보장에 관한 국제관습법이 형성되었다고 할 수 없어 양심적 병역거부가 일반적으로 승인된 국제법규로서 우리나라에 수용될 수는 없으므로, 이 사건 법률조항에 의하여 양심적 병역거부자를 형사처벌한다고 하더라도 국제법 존중의 원칙을 선언하고 있는 헌법 제6조 제1항에 위반된다고 할 수 없다고 판시했다.

헌법 제6조 제1항은 헌법에 의해 체결·공포된 조약과 일반적 승인된 국제법규는 국내법과 같은 효력을 가진다고 규정함으로써 국제법 존중주의를 헌법상의 기본원칙으로 천명하고 있다. 이에 따라 조약과 일반적으로 승인된 국제법규는 원칙적으로 국내법률과 동일한 효력을 가진다.[40)]

양심적 병역거부와 관련되어있는 국제법규로는 위에서 소개한 1966년 국제연합(UN)에서 채택한 '시민적 · 정치적 권리에 관한 국제규약(International Covenant on Civil and Political Rights)' 제18조를 들 수 있는데, 이 시민적 · 정치적 권리에 관한 국제규약(이하 '국제규약'이라 함) 제18조는 사상, 양심 그리고 종교의 자유를 보장하고 있다. 이처럼 국제규약에는 양심의 자유 등만을 보장하고 있을 뿐, 구체적으로 양심적 병역거부에 대하여 규정하고 있는 것은 아니다. 따라서 형식적으로 자치규약만

지방법원 2016. 10. 18. 선고 2015노1181 판결 참조).

40) 성낙인, 헌법학, 2016, 305쪽 이하.

을 놓고 보면 이 규약에 의해 양심적 병역거부가 인정되고 대체복무가 허용될 수 있는지 아니면 병역의 의무가 우선해야 하는지를 판단할 수 없고, 결국 자치규약과 현행 병역법과의 충돌문제가 발생되지 않는다.

그러나 이와 관련하여 2002헌가1 사건의 반대의견[41]도 언급하고 있듯이 1993년 국제연합인권이사회(Human Rights Committee)는 사상, 양심 그리고 종교의 자유에 관한 일반의견 제22호(General Comment No. 22)에서 "치명적인 무력을 사용할 의무는 양심의 자유와 자신의 종교 혹은 믿음을 표현하는 권리와 심각하게 충돌할 수 있으므로 양심적 병역거부권이 위 제18조 규정에서 도출될 수 있는 것으로 본다."고 하였다. 아울러 국제연합인권위원회(Commission of Human Rights)도 반복된 결의를 통하여 같은 입장을 밝혔다. 예를 들면 위 위원회는 1987년 결의 제46호에서 "일반적인 양심적 병역거부권을 인정한다."고 명시하였고, 1993년 결의 제84호에서 양심적 병역거부자들에 대한 처벌금지와 함께 "대체복무는 비전투 또는 민간복무의 형태로서 공공의 이익을 위한 것이어야 하고 형벌적인 성격을 가져서는 안된다." 고 하였다. 또한 1998년 결의 제77호에서 양심적 병역거부권을 재차 확인하면서 군복무 중인 자에게도 인정됨을 선언하고, 대체복무제도의 도입과 함께 양심적 병역거부자의 주장에 대하여 판단할 독립적이고 공정한 결정기관의 설립, 이들에 대한 구금 및 반복적 형벌부과 금지, 경제 · 사회 · 문화 · 시민 또는 정치적 권리 등에서의 차별금지, 양심적 병역거부로 인하여 박해를 피해 자국을 떠난 사람들을 난민으로서 보호할 것 등을 각 국에 요청하였다.[42]

또한 2009년 발효된 유럽연합 기본권헌장(The Charter of Fundamental Rights of the European Union)은 명문으로 양심적 병역거부권을 인정하였다. 따라서 헌재가 2011년 2008헌가22 결정에서 양심적 병역거부권을 명문으로 인정한 국제조약이 아직까지 존재하지 아니한다고 설시한 부분은 잘못이다. 그리고 유엔인권이사회(United Nations Human Rights Council)는 2013년 결의에서 양심적 병역거부자들에 대한 구금이 국제인권규약상 '자의적 구금'이라는 전제 아래 투옥자의 석방까지 요구하고 나섰다. 나아가 호주, 캐나다, 프랑스 등이 최근 유엔인권이사회의 권고에 따라 양심적 병역거부와 관련된 대한민국 국적자의 난민신청을 꾸준히 받아들이고 있다.[43]

---

41) 헌재 2004. 8. 26. 2002헌가1, 판례집 제16권 2집 상, 141, 170-171.

42) 위에서 언급한 결의 이외에도 국제연합인권위원회의 1987년 46호 결의, 1995년 83호 결의, 2000년 34호 결의, 대한민국의 정부보고서를 검코한 후 2006. 11. 2. 국제연합인권이사회가 채택한 최종견해 등이 있다. 양심적 병역거부 및 대체복무와 관련한 유엔 인권이사회의 결정과 유럽인권재판소의 판결에 대하여 장복희, 양심적 병역거부에 관한 국제사례와 양심의 자유, 헌법학연구 12권 5호, 2006, 336쪽 이하 참조.

주지하는 바와 같이 우리나라는 1990년에 위 국제규약에 제18조에 대한 아무런 유보 없이 가입하였고, 1991년에 국제연합회원국이 되었으며, 2004년의 35호 결의를 포함하여 양심적 병역거부권을 인정하여야 한다는 인권위원회의 결의들에 직접 동참하기도 하였다.

요컨대 국제규약 자체는 형식적으로만 보면 양심의 자유 등만을 추상적으로 규정하고 있고 양심적 병역거부에 대하여 구체적으로 규정하고 있는 것은 아니지만, 국제연합인권이사회와 국제연합인권위원회가 일관되게 양심적 병역거부권이 자치규약 제18조에서 도출될 수 있다는 유권해석을 내리고 있다. 그렇다면 그러한 일관된 유권해석은 이미 국제규약의 한 내용을 이룬다고 할 수 있고, 따라서 양심적 병역거부권 역시 국제규약의 일부를 구성한다고 보아야 할 것이다. 그리고 위에서 언급한 바와 같이 우리나라는 1990년에 위 자치규약에 제18조에 대한 아무런 유보 없이 가입하였고, 1991년에 국제연합회원국이 되었으며, 2004년의 35호 결의를 포함하여 양심적 병역거부권을 인정하여야 한다는 인권위원회의 결의들에 직접 동참하기도 하였다. 따라서 양심적 병역거부권은 이미 국제규약 제18조의 내용을 이루고 있으며, 따라서 대체복무의 도입을 전제로 한 양심적 병역거부권의 내용을 포함하는 국제규약은 국내법적 효력을 가진다고 보지 않을 수 없는 것이다.

그렇다면 대체복무의 도입을 전제로 한 양심적 병역거부권을 내용으로 하는 국내법률의 효력을 가지는 국제규약 제18조와 양심적 병역거부를 부인하는 병역법 제88조 제1항은 상호 충돌한다고 볼 수 있다. 이처럼 상호 대등한 법률 간에 충돌하는 경우에는 결국 신법우선의 원칙과 특별법우선의 원칙을 적용하여 해결할 수 밖에 없을 것이고, 이 경우 신법이자 특별법의 지위에 있다고 할 수 있는 국제규약 제18조가 우선 적용되어야 할 것이고, 따라서 양심적 병역거부를 부인하는 현행 병역법은 국제규약의 내용과 정신에 부합되게 개정되어야 하는 것이다.

그렇다면 국제규약과 충돌하는 현행 병역법조항은 규범 상호간의 조화를 요구하는 헌법상의 체계정당성에 반하고,[44] 결과적으로 헌법 제6조 제1항에 근거한 헌법상의 기본원칙인 국제법 존중주의를 위반하는 것이다.

---

43) 유럽인권재판소도 2011년 바야탄 사건에서 유럽인권협약(European Convention for the Protection of Human Rights and Fundamental Freedoms) 제4조와 제9조(국제규약 제8조, 제18조와 동일한 내용이다)의 관계에 대한 해석에서 이러한 국제연합인권이사회의 해석을 전부 받아들여 인권협약 제9조에서 양심적 병역거부권을 도출할 수 있다고 판단하였다(광주지방법원 2016. 10. 18. 선고 2015노1181 판결 참조).

44) 체계정당성에 대하여는 정연주, 분리된 선거구와 체계정당성, 공법연구 제30집 제4호, 2002. 6, 79쪽 이하 참조.

결국 헌재 2002헌가1 사건의 반대의견도 강조하는 바와 같이[45] 양심적 병역거부권을 이미 많은 나라에서 인정하고 있고 우리나라와 같이 양심적 병역거부로 많은 사람이 형사처벌된 국가는 드물다는 사실 뿐 아니라, 우리의 법률과 관행이 위와 같은 국제법규와도 도저히 조화될 수 없음에 비추어 조속히 병역법을 양심적 병역거부가 인정될 수 있는 방향으로 개정되어야 할 필요성이 절실한 것이다.

(6) 대체복무와 관련하여

헌재는 2008헌가22 결정에서 병역의무와 관련하여 대체복무제를 도입할 것인지의 문제는 결국 '대체복무제를 허용하더라도 국가안보라는 중대한 공익의 달성에 아무런 지장이 없는지 여부'에 대한 판단의 문제로 귀결되는바, 남북이 대치하고 있는 우리나라의 특유한 안보상황, 대체복무제 도입 시 발생할 병력자원의 손실 문제, 병역거부가 진정한 양심에 의한 것인지 여부에 대한 심사의 곤란성, 사회적 여론이 비판적인 상태에서 대체복무제를 도입하는 경우 사회통합을 저해하여 국가 전체의 역량에 심각한 손상을 가할 우려가 있는 점 및 종전 헌법재판소의 결정에서 제시한 선행조건들이 아직도 충족되지 않고 있는 점 등을 고려할 때 대체복무제를 허용하더라도 국가안보와 병역의무의 형평성이라는 중대한 공익의 달성에 아무런 지장이 없다는 판단을 쉽사리 내릴 수 없으므로, 양심적 병역거부자에 대하여 대체복무제를 도입하지 않은 채 형사처벌 규정만을 두고 있다고 하더라도 이 사건 법률조항이 최소침해의 원칙에 반한다고 할 수 없다고 판시했다.

물론 양심적 병역거부자에 대한 예외를 인정하면 국방의무의 평등한 이행확보가 어려울 수 있고, 그 파급효과로 전체적인 병역제도가 신뢰를 잃고 양심적 병역거부를 빙자한 병역기피자들이 증가하여 국민개병제를 바탕으로 한 전체 병역제도의 실효성이 훼손될 수 있다는 우려가 있는 것도 사실이다.[46]

그러나 양심의 자유가 정신적 자유권 중에서도 기본적인 중요한 권리이며 양심실현의 자유도 경시되어서는 안된다는 점, 양심적 병역거부를 둘러싼 현행법과 양심과의 갈등의 심각성, 수의 면에서 양심적 병역거부자가 차지하는 비율은 병력이나 전투력의 감소를 논할 정도라고 볼 수 없다는 점,[47] 설사 양심적 병역거부자가

45) 헌재 2004. 8. 26. 2002헌가1, 판례집 제16권 2집 상, 141, 170-171.

46) 대체복무도입에 대한 찬반여론조사에 대하여는 병무청, 종교적 사유 등에 의한 입영거부자 사회복무체계 편입 방안 연구, 대국민 여론조사 결과보고서(연구기관 진석용정책연구소/리서치앤리서치), 2010. 9. 27; 서울대학교 사회과학연구원, 대체복무제도에 대한 전문가 의식조사 결과보고서, 2008. 11. 24 참조.

어쩔 수 없이 입영한다고 하더라도 오히려 병력이나 전투력에 부정적인 영향을 미칠 가능성이 높다는 점, 이들이 병역법이나 군형법 제정 이래 반세기 이상 동안 형상처벌 및 이에 뒤따르는 유·무형의 막대한 불이익을 받으면서도 일관되게 입영이나 집총을 거부해왔다는 사실에 비추어 양심적 병역거부자에 대한 형사처벌이 특별예방효과나 일반예방효과가 거의 없고 따라서 형사처벌이 필요하고 적절한 수단이라고 볼 수 없다는 점, 그리고 헌법상의 국방의 의무는 단지 병역법에 의하여 군복무에 임하는 등의 직접적인 집총병력형성의무에 한정되는 것은 아니라는 점 등을 감안할 때 앞서 누차 언급한 바와 같이 양심의 자유와 국방의 의무이행의 조화를 위한 대체복무제의 도입이 유일한 해결책으로 등장하는 것이다. 그리고 중요한 것은 이러한 대체복무제의 도입은 입법형성권에 속하는 재량사항이나 권고사항이 아닌 입법자의 헌법상의 의무이고 이를 위반 내지 해태하는 것은 바로 헌법위반이 된다는 것이다.

따라서 양심보호와 형평성문제를 동시에 해결할 수 있는 대체복무의 도입은 이론적·법리적으로 가능할 뿐 아니라, 이미 상당한 기간 동안 많은 국가들이 양심적 병역거부를 인정하면서도 대체복무에 부수된 이러한 문제들을 효과적으로 해결하면서 징병제를 유지해오고 있다는 사실은 그것이 실제로도 가능하다는 사실을 강력히 시사한다.[48] 앞서 강조한 바와 같이 국방의 의무는 집총병역의 의무이행에 국한되는 것은 아니므로 국방의무의 이행의 형평성은 반드시 병역의무이행의 강제와 형사처벌에 의해서만 달성될 수 있는 것은 아니다. 그러므로 양심적 병역거부자들에게 현역복무이행의 기간과 부담 등을 총체적으로 고려하여 이와 유사하거나 그보다 높은 정도의 의무를 부과한다면, 국방의무이행의 형평성유지가 가능하고, 양심적 병역거부자들에게 부당한 특혜를 준다는 논란도 불식할 수 있으며, 양심적 병역거부를 빙자하여 현역집총복무를 기피하는 문제도 해결할 수 있을 것이다.

특히 양심적 병역거부자들로 하여금 국가, 공공단체 또는 사회복지시설 등의 공익목적에 필요한 지원업무를 수행하도록 하거나 전문적인 지식과 능력을 가진 자

---

47) 입영거부자 발생 현황에 관한 국방부 자료 (2010. 7. 30. 현재) 등에 의하면 형사처벌을 감수한 양심적 병역거부자는 1992년부터 2000년까지는 매년 약 400명, 2001년부터 매년 약 600명으로 나타난다. 한편 현역병으로 병역처분이 되는 인원은 매년 약 30만 내지 35만명 이고, 신체검사결과 단기적으로 부족한 병력을 충당할 대상인 보충역으로 병역처분이 되는 인원은 매년 약 4만명, 공익근무요원으로 입영하는 인원은 매년 약 3만명으로 나타난다.

48) 대체복무에 관한 외국의 입법례에 대하여는 헌재 2011. 8. 30. 2007헌가12, 2009헌바103(병합) 향토예비군설치법 제15조 제8항 위헌제청 등 사건에 대한 국방부장관의 의견서 16쪽 이하; 나달숙, 양심적 병역거부의 국제적 논의와 현황, 토지공법연구 41집, 2008, 472쪽 이하 참조. 독일에서의 양심적 병역거부 및 대체복무와 관련된 입법과 판례에 대하여는 박진완, 전게논문, 445쪽 이하 참조.

들의 경우 이를 활용하여 공익을 위해 복무하도록 한다면 현역집총복무를 강요하여 형사처벌을 받게 하는 것보다 국방 내지 안보에 실질적으로 더 유익한 효과를 거둘 수 있을 것이다.

이러한 대체복무 허용의 정당성은 형집행의 현실을 보더라도 인정된다. 실제로 양심적 병역거부자들은 형 확정 후에는 교도소로 보내져 일반적인 정역의무를 부과받아야 함에도 일률적으로 미결수용소인 구치소에서 교도관의 행정 및 운영업무를 보좌하는 역할을 수행하고 있는바, 이는 사실상 병역의무 대신 대체복무 또는 사회복무를 이행하고 있는 셈이다. 즉 양심적 병역거부자들은 대체복무를 요구하면서 병역법을 어겼다고 유죄판결을 받았는데, 국가는 대체복무는 인정될 수 없다고 하면서 막상 유죄를 선고한 후에는 사실상의 대체복무를 부과하는 역설적 상황이 발생하는 것이다. 굳이 유죄의 선고를 거쳐 전과자 신분으로 이런 의무를 담당하게 할 것이 아니라, 대체복무제도의 도입으로 병역의무에 갈음하여 떳떳하게 국가를 위하여 이바지할 수 있는 기회를 제공하는 것이 타당하다고 볼 수 있다.[49)]

헌재는 현역복무 기피를 위하여 여호와의 증인 신도로 개종을 하는 사람들이 나오지 않으리라는 보장이 없다고 판시하여 대체복무제도를 실시할 경우 병역을 기피하기 위하여 대체복무제도를 악용하는 사례가 빈발할 것을 우려하고 있는데, 그러한 사례를 대체복무를 인정하고 있는 외국에서 찾아보기 어려울 뿐만 아니라, 대만이 2000년경 대체복무제도를 도입하면서 이러한 점을 우려하여 군복무기간이 1년 10개월임에도 대체복무기간을 2년 9개월로 정하였다가 그 후 2007년 대체복무법을 도입하여 복무기간을 군복무기간과 동일하게 조정한 사례를 보면 이러한 우려가 상당히 과장되었다는 것을 알 수 있다.[50)] 중요한 것은 대체복무의 허용에 관한 합리적이고 엄격한 기준설정이다. 대체복무의 내용, 강도, 그 기간 설정 등을 통하여 얼마든지 현역 복무보다 힘들거나 등가성 있는 대체복무제도를 설계할 수 있고, 헌재가 주장하는 바와 같이 대체복무제도가 병역기피자를 양산할 수 있다는 우려도 불식시킬 수 있다.[51)]

---

49) 광주지방법원 2016. 10. 18. 선고 2015노1181 판결.

50) 광주지방법원 2016. 10. 18. 선고 2015노1181 판결 참조.

51) 대체복무와 관련하여 진정한 양심적 병역거부자와 그렇지 아니한 자를 가려낼 수 있는 사전심사 및 사후관리제도를 마련하는 문제, 양심적 병역거부자들에게 병역면제의 혜택을 준다는 인식을 불식시킬 수 있을 수준의 대체복무의 내용과 종류, 현역복무와 대체복무 사이의 형평성과 등가성의 확보 등에 대하여는 2002헌가1 사건의 반대의견(헌재 2004. 8. 26, 2002헌가1, 판례집 제16권 2집 상, 141, 166-172) 및 2008헌가22 사건의 반대의견 참조(헌재 2011. 8. 30, 2008헌가22, 공보 제179호, 1205, 1220-1221).

한편 헌재는 대체복무에 대한 사회적 공감대가 아직 형성되지 않았기 때문에 인정할 수 없다고 판시하고 있다. 물론 본질적으로 인권의 차원에서 볼 때 대체복무 허용 여부를 여론조사로 결정할 일은 아니지만, 그동안의 조사결과를 보면 이러한 헌재의 견해도 받아들이기 어렵다.

국제앰네스티 한국지부가 2016년 5월15일 세계병역거부자의 날을 앞두고 한국갤럽에 의뢰해 실시한 여론조사에 따르면, 응답자의 72%는 양심적 병역거부를 '이해할 수 없는 일'로 보면서도 대체복무제 도입에는 찬성(70%)하는 것으로 나타났다. 대체복무제에 찬성한다고 응답한 이들은 그 이유로 '감옥보다는 낫다'(26%), '국민의 의무를 다해야 함'(16%), '다른 기회를 부여해야 함'(14%), '개인의 선택이나 인권문제'(12%), '감옥은 심하다/가혹하다'(8%) 등을 꼽았다.[52] 한편 서울변호사회가 2016년 소속 변호사들을 대상으로 실시한 여론조사에서 응답한 변호사 1200명 중 74%가 양심적 병역거부가 양심의 자유에 해당한다고 답변했으며, 80%가 대체복무제 도입에 찬성했다.[53]

이러한 설문조사에 따르면 국민들의 의식이 최소한 대체복무제의 도입을 반대하는 것은 아니고, 나아가 법률가들 사이에서는 대다수가 대체복무제도의 도입 없이 형사처벌만을 내세우는 현 상황을 위헌이라고 여기고 있는 것이다. 따라서 국민적 공감대의 부족이라는 주장이 무엇을 근거로 하고 있는 것인지 그 객관적인 근거가 부족한 반면에, 대체복무 도입에 찬성하는 국민적 공감대가 형성되고 있다는 주장은 설득력을 더해 주고 있다.[54]

다른 한편 헌재는 대체복무제의 도입과 관련하여 그 반대 논거로 남북이 대치하고 있는 우리나라의 특유한 안보상황을 그 사유로 들고 있다. 즉 헌재는 2008헌가22 결정에서 "북한의 핵무기 개발, 미사일 발사 등으로 초래되는 한반도의 위기상황은 미국, 중국, 일본을 비롯한 주변국들의 외교·안보적 상황에도 큰 영향을 미치고 있으며, 특히 최근 각종의 무력 도발에서 보는 바와 같이 북한의 군사적 위협은 이제 간접적·잠재적인 것이 아니라 직접적·현실적인 것이 되고 있는 상황이다. 이러한 우리나라의 특유한 안보상황을 고려할 때, 주관적인 사유로 병역의무의 예외를 인정하는 대체복무제를 도입하는 경우 국민들 사이에 이념적인 대립을 촉발함으로써 우리나라의 안보상황을 더욱 악화시킬 우려가 있다는 점을 심각하게 고려하여야 한다."라고 설시하였다.[55] 아울러 "우리나라는 국민개병과 징병제를 채

---

52) https://www.huffingtonpost.kr/2016/05/10/story_n_9880978.html.

53) http://blog.naver.com/PostView.nhn?blogId=seoul_bar&logNo=221223848716.

54) 광주지방법원 2016. 10. 18. 선고 2015노1181 판결.

택함으로써 병역문제와 관련하여 국민 모두가 직·간접적으로 연관되어 있다는 점에서, 병역부담의 형평에 대한 사회적 요구가 다른 어떤 나라보다 강력하고 절대적이라 할 수 있다. 이런 상황에서 대체복무제의 도입에 관한 사회적 여론이 여전히 비판적임에도 병역의무에 대한 예외를 허용함으로써 의무이행의 형평성 문제가 사회적으로 야기된다면 대체복무제의 도입은 사회 통합을 저해하여 국가 전체의 역량에 심각한 손상을 가할 수 있고, 나아가 국민개병 제도에 바탕을 둔 병역제도의 근간을 흔들 수도 있다."고 설시하고 있다.[56]

그런데 이러한 안보상황이 대체복무의 허용 여부의 중요한 기준이 될 수 있는지 자체가 의문이거니와 설사 그렇다 하더라도 대체복무제의 도입이 오히려 소수자의 보호라는 헌법적 가치를 실현함으로써 사회통합을 강화하는 효과가 있고, 이러한 성숙한 민주주의 역량을 토대로 도덕적, 정치적 우위를 점함으로써 국가안보를 튼튼히 하는 측면도 있다. 실제로 과거 독일이나 이스라엘, 대만, 아르메니아 등 군사적 분쟁이나 분단 등에서 오는 커다란 안보위협에 놓여 있는 국가들이 오래 전부터 대체복무제 또는 양심적 병역거부자의 병역면제를 실시하고 있는바, 이들 국가들이 우리보다 안보상황이 더 안정되었기 때문에 이런 제도를 시행하고 있다고 보이지는 않는다. 또한 설사 백번 양보하여 남북이 대치하는 우리 한반도의 안보위협이 국제사회에서 그 유래를 찾아 볼 수 없는 매우 특별한 상황이라고 하더라도 최근 형성되고 있는 한반도와 주변국의 획기적인 긴장완화와 항구적인 평화구축의 분위기는 대체복무의 허용이 우리의 국가안보를 위태롭게 한다는 우려를 불식시킬 수 있으리라 생각된다.

따라서 입법자에게 대체복무제를 도입함으로써 기본권 침해 상황을 제거할 의무가 있다고 판시하면서 병역종류조항인 병역법 제5조 제1항에 대하여 헌법불합치 결정을 내린 최근 2011헌바379 사건의 법정의견은 지극히 타당하다고 하겠다.

(7) 처벌조항의 위헌성

한편 헌재는 2011헌바379 사건에서 앞서 언급한 바와 같이 병역종류조항인 병역법 제5조 제1항에 대하여는 헌법불합치결정을 내리면서 처벌조항인 병역법 제88조 제1항 본문 제1호와 제2호에 대하여는 합헌결정을 내렸다. 양심적 병역거부자에 대한 처벌은 대체복무제를 규정하지 아니한 병역종류조항의 입법상 불비와 양심적

55) 헌재 2011. 8. 30. 2008헌가22 등, 판례집 23-2상, 174, 193.

56) 헌재 2011. 8. 30. 2008헌가22 등, 판례집 23-2상, 174, 194-195.

병역거부는 처벌조항의 '정당한 사유'에 해당하지 않는다는 법원의 해석이 결합되어 발생한 문제일 뿐, 처벌조항 자체에서 비롯된 문제는 아니라는 것이다.[57]

그러나 이 사건의 핵심은 처벌조항의 위헌 여부이다. 즉 이 사건은 본래 양심적 병역거부자를 입영기피를 이유로 처벌하기 때문에 발생된 것이고, 이에 대한 병역의무이행의 대안으로서의 대체복무도입은 후발적인 문제인 것이다. 따라서 양심적 병역거부자를 처벌하는 근거조항인 병역법 제88조 제1항 본문 제1호 및 제2호에 대한 한정위헌결정을 내렸어야 했다.

양심적 병역거부는 처벌조항의 '정당한 사유'에 해당하지 않는다는 법원의 해석이 결합되어 발생한 문제일 뿐이라는 주장은 '정당한 사유'에 해당하는지의 여부가 '법률해석'의 문제일 뿐이라는 것을 전제로 하는 것인데, '정당한 사유'의 해석문제는 '법률해석'의 문제이기 이전에 '헌법해석'의 문제이다. 즉 '양심적 병역거부'가 '정당한 사유'에 해당하는지의 문제는 위에서도 자세히 언급한 바와 같이 헌법상의 양심의 자유와 국방의 의무 상호간의 법익형량 또는 규범조화적 해석의 결과 도출될 수 있는 것인지의 여부 등 다양한 헌법적 해석과 고찰의 결과 비로소 판단할 수 있는 문제이고, 이러한 판단과 해석은 전형적인 헌법해석의 문제이며, 이러한 헌법해석의 범위와 한계내에서 비로소 법원의 법률해석이 허용될 수 있는 것이다.

한편 법정의견은 병역종류조항의 위헌여부가 양심적 병역거부자에 대한 형사재판의 전제가 되는지 여부와 관련하여 "병역종류조항이 양심적 병역거부자에 대한 대체복무제를 포함하고 있지 않다는 이유로 위헌으로 결정된다면, 양심적 병역거부자가 현역입영 또는 소집 통지서를 받은 후 3일 내에 입영하지 아니하거나 소집에 불응하더라도 대체복무의 기회를 부여받지 않는 한 당해 형사사건을 담당하는 법원이 무죄를 선고할 가능성이 있다"고 판시하고 있는데,[58] 이러한 견해에는 문제가 있다. 왜냐하면 양심적 병역거부자가 대체복무의 기회를 부여받지 않고 입영하지 아니하거나 소집에 불응할 경우에는 헌법해석상 법원은 무죄를 선고해야할 의무가 있는 것이지 무죄선고에 대한 법원의 재량이 있는 것은 아니다. 앞서도 언급한 바와 같이 헌법해석상 처벌조항상의 '정당한 사유'에는 '양심적 병역거부'가 포함되어야 하고, 따라서 법원은 이러한 헌법해석의 범위와 한계내에서만 '정당한 사유'를 해석해야 하며, 따라서 법원은 당연히 무죄를 선고해야 하고, 이에 대하여

57) 헌재 2018. 6. 28. 2011헌바379 등, 판례집 30-1하, 370, 421.

58) 헌재 2018. 6. 28. 2011헌바379 등, 판례집 30-1하, 370, 405.

는 법원에 재량의 여지가 없는 것이다. 이는 헌재가 '정당한 사유'를 단순히 '법률해석'의 문제로만 인식하고 이에 대하여 법원에게 전면적인 재량의 여지를 부여하는 견해를 취하기 때문에 발생하는 문제이다. 결국 헌재는 병역법 제88조 제1항 본문의 '정당한 사유'에 대한 헌법적 판단을 하고 이에 대하여 논리필연적으로 한정위헌결정을 내렸어야 했다.

이 점에서 "병역종류조항은 처벌조항의 의미를 해석하는 근거가 되고, 처벌조항은 병역종류조항의 내용을 전제로 하므로, 병역종류조항의 위헌 여부는 처벌조항의 위헌 여부와 불가분적 관계에 있다. 따라서 병역종류조항에 대하여 양심적 병역거부자에 대한 대체복무제를 규정하고 있지 않다는 이유로 헌법불합치 결정을 하는 이상, 처벌조항 중 양심적 병역거부자를 처벌하는 부분에 대하여도 위헌 결정을 하는 것이 자연스러운 결론이다."라고 주장하면서[59] "처벌조항은 과잉금지원칙에 위배하여 양심적 병역거부자의 양심의 자유를 침해한다. 다만 처벌조항이 가지는 위헌성은 병역거부 행위를 처벌하는 것 자체에 있는 것이 아니라, 양심적 병역거부자에 대하여 대체복무의 기회를 부여하지 아니한 채 처벌하는 데 있으므로, 처벌조항 중 '양심적 병역거부자를 처벌하는 부분'은 헌법에 위반된다."는 재판관 이진성, 재판관 김이수, 재판관 이선애, 재판관 유남석의 일부위헌의견[60]이 타당하다고 하겠다.

Ⅳ. 맺는 말

양심의 자유가 보호되지 않는 곳에서는 종교의 자유, 학문과 예술의 자유, 정치활동의 자유, 사법권의 독립 등이 실질적으로 보장될 수 없다는 점에서 양심의 자유를 보장하는 것은 아주 중요하고, 이러한 이유로 양심의 자유는 '최상의 기본권' 내지 '모든 기본권의 초석'이라고 불리는 매우 중요한 기본권이다. 그런데 이러한 양심의 자유의 보장은 도외시한 채 일방적으로 양심적 병역거부자들을 형사처벌하는 것은 헌법상 도저히 정당화될 수 없다. 따라서 진정한 양심적 병역거부자와 그렇지 아니한 자를 가려낼 수 있는 사전심사 및 사후관리제도를 마련하고, 양심적 병역거부자들에게 병역면제의 혜택을 준다는 인식을 불식시킬 수 있을 수준의 대체복무의 내용과 종류를 마련하며, 현역복무와 대체복무 사이의 형평성과 등가성

59) 헌재 2018. 6. 28. 2011헌바379 등, 판례집 30-1하, 370, 422.
60) 헌재 2018. 6. 28. 2011헌바379 등, 판례집 30-1하, 370, 424.

을 확보하는 등의 다양한 문제점과 부작용 및 부정적 파급효과를 해결하는 제도이어야 한다는 전제하에서 대체복무의 도입은 입법자의 헌법상 의무이다.[61] 따라서 그동안 그러한 대체복무를 통한 양심의 자유와 국방의 의무와의 조화를 도모하는 해결책을 마련하지 아니한 채, 병역법 제88조 제1항 본문 중 '정당한 사유'에 '양심에 따른 병역거부'를 포함하지 않는 것으로 해석하여 결과적으로 양심적 병역거부자들을 형사처벌 하도록 한 것은 위에서 언급한 다양한 이유로 헌법에 위반되는 것이라고 하지 않을 수 없다.

이런 점에서 대체복무의 도입을 전제로 병역종류조항인 병역법 제5조 제1항에 대하여 헌법불합치결정을 내린 최근의 헌재 2011헌바379 결정은 한편에서는 매우 바람직한 결정이라 하겠지만, 다른 한편에서는 앞서도 지적했듯이 처벌조항인 병역법 제88조 제1항 본문에 대하여 한정위헌결정을 내리지 아니하고 합헌결정을 내린 것은 대단히 아쉽다고 하겠다.

61) 한때 국방부에서 추진되었던 대체복무도입에 관한 구체적 방안에 대하여는 국방부, 병역이행 관련 소수자의 사회복무제 편입 추진 방안, 참고자료 2007. 9. 18. 참조.

18. 선거구획정과 인구편차

– 헌재 1995. 12. 27. 95헌마224등 공직선거및선거부정방지법 [별표1]의 「국회의원지역선거구구역표」 위헌확인,[1] 헌재 2001. 10. 25. 2000헌마92등 공직선거및선거부정방지법 [별표1] '국회의원지역선거구구역표' 위헌확인,[2] 헌재 2014. 10. 30. 2012헌마192등 공직선거법 제25조 제2항 별표 1 위헌확인[3] –

[目 次]

Ⅰ. 머리말

이 글은 선거구간의 인구편차문제를 다룬 것이다. 즉 국회의원지역선거구의 분할 내지 획정 시 최대선거구의 인구수와 최소선거구의 인구수 상호간 편차의 허용한계 문제를 다룬 것으로서 그 구체적 허용기준 및 이러한 인구편차 허용기준을

1) 헌재 1995. 12. 27. 95헌마224 등, 판례집 7-2, 760.

2) 헌재 2001. 10. 25. 2000헌마92 등, 판례집 13-2, 502.

3) 헌재 2014. 10. 30. 2012헌마192 등, 판례집 26-2상, 668.

초과한 선거구획정의 위헌문제를 검토한 것이다.

이와 관련하여 헌재는 95헌마224등 결정에서 심판의 대상이 된 공직선거및선거부정방지법(이하 '선거법'이라 한다)상의 '국회의원지역선거구구역표'가 헌법에 위반된다고 선언하면서, 선거구획정 시 인구편차의 허용범위에 관하여 – 매우 다양한 의견으로 갈리지만 – 다수의 공통의견으로 4:1의 인구편차를 허용한계로 제시했고, 다만 일부 보충의견에서 장래에는 그 인구편차의 비율이 2:1 미만이 되어야 한다는 견해가 제기되었다. 역시 선거구간의 인구편차와 관련한 그 후의 2000헌마92등 결정에서는 심판의 대상이 된 '국회의원지역선거구구역표'에 대하여 헌법불합치결정을 내리면서 95헌마224등 결정에서 제시된 4:1의 기준을 배척하고 3:1의 비율을 인구편차의 허용기준으로 제시했고, 다만 장래에는 그 기준이 2:1 또는 그 미만이 되어야 한다고 판시하고 있다. 그런데 그 후 헌재는 2012헌마192 등 공직선거법 제25조 제2항 별표1 위헌확인 사건에서 인구편차 상하 50%를 기준으로 국회의원지역선거구를 정하고 있는 공직선거법 제25조 제2항 별표1 국회의원지역선거구구역표는 그 전체가 투표가치의 평등을 내용으로 하는 평등선거의 원칙에 위반하여 헌법에 합치되지 아니한다는 결정을 하면서 인구편차의 기준을 인구편차 상하 33$\frac{1}{3}$%(인구비례 2:1)를 제시했다.

그러나 이러한 헌재의 결정에는 문제가 있어 보인다. 즉 어떠한 구체적 근거에 따라 그러한 인구편차기준이 도출되었는지에 대한 논증이 부족하고, 그 구체적 비율도 받아들이기 어려운 것이다. 결국 헌재의 견해는 대의제도와 평등선거의 원칙 등 헌법상의 제 원리에 비추어 볼 때 타당하다고 보기 어렵다. 우리의 선거구획정 실태, 특히 선거구간의 인구편차가 실제로 매우 큰 우리의 현실을 감안할 때, 그리고 이러한 인구편차문제가 이른바 게리맨더링 등 기형적인 선거구획정문제를 초래하는 등 다양한 문제점을 야기시킨다는 점을 고려할 때,[4] 선거구간의 인구편차문제를 검토하는 것은 이러한 헌법상의 평등선거의 원칙을 관철시키고 선거인의 선거권 등 기본권을 보장한다는 측면에서 매우 의미 있는 작업이라고 여겨진다. 따라서 이 글에서는 앞서 언급한 헌법재판소의 결정들의 내용과 그 문제점을 살펴보고, 이러한 선거구획정의 기준이 되는 인구편차문제를 고찰해 보고자 한다.

4) 게리맨더링 등 기형적인 선거구획정의 헌법적 문제점과 관련해서는 헌재 1998. 11. 26. 96헌마54 참조.

Ⅱ. 헌재결정의 요지

1. 1995. 12. 27. 95헌마224등

(1) 1) 평등선거의 원칙은 평등의 원칙이 선거제도에 적용된 것으로서 투표의 수적 평등, 즉 복수투표제 등을 부인하고 모든 선거인에게 1인 1표(one man, one vote)를 인정함을 의미할 뿐만 아니라, 투표의 성과가치의 평등, 즉 1표의 투표가치가 대표자 선정이라는 선거의 결과에 대하여 기여한 정도에 있어서도 평등하여야 함(one vote, one value)을 의미한다.

2) 헌법이 요구하는 투표가치의 평등은 선거제도의 결정에 있어서 유일, 절대의 기준이라고는 할 수 없으며, 국회는 구체적인 선거제도를 정함에 있어서 합리적인 다른 정책적 목표도 고려할 수 있는 것이지만, 적어도 선거구의 획정에 있어서는 인구비례의 원칙을 '가장 중요하고 기본적인 기준'으로 삼아야 한다.

3) 국회가 결정한 구체적인 선거제도의 구조 아래에서 발생한 투표가치의 불평등이 헌법이 요구하는 투표가치 평등의 원칙에 반하는지의 여부를 판단할 때, 이러한 불평등이 위에서 본 바와 같은 헌법적 요청에 의한 한계 내의 재량권 행사로서 그 합리성을 시인할 수 있는지의 여부를 검토하여, 국회가 통상 고려할 수 있는 제반 사정, 즉 여러 가지 비인구적 요소를 모두 참작한다고 하더라도 일반적으로 합리성이 있다고는 도저히 볼 수 없을 정도로 투표가치의 불평등이 생긴 경우에는 헌법에 위반된다고 하여야 한다.

(2) 1) 재판관 김용준, 김진우, 김문희, 황도연, 신창언의 의견(공통의견)

현재 우리나라의 제반 여건 아래에서는 적어도 국회의원의 선거에 관한 한, 전국 선거구의 평균 인구수(전국의 인구수를 선거구수로 나눈 수치)에 그 100분의 60을 더하거나 뺀 수를 넘거나 미달하는(즉 상하 60%의 편차를 초과하는) 선거구가 있을 경우에는, 그러한 선거구의 획정은 국회의 합리적 재량의 범위를 일탈한 것으로서 헌법에 위반된다.

(위 5인 의견에 대한 재판관 김문희, 황도연, 신창언의 보충의견)

국회는 현재의 국회의원지역선거구간의 인구불균형에 대하여 스스로 이를 시정하기 위한 필요하고도 합리적인 기간 안에 최대선거구의 인구가 최소선거구 인구의 2배를 넘지 아니하는 수준으로 조정함이 마땅하며, 국회가 그 시정을 하기 위한 합리적인 기간이 지난 뒤에는 최대 · 최소 선거구간의 인구편차를 2:1 미만의 기준에 따라 위헌 여부를 판단하여야 할 것이다.

(위 5인 의견에 대한 재판관 김진우의 보충의견)

최다인구선거구와 최소인구선거구의 투표가치의 비율이 전국적으로 4:1이 넘거나, 도시의 각 선거구 사이 또는 농어촌의 각 선거구 사이에 3:1 이상이 된다면 국회의원선거에 있어서 평등선거의 원칙에 저촉되는 위헌적인 선거구구역획정이라고 아니할 수 없으며, 앞으로는 위 비율이 모두 2:1 미만이 되도록 조정되어야 한다.

2) 재판관 이재화, 조승형, 정경식, 고중석의 의견

인구비례의 원칙에 따라 전국 선거구의 인구편차를 1차적인 기준으로 삼아야 할 것이나, 지역대표성과 도 · 농간의 극심한 인구편차 등 특수사정에 맞지 않는 불합리한 결과가 생기므로, 위 기준 이외에 도시 유형의 선거구와 농어촌 유형의 선거구를 따로 나누어 각각의 인구편차를 다른 하나의 기준으로 삼아야 한다. 즉 우리의 국회제도 등과 외국 입법례 등에 비추어 보면, 전국적인 선거구간의 인구편차의 허용 한계는 전국 선거구 평균 인구수에서 상하 60%(상, 하한 비율 4:1), 도시 유형의 선거구 상호간과 농어촌 유형의 선거구 인구수에서 상하 50%(상, 하한의 비율 3:1)로 봄이 상당하다. 따라서 전국 선거구의 평균인구수에서 그 상하 60%의 편차를 초과함과 동시에 같은 유형의 선거구 평균 인구수에서 그 상하 50%의 편차를 초과하는 선거구의 획정은 국회의 입법형성의 재량범위를 일탈하는 것으로서 헌법에 위반된다.

(3) 1) 선거구구역표는 각 선거구가 서로 유기적으로 관련을 가짐으로써 한 부분에서의 변동은 다른 부분에도 연쇄적으로 영향을 미치는 성질을 가지며, 이러한 의미에서 선거구구역표는 전체가 '불가분의 일체'를 이루는 것으로서 어느 한 부분에 위헌적인 요소가 있다면 선거구구역표 전체가 위헌의 하자를 띠는 것이라고 보아야 할 뿐만 아니라, 제소된 당해 선거구에 대하여만 인구과다를 이유로 위헌선언을 할 경우에는 헌법소원 제소기간의 적용 때문에 제소된 선거구보다 인구의 불균형이 더 심한 선거구의 선거구획정이 그대로 효력을 유지하게 되는 불공평한 결과를 초래할 수도 있으므로, 일부 선거구의 선거구획정에 위헌성이 있다면 선거구구역표의 전부에 관하여 위헌선언을 하는 것이 상당하다.

2) 재판관 조승형의 주문 제1항에 대한 반대의견

일부 선거구에 있어서 발생한 투표가치의 위헌적인 불평등이 선거구 전체를 위헌이라고 할 정도로 다른 선거구들과 밀접 불가분한 관련성이 있다고 보기 어렵고, 평균적 투표가치를 가진 선거구에 관하여는 다른 선거구의 위헌성과는 관계없이 여전히 헌법의 이념에 합치하고 있는 것이라 인정되므로, 모든 선거구에 관하여 일률적으로 위헌이라고는 할 수 없으며, 대체로 인구가 과다한 선거구의 일부를 분구하는 방법으로 의원정수배분규정을 개정하여 왔던 입법관행에 비추어 보더라도, 의원정수배분규정을 가분적이라 봄이 입법자의 의도에 부합하며, 법령의 위헌성은 가능한 한 한정적으로 해석함이 원칙이다.

2. 2001. 10. 25. 2000헌마92등

(1) 다수의견

1) 선거구획정에 관하여 국회의 광범한 재량이 인정되지만 그 재량에는 평등선거의 실현이라는 헌법적 요청에 의하여 일정한 한계가 있을 수밖에 없는바, 선거구획정에 있어서 인구비례원칙에 의한 투표가치의 평등은 헌법적 요청으로서 다른 요소에 비하여 기본적이고 일차적인 기준이기 때문에, 합리적 이유 없이 투표가치의 평등을 침해하는 선거구획정은 자의적인 것으로서 헌법에 위반된다는 것이다.

2) 인구편차의 허용한계에 관한 다양한 견해 중 현시점에서 선택가능한 방안으로 상하 $33\frac{1}{3}$% 편차(이 경우 상한 인구수와 하한 인구수의 비율은 2:1)를 기준으로 하는 방안, 또는 상하 50% 편차(이 경우 상한 인구수와 하한 인구수의 비율은 3:1)를 기준으로 하는 방안이 고려될 수 있는데, 이 중 상하 $33\frac{1}{3}$% 편차 기준에 의할 때 행정구역 및 국회의원정수를 비롯한 인구비례의 원칙 이외의 요소를 고려함에 있어 적지 않은 난점이 예상되므로, 우리 재판소가 선거구획정에 따른 선거구간의 인구편차의 문제를 다루기 시작한지 겨우 5년여가 지난 현재의 시점에서 너무 이상에 치우친 나머지 현실적인 문제를 전적으로 도외시하기는 어렵다고 할 것이어서, 이번에는 평균인구수 기준 상하 50%의 편차를 기준으로 위헌 여부를 판단하기로 한다. 그러나 앞으로 상당한 기간이 지난 후에는 인구편차가 상하 $33\frac{1}{3}$% 또는 그 미만의 기준에 따라 위헌 여부를 판단하여야 할 것이다. 따라서 '경기 안양시 동안구 선거구'의 경우 전국 선거구의 평균인구수로부터 +57%의 편차를 보이고 있으므로, 그 선거구의 획정은 국회의 재량의 범위를 일탈한 것으로서 청구인의 헌법상 보장된 선거권 및 평등권을 침해하는 것임이 분명하다.

3) 이 사건의 경우 청구인의 헌법상 보장된 평등권 및 선거권을 침해하는 것은

이 사건 선거구구역표 중 '경기 안양시 동안구 선거구란'에 관한 부분이지만, 이 사건 선거구구역표의 전부에 관하여 위헌선언을 할 것인지 여부, 즉 선거구구역표를 가분적으로 취급할 수 있는지 여부의 문제가 있는바, 이에 대하여 우리 재판소는 95헌마224 등 결정에서 선거구구역표는 전체가 불가분의 일체를 이루는 것으로서 일부 선거구의 선거구획정에 위헌성이 있다면, 선거구구역표의 전부에 관하여 위헌선언을 하는 것이 상당하다는 취지의 판시를 함으로써 불가분설을 취하였는바, 이는 객관적 헌법질서의 보장이라는 측면이나 적극적인 기본권 보장의 측면에서 보더라도 타당한 것으로 보이므로 이러한 입장을 계속 유지하기로 한다.

4) 이미 이 사건 선거구구역표에 기한 국회의원선거가 실시된 상황에서 단순위헌의 결정을 하게 되면, 선거구구역표의 성격상 그 개정입법이 빠른 시일내에 이루어지기 어렵다고 할 것이어서, 추후 재선거 또는 보궐선거가 실시될 경우 국회의원지역선거구 구역표가 존재하지 아니하게 되는 법의 공백이 생기게 될 우려가 큰 점 및 국회의 동질성 유지나 선거구구역표의 변경으로 인한 혼란을 방지하기 위하여도 재선거, 보궐선거 등이 치러지는 경우에는 이 사건 선거구구역표에 의하여 이를 시행하는 것이 바람직한 점 등에 비추어, 입법자가 2003. 12. 31.을 시한으로 이 사건 선거구구역표를 개정할 때까지 이 사건 선거구구역표의 잠정적 적용을 명하는 헌법불합치결정을 하기로 한다.

(2) 재판관 권성의 별개의견

선거구의 획정에 있어서 투표가치의 평등이라는 것은 가장 우선시되어야 할 이념은 아니고, 선거구 획정에 있어서 고려하여야 할 여러 가지 중요한 기준의 하나에 불과하다. 다른 기준의 하나로 생각할 수 있는 의원의 대표성은 의원이 어느 정도의 독자성을 갖는 지역(예컨대 행정구역)의 주민을 대표한다고 할 때 가장 확실하여지고, 의원의 주민대표성을 살리는 것은 의회제도 발전의 역사적 연원, 소수자보호의 원리 및 국가통합의 원리에 비추어 그 합리성과 정당성이 인정되므로, 소선거구제를 택하는 이상 의원의 지역주민 대표성은 투표가치의 평등성과 대등한 이념으로 인정할 필요가 있다. 따라서 투표가치의 산술적 평등에 보다 접근시키기 위하여 어느 행정구역의 일부 주민을 다른 행정구역에 편입하여 하나의 선거구를 만드는 것은 의원의 주민대표성을 약화시키고 이것은 자기 구역에서 분리되어 타구역에 편입당한 주민들의 선거권을 침해하므로 위헌이 된다.

현행 선거법상 부산광역시 북구·강서구 을선거구, 해운대구·기장군 을선거구 및 인천광역시 서구·강화군 을선거구 등 3개의 지역구는 원래의 행정구역에서 분리되어 그 선거구에 편입된 일부 주민들의 선거권을 침해하므로 위헌이고 국회의원 지역선거구 구역표의 불가분성에 의하여 위 구역표 전부가 위헌이 되며, 아울러 헌법재판소는 선거법 제25조 제1항 후단의 규정에 불구하고 예외적으로 행정구역의 일부를 분할하여 위의 3개 지역구를 획정하는 것을 허용하고 있는 선거법 부칙 제3조의 위헌성을 함께 지적하여야 할 것이다.

(3) 재판관 한대현, 재판관 하경철의 반대의견

우리 재판소가 1995. 12. 27. 선고한 위 95헌마224 등 결정의 취지에 의하면 적어도 어떤 선거구가 전국 선거구의 평균 인구수를 기준으로 상하 60%의 편차를 초과하지 아니하는 한 그 선거구는 헌법에 위반되는 것으로 볼 수 없다고 할 것인데, 2000. 3. 22. 현재 위 '경기 안양시 동안구 선거구'의 인구수는 328,383명으로서 당시 전국 선거구의 평균인구수 208,917를 기준으로 +57%의 편차를 보이고 있으므로, 위 결정에서 제시한 기준에 의할 때 위 선거구가 헌법에 위반된다고 할 수는 없음은 명백하다. 현재로서는 국회 입법권의 존중 차원에서 위 결정의 태도를 바꾸는 것은 바람직하지 않으나, 2004년 실시되는 국회의원총선거에 적용될 선거구 구역표에 대하여는 다수의견과 견해를 같이 한다. 따라서 위 선거1구란이 위헌임을 이유로 이 사건 선거구구역표 전체에 대하여 헌법불합치의 결정을 하기보다는 이 사건 심판청구를 기각하면서 2004년에 실시되는 국회의원총선거에 적용될 선거구구역표는 평균인구수 기준 상하 50%의 편차를 넘지 않아야 하고, 이후에는 이러한 기준에 따라 위헌 여부를 판단할 것임을 밝히는 것으로 족하다고 할 것이다.

3. 2014. 10. 30. 2012헌마192등

(1) 다수의견

인구편차 상하 $33\frac{1}{3}$%를 넘어 인구편차를 완화하는 것은 지나친 투표가치의 불평등을 야기하는 것으로, 이는 대의민주주의의 관점에서 바람직하지 아니하고, 국회를 구성함에 있어 국회의원의 지역대표성이 고려되어야 한다고 할지라도 이것이 국민주권주의의 출발점인 투표가치의 평등보다 우선시 될 수는 없다. 특히, 현재는 지방자치제도가 정착되어 지역대표성을 이유로 헌법상 원칙인 투표가치의 평등을 현저히 완화할 필요성이 예전에 비해 크지 아니하다.

또한 인구편차의 허용기준을 완화하면 할수록 과대대표되는 지역과 과소대표되는 지역이 생길 가능성 또한 높아지는데, 이는 지역정당구조를 심화시키는 부작용을 야기할 수 있다. 같은 농·어촌 지역 사이에서도 나타날 수 있는 이와 같은 불균형은 농·어촌 지역의 합리적인 변화를 저해할 수 있으며, 국토의 균형발전에도 도움이 되지 아니한다.

나아가 인구편차의 허용기준을 점차로 엄격하게 하는 것이 외국의 판례와 입법 추세임을 고려할 때, 우리도 인구편차의 허용기준을 엄격하게 하는 일을 더 이상 미룰 수 없다.

이러한 사정들을 고려할 때, 현재의 시점에서 헌법이 허용하는 인구편차의 기준을 인구편차 상하 $33\frac{1}{3}$%를 넘어서지 않는 것으로 봄이 타당하다. 따라서 심판대상 선거구구역표 중 인구편차 상하 $33\frac{1}{3}$%의 기준을 넘어서는 선거구에 관한 부분은 위 선거구가 속한 지역에 주민등록을 마친 청구인들의 선거권 및 평등권을 침해한다.

(2) 재판관 박한철, 재판관 이정미, 재판관 서기석의 반대의견

헌법재판소가 2000헌마92등 사건에서 전국 선거구 평균인구수 인구편차 상하 50%를 기준으로 위헌 여부를 판단하였던 상황과 크게 달라진바 없는 현 시점에서는 위 기준을 유지하는 것이 타당하다.

우선, 도농 간에 나타나고 있는 경제력의 현저한 차이나 인구 격차는 아직도 해소되지 않고 있어, 지역이익이 대표되어야 할 이유는 여전히 있다. 또한, 선거구획정에 있어 행정구역의 분리 금지 및 국회의원정수의 고정과 같은 선거구 조정에 관한 공직선거법상 장애 요소 역시 존속하고 있다.

국회와 지방의회의 역할 차이, 지방자치단체의 재정자립도 등을 고려할 때 국회의원의 지역대표성은 지방자치제도가 정착된 현 시점에서도 투표가치의 평등 못지 않게 여전히 중요하다. 그리고 인구편차 상하 $33\frac{1}{3}$%를 적용할 경우 이 사건 선거구구역표 전체의 대부분을 재조정해야 하는데, 도시에 인구가 집중되어 있는 현재의 상황에서는 상대적으로 도시를 대표하는 의원수만 증가할 뿐, 지역대표성이 절실히 요구되는 농어촌의 의원수는 감소할 것이 자명하다.

양원제를 택하고 있는 나라들과 달리, 단원제를 채택하고 있는 우리나라는 일원화되어 있는 의회에서 지역이익도 함께 대표될 수 있어야 하므로 국회의원 선출시

지역대표성을 감안한 제도의 마련이 필요하며, 이를 위해서는 인구편차의 허용 기준을 완화시키는 방법 밖에 없다.

이 사건 선거구들은 모두 인구편차 상하 50%의 기준을 벗어나지 않고, 달리 위 기준을 벗어나는 선거구도 없으므로, 이 사건 선거구구역표 전체는 청구인들의 선거권 및 평등권을 침해하지 아니한다.

Ⅲ. 선거구획정과 인구편차

1. 선거구분할과 인구편차

주지하는 바와 같이 다수대표선거제도에 있어서 가장 중요시 되는 사항 중의 하나가 바로 선거구분할문제이다. 특히 소선거구 다수대표제의 경우에는 평등선거의 원칙에 충실한 합리적인 선거구분할이 매우 중요하다. 그동안 우리의 경우 선거구분할과 관련해서 주로 선거구간의 인구편차문제가 제기되어 왔다. 즉 선거구간의 인구편차가 지나치게 크다는 지적이 그것이다. 이러한 선거구간의 지나친 인구편차가 바람직하지 않음은 물론이거니와, 그 자체 위헌문제를 야기하게 된다. 따라서 이러한 문제를 해결하기 위해서는 먼저 어느 정도의 인구편차의 한도내에서 선거구가 분할되어야 합헌인지, 즉 헌법상 허용되는 인구편차의 기준이 확립되어야 할 것이다. 결국 이 문제는 평등선거의 원칙과 대의제도 등 헌법상의 규정과 원칙의 바탕위에서 검토되어야 할 것이다.

2. 인구편차의 허용기준

(1) 대의제도의 실현수단으로서의 선거제도

선거제도는 통치기구의 기본적인 구성원리의 하나로서 역시 통치기구의 구성원리의 하나인 대의제도를 실현하는 도구로서의 기능도 가진다. 그런데 이러한 대의제도는 대의기관 내지 그 구성원이 국민, 즉 사람을 대표하는 것을 기본으로 한다. 따라서 대의제도의 실현수단으로서의 선거제도 역시 당연히 사람 내지 인구를 기본바탕으로 마련되고 운용되는 것이다. 다시 말해 이러한 대의기관의 구성기능을 통해 대의제도를 실현하기 위한 도구인 선거제도에 있어서도 역시 그 선거권을 행사하고 자신의 정치적 견해를 국정에 반영시키고자 하는 국민 내지 인구가 핵심적이고 기본적인 고려사항이 되어야 하는 것이고, 따라서 선거구획정에 있어서도 당연히 대의 내지 대표되어지는 사람 내지 인구가 가장 중요한 기본적 고려사항이 되어야 하는 것이다.

물론 선거구의 획정 시 인구뿐 아니라 행정구역, 지세, 교통, 도시와 농어촌과의 차이점, 기타 여러 가지 요소를 종합적으로 고려해야 할 것이다. 그러나 이는 어디까지나 부수적인 고려사항이지, 선거구획정에 있어서 기본틀이 되는 핵심적인 고려사항은 아니다. 즉 선거구획정에 있어서 제1의 그리고 결정적인 고려사항이자 기준은 어디까지나 인구수이고, 기타의 비인구적 요소는 부수적인 고려사항에 불과하다.[5)]

여기서 말하는 선거구획정 시 기준이 되는 인구는 전체국민 내지 인구가 되는 것이지 선거권자가 되는 것이 아님은 물론이다. 왜냐하면 앞에서도 언급했듯이 대의제도와 선거제도에서 대의 내지 대표되는 사람은 전체국민이지 실제로 선거권을 행사하거나 행사할 권리를 가진 선거권자만이 아니기 때문이다. 따라서 선거구획정 시 기준이 되는 것도 그 선거구의 총 인구수이지 선거권자 내지 유권자수는 아니다.[6)] 이에 반해 영국, 스웨덴 등 일부국가에서는 유권자수를 기준으로 해오고 있다.[7)]

(2) 평등선거의 원칙과 관련하여

주지하는 바와 같이 평등선거의 원칙은 평등원칙이 요구하는 헌법상의 기본원칙이다. 아울러 국회의원의 전국대표성은 이러한 평등선거의 원칙 및 평등선거의 원칙상 도출되는 인구편차의 허용기준의 전국적 관철을 뒷받침한다.

그런데 앞서 언급한 바와 같이 국회의원이 대표하는 것은 사람이므로 선거구획정 시 고려해야 할 제1의 주된 요소는 인구수일 수밖에 없다. 따라서 이러한 인구수를 토대로 선거구를 획정할 때 그 기준이 되는 원칙은 당연히 각 선거구의 인구

5) 이와 관련하여 헌법재판소의 위 95헌마224등 결정에서 재판관 김문희, 재판관 황도연, 재판관 신창언은 재판관 5인(김용준, 김진우, 김문희, 황도연, 신창언)의 공통의견에 대한 보충의견에서 선거구 획정시 비인구적 요소도 인구수와 대등한 고려요소라고 주장한 재판관 4인(이재화, 조승형, 정경식, 고중석)의 의견을 비판하면서 "국회의원은 나무나 땅의 넓이를 대표하는 것이 아니라 사람을 대표하는 것이다. 정당한 자격을 갖춘 유권자인 한 국민은 그가 도시에 살고 있든 시골에 살고 있든 간에 한 사람의 유권자일 뿐이다"라고 한 워렌 미합중국 전 연방대법원장의 말을 인용하고 있는데, 필자 역시 워렌 대법원장의 말에 동의하지 않을 수 없다.

6) Vgl. Schreiber, Handbuch des Wahlrechts zum Deutschen Bundestag, 6. Aufl., 1998, S. 163.

7) 서복경, 선거구획정: 해외제도와 적용사례, 입법과 정책, 제7권 제1호, 2015. 6, 33쪽.

수가 평등하도록 분할할 것을 요구하는 평등선거의 원칙이라고 할 수 있다. 즉 선거구획정에 있어서는 제1차적 · 원칙적으로 인구수를 토대로 한 평등선거의 원칙이 관철되어야 할 것이다. 주지하는 바와 같이 평등선거의 원칙은 선거의 기본원칙 중 하나로서 이는 투표의 산술적 계산가치의 평등(Zählwertgleichheit)과 투표의 성과가치의 평등(Erfolgswertgleichheit)을 의미한다.[8] 오늘날 선거구획정과 관련하여 특히 문제가 되는 것은 투표의 성과가치의 평등인데, 이는 선거인의 투표가치가 동등한 가치로 평가되어지고, 대표자선정이라는 선거결과 내지 대의기관구성 등에 동등한 영향력을 행사할 수 있을 것을 요구한다.[9] 이 원칙은 모든 선거인에게 1인 1표(one man, one vote)를 인정함을 의미할 뿐만 아니라, 투표의 성과가치의 평등, 즉 1표의 투표가치가 대표자 선정이라는 선거의 결과에 대하여 기여한 정도에 있어서도 평등하여야 함(one vote, one value)을 의미한다.

이에 따라 헌법상의 평등선거의 원칙상 선거구간의 인구편차는 최대 인구수와 최소 인구수의 차이를 기준으로 이상적으로는 1:1을 목표로 한다고 할 수 있다. 다만 현실적, 기술적, 행정적, 지리적, 문화적, 정치적, 역사적 이유 등으로 이는 사실상 불가능하기 때문에 어느 정도의 유연한 인구편차의 기준을 허용할 수밖에 없지만, 이의 상한선은 인구비례 2:1 미만이라고 하겠다.

즉 평등선거의 원칙의 구체적 내용인 산술적 계산가치의 평등과 투표의 성과가치의 평등을 고려할 때 선거구간의 인구편차는 상한인구수와 하한인구수의 비율이 2:1 미만이 되어야 하는 것이다. 즉 인구편차가 2:1 이상이 되는 것은 그 자체 이미 평등선거의 원칙과 평등선거권을 침해하는 것이고, 원칙적으로 위헌인 것이다. 왜냐하면 이러한 2:1 미만의 한계내에서만 비로소 '1인 1표의 원칙'과 '투표의 성과가치의 평등'을 내용으로 하는 헌법상 평등선거의 원칙이 관철될 수 있기 때문이다. 다시 말해 2:1 이상의 인구편차가 발생한 경우에는 이미 '1인 1표의 원칙'과 one man, one vote, one value 원칙 등 평등선거의 원칙이 침해된 것이고, 선거인의 평등선거권 내지 평등권도 침해된 것이다. 아무리 산술적으로 외형상 1인 1표의 원칙이 지켜진다 하더라도 최대선거구와 최소선거구간의 인구편차가 2:1 이상 벌어지는 경우에는 최소선거구의 선거인의 표가 최대선거구의 선거인의 표와 비교하

8) 평등선거의 원칙에 대하여 정연주, 독일의 선거제도와 우리 선거제도의 문제점, 인권과 정의 1991. 5, 26쪽 이하; Maunz, in: Maunz/Dürig, Grundgesetz Kommentar, Art. 38, Rdnr. 48f.; Jarass/Pieroth, Grundgesetz für die Bundesrepublik Deutschland, Art. 38, Rdnr. 6; v. Münch, in: v. Münch(hrsg.), Grundgesetz-Kommentar, Art. 38, Rdnr. 45ff.; Stern, Das Staatsrecht der Bundesrepublik Deutschland, Bd. I, 2. Aufl., S. 304ff.; BVerfGE 5, 148(157); 12, 73(77); 16, 130(138ff.); 86, 84(91) 참조.

9) 정연주, 독일의 선거제도와 우리 선거제도의 문제점, 26쪽 이하.

여 2배 이상의 가치를 지니는 것으로 이는 투표의 성과가치의 평등 뿐 아니라 실직적으로 1인 1표의 원칙도 침해하는 것이 되고, 결과적으로 평등선거의 원칙과 선거인의 평등선거권을 침해하는 것이 되는 것이다. 왜냐하면 이 경우에는 결과적으로 최소선거구의 선거인에게 최대선거구의 선거인과 비교하여 두 사람 몫 이상의 투표가치를 인정하는 것이 되기 때문이다. 그러나 인구편차가 2:1 미만의 경우에는 최소선거구의 선거인의 표가 최대선거구의 선거인의 표와 비교하여 2배 미만 내지 2표 미만의 가치를 가지는데 불과하기 때문에, 즉 최소선거구의 선거인의 표도 최대선거구의 선거인의 표와 비교하여 보더라도 실질적으로 그리고 결과적으로 1표의 가치를 가지는 것이 되기 때문에, 따라서 명실상부 1인 1표의 원칙 등 평등선거의 원칙이 관철되는 것이다.

물론 앞서 언급한 바와 같이 투표의 성과가치의 평등만을 놓고 볼 때 이상적으로는 인구편차가 1:1이 되어야 할 것이지만, 이는 첫째, 현실적·기술적으로 불가능한 것이고,[10] 둘째 아래에서 언급하는 바와 같이 입법자가 고려해야 할 다양한 사안 및 국회의원의 부수적인 지역대표성 등을 감안해야 하기 때문에 1:1을 초과하는 2:1 미만의 인구편차가 투표의 성과가치의 평등을 침해하여 위헌이라고 볼 수는 없을 것이다. 따라서 위헌 여부를 가름하는 인구편차의 허용기준은 2:1 미만이 되어야 할 것이고, 인구 이외의 다양한 요소를 고려해야 할 입법자의 입법형성의 자유는 이러한 2:1 미만의 범위내에서 기능한다고 보아야 할 것이다. 선거법 제25조 제1항이 "국회의원지역구는 시·도의 관할구역 안에서 인구·행정구역·지리적 여건·교통·생활문화권 등을 고려하여 다음 각 호의 기준에 따라 획정한다. …"라고 규정하고 있는 것도 이러한 인구편차의 한도내에서 입법자가 다양한 사안을 고려하여 선거구를 획정하라고 하는 입법자의 입법형성의 자유와 그 한계를 정한 것으로 해석되어야 할 것이다.

(3) 외국의 입법례

참고로 독일의 경우 1996. 11. 15. 개정된 연방선거법(Bundeswahlgesetz) 제3조 제1항 제3호는 선거구획정 시 준수하여야 할 원칙의 하나로서 "한 선거구의 인구수는 선거구의 평균인구수로부터 상하 각 100분의 15를 초과하는 편차를 보여서는 아니되며, 편차가 100분의 25를 초과한다면, 새로운 선거구획정이 이루어져야 한다."고 규정함으로써, 원칙적으로 상하 편차 15%를 허용한도로 하되, 상하 편차 25%를

10) Vgl. BVerfGE 16, 130(141).

반드시 준수해야 할 최대허용한도로 함으로써 탄력적인 입법을 하고 있다. 이는 개정전 연방선거법 제3조 제1항 제2호에서 “한 선거구의 인구수는 선거구의 평균 인구수로부터 상하 각 100분의 25를 초과하는 편차를 보여서는 아니되며, 편차가 100분의 33 1/3을 초과한다면, 새로운 선거구획정이 이루어져야 한다.”고 규정하고 있던 것에 비하여 허용한계를 보다 엄격하게 한 것이다.[11)]

일본의 경우에는 1994. 2. 4. 제정된 중의원의원선거구획정심의회설치법 제3조 제1항은 중의원소선거구선출위원의 선거구 개정안의 작성은 “각 선거구의 인구의 균형을 도모하고, 각 선거구의 인구 중 그 최다의 것을 최소의 것으로 나누어 얻은 수가 2 이상이 되지 아니하도록 하는 것을 기본으로 하고, 행정구획 · 지세 · 교통 등의 사정을 종합적으로 고려하여 합리적으로 행하여야 한다.”고 규정함으로써 이러한 추세를 반영하고 있다. 한편 영국에서는 25% 이내로 정기적으로 재조정하도록 하고 있다.

이상에서 보는 바와 같이 외국의 입법례를 보더라도 대체로 상하 인구편차 2:1 미만의 한계내에서의 선거구획정을 허용하고 있고, 특히 독일의 경우에서 보는 것처럼 가능한 한 1:1에 가까운 인구편차를 법률이 요구하는 것을 알 수 있다.

(4) 2012헌마192 결정에서의 법정의견의 문제점

2012헌마192 결정에서 헌재의 법정의견은 인구편차의 기준을 2:1로 제시하면서 그 논거를 다음과 같이 들고 있다. “입법자로서는 인구편차의 허용한계를 최대한 엄격하게 설정함으로써 투표가치의 평등을 관철하기 위한 최대한의 노력을 기울여야 하며, 시대적 상황, 정치적 의식의 변화 등을 고려하지 아니한 채 만연히 과거의 기준을 고수하여 국민 개개인의 투표가치를 합리적 범위를 넘어 제한하는 결과를 야기한다면, 이는 헌법상 허용한계를 일탈한 것이다. 앞서 살펴본 바와 같이, 헌법재판소는 국회의원지역선거구의 획정에 있어 인구편차의 허용기준을 인구편차 상하 50%, 인구비례 3:1로 제시하면서도, ‘앞으로 상당한 기간이 지난 후에는 인구편차 상하 $33\frac{1}{3}$% 또는 그 미만의 기준에 따라 위헌 여부를 판단하여야 할 것’이라고 명시하였는바(헌재 2001. 10. 25. 2000헌마92등 참조), 위 결정으로부터 13년이 지난 현재 시점에서 헌법적 허용한계로서 인구편차 상하 $33\frac{1}{3}$%의 기준을 도입하여야 할 것인지 살펴본다. 헌법재판소는 위 2000헌마92 결정에서 단원제를 채택하고 있는 우리나라의 경우 국회의원이 국민의 대표이면서 현실적으로는 어느 정도

11) 독일의 연방선거법상의 선거구획정에 관하여 자세한 것은 Schreiber, aaO, S. 152ff.

의 지역대표성도 겸하고 있는 점, 인구의 도시집중으로 인한 도시와 농어촌 간의 인구편차와 각 분야에 있어서의 개발불균형이 현저한 현실 등을 근거로 국회의원 선거구 획정에 있어 인구편차를 완화할 수 있다고 판단하였다. 그러나 국회의원의 지역대표성이나 도농 간의 인구격차, 불균형한 개발 등은 더 이상 인구편차 상하 $33\frac{1}{3}$%, 인구비례 2:1의 기준을 넘어 인구편차를 완화할 수 있는 사유가 되지 않는다고 판단된다. … 이러한 사정을 종합하여 보면, 현재의 시점에서 헌법이 허용하는 인구편차의 기준을 인구편차 상하$33\frac{1}{3}$%, 인구비례 2:1을 넘어서지 않는 것으로 변경하는 것이 타당하다."[12)]

결과적으로 맞는 말이다. 그런데 헌재가 제시하고 있는 '인구편차는 가급적 적은 것이 좋다', '상당한 시간이 지났다', '시대적 상황이나 정치적 의식의 변화를 고려해야 한다', '국회의원의 지역대표성이나 도농 간의 인구격차나 불균형한 개발 등은 더 이상 2:1의 기준을 넘는 인구편차를 정당화할 수 없다'는 등의 논거는 헌법적 논거로서는 미흡하다. 즉 인구편차가 왜 2:1이어야 하는지, 2.5:1이나 1.5:1은 왜 아닌지에 대한 필연적인 헌법적 근거를 제시한 것으로 보기에는 다소 미흡하다는 것이다. 즉 앞서 필자가 제시한 평등선거의 원칙, 특히 투표의 성과가치의 평등에서 필연적으로 도출되는 논거를 보다 자세하게 제시했어야 했다.

아울러 그런 점에서 인구편차는 2:1 '이하'가 아닌 2:1 '미만'이어야 하는 원칙과 이유도 설명했어야 했다. 왜냐하면 2:1을 포함하여 2:1 이하냐, 아니면 2:1을 제외되고 그 미만이냐는 헌법적으로 중요한 차이를 의미하기 때문이다.

헌재가 소개하고 있듯이 외국의 선진 입법례는 모두 2:1 미만의 인구편차를 허용하고 있으며, 특히 우리와 유사한 병립식 국회의원선거제도를 가지고 있는 일본의 경우에도 헌재가 일본의 중의원의원선거구획정심의회설치법 제3조 제1항에서 "각 선거구의 인구 중 가장 많은 것을 가장 적은 것으로 나누어 얻은 숫자가 2 '이상이 되지 않도록' 함을 기본으로 하고, 행정구획, 지세, 교통 등의 사정을 종합적으로 고려하여" 선거구를 획정하도록 규정하고 있듯이 인구편차가 2:1 이상이 되지 않도록, 즉 2:1을 포함하여 그것은 초과하는 인구편차는 허용되지 않음을 분명히 하고 있다.

앞서 언급한 바와 같이 인구편차 2:1은 이미 한 선거구의 투표가치가 다른 선거구의 투표가치의 2배를 행사한다는 의미이므로 1인 1표의 원칙에 반하고, 따라서 평등선거의 원칙에 반한다. 결국 이러한 헌재의 결정내용과 표현은 의문의 여지가

---

12) 헌재 2014. 10. 30. 2012헌마192 등, 판례집 26-2상, 668, 682-685.

있고, 잘못된 것이다. 그리고 이는 결국 헌재가 선거구획정을 위한 기준으로서의 인구편차를 정당화시키는 헌법적 논증을 미흡하게 했다는 것을 의미한다. 다시 말해 인구편차는 앞서 언급한 바와 같이 이러한 평등선거의 원칙, 특히 투표의 성과가치의 평등이라는 헌법적 원칙에서 도출하는 것이고, 따라서 필연적으로 2:1의 인구편차를 포함하지 않는 2:1 미만의 인구편차만이 정당화될 수 있다는 논증을 하지 않고, 단순히 시간의 흐름이나 여건의 변화라는 현실적 이유나 정책적 이유만을 제시하면서 정당화하고자 한데서 유래하는 것이라고 할 수 있다. 만일 이처럼 헌법적 근거에 의해서 인구편차의 기준을 정하지 않고, 이러한 시대적 변화라는 막연한 이유로 인구편차를 정당화시킨다면 이 인구편차의 기준은 시대적 상황에 따라 수시로 변할 수 있다는 의미이고, 결국 이는 인구편차가 헌법적으로 정해지지 않고 정치적으로 정해진다는 의미로서 받아들일 수 없다. 또한 그럴 경우 왜 3:1의 인구편차는 정당화되지 않고 왜 2.5:1의 인구편차는 정당화되지 않으며 1.5:1의 인구편차는 왜 정당화되는지 설명할 길이 없게 된다.

실제로 20대 국회의원선거에서 인구편차를 지역구 인구 상·하한선 14만명 이상 28만명 이하로 획정했는데, 이처럼 인구 상·하한선 기준 '14만명 이상 28만명 이하'로 2:1의 인구편차를 허용하도록 함으로써 위에서 언급한 헌재결정의 문제점이 고스란히 노정되었다. 이 역시 엄격한 의미에서 위헌이라고 보지 않을 수 없는 것이다.

(5) 인구편차기준의 법정화

한편 이러한 허용기준은 우에서 소개한 외국의 입법례에서도 보듯이 반드시 입법자가 선거법에 명시적으로 규정해야 할 것이다. 왜냐하면 선거구간의 인구편차에 관한 사항, 특히 여기서 문제되는 인구편차의 허용한계는 통치구조의 조직과 작용에 관한 기본적인 사항이자 동시에 선거인의 선거권과 평등권 등의 기본권에 관한 본질적 사항이기 때문에 법률유보의 원칙을 한 내용으로 하는 법치주의원리상 반드시 법률로 규정되어야 하며, 이럴 때에만 비로소 선거구의 획정 내지 선거구구역표의 제정 또는 개정과정에서의 입법자의 자의와 남용이 억제될 수 있을 것이기 때문이다.[13]

---

13) 기본권의 행사와 제한 등에 관한 본질적 사항은 반드시 법률에 규정되어 있어야 한다는 이른바 본질성이론(Wesentlichkeitstheorie) 내지 본질사항유보설을 내용으로 하는 법률유보의 원칙과 법치주의원리에 대하여 자세한 것은 정연주, 조례제정권의 헌법적 한계와 통제, 심천 계희열박사 화갑기념논문집, 1995, 154쪽 이하 참조.

(6) 지방선거와 관련하여

현행 공직선거법에는 국회의원선거와 마찬가지로 지방의회의원선거에 있어서 선거구간 인구편차의 허용기준 대한 법적 근거가 없다. 그래서 국회의원선거의 경우처럼 불가피하게 헌재결정에 의하여 규율되어 왔는데, 헌재는 위에서 소개한 바와 같이 국회의원선거구의 경우에는 최근에 2:1까지의 허용기준을 판례로 확립한 바 있다. 그런데 유독 지방의원선거구의 경우에는 과거에는 4:1, 최근에는 3:1이라는 다른 허용기준을 제시하고 있다.

지방의회선거와 관련하여 헌재는 2007. 3. 29. 2005헌마985 등 공직선거법 제26조 제1항에 의한 [별표 2] 위헌확인 등 사건에서 광역의회선거의 경우 "시 · 도의원 지역선거구의 획정에는 인구 외에 행정구역 · 지세 · 교통 등 여러 가지 조건을 고려하여야 하므로, 그 기준은 선거구 획정에 있어서 투표가치의 평등으로서 가장 중요한 요소인 인구비례의 원칙과 우리나라의 특수사정으로서 시 · 도의원의 지역대표성 및 인구의 도시집중으로 인한 도시와 농어촌 간의 극심한 인구편차 등 3개의 요소를 합리적으로 참작하여 결정되어야 할 것이며, 현시점에서는 상하 60%의 인구편차(상한 인구수와 하한 인구수의 비율은 4:1) 기준을 시 · 도의원 지역선거구 획정에서 헌법상 허용되는 인구편차기준으로 삼는 것이 가장 적절하다고 할 것이다."라고 결정하여 상한 인구수와 하한 인구수의 비율을 4:1까지 허용하고 있다.[14) 또한 헌재는 2012. 2. 23. 2010헌마282 대구광역시 구 · 군의회의원 정수 등에 관한 조례 제3조의 별표 2 위헌확인 사건에서 기초의회선거의 경우에도 "자치구 · 시 · 군의회의원 선거구 획정은 인구비례의 원칙과 자치구 · 시 · 군의회의원의 지역대표성 및 인구의 도시집중으로 인한 농어촌 간의 극심한 인구편차 등 여러 요소를 합리적으로 참작하여 결정되어야 할 것인바, 해당 선거구의 의원 1인당 인구수가 해당 선거구가 속한 자치구 · 시 · 군의회의원 1인당 평균인구수 대비 상하 60%의 편차 내에 있으면 허용된다."라고 결정하여 상한 인구수와 하한 인구수의 비율을 4:1까지 허용한바 있다.[15)]

그 후 헌재는 판례를 변경하여 최근에는 3:1의 인구편차를 허용기준으로 제시하고 있다. 즉 헌재는 2018. 6. 28. 2014헌마189 공직선거법 제26조 제1항 별표2 위헌확인 사건에서 "헌재 2007. 3. 29. 2005헌마985등 결정은 인구편차 상하 60%의 기

14) 헌재 2007. 3. 29. 2005헌마985 등, 판례집 19-1, 287.

15) 헌재 2012. 2. 23. 2010헌마282, 판례집 24-1상, 303.

준을 시 · 도의원지역구 획정에서 허용되는 인구편차 기준으로 보았다. 그런데 위 기준에 의하면 투표가치의 불평등이 지나치고, 위 기준을 채택한지 11년이 지났으며, 이 결정에서 제시하는 기준은 2022년에 실시되는 시 · 도의회의원선거에 적용될 것인 점 등을 고려하면, 현시점에서 인구편차의 허용한계를 보다 엄격하게 설정할 필요가 있다. 다만 시 · 도의원은 주로 지역적 사안을 다루는 지방의회의 특성상 지역대표성도 겸하고 있고, 우리나라는 도시와 농어촌 간의 인구격차가 크고 각 분야에 있어서의 개발불균형이 현저하다는 특수한 사정이 존재하므로, 시 · 도의원지역구 획정에 있어서는 행정구역 내지 지역대표성 등 2차적 요소도 인구비례의 원칙에 못지않게 함께 고려해야 할 필요성이 크다. 인구편차 상하 50%를 기준으로 하는 방안은 투표가치의 비율이 인구비례를 기준으로 볼 때의 등가의 한계인 2:1의 비율에 그 50%를 가산한 3:1 미만이 되어야 한다는 것으로서 인구편차 상하 $33\frac{1}{3}$%를 기준으로 하는 방안보다 2차적 요소를 폭넓게 고려할 수 있고, 인구편차 상하 60%의 기준에서 곧바로 인구편차 상하 $33\frac{1}{3}$%의 기준을 채택하는 경우 시 · 도의원지역구를 조정함에 있어 예기치 않은 어려움에 봉착할 가능성이 매우 크므로, 현시점에서는 시 · 도의원지역구 획정에서 허용되는 인구편차 기준을 인구편차 상하 50%(인구비례 3:1)로 변경하는 것이 타당하다."라고 판시함으로써 인구편차의 한계를 4:1에서 3:1로 변경하였다.[16] 그 후 헌재는 2019. 2. 28. 2018헌마415 등 공직선거법 제26조 제1항 [별표 2] 위헌확인 등 사건에서도 "헌법재판소는 2014헌마189 결정에서, 시 · 도의원지역구 획정에서 요구되는 인구편차의 헌법상 허용한계를 인구편차 상하 50%(인구비례 3:1)로 변경하였다. 위 2014헌마189 결정에서 제시한 인구편차의 헌법상 허용한계를 변경할 만한 사정의 변경이나 필요성을 인정할 수 없다."라고 결정함으로써 위 인구편차 3:1의 기준을 확인하고 있다.[17]

이처럼 헌재는 국회의원선거와 지방의회선거를 구별하고 있고, 그 이유로는 인구비례의 원칙과 더불어 지방의회선거의 경우 우리나라의 특수사정으로서 시 · 도의원 및 자치구 · 시 · 군의회의원의 지역대표성 및 인구의 도시집중으로 인한 도시와 농어촌 간의 극심한 인구편차를 들고 있다.

그러나 이러한 헌재의 견해에 동의하기 어렵다.

앞서 언급한 바와 같이 헌법상의 대의제도의 본질에 비추어 볼 때 국회의원은 헌법상 당연히 전국대표성을 가진다. 따라서 자신이 선출된 특정 지역이나 정당이

16) 헌재 2018. 6. 28. 2014헌마189, 판례집 30-1하, 627.

17) 헌재 2019. 2. 28. 2018헌마415 등, 공보 제269호, 327.

아닌 국가 전체, 국민 전체, 특정 단체나 이익이 아닌 국가 전체의 이익을 대표하는 것이다. 즉 국회의원은－선거과정에서는 특정 지역에서 당선된다 하더라고－당선 후 대의활동에 있어서는 특정 지역을 대표하는 것이 아니다. 그리고 이를 뒷받침하는 것이 대의제도의 본질적 요소 중 하나인 자유위임제도이다. 따라서 설사 국회의원의 지역대표성 및 기타 다른 요소가 고려될 수 있다 하더라도 이는 전국대표성과 자유위임제도와 조화될 수 있는 범위내에서 한정적 · 부수적으로 인정될 수 있는 것이다.[18)]

이러한 논리는 지방선거 내지 지방의원의 경우에도 원칙적으로 적용되어야 한다고 본다. 왜냐하면 지방의원도 그 해당 지역과 그 지역의 고유사무의 범위내에서 자신이 대표하는 지역 전체의 대표성과 일종의 자유위임이 인정되기 때문이다. 즉 지방의원도 자신이 선출된 특정 선거구나 그 주민이 아닌 자신이 소속되고 대표하는 지방자치단체 전체와 그 전체의 주민을 대표하는 것이고, 자신이 선출된 특정 선거구의 이익이나 자신이 소속된 정당 등 특정 이익을 대표하는 것이 아니라 자신이 대표하는 지방자치단체 전체의 이익을 대표하는 것이기 때문이다. 지방자치법 제36조(의원의 의무) 제1항이 "지방의회의원은 공공의 이익을 우선하여 양심에 따라 그 직무를 성실히 수행하여야 한다."라고 규정함으로써 이를 뒷받침하고 있는데, 이는 국회의원의 자유위임에 대한 규정인 헌법 제46조 제2항이 "국회의원은 국가이익을 우선하여 양심에 따라 직무를 행한다."라고 규정한 것과 유사한 논리라고 하겠다.

우리의 경우 지역구국회의원선거나 지역구지방의회의원선거의 경우 피선자격으로 자신이 선출될 해당 지역구에의 주민등록을 요건으로 하지 않는 것도 이 때문이다. 물론 국회의원선거의 경우와는 달리 지방의회의원선거의 경우 공직선거법 제16조 제3항이 피선거권과 관련하여 "선거일 현재 계속하여 60일 이상 해당 지방자치단체의 관할구역에 주민등록이 되어 있는 주민으로서 25세 이상의 국민은 그 지방의회의원 및 지방자치단체의 장의 피선거권이 있다."라고 규정하여 피선자격을 '해당 지방자치단체의 관할구역에 주민등록이 되어 있는 주민'으로 한정하고 있으나, 이는 자신이 대표할 지방자치단체의 관할구역에 주민등록이 되어 있을 것을 요구하는 것이지, 자신이 선출될 선거구인 해당 특정지역에 주민등록이 되어 있을 것을 요구하는 것은 아니다.

---

18) 국회의원의 지역대표성 문제는 정연주, 국회의원선거구와 평등선거의 원칙, 헌법학연구 제22권 제1호, 한국헌법학회, 2016. 3, 77면 이하 참조.

따라서 지방선거의 경우에도 평등선거의 원칙과 그에 따른 인구편차의 허용기준이 관철되어야 한다.

결국 지방의회의원선거의 경우에도 위헌 여부를 가름하는 인구편차의 허용기준은 지역이나 선거의 종류에 관계없이 2:1 미만이 되어야 할 것이고, 따라서 우리나라의 특수사정으로서 시·도의원 및 자치구·시·군의회의원의 지역대표성 및 인구의 도시집중으로 인한 도시와 농어촌 간의 극심한 인구편차 등 인구 이외의 다양한 요소를 고려해야 할 입법자의 입법형성의 자유도 이러한 2:1 미만의 범위 내에서 인정된다고 보아야 할 것이다. 그런 점에서 국회의원선거와 지방의회선거를 구별하는 헌재의 입장은 타당하지 못하다. 아울러 일부 정치권에서 주장되고 있듯이 인구편차 기준을 도시지역과 농촌지역을 분리해서 각각 적용하도록 하자는 주장 역시 타당하지 못하다. 왜냐하면 앞서 언급한 바와 같이 선거구획정의 경우 가장 중요하고 기본적인 기준은 인구수이고, 이 인구비례의 허용한도는 헌법상 2:1 미만이며, 도시와 농촌간의 차이점이나 특성 등 다른 요소는 이 범위 내에서 고려될 수 있는 것이기 때문이다.[19)]

결국 지방의회선거의 경우에도 국회의원선거의 경우처럼 선거구간 인구편차의 허용기준을 2:1 미만으로 하고, 이러한 허용기준의 구체적인 내용을 공직선거법에 규정해야 할 것이다.

(7) 허용기준에 대한 예외

다만 예외적으로 특단의 사유－예컨대 지리적, 역사적 배경 또는 국가성립배경 등과 관련하여－로 인하여 불가피하게 2:1 이상의 인구편차가 발생할 수밖에 없는 선거구획정을 상정할 수 있는데, 그러한 선거구획정과 그에 따른 2:1 이상의 인구

19) 이러한 논리는 미국 연방대법원의 Baker v. Carr 사건(1962)에서도 확인되고 있다. 이 판례에서 얼 워런 대법원장은 의원이 대표하는 것은 땅이나 나무가 아니라 주민이라고 강조한 바 있다. 이 사건은 테네시 주의회에 그 의석을 주민수에 입각하여 재배분하도록 강제한 미국 연방대법원의 판결이다. 전통적으로 특히 남부 주에서는 농촌 주민들이 도시나 도시 근교 주민들에 비해 비례적으로 더 많은 의석을 할당받았었다. 베이커 판결 이전에 대법원은 의원수 배분문제에 개입하기를 거절했다. 1946년의 콜그로브 대 그린 판결(Colegrove v. Green)에서 법원은 의원수 할당문제는 사법부가 개입해서는 안 될 '정치적으로 뒤얽힌 난제'라고 표명했다. 그러나 법원은 베이커 판결에서 각 투표권이 투표자의 거주지와 상관없이 동등하게 취급되어야 하며, 따라서 테네시 주의회는 헌법이 보장하는 법의 평등한 보호(수정헌법 제14조)를 침해한 것이라고 판시했다. 법원은 레이놀즈 대 심스 판결(Reynolds v. Sims, 1964)에서 베이커 판결을 선례로 인용하면서, 양원제 의회의 상하 양원 모두가 주민수에 따라 배분되어야 한다고 판시했다. 대법원은 이와 관련된 수많은 사건을 베이커 및 레이놀즈 판결에 입각하여 파기환송했다. 그 결과 사실상 모든 주의회의 의석이 재분배 되었고, 이는 대부분의 주의회에서 정치권력이 농촌에서 도시지역으로 이동하는 결과를 낳았다.

편차는 그 특단의 사유로 인하여 불가피할 경우 예외적으로 정당화되어질 수도 있을 것이다. 그리고 이러한 예외는 법률이 아닌 헌법에 그 근거가 규정되어야 할 것이다. 왜냐하면 헌법상의 가치와 원칙에 대한 예외는 역시 동급의 헌법에서 직접 인정될 때 허용될 수 있기 때문이다. 예컨대 미국의 상원의원선거는 인구비례에 따른 하원의원선거와는 달리 각 주에서 인구수에 관계없이 2명씩 선출된다. 이는 미국이 연방국가라는 사실에서 기인한다고 볼 수 있다. 즉 각 주는 그 자체 국가성을 가지고 있고, 상원의원은 하원과는 달리 각 주를 대표하기 때문이다. 그리고 이는 미국의 건국 당시 이른바 대타협(Great Compromise)의 결과 이루어진 역사적 배경을 가지고 있다. 즉 이는 건국 초 큰 주와 작은 주의 대립에서 시작되었는데, 당시 인구수가 많은 주의 대표격이었던 버지니아 주는 인구수 비례로 선거구를 나눌 것을 주장했고, 당시 인구가 적은 주 대표격이었던 뉴저지 주는 각 주 1표라는 동일한 이 두 개의 주장은 대타협이라고 불리는 코네티컷 타협을 통해 이러한 양원제와 선거제도를 갖추게 된 것이다. 따라서 이는 이러한 나름의 정당한 이유를 가지고 있으며, 이를 미국헌법본문 제1조 제3절에 규정하고 있는 것이다.

아울러 기타 민족적·언어적·종교적·지리적·문화적 이유 등으로 이러한 인구편차에 관한 이론과 기준이 엄격히 적용될 수 없는 선거구획정도 불가피한 경우 정당화될 수 있을 것이다. 이러한 경우에는 평등선거의 원칙이라고 하는 헌법상의 원칙과 선거인의 선거권 내지 평등권 등의 기본권이 예외적으로 제한될 수밖에 없는 것이다. 다시 말해 여기서는 평등선거의 원칙이라는 헌법상의 원칙과 대등한 또는 우월한 헌법상의 원칙 내지 가치, 예컨대 한 나라의 건국이념, 소수민족이나 소수종교 등의 소수자보호, 다원적 민주주의의 실현 등의 또 다른 헌법적 원칙 내지 가치를 실현시키기 위하여 불가피하게 평등선거의 원칙이나 선거인의 기본권이 제한 내지 양보될 수밖에 없는 것이며, 이는 규범조화적 헌법해석의 원리나 이익형량을 한 내용으로 하는 비례의 원칙상 정당화될 수 있다고 보여 진다.

이러한 인구편차의 원칙적 허용기준에 대한 예외는 당연히 그것을 정당화시키는 긴절한 사유 때문에, 그리고 필요한 불가피한 정도의 편차 한도내에서만 인정될 수 있는 것이다. 따라서 단순히 '현실적 이유' 때문이라든가, '국민정서' 때문이라든가, 또는 '시기상조'라고 하는 등의 막연하고 추상적인 이유만으로, 그리고 객관적이고 정확한 기준의 제시와 그에 대한 논증 없이 막연히 3:1 또는 4:1 등의 인구편차기준을 토대로 선거구획정이 이루어져서는 결코 안 될 것이다.[20] 어떠한 이

20) 예컨대 헌법재판소는 95헌마224등 사건에서 "… 국회가 지역선거구의 획정을 함에 있어 인구 이외

유와 논거에서 굳이 3:1 또는 4:1이라는 인구편차기준이 도출되었는지, 그리고 2.5:1이나 3.5:1의 기준은 왜 허용될 수 없는 것인지에 대한 설득력 있는 논증이 제시되어야 할 것이다.[21] 따라서 2:1의 비율을 초과하는 인구편차는 그것을 정당화시키는 특단의 사유에 대한 정확한 제시를 전제로,[22] 그러한 사유의 정도에 비례한 최소한도의 비율정도만 초과될 때 비로소 정당화될 수 있을 것이다. 만일 그렇지 않다면 이는 공권력작용의 목적과 수단 사이의 비례성을 요구하는 비례의 원칙에 위반된다고 보아야 하기 때문이다.[23]

의 다른 요소도 고려하여 배분할 수 있음은 명백하다 할 것이지만, 적어도 투표가치를 한 사람에게 두사람 몫 이상이 되게 해서는 아니된다는 기본적인 평등의 원칙만은 지키도록 해야 할 것이므로, 원칙적으로 지역선거구 획정에 따른 선거구간의 인구의 편차는 최대선거구의 인구가 최소선거구의 인구 2배를 넘지 않도록 조정해야 함이 마땅하다 할 것이다. 다만, 선거구획정에 따른 선거구간의 인구의 편차가 헌법상의 문제로 구체적으로 논의된 적이 일찍이 없었던 점과 현재의 우리나라의 제반 여건 아래에서는 적어도 국회의원의 선거에 관한 한 전국선거구의 평균 인구에서 상하 60%의 편차 범위 안에 드는 선거구의 경우, 그러한 선거구의 획정은 국회의 합리적 재량범위를 벗어난 것으로 볼 수 없다는 5인의견에, 지금은 굳이 반대하지 아니한다."라고 판시하고 있고, 2000헌마92등 사건에서는 "현실적으로 행정구역의 일부를 분할하여 다른 선거구에 속하게 하거나 국회의원정수를 늘리는 일은 국민여론에 비추어 결코 쉽지 않은 일이고, … 선거구를 재조정함에 있어서 상하 33 1/3% 편차 기준을 채택하는 경우 예기치 않은 어려움에 봉착할 가능성이 매우 크다는 점은 쉽게 예상할 수 있다. 그렇다면, 우리 재판소가 선거구획정에 따른 선거구간의 인구편차의 문제를 다루기 시작한지 겨우 5년여가 지난 현재의 시점에서 너무 이상에 치우친 나머지 현실적인 문제를 전적으로 도외시하기는 어렵다고 할 것이므로, 이번에는 평균인구수 기준 상하 50%의 편차를 기준으로 위헌 여부를 판단하기로 한다."라고 판시함으로써 구체적인 정당화사유를 적시함이 없이 막연히 '현실'이라든가, '시기상조'라고 하는, 또는 '국민여론'이라고 하는 이유로, 그리고 정확하고 객관적인 기준과 논거의 제시 없이 단순히 3 : 1 또는 4 : 1이라는 인구편차를 제시하고 있는데, 이것이 입법자의 자의를 초래할 수 있는 부당한 논리라고 하는 것은 다언을 요하지 아니할 것이다.

21) 인구편차의 허용기준과 관련하여 헌법재판소는 상기의 두 판례에서 모두 외국의 입법례나 판례를 중요한 논거로 들고 있는데, 외국의 입법례나 판례는 하나의 참고사항일 뿐이지 선거구획정의 기준으로서의 인구편차의 한계범위와 그의 위헌 여부를 판단하는 결정적 기준이 될 수 없음은 물론이다. 위헌 여부에 대한 헌법적 판단에 있어서는 어디까지나 일정한 결론에 필연적으로 도달하게 하는 구체적이고 객관적인 헌법적 논증이 있어야 한다. 만일 그렇지 않다면 외국의 입법례나 판례가 개정 또는 변경될 때마다 우리의 위헌판단기준과 판례도 달라져야 하는 모순에 빠질 것이다.

22) 참고로 헌법재판소가 95헌마224등 사건에서도 밝히고 있듯이 미국의 경우 연방하원의 의원정수배분에 관하여는 매우 엄격한 기준을 적용하여 실천가능한 한 각 선거구가 동등한 인구로 구성될 수 있도록 성실한 노력을 하여야 하며, 실천가능한 최소한의 인구편차를 벗어나 선거구가 획정되었을 때에는 이를 정당화할 수 있는 사유로서 주의 중요하고도 정당한 정책이나 목적을 입증하여야 한다고 하는 매우 엄격한 기준을 적용하고 있다.

23) 헌법 제37조 제2항에 근거한 비례의 원칙은 공권력의 수단과 그 공권력을 통해 달성코자 하는 목적 사이의 비례성을 요구하는 것으로서 일반적으로 국민의 기본권을 제한하려는 입법의 목적이 정당해야 하고(목적의 정당성), 그 목적의 달성을 위한 방법이 효과적이고 적절하여야 하며(방법의 적합성), 그 방법을 통한 기본권의 제한은 필요한 최소한도에 그치도록 하여야 하고(침해의 최소성), 그 입법을 통해 달성하려는 공익과 침해되는 사익을 비교형량할 때 공익이 더 커야 한다(법익의 균형성)는 헌법상의 원칙 내지 법치주의의 파생원리라고 평가된다. 이러한 비례의 원칙에 대하여 자세한 것은 정연주, 재산권보장과 이익형량, 공법연구 제28집 제3호, 2001. 5, 29쪽 이하 참조.

한편 입법자는 그 예외를 인정하는 헌법규정에 근거해서 그 예외를 정당화시키는 구체적인 사유와 인구편차의 정확한 기준 등을 구체적으로 입법화해야 할 것이다. 왜냐하면 위에서 언급한 바와 같이 선거구간의 인구편차에 관한 사항은 통치구조의 조직과 작용에 관한 기본적인 사항이자 선거인의 선거권과 평등권 등의 기본권에 관한 본질적 사항이기 때문에 법률유보의 원칙을 한 내용으로 하는 법치주의원리상 반드시 법률로 규정되어야 하며, 이럴 때에만 비로소 선거구의 획정 내지 선거구구역표의 제정 또는 개정과정에서의 입법자의 자의와 남용이 억제될 수 있을 것이기 때문이다.

(8) 결 어

결국 헌법상 허용되는 인구편차의 한계는 2:1 미만이어야 하고, 따라서 이를 초과하는 것은 원칙적으로 위헌이다. 다시 말해 2:1 미만의 인구편차는 단순히 입법정책적으로 또는 정치적으로 바람직하고 요망되는 정치적 요청에 불과한 것이 결코 아니라 입법자를 기속하는 헌법적 원칙이자 명령인 것이고,[24] 그에 위반될 경우 위헌이 되어야 하는 것이다. 따라서 인구편차 2:1 미만의 한도내에서 가능한 한 1:1에 가깝게, 앞서 언급한 바와 같이 다양한 사안을 고려하여－즉 우리 선거법 제25조 제1항에서 언급되고 있듯이 행정구역 · 지세 · 교통 기타 조건을 고려하고, 그리고 후술할 국회의원의 부수적인 지역대표성도 고려하여－입법자가 구체적인 인구편차의 기준을 정하고 그에 따른 선거구획정이 이루어지는 것이 헌법에서 도출되는 원칙이라고 하겠다. 그러므로 선거구획정에 관한 입법자의 입법재량 내지 입법형성의 자유도 원칙적으로 2:1 미만의 한계내에서만 인정되는 것이라고 할 수 있다.[25]

3. 대의제도 및 국회의원의 지역대표성과 관련하여

(1) 국회의원의 지역대표성과 인구편차

인구편차와 그에 따른 선거구획정의 문제는 국회의원의 지역대표성의 인정 여부와도 관련이 있다. 왜냐하면 국회의원의 지역대표성을 완전히 부정하면 선거구획정 시 오로지 인구수만 고려사항이고 지역적 내지 지역주민적 이해를 비롯한 기

24) Vgl. Schreiber, aaO, S. 163f.; BVerfGE 95, 335(365).

25) Vgl. BVerfGE 16, 130(141).

타의 다양한 이익은 전혀 고려대상이 아니기 때문에 선거구간의 인구편차는 기술적으로 가능한 한 1:1이 되어야 할 것이고, 만일 2000헌마92등 결정에서 권성 재판관이 주장하고 있듯이 국회의원의 지역대표성을 투표가치의 평등성 및 국민대표성과 대등한 이념으로 인정할 경우에는 선거구획정 시 인구수는－비록 중요하긴 하지만－단지 여러 고려사항 중의 하나에 불과하게 되고 따라서 인구수와 더불어 지역적 내지 지역주민적 이해를 비롯한 기타의 다양한 이익도 대등하고 중요한 고려사항이 되어 인구편차는 입법자의 재량에 따라 얼마든지 2:1 이상이 될 수 있는 것이기 때문이다.

그런데 다른 한편 국회의원의 지역대표성을 인정하되, 이를 어디까지나 국회의원의 전체국민 내지 국가대표성에 부수적인 것으로만 인정할 경우, 즉 국회의원의 전체국민 내지 국가대표성을 1차적·원칙적인 것으로 우선시하고, 국회의원의 지역대표성을 국회의원의 전체국민 내지 국가대표성과 조화되고 그것에 저촉되지 아니하는 범위내에서 2차적·부수적인 것으로 인정할 경우에는 인구수가 선거구획정 시 기본이 되는 1차적·원칙적인 고려사항이지만, 지역적 내지 지역주민적 이해를 비롯한 기타의 다양한 이익도 국가이익과 조화되고 그것에 저촉되지 아니하는 범위내에서 부수적·보충적으로 고려될 수 있을 것이며, 따라서 선거구간의 인구편차는 2:1 미만이 되어야 하고, 그 2:1 미만의 한도내에서, 즉 1:1과 2:1 사이에서 입법자가 지역적 내지 지역주민적 이해를 비롯한 행정구역·지세·교통 등 다양한 이익을 고려하여 선거구를 획정할 수 있는 것이다.

(2) 대의제도와 국회의원의 지역대표성

이 문제는 헌법상 대의제도의 본질과 기능의 측면에서 해결하여야 할 것이다. 결론적으로 말하면 앞에서도 언급한 바와 같이 대의제도의 본질과 기능 및 "국회의원은 국가이익을 우선하여 양심에 따라 직무를 행한다."는 헌법 제46조 제2항의 자유위임의 원칙에 따라 국회의원은 전체국가와 국민을 대표하여 국익을 위해 대의활동을 하는 것이지, 특정지역과 지역주민을 대표하는 것은 아니기 때문에 헌법상 원칙적으로 국회의원에게 지역대표성이 인정될 수는 없다고 하겠다.[26][27]

---

26) 국회법 제114조의 2도 "의원은 국민의 대표자로서 소속 정당의 의사에 기속되지 아니하고 양심에 따라 투표한다."라고 명시함으로써 이러한 헌법규정의 정신을 구현하고 있다.

27) 대의제도의 이념적 기초인 자유위임의 원칙에 대하여 자세한 것은 정연주, 대의제도와 정당기속, 인권과 정의, 1999. 8, 82쪽 이하 참조.
한편 헌법재판소도 1994. 4. 28. 92헌마153 결정에서 "국회의원의 법적인 지위 특히 전국구의원이 그러나 다른 한편 자유위임의 원칙과 조화될 수 있는 한도내에서는 국회의원의 보충적·부수적인 지역대표성이 인정될 수도 있으며, 정치적·현실적으로 뿐만 아니라 헌법적으로도 이를 굳이 부정할 필요가 없다는 것이 필자의 생각이다.[28)29)]

그를 공천한 정당을 탈당한 때 국회의원직을 상실하는 여부는 그 나라의 헌법과 국회의원선거법 등의 법규정, 즉 법제에 의하여 결정되는 문제이다. 즉 국회의원의 법적 지위 특히 전국구의원이 그를 공천한 정당을 탈당할 때 의원직을 상실하는 여부는 그 나라의 헌법과 법률이 국회의원을 이른바 자유위임(또는 무기속위임)하에 두었는가, 명령적 위임(또는 기속위임)하에 두었는가, 양 제도를 병존하게 하였는가에 달려있다. 역사적으로는 유럽의 중세기 등족회의에서의 의원은 특정사회층의 이익이나, 특정지역의 이익을 대표하였던 까닭에 의회에서의 행동에 대하여 각각 선거민에 대하여 책임을 지는 명령적 위임(또는 기속위임)이었으나, 1791년 프랑스헌법에서 '의원은 전 국민의 대표자이고, 특정지역의 대표자가 아니며, 의원에 대하여 위임을 부여할 수 없다.'고 규정한 것을 위시하여 오늘날 독일·영국·프랑스·일본 등 자유민주주의국가에서는 거의가 헌법에 국회의원을 전 국민의 대표자라고 규정하여 자유위임하에 두는 제도를 채택하고 있다. 자유위임제도를 명문으로 채택하고 있는 헌법하에서는 국회의원은 선거모체인 선거구의 선거인이나 정당의 지령에도 법적으로 구속되지 아니하며, 정당의 이익보다 국가의 이익을 우선한 양심에 따라 그 직무를 집행하여야 하며, 국회의원의 정통성은 정당과 독립된 정통성이다. 이런 자유위임하의 국회의원의 지위는 그 의원직을 얻은 방법, 즉 전국구로 얻었는가, 지역구로 얻었는가에 의하여 차이가 없으며, 전국구의원도 그를 공천한 정당을 탈당하였다고 하여도 별도의 법률규정이 있는 경우는 별론으로 하고 당연히 국회의원직을 상실하지는 않는다는 것이다."라고 판시함으로써 자유위임의 이념에 기초하여 국회의원이 전 국민의 대표자임을 분명히 하고 있다.

28) 국회의원의 보충적·부수적 지역대표성에 대하여 정연주, 국회의원선거제도의 개혁방안, 공법연구 27집 3호(1999), 193쪽 이하 참조.

29) 헌법재판소는 이러한 국회의원의 지역대표성과 관련하여 95헌마224등 사건에서 "양원제를 채택하여 양원 중 어느 하나를 지역대표성을 가진 의원으로 구성하고 있는 나라들과는 달리, 우리나라는 단원제를 채택하고 있어, 국회의원이 법리상 국민의 대표이기는 하나 현실적으로는 어느 정도의 지역대표성도 겸하고 있다는 점, 급격한 산업화·도시화의 과정에서 인구의 도시집중으로 인하여 발생한 도시와 농어촌간의 인구편차와 각 분야에 있어서의 개발불균형이 앞서 본 선진외국의 경우보다 현저한 우리나라의 현실에 있어서 단순히 인구비례만 고려하여 선거구를 획정하는 경우에는 각 분야에 있어서의 도·농간의 격차가 더 심화될 우려가 있다는 점 등을 감안한다면 선거구간의 인구비례의 원칙을 완화해야 할 정책적인 필요가 있다고 볼 수 있는 반면, …"라고 판시함으로써 국회의원의 지역대표성을 간접적으로 인정하고 있고, 동 사건에서 재판관 이재화, 조승형, 정경식, 고중석도 "… 선거구의 획정에는 인구외에 행정구역·지세·교통 등 여러가지 조건을 고려하여야 하므로, 그 위헌 여부를 결정하는 기준을 획일적으로 일정한 수치로써 확정하기는 지극히 어려운 문제이지만, 일응 그 기준은 선거구 획정에 있어서 투표가치의 평등으로서 가장 중요한 요소인 인구비례의 원칙과 우리나라의 특수사정으로서 투표가치의 평등 못지 않게 중요한 요소인 단원제 채택으로 인한 국회의원의 지역대표성 및 인구의 도시집중으로 인한 도시와 농어촌간의 극심한 인구편차 등 3개의 요소를 합리적으로 참작하여 결정되어야 할 것이다."라고 판시함으로써 국회의원의 지역대표성을 인정하고 있다.
한편 2000헌마92등 사건에서 권성 재판관은 별개의견을 통해 "대의제도를 채택하는 이상 그리고 보통선거와 직접선거의 방식을 취하는 이상, 의회의 의원은 어차피 일정한 지역 즉 행정구역을 단위로 하여 그 지역의 국민 즉 주민의 대표를 선출하는 방식을 취할 수밖에 없다. 그 구역의 광협에 따라 소선거구, 중선거구, 대선거구의 구별은 있지만 전국을 하나의 선거구로 하여 다수의 의원을 뽑는 것은 대표성이 매우 취약하여진다. 현행의 전국구의원을 생각하면 이것은 자명하다. 의원은 국민의 대표이지만 동시에 지역주민의 대표이기도 하다. 의원을 국민의 대표라고 하는 것은 법률상의 지위와 정치적 책임을 규정하는 것이고 그로부터 의원이 지역의 이익만을 위하여 일하여서는 안되고 국민 전체를 위하여 일하여야 한다는 의원행동의 윤리강령이 도출되는 것이지만, 이것이 의원의 선출원리는 아니고 의원의 지역주민 대표성을 부정하는 것도 아니다. 오히려 의원의 대표성은 의원

왜냐하면 대의제도 내지 자유위임의 원칙의 이념은 국회의원이 지역주민 보다는 전체 국민, 지역 보다는 국가를 대표하고, 부분적·경험적 이익 보다는 전체적·미래지향적인 추정적 이익을 대표하라는 것이지, 그렇다고 지역적·부분적 이익과 주민을 절대로 대표하지 말고, 그러한 이익을 결코 추구하지 말라는 것은 아니기 때문이다. 따라서 이러한 전체 국민과 국가를 대표하는 한, 그리고 그러한 전체적·미래지향적인 추정적 이익과 조화되거나 그것을 오히려 촉구하는 한도내에서 부수적으로 지역적·부분적 이익과 주민을 대표하는 것은 대의제도와 모순되는 것이 아니며, 오히려 상황에 따라서는 그러한 대의제도 내지 자유위임의 원칙의 이념을 보다 실효성 있게 지속적으로 실현하는 방책이 될 수도 있을 것이다.

이와 관련하여 우리나라와 독일의 경우 비례대표의석의 배분에 있어서 소위 봉쇄조항이라는 제한이 있는데, 이에 따르면 지역구국회의원총선거에서 일정수 이상(우리의 경우 5석, 독일의 경우 3석 이상)의 의석을 차지하였거나 유효투표총수의 일정비율 이상(우리의 경우 3%, 독일의 경우 5%)의 득표를 한 정당에 대해서만 비례대표의석을 배분하도록 되어 있다.[30] 그런데 여기서 3% 이상의 유효투표총수를 얻을 것을 요구하는 조건 외에 택일적으로 5석 내지 3석 이상의 지역구의석을 획득했을 경우에도 비례대표의석배분에 참여할 수 있도록 한 것은 그 5석 내지 3석의 지역구의석이 가지는 정치적 의미와 정치적 세력을 인정하는 것이라고 볼 수 있다.[31] 즉 이는 특정지역의 주민을 대표한다는 지역적 주안점과 특성을 가지는 정당의 이익과 입장 내지 정치적 위상을 고려하여 이 정당에게도 비례대표의석배분에 참여할 수 있도록 한 것이라고 볼 수 있는 것이다.[32] 물론 이는 일차적으로는 그 해당 정당의 특정지역의 이해 및 주민과의 관련성 내지 그 대표성을 인정한 것이지만, 이와 동시에 그 정당 소속의원의-전국대표성과 더불어-일정한 지역대표성도 인정한다는 것을 시사하는 것이라고 볼 수 있다. 현실적으로도 일정한 지역사업이 동시에 국가적으로도 중요한 사업인 경우 이러한 지역사업의 추진을 통해 해당 지

이 어느정도의 독자성을 갖는 지역(예컨대 행정구역)의 주민을 대표한다고 할 때 가장 확실하여진다. … 따라서 투표가치의 산술적 평등에 보다 접근시키기 위하여 어느 행정구역의 일부 주민을 다른 행정구역에 편입하여 하나의 선거구를 만드는 것은 의원의 주민대표성을 약화시키고 이것은 자기 구역에서 분리되어 타구역에 편입당한 주민들의 선거권을 침해하므로 위헌이 된다."라고 주장함으로써 국회의원의 지역대표성 내지 주민대표성을 국회의원의 전국대표성 내지 국민대표성과 대등한 차원으로 자리매김 시키고 그것을 대의제도의 본질로 이해하고 있으나, 이러한 견해는 타당하지 못하다.

30) 공직선거법 제189조 제1항 및 독일 연방선거법 제6조 제6항.

31) Vgl. BVerfGE 95, 408(421ff.).

32) Vgl. BVerfGE 6, 84(96).

역구의 이익을 대표하는 것은 동시에 전체 국익과도 일치 내지 조화되는 것이므로 국회의원의 지역대표성과 국가대표성이 양립할 수 있는 것이다.

(3) 2012헌마192 결정에서의 반대의견의 문제점

이 점에서 2012헌마192 사건에서의 반대의견은 정당화되기 어렵다. 반대의견은 국회의원선거구획정시 인구편차의 기준으로 고려해야 할 사안으로 인구 이외에 다양한 다른 사안이 고려되어야 하고, 이에 따라 현재 인구편차의 기준이 2:1이 되어서는 안되고 여전히 3:1이어야 한다는 것이다. 즉 "… 평등선거의 원칙을 철저히 준수한다고 하여 국민의 의사가 왜곡됨이 없이 정확하게 반영된다고 볼 수는 없고, 한 나라의 선거제도는 시대에 따른 정치적 안정의 요청이나 역사적·사회적·정치적 상황 등과 같은 그 나라의 특수한 사정이 반영될 때 비로소 의미 있는 제도로 기능할 수 있다. 이러한 연유로 우리 헌법은 제41조 제1항의 위와 같은 평등선거원칙과 더불어 제3항에서 선거구 등의 선거에 관한 사항을 법률로 정할 수 있도록 함으로써 선거제도와 선거구 획정을 국회의 재량에 맡기고 있고, 이에 공직선거법 제25조 제1항 전문은 '국회의원지역선거구는 시·도의 관할구역 안에서 인구·행정구역·지세·교통 기타 조건을 고려하여 이를 획정한다.'고 하여 국회가 국민의 대표를 뽑는 선거구를 획정함에 있어서는 선거구간 인구의 균형뿐만 아니라, 행정구역, 지세, 교통사정, 생활권 내지 역사적·전통적 일체감 등 여러 가지 비인구적 요소를 고려할 수 있도록 하고 있다(헌재 1998. 11. 26. 96헌마54 참조). 그러므로 헌법재판소가 선거구 인구편차의 위헌성 문제를 판단할 때는 인구비례를 중요 요소로 삼아야 할 것이지만, 인구 외적인 다른 요소들을 고려할 현실적 필요성이 있을 경우에는 인구비례의 엄격성 정도를 완화하여 판단하는 유연한 자세가 필요한 것이다."라고 주장하면서[33] 그 중요한 고려사항으로서 국회의원의 지역대표성과 도농 사이의 인구격차나 지역간 개발불균형 등을 들고 있다.

그러나 앞서 언급한 바와 같이 국회의원의 지역대표성은 인정된다 하더라도 부수적으로 정당화 되는 것으로서 2:1의 인구편차의 내에서 고려될 수 있을 뿐이며, 도농 사이의 인구격차나 지역간 개발불균형 등 그 밖의 요소도 공직선거법 제25조 제1항 전문에 따라 인구 이외의 다양한 요소로서 고려될 수 있으나 역시 2:1의 인구편차의 내에서 고려될 수 있을 뿐이다.

---

33) 헌재 2014. 10. 30. 2012헌마192 등, 판례집 26-2상, 668, 691-692.

(4) 결 어

결국 선거구간의 인구편차는 국회의원의 지역대표성을 인정하더라도 대의제도의 본질과 기능 및 평등선거의 원칙에 비추어 볼 때 2:1 미만이 되어야 하고, 선거구획정에 관한 입법자의 입법형성권은 이러한 2:1 미만의 한도내에서 인정될 수 있는 것이다. 즉 위헌 여부를 가름하는 인구편차의 허용기준은 2:1 미만이 되어야 할 것이고, 국회의원의 지역대표성 등 인구 이외의 다양한 요소를 고려해야 할 입법자의 입법형성의 자유는 이러한 2:1 미만의 범위내에서 기능한다고 보아야 할 것이다.

헌재도 "국회의원이 지역구에서 선출되더라도 추구하는 목표는 지역구의 이익이 아닌 국가 전체의 이익이어야 한다는 원리는 이미 논쟁의 단계를 넘어선 확립된 원칙으로 자리 잡고 있으며, 이러한 원칙은 양원제가 아닌 단원제를 채택하고 있는 우리 헌법 하에서도 동일하게 적용된다. 따라서 국회를 구성함에 있어 국회의원의 지역대표성이 고려되어야 한다고 할지라도 이것이 국민주권주의의 출발점인 투표가치의 평등보다 우선시 될 수는 없다. 더구나, 지금은 지방자치제도가 정착되어 지역대표성을 이유로 헌법상 원칙인 투표가치의 평등을 현저히 완화할 필요성 또한 예전에 비해 크지 않다. 국회의원의 지역대표성은 지방자치단체의 장이나 지방의회의원이 가지는 지역대표성으로 상당부분 대체되었다고 할 수 있다. 특히 현 시점에서 중대한 당면과제로 대두하고 있는 빈곤층 보호를 위한 안전망 구축, 전체적인 소득 불균형의 해소, 노년층의 증가에 따른 대응책 마련과 같은 국가적 차원의 문제는 국회의원들만이 해결할 수 있는 것임에 반해, 특정 지역 내에서의 편의시설 마련이나 인프라 구축 등과 같은 문제는 지방자치제도가 정착된 상황에서는 지방자치단체의 장이나 지방의회가 주도적으로 해결할 수 있으므로, 국회의원의 지역대표성을 이유로 민주주의의 근간을 이루는 선거권의 평등을 희생하기 보다는 투표가치의 평등을 실현하여 민주주의의 발전을 위한 토양을 마련하는 것이 보다 중요하다고 할 것이다."라고 판시하여 결과적으로 같은 견해를 취하고 있다.[34)]

4. 선거구구역표에 대한 위헌선언의 범위

한편 이 사건들에서처럼 선거구구역표의 일부에만 위헌적 요소가 있는 경우에

34) 헌재 2014. 10. 30. 2012헌마192 등, 판례집 26-2상, 668, 283-284.

헌법재판소가 그 해당 부분에 대하여만 위헌선언을 해야 하는지, 아니면 선거구구역표를 전체를 위헌이라고 선언해야 하는지가 문제된다.

이에 대하여 95헌마224등 결정에서 다수의견은 위에서 소개한 바와 같이 첫째, 각 선거구는 서로 유기적으로 관련을 가지기 때문에 선거구구역표는 전체가 '불가분의 일체'를 이루고 있고, 둘째, 제소된 당해 선거구에 대하여만 인구과다를 이유로 위헌선언을 할 경우에는 헌법소원 제소기간의 적용 때문에 제소된 선거구보다 인구의 불균형이 더 심한 선거구의 선거구획정이 그대로 효력을 유지하게 되는 불공평한 결과를 초래할 수도 있으며, 셋째, 선거구구역표 중 인구가 과다한 선거구 부분만을 위헌이라고 선언할 경우에는 결과적으로 선거구 사이의 인구불균형을 시정하는 구체적인 방법까지 헌법재판소가 결정해 버리는 결과가 되어 입법부의 재량을 침해할 우려가 있다는 이유로 일부 선거구에만 위헌성이 있더라도 선거구구역표의 전부에 관하여 위헌선언을 해야 한다고 한다. 그리고 2000헌마92등 사건에서도 객관적 헌법질서의 보장과 적극적인 기본권 보장의 측면에서 이러한 견해가 타당하다고 판시하면서 선거구구역표 전체에 대하여 헌법불합치결정을 내리고 있다.

그러나 95헌마224등 사건에서 재판관 조승형은 반대의견에서 첫째, 한 선거구가 다른 선거구들과 밀접 불가분한 관련성이 있다고 보기 어렵고, 둘째, 대체로 인구가 과다한 선거구의 일부를 분구하는 방법으로 의원정수배분규정을 개정하여 왔던 입법관행에 비추어 의원정수배분규정을 가분적이라 봄이 입법자의 의도에 부합하며, 셋째, 법령의 위헌성은 가능한 한 한정적으로 해석함이 원칙이라는 이유로 해당 선거구에 대해서만 위헌선언을 해야 한다고 주장한다.

당해 문제된 선거구만을 분구하면 위헌문제가 모두 해소되는 경우에는－위헌선언의 결과에 따른 입법자에 의한 후속조치만을 놓고 볼 때－결과적으로 위의 다수의견과 반대의견 사이에 그리 큰 차이는 없어 보인다. 왜냐하면 이 경우에는 선거구구역표 전체에 대하여 위헌선언을 하더라도 입법자는 당해 문제된 선거구만을 분구해서 선거구를 합헌적으로 획정하거나 아니면 선거구 전체를 조정할 수도 있으며, 해당 선거구에 대해서만 위헌선언을 하더라도 입법자는 그 문제된 선거구를 포함해 선거구 전체를 조정할 수 있기 때문이다. 이는 마치 어떤 법률의 일부 규정에 대해서만 위헌결정을 한 경우에도 입법자가 그 해당 규정을 개정하는 과정에서 법률 전체에 대하여 개정을 할 수 있는 것과 마찬가지이다. 이 점에서 95헌마224등 사건에서의 다수의견이 선거구구역표 중 인구가 과다한 선거구 부분만을 위헌이라고 선언할 경우에는 결과적으로 선거구 사이의 인구불균형을 시정하는 구체적인 방법까지 헌법재판소가 결정해 버리는 결과가 되어 입법부의 재량을 침해할 우려가 있다고 판시[35]한 것은 타당하다고 보기 어렵다. 헌법재판소가 해당 선거구 부분에 대해서만 위헌선언했다고 해서 입법자가 그 부분에 대해서만 조정할 수 있는 것은 아니고, 위에서 언급한 바와 같이 입법부는 헌법재판소의 결정취지에 벗어나지 않는 한도내에서 그 해당 선거구를 포함한 선거구 전체를 대상으로 조정을 할 수 있기 때문이다.

그러나 결론적으로 선거구구역표의 '불가분성'에 바탕을 둔 다수의견이 타당하다고 여겨진다. 이는 다수 또는 전체의 선거구가 문제되는 경우 뿐 아니라 당해 문제된 선거구만을 분구하면 위헌문제가 해소되는 경우에도 그러하다. 왜냐하면 다수의견이 지적하고 있듯이 첫째, 각 선거구는 필연적으로 상호 유기적으로 관련을 가지기 때문에 선거구구역표는 전체가 '불가분의 일체'를 이루고 있고, 따라서 이를 부인하는 반대의견은 타당하다고 보기 어렵고, 둘째, 제소된 당해 선거구에 대하여만 인구과다를 이유로 위헌선언을 할 경우에는 헌법소원 제소기간의 적용 때문에 제소된 선거구보다 인구의 불균형이 더 심한 선거구의 선거구획정이 그대로 효력을 유지하게 되는 불공평한 결과를 초래할 수도 있고, 이는 2000헌마92등 사건에서도 언급된 바와 같이 헌법소원제도 내지 헌법재판제도가 가지는 기본권보장기능과 더불어 객관적 헌법질서의 보장이나 공익추구의 기능[36]을 고려할 때 타당한 견해이며, 셋째, 반대의견이 주장하는 것처럼 대체로 인구가 과다한 선거구의 일부를 분구하는 방법으로 의원정수배분규정을 개정하여 왔던 것이 입법관행이라고 하더라도 이것이 선거구구역표 전체에 대한 조정의 필요성과 그에 대한 입법자의 입법형성권을 부정하는 논리가 될 수는 없고, 넷째, 역시 반대의견이 주장하는 것처럼 법령의 위헌성은 가능한 한 한정적으로 해석함이 원칙이라고 하더라도 앞에서도 언급했듯이 헌법소원제도 내지 헌법재판제도가 가지는 객관적 헌법질서유

35) "선거구구역표 중 인구가 과다한 선거구 부분만을 위헌이라고 선언할 경우에는, 그 선거구를 분할함으로써 의원정수를 증가시키는 방법으로 선거구간의 인구불균형을 시정할 수밖에 없을 것인바, 그것은 결국 인구가 과소한 선거구를 다른 선거구와 통합하는 방법으로 선거구를 재획정하는 방법을 봉쇄함으로써, 선거구 사이의 인구불균형을 시정하는 구체적인 방법까지 헌법재판소가 결정해 버리는 결과가 되어 입법부의 재량을 침해할 우려가 있다. 국회는 선거구간의 인구불균형을 조정하는 방법으로서 인구과다선거구를 분할할 수도 있고 인구과소선거구를 다른 선거구와 통합할 수도 있고 또 위 양자의 방법을 병용할 수도 있는 것이며, 이는 어디까지나 여러가지 정책적·기술적 요소를 고려할 수 있는 국회의 재량사항으로 보아야 한다." 헌재 1995. 12. 27. 95헌마224 등, 판례집 7-2, 760, 790.

36) 헌법소원제도가 가지는 객관적 헌법질서유지와 공익추구의 기능 등에 대하여 자세한 것은 정연주, 헌법소원심판청구취하의 효과, 공법연구 28집 4호 2권, 2000. 6, 201쪽 이하 참조.

지와 공익추구의 기능 및 강한 직권심리주의 등을 감안할 때 선거구구역표 전체에 대하여 위헌선언을 해야 할 필요성은 존재하는 것이다.

이는 특히 입법자에게 광범위한 입법형성권을 부여한다는 측면에서는 더욱 그러하다. 앞에서도 언급했듯이 선거구획정시 일정한 인구편차의 허용범위내에서는 입법자에게 행정구역, 교통사정, 사회적 · 지리적 · 역사적 · 경제적 · 문화적 연관성 및 생활권과 전통적 일체감 등을 고려할 수 있고 또한 고려해야 하는 형성 내지 재량의 여지가 부여되어 있기 때문에, 그리고 특히 국회의원의 정수가 정해진 경우에는 이를 고려해야 하는 결과 하나의 선거구의 조정은 필연적으로 인접선거구 등 다른 선거구에 영향을 미치게 되기 때문에 이를 감안하지 아니하고 헌법재판소가 일방적으로 문제된 선거구에 대해서만 위헌 내지 헌법불합치결정을 내리는 것은 타당하지 못하다. 즉 다수 또는 전체의 선거구가 문제가 될 경우에는 물론이고, 특정 선거구만 인구편차의 허용범위를 초과하는 등의 이유로 위헌일 경우라도 해당 선거구를 단순히 분구만 할 것인지, 다른 선거구와 복합적으로 조정할 것인지는 어디까지나 입법자가 앞서 언급한 다양한 사안을 고려하여 인구편차의 허용범위내에서 정할 문제이고, 따라서 가장 헌법정신에 부합되고 합리적인 선거구획정은 입법자[37]의 손에 달려있는 것이다.

예컨대 위헌인 해당 선거구만을 분구하여 문제가 해소되는 경우에 그 선거구에 대해서만 위헌선언을 내리면 헌법적 문제는 해결될 수 있겠지만, 같은 합헌의 테두리내에서도 선거구획정에 대한 다양한 선택가능성이 존재할 수 있기 때문에 위헌문제도 해소하면서 가장 바람직한 선거구획정을 실현시킬 수 있도록 입법자에게 재량의 여지를 부여한다는 측면에서 선거구구역표 전체에 대하여 위헌선언을 하는 것이 더욱 타당하다고 여겨진다. 물론 이러한 경우 앞에서도 언급했듯이 문제된 해당 선거구에 대해서만 위헌선언을 해도 입법자가 해당 선거구를 포함하여 선거구구역표 전체에 대하여 조정할 수도 있다. 그러나 보다 광범위한 입법형성권을 입법자에게 부여한다는 측면에서 선거구구역표 전체에 대하여 위헌선언을 하는 것이 바람직하다고 할 것이다.

결국 선거구구역표 전체에 대하여 위헌 또는 헌법불합치결정을 내리게 되면 입법자의 입법형성권이 다양하게 행사될 수 있어 결과적으로는 단순히 해당 선거구를 분구하는데 그치는 등 문제된 선거구만 조정할 수도 있고, 인접선거구와 더불어 보다 광범위하게 조정할 수도 있고, 아니면 전체 선거구를 재조정할 수도 있을

37) 선거구획정을 입법자가 아닌 독립한 선거구획정기관이 담당할 수도 있다.

것이다.

Ⅳ. 맺는 말

결국 지금까지 언급한 논거에 따라 국회의원선거와 지방의회의원선거에 있어서 모두 동일하게 최대선거구와 최소선거구간 인구편차는 2:1 미만이 되어야 하며, 법치주의원리상 인구편차의 허용기준을 법률로 정해야 한다. 또한 그럴 때에만 입법자의 자의가 억제될 수 있을 것이다.

한편 국회의원의 지역대표성 내지 주민대표성에 대한 견해에 있어서도 재판관들 사이에 다양한 견해가 대립하고 있는데, 앞에서도 강조했듯이 대의제도의 이념적 기초인 자유위임의 원칙을 고려할 때 국회의원의 지역대표성을 전체 국민대표성 내지 국가대표성과 대등한 반열에서 이해하는 견해는 잘못된 것이며, 아울러 국회의원의 지역대표성을 전적으로 부정하는 견해도 대의제도 및 자유위임의 원칙의 이념, 그리고 지역구선거의 기능 및 선거가 가지는 직능대표의 기능 등을 잘못 이해하거나 간과한 견해라고 보지 않을 수 없다. 국회의원은 어디까지나 전체국민과 국가를 대표하며, 그것이 대의제도와 자유위임의 원칙의 본질이다. 다만 부수적으로 이러한 국민 전체의 미래지향적인 추정적 이익과 조화되는 범위내에서 지역과 주민의 이익 등 다양한 부분적인 이익과 사안이 고려될 수 있을 것이고, 또한 그것을 부정할 이유가 없을 것이다. 따라서 입법자의 입법형성권은 이러한 테두리 내에서 인정될 수 있는 것이고, 그것이 또한 입법형성의 한계라고 할 수 있다.

결론적으로 2:1 미만의 범위안에서 입법자가 구체적인 인구편차의 상한선을 정하고, 그 상한선내에서 행정구역, 교통사정, 사회적 · 지리적 · 역사적 · 경제적 · 문화적 연관성 및 생활권과 전통적 일체감, 도농 간의 인구격차, 불균형한 개발, 국회의원의 지역대표성 등 다양한 사안을 고려하여, 하나의 선거구가 가능한 한 선거구민의 공통의 이해를 반영시킬 수 있고 통합을 지향할 수 있는 동질성의 바탕위에서 획정되어야 할 것이다.

19. 현행 국가배상제도에 대한 헌법적 검토

[目 次]

Ⅰ. 머리말

이 글은 현행 헌법 및 국가배상법에 따른 국가배상제도의 본질과 내용 및 적용 실무상의 문제점과 개선방안을 제시하는 것을 목적으로 한다. 그동안 국가배상책임의 본질과 법적 성격에 대하여 학설과 판례가 갈려 왔고, 그 때문에 국가배상의 선택적 청구의 인정 여부에 있어서도 학설과 판례가 귀일되지 못하고 있다. 이 들 문제는 국가배상제도의 이론적 측면 뿐 아니라 배상 실무와 소송 실무에 있어서도 영향을 미치는 중요한 문제로서 올바로 규명되어야 한다. 아울러 국가배상청구의 객체에 있어서도 공공단체 중 오로지 지방자치단체만 되도록 국가배상법이 규정하고 있는데 이에 대한 문제점도 지적되어야 한다. 그리고 그동안 국가배상소송은 민사소송으로 진행되고 있는데 이러한 관행이 국가배상제도의 본질에 부합되는지도 규명되어야 한다. 한편 현행 헌법상 군인·군무원 등에게는 국가배상청구권이 제한 또는 배제되고 있고, 이에 대하여 헌법재판소는 그동안 이러한 제한이 헌법 자체에 직접 규정되어 있어 이 규정이 위헌심사의 대상이 되지 않는다는 이유로 이 문제를 다루지 않았다. 이러한 제한이 과연 헌법상 정당화될 수 있는지도 다시 새롭게 규명되어야 할 것이다.

따라서 이 글은 이러한 오랫동안 논란이 되어 온 문제를 나름대로 분석하고 개선방안을 제시하는 것을 내용으로 한다. 이는 단순히 헌법이론상의 정리로서의 의미 이외에도 실무와 판례 및 실효적인 국민의 기본권보장을 위해서도 나름 의미있는 작업이라고 여겨진다.

Ⅱ. 국가배상청구권의 법적 성격

국가배상청구권의 성격에 대해서는 다양한 논의가 전개되고 있다. 주로 ① 국가배상청구권이 공권인지 사권인지 여부 ② 국가배상법이 공법인지 사법인지 여부 ③ 헌법상의 규정이 입법방침규정인지 직접효력규정인지 여부 ④ 국가배상청구권이 재산권인지 청구권인지 여부 등이다.

1. 공권설과 사권설

국가배상청구권이 그 성질에서 공권인가 사권인가 하는 점에 대하여 학설이 대립한다.

(1) 공권설

국가배상청구권은 국가와 사인간의 공법상의 법적 분쟁 내지 공법상의 법률관계에서 인정되는 권리이므로 공권이라고 보는 입장이다. 국가배상청구권은 헌법에 의해 직접 실현되는 권리인 점, 국가배상법이 특별한 경우에는 양도·압류의 금지를 규정하고 있는 점(국가배상법 제4조), 외국인의 경우 상호주의에 의해 인정한다는 점(동법 제7조)을 근거로 국가배상청구권을 공권적 성격의 권리라고 한다. 헌법에서 기본권으로 정하고 있는 이상 이는 대국가적인 권리로서의 성격을 가지기 때문에 국가배상청구권을 기본권으로 보장하는 우리 헌법의 구조상 이를 사권이라고 해석하기는 어렵다고 한다.[1)]

한편 현행 소송실무에서는 국가배상청구를 민사소송의 절차에 의하지만, 국가배상청구를 민사소송의 절차에 의하는가 행정소송의 절차에 의하는가 하는 문제는

1) 헌재 2000. 2. 24. 99헌바17 등, 판례집 12-1, 239(250-251).

권리실현의 방법이므로 성질상 허용되는 범위 내도 있고, 행정소송으로 처리할 수도 있으므로 그 때문에 국가배상청구권이 사권으로 변질되는 것은 아니라고 한다.

(2) 사권설

국가배상이 이루어지는 국가의 행위는 위법한 것으로서 국가가 공적인 지위에 서라기보다는 사적인 사용자의 지위에서 책임을 지는 것이고, 공권으로 이해할 경우에는 공권의 특성으로 인해 국민의 청구권의 지나치게 제한될 우려가 있으므로 국가배상청구권을 사권으로 보아야 한다는 견해이다. 이러한 견해에서는 국가배상법을 민법의 특별법으로 본다.

대법원의 판례는 국가배상청구권을 일반 민사상의 불법행위책임과 같은 사권으로 보고 있다.[2)]

(3) 절충설

이러한 견해대립에 대해 국가배상청구권은 헌법상의 권리라는 점에서는 공권적인 것이고, 배상관계는 비권력적인 영역에 속하는 점에서 사권적인 것이므로 국가배상청구권을 공권이냐 사권이냐 하는 택일적인 접근은 타당하지 않다고 본다.

한편, 학자에 따라서는 국가배상청구권을 공권적인 것에 사권적인 것이 보완된 공권적 사권이라고도 한다. 또 국가배상청구권의 법적 성격을 국가배상법의 성격과 결부시켜서 공권과 공법, 사권과 사법이 서로 이어지는 것이라고 설명하기도 한다.[3)]

(4) 결 어

법리적으로 국가배상청구권은 당연히 공권으로 보아야 할 것이다. 왜냐하면 국가배상청구권은 국가의 행정작용 등 공익실현과정에서 발생한, 즉 공법상의 법률원인에 의하여 발생한 권리이고, 국가배상청구관계는 그 법률관계의 당사자 중 한 쪽이 반드시 국가 등 공권력 주체일 수밖에 없는 법률관계이기 때문이다.

국가배상청구권이 공권인가 사권인가, 그리고 국가배상법이 공법인가 사법인가의 여부는 일반적인 공법과 사법의 구별에 관한 기준과 그 구별의의에 비추어 판

2) 대판 1972. 10. 10. 69다701.

3) 김철수, 헌법학개론, 박영사, 2000, 799.

단해야 할 것이다. 이에 따라 국가배상이 전형적인 국가 공권력작용에 의해 발생한(공법적 원인) 공법적 손해에 대한 배상이고, 따라서 그 배상관계는 국가·공공단체 등의 행정주체와 개인간의 공법관계이며, 그 법적 효과와 관련하여 볼 때 오로지 국가·공공단체 등의 행정주체에게만 그 법률관계에서의 권한과 의무가 귀속되는 점에 비추어 볼 때(신주체설 내지 귀속설), 국가배상청구권은 성질상 공권이고, 따라서 아래에서 언급하는 바와 같이 국가배상법은 공법이라고 보아야 한다.[4)]

아울러 국가배상법 제9조는 소송제기에 앞서 배상심의회에 배상을 청구할 수도 있도록 규정하여 비용과다, 시간의 낭비 등 사법절차가 지닌 단점을 보충하고 배상사건의 합리적 처리라고 하는 행정편의를 고려하는 등 행정절차의 보강을 기하

---

4) 사법상의 분쟁과 공법상의 분쟁 사이의 구별을 위한 기준설정이론으로는 처음에는 이익설(Interessentheorie)이 그리고 그 이후에는 주체설(Subjektionstheorie)이 유력시되었다. 이익설에 따르면 해당 법규범이 공익에 이바지함을 목적으로 한다면 그 법규범은 공법이고 사익에 이바지함을 목적으로 한다면 그것은 사법에 속한다. 따라서 이익설에 따르면 해당 법률관계가 공익을 목적으로 한 것이면 이러한 법률관계에 대한 분쟁은 공법상의 분쟁이 되어 행정재판의 관할에 속하게 되고, 사익을 목적으로 한 것이면 사법상의 분쟁이 되어 민사재판의 관할에 속하게 되는 것이다.
그러나 이익설은 구별기준의 설정이론으로서 별로 적합한 이론이 되질 못한다. 왜냐하면 한편에서는 행정청은 공익을 목적으로 하는 자신의 공적 과제를 사법적 수단을 통해서도 실현할 수 있으며, 다른 한편에서는 공법법규도 공익뿐 아니라 이익도 함께 보호 내지 추구하는 경우가 있기 때문이다.
또한 주체설에 따르면 법률관계의 한쪽 당사자(주체)가 공행정주체인 경우에는 그 법률관계가 공법관계이고 그 근거법률은 공법이 된다. 그러나 공행정주체가 한쪽 당사자가 되는 법률관계라도 성격상 사법관계에 속하는 경우－예컨대 국가가 사인 내지 사경제의 주체로서 일반 사인과 법률행위를 하는 경우－도 있기 때문에 이 학설이 모든 경우에 적용될 수 있는 것은 아니다.
한편 종속설(Subordinationstheorie)에 따르면 공행정주체와 일반 국민 사이의 상·하적 법률관계는 공법상의 법률관계이고, 반면에 법률관계 당사자가 대등한 지위인 경우에는 사법상의 법률관계가 된다. 그러나 이러한 이론은 복수의 공행정주체가 공법상의 영역에서 법률관계의 당사자로 등장할 경우－예컨대 복수의 지방자치단체 또는 복수의 주가 행정협정이나 공법상의 계약을 통해 일정한 법률관계를 형성할 경우－에는 모순을 드러내게 된다. 왜냐하면 이러한 경우에 법률관계의 당사자는 서로 대등한 지위에 있지만, 그 법률관계의 성격은 사법상의 관계가 아니라 공법규율의 대상이 되기 때문이다.
이러한 주체설 내지 종속설의 모순을 극복하기 위하여 소위 신주체설(die modifizierte Subjekstheotie)이 등장하게 된다. 그에 따르면 모든 국민에게가 아니라 필연적으로 오로지 공행정주체에게만 권한·의무를 귀속시키는 법규범이 공법에 속한다. 이에 반하여 공행정주체뿐 아니라 그 이외의 모든 국민에게도 권리·의무를 귀속시키는 법규범은 사법에 속하게 된다. 따라서 공법은 행정의 특별법이고, 사법은 모두를 위한 법이 된다. 이에 따르면 일정한 매매계약이 비록 사인과 공행정주체 사이에 이루어졌다 하더라도 그 매매계약은 사법적 법률관계에 속한다. 왜냐하면 그 해당 매매계약으로부터 발생하는 권리·의무는 공행정주체만이 아니라 모든 국민 내지 사인에게도 귀속되기 때문이다. 이에 반해 경찰의 직무집행상의 명령권은 사인 내지 모든 국민이 아니라 오로지 공행정주체에게만 속한다. 따라서 그 법률관계는 공법의 영역에 속한다. 아울러 공적과제의 수행을 위한 대등한 지위에 있는 복수의 공행정주체간의 계약은 그 공적 과제수행이라는 목적이 오로지 공행정주체에 의해서만 달성될 수 있기 때문에 공법영역에 속한다. 이처럼 신주체설은 공법관계와 사법관계의 구별기준설정이론으로서 비교적 적절한 것으로 평가되고 있다.
이에 관하여는 정연주, 독일의 사법제도－행정 및 헌법재판의 특성과 일반재판과의 관계를 중심으로－, 법률행정논문집 창간호, 전남대학교 법률행정연구소, 1991, 81-82 참조.

고 있는데, 이는 국가배상사건이 공법적 성질의 것이라는 점을 시사하는 것이다.

그리고 동법 제8조에서 민법의 준용을 규정하고 있다고 해서 국가배상법이 민법의 특별법이라고 보는 견해도 타당하지 않다. 왜냐하면 민법이 공법에 준용되는 경우는 많이 있기 때문이다.[5]

만일 국가배상의 성질을 사법적인 것으로 본다면 행정상의 손실보상의 경우에도 이를 사법적 성질의 것으로 보아야 할 것이고, 손실보상청구권은 민사상의 청구권, 그리고 「공익사업을 위한 토지 등의 취득 및 보상에 관한 법률」은 사법이 된다는 모순에 빠지게 된다. 왜냐하면 「공익사업을 위한 토지 등의 취득 및 보상에 관한 법률」에 기한 손실보상의 경우 그 발생원인은 공법상의 원인이고, 그 법률관계는 공법관계이며, 그 권한과 의무는 공권력주체에게만 귀속되는 것인데, 사법설에 따르면 결과적으로는 발생된 손실에 대하여 기업자가 보상해야 한다는 법이 부여한 법률효과라는 면에서 그 보상관계는 사법관계가 되어야 할 것이기 때문이다.

2. 공법설과 사법설

위에서 언급한 바와 같이 국가배상청구권의 성질에 따라 국가배상법을 보는 입장도 나뉘어진다.

즉 국가배상법을 공법으로 보는 입장에 따르면 국가배상법은 공권인 국가배상청구권의 실현에 관한 법이고, 따라서 국가배상법은 공법상의 원인행위에 따른 공법상의 법적 분쟁을 해결하기 위한 법이기 때문에 당연히 공법이라고 한다.

이에 반해 국가배상법을 사법으로 보는 입장에 따르면 국가배상법은 민법의 특별법으로서 사법이고, 국가배상책임은 국가가 사인과 대등한 지위에서 지는 책임이며, 국가배상법 제8조가 민법을 준용하고 있으므로 국가배상법은 사법이라고 한다.

앞서 언급한 바와 같이 국가배상법은 공법상의 법률원인에 의하여, 공익실현을 위한 집행과정에서 불법적으로, 그리고 공법상의 공권력주체가 반드시 한쪽 당사자가 되는 법률관계를 규율하는 법이고, 또한 국가배상청구권은 공권이므로 그 근거법률인 국가배상법은 논리필연적으로 공법이다.

---

5) 예컨대 헌법재판소법 제40조는 헌법재판소의 심판절차에 관하여는 민사소송에 관한 법령을 준용하도록 규정하고 있는데, 그렇다고 헌법재판소법이 사법의 특별법으로 되는 것은 아니다.

3. 입법방침규정설과 직접효력규정설

(1) 입법방침규정설

입법방침규정설에 의하면 헌법 제29조는 구체적인 권리를 부여하는 것이 아니라, 손해배상요건 등이 법률로 보완되지 않는 한 단순한 입법방침에 불과하다는 입장이다. 즉 헌법 제29조 제1항에서 정하고 있는 '법률이 정하는 바에 의하여'라는 법률유보의 문구가 있기 때문에 국가배상청구권은 헌법에서 직접 효력을 발생하는 것이 아니라 헌법에 의해서는 추상적인 권리만 생기고 구체적인 법률이 있어야 국민에게 구체적인 국가배상청구권이 발생된다고 보는 입장이다.

(2) 직접효력규정설

직접효력규정설에 의하면 헌법 제29조를 근거로 직접 국가배상청구권이 도출되며 '법률이 정하는 바에 의하여'란 구체적인 기준이나 요건 및 절차만을 법률로 정한다는 의미로 이해하여야 한다는 입장이다. 즉 국가배상청구권은 헌법 제29조 제1항에 의하여 보장되는 구체적인 권리이고, 법률유보의 문구는 헌법에 의해 구체적으로 생긴 권리인 국가배상청구권의 행사절차·기준 등만 정하는 것이라고 본다.

이 설에 따르면 국가배상청구권은 헌법 제29조 제1항에서 정하고 있는 구체적 기본권이고, 국가의 불법적 행위로 국민에게 피해를 입힌 것은 어떠한 경우에도 정당화할 수 없기 때문에 국가의 불법행위로 인해 국민에게 손해가 발생한 경우에는 국가는 당연히 그 손해를 배상하여야 할 의무를 지게 되기 때문에 이러한 국가배상청구권은 구체적인 법률의 존재 유무에 관계없이 당연히 인정되는 것이고, 다만 국가배상법은 이러한 청구권을 구체적으로 실현하기 위한 절차나 기준 등만을 정하는 것이므로 직접효력규정설이 타당하다고 한다. 대법원은 헌법상 국가배상청구권이 구체적인 권리임을 인정하고 있다.[6]

국가배상청구권은 국가의 불법행위로 인해 국민에게 발생한 손해를 전보해주는 제도이고, 따라서 국가배상은 법치주의원리를 위반한 국가에게 배상에 대한 재량의 여지가 없는 국가의 의무이고 국민에게 당연히 인정되는 청구권적 기본권이며, 국가배상법은 이러한 청구권을 구체적으로 실현하기 위한 절차나 기준 등만을 정

---

6) 대판 1971. 6. 22. 70다1010.

하는 것이고, 만일 국가가 이러한 권리를 행사할 구체적 법률을 제정하지 않는다면 이는 위헌적 입법부작위에 해당되는 것인 만큼 국가배상청구권의 직접효력규정설을 부인할 수 없다고 할 것이다.

4. 재산권설과 청구권설

(1) 재산권설

헌법상 국가배상청구권은 헌법 제23조 제1항에 의해 보호되는 재산권의 한 내용이라고 본다. 이는 대법원의 과거 판결의 소수의견[7] 및 헌법재판소의 과거의견[8]이다.

(2) 청구권설

이 설에 따르면 헌법상의 재산권은 사유재산제도와 그를 바탕으로 하는 구체적 재산권의 보장을 위한 것이고, 국가배상청구권은 공무원의 직무상 불법행위에 의해서 비로소 발생하는 권리구제를 위한 청구권인데 단지 그것이 재산가치를 가지는 청구권일 따름이라고 한다.[9] 따라서 국가배상청구권이 재산적 가치를 가지고 있음을 부정할 수는 없지만 헌법이 국가배상청구권에 대해 재산권 규정과는 별도의 규정을 두고 있으며, 그 성질이 재산의 보호라기보다는 위법행위에 대한 권리구제수단의 보호라는 성격이 강하므로 국가배상청구권은 재산권이 아닌 권리구제를 위한 절차적 기본권으로서의 청구권이라고 본다. 이는 대법원 과거 판결의 다수의견이다.[10]

---

7) 대판 1971. 6. 22. 70다 1010: "헌법 제23조 제1항에 의하면 재산권의 내용과 한계는 법률로 정한다고 되어 있으며, 헌법 제29조에서 인정한 손해배상청구권이 위 헌법 제23조에서 말하는 재산권의 범주에 속하는 것임은 재론할 여지가 없다."

8) 헌재 1996. 6. 13. 94헌바20, 8-1, 475(484): "심판대상조항부분이 향토예비군대원의 국가배상청구권을 인정하지 아니하는 것은 헌법 제29조 제1항에 의하여 국민일반에 대하여 원칙적으로 인정되는 국가배상청구권을 향토예비군대원에 대하여는 예외적으로 이를 금지하는 것이고, 국가배상청구권은 그 요건에 해당하는 사유가 발생한 개별 향토예비군대원에게는 금전청구권으로서의 재산권임이 분명하므로, 심판대상조항부분은 결국 헌법 제23조 제1항에 의하여 향토예비군대원에게 보장되는 재산권을 제한하는 의미를 갖는다."

9) 예컨대 허영, 한국헌법론, 2019, 647.

10) 대판 1971. 6. 22. 70다 1010: "헌법 제26조는 공무원의 직무상 불법행위로 손해를 받은 국민은 국가 또는 공공단체에 배상을 청구할 수 있다고 규정하여 공무원의 불법행위로 손해를 받은 국민은 상을 분에 관계없이 누구든지 국가 또는 공공단체에 그 불법행위로 인한 손해전부의 배상을 청구할 수 있는 기본권을 보장하였고 …"

(3) 절충설

이 설에 따르면 국가배상청구권은 재산권적 성격과 청구권적 성격을 아울러 가진 것이라고 한다. 헌법재판소의 비교적 최근의 견해이다.[11)]

(4) 결 어

국가배상청구권은 공법상의 재산권적 성격과 청구권적 성격을 가진다고 보아야 할 것이다. 왜냐하면 재산권은 재산에 대한 모든 공법상·사법상의 모든 권리를 포괄하는 개념으로서 민법상의 소유권보다 넓은 개념이기 때문이다.[12)] 따라서 재산가치 있는 공법상의 권리(예컨대 공무원의 연금청구권·손실보상청구권 등)이 모두 재산권의 범위에 속하고,[13)] 따라서 공권적 성질을 가지면서 재산적 가치를 가지는 국가배상청구권은 재산권적 성격과 청구권적 성격을 모두 가진다고 보아야 할 것이다.

Ⅲ. 소송유형

앞서 언급한 바와 같이 국가배상청구권은 공권이고, 국가배상법은 공법이기 때문에 논리필연적으로 국가배상소송유형은 행정소송이 되어야 할 것이다. 왜냐하면 민사소송은 모든 민사상의 법적 분쟁에 관한 것이고, 행정소송은 헌법소송을 제외한 모든 공법상의 분쟁을 해결하기 위한 소송유형이기 때문이다.

따라서 국가배상소송을 민사소송으로 진행하고 있는 현행 제도는 정당화되기 어렵다. 만일 국가가 사인의 지위에서 행하는 국고행위에 관한 소송이라면 이는 본질상 사법상의 분쟁이므로 민사소송의 대상이 되어야 할 것이다. 그러나 국가배상청구는 위에서도 언급했듯이 국가가 공익실현을 위해 전형적인 공권력주체의 지위에서 행위한 결과이고, 따라서 이는 본질상 공법상의 분쟁으로 행정소송으로, 구체적으로는 공법상의 당사자소송으로서 행정소송법 제4장의 적용을 받아야 할 것이다.

---

11) 헌재 1997. 2. 20. 96헌바24, 9-1, 168(173): "우리 헌법상의 국가배상청구권에 관한 규정은 단순한 재산권의 보장만을 의미하는 것은 아니고 국가배상청구권을 청구권적 기본권으로 보장하고 있는 것이다."

12) 헌재 1992. 6. 26. 90헌바26, 판례집 4, 362(372).

13) 헌재 1994. 6. 30. 92헌가9, 판례집 6-1, 543(550-553).

따라서 국가배상법이 국가배상사건을 소송절차상 민사사건으로 다루고 있는 것과 국가배상청구권의 법적 성격을 공권으로 보는 것과는 서로 모순되는 것이 아니며, 국가배상청구권은 공권적 성격의 권리지만 청구절차를 민사사건으로 다루는 우리와 독일의 태도는 효과적이라는 견해는[14] 이론적으로 논리 일관적이지 못할 뿐 아니라 실무상의 실익적 측면에서도 부당하다. 아울러 이를 정당화하기 위해 독일의 경우를 예를 든 것도 적절하지 못하다.

결론적으로 이론상, 소송실무상 당연히 국가배상소송은 행정소송으로 가야 한다. 즉 이는 단순히 논리상·이론상의 문제뿐 아니라, 소송실익상, 특히 피해자인 일반국민의 효과적인 권리구제의 측면에서도 요구된다고 하겠다. 예컨대 직권심리주의, 입증책임의 전환, 시효중단 등의 문제를 비롯한 다양한 구별의 실익이 존재한다. 즉 민사소송이 아닌 행정소송으로 갈 경우 직권심리주의가 강하게 가미되어 소송진행의 효율성과 신속성이 제고될 수 있으며, 피해자의 권리구제에 유리할 수 있다. 또한 국가배상의 경우 불법의 입증책임이 중요한 문제로 대두되는데, 즉 위법여부와 고의·과실여부의 입증, 특히 고의·과실의 입증이 피해자인 국민이 부담하기에 매우 어려울 수 있는데, 이 문제가 행정소송으로 진행되면 입증책임이 가해자인 국가에게로 전환될 수 있고, 이는 원고인 피해자의 입장에서는 매우 유리한 측면이 있다. 그밖에도 다양한 실무상의 문제로 인해 민사소송으로 가느냐 행정소송으로 가느냐의 소송유형의 문제는 그 구별의 실익이 매우 크다고 볼 수 있는 것이다.

한편 독일의 경우 헌법(기본법 제19조 제4항)은 단지 국가배상의 경우 다른 소송절차가 마련되어 있지 않을 경우 민사소송의 길이 열려있다는 것이지 반드시 민사소송으로 간다는 것이 아니고, 따라서 행정소송의 길이 있으면 그리 간다는 뜻이며, 사실 이 규정이 도입될 당시 오랜 전통을 가진 보편적 소송유형인 민사소송과는 달리 특별소송으로서의 행정소송 등은 그 역사가 일천하고 금전적 배상 소송은 민법상의 손해배상과 유사한 점이 많기 때문에 당사자의 권리구제를 용이하게 하기 위해 일단 다른 소송유형이 마련되어 있으면 그리 가고 그렇지 못할 경우 포괄적 보충적으로 민사소송이 길이 마련되어 있다는 의미이다. 따라서 이는 이러한 역사적·현실적·전통적인 이유가 있고, 그것이 하나의 예외적 특성으로서 헌법(기본법 제19조 제4항)에 직접 규정되어 있기 때문에 우리와 비교하기 어려울 뿐 아니라, 그러한 전통적 관행도 사실 오늘날 원칙적으로 정당화되기 어렵다.[15]

---

14) 허영, 전게서, 648.

그리고 헌재의 결정은 그 쟁점이 소송유형이 아니라 국가배상청구권이 공권적 성질을 가지고 따라서 공법상의 특성과 사권과의 차별성이 인정된다는 것이지 소송유형이 민사소송이어야 한다거나 그것이 이론상 가능하다는 것을 판단하거나 전제로 한 것이 아니다.

Ⅳ. 국가배상청구권의 객체

국가배상책임을 지는 국가배상청구권의 객체는 국가 또는 공공단체이다. 공공단체란 지방자치단체, 공공조합, 영조물법인, 공법상의 재단을 말한다. 그런데 국가배상청구권의 객체를 국가 또는 '공공단체'라고 규정한 헌법 제29조 제1항과는 달리 국가배상법 제2조 제1항은 국가 또는 '지방자치단체'라고 공공단체의 범위를 지방자치단체로만 국한해서 규정하고 있다.

이처럼 헌법 제29조는 배상책임자로서 '국가 또는 공공단체'를 규정하고 있는데, 국가배상법은 '국가 또는 지방자치단체'라고만 규정함으로써 지방자치단체를 제외

---

15) 법원조직법(GVG) 제13조의 개괄조항(Generalklausel)에 의해서 뿐만 아니라 기타의 각 특별법조항에 의하여서도－그 해당 사건의 근거법규범이 사법의 영역에 속하건 아니건 간에 그 근거법규의 성격에 관계없이－그 각각의 해당 사항이 민사재판의 관할에 속하게 되는 경우가 있다. 그 해당 법률관계의 실질적 성격에 관계없이 이처럼 민사재판의 관할로 정해지는 경우는 대체로 다음과 같은 경우이다.

a) 기본법 제34조 제3문에서 규정하고 있는 공무원의 불법행위 등으로부터의 손해배상청구권과 그 해당 공무원에 대한 국가의 구상권의 문제
b) 기본법 제14조 제3항 제4문과 동법 제15조 제2문에서 규정하고 있는 공용침해에 대한 손실보상(Enteignungsentschädigung)의 액수에 대한 분쟁
c) 행정법원법 제40조 제2항에 따른 공익상의 희생에 대한 재산권적 청구권(vermögensrechtliche Ansprüche aus Aufopferung), 공법상의 위탁(Verwahrung)관계로부터의 재산상의 청구권, 공법상의 의무위반으로부터의 모든 손해배상청구권에 대한 문제
d) 우편법(PostG) 제26조 제2항에 따른 공법상의 우편물관계에서 발생하는 모든 청구권의 문제

이처럼 성격상 공법상의 영역에 속하는 법률관계가 각 개별 법규범의 특별조항에 의해 민사재판의 관할하에 들어가게 된 것은 역사적 배경에서 유래한다. 예컨대 공무원의 불법행위에 따른 손해배상청구권이나 공용침해에 따른 손실보상에 대한 결정은 법관의 완전한 독립성이 통상법원에게만 보장되고 다른 법원－예컨대 행정법원－에게는 보장되지 않았던, 따라서 실제로 이런 법원의 경우에 판결 자체가 법관이 아닌 일반 행정공무원에 의하여 이루어졌던 시절에 국민의 재산권 등의 기본권 보장을 위하여 헌법의 규정에 따라 통상법원에 관할에 속하게 되었던 것이다. 이러한 역사적 관례가 통상법원 이외의 다른 법원의 경우에도 법관의 완전한 독립성이 보장되고 있는 오늘날에도 이어져 내려와 앞서도 언급했듯이 연방행정법원법 제40조 제2항이 국가손해배상이나 손실보상과 밀접한 관련이 있는 공법적 성격을 가진 분쟁을 민사재판의 관할권에 속하는 것으로 규정하고 있는 것이다.

그러나 이러한 관례는 과거에는 몰라도 모든 재판제도와 법관제도가 달라진 현재에는 전혀 합리적인 근거가 없는 것으로서, 앞서 언급한 민사재판의 관할에 속하는 공법상의 분쟁은 그 법률관계의 본질에 따라 행정법원의 관할에 속하는 것으로 관계 법규범의 개정이 있어야 할 것이다.

이에 대하여 정연주, 독일의 사법제도, 83-84 참조.

한 공공단체에 의한 배상책임에 대하여는 아무런 언급이 없다. 이에 대하여는 다음과 같은 견해가 있다:

첫째, 지방자치단체는 예시적 규정으로 그 밖의 공공단체로 확대해석해야 한다는 견해가 있으나,[16] 이는 합헌적 법률해석의 한계를 넘어선 확대해석이다.

둘째, 헌법의 취지는 모든 공공단체에 대하여 동일 법률에 따라 배상하여야 한다는 것을 정한 것은 아니므로 헌법상 문제가 없다는 견해가 있다. 이에 따르면 지방자치단체의 경우에만 국가배상법의 적용을 받고, 그 밖의 공공단체의 경우에는 민법의 적용을 받게 된다는 것인데, 지방자치단체와 그 밖의 공공단체는 공히 마찬가지로 행정주체로서 같은 공행정작용을 발하면서도 각기 법적 성질이 전혀 다른 법률에 의한 적용을 받는다는 것이 평등의 원칙에 위반되고, 아울러 민법에 의한 배상이 충분치 못한 경우 기타의 공공단체 공무원에 의해 손해를 입은 피해자는 지방자치단체 공무원에 의해 손해를 입은 피해자에 비하여 불리한 입장에 놓이게 되며, 또한 국가배상책임을 공법적 책임, 국가배상법을 공법으로 보는 입장에 따르면 지방자치단체에 의한 배상책임은 공법인 국가배상법의 적용을 받도록 하면서 기타의 공공단체에 의한 배상책임은 민법의 규율대상으로 하는 것은 논리적이지 못하다.

따라서 국가배상법 제2조에서 배상책임자를 공공단체 중 지방자치단체로만 한정해서 규율한 것은 국가배상법의 입법취지에 반하고, 헌법상 보장된 국가배상청구권이라고 하는 청구권적 기본권을 차별적으로 제한하는 것으로서 위헌의 소지가 있다고 하겠다.

V. 국가배상청구권의 성립요건과 관련하여

국가배상책임에는 헌법 제29조 제1항 및 국가배상법 제2조에 따른 공무원의 직무상 불법행위로 인한 배상책임과 국가배상법 제5조에 따른 영조물의 설치·관리상의 하자로 인한 배상책임의 두 가지 유형이 있다. 여기서는 논란이 되는 것을 중심으로 살펴보기로 한다.

---

16) 국가배상법상 배상책임의 주체를 지방자치단체로 한정한 것의 문제점 지적 및 지방자치단체를 하나의 예시규정으로 해석해야 한다는 주장에 대하여는 정준현, "국가배상의 책임주체와 과실책임에 관한 연구", 미국헌법연구, 22권 1호, 2011, 340 이하 참조.

1. 공무원의 직무상 불법행위

(1) 직무상 행위의 범위

국가배상청구권을 인정하기 위한 직무행위의 범위에 대해서는 권력작용에 한정된다는 협의설(대판 1969. 4. 22, 68다2225 참조), 권력작용과 관리작용을 포함한다는 광의설, 국가의 사경제작용까지 모두 포함된다는 최광의설(대판 1957. 6. 15, 4290민상118 참조)이 대립하고 있다. 광의설이 지배적인 견해이다.

대법원은 직무의 범위를 행정작용 중 권력작용과 관리작용에 한정해서만 국가배상을 인정하고 있다.[17)]

국가배상책임의 성질을 사법설로 보면 최광의설이 타당하고, 공법설로 보면 광의설이 타당하다는 결론에 도달하게 되는데, 국가배상책임의 성질을 공법적 책임으로 보는 입장에서는 논리필연적으로 광의설을 취하게 된다.

첫째, 국가배상책임은 공법상의 법률관계에서의 공법상의 원인에 의해 발생한 책임이므로, 국가가 사인의 지위에서 사법상의 원인에 의해 행위한 결과 발생한 손해는 민사상의 책임으로서 제외된다.

둘째, 국가의 사경제작용에 의한 손해에 대하여는 헌법 이전에 이미 사법상의 배상책임이 인정되었기 때문에, 헌법 제29조나 국가배상법은 오히려 공행정작용에 대하여 국가책임을 인정했다는 데에 의의가 있다.

셋째, 사경제작용으로 인한 배상책임을 직무행위에서 제외시켜 민법의 적용대상으로 삼을 경우 국가는 주의의무를 입증함으로써 면책될 수 있어 피해자에게 불리하다는 견해가 있는데, 민법 제756조의 사용자책임이 국가를 상대로 한 소송의 경우에는 피해자보호를 위한 무과실책임·위험책임·보상책임의 성질을 갖게 되므로, 오늘날 동조의 사용자의 면책규정이 사실상 적용될 여지가 없다.

넷째, 협의설의 경우 비권력작용을 제외시키는 것은 오늘날 비권력작용의 양적·질적 확대를 도외시한 것이고, 비권력작용 역시 전형적인 공법상의 법률원인에 의한 공법작용이라는 점에서 설득력이 없다.

한편, 국가배상청구권은 공무원의 직무집행에 당하여 손해가 발생한 경우에 인

17) 대판 1999. 6. 22. 99다7008: "국가 또는 지방자치단체라 할지라도 공권력의 행사가 아니고 단순한 사경제의 주체로 활동하였을 경우에는 그 손해배상책임에 국가배상법이 적용될 수 없고 민법상의 사용자책임 등이 인정되는 것이고 국가의 철도운행사업은 국가가 공권력의 행사로서 하는 것이 아니고 사경제적 작용이라 할 것이므로…" (대판 1970. 11. 24, 70다1148; 1970. 7. 28, 70다961 참조).

정되는 바, 이러한 직무관련성에 관해서는 그 판단기준으로서 실질설과 외형설이 대립한다. 이에 대하여는 직무행위의 실질을 요구하는 실질설보다는 직무행위와 외형상 관련있는 것으로 인정되는 행위까지 포함하는 외형설이 학계의 일반적인 견해이다. 대법원도 외형설에 입각하여 직무관련성을 판단하고 있고, 이 견해가 피해자의 보호에 보다 충실하다고 하겠다.[18)]

(2) 불법행위

1) 내용

불법행위란 고의 또는 과실에 의하여 법령을 위반한 행위를 말한다. 여기서의 행위에는 작위 또는 부작위 모두가 포함됨은 물론이다. 법령위반, 즉 위법성은 성문법원의 위반뿐 아니라 불문법원의 위반도 모두 포함한다.

불법성은 위법행위가 고의 또는 과실로 이루어 진 것을 의미한다. 그리고 과실에는 중과실과 경과실 모두가 포함된다.

2) 입증책임

불법행위의 입증책임에 관하여는 원칙적으로 피해자인 원고에게 입증책임이 있다고 보는 것이 일반적이다.

먼저 공무원의 직무행위의 위법성에 대한 입증책임은 원칙적으로 이를 주장하는 원고, 즉 피해자측에 있다고 본다. 이는 국가의 행정작용은 일응 그의 적법성이 추정되며, 그 위법성 유무는 객관적 요건이므로 후술할 고의·과실의 입증책임에 비하여 상대적으로 피해자에 의한 입증이 용이하다고 볼 수 있기 때문이라고 하겠다.

아울러 고의·과실의 입증책임은 원고인 피해자에게 있다는 것이 일반론이다. 그러나 이처럼 위법성의 입증책임은 원고가 부담하나, 고의 또는 과실이라고 하는 책임성의 입증책임은 피고가 져야한다는 의견이 설득력이 있다. 이러한 입증책임의 전환은 첫째, 특별히 국가배상책임을 인정한 제도적 취지, 둘째, 피해자의 두터운 권리보호를 위하여, 셋째, 피해자인 원고 개인에 의한 공무원의 고의·과실의

---

18) 대판 1966. 6. 28. 66다 781: "'직무를 행함에 당하여'라는 취지는 공무원의 행위의 외관을 객관적으로 관찰하여 공무원의 직무행위로 보여질 때에는 비록 그것이 실질적으로 직무행위이거나 아니거나 또는 행위자의 주관적 의사에 관계없이 그 행위는 공무원의 직무집행행위로 볼 것이요 이러한 행위가 실질적으로 공무집행행위가 아니라는 사정을 피해자가 알았다 하더라도 그것을 '직무를 행함에 당하여'라고 단정하는데 아무런 영향을 미치는 것이 아니다."

입증의 사실상의 어려움으로 인해 책임성의 입증책임을 원고가 진다는 것은 너무 과도한 것을 요구한다는 점에서, 넷째, 위법성이 입증되면 일응 책임성이 추정된다는 점에서 주장될 수 있다.[19] 따라서 입증책임은 피고측인 국가에게로 전환되어야 할 것이다.

이에 따라 피해자측인 원고가 공무원의 위법한 직무행위에 의하여 손해가 발생하였음을 입증하게 되면, 공무원에게 고의·과실이 있는 것으로 추정되고, 따라서 피고측인 국가가 공무원 자신에게 고의·과실이 없음을 입증하여 그 추정을 깨지 못하는 한 배상책임을 지는 방향이 되어야 할 것이다.

2. 영조물의 설치·관리상의 하자

(1) 설치·관리상의 하자의 의의

'설치·관리'란 영조물의 설계·축조와 그 후의 유지·수선 및 보관작용을 의미하며, '하자'란 통상적으로 갖추어야 할 안전성을 결여하였음을 의미한다. 따라서 영조물의 설계로부터 발생한 하자와 그 후에 발생된 일체의 하자가 모두 포함된다.

이러한 하자의 유무는 당해 영조물의 구조·용법·장소적 환경 및 이용상황 등 제반사정을 종합적으로 참작하여 구체적·개별적으로 판단해야 한다. 결국 설치·관리의 하자의 유무는 객관적인 상태에 의하여 판단할 것으로서 객관적인 안정성이 결여되고, 따라서 그 영조물의 설치·관리상에 만전을 기하지 못한 경우라 하겠다.[20] 그런데 설치·관리의 하자가 무엇을 의미하는 가에 관하여 주관설·객관설·절충설이 대립하고 있는 바, 이는 객관적 안전성이 결하였는지에 대한 판단에 있어서 설치·관리자의 귀책사유가 고려되어야 하는지의 여부에 대한 다툼이다.

1) 객관설

하자의 유무는 객관적으로 보아 안전성을 결여하였는지의 여부에 의하여 판단을 해야 하므로 그것이 설치·관리자의 작위 또는 부작위 의무의 위반으로 생긴 것인지는 전혀 문제되지 않는다고 한다. 따라서 하자의 유무와 그 하자발생에 있어서의 과실유무는 별개의 문제로 보아 본조의 배상책임을 무과실책임으로 본다.[21]

19) 일정한 법익침해 행위에 대하여 위법성을 조각할 정당한 사유가 없으면 고의나 과실 또한 있는 것으로 추정해야 한다는 견해로서 정준현, 전게논문, 351.

20) 대판 1967. 2. 21. 66다1723.

2) 주관설(의무위반설)

하자를 관리자의 영조물에 대한 안전확보의무 내지 사고방지의무위반에 기인하는 물적 위험상태로 파악하는 견해이다. 이 설에 따르면 본조의 배상책임은 무과실책임이 아니라, 하자의 발생에 주관적 귀책사유가 있어야 한다고 한다.[22)]

3) 절충설

하자유무판단에 있어서 영조물 자체의 객관적 하자 뿐 아니라, 관리자의 안전관리의무위반이라는 주관적 요소도 아울러 고려해야 한다는 견해이다. 즉, 영조물 자체에 대한 안전확보의무 외에 기타 관리자의 안전관리의무를 결했을 때 배상책임을 인정하자는 것으로서, 이는 기본적으로는 주관설과 본질을 같이하면서도 주관설에서보다 국가책임을 강하게 지우자는 것이다. 그러나 이 역시 넓은 의미의 주관설이고, 다만 주관설의 안전확보의무를 고도로 객관화시킨 것으로, 주의의무의 대상과 범위가 확대되는 것이다. 예컨대 안개 등 기상악화 예상 시 도로 자체의 안전확보 이외에 도로관리자의 기상경고의무 등이 추가되는 것을 들 수 있다.

4) 결어

영조물의 하자로 인한 배상책임은 무과실책임이 아니라, 고도로 객관화된 안전확보의무(객관적 주의의무)의 위반에 따른 과실책임이라고 보아야 할 것이다. 그 이유는 다음과 같다.

첫째, 영조물의 하자발생, 즉 객관적 안전성의 결여 자체가 이미 국가 등의 영조물의 설치 · 관리상 요구되는 객관적 주의의무의 위반을 의미한다. 다시 말해 손해발생의 원인인 영조물의 하자는 통상적인 상황에서의 영조물의 객관적 안정성의 결여이며, 이는 곧 국가 등이 마땅히 이행해야 하는 안전확보의무의 위반을 의미한다. 따라서 만일 국가가 영조물의 설치 · 관리에 관한 객관적 주의의무(객관적 안전성확보의무)를 다했을 경우에는, 즉 과실이 없는 경우에는 영조물에 하자가 있다고 볼 수 없고, 따라서 통상적으로 갖추어야 할 안전성을 구비하고 있다고 보아야

---

21) 대판 1992. 9. 22. 92다30219: "국가배상법 제5조 소정의 영조물의 설치·관리상 하자로 인한 책임은 무과실책임이고 나아가 민법 제758조 소정의 공작물의 점유자의 책임과는 달리 면책사유도 규정되어 있지 않으므로 …". 동지 대판 1994. 11. 22. 94다32924 참조.

22) 대판 1992. 9. 14. 92다3243; 1997. 4. 22, 97다3194; 대판 1997. 6. 24. 97다10444; 대판 1998. 2. 13. 95다44658; 대판 2000. 4. 25. 99다54998.

하며, 그럼에도 불구하고 영조물로 인해 손해가 발생한 경우에는 영조물의 하자로 인한 손해가 아니라 일종의 불가항력(즉, 천재지변의 경우처럼 어떠한 주의의무를 기울이고 객관적 안전성이 확보되어 있더라도 발생할 수밖에 없는)으로 인한 손해의 발생으로서, 이 경우 국가는 과실 등의 책임이 없고, 따라서 국가는 배상책임을 지지 않는다고 보아야 한다.[23)]

둘째, 국가배상책임에 있어서 공무원의 직무상 불법행위로 인한 손해배상책임이 과실책임이라는 것과의 균형상, 그리고 국가배상법의 입법취지가 국가의 불법행위, 즉 위법하고 유책한 행위에 대한 구제를 목적으로 한다는 점에 비추어 영조물의 하자로 인한 배상책임도 과실책임이라고 보아야 한다.

셋째, 배상의 범위와 관련하여 과실상계를 인정하는 것(국가배상법 제3조의2 제1항 및 제5조 제1항 참조)은 본조의 배상책임이 과실책임주의에 입각하고 있다는 것을 전제로 한다고 할 것이다.

(2) 하자의 입증책임

하자의 입증책임은 일반적으로 그 하자를 주장하는 원고인 피해자에게 있다고 한다. 그러나 이 경우에도 공무원의 직무상 불법행위로 인한 손해배상책임에서의 공무원의 과실의 입증책임에서와 마찬가지로 피고측인 국가에게로 입증책임이 전환되어야 할 것이다. 왜냐하면 피해자 개인이 영조물의 하자, 특히 하자와 관련한 유책성을 입증하기란 사실상 어렵고, 영조물의 하자로 인해 손해가 발생했을 경우에는 일응 영조물의 설치·관리상의 하자 및 그 유책성이 추정될 수 있기 때문이다.

Ⅵ. 배상책임의 본질 및 배상책임자

1. 국가배상책임의 본질

국가배상책임의 본질에 대하여는 학설의 대립이 있다.

(1) 대위책임설

대위책임설은 국가배상제도의 연혁으로 보아 공무원의 직무상 불법행위로 인한

23) 대판 1964. 7. 14. 63다1098 참조.

손해배상책임은 원칙적으로 공무원이 부담하는 것인데, 헌법과 국가배상법에 따라 피해자를 보호하기 위하여 국가가 공무원을 대신하여 지는 일종의 대위책임이라고 본다. 그 근거로서 공무원의 위법행위는 국가의 행위로 볼 수 없다는 점, 국가배상법 제2조 제1항은 공무원의 개인책임을 전제로 하고 있다는 점, 국가배상법 제2조 제2항에 의해 국가가 공무원에게 구상권을 행사할 수 있다는 점을 든다. 이에 따르면 형식적으로는 국가의 당해 공무원에 대한 구상권을 인정하고 있는 것과 실질적으로는 국가배상책임은 민법의 사용자책임이라고 보는데 근거한다. 이 견해에 의할 때, 직접행위자인 공무원은 행위자로서 피해자에게 민사상 불법행위책임을 지게 되며, 따라서 국가와 공무원의 책임이 병존한다.

이 설에 대하여는 연혁적으로 국가무책임사상에 그 뿌리를 두고 있는 다분히 권위적인 국가사상의 잔영이라는 비판이 가해진다.24)

(2) 자기책임설

자기책임설은 국가의 배상책임은 국가 자신의 행위에 대한 스스로의 책임이라고 한다. 즉 국가배상책임의 본질은 국가가 자신의 행위에 대하여 자기책임을 지는 것이기 때문에 국가가 배상책임자이고 국가에 대해서만 배상청구를 할 수 있다는 것이다. 다시 말해 국가가 공무원의 불법행위에 대한 배상책임을 지는 것은 국가의 기관에 해당하는 공무원의 행위에 대한 일종의 위험부담으로서의 자기책임을 지는 것이지, 공무원이 져야 할 책임을 국가가 대신해서 져주는 일종의 사용자책임의 성질을 가지는 것은 아니라고 한다. 이 견해는 국가는 행위를 공무원에 의하여 행하므로 공무원의 행위에 의한 효과는 귀책사유를 불문하고 모두 국가에게 귀속되어야 한다는 것과, 헌법과 국가배상법의 규정에 공무원을 대신한다는 규정이 없음을 논거로 든다. 이 견해에 의하면, 공무원은 배상책임의 주체가 되지 않는다.

이 설이 학계의 다수설이라고 볼 수 있다.25)

(3) 절충설

절충설은 국가의 공무원에 대한 구상권을 기준으로 공무원이 고의·중과실에 의해 불법행위를 한 경우에는 국가의 구상권이 인정되므로 이 경우에는 대위책임의

24) 예컨대 허영, 전게서, 652.

25) 권영성, 전게서, 624; 허영, 전게서, 653; 성낙인, 헌법학, 법문사, 2013, 848.

성격이, 경과실에 의한 경우에는 구상권이 인정되지 않으므로 국가의 자기책임이라고 본다. 이 견해는 공무원의 고의·중과실에 의한 행위는 공무원 개인의 책임에 의한 행위이지 국가의 행위로 포섭할 수 없는 것이지만 국민의 보호를 위해 국가가 대신 책임을 질 필요성이 있고, 공무원의 경과실의 경우에는 공무원의 행위를 국가에 귀속시킬 수 있기 때문에 국가의 자기책임이라고 한다. 이 견해에 의하면 공무원의 고의 · 중과실에 의하여 손해를 발생한 경우에는 공무원에게도 책임이 인정되나, 경과실에 의한 경우에는 공무원 개인에 대한 배상책임이 인정되지 않는다.

대법원 판례는 몇 차례의 입장변경을 거쳐 현재 절충설을 취하고 있다.[26]

이에 대하여 절충설은 국가배상법이 정하는 구상권의 유무에 따라 국가배상책임의 본질을 정하려는 입장으로서 국가배상책임의 본질은 헌법이론적인 접근에 의해서만 파악될 수 있는 헌법차원의 문제이지 구상권에 관한 실정법률의 규정에 따라 정해질 성질의 문제는 아니라는 비판이 가해진다.[27]

(4) 결 어

국가 또는 공공단체는 법인의 경우와 같이 그 기관의 지위에 서는 공무원(자연인)을 통하여 행위를 하게 되므로, 그 기관으로서의 공무원의 행위의 효과는 그것의 적법 · 위법 여부를 불문하고 국가 또는 공공단체에 귀속되어야 할 것이다. 따라서 국가 등이 공무원의 선임 및 직무감독에 대한 책임이 있는 경우는 물론, 이에 대한 책임이 없는 경우, 즉 공무원의 선임 및 직무감독에 충분한 주의를 다했을 경우라도 공무원의 직무상 불법행위에 대하여 직접 자기의 책임을 부담해야 할 것이다. 아울러 이것이 피해자에 대한 충분한 구제의 목적과 국가배상법의 입법취지

26) 대판 1996. 2. 15. 95다38677: "국가배상법 제2조 제1항 본문 및 제2항의 입법 취지는 공무원의 직무상 위법행위로 타인에게 손해를 끼친 경우에는 변제자력이 충분한 국가 등에게 선임감독상 과실 여부에 불구하고 손해배상책임을 부담시켜 국민의 재산권을 보장하되, 공무원이 직무를 수행함에 있어 경과실로 타인에게 손해를 입힌 경우에는 그 직무수행상 통상 예기할 수 있는 흠이 있는 것에 불과하므로, 이러한 공무원의 행위는 여전히 국가 등의 기관의 행위로 보아 그로 인하여 발생한 손해에 대한 배상책임도 전적으로 국가 등에만 귀속시키고 공무원 개인에게는 그로 인한 책임을 부담시키지 아니하여 공무원의 공무집행의 안정성을 확보하고, 반면에 공무원의 위법행위가 고의 · 중과실에 기한 경우에는 비록 그 행위가 그의 직무와 관련된 것이라고 하더라도 그와 같은 행위는 그 본질에 있어서 기관행위로서의 품격을 상실하여 국가 등에게 그 책임을 귀속시킬 수 없으므로 공무원 개인에게 불법행위로 인한 손해배상책임을 부담시키되, 다만 이러한 경우에도 그 행위의 외관을 객관적으로 관찰하여 공무원의 직무집행으로 보여질 때에는 피해자인 국민을 두텁게 보호하기 위하여 국가 등이 공무원 개인과 중첩적으로 배상책임을 부담하되 국가 등이 배상책임을 지는 경우에는 공무원 개인에게 구상할 수 있도록 함으로써 궁극적으로 그 책임이 공무원 개인에게 귀속되도록 하려는 것이라고 봄이 합당하다."

27) 허영, 전게서, 652.

에 부합할 것이다.

한편 국가배상의 경우 공무원 자신의 책임은 면제되지 아니하고, 공무원의 고의·중과실의 경우 국가 등이 공무원에게 구상할 수 있도록 되어 있는데, 이 경우 공무원 자신의 책임은 국가 등의 구상에 응할 책임 등 공무원 자신의 비난가능성이 높은 고의 · 중과실에 대한 도의적 책임이며, 국가 등의 구상권은 이러한 공무원의 비난가능성이 높은 도의적 책임에 대한 일종의 징계권의 행사로서 공무원의 그 내부적 근무관계에서의 국가 등에 대한 변상의무이지, 피해자에 대한 대외적인 책임은 아닌 것이다. 결국 국가 등의 구상권의 유무와 국가배상책임의 성질은 전혀 별개의 문제인 것이다. 또한 국가배상책임이 대외적 책임이라면 충분한 배상능력이 없는 공무원이 대외적으로 배상할 수 없는 현실을 설명할 수가 없다. 그리고 절충설의 입장 또한 구상권을 경과실에도 인정해야 논리적이라는 점에 비추어 볼 때 타당하지 못하다. 이 점에서 볼 때 대위책임설과 절충설은 국가무책임사상에 뿌리를 두고 있는 권위적인 국가사상의 잔영이라고 밖에 볼 수 없다.

그런데 이러한 국가배상책임의 성질문제는 국가배상의 선택적인 청구가능성의 문제와 직결되므로 그 문제와 관련하여 아래에서 관련 판례(대판 1996. 2. 15, 95다38677)와 더불어 다시 언급하기로 한다.

2. 배상책임자 선택적 청구의 문제

가해자인 공무원이 피해자에게 직접적인 배상책임을 지는 가의 문제, 즉 피해자가 국가 또는 공공단체와 가해 공무원 중 어느 쪽에나 선택적으로 배상을 청구할 수 있는 지가 문제가 될 수 있다.

(1) 긍정설

헌법 제29조 제1항 제2문이 "이 경우 공무원 자신의 책임은 면제되지 아니한다."라고 규정하고 있듯이 공무원의 민사상 · 형사상의 책임이 면제되는 것은 아니므로 피해자는 국가 또는 공공단체에 대한 청구권과 가해자인 공무원에 대한 청구권을 선택적으로 행사할 수 있다고 본다. 대법원의 1972년도 판례의 입장이기도 하다.[28)]

28) 대판 1972. 10. 10. 69다701: "… 헌법 제26조 단서는 국가 또는 공공단체가 불법행위로 인한 손해배상책임을 지는 경우 공무원 자신의 책임은 면제되지 아니한다고 규정하여 공무원의 직무상 불법행위로 손해를 받은 국민이 공무원 자신에게 대하여도 직접 그의 불법행위를 이유로 손해배상을 청

(2) 부정설

이 설에 따르면 피해자는 국가 또는 공공단체에 대해서만 청구권을 행사할 수 있다고 본다. 즉 헌법 제29조 제1항 제2문의 공무원의 책임은 국가배상법 제2조 제2항에 의하여 공무원이 국가 또는 공공단체에 대한 내부적 구상책임으로 구체화된 것으로 이는 일종의 징계책임이지 대외적인 국가배상책임이라고 볼 수 없고, 국가배상책임의 본질을 국가의 자기책임으로 보는 입장에서는 당연히 국가만이 배상책임자일 수밖에 없으며, 피해자구제의 만전을 기하기 위한 배상자력의 담보에 그 취지가 있는 만큼 충분한 배상능력을 가진 국가만이 배상책임자가 된다는 입장이다. 이는 대법원의 1994년도 판결의 입장이다.[29]

(3) 절충설

이 설은 구상권의 유무를 기준으로 하여 불법행위가 공무원의 고의·중과실로 인한 경우에는 국가의 공무원에 대한 구상권이 인정되므로 피해자의 선택적 청구가 인정되고, 경과실로 인한 경우에는 구상권이 인정되지 아니하므로 피해자의 선택적 청구가 부정된다는 입장이다. 이는 앞서 소개한 1996년도 대법원 판례의 입장이다.[30]

(4) 결 어

생각건대 선택적 청구는 부정된다고 본다. 첫째, 헌법 제29조 제1항 단서에서 말하는 공무원 자신의 책임은 국가 등의 구상에 응하는 등 공무원 자신의 비난가능성이 매우 높은 고의·중과실에 대한 도의적 책임으로서 국가기관 내부에서의 근무관계에서 오는 책임추궁의 한 형식이지, 대외적인 관계에서 피해자에게 지는 손해배상책임은 아니며, 둘째, 공무원 개인이 직접적으로 배상책임을 지게 되면 고의·중과실의 경우에만 구상권을 인정하는 것과 균형이 맞지 않고, 셋째, 피해자는

구할 수 있음을 규정하여 국가배상법의 공무원 자신의 책임에 관한 규정여하를 기다릴 것 없이 공무원 자신이 불법행위를 이유로 민사상의 손해배상책임을 져야할 법리임에도 불구하고 …"

29) 대판 1994. 4. 12. 93다11807: "공무원의 직무상 불법행위로 인하여 손해를 받은 사람은 국가 또는 공공단체를 상대로 손해배상을 청구할 수 있고, 이 경우에 공무원에게 고의 또는 중대한 과실이 있는 때에는 국가 또는 공공단체는 그 공무원에게 구상할 수 있을 뿐, 피해자가 공무원 개인을 상대로 손해배상을 청구할 수 없는 것이다 …"

30) 대판 1996. 2. 15. 95다38677.

가해자인 공무원 개인 보다 국가 등으로부터 충분한 배상을 받을 수 있고, 넷째, 국가배상법은 공무원의 부담을 경감시키고 직무집행의 위축을 방지하기 위하여 충분한 자력을 가진 국가 또는 지방자치단체만을 배상책임자로 규정하고 있으며, 다섯째, 국가배상책임은 본질상 국가의 자기책임이기 때문에 피해자에 대해서 오로지 국가만이 배상책임을 지는 것이 논리적이기 때문이다. 따라서 자기책임설을 취하면서 선택적 청구를 긍정하는 견해나 대위책임설을 취하면서 선택적 청구를 부정하는 견해는 모두 논리적으로 모순이다.

결국 이러한 이유 때문에 선택적 청구는 부정되어야 하고, 피해자는 국가에 대해서만 배상청구를 할 수 있으며, 이것이 국가배상청구권의 본질과 국가배상법의 입법취지에 부합된다고 하겠다.

Ⅶ. 군인 · 군무원 등에 대한 국가배상청구권의 제한

국가배상청구권도 기본권의 일종으로서 특정한 경우에는 기본권제한입법의 한계조항인 헌법 제37조 제2항에 의하여 제한될 수 있을 것이다. 그런데 추가로 헌법 제29조 제2항과 국가배상법 제2조 제1항 단서조항은 군인 · 군무원 등에 대하여 청구권을 제한하고 있다.

1. 헌법 제29조 제2항에 따른 제한의 내용

헌법 제29조 제2항은 국가배상청구권을 그 주체면에서 제한하는 규정을 두고 있다. 즉 "군인 · 군무원 · 경찰공무원 기타 법률이 정하는 자가 전투·훈련 등 직무집행과 관련하여 받은 손해에 대하여는 법률이 정하는 보상 외에 국가 또는 공공단체에 공무원의 직무상 불법행위로 인한 배상은 청구할 수 없다."라는 규정이 그것이다. 이 헌법규정을 구체화하는 국가배상법 제2조 제1항 단서도 "다만, 군인 · 군무원 · 경찰공무원 또는 향토예비군대원이 전투 · 훈련 등 직무집행과 관련하여 전사 · 순직 또는 공상을 입은 경우에 본인 또는 그 유족이 다른 법령의 규정에 의하여 재해보상금 · 유족연금 · 상이연금 등의 보상을 지급받을 수 있을 때에는 이 법 및 민법의 규정에 의한 손해배상을 청구할 수 없다."라고 규정함으로써 군인 · 군무원 등의 국가배상청구권을 제한하고 있다.

2. 연 혁

이 헌법규정은 초기에는 없다가 유신헌법에서 처음 도입된 규정으로 그 이전까지는 헌법 제29조 제1항과 같은 내용의 규정만 헌법에 규정되어 있었다.[31] 그런데 1960년대에 월남전 등으로 인하여 국가배상소송이 급격하게 증가하자 정부는 국가배상으로 인한 과중한 재정적 부담을 해소하기 위하여 군인·군무원 등에 대한 이중배상금지를 규정하는 법을 구국가배상법 제2조 제1항 단서에 신설하였다(1967. 3. 3 법률 제1899호). 그 후 대법원은 1971. 6. 22. 동 단서의 규정이 구 헌법 제26조에 의하여 보장된 국가배상청구권, 구 헌법 제9조의 평등의 원칙, 구 헌법 제8조의 인간으로서의 존엄과 가치 및 국가의 기본권최대보장규정에 위반되고, 구 헌법 제32조 제2항에 의한 한계를 넘어 기본권의 본질적 내용을 침해한 것이라며 위헌판결을 선고하자,[32] 1972. 12. 27. 유신헌법 제26조 제2항은 위헌시비를 제거하려는 의도에서 구 국가배상법 제2조 제1항과 같은 취지의 규정을 명문화함과 동시에 위헌판결로 무효가 된 구 국가배상법 제2조 제1항 단서를 1973. 2. 5. 법률 제2459로 개정하였다.

3. 문제점

그런데 이 헌법 및 국가배상법의 규정은 위헌이라는 비판이 오래전부터 제기되어 왔다. 이러한 제한은 군인·군무원·경찰공무원 등의 직업은 특별히 위험부담이 높은 직종에 속하는 것으로 이들 직업을 가진 사람이 그 직무집행과 관련하여 받은 손해에 대하여는 국가보상제도에 따른 보상이 있으면 되고 따로 국가배상청구권을 이중으로 인정할 필요가 없다는 이른바 이중배상금지의 원칙에 근거하고 있다. 그러나 이들 직업에 종사하는 사람들이 전사·순직·공상을 입은 경우에 본인 또는 그 유가족이 국가유공자예우 등에 관한 법률 등의 규정에 의해서 받는 재해보상금·유족연금·상이연금 등은 어디까지나 사회보장적인 성격의 것이고, 국가배상청구권은 일종의 불법행위책임적 성격의 것이기 때문에 국가보상과 국가배상은 전혀 그 성질을 달리하며, 따라서 이 양자 사이에는 법리상 이중배상 자체가 성립될 수 없다는 비판이 제기되어 왔고, 이는 위에서 소개한 대법원의 위헌판결의 기본바탕이기도 하다.

---

31) 제헌헌법 제27조 참조.

32) 대판 1971. 6. 22. 70다1010.

한편 헌법재판소는 이 헌법 및 국가배상법 규정에 대하여 제기된 사건에서 "헌법 제111조 제1항 제1호 및 헌법재판소법 제41조 제1항은 위헌법률심판의 대상에 관하여, 헌법 제111조 제1항 제5호 및 헌법재판소법 제68조 제2항, 제41조 제1항은 헌법소원심판의 대상에 관하여 그것이 법률임을 명문으로 규정하고 있으며, 여기서 위헌심사의 대상이 되는 법률이 국회의 의결을 거친 이른바 형식적 의미의 법률을 의미하는 것에 아무런 의문이 있을 수 없으므로, 헌법의 개별규정 자체는 헌법소원에 의한 위헌심사의 대상이 아니다. … 헌법은 전문과 각 개별조항이 서로 밀접한 관련을 맺으면서 하나의 통일된 가치 체계를 이루고 있는 것으로서, 헌법의 제규정 가운데는 헌법의 근본가치를 보다 추상적으로 선언한 것도 있고, 이를 보다 구체적으로 표현한 것도 있으므로 이념적 · 논리적으로는 규범 상호간의 우열을 인정할 수 있는 것이 사실이다. 그러나 이때 인정되는 규범 상호간의 우열은 추상적 가치규범의 구체화에 따른 것으로 헌법의 통일적 해석에 있어서는 유용할 것이지만, 그것이 헌법의 어느 특정규정이 다른 규정의 효력을 전면적으로 부인할 수 있을 정도의 개별적 헌법규정 상호간에 효력상의 차등을 의미하는 것이라고는 볼 수 없다. … 국가배상법 제2조 제1항 단서는 헌법 제29조 제1항에 의하여 보장되는 국가배상 청구권을 헌법 내재적으로 제한하는 헌법 제29조 제2항에 직접 근거하고, 실질적으로 그 내용을 같이하는 것이므로 헌법에 위반되지 아니한다."라고 판시함으로써[33] 이 문제에 대한 판단을 회피하고 있다.

한편 헌재는 이러한 이중배상금지제도에 바탕을 두고 있는 국가배상법 제2조 제1항 단서규정과 구상권 청구 배제문제와의 관련성에 대하여 "국가배상법 제2조 제1항 단서 중 군인에 관련되는 부분을, 일반국민이 직무집행 중인 군인과의 공동불법행위로 직무집행 중인 다른 군인에게 공상을 입혀 그 피해자에게 공동의 불법행위로 인한 손해를 배상한 다음 공동불법행위자인 군인의 부담부분에 관하여 국가에 대하여 구상권을 행사하는 것을 허용하지 않는다고 해석한다면, 이는 위 단서규정의 헌법상 근거규정인 헌법 제29조가 구상권의 행사를 배제하지 아니하는데도 이를 배제하는 것으로 해석하는 것으로서 합리적인 이유 없이 일반국민을 국가에 대하여 지나치게 차별하는 경우에 해당하므로 헌법 제11조, 제29조에 위반되며, 또한 국가에 대한 구상권은 헌법 제23조 제1항에 의하여 보장되는 재산권이고 위와 같은 해석은 그러한 재산권의 제한에 해당하며 재산권의 제한은 헌법 제37조 제2항에 의한 기본권제한의 한계 내에서만 가능한데, 위와 같은 해석은 헌법 제37조

33) 헌재 1995. 12. 28. 95헌바, 37-2, 841, 846-848. 동지의 결정 헌재 1996. 6. 13. 94헌마118등, 8-1, 500, 511-512; 2001. 2. 22. 2000헌바38, 13-1, 289, 294-295.

제2항에 의하여 기본권을 제한할 때 요구되는 비례의 원칙에 위배하여 일반국민의 재산권을 과잉 제한하는 경우에 해당하여 헌법 제23조 제1항 및 제37조 제2항에도 위반된다."라고 판시함으로써 국가배상법 제2조 제1항 단서규정이 일반국민의 구상권을 배제하는 것으로 해석해서는 아니된다는 점을 분명히 했다.[34)]

4. 군인 · 군무원 등의 국가배상청구금지제도의 위헌성

(1) 헌법 제29조 제2항의 내용상의 위헌성

지금까지 살펴본 바와 같이 대법원은 군인·군무원 등의 국가배상청구금지제도를 주로 평등의 원칙위반을 이유로 위헌이라고 판시했다.[35)] 결론적으로 이 판결은 -비록 헌법에 동일한 내용의 규정이 없을 때 내려진 판결이지만-내용에 있어서 타당하다고 할 수 있다. 여기서 이 제도의 위헌성을 체계적으로 살펴보면 다음과 같다.

1) 대법원판결도 언급한 바와 같이 재해보상금 등의 법률이 정하는 국가보상과 불법행위에 대한 국가배상은 그 성립원인과 목적 및 성질을 달리한다. 따라서 양 제도는 이중배상의 관계에 있지 아니하다. 즉 국가배상은 불법행위를 원인으로 한 기본권침해의 경우에 국가가 그 손해를 전보하는 것으로 이는 위법한 공권력 작용에 대한 권리구제를 내용으로 하는 법치주의원리와 헌법 제29조를 근거로 하고 있는 반면, 재해보상금 등의 국가보상은 불법행위를 원인으로 하는 것이 아니라, 군인·군속 등의 복무중의 봉사 및 희생에 대하여 이를 보상하고 퇴직 후의 생활 또는 유족의 생활을 부조함에 그 사회보장적 목적이 있는, 즉 이들 특수직종에 종사하는 자들에 대한 사회보장적 배려로서 이는 사회국가원리와 헌법 제34조 등에 근거한 일종의 입법정책의 문제인 것이다. 따라서 전자는 군인·군무원 등의 피해자에게 직접 헌법 제29조에 근거하여 인정되는 일종의 청구권적 기본권으로서 이의 이행은 국가의 의무에 속하는 사항이지만, 후자는 이를 구체화하는 근거법률을 통해서만 비로소 당사자에게 인정될 수 있는 일종의 사회적 기본권으로서 이의 이행은 재정 등을 고려한 국가의 입법적 재량에 속하는 것이다. 이처럼 양 제도는 그

34) 헌재 1994. 12. 29, 93헌바21, 6-2, 379.

35) 이러한 군인·군무원 등의 국가배상청구금지제도가 평등의 원칙상 위헌의 소지가 있다는 견해로는 구병삭, 신헌법원론, 1993, 638쪽; 김남진, 행정법I, 1997, 579쪽; 김동희, 행정법I, 1998, 467쪽; 박윤흔, 행정법(상), 1998, 661쪽.

성립원인과 목적 및 성질을 달리하므로 이중배상의 관계에 있지 않고, 따라서 군인 · 군무원 등에 대해서만 국가배상청구권을 금지하는 것은 다른 직종의 피해자들과 비교해 볼 때, 이들을 부당하게 차별하는 것으로서 평등의 원칙에 위배된다고 할 수 있다. 사실 다른 직종의 피해자들과 비교해서 군인·군무원 등의 매우 위험부담이 높은 직무의 특성에서 오는 합리적 차별사유를 고려할 때 오히려 이들에게 국가배상 이외에 국가보상을 '이중적으로' 배려해주는 것이 타당하다고 볼 수도 있으며, 이러한 논리가 오히려 합리적 차별사유가 존재할 경우 차별을 요구하는 것을 내용으로 하는 배분적 정의에 입각한 상대적 평등의 원칙에 부합된다고도 볼 수 있다. 만일 국가의 재정적 이유 등으로 이러한 이중적 배려가 불가능할 경우라면 당연히 국가의 의무에 속하는 국가배상을 이행하여야 할 것이고, 국가의 재량에 속하는 국가보상이 부정되어야 할 것이다.

2) 아울러 군인 · 군무원 · 경찰공무원 등 이외의 위험부담이 높은 직종에 종사하는 다른 공무원들에게는 국가배상청구권이 인정된다는 점에서, 그리고 다른 법률이 정하는 보상의 액수가 국가배상법이나 민법에 따른 배상액수보다 적을 경우－더 많지는 못할망정－등을 고려해 볼 때, 이 제도는 명백히 평등의 원칙에 위배되는 것이다

3) 또한 대법원판결에서도 언급된 바와 같이 이처럼 군인 · 군무원 등에게 국가배상청구를 금지하는 목적중의 하나가 국고손실을 줄이겠다는 재정적 이유에서 기인했던 것으로 볼 수 있는데, 국가배상이 국가의 불법행위를 원인으로 한다는 점을 고려할 때 이러한 이유는 국가배상청구권이라고 하는 기본권의 박탈을 정당화시킬 수 있는 목적이라고 볼 수 없다. 따라서 이 제도는 비례의 원칙과 기본권의 본질적 내용침해금지의 원칙을 위반한다고 볼 수 있다.

결국 군인 · 군무원 등의 국가배상청구금지제도는 헌법 제11조의 평등의 원칙, 동법 제37조 제2항의 비례의 원칙과 기본권의 본질적 내용침해의 원칙 등 헌법의 기본적이고 본질적 내용에 속하는 규정 내지 원칙을 위반하여 이들의 국가배상청구권을 박탈하는 것이므로 당연히 위헌이라고 하겠다.

(2) 헌법 제29조 제2항에 대한 위헌심사 가능성

1) 헌법상의 근본규범과 통일성

① 주지하는 바와 같이 헌법상의 각 규정들은 형식적 · 내용적으로 상호 불가분

의 밀접한 관련을 맺고 있다. 헌법은 각기 상이한 개별조항들의 아무런 의미 없는 단순한 집합체가 아니며, 형식과 내용에 있어서 상호 유기적인, 그 자체 하나의 통일적인 가치체계인 것이다.[36] 즉 헌법은 국가 내지 공권력 그 자체의 존재와 기능을 정당화시켜주는 일정한 가치를 지향하는 하나의 체계적으로 조직화된 규범집합체인 것이다. 따라서 헌법은 당연히 이러한 근본적 가치질서의 구체적 실현형태로서의 일정한 기본원칙과 근본규범을 지니고 있으며, 이러한 기본원칙과 근본규범의 내용으로서는 일반적으로 민주주의원리, 법치주의원리, 사회국가원리 등의 기본원리와 이러한 기본원리를 바탕으로 한 기본권규정들이 언급되고 있다.[37] 헌법내의 기타의 규정들은 이러한 헌법의 기본원칙과 근본규범으로부터 유래된 것으로서, 이러한 기본원칙과 근본규범을 구체화시키고 보충하는 일종의 부수적인 역할을 하는 것이지 결코 자기목적적인 것이 아니다.[38] 따라서 헌법의 이러한 가치체계적 통일성으로부터 헌법의 모든 규정 내지 개정은 이러한 헌법의 기본원칙과 근본규범에 합치될 것이 요구된다.[39]

헌법은 이처럼 내용과 기능 및 효력이 각기 상이한 다양한 규정들로 이루어져 있기 때문에 동일 헌법내에서라도 효력상 우선순위의 차이가 있는 규범들로 구성된 단계구조를 이루고 있다고 할 수 있다.[40] 따라서 일정한 헌법규정 내지 개정이 헌법의 기본원칙과 근본규범에 위배될 경우 그 해당규정의 위헌여부가 문제될 수 있으며, 앞서 언급한 바와 같이 헌법의 통일성과 단계구조로부터 논리필연적으로 위헌적인 당해 헌법규정 또는 개정의 무효 내지 금지의 결과를 야기하게 된다.

② 헌법개정의 한계문제를 직접 헌법에서 다룬 예가 바로 독일 기본법 제79조 제3항이라고 할 수 있다. 동조항은 "각 주에 의한 연방의 구성, 연방입법과정에의 각 주의 원칙적 참여 또는 기본법 제1조와 제20조에 내포되어 있는 기본원칙들에 저촉되는 기본법의 개정은 허용되지 아니한다."라고 규정함으로써 앞서 언급한 헌

36) Vgl. BVerfGE 1, 14(32); 7, 198(205); 19, 206(220); 33, 23(27); 34, 165(183); 49, 24(56); 55, 274(300); Hesse, Grundzüge des Verfassungsrechts der Bundesrepublik Deutschland, 16. Aufl., S. 11f., 26f.; Roellecke, Prinzipien der Verfassungsinterpretation in der Rechtsprechung des Bundesverfassungsgerichts, in: Bundesverfassungsgericht und Grundgesetz, Festgabe für das BVerfG, Bd. 2, 1976, S. 31ff.; Müller, Die Einheit, der Verfassung, S. 230.

37) Vgl. BVerfGE 1, 14(33ff.); Maunz/Zippelius, Dertsches Staatsrecht, 27. Aufl., S. 58ff.

38) Vgl. Maunz, in: Maunz/Dürig, Grundgesetz Kommentar, Art. 93, Rdnr. 23.

39) Vgl. BVerfGE 1, 14(31f.); 3, 225(231ff.); 4, 294ff.; Ulsamer, in: Maunz/Schmidt-Bleibtreu, BVerfGE Kommentar, 90, Rdnr. 83.

40) Stern, Das Staatsrecht der Bundesrepublik Deutschland, Bd. 1, 2. Aufl., 1984, S. 113; Herzog, Hierarchie der Verfassungsnormen und ihre Funktion beim Schutz der Grundrechte, EuGRZ 1990, S. 485.

법의 기본원칙과 근본규범, 즉 민주주의원리, 법치국가원리, 사회국가원리, 연방국가원리 등과 인간의 존엄과 가치를 정점으로 하는 각 기본권규정들의 본질적인 내용은 헌법내의 최상위규범의 효력을 가지는 근본규범으로서 합헌적인 절차에 의한다 할지라도 헌법개정의 대상이 될 수 없음을 명백히 하고 있다.[41]

이 기본법 제79조 제3항의 기본정신은 헌법(Verfassung)과 헌법률(Verfassungsgesetz)의 구별 및 이에 따른 헌법제정(Verfassunggebung)과 헌법개정(Verfassungsgesetzgebung)의 구별을 그 이론적 출발점으로 하는 Carl Schmitt의 헌법관에서 유래한다고 평가된다. C. Schmitt는 전체로서 하나의 정치적 통일체의 일회적인 근본결단으로서의 헌법제정행위와 이러한 제정헌법을 전제로 하고 이 제정헌법의 바탕위에서 비로소 그 효력이 발생되고 정당화되어지는 헌법률의 제정 내지 개정을 구별한다. 그에 따르면 이러한 헌법제정권자의 정치적 근본결단은 헌법률의 제정 및 개정을 비롯한 모든 규범정립작용에 우선하는 효력을 가진다.[42] 따라서 일정한 헌법률의 제정 및 개정은 이러한 정치적 근본결단으로서의 헌법에 위배되어서는 아니 될 본질적 한계를 지니고 있다.[43] 그러므로 새로운 헌법률의 제정 및 개정은 이러한 전체로서의 하나의 체계인 헌법의 동질성과 계속성을 유지하고 그에 부합하는 한도내에서만 가능한 것이고, 이를 통한 또 하나의 새로운 헌법의 제정은 허용될 수 없게 된다.[44] 결국 C. Schmitt의 견해에 따르면 헌법제정권자가 내린 정치적인 근본결단으로서의 헌법은 이에 근거한 헌법률과는 달리 헌법개정권자에 의해 절대로 침해될 수 없으며, 여기서 헌법제정권자의 근본결단으로서의 헌법은 형식적으로는 기본법 제79조 제3항에서 언급된 기본법상의 기본원칙과 근본규범에 해당된다고 볼 수 있는 논리적 유사성에 비추어 C. Schmitt의 헌법이론과 기본법 제79조 제3항의 기본정신 사이에 공통점이 발견될 수 있다.

2) 헌법 제29조 제2항에 대한 위헌심사의 가능성

① 헌법개정권력에도 헌법의 기본원리와 근본규범에 저촉되어서는 아니된다는 일정한 한계가 존재하며, 만일 헌법개정의 내용이 이러한 헌법의 기본원리와 근본규범에 명백히 저촉된다면 이 경우에도 역시－앞서 언급했듯이 규범상호간의 조화

---

41) BVerfGE 30, 1(24ff.); Maunz/Dürig, in: Maunz/Dürig, Grundgesetz Kommentar, Art. 79, Rdnr. 29; Hesse, AöR 98, S. 1ff.; Dürig, in: Festgabe für Th. Maunz, 1971, S. 41ff.

42) Vgl. C. Schmitt, Verfassungslehre, 1928, S. 23.

43) Vgl. C. Schmitt, aaO, S. 98.

44) Vgl. C. Schmitt, aaO, S. 103; ders, Die legale Weltrevolution, Der Staat 17, S. 324.

적인 해석이나 헌법의 변질 또는 헌법의 재개정 등의 방법으로 해결되지 못할 경우－최후의 수단으로서 헌법재판에 의한 심사와 통제가 이루어져야 할 것이다.[45] 헌법개정 내지 헌법개정권력의 한계를 인정하면서도 다른 한편 이러한 한계를 일탈한 헌법개정에 대한 위헌심사 자체를 부정하는 것은 그 자체가 논리적 모순이고, 헌법개정의 한계를 논하고 이를 인정하는 실익을 스스로 상실하는 것이다. 결국 앞서 언급한 바와 같이 헌법개정권력은 시원적인 헌법제정권력으로부터 근거하고 그것에 의하여 비로소 그 정당성을 인정받는다는 면에서 헌법제정권력과 구별되기는 하지만,[46] C. Schmitt의 견해와는 달리 양자 모두에게 일정한 한계가 존재하고, 따라서 그 한계를 명백히 일탈할 경우에는 이러한 일탈을 통제하고 해결하기 위한 최후의 수단으로서 헌법재판에 의한 위헌심사가 인정되어야 한다는 면에서는 본질적인 차이가 없다고 볼 수도 있다.

② 한편 독일 기본법 제79조 제3항에 의하여 규정된 헌법개정의 한계는 논리필연적으로 동조항 그 자체에게도 적용된다고 할 것이다. 이는 기본법 제79조 제3항의 입법취지와 규범논리적 요청(Gebot der Normlogik)의 측면에서 볼 때 당연한 것이라고 하겠다. 왜냐하면 그렇지 않을 경우 기본법 제79조 제3항 자체가 합헌적인 절차에 의하여 개정 또는 폐지될 수 있고, 그 다음 아무런 제한 없이 원래는 기본법 제79조 제3항에 의하여 그 개정이 금지되었던 헌법상의 근본규범들이 헌법개정에 의하여 침해될 수 있어 기본법 제79조 제3항의 존재목적과 의의를 상실할 것이기 때문이다.[47] 한편 이러한 위험성을 사전에 예방하기 위하여 기본법 제79조 제3항 그 자체를 헌법개정의 대상이 되지 아니한다고 명시적으로 규정하는 방법을 고려해 볼 수도 있지만, 이는 불필요하고 무의미하다고 생각된다. 왜냐하면 그러한 규정 역시 합헌적으로 개정 또는 폐지될 수 있고, 그 연후에 기본법 제79조 제3항을 개정 또는 폐지할 수 있기 때문이다.[48]

결국 헌법내의 일정한 근본규범에 저촉되는 헌법개정의 금지문제는 이에 관한 명시적인 실정법 규정의 존재 유무에 달려 있는 것이 아니라, 이와는 무관한 하나의 가치체계로서의 헌법의 본질과 이념 및 통일성에서 논리 필연적으로 도출되는 헌법이론의 문제인 것이다. 따라서 기본법 제79조 제3항의 존재유무에 관계없이 헌법상의 근본규범에 위배되는 일정한 헌법개정은 위헌적 헌법규정으로서 무효이

45) Vgl. BVerfGE 12, 45; Maunz, aaO, Art. 93, Rdnr. 23.

46) Vgl. Badura, Staatsrecht, 1986, S. 8.

47) Vgl. Maunz/Dürig, aaO, Art. 79, Rdnr. 50; Hesse, aaO, S. 265f.

48) Stern, aaO, S. 115f.

며, 헌법재판소는 이러한 개개의 헌법개정의 위헌심판을 담당해야 할 것이다.[49] 이런 점에서 우리 헌법의 경우에는 독일 기본법 제79조 제3항과 같은 헌법개정의 한계에 관한 규정이 없기 때문에 헌법개정에 대한 위헌심사를 인정할 수 없다는 헌법재판소의 견해는 타당하다고 볼 수 없다.

무릇 헌법재판의 본질과 기능은 헌법전 그 자체를 수호하는 데 있는 것이 아니라, 헌법상의 근본규범에 의하여 징표된 근본가치의 수호에 있는 것이고, 이러한 헌법상 가치의 핵은 헌법의 하위규범인 법률이나 명령·규칙·조례 등의 제정 및 기타의 일반적인 공권력작용에 의해서 뿐만 아니라, 헌법전내에 속해 있는 개개의 헌법규정 또는 개정에 의해서도 침해되어질 수 있기 때문에, 이러한 헌법상 근본규범에 위배되는 위헌적 헌법규정은 당연히 헌법재판에 의한 통제의 대상이 되어야 하기 때문이다. 이것이 바로 헌법의 최후의 수호자, 즉 헌법상의 기본원칙과 근본규범을 정점으로 해서 체계화된 헌법의 통일성의 수호자로서의 헌법재판소의 임무와 사명이며, 헌법재판제도의 궁극적 목적인 것이다. 따라서 이념적·논리적으로는 헌법규범 상호간의 우열을 인정하면서도 이러한 규범 상호간의 우열이 단지 추상적 가치규범의 구체화에 따른 것으로 헌법의 통일적 해석에 있어서는 유용할 것이지만, 그것이 헌법의 어느 특정규정이 다른 규정의 효력을 전면 부인할 수 있는 정도의 개별적 헌법규정 상호간에 효력상의 차등을 의미하는 것이라고는 볼 수 없으므로 헌법규정의 위헌 여부와 이에 따른 헌법재판소의 통제가능성은 인정될 수 없다는 헌재의 견해는 타당하다고 볼 수 없다.

3) 위헌심사의 구체적 방법 – 헌법소원심판에 의한 방법

헌법 제111조 제1항 제5호에 근거한 헌법재판소법 제68조 제1항 본문은 "공권력의 행사 또는 불행사로 인하여 헌법상 보장된 기본권을 침해받은 자는 법원의 재판을 제외하고는 헌법재판소에 헌법소원의 심판을 청구할 수 있다."라고 규정하고 있는데 여기서 '공권력의 행사'에는 모든 국가공권력 작용 – 법원의 재판은 제외 – 이 해당됨은 의문의 여지가 없으며, 따라서 입법작용 등의 규범정립작용이 당연히 이에 포함된다. 그런데 여기서 이러한 공권력작용에 개개의 헌법규정 또는 개정작용이 포함될 수 있는지가 문제된다.

결론적으로 헌법개정작용도 하나의 광의의 입법작용으로서 헌법재판소법 제68

49) Vgl. BVerfGE 30, 1(15ff.); 34, 9(19f.); Bryde, in: Grundgesetz Kommentar, hrsg. v. v. Münch, 2. Aufl., Art. 79, Rdnr. 25; Herzog, aaO, S. 485.

조 제1항의 공권력작용에 해당된다고 볼 수 있다. 왜냐하면 헌법 제128조 이하에서 규정된 헌법개정절차는 국가기관의 공권력행사에 의하여 시작되어 국가기관의 공권력행사에 의하여 완성되기 때문이다. 물론 일반법률개정의 경우와는 달리 국민투표가 필수적으로 수반되고 국민투표에 의하여 확정되기는 하지만, 그렇다고 헌법개정작용의 공권력작용으로서의 성질이 상실되는 것은 아니다. 즉 국민투표만을 놓고 볼 때 이는 일종의 사인의 공법행위로서(합성행위) 그 자체 공권력작용은 아니지만, 헌법개정이 헌법 제128조 제1항에 따라 국회재적의원 과반수 또는 대통령의 발의로 제안되고, 그 개헌안은 동법 제130조 제1항에 따라 국회재적의원 3분의 2이상의 찬성으로 의결되고, 동법 동조 제2항에 따라 개헌안에 대한 국회의원선거권자 과반수의 투표와 투표자 과반수의 찬성이 있으면, 국민투표법 제89조에 따라 투표의 결과가 중앙선거관리위원회에 의하여 집계되고 공표되며 대통령과 국회의장에게 통보하도록 되어있고, 대통령이 헌법 제130조 제3항에 따라 공포하도록 되어 있는 일련의 헌법개정절차를 고려할 때, 국민투표는 전 개정절차중 하나의 과정을 이루는 것이므로 이로 인해 헌법개정작용의 공권력작용으로서의 성질이 부인될 수는 없다고 하겠다.[50)]

한편 이러한 광의의 입법작용으로서의 헌법개정이 헌법소원심판의 대상이 되기 위해서는 이로 인한 기본권침해의 직접성·현재성·자기관련성이 인정되어야 할 것이다. 여기서는 특히 직접성이 문제가 될 것인데, 이 글에서 위헌여부가 문제되는 헌법 제29조 제2항의 경우에는 이 헌법규정이 직접 구체적으로 군인·군무원 등의 국가배상청구권을 확정적으로 제한하고 있으므로 이 헌법조항의 기본권침해의 직접성은 일응 인정될 수 있다고 하겠다.[51)]

---

50) 예컨대 국민투표행위와 유사한 선거행위에 있어서도 사인의 공법행위의 일종인 투표행위가 이루어지고 후보자의 당선이 사실상 투표로 확정된다 하더라도 국가기관에 의하여 선거가 이루어지고 준법률행위적 행정행위로서의 확인에 해당하는 선거관리위원회의 당선인 결정이라고 하는 행정작용 내지 공권력작용으로 완성된다는 점에서 선거작용은 공권력작용에 해당되며, 따라서 이에 대한 소송도 당선인을 결정한 선거관리위원회위원장을 피고로 해서 그 당선결정이라고 하는 공권력작용을 대상으로 제기하게 된다(공직선거법 제15장 참조).

51) 이 경우 헌법 제29조 제2항이 아닌 국가배상법 제2조 제1항 단서가 직접 청구인의 기본권을 침해하고 있고, 따라서 이 법률조항을 대상으로 헌법소원을 제기한 후 헌법재판소가 이 법률조항과 더불어 위 헌법조항에 대하여도－"헌법재판소는 공권력의 행사 또는 불행사가 위헌인 법률 또는 법률의 조항에 기인한 것이라고 인정될 때에는 인용결정에서 당해 법률 또는 법률의 조항이 위헌임을 선고할 수 있다"고 규정한 헌법재판소법 제75조 제5항의 유추적용과 직권심리주의를 통하여－위헌결정을 내리는 방법도 고려될 수 있으나, 이 법률조항은 위 헌법조항으로부터 직접 근거하고 실질적 내용이 동일하므로, 결국 헌법 제29조 제2항이 직접 침해한 것으로 보아야 할 것이다. 더 나아가 국가배상법 제2조 제1항 단서에도 불구하고 국가배상을 청구하고 이에 대한 거부처분 등에 대하여 헌법소원심판을 제기하거나(일반법원에서의 권리구제가능성이 없다는 등의 이유에 근거한 보충성

따라서 일정한 헌법규정에 의하여 청구인의 특정한 기본권이 직접적 또는 간접적으로－해당 헌법규정에 근거한 하위의 규범이나 기타 행정작용을 직접 매개로 해서[52)]－침해 되었을 경우에는 그 침해된 기본권의 구제와 더불어 해당 헌법규정에 대한 위헌심사 및 통제가 이루어져야 하는 것이다. 이것이 모든 공권력작용으로부터 국민의 기본권을 보호하고자 하는－기본권구제의 사각지대의 영으로의 수렴화－기능과 이를 통해 헌법의 근본가치와 통일성을 수호하고자 하는 기능을 겸비한 헌법소원제도의 본질과 목적에 부합하는 것이라고 하겠다. 따라서 헌법규정이나 개정이 헌법재판소법 제68조 제1항 소정의 공권력행사의 결과라고 볼 수 없기 때문에 헌법소원 등 위헌심사의 대상이 될 수 없다는 헌재의 견해는 타당하다고 보기 어렵다.

Ⅷ. 맺는 말

상기 국가배상청구권의 헌법 제29조 제2항에 따른 제한과 관련하여 차제에 이 헌법규정과 이에 근거한 국가배상법 제2조 제1항 단서규정을 삭제하여 군인·군무원 등에게도 국가배상청구권을 정상적으로 보장하도록 하는 내용의 개정이 절실히 요구된다고 하겠다. 또한 헌재도 차제에 위에서 언급한대로 국가배상법 제2조 제1항 단서규정과 같은 내용의 헌법 제29조 2항에 대하여 위헌결정을 내려야 한다.

한편 국가배상책임을 지는 국가배상청구권의 객체와 관련하여 헌법 제29조 제1항에서는 국가 또는 '공공단체'라고 규정하고 있는 반면, 국가배상법 제2조 제1항

원칙의 예외의 경우로서), 행정소송을 제기한 후, 동시에 이 법률조항에 대한 위헌법률심판제청을 신청하면서 간접적으로 위 헌법조항에 대하여도 헌재의 위헌심사의 대상이 되도록 하는 방법도 고려될 수 있으나, 이는 기대가능하지 아니한 우회적인 절차로서 신속하고 효율적인 권리구제의 요청에 반하다고 할 수 있다.

52) 이 경우에는 위헌적 헌법규정에 근거한 법률이 직접 기본권을 침해하는 경우와 그 헌법규정 및 법률규정에 근거한 행정작용에 의하여 기본권이 침해되는 경우의 두 가지를 생각할 수 있는데, 전자의 경우에는 직접적으로는 위헌적 헌법규정에 근거한 해당법률에 대한 헌법소원이 제기되어 그 법률에 대한 위헌결정과 더불어 헌법재판소법 제75조 제5항의 유추적용과 직권심리주의를 통하여 근거 헌법규정에 대한 위헌결정을 내릴 수 있을 것이고, 후자의 경우에는 첫째, 해당 행정작용에 대한 행정소송을 제기한 후 그 근거법률에 대한 위헌법률심판제청을 신청하여 관할 법원에 의한 위헌제청에 따라－만일 위헌제청신청이 기각될 경우에는 헌법재판소법 제68조 제2항에 따른 헌법소원의 제기를 통해서－헌법재판소가 근거법률에 대한 위헌결정을 내리면서 동시에 헌법재판소법 제75조 제5항의 유추적용과 직권심리주의를 통하여 근거 헌법규정에 대한 위헌결정을 내리거나, 둘째 직접 그 행정작용에 대한 헌법소원을－보충성원칙의 예외의 사유가 있거나, 해당 행정작용에 대한 다른 법률에 구제절차가 없는 경우에는 보충성원칙의 비적용의 경우로서－제기한 후, 헌법재판소가 해당 행정작용에 대해서 뿐 아니라, 역시 헌법재판소법 제75조 제5항의 유추적용과 직권심리주의를 통하여 근거 법률과 헌법규정에 대하여 위헌결정을 내리는 방법이 고려될 수 있을 것이다.

에서는 이와는 달리 국가 또는 '지방자치단체'라고 공공단체의 범위를 지방자치단체로만 국한해서 규정하고 있는데, 이는 국가배상청구권 행사의 제한을 의미한다는 면에서 문제가 있다고 하겠다. 따라서 헌법의 규정과 같이 국가배상법 제2조 제1항에서도 '공공단체'로 폭넓게 규정하는 것이 바람직하다고 하겠다.

아울러 국가배상소송을 지금부터라도 행정소송법상의 당사자소송으로 진행해야 할 것이고, 고의·과실의 입증책임도 국가가 지도록 전환시켜야 한다.

결국 국가배상청구권제도에 있어서 가능한 한 피해자인 국민에게 유리하도록, 그리고 효율적이고 신속한 권리구제가 가능하도록 관련법이 개정되고, 소송실무에서도 이를 반영하는 것이 국가배상청구권의 헌법상 보장취지라고 하겠다.

20. 수용유사침해와 재산권보장

- 독일 연방헌법재판소 1981. 7. 15. 자갈채취결정[1] -

[目 次]

Ⅰ. 머리말

독일의 판례와 학설에 의하여 형성·발전된 이른바 수용유사침해(Enteignungsgleicher Eingriff)의 개념이 그동안 국내의 문헌에서 상당히 소개가 되었고, 학자들에 따라서는 독일의 수용유사침해제도가 우리의 손실보상제도에 적지 않은 참고가 되리라는 견해를 밝히고 있다. 이러한 견해에 대하여 필자는 우리와 독일의 국가배상 및 손실보상제도가 유사하다는 점에서, 그리고 사각지대 없는 효율적인 권리구제를 도모한다는 측면에서 대체로 찬동을 한다. 그러나 국내문헌에서의 수용유사침해의 법리에 대한 소개과정에 오류가 있는 것 같아 이 기회에 독일의 관련 판례와 학설, 특히 이 사안과 관련한 결정적인 판례인 연방헌법재판소의 이른바 자갈채취결정(Naßauskiesungsbeschluß)을 중심으로 수용유사침해제도 및 재산권보장의 법리에 대하여 검토해 보고자 한다.

Ⅱ. 수용유사침해제도의 유래와 발전

주지하는 바와 같이 수용유사침해의 법리는 과거 독일에서의 재산권침해에 대한

1) BVerfGE 58, 300.

국가배상 및 보상에 관한 실정법체계가 적법한 침해에 대한 손실보상제도(Institut der Entschädigungsleistungen für rechtmäßige Ausübung der Staatsgewalt)와 위법 · 유책의 침해에 대한 손해배상제도(Institut der Schadensersatzverpflichtungen wegen rechtswidriger-schuldhafter Ausübung öffentlicher Gewalt)로 한정되어 있는 바,[2] 이에 따른 위법 · 무책의 재산권침해(die rechtswidrig- schuldlosen Eingriffe)에 대한 실정법상의 흠결을 보안하기 위하여 과거 바이마르공화국의 제국법원(Reichsgericht)에 의하여 형성된－프로이센 보통국법서장 제74조 및 제75조(§§74, 75 Einl. des Preußischen Allgemeinen Landrechts)[3]의 희생보상청구권(Aufopferunganspruch)에 근거한－손실보상청구권의 법리[4]를 연방통상법원(Bundesgerichtshof)이 계승 · 발전시킨 것이다.[5]

이에 따르면 보상을 요하는 재산권침해에 해당하는 공권력행사에 있어서 그 근거법률에 보상규정이 없거나 보상규정이 있다고 하더라도 그 침해행위가 적법하게 이루어지지 않았을 경우(예컨대 침해행위가 그 근거법률에 규정된 재산권침해의 전제조건을 충족시키지 않았거나 비례의 원칙 내지는 과잉금지의 원칙을 위반했을 경우 등) 및 기타의 사유로 침해행위가 위법한 경우 등에 있어서 그 공권력행사의 위헌 · 위법을 이유로 침해행위 자체를 취소시키기 보다는 그 위법한 침해행위를 수인하고 그 대신 위법한 공권력행사로 인해 발생한 손실에 대하여 보상을 청구할 수 있다는 것이다. 이러한 위법한 재산권침해는 독일 기본법 제14조 제3항[6]에 규정된 전제조

---

2) 과거 바이마르공화국 시절에 있어서의 국가배상 및 보상제도의 이와 같은 이원적 구조에 대하여는 vgl. Stödter, öffentlich-rechtliche Entschädigung, S. 45.

3) §74 Einl. ALR: "Einzelne Rechte und Vorteile der Mitglieder des Staats müssen den Rechten und Pflichten zur Beförderung des gemeinschaftlichen Wohls, wenn zwischen beiden ein wirklicher Widerspruch(Collision) eintritt, nachstehen."
§75 Einl. ALR: "Dagegen ist der Staat denjenigen, welcher seine besonderen Rechte und Vorteile dem Wohl des gemeinen Wesens aufzuopfern genötigt wird, zu entschädigen gehalten."

4) 제국법원은 1933. 4. 11.의 판결(RGZ 140, 276)에서 처음으로 위법 · 무책의 재산권침해에 대한 손실보상청구권을 인정하였다. 이 판결에서 법원은 행정청의 수년간에 걸친 위법한 건축허가거부처분을 원고에 대한 무책의 특별희생(Sonderopfer)으로 간주했으며 원고는 행정청의 이러한 처분을 수인하여야 하고 그 대신 프로이센 보통국법서장 제75조에 근거하여 당해 행정청에게 원고가 당한 특별희생에 대한 손실보상의 의무가 있다고 판시했다(RGZ 140, 276[283]). 그러나 이 제국법원의 판결에서는 아직까지 수용유사침해의 개념이 등장한 것은 아니었다.

5) Vgl. Ossenbühl, Staatshaftungsrecht, S. 144ff.; ders., Neuere Entwicklungen im Staatshaftungsrecht, S. 155ff.; Papier, Der enteignungsgleiche und enteignende Eingriff, Jura 1981, S. 65ff.; Nüßgens/Boujong, Eigentum, Sozialbindung, Enteignung, S. 182f.; Krohn/Löwisch, Eigentumsgaratie, Enteignung, Entschädigung, S. 103ff.

6) Art. 14 GG: (1) Das Eigentum und das Erbrecht werden gewährleistet. Inhalt und Schranken werden durch die Gesetze bestimmt. (2) Eigentum verpflichtet. Sein Gebrauch soll zugleich dem Wohle der Allgemeinheit dienen. (3) Eine Enteignung ist nur zum Wohle der Allgemeinheit zulässig. Sie darf nur durch Gesetz oder auf Grund eines Gesetzes erfolgen, das Art und Ausmaß der Entschädigung regelt. Die

건을 충족시킨 적법한 공용침해(Enteignung)에 해당되지는 않지만, 결과적으로 그 내용과 효과면에서 공용침해에 있어서와 유사한 특별한 희생을 재산권자에게 초래했기 때문에 위법한 공용침해의 경우와 마찬가지로 침해행위 자체의 취소청구에 대신하여 비록 보상의 근거규정은 없지만 기본법 제14조 제3항에 근거하여 손실보상을 청구할 수 있다고 하는 것이다.[7] 이로써 위법한 재산권침해에 대한 손실보상청구권의 근거를 과거 바이마르공화국의 제국법원은 프로이센 보통국법서장 제75조에서 찾았던 반면, 연방통상법원은 기본법 제14조 제3항에서 찾은 것이다.

연방통상법원은 이러한 수용유사침해의 법리를 처음에는 위법 · 무책의 재산권침해에만 적용[8]시켰던 것을 그 후에는 국가손해배상제도의 영역에 속하는 위법 · 유책의 재산권침해(die rechtswidrig-schuldhaften Eingriffe)에 확대 적용시켰으며,[9][10] 이에 다시 적법한 행정작용의 이형적 · 비의욕적인 부수적 결과(atypische und ungezielte Nebenfolgen einer an sich rechtmäßigen Hoheitstätigkeit)로서의 재산권침해인 이른바 수용적 침해(Enteignender Eingriff)의 법리를 추가 발전시켰다.[11][12]

Entschädigung ist unter gerechter Abwägung der Interessen der Allgemeinheit und der Beteiligten zu bestimmen. Wegen der Höhe der Entschädigung steht im Streitfalle der Rechtsweg vor den ordentlichen Gerichten offen.

7) Vgl. BGHZ 6, 270(290).

8) BGHZ 6, 270.

9) BGHZ 7, 296; 13, 88.

10) 위법 · 유책의 재산권침해의 경우에는 수용유사침해의 법리에 따른 손실보상청구권(Entschädigungsanspruch)과 기본법 제34조와 관련된 민법 제839조에 따른 손해배상청구권(Schadensersatzanspruch)이 상호 병렬적으로 그리고 독립하여 존재한다. 따라서 이 경우 손실보상청구권은 손해배상청구권의 단순한 변형이나 보충적인 대치수단이 아니다. 손해배상청구권의 경우에는 일정한 위법한 공권력작용에 있어서의 국가의 고의나 과실 등의 책임을 피침해자가 입증하여야 하고, 민법 제852조에 따라 그 제소기간도 짧으며, 동법 제839조에 일련의 국가책임제한 내지 조각사유에 대하여 규정되어 있는 등 손실보상청구권에 비하여 그 청구요건이 엄격하다고 볼 수 있다. 그러나 손실보상은 공권력행사로 인해 재산권자에게 발생한 특별희생에 대한 공익과 관계자의 이익을 비교형량한 결과로서의 정당한 손실보전(Ausgleich des erbrachten Sonderopfers)내지 손실조정적 의미를 가지며 따라서 그 보상의 범위는 일반적으로 침해된 재산권의 대상 그 자체의 손실(Substanzverlust)만을 포함하지만, 손해배상은 원칙적으로 재산권침해가 발생하기 이전의 상태로의 완전한 회복을 의미하므로 앞서 언급한 보상의 범주에 속하는 직접적 손실 외에 상실된 기대이익이나 위자료 등 침해행위로 인해 직접 · 간접 발생한 모든 손해에 대한 완전한 배상을 내용으로 한다. Vgl. BGHZ 39, 198(200); 41, 354(358); 55, 294(296); Schulthes, Die Höhe der Enteignungsentschädigung, S. 97f.; Kimminich, Eigentum-Enteignung-Entschädigung, Rdnr. 312ff.; Rüfner, Das Recht der öffentlich- rechtlichen Schadensersatz-und Entschädigungsleistungen, in: Allgemeines Verwaltungsrecht, hrsg. v. Erichsen/ Martens, S. 568f.; Nüßgens/Boujong, Eigentum, Sozialbindung, Enteignung, S. 174ff.

11) BGHZ 45, 150; 57, 395.

12) 수용유사침해가 특정한 재산권의 침해를 의도한 공권력행사의 직접적 결과인 반면, 수용적 침해는 어떤 특정한 재산권의 침해를 의도하지 않은 국가의 적법한 행정작용 내지 사실행위에 의해 야기된 간접적 · 부수적 결과(예컨대 도로공사, 지하철공사, 군사훈련 등으로 인해 주민의 재산권에 대하여

Ⅲ. 연방헌법재판소의 자갈채취결정

그러나 이러한 연방통상법원에 의하여 형성·발전된 수용유사침해의 법리는 위 연방헌법재판소 1981년 7월 15일의 결정에 의하여 대대적인 수술을 받았다. 즉 이 결정에 의하면 기본법 제14조 제3항 제2문은 공용침해의 근거법률이 반드시 보상의 종류와 범위를 동시에 규정하도록(이른바 불가분조항[Junktimklausel]의 원칙)하고 있기 때문에 이러한 보상규정이 없는 근거법률은 위헌이고 이 위헌법률에 근거한 재산권침해행위 또한 위헌이기 때문에 이에 대한 구제방법은 오로지 그 근거법률의 무효화와 더불어 이에 근거한 침해행위 취소뿐이라고 하는 것이다.

"… 따라서 법원은 이러한 위법한 재산권침해행위의 취소 대신 이에 대한 보상을 허용해 줌으로써 보상규정의 흠결을 치유할 수는 없다. 오히려 이 경우에는 해당 법원이 연방헌법재판소에 근거법률에 대한 위헌심판을 제청하여야 하고, 만일 연방헌법재판소에 의하여 근거법률이 위헌이라고 결정되면 이에 근거한 행정행위, 즉 재산권침해행위는 기본법 제14조 제1항에 의하여 보장된 피침해자의 재산권을 위헌적으로 침해한 것으로서 마땅히 취소되어야 한다. 여기서 헌법상의 재산권보장이라고 하는 것은 일차적으로 재산권의 대상 그 자체의 존속보장(Bestandsgarantie)을 의미하는 것이고, 예외적으로 기본법 제14조 제3항에서 규정한 적법한 공용침해의 모든 전제조건이 충족되었을 경우에만 2차적으로 재산권의 대상 그 자체가 가지고 있는－법률로써 규정된 손실보상을 통해서－가치의 보장(Wertgarantie)으로 전환되는 것이다. 따라서 재산권자는 침해행위에 대한 보상규정이 존재할 때에만 이를 근거로 민사법원에 손실보상을 청구할 수 있고 그렇지 않을 경우에는 재산권의 대상 그 자체의 존속보장의 관철을 위하여 행정쟁송을 통해 침해행위의 취소를 청구하여야 한다. … 결국 피침해자에게는 위헌·위법한 재산권침해행위를 취소시키든가 아니면 이를 수인하고 그 대신 손실보상을 청구하든가에 대한 선택권이 부여되어 있지 않다. 만일 재산권자가 이처럼 행정쟁송을 통해서 자신의 재산권의 대상 그 자체를 회복 할 수 있는 방법을 해태한 경우에는 그로 인해 야기될 수 있는 자신의 책임영역에 속하는 재산권의 손실에 대한 보상을 요구할 수는 없다."[13]

이러한 연방헌법재판소의 견해는 기본법 제14조의 재산권보장법리의 내부적 체

초래된 침해)이다. Vgl. Ossenbühl, Staatshaftungsrecht, S. 148f.; Nüßgens/Boujong, aaO, S. 205f.; Papier, Jura 1981, S. 66f.

13) BVerfGE 58, 300(322ff.).

계로부터 직접 도출되는 것이다. 이에 따르면 재산권 관련 법률은 다음 3가지 경우로 분류될 수 있다.

첫째, 기본법 제14조 제1항 제2문의 규정에 근거한 재산권의 내용과 한계를 정하는 법률이다. 이는 재산권에 대하여 그의 실정법상의 형태를 부여한다.

둘째, 기본법 제14조 제3항의 규정에 근거한 공용침해를 허용하는 법률이다. 이는 공공필요에 따른 재산권에 대한 수용·사용·제한을 의미하며 따라서 그에 대한 보상규정을 필요로 한다(Junktimklausel).

셋째, 기본법 제14조 제1항 제2문에 따른 재산권의 내용과 한계의 규정의 범위를 넘어선, 다시 말해 보상을 요하지 않는 재산권에 대한 단순한 사회적 귀속(Art. 14 Abs. 2 GG)의 한계를 넘어선, 따라서 보상을 필요로 하는, 그러나 입법자가 법률제정 시 공용침해를 예견하거나 허용하지 않았고 따라서 보상규정을 가지고 있지 아니한 법률이다. 이러한 법률은 실제로는 재산권자에게 특별희생을 초래하게 되며 따라서 반드시 보상을 규정하고 있어야 함에도 불구하고 그 보상규정을 가지고 있지 아니하므로 위헌이며, 따라서 이러한 위헌적 법률에 근거한 공권력행사로 인해 자신의 재산권이 침해된 자는 행정쟁송을 통해 침해행위를 취소시킴으로써 자신의 재산권을 회복할 수 있고 또 하여야 한다.

연방헌법재판소가 강조한 재산권의 존속보장과 가치보장의 이중적 체계는 바로 이러한 기본법 제14조의 재산권보장 법리의 내부적 체계에서 도출되는 것이다. 이에 따르면 재산권보장의 내용은 일차적으로 재산권의 대상 그 자체의 존속보장, 즉 재산권에 대한 모든 침해행위로부터의 보장이다. 이러한 재산권의 존속보장은 오로지 재산권에 대한 침해가 공공필요를 위하여 불가피할 때에만–즉 기본법 제14조 제3항에 근거한 공용침해의 경우에만–비로소 재산권의 가치보장, 즉 손실보상의 보장으로 전환되는 것이다.[14] 따라서 이러한 재산권보장 법리의 이중적 체계에 있어서 헌법은 재산권의 존속보장에 그 우선권을 부여하고 있는 것이다.[15]

14) BVerfGE 24, 367(400f.); 35, 348(361); 42, 263(293f.); 46, 268(285); 58, 300(323).

15) Dazu auch Ossenbühl. NJW 1983, S. 2; Schwerdtfeger, Die dogmatische Struktur der Eigentumsgarantie, S. 20ff.; Badura, Eigentum, in: Handbuch des Verfassungsrechts der Bundesrepublik Deutschland, hrsg. v. Benda/Maihofer/Vogel, S. 664f.; Papier, in: Maunz/Dürig, Grundgesetz Kommentar, Art. 14, Rdnr. 8ff.

Ⅳ. 연방통상법원의 새로운 수정판결

1. 1984년 1월 26일의 판결

이러한 연방헌법재판소에 의하여 확립된 위법한 재산권침해에 대한 구제수단으로서의 재산권의 대상 그 자체의 회복을 목적으로 하는－보상청구에 대한－행정쟁송우선의 원칙은 그 후 연방통상법원의 1984년 1월 26일의 판결[16)]에 의해서도 확인되었다. 즉 연방통상법원은 종래의 판결과는 달리 보상규정이 없는 위헌적 법률에 근거한 재산권침해뿐 아니라 합헌적 법률에 근거한 위법한 재산권침해의 경우에도 원칙적으로 재산권의 가지보장에 대한 존속보장우선의 원칙, 다시 말해 재산권의 대상 그 자체의 회복을 목적으로 하는－보상청구에 대한－행정쟁송우선의 원칙을 받아들였다.

"… 위법한 재산권침해에 있어서 재산권자에게는 재산권의 회복을 목적으로 하는 취소쟁송 등의 구제절차를 밟거나, 아니면 이를 수인하고 그 대신 손실보상을 청구하든가에 대한 선택권이 부여되어 있지 아니하다. 오히려 이러한 수용유사침해의 경우에는 민법 제254조[17)]의 공동책임(Mitverschuden)의 법리가 유추·적용되어야 하고, 이 규정의 취지로부터 수용유사침해의 경우 재산권의 회복을 목적으로 하는 침해배제를 통한 권리구제절차를 밟을 재산권자의 의무가 발생한다. 이에 따르면 피침해자는 우선 자신의 재산권에 대한 침해가 위법한 것인지의 여부를 심사하여야 하고, 만일 위법하다고 판단되어질 경우 원칙적으로 그 위법한 침해행위의 배제를 위하여 행정쟁송을 통한 권리구제절차를 밟아야 한다. 만일 그가 이러한 기대가능한 행정쟁송을 통한 권리구제를 해태하였을 경우 원칙적으로 행정쟁송을 통해서라면 피할 수 있었던 손실에 대한 보상을 청구할 수는 없다. 왜냐하면 재산권자를 국가의 위법한 공권력행사로부터 보호하고자 하는 행정쟁송을 통한 포괄적인 권리구제방법이 있음에도 불구하고 이를 재산권자가 해태하였을 경우 민법 제

---

16) BGHZ 90, 17.

17) §254 BGB: (1) Hat bei der Entstehung des Schadens ein Verschulden des Beschädigten mitgewirkt, so hängt die Verpflichtung zum Ersatze sowie der Umfang des zu leistenden Ersatzes von den Umständen, insbesondere davon ab, inwieweit der Schaden vorwiegend von dem einen oder dem anderen Teile verursacht worden ist. (2) Dies gilt auch dann, wenn sich das Verschulden des Beschädigten darauf beschränkt, daß er unterlassen hat, den Schuldner auf die Gefahr eines ungewöhnlich hohen Schadens aufmerksam zu machen, die der Schuldner weder kannte noch kennen mußte, oder daß er unterlassen hat, den Schaden abzuwenden oder zu mindern. Die Vorschrift des §278 findet entsprechende Anwendung.

254조의 유추·적용을 통하여 행정쟁송제기의 해태로 인해 발생한 손실에 대한 자신의 분담분, 즉 피해의 발생에 대한 재산권자의 책임에서 비롯된 기여분 만큼을 재산권자 스스로가 부담해야 한다는 논리가 정당화되어질 수 있기 때문이다. 따라서 이 한도에서 수용유사침해의 경우 손실보상에 대한 행정쟁송을 통한 재산권 원상회복 우선의 원칙이 적용된다."[18]

연방통상법원은 이 판결을 통해 수용유사침해의 경우 지금까지 재산권자에게 제한없이 허용되어 온 행정쟁송을 통한 구제방법과 보상청구를 통한 구제방법 사이의 선택권을 민법 제254조의 유추·적용하에 현저히 제한하게 된 것이다. 이러한 연방통상법원에 의하여 확립된 민법 제254조의 유추·적용은 행정쟁송우선의 원칙의 예외없는 엄격한 적용이 야기할 수도 있는 문제점에 대한 적절하고 융통성 있는 해결책이라고 할 수 있다.[19]

2. 1984년 3월 29일의 판결

이러한 연방통상법원에 의하여 확립된 민법 제254조의 유추·적용을 통한 일정한 제한하의 보상청구에 대한 행정쟁송우선의 원칙은 그 후의 1984년 3월 29일의 판결[20]에서도 확인되었다. 연방통상법원은 이 판결에서 한 지방자치단체가 설치·운영하고 있는 환경정화기로부터의 소음공해로 인하여 재산권자의 일정한 재산권의 행사가 침해 또는 제한된 경우에 행정쟁송을 통한 구제방법을 대신한 피침해자에 의한 손실보상의 청구를 다음과 같은 이유에서 허용하고 있다.

"… 이 경우 행정쟁송을 통한 권리구제와 이를 통한 소음방벽과 기타 소음제거시설의 설치는 지방자치단체 스스로에 의한 소음 및 악취제거조치, 그리고 이와 병행한 손실보상의 방법보다 결코 효과적이고 신속한 권리구제수단이 아니다. 이미 이러한 이유 때문에 재산권자에게는 소음공해배제청구가 기대되어질 수 없고, 따라서 소음공해가 수인할 수 있는 한도 내의 것인가의 여부가 판단하기 매우 어려운 문제이기 때문이라든가, 또는 소음제거 장치의 설치비용(약 418000 DM)을 손실보상청구액(11400 DM)과 비교했을 때 전자의 경우, 즉 재산권자가 행정쟁송에서 부담해야 하는 예상소송비용이 후자의 경우, 즉 손실보상청구소송에서의 예상소송

18) BGHZ 90, 17(31ff.).

19) Vgl, Papier, Enteignungsgleiche und Enteignende Eingriffe nach der Naßauskiesung-Entscheidung, JuS 1985, S. 187; Ossenbühl, Abschied vom enteignungsgleichen Eingriff, NJW 1983, S. 4ff.

20) BGHZ 91, 20.

비보다 월등히 높다고 하는 소송절차상의 현저한 비용부담의 위험(Kostenrisiko) 때문에, 재산권자에게 행정쟁송의 제기가 기대가능하지 아니한가의 여부는 굳이 판단할 필요가 없는 것이다. 따라서 이 경우 재산권자가 자신의 재산권회복을 위하여 행정쟁송을 통해 침해행위의 위법여부를 다투지 않았다 하더라도 민법 제254조의 유추·적용을 통해 피침해자에게 손실보상청구권이 인정될 수 있는 것이다."[21]

연방통상법원은 이로써 수용유사침해의 경우 만일 재산권자에게 행정쟁송의 제기가 기대가능하지 않다면 예외적으로 손실보상청구권을 인정하고 있으며, 이러한 기대가능성의 배제사유로서 다음과 같은 3가지 예를 시사하고 있다.

첫째, 행정쟁송과정에서 소요되는 막대한 시간낭비, 즉 신속하고 효과적인 피해방지 내지는 피해절감을 위한 행정쟁송의 적합성 여부, 둘째, 침해행위의 위법성 판단의 어려움, 셋째, 행정쟁송절차에서 예상되는 높은 소송비용에 대한 위험부담이 그것이다. 연방통상법원은 이러한 3가지 기대가능성판단의 기준을 통해 행정쟁송수선의 원칙에 대한 합리적이고 융통성 있는 예외가능성을 마련했으며, 이는 행정쟁송우선의 원칙의 예외없는 엄격한 적용이 상황에 따라서는 재산권자에게 기대가능성이 없는 부당한 요구가 될 수 있다는 점을 감안해 볼 때 환영할만한 것이라고 하겠다.[22]

아울러 종래에는 국가행정작용의 이형적·비의욕적인 부수적 결과로서의 재산권침해의 경우에는 원칙적으로 손실보상청구가 가능한 것으로 이해되었지만, 이 판례는 외형상 수용적 침해라 할지라도 비례의 원칙 내지는 과잉금지의 원칙의 위반등으로 인해 위법한 것이라면 수용유사침해에 해당되고 따라서 권리구제방법으로서 손실보상청구에 대한 행정쟁송우선의 원칙이 민법 제254조의 유추·적용을 통한 일정한 제한하에서 적용된다고 하는 것을 간접적으로 시사하고 있다.[23]

Ⅴ. 재산권보장과 수용유사침해

1. 수용유사침해의 유형

재산권에 대한 침해의 유형은 대체로 다음과 같이 분류할 수 있다.

(1) 기본법 제14조 제3항의 규정에 근거한 공용침해

21) BGHZ 91, 20(24).

22) Dazu auch Ossenbühl, JZ 1984, S. 745.

23) Vgl. Papier, JuS 1985, S. 188.

(2) 수용적 침해

(3) 공용침해를 예견하지 않았고 따라서 보상규정을 가지고 있지는 않지만, 그 법률의 내용과 적용에 있어서는 필연적으로 재산권자에게 보상을 요하는 특별희생을 부과하도록 되어 있는 법률에 근거한 재산권침해

(4) 합헌적 공용침해근거법률의 위법한 집행, 즉 합헌적인 공용침해법률에 근거한, 그러나 그 법률의 전제조건을 충족시키지 못한 위법한 재산권침해

(5) 위법한 수용적 침해, 즉 외형상으로는 국가행정작용의 비의욕적인 부수적 결과로서 야기되었지만 침해의 간접적 원인이 된 해당 행정작용의 비례의 원칙에 대한 위반 등으로 인해 위법하게 된 재산권침해

(6) 기본법 제14조 제1항 제2문에 따른 재산권의 내용과 한계를 정하는 합헌적 법률에 근거한 그러나 근거법률의 전제조건을 충족시키지 못했거나 비례의 원칙의 위반 등으로 인해 결국 재산권자에게 특별희생을 야기하는 위법한 재산권침해

이러한 6가지 유형 중에서 먼저 (1)과 (2)는 적법한 재산권침해행위이므로 당연히 위법한 수용유사침해의 유형에서 제외된다. 다음 (3)에서의 재산권침해행위는 그 근거법률 자체가 이미 재산권자에 대한 보상을 요하는 특별희생을 내정하고 있음에도 불구하고 보상규정을 가지고 있지 아니하므로 침해근거와 보상근거를 동시에 규정하도록 요구하고 있는 기본법 제14조 제3항 제2문의 소위 불가분조항의 원칙[24]에 위배되어 위헌·무효이고, 이 법률에 근거한 침해행위 또한 위헌이며 이에

24) 이처럼 해당 법률에 침해근거와 동시에 보상근거가 규정되어 있어야 하는 이유는 대체로 다음과 같은 세가지 이유에서라고 할 수 있다. 첫째, 이러한 불가분조항의 원칙이 재산권보장적 기능을 가지기 때문이다. 이는 공용침해의 경우 재산권자에 대한 손실보상을 보장한다. 즉 공용침해에 있어서 그 근거법률에 반드시 동시에 보상근거가 규정되어 있고, 이를 통해 재산권자에 대한 손실보상이 확실히 보장됨으로써 재산권자가 안심하고 그 침해행위를 수인할 수 있도록 하는 것이다. 둘째, 불가분조항의 원칙이 입법자에 대한 경고적 기능을 가지기 때문이다. 즉 공용침해의 근거법률을 제정하려는 입법자는 동시에 국가의 재정적 부담을 의미하는 보상의 근거를 규정하여야 하므로 법률제정에 신중을 기하게 되며, 이와 함께 외관상 단순한 재산권의 내용과 한계를 정하는 법률의 형식을 띤, 따라서 보상규정이 없는 위헌적 공용침해근거법률의 제정이 저지될 수 있다. 셋째, 불가분조항의 원칙이 의회의 고유한 권한인 예산특권(die Haushaltsprärogative des Parlaments)의 보장적 기능을 가지기 때문이다. 따라서 이를 통해 다른 국가기관, 특히 사법부가 의회를 대신해서 법률의 규정에도 없는 보상을 허용해 줌으로써 야기되는 의회가 예측하지 못한 추가적인 국가의 재정적 부담이 저지될 수 있다. Vgl. BVerfGE 46, 268(287); Weyreuther, Über die Verfassungswidrigkeit salvatorischer Entschädigungsregelungen, S. 12f., 23f.; Leisner, Entschädigung falls Enteignung, DVB] 1981, S. 79f.
이러한 불가분조항의 원칙은 위에서 언급한 3가지 기능 이외에 헌법상 법치국가원리, 특히 그 중에서 법률유보의 원칙의 충족을 위해서도 반드시 준수되어야 하는 것이다. 법률유보의 원칙과 관련하여 연방헌법재판소는 소위 본질성이론(Wesentlichkeitstheorie)을 발전시켰는데 이에 따르면 기본권의 형성과 제한에 관한 법률의 제정에 있어서 입법자는 기본권에 관한 모든 본질적인 사항을 빠짐없이 규정해야 하고 이를 하위규범이나 행정청에게 위임해서는 안된다고 하는 것이다(BVerfGE 40,

대한 구제방법은 당연히 행정쟁송－상황에 따라서는 최후의 수단으로서 헌법소원－을 통한 침해행위의 취소 및 재산권대상 그 자체의 원상회복이라고 할 수 있다.[25] 따라서 이 (3)에서의 재산권침해행위도 수용유사침해의 유형에서는 제외된다. 그러므로 결국 수용유사침해의 전형적인 유형에는 대체로 나머지 (4), (5), (6)에서의 위법한 재산권침해행위가 속한다고 볼 수 있다.

2. 재산권의 존속보장과 수용유사침해

위에서 열거한 (4), (5), (6)의 3가지 유형의 위법한 수용유사침해에 있어서 이에 대한 구제방법은 지금까지 판례와 학설을 통해 검토해본 바와 같이 원칙적으로 행정쟁송을 통한 침해행위의 취소와 이에 따른 재산권의 회복이라고 할 수 있다. 왜냐하면 위법한 공권력행사로 인한 기본권침해에 대한 헌법이 내정하고 있는 해결책은 어디까지나 그 위법한 침해행위 자체의 취소와 이에 따른 기본권 자체의 회복이며, 이것이 바로 국가로부터의 위법한 기본권침해에 대한 주관적 방어권(Abwehrrechte gegen unberechtigte Beeinträchtigungen eines verfassungsrechtlichen Status durch die staatlichen Gewalten)으로서의 기본권의 본질과 기능[26]에 충실하고, 아울러 헌법상의 법치국가원리에도 합치되는 방법과 절차라고 하겠다. 따라서 위법한 수용유사침해의 경우 이 원칙을 무시하고 정당한 사유없이 권리구제방법으로서 재산권의 대상 그 자체의 회복을 목적으로 하는 행정쟁송 대신 손실보상청구를 무제한 허용 내지 강요한다면 이는 주관적 공권(subjektiv-öffentliches Recht)으로서의 자유권적 기본권인 재산권의 본질에 반할 뿐 아니라, 아무런 법률적 근거도 없는 보상을 법원의 자의에 의하여 무제한 허용 내지 강요함으로써 보상의 근거가 반드시 법률에 규정되어 있어야 하고 아울러 보상이 반드시 법률적 근거에 따라 이루어질 것을 요구하는 손실보상의 법률유보의 원칙에도 정면으로 반한다고 아니할 수 없다.

결국 손실보상청구에 대한 행정쟁송우선의 원칙은 연방헌법재판소가 적절히 지

237[248ff.]; 47, 46[78ff.]; 49, 89[126ff.]). 재산권에 대한 공용침해의 경우 손실보상의 문제는 바로 재산권의 행사 또는 제한에 있어서 가장 본질적이고 중요한 문제이고, 따라서 이 손실보상의 근거가 반드시 근거법률에 규정되어야 하며 입법자가 이를 하위규범이나 행정청에게 위임해서는 아니되는 것이다. 따라서 이 본질성이론을 그 핵심내용으로 하는 법률유보의 원칙에 따라서 보상근거는 반드시 공용침해의 근거법률에 동시에 규정되어 있어야 하는 것이다.

25) Vgl. BVerfGE 45, 297(346); 53, 336(349); 58, 300(323).

26) Vgl. BVerfGE 7, 198(204); 50, 290(336f.); 68, 193(205); Hesse, Grundzüge des Verfassungsrechts der Bundesrepublik Deutschland, 16. Aufl., S. 116; Badura, Staatsrecht, S. 76; Jarass, in : Jarass/Pieroth GG Kommentar, Vorb vor Art. 1, Rdnr. 1f.; Alexy, Theorie der Grundrechte, S. 174ff.

적했듯이 재산권의 존속보장우선의 원칙, 즉 재산권보장의 내용은 일차적으로 재산권의 대상 그 자체의 존속보장이며, 공공필요를 위하여 개인의 재산권에 대한 침해가 불가피할 경우에만 예외적으로 재산권자는 보상을 조건으로 침해행위를 수인해야 하고 이 경우에만 재산권보장의 내용은 이차적으로 그 환가가치의 보장으로 전환된다는 재산권보장의 이중적 구조에서 기인하는 것이다. 손실보상은 결코 재산권의 대상 그 자체의 완전한 회복이 아니며, 따라서 재산권의 대상 그 자체와 손실보상은 결코 동일시되어질 수 없기 때문에 보상만 해주면 어떠한 재산권침해도 가능하다고 하는 과거 독일의 제3제국(das Dritte Reich)식 발상은 이러한 헌법상 재산권보장의 내용에 정면으로 위반되는 것이다.

다만 이러한 행정쟁송우선의 원칙의 적용이 재산권자에게 기대가능하지 않거나 또한 재산권의 대상 그 자체의 회복이 사실상 불가능한 경우에 있어서는 행정쟁송우선의 원칙의 적용이 오히려 재산권자에게 불합리한 더 큰 손실을 초래하여 헌법상 재산권보장의 이념과 정신에 역행할 수 있기 때문에 이 경우에는 재산권자의 재산권을 실질적으로 보다 두텁게 보호한다는 견지에서 손실보장청구권이 인정되어야 할 것이다.

Ⅵ. 맺는 말

이상 살펴본 바와 같이 독일 연방통상법원의 종래의 수용유사침해법리는 연방헌법재판소의 결정에 의해 대폭 수정되었고, 이 연방헌법재판소의 판시내용, 즉 손실보상의 보충성의 원칙 내지는 재산권의 존속보장우선의 원칙에 근거한 행정쟁송우선의 원칙은 그 후 연방통상법원의 판례에서도 원칙적으로－민법 제254조의 유추·적용을 통한 일정한 제한하에－받아들여졌다. 따라서 수용유사침해의 경우 피침해자는 원칙적으로 행정쟁송을 통한 구제절차를 밟아야 하고, 다만 그 행정쟁송이 일정한 사유로 인해 피침해자에게 기대가능하지 않고 이것이 또한 객관적으로 정당하다고 여겨질 경우 행정쟁송 대신 손실보상청구를 허용해줄 수 있는 것이다. 이러한 관점에서 볼 때 국내문헌에 소개된 수용유사침해의 법리에는 오류가 있다. 예컨대 "연방통상법원의 최근 판례는 연방헌법재판소의 결정을 무시하고－연방헌법재판소의 결정은 수용유사침해의법리에 대하여 판단한 것이 아니라는 이유 등으로－종래의 자신의 판시내용, 즉 수용유사침해의 경우 보상규정이 없다 하더라도 원칙적으로 재산권자는 희생보상청구권의 법리에 따라 아무런 제한없이 법원에 손실보상을 청구할 수 있다는 논리를 수정없이 그대로 고수하고 있다."는 등의 견해가 그것인데 이것이 상당한 문제점을 내포한 오해라고 하는 것은 앞서 살펴본 바와 같다.

연방헌법재판소가 적절히 지적했듯이 위헌·위법한 재산권침해에 대한 구제방법은, 재산권자에게 침해행위 자체의 취소를 목적으로 하는 행정쟁송의 제기가 기대되어질 수 없는-그 누구에게도 기대가능하지 않는 것을 요구할 수 없다는 원칙에 근거한-예외적인 경우 및 재산권의 대상 그 자체의 회복이 사실상 실현 불가능한 경우 등을 제외한다면, 원칙적으로 그 침해행위 자체의 취소·배제를 통한 본래의 재산권의 대상 그 자체의 원상회복이며 이것이 바로 헌법상 의도된 재산권보장의 내용과 법리인 것이다.

21. 동서독통일과 선거법통합

- 독일 연방헌법재판소 1990. 9. 29. 연방선거법 결정(BVerfGE 82, 322) -

[目 次]

Ⅰ. 머리말

지난 1990년 10월 3일에는 역사적인 동서독통일이 이루어졌다. 주지하는 바와 같이 독일통일은 탈냉전이라고 하는 시대적 흐름과 독일내에서의 급격한 정치적·사회적 변혁에 힘입어 갑작스럽게 이루어졌다고 볼 수 있다. 이렇게 갑작스럽게 이루어진 통일이지만 동서독 양측은 통일을 준비하고 실현하기 위하여 불가피하게 요구되는 다각적인 정치적·경제적·사회적·법적 조치를 취했다. 그 중 대표적인 것이 일련의 동·서독간의 조약체결이라고 할 수 있는데, 예컨대 1990년 5월 18일의 통화·경제 및 사회통합에 관한 조약(Vertrag über die Schaffung einer Währungs-, Wirtschafts- und Sozialunion zwischen der Bundesrepublik Deutschland und der Deutschen Demokratischen Republik - Der 1. Staatsvertrag),[1] 1990년 8월 3일의 선거조약(Vertrag zur Vorbereitung und Durchführung der ersten gesamtdeutschen Wahl des Deutschen Bundestages zwischen der Bundesrepublik Deutschland und der Deutschen Demokratischen Republik - Wahlvertrag),[2] 1990년 8월 31일의 통일조약(Veryrag zwischen der Bundesrepublik Deutschland und der Deutschen Demokratischen Republik über die Herstellung der Einheit

1) BGBl Ⅱ, S. 537.
2) BGBl Ⅱ, S. 822.

Deutschlands - Einigungsvertrag)[3] 등이 그것이다.

이 글에서 문제가 되는 것은 바로 선거조약이라고 할 수 있는데, 이 선거조약과 1990년 8월 29일의 선거조약에 대한 동의법(Das Gesetz zu dem Vertrag vom 3. August 1990 zur Vorbereitung und Durchführung der ersten gesamtdeutschen Wahl des Deutschen Bundestages zwischen der Bundesrepublik Deutschland und der Deutschen Demokratischen Republik sowie zu dem Änderungsvertrag vom 20. August 1990 - Wahlvertragsgesetz)[4] 및 동년 10월 8일의 연방선거법 및 정당법에 대한 제10차 개정법률(Zehntes Gesetz zur Änderung des Bundeswahlgesetzes sowie zur Änderung des Parteiengesetzes - Zehntes Gesetz)[5]에 따라 최종 확정된 연방선거법(Bundeswahlgesetz - BWG)에 근거하여 통독후 1990년 12월 2일에 최초의 전독일연방의회선거(제12대 연방의회)가 실시되었다. 따라서 여기서는 동서독통일과 관련한 선거법 통합의 문제를 선거조약과 동의법 및 독일연방선거법의 일부조항에 대한－최초의 전독일연방의회선거와 관련한－연방헌법재판소의 결정, 그리고 이 결정에 따른 제10차 개정법률의 내용을 통해서 살펴보고자 한다. 일응 성공적인 독일의 연방의회선거제도 및 통일독일의 연방의회선거의 준비와 실시를 위한 과도적 조치에 대한 이러한 고찰은 한편에서는 현행 우리 선거제도의 문제점 파악과 개선을 위하여, 다른 한편에서는 우리의 당면한 과제인 남북통일을 위한 하나의 필수적 과정으로서의 선거법통합에 대비하는 데 중요한 참고가 될 수 있으리라고 본다.

Ⅱ. 동서독통일과 선거법통합과정

1. 선거법통합과정

통일독일의 연방의회선거의 준비와 실시를 위한 선거법통합은 우선 1990년 8월 3일의 선거조약(Wahlvertrag)을 통해서 이루어졌다. 이 선거조약은 전문과 8개의 조문, 그리고 제12대 연방의회선거 실시를 위한 경과규정을 다룬 부칙과 선거구분할의 보완문제를 다룬 부록으로 구성되어 있다. 그리고 선거조약의 부록의 내용을 다룬 개정조약(Änderungsvertrag zum Wahlvertrag)[6]이 8월 20일에 체결되었고, 이 선거

---

3) BGBl Ⅱ, S. 889.

4) BGBl Ⅱ, S. 813.

5) BGBl, S. 2141.

6) BGBl Ⅱ, S. 831.

조약과 개정조약에 대한 서독연방의회의 동의는 동년 8월 29일의 법률(동의법-Wahlvertragsgesetz)을 통해서 이루어졌다.[7] 그리고 이 선거조약은 동년 9월 3일에 효력을 발생했다.[8]

한편 연방헌법재판소는 1990년 9월 29일에 제12대 전독일연방의회선거와 관련하여 연방선거법 제6조 제6항 제1문 전단에 대한 한정적 헌법불합치결정과 동의법을 통해 개정된 연방선거법 제53조 제2항에 대한 위헌결정을 내렸다.[9] 그 후 1990년 10월 3일에는 동서독의 정치적 통일이 이루어졌고, 동년 10월 8일의 제10차 개정법률(Zehntes Gesetz)에 의하여 선거조약 및 동의법을 통해 수정된 연방선거법의 내용이 연방헌법재판소의 결정취지에 따라 재수정되었다. 결국 이렇게 선거조약과 개정조약, 그리고 이에 대한 동의법과 연방헌법재판소의 결정 및 제10차 개정법률을 통해 최종 확정된 연방선거법에 따라 1990년 12월 2일에 최초의 전독일연방의회선거(제12대 연방의회선거)가 실시되었다.

2. 선통일, 후선거

(1) 선거법통합과 관련하여 오랫동안 많은 논의가 있었는데, 그 중 중요한 것은 어떠한 내용의 연방의회선거가 이루어져야 하는가, 즉 통합선거법의 내용은 어떠한 것이어야 하는가－특히 연방선거법상의 저지조항(Sperrklausel)이 동독지역의 선거에서도 획일적으로 적용되어야 하는가, 아니면 상이하게 적용되어야 하는가의 문제[10]를 비롯하여－의 논의와 선거 실시에 앞서 통일이 먼저 이루어져야 하는가, 아니면 통일에 앞서 선거가 먼저 실시되어야 하는가의 논의였다. 여기서 언급하고자 하는 것은 후자, 즉 통일과 선거 실시 중 어느 것이 선행되어야 하는가의 문제이다.

이 논의는 대체로 최초의 전독일연방의회선거가 동서독의 통일 이후에, 즉 동독지역의 서독으로의 편입(Beitritt)[11]을 통해 동서독통일이 이루어진 연후에 단일화된

7) 선거조약은 연방입법사항과 관련된 문제이므로 기본법 제59조 제2항에 따라 연방법률의 형식으로 연방의회의 동의를 요한다(Dazu Begründung zu Art. 1 des Wahlvertragsgesetzes).

8) BGBl Ⅱ, S. 868.

9) BVerfGE 82, 322.

10) 이 문제에 대하여는 후술함.

11) 주지하는 바와 같이 동서독의 통일은 동독의 서독으로서의 편입이라고 하는 흡수통합의 방식으로 이루어졌다. 즉 기본법 제23조에 따라 동독지역의 Brandenburg, Mecklenburg-Vorpommern, Sachsen, Sachsen-Anhalt, Thüringen주와 Berlin(Ost)이 1990년 10월 3일에 서독지역으로 편입되어 서독의 주가 됨으로써(동Berlin은 서Berlin과 합쳐져 하나의 주로 되었음) 동서독통일이 이루어졌고(Art. 1 des

독일지역에서 연방의회선거가 실시되어야 한다는 의견으로 모아졌고,[12] 실제로도 이러한 순서를 밟아 선거가 실시되었다. 동서독의 통일은 동독의 서독에로의 편입이라고 하는, 다시 말해 서독의 영토확장이라고 하는 흡수통합의 방식으로 이루어지고, 제12대 연방의회선거는 이러한 방식으로 통일된 독일의 연방의회선거이기 때문에 당연히 선거 이전에 동독의 편입, 즉 통일이 이루어져야 한다는 것이다.

이처럼 동서독통일이 동독의 서독에로의 편입 내지 서독의 영토확장이라고 하는 흡수통합의 방식으로 이루어지기 때문에 최초의 전독일연방의회는 공동의회(gemeinsames Parlament)가 아닌 단일의회(einheitliches Parlament)이어야 하고, 따라서 전독일연방의회는 두개의 상이한 국가와 국민을 바탕으로 선출되어서는 안되고 어디까지나 하나의 통일국가와 통일국민을 바탕으로 선출되어야 할 것이다. 그러므로 논리필연적으로 연방의회구성을 위한 선거 실시 이전에 이미 하나의 통일국가가 존재하여야 하고, 따라서 동독의 서독에의 편입을 통한 흡수통일이 선행되어야 하는 것이다. 결국 이러한 통일된 독일은 엄밀한 법적인 의미에서 하나의 새로이 탄생된 국가가 아닌 동독의 소멸을 통해서 확장된 서독 내지 연방(Die erweiterte Bundesrepublik)이라고 보아야 할 것이다. 따라서 국제법과 헌법상 서독주권의 동질성과 계속성이 유지되며, 현직 서독대통령은 통일독일의 대통령으로서 계속 그 직을 보유하게 되고, 최초의 전독일연방의회는 제12대 연방의회가 되는 것이다.

만일 이러한 흡수통합의 방식이 아닌 서독과 동독의 수평적 통합에 의해서 하나의 독일국가건설을 지향하는 통일방식을 채택한다면 우선 동독과 서독은 병존하게 될 것이고, 동독과 서독의 양 지역에서 각각 분리선거가 실시되어야 할 것이다. 그리고 이처럼 상이한 선거법에 따라 선출된 양 의회는 서로 통합하여 공동의회를 구성하고 이 공동의회가 새로운 독일국가의 건설을 위한 통일을 결정하게 될 것이

Einigungsvertrages), 따라서 서독의 헌법인 기본법이 동독의 편입으로 인한 불가피한 일부조항의 개정을 수반하면서 동독지역에도 그대로 효력을 미치게 되었다(Art. 1 des Einigungsvertrages). 이처럼 독일통일이 사실상 서독의 영토확장의 형식으로 이루어졌기 때문에 법적으로 새로운 국가가 탄생된 것은 아니고, 서독의 주권과 법은 전독일지역에 그대로 효력을 미치게 되며 결국 동독은 소멸하게 된 것이라고 할 수 있다.

동서독의 통일방식에 대한 상세한 논의는 Vgl. Isensee, Staatseinheit und Verfassungskontinuität, VVDStRL 49, S. 39ff.; Tomschat, Wege zur deutschen Einheit, VVDStRL 49, S. 70ff.; Randelzhofer, Deutsche Einheit und europäische Integration, VVDStRL 49, S. 101ff.; Bartlsperger, Verfassung und verfassunggebende Gewalt im vereinten Deutschland, DVBl 1990, S. 1285ff.

12) Vgl. Weides/Kremke, Verfassungsrechtliche Fragen zur ersten gesamtdeutschen Parlamentswahl, NJW 1990, S. 1889f.; Schmidt, Rechtliche Voraussetzungen “gesamtdeutscher” Bundestagswahlen nach einem Beitritt gemäß Art. 23 S. 2 GG, NJW 1990, S. 1891f.; Wahl, Das Wahlrecht in der Sondersituation der deutschen Einigung, NJW 1990, S. 2585ff.

다. 그러나 이러한 통일방식은 정치적 논의과정에서 채택되지 못했고, 1990년 5월 18일의 통합조약(Staatsvertrag)과 이에 대한 동년 6월 25일의 동의법[13]에서 법적으로 완전히 배제되었다.

결국 기본법 제23조에 따른 흡수통일의 방식이 채택된 이상 그리고 최초의 전독일연방의회가 단일의회가 되어야 하는 이상, 연방의회선거 이전에 이미 하나의 단일 국가와 대표되어질 단일국민이 존재하여야 하고 이를 위해서는 당연히 동독의 서독으로의 편입을 통한 동서독통일이 선거실시 전에 달성되어야 하는 것이다.

(2) 이러한 선통일 내지는 선편입과 후선거의 방식은 과거 Saarland가 서독에 편입되었던 예에서도 볼 수 있다. 당시 Saarland주의회의 1956년 12월 14일의 편입결정과 동년 12월 23일의 Saarland의 편입에 관한 법률(Gesetz über die Eingliederung des Saarlands)[14]을 통해 1957년 1월 1일부로 Saarland가 서독으로 편입되었고, 동시에 기본법이 Saarland지역에도 효력을 미치게 되었다.[15]

한편 Saarland의 편입에 관한 법률 제2조는 Saarland가 당시의 연방의회의 임기만료까지(1957년 가을)를 기한으로 주의회에 의하여 주의회의원들 중에서 선출된 10명의 의원을 연방의회에 파견하도록 규정하고 있었고, 동법 제14조에 따라 1957년 1월 1일부로 일부 개정된 연방선거법이 Saarland를 비롯한 전서독 지역에 효력을 발생하게 되었다. 이들 규정에 따라 Saarland 주의회는 Saarland의 편입 이후 1957년 1월 4일에 연방의회에 파견할 10명의 의원을 선출했다. 따라서 Saarland의 편입과정에 있어서도 선편입, 후선거의 방식을 취했다고 볼 수 있다.

결국 기본법 제23조에 따른 흡수통일의 경우에 있어서는 선통일 내지 선편입과 후선거가 논리필연적인 순서라고 할 수 있다. 이 때 편입된 지역을 포함한 전독일에 적용되는 선거법은 편입주체로서의 서독의 연방선거법이라고 할 수 있으며, 이는 연방선거법 제55조[16]에도 잘 나타나 있다.

---

13) Vgl. Präambel des Gesetzes zu dem Staatsvertrag: "…ausgehend von dem beiderseitigen Wunsch, durch die Schaffung einer Währungs-, Wirtschafts- und Sozialunion einen ersten bedeutsamen Schritt in Richtung auf Herstellung der staatlichen Einheit nach Art. 23 GG zu unternehmen…"(BGBl, S. 518).

14) BGBl I, S. 1011.

15) 이에 관하여 자세한 것은 vgl. Fiedler, Die Rückgliederung des Saarlandes an Deutschland - Erfahrungen für das Verhältnis zwischen Bundesrepublik Deutschland und DDR?, JZ 1990, S. 668.

16) §55 BWG: "Dieses Gesetz ist in anderen Teilen Deutschlands nach deren Beitritt gemäß Art. 23 GG in Kraft zu setzen. Der Zeitpunkt des Inkrafttretens und die Wahlkreiseinteilung werden durch Bundesgestz bestimmt."

Ⅲ. 선거법통합내용

지금까지는 1990년 12월 2일에 있었던 최초의 전독일연방의회선거가 있기까지의 선거법의 통합과정을 살펴보았다. 여기서는 선거법통합내용, 특히 선거법통합을 위한 선거조약과 이에 대한 동의법의 내용, 그리고 연방헌법재판소의 결정 및 그 결과에 대하여 살펴보고자 한다.

1. 선거조약의 기본내용

(1) 선거조약의 기본원칙은 최초의 전독일연방의회선거가 서독의 연방선거법에 따라 실시된다고 하는 것이다. 선거조약을 통해 최초의 전독일선거인 제12대 연방의회선거가 하나의 단일 선거법에 따라 실시될 수 있는 토대가 마련되었고, 따라서 선거조약의 기본원칙은 서독의 선거법과 기타의 관련법규가 구 동독지역인 Mecklenburg-Vorpommern, Brandenburg, Sachsen-Anhalt, Sachsen, Thüringen주와 Berlin(Ost)에 확대 적용된다는 것이다. 물론 구 동독지역에로의 선거관련법규의 확대 적용을 위해서 불가피한 일부 선거관련 법규의 개정이 이루어지기는 했지만,[17] 제12대 연방의회선거는 서독의 연방선거제도의 기본 골격과 원칙하에서 준비되고 실시되는 것이고 이는 선거조약의 전문[18]과 제1조 제1항[19]에 명문으로 규정되어 있다. 그리고 제12대 연방의회선거와 관련하여 앞서 언급한 동독지역에 서독 정당법(Parteiengesetz) 제2조 제1항(정당의 개념에 관한 규정)과 제5조(정당에 대한 기회균등 보장에 관한 규정) 그리고 제18조부터 제21조(선거비용의 지급에 관한 규정) 및 제39조 제2항(제12대 연방의회선거 실시를 위한 경과규정)이 적용되도록 규정되어 있다.[20]

17) 이에 대하여는 후술함.

18) Präambel des Wahlvertrages: "…in dem Wunsch, daß die bevorstehende Wahl als gesamtdeutsche Wahl aufgrund eines einheitlichen Wahlrechts durchgeführt wird und deshalb der Geltungsbereich des Bundeswahlgesetzes auf das Gebiet der Deutschen Demokratischen Republik erstreckt werden sollte…."

19) Art. 1 Abs. 1 des Wahlvertrages: "Für die erste gesamtdeutsche Wahl wird der Geltungsbereich des Bundeswahlgesetzes der Bundesrepublik Deutschland in der Fassung der Bekanntmachung vom 1. September 1975(BGBl I, S. 2325), zuletzt geändert durch Gesetz vom 11. Juni 1990(BGBl I, S. 1015), und des Wahlprüfungsgesetzes vom 12. März 1951(BGBl I, S. 165), zuletzt geändert durch Artikel 3 des Gesetzes vom 24. Juni 1975(BGBl I, S. 1593), auf das Gebiet der Länder Mecklenburg-Vorpommern, Brandenburg, Sachsen-Anhalt, Sachsen und Türingen sowie auf das Gebiet von Berlin(Ost) erstreckt. Das Bundeswahlgesetz gilt mit den in der Anlage bezeichneten Änderungen und Maßgaben."
선거관련법규의 확대 적용을 위해서 불가피한 일부 선거관련규정의 개정과 적용기준은 동의법 제2조와 제3조에 규정되어 있다. 이에 관하여는 후술함.

한편 동독의 인민의회선거법[21]상의 정치적 결사(Politische Vereinigungen)는 서독 정당법 제2조 제1항에서 정의한 의미에서의 정당에 해당된다.[22] 이는 동독의 정치적 결사가 동독지역의 개혁과 지금까지 실시된 선거에서 중요한 역할을 했다는 사실과 동독의 정치적 결사도 서독의 정당처럼 국민의 정치적 의사형성과 의회선거에서의 후보선정과정에 대한 영향력행사를 중요한 기능으로 하고 있다는 점을 염두에 둔 것이라고 할 수 있다.[23]

(2) 연방선거법시행령(Bundeswahlordnung)과 연방선거기구규칙(Bundeswahlgeräteverordnung)도 앞서 언급한 동독지역에 적용되며, 다만 동독지역에로의 확대 적용과 관련한 불가피한 일부조항의 개정은 연방내무장관이 주관하도록 되어 있다.[24]

(3) 연방의회의 선거 준비 및 실시와 관련해서는 Berlin은 처음부터, 즉 통일 이전부터 하나의 통합된 주로 간주된다.[25] 이는 동Berlin과 서Berlin의 통합은 법적으로는 1990년 10월 3일의 흡수통합, 즉 동독의 편입을 통해서 비로소 완성되어지기 때문에 흡수통합 이전의 전Berlin지역에서의 단일화된 선거준비를 위해서는 처음부터 Berlin을 하나의 통합된 주로 간주하는 것이 불가피하기 때문이다.[26]

(4) 연방선거법이 동독지역으로 확대 적용됨에 따라 연방선거법과 선거법시행령에 따른 연방선거관리위원장(Bundeswahlleiter)과 연방선거관리위원회(Bundeswahlausschuß)의 관할권도 당연히 동독지역으로 확장되며, 연방선거관리위원장은 연방선거관리위원회의원으로 동독지역에 거주하는 2명의 위원을 추가로 선임한다.[27] 전자는 단일연방의회선거는 단일선거기구를 통해 이루어져야 하기 때문이며, 후자는 동독지역을 대표하는 정당들도 충분히 선거과정에서 고려될 수 있도록 하기 위함이다.[28]

(5) 모든 정당은 서독지역의 정당의 경우 기본법 제21조 제2항 제2문의 규정에 따라 연방헌법재판소에 의하여 위헌으로 선언되지 아니하는 한, 그리고 동독지역의 정당의 경우 선거조약의 발효전에 최고재판소의 전원재판부에 의하여 그 설립 또는 활동이 금지되었던 경우가 아닌 한 선거준비과정에서 선거법규의 범위 내에

20) Art. 1 Abs.2 des Wahlvertrages.

21) Gesetz über die Wahlen zur Vokskammer vom 20. Februar 1990(GBl I, S. 60).

22) Art. 1 Abs. 3 des Wahlvertrages.

23) Vgl. die Begrümdung zu Art. 1 Abs. 3 des Wahlvertrages(BT-Drucks. 11/7624, S. 15).

24) Art. 2 des Wahlvertrages.

25) Art. 3 des Wahlvertrages.

26) Vgl. die Begründung zu Art. 3 des Wahlertrages.

27) Art. 4 des Wahlvertrages.

28) Vgl. die Begründung zu Art. 4 des Wahlvertrages.

서 완전한 선거활동의 자유를 향유한다.[29] 이로써 모든 정당에게 선거준비과정에서의 기회균등이 보장되는 것이다. 아울러 동독인민의회의 1990년 2월 5일의 공화당(Die Republikaner)에 대한 정치활동 금지결정은 이 원칙에 반하는 것이므로 공화당은 정치활동의 자유를 향유하게 된다.[30] 이는 공화당에 대한 활동금지결정이 최고재판소가 아니라 인민의회에 의하여 이루어졌기 때문이라고 볼 수 있다.

(6) 이 선거조약의 발효 이전에 이미 서독지역에서 이루어진 선거준비행위는-특히 후보자의 선정행위-그대로 효력을 유지한다.[31] 따라서 서독지역에서의 새로운 후보자선정행위는 필요치 아니하다. 그러나 이 원칙은 Berlin에서 작성된 후보자명부(Landeslisten)에는 적용되지 아니한다. 왜냐하면 앞서도 언급했듯이 Berlin은 동서독의 통일전에 이미 연방선거의 준비와 실시과정에서 동Berlin과 서Berlin이 통합되어 하나의 주로 간주되고, 따라서 서Berlin지역에서만 선출될 것으로 예정된 서Berlin지역의 후보자명부는 불가피하게 전Berlin지역을 대상으로 하여 새롭게 작성되어야 하기 때문이다.[32]

2. 동의법상의 개정내용

앞서 언급한 바와 같이 선거법통합의 기본원칙은 서독연방선거법의 동독지역에로의 확대 적용이다. 그러나 연방선거법을 확대 적용하여 통일독일의 연방의회선거를 실시하는 데에는 몇 가지 조정작업이 필요했다. 이는 연방선거법의 확대 적용과정에서 필수적으로 수반되는 문제일 수도 있고, 기술적인 문제 때문일 수도 있다. 이러한 조정작업은 연방선거법 일부조항의 개정과 적용기준의 제정을 수반했고, 이러한 내용은 선거조약 및 개정조약에 대한 동의법에 규정되어 있다.

그런데 동의법상 적용기준의 내용[33]은 연방선거법의 동독지역에로의 확대 적용과정에서 동독의 정치적 상황과 법질서의 특수성으로 인하여 불가피하게 발생하는 문제를 해결하기 위한 단순한 기술적인 것들이다. 따라서 이에 대한 자세한 논의는 생략하고, 여기서는 선거법통합의 핵심적인 내용에 해당하는 동의법상의 개정내용에 대해서 살펴보고자 한다.

29) Art. 5 des Wahlvertrages.

30) Vgl. die Begründung zu Art. 5 des Wahlvertrages.

31) Art. 6 des Wahlvertrages.

32) Vgl. die Begründung zu Art. 6 des Wahlvertrages.

33) Vgl. Art. 3 des Wahlvertragsgesetzes.

(1) 연방선거법[34] 제1조 제1항에서 규정하고 있는 연방의회의 총의석수가 518에서 656으로 개정되었고, 따라서 동법 제1조 제2항에서 규정하고 있는 다수대표제에 의하여 선출되는 지역구의석수가 259에서 328로 개정되었다.[35] 이는 동독지역의 편입으로 인하여 선거구가 증가됨에 따라 불가피하게 야기되는 개정이라고 할 수 있다.

(2) 제12대 연방의회선거를 위한 경과규정을 다룬 연방선거법 제53조가 전면 개정되었는데 그 중요한 내용만을 살펴보면 다음과 같다.

1) 제1항

연방선거관리위원회는 제12대 연방의회선거실시와 관련해서는 연방선거법 제9조 제2항 제1문의 규정[36]과는 달리 연방선거관리위원장과 위원장에 의해 선출된 8명의 위원으로 구성된다.[37] 이는 선거조약 제2조 제2문의 규정에 따른 것으로 앞서도 언급했듯이 동독지역의 정당을 고려하기 위함이다.

2) 제2항[38]

비례대표제로 선출되는 전국구의원의 후보자명부를 어떤 주에서도–Berlin을 제외하고–함께 제출하지 아니한 각 정당의 후보자 명부는 연방선거관리위원장에 대한 신고를 통해 상호 통합될 수 있게 되었다. 즉 한 정당의 후보자명부는 다른 정당의 후보자명부와–이들 해당 정당들이 Berlin을 제외한 어떤 주에서도 동시에 후보자 명부를 제출하지 않았다는 전제하에서–상호 통합될 수 있는 길이 열린 것이다. 또한 이렇게 통합된 후보자명부에 대하여 연방선거법 제6조 제6항과 제7조 제2항 및 제3항이 준용되도록 되어 있어 통합된 후보자명부를 대상으로 저지조항을

---

34) Das Bundeswahlgesetz in der Fassung der Bekanntmachung vom 1. september 1975(BGBl I, S. 2325), zuletzt geändert durch das Gesetz vom 11. Juni 1990(BGBl I, S. 1015).

35) Art .2 Nr.1 des Wahlvertragsgesetzes.

36) 연방선거법 제9조 제2항 제1문의 규정에 따르면 연방선거관리위원회는 연방선거관리위원장과 위원장에 의해 선출된 6명의 위원으로 구성된다.

37) Art. 2 Nr. 2 Abs. 1 des Wahlvertrgsgesetzes.

38) "Landeslisten verschiedener Parteien, die in keinem Land - ausgenommen Berlin - nebeneinander Listenwahlvorschläge einreichen, können durch Erklärung gegenüber dem Bundeswahlleiter verbunden werden. Die Erklärung ist gemeinsam von den Vertrauenspersonen und den stellvertretenden Vertrauenspersonen aller beteiligten Landeslisten spätestens am zwanzigsten Tag vor der Wahl schriftlich bis 18 Uhr abzugeben. Für das weitere Verfahren gilt §29 Abs. 2 und 3 entsprechend. §6 Abs. 6 und §7 Abs. 2 und 3 gelten für verbundene Landeslisten verschiedener Parteien entsprechend."

통한 제한이 적용되고, 통합된 후보자명부는 의석배분 시 통합되지 아니한 기타의 후보자명부와의 관계에 있어서 하나의 단일 후보자명부로 간주되며, 하나의 통합된 후보자명부에 배분된 의석은 동법 제6조 제2항의 규정에 따라 다시 통합되기 이전의 원래의 후보자명부에 각각 분배된다.

이로써 동서독의 어느 한 지역에서 성립되었으나 아직 타지역의 특정정당과의 제휴를 통해 통일독일의 제12대 연방의회선거에 대비하기 위한 조직적 기반을 형성하지 못한 정당들은 이러한 후보자명부통합(Listenverbindung)을 통해 자신들이 획득한 제2투표의 유효득표수의 총합계의 총유효투표수에 대한 비율로 전국구의석배분에 참여할 수 있는 토대가 마련된 것이다. 아울러 연방선거법 제6조 제6항 제1문 전단에 따른 5% 저지조항도 각각의 후보자명부에 대하여 별도로 적용되는 것이 아니라 통합된 후보자명부를 대상으로 적용되는 것이다. 이는 특히 동독지역의 정치적 특수성과 동독지역에서 설립된 신생·군소정당들이 5% 저지선을 극복하기란 매우 어렵다고 할 수 있으므로 이들 정당들이 5% 저지선을 보다 용이하게 극복하도록 배려한 것이라고 볼 수 있다.

그러나 Berlin의 경우에는 예외가 인정된다. Berlin은 정치적 상황이 매우 상이한 동Berlin과 서Berlin으로 이루어져 있기 때문에 정치적 성향이 유사한 정당들이 양쪽지역에 후보자명부를 제출했거나 제출할 가능성이 높다. 그런데 Berlin은 앞서 언급한 바와 같이 제12대 연방의회선거의 준비와 실시과정에서 하나의 단일 주로 간주되기 때문에 만일 이 규정을 Berlin주에도 그대로 적용시킨다면 전Berlin에서 후보자명부를 함께 제출한 또는 제출할 것으로 예상되는－동·서Berlin의 통합으로 인해－이들 정당들은 어느 한쪽이 Berlin에서의 후보자명부제출을 포기하거나 또는 후보자명부통합을 포기할 수밖에 없을 것이다. 그러나 이는 앞서 언급한 본 규정의 입법취지에 정면으로 반하는 것이다.[39] 따라서 Berlin의 경우에는 이 규정의 적용에 대한 예외가 인정되는 것이다.

3) 기타

그밖에 개정을 통해 연방선거법 제53조에 규정된 내용은 주로 제12대 연방의회선거의 원활한 준비를 가능하게 하기 위하여 연방선거법에 규정된 선거준비 및 실시와 관련된 법정기일을 단축시키는 것을 내용으로 하고 있다.[40]

---

39) Vgl. die Begründung zu Art. 2 Nr. 2 Abs. 2 des Wahlvertragsgesetzes(BT-Drucks. 11/7624, S. 13)

40) 이에 대하여 자세한 것은 vgl. Art. 2 Nr. 2 Abs. 3 und 4 des Wahlvertragsgesetzes.

3. 연방헌법재판소의 결정내용

앞서 언급한 후보자명부통합문제를 다룬 개정 연방선거법 제53조 제2항의 규정과 연방선거법의 동독지역에로의 확대 적용으로 인하여 동독지역의 정당들에게도 그대로 적용된 5% 저지조항을 내용으로 하는 연방선거법 제6조 제6항 제1문 전단 규정은 제12대 연방의회선거 준비 및 실시와 관련하여 많은 문제점과 위헌시비를 야기하게 되었다. 결국 이 문제는 연방헌법재판소의 1990년 9월 29일의 결정[41]으로 일단락되었다. 이 연방헌법재판소의 결정은 독일의 연방의회선거제도와 동서독통일에 따른 선거법통합과 관련된 매우 중요한 문제를 다루고 있기 때문에 여기서 이에 대하여 고찰해 보고자 한다.

(1) 사건경위

1990년 12월 2일에 실시될 최초의 통일독일의 연방의회선거를 앞두고 공화당(Die Republikaner)과 녹색당(Die Grünen) 및 좌익연맹(Linke Liste)과 민주사회주의당(PDS)의 연합인 Linke Liste/PDS, 그리고 기타 2명의 정당인은 선거시 자신들에게 불리하게 적용될 연방선거법 제6조 제6항 제1문 전단의 5% 저지조항과 동법 제53조 제2항이 기본법 제21조 제1항[42]과 제38조 제1항[43]에 의하여 보장된 자신들의 권리를 침해하였다는 이유로 연방의회(Bundestag)와 연방참사원(Bundesrat)을 상대로 기관쟁의와 헌법소원심판청구를 연방헌법재판소에 제기하였다. 연방헌법재판소의 결정내용은 매우 많은 분량이므로 여기서는 그 요지만을 소개한다.

(2) 당사자들의 견해

1) 청구인의 주장

기관쟁의와 헌법소원심판의 청구인은 연방의회가 동의법 제1조에서 선거조약과 개정조약에 동의했고, 아울러 동의법 제2조 제2호의 규정을 통해 연방선거법 제6조 제6항의 저지조항이 동독지역에서도 그대로 확대 적용된다는 전제하에 후보자

41) BVerfGE 82, 322.

42) Art. 21 Abs. 1 GG: “정당은 국민의 정치적 의사형성에 기여함을 목적으로 한다. 정당의 설립은 자유이다….”

43) Art. 38 Abs. 1 GG: “연방의회의원은 보통 · 직접 · 자유 · 평등 · 비밀선거에 의하여 선출된다.…”

명부통합을 내용으로 하는 개정 연방선거법 제53조 제2항을 제정함으로써 자신들의 기본법 제38조 제1항과 제21조 제1항에 의하여 보장된 평등선거권과 기회균등권을 침해했고, 아울러 연방참사원은 동의법 제1조와 제2조 제2호에 동의함으로써 앞서 언급한 자신들의 권리를 침해했다고 주장한다. 즉 연방선거법 제6조 제6항 제1문 전단의 5% 저지조항은 자신들과 같은 일부지역에 한정된－특히 동독지역의 경우－소수정당에게는 매우 불리하고 불합리한 조항으로서, 이들 정당들에게는 지금까지 전독일지역의 선거구에서 자신들의 정당을 설립할 시간적 여유가 없었으므로 이들이 5% 저지선을 극복하여 의회에 진출하기란 사실상 불가능하다는 것이다. 또 이 점을 보완하기 위하여 마련된 개정된 연방선거법 제53조 제2항의 소위 후보자명부통합제도(정당들간의 제휴로 하나의 통합된 후보자명부를 만들어 이를 통해 전체로서 5% 저지선을 극복할 기회를 부여하는 제도)는 이들 소수정당들이－특히 동독지역의－5% 저지선의 극복을 위해서 후보자명부통합제도의 목적을 달성하기 위한 조건을 갖춘 다른 정당을 찾아 제휴할 수 있는 사실상의 가능성이 매우 적기 때문에 그 실효성이 없어 결과적으로 이 규정은 원래의 제도목적에 역행된다는 것이다. 따라서 연방선거법 제53조 제2항은 위헌·무효이고, 동법 제6조 제6항 제1문은 제12대 전독일연방의회선거에 적용되는 한 위헌이라고 주장한다.

2) 피청구인의 주장

피청구인인 연방의회는 의회에서의 군소정당의 난립을 방지하여 안정된 의회의 다수세력의 확보에 이바지하는 5% 저지조항은 그 제도적 목적에 비추어 예외없이 전독일연방의회선거에도 적용되어야 하며, 여기서 파생되는 청구인이 주장하는 바와 같은 문제점은 개정된 연방선거법 제53조 제2항에서 규정한 각 정당간의 후보자명부통합제도를 통해 해결될 수 있다고 주장한다. 다시 말해 이 제도를 통해 모든 소수정당들은 이 제도의 전제조건에 부합하는, 즉 자신과 같은 주에서 경쟁관계에 있지 아니한 정치적 성격이 유사한 파트너정당과 제휴하여 후보자명부를 통합시킴으로써 전체로서 5% 저지선을 극복하여 결국 의회에 진출할 수 있고, 여기서 파트너 정당을 가진 정당과 이들보다는 많은 득표를 했으나 결과적으로 5% 저지선을 극복하지 못하여 의회에 진출하지 못한 정당과의 불평등이 정당화되어 질 수 있는 것이며, 따라서 이 제도는 정당간의 실질적인 기회균등의 원칙에도 합치된다고 주장한다.

피청구인측 보조참가인인 연방정부의 견해도 연방의회의 주장과 대체로 일치한다.

(3) 주 문

1) 헌법소원심판절차

가. 동의법을 통해 개정된 연방선거법 제53조 제2항은 기본법 제38조 제1항에서 보장한 청구인의 평등선거권을 침해한 것으로 무효이다.

나. 연방선거법 제6조 제6항 제1문 전단의 규정은 제12대 전독일연방의회선거와 관련하여 전독일지역을 하나의 선거단위로 하여 확대 적용되는 한 기본법 제38조 제1항 제1문에서 보장한 청구인의 평등선거권을 침해한 것이며, 그 한도에서 이 규정은 기본법에 합치되지 아니한다.

2) 기관쟁의심판절차

연방의회는 동의법의 제정을 통해, 연방참사원은 이 동의법에 대한 동의를 통해 기본법 제21조 제1항과 제38조 제1항에서 보장된 청구인의 기회균등권을 침해했다.

(4) 이 유

1) 선거에 있어서, 특히 비례대표제선거에 있어서의 대원칙은 각 표의 균등을 내용으로 하는 평등선거의 원칙이다. 기본법 제38조 제1항 제1문에서의 평등선거의 원칙도 이처럼 형식적 의미의 평등(Gleichheit im formalen Sinne)으로 이해되어야 하고, 이에 따라 주어진 각 표의 가치는 동일하게 다루어져 투표의 산술적 계산가치의 평등(Zählwertgleichheit)뿐 아니라 그 성과가치의 평등(Erfolgswertgleichheit)도 아울러 지켜져야 한다. 그리고 각 정당간의 형식적 의미의 평등의 원칙, 특히 선거에 있어서의 기회균등의 원칙도 앞서 언급한 기본법 제21조 제1항(기본법 제38조 제1항 제1문과 관련하여)에서 규정하고 있는 정당설립의 자유와 복수정당제의 보장 및 이에 따른 정당의 헌법상의 지위에서 당연히 도출되는 것이다. 따라서 이러한 평등선거의 원칙과 각 정당간의 기회균등의 원칙에 대한 제한은 극히 불가피하고 객관적인 사유로 인해서만 가능하다. 그런데 여기서 5% 저지조항의 적용으로 야기되는 문제점, 즉 제2투표의 결과 전체 유효투표수의 5% 이상을 획득한 정당은 의석을 할당받고 그렇지 못한 정당은 전혀 의석을 배분받지 못하는 비례대표제선거에 있어서의 평등선거의 원칙에 대한 제한은 이를 통해 의회에서의 군소정당의

난립을 막고, 의회 내의 안정된 다수세력을 형성시켜 줌으로써 의회의 원활한 기능을 확보한다는 데 그 합리적인 사유가 존재하므로 일응 정당화되어질 수 있는 것이다.

그러나 5% 저지조항은 그때그때의 시대적 · 정치적 상황과 장소에 따라 달리 적용되어야 하며, 만일 이 규정이 적용될 수 없는 특별한 사유가 존재한다면 선거법은 원래대로 형식적 의미의 평등선거의 원칙하에서 가치중립적으로 규정되고 기능하여야 한다. 이런 점에서 볼 때 동독지역에의 정당들은 대부분 최근에, 즉 통일을 전후하여 설립된 것이어서(그 이전에는 공산당독재와 사회주의원칙에 위배되는 강령을 가진 정당의 설립금지규정으로 인해 타정당의 설립이 사실상 불가능했음) 이들에게는 눈앞에 닥친 제12대 전독일연방의회선거준비를 위한 시간적 여유가 없고, 이들의 인적·물적 조직이 너무 취약하여 이들에게 제2투표의 총유효투표수의 5% 이상을 획득할 것을 기대하기란 사실상 불가능하다. 그런데 이는 이들 정당의 정치적 능력이나 강령 등에 원인이 있는 것이 아니라 금번 제12대 전독일연방의회선거에서 5% 저지조항의 동독지역에로의 부당한 확대 적용에 원인이 있는 것이다

2) 피청구인은 이 5% 저지조항의 동독지역에로의 확대 적용에서 발생하는 이러한 문제점은 각 정당간의 제휴, 즉 개정된 연방선거법 제53조 제2항에서 규정하고 있는, 같은 주에서 서로 경쟁관계에 있지 아니한 정당간의 후보자명부통합제도를 통해서-즉 이를 통해 결과적으로 전체 유효투표수의 5% 이상을 획득할 수 있는 가능성이 증대되므로-해소될 수 있다고 주장한다. 그러나 이 제도의 적용을 받을 것으로 예상되는 동독지역의 신생 · 군소정당이 이 제도를 통해 5% 저지조항을 극복하기 위하여 그 제도적 목적에 적합한 다른 정당과 제휴할 수 있는 사실상의 가능성은 매우 적다. 물론 추상적 · 이론적으로는 모든 정당에게 제휴를 통한 후보자명부통합의 가능성이 열려 있기는 하지만 정치적 실제상황에서 살펴보면 그렇지 못하다. 왜냐하면 이러한 소수정당이-특히 동독지역에서의-후보자명부통합제도를 통해 자신의 취약함을 보완하여 5% 이상의 유효투표수를 획득할 수 있기 위해서는 그 파트너정당으로서 사실상 서독지역의 기존의 제도화된 역량있는 중·다수정당을 찾을 수밖에 없는데, 이러한 기존의 서독정당들은 이미 동독지역에 설립된 자매정당과 제휴를 했고, 이에 따라 모든 주에서 후보자명부를 제출한 결과 연방선거법 제53조 제2항의 규정에 의해 파트너정당으로서의 대상에서 제외되기 때문에 동독지역의 소수정당이 5% 저지선을 극복하기 위하여 후보자명부통합을 위한 파트너정당을 발견하기란 사실상 거의 불가능하게 되었다. 따라서 연방선거법 제

53조 제2항의 적용을 받을 것으로 예상되는 소수정당들은 자신의 정치적 능력이나 강령 등에 관계없이 이러한 사실상의 시대적 · 정치적 상황으로 인해 동맹제휴정당을 찾지 못하게 되고, 이로 인해 5% 저지선을 극복하지 못하여 결국 비례대표의석배분에 전혀 참여할 수 없게 될 것이다. 이는 결국 정당의 기회균등의 원칙과 평등선거의 원칙에 위배된다.

이러한 이유 때문에 개정 연방선거법 제53조 제2항은 위헌 · 무효이며, 동법 제6조 제6항 제1문 전단은 제12대 전독일연방의회선거에서 전 독일지역을 하나의 선거단위로 하여 확대 적용되는 한 기본법에 합치되지 아니한다. 따라서 입법자에게는 새로운 선거규정의 제정이 요청되는데, 이는 눈앞에 닥친 전독일연방의회선거에서 이들 신생 · 군소정당들이 새로 제정될 선거법규정에 적응·준비할 기회와 시간을 고려하여 단시일 내에 이루어져야 할 것이다.

(5) 평 가

이상에서 살펴본 바와 같이 연방헌법재판소의 결정이유에 따르면 일반적으로는 군소정당의 난립을 막고 안정된 의회내의 다수세력의 확보를 위해서 5% 저지조항의 적용이 정당화되어질 수 있으나, 제12대 전독일연방의회선거에서 처럼 매우 빨리 진행된 통일이라고 하는 역사적 소용돌이 속에서 선거에 대한 충분한 준비와 조직력을 확보하지 못한 동독지역의 신생 · 군소정당들이 이러한 예외적인 특수한 시대적 · 정치적 상황으로 인해 5% 저지선을 극복하기란－선거결과 사실로 입증되었듯이－거의 불가능하며 이는 이들 정당에게 그 귀책사유가 있는 것이 아니라 불가피하고 예상치 못한 예외적인 상황에 그 원인이 있으므로 이들에게 5% 저지조항을 적용하는 것은 정당화되어질 수 없고, 아울러 이 문제점을 해결하기 위한 후보자명부통합제도는 그 제도목적의 실현을 위한 기대가능하고 적합한 제도가 아니기 때문에 결국 정당간의 기회균등과 평등선거의 원칙에 위반되는 위헌적 규정이라는 것이다.

이 연방헌법재판소의 결정취지는 대체로 타당한 것으로 여겨진다. 왜냐하면 결국 5% 저지조항은 앞서 언급한 그 제도상 목적의 실현을 위하여 불가피하게 비례대표제의 이념적 요청인 평등선거의 원칙과 정당간의 기회균등의 원칙을 제한하는 것인데, 무릇 일정한 원칙에 대한 예외가 헌법상 정당화되어지기 위해서는 그 제도상의 목적적 정당성 이외에 그 제도실현의 방법과 절차의 정당성이 확보되어져야 하고, 아울러 그 목적과 수단 사이에 비례의 원칙이 준수되어야 한다. 그런데 이번 제12대 연방의회선거에 있어서는 선거결과 사실로 입증되었듯이 예외적인 시대적·정치적 상황으로 인해 동독지역의 신생·소수정당들이 독자적으로 또는 후보자명부통합을 통해 5% 저지선을 극복하는 것이 사실상 기대가능하지 않고 이에 대한 귀책사유가 이들 자신들에게 있는 것이 아니기 때문에 이들에게 5% 저지조항을 확대 적용하는 것은 그 목적달성을 위한 방법과 절차적 정당성 확보에 문제가 있다고 할 수 있으며, 아울러 5% 저지조항의 이들에 대한 제한없는 확대 적용은 이를 통해 달성되는 제도적 목적에 비추어 적합하고 불가피한 최후의 수단으로 보기 어렵고, 이들에게 최소한의 희생만을 강요하는 비례적인 것(달성되는 목적과 그를 통해 희생되는 이익 사이의 비교형량의 결과)이라 보기도 어렵기 때문에 법치국가적 요청인 비례의 원칙에 위반된다고 보지 않을 수 없다.

이러한 견해는 소수민족정당(Parteien nationaler Minderheiten)에 대하여 5% 저지조항의 적용을 배제시킨 연방선거법 제6조 제6항 제2문의 특별규정과 비교해 볼 때도 타당한 것이라 하겠다. 왜냐하면 이들 소수민족정당들은 다른 일반정당과는 달리－정책과 강령에 대한 대등한 경쟁을 하기 보다는 이와는 관계없이－자신들의 지지기반인 소수민족의 이익을 대변하기 위한 것이라는 특수한 정치적·사회적 상황과 필연적인 인적·물적 조직상의 취약함으로 인하여 이들 정당이 저지조항을 극복하기란 사실상 불가능하며, 따라서 이들에게 5% 저지조항을 통해 평등선거의 원칙에 대한 제한을 적용하는 것은 그 수인의 기대가능성이 없기 때문이다.[44]

4. 제10차 개정법률의 내용

지금까지 고찰해 본 바와 같이 선거법통합의 핵심적 내용은 제12대 연방의회선거와 관련하여 연방선거법 제6조 제6항 제1문 전단의 5% 저지조항이 전독일지역을 하나의 단일선거단위로 하여 확대 적용된다는 것과 5% 저지조항의 극복을 용이하게 할 목적으로 동의법을 통해 연방선거법 제53조 제2항에 마련한 후보자명부통합제도라고 할 수 있는데, 이 규정들에 대하여 앞서 살펴본 바와 같은 연방헌법재판소의 한정적 헌법불합치결정과 위헌결정이 있었다. 이러한 연방헌법재판소의 결정취지는 1990년 10월 8일의 제10차 개정법률을 통해 연방선거법에 반영되었다. 이에 따라 동의법에 의하여 개정된 제12대 연방의회선거에만 한시적으로 적용될

44) Vgl. Seifert, Bundeswahlrecht Kommentar, 3. Aufl., 1976, §6 Rdnr. 28; Schreiber, Handbuch des Wahlrechts zum Wahlrechts zum Deutschen Bundestag, 4. Aufl., 1990, §6 Rdnr. 22ff.; BVerfGE1, 208(257f.); 4, 31(40); 5, 77(83); 6, 84(97f.).

경과규정을 내용으로 하는 연방선거법 제53조는 다시 개정되었는데 그 요지는 다음과 같다.

(1) 5% 저지조항이 전독일지역을 하나의 선거단위로 하여 적용되는 것이 아니라 동독과 서독의 두 지역으로 나누어 각각 분리하여 적용되도록 하였다. 즉 비례대표제에 의한 전국구의원의 의석배분에는 서독지역에서의 제2투표의 총유효투표수의 5% 이상을 차지했거나 동독지역에서의 제2투표의 총유효투표수의 5% 이상을 차지한 정당만이 참여할 수 있도록 된 것이다.[45] 이처럼 서독지역과 동독지역을 각각 상이한 선거단위로 분리하여[46] 5% 지지조항을 적용시킴으로써 군소정당들, 특히 동독지역의 신생 소수정당들의 5% 저지선극복이 다소 용이하게 되었다고 볼 수 있다.

(2) 한편 1990년 10월 3일 현재 동독지역에 소재하는 정당과 정치적 결사 등은 연방선거관리위원장에게 서면으로 신고함으로써 공동으로 연합하여 후보자명부를 제출할 수 있도록 되었다.[47] 이렇게 연합된 후보자명부(Listenvereinigung)[48]를 대상으로 연방선거법 제6조 제6항 제1문과 제7조가 준용되도록 되어 있기 때문에 저지조항은 각각의 후보자명부가 아닌 연합된 후보자명부에 대하여 적용되고, 연합된 후보자명부는 의석배분 시 연합되지 아니한 기타의 후보자명부와의 관계에 있어서 하나의 단일 후보자명부로 간주되며, 하나의 연합된 후보자명부에 배부된 의석은 다시 연합되기 이전의 원래의 후보자명부에 각각 분배된다. 후보자명부연합은 동독지역에 소재하는 정당과 정치적 결사 등에 대해서만 허용되고, 그 대상이 정당에게만 인정되는 것이 아니라 널리 정치적 결사 등에 대해서도 인정되기 때문에 이로써 동독지역의 신생·소수정당들은 보다 용이하게 5% 저지선을 극복하고 의석배분에 참여할 수 있는 토대가 마련된 것이다. 이는 동독지역의 특수한 정치적 상황과 신생 · 소수정당들의 정치적 취약성을 감안한 과도적인 특혜조치라고 할 수

45) Art.1 Nr.1 Abs.1 des Zehnten Gesetzes(§53 Abs.1 BWG): "§6 Abs.5 Satz 1 erste Alternative gilt mit der Maßgabe, daß bei der Verteilung der Sitze auf die Landeslisten nur Parteien berücksichtigt werden, die mindestens 5 vom Hundert der abgegebenen gültigen Zweitstimmen entweder im Gebeit der Länder Schleswig-Holstein, Hamburg, Niedersachsen, Bremen, Nordrhein-Westfalen, Hessen, Rheinland-Pfalz, Baden-Württemberg, Bayern und Saarland sowie der Wahlkreise 249 bis 256 in Berlin oder im Gebiet der Länder Mecklenburg-Vorpommern, Brandenburg, Sachsen-Anhalt, Thüringen und Sachsen sowie der Wahlkreise 257 bis 261 in Berlin erhalten haben."

46) Vgl. Art. 2 Nr. 2 des Zehnten Gesetzes.

47) Art. 1 Nr. 3 Abs. 2 des Zehnten Gesetzes(§53 Abs. 2 BWG).

48) Listenvereinigung에 대하여는 vgl. BVerfGE 82, 322(349f.).

있다.

한편 앞서 언급한 바와 같이 연방선거법 제53조에 따른 5% 저지조항의 동서독 지역에 대한 분리적용과 동독지역 소재 정당들에 대한 특혜조치는 제12대 연방의회선거에만 적용되는 한시적인 조치이다. 그렇기 때문에 차기 제13대 연방의회선거부터는 동독지역의 모든 정당들에 대하여 어떠한 특혜조치 없이 원래대로 전독일지역을 하나의 선거단위로 하여 5% 저지조항이 적용될 것이다.

Ⅳ. 선거결과

선거조약, 동의법, 제10차 개정법률 등에 따라 최종적으로 확정된 연방의회선거법에 근거하여 1990년 12월 2일에 드디어 역사적인 제12대 동일독일의 연방의회선거가 실시되었다. 선거결과[49] 과거 서독지역의 기존의 제도화된 다수정당들(CDU, CSU, SPD, FDP)－이미 이들의 동독지역의 자매정당들과 통합하여－뿐만 아니라 독일통일로 이어진 동독에서의 거센 민주화 물결로 인해 한때는 구시대의 유물로서 역사의 뒤안길로 사라지지 않을까 예상되기도 했고 이제는 소수정당으로 전락한 과거 공산당(SED)의 후신인 민주사회주의당(PDS)과 역시 동독지역의 군소정당인 Bündnis 90/Grüne가 연방의회에 진출하게 되었다. 이러한 결과는 독일연방선거법과 그 동안의 선거경험에 비추어 보면 매우 이례적인 것이라 아니할 수 없다. 왜냐하면 연방의회선거가 실시되기 전에 많은 사람들은 이들 극좌정당을 비롯한 군소정당들이 연방선거법상의 5% 저지조항으로 인해 지금까지의 선거경험에서 보듯이 그들의 연방의회진출이 좌절되리라고 예상했기 때문이다.

선거결과 PDS는 전독일지역을 단위로 한 제2투표의 총유효투표수의 불과 2.4%, 그리고 Bündnis 90/Grüne는 겨우 1.2%라고 하는 매우 낮은 비율의 득표를 했는데, 결국 연방헌법재판소의 5% 저지조항에 대한 한정적 헌법불합치결정과 동의법을 통해 개정된 연방선거법 제53조 제2항에 대한 위헌결정에 따라 제10차 개정법률에 의하여 다시 개정된 연방선거법에 근거하여 각각 17석과 8석의 연방의회의석을 차지하게 된 것이다. 한편 서독의 녹색당(Die Grünen)은 선거결과 서독지역을 단위로 한 제2투표의 총유효투표수의 불과 3.9%를 획득하는 데 그쳐 5% 저지선을 극복하지 못하고 의회진출이 좌절되었다.

---

49) 선거결과에 대한 상세한 것은 Frankfurter Allgemeine Zeitung 1990년 12월 4일자 제2면 이하 참조.

V. 맺는 말

(1) 지금까지 동서독통일 및 제12대 전독일연방의회선거실시와 관련한 선거법통합의 절차와 방법 및 내용, 그리고 이 통합된 선거법에 따른 제12대 연방의회선거의 결과에 대하여 살펴보았다. 이러한 독일의 선거법통합과정과 선거제도의 내용은 우리에게 시사하는 점이 많다고 할 수 있다. 물론 서독과 남한, 동독과 북한, 그리고 과거 동·서독의 관계와 남·북한의 관계를 상호 비교해 볼 때 많은 상이점을 발견할 수 있고, 남·북한 통일이 반드시 동·서독의 통일방식인 흡수통합의 형식으로 이루어진다고는 볼 수 없기 때문에 독일의 선거법통합의 과정과 내용이 우리에게 그대로 적용될 수는 없을 것이다. 더욱이 흡수통일의 방식은 현재 정치권에서 여러 가지 이유에서 별로 환영받지 못하고 있으며 국민정서에도 반한다고 할 수 있기 때문에 외관상 남북통일방식의 모델로서 채택될 수는 없는 것처럼 보이기도 한다.

그러나 아무리 남북통일이 우리 민족의 지상과제요, 우리 헌법이 지향하는 최고의 목표라 할지라도 어디까지나 통일은 우리 헌법이 지향하는 자유민주적 기본질서의 바탕 위에서, 우리 헌법의 기본테두리와 기본원칙하에서, 그리고 우리 헌법이 지니고 있는 인간의 존엄과 가치를 핵심으로 하는 기본권적 가치질서가 보장되고 실현되는 전제하에서 이루어져야 한다. 다시 말해 자유민주적 기본질서 대신의 통일이 아니라 자유민주적 기본질서와 공존하는, 자유민주적 기본질서와 조화를 이루는 통일, 더 나아가서 보다 고양된 자유민주적 기본질서의 실현을 위한 통일이 되어야 한다는 점을 상기할 때 남한주도하의 흡수통일의 방식은 매우 현실적이고 합리적인 통일방식의 모델로서 우리에게 다가오는 것이다.

이처럼 남한주도의 흡수통일의 가능성을 배제하지 아니할 때, 그리고 우리의 숙원인 조국의 통일을 지향하면서 언젠가는 이루어질 역사적인 통일조국의 최초의 남북한총선거를 상상해 볼 때, 그동안의 공산당 유일독재하의 북한과 동독과의 정치적 상황의 유사성에 비추어 최초의 전독일선거에 있어서의 문제점과 유사한 문제점이 우리에게도 발생할 수 있을 것이다. 그 경우 이번 동·서독의 선거법 통합과정과 내용은 우리에게 매우 좋은 참고가 될 것이다.

(2) 한편 남·북한 통일과 이에 따른 선거법 통합에 대비하기 위해서는 먼저 우리의 현행 선거제도에 대한 개선작업이 선행되어야 할 것이다. 앞서 살펴본 바와

같이 독일의 선거법 통합이 매우 성공적으로 이루어질 수 있었던 것은 근본적으로는 과거 서독의 선거제도－본질적으로는 독일의 현행 선거제도와 거의 동일하지만－가 매우 모범적이고 우수했기 때문이라고 할 수 있다. 따라서 우리의 현행 선거제도도 헌법정신에 부합되는 합리적인 선거제도로 조속히 탈바꿈되어야 할 것이다.

그 동안 다수대표제를 근간으로 하는 우리의 국회의원선거제도는 지나친 지역색과 인물 위주의 선거로 이루어져 왔고, 아울러 정당 자체가 개성있는 참신한 정책과 강령에 의해 기능하기보다는 지방색과 특정인물중심으로 설정되고 운영되어 왔다고 볼 수 있다. 이러한 점에 비추어 이제부터라도 각 정당이 독일에서처럼 분명한 정치적 색깔과 독특한 정책 및 강령으로 무장되고 각 정당간의 기회균등이 모든 정치과정에서(선거 및 선거유세캠페인, 정당의 자금조달, 정당에 대한 국가적 지원 등) 실질적이고 효과적으로 보장됨으로써 진정한 정당민주주의의 실현이 선행되어야 하겠고, 아울러 우리 선거제도가 가지고 있는 앞서 언급한 문제점의 보완을 위해 독일식 선거제도의 도입을 적극 고려해야 한다고 생각한다. 물론 이 경우 위에서 언급한 비례대표제의 단점을 보완하기 위하여 일정한 비율의 저지조항을 통한 제도적인 안전장치가 마련되어야 할 것으로 보는데, 여기서 그 저지선의 비율을 얼마로 할 것인가 하는 것은 원칙적으로 그때그때의 시대적 · 정치적 상황에 따라 결정되어야 할 입법정책의 문제라고 하겠다.[50)]

50) 이 저지선의 비율과 관련하여 과거 바이에른주 헌법재판소는 10%의 저지조항도 헌법상 평등의 원칙에 합치된다고 판시했던 반면(BayVerfGHE n. F. 2, 48; 5, 75), 연방헌법재판소는 그 저지선의 최고비율은 불가피한 예외적 상황을 제외한다면 원칙적으로 5%에 머물러 있어야 한다고 판시했다(BVerfGE 51, 222(236f.)).

대한민국헌법

[시행 1988.2.25.] [헌법 제10호, 1987.10.29., 전부개정]

유구한 역사와 전통에 빛나는 우리 대한국민은 3·1운동으로 건립된 대한민국임시정부의 법통과 불의에 항거한 4·19민주이념을 계승하고, 조국의 민주개혁과 평화적 통일의 사명에 입각하여 정의·인도와 동포애로써 민족의 단결을 공고히 하고, 모든 사회적 폐습과 불의를 타파하며, 자율과 조화를 바탕으로 자유민주적 기본질서를 더욱 확고히 하여 정치·경제·사회·문화의 모든 영역에 있어서 각인의 기회를 균등히 하고, 능력을 최고도로 발휘하게 하며, 자유와 권리에 따르는 책임과 의무를 완수하게 하여, 안으로는 국민생활의 균등한 향상을 기하고 밖으로는 항구적인 세계평화와 인류공영에 이바지함으로써 우리들과 우리들의 자손의 안전과 자유와 행복을 영원히 확보할 것을 다짐하면서 1948년 7월 12일에 제정되고 8차에 걸쳐 개정된 헌법을 이제 국회의 의결을 거쳐 국민투표에 의하여 개정한다.

제1장 총 강

제1조 ① 대한민국은 민주공화국이다.

② 대한민국의 주권은 국민에게 있고, 모든 권력은 국민으로부터 나온다.

제2조 ① 대한민국의 국민이 되는 요건은 법률로 정한다.

② 국가는 법률이 정하는 바에 의하여 재외국민을 보호할 의무를 진다.

제3조 대한민국의 영토는 한반도와 그 부속도서로 한다.

제4조 대한민국은 통일을 지향하며, 자유민주적 기본질서에 입각한 평화적 통일 정책을 수립하고 이를 추진한다.

제5조 ① 대한민국은 국제평화의 유지에 노력하고 침략적 전쟁을 부인한다.

② 국군은 국가의 안전보장과 국토방위의 신성한 의무를 수행함을 사명으로 하며, 그 정치적 중립성은 준수된다.

제6조 ① 헌법에 의하여 체결·공포된 조약과 일반적으로 승인된 국제법규는 국내법과 같은 효력을 가진다.

② 외국인은 국제법과 조약이 정하는 바에 의하여 그 지위가 보장된다.

제7조 ① 공무원은 국민전체에 대한 봉사자이며, 국민에 대하여 책임을 진다.

② 공무원의 신분과 정치적 중립성은 법률이 정하는 바에 의하여 보장된다.

제8조 ① 정당의 설립은 자유이며, 복수정당제는 보장된다.

② 정당은 그 목적·조직과 활동이 민주적이어야 하며, 국민의 정치적 의사형성에 참여하는데 필요한 조직을 가져야 한다.

③ 정당은 법률이 정하는 바에 의하여 국가의 보호를 받으며, 국가는 법률이 정하는 바에 의하여 정당운영에 필요한 자금을 보조할 수 있다.

④ 정당의 목적이나 활동이 민주적 기본질서에 위배될 때에는 정부는 헌법재판소에 그 해산을 제소할 수 있고, 정당은 헌법재판소의 심판에 의하여 해산된다.

제9조 국가는 전통문화의 계승·발전과 민족문화의 창달에 노력하여야 한다.

제 2 장 국민의 권리와 의무

제10조 모든 국민은 인간으로서의 존엄과 가치를 가지며, 행복을 추구할 권리를 가진다. 국가는 개인이 가지는 불가침의 기본적 인권을 확인하고 이를 보장할 의무를 진다.

제11조 ① 모든 국민은 법 앞에 평등하다. 누구든지 성별·종교 또는 사회적 신분에 의하여 정치적·경제적·사회적·문화적 생활의 모든 영역에 있어서 차별을 받지 아니한다.

② 사회적 특수계급의 제도는 인정되지 아니하며, 어떠한 형태로도 이를 창설할 수 없다.

③ 훈장등의 영전은 이를 받은 자에게만 효력이 있고, 어떠한 특권도 이에 따르지 아니한다.

제12조 ① 모든 국민은 신체의 자유를 가진다. 누구든지 법률에 의하지 아니하고는 체포·구속·압수·수색 또는 심문을 받지 아니하며, 법률과 적법한 절차에 의하지 아니하고는 처벌·보안처분 또는 강제노역을 받지 아니한다.

② 모든 국민은 고문을 받지 아니하며, 형사상 자기에게 불리한 진술을 강요당하지 아니한다.

③ 체포·구속·압수 또는 수색을 할 때에는 적법한 절차에 따라 검사의 신청에 의하여 법관이 발부한 영장을 제시하여야 한다. 다만, 현행범인인 경우와 장기 3년 이상의 형에 해당하는 죄를 범하고 도피 또는 증거인멸의 염려가 있을 때에는 사후에 영장을 청구할 수 있다.

④ 누구든지 체포 또는 구속을 당한 때에는 즉시 변호인의 조력을 받을 권리를 가진다. 다만, 형사피고인이 스스로 변호인을 구할 수 없을 때에는 법률이 정하는 바에 의하여 국가가 변호인을 붙인다.

⑤ 누구든지 체포 또는 구속의 이유와 변호인의 조력을 받을 권리가 있음을 고지받지 아니하고는 체포 또는 구속을 당하지 아니한다. 체포 또는 구속을 당한 자의 가족등 법률이 정하는 자에게는 그 이유와 일시·장소가 지체없이 통지되어야 한다.

⑥ 누구든지 체포 또는 구속을 당한 때에는 적부의 심사를 법원에 청구할 권리를 가진다.

⑦ 피고인의 자백이 고문·폭행·협박·구속의 부당한 장기화 또는 기망 기타의 방법에 의하여 자의로 진술된 것이 아니라고 인정될 때 또는 정식재판에 있어서 피고인의 자백이 그에게 불리한 유일한 증거일 때에는 이를 유죄의 증거로 삼거나 이를 이유로 처벌할 수 없다.

제13조 ① 모든 국민은 행위시의 법률에 의하여 범죄를 구성하지 아니하는 행위로 소추되지 아니하며, 동일한 범죄에 대하여 거듭 처벌받지 아니한다.

② 모든 국민은 소급입법에 의하여 참정권의 제한을 받거나 재산권을 박탈당하지 아니한다.

③ 모든 국민은 자기의 행위가 아닌 친족의 행위로 인하여 불이익한 처우를 받지 아니한다.

제14조 모든 국민은 거주·이전의 자유를 가진다.

제15조 모든 국민은 직업선택의 자유를 가진다.

제16조 모든 국민은 주거의 자유를 침해받지 아니한다. 주거에 대한 압수나 수색을 할 때에는 검사의 신청에 의하여 법관이 발부한 영장을 제시하여야 한다.

제17조 모든 국민은 사생활의 비밀과 자유를 침해받지 아니한다.

제18조 모든 국민은 통신의 비밀을 침해받지 아니한다.

제19조 모든 국민은 양심의 자유를 가진다.

제20조 ① 모든 국민은 종교의 자유를 가진다.

② 국교는 인정되지 아니하며, 종교와 정치는 분리된다.

제21조 ① 모든 국민은 언론·출판의 자유와 집회·결사의 자유를 가진다.

② 언론·출판에 대한 허가나 검열과 집회·결사에 대한 허가는 인정되지 아니한다.

③ 통신·방송의 시설기준과 신문의 기능을 보장하기 위하여 필요한 사항은 법률로 정한다.

④ 언론·출판은 타인의 명예나 권리 또는 공중도덕이나 사회윤리를 침해하여서는 아니된다. 언론·출판이 타인의 명예나 권리를 침해한 때에는 피해자는 이에 대한 피해의 배상을 청구할 수 있다.

제22조 ① 모든 국민은 학문과 예술의 자유를 가진다.

② 저작자·발명가·과학기술자와 예술가의 권리는 법률로써 보호한다.

제23조 ① 모든 국민의 재산권은 보장된다. 그 내용과 한계는 법률로 정한다.

② 재산권의 행사는 공공복리에 적합하도록 하여야 한다.

③ 공공필요에 의한 재산권의 수용·사용 또는 제한 및 그에 대한 보상은 법률로써 하되, 정당한 보상을 지급하여야 한다.

제24조 모든 국민은 법률이 정하는 바에 의하여 선거권을 가진다.

제25조 모든 국민은 법률이 정하는 바에 의하여 공무담임권을 가진다.

제26조 ① 모든 국민은 법률이 정하는 바에 의하여 국가기관에 문서로 청원할 권리를 가진다.

② 국가는 청원에 대하여 심사할 의무를 진다.

제27조 ① 모든 국민은 헌법과 법률이 정한 법관에 의하여 법률에 의한 재판을 받을 권리를 가진다.

② 군인 또는 군무원이 아닌 국민은 대한민국의 영역안에서는 중대한 군사상 기밀·초병·초소·유독음식물공급·포로·군용물에 관한 죄중 법률이 정한 경우와 비상계엄이 선포된 경우를 제외하고는 군사법원의 재판을 받지 아니한다.

③ 모든 국민은 신속한 재판을 받을 권리를 가진다. 형사피고인은 상당한 이유가 없는 한 지체없이 공개재판을 받을 권리를 가진다.

④ 형사피고인은 유죄의 판결이 확정될 때까지는 무죄로 추정된다.

⑤ 형사피해자는 법률이 정하는 바에 의하여 당해 사건의 재판절차에서 진술할 수 있다.

제28조 형사피의자 또는 형사피고인으로서 구금되었던 자가 법률이 정하는 불기소처분을 받거나 무죄판결을 받은 때에는 법률이 정하는 바에 의하여 국가에 정당한 보상을 청구할 수 있다.

제29조 ① 공무원의 직무상 불법행위로 손해를 받은 국민은 법률이 정하는 바에 의하여 국가 또는 공공단체에 정당한 배상을 청구할 수 있다. 이 경우 공무원 자신의 책임은 면제되지 아니한다.

② 군인·군무원·경찰공무원 기타 법률이 정하는 자가 전투·훈련등 직무집행과 관련하여 받은 손해에 대하여는 법률이 정하는 보상외에 국가 또는 공공단체에 공무원의 직무상 불법행위로 인한 배상은 청구할 수 없다.

제30조 타인의 범죄행위로 인하여 생명·신체에 대한 피해를 받은 국민은 법률이 정하는 바에 의하여 국가로부터 구조를 받을 수 있다.

제31조 ① 모든 국민은 능력에 따라 균등하게 교육을 받을 권리를 가진다.

② 모든 국민은 그 보호하는 자녀에게 적어도 초등교육과 법률이 정하는 교육을 받게 할 의무를 진다.

③ 의무교육은 무상으로 한다.

④ 교육의 자주성·전문성·정치적 중립성 및 대학의 자율성은 법률이 정하는 바에 의하여 보장된다.

⑤ 국가는 평생교육을 진흥하여야 한다.

⑥ 학교교육 및 평생교육을 포함한 교육제도와 그 운영, 교육재정 및 교원의 지위에 관한 기본적인 사항은 법률로 정한다.

제32조 ① 모든 국민은 근로의 권리를 가진다. 국가는 사회적·경제적 방법으로 근로자의 고용의 증진과 적정임금의 보장에 노력하여야 하며, 법률이 정하는 바에 의하여 최저임금제를 시행하여야 한다.

② 모든 국민은 근로의 의무를 진다. 국가는 근로의 의무의 내용과 조건을 민주주의원칙에 따라 법률로 정한다.

③ 근로조건의 기준은 인간의 존엄성을 보장하도록 법률로 정한다.

④ 여자의 근로는 특별한 보호를 받으며, 고용·임금 및 근로조건에 있어서 부당한 차별을 받지 아니한다.

⑤ 연소자의 근로는 특별한 보호를 받는다.

⑥ 국가유공자·상이군경 및 전몰군경의 유가족은 법률이 정하는 바에 의하여 우선적으로 근로의 기회를 부여받는다.

제33조 ① 근로자는 근로조건의 향상을 위하여 자주적인 단결권·단체교섭권 및 단체행동권을 가진다.

② 공무원인 근로자는 법률이 정하는 자에 한하여 단결권·단체교섭권 및 단체행동권을 가진다.

③ 법률이 정하는 주요방위산업체에 종사하는 근로자의 단체행동권은 법률이 정하는 바

에 의하여 이를 제한하거나 인정하지 아니할 수 있다.

제34조 ① 모든 국민은 인간다운 생활을 할 권리를 가진다.

② 국가는 사회보장·사회복지의 증진에 노력할 의무를 진다.

③ 국가는 여자의 복지와 권익의 향상을 위하여 노력하여야 한다.

④ 국가는 노인과 청소년의 복지향상을 위한 정책을 실시할 의무를 진다.

⑤ 신체장애자 및 질병·노령 기타의 사유로 생활능력이 없는 국민은 법률이 정하는 바에 의하여 국가의 보호를 받는다.

⑥ 국가는 재해를 예방하고 그 위험으로부터 국민을 보호하기 위하여 노력하여야 한다.

제35조 ① 모든 국민은 건강하고 쾌적한 환경에서 생활할 권리를 가지며, 국가와 국민은 환경보전을 위하여 노력하여야 한다.

② 환경권의 내용과 행사에 관하여는 법률로 정한다.

③ 국가는 주택개발정책등을 통하여 모든 국민이 쾌적한 주거생활을 할 수 있도록 노력하여야 한다.

제36조 ① 혼인과 가족생활은 개인의 존엄과 양성의 평등을 기초로 성립되고 유지되어야 하며, 국가는 이를 보장한다.

② 국가는 모성의 보호를 위하여 노력하여야 한다.

③ 모든 국민은 보건에 관하여 국가의 보호를 받는다.

제37조 ① 국민의 자유와 권리는 헌법에 열거되지 아니한 이유로 경시되지 아니한다.

② 국민의 모든 자유와 권리는 국가안전보장·질서유지 또는 공공복리를 위하여 필요한 경우에 한하여 법률로써 제한할 수 있으며, 제한하는 경우에도 자유와 권리의 본질적인 내용을 침해할 수 없다.

제38조 모든 국민은 법률이 정하는 바에 의하여 납세의 의무를 진다.

제39조 ① 모든 국민은 법률이 정하는 바에 의하여 국방의 의무를 진다.

② 누구든지 병역의무의 이행으로 인하여 불이익한 처우를 받지 아니한다.

제3장 국 회

제40조 입법권은 국회에 속한다.

제41조 ① 국회는 국민의 보통·평등·직접·비밀선거에 의하여 선출된 국회의원으로 구성한다.

② 국회의원의 수는 법률로 정하되, 200인 이상으로 한다.

③ 국회의원의 선거구와 비례대표제 기타 선거에 관한 사항은 법률로 정한다.

제42조 국회의원의 임기는 4년으로 한다.

제43조 국회의원은 법률이 정하는 직을 겸할 수 없다.

제44조 ① 국회의원은 현행범인인 경우를 제외하고는 회기중 국회의 동의없이 체포 또는 구금되지 아니한다.

② 국회의원이 회기전에 체포 또는 구금된 때에는 현행범인이 아닌 한 국회의 요구가

있으면 회기중 석방된다.

제45조 국회의원은 국회에서 직무상 행한 발언과 표결에 관하여 국회외에서 책임을 지지 아니한다.

제46조 ① 국회의원은 청렴의 의무가 있다.

② 국회의원은 국가이익을 우선하여 양심에 따라 직무를 행한다.

③ 국회의원은 그 지위를 남용하여 국가·공공단체 또는 기업체와의 계약이나 그 처분에 의하여 재산상의 권리·이익 또는 직위를 취득하거나 타인을 위하여 그 취득을 알선할 수 없다.

제47조 ① 국회의 정기회는 법률이 정하는 바에 의하여 매년 1회 집회되며, 국회의 임시회는 대통령 또는 국회재적의원 4분의 1 이상의 요구에 의하여 집회된다.

② 정기회의 회기는 100일을, 임시회의 회기는 30일을 초과할 수 없다.

③ 대통령이 임시회의 집회를 요구할 때에는 기간과 집회요구의 이유를 명시하여야 한다.

제48조 국회는 의장 1인과 부의장 2인을 선출한다.

제49조 국회는 헌법 또는 법률에 특별한 규정이 없는 한 재적의원 과반수의 출석과 출석의원 과반수의 찬성으로 의결한다. 가부동수인 때에는 부결된 것으로 본다.

제50조 ① 국회의 회의는 공개한다. 다만, 출석의원 과반수의 찬성이 있거나 의장이 국가의 안전보장을 위하여 필요하다고 인정할 때에는 공개하지 아니할 수 있다.

② 공개하지 아니한 회의내용의 공표에 관하여는 법률이 정하는 바에 의한다.

제51조 국회에 제출된 법률안 기타의 의안은 회기중에 의결되지 못한 이유로 폐기되지 아니한다. 다만, 국회의원의 임기가 만료된 때에는 그러하지 아니하다.

제52조 국회의원과 정부는 법률안을 제출할 수 있다.

제53조 ① 국회에서 의결된 법률안은 정부에 이송되어 15일 이내에 대통령이 공포한다.

② 법률안에 이의가 있을 때에는 대통령은 제1항의 기간내에 이의서를 붙여 국회로 환부하고, 그 재의를 요구할 수 있다. 국회의 폐회중에도 또한 같다.

③ 대통령은 법률안의 일부에 대하여 또는 법률안을 수정하여 재의를 요구할 수 없다.

④ 재의의 요구가 있을 때에는 국회는 재의에 붙이고, 재적의원과반수의 출석과 출석의원 3분의 2 이상의 찬성으로 전과 같은 의결을 하면 그 법률안은 법률로서 확정된다.

⑤ 대통령이 제1항의 기간내에 공포나 재의의 요구를 하지 아니한 때에도 그 법률안은 법률로서 확정된다.

⑥ 대통령은 제4항과 제5항의 규정에 의하여 확정된 법률을 지체없이 공포하여야 한다. 제5항에 의하여 법률이 확정된 후 또는 제4항에 의한 확정법률이 정부에 이송된 후 5일 이내에 대통령이 공포하지 아니할 때에는 국회의장이 이를 공포한다.

⑦ 법률은 특별한 규정이 없는 한 공포한 날로부터 20일을 경과함으로써 효력을 발생한다.

제54조 ① 국회는 국가의 예산안을 심의·확정한다.

② 정부는 회계연도마다 예산안을 편성하여 회계연도 개시 90일전까지 국회에 제출하고, 국회는 회계연도 개시 30일전까지 이를 의결하여야 한다.

③ 새로운 회계연도가 개시될 때까지 예산안이 의결되지 못한 때에는 정부는 국회에서 예산안이 의결될 때까지 다음의 목적을 위한 경비는 전년도 예산에 준하여 집행할 수

있다.

1. 헌법이나 법률에 의하여 설치된 기관 또는 시설의 유지·운영

2. 법률상 지출의무의 이행

3. 이미 예산으로 승인된 사업의 계속

第55조 ① 한 회계연도를 넘어 계속하여 지출할 필요가 있을 때에는 정부는 연한을 정하여 계속비로서 국회의 의결을 얻어야 한다.

② 예비비는 총액으로 국회의 의결을 얻어야 한다. 예비비의 지출은 차기국회의 승인을 얻어야 한다.

第56조 정부는 예산에 변경을 가할 필요가 있을 때에는 추가경정예산안을 편성하여 국회에 제출할 수 있다.

第57조 국회는 정부의 동의없이 정부가 제출한 지출예산 각항의 금액을 증가하거나 새 비목을 설치할 수 없다.

第58조 국채를 모집하거나 예산외에 국가의 부담이 될 계약을 체결하려 할 때에는 정부는 미리 국회의 의결을 얻어야 한다.

第59조 조세의 종목과 세율은 법률로 정한다.

第60조 ① 국회는 상호원조 또는 안전보장에 관한 조약, 중요한 국제조직에 관한 조약, 우호통상항해조약, 주권의 제약에 관한 조약, 강화조약, 국가나 국민에게 중대한 재정적 부담을 지우는 조약 또는 입법사항에 관한 조약의 체결·비준에 대한 동의권을 가진다.

② 국회는 선전포고, 국군의 외국에의 파견 또는 외국군대의 대한민국 영역안에서의 주류에 대한 동의권을 가진다.

第61조 ① 국회는 국정을 감사하거나 특정한 국정사안에 대하여 조사할 수 있으며, 이에 필요한 서류의 제출 또는 증인의 출석과 증언이나 의견의 진술을 요구할 수 있다.

② 국정감사 및 조사에 관한 절차 기타 필요한 사항은 법률로 정한다.

第62조 ① 국무총리·국무위원 또는 정부위원은 국회나 그 위원회에 출석하여 국정처리상황을 보고하거나 의견을 진술하고 질문에 응답할 수 있다.

② 국회나 그 위원회의 요구가 있을 때에는 국무총리·국무위원 또는 정부위원은 출석·답변하여야 하며, 국무총리 또는 국무위원이 출석요구를 받은 때에는 국무위원 또는 정부위원으로 하여금 출석·답변하게 할 수 있다.

第63조 ① 국회는 국무총리 또는 국무위원의 해임을 대통령에게 건의할 수 있다.

② 제1항의 해임건의는 국회재적의원 3분의 1 이상의 발의에 의하여 국회재적의원 과반수의 찬성이 있어야 한다.

第64조 ① 국회는 법률에 저촉되지 아니하는 범위안에서 의사와 내부규율에 관한 규칙을 제정할 수 있다.

② 국회는 의원의 자격을 심사하며, 의원을 징계할 수 있다.

③ 의원을 제명하려면 국회재적의원 3분의 2 이상의 찬성이 있어야 한다.

④ 제2항과 제3항의 처분에 대하여는 법원에 제소할 수 없다.

第65조 ① 대통령·국무총리·국무위원·행정각부의 장·헌법재판소 재판관·법관·중앙선거관리위원회 위원·감사원장·감사위원 기타 법률이 정한 공무원이 그 직무집행에 있

어서 헌법이나 법률을 위배한 때에는 국회는 탄핵의 소추를 의결할 수 있다.

② 제1항의 탄핵소추는 국회재적의원 3분의 1 이상의 발의가 있어야 하며, 그 의결은 국회재적의원 과반수의 찬성이 있어야 한다. 다만, 대통령에 대한 탄핵소추는 국회재적의원 과반수의 발의와 국회재적의원 3분의 2 이상의 찬성이 있어야 한다.

③ 탄핵소추의 의결을 받은 자는 탄핵심판이 있을 때까지 그 권한행사가 정지된다.

④ 탄핵결정은 공직으로부터 파면함에 그친다. 그러나, 이에 의하여 민사상이나 형사상의 책임이 면제되지는 아니한다.

제4장 정 부

제1절 대통령

제66조 ① 대통령은 국가의 원수이며, 외국에 대하여 국가를 대표한다.

② 대통령은 국가의 독립 · 영토의 보전 · 국가의 계속성과 헌법을 수호할 책무를 진다.

③ 대통령은 조국의 평화적 통일을 위한 성실한 의무를 진다.

④ 행정권은 대통령을 수반으로 하는 정부에 속한다.

제67조 ① 대통령은 국민의 보통 · 평등 · 직접 · 비밀선거에 의하여 선출한다.

② 제1항의 선거에 있어서 최고득표자가 2인 이상인 때에는 국회의 재적의원 과반수가 출석한 공개회의에서 다수표를 얻은 자를 당선자로 한다.

③ 대통령후보자가 1인일 때에는 그 득표수가 선거권자 총수의 3분의 1 이상이 아니면 대통령으로 당선될 수 없다.

④ 대통령으로 선거될 수 있는 자는 국회의원의 피선거권이 있고 선거일 현재 40세에 달하여야 한다.

⑤ 대통령의 선거에 관한 사항은 법률로 정한다.

제68조 ① 대통령의 임기가 만료되는 때에는 임기만료 70일 내지 40일전에 후임자를 선거한다.

② 대통령이 궐위된 때 또는 대통령 당선자가 사망하거나 판결 기타의 사유로 그 자격을 상실한 때에는 60일 이내에 후임자를 선거한다.

제69조 대통령은 취임에 즈음하여 다음의 선서를 한다.

"나는 헌법을 준수하고 국가를 보위하며 조국의 평화적 통일과 국민의 자유와 복리의 증진 및 민족문화의 창달에 노력하여 대통령으로서의 직책을 성실히 수행할 것을 국민 앞에 엄숙히 선서합니다."

제70조 대통령의 임기는 5년으로 하며, 중임할 수 없다.

제71조 대통령이 궐위되거나 사고로 인하여 직무를 수행할 수 없을 때에는 국무총리, 법률이 정한 국무위원의 순서로 그 권한을 대행한다.

제72조 대통령은 필요하다고 인정할 때에는 외교 · 국방 · 통일 기타 국가안위에 관한 중요정책을 국민투표에 붙일 수 있다.

第73조 대통령은 조약을 체결·비준하고, 외교사절을 신임·접수 또는 파견하며, 선전포고와 강화를 한다.

第74조 ① 대통령은 헌법과 법률이 정하는 바에 의하여 국군을 통수한다.

② 국군의 조직과 편성은 법률로 정한다.

第75조 대통령은 법률에서 구체적으로 범위를 정하여 위임받은 사항과 법률을 집행하기 위하여 필요한 사항에 관하여 대통령령을 발할 수 있다.

第76조 ① 대통령은 내우·외환·천재·지변 또는 중대한 재정·경제상의 위기에 있어서 국가의 안전보장 또는 공공의 안녕질서를 유지하기 위하여 긴급한 조치가 필요하고 국회의 집회를 기다릴 여유가 없을 때에 한하여 최소한으로 필요한 재정·경제상의 처분을 하거나 이에 관하여 법률의 효력을 가지는 명령을 발할 수 있다.

② 대통령은 국가의 안위에 관계되는 중대한 교전상태에 있어서 국가를 보위하기 위하여 긴급한 조치가 필요하고 국회의 집회가 불가능한 때에 한하여 법률의 효력을 가지는 명령을 발할 수 있다.

③ 대통령은 제1항과 제2항의 처분 또는 명령을 한 때에는 지체없이 국회에 보고하여 그 승인을 얻어야 한다.

④ 제3항의 승인을 얻지 못한 때에는 그 처분 또는 명령은 그때부터 효력을 상실한다. 이 경우 그 명령에 의하여 개정 또는 폐지되었던 법률은 그 명령이 승인을 얻지 못한 때부터 당연히 효력을 회복한다.

⑤ 대통령은 제3항과 제4항의 사유를 지체없이 공포하여야 한다.

第77조 ① 대통령은 전시·사변 또는 이에 준하는 국가비상사태에 있어서 병력으로써 군사상의 필요에 응하거나 공공의 안녕질서를 유지할 필요가 있을 때에는 법률이 정하는 바에 의하여 계엄을 선포할 수 있다.

② 계엄은 비상계엄과 경비계엄으로 한다.

③ 비상계엄이 선포된 때에는 법률이 정하는 바에 의하여 영장제도, 언론·출판·집회·결사의 자유, 정부나 법원의 권한에 관하여 특별한 조치를 할 수 있다.

④ 계엄을 선포한 때에는 대통령은 지체없이 국회에 통고하여야 한다.

⑤ 국회가 재적의원 과반수의 찬성으로 계엄의 해제를 요구한 때에는 대통령은 이를 해제하여야 한다.

第78조 대통령은 헌법과 법률이 정하는 바에 의하여 공무원을 임면한다.

第79조 ① 대통령은 법률이 정하는 바에 의하여 사면·감형 또는 복권을 명할 수 있다.

② 일반사면을 명하려면 국회의 동의를 얻어야 한다.

③ 사면·감형 및 복권에 관한 사항은 법률로 정한다.

第80조 대통령은 법률이 정하는 바에 의하여 훈장 기타의 영전을 수여한다.

第81조 대통령은 국회에 출석하여 발언하거나 서한으로 의견을 표시할 수 있다.

第82조 대통령의 국법상 행위는 문서로써 하며, 이 문서에는 국무총리와 관계 국무위원이 부서한다. 군사에 관한 것도 또한 같다.

第83조 대통령은 국무총리·국무위원·행정각부의 장 기타 법률이 정하는 공사의 직을 겸할 수 없다.

第84조 대통령은 내란 또는 외환의 죄를 범한 경우를 제외하고는 재직중 형사상의 소추를 받지 아니한다.
第85조 전직대통령의 신분과 예우에 관하여는 법률로 정한다.

제 2 절 행정부

제 1 관 국무총리와 국무위원

第86조 ① 국무총리는 국회의 동의를 얻어 대통령이 임명한다.
② 국무총리는 대통령을 보좌하며, 행정에 관하여 대통령의 명을 받아 행정각부를 통할한다.
③ 군인은 현역을 면한 후가 아니면 국무총리로 임명될 수 없다.
第87조 ① 국무위원은 국무총리의 제청으로 대통령이 임명한다.
② 국무위원은 국정에 관하여 대통령을 보좌하며, 국무회의의 구성원으로서 국정을 심의한다.
③ 국무총리는 국무위원의 해임을 대통령에게 건의할 수 있다.
④ 군인은 현역을 면한 후가 아니면 국무위원으로 임명될 수 없다.

제 2 관 국무회의

第88조 ① 국무회의는 정부의 권한에 속하는 중요한 정책을 심의한다.
② 국무회의는 대통령·국무총리와 15인 이상 30인 이하의 국무위원으로 구성한다.
③ 대통령은 국무회의의 의장이 되고, 국무총리는 부의장이 된다.
第89조 다음 사항은 국무회의의 심의를 거쳐야 한다.
1. 국정의 기본계획과 정부의 일반정책
2. 선전·강화 기타 중요한 대외정책
3. 헌법개정안·국민투표안·조약안·법률안 및 대통령령안
4. 예산안·결산·국유재산처분의 기본계획·국가의 부담이 될 계약 기타 재정에 관한 중요사항
5. 대통령의 긴급명령·긴급재정경제처분 및 명령 또는 계엄과 그 해제
6. 군사에 관한 중요사항
7. 국회의 임시회 집회의 요구
8. 영전수여
9. 사면·감형과 복권
10. 행정각부간의 권한의 획정
11. 정부안의 권한의 위임 또는 배정에 관한 기본계획
12. 국정처리상황의 평가·분석
13. 행정각부의 중요한 정책의 수립과 조정
14. 정당해산의 제소

15. 정부에 제출 또는 회부된 정부의 정책에 관계되는 청원의 심사
16. 검찰총장 · 합동참모의장 · 각군참모총장 · 국립대학교총장 · 대사 기타 법률이 정한 공무원과 국영기업체관리자의 임명
17. 기타 대통령 · 국무총리 또는 국무위원이 제출한 사항

제90조 ① 국정의 중요한 사항에 관한 대통령의 자문에 응하기 위하여 국가원로로 구성되는 국가원로자문회의를 둘 수 있다.
② 국가원로자문회의의 의장은 직전대통령이 된다. 다만, 직전대통령이 없을 때에는 대통령이 지명한다.
③ 국가원로자문회의의 조직 · 직무범위 기타 필요한 사항은 법률로 정한다.

제91조 ① 국가안전보장에 관련되는 대외정책 · 군사정책과 국내정책의 수립에 관하여 국무회의의 심의에 앞서 대통령의 자문에 응하기 위하여 국가안전보장회의를 둔다.
② 국가안전보장회의는 대통령이 주재한다.
③ 국가안전보장회의의 조직 · 직무범위 기타 필요한 사항은 법률로 정한다.

제92조 ① 평화통일정책의 수립에 관한 대통령의 자문에 응하기 위하여 민주평화통일자문회의를 둘 수 있다.
② 민주평화통일자문회의의 조직 · 직무범위 기타 필요한 사항은 법률로 정한다.

제93조 ① 국민경제의 발전을 위한 중요정책의 수립에 관하여 대통령의 자문에 응하기 위하여 국민경제자문회의를 둘 수 있다.
② 국민경제자문회의의 조직 · 직무범위 기타 필요한 사항은 법률로 정한다.

제 3 관 행정각부

제94조 행정각부의 장은 국무위원 중에서 국무총리의 제청으로 대통령이 임명한다.

제95조 국무총리 또는 행정각부의 장은 소관사무에 관하여 법률이나 대통령령의 위임 또는 직권으로 총리령 또는 부령을 발할 수 있다.

제96조 행정각부의 설치 · 조직과 직무범위는 법률로 정한다.

제 4 관 감사원

제97조 국가의 세입 · 세출의 결산, 국가 및 법률이 정한 단체의 회계검사와 행정기관 및 공무원의 직무에 관한 감찰을 하기 위하여 대통령 소속하에 감사원을 둔다.

제98조 ① 감사원은 원장을 포함한 5인 이상 11인 이하의 감사위원으로 구성한다.
② 원장은 국회의 동의를 얻어 대통령이 임명하고, 그 임기는 4년으로 하며, 1차에 한하여 중임할 수 있다.
③ 감사위원은 원장의 제청으로 대통령이 임명하고, 그 임기는 4년으로 하며, 1차에 한하여 중임할 수 있다.

제99조 감사원은 세입 · 세출의 결산을 매년 검사하여 대통령과 차년도국회에 그 결과를 보고하여야 한다.

제100조 감사원의 조직 · 직무범위 · 감사위원의 자격 · 감사대상공무원의 범위 기타 필요한

사항은 법률로 정한다.

제5장 법 원

제101조 ① 사법권은 법관으로 구성된 법원에 속한다.
② 법원은 최고법원인 대법원과 각급법원으로 조직된다.
③ 법관의 자격은 법률로 정한다.

제102조 ① 대법원에 부를 둘 수 있다.
② 대법원에 대법관을 둔다. 다만, 법률이 정하는 바에 의하여 대법관이 아닌 법관을 둘 수 있다.
③ 대법원과 각급법원의 조직은 법률로 정한다.

제103조 법관은 헌법과 법률에 의하여 그 양심에 따라 독립하여 심판한다.

제104조 ① 대법원장은 국회의 동의를 얻어 대통령이 임명한다.
② 대법관은 대법원장의 제청으로 국회의 동의를 얻어 대통령이 임명한다.
③ 대법원장과 대법관이 아닌 법관은 대법관회의의 동의를 얻어 대법원장이 임명한다.

제105조 ① 대법원장의 임기는 6년으로 하며, 중임할 수 없다.
② 대법관의 임기는 6년으로 하며, 법률이 정하는 바에 의하여 연임할 수 있다.
③ 대법원장과 대법관이 아닌 법관의 임기는 10년으로 하며, 법률이 정하는 바에 의하여 연임할 수 있다.
④ 법관의 정년은 법률로 정한다.

제106조 ① 법관은 탄핵 또는 금고 이상의 형의 선고에 의하지 아니하고는 파면되지 아니하며, 징계처분에 의하지 아니하고는 정직·감봉 기타 불리한 처분을 받지 아니한다.
② 법관이 중대한 심신상의 장해로 직무를 수행할 수 없을 때에는 법률이 정하는 바에 의하여 퇴직하게 할 수 있다.

제107조 ①법률이 헌법에 위반되는 여부가 재판의 전제가 된 경우에는 법원은 헌법재판소에 제청하여 그 심판에 의하여 재판한다.
② 명령·규칙 또는 처분이 헌법이나 법률에 위반되는 여부가 재판의 전제가 된 경우에는 대법원은 이를 최종적으로 심사할 권한을 가진다.
③ 재판의 전심절차로서 행정심판을 할 수 있다. 행정심판의 절차는 법률로 정하되, 사법절차가 준용되어야 한다.

제108조 대법원은 법률에 저촉되지 아니하는 범위안에서 소송에 관한 절차, 법원의 내부규율과 사무처리에 관한 규칙을 제정할 수 있다.

제109조 재판의 심리와 판결은 공개한다. 다만, 심리는 국가의 안전보장 또는 안녕질서를 방해하거나 선량한 풍속을 해할 염려가 있을 때에는 법원의 결정으로 공개하지 아니할 수 있다.

제110조 ① 군사재판을 관할하기 위하여 특별법원으로서 군사법원을 둘 수 있다.
② 군사법원의 상고심은 대법원에서 관할한다.

③ 군사법원의 조직 · 권한 및 재판관의 자격은 법률로 정한다.

④ 비상계엄하의 군사재판은 군인 · 군무원의 범죄나 군사에 관한 간첩죄의 경우와 초병 · 초소 · 유독음식물공급 · 포로에 관한 죄중 법률이 정한 경우에 한하여 단심으로 할 수 있다. 다만, 사형을 선고한 경우에는 그러하지 아니하다.

제 6 장 헌법재판소

제111조 ① 헌법재판소는 다음 사항을 관장한다.

1. 법원의 제청에 의한 법률의 위헌여부 심판
2. 탄핵의 심판
3. 정당의 해산 심판
4. 국가기관 상호간, 국가기관과 지방자치단체간 및 지방자치단체 상호간의 권한쟁의에 관한 심판
5. 법률이 정하는 헌법소원에 관한 심판

② 헌법재판소는 법관의 자격을 가진 9인의 재판관으로 구성하며, 재판관은 대통령이 임명한다.

③ 제2항의 재판관중 3인은 국회에서 선출하는 자를, 3인은 대법원장이 지명하는 자를 임명한다.

④ 헌법재판소의 장은 국회의 동의를 얻어 재판관중에서 대통령이 임명한다.

제112조 ① 헌법재판소 재판관의 임기는 6년으로 하며, 법률이 정하는 바에 의하여 연임할 수 있다.

② 헌법재판소 재판관은 정당에 가입하거나 정치에 관여할 수 없다.

③ 헌법재판소 재판관은 탄핵 또는 금고 이상의 형의 선고에 의하지 아니하고는 파면되지 아니한다.

제113조 ① 헌법재판소에서 법률의 위헌결정, 탄핵의 결정, 정당해산의 결정 또는 헌법소원에 관한 인용결정을 할 때에는 재판관 6인 이상의 찬성이 있어야 한다.

② 헌법재판소는 법률에 저촉되지 아니하는 범위안에서 심판에 관한 절차, 내부규율과 사무처리에 관한 규칙을 제정할 수 있다.

③ 헌법재판소의 조직과 운영 기타 필요한 사항은 법률로 정한다.

제 7 장 선거관리

제114조 ① 선거와 국민투표의 공정한 관리 및 정당에 관한 사무를 처리하기 위하여 선거관리위원회를 둔다.

② 중앙선거관리위원회는 대통령이 임명하는 3인, 국회에서 선출하는 3인과 대법원장이 지명하는 3인의 위원으로 구성한다. 위원장은 위원중에서 호선한다.

③ 위원의 임기는 6년으로 한다.

④ 위원은 정당에 가입하거나 정치에 관여할 수 없다.

⑤ 위원은 탄핵 또는 금고 이상의 형의 선고에 의하지 아니하고는 파면되지 아니한다.

⑥ 중앙선거관리위원회는 법령의 범위안에서 선거관리·국민투표관리 또는 정당사무에 관한 규칙을 제정할 수 있으며, 법률에 저촉되지 아니하는 범위안에서 내부규율에 관한 규칙을 제정할 수 있다.

⑦ 각급 선거관리위원회의 조직·직무범위 기타 필요한 사항은 법률로 정한다.

第115조 ① 각급 선거관리위원회는 선거인명부의 작성등 선거사무와 국민투표사무에 관하여 관계 행정기관에 필요한 지시를 할 수 있다.

② 제1항의 지시를 받은 당해 행정기관은 이에 응하여야 한다.

第116조 ① 선거운동은 각급 선거관리위원회의 관리하에 법률이 정하는 범위안에서 하되, 균등한 기회가 보장되어야 한다.

② 선거에 관한 경비는 법률이 정하는 경우를 제외하고는 정당 또는 후보자에게 부담시킬 수 없다.

제 8 장 지방자치

第117조 ① 지방자치단체는 주민의 복리에 관한 사무를 처리하고 재산을 관리하며, 법령의 범위안에서 자치에 관한 규정을 제정할 수 있다.

② 지방자치단체의 종류는 법률로 정한다.

第118조 ① 지방자치단체에 의회를 둔다.

② 지방의회의 조직·권한·의원선거와 지방자치단체의 장의 선임방법 기타 지방자치단체의 조직과 운영에 관한 사항은 법률로 정한다.

제 9 장 경 제

第119조 ① 대한민국의 경제질서는 개인과 기업의 경제상의 자유와 창의를 존중함을 기본으로 한다.

② 국가는 균형있는 국민경제의 성장 및 안정과 적정한 소득의 분배를 유지하고, 시장의 지배와 경제력의 남용을 방지하며, 경제주체간의 조화를 통한 경제의 민주화를 위하여 경제에 관한 규제와 조정을 할 수 있다.

第120조 ① 광물 기타 중요한 지하자원·수산자원·수력과 경제상 이용할 수 있는 자연력은 법률이 정하는 바에 의하여 일정한 기간 그 채취·개발 또는 이용을 특허할 수 있다.

② 국토와 자원은 국가의 보호를 받으며, 국가는 그 균형있는 개발과 이용을 위하여 필요한 계획을 수립한다.

第121조 ① 국가는 농지에 관하여 경자유전의 원칙이 달성될 수 있도록 노력하여야 하며,

농지의 소작제도는 금지된다.

② 농업생산성의 제고와 농지의 합리적인 이용을 위하거나 불가피한 사정으로 발생하는 농지의 임대차와 위탁경영은 법률이 정하는 바에 의하여 인정된다.

제122조 국가는 국민 모두의 생산 및 생활의 기반이 되는 국토의 효율적이고 균형있는 이용·개발과 보전을 위하여 법률이 정하는 바에 의하여 그에 관한 필요한 제한과 의무를 과할 수 있다.

제123조 ① 국가는 농업 및 어업을 보호·육성하기 위하여 농·어촌종합개발과 그 지원등 필요한 계획을 수립·시행하여야 한다.

② 국가는 지역간의 균형있는 발전을 위하여 지역경제를 육성할 의무를 진다.

③ 국가는 중소기업을 보호·육성하여야 한다.

④ 국가는 농수산물의 수급균형과 유통구조의 개선에 노력하여 가격안정을 도모함으로써 농·어민의 이익을 보호한다.

⑤ 국가는 농·어민과 중소기업의 자조조직을 육성하여야 하며, 그 자율적 활동과 발전을 보장한다.

제124조 국가는 건전한 소비행위를 계도하고 생산품의 품질향상을 촉구하기 위한 소비자보호운동을 법률이 정하는 바에 의하여 보장한다.

제125조 국가는 대외무역을 육성하며, 이를 규제·조정할 수 있다.

제126조 국방상 또는 국민경제상 긴절한 필요로 인하여 법률이 정하는 경우를 제외하고는, 사영기업을 국유 또는 공유로 이전하거나 그 경영을 통제 또는 관리할 수 없다.

제127조 ① 국가는 과학기술의 혁신과 정보 및 인력의 개발을 통하여 국민경제의 발전에 노력하여야 한다.

② 국가는 국가표준제도를 확립한다.

③ 대통령은 제1항의 목적을 달성하기 위하여 필요한 자문기구를 둘 수 있다.

제10장 헌법개정

제128조 ① 헌법개정은 국회재적의원 과반수 또는 대통령의 발의로 제안된다.

② 대통령의 임기연장 또는 중임변경을 위한 헌법개정은 그 헌법개정 제안 당시의 대통령에 대하여는 효력이 없다.

제129조 제안된 헌법개정안은 대통령이 20일 이상의 기간 이를 공고하여야 한다.

제130조 ① 국회는 헌법개정안이 공고된 날로부터 60일 이내에 의결하여야 하며, 국회의 의결은 재적의원 3분의 2 이상의 찬성을 얻어야 한다.

② 헌법개정안은 국회가 의결한 후 30일 이내에 국민투표에 붙여 국회의원선거권자 과반수의 투표와 투표자 과반수의 찬성을 얻어야 한다.

③ 헌법개정안이 제2항의 찬성을 얻은 때에는 헌법개정은 확정되며, 대통령은 즉시 이를 공포하여야 한다.

부 칙 <제10호, 1987.10.29.>

제1조 이 헌법은 1988년 2월 25일부터 시행한다. 다만, 이 헌법을 시행하기 위하여 필요한 법률의 제정·개정과 이 헌법에 의한 대통령 및 국회의원의 선거 기타 이 헌법시행에 관한 준비는 이 헌법시행 전에 할 수 있다.

제2조 ① 이 헌법에 의한 최초의 대통령선거는 이 헌법시행일 40일 전까지 실시한다.

② 이 헌법에 의한 최초의 대통령의 임기는 이 헌법시행일로부터 개시한다.

제3조 ① 이 헌법에 의한 최초의 국회의원선거는 이 헌법공포일로부터 6월 이내에 실시하며, 이 헌법에 의하여 선출된 최초의 국회의원의 임기는 국회의원선거후 이 헌법에 의한 국회의 최초의 집회일로부터 개시한다.

② 이 헌법공포 당시의 국회의원의 임기는 제1항에 의한 국회의 최초의 집회일 전일까지로 한다.

제4조 ① 이 헌법시행 당시의 공무원과 정부가 임명한 기업체의 임원은 이 헌법에 의하여 임명된 것으로 본다. 다만, 이 헌법에 의하여 선임방법이나 임명권자가 변경된 공무원과 대법원장 및 감사원장은 이 헌법에 의하여 후임자가 선임될 때까지 그 직무를 행하며, 이 경우 전임자인 공무원의 임기는 후임자가 선임되는 전일까지로 한다.

② 이 헌법시행 당시의 대법원장과 대법원판사가 아닌 법관은 제1항 단서의 규정에 불구하고 이 헌법에 의하여 임명된 것으로 본다.

③ 이 헌법중 공무원의 임기 또는 중임제한에 관한 규정은 이 헌법에 의하여 그 공무원이 최초로 선출 또는 임명된 때로부터 적용한다.

제5조 이 헌법시행 당시의 법령과 조약은 이 헌법에 위배되지 아니하는 한 그 효력을 지속한다.

제6조 이 헌법시행 당시에 이 헌법에 의하여 새로 설치될 기관의 권한에 속하는 직무를 행하고 있는 기관은 이 헌법에 의하여 새로운 기관이 설치될 때까지 존속하며 그 직무를 행한다.

판례색인

【헌법재판소판례】

【대법원판례】

【하급심판례】

【독일연방헌법재판소판례】

【독일연방대법원판례】

【독일하급심판례】

【독일제국재판소판례】

사항색인

【ㅁ】

【ㅂ】

【ㅅ】

【ㅇ】

【ㅈ】

【ㅊ】

[저자 약력]
연세대학교 법대 (법학사)
연세대학교 대학원 법학과 (법학석사)
독일 뮌헨대학교 법대 (법학박사)
미국 University of Washington School of Law, Visiting Scholar
독일 한스자이델재단 초청교수
독일 뮌헨대학교 법대 연구교수
한국공법학회, 한국헌법학회 등 각종 학회 회원
한국공법학회 학술장려상 수상
중구청 규제개혁위원
법제처 법령정비위원회 위원
건설교통부 토지보상제도개선연구 검토위원회 위원
변호사시험, 사법시험, 외무고시, 행정고시, 입법고시 등 각종 국가시험 출제위원
법제처 법령해석심의위원회 위원
국방부 정책심의위원회 위원
법제처 법제자문관
청와대 경호처 외래교수
인사혁신처 자문위원
헌법재판소 연구원
사법연수원 외래교수
전남대학교 법대 교수
동국대학교 법대 교수
현 성신여대 법대 교수

■ 주요 논저
Das deutsche und das koreanische Enteignungsinstitut-insbesondere die Enteignung zugunsten privater Unternehmen nach dem Grundgesetz der Bundesrepublik Deutschland sowie nach der Verfassung der Republik Korea, Verlag V. Florentz, München, Germany, 1991
독일통일의 법적 조명(공저), 박영사, 1994
법치국가의 기초이론(공역), Grundtheorie des Rechtsstaates, 박영사, 1994
독일연방정부론(공저), 백산자료원, 2001
헌법판례연구[I], 박영사, 2002
헌법연구, 법영사, 2014
헌법소송론, 법영사, 2015
헌법연구(1), 법영사, 2019
헌법소송론, 개정판, 법영사, 2019
그 외 논문 다수

헌법연구(2)

2019년 9월 1일 인쇄
2019년 9월 10일 발행

저 자 정 연 주
발 행 인 고 호 균
발 행 처 **법 영 사**

저자와의 협의하에 인지첩부를 생략함

06302 서울시 강남구 논현로 130
전화 (501)8898(대) Fax (501)8895
등록 1987. 5. 11. 제3-125호(윤)
Homepage : www.bubyoungsa.co.kr
E-mail : bys1986@hanmail.net

※ 파본은 교환해 드립니다. **정가 35,000원**

ISBN 978-89-7032-321-3